2026

에듀윌
주택관리사
기본서

1차 민법 상

신의영 편저

YES24 수험서 자격증
주택관리사 기본서 베스트셀러 1위

1,710명 최종 합격생 중
1,103명이 에듀윌! 산출근거 후면표기

eduwill

에듀윌과 함께 시작하면,
당신도 합격할 수 있습니다!

이 일 저 일 전전하다 관리자가 되려고 시작해
최고득점으로 동차 합격한 퇴직자

4살 된 딸아이가 어린이집에 있는 동안 공부해
고득점으로 합격한 전업주부

밤에는 대리운전, 낮에는 독서실에서 공부하며
에듀윌의 도움으로 거머쥔 주택관리사 합격증

누구나 합격할 수 있습니다.
시작하겠다는 '다짐' 하나면 충분합니다.

마지막 페이지를 덮으면,

에듀윌과 함께
주택관리사 합격이 시작됩니다.

주택관리사 1위

16년간
베스트셀러 1위

기초서 기본서 기출문제집 핵심요약집

문제집 네컷회계

주택관리사 교재 보기

베스트셀러 1위 교재로
따라만 하면 합격하는 커리큘럼

STEP 1
기초 이론

시작에 필요한
기초 개념 확인

STEP 2
이론 완성 1
이론 완성 2

기본서 반복으로
탄탄한 이론 완성

STEP 3
핵심 이론
문제 풀이

빈출이론&문제
한 번에 정리

STEP 4
마무리 특강
동형 모의고사

다양한 실전 연습으로
쉬운 합격 완성

* 커리큘럼의 명칭 및 내용은 변경될 수 있습니다.

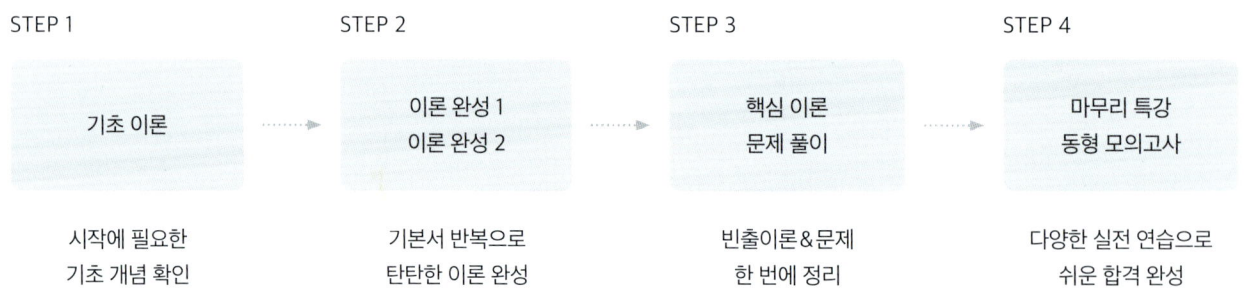

2026

에듀윌 주택관리사 기본서

1차 민법

효율적인
자습을 위해
손에 들고 보는

민법 필수용어 & 조문집

eduwill

효율적인 자습을 위해 손에 들고 보는
민법 필수용어 & 조문집

2026
에듀윌 주택관리사
기본서
1차 민법

효율적인
자습을 위해
손에 들고 보는

민법 필수용어
& 조문집

효율적인 자습을 위해, 손에 들고 보는

민법 필수용어

※ 주택관리사(보) 민법 학습 시 반드시 알아야 하는 필수용어입니다. 꼭 확인하세요!
※ 어려웠던 용어가 있었다면 □에 체크하고 다시 한번 읽어보세요!

□ 가공	타인의 동산에 노력을 가하여 새로운 물건을 만들어 내는 것
□ 가등기	부동산 물권 및 그에 준하는 권리의 설정, 이전, 변경, 소멸 등의 청구권의 순위를 보전하기 위하여 사전에 하는 등기
□ 가주소	당사자가 특정한 거래에 관하여 선정한 장소. 실생활의 근거지와는 무관하나, 당해 거래에서만 당사자의 주소로서 기능을 부여할 수 있다.
□ 간이변제충당권	목적물을 점유하고 있는 담보권자가 그 목적물로부터 발생한 채권을 보유하는 경우에 경매 등의 담보권 실행에 의한 현금변제가 아닌 점유물 자체로 직접 자신의 채권변제에 충당하는 것
□ 간이(簡易)인도	양수인이 될 자가 이미 동산을 점유하고 있는 경우, 해당 동산에 대한 권리 이전의 합의만으로써 인도를 받은 것으로 하는 것
□ 간접점유	자신의 물건을 지상권, 전세권, 질권, 사용대차, 임대차, 임치, 기타의 관계로 인해 타인으로 하여금 그 물건을 직접점유하게 하는 것
□ 간주(看做)	공익 또는 법정책상의 이유로 사실의 진실 여부와는 관계없이 일정한 사실을 기정사실로 확정함으로써 반증을 들어서도 번복할 수 없는 것
□ 감정의 표시	상대방의 행위를 용납할 수 없는 것으로 인식하였으나 이를 용납하기로 하는 내용으로서 '용서'와 같은 생각의 표시
□ 강박에 의한 의사표시	표의자가 타인의 강압적·폭력적 행위로 인해 공포심을 가진 상태에서 한 의사표시

☐ 강행규정	법령 중 법률행위의 당사자가 합의로 "이 규정은 적용하지 말자!"라고 정할 수 없는 규정
☐ 거소	사람이 일정 기간 동안 특별한 목적으로 머무는 장소. 국내에 주소가 없거나 그 주소를 모르는 자에 대하여 거소가 그 주소의 기능을 한다.
☐ 격지자와 대화자	의사표시자의 의사표시가 발신되면 그것이 상대방에게 도달하기까지 다소의 시간이 소요되는 자를 격지자라고 한다. 반면, 발신한 의사표시를 곧 알 수 있는 위치에 있는 자는 대화자라고 한다.
☐ 경개	당사자가 채권·채무의 중요한 부분을 변경함으로써 신(新)채무를 성립시키는 동시에 구(舊)채무를 소멸시키는 계약
☐ 경매	채권자가 그 채권의 만족을 받기 위한 방법으로 채무자의 재산에 대한 매각절차를 진행하는 것으로, 담보권 실행을 위한 임의경매와 채무자 재산압류를 통한 강제경매가 있다.
☐ 경업금지 (競業禁止) 약정	어떤 기업에서 근무하던 근로자가 자신의 근무 중에 알게 된 여러 가지 내용을 이용하여 경쟁업체에 취업하거나 스스로 경쟁업체를 설립·운영하는 등의 행위를 하지 않을 것을 내용으로 한다. 이러한 약정은 영업비밀 준수약정의 일부로서 직업선택의 자유와 근로권을 제한할 우려가 있고, 퇴직 후의 전업금지는 근로자의 생계와 직접 관련되므로 그 효력을 엄격하게 판단하고 있다.
☐ 계약인수	계약당사자로서 계약상 권리와 의무를 승계할 목적으로 하는 계약
☐ 공동소유	일물일권주의(一物一權主義) 원칙상 하나의 물건에 하나의 소유권이 성립하였으나 그 하나의 소유권을 여러 사람이 나누어서 소유하는 것. 공동소유는 여러 사람의 소유자 간의 인적 결합도에 따라 공유·합유·총유 등으로 구분된다.
☐ 공동저당	동일한 하나의 채권담보를 목적으로 여러 개의 부동산 위에 설정된 저당권

☐ 공법(公法)	국가와 공공단체 상호간의 관계 또는 국가 및 공공단체와 사인과의 관계에서 법의 작용으로 인한 질서유지를 기본으로 하는 법체계를 총칭하는 법으로 국가 등의 공권력에 기초한 강제력을 그 내용으로 한다.
☐ 공시송달	표의자가 과실 없이 상대방을 모르거나 또는 상대방의 주소를 알지 못하는 경우에「민사소송법」의 규정에 의하여 법원게시판에 게시함으로써 의사표시를 상대방에게 도달한 것으로 인정하는 제도
☐ 공시(公示)의 원칙	권리와 의무관계의 변동이 발생한 경우 그 변동내용을 외부에서 인식(확인)할 수 있는 제도적 장치를 갖추어야 한다는 원칙
☐ 공신(公信)의 원칙	공시의 원칙을 구체적으로 실현하기 위한 원칙으로, 물권의 변동에 관한 공시가 있는 경우 비록 그 공시의 내용이 실체적 권리관계와 합치되지 않는 경우라 할지라도, 그 공시내용을 신뢰하고 거래한 자를 보호하여야 한다는 원칙
☐ 공유와 지분	물건이 지분에 의하여 여러 사람의 소유로 되는 공동소유의 한 가지 형태를 공유라고 한다. 각 공유자가 공유물에 대하여 가지는 소유의 비율을 공유지분이라고 한다.
☐ 공탁	변제자가 채무 변제를 하고자 하지만 채권자가 이를 수령하지 아니하거나, 변제자의 과실 없이 채권자를 모르는 경우 또는 채권자의 소재를 모르는 경우 등의 사유로 채무를 변제하지 못하는 상황에서 변제자가 변제할 내용들을 법원의 공탁소에 공탁하여 그 채무를 면하는 제도
☐ 과실(過失) 책임의 원칙	불법행위나 채무불이행이 발생한 경우 이에 책임이 있는 자는 자신의 고의 또는 과실이 있는 행위에 대해서만 책임질 뿐이고 타인의 행위에 대해서는 책임을 지지 않는다는 원칙
☐ 관념의 통지	법률관계의 당사자 일방이 상대방에 대하여 과거 또는 현재의 특정한 사실이 있었거나 또는 있을 예정이라는 사실을 알리는 것
☐ 관습법(慣習法)	일정 지역을 중심으로 발생하여 오랜 기간 동안 지속적·반복적으로 시행되던 관행이 일반대중들로부터 법적(法的) 확신(確信)을 받아 법규범으로 승격된 것으로 이후 법원(法院)의 판결로 그 존재가 확인되면 그 법적 확신을 받은 때로 소급하여 법적 효력이 인정되는 것

☐	**관습법상의 법정지상권**	동일인에게 속하였던 토지와 건물 중 어느 하나가 매매 기타 일정한 원인에 의하여 그 토지와 건물이 소유자를 달리하게 된 때에 그 건물을 철거한다는 특약이 없으면 건물소유자가 당연히 취득하게 되는 토지의 사용권
☐	**교차청약**	계약의 당사자들이 같은 내용의 청약을 서로 상대방에게 행한 경우
☐	**구분소유권**	한 동(棟)의 건물 중 일부가 구조적·경제적으로 다른 부분과 독립적인 효용을 가지고, 또한 사회관념상 독립한 건물로 다루어지는 경우에 그 부분에 성립한 소유권
☐	**구분지상권**	토지의 지상 또는 지하에 대하여 일정한 공간의 범위를 지정하여 그 범위에서만 지상권의 효력이 미치도록 하여 이 범위의 공간부분을 배타적으로 이용할 수 있는 지상권
☐	**구상권**	채무는 채무자가 채권자에게 변제하는 것이 원칙이나, 다른 사람이 대신 변제해야 하는 경우가 있다. 이때 채무를 대신 변제해 준 사람이 채권자를 대신하여 채무당사자에게 반환을 청구할 수 있는 권리를 말한다.
☐	**궁박**	급박한 곤궁, 갑자기 발생한 피할 수 없는 곤란한 상황을 말하며, 그 원인으로는 경제적·신체적·정신적인 것이 모두 포함된다.
☐	**권능(權能)**	권리의 내용을 이루는 구성요소로서 그 권리에 부여된 개개의 법률상의 힘
☐	**권리남용 금지의 원칙**	외형상으로는 적법한 것처럼 보이는 권리의 행사 또는 불행사가 그 내부를 구체적·실질적으로 검토해 볼 때, 권리의 공공성과 사회성을 위반한 위법성을 포함하는 경우, 이를 권리의 남용으로 보아 그 권리의 행사 또는 불행사로 발생하는 효과를 부정해야 한다는 원칙
☐	**권리능력**	권리·의무의 주체가 될 수 있는 법적 지위 또는 자격. 즉, 일정한 행위를 통해 재산권, 기타의 권리를 행사할 수 있고 그에 따른 의무를 부담할 수 있는 지위 내지 자격
☐	**권리의 경합**	하나의 생활사실이 여러 개의 법규가 정하는 요건을 충족하여, 그 결과 여러 개의 권리가 생기는 경우
☐	**권리의 변경**	권리가 그 내용의 동일성을 잃지 않으면서 그 주체, 내용, 작용에 변화가 생기는 것

☐	**권리의 변동**	권리의 발생·변경·소멸을 말하며, 권리자의 입장에서는 권리의 득실·변경을 의미한다.
☐	**권리질권**	담보물권의 일종으로, 동산이 아닌 일정한 재산권을 목적으로 하는 질권
☐	**권원(權原)**	법률상 또는 사실상의 행위가 있을 때 그 행위 및 그 결과에 정당성을 부여하는 법적인 근거
☐	**권한(權限)**	타인을 위하여 일정한 법률효과를 발생하게 하는 행위를 할 수 있는 법률상의 지위 내지 자격
☐	**근저당**	담보물권의 일종으로 계속적인 거래관계로부터 발생하는 불특정 다수의 채권을 장래의 결산기에 일정한 한도액까지 담보하기 위하여 설정하는 저당권
☐	**금반언의 원칙**	이미 표시한 자기의 선행(先行)행위가 자신에게 불리하게 진행될 때 이와 모순되는 다른 행위를 해서는 안 된다는 원칙으로, 이러한 모순행위는 그 법률효과가 부정된다.
☐	**급부약정**	채무자가 채권자에게 채무의 내용을 구체화하여 이행하는 행위 자체를 급부라고 한다. 급부는 채권의 목적이라고 할 수 있으며, 급부에 대한 대가를 반대급부라고 한다. 그러한 급부를 사실상 하기로 하는 채권자와 채무자의 약속을 급부약정이라 한다.
☐	**기대권**	현재 권리는 발생하지 않았지만 나중에 권리 발생의 요건이 구체화되면 그 권리를 취득할 수 있는 경우, 현재 그 기대 상태를 권리로서 인정하는 것
☐	**기한**	임대차계약을 체결하면서 "20○○년 8월 10일부터 20○○년 10월 15일까지 사용하기로 한다."라고 정했다면, '20○○년 8월 10일'과 '20○○년 10월 15일'을 각각 '시기'와 '종기'로 구분하여 기한이라고 한다.
☐	**기한의 이익**	기한이 도래하지 않음으로써 당사자가 받는 이익
☐	**긴급피난**	급박하게 자신에게 닥친 피할 수 없는 위난을 피하기 위하여 부득이 타인에게 가해행위를 한 경우, 그 행위에 대하여 위법성이 없는 것으로 하여 불법행위의 요건을 갖춘 경우에도 행위자가 불법행위책임을 지지 않는 것

☐ 논리(論理)해석	법규범을 표시하는 개별적인 조문을 문리해석을 통해 문법적 의미를 확정한 이후 입법 취지에 맞추어 그 문언(文言)적 의미를 확장하거나 축소하고, 필요에 따라 반대의 의미를 부여하는 해석방법으로, 법조문이 가지는 추상적·논리적 의미를 부여하는 것
☐ 단독행위	표의자가 한, 단 하나의 일방적 의사표시만으로 성립하는 법률행위
☐ 단속규정	강행규정 중 그 규정에 위반하여도 위반한 행위 자체의 사법(私法)상의 효과에는 영향이 없으나, 일정한 처벌의 대상이 되는 규정
☐ 담보물권의 설정	소유자의 소유권에 포함되어 있는 사용·수익·처분의 권능 중 처분권능을 그 소유자로부터 승계(설정)받는 것
☐ 담보책임	매매·임대차, 도급 등의 재산의 변동을 목적으로 하는 유상계약 시 그 계약의 대상인 재산권에 하자가 있어서 이로 말미암아 그 재산권에 대한 권리의 전부 또는 일부를 이전할 수 없거나 또는 그 재산권의 객체인 물건에 하자가 있는 것을 급부한 경우 매도인이 지는 일정한 책임
☐ 대리	대리인이 그 권한 내에서 제3자와 법률행위를 하는 과정에서 본인의 이름으로 의사표시를 하거나 또는 의사표시를 수령함으로써 그 법률행위의 효과가 직접 본인에게 귀속되는 제도
☐ 대리권	대리인이 본인의 이름으로 의사표시를 하거나 또는 의사표시를 받는 법률행위를 함으로써 직접 본인에게 법률효과를 귀속시킬 수 있는 법률상의 지위 또는 자격. 즉, 대리권은 권리가 아니라 권한
☐ 대리권의 남용	대리인의 대리행위가 형식상은 대리권의 범위 내의 행위로 보이지만 그 이익의 측면에서는 본인이 아닌 대리인 자신 또는 제3자의 이익을 위하여 대리행위를 하는 것
☐ 대물변제	채무자가 채권자의 승낙을 얻어 채무자가 부담하고 있는 본래의 급부에 갈음하여 다른 급부를 현실적으로 행함으로써 채권·채무를 소멸시키는 것
☐ 대물변제의 예약	채무자가 채무(借金, 빌린 돈)를 기한 내에 변제하지 아니할 경우는 채무변제에 갈음하여 미리 제공한 목적물(代物, 담보물)의 소유권을 채권자(貸主)에게 이전(代物辨濟, 대물변제)하기로 미리 약속하는 것

☐ 대위변제	제3자 또는 공동채무자 중 1인 또는 수인이 채무자를 대신하여 채무를 변제함으로써 구상권을 취득한 경우에, 변제자가 그 구상권의 범위 내에서 채권자의 채권 및 그 담보에 관한 권리를 행사할 수 있는 제도
☐ 도급	당사자 일방(수급인)이 어떤 일을 완성할 것을 약정하고 상대방(도급인)이 그 일의 결과에 대하여 보수를 지급할 것을 약정함으로써 성립하는 낙성, 유상, 쌍무, 불요식의 계약
☐ 동기의 착오	착오는 의사표시를 한 자가 자신의 의사와 표시가 일치하지 않음을 모르는 경우를 말하고, 표의자가 의사표시를 하게 된 주관적(개인적) 목적을 동기라고 한다. 동기의 착오가 민법 제109조의 착오가 되는가에 관해 견해의 대립이 있다. 다수설은 동기의 착오는 민법 제109조의 착오에 해당되지 않는다고 한다.
☐ 동시사망의 추정	2인 이상이 동일한 위난으로 사망했으나 그 사망의 선후(先後)를 알 수 없는 경우에 모든 사람이 동시에 사망한 것으로 추정하여 법률적으로 상속의 문제를 해결하기 위한 제도
☐ 동시이행항변권	매매·임대차, 도급과 같은 쌍무계약에 있어서 당사자 일방이 상대방의 채무이행이 있을 때까지 자기의 채무이행을 거절하는 권리
☐ 등기	등기관이라는 국가기관이 법에 정해진 절차에 따라 등기부라는 공적 장부에 부동산에 관한 표시 및 일정한 권리관계를 기재하여 이를 외부에 알리는 것
☐ 등기청구권	등기권리자가 등기의무자에게 그 등기절차에 협력할 것을 청구할 수 있는 권리. 등기의무자도 등기권리자에게 등기청구권을 가지는데 이를 '등기인수청구권'이라고도 한다.
☐ 만조수위선	밀물 때[바닷물의 수면(해면)이 가장 높아진 상태]의 해면과 육지의 경계선. 고조선(高潮線, high-water line)이라고도 하며, 민법상 물건으로서의 토지와 수면의 경계선은 만조수위선을 기준으로 한다.
☐ 말소회복등기	등기가 아무런 원인 없이 부당하게 말소된 경우에 이를 원상태로 회복하는 등기
☐ 매매의 예약	당사자 사이에 장래 매매계약을 체결하는 채무를 발생하게 하는 계약

매장물 발견	토지 또는 그 밖의 물건 속에 매장되어 그 소유권이 누구에게 속하는지를 판별할 수 없는 물건을 발견하는 것
멸실회복등기	등기부가 어떤 사정에 의하여 멸실된 경우에 등기부를 회복시키는 등기
명령	행정부에서 제정한 법(法) 체계의 일종으로 이는 주로 대통령의 명령인 시행령과 총리 또는 정부 장관의 명령인 시행규칙의 형식을 취한다.
명인방법	소유자가 누구라고 하는 것을 외부에서 인식하도록 표시하는 적합한 방법 중 등기 또는 점유를 제외한 모든 방법
목적물반환 청구권의 양도	양도인이 자신의 물건을 타인에게 점유하도록 한 경우 양도인은 그 타인에게 목적물의 반환을 청구할 권리가 있는데, 그 상태에서 그 물건의 양도행위가 성립한 경우 양도인 자신이 타인에게 행사할 수 있는 목적물의 반환청구권을 양수인이 대신 행사할 수 있도록 하는 것
무과실책임	손해를 발생시킨 특정인에게 고의나 과실 여부와 상관없이 법률상 손해배상책임을 부과하는 것으로서 우리 민법에서 중요한 법리이다. 우리 민법은 특수불법행위 및 법인의 불법행위 등에서 무과실책임주의를 채택하고 있다.
무권대리(無權代理)	대리권 없는 자가 타인의 대리인처럼 행동하여 법률행위를 대신한 경우 그 자의 행위
무기명채권	채권자의 이름을 기재하지 않는 증권적 채권으로서 채무자는 그 증권을 정당하게 소지한 자에게 변제할 의무가 있는 채권
무주물 선점	현재 소유자가 없는 물건을 소유의 의사로 먼저 점유한 자[선점자(先占者)]가 그 소유권을 취득하는 것. 동산에 한하여 제한적으로 인정된다.
무효	법률행위가 성립은 하였으나 처음부터 당연히 법률상 효력이 발생하지 않는 것으로 확정되어 있는 것
무효행위의 전환	어떤 법률행위가 무효이기는 하지만 그것이 다른 법률행위로서 유효요건을 갖추고 있고 당사자가 그 법률행위가 무효임을 알았더라면 다른 법률행위를 하였을 것이라고 인정되는 경우 그 다른 법률행위로서의 효력을 인정하는 것

무효행위의 추인	무효인 법률행위가 있을 때 그 무효의 원인이 없어진 후에 표의자가 무효인 행위에 효력을 부여하고자 하는 의사표시(추인)에 의하여 그 추인한 때로부터 새로운 법률행위로 간주하는 것
문리(文理)해석	법규가 가지는 문언(文言)의 의미를 입법(立法) 취지를 훼손하지 않는 범위 내에서 그 문자가 가지는 문법적 의미를 탐구하여 그 효력을 정하는 것
물건	유체물 및 전기, 기타 관리할 수 있는 자연력. 물건은 물권의 객체로서 물건의 종류는 부동산과 동산이 있다.
물권(物權)	권리자가 특정의 물건 또는 권리에 대하여 배타적으로 직접적 권리를 행사하여 그로부터 생기는 이익을 독점적으로 향유할 수 있는 권리. 지배권 중 가장 대표적 권리
물권법정주의	물권의 종류와 내용은 법률과 관습법에 의하여만 창설될 수 있고, 법률행위의 당사자가 임의로 창설할 수 없다는 원칙으로 우리 민법 제185조에 규정한다.
물권적 청구권	현재의 물권자가 그 물권의 효력을 유지하고 배타적 지배관계를 지속하기 위하여 현재 물권의 방해 또는 방해할 염려가 있는 행위를 하고 있는 자에게 그 행위의 자제를 요청하는 권리
물권행위	물권의 변동(발생, 변경, 소멸)을 목적으로 하는 법률행위. 이전의 법률행위를 마무리 짓는 행위로서, 더 이상의 이행의 문제를 남기지 않는 행위
물권행위의 비독자성	물권행위가 원인행위인 채권행위로부터 독립되어 독자적으로 이루어지는 행위가 아니고 원인행위인 채권행위를 구체적으로 이행하기 위해 이루어지는 비독립적인 행위라는 것을 말한다.
물권행위의 유인성	물권행위의 원인인 채권행위가 불성립, 무효, 취소, 해제 등에 의하여 실효된 경우 채권행위의 이행행위인 물권행위도 채권행위에 영향을 받아 그 효과가 소멸하는 것
물상보증인	채무자의 채무변제를 보증하기 위하여 제3자가 자신의 재산을 채권자에게 담보로 제공하는 때에 그 제3자

☐	**법규의 경합**	하나의 생활사실 또는 법률관계가 여러 개의 법규가 정하는 요건을 충족하지만, 그중 하나의 법규가 다른 법규의 적용을 배제하여 처음부터 하나의 법규만이 적용됨으로써 하나의 권리만이 발생하는 것
☐	**법률불소급의 원칙**	법률은 그 효력이 발생한 이후의 사실에 대해서만 적용되어야 하고 이전의 사실에는 적용되어서는 안 된다는 원칙. 「형법」은 철저하게 적용되지만 민법은 예외가 있다.
☐	**법률사실**	법률요건을 구성하는 세부적인 여러 가지 개개의 사실
☐	**법률요건**	권리의 변동(법률효과)을 발생하게 하는 원인을 통칭하는 것. 권리변동의 원인이 될 수 있는 법률관계의 근거가 되는 사실의 총체
☐	**법률행위**	권리변동의 원인이 될 수 있는 법률요건 중의 하나로서 하나 이상의 의사표시를 필수불가결의 요소로 하는 법률요건
☐	**법률행위의 성립요건, 효력요건**	법률행위가 성립하기 위한 요건과 성립한 법률행위가 효력이 발생하기 위한 요건
☐	**법률행위의 해석**	법률행위의 내용이 명확하지 않을 때에 이를 명확히 하는 것. 자연적 해석, 규범적 해석, 보충적 해석 등이 있다.
☐	**법원(法源)**	'법의 연원'의 줄임말로서, 법이 어떤 형태로 존재하고 또 어떻게 작용하는지를 말한다. 일반적으로 법원은 법관이 재판을 할 때에 있어 적용하여야 할 기준이 된다. 법원에는 법전 형태로 존재하는 성문법과 법전에 규정되지 않았지만 법으로서 인정되는 불문법이 있다.
☐	**법의 해석**	포괄적이고 추상적인 법규의 의미 내용을 구체적 사건에 적용하기 위하여 의미를 부여하는 작용. 즉, 개별적 사건에 적용할 법규의 의미 내용을 명확히 하는 행위
☐	**법인(法人)**	법률이 정하는 바에 따라 권리능력이 인정된 사단 또는 재단
☐	**법인의 등기**	법인은 명확한 외형을 가지는 자연인에 비해 그 존재나 내용을 일반 제3자가 알기 어려우므로 거래의 안전을 위하여 법인의 조직이나 내용을 공시하는 것

☐ 법인의 이사(理事)	대외적으로는 법인을 대표하고 대내적으로는 법인의 업무를 집행하는 상설적 필요기관
☐ 법인의 청산	해산한 법인이 잔무를 처리하고 재산을 정리하여 완전히 소멸할 때까지의 절차
☐ 법정대리	법률행위에 도움이 필요한 자들의 법률행위를 보충하기 위해 본인의 의사와는 상관없이 법률의 규정에 의하여 일정한 자에게 주어지는 대리
☐ 법정지상권	토지와 그 지상물이 동일 소유자에게 속하고 있는 상태에서 토지 또는 지상물의 어느 하나에 대한 소유권이 변동되어 토지와 지상물의 소유자가 달라진 경우, 지상물소유권자에게 그 토지를 사용할 수 있는 권리가 발생하는 것
☐ 법정추인	객관적으로 추인이라고 인정할 만한 일정한 사실이 있는 때에, 즉 소유권자가 취소하지 않을 것 같은 행위를 상대방에게 한 경우 그 행위가 취소권자의 추인의사의 유무를 묻지 않고 법률상 추인한 것으로 보는 제도
☐ 법정후견제도	미성년자, 피성년후견인, 피한정후견인, 피특정후견인에 대하여 후견인제도를 마련하여 그들의 의사결정 및 법률행위가 완전할 수 있도록 조력을 해주는 제도
☐ 변제	채무의 내용인 급부가 구체적으로 실현됨으로써 채권자가 그 만족을 얻고 채권 및 채무가 소멸하는 것
☐ 변제의 제공	채무의 변제를 할 때 채무자가 채권자의 협력(수령행위)만 있으면 변제가 완료되는 정도의 단계까지 이행하는 것
☐ 변제의 충당	채무자가 동일한 채권자에 대하여 같은 종류를 목적으로 한 수개의 채무를 부담한 경우, 변제의 제공이 그 채무 전부를 소멸하게 하지 못하는 경우에 그 급부를 가지고 어느 채무의 변제에 먼저 충당할 것인가를 정하는 것
☐ 병존적 채무인수	채무자는 채무를 그대로 유지하면서 제3자가 그 채무관계에 가입함으로써 종래의 채무자와 함께 동일한 내용의 채무를 부담하는 계약. 즉, 채무자가 한 사람 더 가입하여 2인 이상이 동시에 채무자가 된다.

☐ 보증채무	채권자와 보증인 사이에 체결된 보증계약에 의하여 성립하는 채무로서 주채무자가 그 채무를 이행하지 않는 경우에 보증인이 이를 이행하여야 하는 채무
☐ 복대리인	대리인이 그의 권한 내에서 법률행위를 하도록 하기 위하여, 대리인이 자신의 이름으로 선임한 본인의 대리인
☐ 복임권	대리인이 복대리인을 선임할 수 있는 권한
☐ 본등기(종국등기)	물권변동의 효력을 발생하게 하는 종국적인 등기
☐ 부관(附款)	법률행위가 성립한 경우 그 성립과 함께 그 효력발생 여부도 결정된다. 그런데 이미 성립한 법률행위의 효력의 발생 또는 소멸을 법률행위 시가 아닌 나중에 어떤 사실이 발생하면 그때 비로소 결정하기 위하여 법률행위에 덧붙이는[부가(附加)] 계약의 내용 일부분[약관(約款)]을 부관이라고 한다. 민법상 부관으로는 민법총칙에서 다루는 조건과 기한 그리고 채권법에서의 부담이 있다.
☐ 부당이득	법률상 원인 없이 타인의 재산이나 노무로 인하여 이득을 얻고 그에 해당하는 만큼 상대방에게 손해를 준 경우, 그 이익을 부당이득이라 하고 그 부당이득은 반환하여야 한다.
☐ 부동산	토지와 그 정착물(건물, 수목, 미분리과실, 농작물, 교량, 터널, 담장, 제방 등)
☐ 부재자	종래의 주소나 거소를 떠나서 당분간 돌아올 가망이 없는 자로서, 그의 재산이 관리되지 못하고 방치되는 상태에 있는 자
☐ 부진정 연대채무	수인의 채무자가 채무 전부를 각자 이행할 의무가 있고 그중 1인의 이행으로 다른 채무자도 의무를 면하게 되는 점에서 연대채무와 동일하지만, 각 채무자 사이에 채무를 공동으로 부담하고자 하는 약정, 즉 주관적 공동관계가 없어 연대채무를 모두 변제한 채무자 중 1인이 다른 연대채무자에게 구상권을 행사할 수 없는 수인의 채무관계
☐ 부합	소유자를 각각 달리하는 수개의 물건이 결합하여 1개의 물건으로 되어 소유자도 한 사람에게 귀속되는 것

□ 분묘기지권		타인의 토지에 분묘를 설치한 자가 그 분묘를 유지하기 위하여 토지상에 지상권에 유사한 권리를 행사할 수 있는 관습법상의 물권
□ 불가분 채권관계		분할이 불가능한 1개의 채권 또는 채무에 관하여 수인의 채권자가 각각 채권을 가지거나 또는 수인의 채무자가 각각 채무를 부담하는 것
□ 불공정한 법률행위		민법 제104조는 궁박·경솔·무경험 상태에 있는 자가 상대방의 폭리의 악의로 인하여 자기의 급부에 비하여 현저하게 부족한 반대급부를 받는 법률행위를 불공정한 법률행위라 하고 그 효과는 무효이다.
□ 불능(不能)		권리의 행사와 의무의 이행이 물리적·객관적 또는 법률적으로 이행이 불가능한 상태로 확정되는 것. 원시적 불능, 후발적 불능, 전부불능, 일부불능이 있다.
□ 불법원인급여		불법적인 일이나 행위를 원인으로 생긴 재산이나 노동의 제공을 말하며, 불법원인급여를 한 사람은 이를 돌려달라고 요구할 수 없다.
□ 불법행위		고의 또는 과실에 의한 위법행위로 타인에게 재산상 또는 신체상 손해를 가하는 행위
□ 비전형담보		민법상 담보제도인 저당권·질권 또는 유치권의 형태가 아닌 다른 형태의 채무담보. 가등기담보와 양도담보가 있다.
□ 비진의표시		표의자의 의사와 표시가 일치하지 않는 경우 표의자가 이를 알고 하는 의사표시. 즉, 진의 아님을 표의자가 알면서 하는 의사표시를 말한다. 이는 원칙으로는 유효이고 예외로 상대방이 알았거나 알 수 있었을 경우는 무효이다. 여기에서 '진의'란 특정한 내용의 의사를 표시하고자 하는 표의자의 생각을 의미하는 것이고 표의자가 진정 마음속으로 바라는 사항을 의미하는 것이 아니다.
□ 사기에 의한 의사표시		표의자가 타인의 속임수(기망행위)에 속아서 착오에 빠지고, 그 착오 상태에서 한 의사표시
□ 사단법인 (社團法人)		일정한 목적을 위하여 결합된 사람의 단체, 즉 사단을 그 실체로 하는 법인
□ 사단법인의 사원총회		사단법인에만 있는 기관으로서, 사원으로 구성되는 최고의사결정기관이며 또한 필수기관이지만 비상설기관

□ 사무관리	관리자가 법률상 또는 계약상의 의무 없이 타인을 위하여 그의 사무를 처리해 주는 것
□ 사법(私法)	개인 상호간의 관계를 규율하는 법으로 평등관계가 기본이다. 사법(私法) 가운데에서 「상법」(商法)은 특별사법(特別私法)에 해당하고, 민법(民法)은 일반사법(一般私法)에 해당한다.
□ 사실인 관습	일정 지역을 중심으로 오래된 관행이 지속적·반복적으로 시행되던 사회생활규범으로서 아직 법적 확신을 갖지 못한 것이지만, 거래 시 당사자가 이에 따를 의사가 있는 경우에 효력을 부여하는 관행
□ 사실행위	해당 행위에 의하여 표시되는 의식의 내용이 무엇이냐를 묻지 않고서, 다만 행위가 행하여져 있다는 것 또는 그 행위에 의하여 생긴 결과만이 법률에 의하여 법률상 의미가 있는 것으로 인정되는 행위
□ 사용대차	당사자 일방이 자신의 이익 등을 상대방에게 무상으로 사용, 수익하게 하기 위하여 목적물을 인도할 것을 약정하고 상대방은 이를 사용, 수익한 후 그 물건을 반환할 것을 약정함으로써 성립하는 낙성·무상·편무계약을 말한다.
□ 사용자책임 (사용자의 배상책임)	어떤 사업을 위하여 타인을 사용하는 자(사장 또는 법인)는 피용자(가장 일반적으로 근로자)가 그 사업의 집행에 관하여 제3자에게 가한 불법행위로 인한 손해를 배상할 책임이 있는데, 이를 사용자책임이라고 한다.
□ 사원권	단체의 구성원이 그 구성원인 지위에 기초하여 가지는 포괄적 권리
□ 사적 자치의 원칙	개인이 자신의 법률관계를 그의 자유로운 의사에 의하여 결정할 수 있는 원칙. 이러한 원칙은 계약에서 가장 두드러지게 나타나므로 계약자유의 원칙 또는 법률행위자유의 원칙이라고 부르기도 한다.
□ 사정변경의 원칙	법률행위, 특히 계약이 체결된 후에 계약의 성립에 기초가 된 사정이 그 후 당사자 쌍방이 예견할 수 없었고 책임도 없는 사유로 인하여 변경되어 최초의 계약내용으로 당사자를 구속하는 것이 오히려 타당성이 없게 된 경우에 그 계약의 변경 또는 해제가 인정되어야 한다는 원칙

☐ 사해행위 (詐害行爲)	속임수로써 다른 사람에게 피해를 주고자 하는 행위. 민법에서는 남에게 갚아야 할 빚이 있는 사람이 부동산이나 동산, 예금 등 여러 형태의 재산을 다른 사람에게 처분하거나 명의를 바꿔 강제집행할 재산을 감소시켜 채권자가 빚을 돌려받는 데 지장을 주게 하는 것
☐ 사행행위 (射倖行爲)	종류·명목·방법 등을 가리지 않고 타인으로부터 금품을 모아 우연적으로 특정인에게 재산상 이익을 제공하고 다른 참가자에게 손실을 미치게 하는 행위. 이러한 사행행위는 사람들의 요행심을 조장하고 건전한 근로의욕을 해치는 것이므로 법률로써 금지, 처벌하고 있으나 법령에 의하거나 허가를 받은 경우에는 허용된다.
☐ 사후행위	행위자의 사망으로 그 효력이 생기는 법률행위
☐ 상계	채무자가 채권자에 대하여 같은 종류의 채권을 갖는 경우에 채무자의 일방적 의사표시만으로 그 채권과 채무를 대등액으로 소멸시키는 것
☐ 상린관계	인접하는 부동산 상호간의 이용을 조절하기 위한 그들 사이의 권리관계
☐ 선관주의의무	평균적, 추상적 채무자가 그의 직업, 지위 등에 비추어 거래상 일반적, 객관적으로 요구되는 정도의 주의
☐ 선의와 악의	자신의 법률행위에 의한 여러 가지 법률효과가 이전에 있었던 어떤 법률관계와 상호간의 영향을 미치고 있는 특별한 사정이 있다는 사실을 잘 모르는 상태를 선의라고 하고, 그러한 상태를 잘 알고 있거나 특별한 사정이 있음을 의심하는 것을 악의라고 한다.
☐ 선의취득	평온, 공연하게 동산을 양수한 자가 선의이며 과실 없이 그 동산을 점유한 경우에 양도인이 정당한 소유자가 아닌 때에도 즉시 그 동산의 소유권을 취득하는 것. 동산에 대한 점유의 공신력이 인정됨으로써 발생하는 권리
☐ 소급효	어떤 법률행위로 인한 법적 효력이 과거로 거슬러 되돌아가 발생할 때 "소급효가 발생한다."라고 한다. 소급효는 법적 정의나 형평성이라는 개념에는 합치될 수 있지만, 법에 대한 신뢰성(법적 안정성)에는 반하는 단점을 가지고 있다. 거래 안전보호 및 약자보호를 위하여 민법상 소급효가 인정되는 경우에도 이는 강행규정이 아니므로 당사자 합의로 비소급효로 정할 수 있고 또한 제3자의 권리를 침해할 우려가 있으면 소급효는 인정되지 않는다.

☐ 소멸시효	권리자가 권리를 행사할 수 있음에도 권리를 행사하지 않고 장기간 방치하고 있는 경우 그 권리를 소멸시키는 제도
☐ 소멸시효의 정지	소멸시효가 완성할 무렵에 이르러 권리자가 시효를 중단시키는 것이 불가능하거나 또는 곤란한 사정이 있는 경우에, 그 사정이 소멸한 후 일정한 기간이 경과하는 시점까지 시효의 완성을 연기하는 것
☐ 소멸시효의 중단	소멸시효가 진행하는 도중에 권리자가 권리를 행사하는 경우, 권리의 불행사라는 소멸시효의 진행을 멈추고 이미 진행한 시효기간의 효력을 상실하게 하는 것
☐ 소비대차	당사자 일방(대주)이 금전 또는 기타 대체물의 소유권을 상대방에게 이전할 것을 약정하고 상대방(차주)은 그와 같은 종류, 품질 및 수량으로 반환할 것을 약정함으로써 성립하는 계약
☐ 소유권 절대의 원칙	소유자는 그의 소유물을 자유로이 사용, 수익, 처분할 수 있는 권리가 있고, 이 권리는 그 누구로 침해하거나 간섭해서는 안 된다는 민법의 기본원칙
☐ 소유물반환 청구권	목적물의 점유를 상실한 소유자가 그 목적물을 점유함으로써 소유자의 점유를 방해하고 있는 자에 대하여 그 반환을 청구할 수 있는 권리
☐ 소유물방해예방 청구권	방해될 염려가 있는 소유권의 보유자가 장차 소유권을 방해하는 행위를 할 염려가 있는 자에 대하여 방해의 예방 또는 손해배상의 담보를 청구할 수 있는 권리
☐ 소유물방해제거 청구권	소유권의 내용의 실현이 점유의 상실 이외의 방법으로 방해되고 있는 자가 현재 방해하는 사정을 지배하고 있는 자에게 그 방해의 제거를 청구할 수 있는 권리
☐ 손익상계	법률관계로 채권관계가 형성되는 과정에서 채권자에게 손해가 발생하는 것과 동시에 이익도 있는 경우에, 그 배상액을 정함에 있어서 그 손해액으로부터 이익을 공제하는 것
☐ 손해배상액의 예정	권리자와 의무자가 장래의 채무불이행에 대비하여 그로 인한 손해배상액을 미리 약정하는 것
☐ 수권(授權)행위	본인이 대리인에게 대리권을 수여하는 행위

☐	**승계취득**	타인의 권리에 기초하여 권리를 이전받거나 설정(設定)받아 권리를 취득하는 것
☐	**승역지**	지역권에 있어서 편익을 제공하는 토지
☐	**시효**	일정한 사실상태가 일정한 기간 동안 계속된 경우에, 그 사실상태가 진실한 권리관계에 합치하느냐 여부를 묻지 않고서 법률상 일정한 효과를 주는 것
☐	**신뢰이익의 손해**	법률관계가 무효인데도 유효하다고 믿었기 때문에 지출한 손해
☐	**신의성실의 원칙**	법률관계에 참여한 모든 자는 상대방의 정당한 이익을 고려하여 권리를 행사하거나 의무를 이행하여야 하며, 권리를 남용해서는 안 된다는 원칙
☐	**실종선고**	부재자의 생사불명의 상태가 일정 기간(5년 또는 1년) 계속된 경우에 가정법원의 선고에 의하여 종래 주소를 중심으로 하는 사법상의 법률관계를 사망으로 간주하는 제도. 다만, 실종선고받은 자의 권리능력을 박탈하는 제도는 아니다.
☐	**실효의 원칙**	권리자가 권리를 행사할 수 있음에도 불구하고 권리를 행사하지 않는 상태가 장기간 계속됨으로 인하여 상대방이 더 이상 권리를 행사하지 않을 것으로 믿음이 생긴 후에 이에 대한 믿음에 반해 새삼스레 권리를 행사하는 것이 신의칙에 반할 때 권리의 내용에 따른 효력을 소멸하게 하는 원칙
☐	**쌍방대리**	대리인이 한편으로 본인을 대리하고 다른 한편 상대방을 대리하는 자격으로 혼자서 본인·상대방 간의 계약을 체결하는 것. 민법상 쌍방대리는 원칙적으로 허용하지 않는다.
☐	**약관(約款)**	그 명칭이나 형태 또는 범위를 불문하고 계약의 일방당사자가 다수의 상대방과 동일한 내용으로 계속적으로 계약을 체결하기 위하여 미리 마련한 계약의 내용
☐	**연대보증**	보증인이 보증계약에서 주채무자와 연대하여 주채무자와 동일한 지위에서 채무를 부담하기로 한 보증채무
☐	**연대채무**	채권자가 수인의 채무자 중 그 어느 채무자에 대하여, 또는 동시나 순차적으로 모든 채무자에 대하여 채무의 전부나 일부의 이행을 청구하면 그 모든 채무자가 직접 채무를 하여야 할 의무를 부담하는 채무

☐ 예문해석	주로 약관(約款) 등 부동문자(不動文字)로 인쇄된 문서에 의하여 계약을 체결할 경우 그 내용 중에서 당사자 일방에게 불리한 규정이 있을 때, 그것을 계약의 내용으로 할 수 있는가에 관한 것으로 이는 조리(條理)에 따른 해석의 결과 당사자가 불리한 내용을 알았더라면 그런 계약을 하지 않았을 것이라고 인정되면 그 인쇄된 그 계약의 내용은 예시(例示)된 문장에 불과하여 계약 내용으로 하지 않는다는 의미의 해석
☐ 예약완결권	계약의 예약이 성립한 후 예약권리자가 상대방에 대하여 매매완결의 의사표시를 할 수 있는 권리
☐ 요식행위	일정한 방식(서면, 공증, 신고 등)에 따라 행해져야 그 효력이 인정되는 법률행위
☐ 요역지	지역권에 있어서 편익을 받는 토지
☐ 용익물권	소유자로부터 그의 사용·수익권능을 설정받은 자가 그 물건을 사용·수익하는 내용의 지배권으로 부동산에 대하여만 성립한다.
☐ 용태	사람의 정신작용에 기하여 발생하는 법률사실
☐ 우선변제권	담보권 실행을 위한 경매 시 담보권자가 경매물에 대한 배당에 참가하여 후순위 권리자보다 먼저 변제를 받을 수 있는 권리
☐ 원물	어떤 물건에서 수익이 발생한 경우 그 수익(과실)을 생기게 하는 물건
☐ 원시취득	타인의 권리에 기초함이 없이 최초로 권리를 취득하는 것
☐ 원용(援用)	일정한 권리자가 자신에게 권리가 있음을 재판을 통하여 적극적으로 주장하는 것
☐ 위임	위임인의 위탁에 의하여 수임인이 일정한 사무를 처리해 주는 것을 내용으로 하는 계약
☐ 위험부담	쌍무계약의 당사자 일방의 채무가 당사자 쌍방의 책임 없는 사유로 후발적 불능이 되어 소멸한 경우에 그에 대응하는 상대방의 채무도 소멸하고, 그에 따른 불이익을 누가 부담할 것인가의 문제를 위험부담의 문제라고 한다. 우리 민법은 위험부담에 관하여 채무자부담주의를 원칙으로 한다.

☐ 유동적 무효	법률행위의 효력이 현재는 확정적으로 발생하지 않으나 나중에 허가를 받거나, 추인에 의하여 소급하여 유효하게 될 수 있는 법적 상태
☐ 유실물 습득	점유자의 의사에 기하지 않고서 그의 점유를 떠난 물건으로서 도품(盜品)이 아닌 것을 법률규정에 의하여 습득자에게 소유권이 귀속되는 것
☐ 유질계약	질권설정자가 채무변제기 전의 계약으로, 질권자에게 변제에 갈음하여 질물의 소유권을 취득하게 하거나, 기타 법률이 정한 방법에 의하지 않고서 질물을 처분할 수 있도록 약정하는 것. 민법 제339조에 의해 유질계약은 무효이다.
☐ 유추(類推)해석	개별 사건에 적용할 수 있는 명문의 규정은 없으나 이와 유사한 내용을 가진 사건에 적용할 수 있는 개별의 다른 규정이 있고 그 유사한 사건에 다른 규정을 적용함에 입법의 취지와 정신, 신의칙에 비추어 보아도 무리가 없는 경우 그 사건에 대하여 개별 규정을 적용하여 권리와 의미 내용을 확충하는 해석방법
☐ 유치(留置)권	타인의 물건 또는 유가증권을 점유한 자가 그 물건이나 유가증권에 관하여 생긴 채권을 가지는 경우에, 그 채권을 변제받을 때까지 그 물건이나 유가증권을 유치할 수 있는 권리
☐ 은닉(隱匿)행위	가장(假裝)행위의 일종으로서 증여를 감추기 위하여 매매를 가장하는 경우와 같이 그 감추어진 행위. 당사자는 증여의 의사가 있기 때문에 그 효력은 은닉행위의 요건을 갖추고 있느냐에 따라서 결정된다. 즉, 가장한 매매는 허위표시는 무효이나 은닉행위인 증여는 유효이다.
☐ 의사능력	자기 행위의 의미를 이해하고 그 행위의 옳고 그름을 판단하여 이성적으로 의사를 결정할 수 있는 정신적 능력
☐ 의사와 표시의 불일치	내심적 효과의사와 표시상의 효과의사가 일치하지 않는 것
☐ 의사의 통지	각종의 최고와 같이 자기의 의사를 타인에게 통지하는 행위로서 법률규정에 정한 내용대로 법률효과가 발생하는 것
☐ 의사주의	대항요건주의라고도 하며 부동산에 대한 물권변동 시 물권행위만으로 물권변동이 생기고 등기나 인도는 그 효력을 제3자에게 대항하기 위한 것이라는 견해

☐ 의사표시	일정한 법률효과를 발생시키고자 하는 내적 의사를 외부에 나타내는 행위. 법률행위의 필수불가결의 구성요소가 된다.
☐ 의사표시의 수령능력	수령한 의사표시의 내용 및 효력을 이해할 수 있는 능력
☐ 이전적 승계	전(前) 권리자에게 속하고 있던 권리가 그 동일성을 유지하면서 새로운 권리자에게 이전하는 것
☐ 이중매매	갑(甲)이 그 소유인 부동산을 을(乙)에게 매도하였으나, 소유권이전등기를 아직 하지 않고 있는 경우에, 갑(甲)이 그 부동산을 병(丙)에게 다시 매도하여 병(丙) 앞으로 소유권이전등기를 해 주는 경우를 말한다. 이중매매는 원칙으로 유효이다. 그러나 이중매매가 무효가 되기 위하여는 제2매수인(丙)이 매도인(甲)의 배임·횡령에 적극가담하여야 한다.
☐ 이행이익의 손해	채권이 유효하여 채무가 정상적으로 이행되었을 경우에 채권자가 받게 될 이익에 대한 손해
☐ 이행인수	권리관계의 양도 시 인수인이 채권자에 대하여 그 채무를 이행할 것을 약정하는 채무자와 인수인 사이의 계약
☐ 인격권	생명, 신체, 명예, 신용, 성명, 초상, 정조 등을 독점적·배타적으로 향유할 수 있는 권리
☐ 인정사망	사체는 발견되지 않았지만 사망한 것이 확실시되는 사건이 발생한 경우에 그것을 조사한 관공서가 지체 없이 사망자와 관련한 시, 읍, 면의 장에게 사건에 관한 보고와 피해자에 대한 사망의 보고를 하고, 이 보고에 의하여 가족관계 관련 공적 장부에 사망으로 기재가 되는 것
☐ 일물일권주의 (一物一權主義)	하나의 물건에 대하여는 병존할 수 없는 둘 이상의 물권은 동시에 성립될 수 없고, 하나의 물건의 일부 또는 하나의 물건의 구성부분에 대해서는 독립된 물권이 성립될 수 없다는 원칙. 예외가 다수 존재한다.
☐ 일반법과 특별법	법은 그 효력이 미치는 범위를 표준으로 하여 일반법과 특별법으로 나눌 수 있다. 사람·장소·사항 등에 특별한 제한 없이 일반적으로 적용되는 법을 일반법이라고 하고, 한정된 사람·장소·사항 등에 관하여서만 적용되는 법을 특별법이라고 한다. 일반법과 특별법이 서로 충돌하면 특별법이 일반법보다 우선 적용된다.

☐ 임대차	당사자 일방(임대인)이 상대방에게 목적물을 사용, 수익하게 할 것을 약정하고 상대방(임차인)이 이에 대하여 차임을 지급할 것을 약정함으로써 성립하는 낙성·유상·쌍무·불요식의 계약	
☐ 임의규정	법령 중 선량한 풍속 또는 기타 사회질서와 관계없는 규정 및 사적 자치가 허용되어 법률행위 과정에서 당사자간의 합의로 그 적용을 배제할 수 있는 규정	
☐ 임의대리	본인이 필요에 의하여 자신을 대신하여 제3자와 법률행위를 하도록 다른 사람에게 대리권을 수여함으로써 이루어지는 대리	
☐ 입목	「입목에 관한 법률」에 의하여 소유권보존등기를 한 수목의 집단	
☐ 자기계약	대리인이 한편으로는 본인을 대리하고 다른 한편으로는 대리인 스스로가 계약의 상대방이 되어 혼자서 본인·자기 사이의 계약을 맺는 것	
☐ 자력구제	권리자의 권리가 침해된 경우, 권리자 스스로가 자기의 권리(청구권)를 실현하기 위하여 자신의 재산권을 스스로 지키고 회복하는 것	
☐ 자주점유	소유의 의사를 가지고 하는 점유	
☐ 재단법인(財團法人)	일정한 목적을 위하여 바쳐진 재산, 즉 재단을 그 실체로 하는 법인	
☐ 저당권	채무자 또는 제3자가 점유를 이전하지 아니하고, 부동산에 대한 등기로서 담보를 제공하고, 채무자의 채무의 불이행 시 채권자는 채무의 담보로 제공한 부동산에 대하여 담보권을 실행하여 매각대금으로부터 다른 채권보다 우선변제를 받는 부동산에 대한 담보물권을 말한다. 특별한 경우 동산에 대하여도 저당권을 설정할 수 있다.	
☐ 전대	임차인이 그 임차물을 다시 제3자로 하여금 사용, 수익하게 하는 계약	
☐ 전세권	전세권자가 전세금을 지급하고 타인의 부동산을 점유하여 그 부동산의 용도에 좇아 사용, 수익하다가, 전세권이 종료되었으나 전세금 반환이 지체된 경우 전세권자가 경매를 실행하여 그 부동산 전부에 대하여 후순위 권리자, 기타 채권자보다 전세금에 관하여 우선변제권이 인정되는 특수한 용익물권	

☐ 전세권소멸 청구권	전세권자가 전세권과 관련된 의무를 위반하는 경우에는 전세권소멸청구를 할 수 있는(민법 제311조 제1항) 전세권설정자의 권리로서 전세권소멸청구가 있으면 전세권은 즉시 소멸한다.
☐ 전세권소멸 통고권	전세권의 존속기간을 약정하지 않은 때에는 각 당사자는 언제든지 상대방에 대하여 전세권을 소멸하게 하겠다고 통고를 할 수 있는 권리로서 일방당사자가 전세권의 소멸통고를 받은 날로부터 6개월이 경과하면 전세권이 소멸한다(민법 제313조).
☐ 전전세	전세권자가 그 전세권의 범위 내에서 전세목적물의 일부 또는 전부에 관하여 제3자에게 다시 전세권을 설정해 주는 것
☐ 점유	물건에 대해 사실상 지배하고 있는 상태
☐ 점유개정	동산의 소유자가 자신의 소유 동산을 매각하고 목적물을 인도하여야 하지만 그 동산을 일정 기간 빌리는 형식으로 계속하여 점유하는 형태의 동산 인도방법
☐ 점유물반환 청구권	점유자가 점유를 침탈당한 때에 그 물건의 반환 및 손해의 배상을 청구할 수 있는 권리
☐ 점유물방해 예방청구권	점유자가 점유의 방해를 받을 염려가 있는 때에 그 방해의 예방 또는 손해배상의 담보를 청구할 수 있는 권리
☐ 점유물방해 제거청구권	점유자가 점유의 방해를 받은 때에 그 방해의 제거 및 손해의 배상을 청구할 수 있는 권리
☐ 점유보조자	타인의 지시를 받아 물건에 대한 사실상의 지배를 하는 자로서 점유자가 되지 못하는 자. 점유보조자에 대하여 지시를 하는 '타인'을 점유주라고 한다.
☐ 점유보호 청구권	본권(소유권 또는 제한물권)의 유무와는 관계없이 점유 그 자체를 보호하기 위한 일종의 물권적 청구권으로서 점유에 대한 침해가 있을 경우에 발생하는 청구권
☐ 제척기간	어떤 종류의 권리에 대해 법률이 정한 존속기간으로, 권리자가 권리를 신속하게 행사하도록 하여 법률관계를 조속히 확정할 수 있다. 제척기간 내에 권리를 행사하지 않으면 그 권리가 소멸한다는 점에서 소멸시효와 유사한 점이 있다.

☐ 제한능력자		미성년자, 피성년후견인, 피한정후견인
☐ 조건		법률행위의 효력의 발생 또는 소멸을 장래 발생 여부가 불확실한 사실에 의존하게 하는 법률행위의 부관
☐ 조리(條理)		사물의 본성, 본질적 법칙, 사람의 이성에 기해 발현(發現)되는 자연적 법리. 사물의 이치, 자연의 섭리 또는 사회의 정의·도덕 내지 양심 등 구체적 상황에 따라 여러 가지 의미로 이해할 수 있으나 일반적으로 민법에서의 조리란 법원의 일종으로 신의성실의 원칙으로 이해한다.
☐ 조약(條約)		국가 간의 계약문서로 헌법 제5조에 의해 국내법과 동일한 효력이 있으므로 조약 중 민사(民事)에 관한 사항은 민법의 법원(法源)이 된다.
☐ 종물		물건의 소유자가 그 물건(주물)의 계속 사용에 이바지하기 위하여 자기 소유인 다른 물건을 이에 부속하게 한 때에 그 부속한 물건
☐ 주소		실제 생활의 근거가 되는 곳으로 주소는 동시에 두 곳 이상 둘 수 있다. 주소는 부재와 실종의 표준이 되고, 채무변제의 장소, 상속의 개시지로서 의미가 부여된다.
☐ 준물권행위		물권 이외의 권리(채권 및 기타 재산권)의 발생, 변경, 소멸을 직접 가져오게 하고 후에 이행의 문제를 남기지 않는 것
☐ 준법률행위		권리변동의 원인 중 하나로서 적법행위 중 법률행위를 제외한 모든 법률사실의 총체
☐ 준용(準用)과 유추적용(類推適用)		준용이란 어떤 사항을 규율하기 위하여 만들어진 법규를 그것과 유사하나 성질이 다른 사항에 대하여 필요한 약간의 수정을 가하여 적용시키는 것이다. 법률상 명문으로써 지시되어 있다는 점에서 단순히 유사한 사건에 대하여 해석 기술(技術)상의 일종인 유추적용(類推適用)과 다르며, 같은 종류의 규정을 되풀이하는 번잡을 피하기 위한 법 기술(記述) 방식의 하나이다.
☐ 준점유		물건이 아닌 재산권을 사실상 행사하는 것
☐ 증권적 채권		유가증권의 일종으로서 채권의 성립, 존속, 행사, 양도 등 모든 것이 그 증권에 의하여 행하여지는 채권

☐ 지명채권	채권자가 특정되어 있고 그 채권의 성립, 양도를 위하여 원칙적으로 증서의 작성, 교부를 필요로 하지 않는 채권
☐ 지배권	지배권이란 권리자가 그 객체를 직접적으로 지배하며, 따라서 권리의 실현을 위하여 별도로 제3자의 협력을 필요로 하지 않는 권리
☐ 지상권	타인의 토지에 건물 기타 공작물이나 수목을 소유하기 위하여 그 토지를 사용할 수 있는 물권
☐ 지시채권	특정인 또는 발행자가 지시하는 자에게 변제하여야 하는 증권적 채권
☐ 지역권	일정한 토지의 이용가치를 증가시키기 위하여 다른 토지를 이용하는 권리. 지역권자는 요역지의 편익을 위하여 승역지를 사용할 권리가 있다.
☐ 직접점유	물건을 직접 지배하거나 또는 점유보조자를 통해서 물건을 사실상 지배하는 것
☐ 질권	채권자가 그 채권의 담보로 채무자 또는 제3자(물상보증인)가 제공한 동산 또는 재산권을 점유하고, 변제가 없을 때에 그 동산 또는 재산권으로부터 우선변제를 받을 수 있는 권리
☐ 집합물	단일물 또는 합성물인 다수의 물건이 집합하여 경제적으로 단일한 가치를 가지고 거래상 일체로 다루어지는 물건
☐ 착오에 의한 의사표시	표의자의 의사표시가 표시의 내용과 내심의 의사가 일치하지 않는 것을 표의자 자신이 알지 못하는 것
☐ 채권(債權)	특정인(채권자)이 타인(채무자)에 대하여 일정한 행위(급부)를 요구할 수 있는 권리
☐ 채권양도	채권이 그 동일성을 유지하면서 계약에 의하여 다른 사람에게 이전되는 것
☐ 채권자대위권	채권자가 자기의 채권을 보전하기 위하여 자기의 이름으로 채무자의 제3자에 대한 권리를 대위하여 행사할 수 있는 권리
☐ 채권자지체	채무자의 채무이행을 채권자가 그의 귀책사유로 수령하지 않는 것

☐	**채권자취소권**	채권자를 해(害)함을 잘 알면서 채무자가 제3자에게 재산권을 목적으로 한 법률행위를 하여 그 책임재산이 감소하거나 채무가 증가하여 채권자가 그 채권을 만족받지 못할 위험이 있는 경우, 채권자가 직접 제3자와 채무자와의 법률행위를 취소하고 일탈된 재산에 대한 명의를 채무자에게 되돌려 놓는 것을 소송을 통하여 구할 수 있는 채권자의 권리
☐	**채권행위**	채권의 발생을 목적으로 하는 의무를 부담하는 법률행위로서, 장차 이로 인하여 발생한 채권, 채무에 관하여 이행의 문제가 남는 행위
☐	**채무**	채권에 상응하여 채권자에게 일정한 행위(급부)를 부담하는 것. 지참채무, 금전채무, 이자채권이 있다.
☐	**채무불이행**	이행지체, 이행불능, 불완전이행 등과 같이 채무자가 채무를 이행해야 함에도 불구하고 그 이행을 하지 않는 것. 이행지체, 이행불능, 불완전이행이 있다.
☐	**채무인수**	채무의 동일성을 유지하면서 제3자에게 채무가 이전하는 것, 즉 채무자가 변경되는 것을 의미한다.
☐	**책임능력**	불법행위의 결과에 대한 책임을 감당할 수 있는 판단능력
☐	**책임재산**	채권자가 채권의 만족을 얻기 위하여 채무자의 재산에 대한 강제집행을 청구할 경우, 그 청구에 의한 강제집행 방법으로 채권자에게 만족을 줄 수 있는 모든 재산
☐	**천연과실**	물건의 용법에 의하여 수취하는 산출물. 물건의 용도에 따라 사용하는 과정에서 생기는 이익으로서 물건
☐	**철회**	법률상 의사표시를 한 자가 장차 그 의사표시의 효력이 발생하기 전에 소멸시키는 일방적 의사표시. 민법상에서는 취소와 구별되지 않고 사용되기도 하지만, 취소는 이미 효력이 발생하고 있는 의사표시를 소급하여 소멸시키는 행위이고 철회는 아직 발생하지 않은 효력의 발생가능성을 소멸시키는 행위라는 차이점이 있다.
☐	**첨부**	소유자가 각기 다른 두 개 이상의 물건이 결합하여 사회관념상 분리하는 것이 불가능하게 된 때, 물건에 노력이 결합하여 사회관념상 그 분리가 불가능하게 된 때, 이의 복구를 허용하지 않고서 그것을 어느 한 사람의 소유로 귀속시키고자 하는 것. 부합·혼화·가공이 있다.

☐ 청구권	권리자가 의무자에 대하여 특정의 행위(작위. 부작위)를 청구할 수 있는 권리, 즉 권리의 실현을 위하여 의무자의 자발적 협력(의무의 이행)을 필요로 하는 권리
☐ 청약	계약의 일방당사자가 상대방에게 하는 일방적, 확정적 의사표시로서 상대방이 이에 응하는 승낙을 하고 그 내용도 같으면 계약이 성립된다.
☐ 총유	법인이 아닌 사단의 사원이 집합체로서 물건을 소유하는 공동소유의 형태 중 하나
☐ 최고(催告)	권리자 또는 의무자가 특정한 행위를 하라고 상대방에게 요구(독촉)하는 의사의 통지. 최고를 하고 나면 법률에 규정된 대로 법률효과가 발생한다. 의무이행의 최고와 권리행사의 최고로 나눌 수 있다.
☐ 추인(追認)	이미 발생한 불완전한 법률행위를 사후에 보충하여 확정적으로 유효하게 하는 의사표시자의 일방적 의사표시로서 "추후에 승인한다."라는 의미로 이해된다. 추인은 크게 무권대리행위의 추인, 무효행위의 추인, 취소할 수 있는 행위의 추인으로 나눌 수 있다.
☐ 추정(推定)	불명확한 사실을 일단 존재하는 것으로 정하여 법률효과를 발생시키되, 상대방이 반증을 제시하면 추정된 효과는 즉시 소멸하는 것
☐ 축소해석	법조문이 가지는 문언(文言)적 의미를 입법 취지를 충실히 고려하여 가능한 한 그 범위를 좁고 엄격하게 해석하는 것
☐ 취득시효	물건을 점유하는 사실상태가 일정한 기간 동안 계속되는 경우에, 그것이 진실한 권리관계와 일치하는가의 여부를 묻지 않고 점유자에게 권리취득의 효과가 생기게 하는 시효제도
☐ 취소	일단 유효하게 성립된 법률행위가 제한능력 또는 착오·사기·강박에 의하여 이루어졌다면 이를 이유로 표의자의 일방적 의사표시로 그 효과가 소급하여 소멸하는 것으로, 법률행위를 취소하면 그 행위는 소급하여 무효가 된다.
☐ 타주점유	소유의 의사를 가지지 않고 하는 점유. 임차인·전세권자 등 용익권자들의 점유

☐ 탈법행위	외형상 강행법규를 직접 정면으로는 위반하지는 않았으나, 그 법규가 금지하고 있는 내용을 실질적으로 실현하는 행위. 즉, 강행법규를 간접적으로 위반한 경우를 말한다. 탈법행위는 무효이나 예외적으로 그 효력이 발생하는 경우도 있다.
☐ 태아	모체(母體) 내에 있는 생명으로서 장차 자연인으로 출생할 것을 기대할 수 있는 생명체
☐ 통정허위표시	의사표시의 양 당사자가 표시된 사실의 의미와 내용을 잘 알면서 상호 합의하에 표시된 내용이 아닌 미리 합의된 다른 내용에 의하여 여러 가지 결과를 발생하도록 하는 의사표시
☐ 특수지역권	어느 지역의 주민이 집합체의 관계로 일정한 토지에서 초목·야생물 및 토사의 채취·방목·기타 공동으로 수익하는 관습상의 권리
☐ 특정승계	각각의 권리가 개별적인 법률요건에 의하여 다른 권리주체에게 이동하는 것
☐ 포괄근저당	기본계약이 없이 당사자 사이에서 발생하는 현재와 장래의 모든 채권을 일정한 한도액까지 담보하기 위하여 설정하는 담보권
☐ 포괄승계	상속 또는 회사의 합병에 의하여 여러 개의 권리와 의무가 일괄적으로 다른 자에게 승계되는 것
☐ 포함적 의사표시	표의자의 특정한 행위가 구체적·확정적으로 특정한 효과를 선언하지는 않았으나 그 실행행위 또는 이행행위로 추단되는 의사표시가 포함되어 있는 경우 그 이행행위 또는 실행행위에 법률효과를 부여하여 법률관계가 형성되는 것. 간접적 의사표시라고도 한다.
☐ 표시행위	법률행위의 결과로서 효과의사를 외부에 표현하는 행위. 의사표시로서 가치를 가지는 적극·소극의 모든 행위를 의미한다. 여기에는 구두 등 명시적인 경우와 침묵 또는 거동으로 인한 묵시적인 것도 포함한다.
☐ 표현대리	대리행위를 한 대리인에게 대리권이 없음에도 불구하고 마치 그것이 있는 것과 같은 외관이 있고 또한 그러한 외관의 발생에 관하여 본인이 원인을 제공한 경우, 그 무권대리행위에 대해 본인이 전적으로 책임을 지게 함으로써 선의·무과실의 상대방을 보호하려는 것

☐ 피성년후견인	질병, 장애, 노령, 그 밖의 사유로 인한 정신적 제약으로 사무를 처리할 능력이 지속적으로 결여된 사람으로서 가정법원으로부터 성년후견개시의 심판을 받은 사람. 피성년후견인의 법률행위는 원칙적으로 취소할 수 있다.
☐ 피특정후견인	질병, 장애, 노령, 그 밖의 사유로 인한 정신적 제약으로 일시적 후원 또는 특정한 사무에 관한 후원이 필요한 사람으로서 가정법원으로부터 특정후견의 심판을 받은 사람. 피특정후견인은 제한능력자가 아니다.
☐ 피한정후견인	질병, 장애, 노령, 그 밖의 사유로 인한 정신적 제약으로 사무를 처리할 능력이 부족한 사람으로서 가정법원으로부터 한정후견개시의 심판을 받은 사람. 피한정후견인이 한 법률행위는 일정한 요건하에 취소할 수 있다.
☐ 하도급	도급인으로부터 일을 맡은 수급인이 그 일을 자기가 스스로 완성시키지 않고 제3자에게 그 일을 맡겨서 완성시키는 것
☐ 하자 없는 점유	선의, 무과실, 평온, 공연, 계속 등의 사정이 있는 점유
☐ 하자 있는 의사표시	타인의 사기 또는 강박으로 말미암아 방해된 상태에서 자유롭지 못하게 행하여진 의사표시. 사기·강박에 의한 의사표시는 표의자가 취소할 수 있다.
☐ 하자 있는 점유	악의, 과실, 강폭, 은비, 불계속 등의 사정이 있는 점유
☐ 합동행위	방향을 같이하는 두 개의 의사표시의 합치에 의하여 성립하는 법률행위
☐ 합유	법률의 규정 또는 계약에 의하여 수인이 조합체로서 물건을 소유하는 공동소유의 한 가지 형태
☐ 항변권	상대방의 청구권 행사 시 그 효력발생을 저지할 수 있는 권리. 연기적 항변권과 영구적 항변권으로 나뉜다.
☐ 해제권	계약이 유효하게 성립한 이후, 당사자 일방의 채무불이행 또는 사전에 약정한 사유가 있는 경우, 이를 이유로 일방 당사자의 일방적인 의사표시로 계약을 소급적으로 소멸시키는 것

☐ 해지권	계속적 계약관계에서 약정사유 또는 채무불이행을 이유로 그 효력을 장래를 향하여 소멸시키는 계약당사자의 일방적 의사표시
☐ 행위능력	혼자서 완전하면서 유효한 법률행위를 할 수 있는 지위 또는 자격. 실질적 정신능력의 여하에 불구하고 객관적인 기준에 따라 획일적으로 정해지는 법정(法定)능력
☐ 허위표시	상대방과 통정하여 하는 거짓의 의사표시로서 가장(假裝)행위. 가장행위는 당사자간에는 언제나 무효이다.
☐ 현명(顯名)	대리인이 대리행위를 할 때 그 법률효과를 본인에게 귀속시키겠다는 것을 표시하는 것. 즉, 특정인의 이름을 외부에서 제3자들이 쉽게 알 수 있도록 표시하는 것
☐ 현실의 인도	물건에 대한 사실상의 지배를 사실상 이동하는 것
☐ 형성권	권리자의 일방적인 의사에 의하여 법률관계를 변경(형성)시킬 수 있는 권리
☐ 형식주의	성립요건주의라고도 하며 물권변동을 위한 법률행위 시 물권행위 이외에 일정한 형식(등기나 인도 등)을 갖춘 때에 당사자 사이에서나 제3자에 대한 관계에서나 비로소 물권변동이 생긴다는 견해를 말한다. 의사주의에 대비된다.
☐ 혼동	서로 대립하는 두 개의 법률상의 지위 또는 자격이 동일인에게 귀속되어 그중 보존할 가치가 없는 권리를 소멸하게 하는 것을 말하며, 채권·물권의 공통 소멸원인
☐ 혼화	소유자를 각각 달리하는 수개의 물건이 서로 섞여서(혼합·융화) 원래 상태로 되돌리는 것이 사회통념상 불가능한 상태
☐ 확장해석	법조문이 가지는 문언(文言)적 의미를 입법 취지를 충실히 고려하여 그 의미를 최대한 넓게 해석하는 것
☐ 환매특약	매도인이 매매계약과 동시에 특약을 부가하여 일정 기간 내에 다시 매수하기로 약정함으로써 그 약정에 따라 매도인이 다시 소유권을 회복할 수 있는 계약

☐ 효과의사	의사표시의 구성요소이고 일정한 법률효과를 원하는 의사. 여기에는 표시행위로부터 추정되는 의사인 표시상의 효과의사와 내심의 효과의사, 즉 진의로 구별된다.
☐ 효력규정	강행규정 중 그 규정에 위반하는 행위에 대하여 사법상의 효력을 부정하는 규정. 즉, 위반한 행위의 효력이 무효가 되는 것
☐ 후견인	미성년자나 법정후견대상자의 신체·재산에 대하여 법적으로 보호하거나 대신할 책임과 권한이 있는 성인. 후견인의 사무를 감독할 권한이 있는 사람은 후견감독인이라고 한다.

민법 조문

[시행 2026. 1. 1.]
[법률 제20432호, 2024. 9. 20., 일부개정]

제1편 총칙

제1장 통칙

제1조 【법원】 민사에 관하여 **법률**에 규정이 없으면 **관습법**에 의하고 관습법이 없으면 **조리**에 의한다.

제2조 【신의성실】 ① 권리의 행사와 의무의 이행은 신의에 좇아 성실히 하여야 한다.
② 권리는 남용하지 못한다.

제2장 인

제1절 능력

제3조 【권리능력의 존속기간】 사람은 **생존한 동안** 권리와 의무의 주체가 된다.

제4조 【성년】 사람은 **19세**로 성년에 이르게 된다.

제5조 【미성년자의 능력】 ① 미성년자가 법률행위를 함에는 **법정대리인의 동의**를 얻어야 한다. 그러나 권리만을 얻거나 의무만을 면하는 행위는 그러하지 아니하다.
② 전항의 규정에 **위반한 행위는 취소**할 수 있다.

제6조 【처분을 허락한 재산】 법정대리인이 **범위를 정하여 처분을 허락한 재산**은 미성년자가 임의로 처분할 수 있다.

제7조 【동의와 허락의 취소】 법정대리인은 미성년자가 아직 법률행위를 하기 전에는 전2조의 동의와 허락을 취소할 수 있다.

제8조 【영업의 허락】 ① 미성년자가 법정대리인으로부터 **허락을 얻은 특정한 영업**에 관하여는 성년자와 동일한 행위능력이 있다.
② 법정대리인은 전항의 허락을 취소 또는 제한할 수 있다. 그러나 선의의 제삼자에게 대항하지 못한다.

제9조 【성년후견개시의 심판】 ① 가정법원은 질병, 장애, 노령, 그 밖의 사유로 인한 정신적 제약으로 사무를 처리할 능력이 **지속적으로 결여된 사람**에 대하여 본인, 배우자, 4촌 이내의 친족, 미성년후견인, 미성년후견감독인, 한정후견인, 한정후견감독인, 특정후견인, 특정후견감독인, 검사 또는 지방자치단체의 장의 청구에 의하여 성년후견개시의 심판을 한다.
② 가정법원은 성년후견개시의 심판을 할 때 **본인의 의사를 고려**하여야 한다.

제10조 【피성년후견인의 행위와 취소】 ① **피성년후견인의 법률행위는 취소할 수 있다.**
② 제1항에도 불구하고 가정법원은 취소할 수 없는 피성년후견인의 법률행위의 범위를 정할 수 있다.
③ 가정법원은 본인, 배우자, 4촌 이내의 친족, 성년후견인, 성년후견감독인, 검사 또는 지방자치단체의 장의 청구에 의하여 제2항의 범위를 변경할 수 있다.
④ 제1항에도 불구하고 **일용품의 구입 등 일상생활에 필요하고 그 대가가 과도하지 아니한 법률행위는 성년후견인이 취소할 수 없다.**

제11조 【성년후견종료의 심판】 성년후견개시의 원인이 소멸된 경우에는 가정법원은 본인, 배우자, 4촌 이내의 친족, 성년후견인, 성년후견감독인, 검사 또는 지방자치단체의 장의 청구에 의하여 성년후견종료의 심판을 한다.

제12조 【한정후견개시의 심판】 ① 가정법원은 질병, 장애, 노령, 그 밖의 사유로 인한 정신적 제약으로 **사무를 처리할 능력이 부족한 사람**에 대하여 본인, 배우자, 4촌 이내의 친족, 미성년후견인, 미성년후견감독인, 성년후견인, 성년후견감독인, 특정후견인, 특정후견감독인, 검사 또는 지방자치단체의 장의 청구에 의하여 한정후견개시의 심판을 한다.
② 한정후견개시의 경우에 제9조 제2항을 준용한다.

제13조 【피한정후견인의 행위와 동의】 ① 가정법원은 피한정후견인이 한정후견인의 동의를 받아야 하는 행위의 범위를 정할 수 있다.
② 가정법원은 본인, 배우자, 4촌 이내의 친족, 한정후견인, 한정후견감독인, 검사 또는 지방자치단체의 장의 청구에 의하여 제1항에 따른 한정후견인의 동의를 받아야만 할 수 있는 행위의 범위를 변경할 수 있다.

③ 한정후견인의 동의를 필요로 하는 행위에 대하여 한정후견인이 피한정후견인의 이익이 침해될 염려가 있음에도 그 동의를 하지 아니하는 때에는 가정법원은 피한정후견인의 청구에 의하여 한정후견인의 동의를 갈음하는 허가를 할 수 있다.
④ **한정후견인의 동의가 필요한 법률행위를 피한정후견인이 한정후견인의 동의 없이 하였을 때에는 그 법률행위를 취소할 수 있다.** 다만, 일용품의 구입 등 일상생활에 필요하고 그 대가가 과도하지 아니한 법률행위에 대하여는 그러하지 아니하다.

제14조【한정후견종료의 심판】한정후견개시의 원인이 소멸된 경우에는 가정법원은 본인, 배우자, 4촌 이내의 친족, 한정후견인, 한정후견감독인, 검사 또는 지방자치단체의 장의 청구에 의하여 한정후견종료의 심판을 한다.

제14조의2【특정후견의 심판】① 가정법원은 질병, 장애, 노령, 그 밖의 사유로 인한 정신적 제약으로 **일시적 후원 또는 특정한 사무에 관한 후원이 필요한 사람**에 대하여 본인, 배우자, 4촌 이내의 친족, 미성년후견인, 미성년후견감독인, 검사 또는 지방자치단체의 장의 청구에 의하여 특정후견의 심판을 한다.
② **특정후견은 본인의 의사에 반하여 할 수 없다.**
③ 특정후견의 심판을 하는 경우에는 특정후견의 기간 또는 사무의 범위를 정하여야 한다.

제14조의3【심판 사이의 관계】① 가정법원이 피한정후견인 또는 피특정후견인에 대하여 성년후견개시의 심판을 할 때에는 종전의 한정후견 또는 특정후견의 종료 심판을 한다.
② 가정법원이 피성년후견인 또는 피특정후견인에 대하여 한정후견개시의 심판을 할 때에는 종전의 성년후견 또는 특정후견의 종료 심판을 한다.

제15조【제한능력자의 상대방의 확답을 촉구할 권리】
① 제한능력자의 상대방은 제한능력자가 능력자가 된 후에 그에게 1개월 이상의 기간을 정하여 그 취소할 수 있는 행위를 추인할 것인지 여부의 확답을 촉구할 수 있다. 능력자로 된 사람이 그 기간 내에 확답을 발송하지 아니하면 그 행위를 추인한 것으로 본다.
② 제한능력자가 아직 능력자가 되지 못한 경우에는 그의 법정대리인에게 제1항의 촉구를 할 수 있고, 법정대리인이 그 정하여진 기간 내에 확답을 발송하지 아니한 경우에는 그 행위를 추인한 것으로 본다.
③ 특별한 절차가 필요한 행위는 그 정하여진 기간 내에 그 절차를 밟은 확답을 발송하지 아니하면 취소한 것으로 본다.

제16조【제한능력자의 상대방의 철회권과 거절권】① 제한능력자가 맺은 **계약은** 추인이 있을 때까지 **상대방이** 그 의사표시를 **철회할 수** 있다. 다만, **상대방이** 계약 당시에 제한능력자임을 **알았을 경우에는 그러하지 아니하다.**
② **제한능력자의 단독행위는** 추인이 있을 때까지 **상대방이 거절할 수** 있다.
③ 제1항의 철회나 제2항의 거절의 의사표시는 제한능력자에게도 할 수 있다.

제17조【제한능력자의 속임수】① **제한능력자가 속임수로써 자기를 능력자로 믿게 한 경우에는** 그 행위를 취소할 수 없다.
② **미성년자나 피한정후견인이 속임수로써 법정대리인의 동의가 있는 것으로 믿게 한 경우에도** 제1항과 같다.

제2절 주소

제18조【주소】① 생활의 근거되는 곳을 주소로 한다.
② **주소는 동시에 두 곳 이상 있을 수** 있다.

제19조【거소】주소를 알 수 없으면 **거소를 주소로 본다.**

제20조【거소】국내에 주소 없는 자에 대하여는 국내에 있는 **거소를 주소로 본다.**

제21조【가주소】어느 행위에 있어서 **가주소를** 정한 때에는 그 행위에 관하여는 이를 **주소로 본다.**

제3절 부재와 실종

제22조【부재자의 재산의 관리】① 종래의 주소나 거소를 떠난 자가 **재산관리인을 정하지 아니한 때**에는 법원은 이해관계인이나 검사의 청구에 의하여 재산관리에 관하여 필요한 처분을 명하여야 한다. 본인의 부재 중 **재산관리인의 권한이 소멸한 때**에도 같다.
② 본인이 그 후에 재산관리인을 정한 때에는 법원은 본인, 재산관리인, 이해관계인 또는 검사의 청구에 의하여 전항의 명령을 취소하여야 한다.

제23조【관리인의 개임】부재자가 재산관리인을 정한 경우에 **부재자의 생사가 분명하지 아니한 때**에는 법원은 재산관리인, 이해관계인 또는 검사의 청구에 의하여 재산관리인을 개임할 수 있다.

제24조【관리인의 직무】① 법원이 선임한 재산관리인은 관리할 재산목록을 작성하여야 한다.
② 법원은 그 선임한 재산관리인에 대하여 부재자의 재산을 보존하기 위하여 필요한 처분을 명할 수 있다.
③ 부재자의 생사가 분명하지 아니한 경우에 이해관계인이나 검사의 청구가 있는 때에는 법원은 부재자가 정한 재산관리인에게 전2항의 처분을 명할 수 있다.
④ 전3항의 경우에 그 비용은 부재자의 재산으로써 지급한다.

제25조【관리인의 권한】법원이 선임한 재산관리인이 제118조에 규정한 권한을 넘는 행위를 함에는 법원의 허가를 얻어야 한다. 부재자의 생사가 분명하지 아니한 경우에 부재자가 정한 재산관리인이 권한을 넘는 행위를 할 때에도 같다.

제26조【관리인의 담보제공, 보수】① 법원은 그 선임한 재산관리인으로 하여금 재산의 관리 및 반환에 관하여 상당한 담보를 제공하게 할 수 있다.
② 법원은 그 선임한 재산관리인에 대하여 부재자의 재산으로 상당한 보수를 지급할 수 있다.
③ 전2항의 규정은 부재자의 생사가 분명하지 아니한 경우에 부재자가 정한 재산관리인에 준용한다.

제27조【실종의 선고】① **부재자의 생사가 5년간 분명하지 아니한 때**에는 법원은 이해관계인이나 검사의 청구에 의하여 실종선고를 하여야 한다.
② 전지에 임한 자, 침몰한 선박 중에 있던 자, 추락한 항공기 중에 있던 자 기타 사망의 원인이 될 위난을 당한 자의 생사가 전쟁종지 후 또는 선박의 침몰, 항공기의 추락 기타 위난이 종료한 후 **1년간 분명하지 아니한 때**에도 제1항과 같다.

제28조【실종선고의 효과】실종선고를 받은 자는 전조의 **기간이 만료한 때에 사망한 것으로 본다.**

제29조【실종선고의 취소】① 실종자의 생존한 사실 또는 전조의 규정과 상이한 때에 사망한 사실의 증명이 있으면 법원은 본인, 이해관계인 또는 검사의 청구에 의하여 실종선고를 취소하여야 한다. 그러나 **실종선고 후 그 취소 전에 선의로 한 행위**의 효력에 영향을 미치지 아니한다.
② 실종선고의 취소가 있을 때에 **실종의 선고를 직접 원인**으로 하여 재산을 취득한 자가 **선의인 경우**에는 그 받은 이익이 **현존하는 한도**에서 반환할 의무가 있고 악의인 경우에는 그 받은 이익에 이자를 붙여서 반환하고 손해가 있으면 이를 배상하여야 한다.

제30조【동시사망】2인 이상이 동일한 위난으로 사망한 경우에는 **동시에 사망한 것으로 추정한다.**

제3장 법인
제1절 총칙

제31조【법인성립의 준칙】법인은 법률의 규정에 의함이 아니면 성립하지 못한다.

제32조【비영리법인의 설립과 허가】학술, 종교, 자선, 기예, 사교 기타 영리 아닌 사업을 목적으로 하는 사단 또는 재단은 주무관청의 허가를 얻어 이를 법인으로 할 수 있다.

제33조【법인설립의 등기】법인은 그 주된 사무소의 소재지에서 설립등기를 함으로써 성립한다.

제34조【법인의 권리능력】법인은 법률의 규정에 좇아 정관으로 정한 목적의 범위 내에서 권리와 의무의 주체가 된다.

제35조【법인의 불법행위능력】① 법인은 **이사 기타 대표자가** 그 **직무에 관하여** 타인에게 가한 손해를 배상할 책임이 있다. 이사 기타 대표자는 이로 인하여 자기의 손해배상책임을 면하지 못한다.
② 법인의 **목적범위 외의 행위**로 인하여 타인에게 손해를 가한 때에는 그 사항의 **의결에 찬성**하거나 그 의결을 **집행한 사원, 이사 및 기타 대표자가 연대하여 배상**하여야 한다.

제36조【법인의 주소】법인의 주소는 그 주된 사무소의 소재지에 있는 것으로 한다.

제37조【법인의 사무의 검사, 감독】법인의 사무는 **주무관청**이 검사, 감독한다.

제38조【법인의 설립허가의 취소】 법인이 **목적 이외의 사업**을 하거나 **설립허가의 조건에 위반**하거나 기타 **공익을 해하는 행위**를 한 때에는 주무관청은 그 **허가를 취소할 수 있다**.

제39조【영리법인】 ① 영리를 목적으로 하는 사단은 상사회사설립의 조건에 좇아 이를 법인으로 할 수 있다.
② 전항의 사단법인에는 모두 상사회사에 관한 규정을 준용한다.

제2절 설립

제40조【사단법인의 정관】 사단법인의 설립자는 다음 각 호의 사항을 기재한 정관을 작성하여 기명날인하여야 한다.
1. 목적
2. 명칭
3. 사무소의 소재지
4. 자산에 관한 규정
5. 이사의 임면에 관한 규정
6. 사원자격의 득실에 관한 규정
7. 존립시기나 해산사유를 정하는 때에는 그 시기 또는 사유

제41조【이사의 대표권에 대한 제한】 이사의 대표권에 대한 제한은 이를 정관에 기재하지 아니하면 그 효력이 없다.

제42조【사단법인의 정관의 변경】 ① 사단법인의 정관은 **총사원 3분의 2 이상의 동의**가 있는 때에 한하여 이를 변경할 수 있다. 그러나 정수에 관하여 정관에 다른 규정이 있는 때에는 그 규정에 의한다.
② 정관의 변경은 **주무관청의 허가**를 얻지 아니하면 그 효력이 없다.

제43조【재단법인의 정관】 재단법인의 설립자는 일정한 재산을 출연하고 제40조 제1호 내지 제5호의 사항을 기재한 정관을 작성하여 기명날인하여야 한다.

제44조【재단법인의 정관의 보충】 재단법인의 설립자가 그 명칭, 사무소 소재지 또는 이사임면의 방법을 정하지 아니하고 사망한 때에는 이해관계인 또는 검사의 청구에 의하여 법원이 이를 정한다.

제45조【재단법인의 정관변경】 ① 재단법인의 정관은 그 **변경방법을 정관에 정한 때에 한하여** 변경할 수 있다.
② 재단법인의 목적달성 또는 그 재산의 보전을 위하여 적당한 때에는 전항의 규정에 불구하고 **명칭 또는 사무소의 소재지를 변경**할 수 있다.
③ 제42조 제2항의 규정은 전2항의 경우에 준용한다.

제46조【재단법인의 목적 기타의 변경】 재단법인의 목적을 달성할 수 없는 때에는 설립자나 이사는 주무관청의 허가를 얻어 설립의 취지를 참작하여 그 목적 기타 정관의 규정을 변경할 수 있다.

제47조【증여, 유증에 관한 규정의 준용】 ① **생전처분**으로 재단법인을 설립하는 때에는 **증여에 관한 규정을 준용**한다.
② **유언으로** 재단법인을 설립하는 때에는 **유증에 관한 규정**을 준용한다.

제48조【출연재산의 귀속시기】 ① **생전처분**으로 재단법인을 설립하는 때에는 출연재산은 **법인이 성립된 때**로부터 법인의 재산이 된다.
② **유언으로** 재단법인을 설립하는 때에는 출연재산은 **유언의 효력이 발생한 때**로부터 법인에 귀속한 것으로 본다.

제49조【법인의 등기사항】 ① 법인설립의 허가가 있는 때에는 **3주간 내에** 주된 사무소 소재지에서 설립등기를 하여야 한다.
② 전항의 등기사항은 다음과 같다.
1. 목적
2. 명칭
3. 사무소
4. 설립허가의 연월일
5. 존립시기나 해산이유를 정한 때에는 그 시기 또는 사유
6. 자산의 총액
7. 출자의 방법을 정한 때에는 그 방법
8. 이사의 성명, 주소
9. 이사의 대표권을 제한한 때에는 그 제한

제50조【분사무소(分事務所) 설치의 등기】 법인이 분사무소를 설치한 경우에는 주사무소(主事務所)의 소재지에서 3주일 내에 분사무소 소재지와 설치 연월일을 등기하여야 한다.

제51조【사무소 이전의 등기】 ① 법인이 주사무소를 이전한 경우에는 종전 소재지 또는 새 소재지에서 3주일 내에 새 소재지와 이전 연월일을 등기하여야 한다.
② 법인이 분사무소를 이전한 경우에는 주사무소 소재지에서 3주일 내에 새 소재지와 이전 연월일을 등기하여야 한다.

제52조【변경등기】 제49조 제2항의 사항 중에 변경이 있는 때에는 3주간 내에 변경등기를 하여야 한다.

제52조의2【직무집행정지 등 가처분의 등기】 이사의 직무집행을 정지하거나 직무대행자를 선임하는 가처분을 하거나 그 가처분을 변경·취소하는 경우에는 주사무소가 있는 곳의 등기소에서 이를 등기하여야 한다.

제53조【등기기간의 기산】 전3조의 규정에 의하여 등기할 사항으로 관청의 허가를 요하는 것은 그 허가서가 도착한 날로부터 등기의 기간을 기산한다.

제54조【설립등기 이외의 등기의 효력과 등기사항의 공고】 ① 설립등기 이외의 본절의 등기사항은 그 등기 후가 아니면 제삼자에게 대항하지 못한다.
② 등기한 사항은 법원이 지체 없이 공고하여야 한다.

제55조【재산목록과 사원명부】 ① 법인은 성립한 때 및 매년 3월 내에 재산목록을 작성하여 사무소에 비치하여야 한다. 사업연도를 정한 법인은 성립한 때 및 그 연도 말에 이를 작성하여야 한다.
② 사단법인은 사원명부를 비치하고 사원의 변경이 있는 때에는 이를 기재하여야 한다.

제56조【사원권의 양도, 상속금지】 사단법인의 사원의 지위는 양도 또는 상속할 수 없다.

제3절 기관

제57조【이사】 법인은 이사를 두어야 한다.

제58조【이사의 사무집행】 ① 이사는 법인의 사무를 집행한다.
② 이사가 수인인 경우에는 정관에 다른 규정이 없으면 법인의 사무집행은 **이사의 과반수로써 결정**한다.

제59조【이사의 대표권】 ① 이사는 법인의 사무에 관하여 **각자 법인을 대표**한다. 그러나 정관에 규정한 취지에 위반할 수 없고 특히 사단법인은 총회의 의결에 의하여야 한다.
② 법인의 대표에 관하여는 **대리에 관한 규정을 준용**한다.

제60조【이사의 대표권에 대한 제한의 대항요건】 이사의 대표권에 대한 제한은 **등기**하지 아니하면 제삼자에게 대항하지 못한다.

제60조의2【직무대행자의 권한】 ① 제52조의2의 직무대행자는 가처분명령에 다른 정함이 있는 경우 외에는 법인의 통상사무에 속하지 아니한 행위를 하지 못한다. 다만, 법원의 허가를 얻은 경우에는 그러하지 아니하다.
② 직무대행자가 제1항의 규정에 위반한 행위를 한 경우에도 법인은 선의의 제3자에 대하여 책임을 진다.

제61조【이사의 주의의무】 이사는 선량한 관리자의 주의로 그 직무를 행하여야 한다.

제62조【이사의 대리인 선임】 이사는 정관 또는 **총회의 결의로 금지하지 아니한 사항**에 한하여 타인으로 하여금 특정한 행위를 대리하게 할 수 있다.

제63조【임시이사의 선임】 이사가 없거나 결원이 있는 경우에 이로 인하여 손해가 생길 염려 있는 때에는 법원은 이해관계인이나 검사의 청구에 의하여 임시이사를 선임하여야 한다.

제64조【특별대리인의 선임】 법인과 이사의 이익이 상반하는 사항에 관하여는 이사는 대표권이 없다. 이 경우에는 전조의 규정에 의하여 특별대리인을 선임하여야 한다.

제65조【이사의 임무해태】 이사가 그 임무를 해태한 때에는 그 이사는 법인에 대하여 연대하여 손해배상의 책임이 있다.

제66조【감사】 법인은 정관 또는 총회의 결의로 감사를 둘 수 있다.

제67조【감사의 직무】 감사의 직무는 다음과 같다.
1. 법인의 재산상황을 감사하는 일
2. 이사의 업무집행의 상황을 감사하는 일

3. 재산상황 또는 업무집행에 관하여 부정, 불비한 것이 있음을 발견한 때에는 이를 총회 또는 주무관청에 보고하는 일
4. 전호의 보고를 하기 위하여 필요 있는 때에는 총회를 소집하는 일

제68조【총회의 권한】 사단법인의 사무는 정관으로 이사 또는 기타 임원에게 위임한 사항 외에는 총회의 결의에 의하여야 한다.

제69조【통상총회】 사단법인의 이사는 **매년 1회 이상** 통상총회를 소집하여야 한다.

제70조【임시총회】 ① 사단법인의 이사는 필요하다고 인정한 때에는 임시총회를 소집할 수 있다.
② 총사원의 5분의 1 이상으로부터 회의의 목적사항을 제시하여 청구한 때에는 이사는 임시총회를 소집하여야 한다. 이 정수는 정관으로 증감할 수 있다.
③ 전항의 청구 있는 후 2주간 내에 이사가 총회소집의 절차를 밟지 아니한 때에는 청구한 사원은 법원의 허가를 얻어 이를 소집할 수 있다.

제71조【총회의 소집】 총회의 소집은 **1주간 전에** 그 회의의 목적사항을 기재한 **통지를 발하고** 기타 정관에 정한 방법에 의하여야 한다.

제72조【총회의 결의사항】 총회는 전조의 규정에 의하여 통지한 사항에 관하여서만 결의할 수 있다. 그러나 정관에 다른 규정이 있는 때에는 그 규정에 의한다.

제73조【사원의 결의권】 ① 각 사원의 결의권은 평등으로 한다.
② 사원은 서면이나 대리인으로 결의권을 행사할 수 있다.
③ 전2항의 규정은 정관에 다른 규정이 있는 때에는 적용하지 아니한다.

제74조【사원이 결의권 없는 경우】 사단법인과 어느 사원과의 관계사항을 의결하는 경우에는 그 사원은 결의권이 없다.

제75조【총회의 결의방법】 ① 총회의 결의는 본법 또는 정관에 다른 규정이 없으면 **사원 과반수의 출석과 출석사원의 결의권의 과반수**로써 한다.
② 제73조 제2항의 경우에는 당해 사원은 출석한 것으로 한다.

제76조【총회의 의사록】 ① 총회의 의사에 관하여는 의사록을 작성하여야 한다.
② 의사록에는 의사의 경과, 요령 및 결과를 기재하고 의장 및 출석한 이사가 기명날인하여야 한다.
③ 이사는 의사록을 주된 사무소에 비치하여야 한다.

제4절 해산

제77조【해산사유】 ① 법인은 존립기간의 만료, 법인의 목적의 달성 또는 달성의 불능 기타 정관에 정한 해산사유의 발생, 파산 또는 설립허가의 취소로 해산한다.
② 사단법인은 사원이 없게 되거나 총회의 결의로도 해산한다.

제78조【사단법인의 해산결의】 사단법인은 **총사원 4분의 3 이상의 동의**가 없으면 해산을 결의하지 못한다. 그러나 정관에 다른 규정이 있는 때에는 그 규정에 의한다.

제79조【파산신청】 법인이 채무를 완제하지 못하게 된 때에는 이사는 지체 없이 파산신청을 하여야 한다.

제80조【잔여재산의 귀속】 ① 해산한 법인의 재산은 정관으로 지정한 자에게 귀속한다.
② 정관으로 귀속권리자를 지정하지 아니하거나 이를 지정하는 방법을 정하지 아니한 때에는 이사 또는 청산인은 주무관청의 허가를 얻어 그 법인의 목적에 유사한 목적을 위하여 그 재산을 처분할 수 있다. 그러나 사단법인에 있어서는 총회의 결의가 있어야 한다.
③ 전2항의 규정에 의하여 처분되지 아니한 재산은 국고에 귀속한다.

제81조【청산법인】 해산한 법인은 **청산의 목적범위 내에서만 권리가 있고 의무를 부담**한다.

제82조【청산인】 법인이 해산한 때에는 파산의 경우를 제하고는 이사가 청산인이 된다. 그러나 정관 또는 총회의 결의로 달리 정한 바가 있으면 그에 의한다.

제83조【법원에 의한 청산인의 선임】 전조의 규정에 의하여 청산인이 될 자가 없거나 청산인의 결원으로 인하여 손해가 생길 염려가 있는 때에는 법원은 직권 또는 이해관계인이나 검사의 청구에 의하여 청산인을 선임할 수 있다.

제84조 【법원에 의한 청산인의 해임】 중요한 사유가 있는 때에는 법원은 직권 또는 이해관계인이나 검사의 청구에 의하여 청산인을 해임할 수 있다.

제85조 【해산등기】 ① 청산인은 법인이 파산으로 해산한 경우가 아니면 취임 후 3주일 내에 다음 각 호의 사항을 주사무소 소재지에서 등기하여야 한다.
1. 해산 사유와 해산 연월일
2. 청산인의 성명과 주소
3. 청산인의 대표권을 제한한 경우에는 그 제한
② 제1항의 등기에 관하여는 제52조를 준용한다.

제86조 【해산신고】 ① 청산인은 파산의 경우를 제하고는 그 취임 후 3주간 내에 전조 제1항의 사항을 주무관청에 신고하여야 한다.
② 청산 중에 취임한 청산인은 그 성명 및 주소를 신고하면 된다.

제87조 【청산인의 직무】 ① 청산인의 직무는 다음과 같다.
1. 현존사무의 종결
2. 채권의 추심 및 채무의 변제
3. 잔여재산의 인도
② 청산인은 전항의 직무를 행하기 위하여 필요한 모든 행위를 할 수 있다.

제88조 【채권신고의 공고】 ① **청산인은 취임한 날로부터 2월 내에 3회 이상의 공고**로 채권자에 대하여 일정한 기간 내에 그 채권을 신고할 것을 최고하여야 한다. 그 **기간은 2월 이상**이어야 한다.
② 전항의 공고에는 채권자가 기간 내에 신고하지 아니하면 청산으로부터 제외될 것을 표시하여야 한다.
③ 제1항의 공고는 법원의 등기사항의 공고와 동일한 방법으로 하여야 한다.

제89조 【채권신고의 최고】 청산인은 알고 있는 채권자에게 대하여는 각각 그 채권신고를 최고하여야 한다. **알고 있는 채권자는 청산으로부터 제외하지 못한다.**

제90조 【채권신고기간 내의 변제금지】 청산인은 제88조 제1항의 채권신고기간 내에는 채권자에 대하여 변제하지 못한다. 그러나 법인은 채권자에 대한 지연손해배상의 의무를 면하지 못한다.

제91조 【채권변제의 특례】 ① 청산 중의 법인은 변제기에 이르지 아니한 채권에 대하여도 변제할 수 있다.
② 전항의 경우에는 조건 있는 채권, 존속기간의 불확정한 채권 기타 가액의 불확정한 채권에 관하여는 법원이 선임한 감정인의 평가에 의하여 변제하여야 한다.

제92조 【청산으로부터 제외된 채권】 청산으로부터 제외된 채권자는 법인의 채무를 완제한 후 귀속권리자에게 인도하지 아니한 재산에 대하여서만 변제를 청구할 수 있다.

제93조 【청산 중의 파산】 ① 청산 중 **법인의 재산이 그 채무를 완제하기에 부족한 것이 분명하게 된 때**에는 청산인은 지체 없이 파산선고를 신청하고 이를 공고하여야 한다.
② 청산인은 파산관재인에게 그 사무를 인계함으로써 그 임무가 종료한다.
③ 제88조 제3항의 규정은 제1항의 공고에 준용한다.

제94조 【청산종결의 등기와 신고】 청산이 종결한 때에는 청산인은 3주간 내에 이를 등기하고 주무관청에 신고하여야 한다.

제95조 【해산, 청산의 검사, 감독】 법인의 해산 및 청산은 **법원이 검사, 감독**한다.

제96조 【준용규정】 제58조 제2항, 제59조 내지 제62조, 제64조, 제65조 및 제70조의 규정은 청산인에 이를 준용한다.

제5절 벌칙

제97조 【벌칙】 법인의 이사, 감사 또는 청산인은 다음 각 호의 경우에는 500만원 이하의 과태료에 처한다.
1. 본장에 규정한 등기를 해태한 때
2. 제55조의 규정에 위반하거나 재산목록 또는 사원명부에 부정기재를 한 때
3. 제37조, 제95조에 규정한 검사, 감독을 방해한 때
4. 주무관청 또는 총회에 대하여 사실 아닌 신고를 하거나 사실을 은폐한 때
5. 제76조와 제90조의 규정에 위반한 때
6. 제79조, 제93조의 규정에 위반하여 파산선고의 신청을 해태한 때
7. 제88조, 제93조에 정한 공고를 해태하거나 부정한 공고를 한 때

제4장 물건

제98조【물건의 정의】본법에서 물건이라 함은 **유체물 및 전기 기타 관리할 수 있는 자연력**을 말한다.

제99조【부동산, 동산】① 토지 및 그 정착물은 부동산이다.
② 부동산 이외의 물건은 동산이다.

제100조【주물, 종물】① 물건의 소유자가 그 물건의 상용에 공하기 위하여 자기소유인 다른 물건을 이에 부속하게 한 때에는 그 부속물은 종물이다.
② **종물은 주물의 처분**에 따른다.

제101조【천연과실, 법정과실】① 물건의 용법에 의하여 수취하는 산출물은 천연과실이다.
② 물건의 사용대가로 받는 금전 기타의 물건은 법정과실로 한다.

제102조【과실의 취득】① **천연과실은 그 원물로부터 분리하는 때에 이를 수취할 권리자에게 속한다.**
② **법정과실은 수취할 권리의 존속기간일수의 비율로 취득**한다.

제5장 법률행위
제1절 총칙

제103조【반사회질서의 법률행위】선량한 풍속 기타 사회질서에 위반한 사항을 내용으로 하는 법률행위는 무효로 한다.

제104조【불공정한 법률행위】당사자의 궁박, 경솔 또는 무경험으로 인하여 현저하게 공정을 잃은 법률행위는 무효로 한다.

제105조【임의규정】법률행위의 당사자가 법령 중의 선량한 풍속 기타 사회질서에 관계없는 규정과 다른 의사를 표시한 때에는 그 의사에 의한다.

제106조【사실인 관습】법령 중의 선량한 풍속 기타 사회질서에 관계없는 규정과 다른 관습이 있는 경우에 당사자의 의사가 명확하지 아니한 때에는 그 관습에 의한다.

제2절 의사표시

제107조【진의 아닌 의사표시】① 의사표시는 **표의자가 진의 아님을 알고 한 것이라도 그 효력이 있다**. 그러나 상대방이 표의자의 진의 아님을 알았거나 이를 알 수 있었을 경우에는 무효로 한다.
② 전항의 의사표시의 **무효는 선의의 제삼자에게 대항하지 못한다**.

제108조【통정한 허위의 의사표시】① **상대방과 통정한 허위의 의사표시는 무효**로 한다.
② 전항의 의사표시의 무효는 선의의 제삼자에게 대항하지 못한다.

제109조【착오로 인한 의사표시】① 의사표시는 법률행위의 **내용의 중요부분에 착오**가 있는 때에는 **취소할 수** 있다. 그러나 그 착오가 **표의자의 중대한 과실로 인한 때에는 취소하지 못한다**.
② 전항의 의사표시의 취소는 선의의 제삼자에게 대항하지 못한다.

제110조【사기, 강박에 의한 의사표시】① 사기나 강박에 의한 의사표시는 취소할 수 있다.
② 상대방 있는 의사표시에 관하여 **제삼자가 사기나 강박을 행한 경우에는 상대방이 그 사실을 알았거나 알 수 있었을 경우에 한하여 그 의사표시를 취소**할 수 있다.
③ 전2항의 의사표시의 취소는 선의의 제삼자에게 대항하지 못한다.

제111조【의사표시의 효력발생시기】① 상대방이 있는 의사표시는 **상대방에게 도달한 때**에 그 효력이 생긴다.
② 의사표시자가 그 통지를 발송한 후 사망하거나 제한능력자가 되어도 의사표시의 효력에 영향을 미치지 아니한다.

제112조【제한능력자에 대한 의사표시의 효력】의사표시의 상대방이 의사표시를 받은 때에 제한능력자인 경우에는 의사표시자는 그 의사표시로써 대항할 수 없다. 다만, 그 상대방의 법정대리인이 의사표시가 도달한 사실을 안 후에는 그러하지 아니하다.

제113조【의사표시의 공시송달】표의자가 **과실 없이** 상대방을 알지 못하거나 상대방의 소재를 알지 못하는 경우에는 의사표시는 「민사소송법」 공시송달의 규정에 의하여 송달할 수 있다.

제3절 대리

제114조【대리행위의 효력】① 대리인이 그 권한 내에서 **본인을 위한 것임을 표시**한 의사표시는 직접 본인에게 대하여 효력이 생긴다.
② 전항의 규정은 대리인에게 대한 제삼자의 의사표시에 준용한다.

제115조【본인을 위한 것임을 표시하지 아니한 행위】 대리인이 본인을 위한 것임을 표시하지 아니한 때에는 그 의사표시는 **자기를 위한 것으로 본다**. 그러나 상대방이 대리인으로서 한 것임을 알았거나 알 수 있었을 때에는 전조 제1항의 규정을 준용한다.

제116조【대리행위의 하자】① 의사표시의 효력이 의사의 흠결, 사기, 강박 또는 어느 사정을 알았거나 과실로 알지 못한 것으로 인하여 영향을 받을 경우에 그 사실의 유무는 **대리인을 표준하여 결정**한다.
② **특정한 법률행위를 위임**한 경우에 대리인이 **본인의 지시에 좇아** 그 행위를 한 때에는 본인은 자기가 안 사정 또는 과실로 인하여 알지 못한 사정에 관하여 **대리인의 부지를 주장하지 못한다**.

제117조【대리인의 행위능력】 대리인은 **행위능력자임을 요하지 아니한다**.

제118조【대리권의 범위】 권한을 정하지 아니한 대리인은 다음 각 호의 행위만을 할 수 있다.
 1. 보존행위
 2. 대리의 목적인 물건이나 권리의 성질을 변하지 아니하는 범위에서 그 이용 또는 개량하는 행위

제119조【각자대리】 **대리인이 수인인 때에는 각자가 본인을 대리한다**. 그러나 법률 또는 수권행위에 다른 정한 바가 있는 때에는 그러하지 아니하다.

제120조【임의대리인의 복임권】 대리권이 법률행위에 의하여 부여된 경우에는 대리인은 **본인의 승낙이 있거나 부득이한 사유 있는 때**가 아니면 복대리인을 선임하지 못한다.

제121조【임의대리인의 복대리인선임의 책임】① 전조의 규정에 의하여 대리인이 복대리인을 선임한 때에는 본인에게 대하여 **그 선임감독에 관한 책임**이 있다.
② 대리인이 본인의 지명에 의하여 복대리인을 선임한 경우에는 그 부적임 또는 불성실함을 알고 본인에게 대한 통지나 그 해임을 태만한 때가 아니면 책임이 없다.

제122조【법정대리인의 복임권과 그 책임】 법정대리인은 **그 책임으로 복대리인을 선임할 수** 있다. 그러나 부득이한 사유로 인한 때에는 전조 제1항에 정한 책임만이 있다.

제123조【복대리인의 권한】① 복대리인은 그 권한 내에서 **본인을 대리**한다.
② 복대리인은 본인이나 제삼자에 대하여 **대리인과 동일한 권리·의무**가 있다.

제124조【자기계약, 쌍방대리】 대리인은 **본인의 허락**이 없으면 본인을 위하여 자기와 법률행위를 하거나 동일한 법률행위에 관하여 당사자 쌍방을 대리하지 못한다. 그러나 채무의 이행은 할 수 있다.

제125조【대리권수여의 표시에 의한 표현대리】 제삼자에 대하여 타인에게 대리권을 수여함을 표시한 자는 그 대리권의 범위 내에서 행한 그 타인과 그 제삼자 간의 법률행위에 대하여 책임이 있다. 그러나 제삼자가 대리권 없음을 알았거나 알 수 있었을 때에는 그러하지 아니하다.

제126조【권한을 넘은 표현대리】 대리인이 그 권한 외의 법률행위를 한 경우에 **제삼자가 그 권한이 있다고 믿을 만한 정당한 이유가 있는 때**에는 본인은 그 행위에 대하여 책임이 있다.

제127조【대리권의 소멸사유】 대리권은 다음 각 호의 어느 하나에 해당하는 사유가 있으면 소멸된다.
 1. **본인의 사망**
 2. **대리인의 사망, 성년후견의 개시 또는 파산**

제128조【임의대리의 종료】 법률행위에 의하여 수여된 대리권은 전조의 경우 외에 그 **원인된 법률관계의 종료**에 의하여 소멸한다. 법률관계의 종료 전에 본인이 **수권행위를 철회**한 경우에도 같다.

제129조【대리권소멸 후의 표현대리】 대리권의 소멸은 선의의 제삼자에게 대항하지 못한다. 그러나 제삼자가 과실로 인하여 그 사실을 알지 못한 때에는 그러하지 아니하다.

제130조【무권대리】 대리권 없는 자가 타인의 대리인으로 한 계약은 **본인이 이를 추인**하지 아니하면 본인에 대하여 효력이 없다.

제131조【상대방의 최고권】 대리권 없는 자가 타인의 대리인으로 계약을 한 경우에 상대방은 상당한 기간을 정하여 본인에게 그 추인 여부의 확답을 최고할 수 있다. 본인이 **그 기간 내에 확답을 발하지 아니한 때에는 추인을 거절한 것**으로 본다.

제132조【추인, 거절의 상대방】 추인 또는 거절의 의사표시는 상대방에 대하여 하지 아니하면 그 상대방에 대항하지 못한다. 그러나 상대방이 그 사실을 안 때에는 그러하지 아니하다.

제133조【추인의 효력】 추인은 다른 의사표시가 없는 때에는 **계약 시에 소급하여 그 효력**이 생긴다. 그러나 제삼자의 권리를 해하지 못한다.

제134조【상대방의 철회권】 대리권 없는 자가 한 계약은 **본인의 추인이 있을 때까지** 상대방은 본인이나 그 대리인에 대하여 이를 철회할 수 있다. 그러나 계약 당시에 상대방이 대리권 없음을 안 때에는 그러하지 아니하다.

제135조【상대방에 대한 무권대리인의 책임】 ① 다른 자의 대리인으로서 계약을 맺은 자가 그 **대리권을 증명하지 못하고 또 본인의 추인을 받지 못한 경우**에는 그는 **상대방의 선택**에 따라 계약을 이행할 책임 또는 손해를 배상할 책임이 있다.

② 대리인으로서 계약을 맺은 자에게 대리권이 없다는 사실을 상대방이 알았거나 알 수 있었을 때 또는 대리인으로서 계약을 맺은 사람이 **제한능력자일 때에는 제1항을 적용하지 아니한다.**

제136조【단독행위와 무권대리】 단독행위에는 그 행위 당시에 상대방이 대리인이라 칭하는 자의 대리권 없는 행위에 동의하거나 그 대리권을 다투지 아니한 때에 한하여 전6조의 규정을 준용한다. 대리권 없는 자에 대하여 그 동의를 얻어 단독행위를 한 때에도 같다.

제4절 무효와 취소

제137조【법률행위의 일부무효】 법률행위의 일부분이 무효인 때에는 **그 전부를 무효로 한다.** 그러나 그 무효부분이 없더라도 법률행위를 하였을 것이라고 인정될 때에는 나머지 부분은 무효가 되지 아니한다.

제138조【무효행위의 전환】 무효인 법률행위가 **다른 법률행위의 요건을 구비**하고 당사자가 그 무효를 알았더라면 다른 법률행위를 하는 것을 의욕하였으리라고 인정될 때에는 다른 법률행위로서 효력을 가진다.

제139조【무효행위의 추인】 무효인 법률행위는 추인하여도 **그 효력이 생기지 아니한다.** 그러나 당사자가 그 무효임을 알고 추인한 때에는 새로운 법률행위로 본다.

제140조【법률행위의 취소권자】 취소할 수 있는 법률행위는 **제한능력자, 착오로 인하거나 사기·강박에 의하여 의사표시를 한 자, 그의 대리인 또는 승계인만**이 취소할 수 있다.

제141조【취소의 효과】 취소된 법률행위는 **처음부터 무효**인 것으로 본다. 다만, **제한능력자는 그 행위로 인하여 받은 이익이 현존하는 한도에서 상환(償還)할 책임**이 있다.

제142조【취소의 상대방】 취소할 수 있는 법률행위의 상대방이 확정한 경우에는 그 취소는 **그 상대방에 한 의사표시로** 하여야 한다.

제143조【추인의 방법, 효과】 ① 취소할 수 있는 법률행위는 제140조에 규정한 자가 추인할 수 있고 **추인 후에는 취소하지 못한다.**

② 전조의 규정은 전항의 경우에 준용한다.

제144조【추인의 요건】 ① 추인은 **취소의 원인이 소멸된 후에 하여야만 효력**이 있다.

② 제1항은 법정대리인 또는 후견인이 추인하는 경우에는 적용하지 아니한다.

제145조【법정추인】 취소할 수 있는 법률행위에 관하여 전조의 규정에 의하여 추인할 수 있는 후에 다음 각 호의 사유가 있으면 추인한 것으로 본다. 그러나 이의를 보류한 때에는 그러하지 아니하다.

1. 전부나 일부의 이행
2. **이행의 청구**
3. 경개
4. 담보의 제공
5. **취소할 수 있는 행위로 취득한 권리의 전부나 일부의 양도**
6. 강제집행

제146조【취소권의 소멸】취소권은 **추인할 수 있는 날로부터 3년** 내에 법률행위를 **한 날로부터 10년 내에** 행사하여야 한다.

제5절 조건과 기한

제147조【조건성취의 효과】① 정지조건 있는 법률행위는 조건이 성취한 때로부터 그 효력이 생긴다.
② 해제조건 있는 법률행위는 조건이 성취한 때로부터 그 효력을 잃는다.
③ 당사자가 조건성취의 효력을 그 성취 전에 소급하게 할 의사를 표시한 때에는 그 의사에 의한다.

제148조【조건부 권리의 침해금지】조건 있는 법률행위의 당사자는 조건의 성부가 미정한 동안에 조건의 성취로 인하여 생길 상대방의 이익을 해하지 못한다.

제149조【조건부 권리의 처분 등】조건의 성취가 미정한 권리·의무는 **일반규정에 의하여 처분, 상속, 보존 또는 담보로 할 수** 있다.

제150조【조건성취, 불성취에 대한 반신의행위】① 조건의 성취로 인하여 불이익을 받을 당사자가 신의성실에 반하여 조건의 성취를 방해한 때에는 상대방은 그 조건이 성취한 것으로 주장할 수 있다.
② 조건의 성취로 인하여 이익을 받을 당사자가 신의성실에 반하여 조건을 성취시킨 때에는 상대방은 그 조건이 성취하지 아니한 것으로 주장할 수 있다.

제151조【불법조건, 기성조건】① 조건이 선량한 풍속 기타 사회질서에 위반한 것인 때에는 그 법률행위는 무효로 한다.
② 조건이 법률행위의 당시 **이미 성취한 것인 경우에는 그 조건이 정지조건이면 조건 없는 법률행위로 하고 해제조건이면 그 법률행위는 무효**로 한다.
③ 조건이 법률행위의 당시에 **이미 성취할 수 없는 것인 경우에는 그 조건이 해제조건이면 조건 없는 법률행위로 하고 정지조건이면 그 법률행위는 무효**로 한다.

제152조【기한도래의 효과】① **시기 있는 법률행위는 기한이 도래한 때로부터 그 효력이 생긴다.**
② **종기 있는 법률행위는 기한이 도래한 때로부터 그 효력을 잃는다.**

제153조【기한의 이익과 그 포기】① 기한은 채무자의 이익을 위한 것으로 **추정**한다.
② 기한의 이익은 이를 포기할 수 있다. 그러나 상대방의 이익을 해하지 못한다.

제154조【기한부 권리와 준용규정】제148조와 제149조의 규정은 기한 있는 법률행위에 준용한다.

제6장 기간

제155조【본장의 적용범위】기간의 계산은 법령, 재판상의 처분 또는 법률행위에 다른 정한 바가 없으면 본장의 규정에 의한다.

제156조【기간의 기산점】기간을 **시, 분, 초**로 정한 때에는 **즉시로부터 기산**한다.

제157조【기간의 기산점】기간을 **일, 주, 월 또는 연**으로 정한 때에는 기간의 **초일은 산입하지 아니한다.** 그러나 그 기간이 **오전 영시로부터 시작하는 때에는 그러하지 아니하다.**

제158조【나이의 계산과 표시】나이는 출생일을 산입하여 만(滿) 나이로 계산하고, 연수(年數)로 표시한다. 다만, 1세에 이르지 아니한 경우에는 월수(月數)로 표시할 수 있다.

제159조【기간의 만료점】기간을 **일, 주, 월 또는 연**으로 정한 때에는 **기간말일의 종료로 기간이 만료**한다.

제160조【역에 의한 계산】① 기간을 주, 월 또는 연으로 정한 때에는 역에 의하여 계산한다.
② **주, 월 또는 연의 처음으로부터 기간을 기산하지 아니하는 때에는 최후의 주, 월 또는 연에서 그 기산일에 해당한 날의 전일로 기간이 만료한다.**
③ 월 또는 연으로 정한 경우에 최종의 월에 해당일이 없는 때에는 그 월의 말일로 기간이 만료한다.

제161조【공휴일 등과 기간의 만료점】기간의 **말일이 토요일 또는 공휴일에 해당한 때에는 기간은 그 익일로 만료한다.**

제7장 소멸시효

제162조【채권, 재산권의 소멸시효】① **채권은 10년간** 행사하지 아니하면 소멸시효가 완성한다.

② **채권 및 소유권 이외의 재산권은 20년간** 행사하지 아니하면 소멸시효가 완성한다.

제163조【3년의 단기소멸시효】다음 각 호의 채권은 3년간 행사하지 아니하면 소멸시효가 완성한다.
1. **이자, 부양료, 급료, 사용료 기타 1년 이내의 기간으로 정한 금전 또는 물건의 지급을 목적으로 한 채권**
2. 의사, 조산사, 간호사 및 약사의 치료, 근로 및 조제에 관한 채권
3. 도급받은 자, 기사 기타 공사의 설계 또는 감독에 종사하는 자의 공사에 관한 채권
4. 변호사, 변리사, 공증인, 공인회계사 및 법무사에 대한 직무상 보관한 서류의 반환을 청구하는 채권
5. 변호사, 변리사, 공증인, 공인회계사 및 법무사의 직무에 관한 채권
6. **생산자 및 상인이 판매한 생산물 및 상품의 대가**
7. 수공업자 및 제조자의 업무에 관한 채권

제164조【1년의 단기소멸시효】다음 각 호의 채권은 1년간 행사하지 아니하면 소멸시효가 완성한다.
1. **여관, 음식점**, 대석, **오락장의 숙박료, 음식료**, 대석료, 입장료, 소비물의 대가 및 체당금의 채권
2. **의복, 침구, 장구** 기타 동산의 사용료의 채권
3. 노역인, 연예인의 임금 및 그에 공급한 물건의 대금채권
4. 학생 및 수업자의 교육, 의식 및 유숙에 관한 교주, 숙주, 교사의 채권

제165조【판결 등에 의하여 확정된 채권의 소멸시효】
① 판결에 의하여 확정된 채권은 단기의 소멸시효에 해당한 것이라도 **그 소멸시효는 10년**으로 한다.
② 파산절차에 의하여 확정된 채권 및 재판상의 화해, 조정 기타 판결과 동일한 효력이 있는 것에 의하여 확정된 채권도 전항과 같다.
③ 전2항의 규정은 판결확정 당시에 변제기가 도래하지 아니한 채권에 적용하지 아니한다.

제166조【소멸시효의 기산점】① 소멸시효는 **권리를 행사할 수 있는 때로부터** 진행한다.
② **부작위를 목적으로 하는 채권의 소멸시효는 위반행위를 한 때로부터** 진행한다.

제167조【소멸시효의 소급효】소멸시효는 **그 기산일에 소급**하여 효력이 생긴다.

제168조【소멸시효의 중단사유】소멸시효는 다음 각 호의 사유로 인하여 중단된다.
1. **청구**
2. **압류** 또는 **가압류, 가처분**
3. **승인**

제169조【시효중단의 효력】시효의 중단은 **당사자 및 그 승계인 간에만 효력**이 있다.

제170조【재판상의 청구와 시효중단】① 재판상의 청구는 소송의 각하, 기각 또는 취하의 경우에는 시효중단의 효력이 없다.
② 전항의 경우에 6월 내에 재판상의 청구, 파산절차참가, 압류 또는 가압류, 가처분을 한 때에는 시효는 최초의 재판상 청구로 인하여 중단된 것으로 본다.

제171조【파산절차참가와 시효중단】파산절차참가는 채권자가 이를 취소하거나 그 청구가 각하된 때에는 시효중단의 효력이 없다.

제172조【지급명령과 시효중단】지급명령은 채권자가 법정기간 내에 가집행신청을 하지 아니함으로 인하여 그 효력을 잃은 때에는 시효중단의 효력이 없다.

제173조【화해를 위한 소환, 임의출석과 시효중단】화해를 위한 소환은 상대방이 출석하지 아니하거나 화해가 성립되지 아니한 때에는 1월 내에 소를 제기하지 아니하면 시효중단의 효력이 없다. 임의출석의 경우에 화해가 성립되지 아니한 때에도 그러하다.

제174조【최고와 시효중단】최고는 6월 내에 재판상의 청구, 파산절차참가, 화해를 위한 소환, 임의출석, 압류 또는 가압류, 가처분을 하지 아니하면 시효중단의 효력이 없다.

제175조【압류, 가압류, 가처분과 시효중단】압류, 가압류 및 가처분은 권리자의 청구에 의하여 또는 법률의 규정에 따르지 아니함으로 인하여 취소된 때에는 시효중단의 효력이 없다.

제176조【압류, 가압류, 가처분과 시효중단】**압류, 가압류 및 가처분은 시효의 이익을 받은 자에 대하여 하지 아니한 때에는 이를 그에게 통지한 후가 아니면 시효중단의 효력이 없다.**

제177조【승인과 시효중단】시효중단의 효력 있는 승인에는 상대방의 권리에 관한 처분의 능력이나 권한 있음을 요하지 아니한다.

제178조【중단 후에 시효진행】① 시효가 중단된 때에는 중단까지에 경과한 시효기간은 이를 산입하지 아니하고 중단사유가 종료한 때로부터 새로이 진행한다.
② 재판상의 청구로 인하여 중단한 시효는 전항의 규정에 의하여 재판이 확정된 때로부터 새로이 진행한다.

제179조【제한능력자의 시효정지】소멸시효의 **기간만료 전 6개월 내**에 제한능력자에게 법정대리인이 없는 경우에는 그가 능력자가 되거나 법정대리인이 취임한 때부터 6개월 내에는 시효가 완성되지 아니한다.

제180조【재산관리자에 대한 제한능력자의 권리, 부부 사이의 권리와 시효정지】① 재산을 관리하는 아버지, 어머니 또는 후견인에 대한 제한능력자의 권리는 그가 능력자가 되거나 후임 법정대리인이 취임한 때부터 6개월 내에는 소멸시효가 완성되지 아니한다.
② **부부** 중 한쪽이 다른 쪽에 대하여 가지는 권리는 **혼인관계가 종료된 때부터 6개월 내에는 소멸시효가 완성되지 아니한다.**

제181조【상속재산에 관한 권리와 시효정지】상속재산에 속한 권리나 상속재산에 대한 권리는 상속인의 확정, 관리인의 선임 또는 파산선고가 있는 때로부터 **6월** 내에는 소멸시효가 완성하지 아니한다.

제182조【천재 기타 사변과 시효정지】천재 기타 사변으로 인하여 소멸시효를 중단할 수 없을 때에는 그 사유가 종료한 때로부터 1월 내에는 시효가 완성하지 아니한다.

제183조【종속된 권리에 대한 소멸시효의 효력】주된 권리의 소멸시효가 완성한 때에는 종속된 권리에 그 효력이 미친다.

제184조【시효의 이익의 포기 기타】① 소멸시효의 이익은 **미리 포기하지 못한다**.
② 소멸시효는 법률행위에 의하여 이를 배제, 연장 또는 가중할 수 없으나 이를 단축 또는 경감할 수 있다.

제2편 물권
제1장 총칙

제185조【물권의 종류】물권은 **법률** 또는 **관습법**에 의하는 외에는 임의로 창설하지 못한다.

제186조【부동산물권변동의 효력】**부동산에 관한 법률행위로 인한 물권의 득실변경은 등기하여야 그 효력이 생긴다.**

제187조【등기를 요하지 아니하는 부동산물권취득】**상속, 공용징수, 판결, 경매 기타 법률의 규정에 의한 부동산에 관한 물권의 취득은 등기를 요하지 아니한다. 그러나 등기를 하지 아니하면 이를 처분하지 못한다.**

제188조【동산물권양도의 효력, 간이인도】① 동산에 관한 물권의 양도는 그 동산을 인도하여야 효력이 생긴다.
② 양수인이 이미 그 동산을 점유한 때에는 당사자의 의사표시만으로 그 효력이 생긴다.

제189조【점유개정】동산에 관한 물권을 양도하는 경우에 당사자의 계약으로 양도인이 그 동산의 점유를 계속하는 때에는 양수인이 인도받은 것으로 본다.

제190조【목적물반환청구권의 양도】제삼자가 점유하고 있는 동산에 관한 물권을 양도하는 경우에는 양도인이 그 제삼자에 대한 반환청구권을 양수인에게 양도함으로써 동산을 인도한 것으로 본다.

제191조【혼동으로 인한 물권의 소멸】① 동일한 물건에 대한 **소유권과 다른 물권이 동일한 사람에게 귀속한 때에는 다른 물권은 소멸한다**. 그러나 그 물권이 제삼자의 권리의 목적이 된 때에는 소멸하지 아니한다.
② 전항의 규정은 소유권 이외의 물권과 그를 목적으로 하는 다른 권리가 동일한 사람에게 귀속한 경우에 준용한다.
③ 점유권에 관하여는 전2항의 규정을 적용하지 아니한다.

제2장 점유권

제192조【점유권의 취득과 소멸】① 물건을 사실상 지배하는 자는 점유권이 있다.
② **점유자가 물건에 대한 사실상의 지배를 상실한 때에는 점유권이 소멸**한다. 그러나 제204조의 규정에 의하여 점유를 회수한 때에는 그러하지 아니하다.

제193조【상속으로 인한 점유권의 이전】점유권은 상속인에 이전한다.

제194조【간접점유】**지상권, 전세권**, 질권, 사용대차, **임대차**, 임치 기타의 관계로 **타인으로 하여금 물건을 점유하게 한 자는 간접으로 점유권이 있다.**

제195조【점유보조자】가사상, 영업상 기타 유사한 관계에 의하여 **타인의 지시를 받아 물건에 대한 사실상의 지배를 하는 때에는 그 타인만을 점유자로** 한다.

제196조【점유권의 양도】① 점유권의 양도는 점유물의 인도로 그 효력이 생긴다.
② 전항의 점유권의 양도에는 제188조 제2항, 제189조, 제190조의 규정을 준용한다.

제197조【점유의 태양】① 점유자는 **소유의 의사로 선의, 평온 및 공연**하게 점유한 것으로 **추정**한다.
② 선의의 점유자라도 본권에 관한 소에 패소한 때에는 **그 소가 제기된 때로부터** 악의의 점유자로 본다.

제198조【점유계속의 추정】**전후 양시에 점유한 사실**이 있는 때에는 그 점유는 **계속한 것으로 추정**한다.

제199조【점유의 승계의 주장과 그 효과】① 점유자의 승계인은 자기의 점유만을 주장하거나 자기의 점유와 전점유자의 점유를 아울러 주장할 수 있다.
② 전점유자의 점유를 아울러 주장하는 경우에는 그 하자도 계승한다.

제200조【권리의 적법의 추정】점유자가 **점유물에 대하여 행사하는 권리는 적법하게 보유한 것으로 추정**한다.

제201조【점유자와 과실】① **선의의 점유자**는 점유물의 과실을 취득한다.
② 악의의 점유자는 수취한 과실을 반환하여야 하며 소비하였거나 과실로 인하여 훼손 또는 수취하지 못한 경우에는 그 과실의 대가를 보상하여야 한다.
③ 전항의 규정은 폭력 또는 은비에 의한 점유자에 준용한다.

제202조【점유자의 회복자에 대한 책임】점유물이 **점유자의 책임 있는 사유로 인하여 멸실 또는 훼손**한 때에는 악의의 점유자는 그 손해의 전부를 배상하여야 하며 **선의의 점유자는 이익이 현존하는 한도에서 배상**하여야 한다. 소유의 의사가 없는 점유자는 선의인 경우에도 손해의 전부를 배상하여야 한다.

제203조【점유자의 상환청구권】① 점유자가 점유물을 반환할 때에는 회복자에 대하여 점유물을 보존하기 위하여 지출한 금액 기타 **필요비의 상환을 청구**할 수 있다. 그러나 점유자가 **과실을 취득한 경우에는 통상의 필요비는 청구하지 못한다.**
② 점유자가 점유물을 개량하기 위하여 지출한 금액 기타 **유익비**에 관하여는 그 가액의 증가가 현존한 경우에 한하여 **회복자의 선택**에 좇아 그 지출금액이나 증가액의 상환을 청구할 수 있다.
③ 전항의 경우에 법원은 회복자의 청구에 의하여 상당한 상환기간을 허여할 수 있다.

제204조【점유의 회수】① 점유자가 **점유의 침탈을 당한 때**에는 그 물건의 반환 및 손해의 배상을 청구할 수 있다.
② 전항의 청구권은 침탈자의 **특별승계인에 대하여는 행사하지 못한다. 그러나 승계인이 악의인 때에는 그러하지 아니하다.**
③ 제1항의 청구권은 **침탈을 당한 날로부터 1년 내에 행사**하여야 한다.

제205조【점유의 보유】① 점유자가 점유의 방해를 받은 때에는 그 방해의 제거 및 손해의 배상을 청구할 수 있다.
② 전항의 청구권은 방해가 종료한 날로부터 1년 내에 행사하여야 한다.
③ 공사로 인하여 점유의 방해를 받은 경우에는 공사 착수 후 1년을 경과하거나 그 공사가 완성한 때에는 방해의 제거를 청구하지 못한다.

제206조【점유의 보전】① 점유자가 점유의 방해를 받을 염려가 있는 때에는 그 **방해의 예방 또는 손해배상의 담보를 청구할 수 있다.**
② 공사로 인하여 점유의 방해를 받을 염려가 있는 경우에는 전조 제3항의 규정을 준용한다.

제207조【간접점유의 보호】① 전3조의 청구권은 제194조의 규정에 의한 간접점유자도 이를 행사할 수 있다.
② 점유자가 점유의 침탈을 당한 경우에 간접점유자는 그 물건을 점유자에게 반환할 것을 청구할 수 있고 점유자가 그 물건의 반환을 받을 수 없거나 이를 원하지 아니하는 때에는 자기에게 반환할 것을 청구할 수 있다.

제208조【점유의 소와 본권의 소와의 관계】① **점유권에 기인한 소와 본권에 기인한 소는 서로 영향을 미치지 아니한다.**
② 점유권에 기인한 소는 본권에 관한 이유로 재판하지 못한다.

제209조【자력구제】① 점유자는 그 점유를 부정히 침탈 또는 방해하는 행위에 대하여 자력으로써 이를 방위할 수 있다.
② 점유물이 침탈되었을 경우에 부동산일 때에는 점유자는 침탈 후 직시 가해자를 배제하여 이를 탈환할 수 있고 동산일 때에는 점유자는 현장에서 또는 추적하여 가해자로부터 이를 탈환할 수 있다.

제210조【준점유】 본장의 규정은 재산권을 사실상 행사하는 경우에 준용한다.

제3장 소유권

제1절 소유권의 한계

제211조【소유권의 내용】 소유자는 법률의 범위 내에서 그 **소유물을 사용, 수익, 처분할 권리**가 있다.

제212조【토지소유권의 범위】 토지의 소유권은 정당한 이익 있는 범위 내에서 토지의 상하에 미친다.

제213조【소유물반환청구권】 소유자는 그 소유에 속한 물건을 점유한 자에 대하여 반환을 청구할 수 있다. 그러나 점유자가 그 물건을 점유할 권리가 있는 때에는 반환을 거부할 수 있다.

제214조【소유물방해제거, 방해예방청구권】 소유자는 소유권을 방해하는 자에 대하여 방해의 제거를 청구할 수 있고 소유권을 방해할 염려 있는 행위를 하는 자에 대하여 그 **예방이나 손해배상의 담보**를 청구할 수 있다.

제215조【건물의 구분소유】① 수인이 한 채의 건물을 구분하여 각각 그 일부분을 소유한 때에는 건물과 그 부속물 중 공용하는 부분은 그의 공유로 추정한다.
② 공용부분의 보존에 관한 비용 기타의 부담은 각자의 소유부분의 가액에 비례하여 분담한다.

제216조【인지사용청구권】① 토지소유자는 경계나 그 근방에서 담 또는 건물을 축조하거나 수선하기 위하여 필요한 범위 내에서 이웃 토지의 사용을 청구할 수 있다. 그러나 이웃 사람의 승낙이 없으면 그 주거에 들어가지 못한다.
② 전항의 경우에 이웃 사람이 손해를 받은 때에는 보상을 청구할 수 있다.

제217조【매연 등에 의한 인지에 대한 방해금지】① 토지소유자는 매연, 열기체, 액체, 음향, 진동 기타 이에 유사한 것으로 이웃 토지의 사용을 방해하거나 이웃 거주자의 생활에 고통을 주지 아니하도록 적당한 조처를 할 의무가 있다.
② 이웃 거주자는 전항의 사태가 이웃 토지의 통상의 용도에 적당한 것인 때에는 이를 인용할 의무가 있다.

제218조【수도 등 시설권】① 토지소유자는 타인의 토지를 통과하지 아니하면 필요한 수도, 소수관, 가스관, 전선 등을 시설할 수 없거나 과다한 비용을 요하는 경우에는 타인의 토지를 통과하여 이를 시설할 수 있다. 그러나 이로 인한 손해가 가장 적은 장소와 방법을 선택하여 이를 시설할 것이며 타토지의 소유자의 요청에 의하여 손해를 보상하여야 한다.
② 전항에 의한 시설을 한 후 사정의 변경이 있는 때에는 타토지의 소유자는 그 시설의 변경을 청구할 수 있다. 시설변경의 비용은 토지소유자가 부담한다.

제219조【주위토지통행권】① 어느 토지와 공로 사이에 그 **토지의 용도에 필요한 통로가 없는 경우**에 그 토지소유자는 **주위의 토지를 통행 또는 통로로 하지 아니하면 공로에 출입할 수 없거나 과다한 비용을 요하는 때**에는 그 주위의 토지를 통행할 수 있고 필요한 경우에는 통로를 개설할 수 있다. 그러나 이로 인한 손해가 가장 적은 장소와 방법을 선택하여야 한다.
② 전항의 통행권자는 통행지소유자의 **손해를 보상**하여야 한다.

제220조【분할, 일부양도와 주위통행권】① **분할**로 인하여 공로에 통하지 못하는 토지가 있는 때에는 그 토지소유자는 공로에 출입하기 위하여 다른 분할자의 토지를 통행할 수 있다. **이 경우에는 보상의 의무가 없다.**
② 전항의 규정은 토지소유자가 그 토지의 **일부를 양도한 경우에** 준용한다.

제221조【자연유수의 승수의무와 권리】① 토지소유자는 이웃 토지로부터 자연히 흘러오는 물을 막지 못한다.

② 고지소유자는 이웃 저지에 자연히 흘러내리는 이웃 저지에서 필요한 물을 자기의 정당한 사용범위를 넘어서 이를 막지 못한다.

제222조【소통공사권】 흐르는 물이 저지에서 폐색된 때에는 고지소유자는 자비로 소통에 필요한 공사를 할 수 있다.

제223조【저수, 배수, 인수를 위한 공작물에 대한 공사청구권】 토지소유자가 저수, 배수 또는 인수하기 위하여 공작물을 설치한 경우에 공작물의 파손 또는 폐색으로 타인의 토지에 손해를 가하거나 가할 염려가 있는 때에는 타인은 그 공작물의 보수, 폐색의 소통 또는 예방에 필요한 청구를 할 수 있다.

제224조【관습에 의한 비용부담】 전2조의 경우에 비용부담에 관한 관습이 있으면 그 관습에 의한다.

제225조【처마물에 대한 시설의무】 토지소유자는 처마물이 이웃에 직접 낙하하지 아니하도록 적당한 시설을 하여야 한다.

제226조【여수소통권】 ① 고지소유자는 침수지를 건조하기 위하여 또는 가용이나 농, 공업용의 여수를 소통하기 위하여 공로, 공류 또는 하수도에 달하기까지 저지에 물을 통과하게 할 수 있다.
② 전항의 경우에는 저지의 손해가 가장 적은 장소와 방법을 선택하여야 하며 손해를 보상하여야 한다.

제227조【유수용 공작물의 사용권】 ① 토지소유자는 그 소유지의 물을 소통하기 위하여 이웃 토지소유자의 시설한 공작물을 사용할 수 있다.
② 전항의 공작물을 사용하는 자는 그 이익을 받는 비율로 공작물의 설치와 보존의 비용을 분담하여야 한다.

제228조【여수급여청구권】 토지소유자는 과다한 비용이나 노력을 요하지 아니하고는 가용이나 토지이용에 필요한 물을 얻기 곤란한 때에는 이웃 토지소유자에게 보상하고 여수의 급여를 청구할 수 있다.

제229조【수류의 변경】 ① 구거 기타 수류지의 소유자는 대안의 토지가 타인의 소유인 때에는 그 수로나 수류의 폭을 변경하지 못한다.
② 양안의 토지가 수류지소유자의 소유인 때에는 소유자는 수로와 수류의 폭을 변경할 수 있다. 그러나 하류는 자연의 수로와 일치하도록 하여야 한다.
③ 전2항의 규정은 다른 관습이 있으면 그 관습에 의한다.

제230조【언의 설치, 이용권】 ① 수류지의 소유자가 언을 설치할 필요가 있는 때에는 그 언을 대안에 접촉하게 할 수 있다. 그러나 이로 인한 손해를 보상하여야 한다.
② 대안의 소유자는 수류지의 일부가 자기소유인 때에는 그 언을 사용할 수 있다. 그러나 그 이익을 받는 비율로 언의 설치, 보존의 비용을 분담하여야 한다.

제231조【공유하천용수권】 ① 공유하천의 연안에서 농, 공업을 경영하는 자는 이에 이용하기 위하여 타인의 용수를 방해하지 아니하는 범위 내에서 필요한 인수를 할 수 있다.
② 전항의 인수를 하기 위하여 필요한 공작물을 설치할 수 있다.

제232조【하류연안의 용수권 보호】 전조의 인수나 공작물로 인하여 하류연안의 용수권을 방해하는 때에는 그 용수권자는 방해의 제거 및 손해의 배상을 청구할 수 있다.

제233조【용수권의 승계】 농, 공업의 경영에 이용하는 수로 기타 공작물의 소유자나 몽리자의 특별승계인은 그 용수에 관한 전소유자나 몽리자의 권리·의무를 승계한다.

제234조【용수권에 관한 다른 관습】 전3조의 규정은 다른 관습이 있으면 그 관습에 의한다.

제235조【공용수의 용수권】 상린자는 그 공용에 속하는 원천이나 수도를 각 수요의 정도에 응하여 타인의 용수를 방해하지 아니하는 범위 내에서 각각 용수할 권리가 있다.

제236조【용수장해의 공사와 손해배상, 원상회복】 ① 필요한 용도나 수익이 있는 원천이나 수도가 타인의 건축 기타 공사로 인하여 단수, 감수 기타 용도에 장해가 생긴 때에는 용수권자는 손해배상을 청구할 수 있다.
② 전항의 공사로 인하여 음료수 기타 생활상 필요한 용수에 장해가 있을 때에는 원상회복을 청구할 수 있다.

제237조【경계표, 담의 설치권】① 인접하여 토지를 소유한 자는 **공동비용으로 통상의 경계표나 담을 설치**할 수 있다.
② 전항의 **비용은 쌍방이 절반하여 부담한다. 그러나 측량비용은 토지의 면적에 비례하여 부담**한다.
③ 전2항의 규정은 다른 관습이 있으면 그 관습에 의한다.

제238조【담의 특수시설권】인지소유자는 **자기의 비용으로** 담의 재료를 통상보다 양호한 것으로 할 수 있으며 그 높이를 통상보다 높게 할 수 있고 또는 방화벽 기타 특수시설을 할 수 있다.

제239조【경계표 등의 공유추정】**경계에 설치된 경계표, 담, 구거 등은 상린자의 공유로 추정한다**. 그러나 경계표, 담, 구거 등이 상린자 일방의 단독비용으로 설치되었거나 담이 건물의 일부인 경우에는 그러하지 아니하다.

제240조【수지, 목근의 제거권】① 인접지의 **수목가지가 경계를 넘은 때에는** 그 소유자에 대하여 가지의 **제거를 청구할 수** 있다.
② 전항의 청구에 응하지 아니한 때에는 청구자가 그 가지를 제거할 수 있다.
③ **인접지의 수목뿌리가 경계를 넘은 때에는 임의로 제거**할 수 있다.

제241조【토지의 심굴금지】토지소유자는 인접지의 지반이 붕괴할 정도로 자기의 토지를 심굴하지 못한다. 그러나 충분한 방어공사를 한 때에는 그러하지 아니하다.

제242조【경계선 부근의 건축】① **건물을 축조함**에는 특별한 관습이 없으면 **경계로부터 반미터 이상의 거리**를 두어야 한다.
② 인접지소유자는 전항의 규정에 위반한 자에 대하여 건물의 변경이나 철거를 청구할 수 있다. 그러나 건축에 착수한 후 1년을 경과하거나 건물이 완성된 후에는 손해배상만을 청구할 수 있다.

제243조【차면시설의무】**경계로부터 2미터 이내의 거리**에서 이웃 주택의 내부를 관망할 수 있는 **창이나 마루**를 설치하는 경우에는 적당한 차면시설을 하여야 한다.

제244조【지하시설 등에 대한 제한】① 우물을 파거나 용수, 하수 또는 오물 등을 저치할 **지하시설**을 하는 때에는 **경계로부터 2미터 이상의 거리**를 두어야 하며 저수지, 구거 또는 **지하실공사에는 경계로부터 그 깊이의 반 이상의 거리**를 두어야 한다.
② 전항의 공사를 함에는 토사가 붕괴하거나 하수 또는 오액이 이웃에 흐르지 아니하도록 적당한 조처를 하여야 한다.

제2절 소유권의 취득

제245조【점유로 인한 부동산소유권의 취득기간】① **20년간 소유의 의사로 평온, 공연하게 부동산을 점유**하는 자는 **등기함으로써 그 소유권을 취득**한다.

② 부동산의 **소유자로 등기**한 자가 **10년간** 소유의 의사로 평온, 공연하게 **선의이며 과실 없이** 그 부동산을 점유한 때에는 소유권을 취득한다.

제246조【점유로 인한 **동산소유권의 취득기간**】① **10년간** 소유의 의사로 평온, 공연하게 동산을 점유한 자는 그 소유권을 취득한다.
② 전항의 점유가 선의이며 과실 없이 개시된 경우에는 **5년**을 경과함으로써 그 소유권을 취득한다.

제247조【소유권취득의 소급효, 중단사유】① 전2조의 규정에 의한 소유권취득의 효력은 점유를 개시한 때에 소급한다.
② 소멸시효의 중단에 관한 규정은 전2조의 소유권취득기간에 준용한다.

제248조【소유권 이외의 재산권의 취득시효】전3조의 규정은 소유권 이외의 재산권의 취득에 준용한다.

제249조【선의취득】평온, 공연하게 동산을 양수한 자가 선의이며 과실 없이 그 동산을 점유한 경우에는 양도인이 정당한 소유자가 아닌 때에도 즉시 그 동산의 소유권을 취득한다.

제250조【도품, 유실물에 대한 특례】전조의 경우에 그 동산이 도품이나 유실물인 때에는 피해자 또는 유실자는 **도난 또는 유실한 날로부터 2년 내에** 그 물건의 반환을 청구할 수 있다. 그러나 도품이나 유실물이 금전인 때에는 그러하지 아니하다.

제251조【도품, 유실물에 대한 특례】양수인이 도품 또는 유실물을 경매나 공개시장에서 또는 동종류의 물건을 판매하는 상인에게서 선의로 매수한 때에는 피해자 또는 유실자는 양수인이 지급한 대가를 변상하고 그 물건의 반환을 청구할 수 있다.

제252조【무주물의 귀속】① **무주의 동산을 소유의 의사로 점유한 자는 그 소유권을 취득한다.**
② **무주의 부동산은 국유**로 한다.
③ 야생하는 동물은 무주물로 하고 사양하는 야생동물도 다시 야생상태로 돌아가면 무주물로 한다.

제253조【유실물의 소유권취득】유실물은 법률에 정한 바에 의하여 공고한 후 6개월 내에 그 소유자가 권리를 주장하지 아니하면 습득자가 그 소유권을 취득한다.

제254조【매장물의 소유권취득】매장물은 법률에 정한 바에 의하여 공고한 후 1년 내에 그 소유자가 권리를 주장하지 아니하면 발견자가 그 소유권을 취득한다. 그러나 타인의 토지 기타 물건으로부터 발견한 매장물은 그 토지 기타 물건의 소유자와 발견자가 절반하여 취득한다.

제255조【「국가유산기본법」 제3조에 따른 국가유산의 국유】① 학술, 기예 또는 고고의 중요한 재료가 되는 물건에 대하여는 제252조 제1항 및 전2조의 규정에 의하지 아니하고 국유로 한다.
② 전항의 경우에 습득자, 발견자 및 매장물이 발견된 토지 기타 물건의 소유자는 국가에 대하여 적당한 보상을 청구할 수 있다.

제256조【부동산에의 부합】**부동산의 소유자는 그 부동산에 부합한 물건의 소유권을 취득**한다. 그러나 타인의 권원에 의하여 부속된 것은 그러하지 아니하다.

제257조【동산 간의 부합】동산과 동산이 부합하여 훼손하지 아니하면 분리할 수 없거나 그 분리에 과다한 비용을 요할 경우에는 그 합성물의 소유권은 주된 동산의 소유자에게 속한다. **부합한 동산의 주종을 구별할 수 없는 때에는 동산의 소유자는 부합 당시의 가액의 비율로 합성물을 공유**한다.

제258조【혼화】전조의 규정은 동산과 동산이 혼화하여 식별할 수 없는 경우에 준용한다.

제259조【가공】① 타인의 동산에 가공한 때에는 그 물건의 소유권은 원재료의 소유자에게 속한다. 그러나 가공으로 인한 가액의 증가가 원재료의 가액보다 현저히 다액인 때에는 가공자의 소유로 한다.
② 가공자가 재료의 일부를 제공하였을 때에는 그 가액은 전항의 증가액에 가산한다.

제260조【첨부의 효과】① 전4조의 규정에 의하여 동산의 소유권이 소멸한 때에는 그 동산을 목적으로 한 다른 권리도 소멸한다.
② 동산의 소유자가 합성물, 혼화물 또는 가공물의 단독소유자가 된 때에는 전항의 권리는 합성물, 혼화물 또는 가공물에 존속하고 그 공유자가 된 때에는 그 지분에 존속한다.

제261조【첨부로 인한 구상권】전5조의 경우에 손해를 받은 자는 부당이득에 관한 규정에 의하여 보상을 청구할 수 있다.

제3절 공동소유

제262조【물건의 공유】① 물건이 **지분에 의하여 수인의 소유로 된 때**에는 공유로 한다.
② 공유자의 지분은 균등한 것으로 **추정**한다.

제263조【공유지분의 처분과 공유물의 사용, 수익】공유자는 그 지분을 처분할 수 있고 **공유물 전부를 지분의 비율로 사용, 수익**할 수 있다.

제264조【공유물의 처분, 변경】공유자는 다른 **공유자의 동의 없이** 공유물을 처분하거나 변경하지 못한다.

제265조【공유물의 관리, 보존】공유물의 관리에 관한 사항은 공유자의 **지분의 과반수**로써 결정한다. 그러나 보존행위는 각자가 할 수 있다.

제266조【공유물의 부담】① 공유자는 그 지분의 비율로 공유물의 관리비용 기타 의무를 부담한다.
② 공유자가 1년 이상 전항의 의무이행을 지체한 때에는 다른 공유자는 상당한 가액으로 지분을 매수할 수 있다.

제267조【지분포기 등의 경우의 귀속】공유자가 그 **지분을 포기하거나 상속인 없이 사망한 때**에는 그 지분은 다른 **공유자에게 각 지분의 비율로 귀속**한다.

제268조【공유물의 분할청구】① 공유자는 공유물의 분할을 청구할 수 있다. 그러나 5년 내의 기간으로 분할하지 아니할 것을 약정할 수 있다.
② 전항의 계약을 갱신한 때에는 그 기간은 갱신한 날로부터 5년을 넘지 못한다.
③ 전2항의 규정은 제215조, 제239조의 공유물에는 적용하지 아니한다.

제269조【분할의 방법】① 분할의 방법에 관하여 **협의가 성립되지 아니한 때에는 공유자는 법원에 그 분할을 청구**할 수 있다.
② 현물로 분할할 수 없거나 분할로 인하여 현저히 그 가액이 감손될 염려가 있는 때에는 법원은 물건의 경매를 명할 수 있다.

제270조【분할로 인한 담보책임】공유자는 다른 공유자가 분할로 인하여 취득한 물건에 대하여 **그 지분의 비율로 매도인과 동일한 담보책임**이 있다.

제271조【물건의 합유】① 법률의 규정 또는 **계약에 의하여 수인이 조합체로서 물건을 소유하는 때**에는 합유로 한다. 합유자의 권리는 합유물 전부에 미친다.
② 합유에 관하여는 전항의 규정 또는 계약에 의하는 외에 다음 3조의 규정에 의한다.

제272조【합유물의 처분, 변경과 보존】합유물을 **처분 또는 변경함에는 합유자 전원의 동의**가 있어야 한다. 그러나 **보존행위는 각자가 할 수** 있다.

제273조【합유지분의 처분과 합유물의 분할금지】① 합유자는 **전원의 동의** 없이 합유물에 대한 **지분을 처분**하지 못한다.
② 합유자는 **합유물의 분할을 청구하지 못한다**.

제274조【합유의 종료】① 합유는 조합체의 해산 또는 합유물의 양도로 인하여 종료한다.
② 전항의 경우에 합유물의 분할에 관하여는 공유물의 분할에 관한 규정을 준용한다.

제275조【물건의 총유】① **법인이 아닌 사단의 사원이 집합체로서 물건을 소유할 때**에는 총유로 한다.
② 총유에 관하여는 사단의 정관 기타 계약에 의하는 외에 다음 2조의 규정에 의한다.

제276조【총유물의 관리, 처분과 사용, 수익】① 총유물의 **관리 및 처분은 사원총회의 결의**에 의한다.
② 각 사원은 **정관 기타의 규약에 좇아 총유물을 사용, 수익**할 수 있다.

제277조【총유물에 관한 권리·의무의 득상】총유물에 관한 사원의 권리·의무는 사원의 지위를 취득상실함으로써 취득상실된다.

제278조【준공동소유】본절의 규정은 소유권 이외의 재산권에 준용한다. 그러나 다른 법률에 특별한 규정이 있으면 그에 의한다.

제4장 지상권

제279조【지상권의 내용】지상권자는 타인의 토지에 건물 기타 공작물이나 수목을 소유하기 위하여 그 토지를 사용하는 권리가 있다.

제280조【존속기간을 약정한 지상권】① 계약으로 지상권의 존속기간을 정하는 경우에는 그 기간은 다음 **연한보다 단축하지 못한다**.
1. 석조, 석회조, 연와조 또는 이와 유사한 **견고한 건물이나 수목의 소유를 목적으로 하는 때에는 30년**
2. **전호 이외의 건물**의 소유를 목적으로 하는 때에는 **15년**
3. **건물 이외의 공작물**의 소유를 목적으로 하는 때에는 **5년**

② 전항의 기간보다 단축한 기간을 정한 때에는 전항의 기간까지 연장한다.

제281조【존속기간을 약정하지 아니한 지상권】① 계약으로 지상권의 존속기간을 정하지 아니한 때에는 그 기간은 전조의 최단존속기간으로 한다.
② 지상권설정 당시에 공작물의 종류와 구조를 정하지 아니한 때에는 지상권은 전조 제2호의 건물의 소유를 목적으로 한 것으로 본다.

제282조【지상권의 양도, 임대】지상권자는 타인에게 그 권리를 양도하거나 그 권리의 존속기간 내에서 그 토지를 임대할 수 있다.

제283조【지상권자의 갱신청구권, 매수청구권】① 지상권이 소멸한 경우에 **건물 기타 공작물이나 수목이 현존한 때**에는 지상권자는 **계약의 갱신을 청구할 수** 있다.

② **지상권설정자가 계약의 갱신을 원하지 아니하는 때**에는 지상권자는 상당한 가액으로 전항의 **공작물이나 수목의 매수를 청구할 수** 있다.

제284조【갱신과 존속기간】당사자가 계약을 갱신하는 경우에는 지상권의 존속기간은 갱신한 날로부터 제280조의 최단존속기간보다 단축하지 못한다. 그러나 당사자는 이보다 장기의 기간을 정할 수 있다.

제285조【수거의무, 매수청구권】① 지상권이 소멸한 때에는 지상권자는 건물 기타 공작물이나 수목을 수거하여 토지를 원상에 회복하여야 한다.
② 전항의 경우에 지상권설정자가 상당한 가액을 제공하여 그 공작물이나 수목의 매수를 청구한 때에는 지상권자는 정당한 이유 없이 이를 거절하지 못한다.

제286조【지료증감청구권】지료가 토지에 관한 조세 기타 부담의 증감이나 지가의 변동으로 인하여 상당하지 아니하게 된 때에는 당사자는 그 증감을 청구할 수 있다.

제287조【지상권소멸청구권】**지상권자가 2년 이상의 지료를 지급하지 아니한 때**에는 지상권설정자는 지상권의 소멸을 청구할 수 있다.

제288조【지상권소멸청구와 저당권자에 대한 통지】지상권이 저당권의 목적인 때 또는 그 토지에 있는 건물, 수목이 저당권의 목적이 된 때에는 전조의 청구는 **저당권자에게 통지한 후 상당한 기간이 경과함으로써 그 효력이 생긴다.**

제289조【강행규정】제280조 내지 제287조의 규정에 위반되는 계약으로 지상권자에게 불리한 것은 그 효력이 없다.

제289조의2【구분지상권】① 지하 또는 지상의 공간은 상하의 범위를 정하여 건물 기타 공작물을 소유하기 위한 지상권의 목적으로 할 수 있다. 이 경우 설정행위로써 지상권의 행사를 위하여 토지의 사용을 제한할 수 있다.
② 제1항의 규정에 의한 구분지상권은 제3자가 토지를 사용·수익할 권리를 가진 때에도 그 권리자 및 그 권리를 목적으로 하는 권리를 가진 자 전원의 승낙이 있으면 이를 설정할 수 있다. 이 경우 토지를 사용·수익할 권리를 가진 제3자는 그 지상권의 행사를 방해하여서는 아니 된다.

제290조【준용규정】① 제213조, 제214조, 제216조 내지 제244조의 규정은 지상권자 간 또는 지상권자와 인지소유자 간에 이를 준용한다.
② 제280조 내지 제289조 및 제1항의 규정은 제289조의2의 규정에 의한 구분지상권에 관하여 이를 준용한다.

제5장 지역권

제291조【지역권의 내용】지역권자는 일정한 목적을 위하여 타인의 토지를 자기토지의 편익에 이용하는 권리가 있다.

제292조【부종성】① **지역권은 요역지소유권에 부종**하여 이전하며 또는 요역지에 대한 소유권 이외의 권리의 목적이 된다. 그러나 다른 약정이 있는 때에는 그 약정에 의한다.
② 지역권은 요역지와 분리하여 양도하거나 다른 권리의 목적으로 하지 못한다.

제293조【공유관계, 일부양도와 불가분성】① **토지공유자의 1인은** 지분에 관하여 그 토지를 위한 지역권 또는 그 토지가 부담한 **지역권을 소멸하게 하지 못한다.**
② 토지의 분할이나 토지의 일부양도의 경우에는 지역권은 요역지의 각 부분을 위하여 또는 그 승역지의 각 부분에 존속한다. 그러나 지역권이 토지의 일부분에만 관한 것인 때에는 다른 부분에 대하여는 그러하지 아니하다.

제294조【지역권취득기간】지역권은 **계속되고 표현된 것에 한하여 제245조의 규정을 준용**한다.

제295조【취득과 불가분성】① **공유자의 1인이 지역권을 취득한 때**에는 다른 공유자도 이를 취득한다.
② **점유로 인한 지역권취득기간의 중단**은 지역권을 행사하는 **모든 공유자에 대한 사유**가 아니면 그 효력이 없다.

제296조【소멸시효의 중단, 정지와 불가분성】요역지가 수인의 공유인 경우에 그 **1인에 의한 지역권소멸시효의 중단 또는 정지는 다른 공유자를 위하여 효력**이 있다.

제297조【용수지역권】① 용수승역지의 수량이 요역지 및 승역지의 수요에 부족한 때에는 그 수요 정도에

의하여 먼저 가용에 공급하고 다른 용도에 공급하여야 한다. 그러나 설정행위에 다른 약정이 있는 때에는 그 약정에 의한다.
② 승역지에 수개의 용수지역권이 설정된 때에는 후순위의 지역권자는 선순위의 지역권자의 용수를 방해하지 못한다.

제298조 【승역지소유자의 의무와 승계】 계약에 의하여 승역지소유자가 자기의 비용으로 지역권의 행사를 위하여 공작물의 설치 또는 수선의 의무를 부담한 때에는 승역지소유자의 특별승계인도 그 의무를 부담한다.

제299조 【위기에 의한 부담면제】 승역지의 소유자는 지역권에 필요한 부분의 토지소유권을 지역권자에게 위기하여 전조의 부담을 면할 수 있다.

제300조 【공작물의 공동사용】 ① 승역지의 소유자는 지역권의 행사를 방해하지 아니하는 범위 내에서 지역권자가 지역권의 행사를 위하여 승역지에 설치한 공작물을 사용할 수 있다.
② 전항의 경우에 승역지의 소유자는 수익 정도의 비율로 공작물의 설치, 보존의 비용을 분담하여야 한다.

제301조 【준용규정】 제214조의 규정은 지역권에 준용한다.

제302조 【특수지역권】 어느 지역의 주민이 집합체의 관계로 각자가 타인의 토지에서 초목, 야생물 및 토사의 채취, 방목 기타의 수익을 하는 권리가 있는 경우에는 관습에 의하는 외에 본장의 규정을 준용한다.

제6장 전세권

제303조 【전세권의 내용】 ① 전세권자는 **전세금을 지급**하고 타인의 부동산을 점유하여 그 부동산의 용도에 좇아 사용·수익하며, 그 **부동산 전부에 대하여** 후순위권리자 기타 채권자보다 **전세금의 우선변제를 받을 권리**가 있다.
② 농경지는 전세권의 목적으로 하지 못한다.

제304조 【건물의 전세권, 지상권, 임차권에 대한 효력】 ① **타인의 토지에 있는 건물에 전세권**을 설정한 때에는 전세권의 효력은 **그 건물의 소유를 목적으로 한 지상권 또는 임차권에 미친다.**
② 전항의 경우에 전세권설정자는 전세권자의 동의 없이 지상권 또는 임차권을 소멸하게 하는 행위를 하지 못한다.

제305조 【건물의 전세권과 법정지상권】 ① 대지와 건물이 동일한 소유자에 속한 경우에 건물에 전세권을 설정한 때에는 그 대지소유권의 특별승계인은 **전세권설정자에 대하여** 지상권을 설정한 것으로 본다. 그러나 지료는 당사자의 청구에 의하여 법원이 이를 정한다.
② 전항의 경우에 대지소유자는 타인에게 그 대지를 임대하거나 이를 목적으로 한 지상권 또는 전세권을 설정하지 못한다.

제306조 【전세권의 양도, 임대 등】 전세권자는 전세권을 타인에게 양도 또는 담보로 제공할 수 있고 그 존속기간 내에서 그 목적물을 타인에게 전전세 또는 임대할 수 있다. 그러나 **설정행위로 이를 금지**한 때에는 그러하지 아니하다.

제307조 【전세권양도의 효력】 전세권양수인은 전세권설정자에 대하여 전세권양도인과 동일한 권리·의무가 있다.

제308조 【전전세 등의 경우의 책임】 전세권의 목적물을 전전세 또는 임대한 경우에는 전세권자는 **전전세 또는 임대하지 아니하였으면 면할 수 있는 불가항력으로 인한 손해에 대하여 그 책임을 부담**한다.

제309조 【전세권자의 유지, 수선의무】 전세권자는 **목적물의 현상을 유지하고 그 통상의 관리에 속한 수선**을 하여야 한다.

제310조 【전세권자의 상환청구권】 ① 전세권자가 목적물을 개량하기 위하여 지출한 금액 기타 **유익비**에 관하여는 그 가액의 증가가 현존한 경우에 한하여 **소유자의 선택**에 좇아 그 지출액이나 증가액의 상환을 청구할 수 있다.
② 전항의 경우에 법원은 소유자의 청구에 의하여 상당한 상환기간을 허여할 수 있다.

제311조 【전세권의 소멸청구】 ① 전세권자가 전세권설정계약 또는 그 목적물의 성질에 의하여 **정하여진 용법으로 이를 사용, 수익하지 아니한 경우**에는 전세권설정자는 전세권의 소멸을 청구할 수 있다.

② 전항의 경우에는 전세권설정자는 전세권자에 대하여 원상회복 또는 손해배상을 청구할 수 있다.

제312조【전세권의 존속기간】① 전세권의 존속기간은 **10년을 넘지 못한다.** 당사자의 약정기간이 10년을 넘는 때에는 이를 10년으로 단축한다.
② **건물**에 대한 전세권의 존속기간을 1년 미만으로 정한 때에는 이를 **1년으로** 한다.
③ 전세권의 설정은 이를 갱신할 수 있다. 그 기간은 갱신한 날로부터 10년을 넘지 못한다.
④ 건물의 전세권설정자가 전세권의 **존속기간 만료 전 6월부터 1월까지** 사이에 전세권자에 대하여 갱신거절의 통지 또는 조건을 변경하지 아니하면 갱신하지 아니한다는 뜻의 통지를 하지 아니한 경우에는 그 기간이 만료된 때에 **전전세권과 동일한 조건**으로 다시 전세권을 설정한 것으로 본다. 이 경우 전세권의 **존속기간은 그 정함이 없는 것으로** 본다.

제312조의2【전세금 증감청구권】전세금이 목적 부동산에 관한 조세·공과금 기타 부담의 증감이나 경제사정의 변동으로 인하여 상당하지 아니하게 된 때에는 당사자는 장래에 대하여 그 증감을 청구할 수 있다. 그러나 증액의 경우에는 대통령령이 정하는 기준에 따른 비율을 초과하지 못한다.

제313조【전세권의 소멸통고】전세권의 **존속기간을 약정하지 아니한 때**에는 **각 당사자는 언제든지** 상대방에 대하여 전세권의 소멸을 통고할 수 있고 **상대방이 이 통고를 받은 날로부터 6월이 경과하면 전세권은 소멸**한다.

제314조【불가항력으로 인한 멸실】① 전세권의 목적물의 전부 또는 일부가 불가항력으로 인하여 멸실된 때에는 **그 멸실된 부분의 전세권은 소멸한다.**
② 전항의 일부멸실의 경우에 전세권자가 그 잔존부분으로 전세권의 목적을 달성할 수 없는 때에는 전세권설정자에 대하여 전세권 전부의 소멸을 통고하고 전세금의 반환을 청구할 수 있다.

제315조【전세권자의 손해배상책임】① 전세권의 목적물의 전부 또는 일부가 **전세권자에 책임 있는 사유로 인하여 멸실된 때에는 전세권자는 손해를 배상할 책임**이 있다.

② 전항의 경우에 전세권설정자는 전세권이 소멸된 후 전세금으로써 손해의 배상에 충당하고 잉여가 있으면 반환하여야 하며 부족이 있으면 다시 청구할 수 있다.

제316조【원상회복의무, 매수청구권】① 전세권이 그 존속기간의 만료로 인하여 소멸한 때에는 전세권자는 그 목적물을 원상에 회복하여야 하며 그 목적물에 부속시킨 물건은 수거할 수 있다. 그러나 전세권설정자가 그 부속물건의 매수를 청구한 때에는 전세권자는 정당한 이유 없이 거절하지 못한다.
② 전항의 경우에 그 부속물건이 전세권설정자의 동의를 얻어 부속시킨 것인 때에는 전세권자는 전세권설정자에 대하여 그 부속물건의 매수를 청구할 수 있다. 그 부속물건이 전세권설정자로부터 매수한 것인 때에도 같다.

제317조【전세권의 소멸과 동시이행】**전세권이 소멸한 때에는 전세권설정자는 전세권자로부터 그 목적물의 인도 및 전세권설정등기의 말소등기에 필요한 서류의 교부를 받는 동시에 전세금을 반환하여야** 한다.

제318조【전세권자의 경매청구권】전세권설정자가 **전세금의 반환을 지체**한 때에는 전세권자는 「민사집행법」의 정한 바에 의하여 전세권의 목적물의 경매를 청구할 수 있다.

제319조【준용규정】제213조, 제214조, 제216조 내지 제244조의 규정은 전세권자 간 또는 전세권자와 인지소유자 및 지상권자 간에 이를 준용한다.

제7장 유치권

제320조【유치권의 내용】① 타인의 물건 또는 유가증권을 점유한 자는 그 **물건이나 유가증권에 관하여 생긴 채권이 변제기에 있는 경우**에는 변제를 받을 때까지 그 물건 또는 유가증권을 유치할 권리가 있다.
② 전항의 규정은 그 점유가 불법행위로 인한 경우에 적용하지 아니한다.

제321조【유치권의 불가분성】유치권자는 **채권 전부의 변제를 받을 때까지 유치물 전부에 대하여** 그 권리를 행사할 수 있다.

제322조【경매, 간이변제충당】① 유치권자는 **채권의 변제를 받기 위하여 유치물을 경매**할 수 있다.

② 정당한 이유 있는 때에는 유치권자는 **감정인의 평가**에 의하여 **유치물로 직접 변제에 충당**할 것을 **법원에 청구**할 수 있다. 이 경우에는 **유치권자는 미리 채무자에게 통지**하여야 한다.

제323조【과실수취권】① 유치권자는 유치물의 과실을 수취하여 **다른 채권보다 먼저 그 채권의 변제에 충당**할 수 있다. 그러나 **과실이 금전이 아닌 때에는 경매**하여야 한다.

② 과실은 먼저 채권의 이자에 충당하고 그 잉여가 있으면 원본에 충당한다.

제324조【유치권자의 선관의무】① 유치권자는 선량한 관리자의 주의로 유치물을 점유하여야 한다.

② 유치권자는 채무자의 승낙 없이 유치물의 사용, 대여 또는 담보제공을 하지 못한다. **그러나 유치물의 보존에 필요한 사용**은 그러하지 아니하다.

③ 유치권자가 전2항의 규정에 위반한 때에는 채무자는 유치권의 소멸을 청구할 수 있다.

제325조【유치권자의 상환청구권】① 유치권자가 유치물에 관하여 **필요비를 지출한** 때에는 소유자에게 그 상환을 청구할 수 있다.

② 유치권자가 유치물에 관하여 **유익비를 지출한 때**에는 그 가액의 증가가 현존한 경우에 한하여 **소유자의 선택**에 좇아 그 지출한 금액이나 증가액의 상환을 청구할 수 있다. 그러나 법원은 소유자의 청구에 의하여 상당한 상환기간을 허여할 수 있다.

제326조【피담보채권의 소멸시효】**유치권의 행사는 채권의 소멸시효의 진행에 영향을 미치지 아니한다.**

제327조【타담보제공과 유치권소멸】채무자는 상당한 담보를 제공하고 유치권의 소멸을 청구할 수 있다.

제328조【점유상실과 유치권소멸】유치권은 **점유의 상실로 인하여 소멸**한다.

제8장 질권

제1절 동산질권

제329조【동산질권의 내용】동산질권자는 채권의 담보로 채무자 또는 제삼자가 제공한 **동산을 점유**하고 그 동산에 대하여 다른 채권자보다 자기채권의 **우선변제를 받을 권리**가 있다.

제330조【설정계약의 요물성】질권의 설정은 **질권자에게 목적물을 인도함으로써 그 효력이 생긴다**.

제331조【질권의 목적물】질권은 양도할 수 없는 물건을 목적으로 하지 못한다.

제332조【설정자에 의한 대리점유의 금지】질권자는 설정자로 하여금 질물의 점유를 하게 하지 못한다.

제333조【동산질권의 순위】수개의 채권을 담보하기 위하여 동일한 동산에 수개의 질권을 설정한 때에는 그 순위는 설정의 선후에 의한다.

제334조【피담보채권의 범위】질권은 원본, 이자, 위약금, 질권실행의 비용, **질물보존의 비용** 및 채무불이행 또는 **질물의 하자로 인한 손해배상의 채권을 담보**한다. 그러나 다른 약정이 있는 때에는 그 약정에 의한다.

제335조【유치적 효력】질권자는 전조의 채권의 변제를 받을 때까지 질물을 유치할 수 있다. 그러나 자기보다 우선권이 있는 채권자에게 대항하지 못한다.

제336조【전질권】질권자는 그 권리의 범위 내에서 자기의 책임으로 질물을 전질할 수 있다. 이 경우에는 **전질을 하지 아니하였으면 면할 수 있는 불가항력으로 인한 손해에 대하여도 책임을 부담**한다.

제337조【전질의 대항요건】① 전조의 경우에 질권자가 **채무자에게 전질의 사실을 통지하거나 채무자가 이를 승낙**함이 아니면 전질로써 채무자, 보증인, 질권설정자 및 그 승계인에게 대항하지 못한다.

② 채무자가 전항의 통지를 받거나 승낙을 한 때에는 전질권자의 동의 없이 질권자에게 채무를 변제하여도 이로써 전질권자에게 대항하지 못한다.

제338조【경매, 간이변제충당】① 질권자는 채권의 변제를 받기 위하여 질물을 경매할 수 있다.

② 정당한 이유 있는 때에는 질권자는 감정자의 평가에 의하여 질물로 직접 변제에 충당할 것을 법원에 청구할 수 있다. 이 경우에는 질권자는 미리 채무자 및 질권설정자에게 통지하여야 한다.

제339조【유질계약의 금지】질권설정자는 채무변제기 전의 계약으로 **질권자에게 변제에 갈음하여 질물의 소유권을 취득하게 하거나 법률에 정한 방법에 의하지 아니하고 질물을 처분할 것을 약정하지 못한다.**

제340조【질물 이외의 재산으로부터의 변제】① 질권자는 질물에 의하여 변제를 받지 못한 부분의 채권에 한하여 채무자의 다른 재산으로부터 변제를 받을 수 있다.
② 전항의 규정은 질물보다 먼저 다른 재산에 관한 배당을 실시하는 경우에는 적용하지 아니한다. 그러나 다른 채권자는 질권자에게 그 배당금액의 공탁을 청구할 수 있다.

제341조【물상보증인의 구상권】타인의 채무를 담보하기 위한 질권설정자가 그 채무를 변제하거나 질권의 실행으로 인하여 질물의 소유권을 잃은 때에는 보증채무에 관한 규정에 의하여 채무자에 대한 구상권이 있다.

제342조【물상대위】질권은 **질물의 멸실, 훼손 또는 공용징수로 인하여 질권설정자가 받을 금전 기타 물건**에 대하여도 이를 행사할 수 있다. 이 경우에는 그 **지급 또는 인도 전에 압류**하여야 한다.

제343조【준용규정】제249조 내지 제251조, 제321조 내지 제325조의 규정은 동산질권에 준용한다.

제344조【타법률에 의한 질권】본절의 규정은 다른 법률의 규정에 의하여 설정된 질권에 준용한다.

제2절 권리질권

제345조【권리질권의 목적】질권은 재산권을 그 목적으로 할 수 있다. 그러나 **부동산의 사용, 수익을 목적으로 하는 권리는 그러하지 아니하다.**

제346조【권리질권의 설정방법】권리질권의 설정은 법률에 다른 규정이 없으면 그 권리의 양도에 관한 방법에 의하여야 한다.

제347조【설정계약의 요물성】채권을 질권의 목적으로 하는 경우에 **채권증서가 있는 때에는 질권의 설정은 그 증서를 질권자에게 교부함으로써 그 효력이 생긴다.**

제348조【저당채권에 대한 질권과 부기등기】저당권으로 담보한 채권을 질권의 목적으로 한 때에는 그 저당권등기에 질권의 부기등기를 하여야 그 효력이 저당권에 미친다.

제349조【지명채권에 대한 질권의 대항요건】① 지명채권을 목적으로 한 질권의 설정은 설정자가 제450조의 규정에 의하여 **제삼채무자에게 질권설정의 사실을 통지하거나 제삼채무자가 이를 승낙함**이 아니면 이로써 제삼채무자 기타 제삼자에게 대항하지 못한다.
② 제451조의 규정은 전항의 경우에 준용한다.

제350조【지시채권에 대한 질권의 설정방법】지시채권을 질권의 목적으로 한 질권의 설정은 **증서에 배서하여 질권자에게 교부**함으로써 그 효력이 생긴다.

제351조【무기명채권에 대한 질권의 설정방법】무기명채권을 목적으로 한 질권의 설정은 **증서를 질권자에게 교부**함으로써 그 효력이 생긴다.

제352조【질권설정자의 권리처분제한】질권설정자는 질권자의 동의 없이 질권의 목적된 권리를 소멸하게 하거나 질권자의 이익을 해하는 변경을 할 수 없다.

제353조【질권의 목적이 된 채권의 실행방법】① 질권자는 질권의 목적이 된 채권을 **직접 청구할 수 있다**.
② 채권의 목적물이 **금전인 때에는 질권자는 자기채권의 한도에서 직접 청구**할 수 있다.
③ 전항의 **채권의 변제기가 질권자의 채권의 변제기보다 먼저 도래한 때**에는 질권자는 제삼채무자에 대하여 그 **변제금액의 공탁을 청구**할 수 있다. 이 경우에 질권은 그 공탁금에 존재한다.
④ 채권의 목적물이 금전 이외의 물건인 때에는 질권자는 그 변제를 받은 물건에 대하여 질권을 행사할 수 있다.

제354조【동전】질권자는 전조의 규정에 의하는 외에「민사집행법」에 정한 집행방법에 의하여 질권을 실행할 수 있다.

제355조【준용규정】권리질권에는 본절의 규정 외에 동산질권에 관한 규정을 준용한다.

제9장 저당권

제356조【저당권의 내용】저당권자는 채무자 또는 제삼자가 **점유를 이전하지 아니하고 채무의 담보로 제공한 부동산에 대하여** 다른 채권자보다 자기채권의 **우선변제를 받을 권리**가 있다.

제357조【근저당】① 저당권은 그 담보할 **채무의 최고액만을 정하고** 채무의 확정을 장래에 보류하여 이를 설정할 수 있다. 이 경우에는 그 확정될 때까지의 채

무의 소멸 또는 이전은 저당권에 영향을 미치지 아니한다.
② 전항의 경우에는 **채무의 이자는 최고액 중에 산입한 것**으로 본다.

제358조【저당권의 효력의 범위】저당권의 효력은 저당부동산에 **부합된 물건과 종물에 미친다.** 그러나 법률에 특별한 규정 또는 설정행위에 다른 약정이 있으면 그러하지 아니하다.

제359조【과실에 대한 효력】저당권의 효력은 저당부동산에 대한 **압류가 있은 후에** 저당권설정자가 그 부동산으로부터 수취한 과실 또는 수취할 수 있는 **과실에 미친다.** 그러나 저당권자가 그 **부동산에 대한 소유권, 지상권 또는 전세권을 취득한 제삼자에 대하여는 압류한 사실을 통지한 후가 아니면 이로써 대항하지 못한다.**

제360조【피담보채권의 범위】저당권은 원본, 이자, 위약금, 채무불이행으로 인한 손해배상 및 저당권의 실행비용을 담보한다. 그러나 **지연배상에 대하여는 원본의 이행기일을 경과한 후의 1년분에 한하여 저당권을 행사**할 수 있다.

제361조【저당권의 처분제한】저당권은 그 담보한 채권과 분리하여 타인에게 양도하거나 다른 채권의 담보로 하지 못한다.

제362조【저당물의 보충】**저당권설정자의 책임 있는 사유로 인하여 저당물의 가액이 현저히 감소된 때**에는 저당권자는 저당권설정자에 대하여 그 원상회복 또는 상당한 담보제공을 청구할 수 있다.

제363조【저당권자의 경매청구권, 경매인】① 저당권자는 **그 채권의 변제를 받기 위하여** 저당물의 경매를 청구할 수 있다.
② 저당물의 소유권을 취득한 제삼자도 경매인이 될 수 있다.

제364조【제삼취득자의 변제】저당부동산에 대하여 소유권, 지상권 또는 전세권을 취득한 제삼자는 저당권자에게 그 부동산으로 담보된 채권을 변제하고 저당권의 소멸을 청구할 수 있다.

제365조【저당지상의 건물에 대한 경매청구권】**토지를 목적으로 저당권을 설정한 후 그 설정자가 그 토지에 건물을 축조한 때**에는 저당권자는 토지와 함께 그 건물에 대하여도 경매를 청구할 수 있다. 그러나 그 **건물의 경매대가에 대하여는 우선변제를 받을 권리가 없다.**

제366조【법정지상권】**저당물의 경매로 인하여 토지와 그 지상건물이 다른 소유자에 속한 경우**에는 토지소유자는 건물소유자에 대하여 지상권을 설정한 것으로 본다. 그러나 지료는 당사자의 청구에 의하여 법원이 이를 정한다.

제367조【제삼취득자의 비용상환청구권】저당물의 제삼취득자가 그 부동산의 보존, 개량을 위하여 필요비 또는 유익비를 지출한 때에는 제203조 제1항, 제2항의 규정에 의하여 **저당물의 경매대가에서 우선상환을 받을 수 있다.**

제368조【공동저당과 대가의 배당, 차순위자의 대위】
① 동일한 채권의 담보로 수개의 부동산에 저당권을 설정한 경우에 그 부동산의 **경매대가를 동시에 배당하는 때**에는 각 부동산의 **경매대가에 비례하여 그 채권의 분담**을 정한다.
② 전항의 저당부동산 중 **일부의 경매대가를 먼저 배당하는 경우**에는 그 대가에서 그 **채권 전부의 변제**를 받을 수 있다. 이 경우에 그 경매한 부동산의 **차순위 저당권자**는 선순위저당권자가 전항의 규정에 의하여 다른 부동산의 경매대가에서 변제를 받을 수 있는 금액의 한도에서 **선순위자를 대위하여 저당권을 행사**할 수 있다.

제369조【부종성】저당권으로 **담보한 채권이 시효의 완성 기타 사유로 인하여 소멸한 때**에는 저당권도 소멸한다.

제370조【준용규정】제214조, 제321조, 제333조, 제340조, 제341조 및 제342조의 규정은 저당권에 준용한다.

제371조【지상권, 전세권을 목적으로 하는 저당권】① 본장의 규정은 지상권 또는 전세권을 저당권의 목적으로 한 경우에 준용한다.
② 지상권 또는 전세권을 목적으로 저당권을 설정한 자는 저당권자의 동의 없이 지상권 또는 전세권을 소멸하게 하는 행위를 하지 못한다.

제372조【타 법률에 의한 저당권】본장의 규정은 다른 법률에 의하여 설정된 저당권에 준용한다.

제3편 채권

제1장 총칙

제1절 채권의 목적

제373조【채권의 목적】금전으로 가액을 산정할 수 없는 것이라도 채권의 목적으로 할 수 있다.

제374조【특정물인도채무자의 선관의무】특정물의 인도가 채권의 목적인 때에는 채무자는 **그 물건을 인도하기까지** 선량한 관리자의 주의로 보존하여야 한다.

제375조【종류채권】① 채권의 목적을 종류로만 지정한 경우에 법률행위의 성질이나 당사자의 의사에 의하여 품질을 정할 수 없는 때에는 채무자는 **중등품질의 물건으로 이행**하여야 한다.
② 전항의 경우에 채무자가 이행에 필요한 행위를 완료하거나 채권자의 동의를 얻어 이행할 물건을 지정한 때에는 그때로부터 그 물건을 채권의 목적물로 한다.

제376조【금전채권】채권의 목적이 어느 종류의 통화로 지급할 것인 경우에 그 통화가 변제기에 강제통용력을 잃은 때에는 채무자는 다른 통화로 변제하여야 한다.

제377조【외화채권】① 채권의 목적이 다른 나라 통화로 지급할 것인 경우에는 채무자는 자기가 선택한 그 나라의 각 종류의 통화로 변제할 수 있다.
② 채권의 목적이 어느 종류의 다른 나라 통화로 지급할 것인 경우에 그 통화가 변제기에 강제통용력을 잃은 때에는 그 나라의 다른 통화로 변제하여야 한다.

제378조【동전】채권액이 다른 나라 통화로 지정된 때에는 채무자는 지급할 때에 있어서의 이행지의 환금시가에 의하여 우리나라 통화로 변제할 수 있다.

제379조【법정이율】이자 있는 채권의 이율은 다른 법률의 규정이나 **당사자의 약정이 없으면 연 5분**으로 한다.

제380조【선택채권】채권의 목적이 수개의 행위 중에서 선택에 좇아 확정될 경우에 다른 **법률의 규정이나 당사자의 약정이 없으면 선택권은 채무자에게** 있다.

제381조【선택권의 이전】① 선택권 행사의 기간이 있는 경우에 선택권자가 그 기간 내에 선택권을 행사하지 아니하는 때에는 상대방은 상당한 기간을 정하여 그 선택을 최고할 수 있고 선택권자가 그 기간 내에 선택하지 아니하면 선택권은 상대방에게 있다.
② 선택권 행사의 기간이 없는 경우에 채권의 기한이 도래한 후 상대방이 상당한 기간을 정하여 그 선택을 최고하여도 선택권자가 그 기간 내에 선택하지 아니할 때에도 전항과 같다.

제382조【당사자의 선택권의 행사】① 채권자나 채무자가 선택하는 경우에는 그 선택은 상대방에 대한 의사표시로 한다.
② 전항의 의사표시는 상대방의 동의가 없으면 철회하지 못한다.

제383조【제삼자의 선택권의 행사】① 제삼자가 선택하는 경우에는 그 선택은 채무자 및 채권자에 대한 의사표시로 한다.
② 전항의 의사표시는 채권자 및 채무자의 동의가 없으면 철회하지 못한다.

제384조【제삼자의 선택권의 이전】① 선택할 제삼자가 선택할 수 없는 경우에는 선택권은 채무자에게 있다.
② 제삼자가 선택하지 아니하는 경우에는 채권자나 채무자는 상당한 기간을 정하여 그 선택을 최고할 수 있고 제삼자가 그 기간 내에 선택하지 아니하면 선택권은 채무자에게 있다.

제385조【불능으로 인한 선택채권의 특정】① 채권의 목적으로 선택할 수개의 행위 중에 **처음부터 불능한 것이나 또는 후에 이행불능하게 된 것이 있으면 채권의 목적은 잔존한 것에 존재**한다.
② 선택권 없는 당사자의 과실로 인하여 이행불능이 된 때에는 전항의 규정을 적용하지 아니한다.

제386조【선택의 소급효】**선택의 효력은 그 채권이 발생한 때에 소급한다**. 그러나 제삼자의 권리를 해하지 못한다.

제2절 채권의 효력

제387조【이행기와 이행지체】① 채무이행의 **확정한 기한이 있는 경우**에는 채무자는 **기한이 도래한 때로부터 지체책임**이 있다. 채무이행의 **불확정한 기한이 있는 경우**에는 채무자는 **기한이 도래함을 안 때로부터 지체책임**이 있다.
② 채무이행의 기한이 없는 경우에는 채무자는 이행청구를 받은 때로부터 지체책임이 있다.

제388조【기한의 이익의 상실】채무자는 다음 각 호의 경우에는 기한의 이익을 주장하지 못한다.
  1. 채무자가 담보를 손상, 감소 또는 멸실하게 한 때
  2. 채무자가 담보제공의 의무를 이행하지 아니한 때

제389조【강제이행】① 채무자가 임의로 채무를 이행하지 아니한 때에는 채권자는 그 강제이행을 법원에 청구할 수 있다. 그러나 채무의 성질이 강제이행을 하지 못할 것인 때에는 그러하지 아니하다.
② 전항의 채무가 법률행위를 목적으로 한 때에는 채무자의 의사표시에 갈음할 재판을 청구할 수 있고 채무자의 일신에 전속하지 아니한 작위를 목적으로 한 때에는 채무자의 비용으로 제삼자에게 이를 하게 할 것을 법원에 청구할 수 있다.
③ 그 채무가 **부작위**를 목적으로 한 경우에 채무자가 이에 **위반한 때에는 채무자의 비용으로써** 그 위반한 것을 제각하고 장래에 대한 적당한 처분을 법원에 청구할 수 있다.
④ 전3항의 규정은 손해배상의 청구에 영향을 미치지 아니한다.

제390조【채무불이행과 손해배상】**채무자가 채무의 내용에 좇은 이행을 하지 아니한 때**에는 채권자는 손해배상을 청구할 수 있다. 그러나 채무자의 고의나 과실 없이 이행할 수 없게 된 때에는 그러하지 아니하다.

제391조【이행보조자의 고의, 과실】채무자의 법정대리인이 채무자를 위하여 이행하거나 채무자가 타인을 사용하여 이행하는 경우에는 **법정대리인 또는 피용자의 고의나 과실은 채무자의 고의나 과실로 본다**.

제392조【이행지체 중의 손해배상】채무자는 **자기에게 과실이 없는 경우에도** 그 이행지체 중에 생긴 **손해를 배상**하여야 한다. 그러나 채무자가 이행기에 이행하여도 손해를 면할 수 없는 경우에는 그러하지 아니하다.

제393조【손해배상의 범위】① **채무불이행으로 인한 손해배상은 통상의 손해를** 그 한도로 한다.
② 특별한 사정으로 인한 손해는 채무자가 그 사정을 알았거나 알 수 있었을 때에 한하여 배상의 책임이 있다.

제394조【손해배상의 방법】다른 의사표시가 없으면 손해는 **금전으로 배상**한다.

제395조【이행지체와 전보배상】채무자가 채무의 이행을 지체한 경우에 채권자가 상당한 기간을 정하여 이행을 최고하여도 그 기간 내에 이행하지 아니하거나 지체 후의 이행이 채권자에게 이익이 없는 때에는 채권자는 수령을 거절하고 이행에 갈음한 손해배상을 청구할 수 있다.

제396조【과실상계】채무불이행에 관하여 **채권자에게 과실이 있는 때에는 법원은 손해배상의 책임 및 그 금액을 정함에 이를 참작하여야 한다.**

제397조【금전채무불이행에 대한 특칙】① 금전채무 불이행의 **손해배상액은 법정이율**에 의한다. 그러나 법령의 제한에 위반하지 아니한 **약정이율이 있으면 그 이율**에 의한다.
② 전항의 **손해배상에 관하여는 채권자는 손해의 증명을 요하지 아니하고 채무자는 과실 없음을 항변하지 못한다.**

제398조【배상액의 예정】① 당사자는 채무불이행에 관한 손해배상액을 예정할 수 있다.
② 손해배상의 예정액이 부당히 과다한 경우에는 법원은 적당히 감액할 수 있다.
③ **손해배상액의 예정은 이행의 청구나 계약의 해제에 영향을 미치지 아니한다.**
④ **위약금의 약정은 손해배상액의 예정으로 추정**한다.
⑤ 당사자가 금전이 아닌 것으로써 손해의 배상에 충당할 것을 예정한 경우에도 전4항의 규정을 준용한다.

제399조【손해배상자의 대위】채권자가 그 채권의 목적인 물건 또는 권리의 가액 전부를 손해배상으로 받

은 때에는 채무자는 그 물건 또는 권리에 관하여 당연히 채권자를 대위한다.

제400조【채권자지체】 채권자가 이행을 받을 수 없거나 받지 아니한 때에는 이행의 제공 있는 때로부터 지체책임이 있다.

제401조【채권자지체와 채무자의 책임】 채권자지체 중에는 **채무자는 고의 또는 중대한 과실이 없으면 불이행으로 인한 모든 책임이 없다.**

제402조【동전】 채권자지체 중에는 이자 있는 채권이라도 **채무자는 이자를 지급할 의무가 없다.**

제403조【채권자지체와 채권자의 책임】 채권자지체로 인하여 그 **목적물의 보관 또는 변제의 비용이 증가된 때에는 그 증가액은 채권자의 부담**으로 한다.

제404조【채권자대위권】 ① 채권자는 자기의 채권을 보전하기 위하여 채무자의 권리를 행사할 수 있다. 그러나 일신에 전속한 권리는 그러하지 아니하다.
② 채권자는 그 채권의 기한이 도래하기 전에는 법원의 허가 없이 전항의 권리를 행사하지 못한다. 그러나 보전행위는 그러하지 아니하다.

제405조【채권자대위권 행사의 통지】 ① 채권자가 전조 제1항의 규정에 의하여 보전행위 이외의 권리를 행사한 때에는 채무자에게 통지하여야 한다.
② 채무자가 전항의 통지를 받은 후에는 그 권리를 처분하여도 이로써 채권자에게 대항하지 못한다.

제406조【채권자취소권】 ① 채무자가 **채권자를 해함을 알고 재산권을 목적으로 한 법률행위**를 한 때에는 채권자는 그 **취소 및 원상회복을 법원에 청구**할 수 있다. 그러나 그 행위로 인하여 **이익을 받은 자나 전득한 자**가 그 행위 또는 전득 당시에 채권자를 해함을 **알지 못한 경우에는 그러하지 아니하다.**
② 전항의 소는 채권자가 취소원인을 **안 날로부터 1년, 법률행위 있은 날로부터 5년 내에 제기**하여야 한다.

제407조【채권자취소의 효력】 전조의 규정에 의한 취소와 원상회복은 모든 채권자의 이익을 위하여 그 효력이 있다.

제3절 수인의 채권자 및 채무자

제1관 총칙

제408조【분할채권관계】 채권자나 채무자가 수인인 경우에 특별한 의사표시가 없으면 각 **채권자 또는 각 채무자는 균등한 비율로 권리가 있고 의무**를 부담한다.

제2관 불가분채권과 불가분채무

제409조【불가분채권】 채권의 목적이 그 성질 또는 당사자의 의사표시에 의하여 불가분인 경우에 **채권자가 수인인 때에는 각 채권자는 모든 채권자를 위하여 이행을 청구할 수 있고 채무자는 모든 채권자를 위하여 각 채권자에게 이행할 수 있다.**

제410조【1인의 채권자에 생긴 사항의 효력】 ① 전조의 규정에 의하여 모든 채권자에게 효력이 있는 사항을 제외하고는 불가분채권자 중 1인의 행위나 1인에 관한 사항은 다른 채권자에게 효력이 없다.
② 불가분채권자 중의 1인과 채무자 간에 경개나 면제 있는 경우에 채무 전부의 이행을 받은 다른 채권자는 그 1인이 권리를 잃지 아니하였으면 그에게 분급할 이익을 채무자에게 상환하여야 한다.

제411조【불가분채무와 준용규정】 수인이 불가분채무를 부담한 경우에는 제413조 내지 제415조, 제422조, 제424조 내지 제427조 및 전조의 규정을 준용한다.

제412조【가분채권, 가분채무에의 변경】 불가분채권이나 불가분채무가 가분채권 또는 가분채무로 변경된 때에는 각 채권자는 자기부분만의 이행을 청구할 권리가 있고 각 채무자는 자기부담부분만을 이행할 의무가 있다.

제3관 연대채무

제413조【연대채무의 내용】 수인의 채무자가 채무 전부를 각자 이행할 의무가 있고 채무자 1인의 이행으로 다른 채무자도 그 의무를 면하게 되는 때에는 그 채무는 연대채무로 한다.

제414조【각 연대채무자에 대한 이행청구】 채권자는 어느 연대채무자에 대하여 또는 동시나 순차로 모든

연대채무자에 대하여 채무의 전부나 일부의 이행을 청구할 수 있다.

제415조【채무자에 생긴 무효, 취소】어느 연대채무자에 대한 법률행위의 무효나 취소의 원인은 **다른 연대채무자의 채무에 영향을 미치지 아니한다.**

제416조【이행청구의 절대적 효력】어느 연대채무자에 대한 **이행청구는 다른 연대채무자에게도 효력**이 있다.

제417조【경개의 절대적 효력】어느 연대채무자와 채권자 간에 채무의 경개가 있는 때에는 채권은 **모든 연대채무자의 이익을 위하여 소멸**한다.

제418조【상계의 절대적 효력】① 어느 연대채무자가 채권자에 대하여 채권이 있는 경우에 **그 채무자가 상계한 때에는 채권은 모든 연대채무자의 이익을 위하여 소멸**한다.
② 상계할 채권이 있는 연대채무자가 **상계하지 아니한 때에는 그 채무자의 부담부분에 한하여 다른 연대채무자가 상계**할 수 있다.

제419조【면제의 절대적 효력】어느 연대채무자에 대한 채무면제는 그 **채무자의 부담부분에 한하여** 다른 연대채무자의 이익을 위하여 효력이 있다.

제420조【혼동의 절대적 효력】어느 연대채무자와 채권자 간에 혼동이 있는 때에는 **그 채무자의 부담부분에 한하여** 다른 연대채무자도 의무를 면한다.

제421조【소멸시효의 절대적 효력】어느 연대채무자에 대하여 소멸시효가 완성한 때에는 그 **부담부분에 한하여** 다른 연대채무자도 의무를 면한다.

제422조【채권자지체의 절대적 효력】어느 연대채무자에 대한 채권자의 지체는 **다른 연대채무자에게도** 효력이 있다.

제423조【효력의 상대성의 원칙】전7조의 사항 외에는 어느 연대채무자에 관한 사항은 다른 연대채무자에게 효력이 없다.

제424조【부담부분의 균등】연대채무자의 부담부분은 균등한 것으로 **추정**한다.

제425조【출재채무자의 구상권】① 어느 연대채무자가 변제 기타 자기의 출재로 공동면책이 된 때에는 다른 연대채무자의 부담부분에 대하여 구상권을 행사할 수 있다.
② 전항의 구상권은 면책된 날 이후의 법정이자 및 피할 수 없는 비용 기타 손해배상을 포함한다.

제426조【구상요건으로서의 통지】① 어느 연대채무자가 다른 연대채무자에게 통지하지 아니하고 변제 기타 자기의 출재로 공동면책이 된 경우에 다른 연대채무자가 채권자에게 대항할 수 있는 사유가 있었을 때에는 그 부담부분에 한하여 이 사유로 면책행위를 한 연대채무자에게 대항할 수 있고 그 대항사유가 상계인 때에는 상계로 소멸할 채권은 그 연대채무자에게 이전된다.
② 어느 연대채무자가 변제 기타 자기의 출재로 공동면책되었음을 다른 연대채무자에게 통지하지 아니한 경우에 다른 연대채무자가 선의로 채권자에게 변제 기타 유상의 면책행위를 한 때에는 그 연대채무자는 자기의 면책행위의 유효를 주장할 수 있다.

제427조【상환무자력자의 부담부분】① 연대채무자 중에 상환할 자력이 없는 자가 있는 때에는 그 채무자의 부담부분은 **구상권자 및 다른 자력이 있는 채무자가 그 부담부분에 비례하여 분담**한다. 그러나 구상권자에게 과실이 있는 때에는 다른 연대채무자에 대하여 분담을 청구하지 못한다.
② 전항의 경우에 상환할 자력이 없는 **채무자의 부담부분을 분담할 다른 채무자가 채권자로부터 연대의 면제를 받은 때에는 그 채무자의 분담할 부분은 채권자의 부담**으로 한다.

제4관 보증채무

제428조【보증채무의 내용】① 보증인은 **주채무자가 이행하지 아니하는 채무를 이행할 의무**가 있다.
② 보증은 장래의 채무에 대하여도 할 수 있다.

제428조의2【보증의 방식】① 보증은 그 의사가 **보증인의 기명날인 또는 서명이 있는 서면으로 표시되어야 효력이 발생한다. 다만, 보증의 의사가 전자적 형태로 표시된 경우에는 효력이 없다.**
② 보증채무를 보증인에게 불리하게 변경하는 경우에도 제1항과 같다.

③ 보증인이 보증채무를 이행한 경우에는 그 한도에서 제1항과 제2항에 따른 방식의 하자를 이유로 보증의 무효를 주장할 수 없다.

제428조의3 【근보증】 ① 보증은 불확정한 다수의 채무에 대해서도 할 수 있다. 이 경우 보증하는 채무의 최고액을 서면으로 특정하여야 한다.
② 제1항의 경우 채무의 최고액을 제428조의2 제1항에 따른 서면으로 특정하지 아니한 보증계약은 효력이 없다.

제429조 【보증채무의 범위】 ① 보증채무는 **주채무의 이자, 위약금, 손해배상 기타 주채무에 종속한 채무를 포함**한다.
② 보증인은 그 보증채무에 관한 위약금 기타 손해배상액을 예정할 수 있다.

제430조 【목적, 형태상의 부종성】 보증인의 부담이 주채무의 목적이나 형태보다 중한 때에는 **주채무의 한도로 감축**한다.

제431조 【보증인의 조건】 ① **채무자가 보증인을 세울 의무가 있는 경우**에는 그 **보증인은 행위능력 및 변제자력이 있는 자로 하여야** 한다.
② 보증인이 변제자력이 없게 된 때에는 채권자는 보증인의 변경을 청구할 수 있다.
③ 채권자가 보증인을 지명한 경우에는 전2항의 규정을 적용하지 아니한다.

제432조 【타 담보의 제공】 채무자는 다른 상당한 담보를 제공함으로써 보증인을 세울 의무를 면할 수 있다.

제433조 【보증인과 주채무자항변권】 ① 보증인은 주채무자의 항변으로 채권자에게 대항할 수 있다.
② 주채무자의 항변포기는 보증인에게 효력이 없다.

제434조 【보증인과 주채무자상계권】 보증인은 주채무자의 채권에 의한 상계로 채권자에게 대항할 수 있다.

제435조 【보증인과 주채무자의 취소권 등】 주채무자가 채권자에 대하여 취소권 또는 해제권이나 해지권이 있는 동안은 보증인은 채권자에 대하여 채무의 이행을 거절할 수 있다.

제436조 삭제 〈2015.2.3.〉

제436조의2 【채권자의 정보제공의무와 통지의무 등】
① 채권자는 보증계약을 체결할 때 보증계약의 체결 여부 또는 그 내용에 영향을 미칠 수 있는 주채무자의 채무 관련 신용정보를 보유하고 있거나 알고 있는 경우에는 보증인에게 그 정보를 알려야 한다. 보증계약을 갱신할 때에도 또한 같다.
② 채권자는 보증계약을 체결한 후에 다음 각 호의 어느 하나에 해당하는 사유가 있는 경우에는 지체 없이 보증인에게 그 사실을 알려야 한다.
1. 주채무자가 원본, 이자, 위약금, 손해배상 또는 그 밖에 주채무에 종속한 채무를 3개월 이상 이행하지 아니하는 경우
2. 주채무자가 이행기에 이행할 수 없음을 미리 안 경우
3. 주채무자의 채무 관련 신용정보에 중대한 변화가 생겼음을 알게 된 경우
③ 채권자는 보증인의 청구가 있으면 주채무의 내용 및 그 이행 여부를 알려야 한다.
④ 채권자가 제1항부터 제3항까지의 규정에 따른 의무를 위반하여 보증인에게 손해를 입힌 경우에는 법원은 그 내용과 정도 등을 고려하여 보증채무를 감경하거나 면제할 수 있다.

제437조 【보증인의 최고, 검색의 항변】 **채권자가 보증인에게 채무의 이행을 청구한 때**에는 보증인은 주채무자의 변제자력이 있는 사실 및 그 집행이 용이할 것을 증명하여 먼저 주채무자에게 청구할 것과 그 재산에 대하여 집행할 것을 항변할 수 있다. 그러나 보증인이 주채무자와 연대하여 채무를 부담한 때에는 그러하지 아니하다.

제438조 【최고, 검색의 해태의 효과】 전조의 규정에 의한 보증인의 항변에 불구하고 채권자의 해태로 인하여 채무자로부터 전부나 일부의 변제를 받지 못한 경우에는 **채권자가 해태하지 아니하였으면 변제받았을 한도에서 보증인은 그 의무를 면**한다.

제439조 【공동보증의 분별의 이익】 수인의 보증인이 각자의 행위로 보증채무를 부담한 경우에도 제408조의 규정을 적용한다.

제440조 【시효중단의 보증인에 대한 효력】 주채무자에 대한 시효의 중단은 보증인에 대하여 그 효력이 있다.

제441조 【수탁보증인의 구상권】 ① 주채무자의 부탁으로 **보증인이 된 자가 과실 없이 변제 기타의 출재로** 주채무를 소멸하게 한 때에는 주채무자에 대하여 구상권이 있다.

② 제425조 제2항의 규정은 전항의 경우에 준용한다.

제442조【수탁보증인의 사전구상권】 ① 주채무자의 부탁으로 보증인이 된 자는 다음 각 호의 경우에 주채무자에 대하여 미리 구상권을 행사할 수 있다.
1. 보증인이 과실 없이 채권자에게 **변제할 재판**을 받은 때
2. 주채무자가 파산선고를 받은 경우에 **채권자가 파산재단에 가입하지 아니한 때**
3. 채무의 이행기가 확정되지 아니하고 그 최장기도 확정할 수 없는 경우에 **보증계약 후 5년을 경과한 때**
4. 채무의 **이행기가 도래**한 때

② 전항 제4호의 경우에는 보증계약 후에 채권자가 주채무자에게 허여한 기한으로 보증인에게 대항하지 못한다.

제443조【주채무자의 면책청구】 전조의 규정에 의하여 주채무자가 보증인에게 배상하는 경우에 주채무자는 자기를 면책하게 하거나 자기에게 담보를 제공할 것을 보증인에게 청구할 수 있고 또는 배상할 금액을 공탁하거나 담보를 제공하거나 보증인을 면책하게 함으로써 그 배상의무를 면할 수 있다.

제444조【부탁 없는 보증인의 구상권】 ① **주채무자의 부탁 없이 보증인이 된 자가 변제 기타 자기의 출재**로 주채무를 소멸하게 한 때에는 **주채무자는 그 당시에 이익을 받은 한도에서 배상**하여야 한다.

② **주채무자의 의사에 반하여 보증인이 된 자**가 변제 기타 자기의 출재로 주채무를 소멸하게 한 때에는 주채무자는 **현존이익의 한도에서 배상**하여야 한다.

③ 전항의 경우에 주채무자가 구상한 날 이전에 상계원인이 있음을 주장한 때에는 그 상계로 소멸할 채권은 보증인에게 이전된다.

제445조【구상요건으로서의 통지】 ① 보증인이 주채무자에게 통지하지 아니하고 변제 기타 자기의 출재로 주채무를 소멸하게 한 경우에 주채무자가 채권자에게 대항할 수 있는 사유가 있었을 때에는 이 사유로 보증인에게 대항할 수 있고 그 대항사유가 상계인 때에는 상계로 소멸할 채권은 보증인에게 이전된다.

② 보증인이 변제 기타 자기의 출재로 면책되었음을 주채무자에게 통지하지 아니한 경우에 주채무자가 선의로 채권자에게 변제 기타 유상의 면책행위를 한 때에는 주채무자는 자기의 면책행위의 유효를 주장할 수 있다.

제446조【주채무자의 보증인에 대한 면책통지의무】 주채무자가 자기의 행위로 면책하였음을 그 부탁으로 보증인이 된 자에게 통지하지 아니한 경우에 보증인이 선의로 채권자에게 변제 기타 유상의 면책행위를 한 때에는 보증인은 자기의 면책행위의 유효를 주장할 수 있다.

제447조【연대, 불가분채무의 보증인의 구상권】 어느 연대채무자나 어느 불가분채무자를 위하여 보증인이 된 자는 다른 연대채무자나 다른 불가분채무자에 대하여 그 부담부분에 한하여 구상권이 있다.

제448조【공동보증인 간의 구상권】 ① 수인의 보증인이 있는 경우에 어느 보증인이 자기의 부담부분을 넘은 변제를 한 때에는 제444조의 규정을 준용한다.

② 주채무가 불가분이거나 각 보증인이 상호 연대로 또는 주채무자와 연대로 채무를 부담한 경우에 어느 보증인이 자기의 부담부분을 넘은 변제를 한 때에는 제425조 내지 제427조의 규정을 준용한다.

제4절 채권의 양도

제449조【채권의 양도성】 ① 채권은 양도할 수 있다. 그러나 채권의 성질이 양도를 허용하지 아니하는 때에는 그러하지 아니하다.

② 채권은 당사자가 반대의 의사를 표시한 경우에는 양도하지 못한다. 그러나 그 의사표시로써 선의의 제삼자에게 대항하지 못한다.

제450조【지명채권양도의 대항요건】 ① 지명채권의 양도는 **양도인이 채무자에게 통지하거나 채무자가 승낙**하지 아니하면 채무자 기타 제삼자에게 대항하지 못한다.

② 전항의 **통지나 승낙은 확정일자 있는 증서에 의하지 아니하면 채무자 이외의 제삼자에게 대항하지 못한다.**

제451조【승낙, 통지의 효과】 ① 채무자가 이의를 보류하지 아니하고 전조의 승낙을 한 때에는 양도인에게 대항할 수 있는 사유로써 양수인에게 대항하지 못한다. 그러나 채무자가 채무를 소멸하게 하기 위하여

양도인에게 급여한 것이 있으면 이를 회수할 수 있고 양도인에 대하여 부담한 채무가 있으면 그 성립되지 아니함을 주장할 수 있다.

② 양도인이 양도통지만을 한 때에는 채무자는 그 통지를 받은 때까지 양도인에 대하여 생긴 사유로써 양수인에게 대항할 수 있다.

제452조【양도통지와 금반언】① 양도인이 채무자에게 채권양도를 통지한 때에는 아직 양도하지 아니하였거나 그 양도가 무효인 경우에도 선의인 채무자는 양수인에게 대항할 수 있는 사유로 양도인에게 대항할 수 있다.

② 전항의 통지는 양수인의 동의가 없으면 철회하지 못한다.

제5절 채무의 인수

제453조【채권자와의 계약에 의한 채무인수】① **제삼자는 채권자와의 계약으로 채무를 인수**하여 채무자의 채무를 면하게 할 수 있다. 그러나 채무의 성질이 인수를 허용하지 아니하는 때에는 그러하지 아니하다.

② **이해관계 없는 제삼자는 채무자의 의사에 반하여 채무를 인수하지 못한다.**

제454조【채무자와의 계약에 의한 채무인수】① 제삼자가 채무자와의 계약으로 채무를 인수한 경우에는 **채권자의 승낙에 의하여 그 효력**이 생긴다.

② 채권자의 승낙 또는 거절의 상대방은 채무자나 제삼자이다.

제455조【승낙 여부의 최고】① 전조의 경우에 제삼자나 채무자는 상당한 기간을 정하여 승낙 여부의 확답을 채권자에게 최고할 수 있다.

② 채권자가 그 기간 내에 **확답을 발송하지 아니한 때에는 거절한 것**으로 본다.

제456조【채무인수의 철회, 변경】제삼자와 채무자 간의 계약에 의한 채무인수는 채권자의 승낙이 있을 때까지 당사자는 이를 철회하거나 변경할 수 있다.

제457조【채무인수의 소급효】채권자의 채무인수에 대한 승낙은 다른 의사표시가 없으면 채무를 인수한 때에 소급하여 그 효력이 생긴다. 그러나 제삼자의 권리를 침해하지 못한다.

제458조【전채무자의 항변사유】인수인은 전채무자의 항변할 수 있는 사유로 채권자에게 대항할 수 있다.

제459조【채무인수와 보증, 담보의 소멸】전채무자의 채무에 대한 보증이나 제삼자가 제공한 담보는 채무인수로 인하여 소멸한다. 그러나 보증인이나 제삼자가 채무인수에 동의한 경우에는 그러하지 아니하다.

제6절 채권의 소멸

제1관 변제

제460조【변제제공의 방법】변제는 채무내용에 좇은 현실제공으로 이를 하여야 한다. 그러나 채권자가 미리 변제받기를 거절하거나 채무의 이행에 채권자의 행위를 요하는 경우에는 변제준비의 완료를 통지하고 그 수령을 최고하면 된다.

제461조【변제제공의 효과】변제의 제공은 **그때로부터 채무불이행의 책임을 면**하게 한다.

제462조【특정물의 현상인도】특정물의 인도가 채권의 목적인 때에는 채무자는 **이행기의 현상대로 그 물건을 인도**하여야 한다.

제463조【변제로서의 타인의 물건의 인도】채무의 변제로 타인의 물건을 인도한 채무자는 다시 유효한 변제를 하지 아니하면 그 물건의 반환을 청구하지 못한다.

제464조【양도능력 없는 소유자의 물건인도】양도할 능력 없는 소유자가 채무의 변제로 물건을 인도한 경우에는 그 변제가 취소된 때에도 다시 유효한 변제를 하지 아니하면 그 물건의 반환을 청구하지 못한다.

제465조【채권자의 선의소비, 양도와 구상권】① 전2조의 경우에 채권자가 변제로 받은 물건을 선의로 소비하거나 타인에게 양도한 때에는 그 변제는 효력이 있다.

② 전항의 경우에 채권자가 제삼자로부터 배상의 청구를 받은 때에는 채무자에 대하여 구상권을 행사할 수 있다.

제466조【대물변제】채무자가 **채권자의 승낙을 얻어** 본래의 채무이행에 갈음하여 다른 급여를 한 때에는 변제와 같은 효력이 있다.

제467조【변제의 장소】① 채무의 성질 또는 당사자의 의사표시로 변제장소를 정하지 아니한 때에는 **특정물의 인도는 채권성립 당시에 그 물건이 있던 장소**에서 하여야 한다.
② 전항의 경우에 **특정물인도 이외의 채무변제는 채권자의 현주소**에서 하여야 한다. 그러나 영업에 관한 채무의 변제는 채권자의 현영업소에서 하여야 한다.

제468조【변제기 전의 변제】당사자의 특별한 의사표시가 없으면 변제기 전이라도 채무자는 변제할 수 있다. 그러나 상대방의 손해는 배상하여야 한다.

제469조【제삼자의 변제】① 채무의 변제는 제삼자도 할 수 있다. 그러나 채무의 성질 또는 당사자의 의사표시로 제삼자의 변제를 허용하지 아니하는 때에는 그러하지 아니하다.
② 이해관계 없는 제삼자는 채무자의 의사에 반하여 변제하지 못한다.

제470조【채권의 준점유자에 대한 변제】채권의 준점유자에 대한 변제는 **변제자가 선의이며 과실 없는 때에** 한하여 효력이 있다.

제471조【영수증소지자에 대한 변제】영수증을 소지한 자에 대한 변제는 **그 소지자가 변제를 받을 권한이 없는 경우에도 효력이 있다**. 그러나 변제자가 그 권한 없음을 알았거나 알 수 있었을 경우에는 그러하지 아니하다.

제472조【권한 없는 자에 대한 변제】전2조의 경우 외에 변제받을 권한 없는 자에 대한 변제는 채권자가 이익을 받은 한도에서 효력이 있다.

제473조【변제비용의 부담】변제비용은 다른 의사표시가 없으면 **채무자의 부담**으로 한다. 그러나 채권자의 주소이전 기타의 행위로 인하여 변제비용이 증가된 때에는 그 증가액은 채권자의 부담으로 한다.

제474조【영수증청구권】변제자는 변제를 받는 자에게 영수증을 청구할 수 있다.

제475조【채권증서반환청구권】채권증서가 있는 경우에 변제자가 **채무 전부를 변제한 때**에는 채권증서의 반환을 청구할 수 있다. 채권이 변제 이외의 사유로 전부 소멸한 때에도 같다.

제476조【지정변제충당】① 채무자가 동일한 채권자에 대하여 같은 종류를 목적으로 한 수개의 채무를 부담한 경우에 **변제의 제공이 그 채무 전부를 소멸하게 하지 못하는 때에는 변제자는 그 당시 어느 채무를 지정**하여 그 변제에 충당할 수 있다.
② 변제자가 전항의 지정을 하지 아니할 때에는 변제받는 자는 그 당시 어느 채무를 지정하여 변제에 충당할 수 있다. 그러나 변제자가 그 충당에 대하여 즉시 이의를 한 때에는 그러하지 아니하다.
③ 전2항의 변제충당은 상대방에 대한 의사표시로써 한다.

제477조【법정변제충당】당사자가 변제에 충당할 채무를 지정하지 아니한 때에는 다음 각 호의 규정에 의한다.
1. 채무 중에 이행기가 도래한 것과 도래하지 아니한 것이 있으면 **이행기가 도래한 채무의 변제에 충당**한다.
2. 채무 전부의 이행기가 도래하였거나 도래하지 아니한 때에는 **채무자에게 변제이익이 많은 채무의 변제에 충당**한다.
3. 채무자에게 변제이익이 같으면 이행기가 **먼저 도래한 채무나 먼저 도래할 채무의 변제에 충당**한다.
4. 전2호의 사항이 같은 때에는 그 **채무액에 비례**하여 각 채무의 변제에 충당한다.

제478조【부족변제의 충당】1개의 채무에 수개의 급여를 요할 경우에 변제자가 그 채무 전부를 소멸하게 하지 못한 급여를 한 때에는 전2조의 규정을 준용한다.

제479조【비용, 이자, 원본에 대한 변제충당의 순서】
① 채무자가 1개 또는 수개의 채무의 비용 및 이자를 지급할 경우에 변제자가 그 전부를 소멸하게 하지 못한 급여를 한 때에는 비용, 이자, 원본의 순서로 변제에 충당하여야 한다.
② 전항의 경우에 제477조의 규정을 준용한다.

제480조【변제자의 임의대위】① **채무자를 위하여 변제한 자**는 변제와 동시에 **채권자의 승낙을 얻어** 채권자를 대위할 수 있다.
② 전항의 경우에 제450조 내지 제452조의 규정을 준용한다.

제481조【변제자의 법정대위】**변제할 정당한 이익이 있는 자**는 변제로 **당연히 채권자를 대위**한다.

제482조【변제자대위의 효과, 대위자 간의 관계】① 전2조의 규정에 의하여 채권자를 대위한 자는 자기의 권리에 의하여 구상할 수 있는 범위에서 채권 및 그 담보에 관한 권리를 행사할 수 있다.
② 전항의 권리행사는 다음 각 호의 규정에 의하여야 한다.
1. 보증인은 미리 전세권이나 저당권의 등기에 그 대위를 부기하지 아니하면 전세물이나 저당물에 권리를 취득한 제삼자에 대하여 채권자를 대위하지 못한다.
2. 제삼취득자는 보증인에 대하여 채권자를 대위하지 못한다.
3. 제삼취득자 중의 1인은 각 부동산의 가액에 비례하여 다른 제삼취득자에 대하여 채권자를 대위한다.
4. 자기의 재산을 타인의 채무의 담보로 제공한 자가 수인인 경우에는 전호의 규정을 준용한다.
5. 자기의 재산을 타인의 채무의 담보로 제공한 자와 보증인 간에는 그 인원수에 비례하여 채권자를 대위한다. 그러나 자기의 재산을 타인의 채무의 담보로 제공한 자가 수인인 때에는 보증인의 부담부분을 제외하고 그 잔액에 대하여 각 재산의 가액에 비례하여 대위한다. 이 경우에 그 재산이 부동산인 때에는 제1호의 규정을 준용한다.

제483조【일부의 대위】① 채권의 일부에 대하여 대위변제가 있는 때에는 대위자는 그 변제한 가액에 비례하여 채권자와 함께 그 권리를 행사한다.
② 전항의 경우에 채무불이행을 원인으로 하는 계약의 해지 또는 해제는 채권자만이 할 수 있고 채권자는 대위자에게 그 변제한 가액과 이자를 상환하여야 한다.

제484조【대위변제와 채권증서, 담보물】① 채권 전부의 대위변제를 받은 채권자는 그 채권에 관한 증서 및 점유한 담보물을 대위자에게 교부하여야 한다.
② 채권의 일부에 대한 대위변제가 있는 때에는 채권자는 채권증서에 그 대위를 기입하고 자기가 점유한 담보물의 보존에 관하여 대위자의 감독을 받아야 한다.

제485조【채권자의 담보상실, 감소행위와 법정대위자의 면책】제481조의 규정에 의하여 대위할 자가 있는 경우에 채권자의 고의나 과실로 담보가 상실되거나 감소된 때에는 대위할 자는 그 상실 또는 감소로 인하여 상환을 받을 수 없는 한도에서 그 책임을 면한다.

제486조【변제 이외의 방법에 의한 채무소멸과 대위】제삼자가 공탁 기타 자기의 출재로 채무자의 채무를 면하게 한 경우에도 전6조의 규정을 준용한다.

제2관 공탁

제487조【변제공탁의 요건, 효과】**채권자가 변제를 받지 아니하거나 받을 수 없는 때**에는 변제자는 채권자를 위하여 변제의 목적물을 공탁하여 그 채무를 면할 수 있다. 변제자가 과실 없이 채권자를 알 수 없는 경우에도 같다.

제488조【공탁의 방법】① 공탁은 **채무이행지의 공탁소에** 하여야 한다.
② 공탁소에 관하여 법률에 특별한 규정이 없으면 법원은 변제자의 청구에 의하여 공탁소를 지정하고 공탁물보관자를 선임하여야 한다.
③ 공탁자는 지체 없이 채권자에게 공탁통지를 하여야 한다.

제489조【공탁물의 회수】① 채권자가 공탁을 승인하거나 공탁소에 대하여 공탁물을 받기를 통고하거나 공탁유효의 판결이 확정되기까지는 변제자는 공탁물을 회수할 수 있다. 이 경우에는 공탁하지 아니한 것으로 본다.
② 전항의 규정은 질권 또는 저당권이 공탁으로 인하여 소멸한 때에는 적용하지 아니한다.

제490조【자조매각금의 공탁】변제의 목적물이 공탁에 적당하지 아니하거나 멸실 또는 훼손될 염려가 있거나 공탁에 과다한 비용을 요하는 경우에는 변제자는 법원의 허가를 얻어 그 물건을 경매하거나 시가로 방매하여 대금을 공탁할 수 있다.

제491조【공탁물수령과 상대의무이행】채무자가 채권자의 상대의무이행과 동시에 변제할 경우에는 채권자는 그 의무이행을 하지 아니하면 공탁물을 수령하지 못한다.

제3관 상계

제492조 【상계의 요건】 ① 쌍방이 **서로 같은 종류를 목적으로 한 채무를 부담**한 경우에 그 **쌍방의 채무의 이행기가 도래한 때**에는 각 채무자는 대등액에 관하여 상계할 수 있다. 그러나 채무의 성질이 상계를 허용하지 아니할 때에는 그러하지 아니하다.
② 전항의 규정은 당사자가 다른 의사를 표시한 경우에는 적용하지 아니한다. 그러나 그 의사표시로써 선의의 제삼자에게 대항하지 못한다.

제493조 【상계의 방법, 효과】 ① 상계는 상대방에 대한 의사표시로 한다. 이 의사표시에는 조건 또는 기한을 붙이지 못한다.
② 상계의 의사표시는 **각 채무가 상계할 수 있는 때에 대등액에 관하여 소멸한 것으로 본다.**

제494조 【이행지를 달리하는 채무의 상계】 각 채무의 이행지가 다른 경우에도 상계할 수 있다. 그러나 상계하는 당사자는 상대방에게 상계로 인한 손해를 배상하여야 한다.

제495조 【소멸시효 완성된 채권에 의한 상계】 소멸시효가 완성된 채권이 **그 완성 전에 상계할 수 있었던 것이면 그 채권자는 상계**할 수 있다.

제496조 【불법행위채권을 수동채권으로 하는 상계의 금지】 **채무가 고의의 불법행위로 인한 것**인 때에는 그 채무자는 상계로 채권자에게 대항하지 못한다.

제497조 【압류금지채권을 수동채권으로 하는 상계의 금지】 **채권이 압류하지 못할 것**인 때에는 그 채무자는 상계로 채권자에게 대항하지 못한다.

제498조 【지급금지채권을 수동채권으로 하는 상계의 금지】 **지급을 금지하는 명령을 받은 제삼채무자는 그 후에 취득한 채권**에 의한 상계로 그 명령을 신청한 채권자에게 대항하지 못한다.

제499조 【준용규정】 제476조 내지 제479조의 규정은 상계에 준용한다.

제4관 경개

제500조 【경개의 요건, 효과】 당사자가 채무의 중요한 부분을 변경하는 계약을 한 때에는 구채무는 경개로 인하여 소멸한다.

제501조 【채무자변경으로 인한 경개】 채무자의 변경으로 인한 경개는 채권자와 신채무자 간의 계약으로 이를 할 수 있다. 그러나 구채무자의 의사에 반하여 이를 하지 못한다.

제502조 【채권자변경으로 인한 경개】 채권자의 변경으로 인한 경개는 확정일자 있는 증서로 하지 아니하면 이로써 제삼자에게 대항하지 못한다.

제503조 【채권자변경의 경개와 채무자승낙의 효과】 제451조 제1항의 규정은 채권자의 변경으로 인한 경개에 준용한다.

제504조 【구채무불소멸의 경우】 경개로 인한 신채무가 원인의 불법 또는 당사자가 알지 못한 사유로 인하여 성립되지 아니하거나 취소된 때에는 구채무는 소멸되지 아니한다.

제505조 【신채무에의 담보이전】 경개의 당사자는 구채무의 담보를 그 목적의 한도에서 신채무의 담보로 할 수 있다. 그러나 제삼자가 제공한 담보는 그 승낙을 얻어야 한다.

제5관 면제

제506조 【면제의 요건, 효과】 채권자가 채무자에게 채무를 면제하는 의사를 표시한 때에는 채권은 소멸한다. 그러나 면제로써 정당한 이익을 가진 제삼자에게 대항하지 못한다.

제6관 혼동

제507조 【혼동의 요건, 효과】 채권과 채무가 동일한 주체에 귀속한 때에는 채권은 소멸한다. 그러나 그 채권이 제삼자의 권리의 목적인 때에는 그러하지 아니하다.

제7절 지시채권

제508조 【지시채권의 양도방식】 지시채권은 **그 증서에 배서하여 양수인에게 교부**하는 방식으로 양도할 수 있다.

제509조 【환배서】 ① 지시채권은 그 채무자에 대하여도 배서하여 양도할 수 있다.

② 배서로 지시채권을 양수한 채무자는 다시 배서하여 이를 양도할 수 있다.

제510조【배서의 방식】① 배서는 증서 또는 그 보충지에 그 뜻을 기재하고 배서인이 서명 또는 기명날인함으로써 이를 한다.
② 배서는 피배서인을 지정하지 아니하고 할 수 있으며 또 배서인의 서명 또는 기명날인만으로 할 수 있다.

제511조【약식배서의 처리방식】배서가 전조 제2항의 약식에 의한 때에는 소지인은 다음 각 호의 방식으로 처리할 수 있다.
1. 자기나 타인의 명칭을 피배서인으로 기재할 수 있다.
2. 약식으로 또는 타인을 피배서인으로 표시하여 다시 증서에 배서할 수 있다.
3. 피배서인을 기재하지 아니하고 배서 없이 증서를 제삼자에게 교부하여 양도할 수 있다.

제512조【소지인출급배서의 효력】소지인출급의 배서는 약식배서와 같은 효력이 있다.

제513조【배서의 자격수여력】① 증서의 점유자가 배서의 연속으로 그 권리를 증명하는 때에는 적법한 소지인으로 본다. 최후의 배서가 약식인 경우에도 같다.
② 약식배서 다음에 다른 배서가 있으면 그 배서인은 약식배서로 증서를 취득한 것으로 본다.
③ 말소된 배서는 배서의 연속에 관하여 그 기재가 없는 것으로 본다.

제514조【동전 – 선의취득】누구든지 증서의 적법한 소지인에 대하여 그 반환을 청구하지 못한다. 그러나 소지인이 취득한 때에 양도인이 권리 없음을 알았거나 중대한 과실로 알지 못한 때에는 그러하지 아니하다.

제515조【이전배서와 인적 항변】지시채권의 채무자는 소지인의 전자에 대한 인적 관계의 항변으로 소지인에게 대항하지 못한다. 그러나 소지인이 그 채무자를 해함을 알고 지시채권을 취득한 때에는 그러하지 아니하다.

제516조【변제의 장소】증서에 변제장소를 정하지 아니한 때에는 채무자의 현영업소를 변제장소로 한다. 영업소가 없는 때에는 현주소를 변제장소로 한다.

제517조【증서의 제시와 이행지체】**증서에 변제기한이 있는 경우에도 그 기한이 도래한 후에 소지인이 증서를 제시하여 이행을 청구한 때로부터 채무자는 지체책임**이 있다.

제518조【채무자의 조사권리·의무】채무자는 배서의 연속 여부를 조사할 의무가 있으며 배서인의 서명 또는 날인의 진위나 소지인의 진위를 조사할 권리는 있으나 의무는 없다. 그러나 채무자가 변제하는 때에 소지인이 권리자 아님을 알았거나 중대한 과실로 알지 못한 때에는 그 변제는 무효로 한다.

제519조【변제와 증서교부】채무자는 증서와 교환하여서만 변제할 의무가 있다.

제520조【영수의 기입청구권】① 채무자는 변제하는 때에 소지인에 대하여 증서에 영수를 증명하는 기재를 할 것을 청구할 수 있다.
② 일부변제의 경우에 채무자의 청구가 있으면 채권자는 증서에 그 뜻을 기재하여야 한다.

제521조【공시최고절차에 의한 증서의 실효】멸실한 증서나 소지인의 점유를 이탈한 증서는 공시최고의 절차에 의하여 무효로 할 수 있다.

제522조【공시최고절차에 의한 공탁, 변제】공시최고의 신청이 있는 때에는 채무자로 하여금 채무의 목적물을 공탁하게 할 수 있고 소지인이 상당한 담보를 제공하면 변제하게 할 수 있다.

제8절 무기명채권

제523조【무기명채권의 양도방식】무기명채권은 양수인에게 그 증서를 교부함으로써 양도의 효력이 있다.

제524조【준용규정】제514조 내지 제522조의 규정은 무기명채권에 준용한다.

제525조【지명소지인출급채권】채권자를 지정하고 소지인에게도 변제할 것을 부기한 증서는 무기명채권과 같은 효력이 있다.

제526조【면책증서】제516조, 제517조 및 제520조의 규정은 채무자가 증서소지인에게 변제하여 그 책임을 면할 목적으로 발행한 증서에 준용한다.

제2장 계약
제1절 총칙
제1관 계약의 성립

제527조【계약의 청약의 구속력】계약의 청약은 이를 철회하지 못한다.

제528조【승낙기간을 정한 계약의 청약】① 승낙의 기간을 정한 계약의 청약은 청약자가 그 **기간 내에 승낙의 통지를 받지 못한 때에는 그 효력을 잃는다.**
② 승낙의 통지가 전항의 기간 후에 도달한 경우에 보통 그 **기간 내에 도달할 수 있는 발송인 때에는 청약자는 지체 없이 상대방에게 그 연착의 통지를 하여야 한다.** 그러나 그 도달 전에 지연의 통지를 발송한 때에는 그러하지 아니하다.
③ 청약자가 전항의 통지를 하지 아니한 때에는 승낙의 통지는 연착되지 아니한 것으로 본다.

제529조【승낙기간을 정하지 아니한 계약의 청약】승낙의 기간을 정하지 아니한 계약의 청약은 청약자가 상당한 기간 내에 승낙의 통지를 받지 못한 때에는 그 효력을 잃는다.

제530조【연착된 승낙의 효력】전2조의 경우에 **연착된 승낙은 청약자가 이를 새 청약으로 볼 수 있다.**

제531조【격지자간의 계약성립시기】격지자간의 계약은 **승낙의 통지를 발송한 때에 성립**한다.

제532조【의사실현에 의한 계약성립】청약자의 의사표시나 관습에 의하여 승낙의 통지가 필요하지 아니한 경우에는 계약은 **승낙의 의사표시로 인정되는 사실이 있는 때**에 성립한다.

제533조【교차청약】당사자간에 동일한 내용의 청약이 상호 교차된 경우에는 **양 청약이 상대방에게 도달한 때**에 계약이 성립한다.

제534조【변경을 가한 승낙】승낙자가 청약에 대하여 조건을 붙이거나 변경을 가하여 승낙한 때에는 **그 청약의 거절과 동시에 새로 청약한 것으로 본다.**

제535조【계약체결상의 과실】① 목적이 불능한 계약을 체결할 때에 그 불능을 알았거나 알 수 있었을 자는 상대방이 **그 계약의 유효를 믿었음으로 인하여 받은 손해를 배상하여야 한다. 그러나 그 배상액은 계약이 유효함으로 인하여 생길 이익액을 넘지 못한다.**
② 전항의 규정은 상대방이 그 불능을 알았거나 알 수 있었을 경우에는 적용하지 아니한다.

제2관 계약의 효력

제536조【동시이행의 항변권】① **쌍무계약의 당사자 일방은 상대방이 그 채무이행을 제공할 때까지 자기의 채무이행을 거절할 수 있다.** 그러나 상대방의 채무가 변제기에 있지 아니하는 때에는 그러하지 아니하다.
② 당사자 일방이 상대방에게 **먼저 이행하여야 할 경우에 상대방의 이행이 곤란할 현저한 사유가 있는 때**에는 전항 본문과 같다.

제537조【채무자위험부담주의】쌍무계약의 당사자 일방의 채무가 **당사자 쌍방의 책임 없는 사유로 이행할 수 없게 된 때**에는 채무자는 상대방의 이행을 청구하지 못한다.

제538조【채권자귀책사유로 인한 이행불능】① 쌍무계약의 당사자 일방의 채무가 채권자의 책임 있는 사유로 이행할 수 없게 된 때에는 **채무자는 상대방의 이행을 청구할 수 있다. 채권자의 수령지체 중에 당사자 쌍방의 책임 없는 사유로 이행할 수 없게 된 때에도 같다.**
② 전항의 경우에 채무자는 자기의 채무를 면함으로써 이익을 얻은 때에는 이를 채권자에게 상환하여야 한다.

제539조【제삼자를 위한 계약】① 계약에 의하여 당사자 일방이 제삼자에게 이행할 것을 약정한 때에는 **그 제삼자는 채무자에게 직접 그 이행을 청구**할 수 있다.
② 전항의 경우에 **제삼자의 권리는 그 제삼자가 채무자에 대하여 계약의 이익을 받을 의사를 표시한 때에 생긴다.**

제540조【채무자의 제삼자에 대한 최고권】전조의 경우에 채무자는 **상당한 기간을 정하여 계약의 이익의 향수 여부의 확답을 제삼자에게 최고할 수 있다.** 채무자가 **그 기간 내에 확답을 받지 못한 때에는 제삼자가 계약의 이익을 받을 것을 거절한 것으로** 본다.

제541조【제삼자의 권리의 확정】제539조의 규정에 의하여 제삼자의 권리가 생긴 후에는 당사자는 이를 변경 또는 소멸시키지 못한다.

제542조【채무자의 항변권】채무자는 제539조의 계약에 기한 항변으로 그 **계약의 이익을 받을 제삼자에게 대항할 수** 있다.

제3관 계약의 해지, 해제

제543조【해지, 해제권】① 계약 또는 법률의 규정에 의하여 당사자의 일방이나 쌍방이 해지 또는 해제의 권리가 있는 때에는 그 해지 또는 해제는 **상대방에 대한 의사표시로 한다.**
② 전항의 의사표시는 철회하지 못한다.

제544조【이행지체와 해제】당사자 일방이 그 채무를 이행하지 아니하는 때에는 상대방은 **상당한 기간을 정하여 그 이행을 최고하고** 그 기간 내에 이행하지 아니한 때에는 계약을 해제할 수 있다. 그러나 **채무자가 미리 이행하지 아니할 의사를 표시한 경우에는 최고를 요하지 아니한다.**

제545조【정기행위와 해제】계약의 성질 또는 당사자의 의사표시에 의하여 일정한 시일 또는 일정한 기간 내에 이행하지 아니하면 계약의 목적을 달성할 수 없을 경우에 당사자 일방이 그 시기에 이행하지 아니한 때에는 **상대방은 전조의 최고를 하지 아니하고 계약을 해제할 수 있다.**

제546조【이행불능과 해제】채무자의 책임 있는 사유로 이행이 불능하게 된 때에는 **채권자는 계약을 해제할 수 있다.**

제547조【해지, 해제권의 불가분성】① 당사자의 일방 또는 쌍방이 수인인 경우에는 계약의 해지나 해제는 그 **전원으로부터 또는 전원에 대하여 하여야 한다.**
② 전항의 경우에 해지나 해제의 권리가 당사자 1인에 대하여 소멸한 때에는 다른 당사자에 대하여도 소멸한다.

제548조【해제의 효과, 원상회복의무】① 당사자 일방이 계약을 해제한 때에는 각 당사자는 그 상대방에 대하여 원상회복의 의무가 있다. **그러나 제삼자의 권리를 해하지 못한다.**
② 전항의 경우에 반환할 금전에는 그 받은 날로부터 이자를 가하여야 한다.

제549조【원상회복의무와 동시이행】제536조의 규정은 전조의 경우에 준용한다.

제550조【해지의 효과】당사자 일방이 계약을 해지한 때에는 계약은 장래에 대하여 그 효력을 잃는다.

제551조【해지, 해제와 손해배상】계약의 해지 또는 해제는 **손해배상의 청구에 영향을 미치지 아니한다.**

제552조【해제권 행사 여부의 최고권】① 해제권의 행사의 기간을 정하지 아니한 때에는 상대방은 상당한 기간을 정하여 해제권 행사 여부의 확답을 해제권자에게 최고할 수 있다.
② 전항의 기간 내에 해제의 통지를 받지 못한 때에는 해제권은 소멸한다.

제553조【훼손 등으로 인한 해제권의 소멸】해제권자의 고의나 과실로 인하여 계약의 목적물이 현저히 훼손되거나 이를 반환할 수 없게 된 때 또는 가공이나 개조로 인하여 다른 종류의 물건으로 변경된 때에는 해제권은 소멸한다.

제2절 증여

제554조【증여의 의의】～제562조【사인증여】범위 외

제3절 매매
제1관 총칙

제563조【매매의 의의】매매는 당사자 일방이 재산권을 상대방에게 이전할 것을 약정하고 상대방이 그 대금을 지급할 것을 약정함으로써 그 효력이 생긴다.

제564조【매매의 일방예약】① 매매의 일방예약은 **상대방이 매매를 완결할 의사를 표시하는 때에 매매의 효력**이 생긴다.
② 전항의 의사표시의 기간을 정하지 아니한 때에는 예약자는 상당한 기간을 정하여 매매완결 여부의 확답을 상대방에게 최고할 수 있다.
③ 예약자가 전항의 기간 내에 확답을 받지 못한 때에는 예약은 그 효력을 잃는다.

제565조【해약금】① 매매의 당사자 일방이 **계약 당시에 금전 기타 물건을 계약금, 보증금 등의 명목으로 상대방에게 교부한 때**에는 당사자간에 다른 약정이

없는 한 **당사자의 일방이 이행에 착수할 때까지 교부자는 이를 포기하고 수령자는 그 배액을 상환하여 매매계약을 해제할 수 있다.**
② 제551조의 규정은 전항의 경우에 이를 적용하지 아니한다.

제566조 【매매계약의 비용의 부담】 매매계약에 관한 비용은 **당사자 쌍방이 균분하여 부담한다.**

제567조 【유상계약에의 준용】 본절의 규정은 매매 이외의 유상계약에 준용한다. 그러나 그 계약의 성질이 이를 허용하지 아니하는 때에는 그러하지 아니하다.

제2관 매매의 효력

제568조 【매매의 효력】 ① 매도인은 매수인에 대하여 매매의 목적이 된 권리를 이전하여야 하며 매수인은 매도인에게 그 대금을 지급하여야 한다.
② 전항의 쌍방의무는 특별한 약정이나 관습이 없으면 동시에 이행하여야 한다.

제569조 【타인의 권리의 매매】 매매의 목적이 된 권리가 타인에게 속한 경우에는 **매도인은 그 권리를 취득하여 매수인에게 이전**하여야 한다.

제570조 【동전 - 매도인의 담보책임】 전조의 경우에 매도인이 그 권리를 취득하여 매수인에게 이전할 수 없는 때에는 매수인은 계약을 해제할 수 있다. 그러나 매수인이 계약 당시 그 권리가 매도인에게 속하지 아니함을 안 때에는 손해배상을 청구하지 못한다.

제571조 【동전 - 선의의 매도인의 담보책임】 ① 매도인이 계약 당시에 매매의 목적이 된 권리가 자기에게 속하지 아니함을 알지 못한 경우에 그 권리를 취득하여 매수인에게 이전할 수 없는 때에는 매도인은 손해를 배상하고 계약을 해제할 수 있다.
② 전항의 경우에 매수인이 계약 당시 그 권리가 매도인에게 속하지 아니함을 안 때에는 매도인은 매수인에 대하여 그 권리를 이전할 수 없음을 통지하고 계약을 해제할 수 있다.

제572조 【권리의 일부가 타인에게 속한 경우와 매도인의 담보책임】 ① 매매의 목적이 된 권리의 일부가 타인에게 속함으로 인하여 매도인이 그 권리를 취득하여 매수인에게 이전할 수 없는 때에는 매수인은 그 부분의 비율로 대금의 감액을 청구할 수 있다.
② 전항의 경우에 잔존한 부분만이면 매수인이 이를 매수하지 아니하였을 때에는 선의의 매수인은 계약 전부를 해제할 수 있다.
③ 선의의 매수인은 감액청구 또는 계약해제 외에 손해배상을 청구할 수 있다.

제573조 【전조의 권리행사의 기간】 전조의 권리는 매수인이 선의인 경우에는 사실을 안 날로부터, 악의인 경우에는 계약한 날로부터 1년 내에 행사하여야 한다.

제574조 【수량부족, 일부멸실의 경우와 매도인의 담보책임】 전2조의 규정은 수량을 지정한 매매의 목적물이 부족되는 경우와 매매목적물의 일부가 계약 당시에 이미 멸실된 경우에 매수인이 그 부족 또는 멸실을 알지 못한 때에 준용한다.

제575조 【제한물권 있는 경우와 매도인의 담보책임】
① 매매의 목적물이 지상권, 지역권, 전세권, 질권 또는 유치권의 목적이 된 경우에 매수인이 이를 알지 못한 때에는 이로 인하여 계약의 목적을 달성할 수 없는 경우에 한하여 매수인은 계약을 해제할 수 있다. 기타의 경우에는 손해배상만을 청구할 수 있다.
② 전항의 규정은 매매의 목적이 된 부동산을 위하여 존재할 지역권이 없거나 그 부동산에 등기된 임대차계약이 있는 경우에 준용한다.
③ 전2항의 권리는 매수인이 그 사실을 안 날로부터 1년 내에 행사하여야 한다.

제576조 【저당권, 전세권의 행사와 매도인의 담보책임】
① 매매의 목적이 된 부동산에 설정된 저당권 또는 전세권의 행사로 인하여 매수인이 그 소유권을 취득할 수 없거나 취득한 소유권을 잃은 때에는 매수인은 계약을 해제할 수 있다.
② 전항의 경우에 매수인의 출재로 그 소유권을 보존한 때에는 매도인에 대하여 그 상환을 청구할 수 있다.
③ 전2항의 경우에 매수인이 손해를 받은 때에는 그 배상을 청구할 수 있다.

제577조 【저당권의 목적이 된 지상권, 전세권의 매매와 매도인의 담보책임】 전조의 규정은 저당권의 목적이 된 지상권 또는 전세권이 매매의 목적이 된 경우에 준용한다.

제578조【경매와 매도인의 담보책임】① 경매의 경우에는 경락인은 전8조의 규정에 의하여 채무자에게 계약의 해제 또는 대금감액의 청구를 할 수 있다.
② 전항의 경우에 채무자가 자력이 없는 때에는 경락인은 대금의 배당을 받은 채권자에 대하여 그 대금 전부나 일부의 반환을 청구할 수 있다.
③ 전2항의 경우에 **채무자가 물건 또는 권리의 흠결을 알고 고지하지 아니하거나 채권자가 이를 알고 경매를 청구한 때에는 경락인은 그 흠결을 안 채무자나 채권자에 대하여 손해배상을 청구할 수 있다.**

제579조【채권매매와 매도인의 담보책임】① 채권의 **매도인이 채무자의 자력을 담보한 때에는 매매계약 당시의 자력을 담보한 것으로 추정**한다.
② 변제기에 **도달하지 아니한 채권의 매도인이 채무자의 자력을 담보한 때에는 변제기의 자력을 담보한 것으로 추정**한다.

제580조【매도인의 하자담보책임】① 매매의 목적물에 하자가 있는 때에는 제575조 제1항의 규정을 준용한다. 그러나 **매수인이 하자 있는 것을 알았거나 과실로 인하여 이를 알지 못한 때에는 그러하지 아니하다.**
② 전항의 규정은 **경매의 경우에 적용하지 아니한다.**

제581조【종류매매와 매도인의 담보책임】① 매매의 목적물을 종류로 지정한 경우에도 **그 후 특정된 목적물에 하자가 있는 때에는 전조의 규정을 준용**한다.
② 전항의 경우에 매수인은 계약의 해제 또는 손해배상의 청구를 하지 아니하고 하자 없는 물건을 청구할 수 있다.

제582조【전2조의 권리행사기간】전2조에 의한 권리는 매수인이 그 사실을 **안 날로부터 6월 내에 행사**하여야 한다.

제583조【담보책임과 동시이행】제536조의 규정은 제572조 내지 제575조, 제580조 및 제581조의 경우에 준용한다.

제584조【담보책임면제의 특약】매도인은 전15조에 의한 담보책임을 면하는 특약을 한 경우에도 매도인이 알고 고지하지 아니한 사실 및 제삼자에게 권리를 설정 또는 양도한 행위에 대하여는 책임을 면하지 못한다.

제585조【동일기한의 추정】매매의 당사자 일방에 대한 의무이행의 기한이 있는 때에는 상대방의 의무이행에 대하여도 동일한 기한이 있는 것으로 추정한다.

제586조【대금지급장소】매매의 목적물의 인도와 동시에 대금을 지급할 경우에는 그 인도장소에서 이를 지급하여야 한다.

제587조【과실의 귀속, 대금의 이자】**매매계약 있은 후에도 인도하지 아니한 목적물로부터 생긴 과실은 매도인에게 속한다.** 매수인은 목적물의 인도를 받은 날로부터 대금의 이자를 지급하여야 한다. 그러나 대금의 지급에 대하여 기한이 있는 때에는 그러하지 아니하다.

제588조【권리주장자가 있는 경우와 대금지급거절권】매매의 목적물에 대하여 권리를 주장하는 자가 있는 경우에 매수인이 매수한 권리의 전부나 일부를 잃을 염려가 있는 때에는 **매수인은 그 위험의 한도에서 대금의 전부나 일부의 지급을 거절할 수 있다.** 그러나 매도인이 상당한 담보를 제공한 때에는 그러하지 아니하다.

제589조【대금공탁청구권】전조의 경우에 매도인은 매수인에 대하여 대금의 공탁을 청구할 수 있다.

제3관 환매

제590조【환매의 의의】① 매도인이 **매매계약과 동시에 환매할 권리를 보류한 때**에는 그 영수한 대금 및 매수인이 부담한 매매비용을 반환하고 그 목적물을 환매할 수 있다.
② 전항의 환매대금에 관하여 특별한 약정이 있으면 그 약정에 의한다.
③ 전2항의 경우에 **목적물의 과실과 대금의 이자는 특별한 약정이 없으면 이를 상계한 것으로 본다.**

제591조【환매기간】① 환매기간은 **부동산은 5년, 동산은 3년을 넘지 못한다.** 약정기간이 이를 넘는 때에는 부동산은 5년, 동산은 3년으로 단축한다.
② 환매기간을 정한 때에는 다시 이를 **연장하지 못한다.**
③ 환매기간을 정하지 아니한 때에는 그 기간은 부동산은 5년, 동산은 3년으로 한다.

제592조【환매등기】매매의 목적물이 부동산인 경우에 **매매등기와 동시에 환매권의 보류를 등기한 때에는 제삼자에 대하여 그 효력이 있다.**

제593조【환매권의 대위행사와 매수인의 권리】매도인의 채권자가 매도인을 대위하여 환매하고자 하는 때에는 매수인은 법원이 선정한 감정인의 평가액에서 매도인이 반환할 금액을 공제한 잔액으로 매도인의 채무를 변제하고 잉여액이 있으면 이를 매도인에게 지급하여 환매권을 소멸시킬 수 있다.

제594조【환매의 실행】① 매도인은 기간 내에 대금과 매매비용을 매수인에게 제공하지 아니하면 환매할 권리를 잃는다.
② 매수인이나 전득자가 목적물에 대하여 비용을 지출한 때에는 매도인은 제203조의 규정에 의하여 이를 상환하여야 한다. 그러나 유익비에 대하여는 법원은 매도인의 청구에 의하여 상당한 상환기간을 허여할 수 있다.

제595조【공유지분의 환매】공유자의 1인이 환매할 권리를 보류하고 그 지분을 매도한 후 그 목적물의 분할이나 경매가 있는 때에는 매도인은 매수인이 받은 또는 받을 부분이나 대금에 대하여 환매권을 행사할 수 있다. 그러나 매도인에게 통지하지 아니한 매수인은 그 분할이나 경매로써 매도인에게 대항하지 못한다.

제4절 교환

제596조【교환의 의의】~제597조【금전의 보충지급의 경우】범위 외

제5절 소비대차

제598조【소비대차의 의의】~제608조【차주에 불이익한 약정의 금지】범위 외

제6절 사용대차

제609조【사용대차의 의의】~제617조【손해배상, 비용상환청구의 기간】범위 외

제7절 임대차

제618조【임대차의 의의】임대차는 당사자 일방이 상대방에게 목적물을 사용, 수익하게 할 것을 약정하고 상대방이 이에 대하여 차임을 지급할 것을 약정함으로써 그 효력이 생긴다.

제619조【처분능력, 권한 없는 자의 할 수 있는 단기임대차】처분의 능력 또는 권한 없는 자가 임대차를 하는 경우에는 그 임대차는 다음 각 호의 기간을 넘지 못한다.
1. 식목, 채염 또는 석조, 석회조, 연와조 및 이와 유사한 건축을 목적으로 한 토지의 임대차는 10년
2. 기타 토지의 임대차는 5년
3. 건물 기타 공작물의 임대차는 3년
4. 동산의 임대차는 6월

제620조【단기임대차의 갱신】전조의 기간은 갱신할 수 있다. 그러나 그 기간만료 전 토지에 대하여는 1년, 건물 기타 공작물에 대하여는 3월, 동산에 대하여는 1월 내에 갱신하여야 한다.

제621조【임대차의 등기】① 부동산임차인은 **당사자간에 반대약정이 없으면 임대인에 대하여 그 임대차 등기절차에 협력할 것을 청구할 수 있다.**
② 부동산임대차를 등기한 때에는 그때부터 제삼자에 대하여 효력이 생긴다.

제622조【건물등기 있는 차지권의 대항력】① **건물의 소유를 목적으로 한 토지임대차는** 이를 등기하지 아니한 경우에도 **임차인이 그 지상건물을 등기한 때에는 제삼자에 대하여 임대차의 효력이 생긴다.**
② 건물이 임대차기간만료 전에 멸실 또는 후폐한 때에는 전항의 효력을 잃는다.

제623조【임대인의 의무】임대인은 목적물을 임차인에게 인도하고 계약존속 중 그 사용, 수익에 필요한 상태를 유지하게 할 의무를 부담한다.

제624조【임대인의 보존행위, 인용의무】임대인이 임대물의 보존에 필요한 행위를 하는 때에는 임차인은 이를 거절하지 못한다.

제625조【임차인의 의사에 반하는 보존행위와 해지권】임대인이 임차인의 의사에 반하여 보존행위를 하는 경우에 임차인이 이로 인하여 임차의 목적을 달성할 수 없는 때에는 계약을 해지할 수 있다.

제626조【임차인의 상환청구권】① 임차인이 임차물의 보존에 관한 **필요비를 지출한 때에는 임대인에 대하여 그 상환을 청구할 수 있다.**
② 임차인이 **유익비를 지출한 경우에는** 임대인은 임대차종료 시에 그 가액의 증가가 현존한 때에 한하여 임차인의 지출한 금액이나 그 증가액을 상환하여야 한다. 이 경우에 법원은 임대인의 청구에 의하여 상당한 상환기간을 허여할 수 있다.

제627조【일부멸실 등과 감액청구, 해지권】① 임차물의 일부가 임차인의 과실 없이 멸실 기타 사유로 인하여 사용, 수익할 수 없는 때에는 임차인은 그 부분의 비율에 의한 차임의 감액을 청구할 수 있다.
② 전항의 경우에 그 잔존부분으로 임차의 목적을 달성할 수 없는 때에는 임차인은 계약을 해지할 수 있다.

제628조【차임증감청구권】임대물에 대한 공과부담의 증감 기타 경제사정의 변동으로 인하여 약정한 차임이 상당하지 아니하게 된 때에는 당사자는 장래에 대한 차임의 증감을 청구할 수 있다.

제629조【임차권의 양도, 전대의 제한】① 임차인은 **임대인의 동의 없이 그 권리를 양도하거나 임차물을 전대하지 못한다.**
② 임차인이 전항의 규정에 위반한 때에는 임대인은 계약을 해지할 수 있다.

제630조【전대의 효과】① 임차인이 임대인의 동의를 얻어 임차물을 전대한 때에는 **전차인은 직접 임대인에 대하여 의무를 부담한다.** 이 경우에 전차인은 전대인에 대한 차임의 지급으로써 임대인에게 대항하지 못한다.
② 전항의 규정은 임대인의 임차인에 대한 권리행사에 영향을 미치지 아니한다.

제631조【전차인의 권리의 확정】임차인이 임대인의 동의를 얻어 임차물을 전대한 경우에는 임대인과 임차인의 합의로 계약을 종료한 때에도 전차인의 권리는 소멸하지 아니한다.

제632조【임차건물의 소부분을 타인에게 사용케 하는 경우】전3조의 규정은 **건물의 임차인이 그 건물의 소부분을 타인에게 사용하게 하는 경우에 적용하지 아니한다.**

제633조【차임지급의 시기】차임은 동산, 건물이나 대지에 대하여는 매월 말에, 기타 토지에 대하여는 매년 말에 지급하여야 한다. 그러나 수확기 있는 것에 대하여는 그 수확 후 지체 없이 지급하여야 한다.

제634조【임차인의 통지의무】임차물의 수리를 요하거나 임차물에 대하여 권리를 주장하는 자가 있는 때에는 임차인은 지체 없이 임대인에게 이를 통지하여야 한다. 그러나 임대인이 이미 이를 안 때에는 그러하지 아니하다.

제635조【기간의 약정 없는 임대차의 해지통고】① 임대차기간의 약정이 없는 때에는 **당사자는 언제든지 계약해지의 통고를 할 수 있다.**
② 상대방이 전항의 통고를 받은 날로부터 다음 각 호의 기간이 경과하면 해지의 효력이 생긴다.
1. **토지, 건물 기타 공작물에 대하여는 임대인이 해지를 통고한 경우에는 6월, 임차인이 해지를 통고한 경우에는 1월**
2. 동산에 대하여는 5일

제636조【기간의 약정 있는 임대차의 해지통고】임대차기간의 약정이 있는 경우에도 당사자 일방 또는 쌍방이 그 기간 내에 해지할 권리를 보류한 때에는 전조의 규정을 준용한다.

제637조【임차인의 파산과 해지통고】① 임차인이 파산선고를 받은 경우에는 임대차기간의 약정이 있는 때에도 임대인 또는 파산관재인은 제635조의 규정에 의하여 계약해지의 통고를 할 수 있다.
② 전항의 경우에 각 당사자는 상대방에 대하여 계약해지로 인하여 생긴 손해의 배상을 청구하지 못한다.

제638조【해지통고의 전차인에 대한 통지】① **임대차계약이 해지의 통고로 인하여 종료된 경우에 그 임대물이 적법하게 전대되었을 때에는 임대인은 전차인에 대하여 그 사유를 통지하지 아니하면 해지로써 전차인에게 대항하지 못한다.**
② 전차인이 전항의 통지를 받은 때에는 제635조 제2항의 규정을 준용한다.

제639조【묵시의 갱신】① **임대차기간이 만료한 후 임차인이 임차물의 사용, 수익을 계속하는 경우에 임대인이 상당한 기간 내에 이의를 하지 아니한 때에는 전

임대차와 동일한 조건으로 다시 임대차한 것으로 본다. 그러나 당사자는 제635조의 규정에 의하여 해지의 통고를 할 수 있다.

② 전항의 경우에 전임대차에 대하여 **제삼자가 제공한 담보는 기간의 만료로 인하여 소멸**한다.

제640조【차임연체와 해지】건물 기타 공작물의 임대차에는 **임차인의 차임연체액이 2기의 차임액에 달하는 때**에는 임대인은 계약을 해지할 수 있다.

제641조【동전】건물 기타 공작물의 소유 또는 식목, 채염, 목축을 목적으로 한 토지임대차의 경우에도 전조의 규정을 준용한다.

제642조【토지임대차의 해지와 지상건물 등에 대한 담보물권자에의 통지】전조의 경우에 그 지상에 있는 건물 기타 공작물이 담보물권의 목적이 된 때에는 제288조의 규정을 준용한다.

제643조【임차인의 갱신청구권, 매수청구권】건물 기타 공작물의 소유 또는 식목, 채염, 목축을 목적으로 한 토지임대차의 기간이 만료한 경우에 건물, 수목 기타 지상시설이 현존한 때에는 **제283조의 규정을 준용**한다.

제644조【전차인의 임대청구권, 매수청구권】① 건물 기타 공작물의 소유 또는 식목, 채염, 목축을 목적으로 한 토지임차인이 **적법하게 그 토지를 전대한 경우에 임대차 및 전대차의 기간이 동시에 만료되고 건물, 수목 기타 지상시설이 현존한 때에는 전차인은 임대인에 대하여 전전대차와 동일한 조건으로 임대할 것을 청구할 수 있다.**

② 전항의 경우에 **임대인이 임대할 것을 원하지 아니하는 때에는 제283조 제2항의 규정을 준용**한다.

제645조【지상권목적토지의 임차인의 임대청구권, 매수청구권】전조의 규정은 지상권자가 그 토지를 임대한 경우에 준용한다.

제646조【임차인의 부속물매수청구권】① 건물 기타 공작물의 **임차인이 그 사용의 편익을 위하여 임대인의 동의를 얻어 이에 부속한 물건이 있는 때에는** 임대차의 종료 시에 임대인에 대하여 그 부속물의 매수를 청구할 수 있다.

② **임대인으로부터 매수한 부속물에 대하여도** 전항과 같다.

제647조【전차인의 부속물매수청구권】① 건물 기타 공작물의 임차인이 **적법하게 전대한 경우에 전차인이 그 사용의 편익을 위하여 임대인의 동의를 얻어 이에 부속한 물건이 있는 때에는** 전대차의 종료 시에 임대인에 대하여 그 부속물의 매수를 청구할 수 있다.

② **임대인으로부터 매수하였거나 그 동의를 얻어 차인으로부터 매수한 부속물에 대하여도** 전항과 같다.

제648조【임차지의 부속물, 과실 등에 대한 법정질권】토지임대인이 임대차에 관한 채권에 의하여 임차지에 부속 또는 그 사용의 편익에 공용한 임차인의 소유동산 및 그 토지의 과실을 압류한 때에는 질권과 동일한 효력이 있다.

제649조【임차지상의 건물에 대한 법정저당권】토지임대인이 변제기를 경과한 최후 2년의 차임채권에 의하여 그 지상에 있는 임차인소유의 건물을 압류한 때에는 저당권과 동일한 효력이 있다.

제650조【임차건물 등의 부속물에 대한 법정질권】건물 기타 공작물의 임대인이 임대차에 관한 채권에 의하여 그 건물 기타 공작물에 부속한 임차인소유의 동산을 압류한 때에는 질권과 동일한 효력이 있다.

제651조 삭제〈2016.1.6.〉
[2016. 1. 6. 법률 제13710호에 의하여 2013. 12. 26. 헌법재판소에서 위헌결정된 이 조를 삭제함]

제652조【강행규정】제627조, 제628조, 제631조, 제635조, 제638조, 제640조, 제641조, 제643조 내지 제647조의 규정에 위반하는 약정으로 임차인이나 전차인에게 불리한 것은 그 효력이 없다.

제653조【일시사용을 위한 임대차의 특례】제628조, 제638조, 제640조, 제646조 내지 제648조, 제650조 및 전조의 규정은 일시사용하기 위한 임대차 또는 전대차인 것이 명백한 경우에는 적용하지 아니한다.

제654조【준용규정】제610조 제1항, 제615조 내지 제617조의 규정은 임대차에 이를 준용한다.

제8절 고용

제655조【고용의 의의】~제663조【사용자파산과 해지통고】범위 외

제9절 도급

제664조 【도급의 의의】 도급은 당사자 일방이 어느 일을 완성할 것을 약정하고 상대방이 그 일의 결과에 대하여 보수를 지급할 것을 약정함으로써 그 효력이 생긴다.

제665조 【보수의 지급시기】 ① **보수는 그 완성된 목적물의 인도와 동시에 지급**하여야 한다. 그러나 목적물의 인도를 요하지 아니하는 경우에는 **그 일을 완성한 후 지체 없이 지급**하여야 한다.
② 전항의 보수에 관하여는 제656조 제2항의 규정을 준용한다.

제666조 【수급인의 목적부동산에 대한 저당권설정청구권】 부동산공사의 수급인은 전조의 보수에 관한 채권을 담보하기 위하여 그 부동산을 목적으로 한 저당권의 설정을 청구할 수 있다.

제667조 【수급인의 담보책임】 ① 완성된 목적물 또는 완성 전의 성취된 부분에 하자가 있는 때에는 도급인은 수급인에 대하여 상당한 기간을 정하여 그 하자의 보수를 청구할 수 있다. 그러나 **하자가 중요하지 아니한 경우에 그 보수에 과다한 비용을 요할 때에는 그러하지 아니하다.**
② 도급인은 하자의 보수에 갈음하여 또는 보수와 함께 손해배상을 청구할 수 있다.
③ 전항의 경우에는 제536조의 규정을 준용한다.

제668조 【동전 - 도급인의 해제권】 도급인이 완성된 목적물의 하자로 인하여 **계약의 목적을 달성할 수 없는 때에는** 계약을 해제할 수 있다. 그러나 **건물 기타 토지의 공작물에 대하여는 그러하지 아니하다.**

제669조 【동전 - 하자가 도급인의 제공한 재료 또는 지시에 기인한 경우의 면책】 전2조의 규정은 목적물의 하자가 도급인이 제공한 재료의 성질 또는 도급인의 지시에 기인한 때에는 적용하지 아니한다. 그러나 수급인이 그 재료 또는 지시의 부적당함을 알고 도급인에게 고지하지 아니한 때에는 그러하지 아니하다.

제670조 【담보책임의 존속기간】 ① 전3조의 규정에 의한 하자의 보수, 손해배상의 청구 및 계약의 해제는 목적물의 **인도를 받은 날로부터 1년 내에 하여야 한다.**

② 목적물의 인도를 요하지 아니하는 경우에는 전항의 기간은 **일의 종료한 날로부터 기산한다.**

제671조 【수급인의 담보책임 - 토지, 건물 등에 대한 특칙】 ① 토지, 건물 기타 공작물의 수급인은 목적물 또는 지반공사의 하자에 대하여 인도 후 5년간 담보의 책임이 있다. 그러나 목적물이 석조, 석회조, 연와조, 금속 기타 이와 유사한 재료로 조성된 것인 때에는 그 기간을 10년으로 한다.
② 전항의 하자로 인하여 목적물이 멸실 또는 훼손된 때에는 도급인은 그 멸실 또는 훼손된 날로부터 1년 내에 제667조의 권리를 행사하여야 한다.

제672조 【담보책임면제의 특약】 수급인은 제667조, 제668조의 담보책임이 없음을 약정한 경우에도 알고 고지하지 아니한 사실에 대하여는 그 책임을 면하지 못한다.

제673조 【완성 전의 도급인의 해제권】 수급인이 일을 완성하기 전에는 **도급인은 손해를 배상하고 계약을 해제할 수 있다.**

제674조 【도급인의 파산과 해제권】 ① 도급인이 파산선고를 받은 때에는 수급인 또는 파산관재인은 계약을 해제할 수 있다. 이 경우에는 수급인은 일의 완성된 부분에 대한 보수 및 보수에 포함되지 아니한 비용에 대하여 파산재단의 배당에 가입할 수 있다.
② 전항의 경우에는 각 당사자는 상대방에 대하여 계약해제로 인한 손해의 배상을 청구하지 못한다.

제9절의2 여행계약

제674조의2 【여행계약의 의의】 ~ 제674조의9 【강행규정】 범위 외

제10절 현상광고

제675조 【현상광고의 의의】 ~ 제679조 【현상광고의 철회】 범위 외

제11절 위임

제680조【위임의 의의】위임은 당사자 일방이 상대방에 대하여 사무의 처리를 위탁하고 상대방이 이를 승낙함으로써 그 효력이 생긴다.

제681조【수임인의 선관의무】수임인은 위임의 본지에 따라 선량한 관리자의 주의로써 위임사무를 처리하여야 한다.

제682조【복임권의 제한】① **수임인은 위임인의 승낙이나 부득이한 사유 없이** 제삼자로 하여금 자기에 갈음하여 위임사무를 처리하게 하지 못한다.
② 수임인이 전항의 규정에 의하여 제삼자에게 위임사무를 처리하게 한 경우에는 제121조, 제123조의 규정을 준용한다.

제683조【수임인의 보고의무】수임인은 위임인의 청구가 있는 때에는 위임사무의 처리상황을 보고하고 위임이 종료한 때에는 지체 없이 그 전말을 보고하여야 한다.

제684조【수임인의 취득물 등의 인도, 이전의무】① 수임인은 위임사무의 처리로 인하여 받은 금전 기타의 물건 및 그 수취한 과실을 위임인에게 인도하여야 한다.
② 수임인이 위임인을 위하여 자기의 명의로 취득한 권리는 위임인에게 이전하여야 한다.

제685조【수임인의 금전소비의 책임】수임인이 위임인에게 인도할 금전 또는 위임인의 이익을 위하여 사용할 금전을 자기를 위하여 소비한 때에는 소비한 날 이후의 이자를 지급하여야 하며 그 외의 손해가 있으면 배상하여야 한다.

제686조【수임인의 보수청구권】① **수임인은 특별한 약정이 없으면 위임인에 대하여 보수를 청구하지 못한다.**
② 수임인이 보수를 받을 경우에는 위임사무를 완료한 후가 아니면 이를 청구하지 못한다. 그러나 기간으로 보수를 정한 때에는 그 기간이 경과한 후에 이를 청구할 수 있다.
③ 수임인이 위임사무를 처리하는 중에 수임인의 책임 없는 사유로 인하여 위임이 종료된 때에는 수임인은 이미 처리한 사무의 비율에 따른 보수를 청구할 수 있다.

제687조【수임인의 비용선급청구권】위임사무의 처리에 비용을 요하는 때에는 위임인은 **수임인의 청구에 의하여 이를 선급하여야 한다.**

제688조【수임인의 비용상환청구권 등】① 수임인이 위임사무의 처리에 관하여 **필요비를 지출한 때**에는 위임인에 대하여 지출한 날 이후의 이자를 청구할 수 있다.
② 수임인이 위임사무의 처리에 필요한 채무를 부담한 때에는 위임인에게 자기에 갈음하여 이를 변제하게 할 수 있고 그 채무가 변제기에 있지 아니한 때에는 상당한 담보를 제공하게 할 수 있다.
③ 수임인이 위임사무의 처리를 위하여 과실 없이 손해를 받은 때에는 위임인에 대하여 그 배상을 청구할 수 있다.

제689조【위임의 상호 해지의 자유】① 위임계약은 **각 당사자가 언제든지 해지할 수 있다.**
② 당사자 일방이 **부득이한 사유 없이 상대방의 불리한 시기에 계약을 해지한 때에는 그 손해를 배상하여야 한다.**

제690조【사망·파산 등과 위임의 종료】위임은 당사자 한쪽의 사망이나 파산으로 종료된다. 수임인이 성년후견개시의 심판을 받은 경우에도 이와 같다.

제691조【위임종료 시의 긴급처리】위임종료의 경우에 급박한 사정이 있는 때에는 수임인, 그 상속인이나 법정대리인은 위임인, 그 상속인이나 법정대리인이 위임사무를 처리할 수 있을 때까지 그 사무의 처리를 계속하여야 한다. 이 경우에는 위임의 존속과 동일한 효력이 있다.

제692조【위임종료의 대항요건】위임종료의 사유는 이를 상대방에게 통지하거나 상대방이 이를 안 때가 아니면 이로써 상대방에게 대항하지 못한다.

제12절 임치

제693조【임치의 의의】~제702조【소비임치】범위 외

제13절 조합

제703조【조합의 의의】~제724조【청산인의 직무, 권한과 잔여재산의 분배】범위 외

제14절 종신정기금

제725조【종신정기금계약의 의의】~제730조【유증에 의한 종신정기금】범위 외

제15절 화해

제731조【화해의 의의】~제733조【화해의 효력과 착오】범위 외

제3장 사무관리

제734조【사무관리의 내용】~제740조【관리자의 무과실손해보상청구권】범위 외

제4장 부당이득

제741조【부당이득의 내용】법률상 원인 없이 타인의 재산 또는 노무로 인하여 이익을 얻고 이로 인하여 타인에게 손해를 가한 자는 그 이익을 반환하여야 한다.

제742조【비채변제】채무 없음을 알고 이를 변제한 때에는 **그 반환을 청구하지 못한다**.

제743조【기한 전의 변제】변제기에 있지 아니한 채무를 변제한 때에는 **그 반환을 청구하지 못한다**. 그러나 채무자가 착오로 인하여 변제한 때에는 채권자는 이로 인하여 얻은 이익을 반환하여야 한다.

제744조【도의관념에 적합한 비채변제】채무 없는 자가 착오로 인하여 변제한 경우에 그 변제가 도의관념에 적합한 때에는 **그 반환을 청구하지 못한다**.

제745조【타인의 채무의 변제】① 채무자 아닌 자가 착오로 인하여 타인의 채무를 변제한 경우에 **채권자가 선의로 증서를 훼멸하거나 담보를 포기하거나 시효로 인하여 그 채권을 잃은 때에는 변제자는 그 반환을 청구하지 못한다**.
② 전항의 경우에 변제자는 채무자에 대하여 구상권을 행사할 수 있다.

제746조【불법원인급여】불법의 원인으로 인하여 재산을 급여하거나 노무를 제공한 때에는 그 이익의 반환을 청구하지 못한다. 그러나 그 불법원인이 수익자에게만 있는 때에는 그러하지 아니하다.

제747조【원물반환불능한 경우와 가액반환, 전득자의 책임】① 수익자가 그 받은 목적물을 반환할 수 없는 때에는 그 가액을 반환하여야 한다.
② 수익자가 그 이익을 반환할 수 없는 경우에는 수익자로부터 무상으로 그 이익의 목적물을 양수한 악의의 제삼자는 전항의 규정에 의하여 반환할 책임이 있다.

제748조【수익자의 반환범위】① **선의의 수익자는 그 받은 이익이 현존한 한도**에서 전조의 책임이 있다.
② **악의의 수익자는 그 받은 이익에 이자를 붙여 반환하고 손해가 있으면 이를 배상**하여야 한다.

제749조【수익자의 악의인정】① 수익자가 이익을 받은 후 법률상 원인 없음을 안 때에는 그때부터 악의의 수익자로서 이익반환의 책임이 있다.
② **선의의 수익자가 패소한 때에는 그 소를 제기한 때부터** 악의의 수익자로 본다.

제5장 불법행위

제750조【불법행위의 내용】고의 또는 과실로 인한 위법행위로 타인에게 손해를 가한 자는 그 손해를 배상할 책임이 있다.

제751조【재산 이외의 손해의 배상】① **타인의 신체, 자유 또는 명예를 해하거나 기타 정신상 고통을 가한 자는** 재산 이외의 손해에 대하여도 배상할 책임이 있다.
② **법원은 전항의 손해배상을 정기금채무로 지급할 것을 명할 수 있고** 그 이행을 확보하기 위하여 상당한 담보의 제공을 명할 수 있다.

제752조【생명침해로 인한 위자료】타인의 생명을 해한 자는 피해자의 **직계존속, 직계비속 및 배우자에 대하여는 재산상의 손해 없는 경우에도 손해배상의 책임이 있다**.

제753조【미성년자의 책임능력】미성년자가 타인에게 손해를 가한 경우에 그 행위의 책임을 변식할 지능이 없는 때에는 배상의 책임이 없다.

제754조【심신상실자의 책임능력】심신상실 중에 타인에게 손해를 가한 자는 배상의 책임이 없다. 그러나 고의 또는 과실로 인하여 심신상실을 초래한 때에는 그러하지 아니하다.

제755조【감독자의 책임】① 다른 자에게 손해를 가한 사람이 제753조 또는 제754조에 따라 책임이 없는 경우에는 그를 감독할 법정의무가 있는 자가 그 손해를 배상할 책임이 있다. 다만, **감독의무를 게을리하지 아니한 경우에는 그러하지 아니하다.**
② 감독의무자를 갈음하여 제753조 또는 제754조에 따라 책임이 없는 사람을 감독하는 자도 제1항의 책임이 있다.

제756조【사용자의 배상책임】① 타인을 사용하여 어느 사무에 종사하게 한 자는 피용자가 그 사무집행에 관하여 제삼자에게 가한 손해를 배상할 책임이 있다. **그러나 사용자가 피용자의 선임 및 그 사무감독에 상당한 주의를 한 때 또는 상당한 주의를 하여도 손해가 있을 경우에는 그러하지 아니하다.**
② 사용자에 갈음하여 그 사무를 감독하는 자도 전항의 책임이 있다.
③ 전2항의 경우에 **사용자 또는 감독자는 피용자에 대하여 구상권을 행사할 수 있다.**

제757조【도급인의 책임】도급인은 수급인이 그 일에 관하여 제삼자에게 가한 손해를 배상할 책임이 없다. 그러나 도급 또는 지시에 관하여 도급인에게 중대한 과실이 있는 때에는 그러하지 아니하다.

제758조【공작물 등의 점유자, 소유자의 책임】① 공작물의 설치 또는 보존의 하자로 인하여 타인에게 손해를 가한 때에는 **공작물점유자가 손해를 배상할 책임이 있다. 그러나 점유자가 손해의 방지에 필요한 주의를 해태하지 아니한 때에는 그 소유자가 손해를 배상할 책임이 있다.**
② 전항의 규정은 수목의 재식 또는 보존에 하자 있는 경우에 준용한다.
③ 전2항의 경우에 점유자 또는 소유자는 그 손해의 원인에 대한 책임 있는 자에 대하여 구상권을 행사할 수 있다.

제759조【동물의 점유자의 책임】① 동물의 점유자는 그 동물이 타인에게 가한 손해를 배상할 책임이 있다. 그러나 **동물의 종류와 성질에 따라 그 보관에 상당한 주의를 해태하지 아니한 때에는 그러하지 아니하다.**
② **점유자에 갈음하여 동물을 보관한 자도 전항의 책임이 있다.**

제760조【공동불법행위자의 책임】① 수인이 공동의 불법행위로 타인에게 손해를 가한 때에는 **연대하여 그 손해를 배상할 책임이 있다.**
② 공동 아닌 수인의 행위 중 어느 자의 행위가 그 손해를 가한 것인지를 알 수 없는 때에도 전항과 같다.
③ 교사자나 방조자는 공동행위자로 본다.

제761조【정당방위, 긴급피난】① 타인의 불법행위에 대하여 자기 또는 제삼자의 이익을 방위하기 위하여 부득이 타인에게 손해를 가한 자는 배상할 책임이 없다. 그러나 피해자는 불법행위에 대하여 손해의 배상을 청구할 수 있다.
② 전항의 규정은 급박한 위난을 피하기 위하여 부득이 타인에게 손해를 가한 경우에 준용한다.

제762조【손해배상청구권에 있어서의 태아의 지위】**태아는 손해배상의 청구권에 관하여는 이미 출생한 것으로 본다.**

제763조【준용규정】제393조, 제394조, 제396조, 제399조의 규정은 불법행위로 인한 손해배상에 준용한다.

제764조【명예훼손의 경우의 특칙】**타인의 명예를 훼손한 자에 대하여는 법원은 피해자의 청구에 의하여 손해배상에 갈음하거나 손해배상과 함께 명예회복에 적당한 처분을 명할 수 있다.**
[89헌마160 1991. 4. 1. 민법 제764조(1958. 2. 22. 법률 제471호)의 '명예회복에 적당한 처분'에 사죄광고를 포함시키는 것은 헌법에 위반된다]

제765조【배상액의 경감청구】① 본장의 규정에 의한 배상의무자는 그 손해가 고의 또는 중대한 과실에 의한 것이 아니고 그 배상으로 인하여 배상자의 생계에 중대한 영향을 미치게 될 경우에는 법원에 그 배상액의 경감을 청구할 수 있다.
② 법원은 전항의 청구가 있는 때에는 채권자 및 채무자의 경제상태와 손해의 원인 등을 참작하여 배상액을 경감할 수 있다.

제766조【손해배상청구권의 소멸시효】① 불법행위로 인한 손해배상의 청구권은 **피해자나 그 법정대리인이 그 손해 및 가해자를 안 날로부터 3년간 이를 행사하지 아니하면 시효로 인하여 소멸한다.**

② 불법행위를 한 날로부터 10년을 경과한 때에도 전항과 같다.
③ **미성년자가** 성폭력, 성추행, 성희롱, 그 밖의 **성적(性的)** 침해를 당한 경우에 이로 인한 손해배상청구권의 소멸시효는 그가 성년이 될 때까지는 진행되지 아니한다.

여러분의 작은 소리
에듀윌은 크게 듣겠습니다.

본 교재에 대한 여러분의 목소리를 들려주세요.
공부하시면서 어려웠던 점, 궁금한 점,
칭찬하고 싶은 점, 개선할 점, 어떤 것이라도 좋습니다.

에듀윌은 여러분께서 나누어 주신 의견을
통해 끊임없이 발전하고 있습니다.

에듀윌 도서몰 book.eduwill.net
- 부가학습자료 및 정오표: 에듀윌 도서몰 → 도서자료실
- 교재 문의: 에듀윌 도서몰 → 문의하기 → 교재(내용, 출간) / 주문 및 배송

2026

에듀윌 주택관리사 기본서

1차 민법

2026

에듀윌 주택관리사 기본서

1차 민법

효율적인
자습을 위해
손에 들고 보는

민법 필수용어 & 조문집

업계 유일 **6년 연속** 최고득점자 배출

에듀윌 주택관리사의 우수성, 2024년에도 입증했습니다!

2024 최고득점자&수석합격

제27회 시험 최고득점자&수석합격

문O호 합격생

에듀윌 주택관리사를 공부하면서 좋았던 부분은 체계적인 커리큘럼과 실전 대비 시스템입니다. 강의가 단계적으로 구성되어 초보자도 쉽게 따라갈 수 있었고, 중요한 내용을 반복 학습할 수 있는 구조가 시험 준비에 큰 도움이 되었다고 생각합니다. 또한 다양한 문제 풀이와 모의고사를 통해 실전에 대한 자신감을 키울 수 있었던 점이 좋았습니다. 주택관리사 시험을 준비하는 여러분들, 많이 힘들고 불안한 마음이 들겠지만 "한 발짝 더 나아가는 용기와 꾸준함이 합격을 만드는 것 같습니다." 포기하지 않고 끝까지 달려간다면 반드시 좋은 결과를 얻을 수 있습니다. 마지막까지 최선을 다하는 여러분을 진심으로 응원합니다.

* 2024년 석차 1등&공동주택관리실무 최고득점
2023년, 2022년 공동주택관리실무 최고득점
2021년, 2020년 주택관리관계법규, 공동주택관리실무 과목별 최고득점
2019년 주택관리관계법규 최고득점

주택관리사 1위

주택관리사,
에듀윌을 선택해야 하는 이유

오직 에듀윌에서만 가능한 합격 신화
6년 연속 최고득점자 배출

2024 최고득점자 & 수석합격

합격을 위한 최강 라인업
주택관리사 명품 교수진

주택관리사

합격부터 취업까지!
에듀윌 주택취업지원센터 운영

합격생들이 가장 많이 선택한 교재
16년간 베스트셀러 1위

---

* 2023 대한민국 브랜드만족도 주택관리사 교육 1위 (한경비즈니스)
  2024년 석차 1등&공동주택관리실무 최고득점 / 2023년, 2022년 공동주택관리실무 최고득점 / 2021년, 2020년 주택관리관계법규, 공동주택관리실무 과목별 최고득점 / 2019년 주택관리관계법규 최고득점
* YES24 수험서 자격증 주택관리사 베스트셀러 1위 (2010년 12월, 2011년 3월, 9월, 12월, 2012년 1월, 3월~12월, 2013년 1월~5월, 8월~11월, 2014년 2월~8월, 10월~12월, 2015년 1월~5월, 7월~12월, 2016년 1월~12월, 2017년 1월~12월, 2018년 1월~12월, 2019년 1월~12월, 2020년 1월~7월, 9월~12월, 2021년 1월~12월, 2022년 1월~12월, 2023년 1월~11월, 2024년 1월~2월, 4월~12월, 2025년 1월~7월 월별 베스트)

시간을 두고 꼼꼼히 공부하고 싶다면?

민법 3회독 합격플래너

나의 3회독 PLAN 1회독 ___월___일 ~ ___월___일 | 2회독 ___월___일 ~ ___월___일 | 3회독 ___월___일 ~ ___월___일

단원		권장학습기간			회독체크		
PART	CHAPTER	1회독	2회독	3회독	1회독	2회독	3회독
1. 민법 통칙	01. 민법 서론	1주	1주	1주	✓	☐	☐
	02. 권리와 의무				☐	☐	☐
2. 권리의 주체와 객체	01. 자연인 ★	1주			☐	☐	☐
	02. 법인 ★		1주		☐	☐	☐
	03. 권리의 객체				☐	☐	☐
3. 권리의 변동	01. 권리변동 서설	1주		1주	☐	☐	☐
	02. 법률행위 일반 ★		1주		☐	☐	☐
	03. 의사표시 ★	1주			☐	☐	☐
	04. 법률행위의 대리 ★				☐	☐	☐
	05. 법률행위의 무효와 취소	1주	1주		☐	☐	☐
	06. 조건과 기한				☐	☐	☐
	07. 기간과 소멸시효	1주			☐	☐	☐
4. 물권법	01. 물권법 총론	1.5주	1주	1주	☐	☐	☐
	02. 물권의 변동				☐	☐	☐
	03. 점유권				☐	☐	☐
	04. 소유권	1주	1주		☐	☐	☐
	05. 용익물권				☐	☐	☐
	06. 담보물권 ★	0.5주			☐	☐	☐
5. 채권법	01. 채권법 총론 ★	1주	1주	1주	☐	☐	☐
	02. 채권법 각론(계약법 총론)				☐	☐	☐
	03. 계약법 각론(매매)	1주			☐	☐	☐
	04. 임대차				☐	☐	☐
	05. 도급과 위임	1주	1주		☐	☐	☐
	06. 부당이득과 불법행위				☐	☐	☐
총 학습기간		12주	8주	4주	☐	☐	☐

* 권장학습기간은 에듀윌 이론강의에 기반하였습니다. 커리큘럼에 따라 2회독을 마친 뒤, 내 약점 위주로 3회독을 완성하세요.
  이론강의에 대한 자세한 내용은 에듀윌 홈페이지(house.eduwill.net)에서 확인하세요.
* 최근 5개년 출제빈도가 높았던 단원에는 ★표시를 하였습니다. 더 주의 깊게 학습하세요.

짧은 기간 안에 확실히 공부하고 싶다면?
민법 12주끝장 합격플래너

단원 PART	단원 CHAPTER	권장학습기간	학습할 날짜	학습 여부
1. 민법 통칙	01. 민법 서론	1주	/ ~ /	○ △ ×
	02. 권리와 의무		/ ~ /	○ △ ×
2. 권리의 주체와 객체	01. 자연인 ★	1주	/ ~ /	○ △ ×
	02. 법인 ★		/ ~ /	○ △ ×
	03. 권리의 객체	1주	/ ~ /	○ △ ×
3. 권리의 변동	01. 권리변동 서설		/ ~ /	○ △ ×
	02. 법률행위 일반 ★		/ ~ /	○ △ ×
	03. 의사표시 ★	1주	/ ~ /	○ △ ×
	04. 법률행위의 대리 ★		/ ~ /	○ △ ×
	05. 법률행위의 무효와 취소	1주	/ ~ /	○ △ ×
	06. 조건과 기한		/ ~ /	○ △ ×
	07. 기간과 소멸시효	1주	/ ~ /	○ △ ×
4. 물권법	01. 물권법 총론		/ ~ /	○ △ ×
	02. 물권의 변동	1.5주	/ ~ /	○ △ ×
	03. 점유권		/ ~ /	○ △ ×
	04. 소유권	1주	/ ~ /	○ △ ×
	05. 용익물권		/ ~ /	○ △ ×
	06. 담보물권 ★	0.5주	/ ~ /	○ △ ×
5. 채권법	01. 채권법 총론 ★	1주	/ ~ /	○ △ ×
	02. 채권법 각론(계약법 총론)		/ ~ /	○ △ ×
	03. 계약법 각론(매매)	1주	/ ~ /	○ △ ×
	04. 임대차		/ ~ /	○ △ ×
	05. 도급과 위임	1주	/ ~ /	○ △ ×
	06. 부당이득과 불법행위		/ ~ /	○ △ ×
총 학습기간		12주	/ ~ /	○ △ ×

✚ **기본서 외에 꼭 필요한 공부가 있다면?**

기본서로 이론학습을 한 후에는 반드시 문제풀이를 해야 합니다. 내가 공부한 이론이 실제로 어떻게 문제에 적용되는지를 연습해야 제대로 시험을 준비할 수 있어요. 문제 중에서도 가장 베스트는 기출문제라는 사실! 기출문제와 예상문제를 많이 풀어보세요!

처음에는 당신이 원하는 곳으로
갈 수는 없겠지만,
당신이 지금 있는 곳에서
출발할 수는 있을 것이다.

– 작자 미상

합격할 때까지 책임지는 개정법령 원스톱 서비스!

기준 및 법령 개정이 잦은 주택관리사 시험,
개정사항을 어떻게 확인해야 할지 막막하고 걱정스러우신가요?
에듀윌에서는 필요한 개정법령만을 빠르게! 한번에! 제공해 드립니다.

| 에듀윌 도서몰 접속 (book.eduwill.net) | ▶ | 도서자료실 클릭 |

개정법령
확인하기

2026
에듀윌 주택관리사
기본서 1차

민법 上

시험 안내

주택관리사, 무슨 일을 하나요?

주택관리사란?	주택관리사(보) 합격증서 + 대통령령으로 정하는 주택 관련 실무 경력 → 주택관리사 자격증 발급
하는 일은?	공동주택, 아파트 등의 관리사무소장은 물론, 주택관리 전문 공무원, 공동주택 또는 건물관리 용역 업체 창업 등 취업의 문이 넓습니다.

주택관리사(보) 시험에서는 어떤 과목을 보나요?

제1차

1교시 (총 100분)	회계원리	세부과목 구분 없이 출제 ※ 회계처리 등과 관련된 시험문제는 한국채택국제회계기준(K-IFRS)을 적용하여 출제
	공동주택 시설개론	목구조·특수구조를 제외한 일반건축구조와 강구조, 홈네트워크를 포함한 건축설비개론 및 장기수선계획 수립 등을 위한 건축적산 포함
2교시 (총 50분)	민법	총칙, 물권, 채권 중 총칙·계약총칙·매매·임대차·도급·위임·부당이득·불법행위

▶ 과목별 각 40문항이며, 전 문항 객관식 5지 택일형으로 출제됩니다.

제2차

1교시 (총 100분)	주택관리 관계법규	다음의 법률 중 주택관리에 관련되는 규정: 「주택법」, 「공동주택관리법」, 「민간임대주택에 관한 특별법」, 「공공주택 특별법」, 「건축법」, 「소방기본법」, 「화재의 예방 및 안전관리에 관한 법률」, 「소방시설 설치 및 관리에 관한 법률」, 「승강기 안전관리법」, 「전기사업법」, 「시설물의 안전 및 유지관리에 관한 특별법」, 「도시 및 주거환경정비법」, 「도시재정비 촉진을 위한 특별법」, 「집합건물의 소유 및 관리에 관한 법률」
	공동주택 관리실무	시설관리, 환경관리, 공동주택회계관리, 입주자관리, 공동주거관리이론, 대외업무, 사무·인사관리, 안전·방재관리 및 리모델링, 공동주택 하자관리(보수공사를 포함한다) 등

▶ 과목별 각 40문항이며, 객관식 5지 택일형 24문항, 주관식 16문항으로 출제됩니다.

상대평가, 어떻게 시행되나요?

선발예정인원 범위에서 선발!
국가에서 정한 선발예정인원(선발예정인원은 매해 시험 공고에 게재됨) 범위에서 고득점자 순으로 합격자가 결정됩니다.

제1차는 평균 60점 이상 득점한 자, 제2차는 고득점자 순으로 선발!

제1차	매 과목 40점 이상, 전 과목 평균 60점 이상 득점한 사람 중에서 선발합니다.
제2차	매 과목 40점 이상, 전 과목 평균 60점 이상 득점한 사람 중에서 선발하며, 그중 선발예정인원 범위에서 고득점자 순으로 결정합니다. 선발예정인원에 미달하는 경우 전 과목 40점 이상자 중 고득점자 순으로 선발하며, 동점자로 인하여 선발예정인원을 초과하는 경우에는 동점자 모두를 합격자로 결정합니다.

2020년 상대평가 시행 이후 제2차 시험 합격선은?

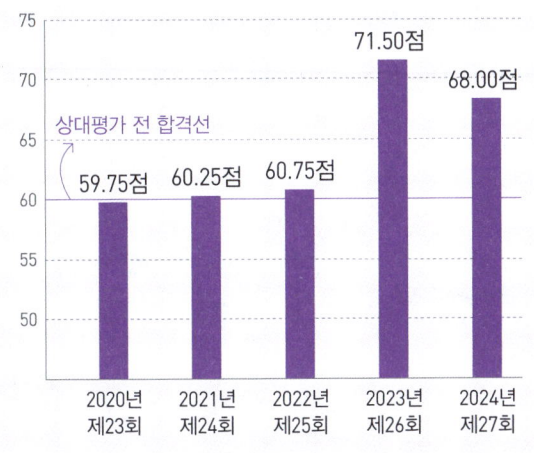

최근 2개년 합격선 평균 69.75점!

상대평가 시행 이후 제25회 시험까지는 합격선이 60점 내외로 형성되었지만, 제26회에는 평균 71.50점, 제27회에는 평균 68.00점에서 합격선이 형성되며 합격에 필요한 점수가 상당히 올라갔습니다. 앞으로도 에듀윌은 변화하는 수험 환경에 맞는 학습 커리큘럼과 교재를 통해 수험자 여러분들을 합격의 길로 이끌겠습니다.

에듀윌 기본서로 합격해야 하는 이유!

여러분이 마주한 합격이라는 산 앞에서,
기본서는 언제든 돌아올 수 있는 든든한 베이스캠프가 되어줄 것입니다.

그래서, 아무 책이나 보시면 안 됩니다!

베스트셀러 1위, 합격생이 인정한 교재!

* YES24 수험서 자격증 주택관리사 기본서 베스트셀러 1위
  - 회계 2025년 3월, 시설 2025년 5월, 민법 2024년 9월 월별 베스트
  - 법규 2024년 11월 3주, 실무 2024년 11월 1주 주별 베스트

주부 동차합격생
김○○님

> 기본서 내용을 확실하게 이해해서 넘어가는 학습을 했습니다. 또 중요 용어나 헷갈리는 내용은 따로 기본서 페이지를 정리해 자주 자주 찾아봤습니다.

직장인 동차합격생
정○○님

> 교수님들의 강의와 교재는 타의 추종을 불허합니다. 내용 자체가 기출문제로 그대로 나오는 짜릿함을 시험 현장에서 경험했습니다.

철저한 기출분석 + 시험 필승전략 제공!

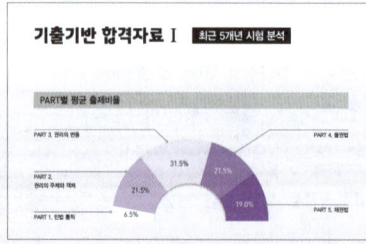
과목별 기출기반 합격자료

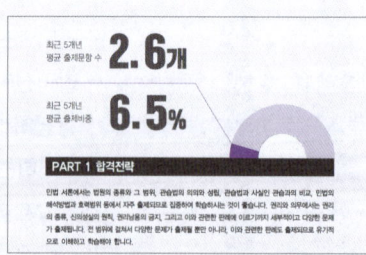
PART별 기출분석 & 전략

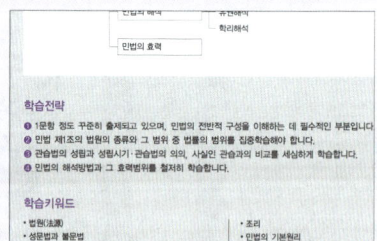
CHAPTER별 학습전략

기출문제로 검증된 합격이론 수록!

에듀윌 주택관리사 민법 기본서

② 처분행위의 유형
  ㉠ 물권행위: 물권행위란 물권변동(발생·변경·소멸)을 목적으로 하는 법률행위를 말한다(예 – 소유권의 이전, 지상권·저당권 등 제한물권의 설정 등).
  ㉡ 준물권행위: 물권 이외의 재산권의 종국적 변동을 목적으로 법률행위로서 이행의 문제가 남지 않는 처분행위를 말한다(예 – 채권양도, 채무인수, 지식재산권의 양도 등).

주택관리사 민법 기출문제

12. 다음 중 준물권행위에 해당하는 것은?
  ① 채권양도
  ② 유실물 습득
  ③ 부담부증여
  ④ 지상권설정행위
  ⑤ 매매에 의한 소유권이전행위

지문일치

➕ PLUS   기본서 학습이 끝난 후에는?

단원별 기출문제집(2종)
주택관리사(보) 최근 기출문제로 약점 극복, 실전 완벽 대비!

출제가능 문제집(5종)
주택관리사(보) 문제 해결능력 키우기, 학습 내용 정리!

* 상기 교재의 이미지는 변경될 수 있습니다.

구성과 특징

STEP 1 이론, 꼼꼼하게 파헤치기!

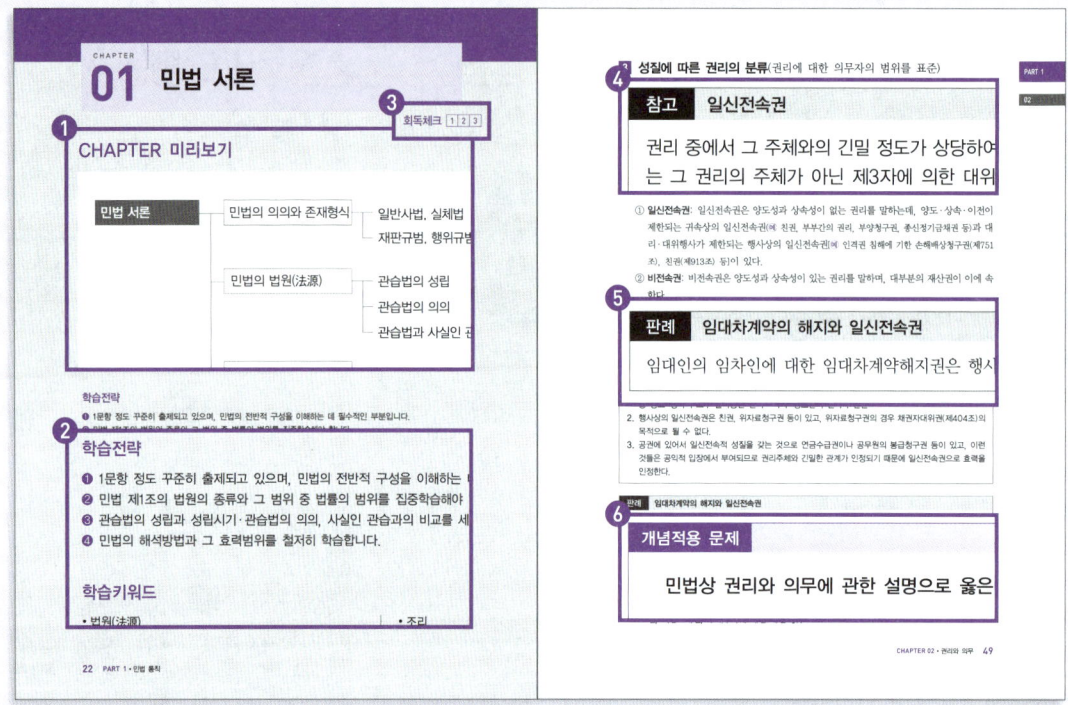

① CHAPTER 미리보기
방대한 이론, 학습 전 구조 미리보기

② 학습전략 + 학습키워드
CHAPTER별 전략과 키워드로 학습 방향 설정

③ 3회독 체크표
반복 학습을 도와주는 3회독 체크표

④ 참고
고득점을 원한다면, 참고 이론으로 깊이 있는 학습

⑤ 판례
시험에 꼭 나오는 최신 판례 확인

⑥ 개념적용 문제
문제를 풀어보며 이론과 실전의 연결고리 확인

➕ 특별제공

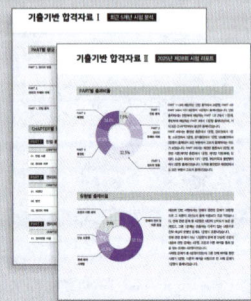

기출기반 합격자료
최근 5개년 출제경향과 2025년 제28회 시험 리포트로 본격적인 학습 시작 전 최신 출제경향을 파악해 보세요.

PART별 합격전략
최근 5개년 출제경향을 반영한 PART별 합격전략을 먼저 확인하고 전략적으로 학습해 보세요.

STEP 2 더 가볍게, 더 빠르게 복습하기!

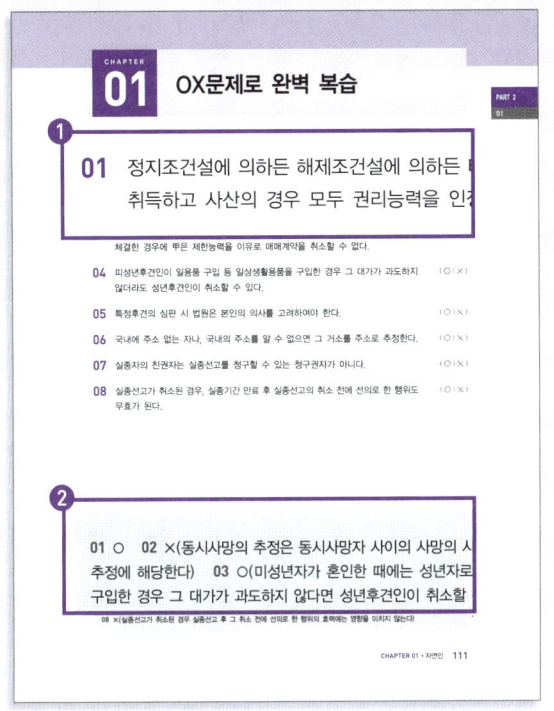

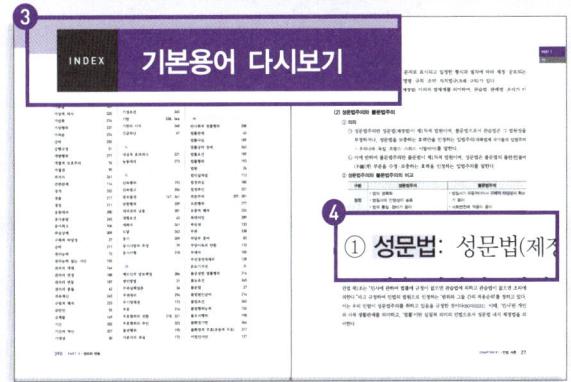

❶ OX문제로 완벽 복습
CHAPTER 종료 후 OX문제로 가볍고 빠른 복습

❷ 정답 및 해설
빠르게 정답 & 해설을 확인하며 나의 약점 극복

❸ 기본용어 다시보기
기본서 학습이 끝났다면, 기본용어를 다시보며 이해도 체크

❹ 기본용어 형광펜
헷갈리는 용어는 본문에 표시된 형광펜을 확인하여 기본서 한 번 더 복습

➕ 합격부록

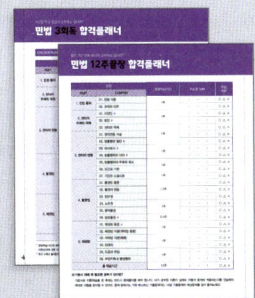

3회독 & 12주끝장 합격플래너
꼼꼼하게 3회독? 빠르게 12주 끝장?
나의 학습 스타일에 맞출 수 있는 플래너를 활용하여 기본서 학습 계획을 짜 보세요.

민법 필수용어 & 조문집
민법의 기본은 용어와 조문의 이해!
효자손처럼 시원하게 긁어주는 필수용어 & 조문집을 어디서든 활용해 보세요.

기출기반 합격자료 I 최근 5개년 시험 분석

PART별 평균 출제비율

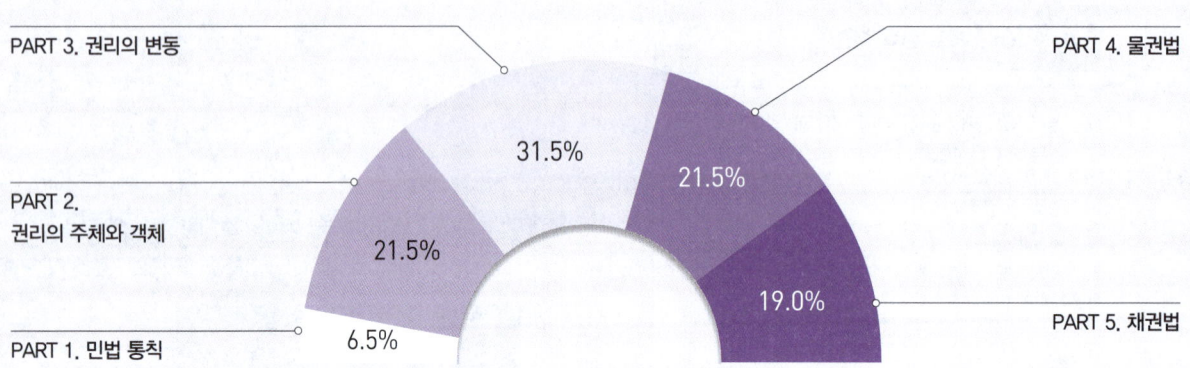

- PART 1. 민법 통칙: 6.5%
- PART 2. 권리의 주체와 객체: 21.5%
- PART 3. 권리의 변동: 31.5%
- PART 4. 물권법: 21.5%
- PART 5. 채권법: 19.0%

CHAPTER별 평균 출제비율 & 빈출 키워드

PART 1 민법 통칙 (총 6.5%)

CHAPTER	출제비율	빈출 키워드
01. 민법 서론	2.5%	민법의 법원(法源)
02. 권리와 의무	4.0%	권리의 종류(사권의 분류), 권리의 행사와 의무의 이행

PART 2 권리의 주체와 객체 (총 21.5%)

CHAPTER	출제비율	빈출 키워드
01. 자연인	8.5%	서설, 자연인
02. 법인	9.0%	법인의 설립, 법인의 기관, 법인의 정관변경, 법인의 소멸, 권리능력 없는 사단과 재단
03. 권리의 객체	4.0%	물건

PART 3 권리의 변동 (총 31.5%)

CHAPTER	출제비율	빈출 키워드
01. 권리변동 서설	2.0%	권리변동의 모습과 원인

CHAPTER	출제비율	빈출 키워드
02. 법률행위 일반	6.0%	총설, 법률행위의 목적, 법률행위의 해석
03. 의사표시	8.0%	의사와 표시의 불일치(의사의 흠결), 하자 있는 의사표시(사기·강박에 의한 의사표시), 의사표시의 효력발생
04. 법률행위의 대리	6.0%	대리행위의 효과(본인과 상대방 관계), 무권대리(無權代理), 표현대리(表現代理)
05. 법률행위의 무효와 취소	3.0%	법률행위의 취소
06. 조건과 기한	2.5%	조건부 법률행위, 기한부 법률행위
07. 기간과 소멸시효	4.0%	기간과 기간의 계산, 소멸시효

PART 4 물권법 (총 21.5%)

CHAPTER	출제비율	빈출 키워드
01. 물권법 총론	1.0%	물권의 종류, 물권의 일반적 효력
02. 물권의 변동	3.5%	물권변동 일반, 등기, 동산 물권변동
03. 점유권	2.0%	점유권의 효력
04. 소유권	5.5%	소유권의 취득, 공동소유
05. 용익물권	3.0%	지상권, 전세권
06. 담보물권	6.5%	유치권, 저당권

PART 5 채권법 (총 19.0%)

CHAPTER	출제비율	빈출 키워드
01. 채권법 총론	5.0%	채권의 효력, 채권양도·채무인수, 채권의 소멸
02. 채권법 각론(계약법 총론)	3.5%	계약의 성립, 계약의 효력, 계약의 해제·해지(계약의 소멸)
03. 계약법 각론(매매)	3.5%	매매의 성립, 매매의 효력
04. 임대차	1.0%	임대차의 효력
05. 도급과 위임	1.5%	도급, 위임
06. 부당이득과 불법행위	4.5%	불법행위

기출기반 합격자료 II   2025년 제28회 시험 리포트

PART별 출제비율

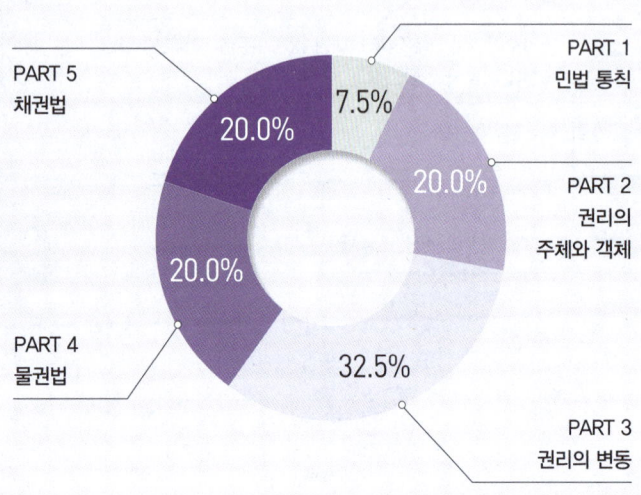

PART 1~3에 해당하는 민법 총칙에서 24문항, PART 4와 PART 5에서 각각 8문항씩 16문항이 출제되었습니다. 민법 총칙에서는 전반부에 해당하는 PART 1과 2에서 11문제, 후반부에 해당하는 PART 3에서 13문항 출제되었으며, 거의 모든 CHAPTER에서 골고루 출제되었습니다.

PART 4에서는 물권법 총론에서 1문항, 점유권에서 1문항, 소유권에서 3문항, 용익물권에서 1문항, 담보물권에서 2문항이 출제되어 모든 부분에서 고르게 출제하려는 의도가 보였습니다. PART 5에서는 채권법 총론에서 2문항, 채권법 각론(계약법 총론)에서 1문항, 계약법 각론(매매), 임대차, 도급과 위임에서 각각 1문항, 부당이득과 불법행위에서 2문항 출제되었습니다. 이처럼 물권법과 채권법에서도 모든 부분이 고르게 출제되었습니다.

유형별 출제비율

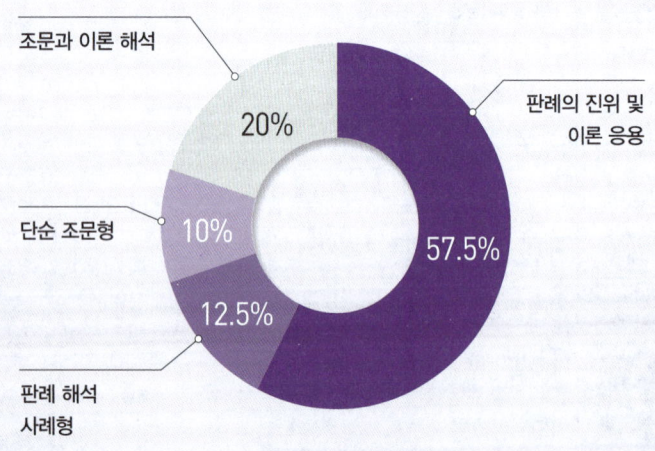

제28회 민법 시험에서는 판례와 관련된 문제가 28문항으로 그 비중이 과년도의 출제 비중보다 조금 적었습니다. 판례 관련 문제 중 4문항은 대단히 난도가 높은 문제였고, 그중 1문제는 요즘에는 다루지 않는 내용으로 전혀 예상치 못했던 문제도 1문항이 포함되었습니다.

판례 관련 문제가 아닌 12문항의 문제 중 단순한 조문의 내용에 관한 문제는 4문항, 조문과 이론 해석을 통해 답을 찾는 문제는 8문항이었습니다.

사례형 문제가 총 6문항이었는데 그중 판례 해석을 통한 사례가 5문항, 이론적 해석을 바탕으로 한 사례 문제가 1문항이 출제되었습니다.

전반적인 출제경향

난이도 최상 4문제를 제외하면 평이한 수준

민법 총칙의 총 24문제 중 4문제 정도가 어렵게 느껴졌으며, 나머지 20문항은 평이한 난도였다고 할 수 있습니다. 28번 문제의 경우 군사시설보호법의 조항과 사권(私權)의 충돌에 관한 내용으로 1심 판결의 결과에 국가가 항소하지 않았고 이에 판결이 확정됨으로써 종결되었으나 차후에라도 다시 쟁점이 될 수 있는 내용이고, 29번 문제의 경우 1980년대 이후에는 더 이상 민법상의 논쟁이 되지 않는 내용을 문제화하였습니다. 39번 문제는 변호사 시험에 출제되어도 난도가 높은 문제로 평가될 정도의 문제라고 판단됩니다.

모든 범위에서 골고루 출제

제28회 시험은 모든 범위에서 골고루 출제되었으며, 판례 관련 문제 중 4문항은 상당히 난도가 높은 문제였습니다. 사례형 문제는 총 6문항이었는데, 그중 판례 해석을 통한 사례가 5문항, 이론적 해석을 바탕으로 한 사례 문제가 1문항 출제되었습니다.

총평

민법은 그 법학과목의 특성상 출제 경향이 크게 변하지 않습니다. 꼭 출제되어야 하는 부분에서 매년 문제가 출제가 되고 있습니다. 2026년에도 이는 크게 달라지지 않을 것입니다. 아주 예외적으로 만점을 방지하기 위한 문제가 매년 4~6문제(약 10~15%) 출제되지만, 그 내용까지 다 공부할 필요는 없습니다. 언제나 그렇듯 가장 좋은 수험전략은 기본서를 충실히 학습하는 것입니다.

\# 난이도 최상 4문제가 출제되었으나 비교적 평이한 시험

\# 박스형 문제에 대한 적응능력을 키울 것

\# 이론과 판례를 사례로 응용하는 연습 필요

머리말
박스형 문제와 사례 문제가 합격의 관건!

주택관리사(보) 자격 시험에서 민법은 절대로 적당히 몇 개월 정도 공부해서 해결할 수 있는 과목이 아닙니다.

민법은 조문, 이론, 판례가 삼위일체 되어 이 세 부분을 완벽하게 이해할 수 있어야 합니다. 이를 위해서는 '3단계 학습법'이 필요합니다. 먼저, 민법 전반에 대한 흐름을 이해하고, 이어서 내용에 대한 이해를 해야 합니다. 마지막으로 핵심 내용은 별도로 정리하고 암기할 수 있도록 포인트 정리를 통해 학습을 완성해야 합니다. 객관식 시험에 대비하여 민법을 공부할 때 민법의 학문적 진리와 그 의의를 공부하는 것은 대단히 잘못된 공부 방법입니다. 민법이라는 학문을 공부하는 것이 아니라 민법이라는 시험을 공부하여 객관식 문제의 답을 찾아내는 능력을 길러야 합니다. 이처럼 시험에서 답을 골라낼 수 있는 능력을 확실히 만들어 드리기 위해 〈2026 에듀윌 주택관리사 1차 기본서 민법〉을 다음과 같이 집필하였습니다.

1. 개정법령을 완벽하게 반영하였고, 최근의 출제 경향에 대응하기 위하여 최신 이슈와 관련된 내용과 문제에 관한 내용을 정리하여 충실하게 다루었습니다.
2. 제28회까지의 기출문제를 완벽하게 분석하여 반영하였습니다.
3. 여러 가지 유사한 다른 시험의 기출 문제를 완전하게 분석하여 반영하였습니다.

부디 수험생 여러분의 강한 의지와 신념 그리고 이 책이 함께 시너지 효과를 발휘하여 여러분의 고득점에 도움이 되어 모두 합격이라는 결정체를 쟁취하기를 바랍니다.

끝으로 이 책이 나오기까지 도움을 많이 주신 이영란님, 여러 가지 타이핑 자료를 만들어 준 두 아들 웅주, 동주, 세심한 편집으로 오타를 빠짐없이 찾아주신 편집부 여러분께 진심으로 감사를 드립니다.

민법 저자 신의영

약력
- 現 에듀윌 주택관리사 민법 전임 교수
- 前 한국부동산TV(RTN) 민법 교수
- 前 한국경제TV(WOW) 민법 교수
- 前 LH공사 민법 강사

저서
에듀윌 민법 기초서, 기본서, 약점체크 기출문제집, 출제가능 문제집, 핵심요약집 외

차례

上

PART 1 | 민법 통칙

CHAPTER 01 | 민법 서론   22
- 제1절   민법의 의의와 존재형식   23
- 제2절   민법의 법원(法源)   25
- 제3절   민법의 기본원리   34
- 제4절   민법의 해석   37
- 제5절   민법의 효력   39

CHAPTER 02 | 권리와 의무   42
- 제1절   권리와 의무, 법률관계(法律關係)   43
- 제2절   권리의 종류(사권의 분류)   45
- 제3절   권리의 행사와 의무의 이행   50
- 제4절   권리의 중첩   62
- 제5절   권리(사권)의 보호   65

PART 2 | 권리의 주체와 객체

CHAPTER 01 | 자연인   72
- 제1절   서설   73
- 제2절   자연인   75

CHAPTER 02 | 법인   112
- 제1절   서설   113
- 제2절   법인의 설립   116
- 제3절   법인의 능력   123
- 제4절   법인의 기관   131
- 제5절   법인의 주소   140
- 제6절   법인의 정관변경   141
- 제7절   법인의 소멸   145
- 제8절   법인의 등기   152
- 제9절   법인의 감독과 벌칙   153
- 제10절   권리능력 없는 사단과 재단   155

CHAPTER 03 | 권리의 객체   163
- 제1절   총설   164
- 제2절   물건   165

PART 3 | 권리의 변동

CHAPTER 01	**권리변동 서설**	186
제1절	권리변동의 의의	187
제2절	권리변동의 모습과 원인	187

CHAPTER 02	**법률행위 일반**	192
제1절	총설	193
제2절	법률행위의 요건	200
제3절	법률행위의 목적	202
제4절	법률행위의 해석	220

CHAPTER 03	**의사표시**	229
제1절	총설	230
제2절	의사와 표시의 불일치(의사의 흠결)	233
제3절	하자 있는 의사표시(사기·강박에 의한 의사표시)	253
제4절	의사표시의 효력발생	261

CHAPTER 04	**법률행위의 대리**	268
제1절	총설	269
제2절	대리권(본인과 대리인 관계)	274
제3절	대리행위(대리인과 상대방 관계)	284
제4절	대리행위의 효과(본인과 상대방 관계)	288
제5절	복대리(復代理)	289
제6절	무권대리(無權代理)	294
제7절	표현대리(表見代理)	302

CHAPTER 05	**법률행위의 무효와 취소**	314
제1절	총설	315
제2절	법률행위의 무효	316
제3절	법률행위의 취소	325

CHAPTER 06	**조건과 기한**	337
제1절	법률행위의 부관	338
제2절	조건부 법률행위	338
제3절	기한부 법률행위	346

CHAPTER 07	**기간과 소멸시효**	354
제1절	기간과 기간의 계산	355
제2절	소멸시효	358

下

PART 4 | 물권법

CHAPTER 01 | 물권법 총론 — 8
- 제1절 물권법 총론 — 9
- 제2절 물권의 종류 — 13
- 제3절 물권의 일반적 효력 — 16

CHAPTER 02 | 물권의 변동 — 24
- 제1절 물권변동 일반 — 25
- 제2절 물권행위 — 33
- 제3절 등기 — 34
- 제4절 동산 물권변동 — 51
- 제5절 물권의 소멸 — 56

CHAPTER 03 | 점유권 — 64
- 제1절 점유권 일반 — 65
- 제2절 점유의 관념화 — 65
- 제3절 점유의 모습(태양) — 69
- 제4절 점유권의 취득과 소멸 — 74
- 제5절 점유권의 효력 — 75
- 제6절 준점유 — 84

CHAPTER 04 | 소유권 — 88
- 제1절 소유권 일반 — 89
- 제2절 소유권의 취득 — 99
- 제3절 소유권에 기한 물권적 청구권 — 114
- 제4절 공동소유 — 117

CHAPTER 05 | 용익물권 — 134
- 제1절 용익물권 일반 — 135
- 제2절 지상권 — 135
- 제3절 지역권 — 154
- 제4절 전세권 — 160

CHAPTER 06 | 담보물권 — 180
- 제1절 담보물권 일반 — 181
- 제2절 유치권 — 184
- 제3절 질권 — 196
- 제4절 저당권 — 206

PART 5 | 채권법

CHAPTER 01 | 채권법 총론 240
- 제1절 총설 241
- 제2절 채권의 효력 248
- 제3절 수인의 채권자 및 채무자 272
- 제4절 채권양도·채무인수 291
- 제5절 채권의 소멸 302

CHAPTER 02 | 채권법 각론(계약법 총론) 317
- 제1절 계약의 의의 318
- 제2절 계약의 종류 322
- 제3절 계약의 성립 327
- 제4절 계약의 효력 337
- 제5절 계약의 해제·해지(계약의 소멸) 357

CHAPTER 03 | 계약법 각론(매매) 379
- 제1절 매매 380
- 제2절 매매의 성립 381
- 제3절 매매의 효력 390
- 제4절 환매와 재매매 예약 409

CHAPTER 04 | 임대차 414
- 제1절 임대차 415
- 제2절 임대차의 존속기간 416
- 제3절 임대차의 효력 418
- 제4절 부동산임차권의 물권화 경향 429
- 제5절 임차권의 양도와 임차물의 전대 432
- 제6절 보증금 및 권리금 437
- 제7절 임대차의 종료 440

CHAPTER 05 | 도급과 위임 445
- 제1절 도급 446
- 제2절 위임 455

CHAPTER 06 | 부당이득과 불법행위 463
- 제1절 부당이득(不當利得) 464
- 제2절 불법행위 472

PART 1

민법 통칙

CHAPTER 01 민법 서론
CHAPTER 02 권리와 의무

최근 5개년
평균 출제문항 수 **2.6개**

최근 5개년
평균 출제비중 **6.5%**

PART 1 합격전략

민법 서론에서는 법원의 종류와 그 범위, 관습법의 의의와 성립, 관습법과 사실인 관습과의 비교, 민법의 해석방법과 효력범위 등에서 자주 출제되므로 집중하여 학습하시는 것이 좋습니다. 권리와 의무에서는 권리의 종류, 신의성실의 원칙, 권리남용의 금지, 그리고 이와 관련한 판례에 이르기까지 세부적이고 다양한 문제가 출제됩니다. 전 범위에 걸쳐서 다양한 문제가 출제될 뿐만 아니라, 이와 관련한 판례도 출제되므로 유기적으로 이해하고 학습해야 합니다.

CHAPTER 01 민법 서론

CHAPTER 미리보기

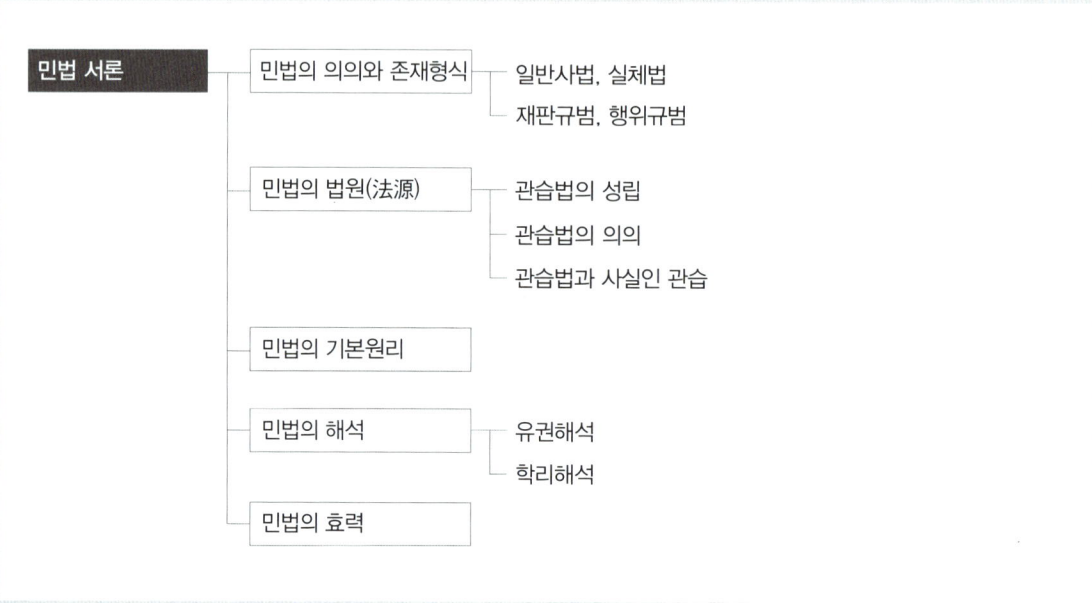

학습전략

❶ 1문항 정도 꾸준히 출제되고 있으며, 민법의 전반적 구성을 이해하는 데 필수적인 부분입니다.
❷ 민법 제1조의 법원의 종류와 그 범위 중 법률의 범위를 집중학습해야 합니다.
❸ 관습법의 성립과 성립시기·관습법의 의의, 사실인 관습과의 비교를 세심하게 학습합니다.
❹ 민법의 해석방법과 그 효력범위를 철저히 학습합니다.

학습키워드

- 법원(法源)
- 성문법과 불문법
- 관습법
- 사실인 관습
- 조리
- 민법의 기본원리
- 민법의 해석방법
- 민법의 효력

※ 본문에 **형광펜** 처리가 된 용어는 민법 학습에서 기본적으로 알아야 하는 용어이니 꼭! 알아두세요.
학습이 끝난 후에는 교재 맨 뒤의 '기본용어 다시보기'에서 내가 제대로 용어를 기억하고 있는지 되짚어보세요.

제1절 민법의 의의와 존재형식

1 사법(私法)으로서의 민법

1. 민법의 의의

민법은 민사적 법률관계, 즉 사인과 사인 사이의 재산관계(일반국민이 상호간 재산을 취득하고 보유하며 처분하는 생활관계) 및 신분관계(가족관계-부부관계, 친자관계, 상속 등) 등에 적용하는 법규범의 총체를 말한다.

2. 민법은 사법(私法)이며, 공법이 아니다

(1) 민법의 내용

① **재산법**: 사람의 물건에 대한 배타적·지배적인 재산생활관계를 규율하는 물권법과 사람과 사람 사이의 청구적 재산생활관계를 규율하는 채권법으로 나누어진다. 재산법은 이익사회를 규율대상으로 하는 법으로서, 합리적·이해 타산적이고 계수성(繼受性)이 강하나 습속성(習俗性)은 상대적으로 약하다. 소유권 절대의 원칙, 계약자유의 원칙, 과실책임의 원칙 등을 그 지도원리로 한다.

② **가족법**(신분법): 부부와 친자관계를 중심으로 하는 가족적 공동생활의 법률관계를 규율하는 친족법과 자연인의 사망에 의하여 발생하는 재산의 승계관계를 규율하는 상속법으로 나누어진다. 가족법은 공동사회를 규율대상으로 하는 법으로서, 보수적이고 습속성이 강한 반면, 계수성(繼受性)이 약하다. 즉, 재산법에 비하여 고유법성이 강하다. 인간의 존엄·양성(兩性)평등의 원칙과 제자(諸子)균등상속의 원칙을 그 지도이념으로 한다.

(2) 공법과 사법

▶ **공법과 사법의 구별**

공법	• 사람이 국민으로서 공적인 생활에 관한 영역을 규율하는 법 영역이다. • 당사자의 자유로운 의사에 의한 법질서 형성보다 국가의 공권력이 강하게 작용한다. • 일반적으로 「헌법」, 「형법」, 「민사소송법」 등이 공법적 영역에 속한다. • 이익의 침해에 대한 구제는 「행정소송법」 절차에 따른다.
사법	• 사람의 사적인 생활영역을 규율하는 법 영역이다. • 사적 자치의 원리가 지배하여 당사자 사이의 자유로운 의사를 통한 법질서의 형성이 가능하다. • 민법, 「상법」 등이 사법적 영역에 속한다. • 이익의 침해에 따른 구제는 민사소송의 절차에 의한다.

3. 민법은 일반사법이며, 특별사법이 아니다

(1) 일반법과 특별법의 구분

① 법의 효력이 미치는 범위를 기준으로 일정한 사람·장소·사항에 따라 특별한 제한 없이 모든 관계에 적용되는 법을 일반법이라고 하나, 그 적용범위와 대상을 달리하는 법을 특별법(상법 등)이라고 한다.

② 이를 근거로 국가 또는 지방자치단체도 단순한 사경제의 주체로 활동하였을 경우에는 그 손해배상책임에 민법상의 사용자책임 등이 인정되어야 한다(判).

(2) 특별법 우선의 원칙

일반법과 특별법을 구별하는 것은 법의 효력 및 작용의 순서를 명확히 하는 데 있다. 따라서 특별법은 일반법에 우선하여 먼저 적용되고, 특별법에 규정이 없는 사항에 대해서는 일반법이 적용된다. 그 예로서 「주택임대차보호법」·「상가건물 임대차보호법」, 「가등기담보 등에 관한 법률」 및 「집합건물의 소유 및 관리에 관한 법률」 등은 민법에 대한 특별법이다.

> **판례** 국가나 지방자치단체에 민법 적용
>
> 국가 또는 지방자치단체라 할지라도 공권력의 행사가 아니고 단순한 사경제의 주체로 활동하였을 경우에는 그 손해배상책임에 「국가배상법」이 적용될 수 없고, 민법상의 **사용자책임** 등이 인정되어야 한다(99다7008). ⇨ 공무원의 직무상 과실을 원인으로 한 경우 – 민법, 영조물 설치·관리의 하자를 원인으로 한 경우 – 「국가배상법」

4. 민법은 실체법이며, 절차법이 아니다

(1) 의의

민법은 권리·의무의 변동 그 자체에 관하여 규정하는 **실체법**으로서, 실체법상의 권리의 실현 또는 의무의 이행에 관한 절차를 규정하는 절차법(민사소송법, 가사소송법 등)과 구별된다. 그러나 실체법이 규정하는 권리·의무는 절차법이 규정하는 절차에 의하여 실현되므로, 민법도 궁극적으로는 절차법인 「민사소송법」을 통하여 그 실효성을 확보할 수 있다.

(2) 행위규범인 동시에 재판규범

특히 실체법인 민법은 개인의 행위의 기준인 행위규범인 동시에, 개인의 재산 및 가족에 관한 권리의 분쟁을 해결하기 위한 재판에 있어 그 기준이 되는 재판규범이기도 하다.

2 형식적 의미의 민법과 실질적 의미의 민법

1. 형식적 의미의 민법(형식적 민법)

민법전(즉, 1958년 2월 22일에 공포되고, 1960년 1월 1일부터 시행된 법률 제471호, 2007년 12월 21일 및 2009년 5월 8일, 2011년 3월 7일, 2016년 12월 20일 개정)만을 의미한다.

2. 실질적 의미의 민법(실질적 민법 – 민사와 관련이 있는 모든 것)

실질적 의미의 민법이란 민사관계에 적용할 수 있는 성문법·불문법을 불문하고 실질적으로 개인의 사법적 생활관계를 규율하는 모든 일반사법(특별사법을 제외)을 총칭하며, 이는 민법의 존재형식 자체로서, 민사에 관한 법원(法源)을 의미할 때 바로 이 실질적 의미의 민법을 전제로 한다.

3. 양자의 관계

① 형식적 의미의 민법과 실질적 의미의 민법이 반드시 일치하는 것은 아니다. 형식적 의미의 민법이 실질적 의미의 민법을 집대성한 것이지만, 실질적 의미의 민법 전부를 포함하는 것은 아니다.
② 형식적 민법(민법전)에는 사인 간의 법률관계로 볼 수 없는 법인의 이사·감사·청산인에 대한 벌칙규정(제97조), 강제집행에 관한 규정(제389조) 등 공법적 규정도 일부 포함되어 있다.
③ 실질적 민법에는 형식적 민법(민법전) 이외에도 각종 민사특별법(주택임대차보호법, 가등기담보 등에 관한 법률, 부동산 실권리자명의 등기에 관한 법률 등), 공법규정 중 일부(자동차손해배상 보장법 제3조, 환경정책기본법 제44조 등), 관습법(명인방법, 동산양도담보, 분묘기지권 등) 등이 포함된다.

제2절 민법의 법원(法源)

1 우리 민법전(民法典)의 구성

1. 민법전의 체계

(1) 판덱텐식 구성 – 독일식 편별법

민법전 체계의 순서를 재산법과 가족법으로 나누고 총칙과 재산법으로서 물권·채권, 가족법으로서 친족·상속의 순으로 나누어 배열하는 방식을 말하며, 판덱텐식이라고도 한다(예 독일·일본·우리나라 민법 등).

(2) 판덱텐식 체계의 특징

① 우리 민법이 취하고 있는 판덱텐식 체계는 그 체계의 정연성, 특히 총칙을 항상 맨 앞에 두고 있는 점에 그 특징이 있다.
② 다만, 너무나 논리적·추상적이며, 총칙편은 사실상 재산법의 통칙적 기능은 충실하나, 친족·상속법의 통칙적 기능은 부족하다는 비판이 제기된다.

2. 민법총칙의 실질적 성격

(1) 재산법의 통칙으로서 효력

민법 제1편 총칙은 체계상 재산법과 가족법에 대한 통칙으로 구성되어 있기는 하나, 실제로는 주로 재산법의 통칙으로서 기능하며, 이러한 점이 민법총칙의 한계라고 평가된다.

(2) 민법 전체의 통칙으로서 효력 – 가족법에도 적용되는 민법총칙의 규정

다음의 규정은 명실상부하게 민법 전체의 통칙(通則)으로서의 성질을 가진다.
① 법원(제1조)
② 신의성실·권리남용금지의 원칙(제2조)
③ 능력(제3조 권리능력, 행위능력)
④ 주소에 관한 규정(제18조, 제21조)
⑤ 부재와 실종에 관한 규정(제22조~제29조)
⑥ 물건에 관한 규정(제4장)
⑦ 선량한 풍속 기타 사회질서(제103조)
⑧ 무효행위의 전환(제138조)
⑨ 기간에 관한 규정(제6장)

2 법원의 의의

> 제1조 【법원】 민사에 관하여 법률에 규정이 없으면 관습법에 의하고, 관습법이 없으면 조리에 의한다.

1. 법원의 개념(법의 인식근거로서 존재형식)

법원이란 법(法)의 연원(淵源)의 줄임말로서 민사에 관한 분쟁 해결 시 적용하여야 할 기준, 즉 법의 인식근거 내지는 존재형식을 의미하고, 이러한 법원에는 성문법과 불문법이 있다.

2. 성문법과 불문법

(1) 의의
① **성문법**: 성문법(제정법)이란 문자로 표시되고 일정한 형식과 절차에 따라 제정·공포되는 법을 말하며, 이에는 법률·명령·규칙·조약·자치법규(조례·규칙)가 있다.
② **불문법**: 불문법이란 성문법(제정법) 이외의 법체계를 의미하며, 관습법·판례법·조리가 이에 포함된다.

(2) 성문법주의와 불문법주의
① 의의
  ㉠ 성문법주의란 성문법(제정법)이 제1차적 법원이며, 불문법으로서 관습법은 그 법원성을 부정하거나, 성문법을 보충하는 효력만을 인정하는 입법주의(대륙법계 국가들의 입법주의 – 우리나라·독일·프랑스·스위스·이탈리아)를 말한다.
  ㉡ 이에 반하여 불문법주의란 불문법이 제1차적 법원이며, 성문법은 불문법의 불완전[불비(不備)]한 부분을 수정·보충하는 효력을 인정하는 입법주의를 말한다.

② 성문법주의와 불문법주의의 비교

구분	성문법주의	불문법주의
장점	• 법의 명확화 • 법질서의 안정성이 높음 • 법의 통일·정비가 용이	• 법질서가 유동적이어서 구체적 타당성의 확보가 용이 • 사회변천에 적응이 용이
단점	• 법질서가 비유동적이고 구체적 타당성의 확보가 곤란 • 사회변천에 적응이 곤란	• 법의 명확화가 곤란 • 법질서의 불안정 • 통일·정비가 곤란

3 민법의 법원과 그 순위(민법 제1조의 해석)

1. 민법 제1조의 해석

(1) 성문법 우선주의

민법 제1조는 "민사에 관하여 법률에 규정이 없으면 관습법에 의하고 관습법이 없으면 조리에 의한다."라고 규정하여 민법의 법원으로 인정하는 '범위와 그들 간의 적용순위'를 정하고 있다. 이는 우리 민법이 성문법주의를 취하고 있음을 규정한 것이다(80다3231). 이때, '민사'란 개인의 사적 생활관계를 의미하고, '법률'이란 실질적 의미의 민법으로서 성문법 내지 제정법을 의미한다.

(2) 관습법과 조리(법률의 보충적 효력으로서 법원에 해당한다)

개인의 사적 생활관계에는 1차적으로 법률(즉, 성문민법)이 적용되고, 이러한 성문법이 없으면 보충적으로 관습법(즉, 불문민법)이 적용되며, 관습법마저도 없으면 마지막으로 조리에 의하게 된다.

2. 성문법으로서의 민법의 범위에 포함되는 것

(1) 법률
① **민법전**: 형식적 의미의 법률을 의미하며, 민법의 법원으로서 가장 대표적인 것이다.
② **민사에 관한 특별법**
　㉠ 민법총칙 관련 법률: 「부재선고에 관한 특별조치법」, 「공익법인의 설립·운영에 관한 법률」 등
　㉡ 물권법 관련 법률: 「가등기담보 등에 관한 법률」, 「집합건물의 소유 및 관리에 관한 법률」, 「부동산 실권리자명의 등기에 관한 법률」 등
　㉢ 채권법 관련 법률: 「주택임대차보호법」, 「상가건물 임대차보호법」 등
③ **민법 부속법률**: 「부동산등기법」, 「가족관계의 등록 등에 관한 법률」, 「공탁법」, 「유실물법」 등
④ **기타 민사관련 법률**: 「자동차손해배상 보장법」 제3조, 「환경정책기본법」 제44조, 「내수면어업법」, 「수산업법」, 「산림자원의 조성 및 관리에 관한 법률」, 「하천법」, 「특허법」 등

(2) 명령

대통령령·총리령·부령 등 각종의 법규명령으로 집행명령과 위임명령이 있는데, 모두 민사에 관한 것이면 법원이 된다.

(3) 대법원규칙

대법원이 제정한 대법원규칙이 민사에 관한 것이면 민법의 법원이 된다. 이러한 것으로 「가사소송규칙」, 「부동산등기규칙」, 「입목등기규칙」, 「공탁금의 이자에 관한 규칙」 등이 있다.

(4) 조약·국제법규
① 문서에 의한 국가 간의 합의를 조약이라 한다. 「헌법」에 의하여 체결·공포된 조약과 일반적으로 승인된 국제법규는 국내법과 같은 효력을 가지므로(헌법 제6조), 이러한 조약과 국제법규가 민사에 관한 것이면 법률과 동일하게 민법의 법원이 된다.
② 국제협약이나 유엔 등의 국제기구에서 국가 간의 합의로 정한 규약이나 협약도 민사에 관한 것이면 민법의 법원이 될 수 있다.

③ 우리나라가 가입한 국제조약은 일반적으로 민법이나 상법 또는 국제사법보다 우선적으로 적용된다. 네덜란드와 대한민국은 모두 '국제물품매매계약에 관한 국제연합 협약[United Nations Convention on Contracts for the International Sale of Goods(Vienna, 1980)(CISG), 이하 '매매협약'이라 한다]에 가입하였으므로, 네덜란드 법인과 대한민국 법인 사이의 물품매매계약에 관하여는 매매협약 제1조 제1항에 의하여 위 협약이 우선 적용된다(2021다269388).

(5) 자치법규

지방자치단체가 법률의 범위 내에서 그의 사무에 관하여 제정한 조례(지방의회가 제정)나 규칙(자치단체장이 제정) 속에 민사에 관한 사항이 포함되어 있다면 해당 사항은 민법의 법원이 된다.

(6) 기타

헌법재판소의 결정·헌법·공법규정 등에 민사에 관한 내용은 민법의 법원이 될 수 있다. 즉, 헌법이나 공법의 여러 규정 중에서 민사와 관련된 내용에 한하여 민법의 법원으로 할 수 있다. 예를 들면 헌법의 규정 중에서 사유재산 보호와 관련된 내용은 민법의 법원이 될 수 있지만, 참정권, 표현의 자유와 같은 기본권 보호에 관한 내용은 민법의 법원이 될 수 없다.

3. 불문법으로서의 민법의 법원에 해당하는 것

(1) 관습법

① **의의**: 자연적으로 발생한 관행이 선량한 풍속 기타 사회질서에 반하지 않으면서 사회구성원 대다수의 법적 확신에 의하여 법규범으로서 승인되어 일반생활 속에서 준수되는 것을 말한다.

② **성립요건**
  ㉠ 법적 내용에 관한 민사관행 내지는 민사관례가 있을 것
  ㉡ 관행이 일정기간 계속되고, 일정지역에 걸쳐 행하여질 것
  ㉢ 관행이 법규범으로서 일반적으로 인식될 것(일반인들의 법적 확신의 존재)
  ㉣ 「헌법」의 기본정신에 반하지 않을 것
  ㉤ 공서양속 및 강행법규에 위반하지 아니할 것

> **판례** 관습법의 법적 효력
>
> ① 관습법이란 사회의 거듭된 관행으로 생성한 사회생활규범이 사회의 법적 확신과 인식에 의하여 법적 규범으로 승인·강행되기에 이른 것을 말하고, 그러한 관습법은 법원(法源)으로서 법령에 저촉되지 아니하는 한 법칙으로서의 효력이 있는 것이고, 또 사회의 거듭된 관행으로 생성한 어떤 사회생활규범이 법적 규범으로 승인되기에 이르렀다고 하기 위하여는 「헌법」을 최상위 규범으로 하는 전체 법질서에

반하지 아니하는 것으로서 정당성과 합리성이 있다고 인정될 수 있는 것이어야 하고, 그렇지 아니한 사회생활규범은 비록 그것이 사회의 거듭된 관행으로 생성된 것이라고 할지라도 이를 법적 규범으로 삼아 관습법으로서의 효력을 인정할 수 없다(2001다48781 전합).

② 사회의 거듭된 관행으로 생성된 사회생활규범이 관습법으로 승인되었다고 하더라도 사회 구성원들이 그러한 관행의 법적 구속력에 대하여 확신을 갖지 않게 되었다거나, 사회를 지배하는 기본적 이념이나 사회질서의 변화로 인하여 그러한 관습법을 적용하여야 할 시점에 있어서의 전체 법질서에 부합하지 않게 되었다면 그러한 관습법은 법적 규범으로서의 효력이 부정될 수밖에 없다(2002다1178 전합).

③ 공동선조의 후손 중 성년 남자만을 종중의 구성원으로 하고 여성은 종중의 구성원이 될 수 없다는 종래의 관습은, 공동선조의 분묘수호와 봉제사 등 종중의 활동에 참여할 기회를 출생에서 비롯되는 성별만에 의하여 생래적으로 부여하거나 원천적으로 박탈하는 것으로서, 위와 같이 변화된 우리의 전체 법질서에 부합하지 아니하여 정당성과 합리성이 있다고 할 수 없으므로, 종중 구성원의 자격을 성년 남자만으로 제한하는 종래의 관습법은 이제 더 이상 법적 효력을 가질 수 없게 되었다(2002다1178 전합).

④ 종중이란 공동선조의 분묘수호와 제사 및 종원 상호간의 친목 등을 목적으로 하여 구성되는 자연발생적인 종족집단이므로, 종중의 이러한 목적과 본질에 비추어 볼 때 공동선조와 성과 본을 같이 하는 후손은 성별의 구별 없이 성년이 되면 당연히 그 구성원이 된다고 보는 것이 조리에 합당하다(2002다1178 전합).

⑤ 공동선조의 자손인 성년 여자도 종중원이라고 할 것이므로, 종중 총회 당시 남자 종중원들에게만 소집통지를 하고 여자 종중원들에게 소집통지를 하지 않은 경우, 그 종중 총회에서의 결의는 효력이 없다(2008다8898).

⑥ 무효인 종중 총회에서 대표자로 선출된 자에 의하여 제기된 소는 대표권 없는 자에 의하여 제기된 것으로서, 나중에 적법하게 소집된 종중 총회에서 이를 추인하였다는 등의 특별한 사정이 없는 한 부적법하다(2008다8898).

⑦ 종중 총회의 소집통지의 방법은 반드시 직접 서면으로 하여야만 하는 것은 아니고 구두 또는 전화로 하여도 되고 다른 종중원이나 세대주를 통하여 하여도 무방하다(2007다34982).

③ 성립시기

⊙ 일정지역을 중심으로 하는 계속적인 관행의 존재와 일반대중들의 법적 확신이 있으면 관습법은 일단 성립하며, 법원의 판결을 통하여 비로소 그 존재가 확인된다.

ⓒ 관습법의 존재 여부에 관한 분쟁이 발생한 경우 – 관습법은 일반인의 법적 확신을 통해 이미 존재하는 것이므로, 법원의 판결은 관습법의 성립요건이 아니다.

ⓒ 관습법은 법이므로 당사자가 이를 원용하지 않더라도 법원(法院)이 직권으로 고려하여야 한다. 다만, 법원이 모든 관습법의 존재와 내용을 모두 알지 못하는 경우에는 당사자가 주장·증명할 필요도 있다.

ⓔ 국가의 입법기능이 강화됨에 따라 관습법의 범위나 역할이 축소되고 있다.

④ 판례에 의하여 확인된 관습법
  ㉠ 분묘기지권
  ㉡ 관습법상의 법정지상권
  ㉢ 수목·미분리과실 등에 대한 공시방법으로서의 **명인방법**
  ㉣ 동산의 **양도담보**
  ㉤ 사실혼제도 등

  ○ 온천권(69다1239), 관습법상 사도통행권(2001다64165)이나 근린공원이용권(94마2218)을 인정함은 물권법정주의에 위배된다. 또한 미등기무허가 건물의 양수인에게 소유권에 준하는 관습법상의 물권을 인정하는 것 또한 물권법정주의 원칙에 반한다(2007다11347).

⑤ **성문법에 대한 관습법의 지위와 효력**
  ㉠ **보충적 효력**: 관습법은 성문법의 흠결이 있는 경우에 이를 보충하는 효력을 갖는다(보충적 효력설, 다수설·판례).
  ㉡ **우선적 효력**: 상관습법도 특별법의 일종으로서 일반법인 성문민법에 우선적 효력이 인정된다.
  ㉢ **기타 효력**: 물권의 창설적 효력에 있어서는 관습법도 민법과 대등한 효력이 인정된다[대등적 효력(제185조)]. 또한 새로 생성된 관습법에 의하여 경화된 성문법이 개폐되기도 한다(개폐적·변경적 효력).

> **참고** 관습법이 위헌법률심판 대상인지 여부에 대한 대법원과 헌법재판소의 견해
>
> 1. **대법원**: 위헌법률심판의 대상이 아니다. ⇨ 민사에 관한 관습법은 법원에 의하여 발견되고 성문의 법률에 반하지 아니하는 경우에 한하여 보충적인 법원(法源)이 되는 것에 불과하여(민법 제1조) 관습법이 헌법에 위반되는 경우 법원이 그 관습법의 효력을 부인할 수 있으므로 결국 관습법은 헌법재판소의 위헌법률심판의 대상이 아니라 할 것이다(2007카기134).
> 2. **헌법재판소**: 위헌법률심판의 대상이 된다. ⇨ 법률과 동일한 효력을 갖는 조약 등을 위헌법률심판의 대상으로 삼는 것은 헌법을 최고규범으로 하는 법질서의 통일성과 법적 안정성을 확보할 수 있을 뿐만 아니라, 합헌적인 법률에 의한 재판을 가능하게 하여 궁극적으로는 국민의 기본권 보장에 기여할 수 있다. 그런데 이 사건 관습법은 민법 시행 이전에 상속을 규율하는 법률이 없는 상황에서 재산상속에 관하여 적용된 규범으로서 비록 형식적 의미의 법률은 아니지만 실질적으로는 법률과 같은 효력을 갖는 것이므로 위헌법률심판의 대상이 된다(2009헌바129).

⑥ **사실인 관습과 관습법의 비교**

구분	관습법	사실인 관습
정의	관습법이란 사회의 거듭된 관행으로 생성한 사회생활규범이 법적 확신과 인식에 의해 법적 규범으로 승인된 것이다.	사실인 관습이란 사회의 거듭된 관행으로 인한 사회생활규범인 점에서 관습법과 같으나, 다만 사회의 법적 확신, 인식에 의해 법적 규범으로 승인될 정도에 이르지 못한 것이다.

효력	• '법원'으로서 법령과 같은 효력을 가지므로 법령에 저촉되지 않는 한 법칙으로서의 효력이 있다. • 관습법은 성문법에 보충적 효력이 있다(80다3231).	사실인 관습은 사적 자치가 인정되는 분야, 즉 그 분야의 제정법이 주로 임의규정일 경우에는 법률행위의 해석기준으로서 또는 의사를 보충하는 기능으로서 이를 재판의 자료로 할 수 있을 것이나 이 이외의, 즉 그 분야의 제정법이 주로 강행규정일 경우에는 그 강행규정 자체에 결함이 있거나 강행규정 스스로가 관습에 따르도록 위임한 경우 등 이외에는 법적 효력을 부여할 수 없다.
주장, 입증책임	• 당사자의 주장, 입증을 기다림이 없이 법원의 직권으로 이를 확정하여야 한다. • 모든 관습을 법원이 다 알 수 없고, 그 관습의 법적 확신 여부를 법원이 모르는 경우도 있으므로 관습법의 존재를 당사자가 주장·입증할 필요도 있다(80다3231).	• 사실인 관습은 법령과 같은 효력이 없으므로, 원칙상 그 존재를 당사자가 주장·입증하여야 한다(80다3231). • 사실인 관습은 일상생활에 있어서의 일종의 경험칙에 속하고 경험칙은 일종의 법칙으로서 당사자의 주장이나 입증에 구애됨이 없이 법관이 직권에 의하여 판단할 수 있다(76다1124). • 사실인 관습의 존부와 그 내용은 증인의 증언에 의해서도 인정될 수 있다(64다515).

개념적용 문제

민법상 법원(法源)에 관한 설명으로 옳지 않은 것은? (다툼이 있으면 판례에 따름)

제28회 기출

① 헌법에 의하여 체결·공포된 조약이 민사에 관한 것이면 민법의 법원이 될 수 있다.
② 대법원이 제정한 부동산등기규칙은 민법의 법원이 될 수 있다.
③ 관습법은 당사자의 주장·증명이 없으면 법원(法院)이 직권으로 이를 확정할 수 없다.
④ 종중 구성원의 자격을 성년 남자만으로 제한하는 종래의 관습법은 법적 효력을 상실하였다.
⑤ 민사에 관하여 법률에 규정이 없으면 관습법에 의하고 관습법이 없으면 조리에 의한다.

해설 관습법도 법(法)이므로 관습법의 존재 유·무에 관하여 분쟁이 발생하면 법원(法院)이 직권으로 이를 판단하여 확정하여야 한다.

정답 ③

> **참고** 법사상과 관습법의 법원성
>
> 1. **자연법론자**: 조리를 가장 중요한 법원으로 인식하며, 관습법의 법원성을 부정한다.
> 2. **역사법학자**: 관습법의 법원성을 인정할 뿐만 아니라 가장 중요하고 본질적인 것으로 평가한다.
> 3. **법실증주의자**: 성문법의 무흠결성을 인정하고, 법을 형식논리적으로 이해한다. 법학연구의 대상을 전적으로 실정법에 한정하고, 성문법을 제1차적인 법원으로 인정한다.
> 4. **자유법론자**: 법률의 완전무결성을 부인하므로 법 해석의 형식논리주의를 배척한다. 따라서 성문법뿐만 아니라 사회관습, 정의·공평의 이념, 조리 등의 법원성을 인정한다.

(2) 조리

① **의의**: 조리란 사물의 본성, 본질적 법칙, 도리 등 사람의 이성 내지 사회통념에 의하여 생각되는 규범을 말한다. 조리는 재판의 준칙(準則)이면서, 조리가 구체화되면 신의칙을 구성하며, 법률행위 해석의 기준이 된다.

② **법의 흠결과 조리에 의한 재판**: 민법 제1조는 법의 흠결의 경우에도 법관은 이를 이유로 재판을 거부할 수 없고, 최종적으로 조리에 의하여 재판할 것을 규정하고 있다.

③ **조리의 법원성 인정**: 조리가 법원인지에 관해서는 학설이 대립되나, 민법 제1조를 근거로 하여 조리의 법원성을 인정하는 것이 다수설과 판례의 태도이다(65다1156).

(3) 판례의 법원성을 부정

① 대법원 판례는 민법상 법원이 아니다.

② 민법상의 법원(法源)을 규정한 민법 제1조에 판례는 법원에 포함되어 있지 않으며, 판례의 법원성을 인정한다면 사법부의 입법행위를 인정하는 결과를 야기하므로, 판례는 구체적인 사건에 대한 법원의 주관적 판단에 지나지 않는다.

③ 「법원조직법」 제8조의 "상급법원의 재판에 있어서의 판단은 당해 사건에 관하여 하급심을 기속한다."라는 규정에 근거하여, 대법원의 판례는 법적 구속력은 인정되지 않더라도, 동일사건에 관한 판단에 있어 하급심을 사실상 구속하는 구속력이 있다.

4 민법전의 제정

현행 민법은 1958년 2월 22일 법률 제471호로 제정·공포되어 1960년 1월 1일부터 시행되었다. 제정 당시에 민법은 본문 1111개조와 부칙 28개조로 구성이 되어 있었으나, 그 후 여러 차례의 개정을 통해 현재의 본문 1118개조로 증가하였다.

5 민법전의 개정

(1) 2005년 주요 개정내용
① 호주제도 폐지
② 자녀의 성과 본의 변경
③ 동성동본 금혼제도의 폐지
④ 여성의 재혼 금지기간제도 폐지
⑤ 처의 친생부인의 소 제기 인정(제소기간도 친생부인 사유를 안 날로부터 2년 내로 연장)
⑥ 친양자제도의 신설
⑦ 친권행사의 기준 신설

(2) 2007년 12월 21일 주요 개정내용
① 법인의 이사, 감사, 청산인에 대한 과태료 5만원 이하를 500만원 이하로 개정
② 공휴일의 규정을 공휴일 등(토요일 또는 공휴일)으로 변경
③ 남녀평등원칙 구현을 위한 약혼 및 혼인 적령을 남녀 구분 없이 만 18세로 통일
④ 이혼숙려기간제도 도입 및 양육사항 합의를 의무화

(3) 2013년 7월 1일 주요 개정내용
① 무능력자제도를 폐지하고 제한능력자제도 도입
② 법정후견(성년후견·한정후견·특정후견)제도 도입

(4) 2016년 2월 4일 일부개정
① 서면에 의한 보증의 의무화
② 채무자의 변제자력 변동에 대한 채권자의 보증인에 대한 정보제공의무 명시

(5) 2020년 10월 20일 일부개정
미성년자가 성범죄의 피해자가 된 경우 그 손해배상청구권의 소멸시효를 피해자인 미성년자가 성년자가 될 때까지 진행하지 않는 것으로 정하여 미성년자 보호를 강화

제3절 민법의 기본원리

우리 민법은 19세기 개인주의·자유주의를 중심으로 한 근대 민법의 기본원리를 바탕으로 하면서도 그 모순점을 시정하기 위해 '공공복리(公共福利)'를 최고 지도이념으로 삼고 있다.

1 근대 민법의 기본원리

1. 사상적 배경

유럽의 중세 봉건주의가 붕괴되고 시민의 권리의식이 확대되기 시작한 근대에 들어와 개인의 자유와 평등을 강조하는 인격절대주의를 배경으로 하는 개인주의적 법원리가 확립되고, 개인주의·자유주의·인격절대주의 내지 자유인격의 원칙을 최고의 지도이념으로 삼아, 근대 민법의 3대 기본원리가 확립되었다.

2. 근대 민법의 3대 원칙

(1) 소유권 절대의 원칙(사유재산권 존중의 원칙)

각 개인의 사유재산권에 대한 절대적 지배를 인정하고, 국가나 다른 사인(私人)이 이에 간섭·제한을 가하지 못한다는 원칙을 말한다.

(2) 계약자유의 원칙(사적 자치의 원칙, 법률행위 자유의 원칙)

개인이 자신의 법률관계를 그의 자유로운 의사에 기하여 형성할 수 있다는 원칙으로서 자기결정의 원칙과 자기책임의 원칙을 그 내용으로 한다.
① 계약체결의 자유
② 계약상대방 선택의 자유
③ 계약내용 결정의 자유
④ 계약방식의 자유

(3) 과실책임의 원칙(자기책임의 원칙)

다른 사람에게 손해를 발생하게 한 자는 그 손해를 발생하게 한 행위에 대해서 고의·과실이 있는 경우에만 책임을 진다는 원칙을 말한다.

2 현대 민법의 기본원리(수정 근대 민법의 기본원리)

1. 사상적 배경

자본주의 병폐의 발생, 자유방임주의의 부작용으로 빈익빈(貧益貧), 부익부(富益富)가 심화되고 대공황(大恐慌)을 극복하는 과정에 수정자본주의가 등장하였고, 공공의 복리가 현대 사법의 최고원리로 대두되었으며, 개인주의적·자유주의적 법사상이 경제적·사회적 민주주의와 공익적 법사상으로 수정이 필요하게 되었다.

2. 공공복리의 실천원리

최근의 사상적 배경의 변화에 따라 거래안전·사회질서·신의성실·권리남용금지 등의 공공복리의 실천원리는 개인주의적 자유주의보다 더 중요한 기본원리로 자리잡기에 이르렀고 이에 따라 근대 민법의 기본원리도 수정이 불가피해졌다.

3. 3대 원칙의 수정

(1) 소유권 상대의 원칙(소유권 행사의 사회성·공공성에 의한 제한)

사유재산권은 존중되나 그 행사는 공공복리에 적합해야 한다는 원칙으로서, 특히 소유권은 공공복리와 법률의 범위 내에서 상대적인 권리로 인정되고 있다.

(2) 계약공정의 원칙

계약은 공정하게 체결되고 그 내용도 공정할 것을 요한다는 원칙으로서 공정성을 잃은 계약은 무효로 하는 방향으로 수정되었다.

(3) 무과실책임론의 가미

사안에 따라 과실이 없는 경우에도 책임을 인정하는 무과실책임론을 인정하고(제756조 내지 제758조), 과실책임론하에서도 입증책임의 전환을 통하여 무과실책임을 가미하고 있다.

3 우리 민법의 기본원리

1. 공공복리가 최고원리라는 견해(다수설)

자유인격의 원칙과 공공복리의 원칙을 최고원리 내지는 이념으로 하고, 공공복리를 실천하기 위한 실천원리 또는 행동원리로서 신의성실(제2조 제1항)·권리남용금지원칙(제2조 제2항)·사회질서(제103조)·거래안전의 여러 기본원칙이 있고, 다시 그 밑에 근대 민법의 3대 원칙이 존재한다고 한다.

2. 사적 자치의 원칙이 최고원리라는 견해

사적 자치의 원칙은 우리 「헌법」이 선언하고 있는 개인의 존엄과 가치를 보장하기 위한 유일한 수단으로, 신의성실·권리남용금지·사회질서·거래안전보호 등은 사적 자치에 예외적으로 적용되어야 할 제한규정에 불과하다고 한다.

제4절 민법의 해석

1 민법의 해석과 방법

1. 법 해석의 의의

법의 적용을 위한 전제로서 그 의미를 명확히 할 필요가 있는데, 법의 해석이란 재판규범으로서의 법이 가지는 추상적인 의미·내용을 명확히 밝히는 것을 말한다.

2. 법 해석의 기준으로 법적 안정성과 구체적 타당성

법 해석의 기준으로 법적 안정성과 구체적 타당성을 들 수 있으며, 이 두 기준은 서로 대립의 개념이 아니고 상호 보완적 개념이다. 하지만 부득이하게 이 두 개념이 충돌할 경우 어느 것을 우선할 것인지가 문제된다. 우리의 법체계가 성문법주의를 택하고 있음을 감안하면 법적 안정성을 저해하지 않는 범위 내에서 구체적 타당성을 발견하는 데 민법 해석의 목표를 두어야 한다.

2 민법 해석의 기술과 방법(법 해석의 종류)

1. 유권(有權)해석

유권해석은 공권(公權)해석이라고도 하며, 국가기관이 공권력의 주체로서 하는 해석방법으로서 **입법해석**과 행정해석, 사법해석 등이 있다[예 입법해석 - 본법에서 물건이라 함은 유체물 및 전기, 기타 관리할 수 있는 자연력을 말한다(제98조)].

2. 학리해석(무권해석)

(1) 의의
① 일반적으로 민법의 해석이라 함은 학리해석을 의미하며, 유권해석은 포함하지 않는다.
② 학리해석이란 학문적 이치에 의한 해석방법으로 일반적으로 학리해석은 구체적 사건에 대한 직접적인 구속력은 없지만, 학리해석이 유권해석의 기초가 된다는 점에서 매우 중요하다.

(2) 학리해석의 유형
① **문리해석**
㉠ 의의: 법문을 형성하는 용어·문장을 기초로 하여 그 문자가 가지는 문자적·사전적 의미에 따라서 법규의 사전적 의미를 확정하는 것을 말하며, 법 해석의 1차적 단계로서

출발점이 된다(⑩ 제204조 '침탈'이란 점유자가 그의 의사에 기하지 않고서 그의 점유를 빼앗긴 것을 말한다).

ⓒ **문리해석의 한계를 보완**: 신의성실의 원칙(제2조 제1항)이나, 반사회적 법률행위(제103조) 등과 같은 추상적인 법규정은 문리해석만으로 그 의미를 완전히 파악할 수 없는 경우도 있으므로, 이를 보완하기 위한 해석으로서 논리해석이 필요하다.

② **논리해석**(체계적 해석)

ⓐ **의의**: 법조문이 갖는 문자나 문구의 의미에 구속되지 않고 법의 입법취지 또는 법률 전체의 유기적 관련성, 법의 제정 목적, 법 제정 시의 사회사정·사회생활의 실태 등을 고려하여 논리적 추론에 의하여 법규가 가지는 구체적 타당성을 밝히는 해석방법으로서 항상 「헌법」의 규정에 위배되지 않아야 한다.

ⓒ **논리해석의 유형**

ⓐ **확장해석**: 법규의 문언을 통상 쓰이는 의미보다 넓게 해석하는 것을 말하며, 확대해석이라고도 한다[⑩ "미성년자의 재산권 행사에는 법정대리인의 동의가 필요하다(제5조 제1항)."에서 재산의 범위에 유가증권의 처분도 포함된다거나, 민법 제752조의 배우자에 사실혼의 배우자도 포함된다고 해석하는 것 등].

ⓑ **축소해석**: 법규의 문언상의 의미를 본래의 의미보다 축소시켜 해석하는 것을 말하며, 제한해석이라고도 한다(⑩ 민법 제22조의 이해관계인은 법률상의 이해관계인만을 의미하며, 사실상의 이해관계인은 포함하지 않는다고 해석하는 경우 등).

ⓒ **반대해석**: 법문에서 일정한 사실에서 일정한 효과가 생긴다고 규정하였을 때, 법령에 명시된 규정 이외의 경우에는 그와 반대로 된다고 해석하는 것을 말한다[⑩ '우마차 통행금지'를 사람의 통행은 가능하다고 해석하는 것, "소멸시효의 이익은 미리 포기하지 못한다(제184조 제1항)."라고 할 때 "시효완성 후에는 시효이익을 포기할 수 있다."라고 해석하는 것 등].

ⓓ **물론해석**(勿論解釋, 당연해석): 법규에 일정한 사항을 규정하고 있는 경우에 그 이외의 사항에 관하여도 성질상 당연히 그 규정에 포함되는 것으로 해석하는 것을 말한다(⑩ 민법 제396조의 규정 속에는 과실보다 더 중한 주관적 귀책사유인 고의도 포함된다고 해석하는 것).

ⓔ **보정해석**(補正解釋): 법문의 표현이 틀렸거나 부적당하다고 명백히 인정되는 경우에 이를 다른 의미로 변경하여 법의 목적에 맞도록 해석하는 것을 말하며, 변경해석이라고도 한다(⑩ 민법 제7조의 '취소'라는 말을 철회로 보정하여 해석하는 것).

ⓕ **유추해석**(類推解釋): 어떤 사항에 관하여 이를 직접 규정한 법규가 없을 때 이와 유사한 사안을 규정한 법률의 특정규정을 확대하여 적용하는 방법을 말한다(⑩ 법인격 없는 사단에 대하여 민법의 법인에 관한 규정을 적용할 수 있다고 해석하는 것, 제752조를 형제자매에게까지 미친다고 해석하는 것 등).

제5절 민법의 효력

1 시(時)에 관한 효력 – 소급효의 인정

(1) 법률불소급의 원칙의 적용배제
법은 일반적으로 그 효력이 발생한 후(법의 시행일 이후)에 생긴 사항에 대해서만 적용되는 것이 원칙이다(법률불소급의 원칙). 이 원칙이 민법에는 적용되지 않는다.

(2) 민법의 소급효의 원칙
① 민법에서는 특별한 규정이 있는 경우를 제외하고는 시행일(1960년 1월 1일) 이전의 사항에 대하여도 적용한다고 규정하여 소급효를 원칙으로 하고 있다(부칙 제2조).
② 이것은 현행 민법은 실질적으로 그 내용에 있어서는 (구)민법의 전면적 개정에 해당하여 소급효를 인정하더라도 무방할 것이기 때문이다.
③ 다만, 구법(舊法)에 의하여 이미 발생한 기득권의 보호를 위하여 구법에 의하여 생긴 효력에 영향을 미치지 아니한다고 규정하고 있다(부칙 제2조 단서).

2 사람(人)에 관한 효력

(1) 속인주의
민법은 대한민국 국민 모두에게 적용된다는 원칙으로, 국내에 있는 국민은 물론이고 외국에 거주하는 국민에게도 적용된다는 것을 말한다.

(2) 속지주의
속지주의란 국적에 관계없이 대한민국의 영토 내에 있는 모든 사람(외국인 포함)에게 민법이 적용된다는 것을 말한다.

(3) 속인주의와 속지주의 관련 외국 민법과 충돌
민법은 속인주의와 속지주의를 병용하고 있으며, 이로 인하여 외국 사법과 충돌가능성을 내포하고 있고, 만일 내·외국 사법의 충돌 시에는 「국제사법」(법률 제18670호)으로 해결한다.

(4) 국제법상의 치외법권자(외교특권자)
국제법상 치외법권을 향유하는 자(국제기구의 직원 및 외교관)는 체류국의 경찰권·형벌권·과세권·재판권에는 저항할 수 있지만, 재산관계인 사법관계는 원칙적으로 적용된다. 즉, 특별한 사정이 없는 한 민법을 적용함에 있어 외교특권은 인정되지 않는다.

3 장소적 효력

① 민법은 대한민국의 전 영토 내의 민사와 관련된 모든 사물과 사건에 대하여 그 효력이 미친다(통치권의 속지적 효력: 領土高權).
② 우리나라 영토는 한반도와 그 부속도서이므로, 미수복지역(북한지역)에도 원칙적으로 우리 민법은 그 효력이 있다.

4 기국주의(旗國主義)

기국주의란 속지주의의 특수한 경우로서 공해상의 선박이나 항공기는 게양된 국기에 의하여 표시된 국가의 법이 적용된다는 원칙이다.

> **참고**
>
> 1. **준용(準用)과 유추적용(類推適用)**: 준용이란 어떤 사항을 규율하기 위하여 만들어진 법규를 그것과 유사하나 성질이 다른 사항에 대하여 필요한 약간의 수정을 가하여 적용시키는 것으로서 법률상 명문으로써 지시되어 있다는 점에서 단순히 유사한 사건에 대하여 해석 기술(技術)상의 일종인 유추적용(類推適用)과 다르며, 같은 종류의 규정을 되풀이하는 번잡을 피하기 위한 법 기술(記述)방식의 하나이다(예 제12조, 제562조 등).
> 2. **선의(善意)·악의(惡意)**: 선의란 어떤 사정을 알지 못하는 것이고, 악의란 이를 알고 있는 것이다(예 제29조, 제249조, 제748조 등).
> 3. **추정(推定)·간주(看做)**: 추정은 불명확한 사실을 일단 존재하는 것으로 정하여 권리자에게 효력을 귀속시키되, 추후 반증이 있을 때에는 그 효과를 번복하여 소멸하게 하는 제도를 말하고(예 제30조, 제198조, 제830조 제2항 등), 간주는 추후 반증만으로는 발생된 법률효과를 전복시키지 못한다는 점에서 추정과 다르다(예 제28조, 제29조 참조).
> 4. **제3자**: 당사자와 포괄승계인 이외의 모든 사람을 말한다. 때로는 법률상 이해관계를 맺은 자나 선의의 제3자 등으로 그 범위가 제한되기도 한다.
> 5. **대항하지 못한다**: 특정한 법률행위의 당사자가 그 효력을 제3자에게 주장할 수는 없지만, 제3자가 그 효력을 인정하는 것은 무방하다는 것으로 주로 선의의 제3자를 보호하여 거래의 안전을 꾀하고자 하는 경우에 쓰인다(예 제107조 제2항, 제108조 제2항, 제109조 제2항, 제110조 제3항 등).

CHAPTER 01 OX문제로 완벽 복습

01 관습법은 법원(法院)의 판결에 의하여 성립한다. (O | X)

02 상관습법과 민법이 충돌할 때 상관습법은 민법에 우선 적용된다. (O | X)

03 여성도 성년이 되면 종중의 구성원이 된다. (O | X)

04 국제연합(UN)의 물품거래에 관한 협약은 국내의 관습법에 우선한다. (O | X)

05 민법 제98조의 "본법에 있어서 물건이라 함은 유체물, 전기 기타 관리할 수 있는 자연력을 말한다."라는 민법의 해석은 행정해석에 해당한다. (O | X)

06 민법의 적용에 있어 외교특권이나 치외법권 등은 적용되지 않는다. (O | X)

정답

01 ×(관습법은 일반인의 법적 확신에 의하여 성립하고, 법원의 판결은 관습법의 존재를 확인하는 과정일 뿐이다) **02** O(상관습법은 성문민법에 특별법의 지위에 있으므로 상호간의 충돌 시 상관습법은 민법에 우선한다) **03** O **04** O(국제연합의 상거래에 관한 협약은 성문법의 지위를 가지므로 관습법에 우선한다) **05** ×(행정해석이 아닌 입법해석에 해당한다) **06** O

CHAPTER 02 권리와 의무

회독체크 1 2 3

CHAPTER 미리보기

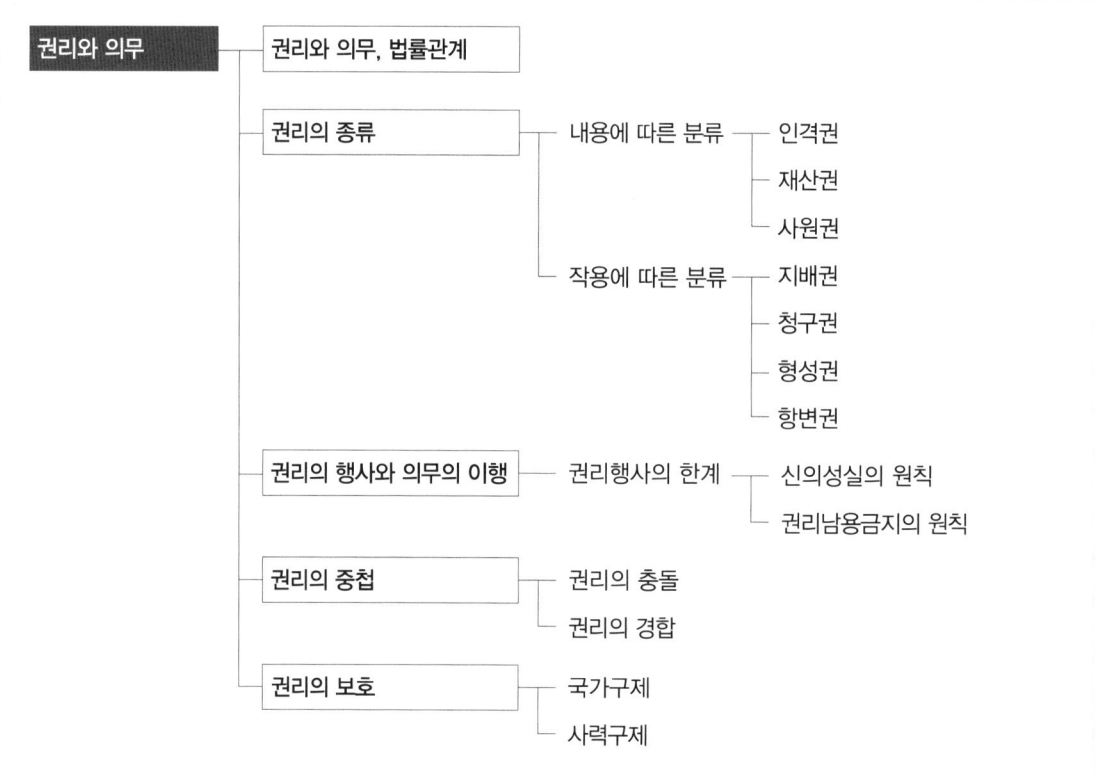

학습전략

❶ 1~2문항 정도 꾸준히 출제됩니다.
❷ 권리의 종류·분류, 신의성실의 원칙과 권리남용금지는 그 연혁과 요건, 효력, 파생원칙, 그리고 관련 판례에 이르기까지 철저히 학습해 두어야 합니다.

학습키워드

- 권리의 종류
- 권리의 행사
- 의무의 이행
- 신의성실의 원칙
- 권리남용금지
- 권리의 충돌과 경합
- 권리의 보호

제1절 권리와 의무, 법률관계(法律關係)

1 권리와 의무의 상호 관계

① 권리와 의무는 상호 대응관계에 있는 것이 원칙이다.
② **권리만 있고 의무는 없는 경우**: 동의권·철회권·면제권·상계권·취소권·추인권·해제권·해지권 등의 형성권
③ **의무만 있고 권리는 없는 경우**: 법인 이사의 등기의무·공고의무
④ **권리이면서 동시에 의무인 것**: 친권

> **참고** 권리와 의무
>
> 1. **권리의 의의(본질)**: 권리란 일정한 이익을 향유할 수 있도록 법이 인정한 힘[권리법력설(Enneccerus)]을 말한다. 의사설과 이익설의 절충적인 견해로서 권리의 목적을 강조하므로 목적에 반하는 권리행사는 권리남용에 해당된다는 권리남용론의 구성이 용이하다. 현재 우리나라의 통설이다.
> 2. **의무**: 의무란 반드시 따라야 할 법률상의 구속을 말하며, **작위**(作爲)의무와 부작위(不作爲)의무로 나눈다. 원칙적으로 권리와 대응관계에 있다. 다만, 권리만 있고 의무는 없는 경우(예 취소권 같은 형성권의 경우)와 의무만 있고 권리는 없는 경우[예 각종의 공고의무(제88조, 제93조), 등기의무(제50조 내지 제52조의2, 제85조, 제94조), 감독의무 등(제755조 등)]도 있다.

2 법률관계

1. 의의

① 인간의 사회생활관계는 인간관계와 법률관계로 대별된다. 인간관계는 법에 의한 강제력보다는 도덕이나 관습에 의한 영향을 받는 사회생활관계를 말한다.
② 법률관계(法律關係)란 법에 의하여 규율되는 생활관계를 말하며(법적 생활관계설 – 통설), 법률관계는 그 내용을 법에 의해 실현할 수 있는 법적 구속력을 가진다는 점에서 다른 사회생활관계[특히 호의관계(好意關係)]와 구별된다.

2. 법률관계의 내용

① 법률관계는 보통 법률관계 당사자간의 권리·의무의 관계로서 나타나게 된다.
② 법에 의하여 보호 내지 옹호되는 자의 지위를 권리라 하고, 반대로 법에 의하여 구속되는 자의 지위를 의무라 한다.

> **참고** 법률관계와 인간관계

〈법률관계〉
1. **신사약정(紳士約定)**
   ① 법률행위를 하는 과정에서 당사자간의 합의에 의하여 약정의 내용에 따른 법적 구속을 배제하기로 하는 특약을 신사약정이라 한다.
   ② 법률행위 시 신사약정이 있으면 법률관계에 기초한 법적 구속력이 배제되어 상대방에게 계약의 내용에 따른 이행청구나 채무의 불이행 시에도 이에 따른 손해배상을 청구할 수는 없으나, 이미 급부받은 것을 정당하게 보유할 수 있게 됨으로써 부당이득반환의무를 면하게 된다.
2. **무효사유를 알고 체결한 계약**
3. **호의지급의 상여금**: 근로계약 시 약정하지 않았더라도 상여금이 계속적·정기적으로 지급되고 그 지급액이 확정되어 있다면 이는 근로의 대가로 지급되는 임금의 성질을 가진다(2001다16722).

〈인간관계와 호의관계〉
1. **인간관계(人間關係)**
   ① 인간관계란 우정, 가족, 예의 등과 같은 생활관계로서 원칙적으로 법의 지배를 받지 않고 관습, 도덕, 종교 등의 규율을 받는다.
   ② 인간관계에 기한 약속을 불이행하더라도 강제이행 또는 손해배상의 문제는 발생하지 않는다.
2. **호의관계(好意關係)**
   ① 의의
      ㉠ 호의관계라 함은 호의에 의하여 어떤 이익을 주고받는 생활관계(예 집들이 초대, 호의동승, 무료급식, 이웃집 아이 돌봐주기 등)를 말한다.
      ㉡ 호의관계는 기본적으로 인간관계에 기초하여 그 성립단계에서는 당사자간의 법적 구속의사가 없으므로 원칙적으로 법률문제는 발생하지 않는 관계로서 법적 구속력이 없는 생활관계이다.
   ② 호의관계에 따른 약정의 불이행이 발생한 경우
      ㉠ 법적 구속력이 없다는 의미는 호의관계에 따른 약정이 있었으나 그 약정의 불이행 시에 그 이행을 소송으로 청구할 수 없다는 것을 의미한다.
      ㉡ 그러나 호의관계와 관련하여 호의제공자의 고의 또는 과실로서 상대방에게 손해가 발생한 경우 불법행위가 성립하여 그에 대한 손해배상의 문제가 발생할 수 있다.
      ㉢ 호의관계가 법률관계로 발전하기 위하여는 피해자의 법적 구속의사가 있어야 한다. 즉, 피해자가 법적 구속의사가 있는 경우에 호의관계는 법률관계로 발전할 수 있다.
      ㉣ 호의관계가 법률관계로 진행되는 사례는 호의동승과 관련된 교통사고와 관련 손해배상사건에서 전형적으로 나타난다.
   ③ 호의동승의 사례
      ㉠ 운전자가 호의로써 대가 없이 자신이 운행하던 자동차에 제3자를 태워주고 가다가 교통사고가 발생하여 동승한 사람에게 손해가 발생하였고, 이로 인하여 동승자가 법적 구속의사로서 손해배상을 청구하는 경우, 그 손해배상의 범위를 어디까지로 할 것인가의 문제가 발생한다.
      ㉡ 손해배상의 범위
         ⓐ 호의동승사고에 의한 피해자의 손해에 대하여 운전자가 모든 책임을 지는 것이 원칙이지만
         ⓑ 특별한 사정 및 정황을 참작할 여지가 있는 경우 '자초한 손해', '면책·감경의 묵시적 합의', '과실상계의 법리', '무상계약의 법리' 등을 적용해 가해자의 책임을 경감할 수 있다는 것이 판례의 태도이다.

> **판례** 호의동승과 손해배상
>
> ① 특별한 사정이 없는 한 단순한 차량의 동승자에게는 운전자에게 안전운행을 촉구할 주의의무가 있다고 할 수 없다(94다15332).
> ② 사고차량에 단순히 호의로 동승하였다는 사실만 가지고 바로 이를 배상액의 경감사유로 삼을 수 있는 것은 아니다. 다만, 사고차량에 동승한 경위, 특히 동승을 요구한 목적과 적극성 등 여러 사정에 비추어 가해자에게 일반 교통사고와 동일한 책임을 지우는 것이 신의칙이나 형평의 원칙으로 보아 매우 불합리하다고 인정될 때에는 그 배상액을 경감할 수는 있다(92다24561).
> ③ 운전자가 음주상태의 무면허라는 사실을 알고 동승하여 사고가 발생한 경우에도 손해배상청구권을 묵시적으로 포기했다고 할 수 없다(86다카2994).

제2절 권리의 종류(사권의 분류)

1 내용에 따른 권리의 분류(권리의 내용인 사회적 생활이익을 표준)

1. 인격권(자유권)

① 권리자 자신의 인격 그 자체를 목적으로 하는 권리를 말한다. 성질상 권리자의 인격과 분리할 수 없는 것이며, 생명·신체·자유·명예·정조 등 인격적 이익을 내용으로 하는 권리이다.
② 인격권이 침해된 경우 침해행위에 대한 손해배상청구뿐만 아니라, 그 침해 전(前)에도 사전적·예방적 구제수단을 강구할 수 있다(判).

> **판례** 인격권 침해에 대한 구제
>
> 인격권 침해 시에는 사후구제수단으로서 침해행위에 대한 손해배상청구뿐만 아니라, 그 침해 전에도 사전적 예방적 구제수단으로서 침해행위의 정지·방지 등의 금지청구권도 인정된다(93다40614).

2. 재산권

(1) 권리자의 인격이나 신분과는 관계없이 원칙적으로 금전적 가치를 목적으로 하는 권리로서 양도·상속이 가능하며, 근대사회에서 가장 기본이 되는 권리이다.

(2) 유형

① **물권**: 물건을 직접 지배하여 일정한 이익을 누릴 수 있는 배타적 권리를 말한다(예 소유권, 점유권, 지상권, 지역권, 전세권, 유치권, 질권, 저당권 등).

② **채권**: 특정인(채권자)이 다른 특정인(채무자)에 대하여 일정한 행위(급부)를 청구할 수 있는 권리를 말한다.
③ **지식재산권**(知識財産權): 발명이나 저작(著作)과 같이 정신적·지능적 창작물을 독점적으로 지배함을 내용으로 하는 권리를 말한다(예 특허권·저작권·디자인권·실용신안권·상표권 등). 재산적 가치가 있는 권리라도 재산권이 아닌 것이 있고(예 부양청구권·상속권), 금전적 가치가 없더라도 채권의 목적으로서 재산권인 경우도 있다.

3. 사원권

(1) 사원권은 단체의 구성원이 그 구성원 지위에 기하여 가지는 권리를 말한다.

(2) 종류

① **공익권**(共益權): 의결권·감독권·업무집행권·소수사원권 등
② **자익권**(自益權): 이익분배청구권·잔여재산분배청구권·설비이용권 등

4. 가족권(신분권)

친족·부부·친자(親子)와 같은 신분적 지위에 수반하여 생기는 가족관계의 이익을 내용으로 하는 권리를 말한다. 가족권은 일신전속권이며, 친권(제913조 이하)·배우자권(제826조 이하) 등의 친족권과 상속권(제1000조 이하)으로 나누어진다.

2 작용(효력)에 의한 권리의 분류

1. 지배권(절대권·대세권)

지배권이란 권리의 객체를 직접 배타적으로 지배하는 권리를 말한다. 지배권은 이익향수를 위하여 타인행위의 개입을 필요로 하지 않으며, 침해 시 불법행위(제750조)가 성립되고, 방해제거청구를 할 수 있다(예 물권, 준물권, 친권, 상속권, 인격권, 지식재산권 등).

2. 청구권(상대권·대인권)

(1) 권리자가 의무자에 대하여 특정의 행위(작위 또는 부작위)를 청구할 수 있는 권리를 말한다.

(2) 종류

① 청구권은 모두 특정한 권리를 기초로 하여 발생하므로 그 원인이 되는 권리의 종류에 따라 채권적 청구권, 물권적 청구권, 가족권에 기한 청구권(부양청구권, 부부동거청구권, 상속회복청구권, 계약의 갱신청구권 등) 등으로 나눌 수 있다.

② 따라서 청구권은 그 기초가 되는 권리와 분리하여 청구권만을 독립적으로 양도하거나 다른 권리의 목적으로 할 수 없다.

(3) 이러한 면에서 채권과 청구권은 동일하다고 볼 수 없다.

3. 형성권(形成權)

(1) 형성권은 권리자의 일방적 의사표시에 의하여 권리의 발생·변경·소멸 등 일정한 법률효과를 발생하게 하는 권리를 말하며, '가능권'이라고도 한다. 이는 법률규정이 있는 경우에 한하여 인정되고, 그 행사는 단독행위로서 조건 또는 기한을 붙이거나 철회하는 것은 원칙적으로 허용되지 않는다.

(2) 종류
   ① **권리자의 의사표시만으로도 효력이 발생하는 것**: 동의권, 취소권, 추인권, 해제권·해지권, 상계권, 철회권, 매매의 일방예약완결권, 약혼해제권, 상속포기권, 환매권 등
   ② **법원의 판결로만 효력이 발생하는 것**: 채권자취소권, 친생부인권, 재판상 이혼권, 입양취소권, 재판상 파양권, 혼인취소권 등
   ③ **청구권으로 불리나 실질은 형성권인 것**: 공유물분할청구권, 지상물매수청구권, 지료증감청구권, 지상권소멸청구권, 전세권소멸청구권, 부속물매수청구권, 매매대금감액청구권, 유치권소멸청구권, 임차인·전차인의 매수청구권 등(주의: 수급인의 저당권설정등기청구권이나 토지 임차인 또는 지상권자의 계약갱신청구권은 형성권이 아니다)

4. 항변권

(1) 항변권이란 상대방의 청구권 행사에 대하여 그 청구권의 존재는 인정하나, 그 청구권의 효력발생을 저지할 수 있는 권리를 말한다.

(2) 종류
   ① **연기적 항변권**: 상대방의 청구권 행사에 따른 효력발생을 일시적으로 저지하고자 하는 항변권이다[보증인의 최고 및 검색의 항변권(제437조), 동시이행의 항변권(제536조) 등].
   ② **영구적 항변권**: 상대방의 청구권 행사에 따른 효력발생을 영구적으로 저지하고자 하는 항변권을 말한다[소멸시효 완성의 항변권·상속인의 한정승인의 항변권(제1028조)].

참고 사권의 분류

내용에 따라	재산권		물권, 준물권, 채권, 지식재산권 등
	인격권		• 생명권, 신체권, 자유권, 명예권, 초상권 등 • 인격권 침해에 대한 방해제거청구권이나 방해예방청구권이 인정된다. • 비방광고의 중지청구가 가능하다는 점을 주의
	신분권		친족권, 상속권
	사원권		공익권, 자익권
작용 (효력)에 따라	지배권		물권, 준물권(광업권, 어업권 등), 인격권, 친권·후견권 등
	청구권		채권적 청구권, 물권적 청구권, 부양청구권, 상속회복청구권
	형성권	당사자의 의사표시만으로 효력이 발생하는 경우	동의, 추인, 최고, 철회, 취소, 해제, 해지권, 상계권, 예약완결권, 약혼해제권, 상속포기권 등
		법원의 판결이 있어야 효력이 발생하는 경우	채권자취소권, 가족관계의 해체와 관련된 청구권(혼인취소, 재판상 이혼, 입양취소, 재판상 파양, 협의파양취소권, 친생부인권 등)
		청구권으로 불리지만 실질은 형성권인 경우	지료증감청구권, 차임증감청구권, 매매대금감액청구권, 지상권소멸청구권, 지상물매수청구권, 부속물매수청구권, 공유물분할청구권 등
	항변권	연기적 항변권	동시이행항변권, 보증인의 최고·검색항변권 등
		영구적 항변권	소멸시효 완성의 항변권·상속인의 한정승인항변권 등

개념적용 문제

권리에 관한 설명으로 옳지 않은 것은? (다툼이 있으면 판례에 따름) 제28회 기출

① 점유권은 절대권이다.
② 저당권은 지배권이다.
③ 지상권자의 지상물 매수청구권은 형성권이다.
④ 매매에서의 일방예약완결권은 형성권이다.
⑤ 상속회복청구권은 형성권이다.

해설 상속회복청구권은 형성권이 아닌 청구권이다.

정답 ⑤

3 성질에 따른 권리의 분류(권리에 대한 의무자의 범위를 표준)

① **절대권**(대세권): 일반인을 의무자로 하여 모든 사람에게 주장할 수 있는 권리이다(예 물권, 지식재산권, 인격권 등).

② **상대권**(대인권): 특정인에 대해서만 주장할 수 있는 권리, 즉 특정인만을 의무자로 하는 권리이다(예 채권 등 청구권).

4 권리와 그 주체와의 긴밀도에 의한 권리의 분류

① **일신전속권**: 일신전속권은 양도성과 상속성이 없는 권리를 말하는데, 양도·상속·이전이 제한되는 귀속상의 일신전속권(예 친권, 부부간의 권리, 부양청구권, 종신정기금채권 등)과 대리·대위행사가 제한되는 행사상의 일신전속권[예 인격권 침해에 기한 손해배상청구권(제751조), 친권(제913조) 등]이 있다.

② **비전속권**: 비전속권은 양도성과 상속성이 있는 권리를 말하며, 대부분의 재산권이 이에 속한다.

> **참고** 일신전속권
>
> 권리 중에서 그 주체와의 긴밀 정도가 상당하여 그 권리의 성질상 타인에게 양도·상속이 제한되는 권리 또는 그 권리의 주체가 아닌 제3자에 의한 대위행사 또는 대리행사가 제한되는 권리를 말한다.
> 1. **귀속상 일신전속권**: 종신정기금채권, 양도금지의 특약 있는 채권, 친권, 부부 상호간의 권리 등이 있고, 이러한 귀속상의 일신전속권은 양도나 상속에 관해 많은 제한이 따른다.
>   ① 양도는 불가능하나 상속은 가능한 권리 - 양도금지의 특약 있는 채권(제449조 제2항)
>   ② 양도·상속이 모두 불가능한 권리 - 부부 상호간의 권리나 친권
> 2. 행사상의 일신전속권은 친권, 위자료청구권 등이 있고, 위자료청구권의 경우 채권자대위권(제404조)의 목적으로 될 수 없다.
> 3. 공권에 있어서 일신전속적 성질을 갖는 것으로 연금수급권이나 공무원의 봉급청구권 등이 있고, 이런 것들은 공익적 입장에서 부여되므로 권리주체와 긴밀한 관계가 인정되기 때문에 일신전속권으로 효력을 인정한다.

> **판례** 임대차계약의 해지와 일신전속권
>
> 임대인의 임차인에 대한 임대차계약해지권은 행사상의 일신전속권에 해당되지 않는다(2006다82700).

5 권리의 독립성·종속성에 의한 권리의 분류

① **주된 권리**: 주된 권리란 타 권리와 관계없이 성립·존재할 수 있는 권리를 말한다(예 원본채권, 피담보채권, 주채무자에 대한 채권 등).

② **종된 권리**: 종된 권리란 타 권리에 대하여 종속관계에 있는 권리를 말한다(예 이자채권, 담보물권, 보증인에 대한 채권 등). 종속성의 정도는 권리의 성질에 따라 다르다.

6 현실적인 성립 여부에 의한 권리의 분류

① **기성권**(既成權): 기성권은 현실적·확정적으로 완성·발생되어 있는 권리, 즉 기대권 아닌 권리를 말한다.
② **기대권**(期待權): 권리발생요건 중 일부만이 현재 발생하고 있고, 향후 남은 요건이 실현되면 권리의 취득을 기대할 수 있는 상황에서 현재의 그러한 기대상태를 보호하는 것을 내용으로 하는 권리를 말한다. 조건부 권리(제148조, 제149조), 기한부 권리(제154조), 상속개시 전의 추정상속인의 지위 등이 그 예이다.

제3절 권리의 행사와 의무의 이행

1 권리의 행사

① 권리의 행사란 '권리의 내용을 구체적으로 실현하는 것'을 말한다. 권리자는 권리를 행사할 수 있고, 그 권리행사를 권리자 스스로 할 수도 있지만 제3자를 대리인으로 선임하여 행사하거나 또는 타인이 대위행사하는 경우도 있을 수 있다.
② **권리의 주장**: 권리의 주장은 권리자가 타인에 대하여 자신이 보유한 권리의 존재를 인정할 것을 요구하는 것으로 권리의 행사와는 다르다.

2 권리행사의 한계

1. 권리행사의 자유와 권리행사의 한계

① 근대 민법에서는 "자신의 권리를 행사하는 자는 누구에 대하여도 불법을 행하는 것이 아니다."라는 원칙을 근거로 자유방임적 권리행사가 가능했고 이를 저지할 수 있는 근거가 없어 권리의 남용이 만연하고 사회적 병리현상의 발생을 초래하게 되었다.
② 근대 후기 이후 현대로 들어서면서, 사회적 병리현상을 극복하려는 노력의 일환으로 공공복리에 기초한 복지사회를 표방하면서 권리의 사회성(社會性)·공공성(公共性)이 강조되어 '공공복리와 개인적 권리행사의 자유 상호간의 조화'를 목적으로 사권(私權)행사의 제한이 요구

되어 권리행사의 한계를 설정하려는 많은 노력의 결과로 신의성실의 원칙이 정립되기에 이르렀다.

③ 우리 민법도 권리의 사회성·공공성을 중요한 법익으로 인식하여 제2조에서 신의성실의 원칙을 규정하여 권리행사의 한계를 법률로써 규정하고 있다.

2. 신의성실의 원칙(신의칙)

> **제2조【신의성실】** ① 권리의 행사와 의무의 이행은 신의에 좇아 성실히 하여야 한다.
> ② 권리는 남용하지 못한다.

(1) 민법 제2조

① **신의칙의 선언**(제2조 제1항): "권리의 행사와 의무의 이행은 신의에 좇아 성실히 하여야 한다."라고 규정하여 법률행위 시 상호간의 신뢰 및 형평을 바탕으로 하여 거래안전을 강조하였다.

② **권리남용금지**(제2조 제2항): "권리는 남용하지 못한다."라고 하여 방임적 재산권 행사를 저지하였고, 이를 위한 기준으로 권리의 사회성·공공성이 제시되었다.

③ **일반조항으로서 강행규정**

㉠ 신의성실의 원칙이란 "법률관계의 당사자는 상대방의 이익을 배려하여 형평에 어긋나거나 신뢰를 저버리는 내용 또는 방법으로 권리를 행사하거나 의무를 이행하여서는 아니 된다(95다30314)."라는 추상적이면서 이상적인 내용을 법으로 정한 것이다.

㉡ 일반적 강행규정

ⓐ 신의성실의 원칙과 관련한 민법 제2조는 개인 간의 재산적 거래관계에만 적용되는 원칙이었으나 이후 그 영역이 점차 확대되어 국가와 국민 간의 법률관계, 즉 행정행위 등 공권력 행사와 관련된 공법관계에도 신의성실의 원칙이 강조되고 있다. 이처럼 모든 거래관계에 적용되는 법조항을 일반조항이라 한다.

ⓑ 신의칙을 위반하는 행위 또는 권리를 남용하는 행위는 그것이 개인적 재산관계이든 공법적 관계이든 모두 다 강행규정을 위반한 것으로서 그 효과는 무효이며, 이러한 내용은 소송과정에서 당사자가 주장하지 않아도 법원이 직권으로 판단하여야 한다(判).

㉢ 개별적 강행규정이 적용되는 범위에서 신의성실의 원칙은 적용되지 않는다.

ⓐ 제한능력자 보호규정은 개별적 강행규정에 해당하고, 신의성실의 원칙은 일반적 강행규정에 해당한다. 그러므로 제한능력자 보호에 있어서 신의성실의 원칙은 적용되지 않는다.

ⓑ 좀 더 구체적으로, 미성년자가 법률행위를 할 때 그 법정대리인의 동의가 필요함에도 미성년자가 이를 잘 알면서도 법정대리인의 동의 없이 법률행위를 하고 난 이후에 자신이 제한능력자임을 이유로 들어 자신의 법률행위를 스스로 취소할 수 있으며 그 취소한 이후에 최초의 법률행위 과정에서 얻은 이득이 있다면 그 이득은 부당이득으로 상대방에게 반환을 해야 하는데 이 경우에 미성년자는 언제나 현존이익만 반환하면 된다.

(2) 신의성실의 원칙의 적용범위

① 신의성실의 원칙은 민법 제2조에서 규정하고 있으나, 민법뿐만 아니라 사법(私法)관계 모든 영역에 걸쳐 적용되며, 또한 공법관계에서도 확대 적용되고 있다.
② 또한 민사관계에서도 채권관계뿐만 아니라 물권관계나 가족법관계에도 모두 적용된다. 다만, 채권법의 영역에서 '신의칙'이, 물권법 영역에서는 '권리남용금지'가 특히 실효성이 크다.
③ 그리하여 신의칙을 구체적인 사건에 적용하기 위해서는 법률관계의 당사자 사이에 신뢰관계, 즉 법적인 특별결합관계가 요구되지만 권리남용금지의 원칙은 특별결합관계가 없는 자 사이에도 특히 요구된다.
④ **신의성실의 원칙을 적용하기 위한 요건**
   ㉠ 신의성실의 원칙은 권리와 의무의 주체가 법률관계를 형성하는 과정에서 반드시 지켜야 하는 기준을 제시하는 것으로서 권리행사의 한계를 포괄적으로 선언한 것이다.
   ㉡ 따라서 신의성실의 원칙을 구체적 사건에 적용하기 위해서는 권리를 행사하는 데 필요한 구체적인 기준이나 권리자의 권리행사를 제한하는 개별적 조항이 없고, 그로 인하여 권리행사 또는 의무의 이행이 불성실하게 전개되어 거래안전을 해치거나 공공복리를 위태롭게 할 염려가 있을 때 적용되는 최종적인 보충규범에 머물러야 한다.

> **판례** 신의성실의 원칙을 적용하기 위한 요건
> ① 신의칙을 구체적인 법률관계에 적용함에는 상대방의 이익, 행사하려는 권리 및 이행하려는 의무와 상대방의 이익과의 상관관계 및 상대방의 신뢰 등 모든 구체적 사정을 고려하여 그 적용 여부를 결정하여야 한다(91다36642).
> ② 신의성실에 반한다는 이유로 권리자의 권리행사를 부정하기 위해서는 상대방에게 신의를 공여하였다거나 객관적으로 보아 상대방이 신의를 가짐이 정당한 상태에 이르러야 하고, 이와 같은 상대방의 신의에 반하여 권리를 행사하는 것이 정의관념에 비추어 용인될 수 없는 상태에 이르러야 한다(95다30314).
> ③ 신의성실의 원칙에 반하는 것 또는 권리남용은 강행규정에 위배되는 것이므로 당사자의 주장이 없더라도 법원은 직권으로 판단할 수 있다(94다42129).

(3) 신의성실의 원칙의 일반적 기능

① **규범의 구체화·명확화**(법률 및 법률행위의 해석기준)
  ㉠ 신의성실의 원칙은 포괄적이고 추상적인 법률해석의 기준 또는 한계를 제시함으로써 개별적 법률행위에 적용할 법률의 적용기준 및 그 범위를 구체적이고 명확하게 제시한다.
  ㉡ 또한 법률 또는 법률행위의 해석의 구체화·명확화를 통해 당사자의 권리와 의무의 내용을 구체화하고 명확화하는 역할 또한 신의성실의 원칙이 담당하는 기능이라 할 수 있다.

② **구체적 타당성의 확보**(제정법 규정의 경직성 및 엄격성 완화)
  ㉠ 성문법 경직성으로 인한 문제: 성문법은 그 변경절차가 복잡하여 급변하는 사회현상에 탄력적으로 적응하기가 어려워서 구체적 사건에 적용함에 있어 사회적 관념의 변화를 반영하지 못하는 경우가 발생할 수 있다.
  ㉡ 성문법의 엄격성으로 인한 문제: "성문법의 장점은 법률생활을 명확하게 한다."라는 것이다. 그러나 이러한 성문법의 장점은 개별사건에 적용하는 과정에서 그 해석의 엄격성을 필연적으로 수반할 수밖에 없고, 이는 구체적인 개별사안에 성문법을 적용하는 과정에서 발생하는 불가피한 변수들을 그 해석과정에 모두 담아내지 못하여 형평성이 무너지거나 문제가 야기되기도 한다.
  ㉢ 신의성실의 원칙 내지 권리남용금지의 원칙은 성문법을 개별사건에 적용함에 있어 제정법의 경직성과 엄격성으로 발생할 수 있는 불합리성이나 불공정성을 방지하기 위하여 탄력적인 법해석이 필요할 때 그 기준을 제시함으로써 구체적 타당성 확보에 기여한다.

③ **제정법의 보완 및 수정**
  ㉠ 구체적 사건을 해결하기 위하여 적용해야 할 제정법이 존재하지 않는 경우 또는 제정법의 적용이 대단히 불합리한 경우에도 신의성실의 원칙은 그 사건해결의 기준으로 삼을 수 있다.
  ㉡ 그러므로 강행규정을 위반한 법률행위를 한 자가 나중에 스스로 자신의 법률행위가 강행규정을 위반하여 무효라고 주장을 하는 것은 신의칙 위반이 아니다.
    ⓐ 토지거래 허가구역 내에서 토지거래 허가규정을 위반하여 토지에 대한 매매계약을 체결한 자가 추후 그 거래계약이 토지거래 허가규정을 위반하여 무효라고 주장하는 것은 신의칙위반이 아니다.
    ⓑ 「자본시장과 금융투자업에 관한 법률」(약칭 자본시장법) 제55조에 위반하여 금융투자 손실의 보전 및 이익보장의 약정을 한 금융투자업자 및 그 임직원이 자신의 투자손실보장약정이 강행규정인 약칭 자본시장법을 위반하여 무효라고 주장하는 것은 신의칙 위반이 아니다.

> **판례** 신의칙과 구체적 타당성

① 법률행위의 근소한 부분에 대한 채무불이행을 이유로 계약 전부를 해제하는 것은 신의칙에 의하여 허용되지 않는다. – 총매매 대금이 2천만원인 부동산의 매매대금 중 미지급금이 105,000원에 불과하고 그 미지급액에 대하여 월 5부의 지연이자를 지급하기로 약속한 경우에 위와 같은 미지급액이 있다는 이유만으로 매매계약 전부를 해제하는 것은 신의칙에 반한다(71다352).
② 미지급 공사대금에 비해 하자보수비 등이 매우 적은 경우, 도급인이 하자보수청구권을 행사하여 동시이행의 항변을 할 수 있는 기성공사대금의 범위는 하자 및 손해에 상응하는 금액의 범위로 한정하는 것이 공평과 신의칙에 부합하고 나머지 공사잔대금채권은 하자로 인한 손해배상채권과 동시이행관계라 할 수 없다(2001다9304).
③ 채권자가 채권을 확보하기 위하여 제3자의 부동산을 채무자에게 명의신탁하도록 한 다음 동 부동산에 대하여 강제집행을 하는 따위의 행위는 신의칙에 비추어 허용할 수 없다(80다2064).

(4) 신의성실의 원칙을 적용함으로 인한 권리의 변동

① **권리의 발생**: 신의성실의 원칙상 부수적 주의의무 내지 고지의무가 있는 자가 이를 위반하여 상대방에게 손해가 발생한 경우 상대방에게 손해배상청구권이 발생하게 한다.
② **권리의 변경·소멸**: 신의성실의 원칙의 파생원칙인 '사정변경의 원칙'에 의해 권리가 변경되거나, '실효의 원칙'에 의해 권리가 소멸되기도 한다.
③ **법률행위 시 행위의 준칙**: 신의성실의 원칙은 법률행위의 당사자가 당해 법률행위를 함에 있어 반드시 지켜야 할 행위의 준칙을 제시하기도 한다.

> **판례** 신의칙상 의무

① 병원은 입원환자의 휴대품에 대한 도난 방지의무가 있다. – 병원은 병실에의 출입자를 통제·감독하든가 그것이 불가능하다면 최소한 입원환자에게 휴대품을 안전하게 보관할 수 있는 시정장치(잠금장치)가 있는 사물함을 제공하는 등으로 입원환자의 휴대품 등의 도난을 방지함에 필요한 적절한 조치를 강구하여 줄 신의칙상의 보호의무가 있다(2002다63275).
② 아파트 분양자는 아파트 단지 인근에 쓰레기 매립장이 건설예정인 사실(또는 인근에 공동묘지가 조성되어 있다는 사실)을 수분양자에게 고지할 신의칙상 의무를 부담한다(2005다5812).
③ 고객의 안전 및 보호 의무는 신의칙상 인정되는 부수적인 주의의무로서 숙박업자가 이를 위반하여 고객의 생명, 신체를 침해하여 손해를 입힌 경우 불완전이행으로 인한 채무불이행책임을 부담한다(2000다38718).
④ 사용자는 근로계약에 수반되는 신의칙상의 부수적 의무로서 피용자가 노무를 제공하는 과정에서 생명·신체·건강을 해치는 일이 없도록 인적·물적 환경을 정비하는 등 필요한 조치를 강구하여야 할 보호의무를 부담한다(99다47129).
⑤ 기획여행업자는 여행자의 생명·신체·재산 등의 안전을 확보하기 위하여 여행목적지·여행일정·여행행정·여행서비스기관의 선택 등에 관하여 미리 충분히 조사·검토하여 여행계약 내용의 실시 도중에 여행자가 부딪칠지 모르는 위험을 미리 제거할 수단을 강구하거나, 여행자에게 그 뜻을 고지함으로써 여행자 스스로 위험을 수용할지에 관하여 선택할 기회를 주는 등 합리적 조치를 취할 신의칙상 안전배려의무를 부담하며, 기획여행업자가 사용한 여행약관에서 여행업자의 여행자에 대한 책임의 내용 및 범위 등에 관하여 규정하고 있다면 이는 위와 같은 안전배려의무를 구체적으로 명시한 것으로 보아야 한다(2011다1330).

(5) 신의성실의 원칙 위반의 효과

① 신의성실과 관련한 민법 제2조는 강행규정이므로 그에 위반한 법률행위는 무효가 된다.
② **권리의 행사가 신의칙에 반하는 경우**: 권리남용이 되어 권리행사가 제한되거나, 예외적으로 법규정이 존재하는 경우 권리의 박탈도 가능하다(친권의 상실선고제도).
③ **의무의 이행이 신의칙에 반하는 경우**: 채무불이행이 되어, 상대방은 계약의 해제 및 해지, 손해배상청구 등을 행사할 수 있다.
④ 권리의 행사가 신의칙에 반하는 경우 권리남용이 되고, 권리남용금지를 신의칙의 효과로 본다(통설·판례). 따라서 신의칙과 권리남용금지가 중복 적용된다.

(6) 신의성실의 원칙의 파생원칙

① **금반언의 원칙**(모순행위금지의 원칙)
  ㉠ 금반언의 원칙 내지 모순행위금지의 원칙이란 이미 어떠한 법률행위를 한 자가 그 행위와 모순되는 다른 법률행위를 한 경우, 신의칙상 그 나중에 한 법률행위의 효력을 인정할 수 없다는 원칙을 말한다.
  ㉡ 이는 먼저 형성된 법률행위의 효과를 신뢰한 거래관계자와 이해관계인의 객관적 신뢰를 보호하기 위한 것이다.
  ㉢ 우리 민법상 금반언의 원칙에 관한 일반규정은 없으나, 개별규정으로서 '양도통지와 금반언(제452조)'이 있다.

> **판례** 금반언의 원칙
>
> ① 대리권한 없이 타인의 부동산을 매도한 자가 그 부동산을 상속한 후 소유자의 지위에서 자신의 무권대리행위로 인한 소유권이전등기가 무효의 등기라고 주장하여 그 등기의 말소를 청구하거나 그 부동산의 전득자에게 부동산의 점유로 인한 부당이득금의 반환을 구하는 것은 금반언의 원칙이나 신의성실의 원칙에 반하여 허용될 수 없다(94다20617).
> ② 근로자가 아무런 이의 없이 퇴직금을 수령하고 사직서 제출일로부터 5년이 경과하였고, 그 사직서 작성과 제출이 자신의 형에 의하여 이루어졌더라도 사직의 무효를 주장하는 것은 신의칙에 반한다(2005다45827).
> ③ 회사가 해고한 근로자에게 지급할 퇴직금과 갑근세반환금 등을 청산하여 변제공탁하고 근로자가 그 공탁을 조건없이 수락하고 출급청구를 하여 수령하였다면 그 근로자는 그때에 회사의 해고처분을 유효한 것으로 인정하였다고 볼 수 밖에 없으므로 그후 8개월 가까이 지나 제기한 해고무효확인청구는 금반언의 원칙에 위배되어 위법하다(88다카19804).
> ④ 취득시효 완성사실을 모르고 당해 토지에 관하여 어떠한 권리도 주장하지 않기로 하였다 하더라도 이에 반하여 시효주장을 하는 것은 특별한 사정이 없는 한 신의칙상 허용되지 않는다(96다24101).
> ⑤ 자신이 연대보증하여야 할 것을 타인에게 부탁하여 그 타인이 대신 연대보증인이 된 경우, 자기가 그 연대보증채무를 변제하고서 그 타인에 대하여 구상권을 행사하는 것은 신의칙에 반한다(99다38293).
> ⑥ 대항력을 갖춘 임차인이 임차보증금에 대한 권리주장을 하지 않겠다는 내용의 확인서를 저당권자에게 작성해 준 경우, 그 건물에 대한 경락이 이루어졌더라도 경락인에 대하여 대항력을 주장하는 것은 신의칙 내지 금반언의 원칙에 반한다(97다12211).

⑦ 소유자가 근저당권설정계약의 무효를 주장하면서도 그 근저당권에 기한 임의경매절차의 배당절차를 통하여 그에게 배당된 돈을 수령하는 등의 행위가 객관적으로 보아 경락인으로 하여금 위 임의경매절차가 유효하다는 신뢰를 갖게 하는 정도에 이르러서, 그 후 경매절차의 무효를 주장하는 것은 금반언의 원칙 또는 신의칙에 위반된다(93다42603).
⑧ 법정대리인의 동의 없이 신용구매계약을 체결한 미성년자가 사후에 법정대리인의 동의 없음을 사유로 들어 이를 취소하는 것이 신의칙에 위배된 것이라고 할 수 없다(2005다71659).

② **사정변경의 원칙**
  ㉠ 의의: 법률행위가 성립한 이후 그 기초가 된 사정이 이후에 중대한 변경으로 인하여 본래 계약을 이행하는 것이 오히려 신의칙에 반하는 경우에는 당사자가 그 법률행위의 내용을 변경 또는 소멸시킬 수 있다는 원칙을 말한다.
  ㉡ 문제점: 우리 민법에는 사정변경의 원칙에 관한 일반적 규정은 없고, 구체적 사안에 접목되는 개별적인 규정에 의하여 해결하고 있다.
  ㉢ 민법상 다수의 개별규정이 존재하고 사정변경의 원칙이 신의칙상의 원칙으로 우리 법체계의 모든 분야에서 인정하는 일반원칙임을 이유로 사적 거래관계에서도 사정변경원칙의 적용을 인정한다.

> **참고** 사정변경의 원칙에 관한 민법 규정
>
> 수도 등 시설의 변경청구(제218조 제2항), 지상권의 지료증감청구(제286조), 전세금증감청구(제312조의2), 불안의 항변(제536조 제2항), 재산상태 악화에 의한 증여계약의 해제(제557조), 임차물의 일부 멸실과 차임 감액청구(제627조), 주택임대차의 차임 등의 증감청구(주택임대차보호법 제7조), 신원보증계약의 해지 등

  ㉣ 사정변경을 이유로 계약의 해제를 위한 전제조건(2004다31302)
    ⓐ 계약 성립 당시 당사자가 예견할 수 없었던 현저한 사정의 변경이 발생하였고
    ⓑ 이러한 사정의 변경이 해제권을 취득하는 당사자에게 책임 없는 사유로 생긴 것으로서,
    ⓒ 계약내용대로의 구속력을 인정한다면 신의칙에 현저히 반하는 결과가 생기는 경우에 계약준수원칙의 예외로서 인정되는 것이고,
    ⓓ 여기에서 말하는 사정이라 함은 계약의 기초가 되었던 객관적인 사정으로서, 일방당사자의 주관적 또는 개인적인 사정을 의미하는 것은 아니다.
  ㉤ 사정변경을 원인으로 한 계약의 해제 및 해지
    ⓐ **해제**: 판례는 사정변경을 원인으로 계약을 해제할 수 있다는 태도를 취하고 있으나, 구체적 사례에서 사정변경을 이유로 계약의 해제를 인정한 판례는 아직은 없다.
    ⓑ **사정변경을 원인으로 한 계약의 해지**: 계약의 해지에 있어서도 판례는 매우 소극적인 태도를 보인다. 불확정적 채무에 대한 계속적 보증계약에 관하여는 사정변경에 의한 계약해지권을 인정하지만, 확정된 채무에 대하여는 계약의 해지를 허용하지 않는다.

| 판례 | 사정변경으로 인한 계약의 해제 및 해지 |

[계약의 해제]

① 이른바 사정변경으로 인한 계약해제는, 계약 성립 당시 당사자가 예견할 수 없었던 현저한 사정의 변경이 발생하였고 그러한 사정의 변경이 해제권을 취득하는 당사자에게 책임 없는 사유로 생긴 것으로서, 계약내용대로의 구속력을 인정한다면 신의칙에 현저히 반하는 결과가 생기는 경우에 계약준수원칙의 예외로서 인정되는 것이고, 여기에서 말하는 사정이라 함은 계약의 기초가 되었던 객관적인 사정으로서, 일방당사자의 주관적 또는 개인적인 사정을 의미하는 것은 아니다. 또한, 계약의 성립에 기초가 되지 아니한 사정이 그 후 변경되어 일방당사자가 계약 당시 의도한 계약목적을 달성할 수 없게 됨으로써 손해를 입게 되었다 하더라도 특별한 사정이 없는 한 그 계약내용의 효력을 그대로 유지하는 것이 신의칙에 반한다고 볼 수도 없다(2004다31302).

② 지방자치단체로부터 매수한 토지가 공공공지에 편입되어 매수인이 의도한 음식점 등의 건축이 불가능하게 되었더라도 이는 매매계약을 해제할 만한 사정변경에 해당하지 않고, 매수인이 의도한 주관적인 매수목적을 달성할 수 없게 되어 손해를 입었다 하더라도 매매계약을 그대로 유지하는 것이 신의칙에 반한다고 볼 수도 없다(2004다31302).

③ 매매계약 체결 후 9년이 지났고 시가가 올랐다는 사정만으로 계약을 해제할 만한 사정변경이 있다고 볼 수 없고, 매수인의 소유권이전등기청구가 신의칙에 위배된다고 할 수 없다(90다19664).

[계약의 해지]

① 불확정채무에 관한 계속적 보증에 대하여 이사의 퇴직이라는 현저한 사정변경을 이유로 보증계약을 해지할 수는 있다(89다카1381).

② 계속적 보증계약의 경우라도 확정된 채무에 대하여는 이미 채권자·채무자·보증인 및 채무액의 확정을 이유로 사정변경을 이유로 계약의 해지를 인정하지 않는다(2004다30675).

③ **실효의 원칙**

㉠ 의의: 권리자가 권리행사가 가능함에도 그 권리를 장기간(즉, 실효기간) 행사하지 않아 상대방이 그 권리가 행사되지 않을 것으로 신뢰할 만한 정당한 사유가 발생한 이후에 권리자가 새삼스럽게 그 권리를 행사하였고 그것이 신의칙에 반하는 경우 그 권리행사의 효과를 인정하지 않는 것을 말한다(93다26212). 이러한 행위는 신의칙을 위반하는 행위로서 권리남용의 일종이다.

㉡ 적용대상

ⓐ 실효의 원칙도 신의성실의 원칙의 파생원칙 중 일부이고,

ⓑ 항소권을 포함하여 기타 소송법상 권리도 실효의 원칙 적용대상이며(94다51840),

ⓒ 청구권 및 근로관계와 관련된 분쟁에도 실효의 원칙이 적용되고, 특히 판례는 주로 해고무효확인청구권에 대하여 실효의 원칙을 적극적으로 적용하여 판단한다.

㉢ 실효기간(권리를 행사하지 아니한 기간)의 길이와 상대방의 정당한 사유의 유무에 대한 판단: 이는 일률적으로 판단할 수 없고, 구체적인 경우마다 권리를 행사하지 않은 기간의 장단과 함께 권리자 측과 상대방 측 쌍방의 제반사정 및 객관적으로 존재한 사정 등을

종합적으로 고려하여 사회통념에 따라 개별적으로 판단할 수밖에 없다(92다23285).
ㄹ) 가족법상의 권리 및 부동산소유권도 당연히 신의칙 적용대상이지만, 그 두터운 보호를 위하여 실효의 원칙을 적용하여 가족법상의 권리와 소유권의 효력을 부정한 사례는 거의 없다.

> **판례** **실효의 원칙**
>
> ① 인지청구권은 본인의 일신전속적인 신분관계상의 권리로서 포기할 수도 없고 포기의 의사표시가 있어도 포기의 효력이 발생할 수도 없으므로 인지청구권을 장기간 행사하지 않아서 더 이상 그 권리를 행사하지 않을 것이라고 신뢰할 만한 정당한 기대를 상대방이 가지게 되었더라도 인지청구권은 실효되지 않는다(2001므1353).
> ② 토지소유자가 그 점유자에 대하여 부당이득반환청구권을 장기간 적극적으로 행사하지 아니하였다는 사정만으로는 부당이득반환청구권이 이른바 실효의 원칙에 따라 소멸하였다고 볼 수는 없다(2001다60019).
> ③ 종전 토지소유자가 자신의 권리를 행사하지 않았다는 사정은 그 토지의 소유권을 적법하게 취득한 새로운 권리자에게 실효의 원칙을 적용함에 있어서 고려하여야 할 것은 아니다(94다27069).

3. 권리남용금지의 원칙

(1) 의의

권리자의 권리는 절대적으로 보호된다. 하지만 권리자의 권리행사가 타인의 이익을 해치는 결과를 초래하는 경우, 이를 권리남용으로 보아 권리행사에 따른 법률효과를 부정함으로써 신의성실의 원칙에 기초하여 거래안전을 보호하고 공공복리를 실현하고자 하는 노력에서 권리남용금지의 원칙이 정립되었다.

> **참고** **권리남용금지의 원칙의 연혁**
>
> 1. 권리남용금지의 원칙은 로마법상 '악의의 항변'에 기원을 두고 있다.
> 2. 독일 민법
>   ① 독일 민법은 이른바 '시카아네(오로지 타인을 해할 목적에서 행하는 권리행사)의 금지'를 명문화하였다.
>   ② 주관적 요건의 명시적 요구: 이러한 독일 민법은 권리자의 권리남용행위와 함께 '타인을 해할 목적'이라는 주관적 목적을 권리남용의 요건으로 명시적으로 요구하였다.
> 3. 스위스 민법
>   ① 권리행사의 공공성·사회성이라는 객관적 실천원리의 강조: 권리행사의 공공성·사회성이라는 객관적 실천원리로서의 권리남용금지의 원칙은 신의칙과 함께 스위스 민법이 최초로 규정하였다.
>   ② 스위스 민법에서는 독일 민법에서 명시적으로 규정했던 '가해의 목적'이라는 주관적인 요건은 배제되고, 사회적 목적에 위배되는 권리행사라는 객관적 모습만으로도 권리남용이 성립하는 근거를 최초로 제시했다.
> 4. 우리 민법도 스위스 민법을 본받아 제2조 제2항에서 "권리는 남용하지 못한다."라고 권리남용금지의 원칙을 규정하고 있다.

> **판례** **악의의 항변**
> ① 의의: 어음 또는 수표의 소지인이 채무자를 해할 것을 알고 어음을 취득하고 있는 경우에 그 채무자가 소지인에 대하여 인적 항변으로써 대항하여 어음·수표상의 채무지급을 거절할 수 있는 항변권
> ② 채무자를 해할 것을 알고 어음을 취득하였을 때, 즉 악의로 어음을 취득하였을 때라 함은 항변사유의 존재를 인식하는 것만으로는 부족하고 자기가 어음을 취득함으로써 항변이 절단되고 채무자가 손해를 입게 될 사정이 객관적으로 존재한다는 사실까지도 충분히 알아야 한다(96다3449).

(2) 권리남용이 성립하기 위한 요건

① **객관적 요건**
  ㉠ 외형상 정당한 것처럼 보이는 권리의 행사 또는 불행사가 있을 것
  ㉡ 권리의 행사 또는 불행사가 내면적으로 권리의 사회성·공공성을 위반한 위법성이 있을 것
② **주관적 요건**: 권리를 행사하는 자가 상대방에 대한 가해의사 또는 목적이 있을 것

(3) 권리남용의 성립에 관한 민법의 태도

① **민법 규정**: 객관적 요건만으로 권리남용이 성립하고 주관적 요건은 요구하지 않는다.
  ㉠ 민법 제2조 제2항에 "권리는 남용하지 못한다."라고 규정하여 권리남용의 성립에 가해의 의사 또는 목적이라는 주관적 요건에 관한 규정이 없다.
  ㉡ 그러므로 상대방에 대한 권리자의 가해의사 또는 목적은 민법상의 권리남용의 요건이라 할 수는 없다(통설).
② **권리남용 성립에 관한 판례의 태도**
  ㉠ 판례는 권리남용이 성립하기 위한 요건으로서 주관적 요건을 배제하지는 않는다.
  ㉡ 즉, 객관적 요건과 함께 주관적 요건도 갖춘 경우 권리남용에 해당한다는 것이 주류의 판례이다.
③ **주관적 요건의 판단기준**(판례)
  ㉠ 권리남용의 주관적인 요건은 행위자의 내심에 존재하는 것으로 제3자가 인식하기가 쉽지 않은 것이므로,
  ㉡ 권리남용으로서 가해의 고의 내지 목적이라는 주관적 요건은 권리자의 정당한 이익을 결여한 권리행사로 보여지는 행위의 외형을 보아 객관적인 사정에 의하여 추단할 수 있다(97다42823).
  ㉢ 즉, 권리행사가 권리남용에 해당하려면, 주관적으로 그 권리행사의 목적이 오직 상대방에게 고통을 주고 손해를 입히려는 데 있을 뿐 행사하는 사람에게 아무런 이익이 없는 경우이어야 하고, 객관적으로 그 권리행사가 사회질서에 위반된다고 볼 수 있어야 하며, 권리행사자가 얻는 이익에 비하여 그 상대방이 잃는 손해가 현저히 크다는 이유만으로 권리남용에 해당한다고 볼 수는 없다(2009다58173).

④ 다만, 판례는 상계권의 행사에 대한 권리남용을 판단함에 있어 객관적 요건만으로서 권리남용은 성립하며, 가해의 고의라는 주관적 요건을 요하지는 않는다.

> **참고** 권리남용의 요건에 관한 학설과 판례의 불일치
>
> 1. **통설**: 객관적 요건만 갖추면 권리남용에 해당, 주관적 요건은 불필요
>   주관적으로 '타인을 해할 목적'을 명문으로 규정한 독일 민법과 달리 우리 민법에는 이러한 규정이 없으므로 객관적인 요건만으로 권리의 남용 여부를 판단하여야 한다는 것이 학자들의 태도이다.
> 2. **판례**: 판례의 태도는 일관성이 없으나 권리남용의 요건으로 주관적 요건을 배제하지 않는다.
>   ① 권리남용을 부정한 판례
>   ㉠ 토지소유자가 토지 상공에 송전선이 설치된 사정을 알면서 13년이 지나서야 토지이용권 확보나 보상미비 등의 이유로 송전선의 철거를 청구한다는 것만으로는 권리남용에 해당하지 않는다.
>   ㉡ 피상속인의 생존 시에 피상속인에 대하여 상속을 포기하기로 약정하였다고 하더라도 상속개시 후에 법률규정에 따른 상속포기를 하지 아니한 이상, 자신의 상속권을 주장하는 것은 정당한 권리행사로서 권리남용에 해당하지 않는다.
>   ㉢ 나대지에 설정된 저당권 실행의 경매절차에서, 상당한 비용이 투입된 건물이 신축 중임을 알면서 그 건물 부지를 경락받은 자가 경락받은 후 완공된 건물의 철거를 구하는 것은 권리남용에 해당하지 않는다(2002다62319·62326).
>   ② 권리남용을 인정한 판례
>   ㉠ 미국에 거주하고 있어 당장 주택을 사용할 필요가 없는 주택의 소유자인 딸이 병들고 연로한 아버지를 모시고 사는 남동생을 상대로 주택의 명도를 구하고, 부를 상대로 퇴거를 구하는 청구는 부자간의 인륜을 파괴하는 권리남용에 해당한다.
>   ㉡ 토지 취득 당시 초등학교 건물이 있었고 현재 학교 건물로 사용하고 있다는 사실을 알면서도 이를 취득한 후에, 소유권 행사로 교사(校舍)로 사용되고 있는 건물의 철거청구를 하는 것은 권리남용에 해당한다.
>   ㉢ 한국전력공사가 정당한 권원에 의하여 토지를 수용하고 지상에 변전소를 건설하였으나 토지소유자에게 그 수용에 따른 손실보상금을 공탁함에 있어서 착오로 부적법한 공탁이 되어 수용재결이 실효됨으로써 결과적으로 그 토지에 대한 점유권원을 상실하게 된 경우 토지소유자가 변전소의 철거와 토지의 인도를 청구하는 것은 권리남용에 해당한다.
>   ㉣ 이미 건물이 서 있는 토지를 매수하여 그 시가의 7배가 넘는 건물의 철거를 요구하면서 그 토지를 시가의 2배에 매수할 것을 요구한 경우, 이는 소유권을 빙자하여 폭리를 도모하는 것으로서 위 건물의 철거는 권리남용에 해당한다.
>   ㉤ 총매매대금이 2,000만원인 부동산의 매매대금 중 미지급액이 불과 105,000원일 뿐 아니라 그 미지급액에 대하여 월 5분의 지연이자를 지급하기로 약정한 경우에 있어서 위와 같은 미지급액이 있다는 이유만으로 위 매매계약을 해제한다는 것은 신의칙에 위배되는 것이다(71다352).
> 3. **객관적 요건만으로도 권리남용이 성립할 수 있다는 취지의 판례**
>   상계할 목적으로 부도가 난 임차인(채권자)의 어음을 헐값(액면가의 40% 미만)으로 매입한 임대인이 자신이 반환해야 할 임차보증금반환채무와 어음상의 채권을 상계하는 것은 상계제도의 목적이나 기능을 일탈하여 권리를 남용하는 것으로서 이 경우에는 일반적인 권리남용의 경우에 요구되는 주관적 요건은 필요하지 않다(2002다59481).

4. **동시이행의 항변권 행사도 권리남용이 될 수 있다.**
   일반적으로 동시이행의 관계가 인정되는 경우에 그러한 항변권을 행사하는 자의 상대방이 그 동시이행의 의무를 이행하기 위하여 과다한 비용이 소요되거나 또는 그 의무의 이행이 실제적으로 어려운 반면 그 의무의 이행으로 인하여 항변권자가 얻는 이득은 별달리 크지 아니하여 동시이행의 항변권의 행사가 주로 자기 채무의 이행만을 회피하기 위한 수단이라고 보여지는 경우에는 그 항변권의 행사는 권리남용으로서 배척되어야 할 것이다(2001다9304).

(4) 권리남용의 효과

① **적용**: 권리남용금지의 원칙은 신의칙과 달리 법적 특별관계가 없는 자 사이에서도 적용될 뿐 아니라, 가족법에도 적용된다.

② **권리남용 금지의 원칙을 위반한 경우 그 효과**
   ㉠ 법률효과의 부정
      ⓐ 권리를 남용하는 방식으로 법률행위를 한 경우, 그 법률행위는 강행규정에 위반되는 것이므로, 그 의도한 법률효과가 발생하지 않는다.
      ⓑ 구체적으로 청구권의 행사가 권리남용이 되면 법에 의하여 보호되지 않으며, 형성권의 행사가 권리남용이 되면 그 행사에 따른 법률효과가 발생하지 않는다.
   ㉡ 신의칙과의 관계: 권리의 행사가 신의칙에 반하는 경우 권리남용이 되고, 권리남용금지를 신의칙의 효과로 본다(통설·판례). 따라서 신의칙과 권리남용금지가 중복 적용된다.
   ㉢ 불법행위의 성립: 권리남용으로 상대방의 권리를 침해했다면 불법행위에 의한 손해배상책임을 부담한다.
   ㉣ 명문의 규정이 있는 경우에 한하여 권리가 박탈되는 경우도 있다. 즉, 권리남용금지의 원칙은 권리의 행사를 제한하는 원칙일 뿐 권리 자체를 박탈하기 위한 제도는 아니나, 명문의 규정이 있으면 권리가 박탈될 수도 있다(예 친권상실선고제도).

판례 **권리남용**

① 특별한 사정이 없는 한 법령에 위반되어 무효임을 알고서도 그 법률행위를 한 자가 스스로 자신의 행위가 강행법규 위반을 이유로 무효를 주장한다 하여 신의칙 또는 금반언의 원칙에 반하거나 권리남용에 해당한다고 볼 수는 없다(2003다2390).
② 채권자와 채무자 사이에 계속적인 거래관계에서 발생하는 불확정한 채무를 보증하는 이른바 계속적 보증의 경우뿐만 아니라 특정채무를 보증하는 일반보증의 경우에 있어서도, 채권자의 권리행사가 신의칙에 비추어 용납할 수 없는 성질의 것인 때에는 보증인의 책임을 제한하는 것이 예외적으로 허용될 수 있을 것이나, 일단 유효하게 성립된 보증계약에 따른 책임을 신의칙과 같은 일반원칙에 의하여 제한하는 것은 자칫 잘못하면 사적 자치의 원칙이나 법적 안정성에 대한 중대한 위협이 될 수 있으므로 신중을 기하여 극히 예외적으로 인정하여야 한다(2003다45410).

3 의무의 이행

의무의 이행도 신의성실의 원칙이 적용된다. 의무의 이행이 신의칙에 위반하는 때에는 의무불이행으로서 채무불이행 기타의 위법행위를 구성하게 된다.

> **개념적용 문제**
>
> 신의성실의 원칙(신의칙) 및 그 파생원칙에 관한 설명으로 옳지 않은 것은? (다툼이 있으면 판례에 따름) 제28회 기출
>
> ① 신의칙 위반은 당사자의 주장이 없더라도 법원이 직권으로 판단할 수 있다.
> ② 법령에 위반되어 무효임을 알면서 법률행위를 한 자가 강행법규 위반을 이유로 그 무효를 주장하는 것은 특별한 사정이 없는 한 신의칙에 반한다.
> ③ 인지청구권은 포기가 허용되지 않으므로 실효의 법리가 적용될 여지가 없다.
> ④ 아파트 분양자는 아파트단지 인근에 공동묘지가 조성되어 있는 사실을 수분양자에게 고지할 신의칙상 의무를 부담한다.
> ⑤ 사용자는 근로계약에 수반되는 신의칙상의 부수적 의무로서 근로자의 안전에 대한 보호의무를 부담한다.
>
> **해설** 법령에 위반되어 무효임을 알면서 법률행위를 한 자가 강행법규 위반을 이유로 그 무효를 주장하는 것은 특별한 사정이 없는 한 신의칙에 반하지 않는다.
>
> **정답** ②

제4절 권리의 중첩

1 권리의 충돌

1. 의의

권리의 충돌이란 '하나의 객체에 대하여 수개의 권리가 존재하는 경우에 그 객체가 모든 권리를 만족시킬 수 없는 현상'을 말하며, 권리 상호간의 순위가 중요하다.

2. 권리의 우선적 효력

(1) 물권과 물권 상호간의 충돌

① 점유권과 소유권을 중심으로 한 본권은 병존·양립이 가능하다.

② 소유권과 제한물권이 충돌하는 경우에는 성질상 항상 제한물권이 우선한다.
③ 제한물권 상호간의 순위는 먼저 성립한 물권이 우선한다. 즉, 전세권이 설정된 후에 저당권이 설정된 경우에는 먼저 성립한 전세권이 저당권에 우선하므로 저당권 실행을 위한 경매가 있는 경우에도 원칙적으로 전세권은 소멸하지 않는다.

(2) 물권과 채권의 충돌

① **물권우선의 원칙**: 어떤 물건에 관하여 물권과 채권이 성립하는 경우에는 그 성립 선후와 관계없이 물권이 우선한다.
② **물권우선의 원칙에 대한 예외**
  ㉠ 성립한 순위에 의하여 보호되는 채권: 등기·가등기 또는 대항요건을 갖춘 채권
    ⓐ 가등기된 채권: 권리의 변동청구권(채권적 청구권)이 가등기를 갖추고 있으면 본등기 경료 시 후순위 물권에 우선하는 효력이 인정된다.
    ⓑ 등기된 임차권: 등기된 부동산임차권은 그 등기 이후에 성립하는 물권에 우선하는 효력이 인정된다(제621조).
    ⓒ 특별법상의 우선변제의 요건을 갖춘 채권: 「주택임대차보호법」·「상가건물 임대차보호법」상의 일정한 요건(대항요건 및 확정일자)을 갖춘 경우 보증금반환청구권에 관하여 물권과 동등한 지위를 인정하여 성립한 순위에 의하여 보호된다.
  ㉡ 최우선적으로 보호되는 채권
    ⓐ 대항요건이 필요치 않은 경우: 「근로기준법」 규정에 의한 최근 3월분의 임금채권 및 재해보상금, 「근로자퇴직급여 보장법」 규정에 의한 최종 3년분에 해당하는 퇴직급여 등은 먼저 설정된 저당권·질권에 우선한다. 이 경우 특별한 대항요건이 필요한 것도 아니다.
    ⓑ 대항요건이 필요한 경우: 「주택임대차보호법」·「상가건물 임대차보호법」상의 소액보증금 중 일정액은 먼저 설정된 담보물권에 우선한다. 다만, 그 담보물권에 의한 경매신청등기 전에 대항요건을 갖출 것을 요한다.

(3) 채권과 채권의 충돌 시 채권 상호간의 순위: 채권자 평등의 원칙

① **채무자의 변제 시**(선행주의): 채권자의 이행청구에 대하여 채무자가 스스로 변제를 하는 경우에는 채권자 청구 및 그에 따른 채무자의 이행의 순서가 채권자의 순위가 된다.
② **공적 실행 시**(안분주의): 채무자의 채무불이행을 이유로 채권자가 경매·공매·파산절차를 진행 시, 채권의 성립 선후를 따지지 않고 채권액에 비례하여 안분 배당하는 것이 원칙이다.

2 권리의 경합

1. 의의

① 하나의 생활사실이 수개의 법규가 정하는 요건(권리발생의 요건규정)을 충족하여 그 결과 생긴 수개의 권리가 동일한 목적을 가지며 또한 그 행사를 통해 하나의 권리가 목적을 달성하면 나머지 권리도 목적을 달성하는 결과가 발생하는 것을 말한다.
② 수개의 권리는 별개의 독립된 청구권이므로 서로 독립적으로 행사할 수 있고 시효로 인한 소멸 등도 각각의 요건에 의하여 진행하나, 하나의 청구권의 행사로 변제를 받거나 만족을 얻게 되면 나머지 청구권도 목적을 달성하는 결과가 발생하여 자동적으로 소멸한다.

2. 권리 경합의 유형 및 효과

① 임대차가 종료된 후 임차인이 임차물을 반환하지 않을 때 임차인에 대한 임대인의 소유권에 기한 반환청구권과 임대차에 기한 반환청구권이 경합한다.
② 전세권자의 책임 있는 사유로 전세목적물이 소실된 경우 전세권자에 대한 전세권설정자의 채무불이행에 기한 손해배상청구권과 불법행위에 기한 손해배상청구권이 경합한다.
③ 매매의 목적물에 하자가 있는 경우 매수인에 대한 매도인의 하자담보책임과 채무불이행책임은 별개의 권원에 의하여 경합적으로 인정된다.

> **판례** 권리의 경합
> ① 계약당사자 사이에서 일방 당사자의 잘못으로 인해 상대방 당사자가 계약을 취소하거나 불법행위로 인한 손해배상을 청구할 수 있는 경우 계약 취소로 인한 부당이득반환청구권과 불법행위로 인한 손해배상청구권은 동일한 경제적 급부를 목적으로 경합하여 병존하게 되고, 특별한 사정이 없는 한 어느 하나의 청구권이 만족을 얻어 소멸하면 그 범위 내에서 다른 나머지 청구권도 소멸하는 관계에 있다(92다56087).
> ② 매매의 목적물에 하자가 있는 경우 매도인의 하자담보책임과 채무불이행책임은 별개의 권원에 의하여 경합적으로 인정된다. 이 경우 특별한 사정이 없는 한 하자를 보수하기 위한 비용은 매도인의 하자담보책임과 채무불이행책임에서 말하는 손해에 해당한다. 따라서 매매목적물인 토지에 폐기물이 매립되어 있고 매수인이 폐기물을 처리하기 위해 비용이 발생한다면 매수인은 그 비용을 민법 제390조에 따라 채무불이행으로 인한 손해배상으로 청구할 수도 있고, 민법 제580조 제1항에 따라 하자담보책임으로 인한 손해배상으로 청구할 수도 있다(2017다202050).

3 법규(법조)의 경합

1. 의의

하나의 생활사실이 수개의 법규가 정하는 요건을 충족하나, 그중의 한 법규가 다른 법규의 적용을 배제하여 원래부터 하나의 권리만 성립하는 것을 말하며, 보통 일반법과 특별법의 관계에서 나타난다.

2. 법규의 경합과 관련된 민법 규정

① 공무원의 불법적인 공권력 행사로 인한 시민의 손해에 대하여 「국가배상법」 제2조와 민법 제756조(사용자의 배상책임)가 경합하면 「국가배상법」만 적용된다.
② 착오로 인한 취소 제도와 매도인의 하자담보책임 제도는 취지가 서로 다르고, 요건과 효과도 구별된다. 따라서 매매계약 내용의 중요부분에 착오가 있는 경우 매수인은 매도인의 하자담보책임이 성립하는지와 상관없이 착오를 이유로 매매계약을 취소할 수 있다(2015다78703).

제5절 권리(사권)의 보호

1 의의

개인의 권리가 침해된 때에는 국가(國家)구제에 의하는 것이 원칙이고, 사력(私力)구제는 예외적인 경우에만 제한적으로 인정된다.

2 국가구제(國家救濟)

1. 재판제도

권리의 내용을 실현할 수 없는 때에 상대방을 피고로 하여 법원에 소송을 제기하고 심리를 거쳐 판결과 그 확정을 기다려 판결로 정한 변제기까지 변제하지 않을 경우 강제집행 절차를 거쳐 구제받아야 한다.

2. 재판 외 분쟁해결제도(ADR; Alternative Dispute Resolution)

(1) 의의

재판을 통한 소송에 의한 경우 권리보호가 확실하다는 장점이 있는 반면에, 소송비용의 과다·소송의 지연·복잡한 절차 등 단점이 있게 되어 일반인 등이 분쟁해결의 수단으로 이용하기에는 어려움이 있다. 이러한 소송을 통한 해결수단을 간소화한 해결방법을 재판 외 분쟁해결제도라고 한다.

(2) 종류

① **화해**: 당사자간의 협상에 의한 화해·민법상의 화해계약에 의한 화해·「민사소송법」의 재판상 화해(제소 전 화해, 소송상 화해)가 있다.
② **알선**: 제3의 전문가에 의한 우호적인 해결을 말한다.
③ **조정**: 법관과 특별한 지식·경험이 있는 자로 구성되는 조정위원회가 분쟁당사자간의 분쟁을 합리적으로 해결해 나가는 절차를 말한다. 이러한 조정에는 법원의 민사조정(조정판사 및 조정위원으로 구성, 일방적 신청·직권조정이 가능)과 특별법상의 조정(개인정보, 금융분쟁, 무역분쟁 등)이 있다.
④ **중재**: 분쟁당사자의 합의(중재계약)에 따라 분쟁에 관한 판단을 법원이 아닌 제3자(중재인 또는 중재기관)에게 맡겨 그 판단에 복종함으로써 분쟁을 해결하는 방법을 말한다.

(3) 장·단점

권리침해에 대한 구제의 신속성·저렴성 및 법원의 업무부담 경감 등은 장점이라 할 수 있으나, 스스로의 권리를 적당한 합의를 통해 포기하는 등 시민의 자주적 권리의식이 저하·훼손될 우려가 있다.

3 사력구제(私力救濟)

1. 정당방위(正當防衛 - 제761조 제1항)

(1) 의의

① 타인의 불법행위에 대하여 자기 또는 제3자의 이익을 방위하기 위하여 부득이 타인에게 손해를 가하는 행위를 정당방위라 한다.
② 정당방위로 상대방에게 손해가 발생한 경우에 정당방위를 한 자는 그 손해를 배상할 책임이 없다.

(2) 손해배상책임

정당방위에 의한 가해행위는 그 위법성이 조각되어 불법행위가 되지 않고, 따라서 가해자는 손해배상책임을 지지 않는다.

2. 긴급피난(緊急避難 – 제761조 제2항)

(1) 의의

① 자신에게 닥친 급박한 위난을 피하기 위하여 부득이 타인에게 가해행위를 하는 것을 긴급피난이라 한다.
② 긴급피난으로 말미암아 상대방에게 손해가 발생한 경우에 그 행위를 한 자는 그 손해를 배상할 책임이 없다.

(2) 손해배상책임

긴급피난의 손해배상에 관하여는 불법행위에 관한 규정을 준용한다.

3. 자력구제(自力救濟)

① 사권(私權)을 실현하기 위하여 국가기관의 협력을 기다릴 여유가 없는 경우에 권리자가 자력으로 실현하는 행위이다.
② 정당방위나 긴급피난은 현재의 침해에 대한 방위수단인 데 반하여, 자력구제는 주로 과거의 침해에 대한 회복이라는 데에 차이가 있다.
③ 자력구제는 이를 인정하지 않으면 후일 국가의 보호가 불가능 또는 현저히 곤란하게 되는 경우가 아니면 허용되지 않는다. 즉, 권리의 보호는 공권력의 주체로서의 국가에 구하는 것이 원칙이다.
④ 우리 민법에서는 점유권에 관해서만 자력방위권과 자력탈환권 등의 자력구제를 규정하고 있다(제209조).

CHAPTER 02 OX문제로 완벽 복습

01 채권자취소권은 법원의 판결에 의하여 효력이 발생하는 권리이다. (O | X)

02 대금감액청구권, 지상권소멸청구권, 지상물매수청구권, 계약갱신청구권, 소유물반환청구권 등은 형성권에 해당한다. (O | X)

03 본인의 지위를 상속한 무권대리인은 본인의 지위에서 자신의 무권대리행위의 무효를 주장하고 추인을 거절할 수 있다. (O | X)

04 아파트분양자는 아파트단지 인근에 쓰레기매립장 또는 공동묘지가 설치되어 있다는 사실을 알았다면 이를 고지할 신의칙상의 의무가 있다. (O | X)

05 매매계약 체결 후 수년이 지났고 가격이 올랐다는 사정이 있다 하여도 계약을 해제할 만한 사정변경이 있다고 볼 수 없다. (O | X)

정답

01 O 02 ×(계약의 갱신청구권은 청구권이고, 소유물반환청구권은 물권적 반환청구권으로서 형성권이 아니다) 03 ×(무권대리인이 본인의 지위를 상속한 후 본인의 지위에서 자신의 무권대리행위의 추인을 거절하는 것은 신의칙에 반한다) 04 O
05 O

에듀윌이 너를 지지할게
ENERGY

인생에서 원하는 것을 얻기 위한
첫 번째 단계는
내가 무엇을 원하는지 결정하는 것이다.

– 벤 스타인(Ben Stein)

PART 2

권리의 주체와 객체

CHAPTER 01 자연인
CHAPTER 02 법인
CHAPTER 03 권리의 객체

최근 5개년
평균 출제문항 수 **8.6개**

최근 5개년
평균 출제비중 **21.5%**

PART 2 합격전략

CHAPTER 01 자연인에서는 권리능력, 제한능력자 보호제도, 피성년후견인의 행위능력, 부재자 보호제도, 실종선고 등에서 자주 출제되고, CHAPTER 02 법인에서는 정관의 효력 및 변경요건, 법인의 불법행위능력과 손해배상의 범위 등에서 출제되는 경향을 보였습니다. 또한 CHAPTER 03 권리의 객체에서는 토지와 별개의 부동산, 과실, 종물 등에서 자주 출제되었으므로 유념하여 학습하시기 바랍니다. 빈출 부분을 파악하여 중점적으로 학습하세요.

CHAPTER 01 자연인

회독체크 1 2 3

CHAPTER 미리보기

학습전략

❶ 3~4문항 정도 출제되고 있습니다.
❷ 태아의 권리능력, 제한능력자제도와 제한능력자 상대방보호제도 및 부재자와 실종선고제도 등 전 분야에 걸쳐 출제되는 경향이 있습니다. 전체 내용에 대한 조문 및 판례를 숙지해야 합니다.

학습키워드

- 민법상 능력
- 태아의 권리능력
- 제한능력자제도
- 제한능력자의 상대방 보호
- 민법상 주소
- 부재자의 재산관리제도
- 실종선고제도

제1절 서설

1 권리주체

> **제3조 【권리능력의 존속기간】** 사람은 생존한 동안 권리와 의무의 주체가 된다.
> **제34조 【법인의 권리능력】** 법인은 법률의 규정에 좇아 정관으로 정한 목적의 범위 내에서 권리와 의무의 주체가 된다.

① 권리능력을 갖는 자를 권리주체라고 한다.
② 민법상 권리의 주체는 오직 인(人)밖에 없고, 권리의 주체로서 인(人)은 자연인(自然人)과 법인(法人)으로 나뉜다[인(人) 이외의 권리주체는 인정하지 않는다].

2 민법상 능력

1. 권리능력

(1) 권리능력의 의의

① 권리능력이란 권리와 의무의 주체가 될 수 있는 추상적인 자격 또는 지위를 말한다.
② 이러한 권리능력을 가지는 자는 권리주체 또는 권리능력자라고 하며, 권리와 의무는 동전의 양면과 같은 등가적 가치를 갖는 것으로서 권리능력은 곧 의무능력이라 할 수 있다.

(2) 민법상 능력에 관한 규정은 모두 강행규정으로 당사자의 합의에 의하여 그 능력의 제한이나 포기는 허용되지 않고, 다른 사람에게 양도할 수 없다.

(3) 권리능력 없는 자 명의의 법률행위는 절대적으로 무효가 된다.

2. 의사능력

① 의사능력이란 자기 행위의 의미나 결과를 정상적인 인식력과 예기력을 바탕으로 합리적으로 판단할 수 있는 정신적 능력이나 지능을 말한다.
② 의사능력에 관하여 민법에는 아무런 규정이 없으나 의사무능력자의 행위는 절대적으로 무효이다. 다만, 의사무능력을 이유로 법률행위의 무효를 주장하는 측은 그에 대하여 증명책임을 부담한다(2022다261237).
③ 의사능력 유무는 구체적인 법률행위와 관련하여 개별적으로 판단해야 하고, 특히 어떤 법률행위가 일상적인 의미만을 이해해서는 알기 어려운 특별한 법률적 의미나 효과가 부여되어

있는 경우 의사능력이 인정되기 위해서는 그 행위의 일상적인 의미뿐만 아니라 법률적인 의미나 효과에 대해서도 이해할 수 있어야 한다(2019다213344).
④ 제한능력자의 책임을 제한하는 민법 제141조 단서는 부당이득에 있어 수익자의 반환범위를 정한 민법 제748조의 특칙으로서 제한능력자의 보호를 위해 그 선의·악의를 묻지 아니하고 반환범위를 현존 이익에 한정시키려는 데 그 취지가 있으므로, 의사능력의 흠결을 이유로 법률행위가 무효가 되는 경우에도 유추적용되어야 할 것이나, 법률상 원인 없이 타인의 재산 또는 노무로 인하여 이익을 얻고 그로 인하여 타인에게 손해를 가한 경우에 그 취득한 것이 금전상의 이득인 때에는 그 금전은 이를 취득한 자가 소비하였는가의 여부를 불문하고 현존하는 것으로 추정되므로, 위 이익이 현존하지 아니함은 이를 주장하는 자, 즉 의사무능력자 측에 입증책임이 있다(2008다58367-일부수정).

3. 행위능력

① 행위능력이란 행위자가 단독으로 유효한 법률행위를 할 수 있는 지위 내지 자격을 말하며, 민법상 단순히 제한능력자라 할 경우 행위능력이 부족한 것을 의미한다.
② 행위능력은 의사능력을 전제로 하여 의사능력과 책임능력을 일정한 기준(연령 또는 법원의 심판)에 따라 객관화·획일화한 것으로서 민법은 행위능력자에 대한 명문의 규정은 없고, 제한능력자에 대하여만 규정하고 있다. 민법상 제한능력자에는 미성년자, 피성년후견인, 피한정후견인이 있다.
③ 행위능력자는 권리능력자인 동시에 의사능력자이다.
④ 제한능력자의 법률행위는 취소할 수 있는 법률행위이며, 제한능력을 이유로 취소할 경우 그 효과는 절대적이다.

4. 책임능력

① 책임능력이란 불법행위의 결과 발생한 책임을 판단할 수 있는 정신능력을 말한다. 법률행위의 영역에서 의사능력의 문제가 불법행위 영역에서는 책임능력의 문제가 된다.
② 책임능력의 존부에 대하여도 개별적으로 판단하는바, 민사에 관하여 판례는 대체로 만 13세 이상이면 책임능력이 있다고 판단한다. 책임무능력자는 불법행위에 대하여 책임을 지지 않으며(제753조, 제754조), 책임무능력자의 행위에 대해서는 감독자가 책임을 진다(제755조).
③ 미성년자라도 불법행위능력이 있을 수는 있으나, 불법행위능력이 있는 자라고 하여 반드시 행위능력자는 아니다.

> **참고** 무효와 취소의 이중효
> 동일한 법률행위가 의사무능력자(무효)인 동시에 제한능력자(취소)인 상태에서 이루어진 경우에 표의자는 어느 쪽이든 그 요건을 증명해서 이를 선택적으로 주장할 수 있다.

제2절 자연인

1 자연인의 권리능력

1. 권리능력의 존속기간

> **제3조【권리능력의 존속기간】** 사람은 생존한 동안 권리와 의무의 주체가 된다.

① 민법은 모든 자연인에게 생존하기만 하면 획일적으로 권리능력을 인정하고 있다. 즉, 사람이면 모두 권리능력을 가지며, 그가 생존능력이 있든 없든 관계없이 살아 있는 동안 권리능력을 갖는다.
② **강행규정**: 권리능력에 관한 민법 제3조는 강행규정으로서 사적 자치의 원칙에 의거 그 적용을 배제하거나 제한하는 행위는 허용되지 않는다.

2. 권리능력의 시기

(1) 출생

① 자연인은 출생(出生)한 때에 권리능력을 취득한다. 따라서 모든 사람은 출생과 동시에 당연히 권리능력을 취득하게 된다.
② 출생의 시점에 관하여 태아의 신체가 모체에서 전부 나오는 순간, 즉 '모체로부터 전부 노출된 때'를 출생의 시기로 보는 전부노출설을 취하고 있다(통설).
③ 사람으로 출생하여 일순간이라도 살아 있었다면 성별, 생존능력의 유무, 기형의 여부 등을 가리지 않고 평등하게 권리능력이 인정된다.

(2) 출생의 증명

① 사람이 출생하면 1개월 이내에 출생신고를 하여야 하나, 이때 출생신고는 일정한 사실이 생겼음을 단순히 보고하는 의미의 신고(보고적 신고)에 불과하다.
② 출생신고와 관계없이 출생의 사실로 바로 권리능력을 취득하고, 출생신고로서 가족관계등록부의 기재사실은 출생에 관한 추정적 효력만이 있을 뿐이다.

3. 태아의 권리능력

(1) 태아보호의 필요성

태아가 포태된 상태에서 그 부 또는 모가 사망한 경우 출생하지 않은 태아는 먼저 출생한 형제들과의 관계에서 불평등한 결과를 맞이할 수 있다.

(2) 태아보호에 관한 입법주의

① **일반적 보호주의**: 태아보호를 위하여 모든 법률관계에 있어서 태아를 이미 출생한 것으로 보아 태아에게 자연인과 동일한 권리능력을 인정하는 것으로 태아의 보호에 충실하다는 장점이 있다.

② **개별적 보호주의**
  ㉠ 일반적 보호주의와 달리 주요한 법률관계에 대하여 특별히 태아를 보호하고자 하는 개별규정이 존재하는 경우에 한하여 태아를 출생한 것으로 보는 것으로 독일, 프랑스, 일본 민법이 이를 택하고 있다.
  ㉡ 개별적 보호주의는 적용범위가 명확하다는 장점은 있으나, 태아의 보호가 충분치 않다는 단점이 있다.

(3) 우리 민법의 태도(개별적 보호주의)

우리 민법은 개별적 보호주의를 취하여 "~에 있어서 태아는 출생한 것으로 본다."라는 명문의 태아보호규정이 있는 경우에 한하여 태아의 권리능력을 인정한다.

(4) 민법상의 태아를 보호하는 개별적 규정

① **불법행위에 기한 손해배상청구**(제762조): 태아에 대한 불법행위로 인하여 태아에게 발생한 재산적, 정신적 손해(예 태아 자신이 불법행위에 의한 피해자가 되는 경우, 예를 들면 임산부에 대한 물리적 충격, 잘못된 약품투여로 기형을 가지고 태어남에 따라 장차 입게 되는 손해의 경우, 직계존속의 생명침해에 대하여 태아 자신이 위자료를 청구하는 경우)에 대한 손해배상청구권을 인정한다.

② **상속**(相續) **및 대습상속·유류분**: 태아는 상속순위에 관하여 이미 출생한 것으로 본다(제1000조 제3항). 이에 관하여 대습상속(제1001조)·유류분(제1112조)에 대해서도 태아의 권리능력을 인정한다.

③ **유증**(遺贈; 제1064조): 유증에 관해서도 태아는 이미 출생한 것으로 본다(제1064조, 제1000조 제3항).

④ **사인증여**(死因贈與) - 판례와 다수설의 태도가 다르다.
  ㉠ 판례 : 유증능력에 관한 규정은 단독행위임을 전제로 한 것이므로 계약인 사인증여에는 준용되지 않으며, 또한 유증에 의해서도 충분히 목적을 달성할 수 있으므로 그 권리능력을 부정한다.
  ㉡ 다수설 : 유증에 있어서 태아에게 권리능력이 인정되고, 사인증여에 관해서는 유증규정을 준용(제562조)하므로 사인증여의 경우에도 태아의 권리능력을 인정할 수 있다.

⑤ **인지청구권과 부양청구권 및 증여의 수증능력 부정**
  ㉠ **인지(認知)청구권**: 태아는 부(父)에 대하여 인지청구를 할 수 없다(判). 그러나 태아의 부(父)는 포태 중인 자(子)인 태아에 대하여도 인지할 수 있다(제858조).
  ㉡ **부양청구권**: 태아의 권리능력으로 인정되지 않는다.
  ㉢ **증여의 수증능력**: 증여는 계약이므로 태아의 권리능력으로 인정되지 않는다. 그 결과 태아인 동안에 법정대리인에 의한 수증도 불가능하다(判).

(5) "~에 있어서 태아는 출생한 것으로 본다."에 관하여 태아의 권리능력의 행사시점에 관한 학설의 대립

① **정지조건설**(판례)
  ㉠ 태아의 보호보다 거래의 안전을 보다 중시하여 태아상태에서 사건이 발생한 경우, 태아로 있는 동안은 아직 권리능력을 인정하지 않으므로, 태아가 살아서 출생한 경우 권리능력 취득의 효과가 문제의 사건이 발생한 시기(즉, 불법행위 시 또는 상속개시 시)까지 소급해서 생긴다고 보는 견해이다.
  ㉡ 정지조건설에 의하면 태아인 동안에는 법정대리인이 있을 수 없다.

② **해제조건설**(다수설)
  ㉠ 거래의 안전보다 태아의 보호에 치중하여 이미 출생한 것으로 보는 각 경우에 있어서 태아는 그 개별적 사항의 범위 내에서 태아인 상태로 제한된 권리능력을 가지며, 사산된 때에는 그 권리능력의 취득의 효과가 과거의 문제의 사건 시까지 소급하여 소멸한다는 견해이다.
  ㉡ 해제조건설에 의하면 태아인 상태에서도 손해배상청구권을 행사할 수 있으므로 그 손해배상을 청구하기 위한 법정대리인의 존재를 인정한다.

③ **양설의 공통점**
  ㉠ 태아는 살아서 출생하여야만 권리능력이 인정될 수 있고, 살아서 출생한 경우 권리능력의 취득시기는 사건 발생 시로부터 인정된다.
  ㉡ 태아가 사산된 때에는 어느 설에 의하든 권리능력이 인정될 여지가 없게 된다.

> **판례** 태아의 권리능력
> ① 태아가 특정한 권리에 있어서 이미 태어난 것으로 본다는 것은 출생한 때에 출생시기가 문제의 사건 발생 시까지 소급하여 그 때에 태아가 출생한 것과 같이 법률상 보아준다고 해석하여야 상당하므로 그가 모체와 같이 사망하여 출생의 기회를 못 가진 이상 배상청구권을 논할 여지가 없다(76다1365).
> ② 교통사고의 충격으로 태아가 조산되고 또 그로 인하여 제대로 성장하지 못하고 사망하였다면, 위 불법행위는 한편으로 산모에 대한 불법행위인 동시에 한편으로는 태아 자신에 대한 불법행위라고 볼 수 있으므로 따라서 죽은 아이는 생명침해로 인한 재산상 손해배상청구권이 있다(67다2869).

③ 태아도 손해배상청구권에 관하여는 이미 출생한 것으로 보는바, 부(父)가 교통사고로 상해를 입을 당시 태아가 출생하지 아니하였다고 하더라도, 그 뒤에 출생한 이상 부(父)의 부상으로 인하여 입게 될 정신적 고통에 대한 위자료를 청구할 수 있다(93다4663).
④ 증여에 관하여는 태아의 수증능력이 인정되지 아니하였고, 또 태아인 동안에는 법정대리인이 있을 수 없으므로 법정대리인에 의한 수증행위도 할 수 없다(81다534).
⑤ 태아를 피보험자로 하는 상해보험계약은 유효이며 출생 전 태아가 보험기간 개시 후 위 보험계약에서 정한 우연한 사고로 상해를 입은 경우, 보험기간 중에 발생한 보험사고에 해당한다(2016다211224).

4. 외국인의 권리능력(권리능력의 범위)

(1) 권리능력 평등의 원칙

① 외국인도 내국인과 같이 평등하게 권리능력을 갖는다.
② 「헌법」 제6조 제2항은 외국인의 법적 지위를 국제법과 조약의 범위 내에서 보장할 것을 규정하고 있어서 원칙적으로 외국인도 내국인과 동등한 권리능력을 갖는다.

(2) 외국인의 권리능력에 대한 제한

① **절대적 제한**: 항공기의 소유권 및 항공운송사업(항공사업법), 선박의 소유 및 도선사가 되는 권리(도선법 제6조 제1호), 무선기지국의 개설 등
② **상호주의에 의한 제한**: 「부동산 거래신고 등에 관한 법률」 규정에 의한 토지취득 및 각종의 지적재산권, 국가나 지방자치단체를 상대로 한 손해배상청구권, 수산업에 관한 권리 등
③ **국회의 동의나 정부의 허가를 필요로 하는 경우**: '어업권'(수산업법 제5조)
④ **토지 등 부동산 취득**: 관할 시장·군수·구청장에 신고로써 취득 가능

5. 권리능력의 종기

(1) 사망

① 자연인은 사망만이 유일한 권리능력의 소멸사유이다. 자연인은 사망과 동시에 권리능력을 상실하며, 사망하는 순간에 그가 갖는 권리 또는 의무는 상속법이 정하는 바에 따라 상속인에게 이전된다.
② 어느 때를 사망의 시점으로 볼 것인가는 상속과 유언의 효력 발생시기, 생존배우자의 재혼 가능 시점과 관련하여 매우 중요한 문제이다.
③ **통설**: 사람의 호흡과 맥박이 영구적으로 정지한 때를 자연인의 사망시기로 인정하여 권리능력이 소멸한다고 한다(맥박종지설·심박종지설, 심장사설).

(2) 사망신고의 효력

사람이 사망하면 「가족관계의 등록 등에 관한 법률」 소정의 절차에 따라 사망신고를 하여야 한다. 이 신고는 출생신고와 마찬가지로 일정한 사실을 보고하는 성질을 갖고 있으므로 자연인의 권리능력은 사망에 의하여 소멸하는 것이지 '가족관계등록부'에 기재로 소멸되는 것은 아니다.

(3) 사망의 입증곤란을 구제하기 위한 제도

① **동시사망의 추정**(推定)

> **제30조【동시사망】** 2인 이상이 동일한 위난으로 사망한 경우에는 동시에 사망한 것으로 추정한다.

㉠ 2인 이상이 동일한 위난으로 사망한 경우 그 사망 선후를 밝히는 것은 매우 어려운 일이므로 민법은 동일한 위난에 의하여 사망한 경우 동시에 사망한 것으로 추정한다.

㉡ 여러 명의 사람들이 서로 다른 위난으로 사망한 경우에 각각의 위난의 발생시점 및 사망자들의 사망시점의 선후를 구별할 수 없는 때에도 유추적용한다(다수설).

㉢ **추정의 효과**: 동시에 사망한 자 사이에는 상속의 문제는 발생하지 않는다. 다만, 대습상속은 인정한다(判).

㉣ **법률상 추정**: 동시사망의 추정의 법적 성질은 동시사망자 사이의 상속의 문제를 해결하기 위한 '법률상 추정'에 불과하며 '사망한 사실에 대한 추정'은 아니다.

② **실종선고**: 부재자의 생사불명의 상태가 일정기간(5년 또는 1년) 계속된 경우, 가정법원의 선고에 의하여 사망으로 간주되는 제도이다.

③ **인정사망**(認定死亡)

㉠ **의의**: 인정사망이란 수재, 화재, 기타의 사변을 당한 자가 있는 경우 이에 대한 시신의 발견 등 구체적 증거는 없지만 고도의 사망확률이 있는 경우 이를 실종선고의 절차를 밟게 하는 것이 적당하지 않은 경우에 이를 조사한 조사기관이 사망으로 추정되는 자의 시·읍·면의 장에게 사망의 보고를 하여 이를 가족관계등록부에 기재하는 제도를 말한다.

㉡ **사망에 대한 강한 추정적 효력**: 인정사망은 사망이 확실하다고 보여지는 경우, 행정기관의 보고서 등 가족관계등록부상의 사망의 기재를 위한 특별한 절차를 두어 사망에 대한 추정적 효력을 강하게 하는 효과가 있다.

④ 법원은 인정사망이나 실종선고에 의하지 않고 경험칙에 의거하여 사람의 사망사실을 인정할 수 있다.

> **판례** 사망입증곤란에 대한 규제
>
> ① 동시사망의 추정제도의 취지나 대습상속제도의 취지상 동시사망으로 추정되는 경우에 대습상속을 인정하는 것이 합당하다(99다13157).
> ② 민법 제30조에 의하면 2인 이상이 동일한 위난으로 사망한 경우에는 동시에 사망한 것으로 추정하도록

규정하고 있는바, 이 추정은 법률상 추정으로서 이를 번복하기 위해서는 동일한 위난으로 사망하였다는 전제(前提)가 된 사실에 대한 확신을 깨트리는 반증을 제출하거나 또는 각자 다른 시각에 사망하였다는 점에 대하여 법원(法院)에 확신을 줄 수 있는 증거를 제출해야 한다(98다8974).

③ 수난, 전란, 화재 기타 사변에 편승하여 타인의 불법행위로 사망한 경우에 있어서는 확정적인 증거의 포착이 손쉽지 않음을 예상하여 법은 인정사망, 위난실종선고 등의 제도와 그밖에도 보통실종선고제도도 마련해 놓고 있으나 그렇다고 하여 위와 같은 자료나 제도에 의함이 없는 사망사실의 인정을 수소법원이 절대로 할 수 없다는 법리는 없다(87다카2954).

개념적용 문제

민법상 자연인의 능력에 관한 설명으로 옳지 않은 것은? (다툼이 있으면 판례에 따름)

제27회 기출

① 법원은 인정사망이나 실종선고에 의하지 않고 경험칙에 의거하여 사람의 사망사실을 인정할 수 없다.
② 의사능력의 유무는 구체적인 법률행위와 관련하여 개별적으로 판단하여야 한다.
③ 의사무능력을 이유로 법률행위의 무효를 주장하는 자는 의사무능력에 대하여 증명책임을 부담한다.
④ 의사무능력을 이유로 법률행위가 무효로 된 경우, 의사무능력자는 그 행위로 인해 받은 이익이 현존하는 한도에서 상환할 책임이 있다.
⑤ 태아가 불법행위로 인해 사산한 경우, 태아는 가해자에 대하여 자신의 생명침해로 인한 손해배상을 청구할 수 없다.

해설 인정사망이나 실종선고에 의하지 아니하고 법원이 사망사실을 인정할 수 있는지 여부(적극) – 수난, 전란, 화재 기타 사변에 편승하여 타인의 불법행위로 사망한 경우에 있어서는 확정적인 증거의 포착이 손쉽지 않음을 예상하여 법은 인정사망, 위난실종선고 등의 제도와 그밖에도 보통실종선고제도도 마련해 놓고 있으나 그렇다고 하여 위와 같은 자료나 제도에 의함이 없는 사망사실의 인정을 수소법원이 절대로 할 수 없다는 법리는 없다(87다카2954).

정답 ①

---

2 행위능력(行爲能力)

1. 제한능력자제도

(1) 제한능력자제도의 취지

① 제한능력자제도는 의사능력을 객관화한 제도로서 획일적인 법적 기준에 의하여 제한능력자를 정함과 동시에 취소할 수 있는 제한능력자의 행위를 규정하여 거래의 안전보다는 제한능력자 보호를 제1차적 목적으로 하는 제도이다.

② 제한능력자의 법률행위가 취소할 수 있는 행위인 경우 그 법률행위 시 제한능력자에게 의사능력이 있었는지 여부를 불문하고 제한능력을 이유로 그의 법률행위를 취소할 수 있고, 그 취소의 효력은 절대적이다.

(2) 강행규정

제한능력자제도에 관한 민법 규정은 강행규정으로서 당사자의 의사로서 달리 정할 수 없다.

(3) 민법상 제한능력자제도와 적용범위

① **민법상 제한능력자의 유형**
  ㉠ **미성년자**(제4조): 19세가 되지 않은 자
  ㉡ **피성년후견인**(제9조): 질병, 장애, 노령, 그 밖의 사유로 인한 정신적 제약으로 사무를 처리할 능력이 지속적으로 결여된 사람에 대하여 청구권자의 청구에 의하여 가정법원으로부터 성년후견개시의 심판을 받은 자
  ㉢ **피한정후견인**(제12조): 질병, 장애, 노령, 그 밖의 사유로 인한 정신적 제약으로 사무를 처리할 능력이 부족한 사람으로서 청구권자의 청구에 의하여 가정법원으로부터 한정후견개시의 심판을 받은 자

> **참고 법정후견제도**
>
> 1. **피성년후견인(제9조)**: 질병, 장애, 노령, 그 밖의 사유로 인한 정신적 제약으로 사무를 처리할 능력이 지속적으로 결여된 사람에 대하여 청구권자의 청구에 의하여 가정법원으로부터 성년후견개시의 심판을 받은 자
> 2. **피한정후견인(제12조)**: 질병, 장애, 노령, 그 밖의 사유로 인한 정신적 제약으로 사무를 처리할 능력이 부족한 사람으로서 청구권자의 청구에 의하여 가정법원으로부터 한정후견개시의 심판을 받은 자
> 3. **피특정후견인(제14조의2)**: 질병, 장애, 노령, 그 밖의 사유로 인한 정신적 제약으로 일시적 후원 또는 특정한 사무에 관한 후원이 필요한 사람에 대하여 청구권자의 청구에 의하여 가정법원으로부터 특정후견의 심판을 받은 자

② **적용범위**
  ㉠ 제한능력자제도는 '재산상의 법률행위'에 대해서만 적용된다. 따라서 의사표시를 요소로 하지 않는 사실행위, 그리고 불법행위에는 적용되지 않는다.
  ㉡ 가족법상 행위는 그에 관한 별도의 규정이 마련되어 있으므로 원칙적으로 적용되지 않는다.
  ㉢ 제한능력자제도는 제한능력자의 재산보호가 근본목적이므로 재산이 없는 제한능력자가 재산을 얻기 위하여 법률행위를 하는 경우 그를 보호하기 위한 특별 규정이 필요하다(사회정책적 특별입법 등).

2. 미성년자

(1) 개념

① **성년기**

> **제4조 【성년】** 사람은 19세로 성년에 이르게 된다.

㉠ 민법은 19세를 기준으로 성년기를 정하고 19세에 달하지 아니한 자를 미성년자로 하여 제한능력자로 정하고 있다.

㉡ 이러한 기준은 획일적·객관적으로 정하여지며 연령은 출생일을 산입하여 역(曆)에 의하여 계산하고, 실제 출생일을 기준으로 한다.

② **성년의제**(成年擬制)

> **제826조의2 【성년의제】** 미성년자가 혼인을 한 때에는 성년자로 본다.

㉠ 미성년자라 하더라도 18세에 달한 경우 부모의 동의를 얻어 혼인을 할 수 있는데(제807조), 혼인을 한 경우에는 이를 성년자로 봄으로써 부모의 친권에서 벗어나 완전한 행위능력자로서 독자적이고 유효한 법률행위를 할 수 있도록 하고 있다.

㉡ 이때 혼인이라 함은 법률혼만을 말하는 것이며, 사실혼에 의한 성년의제는 인정되지 않는다.

㉢ 성년의제에 의한 효과는 민법상의 법률행위에 한정되며, 「청소년 보호법」 등과 같은 공법상 분야에는 적용되지 않는다.

㉣ 성년의제를 받은 자가 성년이 되기 전에 이혼을 하거나 혼인이 취소된 경우에도 성년의제의 효과에는 변동이 없다.

(2) 미성년자의 행위능력

> **제5조 【미성년자의 능력】** ① 미성년자가 법률행위를 함에는 법정대리인의 동의를 얻어야 한다. 그러나 권리만을 얻거나 의무만을 면하는 행위는 그러하지 아니하다.
> ② 전항의 규정에 위반한 행위는 취소할 수 있다.
>
> **제140조 【법률행위의 취소권자】** 취소할 수 있는 법률행위는 제한능력자, 착오로 인하거나 사기·강박에 의하여 의사표시를 한 자, 그의 대리인 또는 승계인만이 취소할 수 있다.

① **원칙**

㉠ 미성년자가 법률행위를 함에는 법정대리인의 동의를 얻어야 하며, 이에 위반한 행위는 미성년자 본인이나 법정대리인이 취소할 수 있다.

ⓛ 제한능력을 이유로 한 취소는 절대적이므로 이후의 법률관계는 모두 소급해서 무효가 되며 그 법률행위의 내용에 따른 급부가 이행 전이면 이행할 필요 없고, 이미 이행이 되었다면 이는 부당이득으로서 반환해야 한다.
　　ⓒ 그 반환범위에 대하여 제한능력자는 언제나 현존이익만 반환하면 된다.
　　ⓔ 미성년자가 법정대리인의 동의를 얻어서 한 법률행위는 유효로서 취소할 수 없게 된다.
　　ⓜ 법정대리인의 동의는 미성년자에게 하거나 그 상대방에게 해도 그 효과는 동일하고, 동의 방식에 일정한 형식을 요구하지 않으므로 명시적·묵시적 모두 가능하다.
　　ⓗ 법정대리인의 동의 유무에 대한 입증책임: 제한능력자 측의 취소권 행사를 저지하고자 하는 상대방이 '법정대리인의 동의 있음'을 입증하여야 한다.

> **참고** 현존이익의 범위
>
> 현존이익이란 원형 그대로 또는 형태를 바꾸어 남아 있는 경우를 말하는데, 물품구입비·치료비·학비·생활비·채무변제에 사용한 경우에는 이익이 현존하는 것으로 보나, 음주도박 등 사행행위, 영화감상 등 오락에 사용한 경우에는 이익이 현존하지 않는 것으로 본다. ⇨ 미성년자 스스로 현존이익 없음을 증명하여야 한다.

　② 예외적으로 미성년자가 법정대리인의 동의 없이도 단독으로 완전한 법률행위를 할 수 있는 행위(취소할 수 없는 행위)도 있다. 하지만 이 경우에도 의사능력은 있어야 한다.
　　㉠ 단순히 권리만을 얻거나 의무만을 면하는 행위(제5조 제1항)
　　　ⓐ 권리만을 얻는 행위: 부담 없는 증여를 받는 행위, 제3자를 위한 계약에 있어서 부담 없는 수익의 의사표시 등은 미성년자가 법정대리인의 동의를 얻지 않아도 단독으로 유효하게 할 수 있고, 그 행위는 취소할 수 없는 행위가 된다.
　　　ⓑ 의무만을 면하는 행위: 무상임치물의 반환, 채무면제를 받는 것 등과 같은 행위도 미성년자가 법정대리인의 동의 없이 단독으로 유효하게 할 수 있다. 즉, 미성년자가 법정대리인의 동의 없이 의무만을 면하는 행위를 한 경우에도 제한능력을 이유로 취소할 수 없다.
　　　ⓒ 그러나 **부담부 증여**를 받는 행위, 상속의 포기·승인, 경제적으로 유리한 매매계약, 채무의 변제를 수령하는 행위, 증여받기로 한 계약의 해제 등은 권리를 얻는 대신 소정의 의무를 부담하므로 법정대리인의 동의가 필요하다.
　　㉡ '범위를 정하여' 처분이 허락된 재산의 처분행위

> **제6조【처분을 허락한 재산】** 법정대리인이 범위를 정하여 처분을 허락한 재산은 미성년자가 임의로 처분할 수 있다.

　　　ⓐ 여기에서 범위란 '재산의 양적 범위'를 의미한다. 따라서 법정대리인이 사용목적을 정한 경우에도 미성년자가 그 목적과 관계없이 처분할 수 있고, 그 처분행위는 유효한 행위가 된다.

ⓑ 예를 들면, 학원비 명목으로 부모로부터 받은 금전으로 미성년자가 옷이나 기타 소비품을 구입한 경우에도 그 처분행위는 유효하므로 제한능력을 이유로 취소할 수 없다.
　　ⓒ '재산의 범위'를 정하여 재산처분을 허락하는 경우에도 '전 재산의 처분' 등과 같은 제한능력자 보호제도의 본질에 반할 정도의 포괄적인 처분을 허락하는 것은 허용되지 않는다.
　　ⓓ 법정대리인이 미성년자에게 재산처분을 허락한 경우에도 그 재산처분에 관하여 법정대리인의 대리권이 소멸하는 것은 아니므로 법정대리인이 미성년자에게 재산의 처분을 허락한 이후 그 재산을 법정대리인이 대리행위로서 처분하는 것도 가능하다.
　　ⓔ 여기서 처분이란 사용·수익도 포함되고, 또한 허락된 재산의 처분행위를 통해 취득한 재산을 미성년자가 다시 처분하거나 이용하고자 할 때 법정대리인의 허락을 다시 받을 필요는 없고, 미성년자가 단독으로 처분 또는 이용할 수 있다.
　ⓒ 영업의 허락을 받은 미성년자의 그 영업에 관한 행위

> **제8조【영업의 허락】** ① 미성년자가 법정대리인으로부터 허락을 얻은 특정한 영업에 관하여는 성년자와 동일한 행위능력이 있다.
> ② 법정대리인은 전항의 허락을 취소 또는 제한할 수 있다. 그러나 선의의 제3자에게 대항하지 못한다.

　　ⓐ 영업이란 영리를 목적으로 하는 모든 형태의 계속적 사업을 말한다.
　　ⓑ 법정대리인은 모든 종류의 영업을 허락할 수는 있으나, 반드시 종류를 특정하여야 한다. 다만, 미성년자의 법정대리인 중 미성년후견인이 영업을 허락하는 등의 특정한 행위를 하는 경우 후견감독인의 동의를 요한다.
　　ⓒ 영업의 종류를 특정하였다면 여러 개의 영업 허락은 가능하나, 모든 종류의 영업을 허락하는 행위는 미성년자 보호 취지에 반하므로 이는 허용되지 않는다.
　　ⓓ 허락된 여러 개의 영업 중 일부를 제한하는 것은 가능하나, 하나의 영업 중 일부를 제한하거나 부분적인 허락은 허용되지 않는다.
　　ⓔ 허락받은 영업의 범위 내에서 미성년자는 성년자와 동일한 행위능력을 갖게 되며, 그 범위 내에서 법정대리인의 대리권은 소멸하고, 미성년자는 그 영업의 영위를 위하여 직·간접적으로 필요한 모든 행위를 단독으로 유효하게 할 수 있다(예 영업을 위한 대출, 점포의 구입 및 임대차, 영업과 관련한 소송행위 등).
　ⓔ **대리행위**(제117조): 대리인은 행위능력자임을 요하지 않는다. 그러므로 미성년자가 타인의 대리인 자격으로 한 법률행위는 본인은 물론 대리인인 미성년자 측에서도 취소할 수 없는 유효한 행위가 된다.
　ⓜ **유언행위**(제1061조): 미성년자도 17세가 되면 단독으로 유언할 수 있다.
　ⓗ 법정대리인의 허락을 얻어 「상법」상 무한책임사원이 된 미성년자가 그 사원자격에 기한 행위(상법 제7조)

ⓐ 근로계약과 임금청구: 「근로기준법」 제67조, 제68조
ⓐ 미성년자 스스로 근로제공의 의무를 부담하기로 하는 근로계약은 법정대리인이 대리하여 체결할 수 없고, 미성년자가 단독으로 체결하여야 한다.
ⓑ 미성년자가 근로 제공 후 그 근로의 대가로서 취득한 임금도 미성년자가 단독으로 청구할 수 있고, 그 임금을 받기 위한 소송도 미성년자가 단독으로 할 수 있다.
❍ 임금청구소송이 제기된 경우 미성년자도 그 소송의 직접당사자가 될 수 있다.
ⓒ 임금의 처분: 미성년자가 근로의 대가로 취득한 임금을 처분하는 행위는 법정대리인의 동의가 필요하지만, 그 처분행위에 대하여 법정대리인의 묵시적 동의가 있는 것으로 보아 미성년자가 단독으로 유효하게 처분할 수 있다(判).

> **판례** **미성년자의 행위능력**
>
> ① 미성년자는 원칙적으로 법정대리인에 의하여서만 소송행위를 할 수 있으나 미성년자 자신의 노무제공에 따른 임금의 청구는 「근로기준법」 제54조의 규정에 의하여 미성년자가 독자적으로 할 수 있다(80다3149).
> ② 미성년자인 혼인 외의 자를 생부가 인지를 함으로써 청구인의 친권자가 되어 법정대리인이 된다 하더라도 생부가 자신을 부양하고 있지 않은 그 부양료를 생부에게 직접 청구할 수 있다(72므5).
> ③ 미성년자가 월 소득범위 내에서 신용구매계약을 체결한 사안에서 스스로 얻고 있던 소득에 대하여는 법정대리인의 묵시적 처분허락이 있었다고 보아 위 신용구매계약은 처분허락을 받은 재산범위 내의 처분행위에 해당한다(2005다71659).

③ **동의와 허락의 취소 또는 제한**
㉠ 법정대리인은 미성년자가 아직 법률행위를 하기 전에는 그가 해 준 법률행위에 대한 동의(제5조)나 재산처분의 허락(제6조)을 취소할 수 있다(제7조).
㉡ 법정대리인은 그가 해 준 영업의 허락을 취소 또는 제한할 수 있다(제8조 제2항). 여기서의 취소도 철회를 의미한다.
ⓐ 영업의 제한이란 허락하였던 여러 개의 영업 중에서 그 일부를 금하는 것이며, 그 법적 성질은 일부철회이다.
ⓑ 미성년자의 법정대리인이 후견인인 경우에 영업의 허락을 하거나, 그 허락을 취소 또는 제한하려면 미성년후견감독인의 동의가 필요하다(제945조).
㉢ 이 경우 "취소할 수 있다."라고 하지만 그 취소로써 소급효를 인정할 수 없으므로 철회의 의미로 해석한다(보정해석).
㉣ 미성년자가 하는 법률행위에 대한 법정대리인의 동의 또는 미성년자에게 하였던 영업허락에 대한 법정대리인의 취소나 영업제한의 의사표시는 그 동의나 허락을 받은 미성년자 또는 그 상대방에 대하여 할 수 있으며, 법정대리인이 이러한 취소나 제한을 미성년자에게 한 경우에 이를 가지고 선의의 상대방 기타 제3자에게 대항할 수 없다(제8조 제2항 단서).

| 참고 | 미성년자의 법정대리인 |

1. **미성년자의 법정대리인**
   ① 친권자
      ㉠ 친권은 부모가 혼인 중인 때에는 부모가 공동으로 이를 행사한다.
      ㉡ 친권을 행사하는 부(父)·모(母)는 제1차적으로 미성년자의 법정대리인이 된다(제911조, 제909조).
   ② 미성년후견인
      ㉠ 지정후견인
         ⓐ 미성년후견인은 미성년자에게 친권자가 없거나, 친권자가 법률행위의 대리권 및 재산관리권을 행사할 수 없는 때(제928조)에 두며, 미성년후견인은 1인을 두어야 한다(제930조).
         ⓑ 미성년자에게 친권을 행사하는 부모는 유언으로 미성년후견인을 지정할 수 있다. 다만, 법률행위의 대리권과 재산관리권이 없는 친권자는 그러하지 아니하다(제931조 제1항).
         ⓒ 가정법원은 미성년후견인이 지정된 경우라도 미성년자의 복리를 위하여 필요하면 생존하는 부 또는 모, 미성년자의 청구에 의하여 후견을 종료하고 생존하는 부 또는 모를 친권자로 지정할 수 있다(제931조 제2항).
      ㉡ 선임후견인(가정법원의 선임) - 제932조
         ⓐ 가정법원은 제931조에 따라 지정된 미성년후견인이 없는 경우에는 직권으로 또는 미성년자, 친족, 이해관계인, 검사, 지방자치단체의 장의 청구에 의하여 미성년후견인을 선임한다. 미성년후견인이 없게 된 경우에도 또한 같다.
         ⓑ 가정법원은 친권상실의 선고나 대리권 및 재산관리권 상실의 선고에 따라 미성년후견인을 선임할 필요가 있는 경우에는 직권으로 미성년후견인을 선임한다.
         ⓒ 친권자가 대리권 및 재산관리권을 사퇴한 경우에는 지체 없이 가정법원에 미성년후견인의 선임을 청구하여야 한다.

2. **법정대리인의 권한**
   ① 동의권
      ㉠ 법정대리인은 미성년자의 법률행위를 완전하게 하기 위하여 동의할 수 있는 권한을 갖는다(제5조 제1항 본문, 제6조, 제8조 제1항).
      ㉡ 동의는 특별한 방식을 필요로 하지 않고 묵시적으로 할 수 있으며, 미성년자 또는 그 상대방에게 할 수 있다.
      ㉢ 미성년자가 법정대리인의 동의를 받아 한 법률행위는 미성년을 이유로 취소할 수 없다.
   ② 대리권
      ㉠ 법정대리인은 미성년자의 재산에 관한 재산상의 법률행위에 대하여 대리할 권한을 갖는다(제920조).
      ㉡ 대리권은 동의나 처분·허락을 해 준 경우에도 행사할 수 있다. 단, 영업의 허락을 한 경우 그 영업에 대해서는 대리권이 없다.
   ③ 취소권: 미성년자가 법정대리인의 동의 없이 한 법률행위를 취소할 수 있다(제5조, 제140조).
   ④ 추인권
      ㉠ 추인이라 함은 취소할 수 있는 행위를 취소하지 않기로 하는 의사표시를 말하며, 취소권의 포기라고 할 수 있다.
      ㉡ 미성년자가 단독으로 한 법률행위는 미성년자 자신이나 그 법정대리인이 취소할 수 있으나, 법정대리인이 추인하면 취소할 수 있는 법률행위는 확정적으로 유효하게 된다.

3. **법정대리권의 제한**
   ① 미성년자의 친권자가 법정대리인인 경우(공동대리)
      ㉠ 친권의 행사는 부모 '공동'으로 하여야 한다(제909조 제2항). 그러므로 미성년자의 법정대리권의 행사는 특별할 정황이 없는 한 부모가 공동으로 하여야 한다.

ⓒ 이에 대하여는 공동대리에 관한 규정이 준용된다. 그러므로 혼인 중의 부모 일방이 단독으로 대리권 또는 동의권을 행사한 경우에는 그 효과는 생기지 않으며, 다만 권한초과의 표현대리에 관한 규정을 준용할 수 있다.
　　　ⓒ 친권자의 동의를 갈음하는 재판: 가정법원은 친권자의 동의가 필요한 행위에 대하여 친권자가 정당한 이유 없이 동의하지 아니함으로써 자녀의 생명, 신체 또는 재산에 중대한 손해가 발생할 위험이 있는 경우에는 자녀, 자녀의 친족, 검사 또는 지방자치단체의 장의 청구에 의하여 친권자의 동의를 갈음하는 재판을 할 수 있다(제922조의2).
　　　② 취소권의 행사: 취소권의 경우에는 공동대리의 제한규정을 적용하지 않고 부모 각자가 단독으로 행사할 수 있다는 견해가 통설이다.
　② 후견인이 법정대리인인 경우(제950조 관련)
　　　③ 미성년후견인은 미성년자의 법정대리인이 된다.
　　　ⓒ 후견감독인의 동의 – 가정법원은 직권으로 미성년후견감독인을 선임할 수 있다.
　　　　ⓐ 후견인이 피후견인을 대리하여 다음의 어느 하나에 해당하는 행위를 하거나 미성년자의 다음의 어느 하나에 해당하는 행위에 동의를 할 때는 후견감독인이 있으면 그의 동의를 받아야 한다.
　　　　　ⅰ) 영업에 관한 행위
　　　　　ⅱ) 금전을 빌리는 행위
　　　　　ⅲ) 의무만을 부담하는 행위
　　　　　ⅳ) 부동산 또는 중요한 재산에 관한 권리의 득실변경을 목적으로 하는 행위
　　　　　ⅴ) 소송행위
　　　　　ⅵ) 상속의 승인, 한정승인 또는 포기 및 상속재산의 분할에 관한 협의
　　　　ⓑ 후견감독인의 동의가 필요한 행위에 대하여 후견감독인이 피후견인의 이익이 침해될 우려가 있음에도 동의를 하지 아니하는 경우에는 가정법원은 후견인의 청구에 의하여 후견감독인의 동의를 갈음하는 허가를 할 수 있다.
　　　　ⓒ 후견감독인의 동의가 필요한 법률행위를 후견인이 후견감독인의 동의 없이 하였을 때에는 피후견인 또는 후견감독인이 그 행위를 취소할 수 있다.
　③ 미성년자 본인의 행위를 목적으로 하는 채무를 부담하는 법률행위(고용, 도급 등)에 있어서는 미성년자 본인의 동의를 얻어야 대리할 수 있다(제920조 단서, 제949조 제2항).
　④ 이해상반행위에 있어서는 가정법원이 선임한 특별대리인이 미성년자를 대리하여야 한다(제921조).
　⑤ 제3자가 미성년자에게 무상증여한 재산에 관하여 법정대리인의 관리권을 배제하는 의사를 표시한 때에는 법정대리인의 대리권이 제한된다(제918조, 제956조).

3. 피성년후견인

제9조【성년후견개시의 심판】 ① 가정법원은 질병, 장애, 노령, 그 밖의 사유로 인한 정신적 제약으로 사무를 처리할 능력이 지속적으로 결여된 사람에 대하여 본인, 배우자, 4촌 이내의 친족, 미성년후견인, 미성년후견감독인, 한정후견인, 한정후견감독인, 특정후견인, 특정후견감독인, 검사 또는 지방자치단체의 장의 청구에 의하여 성년후견개시의 심판을 한다.
② 가정법원은 성년후견개시의 심판을 할 때 본인의 의사를 고려하여야 한다.

(1) 의의

피성년후견인이란 질병, 장애, 노령, 그 밖의 사유로 인한 정신적 제약으로 사무를 처리할 능력이 지속적으로 결여된 사람으로서 가정법원으로부터 성년후견개시 심판을 받은 자이다.

(2) 성년후견개시의 심판

① **실질적 요건**
  ㉠ 질병, 장애, 노령, 그 밖의 사유로 인한 정신적 제약이 있을 것
  ㉡ 사무를 처리할 능력이 지속적으로 결여되어 있을 것
② **형식적 요건**: 청구권자의 청구와 가정법원의 선고
  ㉠ 청구권자
    ⓐ 본인·배우자·4촌 이내의 친족·지방자치단체의 장·검사
    ⓑ 후견인 등: 미성년후견인 및 그 감독인, 한정후견인 및 그 감독인, 특정후견인 및 그 감독인 등
  ㉡ 가정법원의 심판: 가정법원은 성년후견개시의 심판을 할 때 본인의 의사를 고려하여야 한다.

(3) 피성년후견인의 행위와 취소

> **제10조【피성년후견인의 행위와 취소】** ① 피성년후견인의 법률행위는 취소할 수 있다.
> ② 제1항에도 불구하고 가정법원은 취소할 수 없는 피성년후견인의 법률행위의 범위를 정할 수 있다.
> ③ 가정법원은 본인, 배우자, 4촌 이내의 친족, 성년후견인, 성년후견감독인, 검사 또는 지방자치단체의 장의 청구에 의하여 제2항의 범위를 변경할 수 있다.
> ④ 제1항에도 불구하고 일용품의 구입 등 일상생활에 필요하고 그 대가가 과도하지 아니한 법률행위는 성년후견인이 취소할 수 없다.

① **원칙**: 피성년후견인의 법률행위는 취소할 수 있다.
  ㉠ 피성년후견인의 법률행위는 피성년후견인이나 성년후견인이 취소할 수 있다.
  ㉡ 성년후견인은 피성년후견인의 행위에 대한 동의권이 없으므로 피성년후견인이 법정대리인인 성년후견인의 동의를 받아 한 법률행위도 여전히 취소할 수 있다.
② **예외**: 취소할 수 없는 행위
  ㉠ 가정법원은 취소할 수 없는 피성년후견인의 법률행위의 범위를 정할 수 있고, 그 범위 내에서 피성년후견인이 한 법률행위는 피성년후견인·성년후견인 모두 취소할 수 없다.
  ㉡ 피성년후견인의 법률행위 중 일용품의 구입 등 일상생활에 필요하고 그 대가가 과도하지 아니한 법률행위는 성년후견인의 취소권 행사를 제한하고 있다.
  ㉢ 가정법원이 취소할 수 없도록 정한 피성년후견인의 행위의 범위가 불합리하다고 인정되는 경우 본인, 배우자, 4촌 이내의 친족, 성년후견인, 성년후견감독인, 검사 또는 지방자치단체의 장의 청구에 의하여 가정법원은 취소할 수 없는 행위의 범위를 변경할 수 있다.

> **참고** 성년후견인과 성년후견감독인
>
> 1. **성년후견인**
>   ① 가정법원의 성년후견개시심판이 있는 경우에는 그 심판을 받은 사람의 성년후견인을 두어야 한다(제929조).
>   ㉠ 성년후견인은 가정법원이 직권으로 선임한다(제936조 제1항).
>   ㉡ 성년후견인이 선임된 경우에도 필요하다고 인정하면 가정법원은 직권으로 또는 피성년후견인, 친족, 이해관계인, 검사, 지방자치단체의 장 등의 청구권자나 성년후견인의 청구에 의하여 추가로 성년후견인을 선임할 수 있다(제936조 제3항).
>   ㉢ 성년후견인이 사망, 결격, 그 밖의 사유로 없게 된 경우에도 가정법원은 직권으로 또는 피성년후견인, 친족, 이해관계인, 검사, 지방자치단체의 장의 청구에 의하여 성년후견인을 선임한다(제936조 제2항).
>   ㉣ 가정법원이 성년후견인을 선임할 때에는 피성년후견인의 의사를 존중하여야 하며, 그 밖에 피성년후견인의 건강, 생활관계, 재산상황, 성년후견인이 될 사람의 직업과 경험, 피성년후견인과의 이해관계의 유무(법인이 성년후견인이 될 때에는 사업의 종류와 내용, 법인이나 그 대표자와 피성년후견인 사이의 이해관계의 유무를 말한다) 등의 사정도 고려하여야 한다(제936조 제4항).
>   ② 성년후견인은 피성년후견인의 신상과 재산에 관한 모든 사정을 고려하여 여러 명을 둘 수 있다(제930조 제2항).
>   ③ 법인도 성년후견인이 될 수 있다(제930조 제3항).
>   ④ 성년후견인은 피성년후견인의 법정대리인이 된다(제938조).
> 2. **성년후견감독인**
>   ① 후견감독인은 후견인의 사무를 감독하며, 후견인이 없는 경우 지체 없이 가정법원에 후견인의 선임을 청구하여야 한다.
>   ② 후견감독인은 피후견인의 신상이나 재산에 대하여 급박한 사정이 있는 경우 그의 보호를 위하여 필요한 행위 또는 처분을 할 수 있다.
>   ③ 후견인과 피후견인 사이에 이해가 상반되는 행위에 관하여는 후견감독인이 피후견인을 대리한다.

(4) 성년후견종료의 심판

> **제11조 【성년후견종료의 심판】** 성년후견개시의 원인이 소멸된 경우에는 가정법원은 본인, 배우자, 4촌 이내의 친족, 성년후견인, 성년후견감독인, 검사 또는 지방자치단체의 장의 청구에 의하여 성년후견종료의 심판을 한다.

① 성년후견개시의 원인이 소멸된 경우 가정법원은 본인, 배우자, 4촌 이내의 친족, 성년후견인, 성년후견감독인, 검사 또는 지방자치단체의 장의 청구에 의하여 성년후견종료의 심판을 한다.

② 성년후견종료의 심판이 있으면 그때로부터 피성년후견인은 완전한 능력자가 된다.

③ 성년후견종료의 심판은 소급효가 없어, 그 종료심판 전에 이루어진 피성년후견인의 법률행위는 성년후견종료의 심판 후에도 취소권자의 취소권 행사가능기간(제척기간)이 경과하지 않았다면 취소권자는 여전히 제한능력을 이유로 취소할 수 있다.

4. 피한정후견인

> **제12조【한정후견개시의 심판】** ① 가정법원은 질병, 장애, 노령, 그 밖의 사유로 인한 정신적 제약으로 사무를 처리할 능력이 부족한 사람에 대하여 본인, 배우자, 4촌 이내의 친족, 미성년후견인, 미성년후견감독인, 성년후견인, 성년후견감독인, 특정후견인, 특정후견감독인, 검사 또는 지방자치단체의 장의 청구에 의하여 한정후견개시의 심판을 한다.
> ② 한정후견개시의 경우에 제9조 제2항을 준용한다.

(1) 의의

피한정후견인이란 질병, 장애, 노령, 그 밖의 사유로 인한 정신적 제약으로 사무를 처리할 능력이 부족한 사람으로서 청구권자의 청구에 의하여 가정법원으로부터 한정후견의 심판을 받은 자를 말한다.

(2) 한정후견개시 심판의 요건

① **실질적 요건**: 질병, 장애, 노령, 그 밖의 사유로 인한 정신적 제약으로 사무를 처리할 능력이 부족한 사람
② **형식적 요건**: 청구권자의 청구와 가정법원의 심판
  ㄱ 청구권자
    ⓐ 본인·배우자·4촌 이내의 친족·지방자치단체의 장·검사
    ⓑ 후견인 등: 미성년후견인 및 그 감독인, 성년후견인 및 그 감독인, 특정후견인 및 그 감독인 등
  ㄴ 가정법원의 심판: 가정법원은 한정후견개시의 심판을 할 때 본인의 의사를 고려하여야 한다.

(3) 피한정후견인의 행위능력

> **제13조【피한정후견인의 행위와 동의】** ① 가정법원은 피한정후견인이 한정후견인의 동의를 받아야 하는 행위의 범위를 정할 수 있다.
> ② 가정법원은 본인, 배우자, 4촌 이내의 친족, 한정후견인, 한정후견감독인, 검사 또는 지방자치단체의 장의 청구에 의하여 제1항에 따른 한정후견인의 동의를 받아야만 할 수 있는 행위의 범위를 변경할 수 있다.
> ③ 한정후견인의 동의를 필요로 하는 행위에 대하여 한정후견인이 피한정후견인의 이익이 침해될 염려가 있음에도 그 동의를 하지 아니하는 때에는 가정법원은 피한정후견인의 청구에 의하여 한정후견인의 동의를 갈음하는 허가를 할 수 있다.
> ④ 한정후견인의 동의가 필요한 법률행위를 피한정후견인이 한정후견인의 동의 없이 하였을 때에는 그 법률행위를 취소할 수 있다. 다만, 일용품의 구입 등 일상생활에 필요하고 그 대가가 과도하지 아니한 법률행위에 대하여는 그러하지 아니하다.

① **후견인의 동의**: 피한정후견인의 법률행위 중 한정후견인의 동의가 필요한 법률행위를 피한정후견인이 한정후견인의 동의 없이 하였을 때에는 그 법률행위를 취소할 수 있다.

② **후견인의 동의가 필요한 행위의 범위**
  ㉠ 가정법원은 피한정후견인이 한정후견인의 동의를 받아야 하는 행위의 범위를 정할 수 있다.
  ㉡ 가정법원은 본인, 배우자, 4촌 이내의 친족, 한정후견인, 한정후견감독인, 검사 또는 지방자치단체의 장의 청구에 의하여 한정후견인의 동의를 받아야만 할 수 있는 행위의 범위를 변경할 수 있다.
  ㉢ 한정후견인의 동의를 필요로 하는 행위에 대하여 한정후견인이 피한정후견인의 이익이 침해될 염려가 있음에도 그 동의를 하지 아니하는 때에는 가정법원은 피한정후견인의 청구에 의하여 한정후견인의 동의를 갈음하는 허가를 할 수 있다.

③ **피한정후견인이 그 후견인의 동의 없이 할 수 있는 행위**: 일용품의 구입 등 일상생활에 필요하고 그 대가가 과도하지 아니한 법률행위는 피한정후견인이 한정후견인의 동의 없이도 할 수 있으므로 이러한 행위를 피한정후견인이 한정후견인의 동의 없이 한 경우에도 한정후견인은 물론 피한정후견인 스스로도 취소할 수 없다.

> **참고** 한정후견인
>
> 1. 가정법원의 한정후견개시의 심판이 있는 경우에는 그 심판을 받은 사람의 한정후견인을 두어야 한다.
> 2. 한정후견인은 피한정후견인의 신상과 재산에 관한 모든 사정을 고려하여 여러 명을 둘 수 있다(성년후견인에 관한 사항 준용).
> 3. 법인도 한정후견인이 될 수 있다(성년후견인에 관한 사항 준용).
> 4. 한정후견인은 가정법원이 직권으로 선임한다.
> 5. 가정법원은 한정후견인에게 대리권을 수여하는 심판을 할 수 있다. 그러므로 한정후견인은 당연히 피한정후견인의 법정대리인이 되는 것은 아니고, 법원의 대리권수여 심판이 있는 경우에 한하여 피한정후견인의 법정대리인이 된다(제959조의4).
> 6. 한정후견인은 법원이 정한 범위 내에서 피한정후견인의 행위에 대한 동의권이 있다.

(4) 한정후견종료의 심판

> **제14조【한정후견종료의 심판】** 한정후견개시의 원인이 소멸된 경우에는 가정법원은 본인, 배우자, 4촌 이내의 친족, 한정후견인, 한정후견감독인, 검사 또는 지방자치단체의 장의 청구에 의하여 한정후견종료의 심판을 한다.

① 한정후견개시의 원인이 소멸된 경우 가정법원은 본인, 배우자, 4촌 이내의 친족, 한정후견인, 한정후견감독인, 검사 또는 지방자치단체의 장의 청구에 의하여 한정후견종료의 심판을 한다.

② 한정후견종료의 심판이 있으면 그때로부터 피한정후견인은 완전한 능력자가 된다.

③ 한정후견종료의 심판은 소급효가 없어, 그 종료 심판 전에 후견인 등의 동의 없이 행하여진 법률행위는 한정후견종료의 심판 후에도 취소권의 제척기간 내에서 여전히 제한능력을 이유로 취소할 수 있다.

5. 특정후견의 심판

> **제14조의2 【특정후견의 심판】** ① 가정법원은 질병, 장애, 노령, 그 밖의 사유로 인한 정신적 제약으로 일시적 후원 또는 특정한 사무에 관한 후원이 필요한 사람에 대하여 본인, 배우자, 4촌 이내의 친족, 미성년후견인, 미성년후견감독인, 검사 또는 지방자치단체의 장의 청구에 의하여 특정후견의 심판을 한다.
> ② 특정후견은 본인의 의사에 반하여 할 수 없다.
> ③ 특정후견의 심판을 하는 경우에는 특정후견의 기간 또는 사무의 범위를 정하여야 한다.

(1) 의의

피특정후견인이란 질병, 장애, 노령, 그 밖의 사유로 인한 정신적 제약으로 일시적 후원 또는 특정한 사무에 관한 후원이 필요한 사람으로서 청구권자의 청구에 의하여 가정법원으로부터 특정후견의 심판을 받은 자를 말한다.

(2) 특정후견개시 심판의 요건

① **실질적 요건**: 질병, 장애, 노령, 그 밖의 사유로 인한 정신적 제약으로 일시적 후원 또는 특정한 사무에 관한 후원이 필요한 사람
② **형식적 요건**: 청구권자의 청구와 가정법원의 심판
  ㉠ 청구권자
    ⓐ 본인·배우자·4촌 이내의 친족·지방자치단체의 장·검사
    ⓑ 후견인 등: 미성년후견인, 미성년후견감독인
  ㉡ 가정법원의 심판: 특정후견은 본인의 의사에 반하여 이를 할 수 없다.
③ 특정후견의 심판을 하는 경우에는 특정후견의 기간 또는 사무의 범위를 정하여야 한다.
④ 피특정후견인은 제한능력자가 아니므로 특정후견심판이 있었고, 특정후견인이 선임된 경우에도 피특정후견인은 스스로 법률행위를 할 수 있고, 이는 취소할 수 없다.

> **참고 특정후견인**
> 1. 가정법원은 피특정후견인의 후원을 위하여 필요한 처분을 명할 수 있고, 그 처분의 일환으로 피특정후견인을 후원하거나 대리하기 위한 특정후견인을 선임할 수 있다.
> 2. 특정후견인은 피특정후견인의 신상과 재산에 관한 모든 사정을 고려하여 여러 명을 둘 수 있다(성년후견인에 관한 사항 준용).
> 3. 법인도 특정후견인이 될 수 있다(성년후견인에 관한 사항 준용).

4. 피특정후견인의 후원을 위하여 필요하다고 인정하면 가정법원은 기간이나 범위를 정하여 특정후견인에게 대리권을 수여하는 심판을 할 수 있다. 그러므로 특정후견인은 당연히 피특정후견인의 법정대리인이 되는 것은 아니고, 법원의 대리권수여 심판이 있는 경우에 한하여 피특정후견인의 법정대리인이 된다.
5. 가정법원은 특정후견인의 대리권 행사에 가정법원이나 특정후견감독인의 동의를 받도록 명할 수 있다.

6. 심판 사이의 관계

> **제14조의3 【심판 사이의 관계】** ① 가정법원이 피한정후견인 또는 피특정후견인에 대하여 성년후견개시의 심판을 할 때에는 종전의 한정후견 또는 특정후견의 종료 심판을 한다.
> ② 가정법원이 피성년후견인 또는 피특정후견인에 대하여 한정후견개시의 심판을 할 때에는 종전의 성년후견 또는 특정후견의 종료 심판을 한다.

개념적용 문제

자연인의 행위능력에 관한 설명으로 옳지 않은 것은? (다툼이 있으면 판례에 따름)

제28회 기출

① 미성년자가 혼인을 한 때에는 성년자로 본다.
② 미성년자가 타인의 대리인으로서 대리행위를 하기 위해서는 법정대리인의 승낙을 얻어야 한다.
③ 가정법원은 취소할 수 없는 피성년후견인의 법률행위의 범위를 정할 수 있다.
④ 가정법원은 피한정후견인이 한정후견인의 동의를 받아야 하는 행위의 범위를 정할 수 있다.
⑤ 성년후견 개시의 청구가 있더라도, 가정법원은 필요하다면 한정후견을 개시할 수 있다.

해설 미성년자는 법정대리인의 동의 없이도 타인의 대리인이 될 수 있고, 그 대리행위시 법정대리인의 동의는 요하지 않는다.

정답 ②

7. 제한능력자와 법률행위를 한 상대방 보호

(1) 상대방 보호의 필요성

① 제한능력자가 한 법률행위는 제한능력자 또는 그 법정대리인이 취소할 수 있고, 그 취소로 인하여 그 법률행위는 소급하여 무효가 된다(절대적 무효). 그런데 그 취소권을 행사할 것인지 여부는 제한능력자 측에 의하여 전적으로 결정되는 것이어서, 제한능력자 측의 취소권의 존속기간(제척기간) 중에는 거래의 안전이 불안한 상태로서 상대방의 지위 또한 불안한 상태를 면할 수 없게 된다.

② 이렇게 불안정적인 상태를 가능한 한 빨리 해소하여 이를 안정된 상태로 만들 필요에 의하여 민법은 제한능력자와 거래한 상대방을 보호하는 규정을 두고 있다.

(2) 상대방 보호를 위한 민법 규정

① **일반적 보호규정**(취소권의 일반적 소멸사유)
  ㉠ **추인**(제143조): 취소권의 포기
  ㉡ 법정추인(제145조)
  ㉢ 취소권의 단기소멸제도(제146조): 추인할 수 있는 때로부터 3년, 법률행위를 한 날로부터 10년 내 취소권 행사 가능
② **제한능력자와 거래한 상대방에게만 적용하는 규정**: 상대방의 확답을 촉구할 권리(최고권), 계약의 철회권·단독행위의 거절권(제16조), 속임수를 이유로 한 제한능력자의 취소권 배제(제17조) 등의 규정이 있다.

(3) 상대방의 확답을 촉구할 권리

> **제15조【제한능력자의 상대방의 확답을 촉구할 권리】** ① 제한능력자의 상대방은 제한능력자가 능력자가 된 후에 그에게 1개월 이상의 기간을 정하여 그 취소할 수 있는 행위를 추인할 것인지 여부의 확답을 촉구할 수 있다. 능력자로 된 사람이 그 기간 내에 확답을 발송하지 아니하면 그 행위를 추인한 것으로 본다.
> ② 제한능력자가 아직 능력자가 되지 못한 경우에는 그의 법정대리인에게 제1항의 촉구를 할 수 있고, 법정대리인이 그 정하여진 기간 내에 확답을 발송하지 아니한 경우에는 그 행위를 추인한 것으로 본다.
> ③ 특별한 절차가 필요한 행위는 그 정하여진 기간 내에 그 절차를 밟은 확답을 발송하지 아니하면 취소한 것으로 본다.

① **의의**
  ㉠ 상대방이 하는 확답의 촉구는 상대방이 제한능력자 측에게 취소할 수 있는 행위를 추인할 것인지 여부에 대한 최고로서, 이에 대하여 제한능력자 측의 확답이 없을 때에는 경우에 따라 민법 규정에 의해 취소 또는 추인의 효과가 발생하게 된다(제15조).
  ㉡ 그 성질은 준법률행위로서 '의사의 통지'이다.
② **행사요건**: 제한능력자와 거래한 상대방은 취소할 수 있는 행위를 적시하고, 1개월 이상의 유예기간을 정하여 추인할 것인지 여부의 확답을 촉구하여야 한다(제15조 제1항).
③ **확답촉구의 상대방**: 제한능력자 본인은 능력자로 된 후에는 확답촉구의 상대방이 될 수 있으나, 제한능력자가 능력자로 되지 아니한 때에는 법정대리인에게 하여야 하며(제15조 제2항), 제한능력자에 대한 확답촉구는 무효이다.
④ **확답촉구의 효과**
  ㉠ 상대방의 확답촉구에 대하여 제한능력자 측에서 확답(추인 또는 취소)을 발한 경우: 확답의 내용대로 추인 또는 취소의 법률효과가 발생한다.

ⓒ 확답촉구를 받은 제한능력자 측에서 유예기간 내에 확답을 발하지 않은 경우
  ⓐ 제한능력자가 능력자로 된 후 확답촉구를 받고서 그 기간 내에 확답을 발송하지 않을 때에는 추인한 것으로 본다(제15조 제1항).
  ⓑ 제한능력자의 법정대리인이 확답촉구를 받았으나, 기간 내에 확답을 발송하지 않을 때
    ⅰ) 법정대리인이 단독으로 추인할 수 있는 경우: 추인한 것으로 본다(제15조 제2항).
    ⅱ) 법정대리인(미성년후견인)이 후견감독인의 동의를 받는 등 특별한 절차를 밟아야 하는 경우: 취소한 것으로 본다(제15조 제3항).

(4) 상대방의 철회권과 거절권

> **제16조【제한능력자의 상대방의 철회권과 거절권】** ① 제한능력자가 맺은 계약은 추인이 있을 때까지 상대방이 그 의사표시를 철회할 수 있다. 다만, 상대방이 계약 당시에 제한능력자임을 알았을 경우에는 그러하지 아니하다.
> ② 제한능력자의 단독행위는 추인이 있을 때까지 상대방이 거절할 수 있다.
> ③ 제1항의 철회나 제2항의 거절의 의사표시는 제한능력자에게도 할 수 있다.

① **의의**: 상대방의 철회권과 거절권은 상대방 측에서 제한능력자와 했던 법률행위의 효력을 적극적으로 부인하여 그 법률효과 발생을 거부할 수 있는 제도를 말한다.

② **계약의 철회권**
  ㉠ 제한능력자와 계약을 체결한 선의의 상대방은 제한능력자 측에서 추인하기 전까지는 상대방이 그의 의사표시를 철회할 수 있다(제16조 제1항).
  ㉡ 제한능력자의 상대방이 하는 철회의 의사표시는 법정대리인(후견인)에게도 할 수 있고 제한능력자에게도 할 수 있다.
  ㉢ 선의의 상대방이 계약을 철회하면 계약의 효력은 소급적으로 소멸된다.

③ **단독행위의 거절권**
  ㉠ 상대방은 제한능력자 측의 추인이 있기 전까지는 단독행위를 거절하여 이를 무효로 할 수 있다(제16조 제2항).
  ㉡ 거절의 의사표시는 법정대리인(후견인) 또는 제한능력자에 대하여 할 수 있으며, 여기서 단독행위는 채무면제, 상계와 같은 '상대방 있는 단독행위만'을 의미한다.
  ㉢ 상대방은 의사표시를 수령할 당시에 제한능력자임을 알고 있었더라도 거절권을 행사할 수 있는 것으로 해석하는 것이 다수설이다.

(5) 제한능력자의 속임수와 취소권의 배제(소멸)

> **제17조【제한능력자의 속임수】** ① 제한능력자가 속임수로써 자기를 능력자로 믿게 한 경우에는 그 행위를 취소할 수 없다.
> ② 미성년자나 피한정후견인이 속임수로써 법정대리인의 동의가 있는 것으로 믿게 한 경우에도 제1항과 같다.

① **의의**
  ㉠ 법정대리인 또는 후견인의 동의 없이 이루어진 제한능력자의 법률행위는 제한능력자 또는 법정대리인이 언제나 취소할 수 있고 취소가 되면 그 행위는 소급하여 무효가 된다.
  ㉡ 그러나 제한능력자가 속임수 등의 기망수단을 사용한 경우까지 보호할 필요는 없으므로, 그 상대방은 사기를 이유로 자기의 의사표시를 취소하거나(제110조 제1항), 불법행위에 의한 손해배상을 청구할 수도 있지만,
  ㉢ 민법은 여기에 더 나아가 제한능력자 측의 취소권을 배제하여 원래의 법률행위 내용대로 법률효과를 발생하게 하여 거래의 안전과 상대방을 보호한다(제17조).

② **제한능력자의 취소권이 배제(소멸)되는 요건**
  ㉠ 제한능력자가 속임수를 사용한 경우
    ⓐ 제한능력자(미성년자, 피한정후견인, 피성년후견인)가 자신을 능력자로 믿게 하기 위하여 상대방에게 '속임수(상대방의 오신을 유도하기 위한 속임수)'를 사용한 경우, 제한능력자 측의 취소권이 소멸하여 더 이상 취소할 수 없게 된다(제17조 제1항).
    ⓑ 미성년자 또는 피한정후견인이 그 법정대리인의 동의가 있는 것으로 믿게 하려고 속임수를 사용한 경우, 미성년자와 피한정후견인의 취소권이 소멸하여 더 이상 취소할 수 없게 된다(제17조 제2항).
    ⓒ 주의할 점은 피성년후견인이 속임수를 사용하여 그 법정대리인의 동의가 있는 것으로 믿게 한 경우에는 취소권이 소멸하지 않는다. 즉, 피성년후견인은 자신의 법률행위를 여전히 취소할 수 있다.
  ㉡ 기망수단으로서 속임수의 정도에 대한 견해의 대립
    ⓐ 판례는 적극적으로 부정한 기망수단(예 가족관계증명서나 법정대리인의 동의서의 위조 등)을 사용한 경우만을 속임수로 보고 취소권을 배제하여 취소할 수 없도록 한다.
    ⓑ 다수설은 거래의 안전을 보호하기 위하여 속임수의 범위를 넓게 해석해서 허언장담 등 보통 사람을 오신하게 할 만한 방법으로 오신을 유발하거나 강하게 하는 모든 것을 속임수로 본다. 예를 들면, "미성년자가 아니냐?"라는 상대방의 질문에 자신이 성년자라고 이야기하거나, 단순히 침묵을 한 경우에도 속임수로 인정한다(소극설).
  ㉢ 제한능력자의 속임수에 의하여 상대방이 행위능력자라고 믿었거나 또는 법정대리인의 동의 또는 허락이 있다고 믿었어야 한다(상대방의 오신). 이때 상대방이 오신함에 있어 과실 유무는 따지지 않는다.

② 그러한 오신에 의하여 제한능력자와 법률행위를 하였어야 한다. 즉, 제한능력자의 속임수와 상대방의 신뢰 및 법률행위 사이에 인과관계가 있어야 한다.
⑪ 기망 유무는 상대방이 입증하고, 제한능력자 측에서 오신의 부존재에 대한 입증책임이 있다.
③ **효과**: 제한능력자의 속임수가 인정되면 제한능력자 본인은 물론 그 법정대리인이나 후견인 등의 취소권자는 제한능력을 이유로 하여 그 행위를 취소하지 못한다(제17조).

개념적용 문제

17세의 甲은 법정대리인 乙의 동의 없이 丙으로부터 고가의 자전거를 구입하는 계약을 체결하였다. 이에 관한 설명으로 옳은 것은? 　　　　　　　　　　　　　　제26회 기출

① 甲이 성년자가 되더라도 丙은 甲에게 계약의 추인 여부에 대한 확답을 촉구할 수 없다.
② 甲은 乙의 동의 없이는 자신이 미성년자임을 이유로 계약을 취소할 수 없다.
③ 乙은 甲이 미성년자인 동안에는 계약을 추인할 수 없다.
④ 丙이 계약체결 당시 甲이 미성년자임을 알았다면, 丙은 乙에게 추인 여부의 확답을 촉구할 수 없다.
⑤ 丙이 계약체결 당시 甲이 미성년자임을 몰랐다면, 丙은 추인이 있기 전에 甲에게 철회의 의사표시를 할 수 있다.

해설 ① 甲이 성년자가 되었다면 단독으로 추인할 수 있는 상태가 되었으므로 丙은 甲에게 계약의 추인 여부에 대한 확답을 촉구할 수 있다.
② 미성년자도 스스로 자신의 행위에 대한 취소권이 있으므로 甲은 乙의 동의 없이도 자신이 미성년자임을 이유로 계약을 취소할 수 있다.
③ 법정대리인 乙은 甲이 미성년자인 동안에 계약을 추인할 수 있다.
④ 미성년자의 법률행위에 대한 확답의 촉구는 상대방의 선·악 불문하고 인정이 되므로 丙이 계약체결 당시 甲이 미성년자임을 알았더라도, 丙은 乙에게 추인 여부의 확답을 촉구할 수 있다.

정답 ⑤

---

3 주소

제18조【주소】 ① 생활의 근거되는 곳(실질주의)을 주소로 한다.
② 주소는 동시에 두 곳 이상(복수주의) 있을 수 있다.

1. 의의

주소란 '사람의 생활의 근거가 되는 곳'을 말한다(제18조 제1항). 민법은 이 주소에 대하여 여러 가지 효력을 부여하고 있다.

2. 주소에 관한 우리 민법의 태도 – 실질주의·복수주의·객관주의

(1) 실질주의

① 생활의 실질관계를 중시하여 구체적으로 결정하려는 입법주의이다. 실질주의는 실제생활의 근거지를 주소로 한다.
② 복잡한 현대 생활의 실정에 알맞다.

(2) 복수주의: 주소를 두 곳 이상 인정하려는 입법주의이다.

(3) 객관주의

① 정주의 의사는 고려하지 않고 정주의 사실만으로 주소를 결정하려는 입법주의이다.
② 정주의 의사를 파악하기 힘들고, 민법상 정주의 의사를 요한다고 한 근거가 없으며, 의사무능력자를 위한 법정 주소제도가 없다.

3. 민법상 주소

(1) 입법주의

우리 민법은 주소에 관하여 실질주의(제18조 제1항)·객관주의(해석상)·복수주의(제18조 제2항)를 취하고 있다. 주민등록지는 주소로 인정될 수 있는 중요한 자료가 되며, 반증(反證)이 없는 한 주소로 추정된다.

(2) 거소·현재지·가주소

> **제19조 【거소】** 주소를 알 수 없으면 거소를 주소로 본다.
> **제20조 【거소】** 국내에 주소 없는 자에 대하여는 국내에 있는 거소를 주소로 본다.
> **제21조 【가주소】** 어느 행위에 있어서 가주소를 정한 때에는 그 행위에 관하여는 이를 주소로 본다.

① **거소**(居所): 거소란 사람과 장소와의 밀접한 정도가 주소만 못한 곳을 말하는데, 주소를 알 수 없는 경우와 국내에 주소가 없는 자의 경우 거소를 주소로 본다(제19조, 제20조). 따라서 주소와 거소가 한 곳에 있을 수는 없다.
② **현재지**(現在地): 현재지란 사람과 장소와의 밀접도가 거소보다 적은 곳을 말한다. 민법에는 따로 규정한 바 없으나, 민법 제19조와 제20조의 거소는 현재지를 포함하는 것으로 해석한다.
③ **가주소**(假住所): 어떤 거래에 관하여 일정한 장소를 선정하여 그 해당 법률관계에 있어서만 주소로서의 법률적 기능을 부여한 장소를 말하는데(제21조), 이때 원칙적으로 주소는 배제되는 것으로 본다.

(3) 주소의 법률상 효과

① 민법상의 효과
  ㉠ 부재 및 실종의 표준(제22조, 제27조)
  ㉡ 법인의 사무소 소재지(제36조)
  ㉢ 변제의 장소(제467조 제2항)
  ㉣ 상속의 개시지(제998조)

② 특별법상의 효과
  ㉠ 어음·수표법상 어음·수표행위의 장소(어음법 제2조, 수표법 제8조)
  ㉡ 「민사소송법」상 재판관할의 표준, 부가기간(민사소송법 제2조, 채무자 회생 및 파산에 관한 법률 제3조, 민사소송법 제172조 제2항)
  ㉢ 「국제사법」상 준거법의 표준(상거소지: 국제사법 제3조)
  ㉣ 「국적법」상 귀화의 요건(국적법 제5조 내지 제7조)

개념적용 문제

주소에 관한 설명으로 옳지 않은 것은? 제23회 기출

① 주소는 동시에 두 곳 이상 있을 수 없다.
② 주소를 알 수 없는 경우에는 거소를 주소로 본다.
③ 당사자는 특정한 행위에 관하여 가주소를 정할 수 있다.
④ 법인의 주소는 그 주된 사무소의 소재지에 있는 것으로 한다.
⑤ 국내에 주소가 없는 자에 대하여는 국내에 있는 거소를 주소로 본다.

해설 주소는 동시에 두 곳 이상 있을 수 있다(제18조 제2항).

정답 ①

---

4 부재와 실종(不在와 失踪)

1. 총설

(1) 제도의 취지

종래 주소나 거소를 떠나서 당분간 돌아올 가망성이 없는 경우 그의 재산을 관리·보존하여 돌아온 후의 부재자 보호 또는 잔존배우자나 추정상속인·채권자 등의 이익을 보호할 필요가 있다. 이는 본인이익의 보호와 이해관계인의 이익을 고려하고 법률생활의 안정을 도모하기 위한 제도적 장치이다.

(2) 민법의 태도

우리 민법은 제1단계로 부재자의 생존 및 돌아올 가능성을 추정하여 후견적 입장에서 그 잔존재산을 관리·보존하여 주는 부재자의 재산관리제도를 규정하고 있고, 제2단계로 부재자가 생사불명인 경우에 일정한 요건하에 사망한 것으로 보아 종래의 주소를 중심으로 하는 법률관계를 정리하는 실종선고제도를 규정하고 있다.

2. 부재자의 재산관리제도

(1) 부재자의 의의

① 부재자란 종래의 주소나 거소를 떠나서 당분간 돌아올 가망이 없는 자로서 그의 재산이 관리되지 못하고 방치되는 상태에 있는 자를 의미하며, 생존하고 있는 자도 부재자가 될 수 있다.
② 부재자는 성질상 자연인에 한하며, 법인은 부재자가 될 수 없다. 부재자 재산의 관리 및 처분은 민법 규정(제22조 내지 제26조)에 따르며, 부재자의 재산관리에 관한 결정 및 처분명령 등은 「가사소송법」에 의거하여 가정법원이 관장한다(동법 제2조, 제44조).
③ 판례는 부재자 여부를 잔류재산의 관리 필요성을 기준으로 하여 판단하고 있다. 그러므로 외국에 체류 중인 자도 타인을 통하여 국내에 있는 자신의 재산을 관리하고 있는 자는 민법상 부재자라 할 수 없다.

> **판례** **부재자의 판단기준**
> 당사자가 외국에 가 있다 하더라도 그 국(國)의 일정한 주거지에 거주하여 그 소재가 분명할 뿐만 아니라 그 소유의 부동산 및 기타 재산이 국내에 있는 사람을 통하여 그 당사자가 직접 관리하고 있는 사실이 인정되는 경우에는 부재자라 할 수 없다(4292민상252).

(2) 부재자의 재산관리

① **개요**
  ㉠ 부재자제도는 근본적으로 부재자의 잔류재산을 관리하기 위한 것이다. 따라서 부재자가 스스로 재산관리인을 두고 있는 경우 또는 부재자에게 법정대리인이 있는 경우에 원칙적으로 법원이 관여할 필요가 없다.
  ㉡ 민법도 부재자 스스로 재산관리인을 두는 경우와 그렇지 않은 경우를 나누어, 전자의 경우에 본인의 의사를 존중하여 부득이한 때에만 가정법원이 관여하도록 하고, 후자의 경우에는 전면적으로 부재자의 재산관리에 가정법원이 관여하도록 하고 있다.
② **부재자가 재산관리인을 두지 않은 경우**: 부재자가 '재산관리인을 정하지 아니한 때'의 의미는 그의 법정대리인이 없는 경우도 포함된다.

> **제22조【부재자의 재산의 관리】** ① 종래의 주소나 거소를 떠난 자가 재산관리인을 정하지 아니한 때에는 법원은 이해관계인이나 검사의 청구에 의하여 재산관리에 관하여 필요한 처분을 명하여야 한다. 본인의 부재 중 재산관리인의 권한이 소멸한 때에도 같다.
> ② 본인이 그 후에 재산관리인을 정한 때에는 법원은 본인, 재산관리인, 이해관계인 또는 검사의 청구에 의하여 전항의 명령을 취소하여야 한다.

㉠ 재산관리에 필요한 처분의 명령
ⓐ **이해관계인** 또는 검사의 청구: 가정법원은 이해관계인 또는 검사의 청구에 의하여 재산관리에 필요한 처분을 명하여야 하는데(제22조 제1항), 이때 '재산관리에 필요한 처분명령'이란 재산관리인의 선임, 부재자 재산의 봉인·매각 등의 행위를 말하며, 통상 재산관리인 선임을 통하여 하게 된다.
ⓑ 이해관계인이란 부재자의 재산보존에 법률상(경제상) 이해관계를 가지는 자로서 상속인·배우자·채권자·보증인·부양청구권자·부재자와 연대채무자가 된 자 등을 말하며, 친권자·후견인이나 사실혼관계에 있는 자·친구 등은 부재자의 재산관리에 필요한 처분명령을 청구할 수 있는 청구권자에 해당하지 않는다.
ⓒ 재산관리에 필요한 처분명령이란 재산관리인의 선임, 잔류재산의 매각 등이 포함된다.

㉡ 법원에 의하여 선임된 부재자의 재산관리인의 직무 및 권한

> **제24조【관리인의 직무】** ① 법원이 선임한 재산관리인은 관리할 재산목록을 작성하여야 한다.
> ② 법원은 그 선임한 재산관리인에 대하여 부재자의 재산을 보존하기 위하여 필요한 처분을 명할 수 있다.
> ③ 부재자의 생사가 분명하지 아니한 경우에 이해관계인이나 검사의 청구가 있는 때에는 법원은 부재자가 정한 재산관리인에게 전2항의 처분을 명할 수 있다.
> ④ 전3항의 경우에 그 비용은 부재자의 재산으로써 지급한다.
>
> **제25조【관리인의 권한】** 법원이 선임한 재산관리인이 제118조에 규정한 권한을 넘는 행위를 함에는 법원의 허가를 얻어야 한다. 부재자의 생사가 분명하지 아니한 경우에 부재자가 정한 재산관리인이 권한을 넘는 행위를 할 때에도 같다.

ⓐ 재산관리인의 법적 지위: 재산관리인은 부재자에 대한 일종의 법정대리인이지만, 언제든지 사임할 수 있고 법원도 필요에 따라 언제든지 개임(改任)할 수 있다.
ⓑ 재산관리인의 권한
ⅰ) 선임된 재산관리인은 부재자의 재산관리에 필요한 보존행위 및 일정한 범위의 이용·개량행위(제118조)는 법원의 허가 없이도 할 수 있다.
ⅱ) 다만, 법원은 재산관리인의 보존행위에 대하여도 그 필요한 처분을 명할 수 있고(제24조 제2항), 재산관리인은 이에 따라야 한다.
ⓒ 재산관리인이 법원의 허가를 받아야 할 수 있는 행위
ⅰ) 부재자의 재산관리인의 처분행위 등 관리행위를 초과하는 행위는 법원의 허가가 있어야만 할 수 있는 것이고(제25조),

ii) 부재자의 재산관리인이 법원의 허가 없이 한 부재자의 재산에 대한 처분행위는 무권대리로서 무효(75마551)가 되며, 특단의 사정이 없는 한 상대방은 선의·무과실이라 할 수 없어 권한을 초과한 표현대리(제126조)도 성립할 수 없다.

iii) 다만, 부재자의 재산관리인이 처분행위 후에 사후 추인의 형태로의 허가도 유효한 허가로 인정된다(99다19278).

iv) 법원이 부재자 재산의 매각허가를 하면서 아무런 제한을 가하지 아니하였다면 재산관리인이 매각방법을 임의로 정할 수 있으므로 매각허가를 받은 재산을 재산관리인이 매도담보, 대물변제, 저당권을 설정하는 행위를 함에 있어 다시 허가를 받을 필요는 없다.

v) 부재자의 재산관리인이 법원의 허가를 얻어 부재자의 재산을 처분하는 경우에도 부재자의 이익을 위하는 범위에 한정된다.

ⓓ 법원에 의하여 재산관리인이 선임된 이후, 부재자를 위한 소송 등의 제기는 재산관리인만이 제기할 수 있고, 부재자와 이해관계를 갖는 자가 소송을 제기할 경우 재산관리인을 상대로 하여 소송을 제기하여야 한다. 만일 부재자를 상대로 소송을 제기하였다면 그 행위는 무효가 된다.

판례 부재자의 재산관리

① 법원은 재산관리인의 처분행위에 대하여 사후에 허가할 수 있으며, 처분행위는 소급해서 유효하게 된다(99다19278).
② 법원이 부재자 재산의 매각허가를 하면서 아무런 제한을 가하지 아니하였다면 재산관리인이 매각방법을 임의로 정할 수 있다(4288민상455).
③ 법원이 선임한 부재자재산관리인의 관리행위는 부재자를 위하여 그 재산을 보존·이용·개량하는 데 그치고 법원의 허가를 얻어 처분하는 경우에도 이는 부재자의 이익을 위한 범위에 한정된다(77다1159).
④ 법원의 처분허가취소는 소급효가 없는 것으로 일종의 철회의 의미를 갖는다(4291민상636).
⑤ 법원에 의하여 부재자재산관리인의 선임이 있는 경우에는 부재자를 위하여 그 재산관리인만이 또는 그 재산관리인에게 대하여서만 소송행위를 할 수 있다고 해석함이 상당하다 할 수 있으므로 소송서류의 송달을 법원에 의하여 재산관리인으로 선임된 자에게 하지 아니하고 부재자 본인 상대로 공시송달을 하였다 하여도 그 송달은 적법한 것이라 할 수 없다(68다2021).

ⓒ 선임된 재산관리인의 권리와 의무
ⓐ 권리: 부재자의 재산관리인은 직무수행에 따른 보수청구권(제26조 제2항), 비용상환청구권(제24조 제4항), 과실 없이 받은 손해배상청구권 등을 가진다.
ⓑ 의무
i) 성질상 위임의 규정이 준용된다. 즉, 선관주의의무 등 수임인과 동일한 지위에 있으며 관리할 재산목록작성(제24조 제1항), 법원이 명하는 처분명령의 수행(제24조 제2항), 담보제공의무(제26조 제1항) 등의 의무도 부담한다.

ii) 부재자재산관리인은 선량한 관리자의 주의로써 재산을 관리하여야 하고 그 재산을 부재자에게 반환할 의무를 지고 있기 때문에 이 의무를 담보하기 위하여 법원은 재산관리인에게 상당한 담보를 제공할 것을 명할 수 있다.

(3) 법원에 의한 재산관리의 종료

① 법원에 의한 재산관리 중에도 다음의 경우 재산관리가 종료된다.
  ㉠ 본인이 직접 재산을 관리하거나,
  ㉡ 본인이 재산관리인을 선임하거나(제22조 제2항),
  ㉢ 본인이 사망한 후, 법원의 재산관리인의 선임결정취소가 있는 때

② **재산관리인의 선임결정취소의 비소급효**
  ㉠ 재산관리인의 선임결정의 취소 및 부재자의 재산에 대한 처분명령을 취소한 경우 그 효력은 소급하지 않고 장래를 향해서만 발생한다.
  ㉡ 재산관리인의 선임결정취소 또는 처분명령이 취소된 경우에도 그 취소 전에 권한 내의 재산관리인의 관리 및 처분행위는 유효하다(71다189).

판례 재산관리인의 권한

① 법원에 의하여 일단 부재자의 재산관리인 선임결정이 있었던 이상, 가령 부재자가 그 이전에 사망하였음이 위 결정 후에 확실하여졌다 하더라도 법에 정하여진 절차에 의하여 결정이 취소되지 않는 한 선임된 부재자재산관리인의 권한이 당연히 소멸되는 것은 아니며, 이후에 재산관리인의 선임결정이 취소된 경우에도 그 취소의 효력은 장래에 향하여서만 생기는 것이며 그간의 그 부재자재산관리인의 적법한 권한행사의 효과는 이미 사망한 그 부재자의 재산상속인에게 미친다 할 것이다(69다719).
② 사망한 것으로 간주된 자가 그 이전에 생사불명의 부재자로서 그 재산관리에 관하여 법원으로부터 재산관리인이 선임되어 있었다면 재산관리인은 그 부재자의 사망을 확인했다고 하더라도 선임결정이 취소되지 아니하는 한 계속해서 권한을 행사할 수 있다 할 것이므로 재산관리인에 대한 선임결정이 취소되기 전에 재산관리인의 처분행위에 기하여 경료된 등기는 법원의 처분허가 등 모든 절차를 거쳐 적법하게 경료된 것으로 추정된다(91다11810).
③ 부재자의 재산관리인으로서 권한 초과행위의 허가를 받고 그 선임결정이 취소되기 전에 위 권한에 의하여 이루어진 행위는 부재자에 대한 실종선고기간이 만료된 후에 이루어졌다고 하더라도 유효한 것이고, 그 재산관리인의 적법한 권한행사의 효과는 이미 사망한 부재자의 재산상속인에게 미친다(73다2023).
④ 소송이 적법하게 계속된 후 당해 소송의 당사자에 대하여 실종선고가 확정된 경우에는 실종자가 사망하였다고 보는 시기는 실종기간이 만료한 때라 하더라도 소송상의 지위의 승계절차는 실종선고가 확정되어야만 비로소 이를 취할 수가 있는 것이므로 실종선고가 있기까지는 소송상 당사자능력이 없다고는 할 수 없고 소송절차가 법률상 그 진행을 할 수 없게 된 때, 즉 실종선고가 확정된 때에 소송절차가 중단된다(82사18).
⑤ 부재자의 재산관리인에 의하여 소송절차가 진행되던 중 부재자 본인에 대한 실종선고가 확정되면 그 재산관리인으로서의 지위는 종료되는 것이므로 상속인 등에 의한 적법한 소송수계가 있을 때까지는 소송절차가 중단된다(85다카1151).

(4) 부재자에게 재산관리인이 이미 선임되어 있는 경우

① 원칙적 불간섭주의

㉠ 부재자가 정한 재산관리인은 부재자의 수임인(임의대리인)으로서 그 권한과 관리방법은 당사자 사이의 합의(위임계약)에 의하여 결정되고, 원칙적으로 가정법원은 관여할 필요가 없다.

㉡ 다만, 위임계약으로 그 권한의 범위를 정한 바가 없는 경우에는 제118조와 위임의 규정(제680조 이하)이 적용된다.

㉢ 따라서 부재자가 재산관리인에게 재산처분의 권한을 위임한 경우, 부재자의 재산처분에 관하여는 재산관리인은 법원의 허가를 받을 필요가 없다.

㉣ 다만, 부재자가 정한 재산관리인은 일종의 임의대리인이므로 부재자의 사망이 확인되거나 실종선고가 확정된 때는 그 권한이 당연히 소멸한다.

② 예외적 간섭주의

> **제22조【부재자의 재산의 관리】** ① 종래의 주소나 거소를 떠난 자가 재산관리인을 정하지 아니한 때에는 법원은 이해관계인이나 검사의 청구에 의하여 재산관리에 관하여 필요한 처분을 명하여야 한다. 본인의 부재 중 재산관리인의 권한이 소멸한 때에도 같다.
> **제23조【관리인의 개임】** 부재자가 재산관리인을 정한 경우에 부재자의 생사가 분명하지 아니한 때에는 법원은 재산관리인, 이해관계인 또는 검사의 청구에 의하여 재산관리인을 개임할 수 있다.
> **제24조【관리인의 직무】** ③ 부재자의 생사가 분명하지 아니한 경우에 이해관계인이나 검사의 청구가 있는 때에는 법원은 부재자가 정한 재산관리인에게 전2항의 처분을 명할 수 있다.

㉠ 재산관리인의 권한이 본인의 부재 중 소멸한 경우(제22조 제1항 후단)

㉡ 부재자의 생사가 불분명하게 된 경우(제24조 제3항) 법원은 재산관리인을 개임하거나 또는 개임하지 않고 감독만을 할 수도 있다.

㉢ 본인이 선임한 관리인을 법원이 유임하였다 할지라도 이후부터는 종전 관리인의 지위는 임의대리인에서 법정대리인으로 바뀌고, 처분행위 등 관리행위의 범위를 넘는 행위를 하고자 하는 경우에는 법원의 허가를 받아야 한다.

개념적용 문제

부재자의 재산관리에 관한 설명으로 옳지 않은 것은? (다툼이 있으면 판례에 따름)

제27회 기출

① 법원이 선임한 재산관리인은 법정대리인이다.
② 부재자는 성질상 자연인에 한하고 법인은 해당하지 않는다.
③ 법원이 선임한 재산관리인의 권한초과행위에 대한 법원의 허가는 사후적으로 그 행위를 추인하는 방법으로는 할 수 없다.

④ 재산관리인을 정한 부재자의 생사가 분명하지 아니한 경우, 그 재산관리인이 권한을 넘는 행위를 할 때에는 법원의 허가를 얻어야 한다.
⑤ 법원의 부재자 재산관리인 선임 결정이 취소된 경우, 그 취소의 효력은 장래에 향하여만 생긴다.

> **해설** 법원이 선임한 재산관리인의 권한초과행위에 대한 법원의 허가는 사후적으로 그 행위를 추인하는 방법으로도 할 수 있다.
>
> 정답 ③

3. 실종선고

(1) 의의

실종선고제도란 부재자의 생사불명상태가 일정기간 계속된 경우, 즉 사망의 개연성이 큰 부재자에 대해 사망을 증명할 수 없거나 인정사망으로 처리할 상황도 아닌 경우에 일정한 자의 청구에 의하여 가정법원의 선고로 실종기간 만료 시를 기준으로 사망으로 의제(간주)하는 제도를 말한다.

(2) 요건

> **제27조【실종의 선고】** ① 부재자의 생사가 5년간 분명하지 아니한 때에는 법원은 이해관계인이나 검사의 청구에 의하여 실종선고를 하여야 한다.
> ② 전지에 임한 자, 침몰한 선박 중에 있던 자, 추락한 항공기 중에 있던 자 기타 사망의 원인이 될 위난을 당한 자의 생사가 전쟁종지 후 또는 선박의 침몰, 항공기의 추락 기타 위난이 종료한 후 1년간 분명하지 아니한 때에도 제1항과 같다.

① **실질적 요건**
  ㉠ 부재자의 생사불명
    ⓐ 부재자의 생사불명의 상태가 절대적으로 모든 사람에게 불명일 필요는 없고, 실종선고 청구권자와 실종선고를 하는 가정법원에 대하여만 생사불명 상태라면 실종선고의 요건으로 충분하다.
    ⓑ 다만, 부재자의 생존이 확실한 경우이거나, 사망이 확실한 자에 대하여는 실종선고를 청구할 수 없다.
  ㉡ 실종기간의 경과: 민법 규정에 의한 실종기간이 중단되지 않고 계속 경과하였어야 하고, 사망의 개연성에 따라 보통실종과 특별실종으로 나뉜다.

구분	사망의 개연성 정도	실종기간	기산점(제27조)
보통실종	단순 소식 두절로 인한 생사불명자	5년	최후의 소식이 있은 때
특별실종	추락한 항공기 탑승자	1년	항공기 추락한 때
	침몰한 선박의 탑승자		선박이 침몰한 때
	전쟁에 임한 자		전쟁이 종지된 때
	기타 사망에 이를 정도의 위난을 당한 자		위난이 종료한 때

○ 전쟁이 종지된 때란 강화조약체결 시가 아니라, 항복선언·휴전이나 정전선언 시 등 전쟁이 사실상 끝난 때를 말한다.

② **형식적 요건**

   ㉠ 청구권자의 청구

   ⓐ 이해관계인이나 검사의 청구가 있어야 한다(제27조 제1항).

   ⓑ 실종선고를 청구할 수 있는 이해관계인이라 함은 실종자의 법률상 사망으로 인하여 직접적으로 신분상 혹은 재산상의 권리를 취득하거나 의무를 면하게 되는 자를 말한다.

   ⓒ 예를 들면, 실종자의 배우자·상속인, 채권자, 수증자, 법정대리인, 재산관리인, 보험금수취인 등은 실종선고를 청구할 수 있으나, 1순위 상속인이 있을 경우 후순위 상속인, 친구 등은 실종선고 청구권자가 아니다.

> **판례** 실종선고의 청구권자
>
> 부재자의 제1순위 재산상속인이 있는 경우에 제2순위 재산상속인 혹은 제3순위 재산상속인은 실종선고를 청구할 수 없다(判). 즉, '이해관계인'이란 그 실종선고로 인하여 일정한 권리를 얻고 의무를 면하는 등의 신분상 또는 재산상 이해관계를 갖는 자에 한한다(92스4).

   ㉡ **공시최고**(公示催告): 실종선고의 청구를 받은 가정법원은 6개월 이상의 공고를 하여 부재자에게뿐만 아니라 부재자의 생사 여부를 알고 있는 자에 대하여 신고하도록 공고하여야 한다.

   ㉢ **필요적 선고**: 실질적 요건 및 형식적 요건이 갖추어진 경우 가정법원은 실종선고를 하여야 한다.

(3) 실종선고의 효과

> **제28조【실종선고의 효과】** 실종선고를 받은 자는 전조(제27조)의 기간이 만료한 때에 사망한 것으로 본다.

① **사망간주의 효력발생**

   ㉠ 실종선고가 확정되면 실종선고를 받은 자는 실종기간이 만료된 때 사망한 것으로 본다. 따라서 그의 재산상속이 행하여지고, 실종자의 배우자는 재혼할 수 있다. 이러한 효과는

청구인뿐만 아니라 모든 사람에 대하여 발생한다.
ⓒ 실종선고를 받은 자는 사망한 것으로 '간주(看做)'되므로, 추정과 달리 실종자의 생존 기타 반증을 들어 선고의 효과를 번복할 수 없으며, 실종선고로 인한 사망 간주의 효과를 번복하려면 청구권자의 청구에 의하여 법원이 실종선고 자체를 취소하여야 한다.

② **사망의제 시점**: 사망으로 보는 시기는 '실종기간 만료 시(제28조)'이다.

③ **사망으로 간주되는 범위**
ⓐ 실종선고제도는 실종선고를 받은 자의 권리능력을 완전히 박탈하는 제도가 아니다. 그러므로 실종선고를 받은 자도 일정한 법률행위를 할 수 있다.
ⓑ **사법관계**: 실종선고를 받은 자는 그 실종선고를 받은 곳의 주소지를 중심으로 하는 사법(私法)상의 법률관계(재산·신분)만을 사망으로 간주된다. 비록 실종선고를 받은 자일지라도 다음의 경우에는 사망으로 간주되지 않는다.
　ⓐ 실종선고를 받은 주소지가 아닌 다른 지역에서의 법률관계에서는 사망으로 간주되지 않으므로 그 다른 지역에서는 자유롭고 유효하게 법률행위를 할 수 있으며,
　ⓑ 실종선고를 받았던 자가 그 실종선고를 받은 주소지로 되돌아온 경우, 그 돌아온 후의 법률관계에도 역시 사망으로 간주되지 않으므로, 유효한 법률행위를 할 수 있다.
ⓒ **공법관계**: 실종선고의 효과는 공법상 법률관계(선거권, 범죄) 등에는 영향을 미치지 않으므로, 실종선고를 받은 자는 그 실종선고를 받은 주소지에서도 공법상 법률관계는 사망으로 간주되지 않으므로 여전히 완전하고 유효한 것으로 본다.

④ **생존의 추정**
ⓐ **실종선고 전**: 실종선고가 없는 경우에는 실종기간이 아무리 오래되더라도 실종선고 전(前)까지는 실종자가 생존하고 있는 것으로 추정된다.
ⓑ **실종선고 후**: 실종신고를 받은 자는 실종기간 만료 시로 소급하여 사망 간주의 효과가 발생하므로 그 사망 간주의 효과가 발생하기 전(실종기간 만료일)까지는 생존한 것으로 간주된다(다수설).

> **판례** **실종선고의 효과**
> ① 실종선고를 받은 자는 실종기간이 만료한 때에 사망한 것으로 간주되는 것이므로, 실종선고로 인하여 실종기간 만료 시를 기준으로 하여 상속이 개시된 이상 설사 이후 실종선고가 취소되어야 할 사유가 생겼다고 하더라도 실제로 실종선고가 취소되지 아니하는 한, 임의로 실종기간이 만료하여 사망한 때로 간주되는 시점과는 달리 사망시점을 정하여 이미 개시된 상속을 부정하고 이와 다른 상속관계를 인정할 수는 없다(94다21542).
> ② 동일인에 대하여 2차례의 실종선고가 있는 경우, 상속관계의 판단 기준 시점 – 실종자에 대하여 5년간 생사불명을 원인으로 이미 실종선고가 되어 확정되었는데도, 그 이후 타인의 청구에 의하여 새로이 확정된 실종신고를 기초로 상속관계를 판단한 것은 잘못이다(95다12736).

③ 실종자를 당사자로 한 판결이 확정된 후에 실종선고가 확정되어 그 사망 간주의 시점이 소 제기 전으로 소급하는 경우에도 위 판결 자체가 소급하여 당사자능력이 없는 사망한 사람을 상대로 한 판결로서 무효가 된다고 볼 수 없다(92다2455).

(4) 실종선고의 취소

제29조【실종선고의 취소】 ① 실종자의 생존한 사실 또는 전조의 규정과 상이한 때에 사망한 사실의 증명이 있으면 법원은 본인, 이해관계인 또는 검사의 청구에 의하여 실종선고를 취소하여야 한다. 그러나 실종선고 후 그 취소 전에 선의로 한 행위의 효력에 영향을 미치지 아니한다.
② 실종선고의 취소가 있을 때에 실종의 선고를 직접원인으로 하여 재산을 취득한 자가 선의인 경우에는 그 받은 이익이 현존하는 한도에서 반환할 의무가 있고, 악의인 경우에는 그 받은 이익에 이자를 붙여서 반환하고 손해가 있으면 이를 배상하여야 한다.

① **의의**: 실종선고를 받은 자는 일정한 범위 내에서 사망한 것으로 간주된다(제28조). 그러므로 실종선고의 효력을 부정하기 위해서는 선고 자체를 취소하여야 한다.

② **실종선고 취소의 요건**
  ㉠ 실질적 요건
    ⓐ 실종자가 생존하고 있다는 사실(제29조 제1항)
    ⓑ 실종기간이 만료한 때와 다른 시기에 사망한 사실(제29조 제1항)
    ⓒ 실종기간의 기산점 이후의 어떤 시기에 생존하고 있었던 사실, 이 경우에 명문의 규정은 없으나 기산점이 다르면 사망으로 의제되는 시기가 달라지므로 실종선고를 취소할 실익이 있다.
  ㉡ 형식적 요건
    ⓐ 본인, 이해관계인 또는 검사의 실종선고 취소청구가 있어야 한다(제29조 제1항). 그러므로 실종선고의 청구권자와 실종선고의 취소청구권자의 범위는 다르다.
    ⓑ 그러나 1순위 상속인이 있는 경우 그 후순위 상속인은 실종선고의 취소청구권자가 아니라는 점은 실종선고의 청구권자와 다름이 없다.
    ⓒ 실종선고의 취소청구에는 기간의 제한이 없다.
  ㉢ 절차: 실종선고 취소의 절차에는 실종선고의 경우와 달리 공시최고를 요하지 않는다. 다만, 실종선고 취소의 요건을 갖추게 되면 법원은 반드시 취소를 하여야 한다.

③ **실종선고 취소의 효과**
  ㉠ 원칙: 실종선고가 취소되면 실종선고에 기한 법률관계는 소급적으로 무효가 된다(제29조 참조). 실종선고 취소의 구체적 효과로,
    ⓐ 실종자의 생존을 이유로 취소된 경우 실종자의 재산관계와 가족관계가 선고 전의 상태로 회복된다.

ⓑ 실종기간의 만료 시와 다른 시기에 사망하였음을 이유로 취소된 경우에는 실제의 사망시기를 표준으로 하여 다시 사망에 기한 법률관계를 확정하게 된다.

ⓒ 실종기간 기산점 이후의 생존을 이유로 취소된 경우에는 일단 선고 전의 상태로 회복되며, 만일 이해관계인이 원할 경우 다시 새로운 실종선고를 청구할 수 있다.

ⓛ 예외: 실종선고가 취소된 경우에도 무효로 되지 않는 경우

ⓐ 실종선고로 인하여 생긴 법률관계를 그 취소에 의하여 일률적으로 소급하여 무효로 하면, 실종선고를 신뢰하여 법률관계를 맺게 된 선의의 제3자에게 예상하지 못했던 피해를 줄 수가 있다. 따라서 민법은 실종선고를 신뢰하고 법률행위를 한 자를 보호하기 위하여 일정한 예외를 인정한다.

ⓑ 실종선고 후 그 취소 전에 선의로 한 행위의 효력에는 영향을 미치지 않는다.

ⅰ) **법률행위가 '실종선고 후 그 취소 전'에 한 행위**: 실종선고 전에 한 행위이거나 실종선고 취소 후에 한 행위에 대해서는 비록 선의라 하더라도 적용되지 않아 취소의 효과를 받는다.

ⅱ) **선의로 한 행위**: 이때 선의라 함은 실종선고가 사실과 다름을 알지 못하는 것을 말하고, 과실(過失) 유무는 따지지 않는다.

ⓒ 행위의 유형에 따른 재산반환의 범위

ⅰ) 재산행위
- **단독행위**: 단독행위의 경우 행위자의 선의로써 충분하다. 따라서 상속인이 상속한 채권에 관해 채무자에게 한 채무의 면제, 또는 상속인이 상속재산으로 제3자에 대한 유증 등은 상속인이 선의인 한 채무자 또는 유증의 상대방이 악의라도 그 단독행위는 유효하다.
- **계약**: 실종자 보호에 치중하여 당사자 쌍방이 선의인 경우에 한하여 보호를 받는다.

ⅱ) **가족법상 (신분)행위**: 가족법상 (신분)행위에 특히 문제가 되는 것은 잔존 배우자의 재혼이다. 이 경우 당사자 쌍방의 선의를 요한다는 것이 통설적 견해이다. 따라서 당사자 쌍방이 선의이면 후혼(後婚)이 유효하고, 전혼(前婚)은 부활하지 않는다.

ⓒ 실종선고가 취소된 후 '실종선고를 직접원인으로 하여 재산을 취득한 자'의 반환의무

ⓐ **재산의 반환범위**: 직접원인으로 취득하게 된 자란, 예를 들면 상속인·수유자·사인증여의 수증자·생명보험금의 수취자 등을 가리키며, 이들로부터 재산을 취득한 전득자는 이에 포함하지 않는다. 위 재산취득자의 반환범위는 취득자가 선의인 경우에는 이익이 현존하는 한도에서 반환하면 되나, 악의인 경우에는 받은 이익과 이자의 반환 및 손해배상을 하여야 한다.

ⓑ **재산 반환의무의 성질**: 여기에서의 재산 반환의무는 성질상 **부당이득의 반환**으로서 (통설), 그 반환범위도 일반적인 부당이득반환과 같다.

㉣ **'실종선고 이외의 법률상 원인으로 권리를 취득한 자'의 반환의무**: 실종선고를 받은 자의 재산을 취득한 자 또는 실종자의 상속인으로부터 실종자의 재산을 전득한 자가 취득시효(제245조 이하), 선의취득(제249조) 등의 실종선고와 관련이 없는 규정으로 인하여 실종자의 재산을 취득하게 된 경우 그 규정에 따라 권리를 취득하게 되므로, 실종선고가 취소된 경우에도 그 취득한 재산을 반환할 의무가 없다.

참고 실종선고의 효과

1. 부재자에 대한 실종선고가 확정되지 않는 한 부재자로서 생존하여 있는 것으로 추정하여야 한다.
2. 가족관계등록부에 사망으로 기재된 자는 사망한 것으로 추정이 되므로 반증의 자료가 없는 한 실종선고할 수 없다.
3. 실종선고는 사망의 추정제도가 아닌 사망의 간주제도이다.

개념적용 문제

배우자 乙과 누나 丙이 있는 X부동산의 소유자 甲은 2020. 1. 1. 해외 출장을 위해 탑승한 항공기의 추락으로 생사불명이 되었다. 이에 관한 설명으로 옳은 것은? (다툼이 있으면 판례에 따름)

제28회 기출

① 乙은 2025. 1. 1.이 경과하지 않으면 법원에 실종선고를 청구할 수 없다.
② 乙이 실종선고를 청구하지 않을 경우, 丙은 상속에 관한 이해관계인으로서 법원에 실종선고를 청구할 수 있다.
③ 이해관계인 乙과 丙이 있으므로 검사는 법원에 실종선고를 청구할 수 없다.
④ 실종선고의 청구를 받은 가정법원은 6개월 이상 공시최고를 하여야 하며, 그 기간 내에 甲의 생사여부에 관한 신고가 없는 때에는 실종을 선고하여야 한다.
⑤ 법원이 실종선고를 하면 甲은 2020. 1. 1.에 사망한 것으로 본다.

해설 ① 乙은 2025. 1. 1.이 아닌 2021. 1. 2.부터 법원에 실종선고를 청구할 수 있다.
② 1순위 상속인이 있으면 그 후순위 상속인은 실종선고를 청구할 수 있는 청구권자가 아니므로 1순위 상속권자인 乙이 실종선고를 청구하지 않을 경우, 후순위 상속권자인 丙은 실종선고를 청구할 수 없다.
③ 실종선고의 청구는 이해관계인과 검사가 그 청구권자이므로 이해관계인 乙과 丙이 있어도 검사는 법원에 실종선고를 청구할 수 있다.
⑤ 법원이 실종선고를 하면 甲은 2021. 1. 2. 0시에 사망한 것으로 본다.

정답 ④

CHAPTER 01 OX문제로 완벽 복습

01 정지조건설에 의하든 해제조건설에 의하든 태아가 살아서 출생을 해야 권리능력을 취득하고 사산의 경우 모두 권리능력을 인정하지 않는다. (○ | ×)

02 2인 이상이 동일한 위난으로 사망한 경우에 동시사망의 추정은 법률상 추정이 아닌 사망 사실에 대한 추정이다. (○ | ×)

03 혼인을 한 미성년자 甲이 단독으로 자기의 소유에 속하는 토지를 매매하는 계약을 체결한 경우에 甲은 제한능력을 이유로 매매계약을 취소할 수 없다. (○ | ×)

04 피성년후견인이 일용품 구입 등 일상생활용품을 구입한 경우 그 대가가 과도하지 않더라도 성년후견인이 취소할 수 있다. (○ | ×)

05 특정후견의 심판 시 법원은 본인의 의사를 고려하여야 한다. (○ | ×)

06 국내에 주소 없는 자나, 국내의 주소를 알 수 없으면 그 거소를 주소로 추정한다. (○ | ×)

07 실종자의 친권자는 실종선고를 청구할 수 있는 청구권자가 아니다. (○ | ×)

08 실종선고가 취소된 경우, 실종기간 만료 후 실종선고의 취소 전에 선의로 한 행위도 무효가 된다. (○ | ×)

정답

01 ○ **02** ×(동시사망의 추정은 동시사망자 사이의 사망의 사실을 확인하는 사실상의 추정이 아닌 상속관계를 정하는 법률상 추정에 해당한다) **03** ○(미성년자가 혼인한 때에는 성년자로 본다) **04** ×(피성년후견인이 일용품 구입 등 일상생활용품을 구입한 경우 그 대가가 과도하지 않다면 성년후견인이 취소할 수 없다) **05** ×(특정후견은 본인의 의사에 반하여 할 수 없다) **06** ×(국내에 주소 없는 자나, 국내의 주소를 알 수 없으면 그 거소를 주소로 본다. 즉, 추정이 아니고 간주의 효력이 있다) **07** ×(실종자의 친권자는 1순위 상속인에 해당하므로 실종선고의 청구나 그 취소의 청구를 할 수 있는 청구권자에 해당한다) **08** ×(실종선고가 취소된 경우 실종선고 후 그 취소 전에 선의로 한 행위의 효력에는 영향을 미치지 않는다)

CHAPTER 02 법인

회독체크 1 2 3

CHAPTER 미리보기

학습전략

❶ 약 3~4문항 정도 출제되고 있습니다.
❷ 법인의 설립절차, 법인의 능력, 법인의 기관, 대표권 제한, 권리능력 없는 사단과 재단, 정관의 변경과 청산절차 등을 고루 공부할 필요가 있습니다. 특히 권리능력 없는 사단에 관한 판례는 완벽하게 학습해야 합니다.

학습키워드

- 법인의 종류
- 법인의 설립
- 법인의 능력
- 불법행위능력
- 법인의 기관
- 정관의 변경
- 법인의 해산
- 법인의 청산
- 권리능력 없는 사단
- 권리능력 없는 재단

제1절 서설

1 법인의 의의

법인(法人)이란 자연인이 아니면서 법률에 의하여 권리능력, 즉 법인격이 인정되어 권리·의무의 주체가 될 수 있는 사람들의 집합체로 사단법인과 일정한 목적달성을 위해 출연된 재산의 집단인 재단법인이 있다.

2 법인의 본질

법인의 본질에 관한 논의는 자연인에게 인정하는 권리능력을 법인에게 인정하는 근거에 관한 문제로, 법인의 권리능력과 행위능력의 범위, 법인의 불법행위능력과 그의 책임에 관한 것이 핵심이다.

1. 법인의 본질에 관한 이론의 전개

① **법인의제설**: 권리의 주체는 오로지 자연인에 한한다는 것을 전제로 하여, 자연인이 아닌 법인의 경우는 권리능력이 인정될 수 없으나 법이 특별한 목적을 위해 예외적으로 자연인에 의제함으로써 그 권리능력이 인정된다는 견해로 특허주의·허가주의의 이론적 기초가 되었다.
② **법인실재설**: 법인이란 법에 의하여 인격이 부여됨으로써, 그 자체가 자연인과 동일하게 사회적으로 실재하여 권리·의무의 주체성을 갖는다고 이해하는 견해로서 준칙주의의 이론적 기초가 되었다.
③ **법인부인설**: 자연인 이외의 권리주체란 존재하지 않는다는 전제 아래 법인의 실체를 부정하고, 그 본체를 법인을 구성하는 개인이나 재산에서 찾으려고 하는 견해로서 법인의 형해화 이론(법인격 부인론)의 근거가 된다.

2. 법인의제설과 법인실재설의 차이

(1) 권리능력의 인정 여부: 법인의 권리능력 자체를 인정함에는 두 학설의 차이는 없다.
① 법인실재설에 의하면 법인의 정관에 정한 목적뿐만 아니라 그 목적을 달성하기 위하여 필요한 범위 내까지 법인의 권리능력을 인정하고 그 권리능력 범위 내에서 행위능력도 인정한다.
② 법인의제설의 경우에도 정관에 정한 목적범위 내에서 권리능력을 인정하지만, 법인의 행위능력은 인정하지 않는다.

(2) 행위능력의 인정 여부

① 법인실재설은 법인은 실존하는 권리의 주체로서 그 권리를 행사하기 위해 스스로 법률행위를 할 수 있는 행위능력이 있으며, 이 경우 대표기관이 직무에 관한 법률행위를 한 경우 그 행위는 법인이 직접 법률행위를 한 것으로 인정한다.
② 법인의제설에 의하면 법인은 사회적·경제적 목적을 위하여 법률이 그 권리능력을 인정할 뿐 실존하고 있는 주체가 아니므로 법인이 직접 법률행위를 할 수는 없다. 다만, 법인을 위한 법률행위는 대표기관의 대리행위로 가능하다.

(3) 불법행위능력

① 법인실재설에 의하면 법인은 당연히 불법행위능력이 있고 대표기관의 직무와 견련관계 있는 행위과정에서 발생한 불법행위는 법인의 불법행위가 된다.
② 법인의제설에 의하면 법인의 경우 자신 스스로의 불법행위능력은 있을 수 없고, 대표기관의 직무와 관련된 불법행위도 대표기관 개인의 불법행위가 된다.

구분	법인의제설	법인실재설
법인에 대한 인식	대외관계 처리의 법적 기술, 구성원과 기관의 독립성 강조	실질적 단체성 강조, 구성원과 기관은 단체성에 매몰
기관의 지위	대리인	대표자
권리능력의 범위	법률이 인정하는 범위 내지 사항에 대해서만 인정	목적수행에 필요한 상당한 범위까지 확장
법인의 활동범위	엄격하게 제한	광범위하게 인정
행위능력	이사의 행위는 법인의 대리행위(대리설)	이사의 행위는 법인 자신의 행위(대표설)
불법행위능력	원칙적으로 불법행위능력 부정(제35조는 편의적·정책적 규정)	불법행위능력 인정(제35조는 당연규정)
이사 개인의 불법행위책임	당연히 긍정	당연히 긍정하지 않음

3 법인격남용(法人格濫用)이론

① 법률이 정하는 절차에 따라서 자유롭게 설립된 법인은 그 자체로서 독립된 권리의 주체가 되어 그 설립자 및 구성원, 이사 등과 독립적인 경제활동의 주체가 된다.
② 그런데 법인은 형식적 이름뿐이고 실질은 어느 개인에 의하여 탈세, 강제집행의 면탈, 재산의 은닉 등의 목적으로 법인을 설립하여 그에 출자하는 방식을 취하는 경우 법인격의 '형해화(形骸化)'와 '남용(濫用)'이 문제되는데 그 한도에서 법인격을 일시 부정하여 법인과 그 실체를 이루는 개인 또는 설립자가 남용으로 인한 책임을 같이 지도록 하는 이론을 법인격남용이론 또는 법인의 형해화이론이라 한다.

> **판례** 　**법인격남용**
>
> ① 회사가 외형상으로는 법인의 형식을 갖추고 있으나 이는 법인의 형태를 빌리고 있는 것에 지나지 아니하고 그 실질에 있어서는 완전히 그 법인격의 배후에 있는 타인의 개인기업에 불과하거나 그것이 배후자에 대한 법률적용을 회피하기 위한 수단으로 함부로 쓰이는 경우에는, 비록 외견상으로는 회사의 행위라 할지라도 회사와 그 배후자가 별개의 인격체임을 내세워 회사에게만 그로 인한 법적 효과가 귀속됨을 주장하면서 배후자의 책임을 부정하는 것은 신의성실의 원칙에 위반되는 법인격의 남용으로서 심히 정의와 형평에 반하여 허용될 수 없고, 따라서 회사는 물론 그 배후자인 타인에 대하여도 회사의 행위에 관한 책임을 물을 수 있다고 보아야 한다(97다21604).
> ② 기존회사가 채무를 면탈하기 위하여 기업의 형태·내용이 실질적으로 동일한 신설회사를 설립하였다면, 신설회사의 설립은 기존회사의 채무면탈이라는 위법한 목적 달성을 위하여 회사제도를 남용한 것에 해당한다. 이러한 경우에 기존회사의 채권자에 대하여 위 두 회사가 별개의 법인격을 갖고 있음을 주장하는 것은 신의성실의 원칙상 허용될 수 없으므로, 기존회사의 채권자는 위 두 회사 어느 쪽에 대하여도 채무의 이행을 청구할 수 있다(2006다24438).

4 법인의 종류

1. 내국법인·외국법인

① 외국법에 의하여 설립되고 주사무소가 외국에 있으면 외국법인이다.
② 우리나라 법에 따라 법인을 설립하려면, 설립 시 국내에 주된 사무소를 설치하고, 그 주된 사무소의 소재지에서 설립등기를 하여야 한다(제33조).

2. 공법인·사법인

공법인·사법인의 구별에 관한 획일적 기준은 없고, 특히 최근에는 중간적 법인의 속출로 공사법인의 구별은 매우 어렵다. 그러나 다음의 경우에는 그 구별에 이론이 없다.

구분	공법인	사법인
쟁송절차	행정소송	민사소송
징수절차	「국세징수법」에 의한 강제징수	「민사소송법」에 의한 강제집행
불법행위책임	「국가배상법」상의 배상책임	민법상의 불법행위책임
구성원의 범죄	직무에 관한 죄 성립	일반범죄 성립
문서위조	공문서위조	사문서위조

① **공법인**: 국가와 공공단체(공법상 영조물법인, 공법상의 재단, 지방자치단체, 공공조합 등)
② **사법인**: 사단법인·재단법인, 각종의 회사 등
③ **중간법인**: 한국은행, 한국토지주택공사, 농업협동조합 등

3. 영리법인 · 비영리법인

> **제39조 【영리법인】** ① 영리를 목적으로 하는 사단은 상사회사설립의 조건에 좇아 이를 법인으로 할 수 있다.
> ② 전항의 사단법인에는 모두 상사회사에 관한 규정을 준용한다.

① **영리법인**: 영리법인이란 영리목적의 사단법인을 말하며, 공공사업을 목적으로 하는 것이라도 사원의 이익을 목적으로 하는 것이면 영리법인이다. 「상법」상의 회사가 대표적이며, 사원이 없는 재단법인은 성질상 영리법인으로 존재할 수가 없다.

② **비영리법인**: 학술·종교·자선·기예·사교 기타 영리 아닌 사업을 목적으로 하는 사단법인 또는 재단법인을 말한다. 본질에 반하지 않는 정도의 영리행위는 무방하며, 민법은 비영리이기만 하면 되고 공익을 요구하지는 않는다.

4. 사단법인 · 재단법인

① **사단법인**: 일정한 목적을 위하여 결합된 사람의 단체를 실체로 하는 법인을 말하며, 단체의 사에 기하여 자율적으로 활동하며, 영리 또는 비영리 목적으로 활동할 수 있다.

② **재단법인**: 일정한 목적을 위해 출연된 재산이 그 실체를 이루고 있는 법인을 말하며, 설립자의 의사에 구속되어 타율적으로 활동하며, 모든 재단법인은 비영리법인이다.

③ 사단법인 중 비영리 사단법인과 재단법인만이 민법의 적용대상이다.

제2절 법인의 설립

1 법인설립의 입법주의

> **제31조 【법인성립의 준칙】** 법인은 법률의 규정에 의함이 아니면 성립하지 못한다.
> **제32조 【비영리법인의 설립과 허가】** 학술, 종교, 자선, 기예, 사교 기타 영리 아닌 사업을 목적으로 하는 사단 또는 재단은 주무관청의 허가를 얻어 이를 법인으로 할 수 있다.

① **자유설립주의**: 법인설립에 관하여 아무런 제한을 두지 않고 법인의 실체를 갖추면 당연히 법인격을 인정하는 입법주의를 자유설립주의라 한다. 우리 민법은 "법인은 법률의 규정에 의함이 아니면 성립하지 못한다."라고 규정하여 자유설립주의를 배제하고 있다(제31조).

② **준칙주의**: 법인설립에 관한 요건을 법률로 규정해 놓고 그 요건을 충족하게 되면 당연히 법인격을 취득하게 하는 입법주의를 준칙주의라 한다. 「상법」상의 영리법인, 「노동조합 및 노동관계조정법」상의 노동조합의 설립에 관하여 준칙주의를 채용하고 있다.

③ **인가주의**: 법률이 정하는 일정한 요건을 갖추고 주무관청의 인가를 얻음으로써 법인이 성립하는 입법주의를 인가주의라 한다. 이때, 법률이 규정하고 있는 요건을 갖추면 인가권자는 반드시 인가를 하여야 한다. 「변호사법」에 의한 법무법인·지방변호사회·대한변호사협회, 약사회, 상공회의소, 각종 특별법상의 조합(운수, 해운, 수출입, 농협, 수협, 건설관련 공제조합), 수의사회 등에 관하여 인가주의를 취하고 있다.

④ **허가주의**: 법인의 설립에 관하여 법정요건을 충족하고 주무관청의 자유재량에 의한 허가를 요하는 입법주의를 허가주의라 한다. 비영리법인(민법), 사립학교법인(사립학교법) 등의 설립에 관하여 허가주의를 취하고 있다.

⑤ **특허주의**: 법인설립을 위하여 특별법의 제정을 필요로 하는 입법주의를 특허주의라 한다. 특허주의에 의하여 설립되는 법인에는 한국은행, 한국산업은행, 한국수출입은행, 한국토지주택공사, 한국관광공사, 한국과학기술원, 한국가스공사, 한국과학재단 등이 있다.

⑥ **강제주의**: 당해 법인의 설립을 국가가 법률에 의하여 강제하는 입법주의를 말한다. 또한, 이로써 유자격자의 회원가입도 법률에 의하여 강제되는 것이 보통이다. 강제주의에 의하여 설립되는 법인에는 의사회·한의사회·치과의사회·간호사회, 약사회, 지방변호사회·대한변호사회, 변리사회 등이 있다.

2 비영리사단법인의 설립

1. 설립요건

(1) 법인의 설립목적 및 활동목적이 '영리(營利) 아닌 사업'을 목적으로 하여야 한다

① 비영리사업(非營利事業)이란 구성원들의 활동을 통하여 수익이 발생한 경우에도 종국적으로 그 수익이 구성원들에게 분배되지 않는 사업을 말한다.

② 다만, 그 사업 목적달성에 필요한 자금마련을 위하여 수익사업을 하는 것은 비영리목적에 어긋나는 것은 아니다. 그러므로 그 수익사업을 통해 얻은 이득금을 비영리라는 본래의 목적으로 사용하면 된다.

(2) 설립행위(정관작성)

① **합동행위로서 요식행위**: 설립자가 일정한 사항을 기재한 정관을 작성하여 기명·날인하는 것을 말한다. 성질상 설립자는 2인 이상이어야 하고(합동행위), 설립자들의 기명·날인이 없는 정관은 무효이다(요식행위).

② **합동행위의 성질**

㉠ 법인의 설립을 위한 합동행위는 설립자 전원이 합동하여 정관작성에 협력하는 행위로서 계약과 다르다.

ⓒ 합동행위 시 설립자 중의 한 사람이 다른 설립자를 위하여 대리하는 것도 무방하고(자기계약이나 쌍방대리 허용), 허위표시규정(제108조)의 적용이 없으며, 합동행위를 이루는 설립자 중 일부의 의사표시가 무효이거나 또는 취소되더라도 다른 설립자의 의사표시의 효력은 유지된다.

③ **정관의 기재사항**
  ㉠ 필요적 기재사항(제40조)
    ⓐ 목적
    ⓑ 명칭
    ⓒ 사무소의 소재지
    ⓓ 자산에 관한 규정
    ⓔ 이사의 임면에 관한 규정
    ⓕ 사원자격의 득실에 관한 규정
    ⓖ 존립시기나 해산사유를 정하는 때에는 그 시기 또는 사유
  ㉡ 임의적 기재사항: 법인 활동에 필요한 모든 행위가 임의적 기재사항에 해당할 수 있다. 필요적 기재사항이 아닐지라도 일단 정관에 기재되면 필요적 기재사항과 동일한 효력을 가지며, 그 변경에 있어서는 정관변경의 절차를 거쳐야 한다.
    ⓐ 총회의 소집절차
    ⓑ 임원회의 조직에 관한 사항
    ⓒ 감사의 **임면**에 관한 사항

(3) 주무관청의 허가(제32조) ⇨ 허가주의

① 사단법인의 설립을 위해서는 주무관청의 허가가 필요하며, 주무관청이란 법인의 목적으로 하는 사업을 주관하는 행정관청을 가리킨다.
② 비영리법인의 설립허가에 주무관청의 허가 여부는 주무관청의 정책적 판단에 따른 재량행위이다(95누18437).
③ 법인설립허가신청에 대하여 주무관청의 불허가처분에 사회적 타당성에 비추어 현저한 불합리성 등의 특별한 사정이 없는 한 위법성이 있다고 할 수 없어 이를 소송으로 다툴 수 없다(95누18437).
④ 주무관청이 두 개 이상인 경우에는 각각의 허가를 다 받아야 한다(다수설).

> **판례** 법인설립에 대한 주무관청의 허가
> ① 현행 법령상 비영리법인의 설립허가에 관한 구체적인 기준이 정하여져 있지 아니하므로, 비영리법인의 설립허가를 할 것인지 여부는 주무관청의 정책적 판단에 따른 재량에 맡겨져 있다(95누18437).

② 주무관청의 법인설립 불허가처분에 사실의 기초를 결여하였다든지 또는 사회관념상 현저하게 타당성을 잃었다는 등의 사유가 있지 아니하고, 주무관청이 그와 같은 결론에 이르게 된 판단과정에 일응의 합리성이 있음을 부정할 수 없는 경우에는, 다른 특별한 사정이 없는 한 그 불허가처분에 재량권을 일탈·남용한 위법이 있다고 할 수 없다(95누18437).

(4) 설립등기

① **성립요건**: 법인은 그 '주된 사무소의 소재지'에서 설립등기를 함으로써 성립한다(제33조). 법인의 설립등기는 법인의 성립요건에 해당한다. 이처럼 법인 성립에 등기를 요하는 취지는 법인의 조직이나 내용을 공시함으로써 거래의 안전을 도모함이 목적이다.

② **설립등기사항**(제49조 제2항)

> **제49조 【법인의 등기사항】** ① 법인설립의 허가가 있는 때에는 3주간 내에 주된 사무소 소재지에서 설립등기를 하여야 한다.
> ② 전항의 등기사항은 다음과 같다.
> 1. 목적
> 2. 명칭
> 3. 사무소
> 4. 설립허가의 연월일
> 5. 존립시기나 해산이유를 정한 때에는 그 시기 또는 사유
> 6. 자산의 총액
> 7. 출자의 방법을 정한 때에는 그 방법
> 8. 이사의 성명, 주소
> 9. 이사의 대표권을 제한한 때에는 그 제한

2. 설립 중의 사단법인

(1) 법인이 설립되는 과정

① **발기인 조합**: 제1단계로서 설립자 상호간에 법인설립을 목적으로 하는 법률관계가 성립된다(민법상의 조합으로 이해하는 것이 통설).

② **설립 중인 법인**: 제2단계로서 정관의 작성, 구성원의 결정, 기타 법인설립을 위한 여러 요건을 충족하는 행위를 이행한다.

③ **법인**: 제3단계로서 설립등기를 함으로써 법인이 성립하게 된다.

(2) 설립 중인 사단법인의 강학상 개념

정관의 작성에 의하여 실체를 구성하고 목적을 위해 활동을 하고 있으나 아직 설립등기를 하지 않은 단체를 권리능력 없는 사단으로 본다(통설).

3 재단법인의 설립

1. 설립요건

(1) 재단법인의 설립에 필요한 요건

① 목적의 비영리성,
② 설립행위(재산의 출연과 정관작성),
③ 주무관청의 허가,
④ 설립등기(제32조, 제33조)의 4가지 요건을 갖추어야 한다.

(2) 재단법인은 성질상 영리법인이 될 수 없고, 오직 비영리재단법인만이 존재한다.

2. 설립행위

> **제43조【재단법인의 정관】** 재단법인의 설립자는 일정한 재산을 출연하고 제40조 제1호 내지 제5호의 사항을 기재한 정관을 작성하여 기명날인하여야 한다.

(1) 의의

재단법인의 설립자가 일정한 재산을 **출연**(出捐)하고, 법인의 활동에 필요한 사항이 기재된 정관을 작성하여 기명날인하는 것을 말한다(제43조). 정관의 작성 이전에 반드시 '재산의 출연(出捐)'이 있어야 한다는 것이 사단법인의 경우와 다르다.

(2) 설립행위의 성질

① **재산의 출연**
 ㉠ 상대방 없는 단독행위: 재단법인 설립을 위한 재산의 출연행위는 상대방 없는 단독행위로서, 재산의 출연자가 2인(人) 이상인 경우에는 단독행위의 경합으로 본다(다수설).
 ㉡ 출연재산의 종류: 출연재산은 동산·부동산·채권·유가증권, 금전 등 그 종류는 묻지 않는다.
 ㉢ 재단법인 설립 시 출연자가 출연재산의 소유명의만을 재단법인에 귀속시키고 실질적 소유권은 자신에게 유보하는 부관을 붙인 경우, 이는 재단법인의 존립의 근거가 되는 재산이 없는 것이므로 재단법인의 실체를 인정할 수는 없다.
 ㉣ 착오에 의한 재산의 출연과 그 취소: 재산의 출연행위에 착오가 있는 경우 출연자는 그 출연된 재산이 재단법인의 기본재산인지 여부, 부동산으로서 이전등기의 경료 여부와 무관하게 제109조의 착오에 의한 취소요건이 충족되면 그 출연행위를 취소할 수 있다.

② **정관작성**(요식행위): 재산의 출연 후 서면에 의한 정관작성 및 기명날인을 요하는 요식행위이며, 재단법인에 법인격 취득의 효과를 발생하게 하려는 의사표시를 요소로 하는 법률행위이다.

(3) 출연재산의 재단법인에의 귀속

> **제47조 【증여, 유증에 관한 규정의 준용】** ① 생전처분으로 재단법인을 설립하는 때에는 증여에 관한 규정을 준용한다.
> ② 유언으로 재단법인을 설립하는 때에는 유증에 관한 규정을 준용한다.
> **제48조 【출연재산의 귀속시기】** ① 생전처분으로 재단법인을 설립하는 때에는 출연재산은 법인이 성립된 때로부터 법인의 재산이 된다.
> ② 유언으로 재단법인을 설립하는 때에는 출연재산은 유언의 효력이 발생한 때로부터 법인에 귀속한 것으로 본다.
> **제186조 【부동산 물권변동의 효력】** 부동산에 관한 법률행위로 인한 물권의 득실변경은 등기하여야 그 효력이 생긴다.
> **제187조 【등기를 요하지 아니하는 부동산 물권취득】** 상속, 공용징수, 판결, 경매 기타 법률의 규정에 의한 부동산에 관한 물권의 취득은 등기를 요하지 아니한다. 그러나 등기를 하지 아니하면 이를 처분하지 못한다.

① **재단법인 설립에 관한 민법의 규정**
　㉠ 생전처분으로 재단법인을 설립하는 때에는 증여에 관한 규정이 준용된다(제47조 제1항).
　㉡ 유언으로 재단법인을 설립하는 때에는 유증에 관한 규정이 준용된다(제47조 제2항).

② **출연재산이 부동산인 경우 출연재산의 법인에의 귀속시기에 관한 이론의 대립**
　㉠ 법인설립시설: 제48조를 제186조·제188조의 예외규정으로, 특히 부동산의 경우는 제48조를 제187조가 말하는 '기타의 법률의 규정'으로 보아 등기나 인도 없이 물권은 당연히 설립등기를 한 때(생전처분) 또는 설립자의 사망 시(유언의 효력발생 시)에 법인에 귀속한다고 한다(다수설).
　㉡ 이전등기시설: 부동산·동산 등 물권의 출연행위는 물권행위인바, 물권변동에 형식주의를 따르는 우리 민법에서는 제186조와 제188조에 의하여 부동산은 등기, 동산은 인도를 각각 그 효력발생요건으로 하고 있으므로, 물권행위만으로는 물권변동이 일어나지 않고 등기나 인도를 갖춘 때에 그 출연재산은 비로소 법인에 귀속한다고 한다.
　㉢ 판례의 태도(절충설): 출연한 재산이 부동산인 경우 출연자와 법인 사이에는 등기 없이도 출연부동산은 법인설립과 동시에 법인에게 귀속하나(제187조 적용), 법인이 취득한 그 부동산을 가지고 제3자에게 대항하기 위해서는 제186조에 따라 등기를 필요로 한다(78다481 전합).

| 판례 | 재단법인의 출연재산 |

① 민법 제48조 제1항은 재단법인 성립에 있어 재산출연자와 법인과의 관계에 있어서의 출연재산의 귀속에 관한 규정이고, 제3자에 대한 관계에 있어서는 출연행위가 법률행위이므로 출연재산의 법인에의 귀속은 부동산의 권리에 관하여는 법인의 성립 외에 등기를 필요로 한다(93다8054).
② 재단법인에 대한 출연자와 법인과의 관계에 있어서 그 출연행위에 터잡아 법인이 성립되면 그로써 출연재산은 민법 제48조에 의하여 법인 성립 시에 법인에게 귀속되어 법인의 재산이 되는 것이고, 출연재산이 부동산인 경우에 있어서도 위 양 당사자간의 관계에 있어서는 법인의 성립 외에 등기를 필요로 하는 것은 아니라 할지라도, 재단법인의 출연자가 착오를 원인으로 취소를 한 경우에는 출연자는 재단법인의 성립 여부나 출연된 재산이 기본재산인지 여부와 관계없이 그 의사표시를 취소할 수 있다(98다9045).
③ 재단법인 설립 시 출연자가 출연재산의 소유명의만을 재단법인에 귀속시키고 실질적 소유권은 자신에게 유보하는 부관을 붙였다면 이는 재단법인의 재산이 없는 것과 다름이 없으므로 재단법인의 존립의 근거가 없는 것이 된다(2006다65774).

(4) 재단법인의 정관

① **정관의 작성 및 그 내용**
  ㉠ 설립자는 일정한 사항을 기재한 정관을 작성하여 기명날인하여야 한다(제43조).
  ㉡ 사단법인의 정관과는 달리 사원자격의 득실에 관한 규정·법인의 존립시기나 해산사유는 필요적 기재사항이 아니다(제43조).
  ㉢ 유언으로 재단법인을 설립하는 경우는 정관의 작성과 출연행위는 유언의 방식(제1065조)을 갖추어야 효력이 있다. 즉, 유증에 관한 규정이 준용된다(제47조 제2항).

② **정관의 보충**
  ㉠ 재단법인의 설립자가 그 명칭·사무소 소재지 또는 이사 임면의 방법을 정하지 아니하고 사망한 때에는 이해관계인 또는 검사의 청구에 의하여 법원이 이를 정한다(제44조).
  ㉡ 목적과 자산 이외의 비교적 경미한 사항을 정하지 않고 설립자가 사망한 경우에 재단법인의 성립을 부인하는 것보다는 이를 보충하여 성립시키는 것이 사회적으로 이익이 될 수 있기 때문이다.

3. 주무관청의 허가와 설립등기

비영리사단법인의 경우와 동일하다.

개념적용 문제

민법상 법인의 설립에 관한 설명으로 옳은 것은? 제28회 기출

① 법인의 설립등기는 법인의 대항요건이다.
② 종교 사업을 목적으로 하는 사단은 주무관청의 인가를 얻어 이를 법인으로 할 수 있다.
③ 이사의 대표권의 제한은 정관에 기재하지 않더라도 그 효력이 있다.
④ 영리를 목적으로 하는 재단은 상사회사설립의 조건에 좇아 이를 법인으로 할 수 있으며, 그러한 법인에는 상사회사에 관한 규정을 준용한다.
⑤ 사단법인의 설립을 위한 정관에는 자산에 관한 규정이 반드시 기재되어 있어야 한다.

해설
① 법인의 설립등기는 법인의 성립요건이다.
② 종교 사업을 목적으로 하는 사단은 주무관청의 인가가 아니라 허가를 얻어 이를 법인으로 할 수 있다.
③ 이사의 대표권의 제한은 정관에 기재해야 그 효력이 있고, 이를 등기해야 제3자에게 대항할 수 있다. 이사의 대표권의 제한했더라도 정관에 기재하지 않으면 그 효력이 없다.
④ 재단법인은 모두 비영리법인으로서 영리 재단법인은 존재할 수 없다.

정답 ⑤

제3절 법인의 능력

1 서설

1. 의의

법인도 권리주체이므로 자연인과 마찬가지로 권리능력·행위능력·불법행위능력을 가지나, 그 성질은 같지 않다. 왜냐하면, 법인의 능력은 사회경제적 목적을 위하여 정관으로 정한 범위 내에서만 인정되는 것이 원칙이기 때문이다.

2. 강행규정

민법상 법인의 능력에 관한 규정은 강행규정이며, 비영리법인 이외에 다른 법인(즉, 영리법인 기타 특별법상의 법인)에도 적용된다.

2 권리능력

> **제34조【법인의 권리능력】** 법인은 법률의 규정에 좇아 정관으로 정한 목적의 범위 내에서 권리와 의무의 주체가 된다.

1. 서설

법인도 권리와 의무의 주체로서 권리능력이 있다. 그런데 제34조의 규정에 비추어보면 자연인의 권리능력과 달리 법인의 능력은 일단 법률의 규정과 정관의 목적에 의하여 제한된다고 할 수 있고, 그 외에도 자연인 고유의 권리능력은 법인에게 인정할 수 없는 부분도 있다.

2. 권리능력의 범위

법인은 법률규정에 좇아 정관으로 정한 목적범위 내에서 권리능력을 갖는다. 또한 정관으로 정한 목적을 달성하기 위한 활동만을 할 수 있다. 그러므로 법인의 권리능력과 행위능력은 그 범위가 일치한다.

3. 권리능력의 제한

(1) 성질에 의한 제한

법인은 자연인만이 가질 수 있는 권리, 즉 생명권·상속권·친권·정조권·육체상의 자유권 등은 없으나, 일반재산권·명예권·성명권·신용권·유증을 받을 수증능력은 있다. 또 법인은 파산관재인·청산인·유언집행인, 제한능력자의 후견인 등이 될 수 있으나, 다른 법인의 이사는 될 수 없다.

(2) 법률에 의한 제한

① 법인의 권리능력은 법률에 의하여 제한될 뿐, 명령에 의해서는 제한되지 않는다.
② 민법 제81조(청산법인)는 법인의 권리능력을 제한하는 규정에 해당한다.

(3) 목적에 의한 제한

① **의의**: 법인은 '정관으로 정한 목적의 범위 내'에서 권리능력을 가진다(제34조). 통설과 판례는 본조를 법인의 권리능력·행위능력의 제한규정으로 보며, 법인의 기관이 목적범위 외의 행위를 한 경우 그 효과는 법인에게 귀속되지 않고 무효가 된다.

② '목적의 범위'의 판단기준
  ㉠ 정관에 정한 목적이라 함은 법인의 목적으로서 '정관에 열거된 사항'에만 국한되는 것이 아니라는 데에 학설은 일치한다. 그러나 그 목적범위에 관하여는
    ⓐ 판례와 소수설(적극설)은 정관에 명시된 목적범위뿐만 아니라 법인의 목적달성에 직·간접적으로 필요한 모든 행위를 법인의 목적범위 내의 행위로 해석하여 법인의 보호에 중점을 둔다.
    ⓑ 다수설(소극설)은 법인의 정관에 정한 목적에 위배되지 않는 모든 행위가 법인의 목적범위 내의 행위라고 해석하는 견해로서 거래의 안전보호에 치중한다.
  ㉡ 효력: 정관으로 정한 목적범위를 벗어난 행위는 법인을 위하여 그 효력이 없다.

> **판례** 법인의 권리능력의 범위
> ① 회사의 권리능력은 회사의 설립근거가 된 법률과 회사의 정관상의 목적에 의하여 제한되나 그 목적범위 내의 행위라 함은 정관에 명시된 목적 자체에 국한되는 것이 아니라 그 목적을 수행하는 데 있어 직접 또는 간접으로 필요한 행위는 모두 포함되고 목적수행에 필요한지의 여부도 행위의 '객관적 성질에 따라 추상적으로 판단'할 것이지 행위자의 주관적·구체적 의사에 따라서 판단할 것이 아니다(86다카1230).
> ② 학교경영을 목적으로 하는 재단법인도 형편에 따라 교육목적달성에 수반하는 채무를 부담할 수 있으므로, 동 채무에 대하여 학교건물을 대물변제로 제공하는 행위는 법인의 목적범위 내에 속한다(4290민상613).

3 행위능력

1. 서설

법인이 권리능력의 범위에 속하는 권리를 취득하거나 이를 처분하는 것은 일정한 자연인의 행위에 의하여 이루어질 수밖에 없다. 그렇다면 누구의 어떠한 행위가 법인의 행위로 되는가 하는 문제가 발생하는데, 이것이 바로 법인의 행위능력의 문제이다.

2. 법인의 대표기관의 행위

(1) 대표기관의 직무와 관련된 행위만이 법인의 행위로 된다

① 법인이 법률행위를 통하여 권리를 취득하고 의무를 부담하기 위해서는 자연인의 일정한 행위가 요구되는바, 이처럼 법인을 대신하여 법인이 권리를 취득하고 의무를 부담하도록 하는 법률행위를 할 수 있는 자격을 가진 자연인을 대표기관이라 한다.
② 누가 법인의 대표기관으로 되느냐는 법인의 정관규정에 따르지만, 민법상 비영리법인에서는 이사, 임시이사, 특별대리인, 청산인, 직무대행자 등이 그에 속한다.

(2) 대표기관이 직무와 관련된 법률행위를 할 때에는 대리에 관한 규정이 준용된다

법인의 대표기관이 법인의 직무와 관련된 법률행위를 할 때는 민법상 대리에 관한 규정을 준용한다(제59조 제2항). 법인의 대표기관이 대표자로서 업무수행을 위한 행위를 하는 경우 현명주의·무권대리·표현대리에 관한 규정을 적용하여 그 효과가 발생한다.

3. 법인의 행위능력의 범위(권리능력의 범위와 동일)

민법 제34조 규정은 법인의 권리능력의 범위를 정하는 동시에 법인의 행위능력을 제한하는 것으로 이해한다. 즉, 법인의 대표기관이 정관으로 정한 목적 범위 내에서 그 직무와 관련된 행위를 한 경우에만 그 대표기관의 행위는 법인의 행위로 인정한다.

4 법인의 불법행위능력

> **제35조【법인의 불법행위능력】** ① 법인은 이사 기타 대표자가 그 직무에 관하여 타인에게 가한 손해를 배상할 책임이 있다. 이사 기타 대표자는 이로 인하여 자기의 손해배상책임을 면하지 못한다.
> ② 법인의 목적범위 외의 행위로 인하여 타인에게 손해를 가한 때에는 그 사항의 의결에 찬성하거나 그 의결을 집행한 사원, 이사 및 기타 대표자가 연대하여 배상하여야 한다.

1. 서설

법인은 이사 및 기타 대표자가 그 직무에 관하여 타인에게 가한 손해를 그 이사 및 기타 대표자와 함께 배상할 책임이 있고, 법인의 목적범위 외의 행위로 인하여 타인에게 손해를 가한 경우에 그 사항에 찬성하거나 집행한 사원, 이사 등이 이를 연대하여 배상하여야 함을 규정하고 있다.

2. 법인의 불법행위능력과 그 책임의 한계

(1) 성립요건

① 대표기관의 행위일 것

㉠ 법인이 불법행위책임을 지는 것은 '이사 기타 대표자'의 불법행위에 대해서이다. 법인의 대표기관에는 이사 이외에 임시이사(제63조)·특별대리인(제64조)·청산인(제82조, 제83조) 등이 있다.

ⓒ 대표기관의 범위
  ⓐ '법인의 대표자'에는 그 명칭이나 직위 여하, 또는 대표자로 등기되었는지 여부를 불문하고 당해 법인을 실질적으로 운영하면서 법인을 사실상 대표하여 법인의 사무를 집행하는 사람을 포함한다.
  ⓑ 법인의 대표기관은 그 업무에 관하여 포괄적 위임이 금지되어 있으므로, 그 포괄적 위임을 받은 자가 그 위임받은 범위 내의 대행행위는 무효이나, 그 행위가 불법행위의 요건을 갖춘 경우에는 법인의 불법행위는 성립할 수 있다(2008다15438).
  ⓒ 이러한 법리는 **비법인사단**의 경우에도 동일하게 적용된다.
ⓒ 대표권이 없는 이사는 법인의 기관이지만, 그들의 행위로는 법인의 불법행위가 성립하지 않는다.
ⓒ 대표기관 아닌 법인의 기관(사원총회·감사·이사가 선임한 임의대리인)의 행위에 관하여는 법인의 불법행위는 성립하지 않는다. 다만, 사용자책임(제756조)은 성립할 수 있다.

판례 법인의 대표기관으로서 이사

① 민법 제35조에서 말하는 '이사 기타 대표자'는 법인의 대표기관을 의미하는 것이고, 대표권이 없는 이사는 법인의 기관이기는 하지만 대표기관은 아니기 때문에 그들의 행위로 인하여 법인의 불법행위가 성립하지 않는다(2003다30159).
② 민법 제35조 제1항은 "법인은 이사 기타 대표자가 그 직무에 관하여 타인에게 가한 손해를 배상할 책임이 있다."라고 정한다. 여기서 '법인의 대표자'에는 그 명칭이나 직위 여하, 또는 대표자로 등기되었는지 여부를 불문하고 당해 법인을 실질적으로 운영하면서 법인을 사실상 대표하여 법인의 사무를 집행하는 사람을 포함한다고 해석함이 상당하다. 구체적인 사안에서 이러한 사람에 해당하는지는 법인과의 관계에서 그 지위와 역할, 법인의 사무집행절차와 방법, 대내적·대외적 명칭을 비롯하여 법인 내부자와 거래상대방에게 법인의 대표행위로 인식되는지 여부, 공부상 대표자와의 관계 및 공부상 대표자가 법인의 사무를 집행하는지 여부 등 제반 사정을 종합적으로 고려하여 판단하여야 한다. 그리고 이러한 법리는 주택조합과 같은 비법인사단에도 마찬가지로 적용된다(2008다15438).
③ 비법인사단에 대하여는 사단법인에 관한 민법 규정 가운데 법인격을 전제로 하는 것을 제외하고는 이를 유추적용하여야 하는데, 민법 제62조에 비추어 보면 비법인사단의 대표자는 정관 또는 총회의 결의로 금지하지 아니한 사항에 한하여 타인으로 하여금 특정한 행위를 대리하게 할 수 있을 뿐 비법인사단의 제반 업무처리를 포괄적으로 위임할 수는 없으므로 비법인사단 대표자가 행한 타인에 대한 업무의 포괄적 위임과 그에 따른 포괄적 수임인의 대행행위는 민법 제62조를 위반한 것이어서 비법인사단에 대하여 그 효력이 미치지 않는다(2008다15438).

---

② **직무에 관한 행위로 타인에게 손해를 가할 것**
  ⓒ '직무에 관하여'라는 의미는 행위의 외형상 대표기관의 직무수행행위라고 볼 수 있는 행위는 물론이고 직무행위와 사회관념상의 견련성을 가지는 행위도 포함한다(외형이론 적용).
  ⓒ 직무관련성이 있는지 여부를 판단할 때 정관에 명시한 목적범위를 초과하는 경우일지라도 법인의 불법행위가 성립할 수 있다.

| 판례 | 법인의 대표기관의 직무범위 |

① 외형상 대표자의 직무행위라면 그 행위가 설사 법령에 위반하는 것 또는 대표자 개인의 사리사욕을 위한 것이라 하더라도 직무에 관한 행위에 해당할 수 있다(68다2320).
② 대표권 남용의 경우에도 행위의 외형상 대표자의 직무행위로 볼 수 있다면 직무에 관한 행위에 해당한다(2014도1104 전합).
③ 법인의 대표기관의 대표행위에 일정한 절차를 거칠 것이 요구되는 경우에 대표기관이 이러한 절차를 거치지 않고 행위를 한 경우로서 대표권 유월의 경우에도 법인의 불법행위책임이 성립한다(86다카2534).

③ **불법행위에 관한 일반적 요건을 갖출 것**
  ㉠ 대표기관이 책임능력자일 것
  ㉡ 대표기관의 고의·과실에 의한 가해행위일 것
  ㉢ 가해행위는 위법한 행위일 것
  ㉣ 가해행위로 인하여 상대방은 손해를 입었을 것
  ㉤ 가해행위와 손해 사이에는 인과관계가 있을 것
④ **제3자는 선의이며 중대한 과실이 없을 것**: 제3자는 중대한 과실이 아닌 경미한 과실만 있는 경우에도 법인에 대하여 불법행위를 이유로 손해배상을 청구할 수 있다.

(2) 불법행위의 효과

① **법인의 책임**(무과실책임)
  ㉠ 법인의 불법행위가 성립하면 법인은 피해자에 대하여 민법 제35조 제1항 규정에 따라서 손해배상책임이 있다.
  ㉡ 이러한 법인의 손해배상책임은 무과실책임으로서, 법인은 그 대표자에 대한 선임·감독상의 과실 없음을 이유로 항변할 수 없다.
  ㉢ 그러므로 법인이 그 대표자의 선임·감독에 관하여 충분한 주의를 했음에도 그 대표기관의 불법행위가 성립하면 그의 상대방에 대하여 불법행위 책임을 지게 된다.
  ㉣ 법인의 불법행위책임이 성립하여 민법 제35조(법인의 불법행위능력)에 따른 손해배상과 민법 제756조(사용자의 배상책임)가 경합하는 경우 민법 제35조가 적용되며, 민법 제756조 사용자책임은 적용되지 않는다.

② **대표기관 개인의 책임**
  ㉠ 가해행위를 한 대표기관도 자신의 불법행위책임을 면할 수 없으므로 법인과 연대하여 손해배상책임을 진다. 그 성질은 **부진정연대채무**(통설)이므로 법인이 제3자에게 손해배상을 하였다는 이유로 대표기관 개인에게 연대채무자 지위에서 구상권을 행사하는 것은 원칙적으로 인정하지 않는다.
  ㉡ 다만, 법인이 피해자에게 손해를 배상한 경우 법인은 대표기관 개인에게 선관주의의무 위반을 이유로 구상권을 행사할 수 있다(제61조 및 제65조).

ⓒ 또한 법인의 불법행위책임이 성립하는 경우에도 과실상계의 법리가 적용된다(86다카1170). 따라서 손해발생에 관하여 피해자의 과실이 있으면 이를 참작하여야 한다.

③ **사원 및 내부기관**(사원총회·이사회)**의 책임**
  ㉠ 원칙: 사원총회, 대의원 총회, 이사회의 의결은 원칙적으로 법인의 내부행위에 불과하므로 특별한 사정이 없는 한 그 사항의 의결에 찬성하였다는 이유만으로 제3자의 채권을 침해한다거나 대표자의 행위에 가공 또는 방조한 자로서 제3자에 대하여 불법행위책임을 부담한다고 할 수는 없다.
  ㉡ 예외: 사원 등도 불법행위책임이 성립하는 경우
    ⓐ 사원도 위 대표자와 공동으로 불법행위를 저질렀거나 이에 가담하였다고 볼 만한 사정이 있으면 제3자에 대하여 위 대표자와 연대하여 손해배상책임을 진다.
    ⓑ 사원 등이 대표자와 공동으로 불법행위를 저질렀거나 이에 가담하였다고 볼 수 있는지 여부는 그 사원이나 내부적 기관이 의사결정권한이 있고, 그 불법집행행위에 적극적으로 요구하여 대표기관의 집행행위에 미친 영향력 등을 보아 개별적으로 판단한다.

(3) 법인의 불법행위가 성립하지 않은 경우

① 불법행위를 한 대표기관은 제750조 불법행위에 기한 손해배상책임을 지는 것이 원칙이다.
② 다만, 민법 제35조 제2항은 피해자를 두텁게 보호하기 위하여 그 책임의 범위를 확대하여 책임을 인정한다. 즉, 대표기관의 불법행위와 관련된 의결에 찬성한 사원과 이사, 이를 집행한 이사 기타 대표자가 연대하여 손해배상책임을 지도록 규정하고 있다.
③ 이러한 경우에도 법인은 사용자로서 민법 제756조의 사용자책임을 부담할 수 있다.

> **제750조 【불법행위의 내용】** 고의 또는 과실로 인한 위법행위로 타인에게 손해를 가한 자는 그 손해를 배상할 책임이 있다.
> **제756조 【사용자의 배상책임】** ① 타인을 사용하여 어느 사무에 종사하게 한 자는 피용자가 그 사무집행에 관하여 제3자에게 가한 손해를 배상할 책임이 있다. 그러나 사용자가 피용자의 선임 및 그 사무감독에 상당한 주의를 한 때 또는 상당한 주의를 하여도 손해가 있을 경우에는 그러하지 아니하다.
> ② 사용자에 갈음하여 그 사무를 감독하는 자도 전항의 책임이 있다.
> ③ 전2항의 경우에 사용자 또는 감독자는 피용자에 대하여 구상권을 행사할 수 있다.

> **판례** 법인의 불법행위에 대한 책임
> ① 법인의 대표자의 행위가 직무에 관한 행위에 해당하지 아니함을 피해자 자신이 알았거나 또는 중대한 과실로 인하여 알지 못한 경우에는 법인에게 손해배상책임을 물을 수 없다(2003다34045).
> ② 법인의 대표자가 그 직무에 관하여 타인에게 손해를 가함으로써 법인에 손해배상책임이 인정되는 경우에, 대표자의 행위가 제3자에 대한 불법행위를 구성한다면 그 대표자도 제3자에 대하여 손해배상책임을 면하지 못하며(민법 제35조 제1항), 또한 사원도 위 대표자와 공동으로 불법행위를 저질렀거나 이에 가담하였다고 볼 만한 사정이 있으면 제3자에 대하여 위 대표자와 연대하여 손해배상책임을 진다. 그

러나 사원총회, 대의원 총회, 이사회의 의결은 원칙적으로 법인의 내부행위에 불과하므로 특별한 사정이 없는 한 그 사항의 의결에 찬성하였다는 이유만으로 제3자의 채권을 침해한다거나 대표자의 행위에 가공 또는 방조한 자로서 제3자에 대하여 불법행위책임을 부담한다고 할 수는 없다. 이 때 의결에 참여한 사원 등이 대표자와 공동으로 불법행위를 저질렀거나 이에 가담하였다고 볼 수 있는지 여부는, 그 의결에 참여한 법인의 기관이 당해 사항에 관하여 의사결정권한이 있는지 여부 및 대표자의 집행을 견제할 위치에 있는지 여부, 그 사원이 의결과정에서 대표자의 불법적인 집행행위를 적극적으로 요구하거나 유도하였는지 여부 및 그 의결이 대표자의 업무 집행에 구체적으로 미친 영향력의 정도, 침해되는 권리의 내용, 의결 내용, 의결행위의 태양을 비롯한 위법성의 정도를 종합적으로 평가하여 법인 내부행위를 벗어나 제3자에 대한 관계에서 사회상규에 반하는 위법한 행위라고 인정될 수 있는 정도에 이르러야 한다(2006다37465).

▶ 법인의 불법행위책임과 사용자책임 비교

구분	법인의 불법행위책임(제35조 제1항)	사용자책임(제756조)
행위자	법인의 대표기관(이사, 임시이사, 특별대리인, 청산인)	대표기관이 아닌 자
법인책임의 성질	불법행위책임	사용자책임
행위와 법인의 목적	직무에 관한 행위	사무집행에 관한 행위
행위자 개인 책임과의 관계	대표기관·법인의 부진정연대책임	행위자·법인의 부진정연대책임
면책사유	면책사유 ×	면책사유 ○

개념적용 문제

민법상 법인의 불법행위능력에 관한 설명으로 옳지 않은 것은? (다툼이 있으면 판례에 따름)

제21회 기출

① 청산인은 법인의 대표기관이 아니므로 그 직무에 관하여는 법인의 불법행위가 성립하지 않는다.
② 법인의 대표자가 직무에 관하여 타인에게 불법행위를 한 경우, 사용자책임에 관한 민법 규정이 적용되지 않는다.
③ 법인의 대표자가 직무에 관하여 타인에게 불법행위를 한 경우, 그 법인은 불법행위로 인한 손해를 배상할 책임을 진다.
④ 비법인사단 대표자의 행위가 직무에 관한 행위에 해당하지 않음을 피해자가 중대한 과실로 알지 못한 경우에는 비법인사단에게 손해배상책임을 물을 수 없다.
⑤ 법인의 목적범위 외의 행위로 인하여 타인에게 손해를 가한 때에는 그 사항의 의결에 찬성하거나 그 의결을 집행한 사원, 이사 및 기타 대표자가 연대하여 배상해야 한다.

해설 청산인도 청산법인의 대표기관이므로 청산인이 직무관련 불법행위를 한 경우 이는 법인의 불법행위가 된다.

정답 ①

제4절 법인의 기관

1 기관의 의의

법인이 독립된 법주체로서 그 의사를 결정하고 그 의사에 의하여 활동하며 사무를 처리하기 위한 일정한 조직을 법인의 기관이라 한다(법인실재설의 태도).

2 법인의 기관

1. 이사(집행기관)

> 제57조 【이사】 법인은 이사를 두어야 한다.

(1) 의의
① 이사는 대외적으로 법인을 대표하고 대내적으로 법인의 업무를 집행하는 상설의 필수기관이다(비영리사단법인·재단법인 모두 적용).
② 이사의 수 및 임기에는 특별한 제한이 없고, 정관에서 임의로 정할 수 있다(제40조).
③ 이사는 자연인에 한하며, 자격상실 내지 자격정지의 형을 받은 자는 이사가 될 수 없다(형법 제43조).

(2) 이사의 임면(선임·해임·퇴임)
① 이사의 임면에 관한 사항은 정관의 필요적 기재사항이다(제40조 제5호, 제43조).
② **위임에 관한 규정 준용**: 법인과 이사의 내부적 법률관계는 위임에 관한 규정이 준용되며, 위임계약은 각 당사자가 언제든지 해지할 수 있다(제689조 제1항, 임의규정).
③ **법인의 정관에 이사의 해임사유 및 그 절차 등을 정하지 않은 경우**: 이사의 임기가 남은 경우에도 원칙적으로 법인은 언제든지 이사를 해임할 수 있다.
④ **법인의 정관에 이사의 해임사유 및 그 절차 등을 따로 정한 경우**: 법인은 이사의 중대한 의무위반 또는 정상적인 사무집행 불능 등의 특별한 사정이 없는 이상, 정관에서 정하지 아니한 사유로 이사를 해임할 수 없다.
⑤ **이사가 사임의 의사표시를 한 경우 사임의 효력발생시기**
㉠ 이사의 사임의 의사표시에 의한 사임의 효력이 발생하는 시기에 관하여 민법에 아무런 규정이 없고, 이는 정관으로 정할 수 있다.

- ⓒ 특별히 정관에 정함이 없는 경우: 이사는 법인에 대한 일방적인 사임의 의사표시에 의하여 법인과의 법률관계를 종료시킬 수 있다.
- ⓓ 정관에 규정이 있는 경우: 이사가 사임의 의사표시를 하였더라도 정관에 정한 절차에 의하여 사임의 효력이 발생하기 전에는 자유롭게 철회할 수 있다.

> **판례** 이사의 임면
>
> ① 학교법인의 이사는 법인에 대한 일방적인 사임의 의사표시에 의하여 법률관계를 종료시킬 수 있고, 그 의사표시는 수령권한 있는 기관에 도달됨으로써 바로 효력이 발생하는 것이며, 그 효력발생을 위하여 이사회의 결의나 관할관청의 승인이 있어야 하는 것은 아니다(2001다1171).
> ② 이사가 사임의 의사표시를 하여 상대방에 도달하여 효력이 발생하는 것이 원칙이나, 특별히 이사의 사임의사표시 효력발생에 관하여 정관에 따로 정한 것이 있으면 그에 따라 사임의 효력이 발생하기 전에는 그 사임의사를 자유롭게 철회할 수 있다(2007다17109).
> ③ 사임한 이사라도 임무를 수행함이 부적당하다고 인정할 만한 특별한 사정이 없는 한 후임 이사가 선임될 때까지 이사의 직무를 계속 수행할 수 있다(2001다7599).
> ④ 법인이 정관에 이사의 해임사유 및 절차 등을 따로 정한 경우 그 규정은 법인과 이사와의 관계를 명확히 함은 물론 이사의 신분을 보장하는 의미도 아울러 가지고 있어 이를 단순히 주의적 규정으로 볼 수는 없다. 따라서 법인의 정관에 이사의 해임사유에 관한 규정이 있는 경우 법인으로서는 이사의 중대한 의무위반 또는 정상적인 사무집행 불능 등의 특별한 사정이 없는 이상, 정관에서 정하지 아니한 사유로 이사를 해임할 수 없다(2011다41741).

(3) 이사의 '성명과 주소'는 등기사항으로서 제3자에 대한 대항요건이다

이사의 '성명과 주소'는 등기사항이며(제49조 제2항 제8호), 따라서 이사의 선임 또는 해임이 있었음에도 이를 등기하지 않으면 제3자에게 대항할 수 없다(제54조 제1항). 이사의 해임에 대한 변경등기가 경료되기 전에 행하여진 이사의 직무행위에 대하여 법인이 책임을 부담한다.

(4) 이사의 대외적 권한

① 이사의 대표권

> **제59조 【이사의 대표권】** ① 이사는 법인의 사무에 관하여 각자 법인을 대표한다. 그러나 정관에 규정한 취지에 위반할 수 없고 특히 사단법인은 총회의 의결에 의하여야 한다.
> ② 법인의 대표에 관하여는 대리에 관한 규정을 준용한다.

- ㉠ 이사는 법인의 사무에 관하여 각자 법인을 대표한다. 즉, 단독대표가 원칙이다(제59조 제1항 본문).
- ㉡ 법인의 대표에 관하여는 대리에 관한 규정이 준용된다(제59조 제2항). 따라서 이사가 법인을 대표하여 법률행위를 할 때에는 그 행위가 법인을 위한 것임을 표시하여야 한다(현명주의, 제115조).

② **이사의 대표권에 대한 제한**

> **제41조【이사의 대표권에 대한 제한】** 이사의 대표권에 대한 제한은 이를 정관에 기재하지 아니하면 그 효력이 없다.
> **제60조【이사의 대표권에 대한 제한의 대항요건】** 이사의 대표권에 대한 제한은 등기하지 아니하면 제3자에게 대항하지 못한다.

㉠ 정관 또는 사원총회 결의에 의한 제한
ⓐ 이사의 대표권을 제한하고자 하는 경우에는 그 제한의 내용을 정관에 규정하거나 사원총회의 결의로 정해야 그 제한의 효력이 발생한다(제59조 제1항 단서).
ⓑ 법인이 이사의 대표권을 제한하고 정관에 기재하지 않으면 제한의 효력이 발생하지 않는다.
ⓒ 법인의 정관에 법인 대표권의 제한에 관한 규정이 있으나 그와 같은 취지가 등기되어 있지 않다면 법인은 그와 같은 정관의 규정에 대하여 선의냐 악의냐에 관계없이 제3자에 대하여 대항할 수 없다(91다24564).
ⓓ 즉, 법인이 이사의 대표권을 제한하였으나, 이를 등기하지 않은 동안, 이사가 제한된 범위 내의 행위를 제3자와 했을 때, 그 제3자가 이사의 대표권 제한사항을 알고 했더라도 이로써 법인은 그 제3자에게 대항하지 못한다.

㉡ 복임권의 제한
ⓐ 이사와 법인 간에는 대리에 관한 규정이 적용된다. 그러므로 이사는 법인을 위하여 직접 법률행위를 하는 것이 원칙이다.
ⓑ 이사는 정관 또는 총회의 결의로 금지하지 않은 사항에 한하여 특정한 행위만을 타인에게 대리하게 할 수 있다(제62조).
ⓒ 즉, 포괄적인 복임권은 인정되지 않으며, 포괄적 복임행위는 무효로서, 법인으로부터 포괄적 위임을 받은 대표기관의 그 위임받은 범위 내의 대행행위 또한 무효이다.
ⓓ 또한, 복임권의 행사에 의하여 선임된 대리인은 복대리인으로서 법인의 임의대리인에 불과할 뿐 이사와 같은 대표기관으로서의 지위는 인정되지 않는다.
ⓔ 복임권의 행사에 의하여 선임된 임의대리인의 불법행위에 대하여 법인은 불법행위책임을 지지는 않으나, 사용자책임을 질 수는 있다.

(5) 이사의 대내적 권한 – 법인의 사무집행

> **제58조【이사의 사무집행】** ① 이사는 법인의 사무를 집행한다.
> ② 이사가 수인인 경우에는 정관에 다른 규정이 없으면 법인의 사무집행은 이사의 과반수로써 결정한다.

① **범위와 집행방법**
   ㉠ 이사는 법인의 모든 내부적 사무를 집행할 권한이 있다(제58조 제1항).
   ㉡ 이사가 여러 명인 경우에는 정관에 다른 규정이 없으면 법인의 사무집행은 이사의 과반수로써 결정한다(제58조 제2항).

② **이사의 직무내용**(제55조, 제76조, 제79조)
   ㉠ 재산목록의 작성
   ㉡ 사원명부의 작성
   ㉢ 사원총회의 소집
   ㉣ 총회의사록의 작성
   ㉤ 파산신청
   ㉥ 청산인이 되는 것
   ㉦ 법인의 각종 등기

(6) 이사의 의무와 책임

① 이사는 직무를 집행함에 있어서 선량한 관리자의 주의로써 충실하게 수행할 의무를 진다(제61조).

② 이사가 그 임무를 해태한 때에는 그 이사는 법인에 대하여 연대하여 손해배상의 책임이 있다(제65조).

(7) 이사회

① **민법상 법인의 이사회의 설치**
   ㉠ 「상법」상 주식회사에서는 이사 전원으로 구성되는 이사회가 필요적 상설기관이나,
   ㉡ 민법은 이에 관해 아무런 규정을 두고 있지 않으므로 민법상 법인의 대표기관도 아니고 필수기관도 아니므로 정관규정에 의거해 둘 수 있는 임의적 기관이다.

② 법인의 정관으로 이사회를 두고, 그 이사회의 운영, 의사결정, 결의에 관한 절차 및 방법, 그리고 이사회 결의에 의한 효력 등을 정할 수 있고, 정관규정에 따라 결의된 이사회의 결의사항은 법인이 스스로 한 의사결정으로서 효력이 발생한다.

> **판례 민법상 법인의 이사회**
>
> ① 법인의 이사회 결의에 무효 등 하자가 있는 경우, 이해관계인은 그 무효를 주장할 수 있다. ⇨ 학교법인의 이사회가 소집권자에 의해 소집된 것도 아니고 소집권자를 포함한 이사 전원의 동의에 의한 것이 아니라면 그 이사회의 결의가 사실상 이사 전원의 의사에 일치한다 하더라도 적법하다 할 수 없고 위와 같은 이사회에 참석하여 그 결의에 적극가담하고 문교당국의 인가를 받아 학교 법인을 운영해온 자라 할지라도 이사회결의부존재 또는 무효주장이 반드시 신의성실이나 금반언의 원칙에 반하는 것은 아니다(76다1747).

② 민법 제74조는 사단법인과 어느 사원과의 관계사항을 의결하는 경우 그 사원은 의결권이 없다고 규정하고 있으므로, 민법 제74조의 유추해석상 민법상 법인의 이사회에서 법인과 어느 이사와의 관계사항을 의결하는 경우에는 그 이사는 의결권이 없다. 이때 의결권이 없다는 의미는 「상법」제368조 제4항, 제371조 제2항의 유추해석상 이해관계 있는 이사는 이사회에서 의결권을 행사할 수는 없으나 의사정족수 산정의 기초가 되는 이사의 수에는 포함되고, 다만 결의 성립에 필요한 출석이사에는 산입되지 아니한다고 풀이함이 상당하다(2008다1521).

(8) 임시적 대표기관

① **임시이사**
  ㉠ 이사가 없거나 결원이 있는 경우에 이로 인하여 손해가 생길 염려가 있는 때에는 법원은 이해관계인이나 검사의 청구에 의하여 임시이사를 선임하여야 한다(제63조).
  ㉡ 임시이사는 정식이사가 선임될 때까지는 이사와 동일한 권한을 갖는 법인의 기관이다.

② **특별대리인**
  ㉠ 법인과 이사 사이의 이해상반행위에 대하여는 당해 이사에게 대표권이 없으며, 이를 대신할 특별대리인을 선임하여 그로 하여금 법인을 대표하도록 하여야 한다(제64조).
  ㉡ 임시기관인 특별대리인은 이해상반행위를 처리함에 있어서만 이사와 동일한 권한을 갖는 법인의 대표기관이지 이사 또는 법인의 대리인이 아니다.

③ **직무대행자**

> **제52조의2【직무집행정지 등 가처분의 등기】** 이사의 직무집행을 정지하거나 직무대행자를 선임하는 가처분을 하거나 그 가처분을 변경·취소하는 경우에는 주사무소가 있는 곳의 등기소에서 이를 등기하여야 한다.
> **제60조의2【직무대행자의 권한】** ① 제52조의2의 직무대행자는 가처분명령에 다른 정함이 있는 경우 외에는 법인의 통상사무에 속하지 아니한 행위를 하지 못한다. 다만, 법원의 허가를 얻은 경우에는 그러하지 아니하다.
> ② 직무대행자가 제1항의 규정에 위반한 행위를 한 경우에도 법인은 선의의 제3자에 대하여 책임을 진다.

  ㉠ 직무대행자란 이사의 선임절차에 흠결(欠缺)이 있어 소송으로 다투는 기간 중에 이사의 직무집행을 정지하는 가처분명령이 있을 때 법인의 통상사무 등을 수행하기 위하여 선임되는 임시적 집행기관이다.
  ㉡ 법인의 대표에 대한 직무집행정지의 가처분이 있으면 그 대표에 대한 대표권은 정지가 되고, 법인을 대표할 자가 없는 상태가 된다. 그래서 직무대행자가 필요하게 된다.
  ㉢ 법원의 직무집행정지 가처분결정에 의해 회사를 대표할 권한이 정지된 대표이사가 그 정지기간 중에 체결한 계약은 절대적으로 무효이고, 그 후 가처분신청의 취하에 의하여 보전집행이 취소되었다 하더라도 집행의 효력은 장래를 향하여 소멸할 뿐 소급적으로 소멸하는 것이 아니라 할 것이므로, 가처분신청이 취하되었다 하여 무효인 계약이 유효로 되지는 않는다(2008다4537).

④ **청산인**: 청산법인의 대표기관으로서 청산사무를 집행한다.

2. 감사(임의기관, 업무감독기관)

> **제66조 【감사】** 법인은 정관 또는 총회의 결의로 감사를 둘 수 있다.
> **제67조 【감사의 직무】** 감사의 직무는 다음과 같다.
>   1. 법인의 재산상황을 감사하는 일
>   2. 이사의 업무집행의 상황을 감사하는 일
>   3. 재산상황 또는 업무집행에 관하여 부정, 불비한 것이 있음을 발견한 때에는 이를 총회 또는 주무관청에 보고하는 일
>   4. 전호의 보고를 하기 위하여 필요 있는 때에는 총회를 소집하는 일

(1) 의의
① 법인은 정관 또는 총회의 결의로 1인 또는 여러 명의 감사를 둘 수 있다(제66조).
② 감사는 법인의 감독기관으로서 임의기관이다.
③ 감사의 성명·주소는 등기사항은 아니다.

(2) 업무수행
① 여러 명의 감사는 각자 단독으로 업무를 수행한다.
② 감사도 이사와 마찬가지로 선량한 관리자로서의 주의의무로 업무를 처리하여야 하며, 이에 위반하면 손해배상의 책임이 있다.

3. 사원총회(의사결정기관)

(1) 의의
사원총회는 사단법인에만 있는 기관으로서 사원으로 구성되는 최고 의사결정기관이며 또한 필수기관이나, 회의소집이 있는 경우에 한하여 운용되는 비상설기관이다.

(2) 총회의 종류
① **통상총회**: 통상총회의 소집시기에 관해서 정관에 규정이 없으면 총회의 결의로 정할 수 있고, 총회의 의결이 없으면 이사가 결정할 수 있다.

> **제69조 【통상총회】** 사단법인의 이사는 매년 1회 이상 통상총회를 소집하여야 한다.

② 임시총회

> **제70조【임시총회】** ① 사단법인의 이사는 필요하다고 인정한 때에는 임시총회를 소집할 수 있다.
> ② 총사원의 5분의 1 이상으로부터 회의의 목적사항을 제시하여 청구한 때에는 이사는 임시총회를 소집하여야 한다. 이 정수는 정관으로 증감할 수 있다.
> ③ 전항의 청구 있는 후 2주간 내에 이사가 총회소집의 절차를 밟지 아니한 때에는 청구한 사원은 법원의 허가를 얻어 이를 소집할 수 있다.

㉠ 이사가 필요하다고 인정하는 때(제70조 제1항), 감사가 필요하다고 인정하는 때(제67조 제4호), 총사원의 5분의 1 이상으로부터 회의의 목적사항을 제시하여 청구하는 때(제70조 제2항 전단)에 열리는 사원총회를 말한다.

㉡ 총사원의 5분의 1 이상이라는 정족수는 정관으로써 증감할 수는 있으나(제70조 제2항 후단), 이러한 소수사원에 의한 임시총회를 요구할 수 있는 권리를 완전히 박탈하는 것은 허용되지 않는다. 이러한 권리를 소수사원권이라 한다.

㉢ 소수사원의 총회소집의 청구가 있은 후 2주간 내에 이사가 총회소집절차를 밟지 않은 때에는 청구한 사원은 법원의 허가를 얻어 스스로 소집할 수 있다(제70조 제3항).

(3) 사원총회의 소집을 위한 절차

> **제71조【총회의 소집】** 총회의 소집은 1주간 전에 그 회의의 목적사항을 기재한 통지를 발하고 기타 정관에 정한 방법에 의하여야 한다.

① 사원총회 소집을 위한 통지의 발송기간 1주일은 정관으로도 단축할 수 없으며(단, 연장은 가능함), 소집통지의 법적 성격은 '관념의 통지'이다.

② 소집절차가 민법 또는 정관에 위반하여 중대한 하자가 있는 때(예 소집권자에 의하지 않은 소집, 통지대상에서 사원의 일부가 누락된 경우)에는 그 사원총회의 결의는 원칙적으로 무효이다.

> **판례** 사원총회의 소집 취소·철회
>
> 법인이나 법인 아닌 사단의 총회에 있어서, 소집된 총회가 개최되기 전에 당초 그 총회의 소집이 필요하거나 가능하였던 기초 사정에 변경이 생겼을 경우에는, 특별한 사정이 없는 한 그 소집권자는 소집된 총회의 개최를 연기하거나 소집을 철회·취소할 수 있다. 이러한 경우에는 반드시 총회의 소집과 동일한 방식으로 그 철회·취소를 총회구성원들에게 통지하여야 할 필요는 없고, 총회 구성원들에게 소집의 철회·취소 결정이 있었음이 알려질 수 있는 적절한 조치가 취하여지는 것으로서 충분히 그 소집 철회·취소의 효력이 발생한다(2006다77593).

(4) 총회의 권한

① 사단법인의 사무는 정관으로 이사 또는 기타 임원에게 위임한 사항 외에는 총회의 결의에 의하여야 한다(제68조).

② 사원총회는 정관으로 이사 기타의 임원에게 위임한 사항을 제외하고는 법인의 사무 전부에 관하여 의결권을 가진다. 특히 정관변경, 임의해산은 사원총회의 전속적 권한에 속하며, 이러한 권한은 정관으로서도 박탈할 수 없다.

③ 또한 사원의 고유권(소수사원권 및 결의권)을 제한하거나 박탈할 때에는 그 사원의 동의가 필요하다.

(5) 총회의 결의

① **총회의 성립**
  ㉠ 총회가 성립하기 위해서는 소집절차가 적법하여야 하고, 최소한 총회성립에 필요한 의사정족수를 충족하여야 한다.
  ㉡ 이때, 의사정족수는 정관에 특별히 정한 바가 없으면 2인 이상 사원의 출석으로 족하다 (다수설).

② **사원총회에서 결의할 수 있는 사항**: 정관에 정함이 없는 한 미리 통지한 사항에 한하여 결의할 수 있다.

> **제72조【총회의 결의사항】** 총회는 전조의 규정에 의하여 통지한 사항에 관하여서만 결의할 수 있다. 그러나 정관에 다른 규정이 있는 때에는 그 규정에 의한다.

③ **사원의 결의권**

> **제73조【사원의 결의권】** ① 각 사원의 결의권은 평등으로 한다.
> ② 사원은 서면이나 대리인으로 결의권을 행사할 수 있다.
> ③ 전2항의 규정은 정관에 다른 규정이 있는 때에는 적용하지 아니한다.
>
> **제74조【사원이 결의권 없는 경우】** 사단법인과 어느 사원과의 관계사항을 의결하는 경우에는 그 사원은 결의권이 없다.

④ **결의방법**

> **제75조【총회의 결의방법】** ① 총회의 결의는 본법 또는 정관에 다른 규정이 없으면 사원 과반수의 출석과 출석사원의 결의권의 과반수로써 한다.
> ② 제73조 제2항의 경우에는 당해 사원은 출석한 것으로 한다.

⑤ **정관변경 및 해산결의**

> **제42조【사단법인의 정관변경】** ① 사단법인의 정관은 총사원 3분의 2 이상의 동의가 있는 때에 한하여 이를 변경할 수 있다. 그러나 정수에 관하여 정관에 다른 규정이 있는 때에는 그 규정에 의한다.
> ② 정관의 변경은 주무관청의 허가를 얻지 아니하면 그 효력이 없다.
>
> **제78조【사단법인의 해산결의】** 사단법인은 총사원 4분의 3 이상의 동의가 없으면 해산을 결의하지 못한다. 그러나 정관에 다른 규정이 있는 때에는 그 규정에 의한다.

⑥ **의사록의 작성**

> **제76조【총회의 의사록】** ① 총회의 의사에 관하여는 의사록을 작성하여야 한다.
> ② 의사록에는 의사의 경과, 요령 및 결과를 기재하고 의장 및 출석한 이사가 기명날인하여야 한다.
> ③ 이사는 의사록을 주된 사무소에 비치하여야 한다.

(6) 사원권

① **의의**: 사원은 사단법인의 구성원으로서 사단법인의 존립의 기초를 이루며, 사원총회를 구성한다. 이러한 사원이라는 자격 내지 지위에 기하여 사단법인에 대하여 갖게 되는 권리와 의무를 포괄하여 사원권이라 한다.

② **내용**
  ㉠ **공익권**: 사단법인의 관리·운영에 참여하는 것을 내용으로 하는 권리로서 의결권, 소수사원권, 업무집행권, 감독권 등이 이에 포함된다.
  ㉡ **자익권**: 법인으로부터 사원 자신이 이익을 향수하는 것을 내용으로 하는 권리로서 이익배당청구권·잔여재산분배청구권·시설이용권 등이 있으나, 비영리법인의 사원들에게는 시설에 대한 이용을 통한 그 이익의 취득 정도만이 인정된다.
  ㉢ **의무**: 사원은 사단법인에 대하여 회비납부의무, 출자의무(영리법인에 한함) 등의 일정한 의무를 부담한다.

③ **사원권의 양도·상속**
  ㉠ 민법상의 비영리법인에 있어서는 사원권은 공익권이 강하므로 원칙적으로 양도·상속이 금지된다(제56조).
  ㉡ 하지만 판례는 "민법 제56조는 강행규정이 아니므로 규약이나 관행에 의하여 사원의 지위를 양도 또는 상속이 가능하다."라고 한다.

> **판례** **사단법인 사원의 지위**
> 사단법인의 사원의 지위는 양도 또는 상속할 수 없다고 규정한 민법 제56조 규정은 강행규정이라고 할 수 없으므로 비법인사단에서도 사원의 지위는 규약이나 관행에 의하여 양도 또는 상속될 수 있다(95다6205).
> ● 사단법인에 적용되는 사항은 비법인사단에도 준용

> **개념적용 문제**
>
> 민법상 비영리법인에 관한 설명으로 옳지 않은 것은? (다툼이 있으면 판례에 따름)
>
> 제27회 기출
>
> ① 법인은 법률의 규정에 의함이 아니면 성립하지 못한다.
> ② 감사의 임면에 관한 규정은 정관의 필요적 기재사항이므로 감사의 성명과 주소는 법인의 등기사항이다.
> ③ 법인과 이사의 이익이 상반하는 사항에 관하여는 그 이사는 대표권이 없다.
> ④ 사단법인의 사원의 지위는 정관에 별도의 정함이 있으면 상속될 수 있다.
> ⑤ 재단법인의 목적을 달성할 수 없는 경우, 설립자는 주무관청의 허가를 얻어 설립의 취지를 참작하여 그 목적에 관한 정관규정을 변경할 수 있다.
>
> **해설** 감사의 임면에 관한 규정은 정관의 필요적 기재사항이 아니고, 감사의 성명과 주소는 법인의 등기사항에도 해당하지 않는다.
>
> **정답** ②

제5절 법인의 주소

> **제36조【법인의 주소】** 법인의 주소는 그 주된 사무소의 소재지에 있는 것으로 한다.

(1) 법인의 주소는 그 '주된 사무소의 소재지'에 있는 것으로 하며(제36조), 주된 사무소의 소재지는 법인의 최고 수뇌부가 존재하는 장소를 말한다.

(2) 주된 사무소를 이전하면 등기해야 제3자에게 대항할 수 있다.

(3) 정관에 기재된 주사무소와 사실상 주사무소로 기능하는 장소가 일치하지 않을 때에는 사무소가 이전되었다고 본다(통설).

(4) 법인의 주소의 효과

① 법인의 주소의 효과는 원칙적으로 자연인에 있어서와 동일하지만, 그 성질상 거소에 관한 규정은 적용되지 않는다.
② 법인도 가주소 설정은 가능하다.

제6절 법인의 정관변경

1 사단법인의 정관변경

(1) 의의

① **정관의 법적 성격**: 사단법인 정관의 법적 성격은 사원들 간의 계약이 아니라, 사단법인의 존립의 근거가 되는 법인 내부의 자치법규에 해당하므로, 정관의 규범적인 의미 내용에 대한 해석은 사원총회의 결의방식이 아닌 법규해석의 일반원칙에 따라야 한다(99다12437).

② 사단법인의 정관변경이란 사단법인이 동일성을 유지하면서 그 조직을 변경하는 것을 말한다. 이는 법인으로 하여금 변화하는 사회에 탄력적으로 대처할 수 있도록 하기 위한 것이다.

③ 사단법인은 동일한 목적을 위해 활동하는 사람들의 결합체로서 구성원의 자주적 의사에 의하여 자율적으로 운영되므로, 원칙적으로 정관의 변경이 허용된다.

> **판례** **사단법인 정관의 효력**
>
> 사단법인의 정관은 이를 작성한 사원뿐만 아니라 그 후에 가입한 사원이나 사단법인의 기관 등도 구속하는 점에 비추어 보면 그 법적 성질은 계약이 아니라 자치법규로 보는 것이 타당하므로 이는 어디까지나 객관적인 기준에 따라 그 규범적인 의미 내용을 확정하는 법규해석의 방법으로 해석되어야 하는 것이지, 작성자의 주관이나 해석 당시의 사원의 다수결에 의한 방법으로 자의적으로 해석될 수는 없다 할 것이어서, 어느 시점의 사단법인의 사원들이 정관의 규범적인 의미 내용과 다른 해석을 사원총회의 결의라는 방법으로 표명하였다 하더라도 그 결의에 의한 해석은 그 사단법인의 구성원인 사원들이나 법원을 구속하는 효력이 없다(99다12437).

(2) 정관변경에 필요한 요건

> **제42조 【사단법인의 정관의 변경】** ① 사단법인의 정관은 총사원 3분의 2 이상의 동의가 있는 때에 한하여 이를 변경할 수 있다. 그러나 정수에 관하여 정관에 다른 규정이 있는 때에는 그 규정에 의한다.
> ② 정관의 변경은 주무관청의 허가를 얻지 아니하면 그 효력이 없다.

사단법인의 정관이 변경된 경우에는 이를 등기해야 제3자에게 대항할 수 있다(제54조 제1항).

(3) 정관변경의 한계

① **변경금지 조항의 변경**: 정관에서 정관변경을 금지하고 있는 규정이 있더라도 사단법인의 성질상 총사원의 동의가 있으면 변경이 가능하다.

② **목적의 변경**

㉠ 정관에서 정한 목적도 통상의 절차에 따라 변경할 수 있다(통설). 왜냐하면 제42조가 목적의 변경을 제외하고 있지 않고, 재단법인의 목적변경이 가능한 것과의 균형상 이를 허용하는 것이 타당하기 때문이다.

ⓛ 다만, 사단법인의 본질에 반하는 정관변경(비영리법인을 영리법인으로 하는 것 등)은 동일성을 상실하는 것이므로 허용되지 않는다는 것이 판례의 태도이다.

2 재단법인의 정관변경

> **제45조 【재단법인의 정관변경】** ① 재단법인의 정관은 그 변경방법을 정관에 정한 때에 한하여 변경할 수 있다.
> ② 재단법인의 목적달성 또는 그 재산의 보전을 위하여 적당한 때에는 전항의 규정에 불구하고 명칭 또는 사무소의 소재지를 변경할 수 있다.
> ③ 제42조 제2항의 규정은 전2항의 경우에 준용한다.

(1) 의의

재단법인은 성립 시부터 재산을 출연한 설립자의 의사를 반영하여 정관을 작성하였고, 그 설립자의 의사가 반영된 정관변경은 원칙적으로 불허되고, 예외적인 경우에 한하여 허용된다.

(2) 정관변경이 허용되는 경우

① **정관에서 정관변경의 방법을 정한 경우**: 재단법인의 정관은 그 변경방법을 정관에 정한 때에 한하여 변경할 수 있는 것이 원칙이다(제45조 제1항).

② **목적달성 또는 재산보전을 위해 적당한 경우**: 정관에서 정관변경을 정하지 않은 경우에도 목적달성 또는 재산보전을 위하여 적당한 때에는 명칭 또는 사무소의 소재지를 변경할 수 있다(제45조 제2항).

③ **재단법인의 목적달성이 불가능한 경우**

ⓐ 재단법인의 목적을 달성할 수 없는 때에는 설립자나 이사는 주무관청의 허가를 얻어 설립의 취지를 참작하여 그 목적 기타 정관의 규정을 변경할 수 있다(제46조).

ⓑ 이때, '설립취지의 참작'이 반드시 유사한 목적으로의 변경을 의미하는 것은 아니고, 되도록 설립자의 의사를 존중하고 그 동일성을 유지하는 방향으로 변경하라는 것에 불과하다.

(3) 주무관청의 허가

① **주무관청의 허가**(정관변경에 대한 유효요건): 재단법인 정관변경에 대한 주무관청의 허가는 용어가 허가로 되어 있기는 하지만 그 본질은 인가(認可)로 본다(95누4810 전합).

② **재단법인의 재산 증감과 주무관청의 허가**

ⓐ 재단법인의 기본재산은 법인의 실체인 동시에 법인의 목적수행을 위한 가장 기본적인 수단이고, 그 처분은 정관의 변경에 해당하므로 주무관청의 허가가 있어야 유효하다(2005다66534).

ⓒ 기존의 기본재산을 처분하는(감소시키는) 행위는 물론 새로이 기본재산으로 변입하는(증가시키는) 행위도 주무장관의 허가가 있어야 유효하고, 허가 없이 한 처분행위는 무효가 된다.
③ 재단법인의 정관의 기재사항 변경이 없다면 주무관청의 허가대상이 아니다.
  ㉠ 재단법인의 기본재산에 대한 저당권 설정행위 자체만으로 정관의 기재사항에 대한 변경을 초래하는 것은 아니므로, 재단법인의 대표자가 재단법인의 기본재산에 대한 저당권을 설정하는 행위는 주무관청의 허가를 받을 필요가 없다(2017마1565).
  ㉡ 재단법인의 기본재산이 아닌 재산의 매각은 정관의 변경을 초래하는 것이 아니므로 주무관청의 인가를 필요로 하는 것이 아니다(67다1337). 다만, 처분 시 기본재산이 아니라는 사실을 재단법인이 입증하여야 한다.
④ **재단법인의 기본재산에 대한 제3자의 권리행사**
  ㉠ 재단법인의 기본재산이 경매절차에 의하여 매각된 경우, 주무관청의 허가가 없는 한 매수인은 소유권을 취득할 수 없다. 다만, 주무관청의 허가는 사후허가도 유효하다.
  ㉡ 재단법인에 대한 금전채권자들은 강제이행청구권의 실질적인 실현을 위하여 필요하다는 사유만으로 재단법인을 상대로 주무관청에 대하여 기본재산에 대한 처분허가신청절차를 이행할 것을 청구할 권한은 없다.

(4) 정관변경의 등기(제3자에 대한 대항요건)

재단법인의 정관을 변경할 경우에도 그 변경사항을 등기해야 제3자에게 대항할 수 있다.

> **판례** 재단법인의 정관변경
> ① 재단법인의 기본재산의 처분은 정관변경을 요하는 것이므로 주무관청의 허가가 없으면 그 처분행위는 물권계약으로 무효일 뿐 아니라 채권계약으로서도 무효이다(73다1975).
> ② 재단법인의 재산처분에 관한 주무관청의 허가는 기본재산에 관한 거래계약 자체를 제한하려는 것이 아니므로 허가 전에 기본재산에 관한 계약이 있는 경우, 그 허가 전에는 효력이 없으나 계약 성립 후에 허가가 있으면 그 계약은 유효로 된다(2005다66534).
> ③ 재단법인이 정관의 변경을 초래하는 기본재산의 처분을 위하여 주무관청의 허가를 신청할 것인지 여부는 특별한 사정이 없는 한 재단법인의 의사에 맡겨져 있다고 할 것이므로, 채무자인 재단법인에 다른 재산이 없어 기본재산을 처분하지 않고는 채무의 변제가 불가능하다고 하더라도, 재단법인으로부터 기본재산을 양수한 자도 아니고 금전채권자들에 불과한 자에게는 강제이행청구권의 실질적인 실현을 위하여 필요하다는 사유만으로 기본재산의 처분을 희망하지도 않는 재단법인을 상대로 주무관청에 대하여 기본재산에 대한 처분허가신청절차를 이행할 것을 청구할 권한이 없다(98다19202).
> ④ 민법 제45조에서 말하는 재단법인의 정관변경 허가는 법률상의 표현이 허가로 되어 있기는 하나, 그 성질에 있어 법률행위의 효력을 보충해 주는 것이지 일반적 금지를 해제하는 것이 아니므로, 그 법적 성격은 인가라고 보아야 한다(95누4810 전합).

⑤ 재단법인의 기본재산에 관한 사항은 정관의 기재사항으로서 기본재산의 변경은 정관의 변경을 초래하기 때문에 주무부장관의 허가를 받아야 하고 따라서 기존의 기본재산을 처분하는 행위는 물론 새로이 기본재산으로 편입하는 행위도 주무부장관의 허가가 있어야만 유효하다 할 것이므로 재단법인 명의로 소유권이전등기가 경료된 부동산이 재단법인의 기본재산에 편입되었다고 인정하기 위해서는 그 편입에 관한 주무부장관의 허가가 있었음이 먼저 입증되어야 한다(82다카499).

⑥ 민법상 재단법인의 기본재산에 관한 저당권 설정행위는 특별한 사정이 없는 한 정관의 기재사항을 변경하여야 하는 경우에 해당하지 않으므로, 그에 관하여는 주무관청의 허가를 얻을 필요가 없다(2017마1565).

⑦ 재단법인의 기본재산처분은 정관변경행위이므로 주무관청의 허가를 받지 아니하면 그 효력이 없고 재단의 채권자가 그 기본재산에 대하여 강제집행을 실시하여 경락이 된 경우도 동일하다고 하여야 할 것이다(65다114). 다만, 주무관청의 허가는 반드시 사전에 얻어야 하는 것은 아니므로, 재단법인의 정관변경에 대한 주무관청의 허가는, 경매개시요건은 아니고, 경락인의 소유권취득에 관한 요건이다. 그러므로 집행법원으로서는 그 허가를 얻어 제출할 것을 특별매각조건으로 경매절차를 진행하고, 매각허가결정 시까지 이를 제출하지 못하면 매각불허가결정을 하면 된다(2017마1565).

⑧ 일단 주무장관의 허가를 얻어 기본재산에 편입하여 정관 기재사항의 일부가 된 경우에는 비록 그것이 명의신탁관계에 있었던 것이라 하더라도 이것을 처분(반환)하는 것은 정관의 변경을 초래하는 점에 있어서는 다를 바 없으므로 주무장관의 허가 없이 이를 이전등기할 수는 없다(90다8558).

⑨ 종교법인 임원의 취임이 사법인인 그 법인의 정관에 근거한다 할지라도 이에 대한 행정청의 승인(인가)행위는 법인에 대한 주무관청의 감독권에 연유하는 이상 그 인가행위 또는 인가거부행위는 공법상의 행정처분으로서, 그 임원취임을 인가 또는 거부할 것인지 여부는 주무관청의 권한에 속하는 사항이므로, 종교법인의 임원취임승인신청에 대하여 주무관청이 이에 기속되어 이를 당연히 승인(인가)하여야 하는 것은 아니다(95누2883).

⑩ 공익법인의 채권자가 공익법인의 기본재산을 수동채권으로 하여 상계를 하는 경우에도 주무관청의 허가가 필요하고, 그 공익법인의 예금채권을 수동채권으로 한 피고의 상계의 의사표시나, 원·피고 사이의 상계약정은 주무관청의 허가가 없는 이상 효력이 없다고 판단한 것은 정당하고, 거기에 상고이유에서 주장하는 바와 같은 공익법인의설립·운영에관한법률 제11조에 관한 법리오해의 위법이 있다고 할 수 없다(97다9970).

제7절 법인의 소멸

1 법인 소멸의 의의

1. 의의

법인의 소멸이란 법인이 권리능력을 상실하는 것을 의미하며, 법인은 청산사무가 사실적이고 실질적으로 종료된 때 소멸한다.

2. 소멸절차

법인에는 상속이란 것이 없으므로 그 재산관계를 정리하기 위해 '**해산**(解散)'과 '**청산**(淸算)'이라는 절차를 단계적으로 밟게 된다. 해산사유 발생 후 청산절차 종결 시까지 법인은 제한된 범위 내에서 권리능력을 가지며(청산법인), 종전의 법인과 동일성을 갖는다.

2 법인의 해산(解散)

1. 의의

① 법인의 해산은 법인이 소멸하여 권리능력을 상실하는 것을 말한다. 법인의 해산사유가 발생하면 법인의 권리능력은 청산절차에 필요한 한도로 제한된다.
② 법인은 그 사무에 관하여 주무관청의 감독을 받지만, 해산 및 청산은 법원의 감독을 받는다.

2. 법인의 해산사유

> **제77조 【해산사유】** ① 법인은 존립기간의 만료, 법인의 목적의 달성 또는 달성의 불능 기타 정관에 정한 해산사유의 발생, 파산 또는 설립허가의 취소로 해산한다.
> ② 사단법인은 사원이 없게 되거나 총회의 결의로도 해산한다.
> **제78조 【사단법인의 해산결의】** 사단법인은 총사원 4분의 3 이상의 동의가 없으면 해산을 결의하지 못한다. 그러나 정관에 다른 규정이 있는 때에는 그 규정에 의한다.

(1) 사단법인 및 재단법인의 공통해산사유(제77조 제1항 및 제78조)

① 존립기간의 만료 기타 정관에 정해 진 해산사유의 발생
② 법인의 목적달성 또는 달성불능

③ **파산**(제79조): 법인의 파산사유는 단순한 채무초과(부채의 총액이 자산의 총액을 초과하는 때)로 충분하고, 자연인과 같이 지급불능을 요하지 않는다.

④ **설립허가의 취소**
  ㉠ 설립허가의 취소사유: 법인이 목적 이외의 사업을 하거나 설립허가의 조건에 위반하거나 기타 공익을 해하는 행위를 한 때에는 주무관청은 그 허가를 취소할 수 있다(제38조). 주무관청이 법인의 설립허가를 취소한 경우 그 취소는 소급효가 없다.
  ㉡ '법인이 공익을 해하는 행위'란 법인의 이사가 공익을 해하는 행위를 한 경우뿐만 아니라 사단법인의 사원총회가 공익을 해하는 결의를 한 경우를 포함한다(判).
  ㉢ 법인의 설립허가 취소사유의 발생만으로 곧바로 법인의 해산사유가 발생한 것으로 볼 수는 없고, 설립허가 취소사유 발생을 이유로 주무관청이 법인의 설립허가를 취소한 경우 비로소 법인의 해산사유가 발생한 것으로 보아야 한다.

(2) 사단법인 특유의 해산사유(제77조 제2항)

① **사원이 1인도 없게 된 때**
  ㉠ 사단법인은 사원을 존립의 근거로 하므로 사원이 1인도 없게 된 경우에는 소멸하게 된다.
  ㉡ 주의할 것은 사원이 2인 이상이어야 한다는 것은 사단법인의 성립요건일 뿐 존속요건은 아니다. 따라서 사원이 1인인 경우에도 사단법인은 해산하지 않는다.
  ㉢ 또한 이사가 1인도 없게 된 때에는 임시이사를 선임할 수 있으므로 해산되는 것은 아니다.

② **임의해산결의**
  ㉠ 사단법인은 총사원 4분의 3 이상의 동의가 없으면 해산을 결의하지 못한다. 그러나 정관에 다른 규정이 있는 때에는 그 규정에 의한다(제78조).
  ㉡ 사단법인의 해산은 총회의 전권사항이며, 제3자를 해할 염려 있는 기한부 또는 조건부 해산결의는 할 수 없다(통설).

참고 법인의 해산사유

구분	해산사유	비고
사단법인·재단법인 공통의 해산사유	존립기간의 만료 기타 정관에 정한 해산사유의 발생	존립시기나 해산사유는 사단법인에서는 정관의 필요적 기재사항이고, 재단법인에서는 임의적 기재사항이다.
	법인의 목적달성 또는 달성불능	목적달성·달성불능 여부는 사회통념에 따라 결정할 문제이다.
	파산	• 법인의 경우 채무초과로써 파산한다. • 법인의 파산신청권자는 이사(청산인)이다(제79조, 채무자 회생 및 파산에 관한 법률 제295조).
	설립허가의 취소	소급효가 없는 취소이다.

사단법인 특유의 해산사유	사원이 없게 된 때	사원이 1인도 없게 될 때이다.
	총회의 의결	• 임의해산을 말한다. • 해산결의는 총회의 의결사항이다. • 특별결의사항(총사원의 3/4 이상의 찬성을 요한다)

3 법인의 청산(청산법인)

1. 의의

① 법인의 청산이란 해산한 법인이 잔무를 처리하고 재산을 정리하여 완전히 소멸할 때까지의 절차를 말한다. 법인이 파산한 경우에는 「채무자 회생 및 파산에 관한 법률」이 정하는 절차에 따라 청산하고, 기타의 원인에 의하여 해산하는 경우에는 민법이 정하는 절차에 따라 청산하게 된다.

② 청산절차는 제3자의 이해관계에 중대한 영향을 미치므로 청산절차에 관한 민법 규정은 모두 '강행규정'이고(79다2036), 정관에 다른 규정을 두더라도 무효이다.

2. 청산법인의 능력

제81조【청산법인】 해산한 법인은 청산의 목적범위 내에서만 권리가 있고 의무를 부담한다.

해산한 법인은 청산의 범위 내에서만 권리를 가지고 의무를 부담한다(제81조). 즉, 청산법인은 해산 전의 본래의 적극적 사업을 수행할 수 없을 뿐, 그 밖의 경우에는 해산 전의 법인과 그 동일성이 유지된다.

> **판례** 청산법인의 능력
> 청산법인이나 청산인이 청산의 목적 외의 행위를 한 때에 그 행위는 무효이다(79다2036).

3. 청산법인의 기관

제82조【청산인】 법인이 해산한 때에는 파산의 경우를 제하고는 이사가 청산인이 된다. 그러나 정관 또는 총회의 결의로 달리 정한 바가 있으면 그에 의한다.

제83조【법원에 의한 청산인의 선임】 전조의 규정에 의하여 청산인이 될 자가 없거나 청산인의 결원으로 인하여 손해가 생길 염려가 있는 때에는 법원은 직권 또는 이해관계인이나 검사의 청구에 의하여 청산인을 선임할 수 있다.

> **제84조【법원에 의한 청산인의 해임】** 중요한 사유가 있는 때에는 법원은 직권 또는 이해관계인이나 검사의 청구에 의하여 청산인을 해임할 수 있다.

(1) 청산인

① 해산으로 인하여 이사는 당연히 그 지위를 상실하고 청산인이 취임하는데(파산 시에는 파산관재인이 취임), 청산인은 청산법인의 집행기관으로서 청산법인의 능력의 범위 내에서 대외적으로 청산법인을 대표하고, 대내적으로는 청산사무를 집행한다(제87조).

② 청산인은 청산법인의 대표기관이므로 청산인의 지위에 관하여는 이사에 관한 규정이 준용된다.

(2) 청산법인은 해산 전의 법인과 동일성이 유지되므로 사원총회·감사 등의 기관은 그대로 존속한다.

4. 청산사무(청산인의 직무·권한)

> **제85조【해산등기】** ① 청산인은 법인이 파산으로 해산한 경우가 아니면 취임 후 3주일 내에 다음 각 호의 사항을 주사무소 소재지에서 등기하여야 한다.
> 1. 해산 사유와 해산 연월일
> 2. 청산인의 성명과 주소
> 3. 청산인의 대표권을 제한한 경우에는 그 제한
> ② 제1항의 등기에 관하여는 제52조를 준용한다.
>
> **제86조【해산신고】** ① 청산인은 파산의 경우를 제하고는 그 취임 후 3주간 내에 전조 제1항의 사항을 주무관청에 신고하여야 한다.
> ② 청산 중에 취임한 청산인은 그 성명 및 주소를 신고하면 된다.
>
> **제87조【청산인의 직무】** ① 청산인의 직무는 다음과 같다.
> 1. 현존사무의 종결
> 2. 채권의 추심 및 채무의 변제
> 3. 잔여재산의 인도
> ② 청산인은 전항의 직무를 행하기 위하여 필요한 모든 행위를 할 수 있다.

(1) 해산등기와 신고

청산인은 법인이 파산으로 해산한 경우가 아니면 그 취임한 후 3주일 이내에 해산의 사유 및 연월일, 청산인의 성명과 주소와 청산인의 대표권을 제한한 때에는 그 제한을 주된 사무소 소재지에서 등기하고(제85조 제1항), 이들 사항을 주무관청에 신고하여야 한다(제86조 제1항).

(2) 현존사무의 종결

청산법인은 해산 전부터 계속 중인 업무를 완결하여야 한다(제87조 제1항 제1호).

(3) 채권의 **추심**

즉시 추심할 수 없는 채권(다툼이 있는 채권·기한미도래 채권)은 적당한 방법으로 환가하여 처분하여야 한다(제87조 제1항 제2호, 민사집행법 제241조 참조).

(4) **채무의 변제**: 청산절차의 신속종결과 제3자의 이익보호

> **제88조 【채권신고의 공고】** ① 청산인은 취임한 날로부터 2월 내에 3회 이상의 공고로 채권자에 대하여 일정한 기간 내에 그 채권을 신고할 것을 최고하여야 한다. 그 기간은 2월 이상이어야 한다.
> ② 전항의 공고에는 채권자가 기간 내에 신고하지 아니하면 청산으로부터 제외될 것을 표시하여야 한다.
> ③ 제1항의 공고는 법원의 등기사항의 공고와 동일한 방법으로 하여야 한다.
> **제89조 【채권신고의 최고】** 청산인은 알고 있는 채권자에 대하여는 각각 그 채권신고를 최고하여야 한다. 알고 있는 채권자는 청산으로부터 제외하지 못한다.
> **제90조 【채권신고기간 내의 변제금지】** 청산인은 제88조 제1항의 채권신고기간 내에는 채권자에 대하여 변제하지 못한다. 그러나 법인은 채권자에 대한 지연손해배상의 의무를 면하지 못한다.
> **제91조 【채권변제의 특례】** ① 청산 중의 법인은 변제기에 이르지 아니한 채권에 대하여도 변제할 수 있다.
> ② 전항의 경우에는 조건 있는 채권, 존속기간의 불확정한 채권 기타 가액의 불확정한 채권에 관하여는 법원이 선임한 감정인의 평가에 의하여 변제하여야 한다.
> **제92조 【청산으로부터 제외된 채권】** 청산으로부터 제외된 채권자는 법인의 채무를 완제한 후 귀속권리자에게 인도하지 아니한 재산에 대하여서만 변제를 청구할 수 있다.

① **청산인이 모르는 채권자에 대한 채권신고의 최고**
㉠ 청산인은 취임한 날로부터 2월 내에 3회 이상의 공고로 채권자에 대하여 일정한 기간(2월 이상) 내에 그 채권을 신고할 것을 **최고**하여야 한다(제88조). 이 공고는 법인의 등기사항의 공고와 동일한 방법으로 하며, 법인의 해산사실을 알지 못하는 일반채권자에게 법인의 해산과 청산사실을 알리고 채권신고를 독촉하기 위한 것이다.
㉡ 최고 시 채권신고기간 내에 신고하지 않는 경우 청산절차에서 제외됨을 표시하여야 한다.
㉢ 채권신고기간 내에 신고하지 않은 채권자는 청산에서 제외된다. 그러나 청산으로부터 제외된 채권자는 법인의 채무를 완제한 후 귀속권리자에게 인도하지 아니한 재산에 대해서만 변제를 구할 수 있다. 따라서 잔여재산이 있더라도 귀속권리자에게 인도한 후에는 청구하지 못한다.

② **청산인이 알고 있는 채권자에 대한 개별적인 채권신고의 최고**
㉠ 청산인이 알고 있는 채권자에 대해서는 채권을 신고할 것을 개별적으로 최고하여야 한다(제89조 전단).

ⓒ 청산인이 알고 있는 채권자는 비록 그가 신고기간 내에 신고하지 않았더라도 청산에서 제외하지 못하며, 꼭 변제하여야 한다(제89조 후단).
③ **채무의 변제**(제89조 내지 제92조)
ⓐ 청산인은 채권신고기간 중에는 채권자에 대하여 변제하지 못한다. 그러나 그로 인한 지연손해(연체이자)는 채권자에게 이를 배상하여야 한다(제90조).
ⓑ 청산 중인 법인은 변제기에 이르지 아니한 채권에 대하여도 변제할 수 있다.

(5) 잔여재산의 귀속권리자

> **제80조【잔여재산의 귀속】** ① 해산한 법인의 재산은 정관으로 지정한 자에게 귀속한다.
> ② 정관으로 귀속권리자를 지정하지 아니하거나 이를 지정하는 방법을 정하지 아니한 때에는 이사 또는 청산인은 주무관청의 허가를 얻어 그 법인의 목적에 유사한 목적을 위하여 그 재산을 처분할 수 있다. 그러나 사단법인에 있어서는 총회의 결의가 있어야 한다.
> ③ 전2항의 규정에 의하여 처분되지 아니한 재산은 국고에 귀속한다.

① **정관으로 지정한 자**
ⓐ 해산한 법인의 재산은 정관으로 지정한 자에게 귀속한다(제80조 제1항).
ⓑ 정관에 잔여재산의 귀속권리자를 직접적으로 특정하지 아니하고 잔여재산의 귀속권리자를 정하는 방법을 정한 경우에 그 방법에 의하여 정해진 그 귀속권리자에게 잔여재산이 귀속된다.
② **법인의 목적에 유사한 목적을 위하여 처분**: 정관으로 귀속권리자를 지정하지 아니하거나 이를 지정하는 방법도 정하지 아니한 때에는 청산인은 주무관청의 허가를 얻어 그 법인의 목적에 유사한 목적을 위하여 그 재산을 처분할 수 있다. 그러나 사단법인의 경우는 사원총회의 결의가 있어야 한다(제80조 제2항).
③ **국고귀속**
ⓐ 정관규정에 따르거나 법인의 목적과 유사한 목적에 따르더라도 처분되지 아니한 재산은 국고에 귀속한다(제80조 제3항).
ⓑ 민법상의 사단법인 또는 재단법인은 모두 비영리법인이므로 잔여재산을 사원이나 구성원에게 분배할 수는 없다.

(6) 파산신청

① 청산 중인 법인의 재산이 그 채무를 완제하기에 부족한 것이 분명하게 된 때에는 청산인은 지체 없이 파산선고를 신청하고 이를 공고하여야 한다(제93조 제1항).
② 파산신청 후 파산관재인에게 그 파산에 관한 사무를 인계하면 파산사무에 관한 청산인의 임무는 종료한다(제93조 제2항). 그러나「채무자 회생 및 파산에 관한 법률」에 관한 사무를 제외한 사무에 대하여는 청산인은 여전히 청산법인을 대표한다.

(7) 청산종결의 등기와 신고

① 청산이 완료되면 청산인은 3주간 내에 이를 등기하고, 주무관청에 신고하여야 한다(제94조).
② 청산사무의 종결은 법인의 소멸사유에 해당하나, 청산종결의 등기는 법인해산에 관한 제3자에 대한 대항요건에 불과하다.
③ 그러므로 청산종결등기가 경료된 경우에도 청산사무가 종료되었다고 할 수 없는 경우에는 청산법인으로 존속한다.

> **판례** **법인의 소멸시점**
>
> 법인이 소멸하는 것은 청산종결등기(淸算終結登記) 시가 아니라 '청산사무가 사실상 종결된 때'이며, 청산종결등기는 법인소멸의 대항요건에 불과하다. 즉, 청산종결등기가 경료된 때에도 청산사무가 종결되었다고 할 수 없는 경우에는 청산법인으로 계속 존속한다(79다2036).

> **개념적용 문제**
>
> **민법상의 법인에 관한 설명으로 옳지 않은 것은? (다툼이 있으면 판례에 따름)** 제28회 기출
>
> ① 사단법인 정관의 법적 성질은 자치법규이다.
> ② 법인의 해산 및 청산은 법원이 검사, 감독한다.
> ③ 재단법인이 부동산을 기본재산으로 새로이 편입시키는 행위는 주무관청의 허가를 얻어야 유효하다.
> ④ 사단법인은 총 사원 4분의 3 이상의 동의가 없으면 해산을 결의하지 못하고, 이는 정관에 다른 규정이 있더라도 마찬가지이다.
> ⑤ 재단법인의 존립시기나 해산사유는 정관의 필요적 기재사항이 아니다.
>
> **해설** 사단법인은 총 사원 4분의 3 이상의 동의가 없으면 해산을 결의하지 못한다. 다만, 이는 강행규정이 아니므로 그 의결 정족수에 관하여 정관에 다른 규정을 둘 수 있고, 정관에 달리 정함이 있으면 그에 따른다.
>
> **정답** ④

제8절 법인의 등기

1 의의

① 법인등기란 거래의 안전을 위해 법인의 조직이나 내용을 공개하는 것을 말하며, 등기한 사항은 법원이 지체 없이 공고하여야 한다(제54조 제2항).
② 설립등기는 법인의 성립요건이나(제33조), 사무소의 이전이나 변경등기 등 그 밖의 등기는 제3자에 대한 대항요건이다(제54조 제1항).
③ 등기신청의 의무를 지는 이사·청산인 등이 등기를 게을리 한 때에는 과태료의 제재를 가할 수 있다(제97조 제1호).

2 법인의 등기

1. 기타 법인의 등기사항

제50조【분사무소(分事務所) 설치의 등기】 법인이 분사무소를 설치한 경우에는 주사무소(主事務所)의 소재지에서 3주일 내에 분사무소 소재지와 설치 연월일을 등기하여야 한다.

제51조【사무소이전의 등기】 ① 법인이 주사무소를 이전한 경우에는 종전 소재지 또는 새 소재지에서 3주일 내에 새 소재지와 이전 연월일을 등기하여야 한다.
② 법인이 분사무소를 이전한 경우에는 주사무소 소재지에서 3주일 내에 새 소재지와 이전 연월일을 등기하여야 한다.

제52조【변경등기】 제49조 제2항의 사항 중에 변경이 있는 때에는 3주간 내에 변경등기를 하여야 한다.

제52조의2【직무집행정지 등 가처분의 등기】 이사의 직무집행을 정지하거나 직무대행자를 선임하는 가처분을 하거나 그 가처분을 변경·취소하는 경우에는 주사무소가 있는 곳의 등기소에서 이를 등기하여야 한다.

제53조【등기기간의 기산】 전3조의 규정에 의하여 등기할 사항으로 관청의 허가를 요하는 것은 그 허가서가 도착한 날로부터 등기의 기간을 기산한다.

제54조【설립등기 이외의 등기의 효력과 등기사항의 공고】 ① 설립등기 이외의 본절의 등기사항은 그 등기 후가 아니면 제3자에게 대항하지 못한다.
② 등기한 사항은 법원이 지체 없이 공고하여야 한다.

2. 해산 및 청산종결의 등기(제85조, 제94조)

> **제85조 【해산등기】** ① 청산인은 법인이 파산으로 해산한 경우가 아니면 취임 후 3주일 내에 다음 각 호의 사항을 주사무소 소재지에서 등기하여야 한다.
> 　1. 해산 사유와 해산 연월일
> 　2. 청산인의 성명과 주소
> 　3. 청산인의 대표권을 제한한 경우에는 그 제한
> ② 제1항의 등기에 관하여는 제52조를 준용한다.
>
> **제94조 【청산종결의 등기와 신고】** 청산이 종결한 때에는 청산인은 3주간 내에 이를 등기하고 주무관청에 신고하여야 한다.

제9절　법인의 감독과 벌칙

1 법인의 감독

비영리법인은 성질상 영리법인과 달리 그 성립에서 소멸에 이르기까지 일반적으로 국가의 감독을 받는다.

1. 사무감독 – 주무관청

(1) 법인의 사무에 관하여 검사·감독(제37조)은 주무관청이 담당한다.

(2) 감독사항
　① 정관변경 시 주무관청의 허가(제42조 제2항, 제45조 제3항, 제46조)
　② 법인이 해산할 때 청산인의 각종 신고의무(제86조 및 제94조에 정한 해산신고, 청산인 취임신고, 청산종결의 등기와 신고)
　③ 잔여재산 처분 시 주무관청의 허가(제80조 제2항) 등

2. 해산과 청산의 감독 – 법원

(1) 해산·청산은 재산의 정리에 관한 것으로서 제3자의 이해와 직결되므로 법원이 감독하도록 한 것이다. 법원은 직권 또는 이해관계인이나 검사의 청구에 의하여 청산인을 선임 또는 해임할 수 있다(제83조, 제84조).

(2) 법원의 감독사항

① 임시이사의 선임(제63조)
② 특별대리인의 선임(제64조)
③ 법인의 파산절차(채무자 회생 및 파산에 관한 법률 제294조 이하)
④ 청산인의 선임·해임(제83조, 제84조)
⑤ 법인의 해산·청산의 감독(제95조) 등

2 벌칙

1. 의의

법인에 대한 법적 규제와 업무감독에 대한 실효성을 확보하기 위해서 민법은 설립허가의 취소, 청산인의 해임·개임 외에 과태료제도를 두고 있다(제97조). 과태료는 질서벌로서 「비송사건절차법」에 의하여 '결정'의 형식으로 재판한다.

2. 벌칙사항

법인의 이사, 감사 또는 청산인은 다음의 경우에는 500만원 이하의 과태료에 처한다(제97조).
① 법인에 대한 등기를 해태한 때
② 재산목록 또는 사원명부의 작성·비치에 관한 의무(제55조)에 위반하거나 또는 부정기재를 한 때
③ 주무관청 또는 법원의 검사·감독을 방해한 때(제37조·제95조 참조)
④ 주무관청 또는 총회에 대하여 사실 아닌 신고를 하거나 사실을 은폐한 때
⑤ 총회의사록의 작성·비치의무(제76조)에 위반하거나 또는 청산인이 채권신고기간 내에 변제를 한 때(제90조 참조)
⑥ 파산선고의 신청을 해태한 때(제79조·제93조 참조)
⑦ 청산인이 채권신고의 공고(제88조)나 또는 파산선고신청의 공고(제93조 제1항)를 해태하거나 부정공고한 때 등

제10절 권리능력 없는 사단과 재단

1 의의

권리능력 없는 사단 또는 권리능력 없는 재단이란 실체는 사단이거나 재단이면서도 그 설립등기를 갖추지 못하여 법인격(法人格)을 갖지 못하는 것을 말한다. 법인 아닌 사단·재단 또는 법인격 없는 사단·재단이라고도 한다.

2 권리능력 없는 사단(법인 아닌 사단, 비법인사단) 요건

1. 성립요건

(1) 실질적 요건

① 실체에 있어서 단체의 형태인 사단으로서 조직(기관, 사원총회 등)을 갖추고 있어야 한다.
② 대표의 방법·총회의 운영·재산의 관리 기타 사단으로서의 중요한 점이 정관에 정해져야 한다.
③ 대외적으로 단체의 이름으로 활동할 것 – 그 대표자나 기타 사원의 이름으로 활동한 경우에는 사단의 활동으로 인정되지 않는다.

(2) 형식적 요건

설립등기가 없을 것, 법인격(권리능력)을 취득하지 않아야 한다.

2. 법규 적용

(1) 권리능력이 없는 사단에 대하여 민법에는 재산귀속관계를 총유로 한다는 규정(제275조, 제278조) 외에는 아무런 법적 규정이 없으므로, 그 법률관계는 판례와 학설을 통하여 정리한다.

(2) 사단법인에 관한 규정 유추적용

사단법인의 권리·의무에 관한 민법 규정은 모두 권리능력 없는 사단에도 유추적용된다. 다만, 권리능력 없는 사단은 그 설립을 위한 법인의 등기가 존재하지 않으므로 법인이 등기를 해야만 효력이 발생하는 것들은 권리능력 없는 사단에 적용할 수 없다.

(3) 권리능력 없는 사단의 능력

① 권리능력 없는 사단의 권리능력 및 행위능력·대표기관의 권한과 그 대표의 형식, 대표기관의 불법행위로 인한 사단의 배상책임(불법행위능력) 등 사단법인에 관한 민법 규정이 유추적용된다(判).

② 권리능력 없는 사단(비법인사단)의 경우 법인등기부가 존재하지 않으므로 대표기관의 대표권 제한에 관하여 등기할 방법이 없어 민법 제60조 규정을 준용할 수 없으므로 거래상대방이 그와 같은 대표권 제한사실을 알았거나 알 수 있었을 경우가 아니라면 그 거래행위는 유효하다(2002다64780).

판례 | 비법인사단의 능력

① 비법인사단에 대하여는 사단법인에 관한 민법 규정 가운데서 법인격을 전제로 하는 것을 제외하고는 이를 유추적용하여야 한다(94다18522).
② 비법인사단의 대표기관의 불법행위에 대하여 법인의 불법행위책임에 관한 민법 제35조 규정이 유추적용된다. 그러나 대표자의 행위가 직무에 해당되지 아니함을 피해자 자신이 알았거나 또는 중대한 과실로 인하여 알지 못한 경우에는 비법인사단에게 손해배상을 청구할 수 없다(2002다27088).
③ 비법인사단의 경우 대표자의 대표권 제한에 관하여 등기할 방법이 없어 민법 제60조 규정을 준용할 수 없으므로 거래상대방이 그와 같은 대표권 제한사실을 알았거나 알 수 있었을 경우가 아니라면 그 거래행위는 유효하다(2002다64780).
④ 교회가 그 실체를 갖추어 법인 아닌 사단으로 성립한 경우에 교회의 대표자가 교회를 위하여 취득한 권리·의무는 교회에 귀속되나, 교회가 아직 실체를 갖추지 못하여 법인 아닌 사단으로 성립하기 전에 설립의 주체인 개인이 취득한 권리·의무는 그것이 앞으로 성립할 교회를 위한 것이라 하더라도 바로 법인 아닌 사단인 교회에 귀속될 수는 없고, 또한 설립 중의 회사의 개념과 법적 성격에 비추어, 법인 아닌 사단인 교회가 성립하기 전의 단계에서 설립 중의 회사의 법리를 유추적용할 수는 없다(2007다37394·37400).
⑤ 비법인사단인 교회의 대표자는 총유물인 교회 재산의 처분에 관하여 교인총회의 결의를 거치지 아니하고는 이를 대표하여 행할 권한이 없다. 그리고 교회의 대표자가 권한 없이 행한 교회 재산의 처분행위에 대하여는 민법 제126조의 표현대리에 관한 규정이 준용되지 아니한다(2006다23312).
⑥ 교인들이 집단적으로 교회를 탈퇴한 경우, 법인 아닌 사단인 교회가 2개로 분열되고 분열되기 전 교회의 재산이 분열된 각 교회의 구성원들에게 각각 총유적으로 귀속되는 형태의 '교회의 분열'을 인정할 수 없는 것이고, 교인들이 교회를 탈퇴하여 그 교회 교인으로서의 지위를 상실한 경우, 종전 교회 재산은 잔존 교인들의 총유로 된다(2004다37775 전합).
⑦ 교회의 소속 교단 탈퇴 내지 소속 교단 변경을 하기 위하여는 의결권을 가진 교인 2/3 이상의 찬성을 그 결의요건으로 하며, 이러한 결의요건을 갖추어 교회가 소속 교단을 탈퇴하거나 다른 교단으로 변경한 경우, 종전 교회 재산은 탈퇴한 교회 소속 교인들의 총유로 된다(2004다37775 전합).

3. 법적 지위

(1) 내부관계

① 원칙적으로 정관에 정함이 원칙이나, 정관에 규정이 없는 경우 사단법인에 관한 민법 규정이 유추적용된다.
② 사단의 재산에 대한 사원의 권리·의무는 사원의 지위를 취득·상실함으로써 취득·상실한다(제277조).

(2) 외부관계

① **소송행위**
  ㉠ 권리능력 없는 사단도 관리인 내지 대표자가 있으면 소송상의 당사자가 될 수 있다(민사소송법 제52조). 다만, 소송행위는 대표자가 위임을 받은 대표소송의 형태가 아닌 구성원 전원이 소송의 당사자가 되는 집단소송 또는 비법인사단이 직접 소송의 당사자로 소송을 하여야 한다.
  ㉡ 총유재산에 관한 소송은 법인 아닌 사단이 그 명의로 사원총회의 결의를 거쳐 하거나 또는 그 구성원 전원이 당사자가 되어 필수적 공동소송의 형태로 할 수 있을 뿐 그 사단의 구성원은 설령 그가 사단의 대표자라거나 사원총회의 결의를 거쳤다 하더라도 그 소송의 당사자가 될 수 없고, 이러한 법리는 총유재산의 보존행위로서 소를 제기하는 경우에도 마찬가지라 할 것이다(2004다44971 전합).

② **등기능력**: 부동산의 취득 및 변경에 관하여 비법인사단도 등기권리자 혹은 그 의무자가 될 수 있다. 이 경우 직접 권리능력 없는 사단명의로 등기할 수 있다(부동산등기법 제26조).

(3) 재산귀속관계

① **재산관계는 구성원의 총유로 된다**(제275조 제1항)
  ㉠ 법인 아닌 사단의 사원은 지분권이나 재산분할청구권이 없으며, 관리·처분권은 사원총회 결의에 의하고 각 사원은 내부적으로 정관이 정하는 바에 따라 사단재산에 대한 사용·수익권만을 갖는다.
  ㉡ 다만, 종중 소유의 재산이 수용되고 그 수용보상금을 분할하는 행위는 총유재산에 대한 처분행위에 해당하므로 사원총회 결의를 거쳐야 효력이 있다.

② **종중(宗中)에 관한 판례**
  ㉠ **종중의 성립**: 고유한 의미의 문중(門中) 또는 종중(宗中)이란 공동선조의 후손 중 성년 이상의 자를 종원으로 하여 구성되는 자연발생적인 종족집단체로서 종중이 성립하기 위하여서는 종중구성의 결의 등 특별한 조직행위를 필요로 하거나 이를 규율화하기 위한 성문의 규약이 있어야 하는 것은 아니다(83다카2396).
  ㉡ **종중원의 자격**: 종중구성원의 자격을 성년 남자만으로 제한하는 종래의 관습법은 이제 더 이상 법적 효력을 가질 수 없게 되었다. 따라서 공동선조와 성(姓)과 본(本)을 같이 하는 후손은 성별의 구별 없이 성년이 되면 당연히 그 구성원이 된다고 보는 것이 조리에 합당하다(2002다1178 전합).
  ㉢ **종중원의 자격 제한**: 일부 종원의 자격을 박탈하는 것으로 규정을 개정하는 것은 종중의 본래 설립목적과 종중의 본질에 반하는 것으로 무효이다. 그러므로 종원은 종중에서 탈퇴할 수 없고, 종중도 종원을 축출할 수 없다. 다만, 종원 중 출계(出系)자는 종원의 자격이 없다.

ⓔ 종중의 대표자를 선출하였다는 사실만으로 그 대표자에게 종중재산에 대한 보존 또는 처분의 대리권을 수여했다고 볼 수는 없으므로, 종중의 대표자가 종중의 재산에 대한 보존을 위한 소송을 하는 경우에도 종중 총회의 결의가 필요하다.

> **판례** 종중
>
> ① 종중이 종원의 일부에 대해 종원으로 취급하지 않거나 영원히 종원 자격을 박탈하는 것을 내용으로 한 규약개정은 종중의 본질에 반하는 것으로서 규약개정의 한계를 넘는 무효인 것이다(78다1435).
> ② 총유물의 보존에 있어서는 공유물의 보존에 관한 민법 제265조의 규정이 적용될 수 없고, 민법 제276조 제1항의 규정에 따른 사원총회의 결의를 거치거나 정관이 정하는 바에 따른 절차를 거쳐야 하므로, 법인 아닌 사단인 교회가 총유재산에 대한 보존행위로서 소송을 하는 경우에도 교인 총회의 결의를 거치거나 정관이 정하는 바에 따른 절차를 거쳐야 한다(2012다112299).

(4) 채무관계

① 권리능력 없는 사단의 채무도 구성원의 준총유에 속한다.
② 채권자의 청구에 대하여 사단의 총유재산으로 책임을 지고(사단 자체의 재산이 집행의 대상), 구성원은 총유재산에 대한 출자액 한도의 유한책임을 질 뿐 개인적인 고유재산으로는 책임을 지지 않는다.

> **판례** 비법인사단의 재산처분
>
> ① 「주택법」에 의하여 설립된 재건축조합은 민법상의 비법인사단에 해당되므로 그가 주체가 되어 신축 완공한 이 상가건물은 조합원 전원의 총유에 속한다. 한편 총유물의 관리 및 처분에 관하여 그 정관이나 규약이 없으면 조합원 총회의 결의에 의하여야 하는 것이므로, 그 조합의 대표자인 조합장이 이 사건 상가건물을 처분하였다고 하더라도 그러한 절차를 거치지 아니한 재산처분행위는 무효이다(2000다10246).
> ② 총유물의 관리 및 처분이라 함은 총유물 그 자체에 관한 이용·개량행위나 법률적·사실적 처분행위를 의미하는 것이므로, 비법인사단이 타인 간의 금전채무를 보증하는 행위는 총유물 그 자체의 관리·처분이 따르지 아니하는 단순한 채무부담행위에 불과하여 이를 총유물의 관리·처분행위라고 볼 수는 없다. 따라서 비법인사단인 재건축조합의 조합장이 채무보증계약을 체결하면서 조합규약에서 정한 조합 임원회의 결의를 거치지 아니하였다거나 조합원총회 결의를 거치지 않았다고 하더라도 그것만으로 바로 그 보증계약이 무효라고 할 수는 없다. 다만, 이와 같은 경우에 조합 임원회의 결의 등을 거치도록 한 조합규약은 조합장의 대표권을 제한하는 규정에 해당하는 것이므로, 거래 상대방이 그와 같은 대표권 제한 및 그 위반 사실을 알았거나 과실로 인하여 이를 알지 못한 때에는 그 거래행위가 무효로 된다고 봄이 상당하며, 이 경우 그 거래 상대방이 대표권 제한 및 그 위반 사실을 알았거나 알지 못한 데에 과실이 있다는 사정은 그 거래의 무효를 주장하는 측이 이를 주장·입증하여야 한다(2004다60072 전합).
> ③ 비법인사단의 사원총회가 그 총유물에 관한 매매계약의 체결을 승인하는 결의를 하였다면, 통상 그러한 결의에는 그 매매계약의 체결에 따라 발생하는 채무의 부담과 이행을 승인하는 결의까지 포함되었다고 봄이 상당하므로, 비법인사단의 대표자가 그 채무에 대하여 소멸시효 중단의 효력이 있는 승인을 하거나 그 채무를 이행할 경우에는 특별한 사정이 없는 한 별도로 그에 대한 사원총회의 결의를 거칠 필요는 없다고 보아야 한다(2009다64383).

④ 비법인사단이 총유물에 관한 매매계약을 체결하는 행위는 총유물 그 자체의 처분이 따르는 채무부담행위로서 총유물의 처분행위에 해당하나, 그 매매계약에 의하여 부담하고 있는 채무의 존재를 인식하고 있다는 뜻을 표시하는 데 불과한 소멸시효 중단사유로서의 승인은 총유물 그 자체의 관리·처분이 따르는 행위가 아니어서 총유물의 관리·처분행위라고 볼 수 없다(2009다64383).
⑤ 비법인사단의 대표자가 총유물의 매수인에게 소유권이전등기를 해주기 위하여 매수인과 함께 법무사 사무실을 방문한 행위는 소유권이전등기청구권의 소멸시효 중단의 효력이 있는 승인에 해당한다(2009다64383).
⑥ 종중이 그 소유의 이 사건 토지의 매매를 중개한 중개업자에게 중개수수료를 지급하기로 하는 약정을 체결하는 것은 총유물 그 자체의 관리·처분이 따르지 아니하는 단순한 채무부담행위에 불과하여 이를 총유물의 관리·처분행위라고 할 수 없다(2011다107900).
⑦ 비법인사단이 총유재산에 관한 소를 제기할 때에는 정관에 다른 정함이 있는 등의 특별한 사정이 없는 한 사원총회의 결의를 거쳐야 하지만(2010다97044), 이는 비법인사단의 대표자가 비법인사단 명의로 총유재산에 관한 소를 제기하는 경우에 비법인사단의 의사결정과 특별수권을 위하여 필요한 내부적인 절차이다. 채권자대위권은 채무자가 스스로 자기의 권리를 행사하지 아니하는 때에 채권자가 채무자에 대한 채권을 보전하기 위하여 채무자의 의사와는 상관없이 채무자의 권리를 대위하여 행사할 수 있는 권리로서 그 권리행사에 채무자의 동의를 필요로 하는 것은 아니므로, 비법인사단이 총유재산에 관한 권리를 행사하지 아니하고 있어 비법인사단의 채권자가 채권자대위권에 기하여 비법인사단의 총유재산에 관한 권리를 대위행사하는 경우에는 사원총회의 결의 등 비법인사단의 내부적인 의사결정절차를 거칠 필요가 없다(2014다211336).

4. 권리능력 없는 사단이 법인격을 취득한 경우

권리능력 없는 사단이 등기를 하여 법인격을 취득한 경우 사단으로서의 전후의 동일성이 인정되는 범위 내에서 권리능력 없는 사단의 권리와 의무는 당연히 법인격을 취득한 사단에 이전한다.

5. 권리능력 없는 사단의 예(판례)

(1) 판례가 인정한 것

① 아파트입주자대표회의, 부녀회, 집합건물의 관리단, 법인으로 등기하지 않은 주택재건축조합 또는 주택조합, 문중 또는 종중, 채권자들로 구성된 청산위원회, 자연부락, 대한불교조계종 등
② 아파트에 거주하는 부녀를 회원으로 하여 입주자의 복지증진 및 지역사회 발전 등을 목적으로 설립된 아파트 부녀회가 회칙과 임원을 두고서 주요 업무를 월례회나 임시회를 개최하여 의사결정하여 온 경우에 법인 아닌 사단의 실체를 갖추고 있다고 보아야 하므로, 법인 아닌 사단의 실체를 갖춘 아파트 부녀회의 수익금이 아파트 부녀회 회장의 개인 명의의 예금계좌에 입금되어 있는 경우, 위 수익금의 관리·사용권을 승계한 아파트입주자 대표회의가 수익금의 지급을 청구할 상대방은 회장 개인이 아니라 아파트 부녀회이다(2006다52723).

③ 비법인사단에 해당하는 부녀회가 그 구성원인 부녀회원들로부터 징수한 부녀회비는 부녀회원들의 총유재산이다. 또한 관리규약이나 부녀회와 입주자대표회의가 합의로 부녀회의 공동주택 관리활동으로 인한 수입을 입주자대표회의의 수입으로 귀속시키기로 하는 등의 특별한 사정이 없는 한 부녀회의 공동주택 관리활동으로 인한 잡수입금 역시 그 법률원인인 관리활동의 적법 여부를 떠나 이 사건 부녀회원들의 총유로 귀속된다. 이와 같은 이 사건 부녀회원들의 총유재산인 이 사건 잡수입금은 「주택법 시행령」이 정한 잡수입으로서 입주자대표회의의 소유로 의제된다고 볼 수도 없다(2017도13252).

(2) 국·공립학교

① 학교(국·공립학교)는 법인도 아니고 대표자 있는 법인격 없는 사단 또는 재단도 아닌 교육시설의 명칭일 뿐이기 때문에 원칙적으로 민사소송에서 당사자능력이 인정되지 않는다(2014다208255).
② 「국립대학법인 서울대학교 설립·운영에 관한 법률」에 의한 서울대학교, 「국립대학법인 인천대학교 설립·운영에 관한 법률」에 의한 인천대학교, 「울산과학기술원법」에 의한 울산과학기술원 등은 독립된 특수법인으로서 법인격을 취득하였다.

3 권리능력 없는 재단

1. 의의

재단법인의 실체로서 출연재산도 있고 대표자도 있으나 법인격을 취득하지 못한 재단, 즉 목적재산은 존재하고 정관도 작성되어 있으나 아직 설립등기를 하지 아니하여 법인격을 취득하지 못한 재단을 말한다. 예를 들면, 종교재단·육영회·유치원·설립 중의 재단, 한정승인을 한 상속재산·상속인 없는 상속재산·파산재단·각종의 재단저당의 목적이 되는 재단 등이 있다.

2. 법적 지위

① 권리능력 없는 재단의 재산귀속 및 그 권리능력에 관하여 민법에는 아무런 규정을 두고 있지 않다.
② 민법의 재단법인에 관한 규정 중 설립등기를 통한 법인격 취득을 전제로 하는 것을 제외한 나머지 민법의 규정은 모두 권리능력 없는 재단에 유추·적용하여야 한다.
③ 권리능력 없는 재단의 설립은 상대방 없는 단독행위의 성질을 가지며, 증여 또는 유증에 관한 규정이 준용된다(제47조).
④ 권리능력 없는 재단도 대표자 또는 관리인이 있으면 그 이름으로 소송상의 당사자가 될 수

있으며(민사소송법 제52조), 부동산의 경우에 권리능력 없는 재단의 이름으로 등기를 할 수 있다(부동산등기법 제26조).
⑤ 민법상 규정된 내용은 없지만 권리능력없는 재단의 명의로 등기된 부동산 및 기타 재산은 재단의 단독소유 또는 신탁재산 관리에 법리 적용 등의 견해의 대립에도 불구하고 당해 비법인재단의 단독소유로 귀속되는 것이 조리상 합당하다.

개념적용 문제

비법인 사단에 관한 설명으로 옳은 것을 모두 고른 것은? (다툼이 있으면 판례에 따름)

제28회 기출

> ㄱ. 비법인 사단에 대표자가 있으면 그 사단의 이름으로 민사소송의 당사자가 될 수 있다.
> ㄴ. 비법인 사단의 대표자가 그 사단이 타인 간의 금전채무를 보증한다는 내용의 계약을 체결하면서 사원총회의 결의를 거치지 않았더라도 특별한 사정이 없는 한 그 계약은 유효하다.
> ㄷ. 비법인 사단의 채권자가 채권자대위권에 기하여 비법인 사단의 총유재산에 대한 권리를 대위 행사하는 경우에는 사원총회의 결의 등 비법인 사단의 내부적 의사결정 과정을 거쳐야 한다.

① ㄱ
② ㄷ
③ ㄱ, ㄴ
④ ㄴ, ㄷ
⑤ ㄱ, ㄴ, ㄷ

해설 ㄷ. 비법인 사단이 총유재산에 관한 권리를 행사하지 아니하고 있어 비법인사단의 채권자가 채권자대위권에 기하여 비법인 사단의 총유재산에 관한 권리를 대위 행사하는 경우에는 사원총회의 결의 등 비법인 사단의 내부적인 의사결정 절차를 거칠 필요가 없다(2014다211336).

정답 ③

CHAPTER 02 OX문제로 완벽 복습

01 법인은 설립등기를 한 때에 법인격을 갖추고 권리능력을 취득한다. (O | X)

02 재단법인 설립을 위하여 유언으로 출연한 부동산이 법인의 소유로 되는 시기에 관하여 설립자와 법인 사이에는 설립자가 사망한 때에 부동산의 소유권이전에 관한 등기를 하지 않아도 재단법인에 귀속된다. (O | X)

03 법인의 불법행위책임이 성립하는 경우의 대표기관의 행위는 대표기관 개인의 사리사욕 또는 법령을 위반한 행위일지라도 직무에 관한 것으로 본다. (O | X)

04 재단법인의 설립자가 이사의 임면방법, 명칭, 소재지 등을 정하고 사망한 경우 나머지 기재사항은 이해관계인 또는 검사의 청구에 의하여 법원이 이를 보충할 수 있다. (O | X)

05 착오로 인하여 재단법인에 재산을 출연한 자는 그 출연재산이 재단법인의 기본재산으로서 부동산에 관하여 이전등기가 완료된 경우 이를 취소할 수 없다. (O | X)

06 법인의 권리능력의 범위 중 정관에 정한 목적의 범위는 정관에 명시한 목적뿐만 아니라 그 목적달성에 직접적·간접적으로 필요한 모든 행위를 의미한다. (O | X)

07 이사의 대표권 제한은 정관에 기재해야 효력이 발생하고, 등기해야 제3자에 대항할 수 있다. (O | X)

08 청산신고 및 청산종결 등기가 경료되었더라도 청산사무가 사실상 종료되지 않은 경우에는 청산법인으로 권리능력을 갖는다. (O | X)

09 비법인사단은 부동산의 취득 시 등기능력, 소송에서의 당사자능력이 있다. (O | X)

10 재단법인의 정관변경에 대한 주무관청의 허가는 특정행위의 효력을 보충하는 것이 아니고 일반적 금지의 해제로서 인가로 본다. (O | X)

정답

01 O(법인은 설립등기 시에 권리능력을 취득한다) 02 O[재단법인 설립을 위하여 출연된 부동산의 법인 귀속시기에 관하여 출연자와 법인 사이에는 소유권이전에 관한 등기 없이도 법인에게 귀속되나, 법인과 제3자 사이에는 그에 관한 등기를 요한다(判)] 03 O[법인의 대표기관의 행위가 외형상 대표자의 직무와 관련된 행위라고 인정할 수 있는 것이라면 설사 그것이 대표자 개인의 사리를 도모하기 위한 것이었거나 혹은 법령의 규정에 위반된 것이었다 하더라도 직무에 관한 행위에 해당된다(判)] 04 ×(자산의 규모와 목적은 정관의 보충대상이 아니다) 05 ×(착오로 재단법인에 재산을 출연한 자는 그 출연행위를 취소할 수 있고, 이는 그 출연재산이 부동산으로서 이전등기를 경료한 경우 또는 법인의 존립의 근거가 되는 기본재산이라도 또한 같다) 06 O 07 O 08 O(79다2036) 09 O 10 ×(재단법인의 정관변경에 대한 주무관청의 허가는 특정행위의 효력을 보충하는 것으로서 인가로 본다)

CHAPTER 03 권리의 객체

CHAPTER 미리보기

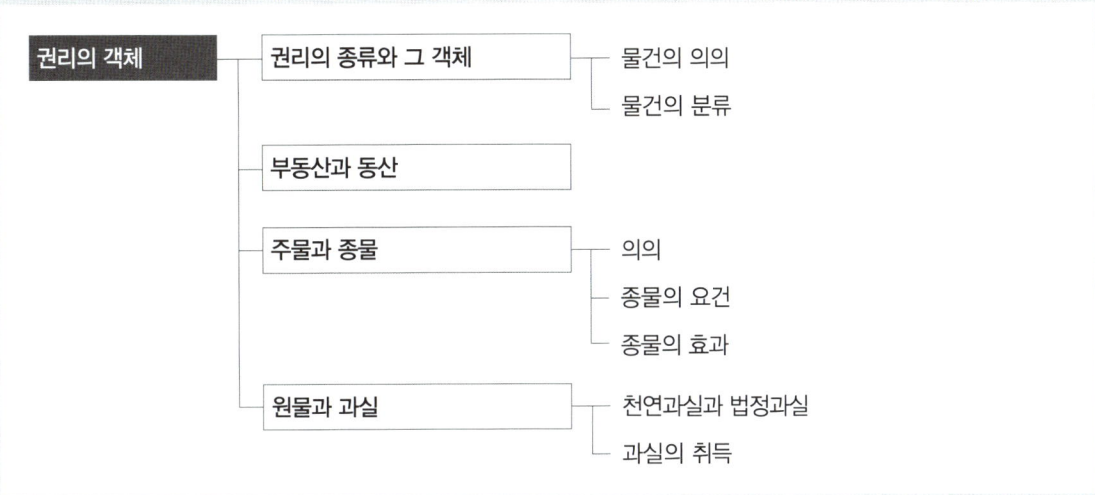

학습전략

❶ 약 1~2문항이 출제되고 있습니다.
❷ 부동산과 동산의 구별이 상당히 중요하고, 부동산의 정의에서 토지 및 그 정착물에 대해 잘 알아두어야 합니다.
❸ 주물과 종물의 법률관계, 원물과 과실 중 과실의 취득권자에 대해서도 세심한 정리가 필요합니다.

학습키워드

- 물건의 분류
- 부동산과 동산
- 토지의 정착물
- 주물과 종물
- 종물의 효과
- 종물이론의 확장
- 원물과 과실
- 천연과실 취득권자

제1절 총설

1 권리의 종류와 그 객체

1. 권리객체의 의의

권리의 객체란 권리의 대상을 말한다. 이러한 권리의 객체는 권리의 종류에 따라서 매우 다양하다.

▶ **권리의 종류와 그 객체**

권리의 종류	객체
물권	물건(원칙), 예외적으로 담보물권은 지상권·전세권·채권 등에도 성립
채권	채무자의 행위(급부)
형성권	법률관계
항변권	청구권
상속권	상속재산
친족권	친족법상의 지위
지식재산권	정신적 산물(저작·발명·실용신안·상표·디자인 등)
인격권	권리주체(신체·명예·자유 등)

2. 민법의 규정

민법에는 **권리의 객체** 전반에 대한 일반적 규정을 두지 않고, 물권의 객체인 물건에 대한 통칙적 규정만을 민법총칙에 두고 있다.

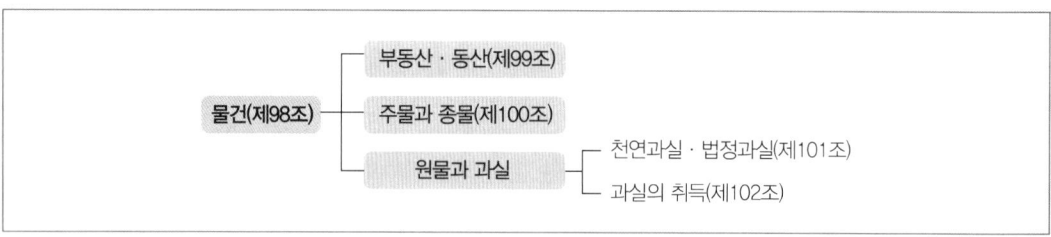

제2절 물건

1 물건의 의의

> **제98조 【물건의 정의】** 본법에서 물건이라 함은 유체물 및 전기 기타 관리할 수 있는 자연력을 말한다.

1. 유체물(有體物) 및 전기 또는 관리 가능한 자연력일 것

(1) 유체물이란 공간의 일부를 차지하는 유형적 존재를 말하고(예 고체, 액체, 기체 등), 자연력이란 무체물을 말하는 것으로서 형체가 없는 것을 말한다.

(2) 관리가 가능할 것

① 민법상 물건이 되기 위해서는 유체물·무체물을 불문하고 '관리가능성'이 있어야 한다. 즉, 관리가 가능하다 함은 배타적 지배가 가능해야 한다는 것이다.

② 전기·원자력 등과 같이 무체물 또는 자연력이라도 관리가 가능하면 물건이나, 유체물이라도 관리할 수 없는 것은 물건이 아니다. 따라서 해, 달, 별 등은 물건이 아니다.

2. 인체 또는 그 일부가 아닐 것

(1) 인체와 그 일부분

① 사람과 그 신체의 일부는 물건이 아니다. 인격존중의 원칙상 사람에 대한 배타적 지배는 허용되지 않으므로 살아 있는 사람의 신체나 그 일부분에 관하여 물건에 관한 규정을 적용할 수 없다.

② 그러나 생체에서 분리된 인체의 일부(머리카락, 혈액, 치아)는 그 분리행위가 사회질서(제103조)에 반하지 않는 한 물건으로 취급되며, 분리 전의 사람의 소유에 속한다.

(2) 사체(死體)나 유골(遺骨)의 물건성

① 사체는 유체물이기는 하지만 단지 매장·제사·공양 등의 권능과 의무만을 포함하는 특수한 소유권의 객체로서 제사를 주재하는 자에게 속한다(판례·다수설).

② 따라서 사체의 처분행위는 원칙적으로 사회질서에 반하는 행위로 무효이다.

③ 사람이 생전에 유언으로 본인의 사망 후 자신의 시신을 병원에 연구용으로 기증하기로 하였다면 이는 유효하다 할 것이나, 그 유언자의 사망 후 시신은 제사를 주재하는 자의 특수소유권의 객체가 되므로 제사를 주재하는 자가 이에 법적 구속을 받는 것은 아니다.

> **판례** 사체·유골에 대한 권리
>
> ① 사람의 유체·유골은 매장·관리·제사·공양의 대상이 될 수 있는 유체물로서, 분묘에 안치되어 있는 선조의 유체·유골은 민법 제1008조의3 소정의 제사용 재산인 분묘와 함께 그 제사주재자에게 승계되고, 피상속인 자신의 유체·유골 역시 위 제사용 재산에 준하여 그 제사주재자에게 승계된다(2007다27670 전합).
> ② 피상속인이 생전행위 또는 유언으로 자신의 유체·유골을 처분하거나 매장장소를 지정한 경우에, 선량한 풍속 기타 사회질서에 반하지 않는 이상 그 의사는 존중되어야 하고 이는 제사주재자로서도 마찬가지이지만, 피상속인의 의사를 존중해야 하는 의무는 도의적인 것에 그치고, 제사주재자가 무조건 이에 구속되어야 하는 법률적 의무까지 부담한다고 볼 수는 없다(2007다27670 전합).
> ③ 제사주재자는 우선적으로 망인의 공동상속인들 사이의 협의에 의해 정하되, 협의가 이루어지지 않는 경우에는 제사주재자의 지위를 인정할 수 없는 특별한 사정이 있지 않은 한 피상속인의 직계비속 중 남녀, 적서를 불문하고 최근친의 연장자가 제사주재자로 우선한다고 보는 것이 가장 조리에 부합한다(2018다248626 전합).

3. 물권(物權)의 객체로서 현존·특정·독립한 물건일 것

(1) 현존하는 물건일 것

① 현재 실존하는 물건에 대하여만 물권을 설정할 수 있고, 장래 발생할 물건에 대하여 미리 물권을 설정하는 것은 불가능하다.
② 물건이 멸실되면 이를 객체로 성립한 물권도 소멸하는 것이 원칙이다(토지의 포락으로 인한 소유권의 소멸). 다만, 권리의 질적 변경으로 인한 손해배상의 문제가 발생할 수 있다.
③ 저당물이 멸실되면 물상대위가 인정되는 경우도 있다.

> **판례** 토지의 포락과 그에 대한 소유권
>
> ① 토지소유권의 상실원인이 되는 포락이라 함은 토지가 바닷물이나 하천물에 개먹어 무너져 바다나 하천에 떨어져 그 원상복구에 과다한 비용이 요하는 등 사회통념상 복구가 불가능한 상태에 이르렀을 때를 말하고, 그 원상회복의 불가능 여부는 포락 당시를 기준으로 결정되어야 한다(95다18659).
> ② 포락한 토지가 종전의 소유자에 의하여 다시 성토되었다 하더라도 소멸되었던 종전의 소유권은 영구히 소멸되고, 소유자가 그 성토된 토지에 대한 소유권을 다시 취득하는 것은 아니다(83다카1561).

(2) 특정된 물건일 것

① 물권은 특정된 물건에 대해 설정할 수 있고, 불특정물(종류물)에 대해서는 그 설정이 불가능하다.
② 일단의 토지가 지적공부에 1필의 토지로 등록된 경우, 그 토지의 경계 및 소유권의 범위는 그 등록된 지적공부의 내용에 따른다.

(3) 독립한 물건일 것

① 독립성을 갖춘 물건인지 여부는 사회통념에 따라 결정한다.
② 원칙적으로 물건의 일부나 구성부분 또는 여러 개의 물건이 결합한 집합물은 하나의 물건이 아니므로 집합물 전부를 객체로 하여 하나의 물권은 성립하지 않는다(일물일권주의).
③ 임야에 있는 자연석은 토지의 구성부분이나, 이를 조각하여 제작한 석불은 독립된 물건이 된다.

(4) 일물일권주의(一物一權主義)

① **원칙**: 물권의 배타적 지배성으로부터 "독립된 하나의 물건(物件) 위에는 하나의 물권(物權)만이 성립할 수 있다."라는 일물일권주의가 도출되는데, 이는 다시 말해서
　㉠ "하나의 물건 위에 내용이 같은 2 이상의 물권은 동시에 성립할 수 없다."
　㉡ "물건의 일부나 구성부분 또는 물건의 집단은 원칙적으로 하나의 물권의 객체가 될 수 없다."로 해석된다.
　㉢ 그러므로 물건이 여러 개이면 그 물건의 수만큼 물권이 성립해야지 수개의 물건을 하나의 물권의 객체로 할 수는 없다.
　㉣ 일물일권주의를 취하는 이유는 물건의 일부나 구성부분을 물권의 객체로 인정할 경우 물권의 배타적 지배성을 침해할 우려가 있고, 아울러 공시제도를 혼란하게 할 우려가 있기 때문이다.

② **예외**
　㉠ **용익물권**: 용익물권은 부동산의 일부 또는 그 구성부분에 대하여도 설정할 수 있다 (예 토지 일부에 대한 지상권·지역권, 토지 또는 건물 일부에 대한 전세권 등).
　㉡ **담보물권**: 하나의 물건에 대한 분할절차 없이 그 물건의 일부 또는 구성부분에 담보물권으로 저당권·질권을 설정할 수는 없지만, 법정담보물권인 유치권은 토지일부 또는 건물 일부 위에도 성립할 수 있다.

> **판례** 일물일권주의
> ① 일정한 토지가 지적공부에 1필의 토지로 등록된 경우, 그 토지의 소재 지번, 지목, 지적 및 경계 및 소유권의 범위는 그 등록된 지적공부의 내용 및 경계에 의하여 확정된다(94다4615).
> ② 하나의 부동산 중 일부분만에 관하여 구분 또는 분할의 절차를 거치지 아니한 채 따로 소유권보존등기를 경료하거나, 하나의 부동산에 관하여 경료된 소유권보존등기 중 일부분에 관한 등기만을 따로 말소하는 것은 허용되지 아니한다(2000다39582).

2 물건의 분류

1. 물건의 구성형태에 따른 분류(단일물·합성물·집합물)

(1) 단일물

수개의 개체가 결합하여 형체상 단일한 일체를 이루고 각 개체(구성부분)는 개성을 잃어 거래상 하나의 물건으로 다루어지는 물건을 말한다(예 한 권의 책).

(2) 합성물

여러 개의 물건이 개성을 잃지 않고 결합하여 단일한 형체를 이루고 법률상 하나의 물건으로 다루어진다(예 보석반지·자동차·선박·건물 등).

(3) 집합물

① 단일물 또는 합성물인 다수의 물건이 집합하여 경제적으로 단일한 가치를 가지고, 거래상 하나의 물건으로 다루어지는 집단적 물건을 말한다(예 도서관의 장서, 목장의 양떼, 상점의 상품 전부, 공장의 시설·기계 등).
② 집합물은 원칙적으로 하나의 물건이 아니므로, 일물일권주의(一物一權主義)로 인해 집합물 위에 하나의 물권이 성립할 수는 없지만,
③ 예외적으로 사회·경제적 필요에 의하여 각종 특별법(공장 및 광업재단 저당법에 의한 공장저당), 관습법(유동집합물에 대한 양도담보), 판례 등에 의하여 그 범위를 특정할 수 있는 집합물을 하나의 물건으로 인정하는 경우도 있다.
④ 즉, 특정성이 확보된 집합물은 1개의 물건으로 취급될 수 있다.

> **판례** 집합물에 대한 담보설정과 목적물의 특정
>
> ① 일반적으로 일단의 증감·변동하는 동산을 하나의 물건으로 보아 이를 채권담보의 목적으로 삼으려는 이른바 집합물에 대한 양도담보설정계약 체결도 가능하며, 이 경우 그 목적동산이 담보설정자의 다른 물건과 구별될 수 있도록 그 종류·장소 또는 수량지정 등의 방법에 의하여 특정되어 있으면 그 전부를 하나의 재산권으로 보아 이에 유효한 담보권이 설정된 것으로 볼 수 있다. 따라서 특정 양어장 내의 뱀장어 등 어류 전부에 대한 양도담보계약은 그 담보목적물이 특정되었으므로 유효하게 성립하였다고 할 것이다(88다카20224).
> ② 집합물에 저당권이 설정되면 그 집합물 전체로서 하나의 물건으로 특정되고, 저당권이 설정된 이후 집합물을 구성하는 개개의 구성부분이 변동·변형되더라도 한 개의 물건으로서 동일성을 잃지 않고 언제나 현재 집합물 전체가 저당권의 객체로서 특정성을 유지한다(87누1043).

2. 강학(講學)상 분류

(1) 사법상 거래의 객체가 될 수 있는가의 여부에 따라 – 융통물·불융통물

① **융통물**: 융통물이란 사법상 거래의 객체가 될 수 있는 물건을 말한다.
② **불융통물**: 불융통물이란 사법상 거래의 객체가 될 수 없는 물건을 말하는데, 구체적으로 다음 3가지로 나뉜다.
  ㉠ 공용물(公用物): 국가·공공단체의 소유에 속하며, 국가나 공공단체에 의하여 공적 목적에 사용되는 물건을 말한다(예 관공서의 건물, 국립학교의 건물).
  ㉡ 공공용물(公共用物): 공중의 일반적 사용에 제공되는 물건으로서 반드시 국가·공공단체의 소유에 속하여야 하는 것은 아니고, 사권의 목적인 경우에도 가능하다(예 도로, 하천, 공원, 항만 등).
  ㉢ 금제물(禁制物): 법령의 규제에 의하여 거래가 금지되는 물건을 말하는데, 소유 또는 소지가 금지되는 것(예 아편, 아편흡식기구, 음란한 문서, 위조 내지 변조한 통화; 형법 제198조, 제234조, 제244조, 제207조 이하)과 거래가 금지 또는 제한되는 것(예 국보, 지정문화재: 문화재보호법) 등이 있다.
③ **구별실익**: 공용물과 공공용물은 「국유재산법」상의 행정재산을 구성하며, 공용폐지가 있기까지는 사적 거래가 허용되지 않는다는 점에 있다(국유재산법 제6조 제2항, 제11조).

(2) 분할 가능 여부에 따라 – 가분물·불가분물

① **가분물**이란 물건의 성질상 또는 현저하게 손상하지 않고도 분할할 수 있는 물건을 말하고(예 금전, 곡물, 토지 등), 불가분물이란 그렇지 못한 물건을 말한다(예 소, 말, 건물 등).
② **구별실익**: 공유물의 분할(제269조), 다수당사자의 채권관계(제408조 이하) 등이 있다.

(3) 당사자의 주관적 의사에 따라 – 특정물·불특정물

① **특정물**이란 당사자가 목적물을 '그 물건'으로 특정하여 다른 물건으로 바꾸지 못하게 한 물건을 말한다(예 금전을 골동품으로 거래할 때).
② 불특정물(종류물)이란 다른 물건으로 바꿀 수 있게 한 물건을 말한다(예 골동품을 대량으로 거래할 때).
③ **구별실익**: 채권의 목적물의 보관의무(제374조), 채무변제의 장소(제467조), 매도인의 담보책임(제570조) 등에 있다.

(4) 기타

① 다른 종류의 물건으로 교체급부의 가능 여부에 따라 – 대체물(금전)·부대체물(골동품·그림)
② 반복사용 가능 여부에 따라 – 소비물(쌀·석유)·비소비물(책·컴퓨터·토지·건물)

3. 민법상 분류

민법은 물건을 부동산과 동산(제99조), 주물과 종물(제100조), 원물(元物)과 과실(果實; 제101조, 제102조) 등으로 구분하여 규정하고 있다.

3 부동산과 동산

> **제99조 【부동산, 동산】** ① 토지 및 그 정착물은 부동산이다.
> ② 부동산 이외의 물건은 동산이다.

1. 부동산

토지와 그 정착물은 부동산이다(제99조 제1항).

(1) 토지

① 토지의 소유권은 정당한 이익이 있는 범위 내에서 토지의 상하에 미친다(제212조).
② 토지의 부착물이라도 정착물이 아니면 동산이다(예 가식 중의 수목, 판자집, 토지나 건물에 충분히 정착되어 있지 않은 기계, 공중전화함).
③ 토지 지하의 암석·토사·지하수 등은 토지의 구성부분이다. 따라서 토지의 소유권과 독립하여 다른 소유권의 대상이 될 수 없다.
④ 온천수는 토지의 구성부분으로서 독립된 거래의 객체로 할 수 없다(69다1239).
⑤ 도로는 사인의 소유의 객체가 될 수 있고, 저당권의 객체가 될 수 있다.
⑥ 토지의 지표에 인위적으로 선을 그어 구획하여 토지대장에 등록하고, 등록된 각 구역은 독립성을 가지며 지번으로 표시되고, 그 개수는 '필'로 계산된다.
⑦ 분필과 합필의 절차에 의하여 1필의 토지를 여러 개의 토지로 분할하거나, 또는 1개의 토지로 합병할 수도 있다. 1필 토지 일부는 분필 전에는 양도·담보물권의 설정이 불가능하나, 용익물권의 설정은 가능하고, 점유취득시효에 의한 시효취득도 가능하다(88다카9494).
⑧ 바다는 어업권 등의 대상이며, 사적 소유권의 대상이 아니다. 바다와 토지의 경계는 만조수위선을 기준으로 하며, 하천은 국가하천과 지방하천으로 구분된다.

(2) 토지의 정착물

① 토지의 정착물이란 토지에 고정적으로 부착되어 용이하게 이동될 수 없는 물건으로서 고정된 상태로 사용되는 것이 그 물건의 거래상의 성질로 인정되는 것을 말한다.

> **판례** 독립된 물건
>
> 임야에 있는 자연석을 조각하여 제작한 석불이라도 그 임야의 일부분을 구성하는 것이라고는 할 수 없고, 임야와 독립된 소유권의 대상이 된다(70다1494).

② 토지와는 독립된 부동산으로 다루어지는 토지의 정착물
  ㉠ 건물: 건물은 언제나 토지로부터 완전히 독립한 별개의 부동산으로서 토지에 부합하거나 부속되지 않는다.
    ⓐ 독립한 건물인지 여부를 판단함에 물리적 구조만을 표준으로 하여 획일적으로 이를 결정지을 수는 없는 것이지만 건물의 효용면에서 적어도 기둥과 지붕 그리고 주벽만이라도 이루어져야 된다.
    ⓑ 건물의 개수는 토지와 달리 공부상의 등록에 의하여 결정되는 것이 아니라 사회통념 또는 거래관념에 따라 물리적 구조, 거래 또는 이용의 목적물로서 관찰한 건물의 상태 등 객관적 사정과 건축한 자 또는 소유자의 의사 등 주관적 사정을 참작하여 결정된다.
    ⓒ 그러므로 2개의 건물이 될 수 있는 경우라도 그 건축주 또는 소유자의 의사에 의하여 하나의 건물로 할 수 있다.

> **판례** 토지와 독립된 물건
>
> ① 건축 중의 건물이 어느 정도에 이르렀을 때 이를 독립한 부동산으로 볼 것이냐 하는 문제는 반드시 그 물리적 구조만을 표준으로 하여 획일적으로 이를 결정지을 수는 없는 것이지만 건물의 효용면에서 적어도 기둥과 지붕 그리고 주벽만이라도 이루어져야 된다(94다53006).
> ② 사회통념상 독립한 건물이라고 볼 수 있는 미완성 건물을 인도받아 완공한 경우, 그 소유권의 원시취득자는 완공 건축주가 아닌 원래의 건축주이다(2002다21592).
> ③ 채무의 담보를 목적으로 토지매수인이 자기의 비용과 노력으로 신축한 건물의 건축허가 명의를 토지매도인 명의로 하고 소유권보존등기를 한 경우, 신축한 건물의 소유권은 토지매수인이 원시취득하고 토지매도인에게 양도담보를 설정한 것으로 된다(97다8601).
> ④ 공장 부지 내의 저유조(貯油槽)는 독립한 건물이다. 따라서 공장에 저당권을 설정하면서 위 저유조를 공장의 기계기구로 보아 그 목록에 기재하였다 하더라도 저당권의 효력은 저유조에는 미치지 않는다(90다카6160).
> ⑤ 건물의 개수는 토지와 달리 공부상의 등록에 의하여 결정되는 것이 아니라 사회통념 또는 거래관념에 따라 물리적 구조, 거래 또는 이용의 목적물로서 관찰한 건물의 상태 등 객관적 사정과 건축한 자 또는 소유자의 의사 등 주관적 사정을 참작하여 결정되는 것이다(96다36517).
> ⑥ 구분건물이 물리적으로 완성되기 전에도 건축허가신청이나 분양계약 등을 통하여 장래 신축되는 건물을 구분건물로 하겠다는 구분의사가 객관적으로 표시되면 구분행위의 존재를 인정할 수 있고, 이후 1동의 건물 및 구분행위에 상응하는 구분건물이 객관적·물리적으로 완성되면 아직 그 건물이 집합건축물대장에 등록되거나 구분건물로서 등기부에 등기되지 않았더라도 그 시점에서 구분소유가 성립한다. 특히 일반건물로 등기된 기존의 건물이 구분건물로 변경등기되기 전이라도, 위와 같은 요건들을 갖추면 구분소유권이 성립한다(2019두46763).

⑦ 4개의 나무기둥을 세우고 유지로 만든 지붕을 얹고 송판만 띄엄띄엄 가로질러 놓았을 뿐, 벽이라고 볼 만한 시설이 되어 있지 아니한 물건은 이를 쉽게 해체·이동할 수 있는 것이어서 이를 독립한 건물로 볼 수 없다(66다551).
⑧ 건물의 신축공사를 도급받은 수급인이 사회통념상 독립한 건물이라고 볼 수 없는 정착물을 토지에 설치한 상태에서 공사가 중단된 경우에 위 정착물은 토지의 부합물에 불과하여 이러한 정착물에 대하여 유치권을 행사할 수 없는 것이고, 또한 공사중단 시까지 발생한 공사금채권은 토지에 관하여 생긴 것이 아니므로 위 공사금채권에 기하여 토지에 대하여 유치권을 행사할 수도 없는 것이다(2007마98).

ⓛ 「입목에 관한 법률」에 의거 등기부를 갖춘 **입목**: 토지에 부착된 수목의 집단으로서 그 소유자가 「입목에 관한 법률」에 의하여 입목등기부에 소유권보존등기를 받은 것을 말한다. 입목의 소유자는 토지와 분리하여 입목을 양도하거나 저당권의 목적으로 할 수 있다.

ⓒ 명인방법을 갖춘 수목 또는 수목의 집단: 입목이 아닌 수목이나 수목의 집단에 대해서는 토지의 구성부분으로 되는 것이 원칙이나, 관습법상 인정되는 명인방법(표찰을 달거나 울타리로 분리하여 누구의 소유인지 구별한 경우)에 의해 공시방법을 갖추는 경우 토지와는 독립하여 거래의 객체로 할 수 있다. 단, 그것은 소유권과 양도담보의 객체는 될 수 있으나, 저당권 등 다른 권리의 목적으로 하지 못한다.

ⓔ **미분리의 과실**: 과수의 열매, 엽연초, 뽕잎 등의 미분리 과실은 수목의 일부이지만, 명인방법을 갖춘 때에 토지 또는 수목과 독립된 거래의 객체로 할 수 있다. 그 성질은 부동산으로 본다.

ⓜ 농작물
　ⓐ 토지에서 경작·재배되는 농작물(약초, 양파, 마늘, 고추 등)은 원래 토지의 정착물이며 토지의 일부이나, 다만 정당한 권원에 의하여 타인의 토지에서 경작·재배한 경우에는 토지로부터 독립한 별개의 부동산으로 취급된다.
　ⓑ 타인의 토지에 그 사용권 없이 농작물이 경작되어 수확기에 도달한 경우 그 농작물의 소유권은 경작자에게 있고 명인방법을 갖출 필요도 없다.
　ⓒ 농작물이 수확되지 아니한 상태에서 양도된 경우에는 매수인이 명인방법을 갖추어야 그 농작물의 소유권을 취득한다.

ⓗ **미채굴 광물**: 미채굴 광물은 국가의 행정적 처분(광업권 허가)에 의하여만 채굴이 가능하고, 토지소유자의 소유권은 이에 영향을 미치지 않는다.

| 판례 | 농작물에 대한 소유권 귀속 |

① 남의 땅에 권한 없이 경작·재배한 농작물의 소유권은 그 경작자에게 있고, 길이 4~5센티미터에 불과한 못자리도 농작물에 해당한다(68도906).
② '아무런 권한 없이 타인의 토지에서 경작·재배된 농작물'의 소유권은 그 농작물이 수확기에 있을 경우 언제나(그 경작자가 위법하게 토지소유나 점유자를 배제하여 경작한 경우에도) 그 경작자에게 있고 명인방법을 갖출 필요도 없다(68도906).
③ 쪽파와 같은 수확되지 아니한 농작물이 양도된 경우에 있어서는 명인방법을 갖추어야 매수인이 그 소유권을 취득한다(95도2754).

2. 동산

(1) 의의

① 부동산 이외의 물건은 모두 동산이다. 토지의 부착물 중 정착되지 않은 물건 등 부동산이 아닌 것이 동산이며, 따라서 전기 기타 관리할 수 있는 자연력 등도 모두 동산이다.
② 선박·자동차·항공기·건설기계 등은 동산이나, 특별법에 의해 등기가 가능하고 이에 따라 저당권 설정도 가능하다.
③ **무기명채권**(예 상품권·승차권·입장권 등)은 (구)민법에서는 동산으로 간주했으나, 현행 민법은 동산과 구별하여 권리로서 채권으로 본다.

(2) 특수한 동산 – 금전

① 금전 내지 화폐는 동산으로 분류되나, 물건이 가지는 개성을 갖고 있지 않고, 가치를 나타내는 표상이라는 점에서 다른 동산과는 다른 특수성이 인정된다. 그러므로 동산에 적용되는 규정이 적용되지 않는다. 따라서 금전은 특수한 취급을 하고 있다.
② **점유와 소유가 일치**
  ㉠ 금전은 언제나 점유와 소유가 일치한다. 점유가 곧 소유의 권원이 되므로 간접점유나 사용대차·임대차가 인정될 수 없고, 오직 소비대차의 목적이 될 수 있을 뿐이다.
  ㉡ 금전채무에 대하여 채권자가 물권적 반환청구권을 행사할 수 없다.
    ⓐ 타인의 점유에 돌아간 금전은 언제나 가액의 반환을 청구할 수 있는 채권적 반환청구권만이 인정될 뿐 물권적 반환청구권으로서 목적물반환청구권은 인정되지 않는다.
    ⓑ **선의취득상의 특칙**: 도품이나 유실물인 금전에 대해서도 물권적 반환청구권 등은 인정되지 않고(제250조 단서), 부당이득반환으로서 가치의 반환청구권을 행사하여야 한다.
③ **채무불이행상의 특칙**(제397조)
  ㉠ 금전채무는 그 특수성으로 인하여 채무의 불이행에 있어 이행지체만이 문제된다(이행불능, 불완전이행은 인정 안 됨).

ⓒ 금전채무를 불이행에 대한 손해배상액은 법정이율에 의한다. 다만, 법령에 의한 제한에 위반되지 아니하는 약정이율이 있으면 그 이율에 의한다.
ⓒ 금전채무 불이행에 대하여 채권자는 손해의 존재와 금액을 증명하지 않아도 된다.
ⓔ 채무자의 무과실의 항변금지: 채무자의 책임 없는 사유로 발생한 금전채무의 불이행의 경우에도 채무자는 그 귀책사유 없음을 항변하지 못한다.

▶ 동산과 부동산의 구별

분류	부동산	동산
종류	토지와 그 정착물	부동산 이외의 물건
물권의 성립	• 소유권, 점유권, 용익물권(지상권, 지역권, 전세권 등) • 담보물권 중 저당권, 유치권의 객체가 된다.	• 소유권, 점유권, • 담보물권 중 질권, 유치권 등의 객체가 된다.
공시방법	등기	점유, 인도(점유의 이전)
공신의 원칙	등기부의 공신력 부정	점유의 공신력 인정(선의취득)
취득시효	• 등기부 취득시효: 10년 • 점유취득시효: 20년	• 선의의 점유취득시효: 5년 • 점유취득시효: 10년
무주물 선점	무주(無主)의 부동산은 국유로 무주물(無主物) 선점(先占)도 인정되지 않는다.	무주의 동산은 선점자(先占者)가 소유권을 원시취득한다.
부합의 효과	부동산 소유자가 부합물의 소유권 취득	주된 물건의 소유자가 소유권을 취득하거나 공유관계 성립
환매기간	5년을 초과하지 못한다.	3년을 초과하지 못한다.
재판관할	부동산 소재지의 법원에 제기	규정 없음
강제집행	임의경매, 강제경매, 강제관리	압류 및 강제경매

개념적용 문제

동산과 부동산에 관한 설명으로 옳은 것은? (다툼이 있으면 판례에 따름) 제27회 기출

① 건물은 토지와 별개의 독립한 동산이며, 이는 민법이 명문으로 규정하고 있다.
② 지하에 매장되어 있는 미채굴 광물인 금(金)에는 토지의 소유권이 미치지 않는다.
③ 토지에 식재된 「입목에 관한 법률」상의 입목은 토지와 별개의 동산이다.
④ 지하수의 일종인 온천수는 토지와 별개의 부동산이다.
⑤ 토지는 질권의 객체가 될 수 있다.

해설 ① 민법에 명문의 규정은 없으나, 건물은 토지와 별개의 독립한 부동산이다.
③ 토지에 식재된 「입목에 관한 법률」상의 입목은 토지와 별개의 물건으로서 부동산이다.
④ 지하수의 일종인 온천수는 토지의 구성부분이고, 토지와 별개의 물건은 아니다.
⑤ 토지는 저당권의 객체가 될 수 있고, 질권의 객체는 아니다.

정답 ②

4 주물과 종물

> **제100조【주물, 종물】** ① 물건의 소유자가 그 물건의 상용(常用)에 공(供)하기 위하여 자기 소유인 다른 물건을 이에 부속하게 한 때에는 그 부속물은 종물이다.
> ② 종물은 주물의 처분에 따른다.

1. 의의

① **개념**: 물건의 소유자가 그 물건의 상용(常用−평소의 용도)에 공(供−이바지)하기 위하여 자기 소유인 다른 물건을 이에 부속하게 한 때에는 그 물건을 '주물'이라 하고, 주물에 부속된 다른 물건을 '종물'이라 한다(제100조 제1항).

② **주물·종물이론의 취지**: 두 개의 물건이 하나의 경제적 가치를 발휘하고 서로 경제적 운명을 같이할 때, 그들의 결합을 파괴함이 없이 사회경제상의 의의를 다하도록 그러한 물건들을 법률적으로 운명을 같이하도록 하는 데 있다.

2. 종물의 요건

(1) 주물의 '상용에 공'하는 것일 것

① 사회관념상 주된 물건의 경제적 효용을 높이기 위하여 계속적으로 이바지되어야 하는 관계가 있어야 한다(예 배와 노, 주택과 따로 된 광, 시계와 시곗줄, 가옥과 덧문, 농장과 농구소옥, 안채와 사랑채 등).

② 효용과 관련이 있더라도 일시적으로 제공되는 물건(공장의 기계를 가동하기 위한 석유)은 종물이 아니다.

③ 주물의 효용을 돕는 작용은 직접적이어야 하며, 상시 이용에 제공되고 있다 하더라도 주물의 소유자나 이용자의 상용에 공여되나, 주물 그 자체의 효용과 직접 관계가 없으면 종물이 아니다(예 가옥과 침구·책상, 호텔의 전화기, 침대, 텔레비전 등).

(2) 장소적으로도 밀접할 것(일시적 분리는 가능)

① 제100조 제1항의 '부속하게 한 때'의 의미는 주물에 부속시킨 것으로 인정할 만한 정도의 밀접한 장소적 관계가 있어야 한다.

② **일시적 분리는 가능**: 주유소의 주유기를 수리하기 위하여 수리업자에게 맡긴 경우에도 종물성이 상실되는 것은 아니다.

(3) 독립한 물건일 것

① 종물은 주물의 구성부분이 아니며 주물의 경제적 효용을 돕기 위하여 경제적으로 부착되어 있는 물건에 지나지 않으므로 법률상 독립한 물건이어야 하며 부동산·동산 모두 종물이 될 수 있다(예 주택에 딸린 광, 주유소의 주유기, 농장과 농구소옥 등).
② 주택을 위한 정화조는 그 주택의 구성부분이지 종물이 아니다.
③ 철도시설부지에 정착된 철도레일은 철도시설의 일부로서 종물이 아니다.
④ 건물은 언제나 토지와 별개의 물건으로서 독립된 부동산이지 토지의 종물이 아니다.

(4) 주물·종물 모두 동일한 소유자에게 속할 것

① 종물이 주물과 운명을 같이하게 되는 결과 제3자 소유에 속한 물건을 종물로 하는 경우 주물의 처분으로 제3자의 권리가 침해될 염려가 있기 때문에 원칙적으로 주물과 종물은 모두 동일한 소유자의 소유에 속할 것을 요한다.
② 즉, 종물은 물건의 소유자가 그 물건의 상용에 공하기 위하여 자기 소유인 다른 물건을 이에 부속하게 한 것을 말하므로(제100조 제1항) 주물과 다른 사람의 소유에 속하는 물건은 종물이 될 수 없다(2007다36933).
③ 다만, 제3자의 권리를 해하지 않는 범위(예 종물 소유자의 승낙을 얻어서 부속시킨 경우)에서는 물건 상호간의 경제적 효용을 중시하여 다른 소유자에 속하는 물건 사이에서도 예외적으로 주물·종물관계를 인정할 수는 있다.

3. 종물의 효과

(1) 종물은 주물의 처분에 따른다(제100조 제2항)

① 처분은 법률행위로서 물권적 처분과 채권적 처분을 모두 포함하는 넓은 의미로서, 결국 양자는 그 법률적 운명을 함께 한다는 뜻이다.
② 주물 위에 저당권이 설정된 경우에 그 저당권의 효력은 저당권 설정 당시의 종물뿐만 아니라, 저당권 설정 후에 부속된 종물에도 영향을 미친다.
③ 동산 질권의 성립에는 주물의 인도와 함께 종물도 인도가 되어야 종물에도 질권의 효력이 영향을 미친다.
④ 다만, 법률규정에 의한 권리의 변동(취득시효, 선의취득 등)에는 적용되지 않으므로,
⑤ 주물을 시효로써 취득하였다 하더라도 종물이 인도되지 않는 한 시효취득의 효과는 종물에는 영향을 미치지 않는다.

(2) 주물과 종물에 관한 민법 제100조 제2항은 강행규정은 아니므로 당사자의 특약으로 배제가 가능하다. 그러므로 당사자간의 합의로 주물만을 처분하거나 종물만의 처분도 가능하다.

4. 종물이론의 확장 – 권리 상호간에 종물이론의 적용

(1) 주물과 종물에 관한 민법 제100조는 권리 상호간에도 적용된다.

(2) 민법 제100조의 적용 사례
① 건물에 설정된 저당권의 효력은 그 건물의 종물 및 부합물에 영향을 미친다.
② 타인의 토지 위의 건물에 저당권을 설정한 경우 그 저당권의 효력은 그 건물소유를 목적으로 하는 토지에 대한 권리인 지상권 또는 임차권에도 미친다.
③ 기존건물에 대한 근저당권은 부합된 증축 부분에도 효력이 미치는 것이므로 기존건물에 대한 경매절차에서 경매목적물로 평가되지 아니하였다고 할지라도 경락인은 부합된 증축 부분의 소유권을 취득한다.

(3) 원본채권이 양도된 경우, 원본채권에 대한 이자채권
① **원본채권의 변제기 도래 전**: 원본채권이 변제기에 이르지 않는 경우, 이자채권은 원칙적으로 원본채권에 대하여 종속성이 있다.
② **원본채권의 변제기 도래 후**: 이미 변제기에 도달한 이자채권은 원본채권과 분리하여 양도할 수 있고 원본채권과 별도로 변제할 수 있으며 시효로 인하여 소멸되기도 하는 등 어느 정도 독립성을 갖게 되는 것이므로, 원본채권이 양도된 경우 이미 변제기에 도달한 이자채권은 원본채권의 양도 당시 그 이자채권도 양도한다는 의사표시가 없는 한 당연히 양도되지는 않는다(88다카12803).

참고	주물과 종물에 관한 판례
학설	배와 노, 시계와 시계줄, 가옥과 덧문, 안채와 사랑채, 논에 설치한 양수기, 농장과 농구소가옥, 자물쇠와 열쇠 등
판례	낡은 가재도구 등의 보관장소로 이용되는 방, 연탄창고, 공동변소 등은 본체에서 떨어져 축조되어 있어도 본체의 종물이다(91다2779).
	주유소의 주유기는 주유소건물의 종물이다(단, 유류저장탱크는 토지의 부합물이다)(94다6345).
	백화점 지하에 설치된 전화교환설비는 백화점건물의 종물이다(92다43142).
	횟집으로 사용할 점포건물에 신축한 수족관은 점포건물의 종물이다(92도3234).

> **판례** 주물과 종물
>
> ① 주택을 위한 정화조는 당해 대지에 설치된 것이든, 다른 대지에 설치된 것이든 불문하고 그 주택의 구성부분이다(93다42399).
> ② 철도시설부지에 정착된 철도레일은 사회관념상 그 부지에 계속적으로 고착되어 있는 상태에서 사용되는 시설의 일부로서 종물이 아니다(72마741).
> ③ 저당권의 효력이 저당부동산에 부합된 물건과 종물에 미친다는 민법 제358조 본문을 유추하여 보면 건물에 대한 저당권의 효력은 그 건물에 종된 권리인 건물의 소유를 목적으로 하는 지상권에도 미치게 되므로, 건물에 대한 저당권이 실행되어 경락인이 그 건물의 소유권을 취득하였다면 경락 후 건물을 철거한다는 등의 매각조건에서 경매되었다는 등 특별한 사정이 없는 한, 경락인은 건물 소유를 위한 지상권도 민법 제187조의 규정에 따라 등기 없이 당연히 취득한다(95다52864).
> ④ 건물의 소유를 목적으로 하여 토지를 임차한 사람이 그 토지 위에 소유하는 건물에 저당권을 설정한 때에는 민법 제358조 본문에 따라서 저당권의 효력이 건물뿐만 아니라 건물의 소유를 목적으로 한 토지의 임차권에도 미친다고 보아야 할 것이므로, 건물에 대한 저당권이 실행되어 경락인이 건물의 소유권을 취득한 때에는 특별한 다른 사정이 없는 한 건물의 소유를 목적으로 한 토지의 임차권도 건물의 소유권과 함께 경락인에게 이전된다(92다24950).
> ⑤ 저당권은 법률에 특별한 규정이 있거나 설정행위에 다른 약정이 있는 경우를 제외하고 그 저당 부동산에 부합된 물건과 종물 이외에까지 그 효력이 미치는 것이 아니므로, 토지에 대한 경매절차에서 그 지상건물을 토지의 부합물 내지 종물로 보아 경매법원에서 저당 토지와 함께 경매를 진행하고 경락허가를 하였다고 하여 그 건물의 소유권에 변동이 초래될 수 없다(97다10314).
> ⑥ 건물의 증축 부분이 기존건물에 부합하여 기존건물과 분리하여서는 별개의 독립물로서의 효용을 갖지 못하는 이상 기존건물에 대한 근저당권은 민법 제358조에 의하여 부합된 증축 부분에도 효력이 미치는 것이므로 기존건물에 대한 경매절차에서 경매목적물로 평가되지 아니하였다고 할지라도 경락인은 부합된 증축 부분의 소유권을 취득한다(2000다63110).
> ⑦ 타인의 토지에 있는 건물에 대한 저당권 실행으로 경락인이 토지의 임차권을 취득하였다 하더라도 토지의 임대인에 대한 관계에서는 그의 동의가 없는 한 경락인은 그 임차권의 취득을 대항할 수 없다고 할 것인바, 민법 제622조 제1항은 건물의 소유를 목적으로 한 토지임대차는 이를 등기하지 아니한 경우에도 임차인이 그 지상건물을 등기한 때에는 토지에 관하여 권리를 취득한 제3자에 대하여 임대차의 효력을 주장할 수 있음을 규정한 취지임에 불과할 뿐, 건물의 소유권과 함께 건물의 소유를 목적으로 한 토지의 임차권을 취득한 사람이 토지의 임대인에 대한 관계에서 그의 동의가 없이도 임차권의 취득을 대항할 수 있는 것까지 규정한 것이라고는 볼 수 없다(92다24950).

5 원물과 과실

> **제101조 【천연과실, 법정과실】** ① 물건의 용법에 의하여 수취하는 산출물은 천연과실이다.
> ② 물건의 사용대가로 받는 금전 기타의 물건은 법정과실로 한다.
>
> **제102조 【과실의 취득】** ① 천연과실은 그 원물로부터 분리하는 때에 이를 수취할 권리자에게 속한다.
> ② 법정과실은 수취할 권리의 존속기간일수의 비율로 취득한다.

1. 의의

물건으로부터 생기는 경제적 수익을 과실이라 하고, 과실을 생기게 하는 물건을 원물이라 한다. 민법상 원물과 과실은 모두 물건이어야 한다. 따라서 권리에 대한 과실(주식배당금·특허권 사용료 등)이나 임금과 같은 근로의 대가, 원물의 사용대가로 노무를 제공받는 것, 매매대금 등은 민법상 과실로 취급되지 않는다.

2. 천연과실

(1) 의의

① **천연과실**이란 "물건의 '용법'에 의하여 수취하는 산출물"을 말한다. '물건의 용법에 의하여'란 원물의 경제적 용도·사명에 따라서 수취되는 것을 의미하고, '산출물'이란 자연적·유기적으로 생산되는 물건(예 열매·우유·가축의 새끼·양모)과 인공적·무기적으로 생산되는 것(예 석재·토사·광물 등)도 포함한다.
② 천연과실은 분리 전에는 원물의 구성부분일 뿐이나, 분리와 더불어 독립한 물건이 된다.

(2) 천연과실의 귀속

① **입법주의**
  ㉠ 우리 민법은 원물주의(분리주의)를 취하고 있다.
  ㉡ 다만, 판례에서는 농작물은 비록 남의 땅에서 위법하게 경작한 것이라도 수확기의 농작물은 경작자의 소유로 돌아간다고 판시하고 있는데, 이는 게르만법의 생산주의에 따른 것으로 볼 수 있다.
② **천연과실 취득권자**: 천연과실은 원물로부터 분리되는 때에 수취할 권리자(제102조 제1항)에게 속한다.
  ㉠ 원물의 소유자는 천연과실을 수취하여 취득할 수 있으나, 원물에 대한 사용수익권자가 있거나, 선의의 점유자가 있는 경우 그 자들이 과실의 수취권이 있고 그 수취한 과실에 취득권이 있다.
  ㉡ 선의의 점유자(제201조)·지상권자(제279조)·전세권자(제303조)·사용차주(제609조)·임차인(제618조)·양도담보설정자·저당권설정자·친권자(제923조)·수유자(제1079조) 등도 과실의 수취권이 있고 그 수취한 과실을 취득한다.
  ㉢ 매매계약 후 목적물 인도 전(대금완납 전)에는 매도인(제587조)이 과실의 취득권이 있다.
  ㉣ 매도인의 귀책사유로 목적물이 인도되지 않고, 매수인도 이를 이유로 대금을 지급하지 않고 있는 경우, 그 목적물로부터 생긴 과실은 매도인에게 속한다.

③ **천연과실의 취득권이 없는 자**: 악의의 점유자, 잔금 지급 전의 매수인, 지상권설정자, 전세권설정자, 임대인, 수치인, 양도담보권자, 유치물의 소유자로서 채무자, 유증자, 미성년자, 사용대주 등
④ 천연과실 귀속에 관한 민법 제102조의 규정은 임의규정이다.

> **판례** 과실수취권
>
> ① 돼지를 양도담보의 목적물로 하여 소유권을 양도하되 점유개정의 방법으로 양도담보설정자가 계속 점유·관리하면서 무상으로 사용·수익하기로 약정한 경우, 다른 특별한 약정이 없는 한 그 천연과실의 수취권은 원물인 돼지의 사용·수익권을 가지는 양도담보설정자에게 귀속한다(96다25463).
> ② 돈사에서 대량으로 사육되는 돼지를 집합물에 대한 양도담보의 목적물로 삼은 경우, 그 천연과실의 수취권은 양도담보설정자에게 있다(2004다22858).
> ③ 민법 규정에 의거 선의의 점유자는 점유물의 과실을 취득한다고 규정하고 있는바, 건물을 사용함으로써 얻는 이득은 그 건물의 과실에 준하는 것이므로, 선의의 점유자는 비록 법률상 원인 없이 타인의 건물을 점유·사용하고 이로 말미암아 그에게 손해를 입혔다고 하더라도 그 점유·사용으로 인한 이득을 반환할 의무는 없다(95다44290).
> ④ 매수인이 명도소송제기의 방편으로 매매목적 부동산에 대하여 미리 소유권이전등기를 받았다 하더라도 아직 매매대금을 완급하지 아니한 이상 이 부동산으로부터 발생하는 과실의 수취권은 매도인에게 귀속한다. 따라서 목적 부동산을 제3자가 점유하고 있는 경우에 임료 상당의 부당이득반환청구권은 매도인에게 귀속된다(91다32527).
> ⑤ 매매목적물이 인도되지 아니하고 또한 매수인이 대금을 완제하지 아니한 때에는 매도인의 이행지체가 있더라도 과실은 매도인에게 귀속되는 것이므로 매수인은 인도의무의 지체로 인한 손해배상금의 지급을 구할 수 없다(2004다8210).

3. 법정과실

(1) 의의

① 법정과실은 물건의 사용대가로 받는 금전 기타의 물건을 말한다. 예를 들면 차임, 지료, 이자, 사용료, 소작료 등이다. 다만, 지연이자는 손해배상의 성격(87다카1409)으로서 이에 해당하지 않는다.
② 원물과 과실은 모두 물건이어야 하므로 노동의 대가(임금), 권리사용의 대가(주식배당금, 특허권사용료 등 이른바 권리과실), 국립공원의 입장료 등은 법정과실이 아니다.

(2) 법정과실의 귀속

① 법정과실은 수취할 권리의 존속기간일수의 비율로 취득한다(제102조 제2항).
② 이 또한 임의규정이므로 당사자 합의로 달리 정할 수 있다.

(3) 사용이익

① 사용이익이란 원물 그 자체의 사용에 의한 이익을 말하며(예 토지 또는 건물의 사용에 따른 이익), 그 실질이 과실과 다르지 않으므로 과실에 준하는 것으로 해석한다.

② 건물을 사용함으로써 얻은 이득은 그 건물의 과실에 준하는 것이므로, 선의의 점유자가 비록 법률상 원인 없이 타인의 건물을 점유·사용하고 이로 말미암아 그에게 손해를 입혔다고 하더라도 그 점유·사용으로 인한 이득은 부당이득이 아니므로 그 이익을 반환할 의무가 없다.

4. 유치권자·질권자 및 저당권자의 과실수취

(1) 유치권자 및 질권자

① 과실을 수취할 권리자란 원칙적으로 과실의 소유권을 취득할 수 있는 권리자를 말하지만(예 원물의 소유자 또는 원물의 용익권능자), 원물로부터 과실을 분리하여 소지하면서 일정한 법적 권리를 행사할 수 있는 권한(유치권자, 질권자, 압류 후 저당권자 등)을 가진 자도 포함된다.

② 유치권자·질권자 등은 수취한 과실을 당연히 취득하는 것이 아니고, 과실이 원물의 소유자에게 귀속된다는 전제하에 원물을 점유하고 있는 기간 동안 수취한 과실로서 원물소유자의 채무변제에 충당할 수 있다.

(2) 저당권자

① 저당권자는 저당물에 대한 과실의 수취권이 없다.

② **압류 후 저당권자**: 저당권의 효력은 저당부동산에 대한 압류가 있은 후에 저당권설정자가 그 부동산으로부터 수취한 과실 또는 수취할 수 있는 과실에 미친다. 그러나 저당권자가 그 부동산에 대한 소유권, 지상권 또는 전세권을 취득한 제3자에 대하여는 압류한 사실을 통지한 후가 아니면 이로써 대항하지 못한다(제359조).

> **참고** 민법상 과실
>
> 1. 민법은 물건의 과실을 인정할 뿐이고, 권리의 과실이란 관념은 인정하지 않는다.
> 2. 노동의 대가(임금), 권리사용의 대가(주식배당금, 특허권사용료), 지연이자(손해배상) 등은 법정과실이 아니다.
> 3. 국립공원의 입장료는 토지의 사용대가라는 민법상 과실이 아니라 수익자 부담의 원칙에 따라 국립공원의 유지·관리비용의 일부를 국립공원 입장객에게 부담시키고자 하는 최소한의 비용으로서 토지의 소유권이나 그에 기한 과실수취권과는 아무런 관련이 없다.

개념적용 문제

주물과 종물, 원물과 과실에 관한 설명으로 옳지 않은 것은? (다툼이 있으면 판례에 따름)

제22회 기출

① 주물과 다른 사람의 소유에 속하는 물건은 원칙적으로 종물이 될 수 없다.
② 유치권자는 금전을 유치물의 과실로 수취한 경우, 이를 피담보채권의 변제에 충당할 수 있다.
③ 종물을 주물의 처분에 따르도록 한 법리는 권리 상호간에는 적용되지 않는다.
④ 매수인이 매매대금을 모두 지급하였다면 특별한 사정이 없는 한, 그 이후의 과실수취권은 매수인에게 귀속된다.
⑤ 주물 소유자의 사용에 공여되고 있더라도 주물 그 자체의 효용과 직접 관계가 없는 물건은 종물이 아니다.

해설 종물을 주물의 처분에 따르도록 한 법리는 권리 상호간에도 적용한다. 그래서 타인의 토지 위의 건물에 저당권 또는 전세권이 설정된 경우 그 효력은 그 건물소유를 목적으로 하는 토지에 대한 임차권 또는 지상권에 미친다.

정답 ③

CHAPTER 03 OX문제로 완벽 복습

01 유동집합물도 수량이나 장소의 지정방법 등으로 그 범위를 특정할 수 있다면 거래의 객체가 될 수 있으므로 이에 양도담보도 설정할 수 있다. (O | X)

02 특정물과 불특정물은 당사자의 주관적 의사에 따른 구분이다. (O | X)

03 수목이 입목등기나 명인방법을 갖추지 아니한 경우 토지의 종물로서 이를 식재한 자가 독립적으로 거래할 수 있다. (O | X)

04 독립된 구조와 형태를 갖춘 미완성 건물은 언제나 토지와 별개의 부동산으로서 신축한 자가 원시적으로 소유권을 취득한다. (O | X)

05 금전은 동산이지만 언제나 그 소유와 점유가 일치하여 물권적 반환청구권을 행사할 수 없고 채권적 가치의 반환만을 청구할 수 있다. (O | X)

06 상품권, 입장권, 승차권은 동산이 아니다. (O | X)

07 백화점 건물에 설치된 임차인 소유의 전화교환설비는 백화점 건물의 종물이 아니다. (O | X)

08 타인의 토지 위의 건물에 저당권을 설정한 경우 그 저당권의 효력은 건물소유를 목적으로 하는 토지에 대한 권리인 지상권이나 임차권에도 미친다. (O | X)

09 토지의 일부에 저당권은 설정할 수 없으나, 지상권은 설정할 수 있다. (O | X)

10 원물사용의 대가로 받는 금전이나 권리는 법정과실의 일종이다. (O | X)

정답

01 O **02** O **03** X(명인방법이나 입목등기를 갖추지 않은 수목은 토지의 부합물로서 구성부분에 해당하므로 이를 식재한 사람은 소유권을 주장할 수 없다) **04** O **05** O **06** O(이는 무기명채권에 해당하고 동산이 아니다) **07** O(백화점 건물에 설치된 전화교환설비가 임차인이 설치한 것이라면 원칙적으로 종물이 아니다) **08** O(종물은 주물의 처분에 따른다. 이는 권리 상호간에도 동일하게 적용된다) **09** O **10** X(원물과 과실은 모두 물건이어야 하므로 원물사용의 대가로 받을 수 있는 권리·주식의 배당금은 과실이 아니다)

PART 3
권리의 변동

CHAPTER 01 권리변동 서설
CHAPTER 02 법률행위 일반
CHAPTER 03 의사표시
CHAPTER 04 법률행위의 대리
CHAPTER 05 법률행위의 무효와 취소
CHAPTER 06 조건과 기한
CHAPTER 07 기간과 소멸시효

최근 5개년
평균 출제문항 수 **12.6개**

최근 5개년
평균 출제비중 **31.5%**

PART 3 합격전략

민법 총칙의 출제범위가 60%로 하향조정되면서 권리변동 서설은 2~3년에 1문항 정도로 빈도가 많이 줄었으며, 그 외 법률행위의 일반과 대리, 기간과 소멸시효에서는 각각 2~3문항씩, 의사표시, 법률행위의 무효와 취소, 조건과 기한에서는 각각 1문항 이상 빠짐없이 골고루 출제되고 있습니다. 권리의 변동을 포함한 민법 총칙은 민법 전체를 총괄하는 만큼 매우 추상적이고 포괄적이므로 사례와 연관시켜 이해 위주로 학습하시는 것을 추천합니다.

CHAPTER 01 권리변동 서설

회독체크 1 2 3

CHAPTER 미리보기

학습전략

❶ 2~3년에 1문항 정도 출제됩니다.
❷ 권리의 변동 중 원시취득과 승계취득을 중심으로 권리 내용의 변경과 개념을 연결하는 문제가 주로 출제됩니다. 일정부분은 확실하게 암기해 두어야 합니다.

학습키워드

- 권리변동의 모습
- 권리의 발생
- 원시취득
- 승계취득
- 권리의 변경
- 권리의 소멸
- 법률사실
- 법률요건

제1절 권리변동의 의의

사람의 사회생활관계가 변화함에 따라 법률관계도 변동하게 되고 이를 권리를 중심으로 보면 권리가 변동하는 모습으로 나타나게 된다. 권리의 변동이란 권리의 발생, 변경, 소멸을 총칭하는 말이다.

제2절 권리변동의 모습과 원인

1 권리변동의 모습

1. 권리의 득실변경

권리의 발생과 소멸은 권리주체를 중심으로 말한다면 권리의 취득과 상실이 된다. 따라서 권리의 변동을 '권리의 득실변경(得失變更)'이라고도 한다.

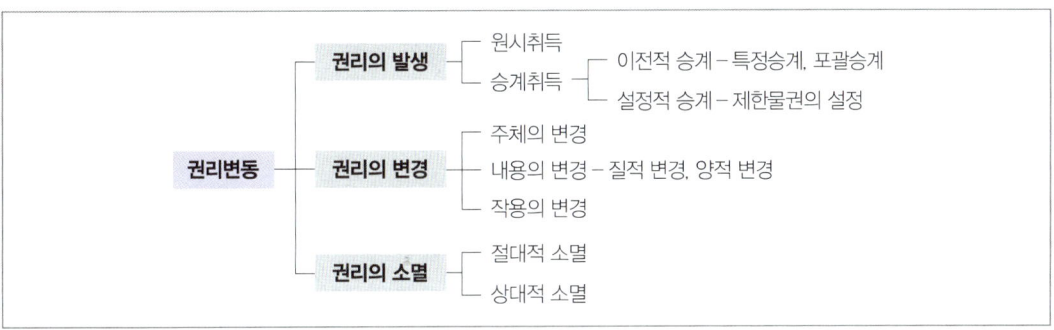

2. 권리변동의 구체적 모습

(1) 권리의 발생

① **원시취득**(절대적 발생)
   ㉠ 원시취득이라 함은 권리가 타인의 권리에 기초함이 없이 특정인에게 새로 발생하는 것을 말하며, 내용에 있어서는 종전에 없었던 권리가 새로 발생하는 것을 의미한다.
   ㉡ 예를 들면, 신축건물의 소유권취득, 취득시효(90다16283), 선의취득(제249조), 무주물선점(제252조)·유실물 습득(제253조)·매장물 발견, 첨부(부합·혼화·가공), 인격권과 가족권의 취득, 매매로 인한 채권취득 등이 이에 해당한다.

② **승계취득**(상대적 발생)
   ㉠ 승계취득이란 타인이 가지고 있던 기존의 권리가 승계되는 것을 말한다. 이러한 승계취득은 이전적 승계와 설정적 승계로 나뉜다.

- ⓒ **이전적 승계**: 전주(前主)가 가지고 있던 권리를 그대로 취득하는 것으로서 이는 다시 특정승계와 포괄승계로 나뉜다.
    - ⓐ **특정승계**란 개별적 권리취득원인에 의하여 개개의 권리를 취득하는 경우로서 매매, 증여, 사인증여, 교환 등이 이에 해당한다.
    - ⓑ **포괄승계**란 하나의 원인에 의해 다수의 권리를 일괄적으로 취득하는 경우로서 상속, 포괄유증, 회사합병 등이 이에 해당한다.
- ⓒ **설정적 승계**: 전주의 권리내용의 일부만을 취득하는 것으로서 제한물권(지상권·지역권·전세권)의 설정에 의한 취득이 이에 해당한다.
    - ● 단, 제한물권자가 자신의 제한물권을 제3자에게 양도함에 의한 승계는 이전적 승계로 볼 수 있다.

(2) 권리의 변경

권리가 그 동일성을 잃지 않고서 권리의 주체·내용·작용(효력)이 변하는 것을 말한다.

① **주체의 변경**: 주체의 변경은 타면에서 보면 권리의 승계이다. 매매에 의한 소유자의 변경이나 공유물분할에 의하여 권리주체의 수가 변경되는 것이 이에 속한다.

② **내용의 변경**: 내용의 변경은 질적 변경과 양적 변경으로 나뉜다.
- ㉠ **질적 변경**: 물건의 인도를 목적으로 하는 급부청구권이 이행불능으로 손해배상청구권으로 변하거나, 선택채권의 선택(제380조 이하), 물상대위(제342조, 제370조), 대물변제(제466조) 등
- ㉡ **양적 변경**: 권리의 내용이 양적으로 변경되는 것. 예를 들면, 권리의 객체가 첨부(제256조 이하)에 의하여 증가하거나, 제한물권의 설정에 의한 소유권의 내용의 감소, 또는 제한물권의 소멸에 의한 소유권의 완전한 상태로의 회복 등

③ **작용의 변경**: 권리의 효력이 변경하는 것. 예를 들면, 저당권의 순위가 승진하거나, 부동산임차권의 등기(제621조 제2항)로 인한 대항력의 발생 등이 이에 속한다.

(3) 권리의 소멸

① **절대적 소멸**: 절대적 소멸이란 권리 자체가 절대적으로 소멸하여 없어지는 경우로서 목적물의 멸실에 의한 권리의 소멸, 소멸시효, 권리의 포기, 변제에 의한 권리의 소멸 등이 이에 해당한다.

② **상대적 소멸**: 상대적 소멸이란 권리 자체는 소멸하지 않고 권리의 주체만이 변경되는 것을 말한다. 예를 들면, 권리의 이전적 승계를 전주(前主)의 입장에서 본 것에 불과하다. 따라서 이전적 승계와 주체의 변경 및 상대적 소멸은 모두 관점만 다를 뿐, 같은 현상을 지칭하는 것이다.

> **참고** 목적물의 멸실로 인하여 물권이 절대적으로 소멸하는 것은 아니다
>
> 목적물이 멸실한다고 하여 모든 물권이 절대적으로 소멸하는 것은 아니다. 왜냐하면 질권과 저당권은 물상대위성이 있으므로, 목적물이 멸실하더라도 소멸하지 않고 그 가치변형물 위에 권리의 동일성을 유지하면서 그 효력이 영향을 미치기 때문이다.

2 권리변동의 원인(법률요건)

1. 서설

① 권리의 변동이란 권리의 발생·변경·소멸을 의미하며 이러한 권리의 변동은 일정한 원인에 의하여 발생하는데, 이러한 권리변동의 원인을 법률요건이라 한다.
② **법률요건**은 여러 가지의 구성요소를 가지고 있는데, 그 구성요소를 **법률사실**이라고 한다.
③ 법률사실이란 법률요건을 이루는 구체적이면서 세부적인 사실을 말하고, 이러한 법률사실에 의하여 법률요건이 구성되면 그 결과로서 법률효과가 발생하며, 이러한 법률효과는 결국 권리의 발생·변경·소멸로서 나타난다.

> **참고** 법률관계
>
> 1. 甲이 자신의 소유 토지에 대하여 乙과 매매계약을 체결한다면, 먼저 甲은 자신의 토지를 "10억원에 팔겠다."라는 청약의 의사표시를 하고 이에 대하여 乙은 "10억원에 사겠다."라는 승낙의 의사표시를 한다.
> 2. 이렇게 청약과 승낙의 의사표시가 합치하면 甲과 乙 사이에는 매매라는 계약이 성립하고, 매매계약이 성립하는 경우 甲은 乙에게 토지소유권이전의무를 지고 乙은 甲에게 대금지급의무를 진다.
> 3. 여기서 청약과 승낙의 의사표시는 법률사실에 해당하고, 매매계약은 법률요건에 해당하며, 토지소유권이전청구권과 대금지급청구권은 법률효과에 해당한다.

2. 법률사실의 분류

▶ **법률사실의 개관**

용태	외부적 용태	적법 행위	법률행위	의사표시 1개	상대방 있는 단독행위	동의·철회·취소·해제·해지·면제·대리권 수여·추인·상계
					상대방 없는 단독행위	유언·유증·재단법인설립·소유권·점유권·상속권 등의 포기
				2개		계약
				2개 ↑		합동행위: 사단법인의 설립
			준법률 행위	표현 행위	의사의 통지	~최고·~거절
					관념의 통지	승인·표시·통지·보고
					감정의 표시	용서
				사실행위 (비표현 행위)	순수 사실행위	매장물 발견·주소의 설정·가공·물건의 발명
					혼합 사실행위	유실물습득·사무관리·부부의 동거·채무 변제·무주물 선점·물건의 인도
		위법 행위	채무불이행·불법행위			
	내부적 용태	관념적 용태	선의·악의·~신뢰			
		의사적 용태	소유의 의사			
사건	人(출생·사망), 物(발생·소멸), 時(시효완성·제척기간경과), 기타(부당이득·과실의 분리·혼동)					

판례	준법률행위에 법률행위에 관한 규정의 유추적용

준법률행위 중 의사의 통지나 관념의 통지에 대해 대리(법률행위·의사표시)에 관한 규정이 유추적용된다(95다40977).

3. 법률요건

(1) 법률요건은 법률행위와 법률행위 이외의 원인(법률규정)으로 나뉜다. 법률행위에 의한 권리의 변동은 당사자가 의욕한 대로 법률효과가 발생하지만, 법률행위 이외의 원인에 의한 권리변동은 당사자의 의사와 무관하게 법률규정에 의해 법률효과가 발생한다는 것이 가장 큰 차이점이다.

(2) 법률요건의 종류

① **법률행위**: 당사자가 의욕한 대로 법률효과가 발생하는 법률요건으로서 하나 이상의 의사표시를 필수불가결의 요소로 하고 있다(예 단독행위·계약·합동행위와 의무부담행위·처분행위 등).

> **개념적용 문제**

권리의 원시취득에 해당하는 것을 모두 고른 것은? (다툼이 있으면 판례에 따름)

제26회 기출

> ㉠ 유실물을 습득하여 적법하게 소유권을 취득한 경우
> ㉡ 금원을 대여하면서 채무자 소유의 건물에 저당권을 설정받은 경우
> ㉢ 점유취득시효가 완성되어 점유자 명의로 소유권이전등기가 마쳐진 경우

① ㉠　　　　　　　　　　　　　　② ㉡
③ ㉠, ㉡　　　　　　　　　　　　④ ㉠, ㉢
⑤ ㉡, ㉢

해설　㉠ 유실물을 습득하여 적법하게 소유권을 취득한 경우 – 원시취득
　　　　㉢ 점유취득시효가 완성되어 점유자 명의로 소유권이전등기가 마쳐진 경우 – 원시취득
　　　　㉡ 금원을 대여하면서 채무자 소유의 건물에 저당권을 설정받은 경우 – 승계취득 중 설정적 승계

정답 ④

② **법률행위 이외의 원인**(법률규정): 당사자의 의사와는 관계없이 법률에 정해진 효과가 법률에 정해진 요건을 갖출 때 발생하는 것들로서, 예를 들면 준법률행위, 사무관리, 부당이득, 불법행위 등이 있다.

▶ **기타 법률요건**

준법률행위 (점유·최고 등)	• 제192조: 물건을 사실상 지배(점유)하는 자는 점유권이 있다. • 제131조: 대리권 없는 자가 타인의 대리인으로 계약을 한 경우에 상대방은 상당한 기간을 정하여 본인에게 그 추인 여부의 확답을 최고할 수 있다. 본인이 그 기간 내에 확답을 발하지 아니한 때에는 추인을 거절한 것으로 본다.
부당이득	제741조: 법률상 원인 없이 타인의 재산 또는 노무로 인하여 이익을 얻고 이로 인하여 타인에게 손해를 가한 자는 그 이익을 반환하여야 한다.
불법행위	제750조: 고의 또는 과실로 인한 위법행위로 타인에게 손해를 가한 자는 그 손해를 배상할 책임이 있다.
사무관리	• 제734조 제1항: 의무 없이 타인을 위하여 사무를 관리하는 자는 그 사무의 성질에 좇아 가장 본인에게 이익되는 방법으로 이를 관리하여야 한다. • 제739조 제1항: 관리자가 본인을 위하여 필요비 또는 유익비를 지출한 때에는 본인에 대하여 그 상환을 청구할 수 있다.
시효(時效)	제245조 제1항: 20년간 소유의 의사로 평온·공연하게 부동산을 점유하는 자는 등기함으로써 그 소유권을 취득한다(점유취득시효).

CHAPTER 02 법률행위 일반

회독체크 1 2 3

CHAPTER 미리보기

학습전략

❶ 약 2~3문항 정도가 출제됩니다.
❷ 법률행위의 분류, 채권행위와 처분행위의 구별, 권리변동의 모습, 법률요건과 법률사실의 비교, 반사회적 행위의 유형 등이 주로 출제됩니다.

학습키워드

- 법률행위의 분류
- 의무부담행위
- 채권행위와 처분행위
- 법률행위의 요건
- 법률행위의 목적

- 목적의 사회적 타당성
- 반사회적 법률행위
- 불공정한 법률행위
- 법률행위의 해석

제1절 총설

1 법률행위의 개념

1. 법률행위의 의의

① **법률행위**는 일정한 법률효과(권리의 변동)를 목적으로 하는 하나 또는 수개의 의사표시(법률사실)를 필수불가결의 요소로 하는 법률요건이다.
② 법률행위는 행위자가 의욕하는 대로 사법상의 효과가 발생하므로 사적 자치를 실현하는 가장 중요한 법률상의 수단이다.

2. 법률행위 자유의 원칙 – 사적 자치의 원칙

① 근대 민법의 기본원칙 중 하나인 사적 자치의 원칙은 사인 간의 법률관계는 각 개인의 의사에 따라 자유로이 형성할 수 있다는 원칙이다.
② 개인 간의 법률관계는 주로 법률행위, 그중에서도 계약을 통해 대부분 이루어지고 있으므로 법률행위자유의 원칙을 계약자유의 원칙이라고 부르기도 한다. 계약자유의 원칙은 계약체결의 자유, 상대방 선택의 자유, 내용결정의 자유, 방식의 자유 네 가지로 이루어져 있다.

2 법률행위의 분류

1. 의사표시의 수와 방향에 따른 분류

법률행위는 그 법률행위를 구성하는 의사표시의 수와 방향에 따라 단독행위, 계약, 합동행위로 나눌 수 있다.

(1) 단독행위(일방행위)

① **의의**: 단독행위란 하나의 의사표시(일방적 의사표시)만으로 성립하는 법률행위를 말한다. 단독행위는 상대방 없는 단독행위와 상대방 있는 단독행위로 나눌 수 있다.
  ㉠ **상대방 없는 단독행위**: 의사표시가 완성된 때 또는 법률규정이 정한 때 효력이 발생하는 것으로서 유언(유증), 재단법인설립행위, 소유권과 점유권의 포기, 상속의 승인·포기 등
  ㉡ **상대방 있는 단독행위**: 의사표시가 상대방에게 도달해야 효력이 발생하는 것으로서 동의, 철회, 취소, 해제, 해지, 채무면제(채권의 포기), 상계, 추인, 제한물권의 포기, 수권행위, 공유지분의 포기(2015다52978), 법인의 이사를 사임하는 행위(2004다10909) 등

② **단독행위의 특수한 법리**
　㉠ 단독행위의 법정주의(法定主義): 단독행위는 원칙적으로 법률규정이 있는 경우에만 할 수 있다. 따라서 당사자의 약정에 의해 새로운 단독행위를 창설하는 것은 허용되지 않는다.
　㉡ 단독행위와 조건 및 기한: 단독행위는 일방적 의사표시에 의해 법률관계가 변동하므로 원칙적으로 조건과 기한을 붙일 수 없다.
　㉢ 단독행위에 관한 계약규정의 유추적용: 단독행위의 무권대리(제136조)와 같이 민법이 계약규정의 준용에 관하여 명문의 규정을 두고 있는 경우를 제외하고는 계약체결에 관한 의사표시의 규정은 단독행위에 관하여 유추적용할 수 없다.

(2) 계약(쌍방행위)

① 계약이란 서로 대립하는 두 개 이상의 의사표시의 합치(예 청약과 승낙의 합치)로써 성립하는 법률행위를 말한다. 의사표시가 2개 이상인 점에서 1개의 의사표시로 구성되는 단독행위와 다르고, 의사표시의 방향이 서로 대립적·교환적이라는 점에서 그 방향이 평행적·구심적인 합동행위와 다르다.

② **광의의 계약과 협의의 계약**
　㉠ 광의의 계약에는 채권계약(매매, 임대차 등), 물권계약(지상권설정계약, 저당권설정계약 등), 준물권계약(채권양도 등), 가족법상의 계약(혼인, 이혼 등)이 포함된다.
　㉡ 협의의 계약은 채권계약만을 의미하며, 일반적으로 계약이라고 함은 협의의 계약인 채권적 계약을 의미한다.

참고 │ 민법상의 전형계약

재산을 목적으로 하는 계약	재산권의 이전을 목적으로 하는 계약	무상으로 양도 ⇨ 증여	
		유상으로 양도	반대급부가 금전 ⇨ 매매
			반대급부가 금전 이외의 것 ⇨ 교환
	물건의 이용을 목적으로 하는 계약	동종·동량·동질의 물건으로 반환 ⇨ 소비대차	
		인도받은 물건 자체를 반환	무상 ⇨ 사용대차
			유상 ⇨ 임대차
노무를 목적으로 하는 계약	종속적 노무를 제공하는 계약 ⇨ 고용		
	비종속적 노무를 제공하는 계약	일의 완성을 목적 ⇨ 도급	
		광고에 정한 행위를 완료하는 것을 목적 ⇨ 현상광고	
		일정한 사무처리를 목적 ⇨ 위임	
		물건의 보관을 목적 ⇨ 임치	
기타의 계약	공동사업의 목적달성 ⇨ 조합		
	특정인의 사망 시까지 정기적으로 금전 기타 물건의 급부를 목적으로 약정 ⇨ 종신정기금		
	당사자 사이의 분쟁을 상호간 양보로써 해결 목적 ⇨ 화해		
	여행객의 권리보호를 위한 목적 ⇨ 여행계약		

(3) 합동행위

① 합동행위란 방향을 같이하는 두 개 이상의 의사표시의 합치로써 성립하는 법률행위를 말한다. 합동행위의 예를 들면, 사단법인 설립행위와 공유자 전원에 의한 공유물의 포기를 들 수 있다.

② 합동행위의 개념인정 여부에 대해 인정설(다수설)과 부정설이 대립하나, 양설 모두 제108조와 제124조의 적용을 부정하므로 견해대립의 실익은 없다.

2. 의무부담행위(채권행위)와 처분행위(물권행위 · 준물권행위 · 형성권의 행사)

법률행위가 있은 후에도 그 효과의 발생을 위한 별도의 이행의 의무를 남기느냐, 그렇지 않느냐에 따른 분류이다.

(1) 의무부담행위

① 의무부담행위란 당사자에게 일정한 급부의무의 발생을 목적으로 하는 법률행위를 말한다.

② **채권행위**

㉠ 채권행위가 전형적인 의무부담행위로서 채권행위에 의하여 당사자는 일정한 의무를 부담하게 되므로 후에 반드시 이행의 문제를 남긴다.

㉡ 따라서 채권행위만을 원인으로 하여 직접 물권변동이 일어나지 않는다.

㉢ 채권행위는 처분행위와 달리 행위자에게 처분권한이나 처분능력이 요구되지도 않는다.

㉣ 따라서 처분권한 없는 자가 채권행위를 했을 경우 그 행위는 유효한 행위가 된다(타인권리의 매매, 타인물건에 대한 임대차).

(2) 처분행위

① 처분행위란 직접적으로 현존하는 권리의 발생 · 변경 · 소멸을 가져오는 법률행위로서, 그 자체가 이행행위이므로 더 이상 이행의 문제를 남기지 않는다.

② **처분행위의 유형**

㉠ **물권행위**: 물권행위란 물권변동(발생 · 변경 · 소멸)을 목적으로 하는 법률행위를 말한다(예 소유권의 이전, 지상권 · 저당권 등 제한물권의 설정 등).

㉡ **준물권행위**: 물권 이외의 재산권의 종국적 변동을 목적으로 하는 법률행위로서 이행의 문제가 남지 않는 처분행위를 말한다(예 채권양도, 채무인수, 지식재산권의 양도 등).

㉢ **형성권의 행사**: 취소권, 해제권, 해지권 등 형성권의 행사도 그 결과가 권리변동의 원인이 될 수 있고, 특히 형성권 중 채무면제나 상계 등은 처분행위에 해당한다.

> **참고** 의무부담행위와 처분행위
>
> ① 2018. 6. 1. 甲(매도인)과 乙(매수인)이 매매계약을 체결하고 乙이 甲에게 계약금 지급
> ② 2018. 7. 1. 乙이 甲에게 중도금 지급
> ③ 2018. 8. 1. 乙의 잔금지급과 동시이행으로 甲이 乙에게 등기서류를 교부하여 乙 앞으로 소유권이전등기가 경료된 사안에서 ①의 법률행위가 의무부담행위로서 채권행위이고, ③에 해당하는 법률행위가 처분행위로서 물권행위이다.

ⓔ 처분권한 없는 자(무권리자)의 처분행위

ⓐ 물권행위와 준물권행위와 같은 처분행위에 있어서는 그 처분이 유효하기 위해서는 처분행위자에게 처분권한과 처분능력이 있어야 하며, 물권의 경우 공시방법을 갖추어야 한다.

ⓑ 따라서 처분권한 없는 자(무권리자)의 처분행위는 원칙적으로 무효이다.

ⓒ 다만, 동산의 경우에는 선의취득의 요건을 갖추면 무권리자의 처분행위가 예외적으로 유효로 될 수는 있다(제249조).

ⓓ 무권리자의 처분행위에 대한 본인의 추인이 가능한지에 관하여, 판례는 기본적으로 무권대리의 소급적 추인규정을 유추적용하여 그 효력을 인정한다.

> **판례** 무권리자의 처분행위에 대한 권리자의 추인
>
> ① 타인의 권리를 자기의 이름으로 처분하거나 또는 자기의 권리로 처분한 경우에 본인이 후일 그 처분행위를 인정하면 특단의 사유가 없는 한 그 처분행위의 효력이 본인에게 미친다(87다카2238).
> ② 무권리자가 타인의 권리를 자기의 이름으로 또는 자기의 권리로 처분한 경우에, 권리자는 후일 이를 추인함으로써 그 처분행위를 인정할 수 있고, 특별한 사정이 없는 한 이로써 권리자 본인에게 위 처분행위의 효력이 발생함은 사적 자치의 원칙에 비추어 당연하고, 이 경우 추인은 명시적으로뿐만 아니라 묵시적인 방법으로도 가능하며 그 의사표시는 무권대리인이나 그 상대방 어느 쪽에 하여도 무방하다(2001다44291).

3. 기타 분류

(1) 유상행위, 무상행위

① 대가를 받고 급부를 하는 행위를 유상행위라 하고, 대가 없이 급부를 하는 행위를 무상행위라 한다.

② 유상행위와 무상행위 등은 특히 계약을 통해 이루어지는 경우가 대부분이다. 유상계약 내지 무상계약의 결과로서 이루어지는 급부가 유상행위 내지 무상행위인 것이다.

③ 매매, 교환, 임대차, 고용, 도급 등은 유상행위이다. 무상행위의 대표적인 예를 들면 증여, 사용대차를 들 수 있다.
④ 유상행위에는 매매에 관한 규정이 전반적으로 준용된다(제567조).
⑤ **유상계약과 쌍무계약**
  ㉠ 유상계약과 쌍무계약은 구별된다.
  ㉡ 유상계약이란 계약의 전 과정을 통해 양(兩) 당사자 사이에 출연이 있는 경우를 말하고, 쌍무계약이란 양(兩) 당사자가 서로 대가적 의미의 채무를 부담하는 계약으로서 그 양(兩) 채무가 서로 견련성(牽連性)을 가지는 경우를 말한다.
  ㉢ 따라서 쌍무계약은 모두 유상계약에 해당하지만, 유상계약이 모두 쌍무계약에 해당하는 것은 아니다. 예를 들면, 현상광고는 유상계약이지만, 광고자의 채무와 응모자의 채무가 견련성이 없으므로 편무계약이다.

(2) 재산적 출연(出捐)의 유무에 따라 - 출연행위와 비출연행위

① 출연이란 자기의 재산을 감소시키고 타인의 재산을 증가하게 하는 것을 말한다.
② 출연자의 출연(出捐)만큼 상대방의 재산의 증가된 경우 이를 출연행위라 하고, 이외의 행위는 모두 비출연행위이다.

(3) 신탁행위

① **민법상의 신탁행위**
  ㉠ 민법상의 신탁행위란 신탁자가 일정한 경제적 목적을 달성하기 위하여 수탁자에게 특정한 권리를 이전하고, 수탁자는 이전받은 모든 권리를 행사하는 것이 아니라 경제적 목적을 달성하기 위한 범위 내에서만 권리를 행사하는 법률관계를 말한다.
  ㉡ 이처럼 신탁행위는 선택된 법률행위와 신탁행위에 의하여 달성하려는 경제적 목적이 다른 행위로서 이에는 추심을 위한 채권양도, 명의신탁 등이 있다.
  ㉢ 소유권의 신탁행위로 인하여 대내적 소유권은 신탁자가 보유하고, 대외적 소유권은 수탁자가 보유하게 된다.

② **「신탁법」상의 신탁행위**
  ㉠ 「신탁법」상의 신탁행위는 위탁자가 신탁계약에 의해 특정의 재산권을 수탁자에게 이전하고 수탁자로 하여금 자기 또는 제3자를 위하여 그 재산권을 관리·처분하도록 하는 법률관계를 말한다.
  ㉡ 「신탁법」상의 신탁행위에서는 대내적·대외적 소유권이 모두 수탁자에게 이전하고, 위탁자는 이익교부의 채권만 가질 뿐이다.

(4) 유인행위, 무인행위

① 어떤 법률행위의 효력이 그 원인된 법률행위의 존부의 유무에 의하여 영향을 받는 법률행위를 유인행위(有因行爲)라 하고, 그렇지 않은 경우를 무인행위(無因行爲)라고 한다. 유인행위에 있어서는 출연의 법적 원인이 법률상 존재하지 않으면(원인행위가 무효이거나 취소된 경우) 그 출연행위는 효력이 생기지 않는다. 무인행위에 있어서는 원인이 존재하지 않더라도 그 출연행위는 그대로 유효하다.

② **수권행위의 유인성·무인성**: 수권행위(授權行爲)가 그 원인이 되는 기초적 행위와 별개의 법률행위라고 한다면 수권행위가 유인행위인가 무인행위인가가 문제된다. 예를 들면, 기초적 법률관계인 위임·고용·도급·조합계약 등이 무효·취소·해제 등으로 실효하면 그 영향으로 수권행위도 실효하느냐 하는 것이다. 학설은 유인설과 무인설이 대립하고 있다.

③ **물권행위의 유인성·무인성**: 물권행위는 일반적으로 채권행위를 원인으로 하여 그 이행행위로서 행하여진다. 이 경우에 원인행위인 채권행위가 무효·취소·해제 등으로 실효되면 물권행위의 효력은 어떻게 되는가가 다투어지고 있다. 판례는 유인성을 취함에 반하여, 학설은 무인성을 취하는 입장이 다수설이다.

④ **어음행위**(수표행위)**의 무인성**: 어음행위가 무인행위라는 데는 이론이 없다. 예를 들면, 매매대금의 지급을 위하여 어음을 발행한 경우에는 매매가 무효이거나 취소되어 대금채무가 존재하지 않게 되더라도 상대방은 어음을 유효하게 취득하고, 다만 부당이득의 반환의무를 질 뿐이다.

(5) 생전행위, 사후(사인)행위

이는 효력발생시기에 의한 구별이다. 행위자의 사망으로 법률행위의 효력이 발생하는 법률행위를 사후행위라 하고, 그 이외의 것을 생전행위라고 한다. 사후행위로는 유언, 사인증여 등이 있다.

(6) 요식행위, 불요식행위

① **요식행위**: 요식행위는 서면·증서·공증인의 공증·관청에의 신고 또는 검인 등 일정한 방식에 따라야 효과가 발생하는 법률행위를 말한다. 예를 들면, 법인의 설립행위, 보증, 유언, 어음·수표행위, 인지, 입양 등이 있다.

② **불요식행위**: 불요식행위는 법정의 방식을 요하지 아니하는 법률행위를 말한다. 법률행위는 법률행위자유의 원칙상 특정한 방식을 요하지 않는 불요식행위를 원칙으로 한다(방식의 자유 명시·묵시 모두 가능). 불요식행위도 당사자간의 특약으로 요식행위로 할 수 있다.

> **개념적용 문제**

묵시적 의사표시에 의해서도 그 효력이 발생하는 것을 모두 고른 것은? (다툼이 있으면 판례에 따름)
제22회 기출

㉠ 임대차계약에 대한 합의해지의 의사표시
㉡ 법률행위에 조건을 붙이는 의사표시
㉢ 무효인 법률행위를 추인하는 의사표시
㉣ 소멸시효의 진행을 중단시키는 승인의 의사표시

① ㉠
② ㉠, ㉣
③ ㉡, ㉢
④ ㉡, ㉢, ㉣
⑤ ㉠, ㉡, ㉢, ㉣

해설 재산상 법률행위는 계약자유의 원칙상 불요식행위로서 그 방식의 자유가 인정되므로 ㉠, ㉡, ㉢, ㉣ 모두 명시·묵시, 구두·서면 모두 자유롭게 가능하다.

정답 ⑤

(7) 독립행위, 보조행위

법률행위가 직접 실질적인 권리관계의 변동을 가져오는 경우를 독립행위라 하고, 이러한 독립행위의 효과를 단순히 보충하거나 확정하는 역할을 하는 법률행위를 보조행위라고 한다. 보조행위에는 동의, 허가, 추인, 대리권의 수여 등이 있다.

(8) 주된 행위, 종된 행위

① 법률행위가 성립하기 위하여 다른 법률행위의 존재를 필요로 하는 법률행위를 종된 행위라 하고, 그 전제가 되는 법률행위를 주된 행위라 한다.
② 담보계약(저당권설정계약, 보증계약)은 금전소비대차계약의 종된 행위이고, 계약금계약은 매매계약의 종된 행위이며, 보증금계약은 임대차계약의 종된 행위이고, 부부재산계약은 혼인계약의 종된 행위이다.
③ 종물은 주물의 처분에 따른다는 민법 제100조 제2항을 유추적용하여, 종된 행위는 주된 행위에 대해 부종성이 있다. 즉, 주된 행위가 성립하여야 종된 행위도 성립하며, 주된 행위가 무효·취소로 소멸하는 경우 종된 행위도 같이 소멸한다.

> **개념적용 문제**
>
> 상대방 없는 단독행위에 해당하는 것을 모두 고른 것은? (다툼이 있으면 판례에 따름)
>
> 제27회 기출
>
> ㉠ 1인의 설립자에 의한 재단법인 설립행위
> ㉡ 공유지분의 포기
> ㉢ 법인의 이사를 사임하는 행위
> ㉣ 계약의 해지
>
> ① ㉠
> ② ㉠, ㉡
> ③ ㉢, ㉣
> ④ ㉠, ㉡, ㉢
> ⑤ ㉡, ㉢, ㉣
>
> **해설** 유언, 유증, 재단법인의 설립행위, 소유권·점유권의 포기는 상대방 없는 단독행위에 해당한다.
> ㉡ 공유지분의 포기(2015다52978), ㉢ 법인의 이사를 사임하는 행위(2004다10909), ㉣ 계약의 해지는 모두 상대방 있는 단독행위에 해당한다.
>
> **정답** ①

제2절 법률행위의 요건

1 서설

① 법률행위가 효력을 발생하기 위해서는 우선 성립요건을 갖추고 나서 효력(유효)요건을 갖추어야 한다. 성립요건이란 어떤 법률행위가 법률행위로서 인정받기 위한 최소한의 외형적 요건을 말하고, 효력요건이란 일단 성립한 법률행위가 그 내용대로 효력을 발생하기 위하여 필요한 요건이다.

② 성립요건을 흠결하게 되면 그 법률행위는 불성립(부존재)이므로, 그 해석 자체가 불가능하여 유효·무효 여부를 따져볼 필요가 없다. 그리고 일단 성립한 법률행위가 효력요건을 흠결하게 되면 원칙적으로 무효(또는 취소)가 된다. 따라서 개념상 법률행위의 불성립과 무효는 구별된다.

③ 성립요건은 법률행위의 효과를 주장하는 자가 그 입증책임을 부담하고, 효력요건의 부존재는 법률행위의 무효를 주장하는 당사자가 그 입증책임을 부담한다.

2 법률행위의 요건

1. 성립요건

(1) 일반적 성립요건

일반적 성립요건은 모든 법률행위에 공통적으로 요구되는 요건으로
① 당사자
② 법률행위의 목적
③ 의사표시가 있어야 한다.

(2) 특별성립요건

① 특별성립요건은 법률행위가 성립하기 위하여 일반적 성립요건 이외에도 법률규정에 의해 특별히 요구되는 요건을 말한다.
② 요식행위(법인설립행위, 유언, 혼인, 이혼, 인지, 입양) 시 법에서 요구하는 방식 또는 신고
③ **요물계약**에 있어서의 물건의 인도 또는 지정행위의 완료 또한 법률행위의 특별성립요건에 해당한다. 예를 들면,
　㉠ 계약금계약 시 계약금의 급부
　㉡ 대물변제 시 물건의 급부
　㉢ 질권설정 계약 시 질물의 인도
　㉣ **현상광고**에 있어 지정행위의 완료(현상물의 제공) 등이 그 예가 될 수 있다.
④ 일반적 성립요건을 갖추고 특별성립요건을 갖추지 못하였다면 이는 법률행위의 불성립(부존재)으로서 불능 또는 법률행위의 유효·무효의 문제는 발생하지 않는다.

2. 효력요건(유효요건, 효력발생요건)

(1) 일반적 효력요건

모든 법률행위에 공통적으로 요구되는 효력발생요건으로서
① 당사자는 능력(권리능력, 의사능력, 행위능력)이 있어야 하고,
② 법률행위의 목적이 확정, 가능, 적법, 사회적 타당성이 있어야 하며,
③ 의사표시에 있어서 의사와 표시가 일치하고 하자가 없어야 한다.

(2) 특별효력요건

① 특별효력요건은 법률행위가 효력을 발생하기 위하여 법률규정 또는 당사자의 특약에 의해 특별히 요구되는 요건을 말한다. 예를 들면, 대리에 있어서의 대리권의 존재, 조건부·기한부 법률행위에 있어서의 조건의 성취·기한의 도래, 유언에 있어서의 유언자의 사망, 토지거래허가구역 내의 토지매매계약에 있어서 관할관청의 허가 등이 이에 해당한다.

② 특별효력발생요건을 갖추지 못한 법률행위는 그 효력이 발생하지 않는다.

제3절 법률행위의 목적

1 서설

① 법률행위의 목적(내용)이란 법률행위를 하는 자가 그 법률행위에 의해 발생시키려고 하는 법률효과를 말한다. 법률행위는 의사표시를 불가결의 요소로 하므로, 법률행위의 목적은 결국 의사표시의 내용에 의하여 결정된다.
② 법률행위의 목적은 법률행위의 목적물(객체)과 구별하여야 한다.
  ㉠ 매매의 목적은 매수인의 소유권취득과 매도인의 매매대금취득이다.
  ㉡ 법률행위의 목적은 있어도 법률행위의 목적물은 존재하지 않는 경우가 있다(예 고용계약 등).
③ 법률행위가 효력이 발생하기 위해서는 법률행위의 목적이 확정성, 가능성, 적법성, 사회적 타당성이 있어야 한다. 이 중 어느 하나라도 흠결된 경우 그 법률행위는 무효로 된다.

2 목적의 확정성

① 법률행위가 유효하기 위해서는 법률행위의 목적을 확정할 수 있어야 한다.
② 그러나 법률행위 성립 당시에 목적이 꼭 확정되어 있어야만 하는 것은 아니다. 성립 당시에 확정되어 있으면 가장 좋겠지만, 법률행위 시 확정되어 있지 않다 하더라도 그 목적이 실현되는 시점(계약의 이행기)까지 확정할 수 있으면 충분하므로 성립 시에는 확정할 수 있는 절차와 표준만 정해져 있으면 족하다.
③ 이러한 법률행위의 목적을 확정하는 작업이 법률행위의 해석인 것이다.
④ 따라서 법률행위의 해석을 통해서도 목적을 확정할 수 없는 법률행위는 무효이다.

> **판례** 법률행위 목적의 확정
> 매매계약은 매도인이 재산권을 이전하는 것과 매수인이 대가로서 대금을 지급하는 것에 관하여 쌍방당사자의 합의가 이루어짐으로써 성립하는 것이며, 그 경우 매매목적물과 대금은 반드시 계약체결 당시에 구체적으로 특정할 필요는 없고, 이를 사후에라도 구체적으로 특정할 수 있는 방법과 기준이 정하여져 있으면 족하다(92다49447).

3 목적의 가능성

1. 의의

법률행위의 목적은 실현(이행)이 가능한 것이어야 한다. 따라서 법률행위의 성립 당시에 그 법률행위의 목적이 실현 불가능한 것이라면 그 법률행위에 효과를 부여할 수 없기 때문에 절대적으로 무효가 된다.

2. 가능·불능의 표준

(1) 판단기준

① 법률행위의 목적의 가능·불능의 판단표준은 그 시대의 사회관념(社會觀念)에 의하여 결정된다.
② 따라서 물리적으로는 실현이 가능하더라도 사회관념상으로 실현 불능이면 이는 불능으로 본다(예 한강에 빠진 반지를 찾아내는 계약).
③ 그리고 불능은 영구적·확정적인 것만을 의미하고 일시적인 불능은 불능이 아니다.

(2) 판단시기

법률행위의 목적이 실현 가능인지 또는 불능인지 여부의 판단은 이행기를 기준으로 판단하지만, 원시적 불능과 후발적 불능의 여부는 법률행위 성립 당시를 기준으로 판단한다.

3. 불능의 종류

민법에서는 불능에 관하여 원시적 불능과 후발적 불능(제535조, 제390조) 및 전부불능과 일부불능(제137조)만 규정하고 있다. 그러나 그 외에도 해석상 여러 가지 유형으로 분류하고 있다.

(1) 원시적 불능과 후발적 불능

① **구별기준**
  ㉠ 법률행위 성립 당시를 기준으로, 법률행위 성립 이전에 이미 그 법률행위의 목적의 실현(이행)이 불가능한 것으로 확정되어 있는 경우를 원시적 불능이라 한다.
  ㉡ 법률행위 성립 당시에는 법률행위 목적의 이행이 가능하였지만, 법률행위가 성립한 후에 그 이행이 불가능하게 된 경우를 후발적 불능이라고 한다.
  ㉢ 예를 들면, 이미 소실된 건물에 대한 매매계약을 체결한 경우라면 원시적 불능이고, 매매계약 체결 후 이행 전에 건물이 소실된 경우라면 후발적 불능의 예이다.

② **불능의 효과**

　㉠ 원시적 불능을 목적으로 하는 법률행위는 무효이지만, 계약체결상의 과실책임의 문제가 발생하여 채무자가 그 불능을 알았거나 또는 알 수 있었을 때에는 그 선의·무과실의 상대방이 계약의 유효를 믿었기 때문에 지출한 손해(신뢰이익)를 배상하여야 한다(제535조 참조). 단, 원시적 일부불능의 경우에는 일부무효의 법리(제137조)에 따라 매도인의 담보책임(제574조)이 발생할 수 있다.

　㉡ 후발적 불능이 발생한 경우 법률행위 자체는 유효이나, 그 불능이 채무자의 책임 있는 사유로 인하여 발생한 것이면 채무불이행(이행불능)으로 인한 계약해제(제546조) 및 손해배상(제390조)의 문제가 발생하고, 채무자의 귀책사유가 없는 때에는 그것이 쌍무계약이면 위험부담(제537조, 제538조)이 문제된다.

> **판례** 원시적 불능
>
> ① 일반적으로는 농지(農地)의 매매 시 농지취득자격증명은 농지를 취득하는 자가 그 소유권에 관한 등기를 신청할 때에 첨부하여야 할 서류로서, 농지를 취득하는 자에게 농지취득의 자격이 있다는 것을 증명하는 것일 뿐 농지취득의 원인이 되는 법률행위(채권계약)의 효력을 발생시키는 요건은 아니라고 할 것이다(2005다59871).
> ② 의약품을 제조하는 회사이기 때문에 농지를 취득할 수 없어서 농지매매증명(농지취득자격증명)을 발급받을 수 없는 상태인데도 농지매매계약을 체결한 경우 그 계약은 원시적 불능으로서 채권계약(매매계약)도 무효라고 아니할 수 없다(94다18232).

(2) 전부불능과 일부불능

① 매매목적물인 가옥이 전소(全燒)한 경우처럼 법률행위의 목적의 전부가 불능인 경우를 전부불능이라 하고, 그 일부만이 소실(燒失)되어 그 부분의 이행이 불가능한 경우를 일부불능이라 한다.

② 전부불능이면 법률행위 전체에 대하여 원시적 불능·후발적 불능에 의한 법률효과가 발생한다. 일부불능이면 일부무효의 법리(제137조)에 따라 해결하여야 한다.

(3) 객관적 불능과 주관적 불능

① 누구도 법률행위의 목적을 실현할 수 없는 것이 객관적 불능이고(예 주택에 대해 매매계약을 체결하였는데 그 주택이 이미 멸실한 때), 당해 채무자만이 실현할 수 없는 것이 주관적 불능이다(예 타인의 주택에 대한 매매에서처럼 매매 당시에 그 주택이 매도인의 소유에 속하지 않은 경우).

② 원시적·객관적 전부불능인 법률행위만을 무효로 한다. 주관적 불능의 경우에는 이행기까지 그 이행이 가능한 이상 그 매매는 유효하고, 다만 그 이행을 못한 때에는 매매에 따른 담보책임(제570조)이 발생할 뿐이다.

(4) 항구적 불능과 일시적 불능

① 불능이 시간적 연속 여부에 따라 잠정적 불능을 일시적 불능이라 하고, 계속적·영속적인 불능을 항구적 불능이라 한다.
② 일시적 불능은 무효가 아니고, 항구적 불능만이 무효가 된다.

(5) 법률적 불능과 물리적 불능

① 물리적 불능은 자연적·물리적인 이유에 의한 불능이다. 예를 들면, 매매목적물이 소실되어 존재하지 않거나 채권양도의 목적인 채권이 변제로 이미 소멸한 경우 등이 이에 속한다.
② 물리적 불능을 목적으로 하는 법률행위는 당연히 그 목적의 불능이 된다.
③ 이에 반하여 법률적 불능은 물리적으로는 가능하다 하더라도 법률이 금지하고 있거나 또는 법률상 이행하지 못할 사유가 존재하는 경우를 말한다.
④ 예를 들면, 범죄행위를 내용으로 하는 법률행위는 법이 금지하는 경우이고, 동산에 대하여 저당권을 설정하는 것은 기타 법적 장애사유가 존재하는 경우가 된다. 이와 같은 양자의 구별은 특별한 실익이 없다.

4 목적의 적법성

1. 서설

① 사법상의 법률효과를 중심으로 하여 민사관계 법규는 강행법규와 임의법규로 구별되는데, 이 중 '사적 자치(私的自治)', 즉 '법률행위의 자유'가 허용되는 영역은 임의법규에 국한된다.
② 강행법규에 있어서는 사적 자치가 허용되지 않으며 그에 위반하는 내용의 법률행위는 무효이므로 "법률행위의 목적이 적법하다."라는 것은 "강행법규에 반하지 않는다."라는 의미이다.

2. 강행법규(강행규정)

> **제105조【임의규정】** 법률행위의 당사자가 법령 중의 선량한 풍속 기타 사회질서에 관계없는 규정과 다른 의사를 표시한 때에는 그 의사에 의한다.

(1) 강행법규와 임의법규

① 민법에서의 강행법규(강행규정)란 법령 중의 선량한 풍속 기타 사회질서와 관계있는 규정(제105조 반대해석)으로서 법률행위 당사자의 합의에 의하여 배제하거나 변경할 수 없는 법규이다.

② 임의법규(임의규정)는 선량한 풍속 기타 사회질서에 관계없는 규정으로서 법률행위 당사자 사이의 합의에 의해서 배제하거나 변경할 수 있는 법규이다.

> **참고** 강행규정과 임의규정의 특성
>
> 1. 어떤 규정이 강행규정인 경우 당사자는 이에 반하는 특약을 맺어 그 적용을 배제할 수 없다. 따라서 강행규정과 다른 내용의 특약은 무효이다.
> 2. 어떤 규정이 임의규정인 경우에는 당사자는 이에 반하는 특약을 맺어 그 적용을 배제할 수 있다. 따라서 임의규정과 다른 내용의 특약은 유효하다.

(2) 민법상 강행규정에 속하는 예

① 권리능력, 행위능력, 법인제도, 소멸시효제도에 관한 규정
② 대부분의 물권법 규정[상린관계(判)와 유치권에 관한 민법 규정은 임의규정임]
③ 경제적 약자 보호규정, 거래안전 보호규정
④ 가족관계의 기본질서 유지에 관한 규정 등이 있다.

(3) 강행법규의 유형: 강행법규는 **단속법규**(단속규정)와 **효력법규**(효력규정)로 나뉜다.

① **효력규정**: 효력규정은 행정상의 단속은 물론이고 그에 위반하는 사법상의 법률행위의 효력도 무효로 하는 규정을 말한다.

㉠ 법률이 특히 엄격한 기준을 정하여 일정한 자격을 갖춘 자(의사, 약사, 전당포주, 광업권자)에게만 일정한 영업을 하도록 허용하는 경우 그 명의대여를 금지하는 규정, 이 경우에는 명의대여가 법적으로 금지되므로 명의를 대여한 경우 관련규정에 의해 행정상의 제재를 받을 뿐만 아니라, 사법상의 행위에 해당하는 명의대여에 대한 대가를 지불하기로 한 계약도 무효이므로 명의대여자는 그 대가의 지급을 청구할 수 없다. 그러나 명의차용자가 이미 제3자와 거래행위를 한 경우 그 거래행위는 유효하다.

㉡ 토지거래허가구역 내의 토지에 대한 투기적 거래를 방지하기 위한 토지거래허가규정(96다3982)

㉢ 「공인중개사법」[(구)부동산중개업법]의 중개수수료 제한 규정의 한도액을 초과하는 수수료의 급부 약정 중 그 한도액을 초과하는 부분은 무효(2000다54406)이다.

㉣ 증권회사 또는 그 임·직원의 부당권유행위를 금지하는 「증권거래법」 관련규정(94다38199)

㉤ 「변호사법」상의 변호사 이외의 자의 법률사무위임금지규정

㉥ 「(구)임대주택법」상 임대의무기간 경과 전에 임대주택을 매각하는 행위(2005다11046)

> **판례** 효력규정
>
> 「임대주택법」 제12조에 위반하여 임대의무기간 경과 전에 임대주택을 매각하는 것은 국민주거생활의 안정을 도모하기 위하여 임대주택건설에 대한 각종 지원을 규정한 「임대주택법」의 입법취지를 근본적으로 훼손하는 행위로서 사법상으로도 무효라고 보아야 한다(2005다11046).

② **단속규정**: 단속규정이란 행정목적을 달성하기 위하여 일정한 행위를 제한 또는 금지하여 이에 위반한 행위에 대하여 처벌은 하지만 그 사법상 효력까지 무효로 하지는 않는 규정을 말한다.
  ㉠ 무허가·무신고·무검사 영업을 금지하는 규정, 대표적으로 무허가 음식점의 음식물 판매행위가 이에 해당한다. 이 경우에는 허가를 받지 않고 영업을 하였기 때문에 「식품위생법」에 의해 행정상의 제재를 받지만, 사법상의 행위에 해당하는 음식물판매행위는 유효하므로 음식점 주인은 음식물에 대한 대금의 지급을 청구할 수 있다.
  ㉡ 중간생략등기를 금지하는 「부동산등기 특별조치법」의 규정(92다39112)
  ㉢ 「주택법」[(구)주택건설촉진법]상의 국민주택의 전매금지규정(91다21992)
  ㉣ 증권거래 시 투자일임매매를 제한하는 「증권거래법」 관련규정(2001다49128)
  ㉤ 신용협동조합의 업무범위를 조합원으로부터의 예탁금, 적금의 수납 등에 한정하고 있는 「(구)신용협동조합법」 관련규정(2001다18940)
  ㉥ 동일인에 대한 대출액 한도를 규정한 「(구)상호신용금고법」 관련규정(96다18076)

3. 탈법행위

(1) 의의

① 탈법행위란 강행법규의 간접적 위반, 즉 강행법규를 정면으로 위반하지는 않았지만 다른 회피수단을 통해 강행법규가 금지하는 결과를 간접적·우회적으로 실현하는 것을 말한다.
② 예를 들면, 공무원의 연금수급권은 원칙적으로 사적 담보제공이 불가능하나(공무원연금법 제39조), 채권자에게 연금증서를 교부하면서 연금추심의 대리권을 수여하고 원금과 이자의 완제가 있을 때까지 추심권한을 소멸시키지 않는다는 특약을 하는 경우가 이에 해당한다.
③ 이는 연금수급권의 사적 담보제공 금지규정을 정면으로 위반하지는 않았지만, 실질적으로는 연금수급권을 사적 담보로 제공한 것과 마찬가지의 결과가 발생한다.

(2) 법적 취급

탈법행위는 강행법규를 직접적으로 위반한 것은 아니지만 법률이 허용하지 않는 결과의 발생을 목적으로 하기 때문에 원칙적으로 무효이다.

> **판례** 강행규정을 우회적으로 위반한 탈법행위의 효과
>
> ① 「국유재산법」(1976.12.31. 법률 제2950호로 개정되기 전의 것) 입법 취지에 따라 국유재산에 관한 사무에 종사하는 직원이 타인의 명의로 국유재산을 취득하는 행위는 강행법규인 같은 법 규정들의 적용을 잠탈하기 위한 탈법행위로서 무효이다(97다9529).
> ② 공무원의 연금수급권의 사적 담보금지규정을 위반한 사적 담보제공행위는 「공무원연금법」 취지상 무효이다.
> ③ 동산의 양도담보는 물권법 위반으로서 강행규정에 위반되는 행위이나 담보기능에서 동산과 부동산의 차이를 인정할 실익이 없으므로 유효성이 인정된다.

5 목적의 사회적 타당성

> **제103조 【반사회질서의 법률행위】** 선량한 풍속 기타 사회질서에 위반한 사항을 내용으로 하는 법률행위는 무효로 한다.
>
> **제104조 【불공정한 법률행위】** 당사자의 궁박, 경솔 또는 무경험으로 인하여 현저하게 공정을 잃은 법률행위는 무효로 한다.
>
> **제746조 【불법원인급여】** 불법의 원인으로 인하여 재산을 급여하거나 노무를 제공한 때에는 그 이익의 반환을 청구하지 못한다. 그러나 그 불법원인이 수익자에게만 있는 때에는 그러하지 아니하다.

1. 서설

(1) 민법 제103조의 기능

① 법률행위가 유효하기 위해서는 그 목적이 적법성을 갖추었더라도 다시 사회적 타당성이 있어야 한다.

② 즉, 법률행위가 강행법규에 위반되지 않더라도 선량한 풍속 기타 사회질서에 위반하는 경우에는 무효로 된다. 이런 점에서 법률행위의 적법성과 사회적 타당성은 사적 자치의 한계를 이룬다.

(2) 민법 제103조의 의의

① **반사회적 법률행위**란 선량한 풍속 기타 사회질서에 위반하는 사항을 내용으로 하는 법률행위를 말한다. 선량한 풍속 기타 사회질서는 사회의 건전한 도덕관념을 뜻하는 것으로서 공서양속(公序良俗)이라고도 한다.

② 민법 제103조는 구체적으로 어떤 법률행위가 선량한 풍속 기타 사회질서에 반하는지에 관해 아무런 내용이 없으므로 이에 대한 구체적인 유형화가 필요하게 된다. 이러한 조항을 일반조항(백지조항)이라고 한다.

③ 민법 제103조에 의하여 무효로 되는 반사회질서행위
   ㉠ 법률행위의 목적인 권리·의무의 내용이 선량한 풍속 기타 사회질서에 위반되는 경우뿐만 아니라,
   ㉡ 그 내용 자체는 반사회질서적인 것이 아니라고 하여도 법률적으로 이를 강제하거나
   ㉢ 그 법률행위에 반사회질서적인 조건 또는 금전적 대가가 결부됨으로써 반사회질서적 성질을 띠게 되는 경우
   ㉣ 표시되거나 상대방에게 알려진 법률행위의 **동기**가 반사회질서적인 경우를 포함한다(84다카1402).

2. 민법 제103조의 구체적 유형화

(1) 정의관념(正義觀念)에 반하는 행위

① 범죄 기타의 부정행위를 권하거나 이에 가담하기로 하는 계약은 무효이다.
② 범죄를 하지 않는 조건으로 하여 일정한 대가적 급부를 하기로 하는 계약은 무효이다.
③ 경매·입찰에 있어서의 부정한 **담합행위**는 무효이다.
④ 변호사 아닌 자가 승소 조건의 대가로 소송당사자로부터 소송목적물 일부를 양도받기로 한 약정은 반사회적 행위로서 무효이다(89다카10514).
⑤ 민사소송(民事訴訟)에 대한 변호사의 **성공보수약정**은 무효라 할 수 없으나, 형사사건변호에 관한 변호사의 성공보수약정은 금전적 대가가 결부됨으로써 반사회성을 띠게 되어 무효인 행위가 된다(2015다200111 전합).
⑥ 제2매수인이 매도인의 배임행위에 적극가담한 이중매매는 무효이다(70다2038).

   ◐ 이중매매에 관한 판례 정리는 후술한다.

> **판례** 정의관념에 반하는 행위
>
> ① 수사기관에서 참고인으로 자신이 잘 알지 못하는 내용에 대하여 허위의 진술을 하고 그 대가로 일정한 급부를 받기로 하는 약정은 무효이다(2000다71999).
> ② 소송과정에서 증언하여 주는 대가로 용인될 수 있는 정도를 초과하는 급부를 제공받기로 한 약정은 반사회적인 금전적 대가가 결부된 경우에 해당하여 반사회질서행위에 해당한다(93다40522).
> ③ 행정기관에 진정서를 제출하여 상대방을 궁지에 빠뜨린 다음 이를 취하하는 조건으로 거액의 급부를 제공받기로 한 약정은 반사회질서의 법률행위에 해당한다(99다56833).
> ④ 금전소비대차계약과 함께 그 이율이 당사자의 경제력의 차이로 당시의 경제적·사회적 여건에 비추어 사회통념상 허용되는 한도를 초과하여 현저하게 고율로 정하여졌다면, 그와 같이 허용할 수 있는 한도를 초과하는 부분의 이자 약정은 대주가 그의 우월한 지위를 이용하여 부당한 이득을 얻고 차주에게는 과도한 반대급부 또는 기타의 부당한 부담을 지우는 것이므로 선량한 풍속 기타 사회질서에 위반한 사항을 내용으로 하는 법률행위로서 무효이다(2004다50426 전합).

⑤ 당사자의 일방이 그의 독점적 지위 내지 우월한 지위를 악용하여, 자기는 부당한 이득을 얻고 상대방에게는 과도한 반대급부 또는 기타의 부당한 부담을 과하는 법률행위는 반사회적인 것으로서 무효라고 할 것이다(94다34432).

⑥ 도급인이 일방적으로 공사의 완공이 불가능할 정도의 공기 단축을 요구하여 수급인으로 하여금 부득이 이에 응하게 한 경우, 그 단축된 준공기한 위반을 이유로 지체상금을 물게 하는 것은 선량한 풍속 기타 사회질서 위반이 될 수 있다(97다2221).

⑦ 위약벌의 약정은 채무의 이행을 확보하기 위하여 정해지는 것으로서 손해배상의 예정과는 내용이 다르므로 손해배상의 예정에 관한 민법 제398조 제2항을 유추적용하여 감액할 수 없으나, 의무의 강제로 얻어지는 채권자의 이익에 비하여 약정된 벌이 과도하게 무거울 때에는 일부 또는 전부가 공서양속에 반하여 무효로 된다. 다만 위약벌 약정과 같은 사적 자치의 영역을 일반조항인 공서양속을 통하여 제한적으로 해석할 때에는 계약의 체결 경위와 내용을 종합적으로 검토하는 등 매우 신중을 기하여야 한다(2014다14511).

⑧ 당사자 일방이 상대방에게 공무원의 직무에 관한 사항에 관하여 특별한 청탁을 하게 하고 그에 대한 대가로 금전을 지급할 것을 내용으로 하는 약정은 사회질서 위반으로 무효이다(71다1645).

⑨ 민사사건은 대립하는 당사자 사이의 사법상 권리 또는 법률관계에 관한 쟁송으로서 형사사건과 달리 그 결과가 승소와 패소 등으로 나누어지므로 사적 자치의 원칙이나 계약자유의 원칙에 비추어 보더라도 성공보수약정이 허용됨에 아무런 문제가 없고, 의뢰인이 승소하면 변호사보수를 지급할 수 있는 경제적 이익을 얻을 수 있으므로, 당장 가진 돈이 없어 변호사보수를 지급할 형편이 되지 않는 사람도 성공보수를 지급하는 조건으로 변호사의 조력을 받을 수 있게 된다는 점에서 제도의 존재 이유를 찾을 수 있다. 그러나 형사사건의 경우에는 재판결과에 따라 변호사와 나눌 수 있는 경제적 이익을 얻게 되는 것이 아닐 뿐 아니라 법원은 피고인이 빈곤 그 밖의 사유로 변호인을 선임할 수 없는 경우에는 국선변호인을 선정하여야 하므로(형사소송법 제33조), 형사사건에서의 성공보수약정을 민사사건의 경우와 같이 볼 수 없다(2015다200111 전합).

(2) 인륜(人倫)에 반하는 행위

① 처(妻)가 부(夫)와 동거하지 않을 것을 내용으로 하는 약정은 무효이다.
② 자식이 부모를 상대로 한 불법행위에 기한 손해배상청구는 원칙적으로 무효이다.
③ 모자(母子) 부(不)동거계약으로서 자(子)가 부모와 동거하지 않을 것을 내용으로 하는 약정을 하면서 이에 위반 시 일정한 급부를 하기로 하는 약정 등은 무효이다.
④ 그리고 자녀를 출산하여 줄 것을 약정하는 대리모계약도 무효이다.
⑤ 첩계약은 무효이며 부첩관계를 유지하기 위한 약정과 이에 부수되는 모든 약정은 무효이다.

> **판례** 인륜에 반하는 행위
>
> ① 첩계약은 처의 동의 유무를 묻지 않고 무효이다(67다1134).
> ② 부첩관계를 맺음에 있어서 처의 사망 또는 이혼이 있을 경우에 입적한다는 부수적 약정도 첩계약의 일부로서 무효이다(4288민상156).
> ③ 처가 있는 남자가 다른 여자와 맺은 혼인예약도 무효이다(4288민상245).
> ④ 부첩관계인 부부생활의 종료를 해제조건으로 하는 증여계약은 그 조건만이 무효인 것이 아니라 증여계약 자체가 무효이다(66다530).

(3) 개인적 자유를 심하게 제한하는 행위

① 개인의 정신상 또는 신체상의 자유를 극도로 제한하는 행위
② 일생 동안 혼인하지 않겠다는 계약이나 혼인하면 퇴직하겠다는 각서를 받는 경우와 같이 여성 근로자를 채용하면서 근무기간 중 혼인하지 않겠다는 계약(결혼퇴직조항)은 무효이다.
③ 어떠한 일이 있더라도 이혼하지 않겠다는 합의 내용에 따른 각서(69므18)는 무효이다.
④ 개인의 경제활동의 자유, 즉 영업의 자유나 기타의 거래활동을 극도로 제한하는 것은 무효이다. 그러나 정당한 범위에서 경업(競業)을 금지하는 계약은 무효라 볼 수 없다.

(4) 생존의 기초가 되는 재산의 처분행위

① 장차 취득하게 될 전 재산을 양도한다는 계약은 무효이다.
② 사찰이 그 존립에 필요불가결한 재산인 임야를 증여하는 행위는 무효이다(69다2293).

(5) 지나치게 사행적인 행위

① 도박자금을 대여하는 계약은 무효이다(72다2249: 동기가 표시된 경우).
② 도박채무를 변제하기 위한 대물변제약정이나 담보권설정약정 등은 모두 무효이다.

(6) 동기의 불법

① 동기의 불법이란 법률행위의 내용 자체는 사회질서에 반하지 않으나 법률행위의 동기가 사회질서에 반하는 경우를 말한다. 예를 들면, 도박을 목적으로 금전을 빌리는 경우, 도박장을 운영하기 위해 건물을 임대차하는 경우, 살인을 목적으로 무기를 매수하는 경우가 이에 해당한다.
② 불법의 동기가 존재한다는 것, 즉 동기의 존재만으로는 법률행위에 영향을 미치지 않는다.
③ 그러나 사회질서에 반하는 동기가 표시된 경우 또는 상대방에게 알려진 경우에는 그 법률행위는 무효이다(93다40522).

(7) 불공정한 법률행위[폭리행위(제104조)]

이에 관하여는 불공정한 법률행위에서 설명하기로 한다.

(8) 기타의 행위

① 당초부터 오로지 보험사고를 가장하여 보험금을 탈 목적으로 생명보험계약을 체결하는 경우는 무효이다(99다49064).
② 일반적으로 부녀(婦女)와의 성행위 자체는 경제적으로 평가할 수 없고, 부녀가 상대방으로부터 금품이나 재산상 이익을 받을 것을 약속하고 성행위를 하는 약속 자체는 선량한 풍속 기타 사회질서에 위반한 사항을 내용으로 하는 법률행위로서 무효이다(2001도2991).
③ 사용자가 노조간부에게 조합원들의 임금인상요구를 무마하여 주는 대가로 금원을 지급하기로 하는 약정은 무효이다.

> **참고** 부동산의 이중매매(二重賣買)에서 제2매매의 효과

1. **원칙 – 유효(제2매수인의 선·악 불문)**
   ① 부동산을 이중으로 매매하는 행위는 계약자유의 원칙 및 자유경쟁의 원칙상 무효라 할 수 없다. 계약자유의 원칙과 민법 제186조의 취지상 먼저 등기한 자(제2매수인)가 소유권을 취득하게 된다.
   ② 따라서 제2매수인은 제1매매 사실을 알았더라도 적법하게 소유권을 취득하고, 이 경우 제1매수인은 매도인에 대하여 채무불이행(후발적 불능)을 이유로 손해배상을 청구할 수 있을 뿐이다.
   ③ 이중매매가 유효인 경우 제1매수인이 목적 부동산을 이미 인도받아 점유하고 있는 경우 매도인에 대한 손해배상청구권을 피담보채권으로 하여 유치권을 행사할 수는 없다.

2. **예외 – 매도인의 배임·횡령행위에 제2매수인이 적극가담 시 반사회질서의 법률행위로서 무효**
   ① 이중매매가 반사회적 법률행위로서 무효가 되기 위하여는 매도인의 배임행위에 제2매수인이 적극가담한 경우로서 적극가담이란 제2매수인이 다른 사람에게 매매목적물이 매도된 것을 안 것만으로는 부족하고, 적어도 그 매도사실을 알고도 이중매도를 요청하여 매매계약에 이르는 정도를 말한다(93다55289).
   　◉ 매도인의 배임행위를 종용하였다면 적극가담한 것으로 보아야 한다.
   ② 매도인과 제2매수인이 친족관계 또는 인척관계 등 특수한 관계에 있으면 일응 매도인의 배임행위에 적극가담한 것으로 추정된다(78다274).

3. **반사회질서의 법률행위로서 무효인 이중매매의 매도인과 제2매수인 사이의 관계**
   ① 불법원인급여의 성립 – 당사자는 일체의 반환청구 불가
   　이중매매가 반사회적 법률행위로 무효인 때에는 제746조(불법원인급여)에 의하여 매도인은 이미 이행한 것에 대한 일체의 반환청구를 할 수 없다.
   　　◉ 매도인의 제2매수인에 대한 부당이득반환청구권 및 소유권에 기한 물권적 청구권(등기말소청구권, 목적물반환청구권) 등은 인정되지 않는다.
   ② 매도인이 사망한 후 상속인과의 관계
   　피상속인이 토지를 매도하고 이전등기를 하지 않은 채 사망한 후 상속인이 그 사실을 모르고 그 토지를 타인에게 매도한 경우에도 그 매수인의 적극적인 기망행위에 의하여 이루어진 상속인과 사이의 토지에 관한 양도계약은 반사회적 법률행위로서 무효이다(94다37349). 다만, 이 경우에는 제746조 단서가 적용되어 상속인은 제2매수인에 대하여 부당이득반환청구권 및 물권적 청구권을 행사할 수 있다는 점에서 통상의 이중매매와 다르다.

4. **이중매매가 사회질서 위반으로 무효인 경우의 제1매수인 보호**
   ① 제1매매는 유효이므로 제1매수인은 매도인에게 매매계약에 기한 소유권이전등기를 청구할 수 있다.
   ② 제1매수인은 소유자가 아니므로 자신이 직접 제2매수인에 대해 등기의 말소를 청구할 수는 없고, 제1매수인은 매도인에 대한 자기의 소유권이전청구권을 보전하기 위하여 매도인을 대위하여 제2매수인에 대해 무효등기의 말소를 청구할 수 있을 뿐이다(83다카57).
   ③ 제1매수인은 매도인에 대하여는 물론이고, 제2매수인에 대하여 불법행위에 기한 손해배상청구는 매도인을 대위함이 없이 직접 청구할 수 있다.
   ④ 채권자 취소권은 금전채권이나 종류물채권을 보전하기 위하여 행사할 수 있는 것으로, 특정물에 대한 소유권이전등기청구권을 보전하기 위하여 채권자 취소권을 행사하는 것은 허용되지 않으므로, 부동산의 제1매수인은 자신의 소유권이전등기청구권 보전을 위하여 매도인과 제3자 사이에서 이루어진 이중양도행위에 대하여 채권자취소권을 행사할 수 없다(98다56690).

5. **이중매매가 사회질서 위반으로 무효인 경우 제3자(전득자)에 대한 관계**
   부동산의 이중매매가 반사회적 법률행위에 해당하는 경우에는 이중매매계약은 절대적으로 무효이므로, 당해 부동산을 제2매수인으로부터 다시 취득한 제3자는 설사 제2매수인이 당해 부동산의 소유권을 취득한 것으로 믿었더라도 이중매매계약이 유효하다고 주장할 수 없다(96다29151).

○ 매도인의 담보책임은 성립한다(제570조).

6. 대리행위에 있어 대리인이 적극가담하여 제2매매가 이루어진 경우

대리인이 본인을 대리하여 매매계약을 체결함에 있어서 매매대상 토지에 관한 저간의 사정을 잘 알고 그 배임행위에 가담하였다면, 대리행위의 하자 유무는 대리인을 표준으로 판단하여야 하므로, 설사 본인이 미리 그러한 사정을 몰랐거나 반사회성을 야기한 것이 아니라고 할지라도 그 매매계약은 반사회적 행위에 해당한다(97다45532).

7. 이중매매법리의 확장

① 제1의 법률행위는 매매에 국한되지 않는다.
  ㉠ 타인으로부터 신탁받은 재산을 매각·횡령한다는 정을 알면서 그 수탁자로부터 이를 아주 싸게 매수하는 것(62다862)
  ㉡ 양도담보권자의 배임행위(74다2243) 또는 명의수탁자의 처분행위에 매수인이 적극가담하여 이를 매수하는 행위(92다1148)
  ㉢ 부동산소유자가 자신의 부동산에 대하여 취득시효가 완성된 사실을 알고도 이를 제3자에게 처분하는 행위에 대하여 매수인이 부동산소유자의 이와 같은 불법행위에 적극가담한 때(94다52416)
② 제2의 법률행위도 매매에 국한되지 않는다. 즉, 제1매매가 있은 후 다음의 법률행위가 있는 경우에도 상대방의 적극가담 여부에 따라 이중매매의 법리가 적용된다.
  ㉠ 매도된 부동산을 증여받은 경우(83다카57)
  ㉡ 매도된 부동산 위에 근저당권을 설정받은 경우(2000다41820)
  ㉢ 채무의 변제자력이 없는 채무자가 채무담보를 위한 가등기 및 본등기를 경료한 경우(91다8104) 등

판례 **사회질서 위반이 아니라는 취지의 판례**

① 국가기관이 「헌법」상 보장된 국민의 기본권을 침해하는 위헌적인 공권력을 행사한 결과 국민이 그 공권력의 행사에 의해 외포(畏怖)되어 자유롭지 못한 상태에서 의사표시를 하였더라도 그 의사표시의 효력은 의사표시의 하자에 관한 민법의 일반원리에 의하여 판단되어야 하고 그 강박에 의한 의사표시가 항상 반사회성을 띠게 되어 무효로 된다고는 볼 수 없다(95다40038).
② 단지 법률행위의 성립과정에서 강박이라는 불법적인 방법이 사용된 데 불과한 경우에는 강박에 의한 의사표시의 하자나 의사의 흠결을 이유로 효력을 논할 수는 있을지언정 반사회적 법률행위로서 무효라고 할 수는 없다(92다7719).
③ 부첩관계를 단절하면서 첩의 생활비를 지급하거나 자녀의 양육비를 지급하는 계약은 무효가 아니다(80다458).
④ 부정행위를 용서받는 대가로 손해를 배상함과 아울러 가정에 충실하겠다는 서약의 취지에서 처에게 부동산을 양도하되, 부부관계가 유지되는 동안에는 처가 임의로 처분할 수 없다는 제한을 붙인 약정은 선량한 풍속 기타 사회질서에 위반되는 것이라고 볼 수 없다(92므204).
⑤ 해외파견된 근무자가 귀국일로부터 3년간 회사에 근무하여야 하고, 이를 위반한 경우에는 해외파견에 소요된 경비를 배상하여야 한다는 회사의 내규에 대해, 이것은 근로계약기간이 아니라 경비반환채무의 면제기간을 정한 것이므로 사회질서 위반의 행위는 아니라고 본다(82다카90).
⑥ 도박채무를 변제하기 위해 채무자로부터 부동산의 처분을 위임받은 채권자가 그 부동산을 제3자에게 매도한 경우, 도박채무부담행위와 그 변제의 약정 및 변제약정의 이행행위(부동산처분대금으로 도박채무의 변제에 충당하는 것)는 무효이나, 부동산처분에 관한 대리권을 도박채권자에게 수여한 행위는 유효하다. 따라서 도박채권자로부터 위 부동산을 매수한 (선의의)제3자는 유효하게 소유권을 취득할 수 있다(94다40147).

⑦ 반사회적 행위에 의하여 조성된 재산인 이른바 비자금을 소극적으로 은닉하기 위하여 임치한 것이 사회질서에 반하는 법률행위로 볼 수 없다(2000다49343).
⑧ 전통사찰의 주지직을 거액의 금품을 대가로 양도·양수하기로 하는 약정이 있음을 알고도 이를 묵인 또는 방조한 상태에서 한 종교법인의 주지임명행위는 반사회적 법률행위에 해당되지 않는다(99다38613).
⑨ 매매계약체결 당시에 정당한 대가를 지급하고 목적물을 매수하는 계약을 체결한 경우에는 비록 그 후 목적물이 범죄행위로 취득된 것을 알게 되었다고 하더라도 반사회적 법률행위에 해당하지 않는다(2001다44987).
⑩ 강제집행을 면할 목적으로 부동산의 소유자명의를 신탁하는 것이 불법원인급여에 해당한다고 볼 수는 없다(93다61307).
⑪ 강제집행을 면할 목적으로 부동산에 허위의 근저당권설정등기를 경료하는 행위는 민법 제103조의 선량한 풍속 기타 사회질서에 위반한 사항을 내용으로 하는 법률행위로 볼 수 없다(2003다70041).
⑫ 상속세 면탈 목적으로 피상속인의 사망 후 피상속인 명의로부터 타인에게 소유권이전등기를 경료하였다 하여도 사회질서에 위반한 사항을 내용으로 하는 무효의 행위라고 볼 수 없다(64다554).
⑬ 주택개량재개발사업지구 내에 거주하는 세입자가 주택개량재개발조합으로부터 세입자입주권 15매를 투기의 목적으로 매수한 경우, 그 매매가 선량한 풍속 기타 사회질서에 반하는 것이 아니어서 무효가 아니다(90다19770).
⑭ 매매계약에서 매도인에게 부과될 공과금을 매수인이 책임진다는 취지의 특약은 사회질서 위반이라 할 수 없다(93다296).
⑮ 매도인에게 양도소득세가 부과되지 않도록 할 목적으로 소유권이전등기는 3년 후에 넘겨받기로 한 특약이 사회질서 위반은 아니다(91다6627).
⑯ 양도소득세를 회피할 목적으로 한 명의신탁이나, 상속세를 면탈할 목적으로 피상속인의 명의에서 타인 명의로 직접 소유권이전등기를 한 경우라 하더라도 반사회적 법률행위로서 무효라고 할 수는 없다(80다2475).
⑰ 식품접객업 영업허가명의 및 사업자등록명의의 대여가 반사회질서행위에 해당하여 허용되지 않는다고 볼 것은 아니다(2002도5090).

3. 반사회적 법률행위의 효과

(1) 법률행위의 절대적 무효(제103조)

① 선량한 풍속 기타 사회질서에 위반하는 사항을 내용으로 하는 법률행위는 무효이다.
② **반사회적 법률행위에 따른 급부의 효과와 부당이득의 반환청구 여부**
  ㉠ 급부의 이행 전(前): 반사회적 법률행위에 의하여 약정된 급부를 이행하기 전(前)이라면 더 이상 이행할 필요 없고, 이를 기초로 새로운 이해관계를 맺은 자도 그 급부의 이행을 대위청구할 수 없다.
  ㉡ 급부가 이미 이행된 경우
    ⓐ 무효행위에 기초한 급부는 부당이득으로서 서로 반환하는 것이 원칙이지만, 반사회적 법률행위에 기한 급부는 **불법원인급여**(제746조)가 되므로 급여자의 반환청구가 부정된다.

ⓑ 사회질서 위반으로 무효인 법률행위에 의하여 급부한 자가 급여물의 소유권이 자기에게 있음을 이유로 한 소유권에 기한 반환청구도 부정한다(79다483 전합).
　ⓒ 이미 이행된 급여물의 소유권은 수익자에게 귀속된다.
　　ⓐ 제103조와 제746조는 사회적 타당성이 없는 행위를 한 자를 보호하지 않겠다는 기본이념을 표현하고 있다.
　　ⓑ 결과적으로 급여물의 소유권은 수익자에게 완전하게 귀속(이를 '반사적 이익'이라고 한다)되고, 그 급여물에 대하여 수익자와 새로운 이해관계를 맺은 자는 선·악 불문하고 그 권리를 취득하게 된다.
　ⓓ 불법의 원인으로 재산을 급여한 사람이 불법의 원인에 가공한 상대방 수령자에 대하여 불법행위를 이유로 그 재산의 급여로 말미암아 발생한 자신의 손해를 배상할 것을 주장할 수 없다(2013다35412).
③ **선의취득 가능**: 반사회적 행위에 따른 급여물이 동산인 경우 급부를 받은 자와 새로운 이해관계를 맺은 전득자가 선의취득의 요건을 갖춘 경우 전득자는 급여물을 원시취득(선의취득)한다.
④ 도박채무의 변제를 위하여 담보를 제공하는 행위는 그 담보제공의 방식이나 유형을 불문하고 제746조의 불법원인급여에 해당한다.
⑤ 다만, 제746조의 "부당이득반환청구 할 수 없다."의 반환청구 할 수 없는 부당이득은 종국적 이득을 의미하는 것이므로, 반사회적 도박채무부담행위를 원인으로 담보를 제공한 도박채무자의 그 담보권 설정을 위한 등기의 말소청구는 담보의 제공 유형에 따라 다르다.
　㉠ **도박채무변제를 위한 저당권을 설정한 경우**: 저당권 설정만으로 그 저당권자인 채권자에게 종국적인 이득이 귀속된 것은 아니고 피담보채권은 무효이므로, 피담보채권의 무효를 이유로 저당권설정등기의 말소를 청구할 수 있다.
　㉡ **양도담보 명목으로 소유권이전등기를 경료한 경우**: 소유권이전등기가 이미 경료되었다면 도박채권자에게 종국적 이득이 귀속된 것으로 보아 부당이득의 반환청구를 할 수 없다는 제746조 취지에 따라 그 소유권이전등기가 무효임을 주장하여 말소등기를 청구할 수 없다.

(2) 기타의 효과
① 반사회적 법률행위로서 무효인 경우 무효행위의 추인·전환이 인정되지 않는다.
② 그러나 불공정한 법률행위로서 무효인 경우에 무효행위의 전환은 인정된다(判).

> **개념적용 문제**
>
> 사회질서에 반하는 법률행위에 해당하지 않는 것은? (다툼이 있으면 판례에 따름) 제26회 기출
>
> ① 형사사건에서 변호사가 성공보수금을 약정한 경우
> ② 변호사 아닌 자가 승소를 조건으로 소송의뢰인으로부터 소송물 일부를 양도받기로 약정한 경우
> ③ 당초부터 오로지 보험사고를 가장하여 보험금을 취득할 목적으로 생명보험계약을 체결한 경우
> ④ 증인이 사실을 증언하는 조건으로 그 소송의 일방 당사자로부터 통상적으로 용인될 수 있는 수준을 넘어서는 대가를 지급받기로 약정한 경우
> ⑤ 양도소득세의 일부를 회피할 목적으로 계약서에 실제로 거래한 가액보다 낮은 금액을 대금으로 기재하여 매매계약을 체결한 경우
>
> **해설** 양도소득세의 일부를 회피할 목적으로 계약서에 실제로 거래한 가액보다 낮은 금액을 대금으로 기재하여 매매계약을 체결한 경우는 반사회적 행위라 할 수 없다.
>
> **정답** ⑤

4. 불공정한 법률행위

> **제104조【불공정한 법률행위】** 당사자의 궁박, 경솔 또는 무경험으로 인하여 현저하게 공정을 잃은 법률행위는 무효로 한다.

(1) 의의

① **불공정한 법률행위**(폭리행위)란 상대방의 의사결정이 곤란한 상태(궁박, 경솔 또는 무경험)를 이용하여 현저하게 균형을 잃은 반대급부를 하게 하여 부당한 재산적 이익을 취하는 행위를 말한다.
② 제104조는 제103조 반사회질서의 법률행위의 예시규정(例示規定)이다(63다821).
③ 따라서 제104조의 요건(특히 주관적 요건)을 갖추지 못한 경우에는 제104조는 적용될 수 없다 하더라도 제103조에 의하여 무효로 되는 경우가 있다(99다56833).

(2) 요건

① **객관적 요건**
  ㉠ 급부와 반대급부 사이에 객관적인 가치의 현저한 불균형이 존재해야 한다.
  ㉡ 불균형을 판단하는 시기는 법률행위 시를 표준으로 하여야 한다(2010다42075).
  ㉢ 그러나 대물변제 예약에 있어서 대차목적물의 가액과 대물변제 목적물 가액에 관하여 불공정 여부를 판단하는 시기는 이행기를 표준으로 하고 있다(65다610).

| 판례 | 객관적 가치의 불공정 |

① 불법행위로 인한 손해배상청구에 있어서 배상할 수 있는 금액의 8분의 1밖에 안 되는 금액으로 합의한 경우 급부와 반대급부의 현저한 불균형이 있다고 보아야 한다(78다2457).
② 부동산 매매시가의 2분의 1도 안 되는 매매의 경우 상호간의 가치의 객관적 불균형이 있다고 볼 수 있다(64다1188).
③ 불공정 법률행위에 해당하는지는 법률행위가 이루어진 시점을 기준으로 약속된 급부와 반대급부 사이의 객관적 가치를 비교 평가하여 판단하여야 할 문제이고, 당초의 약정대로 계약이 이행되지 아니할 경우에 발생할 수 있는 문제는 달리 특별한 사정이 없는 한 채무의 불이행에 따른 효과로서 다루어지는 것이 원칙이다(2010다42075).

② **주관적 요건**
  ㉠ 주관적 요건으로 피해자에게 궁박, 경솔 또는 무경험의 사실이 존재하여야 한다(제104조).
  ㉡ 궁박·경솔·무경험은 모두 구비해야 하는 것은 아니고 세 가지 중 어느 하나만 갖추면 족하다(통설·판례).
  ㉢ **궁박**이란 급박한 곤궁을 의미하는 것으로서, 경제적 궁박뿐만 아니라 정신적(심리적)·신체적 궁박도 포함된다(判). 또한 궁박은 일시적 궁박이든 계속적 궁박이든 불문한다.
  ㉣ **경솔**이란 의사결정에 있어서 그 행위의 결과나 장래에 관하여 보통 일반인이 가지는 고려를 하지 않는 것을 말한다.
  ㉤ 무경험(無經驗)은 특정영역이 아닌 일반적인 생활경험 및 지식이 불충분하다는 것을 의미한다(2002다38927).
  ㉥ 대리에 의한 법률행위의 경우에는 궁박은 본인을 표준으로 하여 결정하고, 경솔·무경험은 대리인을 표준으로 하여 결정한다(2002다38927).
③ **상대방에 대한 요건**(폭리의 악의): 폭리행위자가 당사자의 궁박·경솔 또는 무경험을 알고 이용하려는 의사, 즉 **폭리의 악의**(95다1460)가 요구된다. 궁박·경솔 또는 무경험의 상태에 있는 사정을 알면서 이를 이용하려는 의사, 즉 폭리의 악의가 없었다면 불공정한 법률행위는 성립하지 않는다(95다1460).
④ **입증책임**
  ㉠ 급부와 반대급부가 현저히 균형을 잃었다 하여 법률행위가 곧 궁박·경솔 또는 무경험으로 인해 이루어진 것으로 추정되지는 않는다(69다594).
  ㉡ 그러므로 어느 법률행위가 불공정한 법률행위에 해당하여 무효라고 주장하는 자는, 그가 궁박·경솔 또는 무경험의 상태에 있었다는 사실, 상대방에게 이를 이용하려는 의사나 악의가 있었다는 사실, 그리고 급부와 반대급부 간에 현저한 불균형이 있음을 모두 입증하여야 한다(70다2065).

(3) 불공정한 법률행위의 효과

① 불공정한 법률행위는 반사회적 행위의 일종으로서 그 효과는 절대적 무효이며, 그 무효를 기초로 새로운 법률행위를 한 제3자가 있는 경우 그의 선의·악의를 불문하고 무효를 주장할 수 있다.
② 불공정한 법률행위로서 무효인 경우에는 추인에 의하여 그 무효인 법률행위가 유효로 될 수 없다고 할 것이므로, 같은 취지에서 법정추인규정이 적용될 여지도 없다(94다10900).
③ 그러나 최근의 판례에 의하면 무효행위의 전환은 인정된다(2009다50308).

> **판례** 불공정한 법률행위에서 무효행위의 전환
>
> 재건축사업부지에 포함된 토지에 대하여 재건축조합과 토지의 소유자가 체결한 매매계약이 매매대금의 과다로 말미암아 불공정한 법률행위에 해당하지만 그 매매대금을 적정한 금액으로 감액하여 유효한 행위로 인정하고자 하는 가상적 의사가 인정되는 경우 감액을 통하여 계약의 유효성을 인정할 수 있다(2009다50308).

④ **부당이득반환청구**
  ㉠ 급부의 이행 전(前): 당사자의 궁박·경솔 또는 무경험으로 인하여 현저하게 공정을 잃은 법률행위는 무효이다(제104조). 따라서 급부를 이행하기 전이면 양 당사자는 상호간에 상대방에게 그 급부를 이행할 필요가 없다.
  ㉡ 급부가 이행된 경우(제746조 본문 및 단서 적용)
    ⓐ **수익자의 반환청구**: 불공정한 법률행위에서 불법의 원인은 수익자에게만 있다. 그래서 폭리행위자인 수익자는 급여물의 반환을 청구할 수 없고(제746조 본문), 그 반사적 이익에 의하여 폭리행위자가 급여한 급여물의 소유권은 피해자에게 귀속된다.
    ⓑ **피해자의 반환청구**: 불공정한 법률행위의 피해자는 불법의 원인을 제공한 자가 아니므로 피해자는 자신의 급여물의 반환을 청구할 수 있다(제746조 단서).
    ⓒ **전득자의 보호 여부**(불가): 불공정한 법률행위의 피해자가 그 급여물을 반환청구하기 전에 수익자로부터 다시 권리를 양도받은 전득자는 그 선악을 불문하고 그 권리를 유효하게 취득할 수 없다.

(4) 적용범위

① 제104조는 법률행위로서 유상계약에 적용된다.
② 채권의 포기와 같은 단독행위에는 적용된다(75다92).
③ 경매 등 법률행위가 아닌 원인에 의한 재산권의 이전이나(80마77), 증여나 기부행위와 같이 아무런 대가관계 없이 당사자 일방이 상대방에게 일방적인 급부를 하는 법률행위(무상행위)에도 적용되지 않는다.

> **판례** **제104조의 적용범위**

① 민법 제104조가 규정하는 현저히 공정을 잃은 법률행위라 함은 자기의 급부에 비하여 현저하게 균형을 잃은 반대급부를 하게 하여 부당한 재산적 이익을 얻는 행위를 의미하는 것이므로, 증여나 기부행위와 같이 아무런 대가관계 없이 당사자 일방이 상대방에게 일방적인 급부를 하는 법률행위는 그 공정성 여부를 논의할 수 있는 성질의 법률행위가 아니다(99다56833).
② 채권의 포기와 같은 단독행위에 대한 불공정한 법률행위의 적용: 사회적 경험이 부족한 가정부인이 경제적·정신적 궁박상태하에서 구속된 자기남편을 석방 구제하는 데에는 위 수표의 회수가 필요할 것이라는 일념에서 회사에 대한 물품잔대금채권이 얼마인지조차 확실히 모르면서 보관 중이던 남편의 인감을 이용하여 남편을 대리하여 위임장과 포기서를 작성하여 준 채권포기행위는 거래관계에 있어서 현저하게 균형을 잃은 행위로서 사회적 정의에 반하는 불공정한 불법행위로 보는 것이 상당하다(75다92).
③ 적법한 절차에 의하여 이루어진 경매에 있어서 경락가격이 경매부동산의 시가에 비하여 저렴하다는 사유는 경락허가결정에 대한 적법한 불복이유가 되지 못하는 것이고 경매에 있어서는 불공정한 법률행위 또는 채무자에게 불리한 약정에 관한 것으로서 효력이 없다는 민법 제104조, 제608조는 적용될 여지가 없다(80마77).
④ 매매계약과 같은 쌍무계약이 급부와 반대급부와의 불균형으로 말미암아 민법 제104조에서 정하는 '불공정한 법률행위'에 해당하여 무효라고 한다면, 그 계약으로 인하여 불이익을 입는 당사자로 하여금 위와 같은 불공정성을 소송 등 사법적 구제수단을 통하여 주장하지 못하도록 하는 부제소합의 역시 다른 특별한 사정이 없는 한 무효이다(2009다50308).

> **개념적용 문제**

불공정한 법률행위에 관한 설명으로 옳지 않은 것을 모두 고른 것은? (다툼이 있으면 판례에 따름)   제27회 기출

> ㄱ. 공경매에 있어서도 불공정한 법률행위에 관한 민법 제104조가 적용된다.
> ㄴ. 급부와 반대급부가 현저히 균형을 잃은 법률행위는 궁박, 경솔 또는 무경험으로 인해 이루어진 것으로 추정된다.
> ㄷ. 대리인이 한 법률행위에 관하여 불공정한 법률행위가 문제되는 경우에 무경험은 대리인을 기준으로 판단하여야 한다.
> ㄹ. 대물변제예약의 경우, 대차의 목적물가격과 대물변제의 목적물가격이 불균형한지 여부는 원칙적으로 대물변제 예약 당시를 표준으로 결정한다.

① ㄱ, ㄴ
② ㄴ, ㄷ
③ ㄱ, ㄴ, ㄹ
④ ㄱ, ㄷ, ㄹ
⑤ ㄴ, ㄷ, ㄹ

해설 ㄱ. 공경매에 있어서도 불공정한 법률행위에 관한 민법 제104조가 적용되지 않는다.
ㄴ. 급부와 반대급부가 현저히 균형을 잃은 법률행위라고 하여 이 행위가 궁박, 경솔 또는 무경험으로 인해 이루어진 것으로 추정되는 것은 아니다.
ㄹ. 대물변제예약의 경우, 대차의 목적물가격과 대물변제의 목적물가격이 불균형한지 여부는 원칙적으로 대물변제 예약 당시가 아닌 변제기 즉, 이행기를 표준으로 결정한다.

정답 ③

제4절 법률행위의 해석

1 서설

1. 의의

(1) 법률행위의 해석은 의사표시의 해석이다

① 법률행위의 해석(解釋)이라 함은 법률행위의 목적 내지 내용을 확정하는 것을 말한다. 법률행위는 의사표시를 그 필수불가결의 구성요소로 하고, 의사표시는 일정한 법률효과의 발생을 목적으로 하는 것이므로 법률행위 해석은 결국 의사표시의 해석으로 귀결된다.

② 법률행위란 당사자의 의사대로 법률효과를 주는 것을 본질로 하기 때문에 법률행위 해석의 기본목표는 당사자의 의사를 밝히는 것이다. 그러나 당사자의 진정한 의사를 알 수 없다고 한다면 의사표시의 요소가 되는 것은 표시행위로부터 추단되는 효과의사, 즉 표시상의 효과의사이고 표의자가 가지고 있던 내심적 효과의사가 아니므로, 의사표시의 해석에 있어서도 당사자의 내심의 의사보다는 외부로 표시된 행위에 의하여 추단된 의사를 가지고 해석하여야 한다(2002다23482).

(2) 당사자의 진의와 표시내용의 객관적 의미를 종합적으로 판단

① 법률행위의 해석은 당사자가 그 표시행위에 부여한 객관적인 의미를 명백하게 확정하는 것으로서, 서면에 사용된 문구에 구애받는 것은 아니지만 어디까지나 당사자의 내심적 의사의 여하에 관계없이 그 서면의 기재 내용에 의하여 당사자가 그 표시행위에 부여한 객관적 의미를 합리적으로 해석하여야 한다(98다31493).

② 법률행위의 해석은 당사자가 그 표시행위에 부여한 객관적인 의미를 명백하게 확정하는 것으로서 당사자가 표시한 문언에 의하여 그 객관적인 의미가 명확하게 드러나지 않는 경우에는 그 문언의 내용과 그 법률행위가 이루어진 동기 및 경위, 당사자가 그 법률행위에 의하여 달성하려고 하는 목적과 진정한 의사, 거래의 관행 등을 종합적으로 고찰하여 사회정의와 형평의 이념에 맞도록 논리와 경험의 법칙, 그리고 사회일반의 상식과 거래의 통념에 따라 합리적으로 해석하여야 한다(91다35571).

2. 법률행위의 해석은 법률문제이다

법률행위의 해석이란 성립한 법률행위에 그 효력을 부여하는 과정이며, 표의자의 의사표시에 대하여 법률적 의미를 부여하는 법률문제로서 표시행위에 부여한 의사표시의 의미내용에 관한 진위는 법원의 직권조사사항에 해당하고, 잘못된 법률행위의 해석은 상고사유가 된다.

2 해석방법

① 법률행위에 있어서 표의자의 **내심적 효과의사**와 **표시상의 효과의사**가 일치하는 경우에는 문제의 소지가 없다. 다만, 표의자의 내심적 효과의사와 표시상의 효과의사, 즉 의사와 표시가 일치하지 않을 때 문제가 발생하는 것이다.

② 법률행위의 해석방법에는 자연적 해석·규범적 해석 및 보충적 해석이 있다. 이와 같은 해석은 법률행위자를 중심으로 고찰해 보면 자연적 해석은 표의자의 시각에서 하는 해석이고, 규범적 해석은 상대방의 시각에 의한 해석이며, 보충적 해석은 제3자의 시각에 의한 해석이라 할 수 있다. 법률행위의 해석은 이러한 해석방법에 의거하여 제1차적으로는 자연적 해석이 행하여지고 다음으로 규범적 해석이 행하여지며 마지막으로 보충적 해석의 순서로 행하여진다.

1. 자연적 해석

(1) 자연적 해석은 표시의 문자적·언어적 의미에 구속되지 아니하고 표의자의 진의(眞意), 즉 표의자의 내심(內心)의 효과의사를 밝혀 확정하는 것이다. 이와 같이 법률행위 해석의 제1차적인 작업은 표의자의 내심의 효과의사를 밝히는 것이다. 이러한 자연적 해석에 의하여 표의자의 진의가 밝혀지고 확정되면 그 법률행위는 진의대로 효력이 발생한다. 이러한 자연적 해석방법이 적용되는 사례는 상대방 없는 단독행위, 오표시무해(誤表示無害)의 원칙(Falsa Demonstratio Non Nocet; 당사자의 진의가 일치하면 표시가 잘못되어도 영향이 없다는 원칙)에 전형적으로 적용된다.

(2) 자연적 해석의 적용

① **상대방 없는 단독행위**: 유언, 유증, 재단법인의 설립행위, 소유권·점유권의 포기 등 상대방 없는 단독행위는 표의자의 의사와 표시가 일치하지 않는 경우에 표의자의 진의를 밝혀 내심적 효과의사를 법률행위의 내용으로 해석한다.

② **적용사례**
   ㉠ 계약을 체결하는 행위자가 타인의 이름으로 법률행위를 한 경우에 당사자 결정에 관하여 행위자와 상대방의 의사가 일치한 경우에는 그 일치한 의사대로 당사자를 확정해야 한다(2000다3897).
   ㉡ 대리인을 통하여 계약을 체결하려는 데 본인과 상대방 사이에 의사가 일치하였다면 대리인의 대리권 존재 여부와는 무관하게 상대방과 본인이 그 계약의 당사자가 된다(2003다44059).

| 판례 | 자연적 해석 |

① 행위자가 타인 명의로 법률행위를 한 경우의 계약당사자 확정방법
   타인의 이름을 임의로 사용하여 계약을 체결한 경우에는 누가 계약의 당사자인가를 먼저 확정하여야 하는데, 행위자 또는 명의자 가운데 누구를 당사자로 할 것인지에 관하여 행위자와 상대방의 의사가 일치한 경우에는 일치하는 의사대로 행위자의 행위 또는 명의자의 행위로서 확정하여야 하지만, 그러한 일치하는 의사를 확정할 수 없을 경우에는 계약의 성질, 내용, 목적, 체결경위 및 계약체결을 전후한 구체적인 제반사정을 토대로 상대방이 합리적인 인간이라면 행위자와 명의자 중 누구를 계약당사자로 이해할 것인가에 의하여 당사자를 결정하고, 이에 터잡아 계약의 성립 여부와 효력을 판단하여야 한다. 이는 그 타인이 허무인인 경우에도 마찬가지이다(2011다12842).

② 대리인을 통하여 계약을 체결하는 경우: 일방당사자가 대리인을 통하여 계약을 체결하는 경우에 있어서 계약의 상대방이 대리인을 통하여 본인과 사이에 계약을 체결하려는 데 의사가 일치하였다면 대리인의 대리권 존재 여부와는 무관하게 상대방과 본인이 그 계약의 당사자가 된다(2003다44059).

③ 대리행위의 효과는 모두 본인에게 귀속되는 것이 원칙이고 '금융실명제'의 취지에 따르면 甲이 乙을 대리하여 丙은행 담당직원에게 乙 명의의 예금거래신청을 함과 아울러 乙의 호적등본 등을 제출하여 乙을 예금명의자로 하는 예금계좌 개설을 신청하였고, 丙은행 담당직원은 乙 명의의 실명확인 절차를 거친 다음 乙 명의 예금계약서를 작성한 후 乙 명의 통장을 발행하는 등 乙과 예금계약을 체결할 의사를 표시하였으므로, 위 예금계좌의 예금반환청구권이 귀속되는 예금계약의 당사자는 乙이라고 보아야 한다(2011다47169).

④ 계약당사자 간에 어떠한 계약 내용을 처분문서인 서면으로 작성한 경우, 문언의 객관적인 의미가 명확하다면 특별한 사정이 없는 한 문언대로의 의사표시의 존재와 내용을 인정하여야 하지만, 문언의 객관적인 의미가 명확하게 드러나지 않는 경우에는 당사자의 내심의 의사 여하에 관계없이 문언의 내용과 계약이 이루어지게 된 동기 및 경위, 당사자가 계약에 의하여 달성하려고 하는 목적과 진정한 의사, 거래의 관행 등을 종합적으로 고찰하여 사회정의와 형평의 이념에 맞도록 논리와 경험의 법칙, 그리고 사회일반의 상식과 거래의 통념에 따라 당사자 사이의 계약의 내용을 합리적으로 해석하여야 하고, 특히 당사자 일방이 주장하는 계약의 내용이 상대방에게 중대한 책임을 부과하거나 그가 보유하는 소유권 등 권리의 중요한 부분을 침해 내지 제한하게 되는 경우에는 문언의 내용을 더욱 엄격하게 해석하여야 한다(2014다14115).

⑤ 처분문서의 진정성립이 인정되는 이상 법원은 반증이 없는 한 그 문서의 기재 내용에 따른 의사표시의 존재와 내용을 인정하여야 하고, 합리적인 이유 제시도 없이 이를 배척해서는 안 된다. 그러나 처분문서의 기재 내용과 다른 명시적, 묵시적 약정이 있는 사실이 인정될 경우에는 그 기재 내용과 다른 사실을 인정할 수 있고, 작성자의 법률행위를 해석할 때에도 논리와 경험의 법칙에 어긋나지 않는 범위에서 자유로운 심증으로 판단할 수 있다(2016다242440).

③ **오표시무해의 원칙**(자연적 해석)

㉠ 오표시무해의 원칙이란 표의자가 표시를 잘못하였음에도 불구하고 상대방이 표의자의 진의를 올바르게 인식한 경우 표의자가 의도했던 대로 그 효과가 발생하므로 표의자에게 해가 되지 않는다는 로마법에 근거하는 원칙이다.

㉡ 법률행위의 당사자 쌍방이 특정한 거래를 하기로 합의(의사의 합치)를 했으나 표시를 잘못하여 다른 물건이 이전된 경우

ⓐ 양 당사자의 의사가 합치되었다면 표시 여부를 불문하고 그 법률행위는 당사자 쌍방이 실제로 의도했던 대로 성립하여 법률효과가 발생한다.

ⓑ 이 경우 표의자는 착오를 이유로 법률행위를 취소할 수 없고, 합의한 내용에 따른 급부를 청구할 수 있다.

ⓒ 이미 표시대로 급부가 완료되어 상대방에 권리가 이전된 경우에도 이는 무효임을 면치 못한다. 예를 들면, 부동산에 관한 이전등기가 이미 경료된 상태라면 그 등기는 원인 없이 경료되어 무효인 등기로서 양도인은 양수인 명의의 무효등기의 말소를 청구하고 목적물의 반환을 청구할 수 있고,

ⓓ 양수인은 최초 의도했던 물건에 대한 권리를 주장하여 권리의 이전등기 및 인도를 청구할 수 있다.

> **판례** **오표시무해의 원칙**
>
> 토지를 거래함에 있어 쌍방당사자가 모두 특정의 甲토지를 매매계약의 목적으로 삼았으나 지번에 착오를 일으켜 계약서상 그 목적물을 甲이 아닌 乙토지로 표시한 경우 甲토지에 관하여 이를 매매의 목적물로 한다는 매도인과 매수인의 의사의 합치가 있은 이상 그 매매계약은 甲토지에 관하여 성립한 것으로 보아야 하고, 만일 乙토지에 관하여 그 매매계약을 원인으로 하여 매수인 명의로 소유권이전등기가 경료되었다면 이는 원인 없이 경료된 것으로서 무효이다(96다19581).

2. 규범적 해석

(1) 규범적 해석은 내심의 효과의사와 표시행위가 일치하지 아니한 경우에 상대방의 시각에서 표시행위에 따라 법률행위의 성립을 인정하는 해석이다. 규범적 해석을 하는 경우, 표의자가 아니라 상대방의 입장에서 의사표시의 의미 내용을 해석하므로, 그 결과 표의자의 진의와 다르게 해석되는 결과가 발생할 수 있으므로 이 경우 착오의 문제가 발생한다. 이러한 규범적 해석 방법은 자기책임의 원칙에 근거한 것으로서 표시행위로부터 추단되는 표시상의 효과의사를 밝혀 법률행위의 의미를 확정하는 작업이다.

(2) 규범적 해석의 적용

① **원칙**: 상대방 있는 의사표시에 적용

㉠ 규범적 해석은 내심의 효과의사와 표시행위가 일치하지 아니한 경우에 상대방의 시각에서 표시행위에 따라 법률행위의 성립을 인정하는 해석이다.

㉡ 법률행위를 해석함에 있어서는 먼저 자연적 해석에 의하여 내심의 효과의사를 확정하고 그것이 불가능할 때에 한하여 규범적 해석에 의하여 표시행위로부터 추단되는 표시상의 효과의사를 확정하여야 한다.

ⓒ 이와 같은 규범적 해석을 하는 것은 상대방 있는 의사표시에 있어서 상대방의 신뢰보호 및 사적 자치의 원칙 중 자기책임의 원칙에서 그 근거를 찾을 수 있다.

② **예외**: 상대방 없는 단독행위와 상대방 있는 의사표시라 하여도 표의자의 의사와 표시가 일치하지 않음을 상대방이 알았거나(악의), 신의칙상 주의를 하지 아니하여 알지 못한 경우(과실)와 같이 상대방의 신뢰를 보호할 법익이 존재하지 않는 경우 자연적 해석에 의하여 법률행위의 내용을 확정한다.

> **판례** 규범적 해석
>
> ① 통상 권리금은 새로운 임차인으로부터만 지급받을 수 있을 뿐이고 임대인에 대하여는 지급을 구할 수 없는 것이므로 임대인이 임대차계약서의 단서 조항에 권리금액의 기재 없이 단지 '모든 권리금을 인정함'이라는 기재를 하였다고 하여 임대차 종료시 임차인에게 권리금을 반환하겠다고 약정하였다고 볼 수는 없고, 단지 임차인이 나중에 임차권을 승계한 자로부터 권리금을 수수하는 것을 임대인이 용인하고, 나아가 임대인이 정당한 사유 없이 명도를 요구하거나 점포에 대한 임대차계약의 갱신을 거절하고 타에 처분하면서 권리금을 지급받지 못하도록 하는 등으로 임차인의 권리금 회수 기회를 박탈하거나 권리금 회수를 방해하는 경우에 임대인이 임차인에게 직접 권리금 지급을 책임지겠다는 취지로 해석해야 할 것이다(2000다4517).
> ② 음식점 경영을 위하여 임대차계약을 체결하면서 종업원이나 고객의 부주의로 인한 경우는 물론 그 밖의 모든 경우의 화재에 대하여도 임차인이 그 손해를 부담하기로 특약을 맺은 경우, 위 '모든 경우의 화재'에는 불가항력의 경우까지도 포함한다(79다508).
> ③ 기업을 인수하면서 종전 사장에게 일정기간 임금지급 및 차량제공을 하도록 약정서의 말미에 "최대한 노력하겠습니다."라는 문구를 부기한 예우약정의 경우, 당사자가 그 문구를 기재한 객관적인 의미는 그것을 법적으로는 부담할 수 없지만 사정이 허락하는 한 그 이행을 사실상 하겠다는 취지로 해석함이 상당하고, 따라서 중간에 보수를 중단한 경우에 채무불이행이 되는 것은 아니다(93다32668).
> ④ 부동산의 명의수탁자가 신탁자와 함께 매매계약서의 매도인란에 자신의 서명·날인을 하고 매매대금 영수증에도 서명·날인을 하여 준 경우, 명의수탁자의 의사는 신탁자의 매매계약상의 매도인으로서의 채무불이행에 따른 손해배상채무나 계약해제에 따른 원상회복의무를 자신이 공동으로 부담하겠다는 의미로 해석하여야 한다(2000다27923).
> ⑤ 더 받을 금액이 있음에도 불구하고 영수증에 총완결이라고 표시한 경우 더 받을 금액을 탕감한 것으로 본다(69다563).
> ⑥ 낙찰대금에서 배당을 받지 못한 세입자가 임대인의 아들을 찾아가 임대차보증금을 어떻게 할 것인지 따지자 자신이 책임지고 해결하겠으니 걱정하지 말고 기다리라고 한 경우, 그 말의 객관적 의미는 임대차보증금반환의무를 법적으로 부담할 수는 없지만 사정이 허락하는 한 그 이행을 사실상 하겠다는 취지라고 해석함이 상당하다(99다43486).

3. 보충적 해석

① 보충적 해석방법은 자연적 해석방법과 규범적 해석방법을 통하여 법률행위의 성립이 인정된 후에 하는 해석방법으로서, 법률행위의 내용에 간극(공백, 흠결)이 있는 경우 제3자의 입장에서 당사자의 의사를 보충하는 해석방법이다.

② 보충적 해석은 법률행위가 성립하였으나 일정한 사안에 관하여 약정을 하지 않았거나 이에 적용할 규정도 없는 경우에 그것을 보충하기 위한 것이다.

③ 이러한 보충적 해석방법은 모든 법률행위에 적용할 수 있으나, 주로 계약의 해석에서 큰 기능을 발휘한다.

> **판례** 보충적 해석
>
> ① 교통사고 등에서 가해자와 피해자가 손해배상에 관하여 합의를 하면서 향후 민·형사상 일체의 청구권을 포기한다고 약정한 경우에도 이러한 약정 당시에 예상하지 못한 후유증의 발생으로 피해자가 영구불구자로 된 경우 이로 인한 손해는 포기각서에 의하여 포기된 것이 아니므로 피해자는 그 손해배상을 청구할 수 있다(90다16078).
> ② 법률행위의 해석은 당사자가 그 표시행위에 부여한 객관적인 의미를 명백하게 확정하는 것으로서, 사용된 문언에만 구애받는 것은 아니지만, 어디까지나 당사자의 내심의 의사가 어떤지에 관계없이 그 문언의 내용에 의하여 당사자가 그 표시행위에 부여한 객관적 의미를 합리적으로 해석하여야 하는 것이고, 당사자가 표시한 문언에 의하여 그 객관적인 의미가 명확하게 드러나지 않는 경우에는 그 문언의 형식과 내용 그 법률행위가 이루어진 동기 및 경위, 당사자가 그 법률행위에 의하여 달성하려는 목적과 진정한 의사, 거래의 관행 등을 종합적으로 고려하여 사회정의와 형평의 이념에 맞도록 논리와 경험의 법칙, 그리고 사회일반의 상식과 거래의 통념에 따라 합리적으로 해석하여야 한다(2000다40858).

3 법률행위 해석의 기준

> **제105조 【임의규정】** 법률행위의 당사자가 법령 중의 선량한 풍속 기타 사회질서에 관계없는 규정과 다른 의사를 표시한 때에는 그 의사에 의한다.
>
> **제106조 【사실인 관습】** 법령 중의 선량한 풍속 기타 사회질서에 관계없는 규정과 다른 관습이 있는 경우에 당사자의 의사가 명확하지 아니한 때에는 그 관습에 의한다.

1. 서설

(1) 법률행위의 해석기준(통설·판례)

① 당사자가 기도하는 목적
② 사실인 관습(제106조)
③ 임의규정(제105조)
④ 신의성실의 원칙(제2조)을 들고 있다.

(2) 해석의 순서

'당사자가 기도하는 목적 ⇨ 사실인 관습 ⇨ 임의규정 ⇨ 신의성실의 원칙'의 순이다.

2. 해석의 개별적 기준

(1) 당사자가 기도하는 목적

① 법률행위를 통하여 당사자가 기도하는 목적은 그 법률행위의 핵심내용을 구성한다. 그 목적은 당사자의 의사표시의 해석을 통하여 확인이 된다.
② 법률행위는 당사자가 그 행위에 의하여 달성하고자 하는 목적에 적합하도록 해석하여야 한다.
③ 당사자가 기도하는 목적을 고려하여 민법은 일부무효의 법리(제137조), 무효행위의 전환(제138조) 등의 규정을 두고 있다.

(2) 사실인 관습

① 사실인 관습이란 일정지역을 중심으로 반복되는 관행이 일반인의 법적 확신의 정도에는 이르지 못한 것을 말한다.
② 법률행위는 일반적으로 그것이 행해지는 장소와 시기, 관습에 따라 이루어지므로, 당사자의 의사가 명확치 않은 경우에는 사실인 관습이 해석의 기준이 된다. 그러므로 사실인 관습은 사적 자치가 인정되는 분야에서 당사자의 의사가 불명확한 경우에 그 의사를 보충하는 역할을 한다(제106조).

(3) 임의규정

임의규정이란 법령 중 선량한 풍속 기타 사회질서와 관련이 없는 규정을 말한다. 당사자의 의사표시의 내용이 임의규정과 다른 경우 임의규정의 적용이 배제된다(제105조).

(4) 신의성실의 원칙(조리)

당사자가 의도하는 목적, 사실인 관습, 임의규정에 의하여 법률행위의 내용을 확정할 수 없는 경우에는 신의성실의 원칙(제2조)에 의해 법률행위를 해석하여야 한다(다수설).

개념적용 문제

'부동산 매매계약에서 쌍방 당사자가 X토지를 계약의 목적물로 삼았으나 그 목적물의 지번에 관하여 착오를 일으켜 계약을 체결함에 있어서는 계약서상 그 목적물을 X토지와 별개인 Y토지로 표시하였다고 하더라도, X토지를 매매목적물로 한다는 쌍방 당사자의 의사합치가 있은 이상, 그 매매계약은 X토지에 관하여 성립한 것으로 보아야 한다.'고 하는 법률행위의 해석 방법은?

제28회 기출

① 예문해석
② 자연적 해석
③ 보충적 해석
④ 규범적 해석
⑤ 확장해석

해설 오표시 무해의 원칙에 관한 것으로 자연적 해석에 해당한다.

정답 ②

CHAPTER 02 OX문제로 완벽 복습

01 타인소유 물건의 매매·임대차는 일반적으로 법률행위의 중요부분에 대한 착오에 해당하므로 표의자는 그 법률행위를 취소할 수 있다. (O | X)

02 법률행위의 동기가 '선량한 풍속 기타 사회질서'에 위반한 사항을 그 내용으로 한 것 그 자체만으로 법률행위를 무효로 할 수 없다. (O | X)

03 강제집행을 면탈할 목적 또는 세금을 포탈하거나 투기할 목적으로 법률행위를 하였다면 이는 반사회적 행위로서 무효라 할 수 없다. (O | X)

04 형사사건에 대한 변호사의 성공보수약정은 무효이다. (O | X)

05 도박채권자에게 도박채무를 담보하기 위하여 제공한 담보물의 처분에 관한 대리권을 수여한 행위는 무효가 아니다. (O | X)

06 제104조에서 궁박은 경제적인 것뿐 아니라 신체적·정신적인 것도 포함된다. (O | X)

07 해외파견 복귀 후 일정기간 근무하여야 한다는 근로에 관한 합의는 무효이다. (O | X)

정답

01 ×[타인소유 물건의 매매는 채권행위로서 그 효력은 유효이고, 매도인은 권리를 취득하여 매수인에게 이전하여야 할 의무만을 부담한다(제569조)] **02** ○(동기 자체는 법률행위에 영향을 미치는 요인이 아니므로 불법의 동기가 표시된 경우 또는 상대방에게 알려진 것이 아니라면 동기의 불법을 이유로 반사회적 행위라 할 수 없다) **03** ○ **04** ○ **05** ○ **06** ○ **07** ×(이는 해외파견 소요경비의 반환기간을 정한 것으로 유효인 행위이다)

CHAPTER 03 의사표시

CHAPTER 미리보기

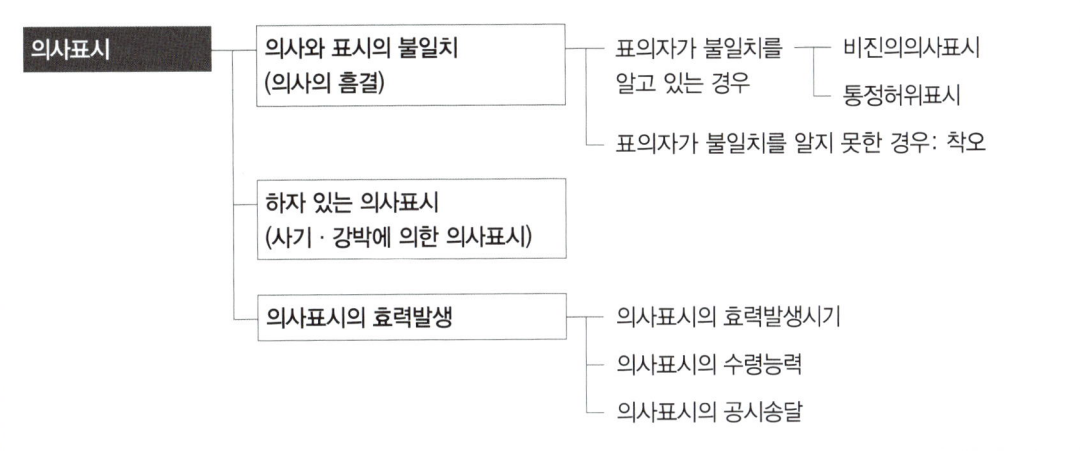

학습전략

❶ 법률행위에서 필수불가결의 요소가 바로 의사표시이므로 가장 중요한 부분입니다.
❷ 의사표시의 개념을 의사와 표시가 복합된 개념으로 이해해야 합니다.
❸ 의사와 표시의 불일치, 의사표시의 하자, 의사표시의 효력발생시기 등을 집중적으로 학습하시길 바랍니다.

학습키워드

- 의사와 표시의 불일치
- 진의 아닌 의사표시
- 허위표시
- 착오에 의한 의사표시
- 하자 있는 의사표시
- 사기에 의한 의사표시
- 강박에 의한 의사표시
- 의사표시의 효력발생

제1절 총설

1 서설

1. 의사표시의 의의

① 의사표시는 표의자가 일정한 법률효과를 의욕하는 의사를 외부에 표현하는 것을 말한다.
② 법률행위는 하나 또는 수개의 의사표시를 요소로 하여 구성되는 법률요건이므로 의사표시는 법률행위의 필수불가결의 요소인 법률사실이다.
③ 의사표시는 그 자체만으로는 표의자가 원하는 대로 법률효과가 발생하는 것이 아니며, 법률행위가 됨으로써 표의자가 의욕한 대로 법률효과가 발생한다. 이런 면에서 준법률행위와 구별된다.

2. 의사표시의 구성요소(효과의사, 표시의사, 행위의사, 표시행위)

(1) 의사표시의 구성요소는 효과의사와 표시행위로 구성되어 있다(다수설).

(2) 효과의사는 내심적 효과의사와 표시상의 효과의사로 구분할 수 있다

① 내심적 효과의사는 표의자가 의사표시의 결과로서 최종적으로 얻고자 하는 효과를 의미하고, 표시상의 효과의사는 자신의 의사를 특정한 내용 또는 방법으로 표시하고자 하는 의사표시자의 생각을 말한다.
② 다수설·판례는 당사자의 진정한 의사를 알 수 없으면 표시행위로부터 추단되는 효과의사, 즉 '표시상의 효과의사'가 효과의사의 본체라고 한다.

(3) 표시의사는 효과의사에 포함되므로 의사표시의 내용으로 되지 않는다는 것이 통설의 견해이다.

(4) 행위의사는 일반적으로 결국 표시행위의 내용을 이룬다고 하여 의사표시의 구성요소로 인정하지 않는다.

(5) 표시행위는 명시적·묵시적 모두 가능하다.

(6) 동기

① 동기는 원칙적으로 의사표시의 내용이 되지 않는다(다수설).
② 그러나 동기가 표시된 경우이거나, 표시되지 않았다 하더라도 상대방이 알았거나 알 수 있었던 경우에는 의사표시의 내용으로 될 수 있다.

(7) 침묵

① 침묵은 그 자체만으로는 원칙적으로 의사표시가 아니다.
② 그러나 당사자 사이의 약정이나 거래관행에 의해 침묵이 의사표시로 된다는 특별한 정황이 있고 침묵자에게 침묵이 의사표시로 된다는 인식이 있으면 침묵도 의사표시로 인정된다.
③ 민법 규정에 의하여 침묵에 법적 효과가 부여되기도 한다. 예를 들면, 무권대리의 상대방의 최고에 대하여 본인이 그 유예기간 내에 확답을 발하지 않고 침묵하는 경우 추인의 거절로 간주된다(제131조).

2 의사표시의 본질에 관한 이론

1. 의사주의(意思主義)

① 의사주의는 표의자의 내심(內心)의 효과의사, 즉 표의자의 진의를 의사표시의 본체로 파악한다.
② 의사주의에서는 효과의사와 표시행위가 일치하지 않는 경우에는 모두 무효 또는 법률행위의 불성립으로 다루어진다. 그러므로 의사주의는 착오에 의한 의사표시의 경우를 원칙적으로 무효로 취급한다.
③ 예를 들면, 매도인이 100만원으로 청약할 생각이었으나 기재를 잘못하여 1,000만원으로 표시한 경우 1,000만원의 표시행위는 존재하더라도 1,000만원으로 청약한다는 효과의사는 존재하지 아니하므로 그 청약의 의사표시는 무효가 된다.

2. 표시주의(表示主義)

① 표시주의는 의사보다는 표시행위를 존중하여 의사표시의 해석에 있어서 '표시행위가 지니는 객관적 의미'를 탐구해야 한다는 입장으로서 표시상의 효과의사가 의사표시의 본질적 요소라고 한다.
② 표시주의에 의하면 표시행위에 대응하는 내심적 효과의사가 존재하지 아니하는 경우에도 표시행위로부터 추단되는 효과의사가 존재하는 것으로 의제하여 표시행위대로 법률효과를 발생하게 한다.
③ 따라서 표시주의에 따르면 착오에 의한 의사표시의 경우라도 그 표시한 대로 효력이 발생한다.

3. 절충주의(折衷主義)

이는 의사주의와 표시주의 중 어느 하나를 주로 하고 다른 하나를 가미시킴으로써 표의자의 이익보호와 거래안전 내지 상대방 보호를 적절히 조화시키고 있는 이론이다.

4. 우리 민법의 태도(절충주의)

우리 민법은 표의자보호와 상대방의 신뢰보호 및 거래의 안전도 함께 고려해야 하는 재산법상의 행위에 관하여 표시주의에 기운 절충주의의 태도를 취한다(다수설·판례). 그러나 당사자의 진의(眞意)가 절대적으로 중시되는 가족법상의 행위에 대해서는 원칙적으로 의사주의가 적용된다.

> **참고** 의사표시의 분류
> 1. **명시적 의사표시**: 표의자의 효과의사가 언어나 문자 등에 의하여 분명히 표현된 의사표시를 말한다.
> 2. **묵시적 의사표시**: 거동에 의하거나 주위 사정에 의하여 인정되는 의사표시를 말한다.
> 3. **포함적 의사표시(간접적 의사표시)**: 행위자가 실행행위, 특히 이행행위 또는 이행의 수령행위를 하면서 이에 의하여 어떤 법률관계가 형성되는 경우이다. 민법상 이를 기초로 하는 제도는 취소할 수 있는 법률행위의 법정추인제도(제145조), 임대차의 묵시적 갱신제도(제639조) 등이 있다.

3 비정상적인 의사표시

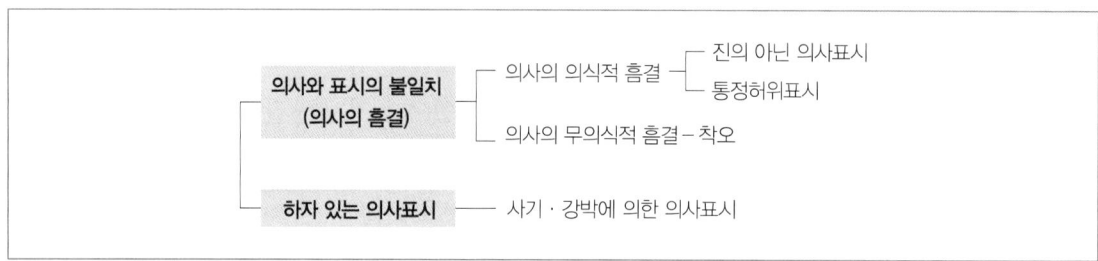

1. 비정상적 의사표시의 문제

① 의사표시가 효력을 발생하기 위해서는 성립한 법률행위의 의사와 표시가 일치하여야 하고, 의사표시에 하자가 없을 것이 요구된다.
② 의사와 표시가 일치하지 않거나 의사표시에 하자가 있는 경우에는 표의자가 의욕한 법률효과가 발생하지 않는다.
③ 통설은 비정상적인 의사표시를 의사와 표시의 불일치와 하자 있는 의사표시로 구분하고, 민법은 이에 관하여 제107조부터 제110조까지 규정을 두고 있다.

2. 비정상적인 의사표시에 관한 민법 규정(제107조 내지 제110조)의 적용상 공통점

① 가족법상의 법률행위에는 적용하지 않는다. 그러나 가족법상 법률행위를 비정상적인 의사표시로 하였다면 이는 언제나 무효로 한다.

② 공법상 행위로서 국가기관의 행정행위 또는 공무원 개인의 사직서 제출 등의 공법행위, 소송행위 등에도 적용하지 않는다. 그러므로 공법행위가 비정상적인 의사표시(제107조 내지 제110조)로 이루어졌다 하더라도 언제나 표시한 대로 효력이 발생한다.
③ 주식인수의 청약, 어음행위 등 단체적·정형적 거래행위에도 적용하지 않는다. 즉, 단체적·정형적 거래행위가 비정상적인 의사표시(제107조 내지 제110조)로 이루어졌다 하더라도 언제나 표시한 대로 효력이 발생한다.
④ 선의의 제3자에게 대항할 수 없다.
  ㉠ 여기서 '제3자'는 비정상적인 의사표시의 당사자와 그 포괄승계인을 제외하고, 그 비정상적인 의사표시를 기초로 새로운 이해관계를 맺은 자를 의미한다.
  ㉡ 제3자는 선의면 충분하고 무과실을 요하지는 않는다. 즉, 제3자가 선의라면 과실이 있는 경우라도 선의의 제3자로서 보호가 된다.
  ㉢ 제3자의 선의는 추정이 되므로 제3자 스스로 선의를 입증할 필요는 없다.

제2절 의사와 표시의 불일치(의사의 흠결)

1 진의 아닌 의사표시(비진의표시, 단독허위표시, 심리유보)

> **제107조 【진의 아닌 의사표시】** ① 의사표시는 표의자가 진의 아님을 알고 한 것이라도 그 효력이 있다. 그러나 상대방이 표의자의 진의 아님을 알았거나 이를 알 수 있었을 경우에는 무효로 한다.
> ② 전항의 의사표시의 무효는 선의의 제3자에게 대항하지 못한다.

1. 의의

① 진의 아닌 의사표시[비진의표시(非眞意表示)], 단독허위표시 또는 심리유보(心理留保)란 표의자가 진의 아님을 알고서 한 의사표시, 즉 표시행위가 표의자의 진의와 다르다는 것을 표의자가 스스로 알고 하는 것을 말한다.
② 예를 들면, 근로자가 사직할 의사 없이 회사에 사직원을 제출하는 경우, 사립대학교 조교수가 사직할 뜻이 없으면서 사태수습을 위해서 사직서를 제출하는 행위(판례 참조) 등이 진의 아닌 의사표시에 해당한다.

> **판례** 진의 아닌 의사표시
>
> ① 물의를 일으킨 사립대학교 조교수가 사직원이 수리되지 않을 것이라고 믿고 사태수습의 방안으로 사직원을 제출한 경우 그 의사표시에 따라 효력을 발생한다(79다2168).
> ② 근로자가 회사의 경영방침에 따라 재입사를 전제로 사직원을 제출하고 근로자가 퇴직 전후에 걸쳐서 중단 없이 근로를 계속한 때에는 회사는 근로자의 비진의표시를 알고 있었다고 볼 수 있고 따라서 퇴직의 효과는 발생하지 아니한다(87다카2578).
> ③ 공무원이 사직원을 제출하여 의원면직처분을 한 경우 비록 사직할 뜻이 아니었다고 하더라도 표시된 대로 효력이 발생한다(97누13962).

2. 요건

① 의사표시가 존재하여야 한다. 따라서 명백한 사교적인 농담, 배우의 대사, 교수가 강연 중에 한 말 등은 의사표시 자체가 아니므로 비진의표시의 문제가 발생하지 않는다.
② 의사(진의)와 표시가 불일치하여야 한다.
③ 표의자가 그 불일치를 알고 있어야 한다. 표의자가 과실로 의사와 표시의 불일치를 알지 못한 경우에는 진의 아닌 의사표시는 성립하지 않는다.
④ **비진의표시**를 하게 된 동기나 이유는 묻지 않는다.

> **판례** 비진의표시에서의 진의
>
> ① 비진의의사표시에서 진의란 특정한 내용의 의사표시를 하고자 하는 표의자의 생각을 말하는 것이지 표의자가 진정으로 마음속에서 바라는 사항이 아니라고 할 것이므로, 비록 강제로 재산을 뺏긴다는 것이 표의자의 본심으로 잠재되어 있었다 하여도 표의자가 강박에 의하여서나마 증여를 하기로 하고 그에 따른 증여의 의사표시를 한 이상 증여의 내심의 효과의사가 결여된 것이라고 할 수는 없다(92다41528).
> ② 표의자가 의사표시의 내용을 진정 마음속으로 바라지 아니하였다 하더라도 당시 상황에서 그것이 최선이라고 판단하여 그 의사표시를 하였을 경우에는 이를 내심의 효과의사가 결여된 진의 아닌 의사표시라고 할 수는 없다(2000다51919).
> ③ 법률상 또는 사실상의 장애로 자기 명의로 대출받을 수 없는 자를 위하여 대출금채무자로서의 명의를 빌려준 자에게 그와 같은 채무부담의 의사가 없는 것이라고는 할 수 없으므로 그 의사표시를 비진의표시에 해당한다고 볼 수 없고, 설령 명의대여자의 의사표시가 비진의표시에 해당한다고 하더라도 그 의사표시의 상대방인 상호신용금고로서는 명의대여자가 전혀 채무를 부담할 의사 없이 진의에 반한 의사표시를 하였다는 것까지 알았다거나 알 수 있었다고 볼 수도 없으므로, 명의대여자는 표시행위에 나타난 대로 대출금채무를 부담하여야 한다(96다18182).
> ④ 학교법인이 「사립학교법」상의 제한규정 때문에 그 학교의 교직원의 명의를 빌려서 금원을 차용한 경우에 금원을 대여한 자가 그러한 사정을 알고 있었다고 하더라도 위 교직원의 의사는 위 금전의 대차에 관하여 그가 주채무자로서 채무를 부담하겠다는 뜻이라고 해석함이 상당하므로 이를 비진의표시라고 볼 수 없다(80다639).

⑤ 희망퇴직제 실시에 따라 근로자가 회사에 대하여 사직서를 제출하고 회사가 이를 수리하여 면직한 것은 「근로기준법」상의 해고가 아니다(2002다60528).
⑥ 회사가 원고에게 권고사직을 권유할 당시 참가인 회사의 경영상태 및 이로 인한 참가인 회사의 구조조정과 인력감축의 필요성 등이 있는 이상, 참가인 회사가 권고사직을 권유하는 과정에서 원고에게 퇴직권유에 응하지 않을 경우 어떠한 불이익을 입을 수도 있고 해고의 대상이 될 수도 있다는 취지의 설명을 하였다거나 전산망 차단이 이루어졌다는 사정만으로는 원고가 참가인 회사의 기망, 협박, 강요로 인하여 어쩔 수 없이 사직서를 제출하였다고 볼 수 없다. 따라서 원고와 참가인 회사 사이의 근로계약관계는 원고의 사직서 제출과 이에 따른 참가인 회사의 수리로써 합의해지에 의하여 종료되었다고 할 것이다(2003구합14819).
⑦ 은행이 동일인 여신한도의 제한을 회피하기 위하여 실질적 주채무자가 아닌 제3자와 사이에 제3자를 주채무자로 하는 소비대차계약을 체결한 경우, 위 소비대차계약이 통정허위표시로서 무효인 법률행위라 볼 수 없고, 제3자의 진의와 표시의 불일치가 있다고 볼 수도 없다(98다17909).
⑧ 비교판례: 동일인에 대한 대출액 한도를 제한한 법령이나 금융기관 내부규정의 적용을 회피하기 위하여 실질적인 주채무자가 실제 대출받고자 하는 채무액에 대하여 제3자를 형식상의 주채무자로 내세우고, 금융기관도 이를 양해하여 제3자에 대하여는 채무자로서의 책임을 지우지 않을 의도하에 제3자 명의로 대출관계서류를 작성받은 경우, 제3자는 형식상의 명의만을 빌려 준 자에 불과하고 그 대출계약의 실질적인 당사자는 금융기관과 실질적 주채무자이므로, 제3자 명의로 되어 있는 대출약정은 그 금융기관의 양해하에 그에 따른 채무부담의 의사 없이 형식적으로 이루어진 것에 불과하여 통정허위표시에 해당하는 무효의 법률행위이다(2001다11765).

3. 효과

(1) 원칙 – 유효(상대방의 선의 및 무과실의 경우)

비진의표시는 표의자보다 그 표시를 신뢰한 상대방과 거래 안전을 보호하기 위하여 원칙적으로 표시된 대로 효력이 있다(제107조 제1항 본문 참조). 즉, 표시주의에 입각하여 표시된 대로 효력이 발생한다.

(2) 예외 – 무효(상대방의 악의 또는 과실이 있는 경우)

① 상대방이 표의자의 진의 아님을 알았거나(악의), 알 수 있었을 경우(과실)에는 상대방의 보호가치가 부정되므로 무효이다(제107조 제1항 단서).
② 상대방의 악의 또는 과실의 유무는 당해 의사표시의 무효를 주장하는 자가 이를 입증하여야 한다(92다2295). ⇨ 표의자가 주장·입증하여야 한다.

(3) 제3자에 대한 관계 – 선의의 제3자 보호

① 비진의표시가 예외적으로 무효가 되는 경우에 비진의표시의 무효를 가지고 선의의 제3자에게 대항하지 못한다(제107조 제2항).
② 이때 제3자는 선의이면 족하고, 무과실까지 요하지는 않는다.

③ 제3자의 선의는 추정되므로 비진의표시의 무효를 주장하여 권리를 반환받고자 하는 자가 제3자의 악의를 입증하여야 한다.
④ 여기의 선의·제3자·대항하지 못한다는 의미는 허위표시에 있어서의 그것과 대체로 동일하다.

4. 적용범위

(1) 계약 및 단독행위

① 상대방 있는 단독행위와 계약에 대해서는 제107조 제1항 본문·단서 모두 적용된다.
② 상대방 없는 단독행위에 대해서는 제107조 제1항 단서 규정은 적용되지 않으므로 상대방 없는 단독행위에 대한 진의 아닌 의사표시는 언제나 유효이다(반대의견이 있음).

(2) 준법률행위

준법률행위 중 의사의 통지나 관념의 통지 등은 유추적용된다.

(3) 가족법상 행위

본인의 의사가 절대적으로 존중되어야 하는 가족법상의 법률행위는 제107조가 적용되지 않는다. 따라서 가족법상의 행위에 대한 비진의표시는 언제나 절대적 무효이다.

(4) 공법상 행위

① 표시행위의 신뢰가 가장 중요한 요소인 공법관계에는 제107조가 적용되지 않으며, 언제나 표시된 대로 효력이 발생한다.
② 공법상 행위는 공공기관의 공법적 행위뿐만 아니라 공무원의 사직원 제출과 같은 사인의 공법적 행위도 포함되고, 그 의사가 외부로 표시된 이상 그 의사는 언제나 표시된 대로 효력이 발생한다(97누13962).

(5) 주식인수청약

주식인수청약과 같은 단체적 거래행위에 대하여는 제107조 제1항 단서의 적용이 배제된다. 따라서 주식인수청약은 회사가 청약자의 인수청약이 진의와 다르다는 것을 알았다 하더라도 언제나 유효이다.

5. 적용범위의 확대 – 대리권 남용에 유추적용

진의 아닌 의사표시가 대리인에 의하여 이루어지고 그 대리인의 진의가 본인의 이익이나 의사에 반하여 자기 또는 제3자의 이익을 위한 배임적인 것임을 그 상대방이 알았거나 알 수 있었을 경우에는 민법 제107조 제1항 단서의 유추해석상 그 대리인의 행위에 대하여 본인은 아무런 책임을 지지 아니한다(2000다20694).

2 허위표시

> **제108조【통정한 허위의 의사표시】** ① 상대방과 통정한 허위의 의사표시는 무효로 한다.
> ② 전항의 의사표시의 무효는 선의의 제3자에게 대항하지 못한다.

1. 의의

① **허위표시**는 상대방과 통정(通情)하여서 하는 진의 아닌 의사표시를 말한다. 허위표시는 표의자가 비진의표시를 하는데, 상대방과의 통정이 있다는 점에서 통정허위표시라고도 한다.
② **통정**이란 의사와 표시의 불일치에 대한 상대방과 합의 또는 양해(諒解)를 의미한다. 따라서 상대방이 이를 인식하고 있는 것만으로는 통정허위표시가 되지 않는다(判).
③ 통정허위표시에 기한 법률행위를 **가장행위**(假裝行爲)라고도 한다.

2. 요건

① 의사표시의 존재
② 진의와 표시의 불일치
③ 표의자와 상대방이 그 불일치를 알고 있어야 하며,
④ 불일치에 관해 상대방과 통정(通情)이 있어야 한다. 만약 통정이 없었다면 허위표시는 성립하지 않는다. 다만, 제107조 제1항 단서에 따라 무효가 될 수 있다.
⑤ 허위표시를 하게 된 목적이나 동기는 따지지 않는다.

> **판례** 통정허위표시
>
> ① 동일인에 대한 대출액 한도를 제한한 법령이나 금융기관 내부규정의 적용을 회피하기 위하여 실질적인 주채무자가 실제 대출받고자 하는 채무액에 대하여 제3자를 형식상의 주채무자로 내세우고, 금융기관도 이를 양해하여 제3자에 대하여는 채무자로서의 책임을 지우지 않을 의도하에 제3자 명의로 대출관계서류를 작성받은 경우, 제3자는 형식상의 명의만을 빌려 준 자에 불과하고 그 대출계약의 실질적인 당사자는 금융기관과 실질적 주채무자이므로, 제3자 명의로 되어 있는 대출약정은 그 금융기관의 양해하에 그에 따른 채무부담의 의사 없이 형식적으로 이루어진 것에 불과하여 통정허위표시에 해당하는 무효의 법률행위이다(2001다11765).

② 비교판례: 통정허위표시가 성립하기 위하여는 의사표시의 진의와 표시가 일치하지 아니하고, 그 불일치에 관하여 상대방과 사이에 합의가 있어야 하는바, 제3자가 은행을 직접 방문하여 금전소비대차약정서에 주채무자로서 서명·날인하였다면 제3자는 자신이 당해 소비대차계약의 주채무자임을 은행에 대하여 표시한 셈이고, 제3자가 은행이 정한 동일인에 대한 여신한도 제한을 회피하여 타인으로 하여금 제3자 명의로 대출을 받아 이를 사용하도록 할 의도가 있었다거나 그 원리금을 타인의 부담으로 상환하기로 하였더라도, 특별한 사정이 없는 한 이는 소비대차계약에 따른 경제적 효과를 타인에게 귀속시키려는 의사에 불과할 뿐, 그 법률상의 효과까지도 타인에게 귀속시키려는 의사로 볼 수는 없으므로 제3자의 진의와 표시에 불일치가 있다고 보기는 어렵다(98다17909).

3. 효과

(1) 당사자간의 효력

① 통정허위표시로서 가장행위는 당사자 사이에서는 언제나 무효이다(제108조 제1항). 따라서 이행하기 전이면 이행할 필요 없고, 이미 이행을 한 상태라면 그 이행된 급부는 부당이득으로서 반환청구할 수 있다.
  ㉠ 허위표시 그 자체는 반사회질서의 법률행위가 아니므로 허위표시에 의한 급부의 이행은 불법원인급여(제746조)가 아니기 때문에(93다61307) 부당이득 반환을 청구할 수 있다.
  ㉡ 가장매매의 결과 소유권이전등기와 같이 권리변동의 외관이 갖추어져 있어도 이는 무효로서 권리변동의 효과는 생기지 않는다.
  ㉢ 가장양도인은 가장양수인에 대하여 무효등기의 말소청구 또는 진정명의회복을 원인으로 소유권이전등기를 청구할 수도 있다.
② 채무자의 법률행위가 통정허위표시인 경우에도 채권자취소권의 대상이 되고, 한편 채권자취소권의 대상으로 된 채무자의 법률행위라도 통정허위표시의 요건을 갖춘 경우에는 무효라고 할 것이다(97다50985).

(2) 선의의 제3자 보호

① 제3자란 당사자 및 그 포괄승계인 이외의 자로서 허위표시에 의하여 형성된 법률관계를 기초로 새로운 이해관계를 맺은 자를 말한다.

제3자에 해당하는 자	• 가장매매의 매수인으로부터 그 목적물을 다시 매수한 자 • 가장매매의 매수인으로부터 저당권을 설정받은 자 • 가장저당권설정행위에 기한 저당권의 실행으로 경락받은 자 • 가장매매의 매수인으로부터 매매계약에 의한 소유권이전등기청구권 보전을 위한 가등기를 취득한 자 • 가장매매에 기한 대금채권의 양수인 • 가장소비대차에 기한 채권의 양수인 • 허위표시에 의한 타인명의의 예금통장의 명의인으로부터 예금채권을 양수한 자

	• 가장매매의 매수인에 대한 압류채권자(이와 달리 가장양수인의 일반채권자는 제3자가 아니다) • 통정한 허위표시에 의하여 외형상 형성된 법률관계로 생긴 채권을 가압류한 경우, 그 가압류채권자 ⇨ 임대차 보증금반환채권을 가장 양수한 자에 대한 압류채권자, 가장전세권설정계약에 의하여 형성된 법률관계로 생긴 전세금반환채권을 가압류한 채권자 • 허위의 보증채무를 이행하여 구상권을 취득한 보증인 • 가장전세권에 대한 저당권자 • 파산자가 상대방과 통정한 허위의 의사표시에 의해 성립된 가장채권을 보유하고 있다가 파산이 선고된 경우의 파산관재인
제3자에 해당하지 않는 자	• 가장매매에 기인한 손해배상청구권의 양수인 • 채권의 가장양도에 있어서의 채무자(82다594) • 가장매매의 매수인으로부터 그 지위를 상속받은 자 • 주식이 가장양도된 경우의 회사 • 대리인이나 대표기관이 상대방과 통정허위표시를 한 경우에 본인이나 법인 • 저당권 등 제한물권이 가장포기된 경우의 기존의 후순위 제한물권자(이와 달리 저당권 등 제한물권의 가장포기 후에 새로이 제한물권을 설정받은 자는 제3자에 해당한다) • 채권의 가장양수인으로부터 추심을 위하여 채권을 양수한 자 등 • 제3자를 위한 계약에 있어서의 제3자(수익자)

> **판례** 통정허위표시를 기초로 새로운 이해관계를 맺은 제3자
>
> ① 파산관재인이 민법 제108조 제2항의 경우 등에 있어 제3자에 해당하는 것은 파산관재인은 파산채권자 전체의 공동의 이익을 위하여 선량한 관리자의 주의로써 그 직무를 행하여야 하는 지위에 있기 때문이므로, 그 선의·악의도 파산관재인 개인의 선의·악의를 기준으로 할 수는 없고 총파산채권자를 기준으로 하여 파산채권자 모두가 악의로 되지 않는 한 파산관재인은 선의의 제3자라고 할 수밖에 없다(2004다10299).
> ② 통정한 허위표시에 의하여 외형상 형성된 법률관계로 생긴 채권을 가압류한 경우, 그 가압류권자는 허위표시에 기초하여 새로운 법률상 이해관계를 가지게 되므로 민법 제108조 제2항의 제3자에 해당한다고 봄이 상당하고, 또한 민법 제108조 제2항의 제3자는 선의이면 족하고 무과실은 요건이 아니다(2003다70041).
> ③ 계약상 지위를 이전받은 자는 제3자에 해당하지 않는다. 계약이전은 금융거래에서 발생한 계약상의 지위가 이전되는 사법상의 법률효과를 가져오는 것이므로, 계약이전을 받은 금융기관은 계약이전을 요구받은 금융기관과 대출채무자 사이의 통정허위표시에 따라 형성된 법률관계를 기초로 하여 새로운 법률상 이해관계를 가지게 된 민법 제108조 제2항의 제3자에 해당하지 않는다(2002다31537).

② 통정허위표시의 무효는 선의의 제3자에게 대항하지 못한다(제108조 제2항).
  ㉠ 제3자가 선의인 경우 허위표시의 당사자뿐만 아니라 그 누구도 허위표시의 무효를 가지고 선의의 제3자에게 법률행위의 무효를 주장하여 급부물의 반환을 청구하지 못한다.
  ㉡ 그러나 선의의 제3자 스스로 무효를 주장하는 것은 무방하다.
③ 통정허위표시로서 가장매매의 당사자인 가장양수인이 목적물을 제3자에게 처분하여 가장양도인에게 손해가 생겼다면 가장양도인은 가장양수인에게 그 손해배상청구 또는 부당이득의 반환청구를 할 수 있다.

④ 제3자로서 보호받기 위하여 선의이면 족하고 무과실까지 요구되지는 않는다.
⑤ 제3자의 선의는 추정되므로 제3자의 악의를 주장하는 자(무효를 주장하는 자)가 이를 입증하여야 한다(判).
⑥ **전득자** 보호: 제3자가 선의인 경우 그 제3자로부터 권리를 취득한 전득자(轉得者)는 악의일지라도 유효하게 권리를 취득한다. 왜냐하면 그 전득자는 선의의 제3자의 권리를 그대로 승계하므로 제3자가 소유권을 취득했다면 그 권리를 그대로 승계취득한다.

> **판례** 통정허위표시
>
> ① 강제집행을 면할 목적으로 부동산에 허위의 근저당권설정등기를 경료하는 행위도 민법 제103조의 선량한 풍속 기타 사회질서에 위반하는 사항을 내용으로 하는 법률행위로 볼 수 없다(2003다70041).
> ② 주택임차인이 대항력을 갖는지 여부는, 「주택임대차보호법」제3조 제1항에서 정한 요건을 갖추었는지 여부에 의하여 결정되는 것이므로, 당해 임대차계약이 통정허위표시에 의한 계약이어서 무효라는 등의 특별한 사정이 있는 경우는 별론으로 하고 임대차계약 당사자가 기존채권을 임대차보증금으로 전환하여 임대차계약을 체결하였다는 사정만으로 임차인이 동법 제3조 제1항 소정의 대항력을 갖지 못한다고 볼 수는 없다(2001다47535).
> ③ 채권자가 대항력을 취득하는 방법으로 기존채권을 우선변제받을 목적으로 주택임대차계약의 형식을 빌려 기존채권을 임대차보증금으로 하기로 하고 주택의 인도와 주민등록을 마침으로써 주택임대차로서의 대항력을 취득한 것처럼 외관을 만들었을 뿐 실제 주택을 주거용으로 사용·수익할 목적을 갖지 아니한 계약은 주택임대차계약으로서는 통정허위표시에 해당하여 무효라고 할 것이므로 이에「주택임대차보호법」이 정하고 있는 대항력을 부여할 수는 없다(2000다24184).
> ④ 파산관재인이 민법 제108조 제2항의 경우 등에 있어 제3자에 해당하는 것은 파산관재인은 파산채권자 전체의 공동의 이익을 위하여 선량한 관리자의 주의로써 그 직무를 행하여야 하는 지위에 있기 때문이므로, 그 선의·악의도 파산관재인 개인의 선의·악의를 기준으로 할 수는 없고 총파산채권자를 기준으로 하여 파산채권자 모두가 악의로 되지 않는 한 파산관재인은 선의의 제3자라고 할 수밖에 없다(2004다10299).
> ⑤ 동일인에 대한 대출액 한도를 제한한 법령이나 금융기관 내부규정의 적용을 회피하기 위하여 실질적인 주채무자가 실제 대출받고자 하는 채무액에 대하여 제3자를 형식상의 주채무자로 내세우고, 금융기관도 이를 양해하여 제3자에 대하여는 채무자로서의 책임을 지우지 않을 의도하에 제3자 명의로 대출관계서류를 작성받은 경우, 제3자는 형식상의 명의만을 빌려 준 자에 불과하고 그 대출계약의 실질적인 당사자는 금융기관과 실질적 주채무자이므로, 제3자 명의로 되어 있는 대출약정은 그 금융기관의 양해하에 그에 따른 채무부담의 의사 없이 형식적으로 이루어진 것에 불과하여 통정허위표시에 해당하는 무효의 법률행위이다(2001다11765).

(3) 허위표시의 철회

① 허위표시는 무효지만 제3자와 관계에서 유효로 취급될 수 있으므로 당사자가 이를 **철회**할 수 있다.
② 다만, 철회하기 전에 이해관계를 맺은 제3자에 대해서는 철회를 가지고 대항할 수 없다.

③ 철회 후 허위표시의 외형을 제거(등기의 말소)하기 전에 새로운 이해관계를 맺은 제3자가 있는 경우 그가 선의인 경우에는 그 제3자에게는 대항할 수 없다.

(4) 허위표시의 **추인**

무효인 법률행위를 당사자가 그 무효임을 알고 추인한 때에는 새로운 법률행위로 본다(제139조 단서). 그러므로 가장매매의 경우에도 당사자가 추인하면 비소급적(非遡及的)으로 새로운 매매계약을 다시 한 것으로 된다.

> **참고** 제3자 보호규정
> 1. 미성년자에 대한 영업허락의 취소 또는 제한에 관한 제8조 제2항 - 선의의 제3자 보호규정
> 2. 의사와 표시의 불일치에 관한 제107조 내지 제110조의 선의의 제3자 보호규정
> 3. 계약의 해제의 효과에 관한 제548조 제1항 단서의 제3자 보호규정
> 4. 명의신탁 금지에 관한 「부동산 실권리자명의 등기에 관한 법률」 제4조 제3항의 제3자 보호규정

4. 적용범위

① **상대방 있는 의사표시**: 허위표시는 상대방과의 통정이 있어야 하므로 상대방 있는 단독행위와 계약에 대해서는 제108조가 적용된다.
② 상대방 없는 단독행위에 대해서는 통정 자체가 불가능하기 때문에 제108조가 적용되지 않는다(통설).
③ 합동행위(사단법인설립행위)에 대해서는 부정하는 견해가 다수설이다.
④ 가족법상 행위에는 적용되지 않으며 언제나 무효이다.
⑤ 소송행위나 공법상 행위(공무원의 사직서 제출)에도 적용되지 않으며, 이는 언제나 표시대로 효력이 발생한다.

5. 구별개념

(1) 은닉행위

① 은닉행위(隱匿行爲)란 가장행위(증여를 매매로 가장한 경우) 속에 감추어진 행위(증여)를 말한다. 은닉행위는 보통의 허위표시와는 달리 은닉행위로서의 요건을 갖추는 한 유효이다(증여세를 면탈할 목적으로 매매를 가장한 경우 매매는 가장행위로서 무효지만, 증여는 은닉행위로서 증여의 요건을 갖추는 한 유효이다).
② 은닉행위로 권리를 취득한 수익자의 권리는 완전한 것으로서 그 수익자로부터 다시 권리를 승계받은 전득자는 선의·악의 불문하고 법률행위의 내용에 따라 완전한 권리를 취득한다.

(2) 신탁행위

① 신탁행위는 당사자가 어떤 경제적 목적을 달성하기 위하여 그 목적 달성에 필요한 한도를 넘는 법적인 권리를 이전하면서, 권리를 양수한 자는 경제적 목적의 범위 내에서만 권리를 행사할 의무를 지는 법률관계이다.
② 신탁행위는 당사자 사이에 경제적 목적 달성에 필요한 범위 내에서 진정한 권리이전의 의사가 있으므로 허위표시에 해당하지 않는다(통설·판례).
③ 예를 들면, 채권추심을 목적으로 하는 채권양도나 담보목적으로 소유권을 이전하는 양도담보가 여기에 해당한다.

> **판례** 통정허위표시와 구별해야 하는 개념
>
> ① 매도인이 경영하던 기업이 부도가 나서 그가 주식을 매도할 경우 매매대금이 모두 채권자은행에 귀속될 상황에 처하자 이러한 사정을 잘 아는 매수인이 매매계약서상의 매매대금은 형식상 금 8,000원으로 하고 나머지 실질적인 매매대금은 매도인의 처와 상의하여 그에게 적절히 지급하겠다고 하여 매도인이 그와 같은 주식매매계약을 체결한 경우, 매매계약상의 대금 8,000원이 적극적 은닉행위를 수반하는 허위표시라 하더라도 실지 지급하여야 할 매매대금의 약정이 있는 이상 위 매매대금에 관한 외형행위가 아닌 내면적 은닉행위는 유효하고 따라서 실지매매대금에 의한 위 매매계약은 유효하다(93다12930).
> ② 종중이 탈법 목적 없이 그 보유부동산을 타인에게 명의신탁하면서 명의수탁자가 이를 임의로 처분할 경우에 대비하여 종중 명의로 소유권이전등기청구권 보전을 위한 가등기를 경료한 경우, 그와 같은 가등기를 하기로 하는 합의는 통정허위표시로서 무효라고 할 수 없다(95다39526).

6. 허위표시에 기한 법률효과 침해에 대한 손해배상청구

허위표시로서 무효인 법률행위는 그 법률행위가 성립한 처음부터 당연히 효력이 발생하지 않는 것이므로, 무효인 법률행위에 따른 법률효과를 침해하는 것처럼 보이는 위법행위나 채무불이행이 있다고 하여도 법률효과의 침해에 따른 손해는 없는 것이므로 그 손해배상을 청구할 수는 없다(2002다72125).

> **판례** 통정허위표시의 유추적용 문제
>
> 乙이 甲으로부터 부동산에 관한 담보권설정의 대리권만 수여받고도 그 부동산에 관하여 자기 앞으로 소유권이전등기를 하고 이어서 丙에게 그 소유권이전등기를 한 경우, 丙은 乙을 甲의 대리인으로 믿고서 위 등기의 원인행위를 한 것도 아니고, 甲도 乙 명의의 소유권이전등기가 경료된 데 대하여 이를 통정·용인하였거나 이를 알면서 방치하였다고 볼 수 없다면 이에 민법 제126조나 제108조 제2항을 유추할 수는 없다(91다3208).

> **개념적용 문제**
>
> 통정허위표시(민법 제108조)에 관한 설명으로 옳지 않은 것은? (다툼이 있으면 판례에 따름)
>
> 제28회 기출
>
> ① 당사자가 통정하여 증여를 매매로 가장한 경우, 당사자가 내면적으로 의욕한 증여계약은 유효하다.
> ② 통정허위표시로서 무효인 법률행위에 따른 법률효과를 침해하는 것처럼 보이는 채무불이행이 있어도 손해배상을 청구할 수 없다.
> ③ 통정허위표시에서 제3자가 악의이더라도 전득자가 선의이면 그 전득자에 대하여 통정허위표시의 무효를 주장할 수 없다.
> ④ 파산채무자가 상대방과 통정허위표시를 통하여 가장채권을 보유하고 있다가 파산이 선고된 경우, 파산관재인은 민법 제108조 제2항의 제3자에 해당하지 않는다.
> ⑤ 채무자의 법률행위가 통정허위표시로 무효인 경우에도 채권자취소권의 대상이 될 수 있다.
>
> **해설** 통정허위표시로 가장채권을 보유하던 자가 파산한 경우 파산관재인은 통정허위표시의 제3자에 해당한다.
>
> **정답** ④

3 착오에 의한 의사표시

> **제109조 【착오로 인한 의사표시】** ① 의사표시는 법률행위의 내용의 중요부분에 착오가 있는 때에는 취소할 수 있다. 그러나 그 착오가 표의자의 중대한 과실로 인한 때에는 취소하지 못한다.
> ② 전항의 의사표시의 취소는 선의의 제3자에게 대항하지 못한다.

1. 의의

① 착오에 의한 의사표시란 표시된 의사표시 중 표시행위로부터 추단되는 효과의사(표시상의 효과의사)와 표의자의 진의(내심적 효과의사)가 일치하지 않는 상태를 말하고, 의사표시 당시에 표의자 자신이 그 불일치의 사실을 알지 못한 것을 말한다.

② 착오에 의한 의사표시는 일정한 요건하에서 취소할 수 있다(제109조).

2. 착오의 종류

(1) 표시상의 착오

표시상의 착오란 표시행위 자체를 잘못하는 경우를 말한다. 청약에서 1,000만원이라고 적으려고 했으나 100만원으로 잘못 적은 경우와 같은 오기(誤記)가 이에 해당한다.

(2) 내용의 착오(의미의 착오)

내용의 착오는 표의자가 표시행위의 의미를 잘못 이해하는 것이다. 즉, 표의자는 표시하고자 하는 것을 표시하지만 그 표시의 법적 의미를 잘못 이해하는 것이다.
① pound와 dollar를 동일가치의 것으로 오신하여 1만 pound라고 적을 생각으로 1만 dollar라고 적는 경우
② 신원보증을 한다는 생각을 하였으나, 연대보증과 신원보증이 같은 것으로 착각하여 연대보증인이 된 경우 등이 내용의 착오에 해당한다(2004다43824).

(3) 기관(사자)의 착오

① **표시기관의 착오**: 본인이 결정한 효과의사를 상대방에게 표시하여 그 의사표시를 완성하는 자를 말한다. 전신기사를 통하여 의사표시를 하는 경우가 이에 해당한다. 표시기관으로서의 사자가 본인의 의사와 다르게 표시한 경우 원칙적으로 본인의 표시상의 착오문제로 다룬다.
② **전달기관의 착오**: 본인에 의하여 완성된 의사표시를 있는 그대로 전달하는 자를 말한다. 집배원 또는 심부름꾼이 본인의 의사표시를 전달하는 경우가 이에 해당한다. 전달기관으로서의 사자가 다른 사람에게 잘못 전달한 경우 의사표시의 부도달의 문제로 될 뿐, 표의자의 착오문제는 발생하지 않는다.

(4) 동기의 착오

① **의의**
　㉠ 동기의 착오란 표시에 대응하는 내심의 의사는 존재하지만 그 내심의 의사를 결정하게 된 원인 내지 내심의 의사를 결정하는 과정에 착오가 있는 경우이다.
　㉡ 즉, 의사표시를 하게 된 주관적 목적에 착오가 있는 것을 말한다.
　㉢ 예를 들면, 전철역이 생긴다는 잘못된 정보를 입수하여 개발이익을 목적으로 인근 토지를 매수하는 경우가 이에 해당한다.
② 동기는 원칙적으로 의사표시의 '내용'이 아니므로 동기의 착오를 이유로 해서 의사표시를 취소할 수 없다.
③ **동기의 착오가 법률행위 내용의 중요부분의 착오에 해당함을 이유로 표의자가 법률행위를 취소하기 위한 요건**
　㉠ 동기가 표시되어 의사표시의 내용으로 된 경우에는 취소할 수 있다.
　　ⓐ 동기를 당해 의사표시의 내용으로 삼을 것을 상대방에게 표시하고 의사표시의 해석상 법률행위의 내용으로 되어 있다고 인정되면 충분하고,
　　ⓑ 당사자들 사이에 이미 표시된 그 동기를 의사표시의 내용으로 삼기로 하는 별도의 합의까지 이루어질 필요는 없다.

ⓒ 상대방으로부터 유발·제공된 동기의 착오: 동기가 상대방의 부정한 방법에 의하여 유발된 경우 또는 동기가 상대방으로부터 제공된 경우에는 동기가 표시되지 않았다 하더라도 동기의 착오를 이유로 취소할 수 있다(判).

④ **계산의 착오**: 계산의 착오란 계산의 기초가 되는 사항에 대한 착오로서, 이는 동기의 착오에 해당한다.

판례 동기의 착오

[표시되어 법률행위의 내용이 된 경우에만 취소할 수 있는 경우]

① 매매대상 토지 중 20~30평 가량만 도로에 편입될 것이라는 중개인의 말을 믿고 주택신축을 위하여 토지를 매수하였고 그와 같은 사정이 계약 체결 과정에서 현출되어 매도인도 이를 알고 있었는데 실제로는 전체 면적의 약 30%에 해당하는 197평이 도로에 편입된 경우, 동기의 착오를 이유로 매매계약을 취소할 수 있다(2000다12259).

② 일정한 사용목적을 위하여 토지를 매입하였는데, 법령상의 제한으로 그 토지를 의도한 목적대로 사용하지 못하는 경우 매수인의 착오는 동기의 착오에 불과하다(90다카7026).

　● 양돈단지 조성을 위하여 임야매매계약이 이루어졌으나 토지거래허가제의 제약 때문에 양돈단지 조성이 불가능하게 된 경우(96다35309)

③ 매수인이 토지에 대한 전용허가를 받기 위해서는 관계 법률에 의한 사업계획의 승인을 받는 등의 복잡한 절차를 거쳐야 한다는 사실을 모르고 곧바로 벽돌공장을 지을 수 있는 것으로 잘못 알고 토지를 매수한 경우 매수인의 착오는 동기의 착오에 불과하다(96다31109).

④ 제3자의 기망행위에 의하여 신원보증서류에 서명날인한다는 착각에 빠진 상태로 연대보증의 서면에 서명날인한 경우, 그와 같은 행위에 민법 제110조 제2항에 정한 사기에 의한 의사표시의 법리를 적용할 것이 아니라, 착오에 의한 의사표시에 관한 법리만을 적용하여 취소권 행사의 가부를 가려야 한다(2004다43824).

[상대방이 유발·제공한 경우]

① 귀속재산이 아닌데도 공무원이 귀속재산이라고 하여 토지소유자가 토지를 국가에 증여한 경우 이는 상대방으로부터 유발·제공된 동기의 착오로서 그 동기가 표시되지 않았더라도 증여자는 이를 취소할 수 있다(78다719).

② 공원휴게소 설치를 신청할 때 시설부지만 지방자치단체에 증여하면 되는데 공무원이 법령을 오인하여 임야 전부를 증여해야 한다고 한 말을 믿고 기부채납의무가 없이 토지와 건물 전부를 증여한 경우 상대방으로부터 유발·제공된 동기의 착오를 이유로 취소할 수 있다(90다카7460).

　● 특히 이 경우에는 초과하여 증여한 부분에 대한 일부취소도 가능

③ 수용대상에 포함되었다는 시공무원의 말을 믿고 협의수용절차에 응한 경우, 이는 상대방으로부터 유발·제공된 동기의 착오에 해당하여 취소할 수 있다(90다카27440).

④ 채무자가 과거 연체사실이 없었다는 채권자(금융기관)의 진술을 믿고 신용보증기금이 채무자와 금융기관 사이의 신용거래에 관하여 신용보증계약을 체결한 경우, 신용보증기금은 동기의 착오를 이유로 의사표시를 취소할 수 있다(91다38419).

(5) 법률의 착오

① 법률의 규정 유무 또는 그 규정의 의미에 관하여 잘못 이해하는 것을 법률의 착오라고 한다.
② 법률에 관한 착오라도 그것이 법률행위의 내용의 중요부분에 관한 것인 때에는 표의자는 그 의사표시를 취소할 수 있다.
  ㉠ 양도소득세가 부과될 거래임에도 부과되지 않을 것으로 오인하고 계약을 맺은 경우 중요부분에 관한 착오로서 취소를 인정한다(80다2475).
  ㉡ 매매에 따른 양도소득세를 매수인이 부담하기로 하고 그 세액을 매수인이 계산하여 이를 따로 지급하였는데, 후에 양도소득세가 더 부과된 경우에도 중요부분에 관한 착오에 해당한다(93다24810).

3. 착오에 의한 의사표시를 취소하기 위한 요건

(1) 법률행위 내용의 중요부분에 착오가 있을 것

① 법률행위 내용의 **중요부분**에 관한 착오란 의사표시에 의하여 달성하고자 한 법률효과의 중요부분에 착오가 있어야 한다. 즉, 의사표시에 결정적 영향을 미친 착오가 있어야 한다.
② **중요부분으로 인정되기 위한 요건**
  ㉠ **주관적 요건**: 주관적으로 표의자가 착오를 알았더라면 의사표시를 하지 않았으리라고 인정되어야 한다.
  ㉡ **객관적 요건**: 객관적으로 그 법률행위의 내용으로 된 착오는 일반인이 표의자의 입장에 섰더라면 보통 그와 같은 의사표시를 하지 아니하였으리라고 여겨질 정도로 중요한 부분에 관한 것이어야 한다(2000다12259).
  ㉢ **경제적 불이익**: 표의자가 무슨 경제적 불이익을 입은 것이 아니라면 이를 법률행위 내용의 중요부분의 착오라고 할 수 없다(98다47924).
③ **입증책임**: 착오가 존재한다는 것, 그 착오가 법률행위 내용의 중요부분에 관한 것으로 의사결정에 결정적 영향을 미쳤다는 사실에 대해서는 표의자가 입증책임을 진다(2007다74188).
  ● 법률효과의 발생을 부정하는 자가 입증책임이 있다.

> **판례** 중요부분에 관한 착오를 판단하는 기준
>
> [사람의 동일성에 관한 착오 – 구체적 사례에 따라 판단]
> ① 사람이 누구냐가 중요한 법률행위(위임, 고용, 증여, 임대차, 보증계약, 근저당권설정계약 등)에서는 중요부분의 착오에 해당한다(95다37087).
> ② 현실매매와 같이 사람이 누구냐가 중요하지 않는 경우에는 중요부분의 착오가 아니다.

③ 사람의 직업·신분·경력·자산상태 등에 관한 착오는 그러한 것이 중요한 의미를 가지는 법률행위에 있어서만 중요부분의 착오가 될 수 있다. 예를 들면, 재건축아파트 설계용역에서 건축사 자격이 가지는 중요성에 비추어 볼 때, 재건축조합이 건축사 자격이 없이 건축연구소를 개설한 건축학 교수에게 건축사 자격이 없다는 것을 알았더라면 재건축조합만이 아니라 객관적으로 볼 때 일반인으로서도 이와 같은 설계용역계약을 체결하지 않았을 것으로 보이므로, 재건축조합 측의 착오는 중요부분의 착오에 해당한다(2002다70884).
④ 근저당설정계약서를 제시받고 채무자가 乙인 것으로 알고 서명날인하였는데 그 후 채무자가 丙으로 되어 근저당설정등기가 경료된 경우 채무자의 동일성에 관한 물상보증인의 착오는 법률행위의 중요부분에 관한 착오에 해당한다(95다37087).
⑤ 등기명의자 甲과 종전 소유자의 상속인으로서 소유권이전등기의 원인무효를 주장하는 乙 사이에 토지 소유권 환원의 방법으로 乙 앞으로 소유권이전등기를 경료하여 주기로 하는 합의가 이루어진 경우, 乙이 공동상속인들 중 1인이라면 공유물에 대한 보존행위로서 단독으로 공유물에 관한 원인무효의 등기의 말소를 구하거나 소유권이전등기에 관한 합의를 할 수 있다고 보아야 하므로, 甲이 乙을 단독상속인으로 믿고서 그와 같은 소유권환원의 합의에 이르렀더라도 그와 같은 착오는 합의내용의 중요부분에 해당한다고 볼 수 없다(95다35371).

[목적물에 관한 착오]

① 목적물의 동일성에 관한 착오 - 일반적으로 중요부분에 관한 착오가 된다(97다32772·32789).
② 물건의 성상·내력에 관한 착오 - 일반적으로 동기의 착오로 취급하므로 그것이 거래상 중요한 의미를 가지고 또한 표시된 때에는 중요부분의 착오가 된다.
  ● 가축의 매매에 있어서 연령·수태능력이라든지 기계의 성능·용구의 품질 등은 이에 해당한다.

[목적물의 시가·수량 및 지적(地積)부족에 관한 착오 - 일반적으로 중요부분에 관한 착오가 아니다]

① 부동산매매에 있어서 시가에 관한 착오는 부동산을 매매하려는 의사를 결정함에 있어서 동기의 착오에 불과할 뿐 법률행위의 중요부분에 관한 착오라 할 수 없다(92다29337).
  ● 동기의 착오로 취급 가능
② 지적(地積)의 부족, 즉 특정한 지번의 토지 전부를 매수하였는데 그 지적이 실제면적보다 적은 경우에는 그 매매계약이 법률행위의 중요부분에 착오가 있다고는 할 수 없다(69다196).
③ 매매목적물에 관한 지분의 근소한 부족만으로도 계약의 중요부분에 대한 착오가 있었다고 볼 수 없다(83다카1328).

[토지의 현황·경계에 관한 착오는 일반적으로 중요부분에 관한 착오로 인정한다]

① 매매목적물 1,800평을 경작이 가능한 농지로 알고 매수하였으나 그중 1,355평이 하천부지인 경우 중요부분에 관한 착오에 해당한다(74다54).
② 답 1,389평을 전부 경작할 수 있는 농지인 줄 알고 매수하였는데 그중 약 600평이 하천을 이루고 있는 경우에 중요부분에 관한 착오에 해당한다(67다2160).
③ 교환계약에서 토지의 경계(소유권의 귀속)에 관한 착오는 특단의 사정이 없는 한 법률행위의 중요부분에 관한 착오라 봄이 상당하다(88다카9364·93다31634).

[법률행위의 성질에 관한 착오 - 중요부분에 관한 착오에 해당한다]

임대차를 사용대차로 안 경우, 연대보증을 일반(단순)보증으로 안 경우 등

[중요부분에 관한 착오가 아닌 경우]
① 착오가 법률행위 내용의 중요부분에 있다고 하기 위하여는 표시와 의사의 불일치가 객관적으로 현저하여야 하고, 만일 그 착오로 인하여 표의자가 무슨 경제적 불이익을 입은 것이 아니라면 이를 법률행위 내용의 중요부분의 착오라고 할 수 없다(98다47924).
② 기술신용보증기금이 심사대상기업의 사업장에 가압류가 되어 있었음에도 이를 모르고 보증을 하였으나 그 가압류가 원인 없는 부당한 것임이 밝혀진 경우 표의자가 무슨 경제적 불이익을 입은 것이 아니므로 중요부분에 관한 착오가 아니다(98다23706).
③ 부동산의 매수인이 대출을 받아 잔금을 지급하기로 한 잔금지급계획에 관한 착오(93다55487)
④ 매도인이 부담하여야 할 세금의 액수가 예상액을 초과한다는 사실을 알았더라면 매수인이 초과세액까지도 부담하기로 약정하였으리라는 특별한 사정이 인정될 수 있을 때에는 매도인으로서는 매수인에게 초과세액 상당의 청구를 할 수 있다고 해석함이 당사자의 진정한 의사에 합치할 것이므로 매도인에게 위와 같은 세액에 관한 착오가 있었다는 이유만으로 매매계약을 취소하는 것은 허용되지 않는다(93다24810).
⑤ 주채무자의 차용금반환채무를 보증할 의사로 공정증서에 연대보증인으로 서명·날인하였으나 그 공정증서가 주채무자의 기존의 구상금채무 등에 관한 준소비대차계약의 공정증서였던 경우, 보증인의 착오는 연대보증계약의 중요부분의 착오가 아니다(2006다41457).

[법률행위의 목적물이 누구에게 속하는가는 중요부분의 착오가 아니다]
① 매매목적물이 타인의 소유임을 알지 못하였다 하더라도 매매계약이 그 중요부분에 착오가 있다고 할 수 없다(4290민상627).
② 임대차계약의 목적물이 반드시 임대인의 소유일 것을 계약의 내용으로 삼은 경우가 아니면 착오를 이유로 임차인이 임대차계약을 취소할 수 없다(74다2069).

[기타 중요부분에 관한 착오]
① 부동산매매에서 양도소득세가 부과되지 않을 것이라는 매수인의 설명을 믿고 한 매도인의 착오는 중요부분에 해당한다(80다2475).
② 교통사고로 인한 피해에 대해 손해배상액의 합의를 한 후 예상치 못한 후유증이 발생하고 합의금액이 손해액에 훨씬 못 미치는 경우 중요부분의 착오에 해당한다(80다2452).

(2) 표의자에게 중대한 과실이 없을 것

① 법률행위 내용의 중요부분에 착오가 있더라도 표의자에게 중대한 과실이 있는 경우에는 표의자는 이를 취소하지 못한다.
② 중대한 과실
  ㉠ 중대한 과실을 인정한 사례
    ⓐ 중대한 과실은 표의자의 직업·행위의 종류·목적 등에 비추어 보통 요구되는 주의를 현저하게 결여한 것을 말한다(2000다12259).
    ⓑ 공장을 경영하는 자가 새로운 공장을 설립할 목적으로 토지를 매수함에 있어 토지상에 공장을 건축할 수 있는지 여부를 관할관청에 알아보지 아니한 것은 중대한 과실에 해당한다(92다38881).

ⓒ 중대한 과실이 아닌 경우
ⓐ 자신의 골동품 식별능력을 과신한 나머지 진품이 아닌 고려청자를 진품으로 믿고 매수한 경우 중대한 과실에 해당하지 않는다(96다26657).
ⓑ 부동산중개업자가 다른 점포를 매매목적물로 잘못 소개하여 매수인이 다른 목적물을 매수한 경우 중대한 과실이 아니다(97다32772).

③ **입증책임**: 중대한 과실이 있다는 입증책임은 표의자로 하여금 그 의사표시를 취소하지 못하게 하려는 상대방이 부담한다(2005다6228).

❍ 법률효과의 발생(유효)을 주장하는 자가 입증한다.

④ 표의자에게 중과실이 있다 하여 언제나 취소할 수 없는 것은 아니다. 즉, 다수설·판례에 의하면 상대방이 표의자의 착오를 알면서 이를 이용한 경우에는 표의자에게 중과실이 있다 하더라도 표의자는 의사표시를 취소할 수 있다(2013다49794).

판례 중대한 과실

[중대한 과실을 인정한 경우]
① 공장을 경영하는 자가 공장이 협소하여 새로운 공장을 설립할 목적으로 토지를 매수함에 있어 토지상에 공장을 건축할 수 있는지 여부를 관할관청에 알아보지 아니한 것은 중대한 과실에 해당한다(92다38881).
② 신용보증기금의 신용보증서를 담보로 금융채권자금을 대출해 준 금융기관이 위 대출자금이 모두 상환되지 않았음에도 착오로 신용보증기금에게 신용보증서 담보설정 해지를 통지한 것은 중대한 과실에 해당한다(99다64995).

[중대한 과실을 부정한 경우]
① 고려청자로 알고 매수한 도자기가 진품이 아닌 것으로 밝혀진 경우, 매수인이 도자기를 매수하면서 자신의 골동품 식별능력과 매매를 소개한 자를 과신한 나머지 고려청자 진품이라고 믿고 소장자를 만나 그 출처를 물어 보지 아니하고 전문적 감정인의 감정을 거치지 아니한 채 그 도자기를 고가로 매수하고 만일 고려청자가 아닐 경우를 대비하여 필요한 조치를 강구하지 아니한 잘못이 있다고 하더라도, 그와 같은 사정만으로는 중대한 과실에 해당하지 않는다(96다26657).
② 부동산중개업자가 다른 점포를 매매목적물로 잘못 소개하여 매수인이 매매목적물에 관하여 착오를 일으킨 경우에도 중대한 과실이 있다고 볼 수 없다(97다32772).
③ 매수인이 건물의 매매계약 체결 직후 건물이 건축선을 침범하여 건축된 사실을 알았으나, 법률전문가의 자문에 의하면 준공검사가 난 건물이므로 행정소송을 통해 구청장의 철거지시를 취소할 수 있다는 매도인의 말을 믿고 매매계약을 해제하지 않은 채 대금을 지급한 경우라면 매수인이 건물이 철거되지 않으리라고 믿은 것은 매매계약과 관련하여 동기의 착오라고 할 것이지만, 매수인과 매도인 사이에 매매계약의 내용으로 표시되었다고 볼 것이고, 나아가 매수인뿐만 아니라 일반인이면 누구라도 건물 중 건축선을 침범한 부분이 철거되는 것을 알았더라면 그 대지 및 건물을 매수하지 아니하였으리라는 사정이 엿보이므로, 결국 매수인이 매매계약을 체결함에 있어 그 내용의 중요부분에 착오가 있는 때에 해당하고, 한편 매도인의 적극적인 행위에 의하여 매수인이 착오에 빠지게 된 점, 매수인이 그 건물의 일부가 철거되지 아니할 것이라고 믿게 된 경위 등 제반 사정에 비추어 보면 착오가 매수인의 중대한 과실에 기인한 것이라고 할 수 없다(97다26210).

4. 착오에 의한 의사표시의 효과 – 불확정적 유효

착오에 의한 의사표시가 취소의 요건을 갖춘 경우 표의자는 그 의사표시를 취소할 수 있으나, 그 취소 전까지는 유효한 것으로 다루어진다(불확정적 유효, 유동적 유효).

(1) 취소권 행사의 효과 – 법률행위의 소급적 무효

① 착오를 이유로 하여 법률행위가 취소되면 그 법률행위는 처음부터 무효인 것으로 본다(제141조 본문). 따라서 아직 이행 전이면 이행할 필요가 없고, 이미 이행한 경우에는 부당이득 반환청구가 가능하다.

② 법률행위의 일부에 관하여 착오가 있는 경우에 그 일부만의 취소도 가능하다.

> **판례** 법률행위 일부에 대한 착오와 일부취소
>
> ① 하나의 법률행위의 일부분에만 취소사유가 있다고 하더라도 그 법률행위가 가분적이거나 그 목적물의 일부가 특정될 수 있다면, 그 나머지 부분이라도 이를 유지하려는 당사자의 가정적 의사가 인정되는 경우 그 일부만의 취소도 가능하다 할 것이고, 그 일부의 취소는 법률행위의 일부에 관하여 효력이 생긴다(97다44737).
> ② 소송행위도 내심의 의사보다 그 표시를 기준으로 하여 그 효력 유무를 판정할 수밖에 없는 것이므로 착오로 소의 일부를 취하하였다 하더라도 이를 무효라고 볼 수는 없다(2003다46758).

(2) 선의의 제3자 보호

착오로 인한 의사표시의 취소는 선의의 제3자에게 대항하지 못한다(제109조 제2항).

(3) 착오에 의한 의사표시 취소와 표의자의 손해배상책임

① 불법행위로 인한 손해배상책임이 성립하기 위하여는 가해자의 고의 또는 과실 이외에 행위의 위법성이 요구되는데, 민법 제109조에서 중과실이 없는 착오자의 착오를 이유로 한 의사표시의 취소를 허용하고 있는 이상, 착오를 이유로 취소한 것이 위법하다고 할 수는 없다(97다13023).

② 따라서 착오를 이유로 의사표시가 취소된 경우, 그로 인해 상대방에게 손해가 발생한 때에도 표의자는 불법행위로 인한 손해배상책임을 지지 않는다.

③ 다만 학설로는, 표의자가 경과실(輕過失)로 착오에 의한 의사표시를 한 경우에 그 의사표시를 취소하면, 그 취소되는 법률행위의 유효를 믿은 상대방은 그 법률행위가 유효하다고 믿음으로써 입은 손해(신뢰이익)를 표의자로부터 배상받을 수 있다(민법 제535조의 계약체결상의 과실책임에 관한 규정을 유추적용)는 견해가 있다.

5. 적용범위

(1) 가족법상 법률행위
① 가족법상의 법률행위에는 착오에 관한 제109조가 적용되지 않는다.
② 착오에 의한 혼인 또는 입양 등은 무효이다.

(2) 공법상 행위·소송행위
① 공법상의 행위·소송행위에 대하여는 원칙적으로 제109조가 적용되지 않는다.
② 그 효과는 언제나 표시한 대로 효력이 발생한다.

(3) 사회정형적 거래행위
① 어음 또는 수표를 발행하여 유통하게 하는 행위 또는 버스의 승차나 자동판매기의 물건 구입 등과 같은 정형적 거래행위는 착오를 이유로 취소할 수 없다.
② 사회정형적 거래행위가 착오에 의하여 이루어진 경우에도 언제나 표시한 대로 효력이 발생한다.

(4) 주식인수청약이나 회사설립행위 등에도 제109조는 적용되지 않는다. 그 효과는 언제나 표시한 대로 효력이 발생한다.

6. 다른 제도와의 경합 문제

(1) 매도인의 하자담보책임이 성립하는 경우에도 착오를 이유로 취소할 수 있다
착오로 인한 취소 제도와 매도인의 하자담보책임 제도는 취지가 서로 다르고, 요건과 효과도 구별된다. 따라서 매매계약 내용의 중요부분에 착오가 있는 경우 매수인은 매도인의 하자담보책임이 성립하는지와 상관없이 착오를 이유로 매매계약을 취소할 수 있다(2015다78703).

(2) 사기(詐欺)와 착오 – 선택적으로 경합
착오가 타인의 기망행위에 기하여 발생한 때에는 착오(제109조)와 사기(제110조)의 경합이 있게 된다. 이 경우에 표의자는 그 요건을 입증하여 선택적으로 사기 또는 착오를 주장할 수 있다(68다1749).

(3) 해제와 착오에 의한 취소
① 매도인이 매수인의 중도금지급채무 불이행을 이유로 매매계약을 적법하게 해제한 후라도 매수인으로서는 상대방이 한 계약해제의 효과로서 발생하는 손해배상책임을 지거나 매매계약에 따른 계약금의 반환을 받을 수 없는 불이익을 면하기 위하여 착오를 이유로 한 취소권을 행사하여 매매계약 전체를 무효로 돌릴 수 있다(91다11308).
② 나아가 재단법인 설립을 위하여 서면에 의한 재산을 출연한 경우에도 출연자는 착오를 이유로 출연의 의사표시를 취소할 수 있다(98다9045).

(4) 화해계약과 착오

① 화해계약은 원칙적으로 착오를 이유로 취소할 수 없다. 그러나 화해당사자의 자격 또는 화해의 목적이 된 분쟁 이외의 사항에 착오가 있는 때에는 취소할 수 있다(제733조).
② 화해의 목적인 분쟁 이외의 사항이라 함은 분쟁의 대상이 아니라 분쟁의 전제 또는 기초가 된 사항으로서 쌍방당사자가 예정한 것이어서 상호 양보의 내용으로 되지 않고 다툼이 없는 사실로 양해된 사항을 말한다(2003다32797).
   ○ 채권액에 관한 분쟁에 있어서 화해하였으나 그 채권이 이미 소멸한 경우에는 제109조가 적용되어 착오를 이유로 취소할 수 있다.
③ 환자가 의료과실로 사망한 것으로 전제하고 의사가 유족들에게 손해배상금을 지급하기로 하는 합의가 이루어졌으나 그 사인이 진료와는 관련이 없는 것으로 판명되었다면 위 합의는 그 목적이 아닌 망인의 사인에 관한 착오로 이루어진 화해이므로 착오를 이유로 취소할 수 있다(90다12526).

7. 취소권 배제의 합의 – 유효

계약당사자들이 착오를 이유로 한 취소권을 배제할 것을 합의한 경우에, 임의규정인 제109조의 적용이 배제된다.

개념적용 문제

착오에 의한 의사표시에 관한 설명으로 옳지 않은 것은? (다툼이 있으면 판례에 따름)

제28회 기출

① 상대방이 표의자의 착오를 알면서 이를 이용한 경우, 표의자는 자신에게 중대한 과실이 있더라도 그 의사표시를 취소할 수 있다.
② 물상보증인이 근저당권설정계약을 체결하는 경우, 채무자의 동일성에 관한 착오는 중요부분의 착오에 해당한다.
③ 매도인이 매매계약을 적법하게 해제하였더라도, 매수인은 계약해제의 효과로 발생하는 불이익을 면하기 위하여 착오를 원인으로 그 계약을 취소할 수 있다.
④ 매매계약 내용의 중요부분에 착오가 있는 경우, 중과실 없는 매수인은 매도인의 하자담보책임이 성립하는 지와 상관없이 착오를 이유로 그 매매계약을 취소할 수 있다.
⑤ 동기의 착오가 법률행위의 내용의 중요 부분의 착오에 해당함을 이유로 표의자가 법률행위를 취소하려면 당사자들 사이에 별도로 그 동기를 의사표시의 내용으로 삼기로 하는 합의가 있어야 한다.

해설 동기의 착오가 법률행위의 내용의 중요 부분의 착오에 해당함을 이유로 표의자가 법률행위를 취소하려면 그 동기를 당해 의사표시의 내용으로 삼을 것을 상대방에게 표시하고 의사표시의 해석상 법률행위의 내용으로 되어 있다고 인정되면 충분하고 당사자들 사이에 별도로 그 동기를 의사표시의 내용으로 삼기로 하는 합의까지 이루어질 필요는 없지만, 그 법률행위의 내용의 착오는 보통 일반인이 표의자의 입장에 섰더라면 그와 같은 의사표시를 하지 아니하였으리라고 여겨질 정도로 그 착오가 중요한 부분에 관한 것이어야 한다 (97다44737).

정답 ⑤

제3절 하자 있는 의사표시(사기·강박에 의한 의사표시)

하자 있는 의사표시란 표의자의 의사와 표시는 일치하였으나, 표의자의 자유로운 의사결정에 의하여 이루어지지 못하고 타인의 위법한 간섭으로 말미암아 방해된 상태하에서 이루어진 의사표시로서, 사기·강박에 의한 의사표시(제110조)가 있다. 민법이 사기·강박에 의한 의사표시를 취소할 수 있도록 한 것은 표의자의 의사결정의 자유를 보호하기 위함에 있다.

> **제110조【사기, 강박에 의한 의사표시】** ① 사기나 강박에 의한 의사표시는 (의사표시자가) 취소할 수 있다.
> ② 상대방 있는 의사표시에 관하여 제3자가 사기나 강박을 행한 경우에는 상대방이 그 사실을 알았거나 알 수 있었을 경우에 한하여 그 의사표시를 취소할 수 있다.
> ③ 전2항의 의사표시의 취소는 선의의 제3자에게 대항하지 못한다.

1 사기에 의한 의사표시

1. 의의

사기(詐欺)에 의한 의사표시란 표의자가 타인의 **기망행위**에 의해 착오에 빠지고 그 상태에서 의사표시를 한 경우를 말한다.

2. 요건

(1) 기망행위가 있을 것

① 기망행위(欺罔行爲)란 진실에 반하는 사실을 진실이라고 명시적·묵시적 주장함으로써 타인으로 하여금 잘못된 관념을 갖게 하는 행위 또한 이를 유지·강화하게 하는 일체의 행위를 말한다.

② 어떤 사실에 대한 명시적·묵시적 허위의 주장뿐만 아니라, 소극적으로 진실한 어떤 사실을 숨기는 것도 기망행위이며 단순한 침묵이나 단순한 의견의 진술도 기망이 될 수 있다.

③ 예를 들면, 부동산매매에 있어서 그 가옥이 여러 번 침수된 사실, 무허가건물인 사실 또는 토지가 도시계획에 걸려 있는 사실을 매도인이 고지하지 않은 것은 부작위에 의한 기망행위에 해당하므로 사기를 이유로 매매계약을 취소하고 매매대금의 반환을 청구하거나 사기에 의한 불법행위를 이유로 손해배상청구를 할 수도 있다.

④ 그러나 교환계약에 있어서는 당사자 일방이 알고 있는 정보를 상대방에게 사실대로 고지하여야 할 신의칙상의 주의의무가 인정된다고 볼 만한 특별한 사정이 없는 한, 일방당사자가 자기가 소유하는 목적물의 시가를 묵비하여 상대방에게 고지하지 아니하거나 혹은 허위로 시가보다 높은 가액을 시가라고 고지하였다 하더라도 이는 상대방의 의사결정에 불법적인 간섭을 한 것이라고 볼 수 없다(2000다54406).

(2) 사기자의 2단의 고의

① 고의는 사기자가 표의자를 기망하여 착오에 빠지게 하려는 고의와 다시 그 착오에 기하여 표의자로 하여금 의사표시를 하게 하려는 고의 등의 2단의 고의가 있어야 한다.

② 고의가 아닌 과실(過失, 주의의무 위반)만으로는 사기가 성립하지 않는다. 예를 들면, 주택의 매도인이 그 주택에 누수가 있는 사실을 알면서도 이를 숨기고 매도하는 경우에는 고의가 인정되어 사기가 성립되지만, 매도인이 주의의무를 위반하여 이를 알지 못하였고 알지 못하는 데 과실이 있더라도 사기에 의한 의사표시는 성립하지 않는다.

③ 고의에 관한 입증에 있어서는 사기를 당했음을 이유로 자신의 의사표시를 취소하려고 하는 의사표시자가 상대방(사기자)의 2단계의 고의를 모두 입증하여야 한다.

　◐ 법률행위의 효력을 부정하는 자가 입증한다.

(3) 기망행위의 위법성

① 기망행위는 위법한 것이어야 한다.

② **위법성이 없는 경우**: 기망행위가 언제나 위법한 것은 아니고 그것이 거래상 요구되는 신의칙에 반하는 것일 때에 비로소 위법한 것이 된다.

　㉠ 일반적으로 상품의 선전·광고에 있어 다소의 과장·허위가 수반되는 것은 그것이 일반 상거래의 관행과 신의칙에 비추어 허용될 수 있는 범위 내에서 위법성이 없다.

　㉡ 상가를 분양하면서 운영방법 및 수익보장에 대하여 다소의 허위 과장광고를 한 경우는 위법성이 없다(99다55601).

　㉢ 연립주택을 분양함에 있어 평형의 수치를 다소 과장하는 광고는 위법한 기망행위에 해당하지 않는다.

③ **위법성이 있는 경우**: 대형백화점의 이른바 변칙세일광고 행위는 그 상술의 정도가 사회적으로 용인될 수 있는 상술의 정도를 넘어선 위법한 것이다(92다52665).

(4) 인과관계가 있을 것

① 기망행위와 착오, 착오와 의사표시 사이에 각각 인과관계가 있어야 한다.
② 이때의 인과관계는 표의자의 주관적인 것이라도 무방하고, 일반인을 기준으로 판단할 것이 아니다. 따라서 보통사람이라면 속지 않았을 정도의 기망인 데도 불구하고 특별히 표의자가 능력의 부족으로 착오에 빠진 경우에는 사기에 의한 의사표시가 성립한다.
③ 그리고 그 착오는 효과의사를 결정하는 동기에 관한 것만으로도 충분하다.

> **판례 | 기망행위**
>
> ① 임차권의 양도에 있어서 그 임차권의 존속기간, 임대기간 종료 후의 재계약 여부, 임대인의 동의 여부는 그 계약의 중요한 요소를 이루는 것이므로 양도인으로서는 이에 관계되는 모든 사정을 양수인에게 알려주어야 할 신의칙상의 의무가 있는데, 임차권양도계약이 체결될 당시에 임차건물에 대한 임대차기간의 연장이나 임차권양도에 대한 임대인의 동의 여부가 확실하지 않은 상태에서 몇 차례에 걸쳐 명도요구를 받고 있었던 임차권양도인이 그 여부를 확인하여 양수인에게 설명하지 아니한 채 임차권을 양도한 행위는 기망행위에 해당한다(94다41003).
> ② 아파트 분양회사가 분양하는 아파트 단지로부터 1km 남짓 떨어진 곳에 쓰레기 매립장이 건설예정인 경우 분양자는 수분양자에게 이를 고지하여야 할 신의칙상 의무가 있다(2004다48515).
> ③ 분양아파트의 단지 인근에 공동묘지가 조성되어 있는 경우 분양자는 수분양자에게 이를 고지하여야 할 신의칙상 의무가 있다(2005다5812).
> ④ 연립주택을 분양함에 있어 평형의 수치를 다소 과장하여 광고를 하였으나, 그 분양가의 결정방법, 분양계약 체결의 경위, 피분양자가 그 분양계약서나 건축물관리대장 등에 의하여 그 공급면적을 평(坪)으로 환산하여 쉽게 확인할 수 있었던 점 등 제반 사정에 비추어 볼 때, 그 광고는 그 거래당사자 사이에서 매매대금을 산정하기 위한 기준이 되었다고 할 수 없다(95다19515).

2 강박에 의한 의사표시

1. 의의

표의자가 타인에게 해악(害惡)을 고지하고 그로 하여금 공포심을 느낀 타인이 그 해악을 피하기 위하여 의사표시를 하였다면 이것이 **강박**(強迫)에 의한 의사표시이다.

2. 요건

(1) 강박행위 - 해악의 고지

① 강박행위란 해악을 고지하여 상대방에게 공포심을 생기게 하는 행위로서, 해악의 종류는 공포심을 생기게 하는 것이면 무엇이든 이를 묻지 않으며 아무런 제한이 없다.

② 해악의 종류나 강박행위 방법에는 제한이 없다.
　㉠ 적극적인 작위에 의하거나 소극적인 부작위에 의하거나 상관이 없으며 단순한 침묵도 때로는 강박행위가 될 수 있다.
　㉡ 재산적·비재산적 해악의 고지 모두 강박행위가 될 수 있다.
　㉢ 살상과 같은 육체적 해악이나 부정행위의 고발, 비밀의 폭로와 같은 사회적 해악도 강박행위가 될 수 있다.
　㉣ 또한 해악 또는 강박의 내용이 객관적으로 실현될 수 있는 것이어야 하는 것도 아니다.
③ **해악고지의 상대방**: 반드시 표의자에게 하여야 하는 것은 아니고, 그의 근친자(近親者-가족) 또는 친구에 대한 해악이라도 무방하다.
④ **강박의 정도**
　㉠ 표의자로 하여금 공포심을 유발하기에 충분한 정도이면 족하다. 즉, 강박은 의사결정의 자유를 제한하는 정도를 말한다.
　㉡ 강박의 정도가 단순한 불법적 해악의 고지로 상대방으로 하여금 공포를 느끼도록 하는 정도가 아니고, 의사표시자로 하여금 의사결정을 스스로 할 수 있는 여지를 완전히 박탈한 상태에서 의사표시가 이루어져 단지 법률행위의 외형만이 만들어진 것에 불과한 정도인 경우에는 그 의사표시는 무효이다(2002다56031).
⑤ **구체적인 해악을 고지하였을 것**
　㉠ 구체적인 해악을 고지하지 않은 경우에는 강박행위가 되지 않는다.
　㉡ 어떤 해악을 고지한 것이 아니고, 단지 각서에 서명·날인할 것을 강력히 요구한 것만으로는 강박행위가 되지 아니한다(78다1968).
⑥ 이미 발생한 공포심을 이용하는 경우에도 위법성이 있으면 해악의 고지로서 강박행위가 된다. 예를 들면, 물에 빠진 자를 보고 거액의 돈을 내야 구해 주겠다고 하는 행위는 이미 위험에 빠져 공포심이 야기된 상태를 이용하는 것이다. 이에 거액을 주겠다고 승낙하였다 하더라도 강박에 의한 의사표시로서 취소할 수 있다.

(2) 강박자의 2단의 고의

표의자에게 공포심을 유발하려는 고의와 표의자로 하여금 공포심에 기하여 의사표시를 하게 하려는 2단의 고의가 있어야 한다.

(3) 강박행위의 위법성

① 강박에 의한 의사표시라고 하려면 상대방이 불법으로 어떤 해악을 고지함으로 말미암아 공포를 느끼고 의사표시를 한 것이어야 한다.
② 해악의 고지로서 부정행위에 대한 고소·고발은 일반적으로 정당한 권리행사가 되어 비록 표의자에게 공포심을 일으키게 하였더라도 위법하다고 할 수 없다.

③ 어떤 해악을 고지하는 행위가 강박행위로서 위법하다고 하기 위해서는,
  ㉠ 행위 당시의 거래관념과 제반사정에 비추어 해악의 고지로써 추구하는 이익이 정당하지 아니하거나,
  ㉡ 해악고지의 수단으로 상대방에게 고지하는 해악의 내용이 법질서에 위배된 경우,
  ㉢ 또는 어떤 해악의 고지가 거래관념상 그 해악의 고지로써 추구하는 이익의 달성을 위한 수단으로 부적당한 경우 등에 해당하여야 한다(99다64049).

> **판례** **위법한 강박행위**
> 부정행위에 대한 고소·고발이라도 부정한 이익의 취득을 목적으로 하는 경우 또는 목적이 정당하다 하더라도 수단 등이 부당한 때에는 위법성이 있는 경우가 있을 수 있다(92다25120).

(4) 인과관계가 있을 것

① 인과관계도 2단계 인과관계이어야 한다. 즉, 해악의 고지와 공포심 유발 사이에 그리고 공포심과 의사표시 사이에 각각 인과관계가 있어야 한다.
② 이때의 인과관계가 표의자의 주관적인 것이라도 무방하다는 것은 사기에서와 같다.

3 사기·강박에 의한 의사표시의 효과

1. 상대방의 사기·강박에 의한 의사표시

① 상대방의 사기나 강박으로 의사표시를 한 때에는 표의자는 그 의사표시를 취소할 수 있다(제110조 제1항).
② 표의자가 취소하지 않는 한 비록 사기나 강박이 범죄가 되는 경우에도 하자 있는 의사표시는 유효하다.

2. 제3자의 사기·강박에 의한 의사표시

(1) 상대방 없는 의사표시

상대방 없는 의사표시에 있어서 제3자가 표의자에게 사기·강박을 한 경우에는 표의자는 언제나 그 의사표시를 취소할 수 있다.

(2) 상대방 있는 의사표시

① 상대방 있는 의사표시에 있어서 제3자가 표의자에게 사기·강박을 한 경우에는 표의자는 상대방이 그 사실을 알았거나 알 수 있었을 경우에 한하여 그 의사표시를 취소할 수 있다(제110조 제2항).

② **상대방과 동일시할 수 있는 자**(대리인·은행의 출장소장 등)**의 사기·강박**
  ㉠ 상대방의 대리인·은행의 출장소장 등은 상대방과 동일시할 수 있는 자로서 제110조 제2항의 제3자에 해당하지 않는다(98다60828).
  ㉡ 그러므로 상대방이 제3자(동일시할 수 있는 자)의 사기·강박을 알았거나 알 수 있었던 경우가 아니라도 표의자는 사기·강박을 이유로 자신의 의사표시를 취소할 수 있다.
③ **상대방의 피용자의 사기·강박**
  ㉠ 단순히 상대방의 피용자이거나 상대방이 사용자책임을 져야 할 관계에 있는 자에 지나지 않는 자는 상대방과 동일시할 수 있는 자가 아니므로 피용자의 사기·강박행위는 제3자의 사기·강박에 해당한다(96다41496).
  ㉡ 그러므로 제3자의 사기·강박을 상대방이 알았거나, 알 수 있었던 경우에 한하여 표의자는 사기·강박을 이유로 자신의 의사표시를 취소할 수 있다.

> **판례** 제3자의 사기·강박
> ① 은행의 출장소장(대리인)이 어음할인을 부탁받자 그 어음이 부도날 경우를 대비하여 담보조로 받아두는 것이라고 속이고 금전소비대차 및 연대보증약정을 체결한 후 그 대출금을 자신이 인출하여 사용한 경우, 위 출장소장의 행위는 은행 또는 은행과 동일시할 수 있는 자의 사기일 뿐 제3자의 사기로 볼 수 없으므로 은행이 그 사기 사실을 알았거나 알 수 있었을 경우에 한하여 위 약정을 취소할 수 있는 것은 아니다(98다60828).
> ② 제3자의 기망행위에 의하여 신원보증을 하는 것으로 알고 연대보증의 서면에 서명날인을 한 경우, 결국 위와 같은 행위는 강학상 기명날인의 착오(또는 서명의 착오), 즉 어떤 사람이 자신의 의사와 다른 법률효과를 발생시키는 내용의 서면에, 그것을 읽지 않거나 올바르게 이해하지 못한 채 기명날인을 하는 이른바 표시상의 착오에 해당하므로, 비록 위와 같은 착오가 제3자의 기망행위에 의하여 일어난 것이라 하더라도 그에 관하여는 사기에 의한 의사표시에 관한 법리, 특히 상대방이 그러한 제3자의 기망행위 사실을 알았거나 알 수 있었을 경우가 아닌 한 의사표시자가 취소권을 행사할 수 없다는 민법 제110조 제2항의 규정을 적용할 것이 아니라, 착오에 의한 의사표시에 관한 법리만을 적용하여 취소권 행사의 가부를 가려야 한다(2004다43824).

3. 제110조의 적용범위

가족법상 행위 및 주식인수청약, 공법상 행위, 사회정형적 행위에는 적용하지 않는다.

4 취소의 효과

1. 법률행위의 소급적 무효

사기·강박을 이유로 의사표시가 취소되면 그 의사표시를 요소로 하는 법률행위는 처음부터 무효인 것으로 된다.

2. 제3자에 대한 효과

① 사기·강박에 의한 의사표시의 취소를 가지고 선의의 제3자에게 대항할 수 없다(제110조 제3항).
② 사기에 의한 의사표시를 취소한 경우, 선의의 제3자가 취소를 주장하는 자와 양립되지 아니하는 법률관계를 가졌던 것이 취소 이전이든 이후이든 불문하고 사기 및 취소사실을 모른 모든 제3자에게 대항하지 못한다(75다533).
③ 이때 제3자의 선의는 추정되므로 표의자가 취소의 효과를 주장하려면 제3자의 악의를 입증하여야 한다(70다2155).

5 관련문제

1. 담보책임과 사기 ⇨ 선택적 경합

① 매매목적물에 하자가 있음에도 불구하고 매도인의 기망에 의하여 매수인이 하자 있는 물건을 매입한 경우에 매수인은 매도인에 대하여 담보책임을 주장하거나 사기를 이유로 매매계약을 취소할 수 있다(통설·판례).
② 다만, 사기를 이유로 취소한 후에는 매매계약의 유효를 전제로 하는 담보책임은 더 이상 물을 수 없다.

> **판례** 담보책임과 사기의 선택적 경합
> 민법 제569조가 타인의 권리의 매매를 유효로 규정한 것은 선의의 매수인의 신뢰이익을 보호하기 위한 것이므로, 매수인이 매도인의 기망에 의하여 타인의 물건을 매도인의 것으로 잘못 알고 매수한다는 의사표시를 한 것이고 만일 타인의 물건인 줄 알았더라면 매수하지 아니하였을 사정이 있는 경우에는 매수인은 민법 제110조에 의하여 매수의 의사표시를 취소할 수 있다(73다268).

2. 사기와 착오 ⇨ 선택적 경합

① 법률행위의 중요부분의 착오가 타인의 기망행위에 의하여 생긴 경우에는 표의자는 착오를 이유로 하여 그 법률행위를 취소할 수도 있고, 사기를 이유로 취소할 수도 있다(85도167).
② 법률행위의 중요부분의 착오가 아닌 경우에는 사기를 이유로 해서만 취소할 수 있다.

3. 취소에 따른 불법행위책임과 부당이득반환청구 ⇨ 선택적 경합

① 사기·강박행위가 동시에 불법행위에 해당하는 경우에는 표의자는 각각 그 요건을 입증하여 사기·강박으로 인한 취소와 동시에 불법행위로 인한 손해배상의 청구를 주장할 수 있다.

② 이때 취소의 효과로 인한 부당이득반환청구권과 불법행위로 인한 손해배상청구권은 병존(竝存)적으로 경합하는 것으로서, 표의자는 어느 것이라도 선택하여 행사할 수 있지만 중첩적으로 행사할 수는 없다(92다56087).

4. 사기에 의한 계약의 취소와 불법행위에 기한 손해배상의 청구

불법행위를 이유로 손해배상을 청구하기 위하여 반드시 그 의사표시를 취소해야 하는 것은 아니므로, 제3자에 의한 사기·강박으로 계약을 체결한 경우, 표의자는 그 계약을 취소하지 않고 그 제3자에 대하여 불법행위로 인한 손해배상만을 청구할 수도 있다(97다55829).

개념적용 문제

사기·강박에 의한 의사표시에 관한 설명으로 옳지 않은 것은? (다툼이 있으면 판례에 따름)

제27회 기출

① 교환계약의 당사자가 자기 소유 목적물의 시가를 묵비한 것은 특별한 사정이 없는 한 기망행위가 아니다.
② 매수인의 대리인이 매도인을 기망하여 매도인과 매매계약을 체결한 경우, 매수인이 그 대리인의 기망사실을 알 수 없었더라도 매도인은 사기를 이유로 의사표시를 취소할 수 있다.
③ 양수인의 사기로 의사표시를 한 부동산의 양도인이 제3자에 대하여 사기에 의한 의사표시의 취소를 주장하는 경우, 제3자는 특별한 사정이 없는 한 자신의 선의를 증명하여야 한다.
④ 매매계약에 있어서 사기에 기한 취소권과 매도인의 담보책임이 경합하는 경우, 매도인으로부터 기망당한 매수인은 사기를 이유로 의사표시를 취소할 수 있다.
⑤ 강박에 의하여 의사결정의 자유가 완전히 박탈된 상태에서 이루어진 의사표시는 무효이다.

해설 민법 제110조에서 제3자의 선의는 추정된다. 제3자가 선의의 제3자로서 보호되기 위하여 스스로 선의를 증명할 필요는 없다.

정답 ③

제4절 의사표시의 효력발생

1 입법주의

甲이 乙의 사기·강박을 이유로 계약을 취소한다고 가정할 때, 甲의 의사표시는 보통 '표백(表白, 서면작성 완료) ⇨ 발신(發信, 우편함에 투입) ⇨ 도달(到達, 상대방에게 배달) ⇨ 요지(了知, 상대방이 서면을 읽음)'의 네 단계를 거친다.

① **표백주의**: 표시행위가 완료된 때 의사표시의 효력이 발생한다고 보는 입법주의로서 표의자의 이익을 지나치게 보호하는 반면에, 상대방에게는 상당히 불리하다.
② **발신주의**: 의사표시의 발신만으로 그 효력이 발생한다고 보는 입법주의로서 신속을 요하는 거래나 다수인에게 동일한 통지를 하는 경우에 적합하나, 표의자의 이익보호에 더 중점을 두고 있다.
③ **도달주의**: 의사표시가 상대방에게 도달한 때 그 효력이 발생한다고 보는 입법주의로서 당사자 쌍방의 이익을 잘 조화한 입법주의이다.
④ **요지주의**: 상대방이 의사표시의 내용을 안 때 그 효력이 발생한다고 보는 입법주의로서 상대방의 요지시기에 대한 입증이 곤란한 면이 있다.

2 의사표시의 효력발생시기

1. 상대방 없는 의사표시 – 표백주의

① 상대방 없는 의사표시는 의사표시를 발송 또는 요지(了知)하여야 할 특정의 상대방이 없기 때문에 표시행위가 완료한 때에 그 효력이 발생한다.
② 이에 관해서는 특별한 문제가 발생할 여지가 없기 때문에 민법은 상대방 없는 의사표시의 효력발생시기에 관하여는 일반적 규정을 두고 있지 아니하다.

2. 상대방 있는 의사표시

> **제111조【의사표시의 효력발생시기】** ① 상대방이 있는 의사표시는 상대방에게 도달한 때에 그 효력이 생긴다.
> ② 의사표시자가 그 통지를 발송한 후 사망하거나 제한능력자가 되어도 의사표시의 효력에 영향을 미치지 아니한다.

(1) 민법은 상대방 있는 의사표시에 관하여는 도달주의를 원칙으로 하고 있다(제111조 제1항). 이러한 도달주의의 원칙은 대화자간이든 격지자간이든 불문하고 원칙적으로 적용된다.

(2) 민법이 예외적으로 발신주의를 취하고 있는 경우는 다음과 같다.
- ① **의사표시**: 격지자간의 계약에 있어서 격지자의 승낙에 의한 계약의 성립시기(제531조)
- ② **준법률행위**
  - ㉠ 제한능력자의 상대방의 확답 촉구에 대한 제한능력자 측의 확답(제15조)
  - ㉡ 사원총회의 소집통지(제71조)
  - ㉢ 무권대리에서 상대방의 최고에 대한 본인의 확답(제131조)
  - ㉣ 채무인수 승낙 최고에 대한 채권자의 확답(제455조)

3. 도달주의에 관한 제111조의 성질

제111조는 임의규정이므로 당사자는 이와 다른 특약을 맺어 효력발생시기를 다르게 정할 수 있다.

4. 도달주의의 내용

(1) 도달의 의미

① **도달**이란 의사표시가 상대방의 지배권 내에 들어가 사회통념상 의사표시의 내용을 요지할 수 있는 객관적인 상태에 이른 것을 말한다.
  - ㉠ 우편물이 상대방 우편함에 투입되었거나, 우편물을 동거 중인 처나 가족, 대리인, 피용인이 수령하였으나 본인에게 전달하지 않은 경우 도달되었다고 볼 수 있다.
  - ㉡ 우편물이 내용증명우편(96다38322)이나 등기취급(91누3819)의 방법으로 발송되고 반송되지 않은 경우 그 무렵에 송달 또는 배달되었다고 보아야 한다.
  - ㉢ 따라서 상대방이 현실적으로 수령하거나 그 통지의 내용을 알았을 것까지는 필요 없다(97다31281).

② **도달로 인정되지 않는 경우**
  - ㉠ 등기우편물이 채무자의 주소나 사무소가 아닌 동업자의 사무소에서 그 신원이 분명치 않은 자에게 송달된 경우(97다31281)
  - ㉡ 납세의무자가 거주하지 아니하는 주민등록상 주소지로 납세고지서를 등기우편으로 발송하고 반송되지 않은 경우(97누8977)
  - ㉢ 보통우편의 방법으로 발송되고 반송되지 않은 경우(2000다25002)
  - ㉣ 법원의 공시송달 명령 없이 일간신문에 공고를 낸 경우(64다65)
  - ㉤ 수신인의 기재가 명료하지 않아 수령자가 서신을 개봉하지 않은 경우

③ 상대방이 특별한 사유 없이 의사표시의 수령을 거절한 경우에도 상대방이 그 통지의 내용을 알 수 있는 객관적 상태에 놓여 있는 때에 의사표시가 도달한 것으로 보아야 한다(2008다19973).

(2) 도달의 입증책임

의사표시의 도달에 대한 입증책임은 도달을 주장하는 자에게 있다.

> **판례** 의사표시의 도달
>
> [도달이 인정되는 경우]
> ① 최고의 의사표시가 기재된 내용증명 우편물이 발송되고 반송되지 아니하였다면 특별한 사정이 없는 한 이는 그 무렵에 송달되었다고 볼 것이다(96다38322).
> ② 우편법 등 관계 규정의 취지에 비추어 볼 때 우편물이 등기취급의 방법으로 발송된 경우 반송되는 등의 특별한 사정이 없는 한 그 무렵 수취인에게 배달되었다고 보아야 한다(91누3819).
> ③ 상대방이 의사표시의 내용을 확인하지 않은 채 그 수령을 거절한 경우에도 원칙적으로 상대방이 그 통지의 내용을 알 수 있는 객관적 상태에 놓여 있는 때에 의사표시가 도달한 것으로 보아야 한다(2008다19973).
>
> [도달이 인정되지 않는 경우]
> ① 등기우편의 방법을 이용하였다고 하더라도 채무자의 주소나 사무소가 아닌 동업자의 사무소에서 그 신원이 분명치 않은 자에게 송달된 경우에는 사회관념상 채무자가 통지의 내용을 알 수 있는 객관적 상태에 놓여졌다고 할 수 없다(97다31281).
> ② 납세의무자가 거주하지 아니하는 주민등록상 주소지로 납세고지서를 등기우편으로 발송한 후 반송된 사실이 없는 경우, 납세의무자에게 송달된 것이라고 볼 수도 없다(97누8977).
> ③ 보통우편의 방법으로 발송되었다는 사실만으로는 그 우편물이 상당기간 내에 도달하였다고 추정할 수 없고 송달의 효력을 주장하는 측에서 증거에 의하여 도달사실을 입증하여야 한다(2000다25002).
> ④ 의사표시의 통지서를 가정부가 수령한 직후 한 집에 사는 표의자가 우편물을 바로 회수한 경우(82다카439)
> ⑤ 법원의 공시송달 명령 없이 일간신문에 공고를 낸 경우(64다65)
> ⑥ 채권양도의 통지서가 들어 있는 우편물을 채무자의 가정부가 수령한 직후 한집에 거주하고 있는 통지인인 채권자가 그 우편물을 바로 회수해 버렸다면 그 우편물의 내용이 무엇인지를 그 가정부가 알고 있었다는 등의 특별한 사정이 없었던 이상 그 채권양도의 통지는 사회관념상 채무자가 그 통지내용을 알 수 있는 객관적 상태에 놓여 있는 것이라고 볼 수 없으므로 그 통지는 피고에게 도달되었다고 볼 수 없을 것이다(82다카439).

5. 도달주의의 효과

(1) 의사표시의 철회(撤回)

① 의사표시는 상대방에게 도달한 때 효력이 발생하므로 의사표시의 발신 후 그 도달 전에는 의사표시를 철회할 수 있다.
② 다만, 철회의 의사표시는 늦어도 먼저 발신한 의사표시와 동시에 도달하여야 한다.
③ 그러나 도달한 후에는 철회할 수 없다.

(2) 의사표시의 불착(不着)·연착(延着)

의사표시는 상대방에게 도달한 때 그 효력이 생긴다(제111조 제1항). 따라서 의사표시의 불착 또는 연착의 불이익은 모두 표의자가 부담한다.

(3) 발신 후 사정의 변경

① 의사표시의 발신 후 표의자가 사망하거나 제한능력자가 되더라도 의사표시의 효력에는 영향이 없다(제111조 제2항).
② 마찬가지로 대리인이 대리행위를 한 후 대리권과 같은 의사표시를 할 권한을 상실하여도 그 대리행위의 효력에는 영향이 없다.

6. 기계장치에 의한 의사표시의 경우

이메일 혹은 전자문서 등 기계장치를 통하여 의사표시가 전달된 경우에도 의사표시의 도달시기에 관한 일반원칙이 적용된다.

3 의사표시의 수령능력(주관적 요건)

> **제112조 【제한능력자에 대한 의사표시의 효력】** 의사표시의 상대방이 의사표시를 받은 때에 제한능력자인 경우에는 의사표시자는 그 의사표시로써 대항할 수 없다. 다만, 그 상대방의 법정대리인이 의사표시가 도달한 사실을 안 후에는 그러하지 아니하다.

1. 의의

① 의사표시의 수령능력이라 함은 타인의 의사표시의 내용을 이해할 수 있는 능력을 말한다.
② 의사표시는 상대방에게 도달하면 일정한 법률효과가 발생하므로 민법은 의사표시의 수령자가 제한능력자인 경우에는 그 제한능력자를 보호하기 위하여 수령능력에 관한 규정을 두고 있다.
③ 민법은 모든 무능력 및 제한능력자를 수령능력이 없는 자로 규정하고 있다(제112조 본문).

2. 수령능력이 없는 자에 대한 의사표시의 효력

① 의사표시의 상대방이 이를 받은 때에 제한능력자인 경우 표의자는 그 의사표시로써 대항하지 못한다(제112조 본문).
  ㉠ 즉, 표의자는 의사표시의 도달을 주장할 수 없다.
  ㉡ 그러나 제한능력자 스스로 의사표시의 도달을 주장하는 것은 무방하다.

② 다만, 제한능력자의 법정대리인이 의사표시의 도달을 안 후에는 법정대리인이 안 때로부터 의사표시자는 의사표시의 도달을 주장할 수 있다(제112조 단서). 이때에 의사표시의 효력발생시기는 법정대리인이 안 때이고, 제한능력자에게 도달한 때로 소급하는 것은 아니다.

③ 미성년자가 예외적으로 행위능력을 가지는 경우(성년의제 또는 권리만 얻거나 의무만을 면하는 법률행위)에는 수령능력도 있는 것으로 본다.

3. 제112조의 적용범위

수령능력에 관한 제112조는 상대방 없는 의사표시, 발신주의, 공시송달에 의한 의사표시에는 그 적용이 없다.

4 의사표시의 공시송달

1. 의의

① 표의자가 어떤 사유로 그 의사표시를 상대방에게 도달시킬 수 없는 사유가 생긴 경우에, 도달되지 않음으로 인하여 표의자가 불이익을 입을 수도 있다.

② 이러한 점을 해결하기 위하여 민법은 표의자가 일정한 절차를 밟게 되면 실제로 상대방에게 도달되지 않더라도 도달로 인정하는(의사표시의 효력을 발생시키는) 제도를 두고 있는데, 이를 공시송달이라 한다.

> **제113조【의사표시의 공시송달】** 표의자가 과실 없이 상대방을 알지 못하거나 상대방의 소재를 알지 못하는 경우에는 의사표시는 「민사소송법」 공시송달의 규정에 의하여 송달할 수 있다.

2. 공시송달의 요건

① 표의자가 과실 없이 상대방을 알지 못하거나 또는 상대방의 소재를 알지 못하여야 한다.

② 상대방 또는 상대방의 소재를 알지 못하는 데 표의자의 과실이 있는 경우 공시송달은 허용되지 않는다.

③ 상대방의 소재가 불명이더라도 친권자·후견인·부재자의 재산관리인 등이 있는 때에는 그들에게 의사표시를 하면 되기 때문에 공시송달의 방법은 허용되지 아니한다. 그러므로 법원에 의하여 부재자재산관리인이 선임되어 있는 경우에는 부재자를 위하여 그 재산관리인만이 또는 그 재산관리인에게 대하여서만 송달 등 소송행위를 할 수 있다(68다2021).

3. 공시송달의 절차 ⇨ 민사소송법에 정한 절차에 따른다

(1) 권리자가 법원에 공시송달을 신청하면 법원사무관 등이 송달서류를 보관하고, 그 사유를 법원의 게시판에 게시하는 방법에 의한다.

(2) 일간신문 공고에 의한 공시송달

① 법원은 공시송달 사유를 관보나 일간신문에 공고할 것을 명할 수 있다(민사소송법 제195조, 민사소송규칙 제54조).
② 법원의 명령 없이 일간신문에 공고한 사실만으로 상당한 시기에 도달되었다고 추정할 수 없다(64다65). 즉, 표의자가 송달을 주장하려면 공고된 의사표시가 상대방에게 도달되었다는 사실을 표의자가 스스로 입증을 할 책임이 있다.

4. 공시송달의 효과

① 공시송달에 의한 의사표시는 법원사무관이 법원의 게시판에 게시한 날로부터 2주일이 경과한 때에 상대방에게 도달한 것으로 간주된다(민사소송법 제196조 제1항 본문).
② 단, 외국에서 할 송달에 대한 공시송달은 법원의 게시판에 게시한 날로부터 2개월이 경과하여야 효력이 생긴다(동법 제196조 제2항).
③ 공시송달 이후 동일 당사자에 대하여 다시 공시송달하는 경우에는 법원의 게시판에 게시한 다음 날부터 그 효력이 생긴다(동법 제196조 제1항 단서).

개념적용 문제

의사표시에 관한 설명으로 옳지 않은 것은? (다툼이 있으면 판례에 따름) 제28회 기출

① 표의자가 의사표시를 발송한 후 제한능력자가 되어도 그 의사표시의 효력에 영향을 미치지 아니한다.
② 표의자가 과실없이 상대방을 알지 못하는 경우에는 의사표시는 민사소송법 공시송달의 규정에 의하여 송달할 수 있다.
③ 상대방이 있는 의사표시는 특별한 사정이 없는 한 상대방에게 도달한 때에 그 효력이 생긴다.
④ 의사표시가 상대방에 도달한 것으로 인정되기 위해서는 상대방이 그 의사표시의 내용을 알아야 한다.
⑤ 의사표시의 상대방이 제한능력자로서 의사표시를 받았으나 법정대리인이 그 사실을 알지 못한 경우, 의사표시자는 그 의사표시로써 대항할 수 없다.

해설 도달이라 함은 사회통념상 상대방이 통지의 내용을 알 수 있는 객관적 상태에 놓여 있는 경우를 가리키는 것으로, 상대방이 통지를 현실적으로 수령하거나 통지의 내용을 알 것까지는 필요로 하지 않는다(82다카439).

정답 ④

CHAPTER 03 OX문제로 완벽 복습

01 공무원의 사직서 제출 및 소송행위 등은 비진의표시뿐만 아니라 착오에 관한 민법의 규정도 적용하지 않는다. (○｜×)

02 주식인수의 청약은 비록 그것이 비진의표시였다 하더라도 언제나 표시한 대로 효력이 발생한다. (○｜×)

03 비진의표시에서 진의란 특정한 내용의 의사표시를 하고자 하는 표의자의 생각을 말하는 것이고 표의자가 진정 마음속으로 바란 사항을 의미하는 것은 아니다. (○｜×)

04 착오에 있어서 표의자에게 중과실이 있다는 증명책임은 표의자가 진다. (○｜×)

05 매수인의 중도금 채무불이행을 이유로 매도인이 계약을 적법하게 해제한 이후 매수인은 착오를 이유로 법률행위를 취소할 수 있다. (○｜×)

06 동기의 착오는 그 착오가 표시된 경우 착오를 이유로 취소할 수 있으나, 이를 의사표시의 내용으로 할 것의 합의를 요한다. (○｜×)

07 중요부분의 착오가 표의자의 경과실로 발생한 경우 착오를 이유로 취소하여 상대방에 대한 손해가 있다면 그 손해를 배상할 의무가 있다. (○｜×)

08 기망에 의하여 하자가 있는 물건을 매수한 경우에는 매수인은 하자담보책임과 사기에 의한 취소권을 선택적으로 행사할 수 있다. (○｜×)

09 대리인의 사기·강박은 제3자의 사기·강박이 아니다. (○｜×)

10 제3자의 사기로 계약을 체결한 자는 그 계약을 취소하지 않고 제3자에게 불법행위를 이유로 손해배상을 청구할 수는 없다. (○｜×)

11 표의자가 의사표시를 발신 후 사망한 경우에도 그 의사표시의 효력에는 영향이 미치지 않는다. (○｜×)

정답

01 ○   02 ○(상법 제320조 제1항)   03 ○   04 ×[의사표시자로 하여금 그 의사표시를 취소하지 못하게 하려는 '상대방'이 증명책임을 부담한다(判)]   05 ○   06 ×(동기가 표시된 경우 법률행위의 내용에 포함되므로 별도로 의사표시의 내용으로 하기로 하는 합의를 할 필요는 없다)   07 ×(중요부분에 대한 착오가 표의자의 경과실로 발생한 경우 착오를 이유로 취소하여 상대방에 대한 손해가 있다 하더라도 그 손해를 배상할 의무가 없다)   08 ○(통설·판례의 입장이다)   09 ○   10 ×(제3자의 기망에 의하여 계약을 체결한 자는 계약을 취소하지 않고도 제3자에게 불법행위에 기한 손해배상을 청구할 수 있다)   11 ○

CHAPTER 04 법률행위의 대리

회독체크 1 2 3

CHAPTER 미리보기

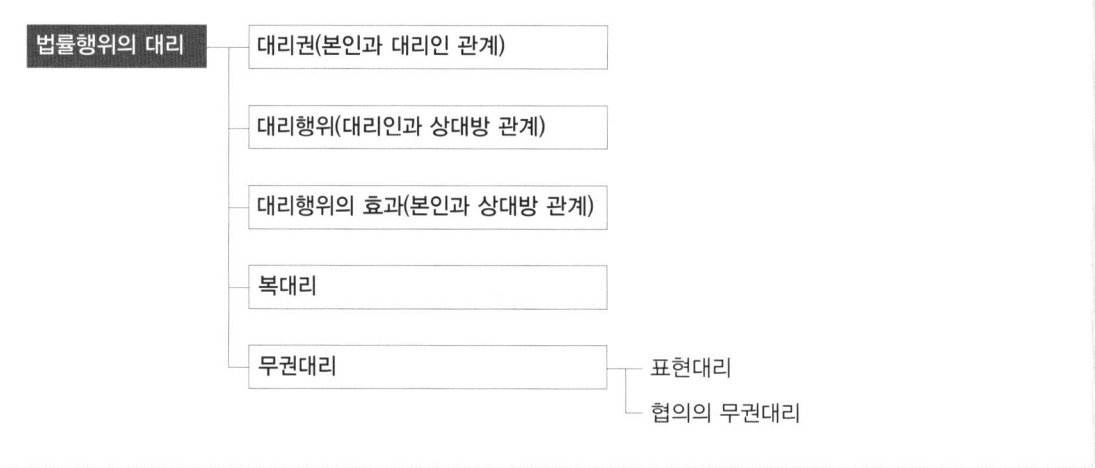

학습전략

❶ 매년 2~3문항 정도가 출제됩니다.
❷ 대리제도의 기초개념, 대리의 허용범위, 대리권의 범위와 제한, 대리권의 소멸사유, 대리행위의 현명주의, 대리행위의 하자 등과 복대리, 표현대리와 협의의 무권대리 그리고 그 효과 등이 고르게 출제되고 있으므로 전반적인 심화학습이 요구됩니다.

학습키워드

- 대리의 허용범위
- 임의대리와 법정대리
- 능동대리와 수동대리
- 유권대리와 무권대리
- 대리권의 범위

- 대리권의 제한
- 대리권의 소멸
- 대리행위
- 복대리
- 무권대리와 표현대리

제1절 총설

1 서설

1. 대리의 의의

① 대리(代理)란 대리인(代理人)이 본인(本人)의 이름으로 의사표시를 하거나 수령함으로써 그 법률효과가 직접 본인에게 귀속되는 제도를 말한다.
② 즉, 법률행위에 있어서 의사표시를 하는 자와 그 의사표시에 의한 법률효과가 귀속되는 자가 분리되는 제도이다.

2. 대리제도의 기능 - 사회적 작용

① **사적 자치의 확장 - 주로 임의대리**: 개인이 모든 법률행위를 스스로 처리하는 것이 장소적·시간적 제약으로 인하여 불가능하거나 그 활동능력의 한계로 인하여 제한을 받을 때 타인을 대리인으로 선임하여 그 자로 하여금 법률행위를 하도록 하고 그 법률행위의 효과를 직접 자신이 받는다면 개인의 법률행위의 영역은 그만큼 확장되게 된다.
② **사적 자치의 보충 - 주로 법정대리**: 예를 들면, 제한능력자는 단독으로 유효한 법률행위를 할 수 없으므로 법정대리인의 행위를 매개로 해서 능력을 보완하여 권리를 취득하고 의무를 부담하게 한다면 제한능력자도 법률관계에 참가할 수 있게 된다.

2 대리와 구별하여야 할 제도

1. 간접대리

① **의의**: 간접대리(間接代理)란 행위자가 자신의 이름으로 그러나 타인의 계산으로 법률행위를 하고 그 법률효과도 자기에게 귀속한 후 취득한 권리 등을 타인에게 이전하는 제도를 말한다. 예를 들면, 위탁매매업(상법 제101조), 운송주선업(상법 제114조) 등이 있다.
② **대리와 구별**: 간접대리는 행위자가 자신의 이름으로 법률행위를 하고 그 법률행위의 효과도 자기에게 귀속한다는 점에서 대리와 다르다.

2. 사자

(1) 의의

본인에 의하여 완성된 의사표시를 단순히 전달하거나(전달기관으로서의 사자), 본인이 결정한 효과의사를 상대방에게 그대로 표시함으로써 표시행위의 완성에 협력하는 자(표시기관으로서의 사자)를 말한다. 이 중 대리와 비슷한 것은 표시기관으로서의 사자이다.

(2) 대리와 구별

① 사자(使者)에 있어서는 효과의사를 본인이 결정하지만, 대리에 있어서는 대리인이 직접 효과의사를 결정한다.
② 사자는 의사능력을 필요로 하지 않으나, 대리인은 의사능력이 있어야 한다.
③ 사자에 있어서는 본인이 행위능력이 있어야 한다.
④ 의사의 흠결에 대해서는 본인의 의사와 사자의 표시를 비교하고, 의사표시의 하자도 본인을 표준으로 결정한다.
⑤ 대리에 있어서는 본인은 권리능력만 있으면 족하고, 의사의 흠결에 대해서는 대리인의 의사와 표시를 비교하고, 의사표시의 하자도 원칙적으로 대리인을 표준으로 결정한다. 주의할 것은 사자와 (임의)대리인 모두 행위능력은 요하지 않는다.
⑥ 판례는 사자를 넓게 인정하여 사자에 의한 의사표시의 경우는 물론 본인이 결정한 의사를 대리인으로 하여금 표시한 경우에도 그 의사표시는 대리행위가 아니라고 하여 사자의 범주에 포함시킨다(66다661).

▶ **사자와 대리인의 비교**

사자	구분	대리인
본인	효과의사를 결정하는 자	대리인
행위능력 필요	본인에게 필요한 능력의 범위	권리능력만 있으면 됨
행위능력·의사능력 불요	행위자에게 필요한 능력의 범위	행위능력 불요, 의사능력은 필요
본인의 의사와 사자의 표시를 비교	의사의 흠결을 판단하는 기준	대리인의 의사와 표시를 비교
본인을 표준으로 결정	의사표시의 하자를 판단하는 기준	대리인을 표준으로 결정

3. 대표

① 법인의 대표기관의 행위에 의해 법인이 직접 권리·의무를 취득한다는 점에서 대표와 대리는 비슷하다. 그러나 대표에 있어서는 대표기관의 행위는 법인 자신의 행위로 간주되고, 대표는 불법행위나 사실행위에도 인정된다는 점에서 대리와 다르다.
② 대표에 관하여는 대리에 관한 규정이 준용(제59조 제2항)되므로 대표와 대리는 사실상 큰 차이는 없다.

4. 간접점유

간접점유란 점유매개관계를 통하여 타인으로 하여금 물건을 점유하게 하는 경우를 말한다(제194조). 점유는 의사표시가 아니므로 대리와 다르다.

3 대리제도의 본질

대리는 법률행위의 모든 부분이 대리인에 의하여 이루어지지만, 그 법률효과는 직접 본인에게 귀속되는데 그 근거가 무엇이냐에 관하여 여러 논의가 있어 왔다.

1. 본인행위설

① 대리행위에 있어서 행위를 하는 자는 본인이고, 대리인은 단순한 본인의 기관에 불과하다는 이론이다.
② 즉, 대리인의 행위를 본인의 행위로 의제하는 것으로서 법인과 그 대표 간의 관계도 역시 본인행위설이 적용된다.
③ 따라서 법률행위의 여러 요건(행위능력, 의사의 흠결, 의사표시의 하자의 유무 등)은 본인을 표준으로 하여 결정한다.

2. 대리인행위설

① 법률상의 행위자는 대리인이지만 그 대리인은 자기를 위하여 법률행위를 하는 것이 아니라 본인을 위해서 법률행위를 하므로 그와 같이 본인을 위하여 법률행위를 한다는 의사(대리의사)에 의하여 본인에게 법률효과가 귀속한다는 이론이다.
② 따라서 대리인이 표시하는 의사는 대리인 자신의 효과의사이고 법률행위의 요건은 대리인을 표준으로 하여 결정하며 법률효과만이 본인에게 귀속한다고 한다.
③ 우리 민법도 이에 따르고 있는 결과 대리행위의 하자는 대리인을 표준으로 하여 결정한다는 규정(제116조 제1항)을 두고 있다.

4 대리가 허용되는 범위

1. 법률행위

(1) 원칙

① 대리는 원칙적으로 의사표시를 요소로 하는 법률행위에 한하여 허용된다. 따라서 법률행위는 원칙적으로 대리가 가능하다.

② 법률행위 중 재산상 법률행위에는 전면적으로 허용되나, 가족법상 법률행위(신분행위)에는 예외가 있다.

(2) 예외 – 대리가 허용되지 않는 법률행위

① 법률행위라 하더라도 대리를 금지하는 법률규정이 있거나(예 근로계약의 체결),
② 법률행위의 성질상 대리에 적합하지 않은 경우(주로 가족법상의 법률행위 – 일신전속권에 해당하는 행위)는 대리가 허용되지 않으며,
③ 당사자 사이의 특약에 의하여 대리를 금지할 수도 있다.

2. 준법률행위

① 준법률행위 중 표현행위(의사의 통지와 관념의 통지)에 대해서는 의사표시규정이 유추적용되므로 대리가 허용된다.
② 반면 사실행위(비표현행위)에 관해서는 대리가 허용되지 않으며, 제3자의 협력이 있더라도 그것은 대리가 아니라 사실상의 보조행위에 불과하다.

3. 불법행위

① 불법행위는 법률행위가 아니므로 대리가 허용되지 않는다. 따라서 불법행위를 한 자가 책임을 질 뿐이다(제750조).
② 만약 대리인이 본인의 피용자인 경우에는 본인의 사용자(使用者)책임(제756조)의 문제가 발생할 수는 있다.

5 대리의 종류

1. 임의대리와 법정대리

① **의의 – 대리권 발생원인에 따른 구별**: 임의대리(任意代理)란 본인의 수권행위(授權行爲)에 의해 대리권이 발생하는 경우를 말하고, 법정대리(法定代理)란 법률규정 등에 의해 대리권이 발생하는 경우를 말한다.
② **차이점 – 구별하는 실익**: 대리인의 복임권(제120조 내지 제122조), 대리권의 소멸사유(제128조), 표현대리에 관한 규정(제125조)의 적용 여부에 차이가 있다.

2. 능동대리(能動代理)와 수동대리(受動代理)

(1) 의의 – 의사표시의 주체에 따른 구별

능동대리(적극대리)란 대리인이 상대방에 대하여 의사표시를 하는 경우를 말하고, 수동대리(소극대리)란 대리인이 상대방의 의사표시를 수령하는 경우를 말한다.

(2) 민법은 원칙적으로 능동대리를 중심으로 규정하고 있다

① 수동대리에 대해서는 능동대리에 관한 규정을 부분적으로 준용하고 있다(제114조 제2항).
② 특별한 사정이 없는 한 능동대리권이 있으면 수동대리권도 함께 가진다고 해석된다(통설).
③ 공동대리의 제한이 있는 경우에도 수동대리에는 각자대리가 원칙이다.

(3) 차이점 – 구별실익

현명주의(제114조, 제115조), 상대방 있는 단독행위의 무권대리(제136조)에서 차이가 있다.

3. 유권대리와 무권대리 – 대리권의 유무에 따른 구별

① 유권대리(有權代理)는 대리행위 당시 대리인에게 정당한 대리권이 있는 경우를 말하고, 무권대리(無權代理)는 대리인으로 행위하는 자가 정당한 대리권이 없는 경우를 말한다.
② 통설은 무권대리를 다시 협의의 무권대리(제130조 내지 제136조)와 표현대리(제125조, 제126조, 제129조)로 구분하고 있다.

6 대리의 3면 관계

1. 의의

대리인이 한 법률행위의 효과가 직접 본인에게 귀속하기 위해서는 일정한 요건을 갖추어야 한다.
① **본인과 대리인 사이의 관계**: 대리인에게 대리권이 존재하여야 한다.
② **대리인과 상대방 사이의 관계**: 대리인이 대리권의 범위 내에서 본인의 이름으로 법률행위를 하여야 한다.
③ **본인과 상대방 사이의 관계**: 법률행위의 효과가 직접 본인에게 귀속한다.

2. 대리의 3면 관계

위 설명 내용 중 ①의 관계를 대리권관계(본인과 대리인의 관계)라 하고, ②의 관계를 대리행위관계(대리인과 상대방의 관계)라 하며, ③의 관계를 대리효과관계(본인과 상대방의 관계)라 한다.

제2절 대리권(본인과 대리인 관계)

1 의의 및 성질

(1) 대리권이라 함은 대리인이 본인의 이름으로 의사표시를 하거나 또는 수령하여 본인에게 그 법률효과를 발생하게 하는 법률상의 지위 또는 자격을 말한다.

(2) 대리권은 대리인의 본인에 대한 법률상 지위 내지 자격(자격설 또는 능력설: 통설)이므로 그것은 본래의 의미에서의 권리(權利)가 아니고 권한(權限)에 불과하다.

(3) 대리인에게 대리권이 있어야 비로소 대리인이 상대방과 한 법률행위의 효과를 본인에게 귀속시킬 수 있기 때문에 대리권의 존재는 대리관계의 출발점이라고 할 수 있다.

(4) 대리권의 발생과 원인된 법률관계(기초적 내부관계)
① 대리제도는 실제로는 대리인이 본인에 대하여 일정한 법률행위를 하여야 할 계약상 또는 가족법상의 의무를 부담하는 경우에 그 의무의 이행수단으로서 이용되는 경우가 많다.
② 예를 들면, 가옥의 매매를 위임받은 자가 그 수임의무의 이행으로서 본인을 대리하여 가옥 매매계약을 체결하는 경우와 같이 계약 또는 법률의 규정에 의하여 어떤 사람이 다른 사람에게 재산관리 등의 의무를 부과할 때에는 본인을 위한 대리권을 수여하는 경우가 많다.
③ 이러한 경우에 위임과 같이 타인을 위하여 일정한 행위를 할 의무부담을 내용으로 하는 본인과 대리인 사이의 법률관계를 원인된 법률관계 또는 기초적 내부관계라 한다.
④ 원인된 법률관계로는 위임·고용·도급·조합·부부·친권·후견관계 등을 들 수 있다.

2 대리권의 발생원인

1. 법정대리권의 발생원인

법정대리권은 본인의 의사와는 관계없이 직접 법률의 규정에 의하여 발생한다.
① 자(子)에 대한 친권자의 대리권(제911조, 제920조), 미성년후견인의 선임(제932조), 일상가사대리권을 가지는 부부(제827조) 등은 본인과 일정한 신분관계가 있어서 법률의 규정에 의하여 당연히 대리권이 발생한다.
② 지정후견인(제931조), 지정유언집행자(제1093조, 제1094조) 등의 대리권은 본인 이외의 사인(私人)의 지정행위에 의하여 발생한다.

③ 법원의 선임행위에 의하여 대리인이 된 부재자의 재산관리인(제23조), 상속재산관리인(제1023조, 제1040조, 제1047조), 유언집행자(제1096조) 등의 대리권은 법원의 선임행위에 의하여 발생한다.

2. 임의대리권의 발생원인 - 법률행위(수권행위)에 의한 대리권 발생

(1) 수권행위(授權行爲)의 의의
임의대리권에 있어서 본인이 대리인에게 대리권을 수여하는 행위를 **수권행위**라 한다.

(2) 수권행위의 법적 성질
통설은 상대방 있는 단독행위(상대방의 수령을 요하는 단독행위)로 이해한다.

(3) 수권행위의 방식과 상대방
① 수권행위는 불요식행위이다.
　㉠ 대리권을 수여하였다는 증거로 위임장이라는 문서를 대리인에게 교부하는 것이 보통이나
　㉡ 대리권의 표시로서 반드시 이러한 서면이 필요한 것은 아니고 구두(口頭)로써도 할 수 있으며 묵시적으로도 할 수 있다.
② 수권행위의 상대방은 대리인이 될 자가 되는 것이 보통이겠으나, 대리행위의 상대방에 대하여 해도 무방하다(다수설).

참고 수권행위의 독자성과 무인성

1. **수권행위와 기초적 내부관계(수권행위의 독자성)**
　① 기초적 내부관계(基礎的 內部關係) - 원인된 법률관계
　　㉠ 본인과 대리인 사이의 수권행위를 발생하게 하는 원인이 되는 법률관계를 기초적 내부관계 또는 원인된 법률관계라 한다.
　　㉡ 예를 들면, 보험회사(A)가 영업사원(B)을 채용했을 때, A와 B 사이의 고용계약이 체결되고 이에 의하여 A는 B에게 보험계약체결에 관한 대리권을 수여하는 경우가 있는데, A와 B 사이의 고용계약을 내부적 기초관계라 한다.
　② 수권행위의 독자성(獨自性)
　　㉠ 내부적 기초관계가 존재하면 항상 수권행위가 있다고 볼 수 있느냐의 문제가 수권행위의 독자성 문제이다.
　　㉡ 통설과 판례는 수권행위의 독자성을 인정하여 각각을 별개의 독립된 행위로서 구별한다.
　③ 수권행위의 독자성을 인정한다고 해서 수권행위가 언제나 기초적 내부관계와 별개로 행하여져야 한다는 것을 의미하는 것은 아니다. 오히려 실제 거래관계에 있어서는 양자가 일체로서 이루어지는 것이 보통이다.

2. 수권행위의 유인성·무인성

① 본인과 대리인 사이의 기초적 내부관계인 위임·고용관계가 무효, 취소, 해제 기타의 사유로 실효(失效)된 경우 수권행위도 그 영향을 받아 소급적으로 효력을 잃게 되는가의 문제와 수권행위가 소급적으로 무효가 된 경우 그 이전에 대리인이 한 대리행위도 소급하여 무권대리가 되는가의 문제이다.

② 무인설(判)에 의하면 기초적 내부관계가 무효, 취소, 해제 기타의 사유로 소급하여 소멸하더라도 수권행위는 소급하여 소멸하지 않으므로 이미 행하여진 대리행위는 유효한 대리행위가 된다.

③ 반면, 유인설에 의하면 기초적 내부관계가 무효, 취소, 해제 기타의 사유로 소급하여 소멸한 경우 수권행위도 그 영향을 받아 소급적으로 효력을 잃게 되므로 그 이전에 대리인이 한 대리행위도 소급하여 무권대리가 된다고 한다. 그러나 유인설은 기득권을 보호하기 위하여 그 이전에 대리인이 한 대리행위는 그대로 유효한 것으로 인정하여 거래안전을 보호하는 입장을 취하므로 양설은 실제에 있어서는 큰 차이가 없다.

(4) 수권행위의 하자

① 수권행위는 본인의 단독행위이므로 수권행위 자체의 하자(瑕疵)문제는 본인을 표준으로 결정한다.

② 수권행위는 법률행위로서 본인은 행위능력자이어야 하므로 본인이 제한능력자라면 제한능력을 이유로 수권행위를 취소할 수 있다.

(5) 수권행위의 철회(撤回)

수권행위의 철회사유가 발생하면 본인은 원인된 법률관계가 종료되기 전이라도 그 수권행위를 철회할 수 있고, 수권행위가 철회되면 임의대리권은 그때부터 소멸한다.

3 대리권의 범위

1. 법정대리권의 범위

① 법정대리권은 법률의 규정에 의하여 발생하므로 법정대리권의 범위 역시 법정대리권의 발생원인이 되는 법률규정에 의하여 정하여진다.

② 법정대리권에 관한 민법 규정은 강행규정이다. 따라서 당사자 사이에 이와 다르게 대리권의 범위를 확장 또는 제한하는 것은 무효이다.

2. 임의대리권의 범위

(1) 수권행위의 해석

① 임의대리권은 수권행위에 의하여 발생하므로 임의대리권의 범위도 수권행위에 의하여 정하여지는 것이 원칙이다.

② 따라서 임의대리인의 대리권의 범위는 수권행위의 해석에 의하여 확정하여야 하는데(97다23372), 수권행위의 해석은 의사표시 해석의 일반원칙에 따라 하여야 한다.

> **판례** 대리권의 범위에 대한 일반적 해석
> ① 임의대리에 있어서 어느 행위가 대리권의 범위 내의 행위인지 여부는 개별적인 수권행위의 내용이나 그 해석에 의하여 판단할 것이나, 일반적으로 임의대리권으로서 능동대리에는 상대방의 의사표시를 수령하는 수동대리권을 포함하는 것으로 보아야 한다(93다39379).
> ② 부동산의 매매계약을 체결할 대리권을 수여받은 대리인은 특별한 다른 사정이 없는 한 매매계약에서 약정한 바에 따라 중도금이나 잔금을 수령할 권한도 있다고 보아야 하고(93다39379), 소유권이전등기를 할 권한을 포함한다(4290민상840).
> ③ 매매계약의 체결과 이행에 관하여 포괄적으로 대리권을 수여받은 대리인은 특별한 다른 사정이 없는 한 상대방에 대하여 약정된 매매대금의 지급기일을 연기하여 줄 권한도 가진다고 할 것이다(91다43107).
> ④ 소비대차계약의 대리권은 그 계약의 내용을 이루는 기한을 연기하고 이자와 잔여금을 수령할 권한을 포함한다고 본다(4280민상236).
> ⑤ 매매계약을 소개하고 매수인을 대리하여 매매계약을 체결하였다 하여 곧바로 그 제3자가 매수인을 대리하여 매매계약의 해제 등 일체의 처분권과 상대방의 의사를 수령할 권한까지 가진다고 볼 수는 없다(85다카971).
> ⑥ 대여금의 영수권한만을 위임받은 대리인이 그 대여금채무의 일부를 면제하기 위하여는 본인의 특별수권이 필요하다(80다3221).
> ⑦ 예금계약을 위임받은 자가 가지는 대리권에 당연히 그 예금을 담보로 하여 대출을 받거나 이를 처분할 수 있는 대리권이 포함되어 있는 것은 아니다(94다59042).

(2) 대리권의 범위가 불분명한 경우에 적용되는 보충규정(제118조)

임의대리권은 있으나 수권행위의 해석에 의해서도 그 범위가 불분명한 경우, 즉 대리권의 범위가 수권행위에 의하여 정해지지 않거나 명백하지 않은 경우, 민법은 보충규정으로서 제118조를 두고 있다.

> **제118조【대리권의 범위】** 권한을 정하지 아니한 대리인은 다음 각 호의 행위만을 할 수 있다.
> 1. 보존행위
> 2. 대리의 목적인 물건이나 권리의 성질을 변하지 아니하는 범위에서 그 이용 또는 개량하는 행위

① **보존행위**: 재산의 현상을 유지하기 위한 행위로서 가옥의 수선, 부패하기 쉬운 물건의 매각, 미등기부동산의 등기, 시효중단을 위한 소제기, 기한이 도래한 채권의 추심, 기한이 도래한 채무의 변제 등이 이에 해당한다. 이러한 보존행위는 아무런 제한 없이 할 수 있다.

② **이용·개량행위**
  ㉠ 이용행위란 재산을 사용·수익하는 행위를 말한다.
  ㉡ 개량행위란 재산의 가치(교환가치·이용가치)를 증가시키는 행위를 말한다.
  ㉢ 이러한 이용·개량행위는 대리의 목적인 물건이나 권리의 성질이 변하지 않는 범위 내에서만 가능하다.

㉣ 따라서 물건이나 권리의 성질을 변하게 하는 이용·개량행위는 본인에게 이익이 되더라도 그것은 무권대리가 된다.
③ **처분행위**: 불가
④ 대리권 범위에 대한 보충규정으로서 제118조는 대리권의 범위가 분명한 경우나 표현대리가 성립하는 경우에는 적용되지 않는다(64다968).

> **참고** 이용·개량행위
>
> 1. **허용되는 이용 또는 개량행위**
>   ① 사용치 않는 물건을 임대하거나, 금전을 이자부로 대여하는 것(이용행위)
>   ② 가옥에 부가시설을 설치하거나, 무이자소비대차를 이자부로 전환하는 것(개량행위)
> 2. **허용되지 않는 행위**
>   ① 예금을 주식으로 전환하거나 또는 예금을 찾아서 타인에게 대여하는 것
>   ② 농지를 대지로 용도변경하는 것 등은 허용되지 않는다.

4 대리권의 제한

1. 자기계약·쌍방대리의 금지

> **제124조 【자기계약, 쌍방대리】** 대리인은 본인의 허락이 없으면 본인을 위하여 자기와 법률행위를 하거나 동일한 법률행위에 관하여 당사자 쌍방을 대리하지 못한다. 그러나 채무의 이행은 할 수 있다.

(1) 의의

① **자기계약**(自己契約): 대리인이 본인을 대리하면서 동시에 자기가 상대방이 되어 계약을 체결하는 경우를 말한다. 예를 들면, 甲으로부터 부동산 매각의 대리권을 수여받은 乙이 스스로 그 부동산의 매수인이 되어 매매계약을 체결하는 경우가 해당한다.
   ○ 대리인은 스스로 대리행위 상대방의 지위를 가질 수 없다.
② **쌍방대리**(雙方代理): 대리인이 본인을 대리하면서 동시에 상대방을 대리하여 자기 혼자서 법률행위를 하는 경우를 말한다. 예를 들면, 甲의 대리인 乙이 또 한편으로는 매수인 丙의 대리인 자격으로 乙 혼자서 매매계약을 체결하는 경우가 해당한다.

(2) 원칙: 금지
자기계약과 쌍방대리는 본인의 이익을 해할 가능성이 있기 때문에 원칙적으로 금지된다(제124조).

(3) 예외: 본인의 이익을 해할 가능성이 없는 경우에는 자기계약·쌍방대리가 허용된다.

① **본인의 허락이 있는 경우**: 본인의 허락이 있는 자기계약·쌍방대리는 사적 자치의 원칙(혹시 발생할지도 모를 본인의 불이익을 스스로 감수하겠다는 의사)상 허용된다.
  ㉠ 본인의 허락은 명시적인 경우뿐만 아니라 묵시적으로도 행하여질 수 있다.
  ㉡ 이때 본인에게 대리행위의 목적인 법률관계에 대하여 처분권이 있어야 한다.
  ㉢ 사채알선업자가 채권자와 채무자 양쪽을 대리하는 경우, 채무자의 사채알선업자에 대한 변제는 채권자에 대한 변제의 효력이 있다(判).
② **채무의 이행**: 채무의 이행 또는 이와 동일시할 수 있는 행위의 경우에는 이미 성립한 법률관계의 결제에 불과하고 새로운 이해관계를 창설하는 것이 아니므로 자기계약·쌍방대리가 허용된다.
  ㉠ 금전출납의 대리권을 가지는 대리인이 본인에게 채권을 가지고 있고 그 채권의 변제기가 도래한 경우에 본인의 예금을 찾아 자기 채권의 변제에 충당하는 것
  ㉡ 주식의 명의개서(名義改書)에 관하여 매수인이 매도인의 대리인이 되는 것
  ㉢ 동일한 법무사가 매도인과 매수인을 대리하여 소유권이전등기신청을 하는 경우

(4) 허용되지 않는 행위
① 채무의 이행이라고 하더라도 다툼이 있는 채무, 기한 미도래 채무, 항변권이 붙은 채무, 새로운 이해관계가 형성되는 채무(대물변제)의 이행은 허용되지 않는다.
② 경개도 새로운 이해관계가 형성될 수 있어서 자기계약 또는 쌍방대리가 허용되지 않는다.
③ 부득이한 사유가 있다는 사정만으로 자기계약이나 쌍방대리가 허용되지 않는다.
④ 부동산 입찰절차에서 동일물건에 관하여 이해관계가 다른 2인 이상의 대리인이 된 경우에는 그 대리인이 한 입찰은 무효이다(2003마44).

(5) 자기계약·쌍방대리금지 위반의 효과
자기계약·쌍방대리의 금지규정을 위반하여 행해진 대리행위는 무권대리가 되어 본인에 대하여 효력이 없다. 그러나 무권대리의 법리상 본인이 이를 추인하면 소급하여 유효한 대리행위가 될 수는 있다.

(6) 적용범위
① 자기계약·쌍방대리에 관한 민법 제124조는 임의대리·법정대리 모두에 적용된다. 예를 들면, 임대인과 임차인 사이에 장래 다툼이 생긴 경우에 화해를 위한 대리인 선임 권한을 미리 임대인에게 수여시킨 계약은 제124조의 자기계약과 쌍방대리의 금지규정을 위반한 것이다.
② 본조는 계약뿐만 아니라 상대방 있는 단독행위에도 적용된다.

2. 공동대리

> **제119조 【각자대리】** 대리인이 수인인 때에는 각자가 본인을 대리한다. 그러나 법률 또는 수권행위에 다른 정하는 바가 있는 때에는 그러하지 아니하다.

(1) 의의

① 공동대리(복합대리)라 함은 수인(數人)의 대리인이 공동으로만 대리할 수 있는 대리를 말한다.
② 공동대리에 있어서 대리인 중의 1인(人)이 대리행위에 참여하지 않았거나 또는 1인의 의사표시에 흠결이 있는 때에는 그 대리행위는 효력이 없거나 대리행위 자체의 흠결이 된다.
③ 그러므로 공동대리는 각 대리인의 입장에서 보면 그의 대리권의 제한이 된다.

(2) 수인(數人)의 대리인이 있는 경우

① **원칙 – 각자대리**: 대리인이 수인인 경우에도 원칙적으로 각자가 본인을 대리한다.
② **예외 – 공동으로만 대리**
  ㉠ 법률 또는 수권행위에서 공동(共同)으로만 대리하도록 정한 경우에는 공동으로만 대리하여야 한다.
  ㉡ 이는 대리인으로 하여금 의사결정을 신중하게 함으로써 본인을 보호하고자 함에 그 취지가 있다.

(3) 공동대리에서 공동의 의미

① **의사결정의 공동을 의미**: 공동대리에 있어서 공동은 '의사결정의 공동'을 의미하는 것이고, 행위(표시)의 공동을 의미하는 것은 아니다(통설).
② **공동으로 의사결정을 한 경우의 표시방법**
  ㉠ 공동대리인들이 공동으로 의사결정을 하였다면, 그에 따른 표시는 전원이 동시에 할 필요는 없고, 각자가 단독으로 하거나 공동대리인 중 1인이 표시해도 된다.
  ㉡ 공동의사결정 후 공동대리인 각자가 때를 달리하여 동일 내용의 법률행위를 각각 다른 상대방에게 하여도 적법한 공동대리행위가 된다.

(4) 공동대리의 경우에도 수동대리는 각자가 단독으로 할 수 있다

공동대리의 제한이 있는 경우라도 상대방의 의사표시를 수령(매매에 있어서 상대방의 청약을 수령)하는 수동대리는 각자가 단독으로 할 수 있다(통설).

(5) 공동대리 위반의 효과

공동대리 제한에 위반하여 공동대리인 중 1인이 단독으로 대리행위를 한 경우 그 대리행위는 무권대리로서 권한을 넘은 표현대리(제126조)가 될 수 있다.

5 대리권의 남용(濫用) – 배임적 대리행위

1. 의의

① **대리권의 남용**이란 대리인이 외형적·형식적으로는 대리권의 범위 내에서 대리행위를 하였지만 그것이 실질적으로는 본인을 위한 것이 아니라 자기 또는 제3자의 이익을 위한 행위를 한 것을 말한다.
② 대리권의 남용은 임의대리와 법정대리 모두에 성립한다.

2. 학설과 판례 – 제107조 제1항 단서 유추적용설

(1) 제107조 제1항 단서 유추적용설(통설·주류의 판례)

① 진의 아닌 의사표시가 대리인에 의하여 이루어지고 그 대리인의 진의가 본인의 이익이나 의사에 반하여 자기 또는 제3자의 이익을 위한 배임적인 것임을 그 상대방이 알았거나 알 수 있었을 경우에는 민법 제107조 제1항 단서의 유추해석상 그 대리인의 행위에 대하여 본인은 아무런 책임을 지지 않는다고 보아야 하고, 그 상대방이 대리인의 표시의사가 진의 아님을 알았거나 알 수 있었는가의 여부는 표의자인 대리인과 상대방 사이에 있었던 의사표시 형성 과정과 그 내용 및 그로 인하여 나타나는 효과 등을 객관적인 사정에 따라 합리적으로 판단하여야 한다(2000다20694).
② 금융기관의 임·직원이 예금 명목으로 돈을 교부받을 때의 진의가 예금주와 예금계약을 맺으려는 것이 아니라 그 돈을 사적인 용도로 사용하거나 비정상적인 방법으로 운용하는 데 있었던 경우에 예금주가 그 임·직원의 예금에 관한 비진의 내지 배임적 의사를 알았거나 알 수 있었다면 금융기관은 그러한 예금에 대하여 예금계약에 기한 반환책임을 지지 아니한다(2004다51542).
③ 대리권남용사실에 대한 악의 또는 중대한 과실이 있는 상대방은 본인에게 대리인의 행위로 인한 사용자책임(제756조)을 물을 수 없다(2008다13838).

(2) 신의칙설(권리남용설)

① 상대방이 대리인의 배임적 대리행위를 안 경우 또는 중과실로 알지 못한 경우에는 본인에게 대리행위의 효과를 주장하는 것은 신의칙 또는 권리남용금지의 원칙상 허용되지 않는다.
② 주식회사의 대표이사가 회사의 영리목적과 관계없이 자기의 개인적인 채무변제를 위하여 회사 대표이사 명의로 약속어음을 발행 교부한 경우에는 그 권한을 남용한 것에 불과할 뿐 어음발행의 원인관계가 없는 것이라고 할 수는 없고, 다만 이 경우 상대방이 대표이사의 진의를 알았거나 알 수 있었을 때에는 그로 인하여 취득한 권리를 회사에 대하여 주장하는 것은 신의칙에 반하는 것이므로 회사는 상대방의 악의를 입증하여 그 행위의 효력을 부인할 수 있다(89다카24360).

3. 효과

① 대리인이 대리권을 남용한 경우에도 원칙적으로 본인이 그 책임을 진다.
② 상대방이 대리인의 대리권의 남용사실을 알았거나 알 수 있었을 경우에 그 대리행위는 무효이므로 대리행위의 효과는 본인에게 귀속하지 않는다(제107조 제1항 단서 유추적용설).
③ 이때 상대방은 대리인에 대해 제135조 책임을 물을 수 없다.

6 대리권의 소멸

1. 대리권의 일반적 소멸사유 – 임의대리권과 법정대리권에 공통된 소멸원인

> **제127조【대리권의 소멸사유】** 대리권은 다음 각 호의 어느 하나에 해당하는 사유가 있으면 소멸된다.
> 1. 본인의 사망
> 2. 대리인의 사망, 성년후견의 개시 또는 파산

(1) 본인의 사망

본인이 사망하면 대리권은 소멸한다(제127조 제1호). 따라서 본인 사망 후 본인의 대리인이 그대로 상속인의 대리인이 되지는 않는다.

(2) 대리인의 사망·성년후견의 개시·파산

① 대리인이 사망하거나 파산선고 또는 성년후견개시의 심판을 받은 경우에는 대리권은 소멸한다(제127조 제2호).
② 대리인으로 선임될 당시의 피성년후견인·파산자도 대리인이 될 수는 있으나, 대리인으로 선임되고 난 후에 파산선고 또는 성년후견의 개시심판을 받으면 대리권이 소멸한다.
　○ 대리인의 한정후견의 개시는 대리권의 소멸사유가 아니다.

2. 임의대리권에 특유한 소멸원인

> **제128조【임의대리의 종료】** 법률행위에 의하여 수여된 대리권은 전조의 경우 외에 그 원인된 법률관계의 종료에 의하여 소멸한다. 법률관계의 종료 전에 본인이 수권행위를 철회한 경우에도 같다.

(1) 원인된 법률관계의 종료

① 원인된 법률관계의 종료에 의하여 임의대리권은 소멸한다(제128조 전단).
② 다만, 제128조 전단은 임의규정이므로, 원인된 법률관계가 종료하더라도 임의대리권을 존속시키기로 하는 당사자간의 특약은 유효하다.

(2) 수권행위의 철회

① 원인된 법률관계의 종료 전이라도 본인이 수권행위를 철회(撤回)하면 임의대리권은 소멸한다(제128조 후단 – 임의규정).
② 수권행위와 마찬가지로 수권행위의 철회도 단독행위이다.

3. 법정대리권에 특유한 소멸원인

법정대리권의 특유한 소멸원인은 개개의 법률규정에 의해 개별적으로 정해진다. 예를 들면, 미성년자가 성년자가 된 경우, 한정후견 또는 성년후견의 종료 등과 같이 법정대리권의 발생원인이 소멸하면 법정대리권도 소멸한다.

4. 대리권 소멸의 효과

대리인이었던 자가 대리권이 소멸한 후에 대리행위를 한 경우 무권대리가 된다. 그러나 제129조의 대리권 소멸 후에 표현대리가 성립할 수는 있다.

개념적용 문제

甲의 대리인 乙은 본인을 위한 것임을 표시하고 그 권한 내에서 丙과 甲 소유의 건물에 대한 매매계약을 체결하였다. 다음 중 甲과 丙 사이에 매매계약의 효력이 발생하는 경우는? (다툼이 있으면 판례에 따름)　　　　　　제21회 기출

① 乙이 의사무능력 상태에서 丙과 계약을 체결한 경우
② 乙과 丙이 통정한 허위의 의사표시로 계약을 체결한 경우
③ 乙이 대리권을 남용하여 계약을 체결하고 丙이 이를 안 경우
④ 甲이 乙과 丁으로 하여금 공동대리를 하도록 했는데, 乙이 단독의 의사결정으로 계약하였고 丙이 이러한 제한을 안 경우
⑤ 乙의 대리권이 소멸하였으나 이를 과실 없이 알지 못한 채 계약을 체결한 丙이 甲에게 건물의 소유권이전등기를 청구한 경우

해설 乙의 대리권이 소멸하였으나 이를 과실 없이 알지 못한 채 계약을 체결한 丙이 甲에게 건물의 소유권이전등기를 청구한 경우 대리권 소멸 후의 표현대리가 성립하여 본인은 이에 대해 전적으로 책임을 진다(제129조).
① 의사무능력자의 행위는 절대적 무효이므로 乙이 의사무능력 상태에서 丙과 계약을 체결한 경우도 의사무능력자의 행위로서 절대적 무효가 된다.
② 乙과 丙이 통정한 허위의 의사표시로 계약을 체결한 경우, 이는 무효이다(제108조).
③ 대리권 남용의 경우 제107조 제1항이 적용되므로 乙이 대리권을 남용하여 계약을 체결하고 丙이 이를 안 경우 제107조 제1항 단서규정에 의거 무효가 된다.
④ 공동대리를 위반한 경우 무권대리 중 권한을 넘은 표현대리가 성립할 여지가 있으나 이는 상대방이 선의·무과실임을 전제로 한다. 그러므로 甲이 乙과 丁으로 하여금 공동대리를 하도록 했는데, 乙이 단독의 의사결정으로 계약하였고 丙이 이러한 제한을 안 경우에는 무권대리로서 무효가 될 여지가 있을 뿐이다.

정답 ⑤

제3절 대리행위(대리인과 상대방 관계)

1 현명주의

> **제114조 【대리행위의 효력】** ① 대리인이 그 권한 내에서 본인을 위한 것임을 표시한 의사표시는 직접 본인에게 대하여 효력이 생긴다.
> ② 전항의 규정은 대리인에게 대한 제3자의 의사표시에 준용한다.

1. 현명의 의의

① 대리인이 한 법률행위의 효과가 직접 본인에게 귀속하기 위해서는 대리인이 '본인의 이름으로' 법률행위를 하여야 하는데, 이를 현명(顯名)이라고 한다. 즉, 현명이란 대리인이 대리행위를 할 때 그 행위가 '본인을 위한 것임을 표시'하는 것을 말한다(제114조 제1항).

② '본인의 이름으로' 또는 '본인을 위한 것'의 의미는 본인에게 법률행위의 효과를 귀속시키려는 것, 즉 법률효과의 귀속주체가 본인임을 표시하는 것을 말하는 것이지 본인의 경제적 이익을 위해서라는 뜻은 아니다.

③ 수동대리에 있어서는 상대방 쪽에서 본인에 대한 의사표시임을 표시하여야 한다(제114조 제2항).

④ 상행위(商行爲)의 대리에 있어서는 현명주의가 적용되지 않는다(상법 제48조). 상행위의 대리인이 본인을 위한 것임을 표시하지 아니하여도 그 행위는 본인에 대하여 효력이 있다.

2. 현명의 방식

(1) 불요식행위

① 현명의 방식에는 제한이 없다.
② 현명은 명시적·묵시적 의사표시로도 가능하고, 구두 또는 서면으로도 가능하다.
   ㉠ 대리인을 위한 것이 아니라 본인을 위한 것이라는 것만 표시하면 충분하고, 반드시 본인을 특정하거나 본인의 이름을 명시할 필요는 없다.
   ㉡ 민법상 조합의 경우 법인격이 없어 조합 자체가 본인이 될 수 없으므로, 이른바 조합대리에 있어서는 본인에 해당하는 모든 조합원을 위한 것임을 표시하여야 하나, 반드시 조합원 전원의 성명을 제시할 필요는 없고, 상대방이 알 수 있을 정도로 조합을 표시하는 것으로 충분하다(2008다79340).
   ㉢ 또한 불요식 행위의 특성상 대리인이 반드시 대리인임을 표시하여 의사표시를 하여야 하는 것이 아니고 본인 명의로도 할 수 있다(63다67).

(2) 본인의 이름만을 사용한 현명

① 대리인이 본인의 명의로 법률행위를 하였더라도 대리인에게 대리의사가 있는 것으로 인정되는 한 유효한 대리행위(서명대리)가 된다(判).
② 부동산을 피고에게 담보로 제공함에 있어서 제3자에게 그에 관한 대리권을 준 이상 그 제3자와 피고와의 사이에 그 부동산에 관하여 근저당권설정계약을 체결할 때 그 피담보채무를 동업관계의 채무로 특정하지 아니하고 또 대리관계를 표시함이 없이 마치 원고 본인인 양 행세하였더라도 위 근저당권설정계약은 대리인인 제3자가 그의 권한범위 안에서 한 것인 이상 그 효력은 본인인 원고에게 미친다 할 것이므로(67다2761)
③ 그러나 제3자가 임대차 계약을 체결함에 본인의 이름만을 표시하기는 하였으나, 자신의 이름이 본인인 것으로 행세를 하였고, 상대방도 제3자를 임차인이라 믿었다면 그 법률행위는 제3자에 대하여 효력이 있다(74다165).

3. 본인을 위한 것임을 표시하지 아니한 행위의 효력

> **제115조【본인을 위한 것임을 표시하지 아니한 행위】** 대리인이 본인을 위한 것임을 표시하지 아니한 때에는 그 의사표시는 자기를 위한 것으로 본다. 그러나 상대방이 대리인으로서 한 것임을 알았거나 알 수 있었을 때에는 전조 제1항의 규정(대리효과 발생)을 준용한다.

(1) 원칙

① 대리인이 본인을 위한 것임을 표시하지 아니한 때에는 그 의사표시는 대리인 자신을 위한 것으로 본다(제115조 본문). 따라서 대리인이 법률관계의 당사자로 간주된다.
② 그러므로 현명하지 않은 행위에 대하여 상대방이 대리인에게 계약의 이행을 청구한 경우 대리인은 대리인 자신을 위하여 법률행위를 할 의사가 없었다는 것을 이유로 착오를 주장하여 취소하지 못한다.

(2) 예외

① 현명하지 않은 대리행위라 하더라도 상대방이 대리인으로서 한 것임을 알았거나 알 수 있었을 때에는 대리행위의 효과는 본인에게 귀속한다(제115조 단서).
② 매매위임장을 제시하고 매매계약을 체결하는 자는 특단의 사정이 없는 한 소유자를 대리하여 매매행위하는 것이라고 보아야 한다.
③ 매매의 위임장을 제한한 후 대리인이 매매계약서에 대리관계의 표시없이 그 자신의 이름을 기재하였다고 해서 그것만으로 그 자신이 매도인으로서 타인의 물건을 매매한 것이라고 볼 수는 없다(81다카1209).

2 대리행위의 하자

> **제116조 【대리행위의 하자】** ① 의사표시의 효력이 의사의 흠결, 사기, 강박 또는 어느 사정을 알았거나 과실로 알지 못한 것으로 인하여 영향을 받을 경우에 그 사실의 유무는 대리인을 표준하여 결정한다.
> ② 특정한 법률행위를 위임한 경우에 대리인이 본인의 지시에 좇아 그 행위를 한 때에는 본인은 자기가 안 사정 또는 과실로 인하여 알지 못한 사정에 관하여 대리인의 부지를 주장하지 못한다.

1. 원칙

① 대리에 있어서 법률행위를 하는 자는 대리인이므로 대리행위의 하자는 원칙적으로 대리인을 표준으로 결정한다(제116조 제1항).
  ㉠ 의사표시의 효력이 의사의 흠결, 사기, 강박 또는 어느 사정을 알았거나 과실로 알지 못한 것으로 인하여 영향을 받을 경우에 그 사실의 유무는 대리인을 표준으로 결정한다.
  ㉡ 예를 들면, 대리인과 상대방이 허위표시(제108조)에 의한 가장행위를 한 경우에 원칙적으로 본인의 선의·악의를 묻지 않고 그 가장행위는 무효이다.
  ㉢ 이때 본인은 제3자에 해당하지 않으므로 본인이 선의이더라도 무효임에는 변함이 없다.
② 그러한 대리행위의 하자에서 생기는 대리행위의 효과는 모두 직접 본인에게 귀속하므로 대리행위의 하자로 발생하는 무효주장, 취소권도 모두 본인에게 귀속하게 된다.
  ㉠ 예를 들면, 대리행위가 사기·강박에 의해 이루어진 경우, 임의대리인이 상대방으로부터 사기나 강박을 당한 경우에는 사기·강박에 의한 의사표시를 이유로 본인이 취소할 수 있고, 대리인은 본인으로부터 취소권 행사에 관한 특별수권을 받은 경우에 한하여 취소할 수 있다.
  ㉡ 그러나 대리인이 사기나 강박을 당하지 않는 한 본인이 사기나 강박을 당한 경우에도 그 대리행위는 취소할 수 없다(통설).

2. 예외

① 특정한 법률행위를 위임한 경우에 대리인이 본인의 지시에 좇아 그 행위를 한 때에는 본인은 자기가 안 사정 또는 과실로 인하여 알지 못한 사정에 관하여 대리인의 부지를 주장하지 못한다(제116조 제2항).
② 예를 들면, 본인이 지정한 물건을 매수하는 때에 본인이 그 물건에 하자가 있음을 알고 있었다면 비록 대리인이 그 사실을 알지 못하더라도 본인은 매도인에 대하여 하자담보책임[물건의 하자에 대한 매도인의 담보책임(제580조)]을 물을 수 없게 된다.

3. 제116조의 적용범위

제116조는 임의대리와 법정대리 모두에 적용된다.

> **판례** 대리행위의 효과
>
> ① 대리인이 본인을 대리하여 매매계약을 체결함에 있어서 매매대상 토지에 관한 저간의 사정을 잘 알고 그 배임행위에 가담하였다면, 대리행위의 하자 유무는 대리인을 표준으로 판단하여야 하므로, 설사 본인이 미리 그러한 사정을 몰랐거나 반사회성을 야기한 것이 아니라고 할지라도 그로 인하여 매매계약이 가지는 사회질서에 반한다는 장애사유가 부정되는 것은 아니다(97다45532).
> ② 매수인이 대리인을 통하여 분양택지 매수지분의 매매계약을 체결한 경우, 대리행위의 하자의 유무는 대리인을 표준으로 판단하여야 하므로, 대리인이 매도인과 분양자와의 매매계약에 있어서 매수인의 1인으로서 그 계약내용, 잔금의 지급기일, 그 지급 여부 및 연체 지연손해금 여부 및 그 액수에 관하여 잘 알고 있었다고 인정되는 때에는, 설사 매수인(본인)이 연체 지연손해금 여부 및 그 액수에 관하여 모른 채로 대리인에게 대리권을 수여하여 매도인과의 사이에 그 매매계약을 체결하였다고 하더라도, 매수인으로서는 그 자신의 착오를 이유로 매도인과의 매매계약을 취소할 수는 없다(95다41406).

3 대리인의 능력

> **제117조【대리인의 행위능력】** 대리인은 행위능력자임을 요하지 아니한다.

(1) 대리인은 행위능력자임을 요하지 않는다.

(2) 제117조의 취지 – 제한능력자가 대리인이 될 수 있도록 한 이유

① 대리인은 법률행위에 의하여 권리를 취득하거나 의무를 부담하는 것은 아니므로 제한능력자를 대리인으로 하더라도 제한능력자를 보호하려고 하는 제한능력자제도의 취지에 반하지 않는다.
② 본인이 원하여 제한능력자를 대리인으로 선임한 것이므로 제한능력자의 대리행위가 본인에게 불이익하다 하더라도 그 불이익한 결과를 본인이 부담하는 것은 부당하지 아니하기 때문이다.
③ 따라서 대리인이 제한능력자임을 이유로 본인은 대리행위를 취소할 수 없다. 즉, 제한능력자인 대리인에 의한 대리행위는 확정적으로 유효이다.
④ 수동대리에 있어서도 그대로 적용된다.

(3) 적용범위

① 제117조가 임의대리에 적용된다는 점에 대해서는 이견이 없으나, 법정대리에도 적용될 것인지에 대해서는 견해가 대립된다.

② 일정한 경우(친권자, 후견인, 유언집행자) 제한능력자는 법정대리인이 될 수 없다는 민법상 명문의 규정이 있으며, 한편 명문규정이 없는 경우에는 법정대리제도의 취지상 법정대리인은 행위능력자이어야 한다는 것이 현재의 다수설이다.

(4) 의사무능력자의 행위는 절대적으로 무효이므로 효력 그 자체가 인정되지 않는다. 따라서 대리인이라 하더라도 의사능력은 가지고 있어야 한다.

(5) 제한능력자인 대리인과 본인과의 관계

① 본인(또는 대리인)은 대리인의 제한능력을 이유로 하여 대리행위를 취소할 수는 없으나, 본인·대리인 간의 내부적 기초관계나 수권행위는 그 수권행위의 내용에 따라 취소 또는 해지가 가능하다.

② 다만, 수권행위는 본인의 단독행위이므로 수권행위 당시 본인이 제한능력자인 경우는 별론으로 하고, 대리인이 제한능력자임을 이유로 취소할 수는 없다.

제4절 대리행위의 효과(본인과 상대방 관계)

1 법률행위의 효과귀속

① 대리인이 대리권의 범위 내에서 행한 대리행위의 효과는 직접 본인에게 효력이 있다.
② 따라서 중심적 법률효과(소유권이전등기청구권, 매매대금지급청구권)뿐만 아니라 부수적 법률효과(하자담보청구권, 취소권, 해제권)도 모두 본인에게 귀속된다.
③ 결론적으로 대리행위 과정에서 대리인이 매매대금을 횡령한 경우에도 그 효과는 원칙적으로 본인이 책임을 진다.

2 불법행위 및 사실행위의 효과귀속

① 불법행위와 사실행위에 대해서는 대리가 인정되지 않으므로 그 효과는 본인에게 귀속되지 않고 대리인 자신에게 귀속된다.
② 다만, 대리인이 동시에 본인의 피용자인 경우에는 본인이 대리인의 불법행위에 대하여 사용자로서 책임을 지는 수는 있다(제756조).

3 본인의 능력 여부

① 본인은 자신이 법률행위를 하는 것이 아니므로 의사능력이나 행위능력자임을 요하지 않으나 본인이 직접 권리·의무를 취득하는 것이므로 대리행위 시에 권리능력은 가지고 있어야 한다.
② 다만, 본인이 수권행위나 그 원인이 된 법률행위를 하기 위해서는 본인은 행위능력자이어야 한다.
③ 제한능력자가 수권행위를 한 경우에는 제한능력을 이유로 수권행위를 취소할 수 있다.

> **판례** 대리효과의 본인에 귀속
>
> 계약이 적법한 대리인에 의하여 체결되었는데 상대방 당사자가 계약상 채무불이행을 이유로 계약을 해제한 경우, 본인이 해제로 인한 원상회복의무를 부담하는 것은 당연한 것이고 대리인이 수령한 계약상 급부를 본인이 현실적으로 인도받지 못하였다거나 계약상 채무불이행에 관하여 대리인에게 책임 있는 사유가 있는 경우에도 본인이 그 급부의 반환책임이 있다(2011다30871).

제5절 복대리(復代理)

1 의의 및 성질

(1) 복대리인이란 대리인이 자기의 대리권의 범위 내에서 본인을 대리하도록 하기 위하여 '자신의 이름'으로 선임한 '본인의 대리인'이다.

(2) 대리인이 복대리인을 선임할 수 있는 권한을 복임권(複任權)이라 하고, 그 선임행위를 복임행위(複任行爲 – 일종의 수권행위)라고 한다.

(3) 대리인이 복대리인을 선임하는 행위는 대리행위가 아니다

복대리인은 대리인이 자기의 이름으로 선임한 자이므로 대리인의 복대리인 선임행위는 대리행위가 아니고, 복대리인에 대한 수권행위에 해당한다.

(4) 복대리인은 대리인의 대리인이 아닌 본인의 대리인이다

① 복대리인은 대리인이 자기의 이름으로 선임하지만, 대리인의 대리인이 아니고 본인의 대리인이다.
② 따라서 복대리인이 (복)대리행위를 할 때에는 본인의 이름으로 하여야 한다.

(5) 복대리인 선임으로 대리인의 대리권은 소멸하지 않는다

복대리인 선임 후에도 대리인의 대리권은 그대로 존속하므로 복대리인 선임행위는 수권행위로서 대리권의 병존적 설정행위로 볼 수 있다.

(6) 복대리권의 범위

복대리권은 대리권에 종속한다. 따라서 복대리권의 범위는 대리권의 범위를 초과할 수 없고, 대리권이 소멸하면 복대리권도 같이 소멸한다.

(7) 복대리인은 언제나 임의대리인이다

복대리인은 임의대리인에 의하여 선임되었든, 법정대리인에 의하여 선임되었든 언제나 임의대리인이다.

2 대리인의 복임권과 그 책임

대리인이 복대리인을 선임할 수 있는 권한을 복임권이라 하는데, 그 복임권의 유무와 책임범위는 대리인이 임의대리인이냐 법정대리인이냐에 따라서 다르다.

1. 임의대리인의 복임권과 그 책임

> **제120조【임의대리인의 복임권】** 대리권이 법률행위에 의하여 부여된 경우에는 대리인은 본인의 승낙이 있거나 부득이한 사유 있는 때가 아니면 복대리인을 선임하지 못한다.
> **제121조【임의대리인의 복대리인 선임의 책임】** ① 전조의 규정에 의하여 대리인이 복대리인을 선임한 때에는 본인에게 대하여 그 선임·감독에 관한 책임이 있다.
> ② 대리인이 본인의 지명에 의하여 복대리인을 선임한 경우에는 그 부적임 또는 불성실함을 알고 본인에 대한 통지나 그 해임을 태만한 때가 아니면 책임이 없다.

(1) 복임권

① 임의대리인은 원칙적으로 복대리인을 선임할 수 없다.
② 예외 – 임의대리인이 복임권을 가지는 경우
  ㉠ 본인의 승낙이 있거나, ⇨ 본인의 승낙은 명시적·묵시적 모두 가능하다.
  ㉡ 부득이한 사유가 있는 때에 한한다.
    ○ '부득이한 사유가 있는 때'라 함은 대리인이 스스로 대리행위를 하기 어려운 사정이 있는 것만으로는 부족하고 본인의 소재불명 등으로 본인의 승낙을 얻을 수 없거나 또한 사임할 수도 없는 사유가 있음을 요한다고 제한적으로 해석한다.

(2) 책임

① 임의대리인은 복대리행위에 대하여 원칙적으로 선임·감독상의 과실로 인하여 발생한 손해에 대하여만 책임을 진다.

② 그러나 본인의 지명에 의해 복대리인을 선임한 경우 그 책임이 경감되어, 복대리인의 부적임 또는 불성실함을 알고 본인에 대한 통지나 그 해임을 태만히 하여 발생한 손해에 대하여만 책임을 진다.

> **판례** 대리인의 복임권과 그 책임
>
> ① 대리의 목적인 법률행위의 성질상 대리인 자신에 의한 처리가 필요하지 아니한 경우에는 본인이 복대리 금지의 의사를 명시하지 아니하는 한 복대리인의 선임에 관하여 묵시적인 승낙이 있는 것으로 보는 것이 타당하다(94다30690).
> ② 甲이 채권자를 특정하지 아니한 채 부동산을 담보로 제공하여 금원을 차용해 줄 것을 乙에게 위임하였고, 乙은 이를 다시 丙에게 위임하였으며, 丙에게 위 부동산을 담보로 제공하고 금원을 차용하여 乙에게 교부하였다면, 乙에게 위 사무를 위임한 甲의 의사에는 복대리인 선임에 관한 승낙이 포함되어 있다고 봄이 타당하다(93다21156).
> ③ 오피스텔의 분양업무는 그 성질상 분양을 위임받은 대리인의 능력에 따라 본인의 분양사업의 성공 여부가 결정되는 것으로서 사무처리의 주체가 별로 중요하지 아니한 경우에 해당한다고 보기 어렵다(94다30690).

2. 법정대리인의 복임권과 그 책임

> **제122조【법정대리인의 복임권과 그 책임】** 법정대리인은 그 책임으로 복대리인을 선임할 수 있다. 그러나 부득이한 사유로 인한 때에는 전조 제1항(선임·감독에 관한 책임)에 정한 책임만이 있다.

(1) 복임행위

① 법정대리인은 본인의 수권행위로 대리인이 된 것이 아니고 법률 규정에 의하여 선임된 자이므로 임의로 사임할 수 없다.

② 법정대리인의 대리권의 범위가 포괄적이고 광범위하기 때문에 대리행위를 함에 있어 전적으로 법정대리인이 스스로 모두 다 처리하도록 하는 것은 사실상 불가능하다.

③ 따라서 법정대리인은 임의대리인과 달리 포괄적으로 복대리인 선임권이 인정된다.

(2) 책임 – 무과실책임

① 법정대리인은 자신의 책임으로 복대리인을 선임할 수 있으나, 그 책임도 가중이 되어 복대리인의 행위에 관하여 선임·감독에 있어서의 과실 유무를 묻지 않고 모든 책임을 진다.

② 그러나 부득이한 사유로 인하여 복대리인을 선임한 경우 그 책임이 경감된다. 즉, 임의대리인과 같이 선임·감독상의 과실로 인하여 발생한 손해에 대하여만 책임을 진다.

3 복대리의 3면 관계

> **제123조 【복대리인의 권한】** ① 복대리인은 그 권한 내에서 본인을 대리한다.
> ② 복대리인은 본인이나 제3자에 대하여 대리인과 동일한 권리·의무가 있다.

1. 본인과 복대리인의 관계

① 복대리인은 본인에 대해 대리인과 동일한 권리·의무가 있다.
② 따라서 본인과 복대리인 사이에도 본인과 대리인 사이에 있어서와 마찬가지의 내부관계가 생기는 것이다.
③ 예를 들면, 대리인이 수임인인 경우에 복대리인도 본인에 대해 수임인으로서 권리를 가지므로 복대리인은 본인에 대하여 직접 비용상환을 청구할 수 있다(제688조).

2. 복대리인과 상대방의 관계

① 복대리인은 그 권한범위 내에서 직접 본인을 대리하며, 상대방에 대해 대리인과 동일한 권리·의무가 있다.
② 따라서 복대리인의 대리행위에 관해서는 대리의 일반원칙이 적용된다. 즉, 현명주의, 대리행위의 하자, 표현대리 규정도 그대로 적용된다.

3. 대리인과 복대리인의 관계

① 복대리인은 대리인에 의해 선임된 자이므로 대리인의 업무감독을 받는다.
② 복대리권은 대리권의 존재 및 범위에 따른다. 따라서 복대리권은 대리권을 초과할 수 없고, 대리권이 소멸하면 복대리권도 소멸한다.

4 복대리인의 복임권

이에 관하여 민법에 명문규정을 두고 있지 않으나, 해석상 복대리인은 임의대리인이므로 임의대리인과 동일한 조건하에서 복임권을 가진다(통설).

5 복대리권의 소멸

① 복대리권은 복대리인의 사망, 복대리인에 대한 성년후견의 개시, 복대리인의 파산, 그리고 본인의 사망으로 인하여 소멸한다.
② 대리인과 복대리인 사이의 원인된 법률관계의 종료, 대리인의 복대리인에 대한 수권행위의 철회 등의 원인으로 복대리권은 소멸한다.
③ 대리인의 대리권이 소멸하면 복대리권도 같이 소멸한다.

개념적용 문제

甲의 임의대리인 乙은 甲의 승낙을 얻어 복대리인 丙을 선임하였다. 이에 관한 설명으로 옳은 것은? (다툼이 있으면 판례에 따름) 제26회 기출

① 丙은 乙의 대리인이 아니라 甲의 대리인이다.
② 乙의 대리권은 丙의 선임으로 소멸한다.
③ 丙의 대리권은 특별한 사정이 없는 한 乙이 사망하더라도 소멸하지 않는다.
④ 丙은 甲의 지명이나 승낙 기타 부득이한 사유가 없더라도 복대리인을 선임할 수 있다.
⑤ 만약 甲의 지명에 따라 丙을 선임한 경우, 乙은 甲에게 그 부적임을 알고 통지나 해임을 하지 않더라도 책임이 없다.

해설 복대리인은 대리인이 선임한 본인의 대리인이다.
② 乙의 대리권은 丙의 선임으로 소멸하지 않는다.
③ 복대리권은 대리인의 대리권에 부종하므로 대리인 乙이 사망하여 그 대리권이 소멸하였다면 복대리인인 丙의 대리권은 이에 부종하여 소멸한다.
④ 복대리인은 언제나 임의대리인이므로 丙은 甲의 지명이나 승낙 기타 부득이한 사유가 없다면 복대리인을 선임할 수 없다.
⑤ 만약 乙이 甲의 지명에 따라 丙을 선임한 경우, 乙은 甲에게 그 부적임 또는 불성실함을 알고 이를 본인에게 통지나 해임을 하지 않아서 생긴 손해에 대하여는 책임을 진다.

정답 ①

제6절 무권대리(無權代理)

1 서설

1. 무권대리의 의의

① **무권대리**란 대리인이라 칭하는 자가 대리권 없이 행한 대리행위를 말한다. 즉, 대리행위의 다른 요건을 모두 갖추고 있으나 대리권만이 없는 행위를 말한다.
② 이론적으로 무권대리의 효과는 대리권이 존재하지 않기 때문에 본인에게 귀속될 수 없으며, 또한 대리의사로 행위하였기 때문에 대리인에게도 귀속될 수 없다.
③ 민법은 무권대리의 효과를 다음의 2가지로 방향을 정하고 있다.

2. 협의(俠義)의 무권대리와 표현대리

(1) 협의의 무권대리

① 무권대리 중 표현대리라고 볼 수 있는 특별한 사정이 존재하지 않는 경우를 협의의 무권대리라 한다.
② 협의의 무권대리에 있어서는 무권대리행위를 확정적으로 무효로 하지 않고,
③ 본인의 추인에 의하여 대리행위의 효과를 본인에게 귀속시키며, 본인이 추인을 거절하면 무권대리인에게 책임을 물을 수 있다.

(2) 표현대리

① **표현대리**는 대리권이 존재하는 것과 같은 외관이 존재하고, 이에 대하여 본인이 어느 정도의 원인제공을 하였을 때, 이를 신뢰한 상대방을 보호하기 위하여 그 대리행위에 의한 법률효과를 정당한 대리행위에서와 같이 본인에게 귀속시킨다.
② 표현대리는 상대방을 보호하기 위한 제도로서 상대방이 표현대리를 주장하지 않고 있는 경우에 표현대리도 무권대리에 속하므로 협의의 무권대리로서의 성질을 함께 가진다.
③ 따라서 협의의 무권대리에 관한 규정이 표현대리에도 적용된다. 다만, 무권대리인의 상대방에 대한 책임과 관련한 제135조는 표현대리에 적용되지 않는다고 해석한다.

2 협의의 무권대리

1. 서설

대리권 없는 자의 대리행위 중에서 표현대리가 성립하지 않는 경우를 협의의 무권대리라고 하며, 협의의 무권대리는 계약의 무권대리(제130조 내지 제135조)와 단독행위의 무권대리(제136조)의 두 가지 유형으로 분류된다.

2. 계약의 무권대리

(1) 본인과 상대방 사이의 법률관계

① 무권대리는 대리권 없는 자의 대리행위로서 본인에게 법률효과가 발생하지 않는다.
  ㉠ 유동적 무효: 무권대리도 본인에게 유리한 경우가 있을 수 있고, 상대방에 있어서도 그대로 효력을 발생시키는 것이 당초의 법률행위의 기대에 부합하는 결과가 되는 경우도 있으므로, 무권대리를 확정적으로 무효로 하지 않고,
    ⓐ 본인은 무권대리의 효력을 자신에게 귀속시키겠다는 의사표시(추인)에 의하여 대리행위를 처음부터 유효한 대리행위로서 법률효과를 발생하게 할 수 있다.
    ⓑ 또한 본인은 추인을 거절하여 무권대리의 효과를 무효로 확정할 수도 있다.
  ㉡ 이에 대하여 상대적으로 불안정한 지위에 놓인 상대방을 보호하기 위한 수단으로서 상대방의 최고권과 철회권을 인정하고 있다.

② **상대방의 최고권**

> **제131조 【상대방의 최고권】** 대리권 없는 자가 타인의 대리인으로 계약을 한 경우에 상대방은 상당한 기간을 정하여 본인에게 그 추인 여부의 확답을 최고할 수 있다. 본인이 그 기간 내에 확답을 발하지 아니한 때에는 추인을 거절한 것으로 본다.

  ㉠ 최고권이란 무권대리인의 상대방이 본인에게 추인 여부에 대한 확답을 요구하고, 확답이 없을 때 추인거절의 효과를 발생시키는 권리로서 의사의 통지에 해당한다.
  ㉡ 무권대리인의 상대방은 본인에 대하여 상당한 기간을 정하여 추인 여부의 확답을 최고할 수 있다. 이때 상대방은 무권대리행위라는 사실에 대한 선의·악의를 불문한다.
  ㉢ 상대방의 최고를 받은 본인이 그 최고기간 내에 확답을 발(發)하지 않는 경우에는 추인을 거절한 것으로 본다(발신주의).

③ **상대방의 철회권**

> **제134조 【상대방의 철회권】** 대리권 없는 자가 한 계약은 본인의 추인이 있을 때까지 상대방은 본인이나 그 대리인에 대하여 이를 철회할 수 있다. 그러나 계약 당시에 상대방이 대리권 없음을 안 때에는 그러하지 아니하다.

㉠ 철회권이란 대리행위의 효력이 발생하기 전에 상대방이 적극적으로 그 효력발생을 저지하여 무권대리인과 사이에서 맺은 계약을 확정적으로 무효로 하는 권리를 말한다.
㉡ 철회권은 선의의 상대방이 본인의 추인이 있기 전에 무권대리인이나 본인에 대하여 행사하여야 한다. 본인이 무권대리인에 대해 추인을 하였으나 상대방이 그 사실을 알지 못한 경우에 본인은 상대방에게 추인의 효과를 주장할 수 없으므로, 이때 상대방은 먼저 철회권을 행사할 수 있다.
㉢ 상대방이 철회권을 행사하면 무권대리는 확정적으로 무효로 된다. 따라서 본인은 추인할 수 없고, 상대방도 무권대리인에게 제135조의 책임을 물을 수 없다.
㉣ 철회권 행사 시 상대방은 선의로 추정된다. 그러므로 본인이 상대방의 악의를 증명해야 상대방의 철회권 행사를 저지할 수 있다.
㉤ 계약의 무권대리로 인하여 상대방이 선의취득의 요건을 갖춘 경우에도 상대방은 선의취득을 주장할 수 없다.

④ **본인의 추인권**

> **제130조【무권대리】** 대리권 없는 자가 타인의 대리인으로 한 계약은 본인이 이를 추인하지 아니하면 본인에 대하여 효력이 없다.
> **제133조【추인의 효력】** 추인은 다른 의사표시가 없는 때에는 계약 시에 소급하여 그 효력이 생긴다. 그러나 제3자의 권리를 해하지 못한다.
> **제132조【추인, 거절의 상대방】** 추인 또는 거절의 의사표시는 상대방에 대하여 하지 아니하면 그 상대방에 대항하지 못한다. 그러나 상대방이 그 사실을 안 때에는 그러하지 아니하다.

㉠ 의의
  ⓐ '추인'이란 대리권 없는 자가 이미 체결한 계약을 본인이 무권대리가 있었음을 인식한 후, 그 행위의 효과를 계약 시로 소급하여 자기에게 직접 발생하도록 하는 의사표시를 말한다.
  ⓑ 본인의 추인은 무권대리인에 대한 사후의 대리권 수여가 아니다.
  ⓒ 그러므로 본인이 추인하였다고 해서 무권대리가 유권대리로 전환되는 것이 아니다.
㉡ **성질**: 추인권은 상대방 있는 단독행위에 해당하고, 형성권이며, 의사표시로써 하여야 한다.
㉢ **추인권자**: 추인권자는 본인, 본인의 상속인 및 법정대리인이다. 임의대리인은 원칙적으로 추인권을 행사할 수 없고, 본인으로부터 추인에 관한 특별수권이 있어야 추인할 수 있다.
㉣ **추인의 방법**: 불요식행위
  ⓐ 추인은 서면뿐만 아니라 구두에 의해서도 할 수 있다.
  ⓑ 그리고 명시적으로뿐만 아니라 묵시적으로 가능하다.
  ⓒ 한편 재판상 행사할 수도 있고 재판 외에서 행사할 수도 있다.

추인으로 볼 수 있는 경우	• 본인이 무권대리인의 행위를 알고 무권대리인으로부터 매매대금의 전부 또는 일부를 수령한 경우(63다64) • 무권대리인이 임대차계약을 체결한 것에 대해 본인이 무권대리인에게 차임의 일부를 지급한 경우(83다카1531) • 무권대리인이 차용한 금원의 변제기일에 채권자가 본인에게 그 변제를 독촉하자 본인이 변제기간의 유예를 요청한 경우(72다2309) • 무권대리인이 상호신용금고로부터 대출받은 사실을 본인이 알고도 3년이 지나도록 아무런 이의를 제기하지 않고, 그동안 지급의 연기를 구하고 채무의 일부를 변제한 경우(90다카26812) • 처가 승낙 없이 남편 소유의 부동산에 근저당권을 설정한 것을 알게 된 남편이 그 정산에 관하여 합의하였다가 그 후 합의가 결렬된 경우(94다45098)
추인으로 볼 수 없는 경우	• 타인의 무권대리로 권리를 침해받은 자가 그 침해 사실을 알고도 형사고소·민사소송 등의 이의를 제기하지 않았거나 장시간 방치하였다는 것만으로는 묵시적 추인이 있었다고 볼 수 없다(67다2294). • 본인이 타인의 무권대리로 인한 매매대금에 해당하는 돈을 반환해 주겠다고 하면서 매매계약을 해약해 달라고 요청한 사실만으로는 무권대리를 추인하였다고 볼 수 없다(85다카2337).

> **판례** **무권대리행위의 추인**
>
> 추인은 무권대리행위 전부에 대하여 하여야 한다. 따라서 일부에 대하여 추인을 하거나 조건을 붙이거나 그 내용의 변경을 가한 추인은 상대방의 동의를 얻지 못하는 한 무효이다(81다카549).

　ⓜ 추인의 상대방
　　ⓐ 추인은 무권대리인, 무권대리행위의 직접의 상대방 및 그 무권대리행위로 인한 권리 또는 법률관계의 승계인에 대하여도 할 수 있다(2001다44291).
　　ⓑ 다만, 본인이 무권대리인에 대해 추인을 한 경우 상대방이 추인의 사실을 알 때까지는 상대방에게 대항하지 못한다.
　　ⓒ 따라서 상대방은 추인이 있었음을 알 때까지 자기의 의사표시를 철회할 수도 있고, 또한 무권대리인에게 추인이 있었음을 주장할 수도 있다(80다2314).
　ⓗ 추인의 효과
　　ⓐ 추인에 의하여 무권대리행위는 계약 시에 소급하여 유효로 된다. 즉, 처음부터 유권대리와 동일한 법률효과가 발생한다. – 임의규정
　　ⓑ 그러나 추인의 소급효는 제3자의 권리를 해하지 못한다. 즉, 제3자의 이익을 해하는 경우에는 소급효가 인정되지 않는다.
　　ⓒ 여기에서 제3자란 무권대리의 결과로 새로운 이해관계를 맺고 등기를 갖추어 그 등기부상 권리를 주장할 수 있는 자를 말한다(62다223).
　　ⓓ 본인의 추인이 있게 되면 무권대리행위는 유효로 확정되므로 본인은 더 이상 추인거절을 할 수 없게 되고, 상대방은 최고권이나 철회권을 행사할 수 없게 된다.

⑤ **본인의 추인거절권**
  ㉠ 의의 및 성질
    ⓐ **추인거절권**이란 본인이 적극적으로 추인의 의사가 없음을 통지하여 무권대리행위를 확정적으로 무효로 만드는 것이다.
    ⓑ 추인거절권은 추인의 의사가 없음을 외부에 알리는 것으로서, 의사의 통지에 해당한다.
  ㉡ 효과
    ⓐ 본인이 추인을 거절한 경우 무권대리행위는 확정적으로 무효가 된다.
    ⓑ 따라서 본인은 추인거절 후 다시 추인할 수 없고, 상대방도 최고권 및 철회권을 행사할 수 없다.
    ⓒ 다만, 무권대리인만이 상대방에 대하여 제135조에 의한 책임이 발생한다.

(2) 상대방에 대한 무권대리인의 책임

> **제135조 【상대방에 대한 무권대리인의 책임】** ① 다른 자의 대리인으로서 계약을 맺은 자가 그 대리권을 증명하지 못하고 또 본인의 추인을 받지 못한 경우에는 그는 상대방의 선택에 따라 계약을 이행할 책임 또는 손해를 배상할 책임이 있다.
> ② 대리인으로서 계약을 맺은 자에게 대리권이 없다는 사실을 상대방이 알았거나 알 수 있었을 때 또는 대리인으로서 계약을 맺은 사람이 제한능력자일 때에는 제1항을 적용하지 아니한다.

① **책임발생의 요건**
  ㉠ 무권대리인의 요건
    ⓐ 무권대리인이 대리권을 증명하지 못할 것
    ⓑ 무권대리인이 본인의 추인을 얻지 못할 것
    ⓒ 대리권 존재 또는 본인의 추인 여부는 무권대리인이 입증하여야 한다(判).
  ㉡ 상대방에 대한 요건
    ⓐ 상대방이 선의·무과실일 것 – 대리행위 시를 기준으로 판단
    ⓑ 무권대리인은 상대방의 악의 또는 과실 있음을 입증해야 그 책임을 면할 수 있다 (4294민상1021).
  ㉢ 무권대리인이 제한능력자가 아닐 것
    ⓐ 제한능력자가 무권대리행위를 한 경우 제135조 제1항의 책임을 지지 않는다.
    ⓑ 그러나 제한능력자 중 미성년자 또는 피한정후견인이 법정대리인의 동의를 얻어서 무권대리행위를 한 경우에는 제135조의 책임을 면할 수 없다(통설).
    ⓒ 제한능력자 여부에 대한 입증책임에 관하여 무권대리인이 스스로 자신이 제한능력자임을 주장·입증하여야 한다.
  ㉣ 상대방이 계약을 철회하지 않을 것

ⓜ 표현대리가 성립하지 않을 것. 즉, 표현대리가 성립하는 경우에는 그 행위에 대하여 본인이 전적으로 책임을 지므로 제135조가 적용되지 않는다(다수설).

② **책임의 내용**
　　㉠ 책임의 요건이 갖추어진 경우 무권대리인은 상대방의 선택에 따라 계약의 이행 또는 손해배상책임을 진다(선택채권 ⇨ 선택권을 행사할 수 있는 때로부터 소멸시효 진행).
　　㉡ 상대방이 계약의 이행을 청구한 경우 무권대리인은 마치 자신이 계약의 당사자가 된 것처럼 계약에서 정한 채무를 이행할 책임을 진다(2018다210775). 또한 상대방이 손해배상책임을 선택한 경우 무권대리인은 이행이익에 상당하는 손해를 배상하여야 한다.
　　㉢ 제135조의 상대방에 대한 무권대리인의 책임은 법정무과실책임으로 무권대리행위가 제3자의 기망이나 문서위조 등 위법행위로 야기되었다고 하더라도 일단은 무권대리인이 그 행위에 대한 책임을 진다(2013다213038).

> **판례**　무권대리인의 상대방에 대한 책임의 범위
>
> ① 상대방이 계약의 이행을 선택한 경우 무권대리인은 계약이 본인에게 효력이 발생하였더라면 본인이 상대방에게 부담하였을 것과 같은 내용의 채무를 이행할 책임이 있다. 무권대리인은 마치 자신이 계약의 당사자가 된 것처럼 계약에서 정한 채무를 이행할 책임을 지는 것이다(2018다210775).
> ② 무권대리인이 계약에서 정한 채무를 이행하지 않으면 상대방에게 채무불이행에 따른 손해를 배상할 책임을 진다. 위 계약에서 채무불이행에 대비하여 손해배상액의 예정에 관한 조항을 둔 때에는 특별한 사정이 없는 한 무권대리인은 조항에서 정한 바에 따라 산정한 손해액을 지급하여야 한다. 이 경우에도 손해배상액의 예정에 관한 민법 제398조가 적용됨은 물론이다(2018다210775).
> ③ 민법 제135조 제1항은 "타인의 대리인으로 계약을 한 자가 그 대리권을 증명하지 못하고 또 본인의 추인을 얻지 못한 때에는 상대방의 선택에 좇아 계약의 이행 또는 손해배상의 책임이 있다."라고 규정하고 있다. 위 규정에 따른 무권대리인의 상대방에 대한 책임은 무과실책임으로서 대리권의 흠결에 관하여 대리인에게 과실 등의 귀책사유가 있어야만 인정되는 것이 아니고, 무권대리행위가 제3자의 기망이나 문서위조 등 위법행위로 야기되었다고 하더라도 책임은 부정되지 아니한다(2013다213038).

(3) 무권대리인의 본인에 대한 책임

① **본인이 추인하지 않은 경우**: 본인이 무권대리를 추인하지 않으면, 본인과 무권대리인 사이에는 아무런 법률관계가 생기지 않는다.
② **본인이 추인한 경우**: 본인이 무권대리를 추인하면 사무관리가 성립할 수 있고, 그로 인하여 본인의 이익이 침해되면 불법행위가 성립하고, 대리인에게 부당한 이득이 생긴 때에는 부당이득의 문제가 발생하나, 무권대리가 유권대리로 전환되는 것은 아니다.

(4) 무권대리와 상속의 문제

① **무권대리인이 본인을 상속한 경우**
  ㉠ 대리권한 없이 타인의 부동산을 매도한 자가 그 부동산을 상속한 후, 소유자의 지위에서 자신의 대리행위가 무권대리로 무효임을 주장하여 등기말소 등을 구하는 것은 금반언 원칙이나 신의성실의 원칙에 반하여 허용될 수 없다.
  ㉡ 예를 들면, 자(子)가 부(父)의 대리인이라 사칭하여 부(父)의 재산을 처분한 후 부(父)의 사망으로 부(父)의 지위를 상속한 경우 무권대리행위는 유효로 되어 무권대리인 자(子)는 본인의 지위에서 추인을 거절할 수 없다(94다20617).

② **본인이 무권대리인을 상속한 경우**
  ㉠ 무권대리인의 상속인이 본인으로서의 지위에서 추인을 거절하여도 신의칙에 반하지 않으므로 무권대리행위가 당연히 유효로 되지 않는다.
  ㉡ 따라서 본인은 추인권을 행사하여 무권대리행위를 유효하게 할 수도 있고, 추인거절권을 행사할 수도 있다.
  ㉢ 다만, 본인이 추인을 거절했더라도 피상속인 무권대리인의 의무를 승계하는 경우에는 추인거절의 실익은 없다고 할 것이다.

> ◐ [비교판례 – 무권리자가 처분행위 후 권리자의 지위를 상속한 경우] 甲이 乙 소유의 부동산을 丙에게 처분한 후 사망하고 乙이 甲의 지위를 상속한 경우, 乙은 丙에게 위 처분계약에 따른 이행의무를 부담하지 않는다(99다19698).

개념적용 문제

무권대리인 乙이 甲을 대리하여 甲 소유의 X토지를 丙에게 매도하는 계약을 체결하였다. 이에 관한 설명으로 옳은 것은? (다툼이 있으면 판례에 따름) 　제28회 기출

① 丙이 계약 당시에 乙에게 대리권이 없음을 알았던 경우, 丙은 계약을 철회할 수 있다.
② 甲이 乙에게 계약을 추인하였더라도, 丙이 계약 당시에 무권대리 사실을 알지 못하였다면 丙은 그 추인 사실을 알 때까지 계약을 철회할 수 있다.
③ 甲이 추인하지 않은 경우, 계약 당시에 무권대리 사실을 알았던 丙은 乙에게 손해배상을 청구할 수 있다.
④ 대리행위 당시에 乙이 제한능력자인 경우, 甲으로부터 추인받지 못한 丙은 乙에게 계약의 이행을 청구할 수 있다.
⑤ 乙이 甲을 단독 상속한 경우, 乙은 특별한 사정이 없는 한 본인의 지위에서 추인거절권을 행사할 수 있다.

해설 ① 무권대리에 대한 상대방의 철회는 선의의 상대방에게만 인정되는 것이므로, 丙이 계약 당시에 乙에게 대리권이 없음을 알았던 경우, 丙은 계약을 철회할 수 없다.

③ 무권대리인이 본인의 추인을 받지 못한 경우 상대방 선택에 따라 계약의 이행 또는 손해배상의 의무가 있는데, 이는 상대방이 선의·무과실의 경우에 인정되므로, 乙의 무권대리에 대하여 본인 甲이 추인하지 않은 경우라도 악의의 상대방인 丙은 乙에게 손해배상을 청구할 수 없다.
④ 무권대리인이 본인의 추인을 받지 못한 경우 상대방 선택에 따라 계약의 이행 또는 손해배상의 의무가 있는데, 이는 무권대리인이 제한능력자인 경우에는 적용하지 아니하므로, 대리행위 당시에 乙이 제한능력자인 경우, 甲으로부터 추인받지 못한 丙은 乙에게 계약의 이행을 청구할 수 없다.
⑤ 무권대리인이 본인을 상속한 경우, 본인의 지위에서 추인을 거절하는 것은 신의칙 내지 금반언의 원칙상 허용할 수 없는 것이므로, 乙이 甲을 단독 상속한 경우, 乙은 특별한 사정이 없는 한 본인의 지위에서 추인거절권을 행사할 수 없다.

정답 ②

3. 단독행위의 무권대리

제136조【단독행위와 무권대리】 단독행위에는 그 행위 당시에 상대방이 대리인이라 칭하는 자의 대리권 없는 행위에 동의하거나 그 대리권을 다투지 아니한 때에 한하여 전6조의 규정을 준용한다. 대리권 없는 자에 대하여 그 동의를 얻어 단독행위를 한 때에도 같다.

(1) 상대방 있는 단독행위
① **법적 취급**: 원칙적으로 무효이지만, 무권대리인에게 대리권이 있다고 믿은 상대방을 보호할 필요성이 있는 경우 예외적으로 계약의 무권대리와 동일하게 취급한다.
② **능동대리**: 능동대리의 경우에는 상대방이 대리인이라 칭하는 자의 대리권 없는 행위에 동의하거나 그 대리권을 다투지 아니한 때에 한하여 계약의 무권대리에 관한 제130조 내지 제135조가 준용된다.
③ **수동대리**: 수동대리의 경우에는 무권대리인의 동의를 얻어 단독행위를 한 경우에만 계약의 무권대리에 관한 제130조 내지 제135조가 준용된다.

(2) 상대방 없는 단독행위
① 재단법인의 설립행위 등 상대방 없는 단독행위를 무권대리인이 한 경우 그 행위는 언제나 확정적으로 무효이다.
② 따라서 본인이 추인할 수도 없고 추인하더라도 아무런 효력이 발생하지 않으며, 상대방이 없으므로 무권대리인의 책임(제135조)이 문제가 될 여지가 없다.

제7절 표현대리(表見代理)

1 서설

1. 표현대리제도

(1) 표현대리의 의의

표현대리(表見代理)란 대리인에게 정당한 대리권이 없음(무권대리)에도 불구하고, 대리권이 있는 것 같은 외관이 존재하고 이러한 외관 발생에 대하여 본인이 어느 정도 원인을 제공하여 상대방이 무권대리인을 정당한 대리인으로 신뢰하여 법률관계를 형성한 경우 본인에게 책임을 지게 함으로써, 그러한 외관을 신뢰한 선의·무과실의 상대방을 보호하고 거래의 안전을 보장하며 나아가 대리제도의 신용을 유지하려는 목적으로 인정된다.

(2) 표현대리의 성립과 효과

① 표현대리의 성립은 표현대리행위의 직접 상대방을 기준으로 판단한다.
② 직접 상대방을 기준으로 표현대리가 성립하면 제3자(전득자)는 선의·악의를 불문하고 보호된다. 그러나 표현대리가 성립하지 않으면 제3자(전득자)는 선의·무과실이라고 하더라도 보호되지 않는다.

2. 표현대리규정의 적용범위

① 표현대리규정은 소송행위와 같은 공법상 행위에는 적용되지 않으나, 어음행위와 상행위에는 적용된다.
② 제125조는 임의대리에만 적용되고 법정대리에는 적용되지 않는다. 그러나 제126조와 제129조는 임의대리와 법정대리 모두에 적용된다.
③ 처음부터 대리권이 없던 자의 행위로 제125조는 적용될 수 있으나, 제126조 및 제129조는 적용되지 않는다.
④ 복대리에도 제125조, 제126조, 제129조 모두 적용된다.

2 대리권수여의 표시에 의한 표현대리

제125조【대리권수여의 표시에 의한 표현대리】 제3자에 대하여 타인에게 대리권을 수여함을 표시한 자는 그 대리권의 범위 내에서 행한 그 타인과 그 제3자 간의 법률행위에 대하여 책임이 있다. 그러나 제3자가 대리권 없음을 알았거나 알 수 있었을 때에는 그러하지 아니하다.

1. 의의

본인이 제3자(대리행위의 상대방)에 대하여 타인에게 대리권을 수여하였음을 표시하였으나, 실제로는 대리권을 수여하지 않은 상태에서 한 대리행위로 법률관계가 성립한 경우를 말한다.

2. 요건

(1) 대리권수여의 표시

① 본인이 제3자(상대방)에게 타인(법률행위를 할 자로서 표현대리인)에게 대리권을 수여하였음을 표시하여야 한다.
② 대리권수여의 표시의 법적 성질은 준법률행위로서 관념의 통지에 해당한다.
③ 대리권수여의 표시는 불요식행위로서 그 표시방법에는 제한이 없다.
　㉠ 대리권수여의 표시방법은 명시적·묵시적, 서면(위임장 등)·구두 모두 가능하다.
　㉡ 그 표시의 상대방(표현대리행위의 상대방)은 특정인에게 직접 할 수도 있고, 불특정 다수인에게 신문광고 등을 통한 방법으로도 할 수 있다.
　㉢ 반드시 대리권 또는 대리인이라는 말을 사용하여야 하는 것이 아니라 사회통념상 대리권의 존재를 추단할 수 있는 직함이나 명칭 등의 사용을 승낙·묵인한 경우에도 대리권수여의 표시에 해당한다.
　㉣ 다만, 종중이 특정인을 그 대표자로 선출했다 하더라도, 그 대표자에게 종중재산에 대한 처분의 대리권을 수여한 것으로 볼 수는 없다.
④ 본인이 직접 할 수도 있고 대리인을 통해서도 할 수 있다.
⑤ 대리권수여의 표시는 대리인이 대리행위를 하기 전에 철회할 수 있지만, 그 철회는 표시와 동일한 방법으로 상대방에게 알려야 한다.

> **판례　명칭사용 묵인과 제125조의 표현대리**
> 호텔 등의 시설이용 우대회원 모집계약을 체결하면서 자신의 판매점, 총대리점 또는 연락사무소 등의 명칭을 사용하여 회원모집 안내를 하거나 입회계약을 체결하는 것을 승낙 또는 묵인한 경우, 민법 제125조의 표현대리가 성립할 여지가 있다(97다53762).

(2) 표시된 대리권의 범위 내에서의 대리행위

① 표현대리인이 표시된 대리권의 범위 내에서 대리행위를 하여야 한다.
② 표현대리인이 표시된 대리권의 범위를 넘는 행위를 한 때에는 권한을 넘는 표현대리(제126조)가 성립한다.

(3) 상대방

① 상대방은 대리권수여의 표시의 통지를 받은 자에 한한다.
　㉠ 대리권수여의 표시를 특정인에게 한 경우, 그 특정인만이 제125조의 보호를 받는 상대방이 되며, 그러한 통지가 있음을 우연히 알게 된 제3자와의 사이에 대리행위가 행하여졌다고 하더라도 표현대리가 성립하지 않는다.
　㉡ 그러나 통지가 신문광고 등에 의하여 이루어진 때에는 그 광고를 본 모든 제3자가 제125조의 보호를 받는 상대방이 될 수 있다.
② 상대방은 선의·무과실이어야 한다.
　㉠ 즉, 대리권수여의 표시를 받은 제3자가 대리인에게 대리권이 수여되지 않았음을 알았거나 알 수 있었을 경우에는 표현대리가 성립하지 않는다.
　㉡ 선의·무과실의 입증책임: 표현대리책임을 면하려는 본인이 상대방의 악의 또는 과실을 입증하여야 한다(통설).

3. 적용범위

제125조의 표현대리는 대리권수여표시의 성질상 임의대리와 복대리에는 적용되지만, 법정대리에는 적용되지 않는다는 것이 통설·판례이다.

3 제126조의 표현대리(권한을 넘은 표현대리, 월권대리)

> **제126조 【권한을 넘은 표현대리】** 대리인이 그 권한 외의 법률행위를 한 경우에 제3자가 그 권한이 있다고 믿을 만한 정당한 이유가 있는 때에는 본인은 그 행위에 대하여 책임이 있다.

1. 의의

① 대리인이 대리권의 범위를 넘는 대리행위를 통하여 선의·무과실의 제3자와 법률관계를 형성한 경우 일정한 요건하에 본인에게 그 효과를 귀속시키는 대리제도를 말한다.
　㉠ 예를 들면, 토지에 대해 저당권설정의 대리권을 주었는데 그 토지를 매각하는 대리행위를 한다든지

ⓒ 토지매입금액을 1억원으로 대리권을 주었는데 2억원으로 토지매매의 대리행위를 하는 경우이다.
　② 권한을 넘은 표현대리는 대리인의 권한범위에 관한 다툼이 그 원인이 되어 표현대리 중에서 가장 많이 발생하는 표현대리의 전형적인 형태이다.

2. 요건

(1) 기본대리권의 존재

　① 대리인이 그 권한 외의 법률행위를 한 경우 본조가 적용되므로 대리인은 최소한 일정한 범위의 대리권을 반드시 가지고 있어야 한다.
　② 처음부터 대리권이 없는 자의 행위로 인한 제126조의 표현대리는 성립하지 않는다.
　③ 기본대리권에는 제125조와 제129조의 표현대리권, 부부간의 일상가사대리권, 사자, 복대리권, 사인의 공법행위에 대한 대리권 등이 포함된다.
　　㉠ 대리인이 사자 내지 임의로 선임한 복대리인을 통하여 권한 외의 법률행위를 한 경우, 상대방이 그 행위자를 대리권을 가진 대리인으로 믿었고 또한 그렇게 믿는 데에 정당한 이유가 있는 때에는, 복대리인 선임권이 없는 대리인에 의하여 선임된 복대리인의 권한도 기본대리권이 될 수 있을 뿐만 아니라,
　　㉡ 그 행위자가 사자라고 하더라도 대리행위의 주체가 되는 대리인이 별도로 있고 그들에게 본인으로부터 기본대리권이 수여된 이상, 민법 제126조를 적용함에 있어서 기본대리권의 흠결문제는 생기지 않는다(97다48982).

> **판례** 인감 및 등기서류의 교부와 대리권수여
>
> **[기본대리권의 수여로 볼 수 있는 경우 – 특정행위에 사용하도록 하기 위해 인장을 보관시킨 경우]**
> 乙이 아파트분양에 관련된 권한을 甲에게 위임하면서 거기에 사용하라고 인장을 보관시켰는데 甲이 이를 이용하여 丙과 아파트공사 부지에 대한 계약을 체결한 경우(88다카26918) 등은 기본대리권의 수여가 있는 것으로 본다.
>
> **[기본대리권의 수여가 아닌 경우 – 인감증명서만을 교부한 경우]**
> 인감증명서는 인장사용에 부수해서 그 확인방법으로 사용되며 인장사용과 분리해서 그것만으로서는 어떤 증명방법으로 사용되는 것이 아니므로 인감증명서만의 교부는 일반적으로 어떤 대리권을 부여하기 위한 행위라고 볼 수 없다(78다75).

(2) 기본대리권의 범위를 넘은 표현대리행위가 존재

　① 이러한 권한을 넘는 대리행위는 기본대리권과 동종이거나 유사할 필요는 없다.
　　㉠ 1억원에 토지매매계약을 체결할 대리권이 있는 자가 2억원에 토지를 매입한 경우는 물론이고

ⓒ 더 나아가 차재(借財)를 위한 대리권을 가지는 자가 그 위임장을 위조하여 부동산을 매각한 경우
　　ⓓ 또는 임야불하에 관한 동업계약을 체결할 권한을 수여받은 자가 본인 소유의 부동산을 매도한 경우 등에도 제126조의 적용이 있다.
　② 기본대리권이 공법상의 권리이고 표현대리행위가 사법상의 행위라도 본조가 적용된다. 예를 들면, 기본대리권이 등기신청행위에 관한 것이라 할지라도 표현대리인이 그 권한을 유월(踰越)하여 대물변제를 한 경우에는 제126조의 표현대리가 적용된다(78다282).

> **판례** 기본대리권의 유형
>
> [기본대리권을 인정한 경우]
> ① 일상가사대리권을 넘은 표현대리의 경우 본인의 보호를 거래안전의 보호보다 우선시킬 이유가 없으므로 일상가사대리권을 기본대리권으로 하는 제126조의 표현대리가 성립한다(94다45098).
> ② 복임권이 없는 대리인에 의하여 선임된 복대리인의 행위에도 제126조가 적용될 수 있다(97다48982).
> ③ 남편이 정신병으로 장기간 병원에 입원함에 있어서 입원비·생활비·자녀의 교육비 등을 충당하기 위하여 일상가사대리권이 있는 아내가 남편 소유의 부동산을 적정가격으로 매도하여 그로써 위 비용을 충당하고 나머지로 대신 들어가 살 집을 매수하였다면 아내에게 남편의 대리권이 있다고 믿을 만한 정당한 사유가 된다고 보아야 한다(70다1812).
> ④ 대리인이 아니고 사실행위를 위한 사자라 하더라도 외견상 그에게 어떠한 권한이 있는 것의 표시 내지 행동이 있어 상대방이 그를 믿었고 또 그를 믿음에 있어 정당한 사유가 있다면 표현대리의 법리에 의하여 본인에게 책임이 있다(4294민상192).
> ⑤ 사실상의 부부관계에서도 일상가사에 관한 사항에 관하여 상호 대리권이 있다고 보아야 한다(80다2077).
> ⑥ 표현대리의 법리가 적용될 권한을 넘은 행위는 그 대리인이 가지고 있는 진실한 대리권과 동종임을 필요로 하지 않는다. 그러므로 대리인의 권한유월이 범죄를 구성한다 하더라도 표현대리의 법리를 적용하는데 지장이 없다(63다326).
>
> [기본대리권을 부정한 경우]
> ① 민법 제126조의 표현대리가 성립하기 위하여는 법률행위에 대한 기본대리권이 있어야 하는바, 사실행위에 불과한 행위를 기본대리권으로 하여 권한초과의 표현대리는 성립할 수 없으므로, 증권회사로부터 위임받은 고객의 유치·투자상담 및 권유·위탁매매약정실적의 제고 등의 업무는 사실행위에 불과하므로 이를 기본대리권으로 하여서는 권한초과의 표현대리가 성립할 수 없다(91다32190).
> ② 비법인사단인 교회의 대표자는 총유물인 교회 재산의 처분에 관하여 교인총회의 결의를 거치지 아니하고는 이를 대표하여 행할 권한이 없다. 그리고 교회의 대표자가 권한 없이 행한 교회 재산의 처분행위에 대하여는 민법 제126조의 표현대리에 관한 규정이 준용되지 아니한다(2006다23312).

(3) 상대방의 정당한 이유의 존재

　① 정당한 이유란 상대방이 대리인에게 그 법률행위에 관한 대리권이 있다고 믿은 데 대한 상대방의 선의·무과실을 의미한다(통설·판례).

② 정당한 이유가 있는지의 여부는 대리행위 당시를 기준으로 판단하고, 그 이후의 사정은 고려할 것이 아니다(80다3247).
③ 제126조의 상대방은 제125조 및 제129조의 경우와 마찬가지로 표현대리행위의 직접 상대방만을 말하고, 그로부터 전득한 자는 이에 해당하지 않는다(2001다58443).

    ○ 이는 표현대리에 의한 어음·수표행위의 효력에 적용 또는 유추적용할 때에도 마찬가지이다(96다21751).

> **판례** 정당한 이유의 판단시점
>
> 권한을 넘은 표현대리에 있어서 대리인에 그 권한이 있다고 믿을 만한 정당한 이유가 있는가의 여부는 대리행위(매매계약) 당시를 기준으로 하여 판정하여야 하는 것이므로 무권대리인이 매매계약 후 잔대금 수령시에 가서야 비로소 본인 명의의 등기권리증, 인감증명서, 위임장, 매도증서 등을 상대방에게 제시한 사정만으로는 상대방이 무권대리인에게 그 권한이 있다고 믿을 만한 정당한 이유가 된다고 할 수 없다(80다3247).

④ **정당한 이유의 입증책임**
   ㉠ 다수설: 본인이 상대방의 악의 또는 과실을 입증하여야 한다.
   ㉡ 판례: 상대방이 정당한 이유 있음을 스스로 입증하여야 한다(68다694).

> **참고** 정당한 이유의 인정 여부
>
> 1. 제3자가 본인의 권리관계서류(인장, 인감증명, 등기권리증) 일체를 소지하고 있는 때는 특별한 사정이 없는 한 정당한 이유가 인정된다.
> 2. 등기서류소지자가 본인과 친족관계 특히 부부관계인 경우에는 권리관계서류의 입수가 용이하므로 본인에 대한 확인절차를 거치거나 특별한 사정이 존재하는 경우에만 정당한 이유가 인정된다(80다3204).
> 3. 비법인사단의 재산의 소유관계는 총유로서 사원총회의 결의 없이는 그 재산을 처분할 수 없는 것이므로 그 대표자가 임의로 처분한 경우에도 상대방의 정당한 이유를 인정할 수 없다(2001다73626).

(4) 대리행위로 인정될 만한 법률행위가 있는 경우에 한하여 적용

① 제126조가 적용되기 위해서는 대리인의 대리행위가 있어야 하고, 대리행위로 인정될 만한 법률행위가 없다면, 비록 상대방의 신뢰가 있더라도 제126조가 적용될 여지는 없다.

    ○ 대리인이 자신의 이름으로 법률행위를 하는 경우

② 즉, 제126조의 표현대리는 대리인이 본인을 위한다는 의사를 명시 혹은 묵시적으로 표시하거나 대리의사를 가지고 권한을 넘은 행위를 하는 경우에 성립하고, 자신이 마치 본인인 것처럼 행세하여 본인 명의를 무단으로 사용하는 경우에는 성립하지 않는다.

| 판례 | 표현대리의 성립요건으로서의 대리행위 |

① 대리인이 본인 소유의 부동산에 대해 등기서류 등을 가지고 있음을 이용하여 자기 명의로 원인무효의 등기를 한 후, 이를 제3자에게 매도하는 경우 그 계약의 당사자는 대리인과 제3자로서 그 대리인이 본인의 대리인으로서 그러한 계약을 하였다고는 볼 수 없으므로, 본조의 표현대리가 적용될 여지가 없다(71다2365).
② 민법 제126조의 표현대리는 대리인이 권한 외의 행위를 하는 경우에 성립하고, 사술을 써서 위와 같은 대리행위의 표시를 하지 아니하고 단지 본인의 성명을 모용하여 자기가 마치 본인인 것처럼 기망하여 본인 명의로 직접 법률행위를 한 경우 표현대리는 성립할 수 없는 것이므로 처가 제3자를 남편으로 가장시켜 관련서류를 위조하여 남편 소유의 부동산을 담보로 금원을 대출받은 경우 남편에 대한 민법 제126조의 표현대리책임은 성립하지 않는다(2001다49814).

3. 적용범위

① 제126조의 표현대리는 임의대리와 법정대리 모두에 적용된다.
② 제125조와 제129조의 표현대리가 성립하는 경우에도 그 표현대리의 범위를 넘어 법률관계가 성립한 경우에는 제126조의 표현대리가 성립할 수 있다(79다234).

4 제129조의 표현대리(대리권소멸 후의 표현대리, 멸권대리)

제129조【대리권소멸 후의 표현대리】 대리권의 소멸은 선의의 제3자에게 대항하지 못한다. 그러나 제3자가 과실로 인하여 그 사실을 알지 못한 때에는 그러하지 아니하다.

1. 의의

① 대리권이 소멸하여 대리권이 없게 된 자가 대리행위를 한 때, 그와 선의·무과실로 거래한 상대방을 보호하기 위하여, 본인에게 그 대리행위의 책임을 부담하게 하는 대리제도를 말한다.
② 예를 들면, 대리권을 수여받아 매매계약을 체결하고 대금 일부를 수령하였으나 그 대리권이 철회된 자가 잔금을 수령한 경우(71다1428)가 이에 해당한다.

2. 요건

(1) 과거에 존재하였던 대리권이 대리행위 시 소멸하였을 것

① 처음부터 대리권이 없는 경우에는 제129조가 적용되지 않는다.
② 대리인이 대리권소멸 후 직접 상대방과 사이에 대리행위를 하는 경우는 물론, 대리인이 대리권소멸 후 복대리인을 선임하여 복대리인으로 하여금 상대방과 사이에 대리행위를 하도

록 한 경우에도, 상대방이 대리권소멸 사실을 알지 못하여 복대리인에게 적법한 대리권이 있는 것으로 믿었고 그와 같이 믿은 데 과실이 없다면 민법 제129조에 의한 표현대리가 성립할 수 있다(97다55317).

(2) 소멸된 대리권의 범위 내의 대리행위를 하였을 것

소멸한 대리권의 범위를 넘는 대리행위를 한 경우에는 제126조가 적용된다(判).

(3) 상대방의 선의·무과실

상대방은 대리인이 대리행위 당시 대리권을 가지고 있다고 믿었고(선의), 그와 같이 믿는 데 과실이 없어야 한다.

(4) 입증책임

상대방의 악의·유과실의 입증책임은 본인에게 있다(통설·판례).

3. 적용범위

제129조의 표현대리는 임의대리와 법정대리 모두에 적용된다.

5 표현대리의 효과

(1) 표현대리는 상대방만이 주장할 수 있다

① 표현대리는 거래안전과 상대방을 보호하기 위한 제도이므로 상대방이 주장한 때 비로소 성립하며, 표현대리의 요건이 갖추어진 경우에도 상대방이 이를 주장하지 않는 한 본인은 무권대리행위로 추인을 할 수는 있으나 표현대리를 주장할 수 없다.
② 상대방이 표현대리를 주장하지 않으면 법원도 표현대리의 성립 여부를 직권으로 판단할 수 없다.
③ 표현대리를 주장할 수 있는 상대방은 당해 표현대리의 직접 상대방만을 의미하고, 그로부터 다시 권리를 취득한 전득자는 설사 선의·무과실이라도 표현대리를 주장하지 못한다.

(2) 표현대리의 효과는 본인에게 모두 귀속한다

① 상대방이 표현대리를 주장하면 본인과 상대방 사이에는 유효한 대리행위가 있는 것과 같은 효과가 발생한다. 즉, 대리행위에 대한 책임이 본인에게 발생한다.
② 이때 본인은 표현대리행위에 대하여 전적인 책임을 져야 하고, 상대방에게 과실이 있다고 하더라도 과실상계의 법리를 유추적용하여 본인의 책임을 경감할 수 없다(95다49554).

(3) 표현대리도 무권대리의 일종이다

① 표현대리는 무권대리의 일종이므로 표현대리가 성립하더라도 상대방이 이를 주장하지 않는 한 협의의 무권대리에 관한 규정이 적용된다.

② 판례는 유권대리에 관한 주장 속에 무권대리에 속하는 표현대리에 관한 주장이 포함되어 있다고 볼 수 없다(83다카1489 전합)고 하여 표현대리는 무권대리임을 명시하고 있다.

③ 그 결과 표현대리가 성립할 수 있는 경우에도 본인의 추인권(제130조), 상대방의 최고권(제131조), 상대방의 철회권(제134조)이 인정된다.

④ 그러나 표현대리가 성립하는 경우 이로써 상대방 보호는 충분하므로, 상대방이 표현대리를 주장하지 않고, 무권대리로서 계약의 철회도 하지 아니하면서 제135조의 무권대리인의 책임을 주장할 수는 없다.

(4) 강행법규를 위반하여 무효인 법률행위는 그 자체가 무효로서 아무런 효과가 발생하지 않으므로 표현대리에 관한 법리도 적용될 수 없고, 그 결과 본인이 대리행위에 따라 계약상 책임질 내용은 없다.

개념적용 문제

표현대리에 관한 설명으로 옳은 것은? (다툼이 있으면 판례에 따름)　　　제26회 기출

① 사회통념상 대리권을 추단할 수 있는 직함이나 명칭 등의 사용을 승낙한 경우라도 특별한 사정이 없는 한 대리권수여의 표시가 있는 것으로 볼 수는 없다.
② 복대리인의 권한은 권한을 넘은 표현대리의 기본대리권이 될 수 없다.
③ 대리행위가 강행법규에 반하여 무효인 경우에도 표현대리가 성립할 수 있다.
④ 유권대리에 관한 주장에는 표현대리의 주장이 포함되어 있다고 볼 수 있다.
⑤ 표현대리가 성립하는 경우에는 상대방에게 과실이 있더라도 과실상계의 법리를 유추적용하여 본인의 책임을 경감할 수 없다.

해설　표현대리가 성립하는 경우에 그 본인은 표현대리행위에 의하여 전적인 책임을 져야 하고, 상대방에게 과실이 있다고 하더라도 과실상계의 법리를 유추적용하여 본인의 책임을 경감할 수 없다(95다49554).
① 호텔 등의 시설이용 우대회원 모집계약을 체결하면서 자신의 판매점, 총대리점 또는 연락사무소 등의 명칭을 사용하여 회원모집 안내를 하거나 입회계약을 체결하는 것을 승낙 또는 묵인하였다면 민법 제125조의 표현대리가 성립할 여지가 있다(97다53762).
② 대리인이 사자 내지 임의로 선임한 복대리인을 통하여 권한 외의 법률행위를 한 경우, 상대방이 그 행위자를 대리권을 가진 대리인으로 믿었고 또한 그렇게 믿는 데에 정당한 이유가 있는 때에는, 복대리인 선임권이 없는 대리인에 의하여 선임된 복대리인의 권한도 기본대리권이 될 수 있다(97다48982).
③ 증권회사 또는 그 임·직원의 부당권유행위를 금지하는 「증권거래법」 제52조 제1호는 공정한 증권거래질서의 확보를 위하여 제정된 강행법규로서 이에 위배되는 주식거래에 관한 투자수익보장약정은 무효이고, 투자수익보장이 강행법규에 위반되어 무효인 이상 증권회사의 지점장에게 그와 같은 약정을 체결할 권한이 수여되었는지 여부에 불구하고 그 약정은 여전히 무효이므로 표현대리의 법리가 준용될 여지가 없다(94다38199).
④ 유권대리에 관한 주장 가운데 무권대리에 속하는 표현대리의 주장이 포함되어 있다고 볼 수 없으며, 따로이 표현대리에 관한 주장이 없는 한 법원은 나아가 표현대리의 성립 여부를 심리판단할 필요가 없다(83다카1489 전합).

정답 ⑤

CHAPTER 04 OX문제로 완벽 복습

01 불법행위에 관해서는 원칙적으로 대리가 허용되지 않는다. (O | X)

02 수권행위는 불요식행위이므로 묵시적으로도 할 수 있다. (O | X)

03 대리행위 시 본인이 강박을 당했다는 이유로 대리행위를 취소할 수는 없다. (O | X)

04 계약체결의 대리권을 가진 자는 중도금이나 잔금을 수령할 권한도 있고, 매매계약 (O | X)
의 체결과 이행에 관한 포괄적인 대리권을 가진 자는 그 중도금 또는 잔금의 지급기
일을 연기해 줄 권한도 있다.

05 대리인의 대리권의 범위가 분명치 않을 경우 대리인은 그 권리나 물건의 성질이 변 (O | X)
하지 않는 범위 내에서 보존·이용·개량행위만을 할 수 있다.

06 채무의 이행은 이미 성립한 이해관계의 결제에 불과하므로, 채무의 이행에 대하여 (O | X)
는 자기계약·쌍방대리가 허용된다.

07 토지 매매를 원인으로 하는 소유권이전등기의 신청은 물건에 대한 소유권 귀속주체 (O | X)
를 달리하는 것을 내용으로 하므로 쌍방대리가 허용되지 아니한다.

08 부득이한 사유가 있으면 자기계약 또는 쌍방대리가 가능하다. (O | X)

09 공동대리에서의 공동은 의사결정의 공동이 아닌 표시의 공동을 의미한다. (O | X)

10 대리인이 배임적 대리행위를 한 경우 상대방이 그 사실을 알았거나 알 수 있었던 (O | X)
경우에 한하여 무효가 된다.

11 대리인이 현명하지 아니한 경우 그 행위는 자신을 위한 것으로 추정한다. (O | X)

12 매매위임장을 제시하고 매매계약서에 대리관계의 표시 없이 그 자신의 이름을 기재 (O | X)
하였다면 대리인이 매도인으로서 타인 물건을 매매한 것이라고 볼 수는 없다.

13 본인의 지명에 의하여 대리인이 복대리인을 선임한 경우 대리인은 그 선임·감독에 (O | X)
과실이 있는 경우에 한하여 복대리인의 행위에 대한 책임을 진다.

14 대리인의 대리권이 소멸하더라도 복대리인의 대리권은 소멸하지 않는다. (O | X)

15 무권대리에 대하여 상대방이 상당한 유예기간을 정하여 본인에게 추인 여부에 대한 최고를 하였으나 그 유예기간 내에 확답을 받지 못한 경우 추인을 거절한 것으로 본다. (○ | ×)

16 무권대리에 대한 추인을 상대방에 대한 의사표시로 하지 않은 경우 이로써 선의의 상대방에게 대항할 수 없다. (○ | ×)

17 무권대리인이 대리권을 증명하지 못하고 본인의 추인도 받지 못한 경우 자신의 선택에 의하여 계약의 이행 또는 손해배상책임이 있다. (○ | ×)

18 권한을 넘은 표현대리에서 기본대리권과 표현대리행위는 동종이거나 유사할 필요가 없다. (○ | ×)

19 표현대리의 효과는 본인이 책임지되, 상대방의 과실이 있으면 과실상계도 가능하다. (○ | ×)

정답

01 ○ **02** ○ **03** ○ **04** ○ **05** ×(대리권의 범위가 분명치 않는 경우에도 대리인은 보존행위는 무제한으로 할 수 있고, 이용·개량행위는 그 물건이나 권리가 변하지 않는 범위 내에서 할 수 있다) **06** ○ **07** ×(이미 완성된 법률행위의 효력을 위한 등기의 신청은 단순히 계약의 내용을 이행하는 행위로서 새로운 이해관계를 만들어내는 경우가 아니므로 자기계약이나 쌍방대리가 가능하다) **08** ×(본인의 허락이나 단순한 채무의 이행은 자기계약이나 쌍방대리가 가능하나, 부득이한 사유가 있다는 이유로 자기계약 또는 쌍방대리는 허용하지 않는다) **09** ×(공동대리에서의 공동은 의사결정의 공동을 의미하고 표시의 공동을 의미하는 것은 아니다) **10** ○ **11** ×(대리인이 현명하지 아니한 경우 그 행위는 대리인 자신의 행위로 본다. 즉, 추정이 아니고 간주의 효력이 있다) **12** ○(81다1349) **13** ×(본인의 지명에 의하여 대리인이 복대리인을 선임한 경우 대리인은 복대리인의 부적임, 불성실함을 알면서도 그를 본인에게 통지나 해임을 태만히 한 경우가 아니면 책임이 없다) **14** ×(복대리권은 대리인의 대리권을 전제로 하기 때문에 대리권이 소멸하면 복대리권도 소멸한다) **15** ×(무권대리에 대하여 상대방은 상당한 유예기간을 정하여 본인에게 최고할 수 있으며 그 기간 내에 본인이 확답을 발하지 않은 경우 추인을 거절한 것으로 본다) **16** ○ **17** ×(무권대리인이 대리권을 증명하지 못하고 본인의 추인도 받지 못한 경우 상대방 선택에 따라 계약의 이행 또는 손해배상책임이 있다) **18** ○ **19** ×(표현대리의 효과는 본인이 전적으로 책임지고 상대방의 과실이 있다 하여 과실상계를 주장할 수 없다)

CHAPTER 05 법률행위의 무효와 취소

회독체크 1 2 3

CHAPTER 미리보기

학습전략

❶ 1~2문항이 출제되는 경향을 보이며, 무효와 취소는 모든 법률행위에 해당하므로 본 단원을 공부하면서 앞서 배운 부분을 복습하는 기회로 삼으시기 바랍니다.
❷ 무효 관련 일부무효의 법리, 유동적 무효의 법리, 무효행위의 추인·전환 등의 출제빈도가 높습니다.
❸ 취소의 경우 취소권자와 추인권자, 그리고 그 상대방, 법정추인의 요건 및 그 효과 등이 중요합니다.

학습키워드

- 무효와 취소의 구별
- 무효의 종류
- 무효의 효과
- 일부무효의 법리
- 유동적 무효의 법리
- 무효행위의 추인
- 취소권자
- 추인권자
- 취소의 상대방
- 법정추인

제1절 총설

1 법률행위의 무효와 취소

① 법률행위가 성립요건과 효력요건을 모두 갖추고 있으면 표의자가 의욕한 대로 법률효과가 발생한다.
② 그러나 성립요건만 제대로 갖추고 효력요건에 흠이 있으면 표의자가 의욕한 대로 법률효과가 발생하지 않는다. 민법은 이에 관하여 무효와 취소로 구분한다.

2 무효와 취소의 구별

1. 구분

구분	무효	취소할 수 있는 행위
원칙	절대적 무효	상대적 취소
주장권자	누구나 주장 가능	취소권자만이 행사 가능
주장기간	제한이 없음	단기제척기간(추3년, 한10년)
기간경과	무효원인이 치유되지 않음	제척기간 경과 시 취소권 소멸
추인	추인을 하더라도 흠(하자)이 치유되지 않는 것이 원칙(무효행위의 추인)	추인을 한 경우 확정적으로 유효가 됨(추인, 법정추인)
전환	일정한 경우 전환을 인정	전환제도가 없음
사유	• 절대적 무효 　- 의사무능력 　- 원시적 불능 　- 목적의 확정 불가능 　- 강행법규(효력규정) 위반 　- 반사회적 법률행위(제103조) 　- 불공정한 법률행위(제104조)	• 절대적 취소 　- 제한능력자의 행위(제5조 제2항, 제10조, 제13조)
	• 상대적 무효 　- 비진의표시(제107조)의 무효 　- 통정허위표시(제108조)	• 상대적 취소 　- 착오(제109조 제1항) 　- 사기·강박(제110조 제1항)

2. 무효와 취소의 이중효

(1) 법률행위가 무효임에도 불구하고 취소원인이 또 있는 경우에 무효인 법률행위를 취소할 수 있는지의 문제, 즉 무효와 취소의 이중효의 문제가 발생한다.

(2) 예를 들면, 미성년자가 의사무능력의 상태에서 법률행위를 한 경우라면 그 법률행위는 제한능력을 이유로 하면 취소할 수 있고, 의사무능력을 이유로 무효를 주장할 수도 있다.

(3) 이러한 때에는 당사자는 그중 어느 한 요건을 증명하여 무효를 주장하든 취소를 주장하든 선택할 수 있다.

(4) 판례의 태도 – 무효와 취소의 경합을 긍정
① 허위표시로서 무효인 때에도 채권자취소권(제406조)의 요건을 충족하는 때에는 그 적용을 긍정한다(84다카68).
② 토지거래허가를 받지 않아 유동적 무효상태에 있는 거래계약에 관하여 사기 또는 강박에 의한 계약의 취소를 인정한다(97다36118).
③ 매도인이 매수인의 중도금지급채무 불이행을 이유로 매매계약을 적법하게 해제한 후라도 매수인으로서는 상대방이 한 계약해제의 효과로서 발생하는 손해배상책임을 지거나 매매계약에 따른 계약금의 반환을 받을 수 없는 불이익을 면하기 위하여 착오를 이유로 한 취소권을 행사하여 위 매매계약 전체를 무효로 돌릴 수 있다(91다11308).
④ 다만, 의사표시의 무효와 취소는 그 원인과 주장 및 증명방법이 다르므로, 어떤 법률행위가 무효라는 주장 속에 취소의 의사표시가 포함되었다고 볼 수는 없다.

제2절 법률행위의 무효

1 무효의 의의

(1) 법률행위의 무효란 법률행위가 성립한 때부터 당사자가 의욕한 법률효과가 발생하지 않는 것으로 확정되어 있는 것을 말한다.

(2) 법률행위의 불성립(부존재)과 구별
① 법률행위의 무효는 법률행위의 성립을 전제로 하는 점에서 법률행위 자체가 성립되지 않은 경우인 법률행위의 불성립(부존재)과는 구별된다(통설).
② 법률행위의 불성립(부존재)의 경우 무효·유효의 문제가 발생하지 않는다.

2 무효의 종류

1. 절대적 무효와 상대적 무효

① **절대적 무효**: 법률행위의 당사자 사이에서뿐만 아니라 제3자와 관계에서도 선의의 제3자에게도 대항할 수 있는 경우를 말하고, 무효는 절대적 무효가 원칙이다.

② **상대적 무효**: 법률행위의 당사자 사이에서는 무효이나, 무효로써 선의의 제3자에게 대항할 수 없는 경우를 말한다.

2. 당연무효와 재판상 무효

① **당연무효**: 법률행위를 무효로 하기 위하여 어떤 특별한 절차나 행위를 필요로 하지 않고 법률상 당연히 무효인 경우를 말하고, 민법상 무효는 당연무효가 원칙이다.

② **재판상 무효**: 재판상으로만 주장할 수 있는 경우를 말한다. 「상법」상의 회사설립의 무효와 회사합병의 무효는 재판상 무효에 속한다.

3. 전부무효와 일부무효

① **전부무효**: 법률행위의 전부에 대하여 무효사유가 있는 경우를 말하고, 일부무효란 법률행위 중 일부에 대하여만 무효사유가 있는 경우를 말한다. 민법상 무효는 전부무효인 것이 원칙이다.

② **일부무효**: 일부무효에는 양적 일부무효와 질적 일부무효로 나눌 수 있는데, 일부무효의 법리(제137조)는 양적 일부무효에 해당하고, 무효행위의 전환(제138조)은 질적 일부무효에 해당한다.

4. 확정적 무효와 불확정적 무효(유동적 무효)

① **확정적 무효**: 법률행위 성립 당시부터 효력이 전혀 발생하지 않는 경우로서, 추인 등에 의하여 유효로 바뀔 가능성이 없는 것을 말하며, 민법상 무효는 확정적 무효인 것이 원칙이다.

② **불확정적 무효(유동적 무효)**: 법률행위 시에는 효력이 발생하지 않으나, 일정한 사유(정지조건의 성취, 시기의 도래, 관청의 허가)가 있으면 법률행위 성립 당시로 소급하여 유효로 바뀌는 무효를 말한다. 특히 판례는 토지거래허가구역 내의 토지거래계약과 관련해서 유동적 무효 이론을 전개하고 있다.

3 무효의 효과

1. 무효로 되는 시기

무효는 '법률행위가 성립한 때부터' 법률상 당연히 효력이 발생하지 않는 것이므로 법률행위가 무효로 밝혀지는 경우에 그 법률행위는 처음부터 무효가 된다.

2. 무효와 부당이득

① 법률행위가 무효로 되는 경우 당사자가 의욕한 내용의 법률효과가 발생하지 않는다.
② 따라서 이행하기 전이면 이행할 필요가 없고, 이미 이행을 하였다면 부당이득으로 반환하여야 하며, 그 반환범위는 행위자의 선의·악의 여부에 따라 다르다.
　㉠ 행위자가 선의인 경우 현존이익의 반환으로 충분하지만
　㉡ 행위자가 악의인 경우에는 그 받은 이익에 이자 및 손해의 배상까지도 고려하여야 한다.
　㉢ 다만, 의사무능력자의 법률행위가 이행된 이후 부당이득의 반환범위를 정하는 경우 의사무능력자는 선악불문하고 현존이익만을 반환할 의무가 있다(2008다58367).
③ 부당이득의 반환이 언제나 모든 관계에서 고려되는 것은 아니다. 사회질서 위반 등을 이유로 무효가 된 경우 불법원인급여에 관한 제746조가 적용되어 부당이득의 반환을 청구할 수 없는 경우도 있다.
④ 무효로서 부당이득을 반환하는 경우 양당사자의 반환의무는 동시이행관계에 있다.

> **판례　무효의 효과**
> ① 법률행위가 무효이면 표의자가 의욕한 법률효과는 법률상 당연히 발생하지 않는다. 따라서 무효인 법률행위에 따른 법률효과를 침해하는 것처럼 보이는 위법행위나 채무불이행이 있다고 하여도 법률효과의 침해에 따른 손해는 없는 것이므로 그 손해배상을 청구할 수는 없다(2002다72125).
> ② 매매계약이 무효인 때의 매도인의 매매대금반환의무는 성질상 부당이득반환의무로서 그 반환범위에 관하여는 민법 제748조가 적용된다 할 것이고, 명문의 규정이 없는 이상 그에 관한 특칙인 민법 제548조 제2항이 당연히 유추적용 또는 준용된다고 할 수 없다(토지거래허가를 받지 못해 매매계약이 무효로 된 사안에서, 민법 제548조 제2항을 준용하여 매도인은 매매대금을 받은 날로부터의 이자를 가산하여 지급하여야 한다는 매수인의 주장을 배척한 사례)(96다54997).
> ③ 제한능력자의 책임을 제한하는 민법 제141조 단서는 부당이득에 있어 수익자의 반환범위를 정한 민법 제748조의 특칙으로서 제한능력자의 보호를 위해 그 선의·악의를 묻지 아니하고 반환범위를 현존 이익에 한정시키려는 데 그 취지가 있으므로, 의사능력의 흠결을 이유로 법률행위가 무효가 되는 경우에도 유추적용되어야 할 것이나, 법률상 원인 없이 타인의 재산 또는 노무로 인하여 이익을 얻고 그로 인하여 타인에게 손해를 가한 경우에 그 취득한 것이 금전상의 이득인 때에는 그 금전은 이를 취득한 자가 소비하였는가의 여부를 불문하고 현존하는 것으로 추정되므로, 위 이익이 현존하지 아니함은 이를 주장하는 자, 즉 의사무능력자 측에 입증책임이 있다(2008다58367_일부수정).

4 유동적 무효의 법률관계 – 판례이론의 정리

> **판례** 유동적 무효에 관한 판례
>
> **[효력]**
> ① 토지거래허가구역 내의 토지의 거래 시 허가를 받을 것을 전제로 하여 체결된 계약은 확정적으로 무효가 아니라, 허가를 받기까지 유동적 무효의 상태에 있다(90다12243 전합).
> ② 허가를 얻기까지 유동적 무효의 상태에서는 그 유동적인 기간 동안은 어디까지나 무효이기 때문에 당사자는 계약에 기한 이행청구를 할 수 없고, 따라서 채무불이행의 문제가 발생하지 않는다. 또한 채무불이행에 기해 계약을 해제할 수도 없다(97다4357).
> ③ 유동적 무효인 계약의 매수인은 허가를 받기 전까지 매도인에 대하여 소유권이전등기를 청구할 수는 없는 것이므로 이러한 소유권이전등기청구권을 피보전권리로 하여 해당 토지의 처분금지가처분을 구할 수는 없다(2010마818).
> ④ 허가를 전제로 한 거래계약을 체결한 경우에는 비록 유동적 무효의 상태에 있다 하더라도 이미 지급한 계약금 등은 무효를 이유로 부당이득반환청구를 할 수 없다(91다21435).
> ⑤ 특별한 사정이 없는 한 토지거래허가구역 내에서 토지거래허가를 받지 않아 유동적 무효상태에 있는 토지매매계약에서도 매도인이 계약금의 배액을 상환하고 계약을 해제함으로써 적법하게 해제된다(97다9369).
> ⑥ 거래계약이 확정적으로 무효가 된 경우에는 거래계약이 확정적으로 무효로 됨에 있어서 귀책사유가 있는 자라고 하더라도 그 계약의 무효를 주장할 수 있다(97다4357).
>
> **[협력의무]**
> ① 유동적 무효상태의 당사자는 그 계약이 효력이 있는 것으로 완성될 수 있도록 서로 협력할 의무가 있고, 이러한 의무에 위배하여 허가신청절차에 협력하지 않는 당사자에 대하여 상대방은 협력의무의 이행을 소송으로서 구할 실익이 있다(90다12243 전합).
> ② 매매계약을 체결할 당시 당사자 사이에 당사자 일방이 토지거래허가를 받기 위한 협력 자체를 이행하지 아니하거나 허가신청에 이르기 전에 매매계약을 철회하는 경우 상대방에게 일정한 손해액을 배상하기로 하는 약정을 유효하게 할 수 있다(96다49933).
> ③ 유동적 무효상태의 당사자는 상대방이 협력의무 불이행을 이유로 유동적 무효상태의 거래계약을 해제할 수는 없다(98다40459 전합).
> ④ 매도인의 협력의무는 매수인의 대금지급의무와 동시이행관계에 있는 것이 아니다. 따라서 매도인이 대금의 지급기일이 경과했다는 이유로 대금지급채무의 변제 시까지 협력의무 이행을 거절할 수 있는 것은 아니다(93다15366).
> ⑤ 매수인은 토지거래허가신청절차청구권을 피보전권리로 하여 매매목적물의 처분을 금지하는 가처분을 구할 수 있다(98다44376).
>
> **[확정적 유효로 전환]**
> ① 허가를 얻은 때에는 그 계약은 소급해서 유효가 되고, 허가 후에 새로이 거래계약을 체결할 필요가 없다(90다12243 전합).
> ② 허가구역의 지정이 해제되거나 허가구역 지정기간이 만료되었음에도 그 재지정을 하지 않은 경우 확정적으로 유효가 되어 거래당사자는 그 계약에 기하여 바로 토지소유권 등 권리의 이전 또는 설정에 관한 이행청구를 할 수 있고, 상대방도 반대급부의 청구를 할 수 있다(98다40459 전합).

[확정적 무효로 전환]
① 처음부터 허가를 배제하거나 잠탈할 목적으로 체결된 계약은 확정적 무효가 된다(96다3982).
  ◎ 이후에 토지거래 허가구역의 지정이 해제된 경우라도 무효임을 면치 못한다.
② 불허가처분 – 허가를 얻지 못한 때에는 소급하여 무효로 확정된다(90다12243 전합).
  ◎ [비교판례] 단지 매매계약의 일방당사자가 불허가처분을 유도하기 위하여 허가신청서에 불성실한 기재로 인하여 불허가처분이 있었다면 확정적인 무효라 볼 수 없다(97다36965).
③ 당사자 쌍방이 허가신청의사가 없음을 명백히 한 때에도 계약은 확정적 무효가 된다(91다33766).
④ 비진의표시, 허위표시, 착오·사기·강박이 존재할 경우 허가 전이라도 취소하고 거래허가신청협력절차 거절의사를 명백히 하여 그 계약을 확정적으로 무효화시키고 자신의 협력의무를 면함은 물론 기왕에 지급된 계약금의 반환을 구하는 것도 가능하다(96다35309).
⑤ 유동적 무효상태의 거래계약이 정지조건부 계약인 경우 그 정지조건이 허가받기 전에 이미 불성취로 확정되었다면 그 계약관계는 확정적으로 무효가 된다(97다36996).

5 일부무효의 법리

> 제137조 【법률행위의 일부무효】 법률행위의 일부분이 무효인 때에는 그 전부를 무효로 한다. 그러나 그 무효부분이 없더라도 법률행위를 하였을 것이라고 인정될 때에는 나머지 부분은 무효가 되지 아니한다.

(1) 전부무효의 원칙

법률행위의 일부분이 무효인 때에는 전부무효를 원칙으로 한다. 전부를 무효로 하는 것이 당사자 의사에 부합하기 때문이다. 그러나 그 무효부분이 없더라도 법률행위를 하였을 것이라고 인정될 때에는 당사자의 의사를 고려하여 나머지 부분은 유효로 한다.

(2) 나머지 부분이 유효로 되기 위한 요건

① **법률행위의 분할가능성**(객관적 요건): 무효인 부분과 나머지 부분을 분할하는 것이 법률상 의미가 있어야 한다. 분할가능성이 없는 법률행위의 일부무효는 전부무효가 된다.
② 무효부분이 없더라도 법률행위를 하였을 것이라는 당사자의 가상적 의사(주관적 요건)가 있어야 한다. 이러한 당사자의 가상적 의사는 법률행위 성립 당시를 기준으로 법률행위의 보충적 해석을 통하여 밝혀낸다.
③ 일부무효의 법리에 따라 법률행위 일부가 유효로 되는 경우 법률행위 성립 당시로 소급하여 유효가 된다.

(3) 적용범위

① 법률행위의 일부무효에 관한 제137조는 임의규정으로 당사자 사이의 특약으로 달리 정할 수 있다.

② 일부무효에 대한 특별규정이 있는 경우 그에 따라 일부만을 무효로 하는 경우도 있다. 민법 제137조의 특칙규정으로는 수량부족·일부멸실 시의 담보책임(제574조), 담보책임면제의 특약(제584조), 환매기간의 제한(제591조), 지상권의 존속기간(제280조), 「약관의 규제에 관한 법률」 제16조 등이 있다.

(4) 일부무효의 법리는 일부취소 및 일부불능에도 그 법리를 확장적용한다.

> **판례** 일부무효의 법리
>
> 토지거래허가구역 내의 토지와 건물을 일괄하여 매매한 경우 일반적으로 토지와 그 지상의 건물은 법률적인 운명을 같이하는 것이 거래의 관행이고, 당사자의 의사나 경제의 관념에도 합치되는 것이므로, 토지에 관한 당국의 거래허가가 없으면 건물만이라도 매매하였을 것이라고 볼 수 있는 특별한 사정이 인정되는 경우에 한하여 토지에 대한 매매거래허가가 있기 전에 건물만의 소유권이전등기를 명할 수 있다고 보아야 할 것이고, 그렇지 않은 경우에는 토지에 대한 거래허가가 있어 그 매매계약의 전부가 유효한 것으로 확정된 후에 토지와 건물을 함께 이전등기를 명하는 것이 옳을 것이다(92다16836).

6 무효행위의 전환

> **제138조 【무효행위의 전환】** 무효인 법률행위가 다른 법률행위의 요건을 구비하고 당사자가 그 무효를 알았더라면 다른 법률행위를 하는 것을 의욕하였으리라고 인정될 때에는 다른 법률행위로서 효력을 가진다.

1. 서설

무효행위의 전환이란 무효인 법률행위가 동시에 다른 법률행위로서의 요건을 갖추고 있고 당사자가 무효를 알았더라면 다른 법률행위를 하는 것을 의욕하였을 것이라고 인정될 때에는 다른 법률행위로서의 효력을 인정하는 것을 말한다(제138조).

2. 요건

(1) 일단 성립한 법률행위가 무효일 것

일단 성립한 법률행위가 무효이어야 하므로 불성립의 경우에는 전환의 문제가 발생할 여지가 없다.

(2) 다른 법률행위의 요건을 구비할 것

전환되는 다른 법률행위의 유효요건을 갖추고 있어야 한다. 다른 법률행위는 원래의 법률행위보다 작은 것이어서 이에 내포될 수 있어야 한다.

(3) 다른 법률행위를 의욕하였을 것(가상적 의사의 존재)

① 당사자가 그 무효를 알았다면 다른 법률행위를 하는 것을 의욕하였으리라고 인정되는 가상적 의사(가정적 의사)가 있어야 한다.

② 당사자의 가상적 의사는 일부무효의 법리에서와 같이 법률행위 시를 기준으로 법률행위의 보충적 해석을 통해 밝힌다.

3. 무효행위 전환의 모습

① 무효인 요식·불요식행위를 유효인 불요식행위로 전환하는 것은 일반적으로 가능하다.
  ㉠ 연착된 승낙(제530조)·조건을 붙인 승낙 또는 변경을 가한 승낙(제534조)은 새로운 청약으로 볼 수 있다.
  ㉡ 발행형식에 위배된 어음을 소비대차계약의 차용증서의 유효로 전환
  ㉢ 등기를 하지 않아 무효인 전세권 또는 지상권 설정계약은 임대차 계약의 유효로 볼 수 있다.

② 무효인 요식행위를 유효인 요식행위로 전환하는 것은 원칙적으로 인정되지 않으나, 신분행위의 경우 민법 또는 판례가 인정한다.

> ● 비밀증서에 의한 유언이 무효이나 자필증서의 유언의 요건을 갖춘 경우, 자필증서의 유언으로 인정된다(제1071조).

③ 무효인 불요식행위를 유효인 요식행위로 전환하는 것은 불가능하다.

④ **무효인 단독행위의 전환**: 무효인 단독행위로서 상속의 포기도 협의분할의 유효로 전환을 인정한다(88누9305).

⑤ 불공정한 법률행위로서 무효인 경우에도 무효행위의 전환요건에 부합하는 경우 전환을 인정한다(2009다50308).

4. 효과

위 요건들이 갖추어지면 무효인 법률행위는 다른 법률행위로서의 효력이 발생하는 것일 뿐 무효인 법률행위가 새롭게 유효로 되는 것을 의미하는 것은 아니다.

판례 무효행위의 전환

① 단독행위 – 상속재산 전부를 상속인 중 1인에게 상속시킬 목적으로 그 나머지 상속인들이 상속포기신고를 하였으나 그 상속포기가 민법 제1019조 제1항 소정의 기간을 초과한 후에 신고된 것이어서 상속포기로서의 효력이 없더라도 상속인 중 1인이 상속재산 전부를 취득하고 나머지 상속인들은 그 상속재산을 전혀 취득하지 않기로 하는 내용의 상속재산의 협의분할이 이루어진 것으로 본다(88누9305).

② 불공정한 법률행위 – 재건축사업부지에 포함된 토지에 대하여 재건축사업조합과 토지의 소유자가 체결한 매매계약이 매매대금의 과다로 말미암아 불공정한 법률행위에 해당하지만 그 매매대금을 적정한 금액으로 감액하여 유효한 행위로 인정하고자 하는 가상적 의사가 인정되는 경우 감액을 통하여 계약의 유효성을 인정할 수 있다(2009다50308).
③ 신분행위의 전환
  ㉠ 혼인 외의 출생자를 혼인 중의 출생자로 신고한 경우 그 출생신고는 무효이나, 인지신고의 유효로서 효력이 인정된다(76다2189).
  ㉡ 타인의 자(子)를 자신의 자(子)로 출생신고한 경우 입양의 실질적 요건이 모두 구비되었다면 입양신고의 효력이 인정된다(77다492 전합).

7 무효행위의 추인

> **제139조【무효행위의 추인】** 무효인 법률행위는 추인하여도 그 효력이 생기지 아니한다. 그러나 당사자가 그 무효임을 알고 추인한 때에는 새로운 법률행위로 본다.

1. 의의

① 무효인 법률행위는 효력이 발생하지 않는 것이 원칙이지만, 이후에 일정한 요건하에서 새로운 법률행위로서 효력을 인정하는 제도가 **무효행위의 추인**이다.
② 무효인 법률행위는 추인에 의하여 무효가 유효로 바뀌는 것은 아니고, 새로운 법률행위로 효력을 인정하는 것이다.
③ 무효행위의 추인에 관한 제139조는 임의규정이다.

2. 추인의 요건

(1) 무효인 법률행위의 존재

(2) 추인의 의사표시

① 당사자가 그 법률행위가 무효임을 알고 추인해야 한다(95다38240).
② 무효의 원인이 종료한 후에 추인을 할 것. 따라서 강행법규를 위반하여 무효인 행위나 반사회적 법률행위, 불공정한 법률행위는 무효의 원인이 소멸하지 않으므로 추인에 의하여 새로운 법률행위로 되지 않는다.
③ 새로운 법률행위의 요건을 갖추고 있어야 한다.

(3) 추인의 방식 – 불요식행위

추인은 명시적으로뿐만 아니라 묵시적 의사표시로도 가능하다.

(4) 효과

① 무효인 법률행위를 추인함으로써 그때부터 새로운 법률행위로 간주된다.
② 이는 무효인 행위 자체를 사후에 유효로 하는 것이 아니라 새로운 의사표시인 추인에 의해 추인한 때로부터 새로운 법률행위로서의 효력이 발생하는 것이므로 비소급효가 원칙이다.
③ 예를 들면, 허위표시에 기한 매매계약을 한 당사자가 그 허위표시를 추인하면 그때부터 새로운 매매계약을 체결한 것으로 본다.
④ 집합채권의 양도가 양도금지특약을 위반하여 무효인 경우 채무자는 일부 개별 채권을 특정하여 추인하는 것이 가능하고, 채무자의 사후승낙에 의하여 무효인 채권양도행위가 추인되어 유효하게 되며 이 경우 다른 약정이 없는 한 소급효가 인정되지 않고 양도의 효과는 승낙 시부터 발생한다(2009다47685).

> **판례** 무효행위에 대한 추인
>
> 당사자의 양도금지의 의사표시로써 채권은 양도성을 상실하며 양도금지의 특약에 위반해서 채권을 제3자에게 양도한 경우에 악의 또는 중과실의 채권양수인에 대하여는 채권 이전의 효과가 생기지 아니하나, 악의 또는 중과실로 채권양수를 받은 후 채무자가 그 양도에 대하여 승낙을 한 때에는 채무자의 사후승낙에 의하여 무효인 채권양도행위가 추인되어 유효하게 되며 이 경우 다른 약정이 없는 한 소급효가 인정되지 않고 양도의 효과는 승낙 시부터 발생한다. 이른바 집합채권의 양도가 양도금지특약을 위반하여 무효인 경우 채무자는 일부 개별 채권을 특정하여 추인하는 것이 가능하다(2009다47685).

3. 당사자의 약정에 의한 채권적·소급적 추인

① 당사자의 약정에 의하여 무효인 법률행위를 당사자 사이에 있어서만 소급하여 행위 시부터 유효하였던 것으로 할 수 있다(채권적·소급적 추인).
② 예를 들면, 허위표시를 추인하면서 당사자 사이의 특약으로 행위 시부터 유효인 것으로 함으로써 차임 등의 과실(果實)의 취득과 공조공과(公租公課)의 부담 등에 관하여 행위 시부터 양수인에게 이전한 것으로 다룰 수 있다.
③ 당사자간의 약정으로 소급효를 인정하는 추인은 할 수 있으나, 이때에도 제3자의 권리를 침해할 수는 없다.

4. 물권적·소급적 추인

법률규정이나 판례 등에 의하여 무효행위를 물권적·소급적으로 유효한 것으로 할 수 있는 경우도 있다.
① 무권대리의 추인(제133조)
② 무권리자의 처분행위에 대한 권리자의 추인(判)

> **판례** 무권리자의 처분행위에 대한 추인
>
> 권리자가 무권리자의 처분을 추인하면 무권대리에 대해 본인이 추인을 한 경우와 당사자들 사이의 이익상황이 유사하므로, 무권대리의 추인에 관한 민법 제130조, 제133조 등을 무권리자의 추인에 유추적용할 수 있다. 따라서 무권리자의 처분이 계약으로 이루어진 경우에 권리자가 이를 추인하면 원칙적으로 계약의 효과가 계약을 체결했을 때에 소급하여 권리자에게 귀속된다고 보아야 한다(2017다3499).

제3절 법률행위의 취소

1 서설

1. 취소의 의의

민법상 취소란 일단 성립하여 유효인 법률행위가 제한능력이나 착오에 의한 의사표시 혹은 하자 있는 의사표시 등의 의사표시에 흠이 있는 경우에 취소권자의 취소권 행사에 의해 소급적으로 그 효력을 잃게 하는 것을 말한다.

2. 구별개념

① **무효**: 무효란 특정인의 주장을 기다리지 않고 처음부터 당연히 법률행위의 효과가 발생하지 않는 것이지만, 취소는 취소권자의 취소라는 적극적인 행위가 있어야 비로소 소급적으로 무효가 되고 취소권을 행사하기 전에는 유효한 법률행위라는 점에서 양자가 구별된다.
② **철회**: 철회란 법률행위의 효과가 발생하기 전에 장래에 향하여 그 효과의 발생을 저지하는 행위로서, 법률행위의 효력이 발생한 후에 소급적으로 그 효력을 소멸시키는 취소와 구별된다.
③ **해제**: 해제는 유효하게 성립된 계약에 있어서 당사자 일방의 채무불이행 등의 사유로 그 상대방이 일방적으로 계약의 효력을 소급적으로 소멸시키는 것이다. 취소는 법에 정한 사유가 발생한 경우에 모든 법률행위에 적용된다는 점에서 다르다.

참고 취소와 해제의 비교

구분	취소	해제
법률관계의 소멸	일방적 의사표시에 의해 법률행위의 효력을 소급적으로 소멸	
적용범위	모든 법률행위에 인정	계약에만 인정
발생원인	법률규정에 의해서만 발생	약정과 법률규정에 의해 발생
사유	제한능력·착오·사기·강박	채무불이행·해제약정·합의
반환범위	부당이득반환	원상회복
손해배상청구	×	○

2 취소권

1. 취소권의 의의 및 성질

① 취소는 취소권자의 일방적 의사표시에 의하여 법률행위가 소급적으로 소멸되므로, 취소를 하기 위해서는 반드시 취소권이라는 근거가 있어야 한다.
② 취소권은 상대방 있는 단독행위이며 형성권(形成權)이다.

2. 취소권자

> 제140조 【법률행위의 취소권자】 취소할 수 있는 법률행위는 제한능력자, 착오로 인하거나 사기·강박에 의하여 의사표시를 한 자, 그의 대리인 또는 승계인만이 취소할 수 있다.

(1) 제한능력자

① 제한능력자도 법정대리인의 동의 없이 자신이 단독으로 취소할 수 있다.
② 제한능력자의 취소의 효과는 확정적이다.
③ 따라서 제한능력을 이유로 법률행위를 취소한 자가 그 취소의 의사표시에 법정대리인의 동의 없음을 이유로 취소한 의사표시를 다시 취소할 수는 없다.

(2) 착오·사기·강박에 의하여 의사표시를 한 자

착오·사기·강박에 의하여 의사표시를 한 자는 자신의 의사표시를 취소할 수 있다.

(3) 대리인

① 여기의 대리인에는 법정대리인과 임의대리인이 포함된다.
② 먼저 법정대리인은 당연히 취소할 수 있다. 즉, 법정대리인이 취소하는 것은 자신의 고유한 취소권을 행사하는 것이다.

③ 그러나 임의대리인은 원칙적으로 취소할 수 없고, 본인으로부터 취소에 관한 **특별수권**이 있어야 취소할 수 있다.

(4) 승계인

① **포괄승계인**: 제한능력자 또는 하자 있는 의사표시를 한 자의 포괄승계인(상속인, 수유자, 합병회사 등)은 취소권을 행사할 수 있다.

② **특정승계인**
　㉠ 취소할 수 있는 법률행위에 의하여 취득한 권리의 특정승계인은 취소권을 행사할 수 있다.
　㉡ 특정승계인은 취소권만의 특정승계는 인정되지 않으므로 취소할 수 있는 행위에 의해 취득한 권리의 승계가 있는 경우에만 취소할 수 있다.
　㉢ 예를 들면, 토지소유자가 사기에 의해 지상권을 설정한 후 그 토지를 양도한 경우, 그 토지의 양수인은 특정승계인으로서 지상권설정계약을 취소할 수 있다.

3. 취소의 상대방과 방법

> **제142조 【취소의 상대방】** 취소할 수 있는 법률행위의 상대방이 확정한 경우에는 그 취소는 그 상대방에 대한 의사표시로 하여야 한다.

(1) 취소의 상대방

① 계약, 상대방 있는 단독행위의 경우에 상대방이 확정된 경우에는 법률행위의 '직접 상대방'이 취소의 상대방이다.
② 상대방이 취소의 대상이 된 행위에 의해 취득한 권리를 제3자에게 양도한 경우에도 원래의 상대방이 취소의 상대방이다.
③ 예를 들면, 제한능력자 甲이 乙에게 매각한 토지가 丙에게 전매된 경우에도 甲의 취소의 의사표시는 乙에게 하여야 하고 丙에게 하여서는 효력이 없다.
④ 그리고 상속의 경우에는 취소할 수 있는 법률행위의 상대방의 상속인에 대하여도 취소권을 행사할 수는 있다.
⑤ 상대방 없는 단독행위의 취소는 특정인에게 할 필요는 없고 취소의 의사표시를 적당한 방법으로 외부에 객관화하면 족하다(통설).

(2) 취소권의 행사방법

① 취소권은 형성권이며, 그 의사표시는 불요식행위로서 특별한 방식을 요하지 않는다.

㉠ 취소권의 행사는 서면뿐만 아니라 구두로도 가능하고 반드시 명시적 의사표시에 의하는 것도 아니며, 재판상으로는 물론 재판 외에서도 행사할 수 있다.
㉡ 취소의 의사표시란 반드시 명시적이어야 하는 것은 아니고, 취소자가 그 착오를 이유로 자신의 법률행위의 효력을 처음부터 배제하려고 한다는 의사가 드러나면 족한 것이며, 취소원인의 진술 없이도 취소의 의사표시는 유효하게 할 수 있다(2004다43824).
② 취소는 취소권자의 일방적 의사표시에 의하여 법률행위가 소급적으로 소멸되고, 취소에는 원칙적으로 조건·기한을 붙일 수 없다.

(3) 일부취소의 문제

일부무효의 법리(제137조)를 확장하여 일부취소도 가능하다(判).

> **판례** 법률행위의 취소
>
> ① 법률행위의 취소를 당연한 전제로 한 소송상의 이행청구나, 이행거절의 의사표시 가운데는 취소의 의사표시가 포함되어 있다고 볼 수 있다(93다13162).
> ② 법률행위의 일부분에만 취소사유가 있는 경우 그 법률행위가 가분적이거나 그 목적물의 일부가 특정될 수 있다면, 그 나머지 부분이라도 이를 유지하려는 당사자의 가정적 의사가 인정되는 경우 그 일부만의 취소도 가능하다(98다56607).
> ③ 상대방의 기망행위를 원인으로 근저당권설정계약 취소의 의사표시는 소비대차계약을 포함한 전체에 대하여 취소의 효력이 있다(93다31191).
> ④ 매매계약 체결 시 토지의 일정부분을 매매대상에서 제외시키는 특약을 한 경우, 이는 매매계약의 대상 토지를 특정하여 그 일정부분에 대하여는 매매계약이 체결되지 않았음을 분명히 한 것으로써 그 부분에 대한 어떠한 법률행위가 이루어진 것으로는 볼 수 없으므로, 그 특약만을 기망에 의한 법률행위로서 취소할 수는 없다(98다56607).
> ⑤ 취소의 의사표시란 반드시 명시적이어야 하는 것은 아니고, 취소자가 그 착오를 이유로 자신의 법률행위의 효력을 처음부터 배제하려고 한다는 의사가 드러나면 족한 것이며, 취소원인의 진술 없이도 취소의 의사표시는 유효하게 할 수 있다(2004다43824).

4. 취소의 효과

> **제141조【취소의 효과】** 취소된 법률행위는 처음부터 무효인 것으로 본다. 다만, 제한능력자는 그 행위로 인하여 받은 이익이 현존하는 한도에서 상환(償還)할 책임이 있다.

(1) 소급적 무효

법률행위를 취소한 경우 그 성립 당시에 소급하여 무효로 된다(제141조 본문). 따라서 유동적으로 발생하였던 효력은 전혀 발생하지 않았던 것으로 된다.

(2) 당사자의 제한능력을 이유로 취소하는 경우에는 모든 제3자에게 이를 주장할 수 있다. 그러나 착오·사기·강박을 이유로 취소하는 경우에는 그 취소로써 선의의 제3자에게 대항하지 못한다(제109조 제2항·제110조 제3항).

(3) 부당이득의 반환범위

취소된 법률행위는 성립 시로 소급하여 무효가 되므로 이행 전이면 그 급부를 이행할 필요가 없으나, 이행 후이면 부당이득반환의 법리(제741조)에 의하여 그 급부가 반환되어야 한다.

① **원칙**: 선의의 수익자는 그 받은 이익이 현존하는 한도에서 반환의무를 부담하며, 악의의 수익자는 그 받은 이익뿐 아니라 이에 이자를 붙여 반환하고 손해가 있으면 이를 배상하여야 한다(제748조).

② **제한능력자의 반환범위에 관한 특칙**

㉠ 제한능력자가 반환을 할 때에는 선의·악의를 불문하고 현존이익 한도에서 반환하면 된다.

㉡ 현존이익이란 소비하고 남은 잔존이익 그 자체나 변형물을 말한다. 예를 들면, 멸실·낭비(유흥비로 탕진) 등으로 소비한 경우에는 현존이익이 아니나, 학비·생활비·치료비·물건구입·채무변제에 지출한 비용은 현존이익으로 보아 반환하여야 한다.

㉢ 이익의 현존의 범위를 정하는 시기는 반환청구 시가 아니고 법률행위의 취소 시이다. 따라서 법률행위가 취소된 시점 이후의 소비행위는 제141조 단서에 의하여 보호되지 않는다.

㉣ 현존이익의 입증책임에 관하여 제한능력자가 취득한 이익은 현존하는 것으로 추정되므로 제한능력자가 스스로 현존이익이 없음을 입증하여야 한다(判).

3 취소할 수 있는 법률행위의 추인 – 취소권의 포기

> **제143조 【추인의 방법, 효과】** ① 취소할 수 있는 법률행위는 제140조에 규정한 자가 추인할 수 있고 추인 후에는 취소하지 못한다.
> ② 전조의 규정은 전항의 경우에 준용한다.
> **제144조 【추인의 요건】** ① 추인은 취소의 원인이 소멸된 후에 하여야만 효력이 있다.
> ② 제1항은 법정대리인 또는 후견인이 추인하는 경우에는 적용하지 아니한다.

1. 의의

① 취소할 수 있는 법률행위의 추인(追認)이란 취소할 수 있는 법률행위를 취소하지 않고, 유효로 확정시키겠다는 취소권자의 의사표시를 말한다.

② 추인은 취소권의 포기라는 소극적 측면과 취소할 수 있는 법률행위를 확정적으로 유효로 하려는 적극적 측면이 함께 있다.

③ 취소할 수 있는 법률행위의 추인에 의하여 유동적 유효인 법률행위는 확정적으로 유효가 되고, 소급효의 문제는 발생하지 않는다.

2. 추인의 요건

(1) 추인권자는 취소권자에 한정된다

취소권자가 수인(數人)인 경우(예 제한능력자 및 그 법정대리인인 경우)에는 그 1인이 추인하면 다른 취소권자는 취소할 수 없게 된다. 즉, 다른 취소권자의 취소권은 이에 의하여 소멸한다.

(2) 취소의 원인이 소멸한 후에 추인하여야 한다

① 제한능력자는 능력자로 된 후에 추인할 수 있다.
　㉠ 취소원인이 소멸되기 전에 한 추인은 효력이 없다(81다107). 그러므로 미성년자는 성년자가 되어야 하고, 피성년후견인 또는 피한정후견인은 그 종료심판이 있은 후에만 단독으로 추인할 수 있다.
　㉡ 다만, 미성년자는 법정대리인(후견인)의 동의를 얻어 추인하는 것은 가능하다. 또한 피한정후견인도 일정한 범위 내에서 그 후견인의 동의를 받아 추인할 수 있다.
② 착오, 사기·강박에 의해 의사표시를 한 자는 그 상태를 벗어난 후에 추인할 수 있다.
③ 다만, 제한능력자의 법정대리인 또는 후견인이 추인하는 경우에는 취소의 원인이 소멸되기 전이라도 추인할 수 있다.

(3) 취소할 수 있는 법률행위임을 알고 추인하여야 한다

추인은 취소권의 포기이므로, 추인권자는 취소할 수 있는 행위임(취소권이 있음)을 알고 추인하여야 한다.

3. 추인의 상대방과 방법

추인의 상대방 역시 취소의 상대방과 같다. 또한 추인은 불요식행위이므로 서면뿐만 아니라 구두로도 가능하고, 명시적으로뿐만 아니라 묵시적 의사표시로도 가능하다.

4. 추인의 효과

① 취소할 수 있는 법률행위의 추인이 있으면 취소권의 포기가 되므로 취소할 수 있는 법률행위는 확정적으로 유효가 된다. 따라서 추인한 후에는 다시 취소하지 못한다.

② 취소할 수 있는 법률행위를 추인한 경우에는 추인한 때로부터 불확정적 유효인 법률행위가 유효한 것으로 확정된다.

> **판례** 취소한 법률행위에 대한 추인
>
> 취소할 수 있는 법률행위가 일단 취소된 이상 그 후에는 '취소할 수 있는 법률행위의 추인'에 의하여 이미 취소되어 무효인 것으로 간주된 당초의 의사표시를 다시 확정적으로 유효하게 할 수는 없으나, '무효인 법률행위의 추인'의 요건에 따라 추인하는 것은 가능하다(95다38240).

4 법정추인

> **제145조【법정추인】** 취소할 수 있는 법률행위에 관하여 전조의 규정에 의하여 추인할 수 있는 후에 다음 각호의 사유가 있으면 추인한 것으로 본다. 그러나 이의를 보류한 때에는 그러하지 아니하다.
> 1. 전부나 일부의 이행
> 2. 이행의 청구
> 3. 경개
> 4. 담보의 제공
> 5. 취소할 수 있는 행위로 취득한 권리의 전부나 일부의 양도
> 6. 강제집행

1. 의의

법정추인(法定追認)이란 취소할 수 있는 법률행위에 대하여 추인이라고 인정할 수 있는 일정한 사실이 있는 때에 취소권자의 추인의사의 유무를 묻지 않고서 법률상 당연히 추인이 있었던 것으로 간주하는 것을 말한다. 즉, 법률규정에 의하여 취소권이 배제 내지 박탈되는 것이다.

2. 법정추인의 요건

(1) 취소의 원인이 소멸하여야 한다

다만, 법정대리인이 스스로 법정추인 사유에 해당하는 행위를 하거나 미성년자·피한정후견인이 법정대리인의 동의를 얻어서 그러한 행위를 한 경우에는 취소의 원인이 소멸하기 전의 행위라도 법정추인이 인정된다.

(2) 법정추인 사유의 발생

① **전부나 일부의 이행**: 취소할 수 있는 행위로부터 생긴 채권에 관하여 취소권자가 상대방에게 이행한 경우와 상대방의 이행을 수령한 경우를 포함한다.

② **이행의 청구**: 취소권자가 채권자로서 상대방에게 채무이행을 청구한 경우에 한한다. 즉, 상대방으로부터 이행의 청구를 받은 경우에는 법정추인에 해당하지 않는다.

③ **경개**(更改): 취소할 수 있는 법률행위에 의하여 발생한 채권 또는 채무를 소멸시키고 이에 갈음하여 채권이나 채무를 발생하게 하는 계약이 경개(更改)이다. 취소권자가 채권자로서 경개하든 채무자로서 경개하든 이를 묻지 않는다.

④ **담보의 제공**: 취소권자가 채무자로서 담보를 제공하는 경우뿐만 아니라 채권자로서 담보의 제공을 받는 경우도 포함된다. 담보라고 함은 물적 담보(질권·저당권 등)뿐 아니라 인적 담보(보증인을 세우는 경우)도 포함된다.

⑤ **취소할 수 있는 행위로 취득한 권리의 전부나 일부의 양도**
   ㉠ 취소권자가 양도하는 경우에 한한다. 양도에는 취득한 권리에 용익적 권능(전세권·지상권·임차권 등)을 설정하는 경우를 포함한다.
   ㉡ 그러나 취소 후 발생할 수 있는 부당이득의 반환청구권이나 사기나 강박에 의한 의사표시가 불법행위를 구성하는 경우 그로 인한 손해배상청구권을 양도한 경우 이로써 법정추인의 효력은 발생하지 않는다.

⑥ **강제집행**: 취소권자가 채권자로서 집행하는 경우는 물론, 채무자로서 집행을 받은 경우도 포함된다.

(3) 이의를 보류(保留)하지 아니할 것

여기서 이의의 보류란 추인하는 것이 아니라는 것을 명시함으로써 추인으로 간주하는 것을 방지하려는 의사표시를 말하며, 이의 보류가 있는 경우 법정추인이 되지 않는다.

(4) 법정추인은 법률규정에 의한 추인의 효력발생이므로 취소권자는 취소할 수 있는 행위임을 인식할 필요도 없고, 추인의 의사가 있어야 할 필요도 없다.

3. 법정추인의 효과

법정추인의 요건에 해당하는 경우 취소권의 포기로 간주되므로 취소할 수 있는 법률행위는 확정적으로 유효가 된다. 따라서 더 이상 취소할 수 없게 된다.

> **개념적용 문제**
>
> 甲은 자신의 X부동산을 2억원에 매도하는 계약을 乙과 체결한 후, 그 계약이 乙의 기망행위로 이루어진 것임을 알면서도 다음 사유에 대해 이의를 보류하지 않았다. 甲이 매매계약을 취소할 수 있는 경우는?
>
> 제18회 기출
>
> ① 甲이 乙로부터 이행청구를 받은 경우
> ② 甲이 乙로부터 담보를 제공받은 경우
> ③ 甲이 乙로부터 중도금 1억원을 수령한 경우
> ④ 甲이 매매대금채권을 제3자에게 양도한 경우
> ⑤ 甲이 乙에게 X부동산에 대한 소유권이전등기를 해 준 경우
>
> **해설** 이행청구에 의한 법정추인은 취소권자가 한 경우에만 인정되므로, 甲이 乙로부터 이행청구를 받은 경우는 법정추인이라 볼 수 없으므로 甲은 여전히 매매계약을 취소할 수 있다.
>
> 정답 ①

5 취소권의 단기소멸

> **제146조【취소권의 소멸】** 취소권은 추인할 수 있는 날로부터 3년 내에, 법률행위를 한 날로부터 10년 내에 행사하여야 한다.

1. 취소권의 행사기간

① 취소권은 추인할 수 있는 날로부터 3년 또는 법률행위를 한 날로부터 10년 내에 행사하여야 한다.
② 두 기간 중 어느 하나라도 먼저 도래한 날을 기준으로 취소권은 소멸된다.
③ 이때 '추인할 수 있는 날'이란 취소의 원인이 종료되어 취소권 행사에 관한 장애가 없어짐에 따라 취소권자가 취소의 대상인 법률행위를 추인할 수도 있고 취소할 수도 있는 상태가 된 때를 의미한다(98다7421).
④ 취소권 행사에 의하여 발생하는 부당이득반환청구권의 행사에 대하여 판례는 그 취소권을 행사한 때로부터 따로 소멸시효가 진행하는 것으로 본다(90다13420).

2. 제146조의 취지

① 제146조에서 취소권의 행사기간을 단기로 규정하고 있는 이유는 법률관계를 조속히 확정하고 상대방을 보호하기 위해서이다.

② 이 기간은 **제척기간**으로서 제척기간에 관한 민법 규정은 강행규정이며, 제척기간이 도과하였는지의 여부는 당사자의 주장에 관계없이 법원이 당연히 직권으로 조사하여 고려하여야 한다(96다25371).

개념적용 문제

법률행위의 무효와 취소에 관한 설명으로 옳지 않은 것은? (다툼이 있으면 판례에 따름)

제26회 기출

① 취소할 수 있는 법률행위를 취소한 경우, 무효행위 추인의 요건을 갖추면 이를 다시 추인할 수 있다.
② 토지거래허가구역 내의 토지에 대한 매매계약이 처음부터 허가를 배제하는 내용의 계약일 경우, 그 계약은 확정적 무효이다.
③ 집합채권의 양도가 양도금지특약을 위반하여 무효인 경우, 채무자는 일부 개별 채권을 특정하여 추인할 수 없다.
④ 무권리자의 처분행위에 대한 권리자의 추인의 의사표시는 무권리자나 그 상대방 어느 쪽에 하여도 무방하다.
⑤ 취소할 수 있는 법률행위의 추인은 추인권자가 그 행위가 취소할 수 있는 것임을 알고 하여야 한다.

해설 당사자의 양도금지의 의사표시로써 채권은 양도성을 상실하며 양도금지의 특약에 위반해서 채권을 제3자에게 양도한 경우에 악의 또는 중과실의 채권양수인에 대하여는 채권 이전의 효과가 생기지 아니하나, 악의 또는 중과실로 채권양수를 받은 후 채무자가 그 양도에 대하여 승낙을 한 때에는 채무자의 사후승낙에 의하여 무효인 채권양도행위가 추인되어 유효하게 되며 이 경우 다른 약정이 없는 한 소급효가 인정되지 않고 양도의 효과는 승낙 시부터 발생한다. 이른바 집합채권의 양도가 양도금지특약을 위반하여 무효인 경우 채무자는 일부 개별 채권을 특정하여 추인하는 것이 가능하다(2009다47685).

정답 ③

CHAPTER 05 OX문제로 완벽 복습

01 법률행위가 무효로 되면 선·악 불문 모든 제3자에게 대항할 수 있는 것이 원칙이 (○│×)
나, 취소의 경우 선의의 제3자에게 대항할 수 없는 것이 원칙이다.

02 하나의 법률행위에 무효와 취소의 원인이 병존하는 경우 당사자는 각 그 요건을 증 (○│×)
명하여 무효를 주장할 수도 있고, 취소를 주장할 수도 있다.

03 무효인 불요식행위를 유효인 요식행위로 전환하는 것이 가능하다. (○│×)

04 불공정한 법률행위로서 무효인 경우 그 전환은 불가능하나, 그 무효행위를 추인하 (○│×)
면 그때부터 새로운 법률행위를 다시 한 것으로 소급효는 없다.

05 단독행위로서 상속의 포기가 무효인 경우 그 협의분할의 유효로 전환할 수 있다. (○│×)

06 무효행위를 추인하는 경우 그 원인이 종료된 후에 가능하고 그 추인의 효력은 법률 (○│×)
행위 시로 소급하는 것이 원칙이다.

07 무권리자의 처분행위를 권리자가 추인한 경우에, 이러한 추인은 제3자의 권리를 해 (○│×)
하지 않는 경우에 한하여 소급효를 갖는다.

08 무효인 법률행위는 일반적으로 소급적 추인이 허용되지 않으나, 당사자 사이에 채 (○│×)
권적 소급효를 정할 수는 있다.

09 강행법규를 위반하여 무효인 법률행위는 추인하여도 유효로 되지 아니한다. (○│×)

10 취소의 의사표시는 추인과 달라 명시적이어야 한다. (○│×)

정답

01 ○(무효는 절대적 무효가 원칙이고, 취소는 상대적 취소가 원칙이다) **02** ○(무효와 취소의 이중효) **03** ×(무효인 요식행위를 불요식행위로 전환하는 것은 가능하나, 무효인 불요식행위를 요식행위로 전환하는 것은 불가능하다) **04** ×(불공정한 법률행위로서 무효인 경우 그 전환은 가능하나 추인은 불가능하다) **05** ○ **06** ×(무효행위의 추인은 그 원인이 종료된 후에 하여야 하고, 다만 무효행위의 추인은 소급효가 없고 그때부터 새로운 법률행위로 될 뿐이다) **07** ○(무권리자의 처분행위를 권리자가 추인하면 무권대리 추인과 동일한 효과가 발생한다) **08** ○ **09** ○ **10** ×(취소든 추인이든 명시적·묵시적 모두 가능하다)

11 제한능력자는 능력자가 된 후에 비로소 단독으로 취소할 수 있다. (○ | ×)

12 법률행위의 일부에만 취소사유가 있는 경우 그 일부만의 취소도 가능하다. (○ | ×)

13 제한능력자는 제한능력의 상태에서 추인할 수 없다. (○ | ×)

14 법정대리인이나 후견인은 취소의 원인이 종료되기 전이라도 추인할 수 있다. (○ | ×)

15 취소권자가 취소할 수 있는 행위로 취득한 권리 위에 전세권·임차권 등의 제한적 권리를 설정하는 것은 법정추인이 된다. (○ | ×)

16 제한능력자와 거래한 상대방이 제한능력자에게 이행을 청구하여 제한능력자가 아무런 이의 없이 이행을 한 경우 이는 법정추인이 된다. (○ | ×)

17 취소로 발생할 수 있는 부당이득반환청구권을 양도한 경우, 취소권자는 자신의 의사표시를 여전히 취소할 수 있다. (○ | ×)

정답

11 ×(제한능력자의 취소는 능력자가 되기 전이라도 할 수 있다) **12** ○ **13** ○(제한능력자는 능력자가 된 후에 추인할 수 있다) **14** ○ **15** ○ **16** ×(제한능력자와 거래한 상대방이 이행청구를 한 경우에 이는 법정추인이 아니고, 취소권자인 제한능력자가 이행을 하거나 이행청구를 한 경우에도 취소의 원인이 종료한 후가 아니므로 법정추인이 아니다) **17** ○(법정추인이 아니므로 취소권자는 여전히 취소할 수 있다. 취소권자가 취소할 수 있는 행위로 취득한 권리의 전부 또는 일부를 양도한 경우에 법정추인이 되어 취소권자는 더 이상 취소할 수 없게 된다)

CHAPTER 06 조건과 기한

회독체크 1 2 3

CHAPTER 미리보기

학습전략

❶ 매년 1문항 정도 출제됩니다.
❷ 조건의 성취, 불성취 의제 및 가장조건의 효과, 기한이익 및 그 상실사유에 관하여 세심한 학습이 필요합니다.

학습키워드

- 조건성취 의제
- 조건불성취 의제
- 가장조건
- 기한이익
- 기한이익의 상실

제1절 법률행위의 부관

1 부관의 의의

① 법률행위의 부관(附款)이란 법률행위 효력의 발생 또는 소멸을 장래 특정한 사실의 성부에 의존하게 하기 위하여 부가되는 법률행위의 약관을 말한다.
② 사적 자치의 원칙상 부관은 당사자가 임의로 부가한 것이다.

2 부관의 종류

① **조건**: 조건이란 법률행위 효력의 발생 또는 소멸을 장래에 발생하는 것이 불확실한 사실에 의존하게 하는 법률행위의 부관을 말한다.
② **기한**: 기한이란 법률행위 효력의 발생 또는 소멸을 장래에 발생하는 것이 확실한 사실에 의존하게 하는 법률행위의 부관을 말한다.
③ **부담**: 부담(負擔)이란 무상행위에서 출연자의 상대방에게 요구되는 대가적 급부를 말한다. 부담도 부관의 일종이라는 것이 통설의 태도이다.

3 민법의 규정

민법은 법률행위의 부관으로 조건과 기한에 관하여서만 총칙편에 일반적 규정을 두고 있으며, 부담에 관해서는 부담부 증여(제561조)와 부담부 유증(제1088조)에 개별규정을 두고 있다.

제2절 조건부 법률행위

1 조건

1. 의의

① 조건부 법률행위에서 조건이란 법률행위 효력의 발생 또는 소멸을 장래에 발생하는 것이 불확실한 사실의 성부(成否)에 의존하게 하는 법률행위의 부관을 말한다.
② 조건은 법률행위의 효력 발생 또는 소멸을 좌우하는 것이지 법률행위의 성립 여부를 결정하는 것이 아니다.
③ 조건은 법률행위의 내용의 일부이므로 당사자가 임의로 정한 것이어야 한다. 따라서 법정조건은 조건이 아니다. 다만, 법정조건에도 조건에 관한 규정이 유추적용된다.

2. 조건부 법률행위

① 조건부 법률행위란 조건이 붙은 법률행위를 말한다. 즉, 조건이 법률행위의 내용이 되는 경우를 의미하는 것이다.
② 조건부 법률행위인지 여부의 판단시점은 조건성취 시가 아니라 법률행위 성립 당시이다.

> **판례** 조건부 법률행위
>
> 조건부 법률행위는 의사표시의 일반원칙에 따라 조건을 붙이고자 하는 의사, 즉 조건의사와 그 표시가 필요하며, 조건의사가 있더라도 그것이 외부에 표시되지 않으면 법률행위의 동기에 불과할 뿐이고 그것만으로는 법률행위의 부관으로서의 조건이 되는 것은 아니다(2003다10797).

2 조건을 붙일 수 없는 법률행위(조건과 친하지 않은 법률행위)

1. 의의

조건부 법률행위에 있어서는 그 효력의 발생이나 존속이 불확정적이기 때문에 성질상 법률관계가 확정적이어야 하는 법률관계에 대하여는 조건을 붙이지 못한다.

2. 어음·수표행위

① 어음·수표행위에는 특히 거래안전의 요구가 강하므로 원칙적으로 조건을 붙일 수 없다.
② 다만, 어음보증에 조건을 붙이는 것은 어음거래의 안전성을 해치지 않으므로 허용된다(84다카2310).

3. 단독행위

① 철회, 상계, 추인, 취소, 해제, 해지, 환매, 선택채권의 선택 등과 같은 단독행위에는 원칙적으로 조건을 붙일 수 없다.
② 그러나 단독행위라도 예외적으로 조건을 붙일 수 있는 경우도 있다.
  ㉠ 상대방의 동의가 있는 경우
  ㉡ 상대방에게 이익만 주는 경우(채무면제, 유증)
  ㉢ 상대방이 결정할 수 있는 사실을 조건으로 하는 경우(정지조건부 계약해제)

> **판례** 정지조건부 계약해제
>
> 계약당사자 일방이 이행지체에 빠진 상대방에 대하여 그 기간 내에 이행이 없을 때에는 계약을 해제하겠다는 의사표시를 한 경우, 위의 기간 경과로 그 계약은 해제된 것으로 해석할 것이다(70다1508).

4. 가족법상의 법률행위 - 신분행위

혼인, 이혼, 인지, 입양과 같은 신분행위에는 원칙적으로 조건을 붙일 수 없다. 그러나 유언에는 예외적으로 조건을 붙일 수 있다.

5. 조건과 친하지 않은 법률행위에 조건을 붙인 경우

법률에서 규율하는 규정이 있으면 그에 따르고, 그러한 규정이 없으면 조건뿐만 아니라 법률행위 전부가 무효이다.

3 조건의 종류

1. 정지조건과 해제조건

(1) 정지조건
① 정지조건이란 법률행위의 효력의 발생을 장래의 불확실한 사실의 성부(成否)에 의존하게 하는 법률행위의 부관이다.
② 정지조건에 해당하는 예를 들면, "네가 시험에 합격하면 이 토지를 주겠다."라는 계약을 들 수 있다.

(2) 해제조건
① 해제조건이란 법률행위의 효력의 소멸을 장래의 불확실한 사실의 성부(成否)에 의존하게 하는 법률행위의 부관이다.
② 해제조건에 해당하는 예를 들면, "네가 시험에 합격할 때까지 생활비를 대주겠다."라는 계약을 들 수 있다.

> **참고** 조건부 법률행위의 유형
>
> 1. 정지조건부 법률행위
>   ① 장래 불하받을 것을 조건으로 하는 귀속재산의 매매
>   ② 주무관청의 처분허가를 조건으로 하는 사찰재산의 처분
>   ③ 택지화를 조건으로 하는 농지매매
>   ④ 동산의 소유권유보부 매매 - 동산의 매매계약을 체결하면서 매도인이 대금을 모두 지급받기 전에 목적물을 매수인에게 인도하지만 대금이 모두 지급될 때까지 목적물의 소유권은 매도인에게 유보하는 내용의 소유권유보의 특약을 한 경우(96다14807)

2. 해제조건부 법률행위
① 약혼예물의 수수는 혼인불성립을 해제조건으로 하는 증여와 유사한 계약이다(94므895).
② 매매토지 중 공장부지로 편입되지 아니한 부분을 매도인에게 원가로 반환한다는 약정은 공장부지로 사용되지 아니한 것을 해제조건으로 하는 매매이다(80다3195).
③ 주택건설을 위한 토지매매에서 건축허가신청이 불허되면 이를 무효로 한다고 약정한 경우 이는 건축허가의 불허가를 해제조건으로 하는 토지매매계약에 해당한다(83다카552).

2. 적극조건과 소극조건

① **적극조건**: 장래의 불확실한 사실이 현재의 상태를 변경하는 것을 내용으로 하는 경우를 말한다. '시험에 합격하면', '내일 비가 오면' 등과 같이 '~하면'으로 표현된다.
② **소극조건**: 장래의 불확실한 사실이 현재의 상태를 변경하지 않는 것을 내용으로 하는 경우를 말한다. '시험에 합격하지 않으면', '내일 비가 오지 않으면' 등과 같이 '~하지 않으면'으로 표현된다.

3. 수의조건과 비수의조건

(1) 수의조건(隨意條件)

조건성취 여부가 당사자의 일방적 의사결정에 의존하는 조건을 말한다. 수의조건은 순수수의조건과 단순수의조건으로 나뉜다.

① **순수수의조건**: 조건성취 여부가 당사자의 일방적 의사결정에만 전적으로 의존하는 경우를 말한다. 예를 들면, '내 마음이 내키면' 물건을 주겠다는 내용의 계약이 이에 해당한다. 이러한 순수수의조건이 붙은 법률행위는 언제나 무효라는 것이 다수설의 태도이다.
② **단순수의조건**: 조건성취 여부가 당사자의 일방적 의사결정과 일정한 작위 또는 부작위에 의존하는 경우를 말한다. 예를 들면, '내가 이번에 미국여행을 가면' 물건을 주겠다는 내용의 계약이 이에 해당한다. 단순수의조건이 붙은 법률행위는 유효이다.

(2) 비수의조건(非隨意條件)

조건성취 여부가 당사자의 일방적 의사결정에 의존하지 않는 경우를 말한다. 비수의조건은 우성조건과 혼성조건으로 나뉜다.

① **우성조건(偶成條件)**: 조건성취 여부가 당사자의 의사결정과는 관계없는 자연적 사실이나 제3자의 의사 또는 행위에 의존하는 경우를 말한다. 예를 들면, '내일 비가 오면' 또는 '甲이 미국여행에서 돌아오면' 물건을 주겠다는 내용의 계약을 들 수 있다. 우성조건은 그 효력이 유효하다.

② **혼성조건**(混成條件): 조건성취 여부가 당사자의 의사와 제3자의 의사에 의존하는 경우를 말한다. 예를 들면, "네가 乙과 결혼하면 물건을 주겠다."라는 내용의 계약을 들 수 있다. 혼성조건은 그 효력이 유효하다.

4 조건부 법률행위의 효력

1. 조건성취의 효과

> **제147조 【조건성취의 효과】** ① 정지조건 있는 법률행위는 조건이 성취한 때로부터 그 효력이 생긴다.
> ② 해제조건 있는 법률행위는 조건이 성취한 때로부터 그 효력을 잃는다.
> ③ 당사자가 조건성취의 효력을 그 성취 전에 소급하게 할 의사를 표시한 때에는 그 의사에 의한다.

(1) 법률행위의 효력의 확정

조건의 성취 또는 불성취에 의하여 법률행위의 효력이 각각 확정되는데,
① 정지조건부 법률행위는 조건이 성취되면 법률행위의 효력이 발생하고, 조건이 불성취되면 무효로 확정된다.
② 해제조건부 법률행위는 조건이 성취되면 법률행위의 효력이 소멸하고, 조건이 불성취되면 유효로 확정된다.

(2) 조건부 법률행위에 관한 입증책임

① 어느 법률행위에 어떤 조건이 붙어 있었는지 아닌지는 사실인정의 문제로서 그 조건의 존재를 주장하는 자가 이를 입증하여야 한다고 할 것이다(2006다35766).
② 어떤 법률행위가 정지조건부 법률행위에 해당한다는 사실(정지조건이 붙어 있다는 사실)은 그 법률효과의 발생을 다투려는 자에게 주장·입증책임이 있다(93다20832).
③ 조건의 성취 여부는 조건성취에 의하여 법률행위의 효력이 확정되었음을 주장하는 자가 입증하여야 한다. 즉, 정지조건부 법률행위의 조건이 성취되었다는 사실은 권리를 취득하고자 하는 측에서 그 입증책임이 있다(81다카692).

(3) 조건성취의 효력

① **비소급 원칙**: 조건부 법률행위는 조건이 성취한 때로부터 그 효력이 발생하거나 소멸하는 것이 원칙이다(장래효의 원칙).
② **예외적 소급 가능**
  ㉠ 당사자의 약정에 의해 조건성취의 효력을 조건성취 전으로 소급하게 할 수 있다.
  ㉡ 소급시기는 법률행위 이후 어느 시점을 당사자가 임의로 정할 수 있다.

ⓒ 이러한 당사자 사이의 약정에 의한 조건성취의 소급효는 당사자 사이에만 유효하고 제3자의 권리를 해하지 못한다.

2. 조건부 권리의 보호

(1) 조건부 권리의 성질 – 기대권, 희망권

① 조건부 권리자는 장차 조건이 성취되면 권리를 취득할 기대이익을 가지므로 조건부 권리는 일종의 기대권이다.
② 기대권은 장래의 권리가 아니고 현재의 권리이다. 즉, 조건의 성부 확정 전에도 재산권의 일종으로 보고, 민법은 조건부 권리를 보호하고 있다.

(2) 조건부 권리에 대한 보호

① **조건부 권리의 침해금지**(제148조, 소극적 보호)

> **제148조 【조건부 권리의 침해금지】** 조건 있는 법률행위의 당사자는 조건의 성부가 미정한 동안에 조건의 성취로 인하여 생길 상대방의 이익을 해하지 못한다.

  ㉠ 조건부 권리를 침해하는 경우 조건부 권리자는 그 권리를 침해한 상대방에 대해 조건성취를 전제로 손해배상을 청구할 수 있다.
  ㉡ 다만, 손해배상의 근거에 대해서는 채무불이행이라는 견해와 불법행위라는 견해가 대립된다. 이때 손해배상의 범위는 이행이익의 배상이다.

② **조건부 권리의 처분**(제149조, 적극적 보호)

> **제149조 【조건부 권리의 처분 등】** 조건의 성취가 미정한 권리·의무는 일반규정에 의하여 처분, 상속, 보존 또는 담보로 할 수 있다.

  ㉠ 조건부 권리도 현존하는 권리이므로 처분, 상속할 수 있다.
    ⓐ 처분에는 양도뿐만 아니라 담보의 제공도 포함된다.
    ⓑ 조건부 권리를 침해하는 처분행위가 있은 후 조건이 성취된 경우 조건성취에 의하여 조건부 권리자가 취득하는 권리가 방해되거나 침해되는 한도 내에서 무효가 된다. 그러나 이로써 제3자에 대항하기 위하여는 대항요건을 갖추어야 한다.
  ㉡ 조건부 권리에 대한 보존행위도 가능하고, 그 보존에는 가등기, 가처분이 포함된다.
    ⓐ 조건부 권리의 목적이 부동산일 경우에는 그러한 조건부 권리를 가등기할 수 있고 가등기한 경우 제3자에게 대항할 수 있다(92다5584).
    ⓑ 동산일 경우에는, 처분행위로 권리를 취득한 제3자가 선의취득의 요건을 갖춘 때에는 선의취득에 의하여 보호된다.
  ㉢ 조건부 권리도 채무변제를 위한 담보로 제공할 수 있다.

5 조건의 성취와 불성취에 대한 반신의행위

> **제150조 【조건성취, 불성취에 대한 반신의행위】** ① 조건의 성취로 인하여 불이익을 받을 당사자가 신의성실에 반하여 조건의 성취를 방해한 때에는 상대방은 그 조건이 성취한 것으로 주장할 수 있다.
> ② 조건의 성취로 인하여 이익을 받을 당사자가 신의성실에 반하여 조건을 성취시킨 때에는 상대방은 그 조건이 성취하지 아니한 것으로 주장할 수 있다.

1. 조건의 성취(成就)와 불성취(不成就) 의제

(1) 의의

① 조건의 성취로 인하여 불이익을 받을 당사자가 신의성실에 반하여 조건의 성취를 방해한 경우 상대방은 조건의 성취를 주장할 수 있고,

② 조건의 성취로 인하여 이익을 받을 당사자가 신의성실에 반하여 조건을 성취시킨 경우 상대방은 불성취를 주장할 수 있다.

(2) 의제시점

① 신의칙에 반하는 조건성취행위 또는 조건성취의 방해행위가 있는 경우에 상대방에게 조건의 불성취 또는 성취를 주장할 수 있는 권리가 인정되고, 이의 행사로 인하여 조건의 성취 또는 불성취로 의제된다.

② 조건성취로 불이익을 받을 당사자가 신의성실에 반하여 조건의 성취를 방해한 경우, 조건의 성취로 의제되는 시점은 방해한 시점이 아니라 신의성실에 반하는 행위가 없었다면 조건이 성취되었으리라고 추산되는 시점이다(98다42356).

2. 손해배상청구

조건의 성취 또는 불성취에 대한 반신의행위는 상대방의 조건부 권리에 대한 침해행위가 되므로 상대방에게 불법행위에 기한 손해배상청구권이 발생한다. 따라서 상대방은 제150조 규정에 의한 조건의 성취 또는 불성취를 주장하거나 또는 손해배상을 청구할 수 있다. 즉, 양자의 선택적 청구가 가능하다.

6 가장조건

> **제151조 【불법조건, 기성조건】** ① 조건이 선량한 풍속 기타 사회질서에 위반한 것인 때에는 그 법률행위는 무효로 한다.
> ② 조건이 법률행위의 당시 이미 성취한 것인 경우에는 그 조건이 정지조건이면 조건 없는 법률행위로 하고 해제조건이면 그 법률행위는 무효로 한다.
> ③ 조건이 법률행위의 당시에 이미 성취할 수 없는 것인 경우에는 그 조건이 해제조건이면 조건 없는 법률행위로 하고 정지조건이면 그 법률행위는 무효로 한다.

1. 불법조건

① 불법조건(不法條件)이란 조건이 되는 사실이 선량한 풍속 기타 사회질서에 위반되는 경우를 말한다.
② 예를 들면, 甲이 乙에게 "나와 부첩관계를 시작하면 주택을 증여하겠다."라는 내용의 정지조건부 계약을 들 수 있다.
③ 이렇게 불법조건이 붙은 법률행위는 그것이 정지조건이든 해제조건이든 불문하고 조건뿐만 아니라 법률행위 전부가 무효이다.

> **판례** 불법조건
> ① 조건부 법률행위에 있어 조건의 내용 자체가 불법적인 것이어서 무효일 경우 또는 조건을 붙이는 것이 허용되지 아니하는 법률행위에 조건을 붙인 경우 그 조건만을 분리하여 무효로 할 수는 없고 그 법률행위 전부가 무효로 된다(2005마541).
> ② 부첩관계인 부부생활의 종료를 해제조건으로 하는 증여계약은 그 조건만이 무효인 것이 아니라 증여계약 자체가 무효이다(66다530).

2. 기성조건

① 기성조건(旣成條件)이란 법률행위 성립 당시 이미 성취되어 있는 조건을 말한다.
② 기성조건이 해제조건이면 그 법률행위는 무효이고, 기성조건이 정지조건이면 조건 없는 법률행위로 된다.

3. 불능조건

① 불능조건(不能條件)이란 객관적으로 실현이 불가능한 사실(서쪽에서 해가 뜬다면)을 내용으로 하는 조건을 말한다.
② 불능조건이 정지조건이면 그 법률행위는 무효이고, 불능조건이 해제조건이면 조건 없는 법률행위로 된다.

4. 법정조건

① 법정조건(法定條件)이란 법률에 의해 요구되는 여러 가지 요건을 말한다. 예를 들면, 제한능력자의 법률행위 시에 법정대리인의 동의를 얻는 것(제5조 이하), 법인설립행위에 있어서 주무관청의 허가(제32조) 등이 이에 해당한다.
② 법정조건은 법률상 당연한 것이며 당사자의 임의적인 의사에 의한 것이 아니므로 조건이 아니다.
③ 다만, 법정조건에 관하여도 성질에 반하지 않는 범위 내에서 민법의 조건의 규정을 유추적용할 수 있다(4294민상1603).

제3절 기한부 법률행위

1 기한

① **기한**(期限)이란 법률행위의 효력 발생 또는 소멸을 장래에 발생하는 것이 확실한 사실의 성부(成否)에 의존하게 하는 법률행위의 부관을 말한다.
② 기한부 법률행위란 기한이 붙은 법률행위를 말한다. 즉, 기한이 법률행위의 내용으로 되어서 그 효력의 발생 또는 소멸을 결정하는 법률행위를 말한다.

2 기한의 종류

1. 시기와 종기

① **시기**(始期): 법률행위의 효력의 발생을 장래의 확실한 사실에 의존하게 하는 기한을 말한다.
② **종기**(終期): 법률행위의 효력의 소멸을 장래의 확실한 사실에 의존하게 하는 기한을 말한다.

2. 확정기한과 불확정기한

① **확정기한**: 기한도래시기가 확정되어 있는 경우를 말한다. 예를 들면, "전세기간을 내년 1월 1일부터 12월 31일까지로 한다."라는 내용의 계약이 이에 해당한다.
② **불확정기한**: 기한도래시기가 확정되어 있지 않은 경우를 말한다. 예를 들면, 甲이 乙에게 "丙이 사망하면 아파트를 주겠다."라는 내용의 계약이 이에 해당한다.

> **판례** 불확정기한부 법률행위
>
> ① 법률행위를 함에 부관으로 정한 사실이 발생하지 아니하면 채무를 변제하지 않아도 된다고 해석이 된다면 이를 조건부 법률행위라 해석할 수 있고, 부관으로 정한 사실이 발생한 때는 물론 발생하지 아니한 때에도 변제하여야 한다고 해석이 될 때는 불확정기한을 정한 것으로 본다(2010다89036).
> ② 당사자가 불확정한 사실이 발생한 때를 이행기한으로 정한 경우에는 그 사실이 발생한 때는 물론 그 사실의 발생이 불가능하게 된 때에도 이행기한은 도래한 것으로 보아야 한다(2001다41766).

3 기한을 붙일 수 없는 법률행위(기한과 친하지 않은 법률행위)

① 기한을 붙일 수 없는 법률행위는 조건을 붙일 수 없는 법률행위와 대체로 유사하다.
② 소급효가 있는 법률행위에는 시기를 붙일 수 없다(취소, 추인, 상계 등). 또한 법률행위의 성립과 동시에 효력이 발생하여야 하는 법률행위에는 시기를 붙일 수 없다(신분행위 등).
③ 다만, 어음·수표행위에는 시기인 지급일을 붙이는 것은 가능하다.

> **판례** 기간의 정함이 없는 임대차
>
> 임대차계약을 체결함에 임대기한을 '본건 토지를 임대인이 임차인에게 매도할 때까지'로 정한 경우 기한을 정한 것으로 볼 수 없으므로 기간의 약정이 없는 것이라고 해석함이 상당하다(73다631).

4 기한의 도래

기한은 그 내용인 사실이 발생한 때에 도래한다. 또한 기한의 이익을 포기하거나 상실한 경우에도 기한은 도래한 것으로 본다.

5 기한부 법률행위의 효력

1. 기한도래의 효력

> **제152조【기한도래의 효과】** ① 시기 있는 법률행위는 기한이 도래한 때로부터 그 효력이 생긴다.
> ② 종기 있는 법률행위는 기한이 도래한 때로부터 그 효력을 잃는다.

(1) 법률행위의 효력의 확정

시기부 법률행위는 기한이 도래하면 법률행위의 효력이 발생하고, 종기부 법률행위는 기한이 도래하면 법률행위의 효력이 소멸한다.

(2) 기한도래의 효력 – 절대적 비소급효

① 기한부 법률행위는 기한이 도래한 때로부터 법률행위의 효력이 발생하거나 소멸한다.
② 기한의 비소급효는 절대적이다. 따라서 당사자가 소급효의 특약을 하였더라도 무효이다.

2. 기한도래 전의 효력

> **제154조【기한부 권리와 준용규정】** 제148조와 제149조의 규정은 기한 있는 법률행위에 준용한다.

(1) 기한부 권리의 취득

기한부 권리자는 장차 기한이 도래하면 권리를 취득할 기대이익을 가지므로 기한부 권리 역시 일종의 기대권으로서 재산권의 일종으로 본다.

(2) 기한부 권리에 대한 보호

① 조건과 달리 기한은 반드시 도래하므로 기한부 권리를 보호할 필요성이 더욱 강하다.
② 따라서 민법은 제154조에서 조건에 관한 제148조와 제149조를 준용하여 기한의 이익을 보호하고 있다.

6 기한의 이익

1. 의의

기한의 이익이란 기한이 아직 도래하지 않음으로써 당사자가 받는 이익을 말한다.

2. 기한의 이익을 가지는 자

① **채권자만이 기한의 이익을 가지는 경우**: 무상임치에서 임치인
② **채무자만이 기한의 이익을 가지는 경우**: 무이자소비대차에서 소비차주, 사용대차에서 사용차주
③ **쌍방이 기한의 이익을 가지는 경우**: 이자부 소비대차의 소비대주와 소비차주, 임대차의 임대인과 임차인, 유상임치에서 임치인과 수치인

> **개념적용 문제**
>
> 기한의 이익을 갖는 자를 모두 고른 것은?   제18회 기출
>
> ㄱ. 사용대차에서 차주
> ㄴ. 임대차에서 임차인
> ㄷ. 무상임치에서 수치인
> ㄹ. 이자 없는 소비대차에서 차주
> ㅁ. 이자 있는 소비대차에서 차주
>
> ① ㄱ, ㅁ
> ② ㄷ, ㄹ
> ③ ㄱ, ㄴ, ㄷ
> ④ ㄱ, ㄴ, ㄹ, ㅁ
> ⑤ ㄴ, ㄷ, ㄹ, ㅁ
>
> **해설** ㄷ. 무상임치에서는 임치인이 기한이익을 갖는다.
>
> 정답 ④

3. 기한의 이익이 누구를 위하여 존재하는지 불분명한 경우

> **제153조【기한의 이익과 그 포기】** ① 기한은 채무자의 이익을 위한 것으로 추정한다.
> ② 기한의 이익은 이를 포기할 수 있다. 그러나 상대방의 이익을 해하지 못한다.

① 기한이익이 누구를 위하여 존재하는지 불분명한 경우 채무자의 이익을 위한 것으로 추정한다(제153조 제1항).

② 따라서 기한의 이익이 채권자 또는 쌍방을 위하여 존재하는 경우에는 이를 주장하는 자가 입증하여야 한다.

4. 기한이익의 포기

① 기한의 이익은 포기할 수 있으나, 상대방의 이익을 해하지 못한다(제153조 제2항).
  ㉠ 기한의 이익이 일방당사자에게만 있는 경우: 기한이익을 가지는 자는 일방적 의사표시로써 자유롭게 기한이익을 포기할 수 있다.
  ㉡ 기한의 이익이 쌍방당사자에게 있는 경우: 기한의 이익이 상대방의 이익을 위하여 존재하는 경우에도 기한의 이익을 포기할 수는 있으나, 상대방의 손해를 배상하고 포기할 수 있다.

② 기한이익 포기의 의사표시는 일방적 의사표시로서 단독행위이다.

③ **기한이익 포기의 효과**: 기한이 도래한 것과 같은 효과가 발생한다. 다만, 기한이익의 포기에는 소급효가 없다.

④ 또한 보증채무에서 주채무자의 기한이익의 포기는 보증인에게 효력이 미치지 아니한다.

5. 기한의 이익의 상실

> **제388조 【기한의 이익의 상실】** 채무자는 다음 각 호의 경우에는 기한의 이익을 주장하지 못한다.
> 1. 채무자가 담보를 손상, 감소 또는 멸실하게 한 때
> 2. 채무자가 담보제공의 의무를 이행하지 아니한 때

(1) 기한이익의 상실사유

채무자에게 다음의 사유가 발생한 때에는 기한의 이익을 주장하지 못한다.
① 채무자가 담보를 손상, 감소, 멸실하게 한 때(제388조 제1호) ⇨ 인적 담보·물적 담보
② 채무자가 담보제공의무를 이행하지 아니한 때(제388조 제2호)
③ 채무자가 파산한 때(채무자 회생 및 파산에 관한 법률 제425조)
④ **기한이익 상실에 관한 당사자 사이의 특약**: 기한이익 상실에 관한 당사자 사이의 특약은 특별히 정함이 없는 경우 형성권적 기한이익 상실에 관한 특약으로 추정한다(2002다28340).

(2) 기한이익의 상실사유 발생과 채권자의 이행청구

① 기한이익의 상실사유가 발생하였다 하여 이로써 기한이 도래한 것으로 간주되는 것은 아니고, 채권자에게 즉시 이행청구권이 발생할 뿐이다
② 기한이익의 상실사유가 발생하면 채권자는 즉시 이행을 청구할 수도 있고 본래의 이행기, 즉 기한까지 기다려서 이행을 청구할 수도 있다.
③ 기한이익의 상실사유가 발생하여 채권자가 이행을 청구하면 채무자는 기한이 남아 있음(기한의 이익)을 주장하지 못한다. 즉, 채권자가 즉시 이행을 청구하면 채무자는 이를 거절하지 못하고 이행할 의무가 발생한다.

> **판례** 기한이익 상실에 관한 당사자 사이의 특약
>
> 기한이익 상실의 특약은 그 내용에 의하여 일정한 사유가 발생하면 채권자의 청구 등을 요함이 없이 당연히 기한의 이익이 상실되어 이행기가 도래하는 것으로 하는 정지조건부 기한이익 상실의 특약과 일정한 사유가 발생한 후 채권자의 통지나 청구 등 채권자의 의사행위를 기다려 비로소 이행기가 도래하는 것으로 하는 형성권적 기한이익 상실의 특약의 두 가지로 대별할 수 있고, 기한이익 상실의 특약이 위의 양자 중 어느 것에 해당하느냐는 당사자의 의사해석의 문제이지만 일반적으로 기한이익 상실의 특약이 채권자를 위하여 둔 것인 점에 비추어 명백히 정지조건부 기한이익 상실의 특약이라고 볼 만한 특별한 사정이 없는 이상 형성권적 기한이익 상실의 특약으로 추정하는 것이 타당하다(2002다28340).

> **참고** 기한이익 상실에 관한 정지조건부 특약과 형성권적 특약
>
> 1. 정지조건부 특약: 반대특약이 없는 한 기한이익의 상실 사유 발생 시 당연히 채무자의 기한이익의 상실과 동시에 이행기 도래
> 2. 형성권적 특약: 기한이익 상실 사유가 발생한 경우에도 채권자의 청구가 있을 때에 채무자의 기한이익 상실과 함께 이행기 도래

개념적용 문제

조건과 기한에 관한 설명으로 옳지 않은 것은? (다툼이 있으면 판례에 따름) 제28회 기출

① 조건의 성취가 미정한 권리도 일반규정에 의하여 담보로 할 수 있다.
② 조건부 법률행위에 있어 조건의 내용 자체가 불법적인 것이어서 무효인 경우, 그 법률행위 전부가 무효로 된다.
③ 조건이 법률행위의 당시에 이미 성취할 수 없는 것인 경우, 그 조건이 해제조건이면 그 법률행위는 무효로 한다.
④ 기한이익 상실의 특약은 특별한 사정이 없는 한 형성권적 기한이익 상실의 특약으로 추정한다.
⑤ 기한의 이익은 포기할 수 있지만, 특별한 사정이 없는 한 상대방의 이익을 해하지 못한다.

해설 불능조건이 정지조건이면 무효로 하고, 해제조건이면 조건 없는 법률행위로 하는 것이므로, 조건이 법률행위의 당시에 이미 성취할 수 없는 것인 경우, 그 조건이 해제조건이면 그 법률행위는 조건 없는 법률행위로 한다.

정답 ③

CHAPTER 06 OX문제로 완벽 복습

01 불능조건이 정지조건인 법률행위는 무효이다. (O | X)

02 법률행위에 정지조건이 붙어 있다는 사실에 대한 입증은 그 효력을 다투려는 자에게 있다. (O | X)

03 계약자유의 원칙상 15년간만 동거하고 이후에는 자동적으로 이혼할 것을 내용으로 하는 혼인도 상대방이 동의하면 무효가 되진 않는다. (O | X)

04 "이 건물의 임대차기간은 임대인 A가 사망할 때까지이다."라는 임대차계약이 체결되었다면 이는 이른바 불확정기한을 정한 것이라고 할 수 있다. (O | X)

05 기한의 효력은 당사자의 특약으로 소급효를 인정할 수도 있다. (O | X)

06 채무자의 파산의 경우에는 채무자의 기한이익 상실사유에 해당한다. (O | X)

07 기한의 이익이 상대방을 위하여도 존재할 경우 기한이익을 갖는 자는 상대방의 손해를 배상하면 포기할 수 있다. (O | X)

08 부관으로 정한 사실이 "발생하지 않으면 이행하지 않아도 된다."라고 해석될 수 있으면 이는 정지조건부 법률행위에 해당한다. (O | X)

09 조건의 성취로 불이익을 당할 상대방이 신의칙을 위반하여 조건성취를 방해한 때에는 조건부 권리자는 조건의 성취 또는 손해배상청구권을 행사할 수 있다. (O | X)

10 법률행위의 조건이 법률행위 당시 이미 성취한 것이면 그 조건이 해제조건이면 그 법률행위는 무효로 한다. (O | X)

11 조건의 성취로 불이익을 당할 자가 신의칙을 위반하여 조건의 성취를 방해한 경우 조건의 성취로 의제되는 시점은 방해행위가 없었더라면 조건이 성취되었으리라 추산되는 시점이다. (O | X)

12 상속의 포기에는 조건을 붙일 수 없다. (O | X)

13 부첩관계 종료를 해제조건을 하는 증여는 증여계약 자체가 무효가 된다. (O | X)

14 조건부 권리도 보존행위의 일환으로 가등기할 수 있다. (O | X)

15 기한이익 상실에 관한 당사자 사이의 특약은 특별히 정함이 없는 한 정지조건부 기한이익 상실에 관한 특약으로 추정한다. (O | X)

16 조건부 권리도 일반규정에 의거하여 처분·상속·보존은 할 수 있으나, 담보로 제공할 수는 없다. (O | X)

정답

01 ○　02 ○　03 ×(혼인·이혼·입양·인지·상속의 포기 등 신분행위에는 원칙적으로 조건이나 기한을 붙일 수 없다)
04 ○('불확정기한'에 대한 개념이다)　05 ×[기한도래의 효력에는 성질상 소급효가 있을 수 없다. 따라서 시기부 법률행위는 기한이 도래하면 그 효력이 발생되고(제152조 제1항), 종기부 법률행위는 기한이 도래하면 그 효력이 소멸된다(제152조 제2항)]
06 ○(채무자 회생 및 파산에 관한 법률 제425조에 따라 채무자에게 이행의 유예를 줄 수 없기 때문이다. 따라서 채무자는 더 이상 기한의 이익을 주장할 수 없다. 그 외에도 기한의 이익이 상실되는 원인으로서 민법 제388조의 규정이 있다)　07 ○[쌍방적 기한이익, 즉 기한의 이익이 상대방을 위해서도 존재하는 경우에는 상대방의 손해를 배상하고 포기할 수 있다(통설)]　08 ○
09 ○(조건성취를 방해하는 행위나 조장하는 행위는 불법행위를 구성하므로 조건부 권리자는 이를 원인으로 하는 손해배상청구권도 갖게 된다. 즉, 조건부 권리자는 선택적으로 조건성취를 주장하거나 또는 손해배상을 청구할 수 있다)　10 ○　11 ○
12 ○　13 ×(불법조건으로 무효이다)　14 ○　15 ×(형성권적 기한이익 상실에 관한 특약으로 추정한다)　16 ×[담보제공도 가능하다(제149조)]

CHAPTER 07 기간과 소멸시효

CHAPTER 미리보기

학습전략

① 기간에 관한 규정은 기간의 계산방법에서 매년 1문항 정도가 출제됩니다.
② 소멸시효는 매년 1~2문항이 출제되는 부분입니다. 소멸시효와 제척기간의 차이점, 소멸시효에 걸리지 않는 권리, 각 권리별 소멸시효기간, 소멸시효기간의 기산점, 시효의 중단과 정지사유, 시효완성의 효력과 시효이익의 사전포기금지 등을 숙지해 두어야 합니다.

학습키워드

- 기간의 계산
- 기간의 역산
- 소멸시효와 제척기간의 구별
- 소멸시효에 걸리지 않는 권리
- 소멸시효 기산점
- 소멸시효기간
- 소멸시효의 중단과 정지
- 소멸시효의 완성
- 시효이익의 포기

제1절 기간과 기간의 계산

1 기간(期間)의 의의

> **제155조 【본장의 적용범위】** 기간의 계산은 법령, 재판상의 처분 또는 법률행위에 다른 정한 바가 없으면 본장의 규정에 의한다.

1. 의의

① 기간이란 어느 시점에서 어느 시점까지의 계속된 시간을 말한다.
② 법률사실로서의 기간은 이른바 '사건'에 속하며, 기간만이 독립하여 법률요건이 되는 경우는 없지만 다른 법률사실과 결합하여 법률요건을 이루는 경우는 많다(예 성년, 최고기간, 실종기간, 기한, 시효 등).

2. 적용범위

① 기간에 관한 민법 규정은 보충규정으로서 임의규정이다.
② 기간의 계산에 관하여 법령이나 재판상의 처분 또는 법률행위에 다른 정한 바가 없으면, 민법의 규정에 의한다(제155조).
③ 따라서 민법의 기간에 관한 규정은 사법관계뿐만 아니라 공법관계에도 적용된다(2009두12907).

2 기간의 계산방법

1. 자연적 계산법

단기간 계산에 적용한다(정확하나 계산이 복잡함).

> **제156조 【기간의 기산점】** 기간을 시, 분, 초로 정한 때에는 즉시로부터 기산한다.

2. 역법적(曆法的) 계산법

장기간 계산에 적용한다(계산이 간편하나, 부정확함).

(1) 기간의 기산점

① **초일불산입의 원칙**: 기간의 단위가 일(日)·주(週)·월(月)·연(年)으로 주어진 경우, 기간을 계산함에 있어 초일(初日)은 산입(算入)하지 않는다(제157조 본문).

② **예외**

㉠ 기간을 오전 영시(0시)로부터 기산할 수 있는 때에는 초일을 산입한다(제157조 단서).

㉡ 나이는 출생일을 산입하여 만(滿) 나이로 계산하고, 연수(年數)로 표시한다(제158조 본문). 예컨대, 1982년 8월 16일 오후 11시에 출생한 사람은 2001년 8월 16일 오전 영시에 성년이 된다.

> **제158조【나이의 계산과 표시】** 나이는 출생일을 산입하여 만(滿) 나이로 계산하고, 연수(年數)로 표시한다. 다만, 1세에 이르지 아니한 경우에는 월수(月數)로 표시할 수 있다.

(2) 기간의 만료점

① 기간을 일(日)·주(週)·월(月)·연(年)으로 정한 때에는 그 기간 말일의 종료로 기간이 만료한다(제159조).

② **기간을 주(週)·월(月)·연(年)으로 정한 때**

㉠ 기간을 주(週)·월(月)·연(年)으로 정한 때에는 이를 일(日)로 환산하지 않고, 역(曆)에 의하여 환산(換算)한다(제160조 제1항).

㉡ 주(週)·월(月)·연(年)의 처음부터 기간을 기산하지 않을 때에는 최후의 주(週)·월(月)·연(年)에서 그 기산일에 해당하는 날의 전일(前日)로 기간은 만료한다(제160조 제2항).

③ 기간을 월(月) 또는 연(年)으로 정한 경우에 최종 월(月)에 해당일(日)이 없는 때에는 해당 월(月)의 말일을 그 기간의 만료일로 한다(제160조 제3항). 예를 들면, 1월 30일 오후 9시부터 1개월이라고 하는 경우 기간은 2월 30일이 말일이 되는데, 2월은 일반적으로 28일밖에 없으므로 2월 28일이 만료일이 된다.

④ 기간의 말일(末日)이 토요일 또는 공휴일에 해당하는 때에는 그 익일(翌日)로 기간은 만료한다(제161조). 공휴일이란 국경일·일요일을 의미하며, 임시공휴일도 포함된다. 그러나 이는 임의규정이므로 토요일이나 공휴일을 기간의 말일로 하는 당사자 사이의 특약이나 관습이 있으면 그에 따른다.

⑤ 기간의 초일이 공휴일이라 하더라도 기간은 초일부터 기산한다(81누204).

> **판례 기간의 계산**
>
> ① 정년이 60세라 함은 만 60세에 도달하는 날을 말하는 것이지 만 60세가 만료되는 날을 말하는 것은 아니다(71다2669).
> ② 근로자의 정년을 60세 미만이 되도록 정한 근로계약이나 취업규칙, 단체협약은 위 규정에 위반되는 범위 내에서 무효이다. 그리고 여기서 말하는 '정년'은 실제의 생년월일을 기준으로 산정하여야 한다(2016다249236).

3 기간의 역산(逆算)방법

기간의 역산이란 일정한 기산일로부터 소급하여 거꾸로 계산하는 것을 말하는데, 민법의 기간계산방법이 유추적용된다(통설·판례). 예를 들면, 사단법인의 총회소집통지는 그 1주일 전에 하여야 하므로 총회일이 12월 17일이라면 그 전일인 12월 16일을 기산일로 하여 기간을 역산하면 12월 10일이 말일이 되며, 그 날의 오전 영시로 기간이 만료한다. 따라서 늦어도 12월 9일 오후 12시까지는 사원총회소집통지가 발송되어야 한다.

개념적용 문제

기간의 만료점이 빠른 시간 순서대로 나열한 것은? (다툼이 있으면 판례에 따름)

제23회 기출

㉠ 2020년 6월 2일 오전 0시 정각부터 4일간
㉡ 2020년 5월 4일 오후 2시 정각부터 1개월간
㉢ 2020년 6월 10일 오전 10시 정각부터 1주일 전(前)

① ㉠ - ㉡ - ㉢
② ㉠ - ㉢ - ㉡
③ ㉡ - ㉠ - ㉢
④ ㉡ - ㉢ - ㉠
⑤ ㉢ - ㉡ - ㉠

해설
㉢ 2020년 6월 10일 오전 10시 정각부터 1주일 전(前): 기산일은 6월 9일, 만료일은 6월 2일 24시
㉡ 2020년 5월 4일 오후 2시 정각부터 1개월간: 기산일은 5월 5일, 만료일은 6월 4일 24시
㉠ 2020년 6월 2일 오전 0시 정각부터 4일간: 기산일은 6월 2일, 만료일은 6월 5일 24시

정답 ⑤

제2절 소멸시효

1 소멸시효(消滅時效) 일반

1. 시효의 의의

① **시효**란 일정한 사실상태가 일정기간 동안 계속된 경우에 그 사실상태가 진실한 권리관계에 합치하느냐 않느냐를 묻지 않고서 법률상 일정한 효과를 부여하는 제도이다.
② 시효는 소멸시효와 취득시효가 있는데, 민법은 소멸시효는 총칙편에서 규정(제162조 내지 제184조)하면서, 취득시효에 관해서는 소유권의 취득원인의 하나로서 물권편에서 따로 규정(제245조 내지 제248조)하는 체계를 취하고 있다.

2. 시효제도의 존재이유

① **법률관계의 안정과 거래안전 보호**: 일정한 사실상태가 장기화됨에 따라 이를 진실한 권리관계에 부합되는 것이라 믿고 새로운 법률관계가 형성된 경우 그 법률관계를 보호하여 거래안전과 질서를 유지하는 것이 소멸시효 제도의 근본적인 존재이유가 된다.
② **입증곤란의 구제**: 법률관계를 통해 권리자가 오랜 기간 동안 외형상 사실상태만을 지배하고 있으나 권리관계에 대한 증거보전 및 입증이 곤란한 경우 이를 구제하여 정당한 권리자를 보호하기 위하여 시효제도는 인정된다.
③ **권리행사의 태만에 대한 제재 및 경고적 의미**: 이른바 '권리 위에 잠자는 자'로서 보호할 가치가 없다는 경고적 의미로서 소멸시효제도가 존재한다.

3. 소멸시효와 제척기간(除斥期間)의 구별

(1) 제척기간

① 제척기간이란 일정한 권리에 관하여 법률이 예정한 존속기간을 말한다. 따라서 권리의 존속기간인 제척기간이 만료하게 되면 그 권리는 당연히 소멸하게 되며, 그 기간 내에 권리의 행사가 있어야 그 권리는 보전된다.
② 제척기간은 다시 반드시 재판상으로만 권리를 행사해야 하는 **출소기간**(出訴期間)과 재판상 또는 재판 외 행사도 모두 가능한 단순한 제척기간으로 구분된다.
③ 제척기간의 취지는 법률관계를 신속히 확정하여 거래안전을 보호하려는 데 있다.

(2) 소멸시효와 비교

구분	소멸시효	제척기간
취지	일정한 사실상태의 존중을 통한 법률생활의 안정과 평화유지 및 증거보전의 곤란 구제	일정한 권리를 중심으로 하는 법률관계의 신속한 확정
소급효	소급효가 인정된다.	장래효만 인정된다.
중단·정지	있다.	없다.
포기	시효기간 완성 후의 소멸시효이익의 포기제도가 있다(제184조 제1항).	제척기간의 완성으로 인한 이익의 포기는 인정되지 않는다.
변론주의 적용	변론주의의 원칙상 당사자에 의한 주장 및 원용을 요한다. 법원이 직권조사할 사항은 아니다.	법원의 직권조사사항이므로 소송상의 주장 및 당사자의 원용은 요하지 않는다.
권리의 소멸	• 절대적 소멸설: 소멸시효의 완성으로 권리는 당연히 소멸한다. • 상대적 소멸설: 시효원용권이 생길 뿐이므로, 이를 행사하여야 권리가 소멸하게 된다.	기간이 경과하면 법률상 다른 조치가 없어도 권리는 당연히 소멸한다.
강행규정	편면적 강행규정	강행규정

> **판례** 소멸시효와 제척기간 모두 적용
>
> 매도인에 대한 하자담보에 기한 손해배상청구권에 대하여는 민법 제582조의 제척기간이 적용되고, 이는 법률관계의 조속한 안정을 도모하고자 하는 데에 취지가 있다. 그런데 하자담보에 기한 매수인의 손해배상청구권은 권리의 내용·성질 및 취지에 비추어 민법 제162조 제1항의 채권 소멸시효의 규정이 적용되고, 민법 제582조의 제척기간 규정으로 인하여 소멸시효 규정의 적용이 배제된다고 볼 수 없으며, 이때 다른 특별한 사정이 없는 한 무엇보다도 매수인이 매매 목적물을 인도받은 때부터 소멸시효가 진행한다고 해석함이 타당하다(2011다10266).

(3) 소멸시효와 제척기간의 구별표준

① 현행 민법은 소멸시효는 '시효로 인하여'라는 표현이 있으면 소멸시효로 보고, 그러한 표현이 없으면 제척기간으로 본다.
② 그러나 이 구별방법이 절대적인 것은 아니다(예 제1024조).

> **판례** 채권양도통지와 제척기간의 경과
>
> 채권양도의 통지는 양도인이 채권이 양도되었다는 사실을 채무자에게 알리는 것에 그치는 행위이므로, 그것만으로 제척기간 준수에 필요한 권리의 재판 외 행사에 해당한다고 할 수 없다(2010다28840 전합).

개념적용 문제

소멸시효와 제척기간에 관한 설명으로 옳은 것은? (다툼이 있으면 판례에 따름) 제17회 기출

① 채권양도의 통지만으로도 제척기간의 준수에 필요한 권리의 재판 외 행사로 볼 수 있다.
② 점유물반환청구권은 실체법상의 권리이므로 그 제척기간은 출소기간을 의미하지 않는다.
③ 소멸시효기간은 법률행위에 의해 연장할 수 없으나, 제척기간은 당사자 사이의 약정으로 연장할 수 있다.
④ 소멸시효 완성 후에 채무승인이 있었다면, 곧바로 소멸시효 이익의 포기가 있은 것으로 간주된다.
⑤ 공유관계가 존속하는 한, 공유물분할청구권만이 독립하여 시효소멸하지 않는다.

해설 ① 채권양도의 통지는 양도인이 채권이 양도되었다는 사실을 채무자에게 알리는 것에 그치는 행위이므로, 그것만으로 제척기간 준수에 필요한 권리의 재판 외 행사에 해당한다고 할 수 없다(2010다28840 전합).
② 점유물반환청구권 및 손해배상청구권은 점유를 침탈당한 날로부터 1년 내에 행사하여야 한다. 기간의 성질은 제척기간으로서 재판 외에서 권리행사하는 것으로 족한 기간이 아니라 반드시 그 기간 내에 소를 제기하여야 하는 이른바 출소기간으로 보아야 한다(2001다8097).
③ 소멸시효에 관한 민법 규정은 편면적 강행규정으로서 법률행위에 의해 단축·경감할 수는 있으나 배제·연장할 수는 없고, 제척기간에 관한 규정은 강행규정으로서 당사자 사이의 약정으로 달리 정할 수 없다.
④ 채무자가 소멸시효 완성 후 채무를 일부 변제한 때에는 그 액수에 관하여 다툼이 없는 한 그 채무 전체를 묵시적으로 승인한 것으로 보아야 하고, 이 경우 시효완성의 사실을 알고 그 이익을 포기한 것으로 추정된다(2001다3580).

정답 ⑤

4. 시효의 성질

① **법률요건**: 시효는 법률이 규정한 바에 따라 권리의 취득 또는 소멸이라는 법률효과를 발생하게 하는 법률요건이다.
② **재산법상의 제도**: 시효는 재산권에 관한 것으로 가족관계에는 적용되지 않는다.
③ **강행규정(편면적 강행규정)**: 시효제도는 법률관계의 조속한 안정을 통한 거래안전 보호가 기본 취지로서 이에 관한 민법 규정은 강행규정에 해당한다. 다만, 제184조에 따르면 소멸시효는 법률행위에 의하여 이를 배제·연장 또는 가중하는 것은 허용되지 않으나, 이를 단축 또는 경감할 수는 있다. 이러한 강행규정을 편면적 강행규정이라 한다.

2 소멸시효의 요건

1. 서설

소멸시효는 권리자가 권리를 행사할 수 있음에도 불구하고 그 권리를 행사하지 않는 상태가 일정기간 계속되는 경우 그 권리를 소멸하게 하는 제도이다. 따라서 소멸시효가 적용되려면

① 권리가 소멸시효의 대상이 될 수 있는 것이어야 한다(소멸시효에 걸리는 권리).
② 권리자가 권리를 행사할 수 있음에도 불구하고 행사하지 않아야 한다(권리의 불행사).
③ 그 권리의 불행사가 일정한 기간 동안 계속되어야 한다(소멸시효기간).

2. 소멸시효에 걸리지 않는 권리

시효는 재산권에 관한 것이다. 본래 가족제도는 진실에 기하여 판단되어야 할 법률문제이지 사실 상태에 기하여 판단할 사항이 아니다. 민법은 '채권'과 '소유권 이외의 재산권'을 소멸시효의 대상이 되는 것으로 규정한다(제162조). 따라서 다음의 권리는 소멸시효에 걸리지 않는다.

(1) 형성권

① 민법이 '시효로 인하여'라고 규정하고 있더라도 형성권에 관한 한 그 존속기간은 언제나 제척기간이라고 해석한다(다수설).
② 형성권의 제척기간을 정하지 않은 경우(제316조 제2항, 제324조, 제564조)에는 그 형성권의 행사로 발생하는 채권적 권리와의 균형상 10년의 제척기간이 적용된다(다수설).
③ 형성권 행사의 효과로서 발생하는 원상회복·부당이득·손해배상청구권 등도 통설은 제척기간 내에 행사되어야 한다고 하나, 판례는 형성권을 행사한 때로부터 별도의 소멸시효가 진행한다고 해석한다.

(2) 소유권

소유권은 존속기간의 제한이 없는 항구성을 가진다(제162조 제2항). 따라서 소유권은 소멸시효에 걸리지 않는다. 다만, 타인의 시효취득의 반사적 효과로서 소멸하는 경우는 있으나, 이것은 소멸시효와는 상관이 없다.

(3) 일정한 법률관계에 의존하는 권리

예를 들면, 상린권(제216조 내지 제244조)이나 공유물분할청구권(제268조 이하) 등은 그 기초가 되는 권리인 소유권이 존속하는 동안 독립하여 소멸시효에 걸리지 않는다.

(4) 점유권

점유권은 일정한 사실상태가 있으면 언제나 존재하고, 그 사실상태가 소멸하면 당연히 소멸하는 권리이므로 소멸시효의 문제가 생길 여지가 없다.

(5) 담보물권

담보물권(저당권·질권·유치권)은 피담보채권이 존속하는 한 이와 독립하여 소멸시효에 걸리지 않는다. 그러나 유치권의 행사 중에도 유치권의 피담보채권은 소멸시효가 진행한다.

(6) 비재산권 – 가족권·인격권

신분권은 진실관계를 보다 존중하므로 소멸시효에 걸리지 않으며 가족권의 규정 중에는, 예를 들면 상속회복청구권(제999조 제2항)이나 유류분반환청구권(제1117조)과 같이 그 행사기간이 정해져 있는 것도 있다.

(7) 물권적 청구권

① 물권적 청구권은 소유권에 기한 것이든 제한물권에 기한 것이든 모두 물권과 독립하여 소멸시효에 걸리지 않는다(다수설). 다만, 제한물권에 기한 것만은 소멸시효에 걸린다는 견해도 유력하다.
② 건물의 무단 신축자에게 행사하는 토지 소유자(공유자)의 건물의 철거 청구는 소유권에 기한 물권적 청구권으로 그 소멸시효에 걸리지 않는다.
③ 매매계약의 무효·취소로 인하여 매도인이 매수인에게 행사하는 무효등기의 말소청구권은 소유권에 기한 물권적 청구권으로서 소멸시효에 걸리지 않는다.

(8) 등기청구권

① 부동산매수인의 등기청구권은 채권적 청구권으로서 당연히 소멸시효에 걸린다(10년).
② 다만, "매수인이 부동산을 인도받아 사용·수익하고 있으면, 그 등기청구권은 소멸시효에 걸리지 않는다."라고 하는 것이 판례이다(76다148 전합).
   ● 권리를 행사하고 있는 것으로 본다.
③ 매수인이 사용·수익하다가 타인에게 점유를 승계하여 준 경우에도 매수인의 이전등기청구권은 소멸시효에 걸리지 않는다(98다32175 전합).
④ 토지에 대한 취득시효 완성자의 소유권이전등기청구권은 채권적 청구권으로서 완성자가 점유를 상실한 경우 그때로부터 10년간 등기청구권을 행사하지 않으면 취득시효 완성에 기한 소유권이전등기청구권은 소멸시효가 완성된다(95다34866).
⑤ 신축 중인 건물에 관한 소유권이전등기청구권의 소멸시효는 건물이 완공된 때로부터 기산된다(2007다28024).

(9) 항변권

항변권은 상대방이 청구권을 행사하지 않으면 구체적으로 발생하지 않는 권리이므로 소멸시효에 걸리지 않는다(예 동시이행의 항변권, 최고·검색의 항변권 등).

> **판례** 등기청구권의 소멸시효
>
> ① 매매계약의 합의해지로 인하여 매수인에게 이전되었던 소유권은 매도인에게 당연히 복귀하는 것이고, 이에 따른 등기청구권은 소유권에 기한 물권적 청구권으로서 소멸시효에 걸리지 않는다(80다2968).
> ② 명의신탁 해지를 원인으로 한 소유권에 기한 소유권이전등기청구권은 소멸시효대상이 되지 않는다(91다34387).

(10) 광업권·특허권·어업권·상표권·지적소유권 기타 재산권

이들 권리는 소유권과 유사한 성질을 가지므로 소멸시효에 걸리지 않는다. 다만, 특별법에 존속기간을 규정하고 있다[예 저작재산권은 사망 후 70년(저작권법 제39조), 특허권은 20년(특허법 제88조 제1항) 등].

> **참고** 소멸시효에 걸리지 않는 권리
>
> ① 형성권, ② 상린권, ③ 점유권, ④ 담보물권, ⑤ 공유물분할청구권, ⑥ 비재산권(인격권·신체권), ⑦ 물권적 청구권, ⑧ 소유권, ⑨ 광업권·어업권·지적재산권, ⑩ 점유를 인도받은 부동산매수인의 등기청구권

3. 소멸시효의 기산점 – 권리의 불행사

> **제166조 【소멸시효의 기산점】** ① 소멸시효는 권리를 행사할 수 있는 때로부터 진행한다.
> ② 부작위를 목적으로 하는 채권의 소멸시효는 위반행위를 한 때로부터 진행한다.

(1) '권리를 행사할 수 있는 때'의 의미

① 권리를 행사하는 데 **법률상의 장애**(예 정지조건의 미성취나 이행기의 미도래)가 없음을 의미한다. 즉, 법률상 장애가 있으면 소멸시효는 진행하지 않는다.
② 그러나 권리행사의 사실상의 장애, 즉 권리자의 개인적 사정·권리존재의 부지(不知) 등은 시효의 진행을 막지 못하고 그래서 사실상 장애가 있어도 시효는 계속 진행한다.

(2) 각종의 권리에 있어서 소멸시효의 기산점

구분	소멸시효의 기산점	이행지체의 기산일
확정기한부 권리	이행기가 도래한 때	이행기가 도래한 때(다음 날)
불확정기한부 권리	기한이 객관적으로 도래한 때	기한이 도래한 사실을 채무자가 안 때(다음 날)
기한의 정함이 없는 채권	채권이 발생한 때	최고기간이 만료된 다음 날

채무불이행으로 인한 손해배상청구권	채무불이행이 발생한 때(2002다57119)	최고기간이 만료된 다음 날
청구·해지통고 후 상당기간, 또는 일정기간 경과해야 청구 가능한 권리(기간 정함이 없는 전세권·임차권 등)	청구나 해지통고를 할 수 있는 때로부터 상당한 기간(제603조 제2항)이나, 일정한 기간(제635조, 제659조, 제660조)이 경과한 때로부터	상당기간, 일정기간 경과한 때(다음 날)
할부금채권(1회라도 변제를 게을리하면 곧 전액의 청구를 할 수 있다는 특약을 한 경우)	• 1회 불이행한 때 잔액 전부에 대해 시효 진행 (통설) • 채권자가 잔액 전부에 대해 최고·청구한 때 (소수설)	이행기가 도래한 때(다음 날)
정지조건부 권리	조건성취한 때	조건성취한 때(다음 날)
부작위채권	위반행위한 때	
불법행위로 인한 손해배상청구	• 가해자 및 손해를 안 때 – 3년 • 불법행위한 때 – 10년	불법행위한 때(성립일)
동시이행항변권이 붙은 채권	이행기가 도래한 때 ❍ 동시이행의 항변권의 행사는 채권의 소멸시효의 진행을 방해하지 않는다.	상대방이 급부의 이행을 제공한 때(다음 날)
신축건물의 하자보수에 갈음한 손해배상청구권	건물에 하자가 발생한 시점	
의사의 치료비채권	개별 진료가 종료된 때	
복구공사비채권	복구공사가 완료한 때	
미성년자에 대한 성범죄로 인한 손해배상청구권	미성년자가 성년자가 된 때	
공동불법행위자에 대한 구상금채권	공동불법행위자 중 1인이 피해자에게 손해금을 지급하여 나머지 공동불법행위자를 면책토록 한 때	
보증인의 구상금채권 (사전구상권과 사후구상권)	각각의 권리가 발생하여 이를 행사할 수 있는 때	
과오납한 과세에 대한 부당이득반환청구권	납세자가 과오납한 때	
물권	권리가 발생한 때	이행청구를 받은 때(다음 날)

> **참고** 소멸시효의 기산점
>
> 1. 소멸시효는 권리를 행사할 수 있는 때로부터 진행하는데(제166조 제1항), 여기서 권리를 행사할 수 있는 때란 권리를 행사함에 있어 이행기의 미도래라든지 정지조건부 권리에 있어서의 조건의 미성취와 같은 법률상의 장애가 없는 경우를 말하는 것이다(2005다21029).
> 2. 집합건물의 하자보수에 갈음한 손해배상청구권의 소멸시효기간은 그 권리를 행사할 수 있는 때라고 볼 수 있는, 그 건물에 하자가 발생한 시점부터 별도로 진행한다(2007다83908).
> 3. 채무불이행으로 인한 손해배상청구권의 소멸시효는 채무불이행 시로부터 진행한다(2002다57119).
> 4. 의사의 치료비채권은 환자의 퇴원 시가 아니라 개별 진료가 종료된 때로부터 각각 진행된다(2001다52568).
> 5. 부동산에 대한 매매대금채권이 소유권이전등기청구권과 동시이행의 관계에 있다고 할지라도 매도인은 매매대금의 지급기일 이후 언제라도 그 대금의 지급을 청구할 수 있는 것이며, 다만 매수인은 매도인으로부터 그 이전등기에 관한 이행의 제공을 받기까지 그 지급을 거절할 수 있는 데 지나지 아니하므로 매매대금청구권은 그 지급기일 이후 시효의 진행에 걸린다(90다9797).
> 6. 복구공사비채권의 소멸시효 기산점은 복구공사가 완료한 때부터 그 채권을 행사할 수 있었고, 그 채권의 행사에 법률상의 장애가 있었다고 볼 수 없으므로 복구공사비채권의 소멸시효는 복구공사가 완료된 시점부터 진행된다(2008다41451).
> 7. 보증인의 구상금채권(사전구상권과 사후구상권)은 각각의 권리가 발생하여 이를 행사할 수 있는 때부터 소멸시효가 진행된다(80다2699).
> 8. 공동불법행위자에 대한 구상금채권은 피해자에게 손해금을 지급한 때부터 10년간 행사하지 않으면 시효 소멸한다(78다528).
> 9. 본래의 소멸시효 기산일과 당사자가 주장하는 기산일이 서로 다른 경우에는 변론주의의 원칙상 법원은 당사자가 주장하는 기산일을 기준으로 소멸시효를 계산하여야 하는데, 이는 당사자가 본래의 기산일보다 뒤의 날짜를 기산일로 하여 주장하는 경우는 물론이고 특별한 사정이 없는 한 그 반대의 경우에 있어서도 마찬가지이다(94다35886).
> 10. 과세처분이 부존재하거나 당연무효인 경우 이 과세처분에 의한 오납금에 대한 부당이득반환청구권의 발생시기는 납부 또는 징수 시에 발생하여 확정된다(91다32053 전합).
> 11. 부동산 매수인이 매도인을 상대로 하자담보책임에 기한 손해배상을 구한 사안에서, 매수인의 하자담보에 기한 손해배상청구권은 부동산을 인도받은 날부터 소멸시효가 진행하는데 그로부터 10년이 경과한 후 소를 제기하였으므로 이미 소멸되었다고 보아야 한다(2011다10266).
> 12. 계약해제로 인한 원상회복청구권의 소멸시효는 계약이 해제된 때로부터 진행된다(2009다63267).

4. 소멸시효기간

(1) 소유권을 제외한 기타 재산권

① 소유권 및 점유권은 소멸시효에 걸리지 않는다.
② 담보물권도 피담보채권과 분리하여 독립적으로 소멸시효에 걸리지 않는다.
③ 용익물권은 20년의 소멸시효에 걸린다.

> ○ 지역권을 행사하지 않고(불계속지역권) 20년이 경과하면 지역권은 시효로써 소멸한다.

(2) 일반채권의 소멸시효의 기간은 10년이다(제162조 제1항).

(3) 단기소멸시효에 걸리는 채권

① 3년 단기소멸시효

> **제163조 【3년의 단기소멸시효】** 다음 각 호의 채권은 3년간 행사하지 아니하면 소멸시효가 완성한다.
> 1. 이자, 부양료, 급료, 사용료 기타 1년 이내의 기간으로 정한 금전 또는 물건의 지급을 목적으로 한 채권
> 2. 의사, 조산사, 간호사 및 약사의 치료, 근로 및 조제에 관한 채권
> 3. 도급받은 자, 기사 기타 공사의 설계 또는 감독에 종사하는 자의 공사에 관한 채권
> 4. 변호사, 변리사, 공증인, 공인회계사 및 법무사에 대한 직무상 보관한 서류의 반환을 청구하는 채권
> 5. 변호사, 변리사, 공증인, 공인회계사 및 법무사의 직무에 관한 채권
> 6. 생산자 및 상인이 판매한 생산물 및 상품의 대가
> 7. 수공업자 및 제조자의 업무에 관한 채권

㉠ 3년의 단기소멸시효가 적용되는 민법 제163조 제6호 소정의 '상인이 판매한 상품의 대가'란 상품의 매매로 인한 대금 그 자체의 채권만을 말하는 것으로서, 상품의 공급 자체와 등가성 있는 청구권에 한한다(95다39854).

㉡ 세무사를 상법 제4조 또는 제5조 제1항이 규정하는 상인이라고 볼 수 없고, 세무사의 직무에 관한 채권이 상사채권에 해당한다고 볼 수 없으므로, 세무사의 직무에 관한 채권에 대하여는 민법 제162조 제1항에 따라 10년의 소멸시효가 적용된다(2021다311111).

② 1년 단기소멸시효

> **제164조 【1년의 단기소멸시효】** 다음 각 호의 채권은 1년간 행사하지 아니하면 소멸시효가 완성한다.
> 1. 여관, 음식점, 대석, 오락장의 숙박료, 음식료, 대석료, 입장료, 소비물의 대가 및 체당금의 채권
> 2. 의복, 침구, 장구 기타 동산의 사용료의 채권
> 3. 노역인, 연예인의 임금 및 그에 공급한 물건의 대금채권
> 4. 학생 및 수업자의 교육, 의식 및 유숙에 관한 교주, 숙주, 교사의 채권

판례 소멸시효기간

① 1년 이내의 기간을 정해 정기적으로 지급되는 채권(정기급부채권: 지분적 채권을 말하며, 기본채권인 정기금채권 자체는 최후의 변제일로부터 10년의 시효로 소멸)을 의미하며, 따라서 변제기가 1년 이내의 채권을 말하는 것이 아니므로 이자채권이라고 하더라도 1년 이내의 정기에 지급하기로 한 것이 아닌 이상 위 규정의 소정의 3년의 단기소멸시효에 걸리는 것이 아니다(96다25302).

② 건설공사에 관한 도급계약이 상행위에 해당하는 경우 그 도급계약에 기한 수급인의 하자담보책임은 「상법」 제64조 본문에 의하여 원칙적으로 5년의 소멸시효에 걸리는 것으로 보아야 한다(2009다25111).

③ 채권이 채무불이행으로 인하여 손해배상청구권으로 바뀐 경우 그 손해배상청구권의 소멸시효기간은 원채권의 시효기간과 동일하므로 사채의 상환청구권에 대한 지연손해금은 사채의 상환청구권과 마찬가지로 10년간 행사하지 아니하면 소멸시효가 완성하고, 사채의 이자에 대한 지연손해금은 사채의 이자와 마찬가지로 5년간 행사하지 아니하면 소멸시효가 완성한다(2010다28031).

④ 변제기 이후에 지급하는 지연이자는 금전채무의 이행을 지체함으로 인한 손해배상금이지 이자가 아니고 또 민법 제163조 제1호 소정의 1년 이내의 기간으로 정한 채권도 아니므로 단기소멸시효의 대상이 되는 것도 아니다(88다카214). ⇨ 10년의 소멸시효에 걸린다.

⑤ 물상보증은 채무자 아닌 사람이 채무자를 위하여 담보물권을 설정하는 행위이고 채무자를 대신해서 채무를 이행하는 사무의 처리를 위탁받는 것이 아니므로, 물상보증인이 변제 등에 의하여 채무자를 면책시키는 것은 위임사무의 처리가 아니고 법적 의미에서는 의무 없이 채무자를 위하여 사무를 관리한 것에 유사하다. 따라서 물상보증인의 채무자에 대한 구상권은 그들 사이의 물상보증위탁계약의 법적 성질과 관계없이 민법에 의하여 인정된 별개의 독립한 권리이고, 그 소멸시효에 있어서는 민법상 일반채권에 관한 규정이 적용된다(2001다6237). ⇨ 10년의 소멸시효에 걸린다.

(4) 판결에 의하여 확정된 채권

> **제165조 【판결 등에 의하여 확정된 채권의 소멸시효】** ① 판결에 의하여 확정된 채권은 단기의 소멸시효에 해당한 것이라도 그 소멸시효는 10년으로 한다.
> ② 파산절차에 의하여 확정된 채권 및 재판상의 화해, 조정 기타 판결과 동일한 효력이 있는 것에 의하여 확정된 채권도 전항과 같다.
> ③ 전2항의 규정은 판결확정 당시에 변제기가 도래하지 아니한 채권에 적용하지 아니한다.

① 판결에 의하여 확정된 채권(파산절차에 의해 확정된 채권 및 재판상의 **화해·조정**, 기타 판결과 동일한 효력이 있는 것에 의해 확정된 채권도 동일)은 3년 또는 1년의 단기의 소멸시효에 해당하는 것이라도 그 소멸시효는 '10년'으로 한다(제165조 제1항·제2항). 그러나 판결이 확정될 당시에 아직 변제기가 도래하지 않은 채권(예 기한부 채권)에는 위 규정은 적용되지 않는다(제165조 제3항).

② 보증채무는 주채무와는 별개의 독립한 채무이므로 보증채무와 주채무의 소멸시효기간은 채무의 성질에 따라 각각 별개로 정해진다.

③ 채권자와 주채무자 사이의 판결로 주채무가 10년으로 연장된 경우에는 채권자의 연대보증인에 대한 채권의 시효기간은 종전의 소멸시효기간에 따른다(2004다26287).

④ 또한 주채무의 소멸시효기간이 판결 등에 의하여 10년으로 연장된 후 주채무를 보증한 경우에도 그 보증채무의 소멸시효기간이 당연히 10년으로 연장되는 것은 아니고 각각 채무의 성질에 따라 **민사채권**인 경우 10년, **상사채권**의 경우 5년의 소멸시효가 적용된다.

> **판례** 소멸시효기간
>
> ① 채권자와 주채무자 사이의 확정판결에 의하여 주채무가 확정되어 그 소멸시효기간이 10년으로 연장되었다 할지라도 그 보증채무까지 당연히 단기소멸시효의 적용이 배제되어 10년의 소멸시효기간이 적용되는 것은 아니고, 채권자와 연대보증인 사이에 있어서 연대보증채무의 소멸시효기간은 여전히 종전의 소멸시효기간에 따른다(2004다26287·26294).
> ② 보증채무는 주채무와는 별개의 독립한 채무이므로 보증채무와 주채무의 소멸시효기간은 채무의 성질에 따라 각각 별개로 정해진다. 그리고 주채무자에 대한 확정판결에 의하여 민법 제163조 각 호의 단기소멸시효에 해당하는 주채무의 소멸시효기간이 10년으로 연장된 상태에서 주채무를 보증한 경우, 특별한 사정이 없는 한 보증채무에 대하여는 민법 제163조 각 호의 단기소멸시효가 적용될 여지가 없고, 성질에 따라 보증인에 대한 채권이 민사채권인 경우에는 10년, 상사채권인 경우에는 5년의 소멸시효기간이 적용된다(2011다76105).

③ 어떤 권리의 소멸시효기간이 얼마나 되는지에 관한 주장은 단순한 법률상의 주장에 불과하므로 변론주의의 적용대상이 되지 않고 법원이 직권으로 판단할 수 있다(2012다68217).
④ 당사자가 민법에 따른 소멸시효기간을 주장한 경우, 법원이 직권으로 「상법」에 따른 소멸시효기간을 적용할 수 있다(2016다258124).

3 소멸시효의 중단과 정지

1. 소멸시효의 중단

소멸시효의 중단이란 소멸시효가 진행하는 도중에 권리의 불행사라는 소멸시효의 기초가 되는 사실을 깨뜨리는 사정이 발생한 경우에, 이미 진행한 시효기간의 효력을 상실하게 하는 제도이다. 민법은 제168조 이하에서 소멸시효의 중단에 관해 상세히 규정하고, 이를 다시 취득시효에 준용하고 있다(제247조 제2항).

2. 소멸시효의 중단사유

제168조【소멸시효의 중단사유】 소멸시효는 다음 각 호의 사유로 인하여 중단된다.
1. 청구
2. 압류 또는 가압류, 가처분
3. 승인

(1) 청구(제168조 제1호)

① **재판상의 청구**(제170조)

제170조【재판상의 청구와 시효중단】 ① 재판상의 청구는 소송의 각하, 기각 또는 취하의 경우에는 시효중단의 효력이 없다.
② 전항의 경우에 6월 내에 재판상의 청구, 파산절차참가, 압류 또는 가압류, 가처분을 한 때에는 시효는 최초의 재판상 청구로 인하여 중단된 것으로 본다.

㉠ 재판상 청구란 권리자가 스스로 소송을 제기하여 자기의 권리를 주장하는 것뿐만 아니라 상대방이 제기한 소에 대하여 응소하여 권리를 주장하는 경우도 포함된다.
㉡ 소멸시효 중단의 효력이 있는 재판상 청구란 민사소송을 제기하는 것을 의미한다.
  ⓐ 민사소송(행정소송·행정심판은 제외)이기만 하면 이행의 소·확인의 소·형성의 소이든 또 본소·반소·응소 모두 시효중단의 효력이 있다.

ⓑ 소송(訴訟)의 형태로는 최초로 제기하는 소뿐만 아니라 소송계속 중에 청구의 변경·확장 및 재심의 소의 형태로 주장되어도 소멸시효 중단의 효력이 있다.
ⓒ 소송의 제기로 인한 소멸시효 중단의 효력발생시기
ⓐ 권리자가 원고인 경우: 소멸시효 중단의 효력이 발생하는 시기는 권리자가 소를 제기한 때, 즉 소장 제출 시이다(민사소송법 제265조).
ⓑ 권리자가 피고인 경우: 시효를 주장하는 자가 원고가 되어 소를 제기한 데 대하여 피고가 응소행위를 하였다고 하여 바로 시효중단의 효과가 발생하는 것은 아니고, 피고로서 응소하여 소송에서 적극적으로 권리를 주장하고 그것이 받아들여진 경우에 한하여 응소를 한 때로 소급하여 소멸시효가 중단된다(2011다78606).
ⓒ 상대방이 제기한 소송에 응소할 경우 시효중단의 주장은 반드시 응소 시에 할 필요는 없고 소멸시효기간 만료 후라도 사실심 변론종결 전에는 언제든지 할 수 있다(2008다42416).

> **판례** 소멸시효의 중단
>
> ① 민법 제168조 제1호, 제170조 제1항에서 시효중단사유의 하나로 규정하고 있는 재판상의 청구란, 통상적으로는 권리자가 원고로서 시효를 주장하는 자를 피고로 하여 소송물인 권리를 소의 형식으로 주장하는 경우를 가리키나, 이와 반대로 시효를 주장하는 자가 원고가 되어 소를 제기한 데 대하여 피고로서 응소하여 소송에서 적극적으로 권리를 주장하고 그것이 받아들여진 경우도 이에 포함되고, 위와 같은 응소행위로 인한 시효중단의 효력은 피고가 현실적으로 권리를 행사하여 응소한 때에 발생하지만, 권리자인 피고가 응소하여 권리를 주장하였으나 소가 각하되거나 취하되는 등의 사유로 본안에서 권리주장에 관한 판단 없이 소송이 종료된 경우에는 민법 제170조 제2항을 유추적용하여 그때부터 6월 이내에 재판상의 청구 등 다른 시효중단조치를 취한 경우에 한하여 응소 시에 소급하여 시효중단의 효력이 있다고 보아야 한다(2011다78606).
> ② 소유권이전등기를 명한 확정판결의 피고가 재심의 소를 제기하여 그 토지에 대한 소유권이 여전히 자신에게 있다고 주장한 것은 취득시효의 중단사유가 되는 재판상의 청구에 준하는 것이므로, 위 확정판결에 의해 소유권이전등기를 경료받은 자의 당해 토지에 대한 취득시효는 재심의 소제기일로부터 그 확정일까지 중단된다(96다11334).
> ③ 민법 제168조 제1호, 제170조 제1항에서 시효중단사유의 하나로 규정하고 있는 재판상의 청구라 함은, 통상적으로는 권리자가 원고로서 시효를 주장하는 자를 피고로 하여 소송물인 권리를 소의 형식으로 주장하는 경우를 가리키지만, 이와 반대로 시효를 주장하는 자가 원고가 되어 소를 제기한 데 대하여 피고로서 응소하여 그 소송에서 적극적으로 권리를 주장하고 그것이 받아들여진 경우도 마찬가지로 이에 포함되는 것으로 해석함이 타당하다(92다47861 전합).
> ④ 채무자가 반드시 소멸시효완성을 원인으로 한 소송을 제기한 경우이거나 당해 소송이 아닌 전 소송 또는 다른 소송에서 그와 같은 권리주장을 한 경우이어야 할 필요는 없고, 나아가 변론주의 원칙상 피고가 응소행위를 하였다고 하여 바로 시효중단의 효과가 발생하는 것은 아니고 시효중단의 주장을 하여야 그 효력이 생기는 것이지만, 시효중단의 주장은 반드시 응소(應訴) 시에 할 필요는 없고 소멸시효기간이 만료된 후라도 사실심 변론종결 전에는 언제든지 할 수 있다(2008다42416).

⑤ 시효를 주장하는 자의 소 제기에 대한 응소행위가 민법상 시효중단사유로서의 재판상 청구에 준하는 행위로 인정되려면 의무 있는 자가 제기한 소송에서 권리자가 의무 있는 자를 상대로 응소하여야 할 것이므로, 담보가등기가 설정된 후에 그 목적 부동산의 소유권을 취득한 제3취득자나 물상보증인 등 시효를 원용할 수 있는 지위에 있으나 직접 의무를 부담하지 아니하는 자가 제기한 소송에서의 응소행위는 권리자의 의무자에 대한 재판상 청구에 준하는 행위에 해당한다고 볼 수 없다(2006다33364).
⑥ 파면처분무효확인의 소를 제기하여 승소하면 파면된 이후의 보수금채권에 대한 시효도 중단된다(77다2509).

ⓔ 재판상 청구가 있더라도 소의 각하·기각·취하가 있으면 시효중단의 효력은 없다.
ⓐ 소의 각하·기각·취하가 있더라도, 6월 내에 재판상 청구·파산절차참가·압류 또는 가압류, 가처분을 한 때에는, 시효는 최초의 재판상의 청구로 중단된 것으로 본다.
ⓑ 이 규정은 재판상 청구가 각하되거나, 당사자가 스스로 소송을 취하한 경우에도 상대방에 대한 최고로서 효력을 인정한 것이다(제174조).
ⓒ 다만, 재판상 청구의 각하 또는 취하와 달리 기각판결이 확정된 경우에는 청구권의 부존재가 확정됨으로써 중단의 효력이 생길 수 없으므로 청구기각판결의 확정 후 재심을 청구하였다 하더라도 시효의 진행이 중단된다고 할 수 없다(92다6983).

판례 소멸시효의 중단

① 재판상 청구는 소송의 각하, 기각, 취하의 경우에는 시효중단의 효력이 없고, 다만 각하 또는 취하되었다가 6월 내에 다시 재판상 청구를 하면 시효는 중단되나 기각판결이 확정된 경우에는 청구권의 부존재가 확정됨으로써 중단의 효력이 생길 수 없으므로 청구기각판결의 확정 후 재심을 청구하였다 하더라도 시효의 진행이 중단된다고 할 수 없다(92다6983).
② 물상보증인이 그 피담보채무의 부존재 또는 소멸을 이유로 제기한 저당권설정등기 말소등기절차이행청구소송에서 채권자 겸 저당권자가 청구기각의 판결을 구하고 피담보채권의 존재를 주장하였다고 하더라도 이로써 직접 채무자에 대하여 재판상 청구를 한 것으로 볼 수는 없는 것이므로 피담보채권의 소멸시효에 관하여 규정한 민법 제168조 제1호 소정의 '청구'에 해당하지 아니한다(2003다30890).

ⓜ 행정소송 또는 형사소송과 소멸시효의 중단
ⓐ 원칙적으로 행정심판, 행정소송, 형사소송 등은 사권을 행사하는 것으로 볼 수 없으므로 원칙적으로 사권에 대한 소멸시효 중단의 효력이 있는 재판상 청구에 해당하지 않는다.
ⓑ 행정소송 또는 형사소송이 소멸시효의 중단의 효력이 있는 재판상 청구에 해당하는 경우
ⅰ) 오납한 조세에 대한 부당이득반환청구권을 실현하기 위한 수단이 되는 과세처분의 취소 또는 무효확인을 구하는 소는 비록 행정소송이라고 할지라도 조세환급을 구하는 부당이득반환청구권의 소멸시효 중단사유인 재판상 청구에 해당한다고 볼 수 있다(91다32053 전합).

ii) 형사상 배상명령과 소멸시효의 중단: 형사공판절차에서 피고인에게 유죄판결과 함께 피해자에 대한 배상명령이 있는 경우 이는 민사소송상의 손해배상판결과 동일한 효력이 인정되므로 형사피해자의 가해자에 대한 손해배상청구권에 대한 소멸시효 중단사유에 해당한다(소송촉진 등에 관한 특례법 제25조).

ㅂ) 채권 일부청구로 인한 소멸시효 중단의 효력

ⓐ 일부청구는 일부에 대한 소멸시효 중단의 효력이 발생하는 것이 원칙이나,

ⓑ 그 청구 취지로 보아 채권 전부에 대한 판결을 구하는 것으로 해석된다면 그 채권의 동일성 범위 내에서 그 전부에 대하여 시효중단의 효력이 있다(91다43695).

ⓒ 원인채권의 지급을 확보하기 위한 방법으로 어음이 수수된 경우에 채권자가 원인채권에 기하여 청구를 한 경우에는 어음채권에 대한 소멸시효는 중단되지 않으나, 그 반대로 어음채권에 기하여 청구를 하는 경우에는 원인채권의 소멸시효를 중단시키는 효력이 있다(99다16378).

ⓓ 근저당권설정약정에 따른 근저당권설정등기청구권은 그 피담보채권이 될 채권과 별개로 소멸시효에 걸리는 것이지만, 근저당권설정등기청구의 소제기(訴提起)는 그 피담보채권에 대한 소멸시효 중단사유가 된다(2002다7213).

판례 │ 일부청구와 소멸시효의 중단

① 채권자가 동일한 목적을 달성하기 위하여 복수의 채권을 갖고 있는 경우, 그중 어느 하나의 청구를 한 것만으로는 다른 채권 그 자체를 행사한 것으로 볼 수는 없으므로, 다른 채권에 대한 소멸시효 중단의 효력은 없다(2001다6145).

② 청구부분이 특정될 수 있는 경우에 있어서의 일부청구는 나머지 부분에 대한 시효중단의 효력이 없고 나머지 부분에 관하여는 소를 제기하거나 그 청구를 확장(청구의 변경)하는 서면을 법원에 제출한 때에 비로소 시효중단의 효력이 생긴다(74다1557).

③ 채권자가 가분채권의 일부분을 피보전채권으로 주장하여 채무자 소유의 재산에 대하여 가압류를 한 경우에 있어서는 그 피보전채권 부분만에 한하여 시효중단의 효력이 있다 할 것이고 가압류에 의한 보전채권에 포함되지 아니한 나머지 채권에 대하여는 시효중단의 효력이 발생할 수 없다(75다1240).

④ 원인채권의 지급을 확보하기 위한 방법으로 어음이 수수된 경우에 원인채권과 어음채권은 별개로서 채권자는 그 선택에 따라 권리를 행사할 수 있고, 원인채권에 기하여 청구를 한 것만으로는 어음채권 그 자체를 행사한 것으로 볼 수 없어 어음채권의 소멸시효를 중단시키지 못한다(99다16378).

⑤ 원인채권의 지급을 확보하기 위한 방법으로 어음이 수수된 경우에 채권자가 원인채권에 기하여 청구를 한 것이 아니라 어음채권에 기하여 청구를 하는 반대의 경우에는 원인채권의 소멸시효를 중단시키는 효력이 있다(99다16378).

⑥ 한 개의 채권 중 일부에 관하여만 판결을 구한다는 취지를 명백히 하여 소송을 제기한 경우에는 소제기에 의한 소멸시효 중단의 효력이 그 일부에 관하여만 발생하고, 나머지 부분에는 발생하지 아니하지만 비록 그중 일부만을 청구한 경우에도 그 취지로 보아 채권 전부에 관하여 판결을 구하는 것으로 해석된다면 그 청구액을 소송물인 채권의 전부로 보아야 하고, 이러한 경우에는 그 채권의 동일성의 범위 내에서 그 전부에 관하여 시효중단의 효력이 발생한다고 해석함이 상당하다(91다43695).

ⓐ 근저당권설정약정에 따른 근저당권설정등기청구권이 그 피담보채권이 될 채권과 별개로 소멸시효에 걸린다. 또한 근저당권설정등기청구의 소제기(訴提起)는 그 피담보채권이 될 채권에 대한 소멸시효 중단사유가 된다(2002다7213).

② **파산절차참가**(제171조)

제171조【파산절차참가와 시효중단】 파산절차참가는 채권자가 이를 취소하거나 그 청구가 각하된 때에는 시효중단의 효력이 없다.

- ㉠ 채권자가 파산재단의 배당에 참가하기 위하여 그의 채권을 신고하는 것이 파산절차참가이다(채무자 회생 및 파산에 관한 법률 제447조). 이 참가신고가 있으면 시효가 중단된다(동법 제32조 제2호).
- ㉡ 채권자가 위 신고를 취소하거나 또는 그 청구가 각하된 때에는 중단의 효력이 생기지 않는다(제171조).
- ㉢ 채권자가 강제집행절차의 배당요구나 「채무자 회생 및 파산에 관한 법률」상 회생절차 참가도 시효중단의 효력이 있다.

③ **지급명령**(제172조)

제172조【지급명령과 시효중단】 지급명령은 채권자가 법정기간 내에 가집행신청을 하지 아니함으로 인하여 그 효력을 잃은 때에는 시효중단의 효력이 없다.

- ㉠ 지급명령신청이 시효중단의 효력이 발생하는 시기는 지급명령을 '신청한 때', 즉 지급명령신청서를 관할법원에 제출한 때이다.
- ㉡ 지급명령신청에 대하여 채무자가 적법한 이의신청을 하면, 지급명령을 신청한 때에 소를 제기한 것으로 간주된다. 따라서 지급명령신청은 소의 제기로서 시효중단의 효력을 계속 가지게 된다.
- ㉢ 지급명령에 대하여 채무자가 이의신청이 없거나, 제기한 이의신청을 취하하거나, 이의신청에 대한 각하결정이 확정된 때에는 지급명령은 확정판결과 같은 효력이 있어, 소멸시효기간도 10년으로 연장된다.

④ **화해**(和解)**를 위한 소환**(제173조)

제173조【화해를 위한 소환, 임의출석과 시효중단】 화해를 위한 소환은 상대방이 출석하지 아니하거나 화해가 성립되지 아니한 때에는 1월 내에 소를 제기하지 아니하면 시효중단의 효력이 없다. 임의출석의 경우에 화해가 성립되지 아니한 때에도 그러하다.

- ㉠ 화해의 신청으로 소멸시효는 중단된다.
- ㉡ 화해신청 후 소를 제기하면 화해를 신청한 시점을 기준으로 하여 시효중단의 효력이 생긴다(제173조 전단).

ⓒ 조정도 재판상 화해와 같은 효력이 있으므로 조정신청도 시효중단의 효력이 있다.

⑤ **임의출석**
  ㉠ 소액사건 심판절차에서 쌍방이 임의로 법원에 출석하여 소송에 관하여 구두변론을 함으로써 소를 제기하는 경우에도 시효는 중단된다.
  ㉡ 그러나 임의출석의 경우에도 화해가 성립되지 않은 때에는 1월 이내에 소를 제기하지 않으면 중단의 효과는 부정되고, 소를 제기하면 출석한 시점을 기준으로 하여 중단의 효력이 생긴다.

⑥ **최고**(催告: 제174조)

> **제174조【최고와 시효중단】** 최고는 6월 내에 재판상의 청구, 파산절차참가, 화해를 위한 소환, 임의출석, 압류 또는 가압류, 가처분을 하지 아니하면 시효중단의 효력이 없다.

  ㉠ <u>최고</u>란 채무자에게 이행을 청구하는 채권자의 '의사의 통지'로서 재판 외의 청구행위임에도 시효중단의 효력이 있으나, 그 중단의 효력은 위 다섯 가지에 비하여 매우 약하다.
  ㉡ 최고 후 6개월 이내에 재판상 청구·파산절차참가·화해를 위한 소환·임의출석, 또는 후술하는 압류·가압류·가처분 등 강력한 권리행사 방법을 취하면 소멸시효는 중단된다.
  ㉢ 재판상의 청구소송이 취하된 경우에는 그 자체로는 시효중단의 효력이 없고, 다만 재판 외의 최고의 효력만 인정된다.
  ㉣ 최고를 여러 번 거듭하다가 재판상 청구 등을 한 경우에는 시효중단의 효력은 재판상 청구 등을 한 시점을 기준으로 하여 이로부터 소급하여 6월 이내에 한 최고 시에 발생한다(87다카2337).

> **판례** 최고로 인한 소멸시효의 중단
> ① 최고를 여러 번 거듭하다가 재판상 청구 등을 한 경우에 있어서의 시효중단의 효력은 항상 최초의 최고 시에 발생하는 것이 아니라 재판상 청구 등을 한 시점을 기준으로 하여 이로부터 소급하여 6월 이내에 한 최고 시에 발생한다(87다카2337).
> ② 재판상의 청구는 그 소송이 취하된 경우에는 그로부터 6월 내에 다시 재판상의 청구를 하지 않는 한 시효중단의 효력이 없고, 다만 재판 외의 최고의 효력만 있다(87다카2337).
> ③ 채권자가 확정판결에 기한 채권의 실현을 위하여 채무자에 대하여 민사집행법상 재산명시신청을 하고 그 결정이 채무자에게 송달되었다면 거기에 소멸시효 중단사유인 '최고'로서의 효력만이 인정되므로, 재산명시결정에 의한 소멸시효 중단의 효력은, 그로부터 6월 내에 다시 소를 제기하거나 압류 또는 가압류, 가처분을 하는 등 민법 제174조에 규정된 절차를 속행하지 아니하는 한, 상실된다(2011다78606).
> ④ 소송고지의 요건이 갖추어진 소송고지서에 고지자가 피고지자에 대하여 채무의 이행을 청구하는 의사가 표명되어 있는 경우, 민법 제174조에 정한 시효중단사유로서의 최고의 효력이 인정되는 것이고, 그 소송고지에 의한 최고의 경우, 당사자가 소송고지서를 법원에 제출한 때에 시효중단의 효력이 발생한다(2014다16494).

⑤ 소멸시효 중단사유의 하나로서 민법 제174조가 규정하고 있는 최고는 채무자에 대하여 채무이행을 구한다는 채권자의 의사통지(준법률행위)로서, 이에는 특별한 형식이 요구되지 아니할 뿐 아니라 행위 당시 당사자가 시효중단의 효과를 발생시킨다는 점을 알거나 의욕하지 않았다 하더라도 이로써 권리행사의 주장을 하는 취지임이 명백하다면 최고에 해당하는 것으로 보아야 할 것이므로, 채권자가 확정판결에 기한 채권의 실현을 위하여 채무자의 제3채무자에 대한 채권에 관하여 압류 및 추심명령을 받아 그 결정이 제3채무자에게 송달이 되었다면 거기에 소멸시효 중단사유인 최고로서의 효력을 인정하여야 한다(2003다16238).

(2) 압류 · 가압류 · 가처분(제168조 제2호)

> **제175조【압류, 가압류, 가처분과 시효중단】** 압류, 가압류 및 가처분은 권리자의 청구에 의하여 또는 법률의 규정에 따르지 아니함으로 인하여 취소된 때에는 시효중단의 효력이 없다.
>
> **제176조【압류, 가압류, 가처분과 시효중단】** 압류, 가압류 및 가처분은 시효의 이익을 받은 자에 대하여 하지 아니한 때에는 이를 그에게 통지한 후가 아니면 시효중단의 효력이 없다.

① 의의
  ㉠ '**압류**'는 확정판결 기타의 집행권원에 기하여 행하는 '강제집행'으로서 가장 강력한 권리의 실현행위이다.
  ㉡ '**가압류 · 가처분**'은 강제집행이 불능 또는 심히 곤란하게 될 염려가 있는 경우에 집행기관에 의하여 강제집행을 보전하는 수단으로서 이들 모두 권리의 집행행위로서 시효의 중단사유가 된다. 이러한 사유들은 반드시 판결을 전제로 하는 것은 아니다.

② 효력발생시기
  ㉠ 압류 · 가압류 · 가처분이 중단의 효력을 발생하는 시기는 명령을 신청한 때이다(다수설).
  ㉡ 일단 발생한 시효중단의 효력은 강제집행의 종료 시까지 계속된다.

③ 중단의 효력이 생기지 않는 경우
  ㉠ 압류 · 가압류 · 가처분의 명령이 권리자의 청구 또는 법률의 규정에 따르지 아니함으로 인하여 취소된 때에는 시효중단의 효력이 없다(제175조).
  ㉡ 그러나 압류절차가 개시된 이상 비록 압류할 물건이 없어서 집행불능이 된 경우에는 권리자가 권리를 행사하였으므로 소멸시효 중단의 효력은 발생한다.

④ 압류 · 가압류 · 가처분의 집행행위는 시효의 이익을 받은 자에 대하여 하지 않은 때에는 이를 그 자에게 통지한 후가 아니면 중단의 효력이 없다(제176조).
  ㉠ 물상보증인의 부동산 위에 저당권을 설정한 경우에 채권자가 저당물을 압류하면, 이 사실을 채무자에게 통지한 때에 피담보채권의 시효가 중단된다.
  ㉡ 연대보증인 겸 물상보증인은 보증채무의 부종성에 따라 주채무가 시효로 소멸되었음을 주장할 수는 있는 것으로서, 주채무자에 대한 시효중단의 사유가 없는 이상 연대보증인

겸 물상보증인에 대한 시효중단의 사유가 있다 하여 주채무까지 시효중단되었다고 할 수는 없다(93다21477).

> **판례** 압류·가압류·가처분에 의한 소멸시효 중단
>
> ① 부동산경매절차에서 집행력 있는 채무명의 정본을 가진 채권자가 하는 배당요구는 민법 제168조 제2호의 압류에 준하는 것으로서 배당요구에 관련된 채권에 관하여 소멸시효를 중단하는 효력이 생긴다고 할 것이고, 따라서 원인채권의 지급을 확보하기 위하여 어음이 수수된 당사자 사이에 채권자가 어음채권에 관한 집행력 있는 채무명의 정본에 기하여 한 배당요구는 그 원인채권의 소멸시효를 중단시키는 효력이 있다(2000다25484).
> ② 사망한 사람을 피신청인으로 한 가압류신청은 부적법하고 그 신청에 따른 가압류결정이 내려졌다고 하여도 그 결정은 당연무효로서 그 효력이 상속인에게 미치지 않으며, 이러한 당연무효의 가압류는 민법 제168조 제1호에 정한 소멸시효의 중단사유에 해당하지 않는다(2004다26287).
> ③ 보전처분 당시에 채무자가 생존해 있었다면 보전처분 결정 당시에는 사망하였고, 수계 절차가 이루어지지 않았다 하여 그 보전처분이 당연무효가 되는 것은 아니다(75다1240).
>   ❍ 당사자 쌍방을 소환하여 심문절차를 거치거나 변론절차를 거침이 없이 채권자 일방만의 신청에 의하여 바로 내려진 처분금지가처분결정은 신청 당시 채무자가 생존하고 있었던 이상 그 결정 직전에 채무자가 사망함으로 인하여 사망한 자를 채무자로 하여 내려졌다고 하더라도 이를 당연무효라고 할 수 없다(92다48017).
> ④ 민법 제168조에서 가압류를 소멸시효의 중단사유로 정하고 있는 것은 가압류에 의하여 채권자가 권리를 행사하였다고 할 수 있기 때문이고 가압류에 의한 집행보전의 효력이 존속하는 동안은 가압류채권자에 의한 권리행사가 계속되고 있다고 보아야 할 것이므로 가압류에 의한 시효중단의 효력은 가압류의 집행보전의 효력이 존속하는 동안 계속된다고 보아야 한다(2013다18622).

> **참고** 화해와 임의출석
>
> 1. **화해**: 당사자가 상호 양보하여 당사자간의 분쟁을 종지할 것을 약정함으로써 그 효력이 생긴다(제731조).
> 2. **화해를 위한 소환**: 당사자 일방이 「민사소송법」 제385조에 따르는 화해를 신청한 경우 법원이 화해를 권고하기 위해 상대방을 소환하는 것
> 3. **임의출석**: 소액사건(少額事件) 심판절차에서 소(訴)를 미리 제기함 없이 당사자 쌍방이 임의로 법원에 출석하여 소송에 관하여 변론을 함으로써 소를 제기하는 방식(소액사건심판법 제5조)
> 4. **파산절차참가**: 채무자가 파산하는 경우 채권자가 채무자의 파산재단으로부터 배당받기 위해 채권을 신고하여 파산절차에 참가하는 것(채무자 회생 및 파산에 관한 법률 제447조)
> 5. **지급명령**: 보통의 소송절차에 따르지 않고 간이·신속하게 채권자로 하여금 그 권리를 행사할 수 있도록 한 독촉절차(민사소송법 제462조)
> 6. **압류**: 확정판결 그 밖의 집행권원에 따라 행하는 강제집행
> 7. **가압류**: 금전채권이나 금전으로 환산할 수 있는 채권의 채권자가 장래의 집행을 보전하기 위해 채무자의 책임재산을 잠정적으로 압류하고 그 처분권을 박탈하는 보전처분
> 8. **가처분**: 금전채권이 아닌 채권의 채권자가 장래의 집행을 보전하기 위해 현재의 상태를 유지시키도록 하는 보전처분

(3) 승인(承認)

> **제177조【승인과 시효중단】** 시효중단의 효력 있는 승인에는 상대방의 권리에 관한 처분의 능력이나 권한 있음을 요하지 아니한다.

① **의의**: 승인이란 시효가 진행되는 도중에 시효의 이익을 받을 자가 시효로 권리를 잃을 자에 대하여 상대방의 권리를 인정한다고 표시하는 행위로 그 성질은 '관념의 통지'이다.

② **승인의 방법**
- ㉠ 승인은 불요식행위로서 명시적·묵시적 또는 재판상·재판 외를 불문하고 소멸시효 중단의 효력이 있다.
- ㉡ 채무의 일부변제는 묵시적 승인의 예로서, 다른 사정이 없는 한 전부에 대한 승인으로 볼 수 있다(95다39854).

③ **채무의 승인을 할 수 있는 자**
- ㉠ 승인을 할 수 있는 자는 시효완성으로 인하여 이익을 받을 자(채무자)와 그 대리인이다. 그러므로 채무자가 자신의 채무를 승인하면 소멸시효의 중단사유로 볼 수 있으나, 그 채무를 보증한 보증인이 채무를 승인한 경우 소멸시효의 중단사유로 볼 수 없다.
- ㉡ 채무를 승인하는 자는 권리자(채권자)의 권리의 존재를 인식하여야 한다.
- ㉢ 승인은 단지 상대방의 권리의 존재를 인정하는 것(준법률행위)에 불과하므로, 승인자에게 처분능력이나 권한이 있을 필요는 없으나, 관리능력 및 승인할 권한은 있는 자가 적법한 절차에 따라 이를 하여야 한다.
  - ⓐ 법원이 선임한 부재자재산관리인은 채무자인 부재자를 대리하여 승인할 수 있는 권한이 있다.
  - ⓑ 제한능력자는 법정대리인의 동의가 없는 한 단독으로 유효하게 승인할 수 없다.
- ㉣ 승인의 표시는 시효중단에 의하여 이익을 받을 권리자 본인 및 그 대리인에 대하여 행하여야 한다. 승인이 있었음에 관한 입증책임은 시효로 인하여 권리를 상실할 권리자 측에 있다.

④ **승인의 시기**
- ㉠ 채무자는 현존하지 않는 장래의 채권을 미리 승인할 수는 없고(2001다52568), 소멸시효가 진행된 후 소멸시효의 완성 전에만 승인할 수 있다.
- ㉡ 소멸시효 완성 후 채무의 승인
  - ⓐ 소멸시효 완성 후 소멸시효 중단사유로서 채무의 승인(관념의 통지)이 있었다 하여 이로써 곧 시효이익을 포기(의사표시)했다고 단정할 수는 없으나(2011다21556),
  - ⓑ 소멸시효 완성 후 채무자가 채무의 일부를 변제한 경우 이는 채무 전부에 대한 승인으로 보아야 하고, 동시에 소멸시효 완성 사실을 알고 그 이익을 포기한 것으로 추정된다(2001다3580).

⑤ **승인의 상대방**
　㉠ 승인은 소멸시효 완성으로 권리를 상실하게 될 자(채권자) 또는 그 대리인에 대하여 하여야 한다(예) 이자의 지급, 일부의 변제, 담보제공, 증서의 재작성 등).
　㉡ 소멸시효의 완성으로 권리를 상실하게 될 자가 아닌 자에게 채무자가 채무의 존재를 인정한 경우에도 이는 소멸시효 중단사유로서 승인이 아니다.
　　ⓐ 채무자가 2번 저당권을 설정하여도 1번 저당권자에 대한 승인은 아니다.
　　ⓑ 피의자가 검사로부터 신문을 받는 과정에서 자신의 채무를 승인하는 진술을 하였더라도 민법상 승인이라 볼 수 없다(98다18124).
⑥ 채무자가 채무를 승인한 경우, 그 승인의 통지가 상대방(채권자)에게 도달한 때로부터 그 채권의 소멸시효 중단의 효과가 발생한다.

> **판례** **채무자의 승인**
> ① 국가의 채무에 대하여 소멸시효의 중단사유인 승인은 이를 할 권한 있는 자가 적법한 절차에 의하여 하는 것이 아니면 효력이 없다(69다401).
> ② 현존하지 않는 장래의 채권을 미리 승인하는 것은 채무자가 그 권리의 존재를 인식하고서 한 것이라고 볼 수 없어 이를 승인이라 볼 수 없다(2001다52568).
> ③ 채권시효중단사유로서의 승인은 시효이익을 받을 당사자인 채무자가 그 시효의 완성으로 권리를 상실하게 될 자 또는 그 대리인에 대하여 그 권리가 존재함을 인식하고 있다는 뜻을 표시함으로써 성립한다고 할 것이며, 이때 그 표시의 방법은 아무런 형식을 요구하지 아니하고, 또한 명시적이건 묵시적이건 불문한다(92다947).
> ④ 소멸시효 중단사유로서의 채무승인은 이른바 관념의 통지로 여기에 어떠한 효과의사가 필요하지 않다. 이에 반하여 시효완성 후 시효이익의 포기가 인정되려면 시효이익을 받는 채무자가 시효의 완성으로 인한 법적인 이익을 받지 않겠다는 효과의사가 필요하기 때문에 시효완성 후 소멸시효 중단사유에 해당하는 채무의 승인이 있었다 하더라도 그것만으로는 곧바로 소멸시효 이익의 포기라는 의사표시가 있었다고 단정할 수 없다(2011다21556).
> ⑤ 채무자가 소멸시효 완성 후 채무를 일부 변제한 때에는 그 액수에 관하여 다툼이 없는 한 그 채무 전체를 묵시적으로 승인한 것으로 보아야 하고, 이 경우 시효완성의 사실을 알고 그 이익을 포기한 것으로 추정된다(2001다3580).

3. 시효중단의 효과

> **제169조 【시효중단의 효력】** 시효의 중단은 당사자 및 그 승계인 간에만 효력이 있다.

(1) 기본적 효과
① 시효가 중단되면 이미 진행된 기간은 이를 산입하지 않으므로 결론적으로 이미 진행된 기간은 소멸한다(시효가 갱신된다).
② 그러므로 시효중단 사유의 종료 시가 소멸시효의 새로운 기산점이 된다.

(2) 시효중단의 효력이 미치는 인적 범위

① 원칙

㉠ 시효중단의 효력은 당사자와 그 승계인에만 미친다(제169조).

㉡ 당사자는 그 중단사유에 관련된 직접 당사자만을 의미한다.

㉢ 승계인은 중단사유 발생 후에 당사자로부터 시효의 대상인 권리 또는 의무를 승계한 사람으로서 포괄승계나 특정승계를 묻지 않는다.

> **판례** 소멸시효 중단의 효력범위
>
> ① 손해배상청구권의 공동상속인 중 1인이 자기의 상속분을 재판상 행사하여 승소판결을 받았더라도 타인이 상속한 권리부분까지 시효중단의 효력이 있는 것은 아니다(66다2279).
> ② 공유자 1인이 공유물의 보존행위로써 한 재판상 청구의 효력은 다른 공유자에게 미치지 않는다(79다639).
> ③ 시효의 중단은 시효중단행위에 관여한 당사자 및 그 승계인 사이에 효력이 있는 것이므로, 연대보증인 겸 물상보증인은 보증채무의 부종성에 따라 주채무가 시효로 소멸되었음을 주장할 수는 있는 것으로서, 주채무자에 대한 시효중단의 사유가 없는 이상 연대보증인 겸 물상보증인에 대한 시효중단의 사유가 있다 하여 주채무까지 시효중단되었다고 할 수는 없다(93다21477).
> ④ 채권자대위권 행사의 효과는 채무자에게 귀속되는 것이므로 채권자대위소송의 제기로 인한 소멸시효 중단의 효과 역시 채무자에게 생긴다(2010다80930).

② 예외: 시효중단의 효력이 제3자에게 인정되는 경우도 있다.

㉠ 주채무자에 대한 시효중단의 효력은 보증인에게도 미친다(제440조).

㉡ 지역권의 경우, 요역지가 수인의 공유인 경우, 그중 1인에 의한 지역권의 소멸시효 중단 또는 정지의 효력은 다른 공유자를 위하여 중단의 효력이 있다(제296조).

㉢ 연대채무자 1인에 대한 이행청구는 다른 연대채무자에게도 중단의 효력이 있다(제416조).

㉣ 물상보증인의 재산을 압류한 경우에 이를 채무자에게 통지하면 채무자에 대해서도 시효가 중단된다(제176조).

(3) 중단 후의 시효진행

> **제178조【중단 후에 시효진행】** ① 시효가 중단된 때에는 중단까지에 경과한 시효기간은 이를 산입하지 아니하고 중단사유가 종료한 때로부터 새로이 진행한다.
> ② 재판상의 청구로 인하여 중단한 시효는 전항의 규정에 의하여 재판이 확정된 때로부터 새로이 진행한다.

① 시효가 중단된 후에 그 시효의 기초가 되는 사실상태가 다시 계속되면, 그때부터 다시 시효가 진행된다.

② 따라서 새로 진행된 때부터 소멸시효기간이 다시 경과하여야 시효가 완성된다.

③ **중단된 시효가 다시 진행하기 시작하는 시기**(제178조 제2항)

㉠ 재판상의 청구로 중단된 때에는 재판이 확정된 때부터 다시 진행

ⓛ 압류·가압류·가처분으로 중단된 때에는 그 절차가 완료된 때부터 다시 진행

ⓒ 승인으로 중단된 때에는 승인이 상대방에게 도달한 때부터 다시 진행

4. 소멸시효의 정지(소멸시효 완성의 유예)

(1) 의의

① <u>소멸시효의 정지</u>란 시효기간이 거의 완성될 무렵 권리자가 시효중단행위를 하는 것이 불가능하거나 대단히 곤란한 사정이 있는 경우, 그 시효기간의 진행을 일시적으로 멈추게 하고, 그 사정이 소멸되어 권리자가 권리를 행사할 수 있는 상태로 환원이 된 후 일정기간 동안 소멸시효 완성을 유예함으로써 권리자의 권리행사 가능기간을 연장하는 실질적으로 시효기간의 연장이라 할 수 있다.

② 시효정지에 관한 규정이 취득시효에도 준용된다는 명문의 규정이 없으나, 준용된다는 것이 통설이다(입법의 불비). 그러나 제척기간에는 준용되지 않는다.

③ 정지사유가 그친 뒤에 일정한 유예기간이 경과하면 시효는 바로 완성되는 것이며, 정지되기 전에 이미 경과된 기간이 무효로 되지 않는 점에서 중단과 다르다.

(2) 시효정지의 사유

> **제179조【제한능력자의 시효정지】** 소멸시효의 기간만료 전 6개월 내에 제한능력자에게 법정대리인이 없는 경우에는 그가 능력자가 되거나 법정대리인이 취임한 때부터 6개월 내에는 시효가 완성되지 아니한다.
>
> **제180조【재산관리자에 대한 제한능력자의 권리, 부부 사이의 권리와 시효정지】** ① 재산을 관리하는 아버지, 어머니 또는 후견인에 대한 제한능력자의 권리는 그가 능력자가 되거나 후임 법정대리인이 취임한 때부터 6개월 내에는 소멸시효가 완성되지 아니한다.
> ② 부부 중 한쪽이 다른 쪽에 대하여 가지는 권리는 혼인관계가 종료된 때부터 6개월 내에는 소멸시효가 완성되지 아니한다.
>
> **제181조【상속재산에 관한 권리와 시효정지】** 상속재산에 속한 권리나 상속재산에 대한 권리는 상속인의 확정, 관리인의 선임 또는 파산선고가 있는 때로부터 6월 내에는 소멸시효가 완성하지 아니한다.
>
> **제182조【천재 기타 사변과 시효정지】** 천재 기타 사변으로 인하여 소멸시효를 중단할 수 없을 때에는 그 사유가 종료한 때로부터 1월 내에는 시효가 완성하지 아니한다.

① **제한능력자를 위한 정지**

㉠ 소멸시효기간 만료 전 6개월 내에 제한능력자의 법정대리인이 없는 때에는, 그가 능력자가 되거나 또는 법정대리인이 취임한 때로부터 6개월 내에는 시효가 완성되지 않는다(제179조).

㉡ 재산을 관리하는 아버지, 어머니 또는 후견인에 대한 제한능력자의 권리는 그가 능력자가 되거나 또는 후임의 법정대리인이 취임한 때로부터 6개월 내에는 소멸시효가 완성되지 않는다(제180조 제1항).

② **혼인관계의 종료에 의한 정지**: 부부 일방의 타방에 대한 권리는 혼인관계가 종료한 때로부터 6개월 내에는 소멸시효가 완성되지 않는다(제180조 제2항).

③ **상속재산에 관한 정지**: 상속재산에 속한 권리나 상속재산에 대한 권리는 상속인의 확정·관리인의 선임 또는 파산선고가 있는 때로부터 6개월 내에는 소멸시효가 완성하지 않는다(제181조).

④ **천재·사변에 의한 정지**
  ㉠ 천재 기타 사변으로 인하여 소멸시효를 중단할 수 없을 때에는, 그 사유가 종료한 때로부터 1개월 내에는 시효가 완성하지 않는다(제182조).
  ㉡ 여기서 기타 사변은 객관적인 것만을 의미하고, 주관적인 사정은 해당되지 않는다(예 중병에 의한 입원 등은 해당되지 않는다).

4 소멸시효의 완성

1. 소멸시효 완성의 효과

(1) 민법의 규정

> **제162조【채권, 재산권의 소멸시효】** ① 채권은 10년간 행사하지 아니하면 소멸시효가 완성한다.
> ② 채권 및 소유권 이외의 재산권은 20년간 행사하지 아니하면 소멸시효가 완성한다.

민법 제162조 내지 제165조는 "소멸시효가 완성한다."라고 할 뿐이고 구체적으로 '완성한다'는 것이 무엇을 의미하는지에 관한 규정은 없다.

(2) 절대적 소멸설과 상대적 소멸설

① **절대적 소멸설**: 소멸시효의 완성으로 권리는 당연히 소멸한다고 해석한다(다수설·판례).
② **상대적 소멸설**: 소멸시효의 완성으로 권리가 당연히 소멸하는 것은 아니고, 다만 시효의 이익을 받은 자에게 '권리의 소멸을 주장할 권리(원용권)가 생길 뿐'이라고 해석한다(소수설).

▶ **절대적 소멸설과 상대적 소멸설 비교**

구분	절대적 소멸설	상대적 소멸설
소멸시효 완성의 효과	소멸시효가 완성된 권리는 당연히 소멸한다.	채권의 소멸시효가 완성되면 채무자는 그 채무가 소멸했음을 주장할 수 있는 원용권이 발생한다.
법원의 시효완성 여부에 대한 직권고려 가능 여부	변론주의의 원칙상 당사자의 공격·방어의 방법으로 소송을 제기한 경우가 아니면 법원은 직권으로 고려하지 않는다.	당사자의 원용이 없는 한 법원은 직권으로 고려하지 않는다.
시효완성 후 채무변제	시효이익의 포기로서 그 의사표시에 의하여 이익이 생기지 않았던 것으로 된다.	원용권의 포기

③ **변론주의**
　㉠ 절대적 소멸설이 판례의 태도지만, 변론주의 원칙상 시효완성 여부를 법원이 직권고려를 할 수는 없고 시효이익을 받는 자가 원용해야 고려할 수 있다는 태도를 취하고 있다(78다2157).
　㉡ **원용권자 – 시효완성으로 직접 이익을 받는 자**
　　ⓐ 담보목적의 가등기가 경료된 부동산을 양수한 자(제3취득자)는 그 가등기담보권에 의하여 담보된 그 피담보채권에 관한 소멸시효를 원용(주장)할 수 있는데(95다12446), 이 원용권은 채무자를 대위하는 것이 아니고 부동산의 양수인에게 독자적으로 부여된 권리이다.
　　ⓑ 타인의 채무보증을 위하여 담보를 제공한 물상보증인은 그 피담보채권의 소멸에 의하여 직접 이익을 받는 자로서 그 피담보채무의 소멸시효의 완성을 주장할 수 있다(2003다30890).
　　ⓒ 채권자가 채무자를 대위하여 제3채무자에게 채권자대위권을 행사하는 경우, 채권자의 채무자에 대한 채권의 소멸시효가 완성된 경우, 이를 원용할 수 있는 자는 원칙적으로는 시효이익을 직접 받는 채무자뿐이고, 채권자대위소송의 제3채무자는 이를 원용할 수 없다.
　　ⓓ 사해행위취소소송의 상대방이 된 사해행위의 수익자는, 사해행위취소권을 행사하는 채권자의 채권이 소멸하면 그 채권의 소멸에 의하여 직접 이익을 받는 자에 해당하므로 사해행위취소권을 행사하는 채권자의 채권이 시효로 소멸했음을 원용할 수 있다.

> **판례** 소멸시효의 주장
>
> [소멸시효의 원용권이 없는 자]
> ① 채무자에 대한 일반채권자는 자기의 채권을 보전하기 위하여 필요한 한도 내에서 채무자를 대위하여 소멸시효를 주장을 할 수 있을 뿐, 채권자의 지위에서 독자적으로 소멸시효를 주장할 수 없다(97다22676).
> ② 채권자대위소송의 제3채무자는 채권자의 채무자에 대한 피보전채권이 시효로 소멸하였다 하더라도 그 시효이익을 받는 자가 아니므로 피보전채권의 소멸시효 완성을 원용할 수 없다(2001다10151).
> 　◐ 제3채무자는 시효이익을 받는 자가 아니다.
> ③ 후순위 담보권자는 선순위 담보권의 피담보채권이 소멸하면 담보권의 순위가 상승하고 이에 따라 피담보채권에 대한 배당액이 증가할 수 있지만, 이러한 배당액 증가에 대한 기대는 담보권의 순위 상승에 따른 반사적 이익에 지나지 않는다. 후순위 담보권자는 선순위 담보권의 피담보채권 소멸로 직접 이익을 받는 자에 해당하지 않아 선순위 담보권의 피담보채권에 관한 소멸시효가 완성되었다고 주장할 수 없다고 보아야 한다(2016다232597)

[소멸시효를 원용할 수 있는 자]
① 소멸시효를 원용할 수 있는 사람은 권리의 소멸에 의하여 직접 이익을 받는 자에 한정되는바, 사해행위취소소송의 상대방이 된 사해행위의 수익자는, 사해행위가 취소되면 사해행위에 의하여 얻은 이익을 상실하고 사해행위취소권을 행사하는 채권자의 채권이 소멸하면 그와 같은 이익의 상실을 면하는 지위에 있으므로, 그 채권의 소멸에 의하여 직접 이익을 받는 자에 해당하는 것으로 보아야 한다(2007다54849).
② 유치권이 성립된 부동산의 매수인은 피담보채권의 소멸시효가 완성되면 시효로 인하여 채무가 소멸되는 결과 직접적인 이익을 받는 자에 해당하므로 소멸시효의 완성을 원용할 수 있는 지위에 있다(2009다39530).
③ 타인의 채무를 담보하기 위하여 자기의 물건에 담보권을 설정한 물상보증인은 채권자에 대하여 물적 유한책임을 지고 있어 그 피담보채권의 소멸에 의하여 직접 이익을 받는 관계에 있으므로 소멸시효의 완성을 주장할 수 있다(2003다30890).
④ 소멸시효를 원용할 수 있는 사람은 권리의 소멸에 의하여 직접 이익을 받는 사람에 한정되는바, 채권담보의 목적으로 소유권이전등기청구권의 가등기가 경료된 부동산을 양수하여 소유권이전등기를 마친 제3자는 당해 가등기담보권의 피담보채권의 소멸에 의하여 직접 이익을 받는 자이므로, 그 가등기담보권에 의하여 담보된 채권의 채무자가 아니더라도 그 피담보채권에 관한 소멸시효를 원용할 수 있고, 이와 같은 직접수익자의 소멸시효 원용권은 채무자의 소멸시효 원용권에 기초한 것이 아닌 독자적인 것으로서 채무자를 대위하여서만 시효이익을 원용할 수 있는 것은 아니다(95다12446).

(3) 소멸시효의 소급효

> **제167조 【소멸시효의 소급효】** 소멸시효는 그 기산일에 소급하여 효력이 생긴다.

① **소멸시효의 소급효**
  ㉠ 소멸시효는 그 기산일에 소급하여 효력이 생긴다(제167조).
    ⓐ 소멸시효의 완성으로 권리가 소멸하는 시기는 시효기간이 만료된 때지만, 그 효과는 시효기간 기산일로 소급한다.
    ⓑ 소멸시효의 소급효로 인하여 소멸시효로 채무를 면하게 되는 자는 기산일 이후의 이자를 지급할 필요가 없게 된다.
  ㉡ 시효로서 소멸하는 채권이 그 소멸시효가 완성하기 전에 상계할 수 있었던 것이면 채권자는 상계를 할 수 있다(제495조).

② **주(主)된 권리에 대한 소멸시효가 완성된 경우 그 종(從)된 권리의 효력**
  ㉠ 주된 권리의 소멸시효가 완성한 때에는 종속된 권리에 그 효력이 미친다(제183조). 즉, 주된 채무가 시효로 소멸하면 그 연대보증채무 역시 시효로 소멸한다.
  ㉡ 원본채권이 시효소멸하면, 이자채권도 역시 시효로 소멸한다.
  ㉢ 공사대금채권이 시효로서 소멸되었다면 그 공사대금채무의 불이행을 이유로 계약을 해지하거나 손해배상청구를 할 수 없다.

> **판례** 주된 채무와 종된 채무
>
> 보증채무에 대한 소멸시효가 중단되는 등의 사유로 완성되지 아니하였다고 하더라도 주채무에 대한 소멸시효가 완성된 경우에는 시효완성의 사실로 주채무가 소멸되므로 보증채무의 부종성에 따라 보증채무 역시 당연히 소멸되는 것이 원칙이다(2016다211620).

> **개념적용 문제**
>
> 소멸시효에 관한 설명으로 옳지 않은 것은? (다툼이 있으면 판례에 따름) 제28회 기출
>
> ① 매수인이 목적 부동산을 인도받아 계속 점유하는 경우에는 그 부동산에 관한 소유권이전등기청구권의 소멸시효가 진행하지 않는다.
> ② 건물이 완공되기 전에는 건물에 관한 소유권이전등기청구권의 시효가 진행하지 않는다.
> ③ 가압류에 의한 시효중단의 효력은 가압류의 집행보전의 효력이 존속하는 동안 계속된다.
> ④ 소멸시효의 진행이 개시되기 전에 채무자가 승인한 경우, 그 승인에 따라 채권의 소멸시효는 중단된다.
> ⑤ 지급명령에서 확정된 채권은 특별한 사정이 없는 한 단기의 소멸시효에 해당하는 것이라도 그 소멸시효는 10년으로 한다.
>
> **해설** 소멸시효 중단 사유로서 채무의 승인은 소멸시효가 개시되어 그 완성 전에만 가능한 것이므로, 소멸시효의 진행이 개시되기 전에 채무자가 승인한 경우, 그 승인은 효력이 없으므로, 그 승인에 따라 채권의 소멸시효는 중단되지 않는다.
>
> 정답 ④

2. 시효이익의 포기

> **제184조【시효의 이익의 포기 기타】** ① 소멸시효의 이익은 미리 포기하지 못한다.
> ② 소멸시효는 법률행위에 의하여 이를 배제, 연장 또는 가중할 수 없으나, 이를 단축 또는 경감할 수 있다.

(1) 의의

소멸시효이익의 포기라 함은 '소멸시효 또는 소멸시효완성으로 생기는 법률상의 이익을 받지 않겠다는 일방적 의사표시'로서 상대방 있는 단독행위이다.

(2) 당사자

① 시효이익 포기의 주체는 채무자 기타의 의무자(용익물권의 설정자)이다.
② **상대방**
  ㉠ 일반채권의 경우 채권자
  ㉡ 용익물권의 경우 용익물권자

(3) 요건
① 시효이익의 포기는 처분행위이므로 포기하는 자는 처분능력과 권한을 가지고 있어야 한다.
② 시효이익을 포기하는 자는 시효완성 사실을 알고 포기하여야 한다.

(4) 방법
① **불요식행위**: 시효이익의 포기는 재판상뿐만 아니라 재판 외에서도 할 수 있으며, 명시적·묵시적 모두 가능하다.
② 시효이익의 포기는 단독행위로서 상대방의 동의를 요하지 않는다.

(5) 소멸시효 완성 전의 포기(시효이익 향수의 사전포기 금지)
① 소멸시효의 이익은 시효기간이 완성하기 전에 미리 포기하지 못한다(제184조 제1항).
② 그 취지는 채권자가 채무자의 궁박을 이용하여 미리 소멸시효의 이익을 포기시킬 가능성으로부터 채무자를 보호하기 위한 것이다.

(6) 포기의 효과
① **소급효**: 처음부터 시효이익이 생기지 않은 것으로 본다.
② **포기 후 다시 시효 진행**: 시효이익의 포기는 이미 경과한 시효기간만을 포기한 것으로서 시효가 완성된 채권은 다시 부활하지만 채무자가 시효이익을 포기한 후 채권자의 권리행사가 계속되지 않으면 그 부활된 채권의 소멸시효는 다시 진행한다.
③ **인적 범위**
  ㉠ 시효이익의 포기는 상대적이어서 포기할 수 있는 사람이 수인인 경우에 1인의 포기는 타인에게 영향을 미치지 아니한다.
  ㉡ 채무가 시효로서 소멸한 후 채무자가 시효이익을 포기하면서 채권자에게 채무를 변제한 경우에도 그 시효이익 포기의 효과는 보증인에게는 그 효력이 미치지 않으며, 연대채무자 어느 1인의 시효이익의 포기는 다른 연대채무자에게는 효력이 없다.
④ **물적 범위**: 가분채권 일부에 대하여 시효이익을 포기하는 경우 일부 포기는 통상 전부에 대한 포기로 된다.

> ● 채무자가 소멸시효가 완성된 채무의 일부를 채권자에게 변제하면 통상 전부에 대한 묵시적 승인으로 보아야 한다(2001다3580).

| 판례 | 시효이익의 포기 |

① 채무자가 소멸시효 완성 후 채무를 승인하여 시효이익을 포기한 것으로 추정되는 경우, 그 시효이익 포기의 효력은 저당부동산의 제3취득자에게 미치지 않는다(2009다100098).
② 소멸시효 이익의 포기는 상대적 효과가 있을 뿐이어서 다른 사람에게는 영향을 미치지 아니함이 원칙이나, 소멸시효 이익의 포기 당시에는 권리의 소멸에 의하여 직접 이익을 받을 수 있는 이해관계를 맺은 적이 없다가 나중에 시효이익을 이미 포기한 자와의 법률관계를 통하여 비로소 시효이익을 원용할 이해관계를 형성한 자는 이미 이루어진 시효이익 포기의 효력을 부정할 수 없다(2015다200227).

(7) 시효완성 후 변제

① **절대적 소멸설**(판례) – **비채변제**
   ㉠ 소멸시효의 완성으로 채무는 소멸한 것으로 본다.
   ㉡ 그러나 채무자가 소멸시효 완성을 알면서 변제한 경우 제742조 악의의 비채변제, 시효완성사실을 모르고 변제한 경우에는 제744조의 도의관념에 적합한 비채변제가 되어 부당이득반환청구를 인정하지 않는다.

② **상대적 소멸설** – **채무변제**
   ㉠ 소멸시효 완성으로 원용권만 생길 뿐 채무가 소멸하는 것은 아니다.
   ㉡ 그러므로 완성 후 변제는 정당한 채무변제에 해당하여 부당이득반환의 문제는 발생하지 않는다.

구분	절대적 소멸설	상대적 소멸설
소멸시효 완성 후 변제	• 알고서 변제: 악의의 비채변제(제742조). • 모르고 변제: 도의관념에 적합한 비채변제(제744조) ※ 두 경우 다 반환청구 불가	채무자가 소멸시효 완성사실을 알든, 알지 못하든 원용이 없으면 권리는 소멸하지 않으므로 항상 유효한 채무의 변제가 된다(반환청구 불가).

(8) 소멸시효에 관한 민법 규정은 편면적 강행규정이다

① 소멸시효는 법률행위에 의하여 이를 배제·연장 또는 가중(예 시효중단·정지의 배제)할 수 없으나, 이를 단축 또는 경감할 수 있다(제184조 제2항).
② 이는 채무자에게 유리하기 때문이다.

| 판례 | 시효이익의 포기 |

[시효이익의 포기를 인정한 판례]
① 수표법상 소구권이 시효에 의하여 소멸된 후에 수표상 채무를 승인했다면 소멸시효의 이익을 포기한 것이라 할 것이다(65다1996).
② 시효완성 후 채무자가 기한의 유예를 요청하는 것은 소멸시효의 이익을 포기한 것으로 보아야 한다(65다2133).
③ 채무자가 소멸시효 완성 후 채무를 일부 변제한 때에는 그 액수에 관하여 다툼이 없는 한 그 채무 전체를 묵시적으로 승인한 것으로 보아야 하고, 이 경우 시효완성의 사실을 알고 그 이익을 포기한 것으로 추정된다(2001다3580).
④ 시효취득을 원인으로 소유권이전등기청구소송을 제기하여 진행 중 상대방의 소유를 인정하여 합의하고 소를 취하한 것은 시효이익의 포기이다(73다762).
⑤ 甲의 乙에 대한 대여금채무의 시효기간이 도과하였으나, 甲이 乙의 甲에 대한 채권을 丙에게 양도한다는 내용의 채권양도서에 입회인으로 서명날인까지 하였다면 甲은 소멸시효 완성 후에 乙에 대한 채무를 승인한 것이고, 시효완성 후 채무를 승인한 채무자는 시효완성의 사실을 알고 그 이익을 포기한 것이라 추정할 수 있다(92다4796).

[시효이익의 포기를 부정한 판례]
① 채무자가 채권자의 제소기간 연장신청에 동의한 바 있더라도 그 동의는 완성된 소멸시효이익을 포기하는 의사표시까지 함축하고 있는 것은 아니다(86다카2107).
② 소멸시효 완성 이후에 있은 과세처분에 기하여 세액을 납부하였다 하더라도 이를 들어 바로 소멸시효의 이익을 포기한 것으로 볼 수 없다(87다카70).
③ 소멸시효 중단사유로서의 채무승인은 시효이익을 받는 당사자인 채무자가 소멸시효의 완성으로 채권을 상실하게 될 자에 대하여 상대방의 권리 또는 자신의 채무가 있음을 알고 있다는 뜻을 표시함으로써 성립하는 이른바 관념의 통지로 여기에 어떠한 효과의사가 필요하지 않다. 이에 반하여 시효완성 후 시효이익의 포기가 인정되려면 시효이익을 받는 채무자가 시효의 완성으로 인한 법적인 이익을 받지 않겠다는 효과의사가 필요하기 때문에 시효완성 후 소멸시효 중단사유에 해당하는 채무의 승인이 있었다 하더라도 그것만으로는 곧바로 소멸시효 이익의 포기라는 의사표시가 있었다고 단정할 수 없다(2011다21556).
④ 취득시효완성 후에도 소유권에 관한 분쟁이 계속되어서 그 분쟁해결의 뜻으로 대금이라고 할 수 없는 아주 헐값으로 매수하겠다는 의사를 비친 사실만으로는 소유권취득시효기간 만료이익의 포기의사가 있었다고 볼 수 없다(85다카771).

개념적용 문제

소멸시효의 효력에 관한 설명으로 옳지 않은 것은? (다툼이 있으면 판례에 따름)

제28회 기출

① 소유권이전등기청구권의 소멸시효기간이 지난 사실을 알고 있는 등기의무자가 소유권이전등기를 해 주기로 약정한 경우, 특별한 사정이 없는 한 이는 시효이익의 포기로 보아야 한다.
② 소멸시효가 완성된 채권이 그 완성 전에 상계할 수 있었던 것이면 그 채권자는 상계할 수 있다.
③ 후순위 담보권자는 선순위 담보권의 피담보채권의 시효소멸로 직접 이익을 받는 자에 해당하기 때문에 그 피담보채권의 소멸시효 완성을 주장할 수 있다.
④ 시효완성의 이익을 받을 당사자 또는 그 대리인이 아닌 제3자가 시효완성의 이익을 포기한 경우, 그 포기는 시효완성의 이익을 받을 자에게 효력이 없다.
⑤ 소멸시효 이익의 포기는 가분채무 일부에 대하여도 가능하다.

> **해설** 소멸시효가 완성된 경우 이를 주장할 수 있는 사람은 시효로 채무가 소멸되는 결과 직접적인 이익을 받는 사람에 한정된다. 후순위 담보권자는 선순위 담보권의 피담보채권이 소멸하면 담보권의 순위가 상승하고 이에 따라 피담보채권에 대한 배당액이 증가할 수 있지만, 이러한 배당액 증가에 대한 기대는 담보권의 순위 상승에 따른 반사적 이익에 지나지 않는다. 후순위 담보권자는 선순위 담보권의 피담보채권 소멸로 직접 이익을 받는 자에 해당하지 않아 선순위 담보권의 피담보채권에 관한 소멸시효가 완성되었다고 주장할 수 없다고 보아야 한다(2016다232597).
>
> **정답** ③

CHAPTER 07 OX문제로 완벽 복습

01 민법상의 기간에 관한 규정은 공법관계에는 적용되지 아니한다. (O | X)

02 연령계산에는 출생일을 산입한다. (O | X)

03 기간의 말일이 공휴일이면 기간은 그 익일로 만료하게 되나, 공휴일에도 거래하는 관습이 있으면 그러하지 아니하다. (O | X)

04 소멸시효나 제척기간에는 다 같이 중단이 인정된다. (O | X)

05 제척기간의 도과 여부는 법원이 당연히 고려한다. (O | X)

06 시효중단사유로서의 최고 후 6월 이내에 채무자의 재산을 가압류한 사실이 있으면 그 최고를 한 시점에 소멸시효가 중단된 것으로 본다. (O | X)

07 소멸시효기간의 만료로 인한 권리소멸에 관하여 그 시효의 이익을 받는 자가 시효완성을 원용하지 않으면 법원은 직권으로 소멸시효를 판단할 수 없다. (O | X)

08 채권의 소멸시효가 완성된 후에 채무자가 그 기한의 유예를 요청하였더라도 소멸시효의 이익을 포기한 것으로 볼 수는 없다. (O | X)

09 시효완성 후에 채무 일부를 변제한 경우에는 그 전부에 대한 승인으로서 채무자가 시효완성의 사실을 알고 그 이익을 포기한 것이라고 추정할 수 있다. (O | X)

10 연대채무자 1인에 대한 이행청구는 다른 연대채무자의 채권에 대한 소멸시효의 중단의 효력이 있다. (O | X)

11 물권이나 기한의 정함이 없는 채권은 채권이 발생한 때부터 소멸시효가 진행한다. (O | X)

12 재판상 청구가 각하·기각 또는 취하된 경우에는 시효중단의 효력이 없다. (O | X)

13 재판상 청구로 중단된 채권은 재판이 확정된 이후부터 권리자의 권리행사가 없으면 다시 소멸시효가 진행한다. (O | X)

14 소멸시효가 완성된 채권의 채무자는 기산일 이후의 이자를 지급할 필요가 없으나 시효완성 전에 미리 상계할 수 있었던 채권은 완성 후에도 상계할 수 있다. (O | X)

15 소멸시효가 거의 완성될 무렵에 존재하는 권리행사의 장해로 인하여 시효의 완성이 유예되는 경우도 시효의 중단에 해당한다. (○ | ×)

16 재판상 청구가 기각·각하된 경우에도 그 6월 내에 채권자가 채무자의 재산에 대한 처분금지 가처분신청을 하여 인용이 된 경우 최초의 재판상 청구 시 소멸시효가 중단된 것으로 된다. (○ | ×)

17 물상보증인의 재산을 압류하고 이를 주채무자에게 통지하면 주채무의 시효는 중단된다. (○ | ×)

18 주된 채무에 대한 시효중단의 효력은 보증채무에도 중단의 효력이 미친다. (○ | ×)

19 소멸시효는 권리자가 자기의 권리를 주장하는 경우뿐만 아니라, 채무자가 상대방의 권리를 인정하는 경우에도 중단된다. (○ | ×)

20 공동점유자 중 1인에 대하여 재판상의 청구를 한 경우에는 다른 공동점유자에 대하여도 시효중단의 효력이 미친다. (○ | ×)

21 소멸시효가 완성된 경우 그 기산일로 소급하여 효력이 있다. (○ | ×)

정답

01 ×(제155조. 기간을 정하는 법령이나 재판상의 처분, 또는 법률행위에 의하여 기간의 계산방법까지도 정하고 있으면 그에 의하나, 그렇지 않으면 공·사법관계에 널리 민법의 규정이 보충적으로 적용된다) **02** ○ **03** ○ **04** ×(제척기간에는 '중단'이 없다. 따라서 제척기간 내에 권리자가 권리를 주장하거나 채무자가 승인을 하더라도 제척기간은 중단되지 않는다) **05** ○ **06** ○ **07** ○(79다1863) **08** ×[시효완성 후 채무자의 변제기한유예요청은 소멸시효 이익의 포기라고 본다(65다2133)] **09** ○(66다2173) **10** ○ **11** ○ **12** ○ **13** ○ **14** ○(제495조) **15** ×(이는 시효의 중단이 아니라 시효의 정지에 해당한다) **16** ○ **17** ○ **18** ○ **19** ○ **20** ×(시효중단의 효력은 상대적이므로 제3자에 대하여는 효력이 미치지 아니하여 공동점유자 1인에 대한 청구는 다른 공동점유자에 대하여는 시효중단의 효력이 미치지 아니한다) **21** ○

INDEX 기본용어 다시보기

※ 기본서 학습이 모두 끝나셨나요? 아래 용어 의미를 정확히 알고 있는지 확인해보고, 헷갈리는 용어는 다시 학습합니다.

ㄱ

가분물	169
가상적 의사	320
가압류	374
가장행위	237
가처분	374
강박	255
강행규정	51
개량행위	277
개별적 보호주의	76
거절권	95
격지자	261
견련관계	114
경개	332
경솔	217
경업	211
공동대리	280
공시송달	265
공시최고	106
과실상계	309
구체적 타당성	27
궁박	217
권리능력	73
권리능력 없는 사단	155
권리의 객체	164
권리의 변경	188
권리의 변동	187
권리의 충돌	62
귀속재산	245
규범적 해석	223
금반언	55
금제물	169
기간	355
기간의 역산	357
기대권	50
기망행위	253
기본재산	142
기성조건	345
기한	338, 346
기한의 이익	348
긴급피난	67

ㄴ

내심적 효과의사	221
능동대리	273

ㄷ

단독행위	193
단속법규	206
담보물권	167, 361
담합행위	209
대리권의 남용	281
대항요건	63
대화자	261
도달	262
동기	209
동시사망의 추정	79
동시이행	318

ㅁ

매도인의 담보책임	286
명인방법	31
무과실책임론	36
무권대리	294
무기명채권	173
무효	316
무효행위의 전환	218, 321
무효행위의 추인	323
물권행위	195
미분리의 과실	172
미채굴 광물	172
민사채권	367

ㅂ

반사회적 법률행위	208
법률관계	43
법률사실	189
법률상의 장애	363
법률요건	189
법률행위	193
법원	26
법인실재설	113
법정과실	180
법정추인	331
변론주의	359, 381
보존행위	277
보충적 해석	224
복대리인	289
복임권	133
부관	338
부담부 증여	83
부당이득의 반환	110
부재자	100
부진정연대채무	128
분묘기지권	31
불공정한 법률행위	216
불능조건	345
불문법	27
불법원인급여	214
불법조건	345
불법행위능력	126
불요식행위	198
불확정기한	346
불확정적 무효(유동적 무효)	317
비법인사단	127

비상설기관	136
비진의표시	234
비채변제	385

ㅅ

사무관리	191
사용이익	181
사용자책임	24
사인증여	76
사자	270
사적 자치	36, 269
상린권	361
상사채권	367
상용	175
선의의 제3자	235
선의취득	215
설정적 승계	188
성공보수약정	209
성문법	27
소급효	39
소멸시효의 정지	379
소멸시효의 중단	368
소멸시효이익의 포기	383
속인주의	39
속지주의	39
수권행위	275
승계취득	187
승인	376
시기	346
시효	358
신탁행위	197
실종선고제도	105
실질주의	98
실체법	24
쌍방대리	278

ㅇ

압류	374
양도담보	31
오표시무해	222
요물계약	201
용익물권	167
원시적 불능	203
원시취득	187
원용	381
위험부담	204
유권대리	273
유동집합물	168
유증	76
유체물	165
은닉행위	241
의무부담행위	195
의사능력	73
이용행위	277
이의의 보류	332
이전적 승계	188
이해관계인	101
인정사망	79
인지(認知)청구권	77
일물일권주의	167
임면	118, 131
임시이사	135
임의출석	373
입목	172
입법해석	37

ㅈ

자기계약	278
자력구제	67
자연력	165
자연적 해석	221
작위	43
전득자	240
점유권	361
점유취득시효	170
정당방위	66
정지조건	340
제척기간	334, 358
제한능력자	80
제한물권	362
조건	338
조례	29
조리	33
조정	367
종기	346
주식인수청약	236
준법률행위	191
준물권행위	195
중간생략등기	207
중대한 과실	128, 248
중요부분	246
증여	218
지급명령	372
지급불능	146
직무대행자	135
집합물	167

ㅊ

착오	243
채권적 청구권	362
채권행위	195
채무초과	146
처분행위	195
천연과실	179
철회	240
철회권	95
청산	145
청산법인	147
청산인	136, 148
총유	157
최고	149, 373
추심	149
추인	94, 241
추인거절권	298
출소기간	358
출연	120
취소	325
취소권의 포기	330

ㅌ

탈법행위	207
통상총회	136
통정	237
특별대리인	135
특별수권	327
특정물	169

특정승계	188

ㅍ

파산절차참가	372
편면적 강행규정	360
포괄승계	188
포락	166
폭리의 악의	217
표시상의 효과의사	221
표현대리	294
피담보채권	361
피성년후견인	81
피특정후견인	92
피한정후견인	81

ㅎ

합동행위	117, 195
합성물	168
해산	145
해악의 고지	255
해제조건	340
해지통고	364
행위능력	74
허가주의	117
허위표시	237
현명	284
현상광고	201
현존이익	318
형성권	47
호의관계	44
화해	367
화해계약	252
확정기한	346
효력법규	206
후발적 불능	203

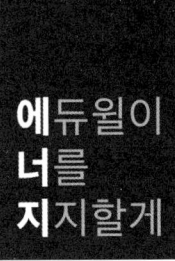

끝이 좋아야 시작이 빛난다.

– 마리아노 리베라(Mariano Rivera)

memo

memo

memo

memo

memo

memo

**여러분의 작은 소리
에듀윌은 크게 듣겠습니다.**

본 교재에 대한 여러분의 목소리를 들려주세요.
공부하시면서 어려웠던 점, 궁금한 점,
칭찬하고 싶은 점, 개선할 점, 어떤 것이라도 좋습니다.

에듀윌은 여러분께서 나누어 주신 의견을
통해 끊임없이 발전하고 있습니다.

에듀윌 도서몰 book.eduwill.net
- 부가학습자료 및 정오표: 에듀윌 도서몰 → 도서자료실
- 교재 문의: 에듀윌 도서몰 → 문의하기 → 교재(내용, 출간) / 주문 및 배송

12,800여 건의 생생한 후기

한O수 합격생

에듀윌로 합격과 취업 모두 성공

저는 1년 정도 에듀윌에서 공부하여 합격하였습니다. 수많은 주택관리사 합격생을 배출해 낸 1위 기업이라는 점 때문에 에듀윌을 선택하였고, 선택은 틀리지 않았습니다. 에듀윌에서 제시하는 커리큘럼은 상대평가에 최적화되어 있으며, 나에게 맞는 교수님을 선택할 수 있었기 때문에 만족하며 공부를 할 수 있었습니다. 또한 합격 후에는 에듀윌 취업지원센터의 도움을 통해 취업까지 성공할 수 있었습니다. 에듀윌만 믿고 따라간다면 합격과 취업 모두 문제가 없을 것입니다.

박O현 합격생

20년 군복무 끝내고 주택관리사로 새 출발

육군 소령 전역을 앞두고 70세까지 전문직으로 할 수 있는 제2의 직업이 뭘까 고민하다가 주택관리사 시험에 도전하게 됐습니다. 주택관리사를 검색하면 에듀윌이 가장 먼저 올라오고, 취업까지 연결해 주는 프로그램이 잘 되어 있어서 에듀윌을 선택하였습니다. 특히, 언제 어디서나 지원되는 동영상 강의와 시험을 앞두고 진행되는 특강, 모의고사가 많은 도움이 되었습니다. 거기에 오답노트를 만들어서 틈틈이 공부했던 것까지가 제 합격의 비법인 것 같습니다.

이O준 합격생

에듀윌에서 공인중개사, 주택관리사 준비해 모두 합격

에듀윌에서 준비해 제27회 공인중개사 시험에 합격한 후, 취업 전망을 기대하고 주택관리사에도 도전하게 됐습니다. 높은 합격률, 차별화된 학습 커리큘럼, 훌륭한 교수진, 취업지원센터를 통한 취업 연계 등 여러 가지 이유로 다시 에듀윌을 선택했습니다. 에듀윌 학원은 체계적으로 학습 관리를 해 주고, 공부할 수 있는 공간이 많아서 좋았습니다. 교수님과 자기 자신을 믿고, 에듀윌에서 시작하면 반드시 합격할 수 있습니다.

다음 합격의 주인공은 당신입니다!

* 에듀윌 홈페이지 게시 건수 기준 (2025년 7월 기준)

더 많은 합격 비법

1위 에듀윌만의
체계적인 합격 커리큘럼

원하는 시간과 장소에서, 1:1 관리까지 한번에
온라인 강의

① 전 과목 최신 교재 제공
② 업계 최강 교수진의 전 강의 수강 가능
③ 교수진이 직접 답변하는 1:1 Q&A 서비스

쉽고 빠른 합격의 첫걸음 합격필독서 무료 신청

최고의 학습 환경과 빈틈 없는 학습 관리
직영 학원

① 현장 강의와 온라인 강의를 한번에
② 합격할 때까지 온라인 강의 평생 무제한 수강
③ 강의실, 자습실 등 프리미엄 호텔급 학원 시설

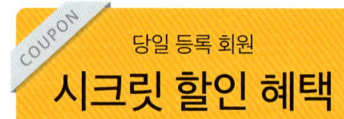

설명회 참석 당일 등록 시 특별 수강 할인권 제공

친구 추천 이벤트

" 친구 추천하고 한 달 만에
920만원 받았어요 "

친구 1명 추천할 때마다 현금 10만원 제공
추천 참여 횟수 무제한 반복 가능

※ *a*o*h**** 회원의 2021년 2월 실제 리워드 금액 기준
※ 해당 이벤트는 예고 없이 변경되거나 종료될 수 있습니다.

친구 추천 이벤트
바로가기

* 2023 대한민국 브랜드만족도 주택관리사 교육 1위 (한경비즈니스)

에듀윌 **직영학원**에서 합격을 수강하세요

언제나 전문 학습 매니저와 상담이 가능한 안내데스크

고품질 영상 및 음향 장비를 갖춘 최고의 강의실

재충전을 위한 카페 분위기의 아늑한 휴게실

에듀윌의 상징 노란색의 환한 학원 입구

에듀윌 직영학원 대표전화

공인중개사 학원 02)815-0600	공무원 학원 02)6328-0600	편입 학원 02)6419-0600
주택관리사 학원 02)815-3388	소방 학원 02)6337-0600	부동산아카데미 02)6736-0600
전기기사 학원 02)6268-1400		

주택관리사 학원 바로가기

꿈을 현실로 만드는
에듀윌

공무원 교육
- 선호도 1위, 신뢰도 1위! 브랜드만족도 1위!
- 합격자 수 2,100% 폭등시킨 독한 커리큘럼

자격증 교육
- 9년간 아무도 깨지 못한 기록 합격자 수 1위
- 가장 많은 합격자를 배출한 최고의 합격 시스템

직영학원
- 검증된 합격 프로그램과 강의
- 1:1 밀착 관리 및 컨설팅
- 호텔 수준의 학습 환경

종합출판
- 온라인서점 베스트셀러 1위!
- 출제위원급 전문 교수진이 직접 집필한 합격 교재

어학 교육
- 토익 베스트셀러 1위
- 토익 동영상 강의 무료 제공

콘텐츠 제휴·B2B 교육
- 고객 맞춤형 위탁 교육 서비스 제공
- 기업, 기관, 대학 등 각 단체에 최적화된 고객 맞춤형 교육 및 제휴 서비스

부동산 아카데미
- 부동산 실무 교육 1위!
- 상위 1% 고소득 창업/취업 비법
- 부동산 실전 재테크 성공 비법

학점은행제
- 99%의 과목이수율
- 17년 연속 교육부 평가 인정 기관 선정

대학 편입
- 편입 교육 1위!
- 최대 200% 환급 상품 서비스

국비무료 교육
- '5년우수훈련기관' 선정
- K-디지털, 산대특 등 특화 훈련과정
- 원격국비교육원 오픈

에듀윌 교육서비스 **AI 교육** AI 프롬프트 연구소/AI CLASS(ChatGPT/AICE/노션 AI/중개업 AI 등) **공무원 교육** 9급공무원/소방공무원/계리직공무원 **자격증 교육** 공인중개사/주택관리사/손해평가사/감정평가사/노무사/전기기사/경비지도사/검정고시/소방설비기사/소방시설관리사/사회복지사1급/대기환경기사/수질환경기사/건축기사/토목기사/직업상담사/청소년상담사/전기기능사/산업안전기사/산업위생관리기사/건설안전기사/위험물산업기사/위험물기능사/유통관리사/물류관리사/행정사/한국사능력검정/한경TESAT/매경TEST/KBS한국어능력시험·실용글쓰기/IT자격증/국제무역사/무역영어/SQLD/ADsP **어학 교육** 토익 교재/토익 동영상 강의 **세무/회계** 전산세무회계/ERP정보관리사/재경관리사 **대학 편입** 편입 영어·수학/연고대/의약대/경찰대/논술/면접 **직영학원** 공무원학원/소방학원/공인중개사 학원/주택관리사 학원/전기기사 학원/편입학원 **종합출판** 공무원·자격증 수험교재 및 단행본 **학점은행제** 교육부 평가인정기관 원격평생교육원(사회복지사2급/경영학/CPA) **콘텐츠 제휴·B2B 교육** 교육 콘텐츠 제휴/기업 맞춤 자격증 교육/대학취업역량 강화 교육 **부동산 아카데미** 부동산 창업CEO/부동산 경매 마스터/부동산 컨설팅 **주택취업센터** 실무 특강/실무 아카데미 **국비무료 교육(국비교육원)** 전기기능사/전기(산업)기사/소방설비(산업)기사/IT(빅데이터/자바프로그램/파이썬)/게임그래픽/3D프린터/실내건축디자인/웹퍼블리셔/그래픽디자인/영상편집(유튜브) 디자인/온라인 쇼핑몰광고 및 제작(쿠팡, 스마트스토어)/전산세무회계/컴퓨터활용능력/ITQ/GTQ/직업상담사

교육 문의 1600-6700 www.eduwill.net

- 2022 소비자가 선택한 최고의 브랜드 공무원·자격증 교육 1위 (조선일보) • 2023 대한민국 브랜드만족도 공무원·자격증·취업·학원·편입·부동산 실무 교육 1위 (한경비즈니스)
- 2017/2022 에듀윌 공무원 과정 최종 환급자 수 기준 • 2023년 성인 자격증, 공무원 직영학원 기준 • YES24 공인중개사 부문, 2025 에듀윌 공인중개사 1차 단원별 기출문제집 부동산학개론(2025년 7월 월별 베스트) 그 외 다수 • YES24 한국산업인력공단 부문, 2026 에듀윌 에너지관리기사 필기 한권끝장+무료특강(2025년 7월 월별 베스트) 그 외 다수 • 교보문고 취업/수험서 부문, 2025 에듀윌 공기업 코레일 한국철도공사 실전모의고사 9+2+4회(2025년 7월 1일~2월 28일 인터넷 월간 베스트) 그 외 다수 • 알라딘 시사/상식 부문, 2025 최신판 에듀윌 취업 공기업기출 일반상식 (2025년 6월 5주 주별 베스트) 그 외 다수 • YES24 컴퓨터활용능력 부문, 2024 컴퓨터활용능력 1급 필기 초단기끝장(2023년 10월 3~4주 주별 베스트) 그 외 다수 • YES24 신규자격증 부문, 2025 에듀윌 SQL 개발자 SQLD 2주끝장+무료특강(2025년 7월 월별 베스트) 그 외 다수 • 인터파크 자격서/수험서 부문, 에듀윌 한국사능력검정시험 2주끝장 심화 (1, 2, 3급) (2020년 6~8월 월간 베스트) 그 외 다수 • YES24 국어 외국어사전영어 토익/TOEIC 기출문제/모의고사 분야 베스트셀러 1위 (에듀윌 토익 READING RC 4주끝장 종합서, 2022년 9월 4주 주별 베스트)
- 에듀윌 토익 교재 입문~실전 인강 무료 제공 (2022년 최신 강좌 기준/109강) • 2024년 종강반 중 모든 평가항목 정상 참여자 기준, 99% (평생교육원 기준) • 2008년~2024년까지 234包 누적수강학점으로 과목 운영 (평생교육원 기준) • 에듀윌 국비교육원 구로센터 고용노동부 지정 '5년우수훈련기관' 선정 (2023~2027) • KRI 한국기록원 2016, 2017, 2019년 공인중개사 최다 합격자 배출 공식 인증 (2025년 현재까지 업계 최고 기록)

처음에는 당신이 원하는 곳으로
갈 수는 없겠지만,
당신이 지금 있는 곳에서
출발할 수는 있을 것이다.

– 작자 미상

합격할 때까지 책임지는 개정법령 원스톱 서비스!

기준 및 법령 개정이 잦은 주택관리사 시험,
개정사항을 어떻게 확인해야 할지 막막하고 걱정스러우신가요?
에듀윌에서는 필요한 개정법령만을 빠르게! 한번에! 제공해 드립니다.

| 에듀윌 도서몰 접속
(book.eduwill.net) | ▶ | 도서자료실
클릭 |

개정법령
확인하기

2026 에듀윌 주택관리사
기본서 1차
민법 下

차례

下

PART 4 | 물권법

CHAPTER 01 | 물권법 총론 ... 8
- 제1절 물권법 총론 ... 9
- 제2절 물권의 종류 ... 13
- 제3절 물권의 일반적 효력 ... 16

CHAPTER 02 | 물권의 변동 ... 24
- 제1절 물권변동 일반 ... 25
- 제2절 물권행위 ... 33
- 제3절 등기 ... 34
- 제4절 동산 물권변동 ... 51
- 제5절 물권의 소멸 ... 56

CHAPTER 03 | 점유권 ... 64
- 제1절 점유권 일반 ... 65
- 제2절 점유의 관념화 ... 65
- 제3절 점유의 모습(태양) ... 69
- 제4절 점유권의 취득과 소멸 ... 74
- 제5절 점유권의 효력 ... 75
- 제6절 준점유 ... 84

CHAPTER 04 | 소유권 ... 88
- 제1절 소유권 일반 ... 89
- 제2절 소유권의 취득 ... 99
- 제3절 소유권에 기한 물권적 청구권 ... 114
- 제4절 공동소유 ... 117

CHAPTER 05 | 용익물권 ... 134
- 제1절 용익물권 일반 ... 135
- 제2절 지상권 ... 135
- 제3절 지역권 ... 154
- 제4절 전세권 ... 160

CHAPTER 06 | 담보물권 ... 180
- 제1절 담보물권 일반 ... 181
- 제2절 유치권 ... 184
- 제3절 질권 ... 196
- 제4절 저당권 ... 206

PART 5 | 채권법

CHAPTER 01 | 채권법 총론 ... 240
- 제1절 총설 ... 241
- 제2절 채권의 효력 ... 248
- 제3절 수인의 채권자 및 채무자 ... 272
- 제4절 채권양도 · 채무인수 ... 291
- 제5절 채권의 소멸 ... 302

CHAPTER 02 | 채권법 각론(계약법 총론) ... 317
- 제1절 계약의 의의 ... 318
- 제2절 계약의 종류 ... 322
- 제3절 계약의 성립 ... 327

| 제4절 | 계약의 효력 | 337 |
| 제5절 | 계약의 해제·해지(계약의 소멸) | 357 |

CHAPTER 03 | 계약법 각론(매매) 379

제1절	매매	380
제2절	매매의 성립	381
제3절	매매의 효력	390
제4절	환매와 재매매 예약	409

CHAPTER 04 | 임대차 414

제1절	임대차	415
제2절	임대차의 존속기간	416
제3절	임대차의 효력	418
제4절	부동산임차권의 물권화 경향	429
제5절	임차권의 양도와 임차물의 전대	432
제6절	보증금 및 권리금	437
제7절	임대차의 종료	440

CHAPTER 05 | 도급과 위임 445

| 제1절 | 도급 | 446 |
| 제2절 | 위임 | 455 |

CHAPTER 06 | 부당이득과 불법행위 463

| 제1절 | 부당이득(不當利得) | 464 |
| 제2절 | 불법행위 | 472 |

PART 4

물권법

CHAPTER 01 물권법 총론
CHAPTER 02 물권의 변동
CHAPTER 03 점유권
CHAPTER 04 소유권
CHAPTER 05 용익물권
CHAPTER 06 담보물권

최근 5개년
평균 출제문항 수 **8.6개**

최근 5개년
평균 출제비중 **21.5%**

PART 4 합격전략

PART 4 물권법, PART 5 채권법은 2014년 제17회 시험부터 40% 내외로 출제비중이 확정되었습니다. 그중 물권법은 매년 8문항 이상 계속 출제되고 있습니다.

물권법은 출제비중은 적고 학습분량은 상당할 뿐만 아니라 출제난도가 점점 높아지는 경향이 있어 이에 잘 대비하여야 합니다. 민법 총칙을 공부하며 물권에 관한 중요부분을 연관시켜 학습하는 것을 추천합니다.

CHAPTER 01 물권법 총론

회독체크 1 2 3

CHAPTER 미리보기

학습전략

❶ 물권의 기초에 대한 내용으로 1문항 정도 출제되며, 물권의 개념과 효력, 물권적 청구권에 관한 내용이 핵심입니다.
❷ 물권의 변동과 관련 등기의 효력에 대해 반드시 정리하고, 부동산 물권변동의 원인인 법률행위와 법률규정을 구분하는 문제는 반드시 숙지해야 합니다. 또한 혼동 중심으로 물권의 소멸을 정리하세요.

학습키워드

- 일물일권주의
- 물권의 종류
- 물권의 우선적 효력
- 물권적 청구권

※ 본문에 **형광펜** 처리가 된 용어는 민법 학습에서 기본적으로 알아야 하는 용어이니 꼭! 알아두세요.
학습이 끝난 후에는 교재 맨 뒤의 '기본용어 다시보기'에서 내가 제대로 용어를 기억하고 있는지 되짚어보세요.

제1절 물권법 총론

1 물권의 의의와 성질

1. 물권의 의의

물권이란 권리의 주체인 인(人)이 권리의 객체로서 현존하는 특정의 독립된 물건(物件) 또는 특정한 권리를 배타적이고 직접적으로 지배함으로써 그로부터 나오는 이익을 독점적으로 향유하는 것을 내용으로 하는 절대적·관념적 재산권으로서 대세권(對世權)이다.

2. 물권의 성질

(1) 객체에 대한 직접적 지배

① 물권은 타인의 행위를 매개하지 않고 사람이 직접 물건을 지배하여 스스로 이익을 얻을 수 있는 권리이다.
② 채권은 채권자가 채무자에게 '일정한 행위'(급부)를 요구하여 채무자가 그 요구에 응하여 이행을 하여야 비로소 채권자는 자신의 권리행사의 목적을 달성할 수 있다.

(2) 객체에 대한 배타적 지배성

① 물권은 배타성이 있으므로 하나의 물건 위에 동일한 내용을 갖는 2 이상의 물권이 동시에 성립할 수 없다. 따라서 물권의 존재 및 그 순위를 외부에 알려주는 공시제도가 필요하다.
② 채권은 배타성이 없으므로 하나의 물건 위에 여러 개의 채권이 병존할 수 있다.

(3) 절대권·대세권으로서 물권

① **대세권**: 물권자는 모든 사람에 대하여 자신의 배타적 지배권을 주장할 수 있는 대세권을 갖는다. 이로부터 물권이 채권에 우선하는 효력이 인정된다.
② **절대권**: 물권은 어느 누구의 침해로부터도 보호되는 절대권이다. 이로부터 물권적 청구권이 인정된다.
③ 반면에 채권은 원칙적으로 특정인(채무자)에게만 주장할 수 있는 대인권이면서 상대권이다.

(4) 관념성

본권은 물건에 대한 '지배가능성'을 기초로 하는 관념적인 권리이고, 점유권은 물건에 대한 '사실상의 지배'를 기초로 하는 사실적인 특수한 권리이다.

(5) 양도성

물권은 채권과 함께 재산권에 속하므로 양자 모두 양도성을 가진다. 그러나 채권은 당사자 사이의 특약으로 양도를 제한할 수 있으나, 물권은 당사자 사이의 약정으로 그 양도성을 배제할 수 없는 것이 원칙이다.

> **참고** 물권과 채권의 비교
> 1. 채권은 사람과 사람 사이의 관계를 말하고, 물권은 사람과 물건 사이의 관계를 말한다.
> 2. 물권의 특질로는 직접적 지배권성, 배타성, 절대성, 관념성, 양도성 등을 들 수 있다.

2 물권의 주체

물권의 주체는 법률관계 일반에 있어서 권리의 주체인 자연인과 법인이다.

3 물권의 객체

1. 물권의 객체는 물건과 권리이다

① 물권의 객체로서의 물건은 배타적 지배관계로 인하여 '현존하는 특정의 독립된 물건'이어야 한다.
② 물권의 객체는 원칙적으로는 물건이지만, 예외적으로 권리에 대해 물권이 성립하는 경우도 있다.
  ㉠ 재산권의 준점유(제210조)
  ㉡ 재산권(일반채권)을 목적으로 하는 권리질권(제345조 내지 제355조)
  ㉢ 지상권과 전세권을 목적으로 하는 저당권(제371조)을 들 수 있다.

2. 일물일권주의 – 물건의 독립성

(1) 의의

① "독립된 하나의 물건 위에는 하나의 물권만이 성립한다."라는 것으로 물권의 배타성에 따른 당연한 귀결이다.

② 물권의 활용이 다양화되면서 **일물일권주의**의 개념은 다음과 같이 표현될 수 있다.
  ㉠ 하나의 물건 위에 동일한 내용의 2 이상의 물권이 동시에 성립할 수 없고,
  ㉡ 하나의 물건의 일부 또는 그 물건의 구성부분에 대해서는 독립적인 물권이 성립할 수 없으며,
  ㉢ 여러 개의 물건 또는 그 집합물에는 그 물건의 수만큼 물권이 성립해야 하고, 그 전체를 하나의 물건으로 보아서 하나의 물권의 객체로 할 수 없다.
    ○ 예외: 공장재단 또는 광업재단에 대한 저당권 설정, 유동집합물에 대한 양도담보 등

(2) 일물(一物)의 표준(사회통념과 거래관념으로 결정)

① **부동산**
  ㉠ 토지: 토지는 지표면에 인위적으로 선을 그어 구획하고 그 토지를 지적공부에 등록하여 이를 '필(筆)'이라 하고, '필(筆)'로서 구분된 경우 1개의 독립된 물건으로 인정된다.
  ㉡ 건물
    ⓐ 우리나라는 전통적으로 건물을 토지와 독립된 별개의 부동산으로 취급하여, 건물도 독립된 물건으로 물권의 객체로 인정하고 있다.
    ⓑ 일물로서 건물 – 동(棟)
      ⅰ) 일물로서 독립된 건물이 되기 위하여는 최소한 기둥과 지붕 및 주벽을 갖추어야 한다.
      ⅱ) 건물의 개수는 물리적 구조와 거래관념(사회통념)을 고려하여 결정된다(判).
② **동산**: 부동산 이외의 물건은 모두 동산으로 그 특성에 따라 하나의 물건이 되고 각각이 물권의 객체가 된다.

> **판례** 일물일권주의
> ① 토지의 개수는 「지적법」에 의한 지적공부상의 토지의 필수를 표준으로 결정되는 것으로 1필의 토지를 수필의 토지로 분할하여 등기하려면 먼저 「지적법」이 정하는 바에 따라 분할절차를 밟아 지적공부에 각 필지마다 등록이 되어야 하고, 「지적법」상의 분할절차를 거치지 아니하는 한 1개의 토지로서 등기의 목적이 될 수 없는 것이며, 설사 등기부에만 분필의 등기가 실행되었다 하여도 이로써 분필의 효과가 발생할 수 없는 것이므로, 결국 이러한 분필등기는 무효이다(90다카25208).
> ② 일물일권주의의 원칙상, 물건의 일부분·구성부분에는 물권이 성립할 수 없는 것이어서 구분 또는 분할의 절차를 거치지 아니한 채 하나의 부동산 중 일부분만에 관하여 따로 소유권보존등기를 경료하거나, 하나의 부동산에 관하여 경료된 소유권보존등기 중 일부분에 관한 등기만을 따로 말소하는 것은 허용되지 아니한다(2000다39582).

(3) 일물일권주의에 대한 예외

① 부동산 일부에 대한 물권의 성립 여부

㉠ 용익물권

ⓐ 1필의 토지의 일부 또는 1동 건물 일부에도 분필절차(分筆節次)를 밟지 않은 상태에서 그 위에 용익물권(지상권·지역권·전세권)을 설정할 수 있다.

ⓑ 구분지상권: 토지의 지상 또는 지하의 공간은 상하의 범위를 정하여 건물 그 밖의 공작물을 소유하기 위한 지상권을 설정할 수 있다.

㉡ 담보물권: 하나의 물건에 대한 분할절차 없이 그 물건의 일부 또는 구성부분에 담보물권 중 저당권과 질권을 설정할 수는 없으나, 유치권은 물건 일부에도 성립할 수 있다.

② 건물 일부에 대한 구분소유권

㉠ 1동 건물 일부에 대하여는 원칙적으로 독립하여 소유권의 객체로 할 수 없다.

㉡ 구분건물이 물리적으로 완성되기 전에도 건축허가신청이나 분양계약 등을 통하여 장래 신축되는 건물을 구분건물로 하겠다는 구분의사가 객관적으로 표시되면 구분행위의 존재를 인정할 수 있고, 이후 1동의 건물 및 구분행위에 상응하는 구분건물이 객관적·물리적으로 완성되면 아직 그 건물이 집합건축물대장에 등록되거나 구분건물로서 등기부에 등기되지 않았더라도 그 시점에서 구분소유가 성립한다. 특히 일반건물로 등기된 기존의 건물이 구분건물로 변경등기되기 전이라도, 위와 같은 요건들을 갖추면 구분소유권이 성립한다(2019두46763).

③ 물건의 집단 내지 집합물에 대한 물권 성립

㉠ 물건의 집단 내지 집합물에 대해서는 원칙적으로 하나의 물권이 성립할 수 없지만

㉡ 특별법(공장 및 광업재단 저당법)이 있는 경우

　● 「공장 및 광업재단 저당(財團抵當)법」에 의하여 집합물 위의 저당권이 성립한 후 그 집합물의 구성부분에 변경이 있더라도 집합물에 대한 저당권은 현재의 집합물 전부에 대한 특정성을 유지한다.

㉢ 관습법상 경제적 독립성이 인정되고 공시방법을 갖춘 경우 물건의 집단이나 집합물(유동집합물)에 대해서도 물권(양도담보)의 성립이 인정될 수 있다.

　● 증감·변동하는 유동집합물 위에도 물권이 성립할 수 있고, 그 구성부분에 변화가 생겨도 특정성을 잃지 않는 범위 내에서 동일성이 인정된다(判).

판례 증감·변동하는 집합물에 대한 양도담보목적물의 특정성 여부(적극)

성장을 계속하는 어류일지라도 그 종류, 장소 또는 수량지정 등의 방법에 의하여 특정되어 있으면, 그 전부를 하나의 물건으로 보아 이에 대한 양도담보계약은 유효하게 성립되었다 할 것이다. 따라서 특정 양만장 내의 뱀장어 등 전부를 대상으로 한 당사자간의 양도담보계약은 그 담보목적물이 특정되었다 할 것이므로 유효하게 성립한다(88다카20224).

④ 토지의 정착물 중 토지와 독립된 부동산이 될 수 있는 물건
  ㉠ 수목
    ⓐ 수목은 원칙적으로 그것이 정착하고 있는 토지의 구성부분으로 독립한 물권의 객체가 될 수 없다.
    ⓑ **입목등기**: 「입목에 관한 법률」에 의하여 등기된 수목의 집단(입목)은 토지와 따로 독립한 부동산으로 다루어지며, 등기된 입목은 그 정착한 토지와 별개의 물건으로서 독립적으로 양도할 수 있고 또한 저당권의 목적으로 할 수 있다.
    ⓒ **명인방법**: 등기되지 않은 수목의 집단도 **명인방법**(明認方法)이라는 관습법상의 공시방법을 갖춘 때에는 독립한 부동산으로서 거래의 목적으로 할 수 있으나, 다만 저당권의 목적으로 하는 것은 인정되지 않는다.
  ㉡ 미분리 과실
    ⓐ **미분리 과실**은 원칙적으로 토지의 과실로서 독립한 물권의 객체가 될 수 없지만,
    ⓑ 예외적으로 명인방법을 갖춘 때에는 독립한 물건으로서 거래의 목적이 될 수 있다.
  ㉢ 농작물
    ⓐ 토지에 대한 사용권원 없이 타인의 토지에 농작물을 경작한 자가 있는 경우 그 농작물이 수확기에 이르면 농작물은 언제나 경작자의 소유가 된다(判).
      ○ 명인방법도 필요치 않다.
    ⓑ 토지의 농작물을 수확하지 않은 채 경작자가 제3자에게 양도하는 경우 제3자가 소유권을 취득하기 위하여는 명인방법을 갖추어야 한다(判).
  ㉣ 미채굴 광물: 광업권의 객체로서 토지소유권이 미치지 않는다.

제2절 물권의 종류

1 물권법정주의

1. 의의

물권법정주의(物權法定主義)란 물권은 법률 또는 관습법에 의하는 외에는 임의로 창설하지 못한다는 것을 말한다(제185조). 제185조는 강행규정으로서 제185조를 근거로 하여 물권법의 대부분의 규정은 강행규정이다.

2. 제185조의 내용(해석)

> 제185조 【물권의 종류】 물권은 법률 또는 관습법에 의하는 외에는 임의로 창설하지 못한다.

(1) 법률
제185조에서의 법률은 형식적 의미의 법률을 의미한다. 따라서 명령이나 규칙에 의한 물권창설은 원칙적으로 허용되지 않는다.

(2) 관습법
또한 관습법에 의한 물권창설도 허용된다. 이는 성문법만으로 모든 물권을 규율하기 어렵고, 물권법 영역에서도 사회변화에 대한 탄력성 확보가 필요하기 때문이다.

(3) '임의로 창설하지 못한다'의 의미
① **종류강제**: 법률 또는 관습법이 인정하지 않는 새로운 종류의 물권을 당사자들이 임의로 창설하지 못한다.
② **내용강제**: 법률 또는 관습법이 인정하는 종류의 물권이라도 그 내용이 법률 또는 관습법이 정하는 내용과 달라서는 안 된다는 것이다.

3. 제185조 위반의 효력

① 제185조는 강행규정으로서 이에 위반하는 법률행위는 무효이다.
② 종류강제에 위반하는 경우 전부 무효로 취급되나, 내용강제에 위반한 경우 그 위반부분에 한하여 무효로 된다는 것이 다수설이다.
③ 물권법정주의에 반하는 채권행위 역시 무효인가에 대하여 당사자 사이에 채권적 효력은 인정하는 것이 통설이다.

2 물권의 종류

1. 민법상의 물권의 분류

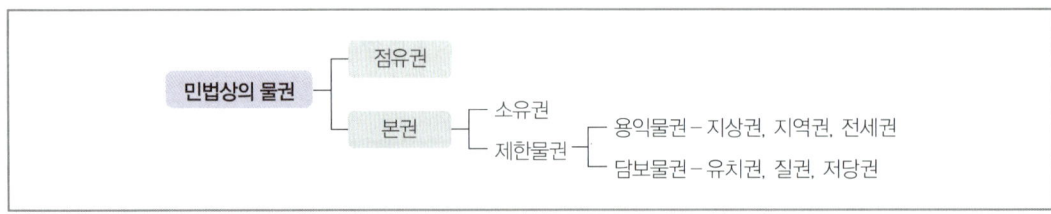

2. 다른 법률에 의한 물권

① 「상법」상으로는 상사유치권, 상사질권, 선박저당권이 있다.
② 기타 특별법으로는 입목저당권(입목에 관한 법률), 공장저당권·공장재단저당권·광업재단저당권(공장 및 광업재단 저당법), 자동차저당권·항공기저당권·건설기계저당권(자동차 등 특정동산 저당법), 가등기담보권·양도담보권(가등기담보 등에 관한 법률) 등이 있다.

3. 관습법상의 물권

관습법상의 물권으로는 분묘기지권, 관습법상의 법정지상권, 동산의 양도담보가 있다. 그러나 온천권(69다1239)과 사도통행권(2001다64165) 및 근린공원이용권(94마2218) 등은 관습법상의 물권이 아니다.

> **판례** 물권의 종류
>
> ① 동일인의 소유에 속하는 토지와 그 지상의 건물이 매매 등으로 각각 소유자를 달리하게 된 경우에는 특히 그 건물을 철거한다는 별도의 특약이 없는 한 건물의 소유자는 그 토지 위에 관습법상의 법정지상권을 취득한다(4292민상944).
> ② 미등기 무허가건물의 양수인이라 할지라도 그 소유권이전등기를 경료받지 않는 한 건물에 대한 소유권을 취득할 수 없고, 그러한 건물의 취득자에게 소유권에 준하는 관습법상의 물권이 있다고 볼 수 없다 (98다59118). ⇨ 사실상의 처분권을 취득한 것으로 해석한다.

> **개념적용 문제**
>
> 물권에 대한 설명으로 옳지 않은 것은? (다툼이 있으면 판례에 따름)   제24회 기출
>
> ① 물권법정주의에 관한 민법 제185조의 '법률'에는 규칙이나 지방자치단체의 조례가 포함되지 않는다.
> ② 온천에 관한 권리는 독립한 물권으로 볼 수 없다.
> ③ 일물일권주의 원칙상 특정 양만장 내의 뱀장어들 전부에 대해서는 1개의 양도담보권을 설정할 수 없다.
> ④ 사용·수익 권능이 영구적·대세적으로 포기된 소유권은 특별한 사정이 없는 한 허용될 수 없다.
> ⑤ 소유권에 기한 물권적 청구권은 소멸시효의 대상이 아니다.
>
> **해설** 유동집합물도 장소지정·종류지정이나 수량지정 등의 방법으로 특정할 수 있다면 양도담보의 목적으로 할 수 있으므로 특정 양만장 내의 뱀장어들 전부에 대한 양도담보는 목적물을 특정할 수 있으므로 유효이다.
>
> 정답 ③

제3절 물권의 일반적 효력

1 서설

물권은 그 종류에 따라 특유한 효력이 있지만, 객체에 대한 직접적·배타적 지배를 내용으로 하는 재산권으로서의 공통된 성질을 일반적 효력이라 한다. 물권의 일반적 효력으로는 '우선적 효력'과 '물권적 청구권'이 있다.

2 우선적 효력

1. 의의

하나의 물건 위에 수개의 권리가 충돌하는 경우 그중 한 권리가 다른 권리에 우선하는 효력을 말한다.

2. 물권 상호간의 우선적 효력

(1) 원칙

하나의 물건 위에 성립한 수개의 물권 상호간에는 시간적으로 먼저 성립한 물권이 후에 성립한 물권에 우선한다. 이를 순위의 원칙(성립의 선후, 등기의 선후)이라고 한다.

(2) 예외

① 점유권은 물건에 대한 사실상의 지배 상태를 권리로 인정한 물권으로서 배타적 지배권을 내용으로 하는 것이 아니라서 우선적 효력이 없으므로 본권과 점유권은 병존할 수 있다.
② 소유권과 제한물권이 충돌하는 경우에는 제한물권의 성질상 언제나 제한물권이 소유권에 우선한다.
③ 따라서 순위의 원칙이 적용되는 것은 제한물권 상호간의 문제에 한한다.

3. 물권과 채권 상호간의 효력

(1) 원칙 – 물권우선의 원칙

동일물 위에 물권과 채권이 병존하는 경우 성립시기를 불문하고 원칙적으로 물권이 우선한다.

(2) 예외적으로 채권이 물권에 우선하는 경우

① **시간적 성립시기를 불문하고 항상 채권이 우선하는 경우**
  ㉠ 「주택임대차보호법」(제8조, 제12조)과 「상가건물 임대차보호법」(제14조)의 소액보증금 중 일정금액
  ㉡ 「근로기준법」(제38조)상의 일정한 임금채권·재해보상금
  ㉢ 「근로자퇴직급여 보장법」상의 일정규모의 퇴직금채권 등이 있다.

② **성립한 순위에 의하여 물권과의 우열이 정해지는 채권**: 비록 채권이지만 제한물권과 같이 그 권리가 성립한 시간적 순위에 따라, 먼저 성립한 물권에는 대항할 수 없지만 채권이 성립한 이후에 성립한 물권에는 우선하는 채권도 있다.
  ㉠ **등기된 임차권**: 등기되어 대항력을 갖춘 부동산임차권(제621조)
  ㉡ **차지권**(借地權)**의 대항력**: 토지임차인이 임차지상의 건물에 대한 소유권등기로서 대항력을 갖춘 토지임차권(제622조)
  ㉢ **가등기된 채권**: 부동산 소유권이전등기청구권의 순위가 가등기에 의하여 보전된 경우에는 이후에 가등기에 기한 본등기가 경료되면 이 부동산물권의 변동순위는 가등기 시점을 순위로 하여 우선적 효력을 갖는다(부동산등기법).
  ㉣ **대항요건**(주택의 인도와 주민등록 전입신고)을 갖춘 주택임차권(주택임대차보호법 제3조) 및 대항요건(상가건물의 인도와 사업자등록을 신청)을 갖춘 상가임차권(상가건물 임대차보호법 제3조) 등에 확정일자를 받아 우선변제적 효력이 있는 경우
  ㉤ 조세우선특권(당해세) 등이 있다.

3 물권적 청구권

1. 의의

물권적 청구권은 배타적 지배권인 물권의 실효성을 확보하기 위해 물권자에게 인정되는 청구권으로서 물권의 내용이 침해(침탈 또는 방해)를 받거나 침해받을 염려가 있는 경우에 물권자가 침해자에 대하여 물건의 반환, 방해제거, 방해예방을 청구할 수 있는 권리를 말한다.

2. 종류

(1) 침해의 유형에 따른 분류

① **물권적 반환청구권**: 물권의 객체인 목적물의 점유를 침탈당하거나 반환이 거부됨으로써 물권의 침해를 당한 물권자가 점유자에 대하여 그 반환을 청구할 수 있는 권리이다(제204조 및 제213조).

② **물권적 방해제거청구권**: 점유침탈 및 반환거부 이외의 형태로 물권 실현의 방해가 있는 경우에, 물권자가 방해자에 대하여 그 방해의 제거를 청구하는 권리이다(제205조 및 제214조). 방해제거청구권은 주로 무효등기의 말소청구권의 형태로 구체화된다.

③ **물권적 방해예방청구권**: 현재 물권이 방해받고 있지 않지만 장래 방해가 생길 염려가 있는 경우에 그 예방을 청구하는 권리이다(제206조 및 제214조).

(2) 민법의 규정 – 물권의 종류에 따른 분류

① 민법은 점유권에 기한 물권적 청구권(제204조, 제205조, 제206조)과 소유권에 기한 물권적 청구권(제213조, 제214조) 규정을 두고, 소유권에 기한 물권적 청구권을 다른 (제한)물권에 준용하고 있다(제290조, 제301조, 제319조, 제370조).

② **질권과 유치권**: 물권적 청구권에 대한 준용규정이 없어 이론의 대립이 있다.
   ㉠ 질권은 점유권에 기한 물권적 청구권뿐만 아니라 질권 자체에 기한 물권적 청구권도 인정된다(통설).
   ㉡ 유치권은 점유를 상실하면 소멸하는 권리로서(제328조), 유치권 자체에 기한 물권적 반환청구권은 인정하지 않는다. 그러나 방해제거 및 방해예방청구권은 인정된다(통설).

③ 지역권과 저당권은 목적물을 배타적으로 점유하는 권리가 아니므로 물권적 청구권 중 물권적 반환청구권을 제외하고 방해제거 및 방해예방청구권만을 규정하고 있다.

3. 물권적 청구권의 법적 성질

(1) 물권적 청구권은 기본적으로 물권적 효력이 있고, 현재 물권자만이 행사할 수 있다.

① 일반적으로 물권이 채권에 우선하므로 물권적 청구권은 채권적 청구권에 우선한다.
② 물권적 청구권은 물권에 기초하고 물권에 부종하므로 언제나 물권과 운명을 같이 한다.
   ㉠ 따라서 물권적 청구권의 기초가 되는 물권이 이전·소멸하면 물권적 청구권도 이전·소멸하는 것이지, 물권적 청구권만 독립하여 양도하거나 다른 권리의 목적으로 할 수 없다.
   ㉡ 소유권은 소멸시효에 걸리지 않는다. 그러므로 소유권에 기한 물권적 청구권도 소멸시효에 걸리지 않는다(78다2412).
   ㉢ 제한물권에 기한 물권적 청구권도 그 기초가 되는 물권과 분리하여 독립적으로 소멸시효에 걸리지 않는다(다수설).

(2) 채권적 성질과 물권적 성질을 모두 보유

물권적 청구권은 특정인에 대한 청구권으로서 물권적 청구권을 행사하면 이행의 문제가 남는다는 점에서 채권적 성질도 갖추고 있다. 그래서 물권적 청구권 행사에 관하여 채권법의 일부 규정이 유추적용될 수 있다.

| 판례 | 물권적 청구권 |

① 건물을 신축하여 그 소유권을 원시취득한 자로부터 그 건물을 매수하였으나 아직 소유권이전등기를 갖추지 못한 자는 그 건물의 불법 점거자에 대하여 직접 자신의 소유권 등에 기하여 명도를 청구할 수 없다(2007다11347).
② 채권담보의 목적으로 이루어지는 부동산 양도담보의 경우에 있어서 피담보채무가 변제된 이후에 양도담보권설정자가 행사하는 등기청구권은 소유권에 기한 물권적 청구권이므로 소멸시효에 걸리지 않는다(78다2412).
③ 매매계약이 (합의)해제된 경우에도 매수인에게 이전되었던 소유권은 당연히 매도인에게 복귀하는 것이므로, (합의)해제에 따른 매도인의 원상회복청구권은 소유권에 기한 물권적 청구권이므로 이는 소멸시효의 대상이 되지 아니한다(80다2968).

4. 행사요건

(1) 물권에 대한 방해(침해) 또는 방해(침해)염려가 있을 것

① 물권적 청구권은 '물권을 방해(침해)하거나 방해(침해)할 염려가 있다는 객관적 사실'에 의하여 발생하며, 침해자의 고의·과실을 요하지 않는다.
② 따라서 불가항력에 의한 물권 방해(침해)의 경우에도 물권적 청구권이 발생한다.
③ 물권자의 물권이 침해 또는 방해를 받은 경우에도 그것이 상대방의 정당한 권리행사에 의한 것이라면 물권자는 물권적 청구권을 행사할 수 없다.

(2) 당사자

① **청구권자**(행사주체): 현재 물권자
  ㉠ 청구권자는 물권이 방해(침해)되었거나 방해(침해)받을 염려가 있는 현재의 물권자이다.
  ㉡ 따라서 소유권을 상실한 전소유자는 제3자의 불법점유에 대하여 소유권에 기한 물권적 청구권을 행사할 수 없다(68다725 전합).
② **상대방**: 현재의 방해 또는 침해자와 그러한 염려가 있는 자
  ㉠ 물권적 청구권 행사의 상대방은 타인의 물권을 방해 또는 침해하고 있거나 그러한 행위를 할 염려가 있는 상태를 발생시키고 있는 자이다.
  ㉡ 따라서 물권의 방해자가 그 물건의 점유를 이미 제3자에게 이전하고 현재 방해하지 않는 경우 더 이상 물권적 반환청구권의 상대방이 될 수 없고 그 제3자가 물권적 반환청구권의 상대방이 된다.

  ● 방해상태가 종료된 자를 상대로 방해제거청구권을 행사할 수는 없다.

ⓒ **상대방의 고의·과실**: 물권적 청구권을 행사하기 위하여 상대방에게 고의·과실이 있어야 하는 것은 아니다. 즉, 방해 또는 침해자에게 고의·과실이 없어도 현실적으로 물권의 방해 내지 침해가 있다면 물권자는 그 자에게 물권적 청구권을 행사할 수 있다.

ⓓ **상대방의 점유의 유형**: 상대방의 점유는 직접점유, 간접점유를 불문한다.

> **판례** 물권적 청구권의 행사
>
> ① 물권적 청구권의 상대방은 현재 목적물을 점유하고 있는 자를 상대방으로 하여야 하며, 최초의 침해자가 목적물을 현재 점유하지 않는 경우 그를 상대로 반환청구할 수 없다(98다9045).
> ② 무효인 저당권등기의 경우에도 저당권명의자가 말소청구의 상대방이 되며, 무효인 저당권이 양도되어 저당권이전의 부기등기가 된 경우, 저당권등기말소청구의 상대방은 본래의 저당권명의자가 아니라 저당권 양수인이며, 이때 저당권이전의 부기등기 말소를 청구할 것이 아니라 저당권설정등기의 말소를 청구하여야 한다(2000다5640). 즉, 계속되는 방해의 제거를 청구해야 하고, 방해 결과의 제거를 청구할 수는 없다(2003다5917).
> ③ 토지에 대한 소유권을 상실한 전소유자는 그 토지를 불법적으로 점유하고 있는 제3자에 대하여 소유권에 기한 물권적 청구권을 행사할 수 없다(68다725 전합).
> ④ 불법점유를 이유로 건물의 명도청구 시 현실적으로 불법점유를 하고 있는 사람을 상대로 명도청구할 수도 있지만 간접점유자를 상대로 명도청구할 수도 있다(81다187).
> ⑤ 건물소유자가 그 건물 소유를 통하여 타인 소유의 토지를 점유하고 있다고 하더라도 그 토지소유자는 그 건물의 철거와 그 대지부분의 인도를 청구할 수 있을 뿐, 자기 소유 건물을 점유하고 있는 자에 대하여 그 건물에서 퇴거할 것을 청구할 수는 없다(98다57457). 다만, 그 건물의 전세권자나 대항력을 갖춘 임차인에 대하여는 그 건물로부터의 퇴출을 청구할 수 있다(2010다43801).
> ⑥ 매수인이 인도받은 그 토지 위에 건축한 건물을 취득한 자는 그 토지에 대한 매수인의 위와 같은 점유 사용권까지 아울러 취득한 것으로 봄이 상당하므로 매도인은 매매계약의 이행으로서 인도한 토지 위에 매수인이 건축한 건물을 취득한 자에 대하여 토지소유권에 기한 물권적 청구권을 행사할 수 없다(87다카1682).
> ⑦ 토지의 매수인이 아직 소유권이전등기를 마치지 않았더라도 매매계약의 이행으로 토지를 인도받은 때에는 매매계약의 효력으로서 이를 점유·사용할 권리가 있으므로, 매도인이 매수인에 대하여 그 점유·사용을 법률상 원인이 없는 이익이라고 하여 부당이득반환청구를 할 수는 없다. 이러한 법리는 대물변제 약정 등에 의하여 매매와 같이 부동산의 소유권을 이전받게 되는 사람이 이미 부동산을 점유·사용하고 있는 경우에도 마찬가지로 적용된다(2014다2662).
> ⑧ 등기부상 진실한 소유자의 소유권에 방해가 되는 부실(不實)등기가 존재하는 경우에 그 등기명의인이 허무인인 때에는 소유자는 그와 같은 허무인 명의로 등기행위를 한 자에 대하여 소유권에 기한 방해배제로서 등기행위자를 표상하는 허무인 명의의 등기말소를 구할 수 있다(90다684).

개념적용 문제

물권적 청구권에 관한 설명으로 옳은 것은? (다툼이 있으면 판례에 따름) 제27회 기출

① 지상권을 설정한 토지소유자는 그 토지에 대한 불법점유자에 대하여 물권적 청구권을 행사할 수 없다.
② 점유를 상실하여 현실적으로 점유하고 있지 아니한 불법점유자에 대하여 소유자는 그 소유물의 인도를 청구할 수 있다.
③ 소유권을 상실한 전(前)소유자가 그 물건의 양수인에게 인도의무를 부담하는 경우, 제3자인 불법점유자에 대하여 소유권에 기한 물권적 청구권을 행사할 수 있다.
④ 소유자는 소유권을 현실적으로 방해하지 않고 그 방해를 할 염려있는 행위를 하는 자에 대하여도 그 예방을 청구할 수 있다.
⑤ 지역권자는 지역권의 행사를 방해하는 자에게 승역지의 반환청구를 할 수 있다.

해설
① 지상권을 설정한 토지소유권자는 불법점유자에 대하여 물권적 청구권을 행사할 수 있다. 그러나 지상권을 설정한 토지소유권자는 지상권이 존속하는 한 토지를 사용 수익할 수 없으므로 특별한 사정이 없는 한 불법점유자에게 손해배상을 청구할 수 없다(74다1150).
② 불법점유를 이유로 하여 그 명도 또는 인도를 청구하려면 현실적으로 그 목적물을 점유하고 있는 자를 상대로 하여야 하고 불법점유자라 하여도 그 물건을 다른 사람에게 인도하여 현실적으로 점유를 하고 있지 않은 이상, 그 자를 상대로 한 인도 또는 명도청구는 부당하다(98다9045).
③ 소유권에 기한 물상청구권을 소유권과 분리하여 이를 소유권 없는 전 소유자에게 유보하여 행사시킬 수는 없는 것이므로 소유권을 상실한 전(前) 소유자는 제3자인 불법점유자에 대하여 소유권에 기한 물권적 청구권에 의한 방해배제를 구할 수 없다(68다725 전합).
⑤ 지역권은 비배타적 공용권으로서 지역권자는 지역권의 행사를 방해하는 자에게 방해의 제거를 청구할 수는 있지만 승역지의 반환청구를 할 수는 없다.

정답 ④

5. 비용부담의 문제

(1) 행위청구권설(다수설)

① 물권적 청구권의 내용을 '상대방의 적극적인 행위청구[방해제거 및 건물의 철거(66다2228), 등기의 말소(90다684)]'로 이해하여 상대방을 방해행위의 제거의무자로 인정함으로써 그 비용(강제집행비용)은 채무자인 상대방이 부담하여야 한다(민사집행법 제53조 제1항).
② 소유자가 침해자에 대하여 방해제거행위 또는 방해예방행위를 하는 데 드는 비용을 청구할 수 있는 권리는 민법규정(제214조)에 포함되어 있지 않으므로, 소유자는 물권적 청구권 행사 시 방해배제비용 또는 방해예방비용을 청구할 수는 없다(2014다52612).

(2) 인용청구권설(소수설)

물권적 청구권의 내용을 상대방의 인용을 요구하는 것으로 이해하는 인용청구권설에 의하면 청구권자 스스로 비용을 부담하여야 한다.

6. 다른 청구권과의 관계

(1) 불법행위에 의한 손해배상청구권과의 관계

① 물권적 청구권은 손해배상청구권을 포함하지 않는다. 즉, 물권적 청구권을 행사하는 자는 언제나 불법행위를 이유로 손해배상을 동시에 청구하는 것은 아니다.
② 물권에 대한 상대방의 고의·과실에 의한 침해가 있고, 이로 인하여 손해가 발생하였다면 물권적 청구권을 행사하면서 불법행위를 이유로 손해배상청구권을 같이 행사할 수도 있다.
③ 지상권을 설정한 토지소유권자는 불법점유자에 대하여 물권적 청구권을 행사할 수 있으나, 지상권을 설정한 토지소유권자는 지상권이 존속하는 한 토지를 사용·수익할 수 없으므로, 특별한 사정이 없는 한 불법점유자에게 손해배상을 청구할 수 없다(74다1150).

구분	물권적 청구권	불법행위에 의한 손해배상청구권
요건	물권의 침해가능성만으로 성립	권리침해의 발생가능성만으로는 불성립
	침해자의 고의·과실은 요건 ×	가해자의 고의·과실이 요건 ○
효과	목적물반환, 방해제거, 방해예방	손해배상
경합	물권의 침해가 침해자의 고의·과실에 의한 경우 양 청구권이 병존하므로 양자를 함께 행사하거나 선택적으로 행사 가능	

(2) 물권적 청구권과 불법원인급여

불법원인급여자는 부당이득반환청구권뿐만 아니라 소유권에 기한 반환청구도 행사할 수 없다. 따라서 불법을 원인으로 하여 불법원인급여자로부터 물건을 급여받은 상대방은 그 물건의 소유권을 취득한다(79다483 전합).

CHAPTER 01 OX문제로 완벽 복습

01 채권은 특정인의 급부를 목적으로 하고, 물권은 물건을 객체로 하는 배타적 지배권으로서 모두 재산권이다. (O | X)

02 물권법의 강행법규성은 물권법정주의에서 연유된다. (O | X)

03 물권은 법률 또는 관습법에 의하지 않고는 임의로 창설할 수 없다. (O | X)

04 법률 또는 관습법에서 정하는 물권과 다른 종류의 물권은 임의로 창설할 수 없지만, 당사자 사이의 특약으로 이와 다른 내용으로 물권을 정하는 것은 무방하다. (O | X)

05 동일한 물건 위에 성질·범위·순위가 같은 2 이상의 물권이 동시에 성립하지 못한다. (O | X)

06 물건의 일부분에 하나의 물권은 성립될 수 없고, 수개의 집합물을 객체로 하나의 물권이 성립할 수 없는 것이 원칙이다. (O | X)

07 1동 건물 일부에 구분소유권이나, 전세권을 설정하는 것은 일물일권주의에 반하므로 허용할 수 없다. (O | X)

08 1필 토지 일부에 용익물권은 설정할 수 있으나 저당권은 설정할 수 없다. (O | X)

09 물권적 청구권은 현재 물권자만이 현재 물권을 방해하거나 방해할 염려가 있는 자에게만 행사할 수 있다. (O | X)

10 민법은 소유권과 점유권 및 제한물권에 관하여 물권적 청구권을 규정하고, 유치권에 대하여는 물권적 청구권을 인정하지 않는다. (O | X)

11 물권적 청구권은 물권과 분리하여 양도하지 못한다. (O | X)

12 침해자의 고의·과실로 손해가 발생한 경우 물권적 청구권과 손해배상청구권을 동시에 행사할 수 있다. (O | X)

정답

01 O 02 O 03 O 04 X(민법 제185조는 강행규정으로서 당사자가 임의로 물권의 종류 및 내용을 정하는 것은 허용하지 않는다) 05 O 06 O 07 X(일물일권주의 예외로 집합건물 일부에 구분소유권이나 1동 건물의 일부에 용익물권인 전세권은 설정할 수 있다) 08 O 09 O 10 X(민법은 소유권과 점유권에만 물권적 청구권을 규정하고, 제한물권은 소유권에 관한 규정을 준용하도록 한다. 다만, 유치권에 관하여는 명문의 규정은 없으나 점유권에 관한 규정을 원용할 수 있다고 본다) 11 O 12 O

CHAPTER 02 물권의 변동

회독체크 1 2 3

CHAPTER 미리보기

- 물권의 변동
  - 물권변동의 원인 ── 물권변동을 목적으로 하는 법률행위의 효력발생: 형식주의
  - 공시
    - 부동산: 등기
    - 동산: 인도
    - (수목 등: 명인방법)
  - 등기
    - 등기의 유효요건
    - 등기의 효력
    - 가등기와 본등기
    - 등기청구권
    - 동산물권의 선의취득
  - 물권의 소멸: 혼동

학습전략

❶ 1~2문항 정도 출제가 예상됩니다.
❷ 물권변동 시 등기가 필요한 경우와 등기 없이도 물권을 취득하는 경우, 가등기와 본등기, 보존등기의 효력과 등기청구권의 소멸시효와 연계하여 등기청구권이 물권적 청구권인지 채권적 청구권인지를 분명하게 구분할 수 있어야 합니다.

학습키워드

- 물권변동의 원인
- 등기의 유효요건
- 등기의 효력
- 가등기와 본등기
- 등기청구권
- 동산물권의 변동
- 물권의 소멸

제1절 물권변동 일반

1 서설

1. 물권변동의 의의

물권의 변동(物權의 變動)이란 물권의 발생, 변경, 소멸을 총칭하는 말이다. 물권변동을 권리의 주체의 관점에서 보면 물권의 득실변경(得失變更)을 의미한다.

2. 부동산 물권변동과 동산 물권변동

부동산과 동산은 사회에서 담당하는 기능과 작용이 본질적으로 다르므로, 민법은 제186조와 제187조에서 부동산 물권변동을, 제188조 내지 제190조에서 동산 물권변동을 규율하고 있다.

3. 물권변동의 원인

(1) 법률행위에 의한 물권변동

① 당사자의 의사에 의한 물권변동으로서 표의자가 의도한 대로 물권변동의 효과가 발생한다는 점에서 사적 자치를 원칙으로 하는 민법에서 가장 중요한 물권변동의 원인이다.
② 법률행위에 의하여 부동산 물권이 변동된 경우 등기, 동산의 경우 인도(점유)를 해야 효력이 발생한다(형식주의).

(2) 법률행위가 아닌 원인(법률규정)에 의한 물권변동

① 법률행위에 의하지 아니한 물권변동을 총칭하여 법률규정에 의한 물권변동이라고 하며, 이는 당사자의 의사와 관계없이 법률이 정하고 있는 일정한 요건이 갖추어지면 당연히 물권변동의 효과가 발생하도록 규정되어 있는 경우를 말한다.
② 부동산의 경우 상속, 공용징수, 판결, 경매, 기타 법률규정(제187조), 그 밖에도 취득시효, 선의취득, 선점·습득·발견, 첨부, 소멸시효, 혼동, 몰수 등이 이에 해당한다.
③ 법률규정에 의한 물권변동은 등기나 인도 없이도 법률규정으로 정한 때 효력이 발생한다.
④ 부동산에 관하여는 민법 제187조에서, 동산에 관하여는 주로 소유권취득의 부분에서, 즉 민법 제246조 이하에서 각각 다른 원칙에 의하여 규율하고 있다.

2 법률행위에 의한 부동산 물권변동

> **제186조 【부동산 물권변동의 효력】** 부동산에 관한 법률행위로 인한 물권의 득실변경은 등기하여야 그 효력이 생긴다.

1. 원칙

법률행위로 인한 물권변동에 있어서 우리 민법은 성립요건주의를 취하고 있다. 따라서 법률행위에 의해 부동산물권이 변동하기 위해서는 물권행위(물권적 합의)와 등기가 있어야 한다. 따라서 부동산의 인도 및 거래대금의 지급은 그 요건이 아니다. 이때의 득실변경에는 물권의 설정·이전·변경·소멸을 포함한다.

2. 제186조의 적용범위

제186조는 소유권, 지상권, 지역권, 전세권, 저당권 등에 적용된다.

> **판례** 부동산 물권변동에 등기를 요하는 경우
>
> ① 공유물분할의 소송절차 또는 조정절차에서 공유자 사이에 공유토지에 관한 현물분할의 협의가 성립하여 그 합의사항을 조서에 기재함으로써 조정이 성립하였다고 하더라도, 공유자들이 협의한 바에 따라 토지의 분필절차를 마친 후 각 단독소유로 하기로 한 부분에 관하여 다른 공유자의 공유지분을 이전받아 등기를 마침으로써 비로소 그 부분에 대한 대세적 권리로서의 소유권을 취득하게 된다고 보아야 한다(2011두1917 전합).
> ② 당사자 사이에 이루어진 어떠한 법률행위를 원인으로 하여 부동산소유권이전등기절차의 이행을 명하는 것과 같은 내용의 판결 또는 소유권이전의 약정을 내용으로 하는 화해조서가 작성된 경우라도 이에 관한 등기가 경료된 경우에 물권변동의 효력이 발생한다(64다1721).
> ③ 국가를 상대로 한 토지소유권확인청구는 그 토지가 미등기이고 토지대장이나 임야대장상에 등록명의자가 없거나 등록명의자가 누구인지 알 수 없을 때와 그 밖에 국가가 등기 또는 등록명의자인 제3자의 소유를 부인하면서 계속 국가소유를 주장하는 등 특별한 사정이 있는 경우에 한하여 그 확인의 이익이 있다. 그러므로 미등기 토지에 관한 토지대장에 소유권을 이전받은 자는 등재되어 있으나 최초의 소유자는 등재되어 있지 않은 경우, 위 토지대장상 소유권이전등록을 받은 자에게 국가를 상대로 토지소유권확인청구를 할 확인의 이익이 있다(2009다48633).

3 법률행위가 아닌 원인(법률규정)에 의한 부동산 물권변동

> **제187조 【등기를 요하지 아니하는 부동산 물권취득】** 상속, 공용징수, 판결, 경매 기타 법률의 규정에 의한 부동산에 관한 물권의 취득은 등기를 요하지 아니한다. 그러나 등기를 하지 아니하면 이를 처분하지 못한다.

1. 원칙

① 법률행위에 의하지 않은 부동산 물권변동은 법률의 규정에 정한 바에 의한 물권의 변동을 의미한다. 법률규정에 의한 부동산물권의 취득 시에는 등기를 요하지 않는다. 그 이유는 성질상 등기가 불가능하거나 등기를 하지 않더라도 물권변동의 효과와 시점을 명료하게 정할 수 있기 때문이다.

② 법률행위가 아닌 원인에 의하여 취득한 부동산물권을 처분할 때에는 등기를 하여야 한다. 다만, 판례는 많은 예외를 허용한다.
  ㉠ 상속등기를 하지 않고 이를 양도하는 경우에 피상속인으로부터 곧바로 양수인에게로 이전등기를 하거나,
  ㉡ 건물을 신축하고 이를 양도하는 경우에 보존등기를 하고서 그 다음에 이전등기를 하는 것이 아니라 곧바로 양수인 명의로 보존등기를 하는 것(모두생략등기) 등이 그것이다.

2. 제187조의 적용범위

(1) 상속

① 물권변동의 시기는 피상속인이 사망한 때이다. 포괄유증, 회사합병도 상속과 동일하므로 등기 없이 물권변동이 발생한다.

② 상속에 준하여 포괄유증(제1078조), 회사의 합병(상법 제235조·제269조 등) 등으로 인한 포괄승계에 의한 물권의 취득에 관하여도 등기를 요하지 않는다.

> **참고** 유증에 의한 권리취득
> 1. 포괄적 유증을 받은 자는 민법 제187조에 의하여 법률상 당연히 유증받은 부동산의 소유권을 취득하게 된다.
> 2. 특정유증을 받은 자는 유증의무자에게 유증을 이행할 것을 청구할 수 있는 채권을 취득할 뿐이므로, 특정유증을 받은 자는 유증받은 부동산의 소유권자가 아니어서 직접 진정한 등기명의 회복을 원인으로 한 소유권이전등기를 구할 수 없다(2000다73445).

(2) 공용징수

① 물권변동의 시기는 협의수용의 경우에는 협의로 정한 때, 재결수용의 경우에는 관할 토지수용위원회가 재결로서 정한 수용개시일이다.
  ○ 보상금 지급을 정지조건부로 정한 수용기일

② 관할 토지수용위원회가 재결한 보상금을 사업시행자가 수용개시일까지 지급 또는 공탁하지 아니한 때에는 해당 토지수용위원회의 재결은 그 효력을 상실한다(공익사업을 위한 토지 등의 취득 및 보상에 관한 법률 제42조 제1항).

(3) 판결

① 판결에 의한 물권변동의 시기는 그 판결이 확정된 때이다.
② 제187조에서 말하는 판결은 사해행위취소판결, 공유물분할판결, 상속재산분할판결 등과 같은 형성판결만을 의미하고 이행판결, 확인판결은 포함되지 않는다.
③ 따라서 매매를 원인으로 소유권이전등기 청구소송에서 매수인의 승소판결이 확정되어 그 등기 절차를 이행하라는 이행판결이 확정된 경우에도, 승소한 당사자가 단독으로 등기를 신청할 수 있을 뿐이고(부동산등기법 제23조 제4항), 그 이행판결문을 근거로 하여 등기가 된 때에 비로소 소유권이전의 효력이 생긴다(제186조).
④ 당사자 사이에 이루어진 어떠한 법률행위를 원인으로 하여 부동산소유권이전등기절차의 이행을 명하는 것과 같은 내용의 판결 또는 소유권이전의 약정을 내용으로 하는 화해조서가 작성된 경우라도 이에 관한 등기가 경료된 경우에 물권변동의 효력이 발생한다(64다1721).

(4) 경매

① 민법 제187조가 규정하는 경매라고 함은 국가기관이 하는 공경매(公競賣)를 말하는 것으로서 이에는 「민사집행법」상의 경매(동법 제80조 이하) 및 「국세징수법」에 의한 공매 등이 있다.
② 경매부동산의 소유권을 취득하는 시기는, 「민사집행법」에 의한 경매든 「국세징수법」에 의한 공매든 모두 경락인(매수인)이 그 경락(매각)대금을 완납한 때이다.

3. 제187조의 예외

부동산에 대한 점유취득시효(제245조 제1항)는 제187조의 유일한 예외이다. 따라서 점유취득시효를 완성한 것만으로는 부동산소유권을 취득하지 못하고 등기함으로써 소유권을 취득한다. 점유취득시효는 원시취득이므로 이론상 보존등기를 하여야 하나 실무상 이전등기를 한다.

4 물권변동의 원인이 제186조인지 제187조인지 문제되는 경우

1. 원인행위의 실효에 의한 물권의 복귀

(1) 원인행위가 무효·취소된 경우(판례)

① 원인행위가 무효·취소된 경우 물권행위도 소급적으로 무효가 되고 물권변동은 처음부터 없었던 것으로 되므로, 물권은 말소등기 없이 당연히 전소유자에게 복귀한다(제187조에 의한 물권변동).
② 따라서 물권자는 상대방에 대해 소유권에 기한 물권적 청구권(제213조, 제214조)을 행사하여 등기의 말소 또는 이전등기(진정명의회복을 원인으로 하는 소유권이전등기)를 할 수 있다.

> **판례** 진정명의회복을 원인으로 하는 소유권이전등기
>
> ① 소유권을 표상하는 등기가 되어 있었거나 법률에 의하여 소유권을 취득한 자가 진정한 등기명의를 회복하기 위한 방법으로는 현재의 등기명의인을 상대로 그 등기의 말소를 구하는 외에 '진정한 등기명의의 회복'을 원인으로 한 소유권이전등기 절차의 이행을 직접 구하는 것도 허용된다(89다카12398 전합).
> ② 말소등기에 갈음하여 허용되는 진정명의회복을 원인으로 한 소유권이전등기청구권과 무효등기의 말소청구권은 어느 것이나 진정한 소유자의 등기명의를 회복하기 위한 것으로서 실질적으로 그 목적이 동일하고, 두 청구권 모두 소유권에 기한 방해배제청구권으로서 그 법적 근거와 성질이 동일하므로, 비록 전자는 이전등기, 후자는 말소등기의 형식을 취하고 있다고 하더라도 그 소송물은 실질상 동일한 것으로 보아야 하고, 따라서 소유권이전등기 말소청구소송에서 패소확정판결을 받았다면 그 기판력은 그 후 제기된 진정명의회복을 원인으로 한 소유권이전등기청구소송에도 미친다(99다37894 전합).
> ③ 자기 앞으로 소유권의 등기가 되어 있지 않았고 법률에 의하여 소유권을 취득하지도 않은 사람이 소유권자를 대위하여 현재의 등기명의인을 상대로 그 등기의 말소를 청구할 수 있을 뿐인 경우에는 진정한 등기명의의 회복을 위한 소유권이전등기청구를 할 수 없다(2002다64148).

(2) 계약해제의 경우(물권행위의 유인설 – 판례)

① 계약 해제 시 물권행위도 소급무효가 되어, 해제로서 말소등기 없이도 당연히 이전하였던 물권이 전소유자에게 복귀한다(제187조에 의한 물권변동).

② 제3자 보호
  ㉠ 상대방과 거래한 제3자는 원칙적으로 권리를 취득할 수 없고, 다만 개별적 제3자 보호규정(제107조 제2항, 제108조 제2항, 제109조 제2항, 제110조 제3항, 제548조 제1항 단서)을 통해 보호된다.
  ㉡ 제3자 보호범위를 확대: 매매계약이 취소 또는 해제된 경우 그 의사표시 후 말소등기 전에 취소 또는 해제의 의사표시가 있었음을 알지 못하고 매수인과 새로운 이해관계를 맺은 자가 선의인 경우 그 제3자도 보호되는 제3자에 포함된다(判).

2. 재단법인설립에 있어서의 출연재산의 귀속시기

출연자와 법인 간에는 제187조의 적용을 인정하여 제48조에 규정한 시기에 등기 없이도 법인에게 귀속되나, 법인이 취득한 부동산을 가지고 제3자에게 대항하기 위해서는 제186조에 따라 이전등기를 해야 한다(判).

3. 소멸시효 완성과 용익물권의 소멸_절대적 소멸설(판례 및 다수설)

소멸시효의 완성으로 말소등기 없이도 물권은 당연히 소멸한다(제187조에 의한 물권변동).

4. 지상권과 전세권의 소멸청구(제287조 및 제311조)

지상권 또는 전세권의 소멸청구는 형성권의 행사이므로 말소등기 없이도 소멸한다(제187조에 의한 물권변동).

5. 전세권의 소멸통고(제313조)

① 당사자의 소멸통고가 있으면 민법규정에 따라 6개월 경과 후 말소등기 없이도 전세권은 소멸하므로, 이는 제187조에 의한 물권변동에 해당된다.
② 건물의 전세권이 법정갱신된 경우 이 또한 법률규정에 의한 물권변동에 의한 것으로서 등기 없이도 전세권자는 전세권설정자 및 제3자에 대하여 전세권의 효력을 주장할 수 있다.

6. 부동산물권의 포기

① 부동산물권의 포기는 물권적 단독행위로 등기를 요한다는 등기필요설이 다수설이다. 이 견해에 의하면 제186조에 의한 물권변동에 해당된다.
② "공유자가 그 지분을 포기하거나 상속인 없이 사망한 때에는 그 지분은 다른 공유자에게 각 지분의 비율로 귀속한다." 여기서 공유지분의 포기는 법률행위로서 상대방 있는 단독행위에 해당하므로, 부동산 공유자의 공유지분 포기의 의사표시가 다른 공유자에게 도달하더라도 이로써 곧바로 공유지분 포기에 따른 물권변동의 효력이 발생하는 것은 아니고, 다른 공유자는 자신에게 귀속될 공유지분에 관하여 소유권이전등기청구권을 취득하며, 이후 민법 제186조에 의하여 등기를 하여야 공유지분 포기에 따른 물권변동의 효력이 발생한다. 그리고 부동산 공유자의 공유지분 포기에 따른 등기는 해당 지분에 관하여 다른 공유자 앞으로 소유권이전등기를 하는 형태가 되어야 한다(2015다52978).

> **판례** 등기 없이 물권변동이 가능한 경우
>
> ① 무허가건물의 신축은 법률행위에 의하지 아니한 물권의 취득이므로 신축자가 등기 없이 소유권을 원시취득한다(95다43594).
> ② 미완성 건물이라도 사회통념상 독립한 건물이라고 볼 수 있는 형태와 구조를 갖추고 있는 건물을 타에 매도한 후 건축주 명의변경절차를 마쳤다 하더라도 원래의 건축주가 건물을 원시취득한다(2000다24184).
> ③ 건축업자가 타인의 대지를 매수하여 그 대금을 지급하지 아니한 채 그 위에 자기의 노력과 재료를 들여 건물을 건축하면서 건축허가 명의를 대지소유자로 한 경우(건축허가서는 허가된 건물에 관한 실체적 권리의 득실변경의 공시방법이 아니며 추정력도 없으므로 건축허가서에 건축주로 기재된 자가 건물의 소유권을 취득하는 것이 아니다)에는, 완성된 건물의 소유권은 일단 이를 건축한 채무자가 원시적으로 취득한 후 채권자 명의로 소유권보존등기를 마침으로써 담보 목적의 범위 내에서 위 채권자에게 소유권이 이전된다(2000다16350).

④ 도급의 경우, 수급인이 자기의 노력과 재료를 들여 건물을 완성하더라도, 도급인과 수급인 사이에 도급인 명의로 건축허가를 받아 소유권보존등기를 하기로 하는 등 완성된 건물의 소유권을 도급인에게 귀속시키는 것으로 합의한 때에는, 그 건물의 소유권은 도급인에게 원시적으로 귀속한다(91다25505).
⑤ 귀속재산처리법에 의한 관재기관의 매각행위는 행정처분으로서 매수자가 그 매수대금을 완납하면 그 소유권은 등기를 필요로 하지 아니하고 자동적으로 매수자에게 이전된다(84다카557 전합).

> ◎ 국유임야의 불하에 의한 소유권의 취득은 사법상의 매매계약으로서 공권력에 의한 행정처분이 아니므로, 매수인이 소유권을 주장하기 위하여는 등기를 요한다(63다211).

참고 | 기타 법률규정에 의한 물권의 변동

1. 신축건물의 소유권취득(65다113), 첨부(부합·혼화·가공), 선점·습득·발견
2. 법정지상권의 취득, 관습법상의 법정지상권의 취득, 법정저당권의 취득, 법정대위에 의한 저당권의 이전
3. 법률행위의 무효·취소·해제·해지에 의한 물권의 복귀, 해제조건의 성취에 따른 물권의 복귀(92다5584)
4. 당사자와 재단법인 간의 출연재산의 귀속시기(78다481 전합)
5. 존속기간 만료로 인한 용익물권의 소멸
6. 피담보채권의 소멸로 인한 담보물권의 소멸
7. 물건의 멸실·혼동·소멸시효로 인한 물권의 소멸
8. 분배농지의 상환완료로 인한 소유권취득

개념적용 문제

물권의 변동에 관한 설명으로 옳지 않은 것은? (다툼이 있으면 판례에 따름) 제26회 기출

① 별도의 공시방법을 갖추면 토지 위에 식재된 입목을 그 토지와 독립하여 거래의 객체로 할 수 있다.
② 지역권은 20년간 행사하지 않으면 시효로 소멸한다.
③ 취득시효에 의한 소유권취득의 효력은 점유를 개시한 때로 소급한다.
④ 부동산 공유자가 자기 지분을 포기한 경우, 그 지분은 이전등기 없이도 다른 공유자에게 각 지분의 비율로 귀속된다.
⑤ 공유물분할의 조정절차에서 협의에 의하여 조정조서가 작성되더라도 그 즉시 공유관계가 소멸하지는 않는다.

> **해설** 민법 제267조는 "공유자가 그 지분을 포기하거나 상속인 없이 사망한 때에는 그 지분은 다른 공유자에게 각 지분의 비율로 귀속한다."라고 규정하고 있다. 여기서 공유지분의 포기는 법률행위로서 상대방 있는 단독행위에 해당하므로, 부동산 공유자의 공유지분 포기의 의사표시가 다른 공유자에게 도달하더라도 이로써 곧바로 공유지분 포기에 따른 물권변동의 효력이 발생하는 것은 아니고, 다른 공유자는 자신에게 귀속될 공유지분에 관하여 소유권이전등기청구권을 취득하며, 이후 민법 제186조에 의하여 등기를 하여야 공유지분 포기에 따른 물권변동의 효력이 발생한다. 그리고 부동산 공유자의 공유지분 포기에 따른 등기는 해당 지분에 관하여 다른 공유자 앞으로 소유권이전등기를 하는 형태가 되어야 한다(2015다52978).
>
> 정답 ④

5 물권의 변동과 공시(公示)

1. 공시(公示)의 원칙

(1) 공시의 원칙이란 배타적·절대적 지배권인 물권변동 시에는 그 내용을 일반에게 알리는 표상(공시방법)을 갖추어야 한다는 원칙을 말한다.

(2) 공시방법
① 부동산 물권변동은 등기에 의해, 동산 물권변동은 인도(점유의 이전)에 의하고 입목에 관한 물권변동은 등기에 의해, 수목 등이나 미분리 과실은 명인방법에 의해 각각 공시된다.
② 동산의 공시방법으로서 인도는 공시방법으로 매우 불완전하므로 이를 보완할 필요가 있는 경우 공적 장부에의 등기·등록(선박, 자동차, 항공기, 건설기계) 등을 통해 그 기능이 보충되고 있다.

2. 공신(公信)의 원칙

(1) 공신의 원칙이란 공시방법을 신뢰하여 거래한 자가 있는 경우에 그 공시내용이 진실한 권리관계와 일치하지 않더라도 마치 공시된 대로의 권리가 존재하는 것처럼 취급하여 그 자의 신뢰를 보호하여야 한다는 원칙을 말한다.

(2) 물권변동에 있어 공신력을 인정하는 경우 권리를 잃게 되는 진정한 권리자는 진정한 권리자임을 사칭한 양도인에 대해 불법행위에 기한 손해배상청구권이나 부당이득반환청구권을 행사할 수 있다.

(3) 민법의 태도
① **동산 – 공신의 원칙 채택**
  ㉠ 동산의 공시방법으로서 점유에는 공신력이 있다.
  ㉡ 동산에 대하여는 선의취득(제249조)제도를 통하여 진정한 권리자를 희생시키고 공시방법을 믿고 거래한 자를 보호하여 거래의 안전을 보호한다.
② **부동산 – 공신의 원칙 부정**
  ㉠ 부동산 거래에 관하여는 공신의 원칙을 인정하지 않는다. 무효인 부동산 등기의 내용을 믿고 거래한 자는 보호되지 않는다.
  ㉡ 다만, 개별적 제3자 보호규정에 의하여 보호받는 경우는 있다.
    ⓐ 의사표시에 관한 규정들(제107조 제2항·제108조 제2항·제109조 제2항·제110조 제3항)
    ⓑ 계약해제 시의 원상회복에 관한 규정(제548조 제1항 단서)

ⓒ 「부동산 실권리자명의 등기에 관한 법률」 제4조 제3항
ⓓ 「가등기담보 등에 관한 법률」 제11조
ⓔ 제3자 보호범위의 확대이론을 통해 보호받을 여지는 있다.

제2절 물권행위

1 서설

1. 의의

물권행위(物權行爲)란 의사표시를 요소로 하면서 직접 물권변동을 목적으로 하는 법률행위로서, 물권적 법률행위라고도 한다. 물권행위는 처분행위로서 이행의 문제를 남기지 않는다는 점에서 채권행위(원인행위)와 구별된다. 또한 물권행위를 하기 위해서는 처분자에게 처분능력과 처분권한이 있어야 한다.

2. 방식

물권행위는 원칙적으로 불요식행위이다. 또 당사자의 권리능력과 행위능력·의사표시·대리·무효와 취소·조건과 기한 등에 관한 민법 규정은 모두 물권행위에도 그대로 적용된다. 따라서 물권행위에도 조건·기한을 붙일 수 있다.

2 물권행위의 유인성·무인성

1. 다수설 – 무인설(無因說)

무인설(無因說)은 채권행위가 불성립, 무효, 취소, 해제 기타의 사유로 실효된 경우 물권행위가 이에 영향을 받지 않는다는 견해이다.

2. 소수설 – 유인설(有因說)

유인설(有因說)은 채권행위가 불성립, 무효, 취소, 해제 기타의 사유로 실효된 경우 물권행위도 당연히 영향을 받는다는 견해이다.

3. 판례

① 판례는 물권행위의 독자성을 부정함으로써 그 논리적으로 유인설을 취하는 것으로 해석된다.
② 그 결과 원인행위인 매매계약이 무효·취소·해제되면 그 물권변동의 효력이 소멸하여 소유권은 전(前)소유자인 매도인에게 자동 복귀한다.

> **판례** 계약의 해제와 물권의 복귀
>
> 우리의 법제가 물권행위의 독자성과 무인성을 인정하고 있지 않는 점과 민법 제548조 제1항 단서가 거래안정을 위한 특별규정이란 점을 생각할 때 계약이 해제되면 그 계약의 이행으로 변동이 생겼던 물권은 당연히 그 계약이 없었던 원상태로 복귀한다 할 것이다(75다1394).

제3절 등기

1 서설

1. 등기의 의의

① 등기란 국가기관인 등기관이 등기부에 부동산에 관한 일정한 부동산의 정보(사실관계 내지 권리관계)를 법이 정하는 절차와 방법에 따라 기록하는 것 또는 그러한 기록 그 자체를 말한다.
② 등기신청이 있었다 하더라도 등기부에 기재가 없으면 등기가 있었다고 할 수 없다.

2. 효력에 따른 분류

(1) 본등기(종국등기)

본등기란 물권변동의 효력이 직접 발생하는 등기를 말한다.

(2) 가등기

① **권리의 변동청구권의 순위 보전을 위한 가등기**: 본등기 시 본등기의 순위를 보전하기 위한 목적의 가등기를 말한다.
② **담보가등기**: 가등기담보·양도담보 등의 담보목적의 가등기를 말한다.

2 등기의 유효요건

1. 형식적 유효요건

'등기정보'로서 형식을 갖춘 등기기록이 존재할 것

(1) 등기의 흠결이 없을 것

① **등기기록의 부존재**: 등기신청이 있었더라도 등기정보로서 등기기록이 되어 있지 아니하면 유효·무효 이전에 등기가 부존재하는 것이므로 물권변동의 효력이 생기지 않는다.

② **등기의 불법말소**: 적법하게 경료된 물권의 등기가 이해관계인이나 제3자의 불법행위 또는 등기관의 착오 등의 이유로 등기가 원인 없이 말소(등기의 불법말소)된 경우에도 물권은 소멸되지 않는다(81다카923). 그 이유는 등기는 물권변동의 효력발생요건이지 존속요건이 아니기 때문이다.

　㉠ 원인 없이 말소된 등기(등기의 불법말소)는 그 말소등기 자체가 실체관계에 부합하지 않는 것으로 무효이므로 물권은 소멸하지 않고 말소된 등기의 회복등기가 행하여지면 그 회복등기는 말소된 종전의 등기와 동일한 순위의 효력을 가진다.

　㉡ 이때 말소회복등기청구의 상대방은 말소 당시의 소유명의인이고, 말소 후에 등기명의를 취득한 자는 이해관계 있는 제3자로서 승낙의무를 부담한다(71다1285).

　㉢ 이러한 법리는 본등기뿐만 아니라 가등기에도 동일하게 적용된다.

> **참고** 말소회복등기에 관한 사례
>
> 1. 근저당권설정등기가 원인 없이 말소된 후 법률관계
>   ① 매매 등의 원인으로 부동산의 소유자가 변경이 된 경우: 근저당권자는 근저당권의 말소 당시 소유자에게 말소회복등기를 청구할 수 있고, 등기 말소 이후에 소유권을 취득한 양수인은 이를 승인할 의무를 부담한다.
>   ② 다른 근저당권자에 의하여 경매가 실행된 경우
>   　㉠ 부동산에 관하여 근저당권설정등기가 경료되었다가 그 등기가 위조된 등기서류에 의하여 아무런 원인 없이 말소되었다는 사정만으로는 곧바로 근저당권이 소멸하는 것은 아니라고 할 것이지만,
>   　㉡ 부동산이 경매절차에서 경락되면 그 부동산에 존재하였던 근저당권은 당연히 소멸하는 것이므로, 근저당권설정등기가 원인 없이 말소된 이후에 그 근저당 목적물인 부동산에 관하여 다른 근저당권자 등 권리자의 경매신청에 따라 경매절차가 진행되어 경락허가결정이 확정되고 경락인이 경락대금을 완납하였다면, 원인 없이 말소된 근저당권은 이에 의하여 소멸한다(98다27197).
>   　㉢ 다만, 근저당권자는 후순위 권리자를 상대로 근저당권이 원인 없이 말소되지 않고 정상적 순위에 의하여 배당하였더라면 후순위 권리자가 배당받을 수 있었던 배당액을 초과하는 부분에 대하여 부당이득의 반환을 청구할 수는 있다.

2. 甲 소유의 토지에 乙 명의의 소유권이전등기청구권의 보존을 위한 가등기가 경료된 이후 본등기하기 전에 목적물의 소유권이 丙으로 변경된 후 乙 명의의 가등기가 원인 없이 말소된 후에 토지의 소유권이 丙에서 丁으로 다시 변경된 경우
① 乙이 가등기에 기한 본등기를 청구하기 위하여는 우선 가등기가 원인 없이 말소될 당시의 소유명의자인 丙을 상대로 말소회복등기를 청구하여 회복등기가 경료하고,
② 이후 등기의무자인 甲을 상대로 가등기에 기한 본등기 청구를 하여 소유권을 취득할 수 있다.

(2) 등기사항으로 관할 등기소에서 행해졌을 것

① 등기는 관할 등기소에서 하여야 하며, 관할위반의 등기는 당연히 무효이다.
② 그 등기가 등기할 것이 아닌 경우에도 그 등기는 무효이다.
③ 따라서 이러한 경우에 등기관은 일정한 절차를 밟아 직권으로 그 등기를 말소하여야 한다.

> **참고** 등기의 멸실 및 후발적 탈루[(구)등기법]
>
> 1. **등기부의 멸실**
>   ① 등기부가 멸실된 경우에 등기회복을 신청하는 자는 3월 이상의 기간 내에 멸실회복등기를 할 수 있고, 멸실회복등기가 행하여진 때에는 등기된 권리는 「부동산등기법」 규정에 의하여 종전의 순위를 보유한다.
>   ② 그러나 그 기간 내에 적법한 멸실회복등기를 하지 못한 경우에도 등기멸실 당시의 소유자는 그 부동산에 대한 소유권을 상실하지 않는다(95다46166).
>   ③ 법정의 기간 내에 회복등기를 하지 않은 때에는 회복등기는 불가하나, 이를 미등기부동산으로 다루어 소유권보존등기절차에 따라 새로운 등기를 신청해야 한다(83다카994).
> 2. **등기의 후발적 탈루(脫漏)**
>   등기관의 고의·과실로 일단 경료된 등기가 새로 등기부에 이기(移記)할 때에 탈루된 경우에는 등기관이 직권으로 이를 경정할 수 있고, 그 경정 전에도 여전히 종전 등기의 효력은 존속한다. 따라서 그 탈루된 등기가 표상하던 물권은 소멸하지 않는다.

(3) 이중으로 경료된 등기(1부동산 1등기기록의 원칙을 위반한 등기)의 효력

① **표시란이 이중으로 등기된 경우**
   ㉠ 동일한 부동산에 관하여 2중등기가 경료되었더라도 그중 하나가 부동산의 표시에 있어서 실제와 현격한 차이가 있는 경우에는 그것을 공시의 효력을 가지는 등기라고는 볼 수 없기 때문에 2중등기의 문제가 생기지 않고 부동산의 실제와 합치하는 보존등기만이 효력을 가진다.
   ㉡ 실제와 부합하지 않는 등기의 표시를 경정한 등기도 무효가 된다(66다1473).
② **소유권보존등기가 이중으로 경료된 경우**
   ㉠ 등기명의인이 동일인인 경우: 먼저 경료된 등기가 유효하고 뒤에 한 등기는 효력이 없다. 따라서 뒤에 행하여진 보존등기에 터 잡아 이루어진 제3자 명의의 등기도 무효가 된다(83다카743).

ⓒ 등기명의인이 동일인이 아닌 경우
    ⓐ 먼저 이루어진 소유권보존등기가 원인무효가 되지 아니하는 한 뒤에 된 소유권보존등기는 비록 그 부동산의 매수인에 의하여 이루어진 경우에도 1부동산 1등기기록주의를 채택하고 있는 「부동산등기법」 아래서는 무효이다.
    ⓑ 따라서 먼저 된 소유권보존등기가 원인무효라는 아무런 자료가 없다면 뒤에 된 소유권보존등기는 실체관계에 부합하는지 여부를 따져 볼 필요 없이 무효이다(87다카2961·87다453 전합).
ⓒ 등기부 취득시효의 문제: 이중으로 경료되어 무효로 된 소유권보존등기나 이에 터 잡은 소유권이전등기는 1물1권주의(1부동산 1등기기록)원칙에 위배되므로 이를 기초로 하여서는 등기부 취득시효의 완성을 주장할 수 없다.

(4) 중간생략등기 – 물권변동과정의 불일치

① **의의**: 중간생략등기(中間省略登記)란 부동산물권이 최초양도인(甲)으로부터 중간자(乙)에게로 다시 중간자(乙)로부터 최종양수인(丙)에게로 전매된 경우에 중간자(乙)의 등기를 생략하고 최초양도인(甲)에게서 최종양수인(丙)에게로 행해지는 등기를 말한다.

② **중간생략등기가 경료된 경우**
ⓐ 중간생략등기가 이미 경료된 경우 중간생략등기에 관한 3자 사이의 합의가 있으면 그 등기는 유효함은 물론이지만, 합의가 없더라도 그 등기가 실체적 권리관계와 부합하는 경우에는 유효하다(79다847)고 한다.
ⓑ 다만, 토지거래허가구역 내에서 토지거래허가규정을 위반하여 이루어진 중간생략등기는 3자 사이의 합의가 있더라도 무효이다(96다3982).

③ **중간생략등기가 경료되지 않은 경우**
ⓐ 3자 사이의 중간생략등기에 관한 합의가 있는 경우
    ⓐ 최종양수인은 최초양도인을 상대로 3자 간의 합의를 근거로 직접 자기명의로의 소유권이전등기를 청구할 수 있다.
    ⓑ 3자 간의 합의가 있었다 하여 당사자간의 법률행위 자체에 영향을 미치는 것은 아니므로 중간생략등기에 관한 3자 간의 합의 후에도 유효한 매매계약에 기초하여 순차적으로 등기청구할 수도 있다.
    ⓒ 이러한 중간생략등기의 합의는 전원이 함께 동시에 할 수도 있고 순차적으로 할 수도 있다.

> **판례** 3자 간의 중간생략등기의 합의가 있는 경우

① 중간생략등기에 관하여 최초양도인과 중간자의 동의가 있고, 최초양도인과 최종양수인 사이에 그 중간생략등기에 관한 합의가 있는 경우 최종양수인은 최초양도인에 대하여 직접 이전등기를 청구할 수 있다(93다47738).
② 중간생략등기에 관한 3자 간의 합의가 있었다 하여 중간매수인의 소유권이전등기청구권이 소멸된다거나 매도인의 그 매수인에 대한 소유권이전등기의무가 소멸하는 것은 아니라 할 것이다(91다18316).
③ 중간생략등기에 관한 3자 간 합의가 있다고 하여 최초의 매도인이 자신이 당사자가 된 매매계약상의 매수인인 중간자에 대하여 갖고 있는 매매대금청구권의 행사가 제한되는 것은 아니다(2003다66431).
④ 중간생략등기에 관한 3자 간 합의 후 최초매도인과 중간매수인 간에 매매대금을 인상하는 약정이 체결된 경우, 최초매도인은 인상된 매매대금이 지급되지 않았음을 이유로 최종매수인 명의로의 소유권이전등기 의무의 이행을 거절할 수 있다(2003다66431).

　　ⓒ 중간생략등기의 합의가 성립하지 않은 경우: 최종양수인은 최초양도인에 대해 직접 자기명의로의 소유권이전등기를 청구할 수 없고, 중간자를 대위(代位)하여 최초양도인에 대해 중간자 앞으로 소유권이전등기를 할 것을 청구할 수 있다.
　　ⓒ 채권양도의 법리에 의한 등기청구권의 양도는 불가능: 매매로 인한 소유권이전등기청구권은 특별한 사정이 없는 이상 그 권리의 성질상 양도가 제한되고 그 양도에 채무자의 승낙이나 동의를 요한다고 할 것이므로, 통상의 채권양도와 달리 양도인의 채무자에 대한 통지만으로는 채무자에 대한 대항력이 생기지 않으며 반드시 채무자의 동의나 승낙을 받아야 대항력이 생긴다(2000다51216).
④ **중간생략등기에 관한 법리의 확장**(실체권리와 부합하는 경우 유효성을 인정)
　　㉠ 미등기부동산의 양수인이 직접 소유권보존등기를 하는 경우
　　㉡ 상속재산의 양도 시 피상속인으로부터 양수인에게 직접 소유권이전등기를 하는 경우

> **개념적용 문제**
>
> X토지가 소유자인 최초매도인 甲으로부터 중간매수인 乙에게, 다시 乙로부터 최종매수인 丙에게 순차로 매도되었다. 한편 甲, 乙, 丙은 전원의 의사합치로 X토지에 대하여 甲이 丙에게 직접 소유권이전등기를 하기로 하는 중간생략등기의 합의를 하였다. 이에 관한 설명으로 옳은 것을 모두 고른 것은? (다툼이 있으면 판례에 따름)   제25회 기출
>
> > ㉠ 중간생략등기 합의로 인해 乙의 甲에 대한 소유권이전등기청구권은 소멸한다.
> > ㉡ 중간생략등기 합의 후 甲과 乙 사이에 매매대금을 인상하기로 약정한 경우, 甲은 인상된 매매대금이 지급되지 않았음을 이유로 丙 명의로의 소유권이전등기의무의 이행을 거절할 수 있다.
> > ㉢ 만약 X토지가 토지거래허가구역 내의 토지라면, 丙이 자신과 甲을 매매당사자로 하는 토지거래허가를 받아 자신 앞으로 소유권이전등기를 경료하였더라도 그 소유권이전등기는 무효이다.

① ㉠　　　　　　　　　　　② ㉢
③ ㉠, ㉡　　　　　　　　　④ ㉡, ㉢
⑤ ㉠, ㉡, ㉢

> **해설**　㉠ 중간생략등기의 합의가 있었다 하더라도 이러한 합의는 중간등기를 생략하여도 당사자 사이에 이의가 없겠고 또 그 등기의 효력에 영향을 미치지 않겠다는 의미가 있을 뿐이지 그러한 합의가 있었다 하여 중간매수인의 소유권이전등기청구권이 소멸된다거나 첫 매도인의 그 매수인에 대한 소유권이전등기의무가 소멸되는 것은 아니라 할 것이다(91다18316).
>
> **정답** ④

(5) 무효등기의 유용

① **무효등기의 유용**(流用)이란 어떤 등기가 행하여졌으나 실체적 권리관계에 부합하지 않아서 무효가 된 후에 그에 부합하는 실체적 권리관계가 있게 된 경우 기존의 무효인 등기를 그대로 이용하는 것을 말한다.

② 유용의 합의 이전에 등기부상 이해관계를 가진 제3자가 없는 한 무효등기의 유용이 가능하다(判).

③ 다만, 주의할 것은 무효등기를 유용하기로 하였다 하여 그 등기가 소급하여 유효로 인정되는 것은 아니다.

④ 멸실된 건물과 신축된 건물이 위치나 기타 여러 가지 면에서 서로 같다고 하더라도 그 두 건물이 동일한 건물이라고는 할 수 없으므로 신축건물의 물권변동에 관한 등기를 멸실건물의 등기부에 등재하여도 그 등기가 무효임에는 변함이 없다(80다441).

⑤ 무효등기의 유용에 관한 합의 내지 추인은 묵시적으로도 이루어질 수 있으나, 위와 같은 묵시적 합의 내지 추인을 인정하려면 무효등기 사실을 알면서 장기간 이의를 제기하지 아니하고 방치한 것만으로는 부족하고 그 등기가 무효임을 알면서도 유효함을 전제로 기대되는 행위를 하거나 용태를 보이는 등 무효등기를 유용할 의사에서 비롯되어 장기간 방치된 것이라고 볼 수 있는 특별한 사정이 있어야 한다(2006다50055).

3 등기의 효력

1. 가등기의 효력

(1) 가등기의 원인

부동산물권 및 그에 준하는 권리의 변동(설정·이전·변경·소멸)청구권의 순위를 보전하거나, 정지조건부 권리 또는 시기부 권리, 장래에 확정될 청구권(예약완결권 등)인 경우에 가등기할 수 있다.

(2) 가등기의 종류

① **청구권보전의 가등기**: 부동산물권 및 그에 준하는 권리의 변동(설정·이전·변경·소멸)청구권을 보전하기 위한 등기를 말한다.
② **담보가등기**: 채권담보의 목적으로 경료된 가등기(양도담보, 가등기담보)를 말한다.
③ 청구권보전의 가등기인지 담보가등기인지의 여부는 등기부상의 표시에 의해 판단할 수는 없고, 거래의 실질과 당사자의 의사에 의해 판단되어야 한다(91다36932).

(3) 가등기의 효력 – 청구권의 보전을 위한 가등기

① **본등기의 전의 효력**(가등기인 자체의 효력)
  ㉠ 본등기가 경료되기 전에 가등기 자체로는 아무런 실체법적 효력이 없다.
  ㉡ 가등기가 되어 있다고 하더라도 당사자들 사이에 어떤 법률관계가 존재하는 것으로 추정되지도 않고(79다239) 가등기는 청구권 존재에 관한 추정적 효력도 없으므로, 가등기 이후 경료된 무효인 중복등기를 말소청구할 수도 없다.
  ㉢ 따라서 가등기권리자는 가등기만으로는 가등기 후의 본등기를 취득한 제3자에게 대항할 수 없다.
  ㉣ 가등기에 기한 본등기가 없는 한 가등기의무자는 여전히 자신의 권리를 처분할 수 있으며, 그 처분에 기하여 한 등기도 유효하다.
  ㉤ 다만, 가등기가 불법말소된 경우 가등기권리자는 불법말소된 가등기의 회복등기를 청구할 수 있고, 본등기 시 그 순위를 보전하는 효력만이 인정된다.
② **본등기 후의 효력 – 본등기의 순위보전적 효력**: 가등기에 기하여 본등기를 하게 되면 본등기의 순위는 가등기의 순위에 의한다. 하지만 물권변동의 효력은 본등기를 한 때 발생한다.
③ **가등기 이후에 목적물에 대하여 제3자에게 중간처분등기가 경료된 경우**
  ㉠ 소유권이전등기청구권의 가등기 이후 중간처분등기가 경료된 경우
    ⓐ 중간처분등기로 인한 제3자(등기명의자)는 그 등기의 내용에 따라 유효하게 권리를 취득하게 된다.
    ⓑ 제3자(등기명의자)가 소유권을 취득한 경우라도 이후 가등기권리자가 가등기에 기한 본등기를 청구하고자 하는 경우, 청구 당시의 소유자인 제3자(등기명의자)가 아니라 가등기의무자인 전(前)소유자를 상대로 본등기를 청구하여야 하고,
    ⓒ 가등기에 기한 본등기가 경료 시 가등기 이후에 있었던 제3자 명의의 중간처분등기 중 보존가치가 없는 등기는 등기관에 의하여 직권으로 말소된다(부동산등기법상의 '사건이 등기할 것이 아닌 때'에 해당 – 判).
    ⓓ 가등기에 기한 본등기가 경료됨으로써 자신의 권리를 상실한 제3자(중간처분권리자)는 양도인을 상대로 매도인의 담보책임을 물을 수 있다(判).

ⓒ 저당권설정등기청구권의 가등기 이후 제3자에게 중간처분의 저당권이 설정된 경우: 丙 소유의 토지에 甲 명의의 저당권설정등기청구권의 가등기 이후 제3자인 乙에게 저당권의 설정등기가 경료된 이후 甲이 가등기에 기한 본등기 청구로 저당권설정의 본등기가 경료된 경우, 중간처분등기인 乙 명의의 저당권은 직권말소할 필요가 없다.

> **판례** 가등기에 기한 본등기와 매도인의 담보책임
>
> ① 소유권이전청구권 보전을 위한 가등기가 있다 하여, 소유권이전등기를 청구할 어떤 법률관계가 있다고 추정되지 아니한다(79다239).
> ② 가등기는 부동산등기법 제6조 제2항의 규정에 의하여 그 본등기 시에 본등기의 순위를 가등기의 순위에 의하도록 하는 순위보전적 효력만이 있을 뿐이고, 가등기만으로는 아무런 실체법상 효력을 갖지 아니하고 그 본등기를 명하는 판결이 확정된 경우라도 본등기를 경료하기까지는 마찬가지이므로, 중복된 소유권보존등기가 무효이더라도 가등기권리자는 그 말소를 청구할 권리가 없다(2000다51285).
> ③ 가등기 이후 그 가등기에 터잡은 본등기가 경료된 경우에 본등기에 의한 물권변동의 효력이 가등기 경료시까지 소급하는 것은 아니다(80다3117).
> ④ 가등기의 목적이 된 부동산을 매수한 사람이 그 뒤 가등기에 기한 본등기가 경료됨으로써 그 부동산의 소유권을 상실하게 될 때에는 매매의 목적부동산에 설정된 저당권 또는 전세권의 행사로 인하여 매수인이 취득한 소유권을 상실한 경우와 유사하므로, 민법 제576조(저당권 전세권의 행사와 매도인의 담보책임)의 규정이 준용되어 담보책임을 진다고 보는 것이 상당하고 민법 제570조(전부타인의 권리 매매)에 의한 담보책임을 진다고 할 수 없다(92다21784).
> ⑤ 가등기 후에 제3자에게 소유권이전등기가 이루어진 경우, 가등기권리자는 현재의 소유명의인이 아닌 가등기 당시의 소유명의인에게 본등기를 청구하여야 한다. 이후 제3자명의로 경료된 소유권이전의 중간처분등기는 가등기권자가 소유권이전의 본등기를 한 경우에는 등기공무원은 부동산등기법 175조 1항, 55조 2호에 의하여 가등기 이후에 한 제3자의 본등기를 직권 말소의 대상이 되기 때문이다(4294민재항675).

(4) 가등기의 가등기

① 권리의 변동청구권도 일종의 재산권으로서 가등기권자(채권의 양도인, 甲)는 자신의 권리를 자유롭게 처분할 수 있다.
② 이 처분행위로 인하여 권리를 취득한 자(채권의 양수인, 乙)는 자신의 청구권을 보존하기 위하여 양도인(甲)의 가등기에 채권이전의 부기등기를 할 수 있으므로 가등기의 가등기도 인정이 된다.
③ 그 등기형식은 부기등기에 의한다.

> **판례** 가등기의 효력
>
> ① 가등기는 원래 순위를 확보하는 데에 그 목적이 있으나, 순위보전의 대상이 되는 물권변동의 청구권은 그 성질상 양도될 수 있는 재산권일 뿐만 아니라 가등기로 인하여 그 권리가 공시되어 결과적으로 공시방법까지 마련된 셈이므로, 이를 양도한 경우에는 양도인과 양수인의 공동신청으로 그 가등기상의 권리의 이전등기를 가등기에 대한 부기등기의 형식으로 경료할 수 있다고 보아야 한다(98다24105 전합).

② 토지를 乙에게 명의신탁하고 장차의 소유권이전의 청구권 보전을 위하여 자신의 명의로 가등기를 경료한 甲이, 乙에 대하여 가지는 가등기에 기한 본등기청구권은 채권으로서, 甲이 乙을 상속하거나 乙의 가등기에 기한 본등기 절차 이행의 의무를 인수하지 아니하는 이상, 甲이 가등기에 기한 본등기 절차에 의하지 아니하고 乙로부터 별도의 소유권이전등기를 경료받았다고 하여 혼동의 법리에 의하여 甲의 가등기에 기한 본등기청구권이 소멸하는 것은 아니다(95다29888).

개념적용 문제

청구권보전을 위한 가등기에 관한 설명으로 옳은 것은? (다툼이 있으면 판례에 따름)

제27회 기출

① 소유권이전등기청구권 보전을 위한 가등기가 있는 경우, 소유권이전등기를 청구할 어떤 법률관계가 있다고 추정된다.
② 가등기된 소유권이전등기청구권은 타인에게 양도될 수 없다.
③ 가등기에 기하여 본등기가 마쳐진 경우, 본등기에 의한 물권변동의 효력은 가등기한 때로 소급하여 발생한다.
④ 가등기 후에 제3자에게 소유권이전등기가 이루어진 경우, 가등기권리자는 가등기 당시의 소유명의인이 아니라 현재의 소유명의인에게 본등기를 청구하여야 한다.
⑤ 가등기권리자는 가등기에 기하여 무효인 중복된 소유권보존등기의 말소를 구할 수 없다.

해설 가등기는 부동산등기법 제6조 제2항의 규정에 의하여 그 본등기시에 본등기의 순위를 가등기의 순위에 의하도록 하는 순위보전적 효력만이 있을 뿐이고, 가등기만으로는 아무런 실체법상 효력을 갖지 아니하고 그 본등기를 명하는 판결이 확정된 경우라도 본등기를 경료하기까지는 마찬가지이므로, 중복된 소유권보존등기가 무효이더라도 가등기권리자는 그 말소를 청구할 권리가 없다(2000다51285).
① 소유권이전청구권 보전을 위한 가등기가 있다 하여, 소유권이전등기를 청구할 어떤 법률관계가 있다고 추정되지 아니한다(79다239).
② 가등기된 소유권이전등기청구권은 타인에게 양도될 수 있다. 가등기는 원래 순위를 확보하는 데에 그 목적이 있으나, 순위 보전의 대상이 되는 물권변동의 청구권은 그 성질상 양도될 수 있는 재산권일 뿐만 아니라 가등기로 인하여 그 권리가 공시되어 결과적으로 공시방법까지 마련된 셈이므로, 이를 양도한 경우에는 양도인과 양수인의 공동신청으로 그 가등기상의 권리의 이전등기를 가등기에 대한 부기등기의 형식으로 경료할 수 있다고 보아야 할 것이다(98다24105 전합)
③ 가등기 이후 그 가등기에 터잡은 본등기가 경료된 경우에 본등기에 의한 물권변동의 효력이 가등기 경료시까지 소급하는 것은 아니다(80다3117).
④ 가등기 후에 제3자에게 소유권이전등기가 이루어진 경우, 가등기권리자는 현재의 소유명의인이 아닌 가등기 당시의 소유명의인에게 본등기를 청구하여야 한다. 이후 제3자명의로 경료된 소유권이전의 중간처분등기는 가등기권자가 소유권이전의 본등기를 한 경우에는 등기공무원은 부동산등기법 175조 1항, 55조 2호에 의하여 가등기 이후에 한 제3자의 본등기를 직권 말소의 대상이 되기 때문이다(4294민재항675).

정답 ⑤

2. 담보가등기의 효력

가등기담보권은 저당권에 준하므로, 담보물권의 통유성(通有性)이 인정되며, 담보가등기에도 우선변제적 효력이 인정된다.

3. 본등기의 효력

(1) 권리변동적 효력(창설적 효력)

물권행위와 그에 부합하는 등기가 있으면 부동산 물권변동의 효력이 발생한다. 주의할 것은 물권변동의 효력발생시기는 등기신청 시가 아니라 실제로 등기부에 기재된 때이다.

(2) 대항적 효력

부동산 제한물권, 부동산임차권 및 부동산환매권에 관하여 일정한 사항을 등기하면 제3자에 대해서도 그 내용을 주장할 수 있다.

(3) 순위확정적 효력

동일한 부동산에 등기된 권리의 순위는 등기의 선후에 의한다. 그리고 등기의 선후는 등기용지 중 동구(同區)에서 한 등기는 순위번호에 의하고, 별구(別區)에서 한 등기는 접수번호에 의한다(부동산등기법 제4조 제2항). 다만, 부기등기의 순위는 주등기의 순위에 의하나 부기등기 사이의 순위는 그 선후에 의한다(부동산등기법 제5조).

(4) 추정적 효력

① 의의 및 성질
  ㉠ 등기의 추정적 효력이란 등기가 형식적으로 존재하면 비록 그 등기가 무효인 등기라 할지라도 그에 상응하는 실체적 권리가 존재하는 것으로 인정되는 것을 말한다.
  ㉡ 이러한 추정적 효력은 부동산의 권리에 관한 사항에만 인정되고, 그 본질은 법률상의 추정으로 '법률상 권리의 적법 추정'이다(判).

② 추정력의 범위
  ㉠ 물적 범위
    ⓐ 등기가 있으면 일단 적법한 '절차'에 의해 경료된 것으로 추정된다. 비록 등기부에 그 등기의 원인이 불명으로 기재되어 있다고 하더라도 그 원인과 절차에 있어서 적법하게 경료된 것으로 추정된다(判).
    ⓑ 부동산을 매수하여 등기한 자가 전소유자의 대리인으로부터 매수하였다고 주장하는 경우에는 그 대리권의 존재도 추정된다.

　　　　ⓒ 등기가 있으면 그 등기에 '기재된 사항(권리)'도 적법한 것으로 추정된다. 그러므로 저당권설정등기가 경료된 경우 저당권의 존재뿐만 아니라 피담보채권의 존재까지도 추정된다(判).
　　　　ⓓ 또한 등기는 등기원인을 증명하는 서면을 첨부하므로 '등기원인'도 적법한 것으로 추정된다.
　　　　ⓔ 등기에 의하여 등기된 명의자는 등기로 인하여 발생하는 이익뿐만 아니라 불이익(과세 등)을 위해서도 추정된다. 그러므로 등기로 인하여 불이익을 당한 자는 그 스스로 등기의 효력 없음을 입증할 책임이 있다.
　　ⓛ 인적 범위
　　　　ⓐ **원용자**: 등기부상의 등기권리자에 대한 권리적법은 등기명의인뿐만 아니라 제3자도 원용(援用)할 수 있다.
　　　　ⓑ **상대방**: 등기의 추정력은 물권변동의 당사자 사이에서도 인정된다. 따라서 소유권이전등기의 명의자는 제3자에 대하여뿐만 아니라 그 전소유자에 대하여도 적법한 등기원인에 의하여 소유권을 취득한 것으로 추정된다(94다10160).
③ **추정적 효력의 예외**: 소유권보존등기의 경우 추정적 효력의 예외가 다수 인정된다.

판례　등기의 추정력

[추정력이 인정되는 경우]
① 전(前) 등기명의인이 미성년자이고 당해 부동산을 친권자에게 증여하는 행위가 이해상반행위라 하더라도 일단 친권자에게 이전등기가 경료된 이상, 특별한 사정이 없는 한 그 이전등기에 관하여 필요한 절차를 적법하게 거친 것으로 추정된다(2001다72029).
② 전(前) 등기명의인의 직접적인 처분행위에 의한 것이 아니라 제3자가 그 처분행위에 개입된 경우, 현 등기명의인이 그 제3자가 전 등기명의인의 대리인이라고 주장하더라도 현 등기명의인의 등기가 적법하게 이루어진 것으로 추정되므로 그 등기가 원인무효임을 이유로 말소를 청구하는 전 등기명의인으로서는 그 반대사실, 즉 그 제3자에게 전 등기명의인을 대리할 권한이 없었다든지, 또는 그 제3자가 전 등기명의인의 등기서류를 위조하였다는 등의 무효사실에 대한 입증책임을 진다(93다18914).
③ 사망한 등기의무자로부터 경료된 등기라고 하더라도 등기의무자의 사망 전에 그 등기원인이 이미 존재하는 등의 사정이 있는 경우에는 그 등기는 위와 같은 절차에 따라 적법하게 경료된 것으로 추정되어 그 등기의 추정력을 부정할 수 없다(95다51991).
④ 등기명의자가 전소유자로부터 부동산을 취득함에 있어 등기부상 기재된 등기원인에 의하지 아니하고 다른 원인으로 적법하게 취득하였다고 하면서 등기원인행위의 태양이나 과정을 다소 다르게 주장한다고 하여, 이러한 주장만으로 그 등기의 추정력이 깨어진다고 할 수 없다(99다65462).
⑤ 부동산에 관한 소유권이전등기는 권리의 추정력이 있으므로, 이를 다투는 측에서 그 무효사유를 주장·입증하지 아니하는 한, 등기원인 사실에 관한 입증이 부족하다는 이유로 그 등기를 무효라고 단정할 수 없다(79다741).

⑥ 부동산에 관하여 소유권이전등기가 마쳐져 있는 경우에는 그 등기명의자는 제3자에 대하여뿐 아니라 그 전소유자에 대하여서도 적법한 등기원인에 의하여 소유권을 취득한 것으로 추정되는 것이므로 이를 다투는 측에서 그 무효사유를 주장·입증하여야 한다(94다10160).
⑦ 멸실회복등기에 전등기의 접수연월일 및 접수번호가 불명이라고 기재된 것만으로는 그 회복등기신청에 있어 전등기의 권리증 또는 이에 대치되는 공문서를 첨부하지 아니하였다고 할 수 없고 일단 멸실회복등기가 경료된 이상 특별한 사정이 없는 한 이는 등기공무원이 적법하게 처리한 것으로 추정하여야 한다(80다1795).
⑧ 임의경매절차에서 등기부상의 기재를 믿고 부동산을 경락받아 점유한 경우, 경락인의 점유가 무과실의 점유에 해당한다(96다14326).

[추정력이 인정되지 않는 경우]
① 허무(虛無)인으로부터 등기를 이어받은 소유권이전등기는 원인무효라 할 것이어서 그 등기명의자에 대한 소유권추정은 깨뜨려진다(84다카2494).
② 소유권이전등기의 원인으로 주장된 계약서가 진정하지 않은 것으로 증명된 이상 그 등기의 적법추정은 복멸되는 것이고, 계속 다른 적법한 등기원인이 있을 것으로 추정할 수는 없다(98다29568).
③ 사망자 명의의 등기신청에 의하여 경료된 등기는 원인무효의 등기로서 등기의 추정력을 인정할 여지가 없다(95다51991).
④ 부동산에 관한 등기부상 소유권이전등기가 경료되어 있으나, 등기절차가 적법하게 진행되지 아니한 것으로 볼 만한 의심스러운 사정이 있음이 입증되는 경우에는 그 추정력은 깨어진다(2007다91756).
⑤ 소유권지분이전등기가 경료되어 있는 경우, 일단 등기명의자는 공유지분 비율에 의한 적법한 공유자로 추정되는 것이나, 등기부상 등기명의자의 공유지분의 분자 합계가 분모를 초과하는 경우에는 등기부의 기재 자체에 의하여 그 등기가 부실함이 명백하므로 그중 어느 공유지분에 관한 등기가 무효인지를 가려보기 전에는 등기명의자는 등기부상 공유지분의 비율로 공유한다고 추정할 수 없을 뿐만 아니라, 공유지분의 분모를 분자 합계로 수정한 공유지분의 비율로 공유한다고 추정할 수도 없다(96다33709).
⑥ 근저당권은 그 담보할 채무의 최고액만을 정하고, 채무의 확정을 장래에 보류하여 설정하는 저당권으로서(민법 제357조 제1항), 계속적인 거래관계로부터 발생하는 다수의 불특정 채권을 장래의 결산기에서 일정한 한도까지 담보하기 위한 목적으로 설정되는 담보권이므로, 근저당권설정행위와는 별도로 근저당권의 피담보채권을 성립시키는 법률행위가 있어야 하고, 근저당권의 성립 당시 근저당권의 피담보채권을 성립시키는 법률행위가 있었는지 여부에 대한 입증책임은 그 존재를 주장하는 측에 있다(2009다72070).

| 판례 | 소유권보존등기의 추정력 |

[추정력이 인정되는 경우]
① 신축건물의 보존등기를 건물 완성 전에 하였더라도 그 후 건물이 완성된 이상 그 등기를 무효라고 볼 수 없다(2013다59876).
② 신축건물의 보존등기를 건물 완성 전에 하였는데 그 후 건물이 완성된 경우, 등기의 효력은 당연히 유효이고, 이러한 법리는 1동 건물의 일부분이 구분소유권의 객체로서 적합한 구조상 독립성을 갖추지 못한 상태에서 구분소유권의 목적으로 등기되고 이에 기초하여 근저당권설정등기 등이 순차로 마쳐진 다음 구분소유권의 객체가 된 경우에도 마찬가지이다(2013다59876).
③ 미등기건물을 등기할 때에는 소유권을 원시취득한 자 앞으로 소유권보존등기를 한 다음 이를 양수한 자 앞으로 이전등기를 함이 원칙이라 할 것이나, 원시취득자와 승계취득자 사이의 합치된 의사에 따라 그 주차장에 관하여 승계취득자 앞으로 직접 소유권보존등기를 경료하게 되었다면, 그 소유권보존등기는 실체적 권리관계에 부합되어 적법한 등기로서의 효력을 가진다(94다44675).

[추정력이 깨어지는 경우]
① 건물보존등기명의자 이외의 자가 신축한 사실이 드러나는 경우 등에는 보존등기의 추정력이 번복된다(95다30734).
② 당해 토지를 사정받은 사람이 따로 있음이 밝혀진 경우 보존등기의 추정력이 번복된다(2009다94384).
③ 신축된 건물의 소유권은 이를 건축한 사람이 원시취득하는 것이므로, 건물 소유권보존등기의 명의자가 이를 신축한 것이 아니라면 그 등기의 권리추정력은 깨어지고, 등기명의자가 스스로 적법하게 그 소유권을 취득한 사실을 입증하여야 한다(95다30734).
④ 부동산에 대한 소유권보존등기가 있으면 그 명의자에게 소유권이 있음이 추정되나, 그 명의자가 보존등기 전의 소유자로부터 소유권을 양도받은 것이라는 주장이 있고, 전소유자가 보존등기명의자에게 양도한 사실을 부인하는 경우 보존등기의 추정력이 깨어지고 그 보존등기의 명의자가 권리의 양수사실을 입증하여야 한다(82다카707).

④ **추정력의 효과**
  ㉠ 기본적 효과: 추정의 기본적 효과는 입증책임이 상대방에게 전환된다는 점이다. 즉, 등기명의인이 권리자임을 주장하고 등기부를 증거로 제출하면 등기명의인은 적법한 권리자로 추정되므로, 상대방은 등기명의인이 권리자가 아님을 입증하여야 한다.
  ㉡ 부수적 효과
    ⓐ 무과실의 추정: 등기에 추정력이 인정되는 결과 등기의 내용을 신뢰하고 거래한 제3자는 과실이 없는 것으로 추정된다(80다2881).
    ⓑ 등기내용에 관한 악의의 추정: 부동산물권을 취득하려는 자는 등기의 추정력에 의하여 등기내용을 알고 있었던 것으로, 즉 악의로 추정된다.

> **개념적용 문제**
>
> **신축건물의 물권변동에 관한 설명으로 옳은 것은? (다툼이 있으면 판례에 따름)** 제20회 기출
>
> ① 건물의 신축자는 보존등기를 하지 않으면 건물의 소유권을 취득할 수 없다.
> ② 신축건물의 보존등기를 건물 완성 전에 하였더라도 그 후 건물이 완성된 이상 그 등기를 무효라고 볼 수 없다.
> ③ 신축건물의 보존등기명의자는 적법한 소유자로 추정될 수 없다.
> ④ 기존 건물 멸실 후 건물이 신축된 경우에 기존 건물에 대한 등기는 신축건물에 대한 등기로서 효력을 가진다.
> ⑤ 미등기건물의 원시취득자와 그 승계취득자의 합의에 의해 직접 승계취득자 명의로 한 보존등기는 효력이 없다.
>
> **해설** ① 건물의 신축자는 그 보존등기 여부와 무관하게 그 건물에 대한 소유권을 원시취득한다.
> ③ 신축건물의 보존등기명의자는 적법한 소유자로 추정된다. 신축자가 별도로 있음이 증명된 때는 추정력이 깨어지고 보존등기명의자 스스로 그 등기의 원인을 입증하여야 하며 이를 증명하지 못한 경우 그 보존등기는 무효라 볼 수밖에 없다(95다30734).
> ④ 기존 건물 멸실 후 건물이 신축된 경우에 기존 건물에 대한 등기는 신축건물에 대한 등기로서 효력을 가질 수 없다.
> ⑤ 미등기건물의 원시취득자와 그 승계취득자의 합의에 의해 직접 승계취득자 명의로 한 보존등기는 중간생략등기의 일종[모두(冒頭)생략등기]으로 그 효력이 인정된다.
>
> **정답** ②

⑤ **점유의 권리적법 추정력과의 관계**
   ㉠ 점유의 권리적법 추정력에 관한 제200조는 오직 동산에만 적용되고, 등기된 부동산에는 적용되지 않는다(81다780).
   ㉡ 따라서 부동산의 등기명의인과 점유자가 다른 경우 등기의 추정력이 우선하므로 등기명의인이 적법한 권리자로 추정된다.
   ㉢ 주의할 것은 미등기부동산인 경우에는 점유의 권리적법 추정력이 인정되지 않으므로 통상의 입증에 따라 권리자를 가려야 한다는 점이다(다수설).

(5) 후등기저지력 – 형식적 확정력

① 일단 어떤 등기가 경료되면 그것이 실체관계와 부합하지 않아 무효라 할지라도 그 등기의 말소 전에 이와 동일한 내용의 등기를 경료할 수 없는 효력이 있는데, 이를 형식적 확정력이라고 한다.

② 전세권의 존속기간이 만료되고 전세권자가 전세금을 반환받아 소멸하였으나 그 설정등기가 말소되지 않아 무효인 전세권설정등기가 경료되어 있는 한 동일한 목적물 위에 다시 전세권을 설정할 수 없다.

> **개념적용 문제**
>
> 부동산등기에 관한 설명으로 옳지 않은 것은? (다툼이 있으면 판례에 의함)   제28회 기출
>
> ① 물권에 관한 등기가 원인 없이 말소된 경우에 그 물권의 효력에는 아무런 영향을 미치지 않는다.
> ② 소유권이전등기명의자는 그 전(前)소유자에 대하여 적법한 등기원인에 의해 소유권을 취득한 것으로 추정된다.
> ③ 사망자 명의로 신청하여 이루어진 소유권이전등기는 특별한 사정이 없는 한 원인무효의 등기이다.
> ④ 등기한 토지임차권은 제3자에게 대항할 수 있다.
> ⑤ 소유권이전청구권 보전을 위한 가등기가 있으면 소유권이전등기를 청구할 어떤 법률 관계가 있다고 추정된다.
>
> **해설** 소유권이전청구권 보전을 위한 가등기가 있다 하여, 소유권이전등기를 청구할 어떤 법률관계가 있다고 추정되지 아니한다(79다239).
>
> **정답** ⑤

(6) 점유적 효력

민법 제245조 제2항의 등기부 취득시효에서의 등기는 동산의 취득시효에 관한 제246조의 점유와 동일한 효력이 있다.

4. 공신력(公信力)

① 부동산의 등기에 공신력은 없다(68다199). 여기서 공신력이 없는 등기는 무효인 등기를 말한다.
② 무효인 등기를 유효인 등기로 믿고 경료된 등기는 무효로서 이에 터잡은 이후의 등기도 모두 무효이므로 진정한 권리자로부터의 말소회복청구에 응하지 않으면 안 된다.
③ 다만, 민법상 선의의 제3자 보호규정(제107조 제2항·제108조 제2항·제109조 제2항·제110조 제3항 등)을 통해 제3자가 보호를 받는 경우가 있지만, 이것은 등기의 공신력과는 별개의 제도이다.

4 등기청구권

1. 의의

① 등기청구권이란 등기권리자가 등기의무자에 대하여 등기신청절차에 협력할 것을 청구할 수 있는 실체법상의 권리를 말한다.

② 등기청구권은 공동신청의 경우에만 문제되고 단독신청의 경우에는 문제되지 않는다. 따라서 신축건물의 보존등기 시에는 등기청구권이 문제되지 않는다.

2. 발생원인에 따른 등기청구권의 법적 성질

(1) 법률행위에 의한 등기청구권

① **부동산매수인의 소유권이전등기청구권**

㉠ 부동산매매계약에 있어서 매수인이 매도인에 대해 가지는 등기청구권은 권리변동에 관하여 형식주의를 취하고 있는 현행 민법하에서는, 채권적 청구권으로 해석하여야 한다(통설·판례).

㉡ 부동산매수인의 등기청구권이 채권적 청구권이라면 10년의 소멸시효에 걸리나, 매수인이 그 부동산을 인도받아 점유하고 있는 경우에는 소멸시효는 진행하지 않는다(判).

㉢ 또한 부동산의 매수인이 그 부동산을 인도받아 사용·수익하다가 다른 사람에게 그 부동산을 처분하고 그 점유를 승계하여 준 경우에도 그 이전등기청구권의 소멸시효는 진행되지 않는다(判).

> **판례** 소유권이전등기청구권의 법적 성질
>
> ① 부동산매수인의 등기청구권은 채권적 청구권으로서 10년의 소멸시효에 걸리는 것이나, 부동산을 매수한 자가 이를 인도받아 사용·수익하고 있는 경우에는 그 매수인이 권리 위에 잠자는 것으로 볼 수 없으므로 그 매수인의 등기청구권은 다른 채권과는 달리 소멸시효는 진행하지 않는다(76다148 전합).
> ② 부동산의 매수인이 그 부동산을 인도받은 이상 이를 사용·수익하다가 그 부동산에 대한 보다 적극적인 권리행사의 일환으로 다른 사람에게 그 부동산을 처분하고 그 점유를 승계하여 준 경우에도 그 이전등기청구권의 행사 여부에 관하여 그가 그 부동산을 스스로 계속 사용·수익만 하고 있는 경우와 특별히 다를 바 없으므로 위 두 어느 경우에나 이전등기청구권의 소멸시효는 진행되지 않는다(98다32175 전합).
> ③ 부동산의 매수인이 인도받아 사용·수익하는 도중 점유침탈 등의 사유로 점유를 상실하면 그때부터 등기청구권의 소멸시효는 진행한다(91다40924).
> ④ 취득시효가 완성된 점유자가 점유를 상실한 경우에는 그때로부터 10년간 등기청구권을 행사하지 아니하면 소멸시효가 완성한다(95다34866).
> ⑤ 부동산의 매매로 인한 소유권이전등기청구권은 채권적 청구권으로 그 이행과정에 신뢰관계가 따르므로, 소유권이전등기청구권을 매수인으로부터 양도받은 양수인은 매도인이 그 양도에 대하여 동의하지 않고 있다면 매도인에 대하여 채권양도를 원인으로 하여 소유권이전등기절차의 이행을 청구할 수 없고, 따라서 매매로 인한 소유권이전등기청구권은 특별한 사정이 없는 이상 그 권리의 성질상 양도가 제한되고 그 양도에 채무자의 승낙이나 동의를 요한다고 할 것이므로, 통상의 채권양도와 달리 양도인의 채무자에 대한 통지만으로는 채무자에 대한 대항력이 생기지 않으며 반드시 채무자의 동의나 승낙을 받아야 대항력이 생긴다(2000다51216).

② **제한물권의 설정등기청구권**: 지상권·전세권 또는 저당권 등의 설정계약만으로 제한물권이 성립하는 것은 아니므로 제한물권의 설정계약을 체결한 이후 행사하는 그 등기의 청구권은 채권적 청구권이다.

(2) 취득시효 완성으로 인한 등기청구권
① 20년간 소유의 의사로 평온, 공연하게 부동산을 점유하는 자는 등기함으로써 그 소유권을 취득한다(제245조 제1항).
② 이때의 등기청구권의 법적 성질은 채권적 청구권이다.

(3) 부동산임차권의 경우
① 부동산임차인은 당사자 사이에 반대약정이 없으면 임대인에 대하여 그 임대차등기절차에 협력할 것을 청구할 수 있다(제621조 제1항).
② 이때의 등기청구권은 채권적 청구권이다.

(4) 부동산 환매권(還買權)의 경우
① 매매의 목적물이 부동산인 경우에 매매등기와 동시에 환매권의 보류를 등기한 때에는 제3자에 대하여 그 효력이 있다(제592조).
② 이때의 등기청구권은 채권적 청구권이다.

(5) 가등기에 기한 본등기(소유권이전등기)청구권의 경우
① 가등기에 기한 본등기(소유권이전등기)청구권은 채권적 청구권이다.
② 가등기에 기한 소유권이전등기청구권이 소멸시효의 완성으로 소멸되었다면 그 가등기 이후에 그 부동산을 취득한 제3자는 그 소유권에 기한 방해배제청구로서 그 가등기권자에 대하여 본등기청구권의 소멸시효를 주장하여 그 가등기의 말소를 구할 수 있다(90다카27570).

(6) 실체적 권리관계와 등기가 일치하지 않는 경우
① 등기가 실체권리관계와 일치하지 않는 경우에 이를 일치시키기 위한 등기청구권(예 甲 소유의 부동산을 乙이 등기서류를 위조하여 자기 앞으로 소유권이전등기를 한 경우 甲이 乙을 상대로 한 등기말소청구권)은 물권에 대한 방해를 제거하기 위한 물권적 청구권이다.
② 그 외에도 법정지상권자의 법정지상권설정등기청구권도 법률규정에 의해 발생하는 물권적 청구권이고, 매매계약의 무효·취소, 해제 등으로 인한 등기말소청구권도 물권적 효과설(判)에 따른 등기청구권으로서 이 역시 물권적 청구권이다.

(7) 저당권(가등기담보권)의 피담보채권 소멸(변제·시효완성)에 기한 말소등기청구권 − 저당물(가등기담보물)의 소유권이 양도된 후 피담보채권이 채무변제로 인하여 소멸한 경우
① 목적물의 양수인인 현재의 소유자가 말소등기를 청구할 때에는 물권적 청구권이다.

② 저당권(가등기담보권)설정자인 전(前)소유자가 말소등기를 청구하는 경우에는 채권적 청구권이다.

> **판례** 전소유자의 말소등기청구
>
> 근저당권이 설정된 후에 그 부동산의 소유권이 제3자에게 이전된 경우에는 현재의 소유자가 자신의 소유권에 기하여 피담보채무의 소멸을 원인으로 그 근저당권설정등기의 말소를 청구할 수 있음은 물론이지만, 근저당권설정자인 종전의 소유자도 근저당권설정계약의 당사자로서 근저당권 소멸에 따른 원상회복으로 근저당권자에게 근저당권설정등기의 말소를 구할 수 있는 계약상 권리가 있으므로 이러한 계약상 권리에 터잡아 근저당권자에게 피담보채무의 소멸을 이유로 하여 그 근저당권설정등기의 말소를 청구할 수 있다고 봄이 상당하고, 목적물의 소유권을 상실하였다는 이유만으로 그러한 권리를 행사할 수 없다고 볼 것은 아니다(93다16338 전합).

3. 등기청구권의 행사

등기청구권은 등기권리자가 등기의무자를 상대로 행사한다. 이러한 등기청구권은 재판상으로뿐만 아니라 재판 외에서도 행사할 수 있다. 또한 등기청구권을 채권자대위 법리에 따라 대위행사하는 것도 허용된다.

제4절 동산 물권변동

1 동산 물권변동의 원인

1. 법률행위로 인한 동산 물권변동

① 법률행위로 인한 동산 물권변동은 권리자로부터의 취득과 무권리자로부터의 취득(동산의 선의취득)으로 나눌 수 있다.
② 동산의 선의취득은 법률행위를 매개로 하지만, 물권취득의 효과는 법률규정에 의해 발생한다.

2. 법률규정에 의한 동산 물권변동

법률규정에 의한 동산 물권변동은 부동산에서와 같은 총론적 규정을 두고 있지 않고 소유권의 취득부분에서 따로 규율하고 있다. 즉, 동산의 취득시효, 선점·습득·발견, 첨부(부합·혼화·가공) 등이 그것이다.

2 동산물권의 양도와 인도

> **제188조【동산물권양도의 효력, 간이인도】** ① 동산에 관한 물권의 양도는 그 동산을 인도하여야 효력이 생긴다.
> ② 양수인이 이미 그 동산을 점유한 때에는 당사자의 의사표시만으로 그 효력이 생긴다.
> **제189조【점유개정】** 동산에 관한 물권을 양도하는 경우에 당사자의 계약으로 양도인이 그 동산의 점유를 계속하는 때에는 양수인이 인도받은 것으로 본다.
> **제190조【목적물반환청구권의 양도】** 제3자가 점유하고 있는 동산에 관한 물권을 양도하는 경우에는 양도인이 그 제3자에 대한 반환청구권을 양수인에게 양도함으로써 동산을 인도한 것으로 본다.

3 무권리자로부터의 취득(동산의 선의취득)

> **제249조【선의취득】** 평온, 공연하게 동산을 양수한 자가 선의이며 과실 없이 그 동산을 점유한 경우에는 양도인이 정당한 소유자가 아닌 때에도 즉시 그 동산의 소유권을 취득한다.

1. 요건

(1) 선의취득의 객체(대상) - 동산

동산에 대한 소유권과 질권만이 선의취득의 객체(대상)가 된다. 다만, 다음의 예외가 있다.
① 부동산과 부동산에 대한 권리는 선의취득의 대상이 아니다.
② 금전은 동산이지만 원칙적으로 선의취득의 대상이 아니다. 그러나 가치척도의 기준이 아닌 단순한 물건(진열 또는 수집목적의 화폐 등)으로서 거래되는 경우에는 선의취득의 대상이 된다.
③ 등기·등록에 의해 공시되는 동산(선박·자동차·항공기·건설기계 등)은 선의취득의 대상이 아니다.
④ 등기에 의해 공시되는 동산(공장재단에 속한 동산, 등기된 부동산의 종물로서의 동산) 또는 명인방법에 의해 공시되는 지상물, 양도가 금지되어 거래할 수 없는 물건(문화재, 위조화폐, 아편, 음란도서 등) 등은 선의취득의 대상이 아니다.
⑤ 증권적 채권(지시채권, 무기명채권)은 각각 특별규정(제514조, 제524조)이 있으므로 동산의 선의취득규정이 적용되지 않는다.

(2) 양도인(前主)에 관한 요건 - 무권리자로서 점유

① 양도인이 목적물을 점유하고 있을 것
  ㉠ 양도인의 점유는 직접점유·간접점유·자주점유·타주점유를 불문한다.

ⓛ 점유보조자가 점유물을 횡령하여 처분한 경우에도 선의취득이 가능하며, 점유보조자의 횡령물은 도품(盜品)으로도 인정되지 않아 차후 점유보조자에게 점유에 관한 지시·명령을 한 점유자의 반환청구도 허용되지 않는다(判).

② **양도인이 무권리자일 것**
ⓐ 양도인은 동산에 관한 소유권 기타 처분권이 없는 자, 즉 무권리자이어야 한다.
ⓑ 대리인의 처분행위에 대한 선의취득 인정 여부
ⓐ 대리인이 본인 소유 동산을 자기 이름으로 처분한 경우에는 선의취득이 인정된다.
ⓑ 대리인이 본인 소유 물건을 대리인의 자격으로 처분한 경우 대리인에게 처분권한이 없으면 무권대리 내지 표현대리의 문제가 될 뿐 선의취득은 인정되지 않는다(判).

(3) 거래행위에 관한 요건

① **특정승계로서 거래행위가 있을 것**
ⓐ 거래행위란 매매에 한하지 않고 경매도 포함된다. 권리의 승계형태로는 특정승계에 한하고, 포괄승계는 포함되지 않는다.
ⓑ 거래행위가 아닌 상속이나 사실행위에는 선의취득규정이 적용되지 않는다(예 타인의 산림을 자기의 것으로 오인하여 벌채하거나 유실물을 자기의 것으로 오인하여 습득하는 경우 등).

② **거래행위가 유효할 것**
ⓐ 양도인에게 처분권이 없다는 것을 제외하고는 양도인과 양수인 사이의 거래행위는 유효하여야 한다.
ⓑ 거래행위가 무효·취소되는 경우(유동적 무효 포함)에는 선의취득이 성립하지 않는다.
ⓒ 다만, 원인된 거래행위가 무효·취소되더라도 양수인으로부터 목적물을 다시 양수한 자(전득자) 사이의 거래가 선의취득의 요건을 갖춘 경우 선의취득을 인정한다.
ⓓ 또한 거래의 안전과 관련해서 상대방은 제한능력자의 상대방보호, 무권대리인의 상대방보호, 선의의 제3자 보호규정에 의해 보호될 수 있다.

(4) 양수인(선의취득자)에 관한 요건

① 양수인은 평온·공연, 선의·무과실에 의해 점유를 취득할 것을 요한다. 다만, 제197조 제1항에 의하면 점유자의 평온, 공연한 점유는 추정된다. 그러므로 선의취득자가 증명할 필요가 없다.
② 하지만, 선의·무과실은 양수인이 스스로 증명해야 한다. ⇨ 동산질권을 선의취득하기 위하여는 질권자가 평온, 공연하게 선의이며 과실없이 질권의 목적동산을 취득하여야 하고, 그 취득자의 선의, 무과실은 동산질권자가 입증하여야 한다(80다2910).
③ 선의·무과실의 기준시점은 물권행위가 완성하는 때이다. 이에 관하여 판례는 민법 제249조가 규정하는 선의·무과실의 기준시점은 물권행위가 완성하는 때이므로, 물권행위가 인도보다 먼저 행해지면 인도된 때를, 인도가 물권행위보다 먼저 행해지면 물권행위가 이루어진 때를 기준으로 해야 한다(91다70)고 한다.

④ 또한 점유취득의 방법으로 현실의 인도, 간이인도, 목적물반환청구권의 양도에 의한 인도는 인정되나, 점유개정에 의한 선의취득은 인정되지 않는다(통설·판례).

2. 효과

(1) 동산물권의 취득

① 선의취득의 요건을 모두 갖춘 자는 그 동산의 소유권 또는 질권을 원시취득한다.
② 유치권은 법률상 당연히 성립하는 권리이므로 선의취득대상이 아니다.
③ 점유권은 물건에 대한 사실적 지배관계로부터 당연히 발생하는 권리이므로 선의취득과 관련이 없다.

(2) 원시취득

선의취득은 원시취득이므로 종전 권리자의 권리 위에 존재했던 하자 또는 제한은 원칙적으로 소멸한다.

(3) 부당이득의 성립 여부

선의취득은 거래안전을 보호하기 위하여 인정되는 것이므로 선의취득자는 취득한 이익을 보유할 수 있다. 따라서 선의취득자는 원칙적으로 부당이득반환의무를 지지 않는다.

> **판례** 선의취득의 효과
>
> 선의취득의 효과는 법률규정에 의해 발생하므로 종국적으로 법률효과가 완성된다. 그러므로 선의취득자가 선의취득의 효과를 거부하고 종전 소유자에게 동산을 반환받아 갈 것을 요구할 수 없다(98다6800).

3. 도품 및 유실물에 관한 특칙

> **제250조 【도품, 유실물에 대한 특례】** 전조의 경우에 그 동산이 도품이나 유실물인 때에는 피해자 또는 유실자는 도난 또는 유실한 날로부터 2년 내에 그 물건의 반환을 청구할 수 있다. 그러나 도품이나 유실물이 금전인 때에는 그러하지 아니하다.
>
> **제251조 【도품, 유실물에 대한 특례】** 양수인이 도품 또는 유실물을 경매나 공개시장에서 또는 동종류의 물건을 판매하는 상인에게서 선의로 매수한 때에는 피해자 또는 유실자는 양수인이 지급한 대가를 변상하고 그 물건의 반환을 청구할 수 있다.

(1) 의의

① 제250조와 제251조는 도품 및 유실물에 관한 특칙을 규정한 것이므로 제250조와 제251조는 제249조의 선의취득을 전제로 한 규정이다.

② 따라서 도품 또는 유실물에 관하여 양수인이 제249조의 선의취득의 요건을 갖추지 못하는 경우에는 피해자 또는 유실자는 2년 내의 기간 제한 없이 소유권에 기한 반환청구를 할 수 있고, 양수인이 경매나 공개시장에서 또는 동 종류의 물건을 판매하는 상인에게서 매수한 때에도 대가를 변상하고 그 물건의 반환을 청구할 수 있다.

③ 한편 제251조는 양수인의 선의만을 규정하고 있지만, 제251조는 제249조의 특칙인 점에 비추어 볼 때 양수인은 선의뿐만 아니라 무과실의 요건도 갖추어야 한다.

(2) 적용범위

① **도품**(盜品)
　㉠ 도품은 절도나 강도와 같이 점유자의 의사에 반하여 점유를 빼앗긴 물건을 말한다.
　㉡ 사기나 강박에 의하여 인도한 물건은 도품에 해당하지 않는다.
　㉢ 또한 점유보조자가 횡령한 경우 「형법」상으로는 절도죄가 되나, 민법상으로는 도품에 해당되지 않는다(91다70). 즉, 상점의 점원이 자신의 판매하던 물건을 횡령하여 처분한 경우에도 형사상 절도죄가 성립할 수는 있으나, 민법 제250조의 도품으로 보지 않으므로 상점의 소유자는 반환청구할 수 없다.

② **유실물**(遺失物)
　㉠ 점유자의 점유의사에 의하지 아니하고 점유가 이탈된 물건으로서 도품이 아닌 것이 유실물이다.
　㉡ 점유이탈물인지의 여부는 직접점유자의 의사를 표준으로 하여 결정하여야 한다.

개념적용 문제

채권적 청구권에 해당하는 등기청구권을 모두 고른 것은? (다툼이 있으면 판례에 따름)

제24회 기출

> ㉠ 매매계약에 기한 매수인의 소유권이전등기청구권
> ㉡ 위조서류에 의해 마쳐진 소유권이전등기에 대한 소유자의 말소등기청구권
> ㉢ 점유취득시효완성자의 소유자에 대한 소유권이전등기청구권
> ㉣ 민법 제621조에 의한 임차인의 임대인에 대한 임차권설정등기청구권

① ㉠, ㉡
② ㉡, ㉢
③ ㉢, ㉣
④ ㉠, ㉡, ㉣
⑤ ㉠, ㉢, ㉣

해설 ㉡ 위조서류에 의해 마쳐진 소유권이전등기에 대한 소유자의 말소등기청구권은 소유권에 기한 물권적 청구권에 해당한다.

정답 ⑤

제5절 물권의 소멸

1 서설

1. 물권의 소멸원인

(1) 절대적 소멸

물권의 절대적 소멸원인에는 모든 물권에 공통된 소멸원인과 각종 물권에 특유한 소멸원인이 있다. 모든 물권에 공통된 소멸원인으로는

① 목적물의 멸실
② 소멸시효
③ 혼동
④ 물권의 포기
⑤ 공용징수
⑥ 몰수 등이 있다.

(2) 상대적 소멸

물권의 상대적 소멸은 물권의 이전을 전주의 입장에서 본 것에 불과하다.

2. 목적물의 멸실

① 물건이 전부 멸실한 경우 물권이 소멸하는 것이 원칙이다.
② 다만, 가치적 변형물이 남는 경우 질권과 저당권은 그 가치적 변형물에 미친다(물상대위). 이 경우 절대적 소멸이라 볼 수는 없다.
③ 건물이 멸실된 경우 그 소유자가 동일한 구조로 신축하더라도 멸실된 건물에 대한 등기를 신축한 건물에 유용은 인정되지 않는다.
④ 토지가 수면에 잠겨서 영원히 멸실하는 것을 포락이라 하는데, 포락(浦落) 후 성토화된 토지의 경우에 특별한 사정이 없는 한 소멸된 소유권은 다시 부활하지 않는다(92다24677).

3. 소멸시효

① 절대적 소멸설(판례·통설)에 의하면 소멸시효 완성으로 당연히 물권은 절대적으로 소멸한다(65다2445).
② 소멸시효대상 물권은 지상권·지역권·전세권 등 용익물권뿐이며 이들은 20년의 소멸시효에 걸린다(제162조 제2항). 다만, 전세권의 존속기간은 10년을 초과하지 못한다는 점에서 20년의 소멸시효에 걸릴 여지가 없다고 보는 견해도 있다.

③ 소유권은 성질상 소멸시효에 걸리지 않는다.
④ 점유권은 점유와 운명을 같이하므로 특별히 소멸시효가 적용될 여지가 없다.
⑤ 또한 담보물권은 피담보채권에 부종하는 권리이므로 피담보채권과 독립하여 소멸시효에 걸리는 일이 없다.

4. 물권의 포기

① 물권의 포기(抛棄)란 물권자가 자기의 물권을 소멸시킬 것을 목적으로 하는 단독행위를 말한다.
② 소유권과 점유권의 포기는 상대방 없는 단독행위이고, 제한물권의 포기는 상대방 있는 단독행위이다.
③ 부동산물권의 포기는 등기(登記)하여야 효력이 발생하며(제186조), 그리고 점유를 수반하는 물권(소유권·지상권·전세권·질권 등)에 있어서는 포기의 의사표시 외에 점유도 포기하여야 한다.
④ 동산물권의 포기의 경우에는 물권적 단독행위와 점유의 포기가 있어야 한다.
⑤ 물권은 원칙적으로 자유로이 포기할 수 있으나, 일정한 경우에는 제3자의 동의가 필요하다. 즉, 지상권 또는 전세권을 목적으로 저당권을 설정한 자는 저당권자의 동의 없이 지상권 또는 전세권을 소멸하게 하는 행위를 하지 못한다(제371조 제2항).

2 물권의 혼동

1. 혼동의 의의

① 혼동(混同)이란 서로 대립하는 두 개의 법률상 지위 또는 자격이 동일인에게 귀속되는 것을 말한다.
② 혼동은 물권과 채권의 공통된 소멸원인이다.

2. 소유권과 제한물권의 혼동

(1) 원칙

동일한 물건에 대한 소유권과 다른 물권이 동일한 사람에게 귀속한 때에는 다른 물권은 소멸한다(제191조 제1항 본문). 예를 들면, 저당권자가 저당물의 소유권을 취득하거나, 소유자가 지상권자 또는 전세권자를 상속하는 경우에는 그 저당권·지상권·전세권은 소멸한다.

(2) 혼동의 예외

본인 또는 제3자의 이익을 위해 제한물권을 존속시킬 필요가 있는 경우에는 예외적으로 소멸하지 않는다.

① 혼동한 제한물권이 제3자의 권리의 목적이 된 때 그 제한물권은 제3자의 이익보호를 위하여 소멸하지 않는다(제191조 제1항 단서).
   ㉠ 여기에서 '제3자의 권리의 목적인 때'라 함은 넓은 의미로서 '본인 또는 제3자의 이익을 위하여 존속시킬 필요가 있는 경우'로 해석한다.
   ㉡ 예를 들면, 지상권이 저당권의 목적이 된 때 지상권자가 소유권을 취득하여도 지상권은 소멸하지 않는다.

② 혼동한 권리에 후순위 권리자가 있는 때에는 본인의 이익보호를 위하여 그 권리는 소멸하지 않는다(判).
   ㉠ 甲이 乙 소유의 토지 위에 1번 저당권을 가지고 있고, 제3자 丙이 동일한 토지 위에 2번 저당권을 가지고 있는 경우에, 甲이 그 토지의 소유권을 취득하더라도 甲의 1번 저당권은 소멸하지 않는다(이 경우에는 혼동의 예외로서 이른바 소유자저당권이 인정된다).
   ㉡ 만일 이러한 예외를 인정하지 않는다면 제3자 丙의 2번 저당권이 혼동의 결과, 1번으로 순위가 상승하여 제3자 丙에게 부당한 이익을 주게 되는 반면에 소유자 甲의 이익을 부당하게 침해하게 되기 때문이다.
   ㉢ 그러나 2번 저당권자가 그 부동산을 매수하여 소유권을 취득한 경우 2번 저당권은 소멸한다.

③ **담보물권의 부종성**(附從性)**으로 인한 물권의 소멸**
   ㉠ 제1순위 저당권자가 채무자를 상속한 경우: 동일부동산에 1번 저당권, 2번 저당권이 설정되어 있는 경우 1번 저당권자가 그 부동산 소유자(겸 채무자)의 단독 상속인으로서 소유권을 취득한 경우 채권·채무가 혼동되어 피담보채권이 소멸하므로 부종성으로 인하여 담보물권도 소멸하는 결과, 이때는 1번 저당권도 소멸한다.
   ㉡ 제1순위 저당권자가 물상보증인을 상속한 경우: 저당권자가 물상보증인을 상속한 경우와 같이 담보물의 소유권과 담보물권이 동일인에게 귀속되었다 하더라도 피담보채권이 존재하는 한 저당권이 소멸하지는 않는다. 예를 들면, 채무자 丁의 보증인으로 甲이 자신의 부동산을 담보로 제공하여 채권자 乙에게 1번 저당권을 설정하고 자신의 다른 채권자 丙에게 2번 저당권을 설정한 후 乙이 甲을 상속한 경우라면 乙의 저당권은 소멸하지 않는다.

> **판례** 혼동으로 인한 권리의 소멸

[소멸하지 않는 경우]

① 채권은 채권과 채무가 동일한 주체에 귀속한 때에 한하여 혼동으로 소멸하는 것이 원칙이므로, 어느 특정의 물건에 관한 채권을 가지는 자가 그 물건의 소유자가 되었다는 사정만으로는 채권과 채무가 동일한 주체에 귀속한 경우에 해당한다고 할 수 없어 그 물건에 관한 채권이 혼동으로 소멸하는 것은 아니다. 따라서 가등기권리자가 가등기에 기한 본등기 절차에 의하지 아니하고 가등기의무자로부터 '별도의 소유권이전등기'를 경료받은 경우 가등기에 기한 본등기청구권은 혼동의 법리에 의해 소멸하지 않는다(95다29888).

② 어느 부동산에 관하여 甲이 선순위 근저당권을 취득한 후 乙이 후순위 근저당권을 취득하였고, 이어서 丙과 丁이 순차로 가압류를 한 후 乙이 위 부동산을 매수하여 소유권을 취득한 경우에, 乙의 근저당권이 혼동으로 소멸하게 된다면 丙과 丁은 부당한 이득을 보는 반면, 乙은 손해를 보게 되므로, 이 경우 乙의 근저당권은 혼동으로 소멸하지 않는다(98다18643).

③ 부동산에 대한 소유권과 임차권이 동일인에게 귀속하게 되는 경우 임차권은 혼동에 의하여 소멸하는 것이 원칙이지만, 그 임차권이 대항요건을 갖추고 있고 또한 그 대항요건을 갖춘 후에 저당권이 설정된 때에는 혼동으로 인한 물권 소멸원칙의 예외규정인 민법 제191조 제1항 단서를 준용하여 임차권은 소멸하지 않는다(2000다12693).

[소멸하는 경우]

甲의 주택에 대해 乙이 대항력 있는 임차권을 취득하고 다시 그 주택에 丙이 저당권을 설정받은 후에 丙의 저당권 실행에 의한 경매에서 乙이 경락받은 경우 대항력 있는 임차주택의 양수인은 「주택임대차보호법」에 의해 임대인의 지위를 승계하므로 임차권은 종료하고 특히 경매에 의해 丙의 저당권도 소멸하였으므로 임차권을 존속시킬 필요가 없다(97다28650).

3. 제한물권 상호간의 혼동(제191조 제2항)

(1) 원칙

제한물권과 그 제한물권을 목적으로 하는 다른 제한물권이 동일인에게 귀속하는 경우 그 제한물권을 목적으로 하는 다른 제한물권은 소멸하는 것이 원칙이다. 예를 들면, 지상권이 저당권의 목적이 된 때 저당권자가 지상권을 취득한 경우 저당권은 혼동으로 소멸한다.

(2) 혼동의 예외

본인 또는 제3자의 이익을 위해 제한물권을 존속시킬 필요가 있는 경우에는 예외적으로 소멸하지 않는다.

① **본인의 이익보호를 위하여 소멸하지 않는 경우**

㉠ 제한물권이 제3자의 권리의 목적이 된 때, 즉 제한물권을 목적으로 하는 후순위 물권자가 있는 때에는 본인의 이익보호를 위하여 소멸하지 않는다.

ⓒ 예를 들면, 甲이 토지소유자, 乙이 지상권자, 그리고 乙의 지상권에 대해 丙이 1번 저당권, 丁이 2번 저당권을 가지는 경우 丙이 지상권을 매수한 경우 丙의 저당권은 소멸하지 않는다.

ⓒ 그러나 甲이 토지소유자, 乙이 지상권자, 그리고 乙의 지상권에 대해 丙이 1번 저당권, 丁이 2번 저당권을 가지는 경우 丁이 지상권을 취득(매수, 상속)한 경우 丁의 저당권은 소멸한다.

② 혼동한 권리가 제3자의 권리의 목적이 된 때 제3자의 이익보호를 위한 경우에는 소멸하지 않는다. 예를 들면, 甲이 토지소유자, 乙이 지상권자, 丙이 乙의 지상권에 대한 저당권자, 丁이 저당권부 채권에 대한 질권자인 경우 丙이 지상권을 취득하여도 丙의 저당권은 소멸하지 않는다.

③ 담보물권의 부종성으로 인한 경우에는 소멸한다. 예를 들면, 甲이 토지소유자, 乙이 지상권자, 그리고 乙의 지상권에 대해 丙이 1번 저당권, 丁이 2번 저당권을 가지는 경우 丙이 지상권을 상속받은 경우 丙의 저당권은 소멸한다.

4. 권리의 성질상 혼동으로 소멸하지 않는 경우

① 점유권은 사실상의 지배를, 소유권 기타 본권인 물권은 법률상의 지배를 내용으로 하는 것이므로 양자는 병존할 수 있기 때문에 점유권은 다른 물권과 혼동하지 않는다(제191조 제3항).

② 광업권도 토지소유권과는 별개 독립의 권리이므로 혼동으로 인하여 소멸하지 않는다.

5. 혼동의 효과

① 혼동에 의하여 물권은 절대적으로 소멸한다.
  ㉠ 어떤 사유로 인하여 혼동 이전의 상태가 복귀된다 하더라도 혼동으로 인하여 소멸한 권리는 부활하지 않는다.
  ㉡ 예컨대, 저당권자가 소유권을 취득한 후에 전소유권자에게 양도하더라도 소멸한 저당권은 부활하지 않는다.

② 그러나 혼동의 원인이 부존재, 그 원인행위의 소멸 등으로 효력이 상실된 때에는 혼동이 처음부터 없었던 것으로 된다.

③ 예컨대, 근저당권자가 저당목적물의 소유권을 취득하면 그 근저당권은 혼동에 의하여 소멸하지만 그 뒤 그 소유권취득이 무효인 것이 밝혀지면 소멸하였던 근저당권은 당연히 부활한다(71다1386).

3 공용징수와 몰수

① 공익을 위한 사업의 목적으로 공용징수(公用徵收)가 확정되면 수용자는 목적물에 대한 권리를 원시취득하고, 그에 따라 피수용자의 권리와 그 목적물 위에 존재하였던 제3자의 권리는 모두 소멸한다.

② 몰수(沒收)로 인하여 국가가 목적물의 권리를 원시취득하면 몰수당한 자의 물권은 소멸한다.

CHAPTER 02 OX문제로 완벽 복습

01 乙의 건물을 甲이 경락받아 경락대금은 완납하였으나, 아직 이전등기는 경료하지 못한 경우 소유권은 甲에게 있다. (O | X)

02 등기된 권리는 등기명의자에게 있는 것으로 추정된다. (O | X)

03 등기된 부동산에도 점유의 권리적법이 추정된다. (O | X)

04 법률행위로 인한 부동산물권의 득실변경은 등기하여야 그 효력이 생긴다. (O | X)

05 등기가 불법으로 말소된 경우 진정한 권리자는 권리를 잃지 않으며 말소회복등기를 할 수 있다. (O | X)

06 위조문서에 의한 등기이더라도 이것이 실체관계에 부합하거나 그 등기에 부합하는 물권행위가 있을 때에는 그 등기는 유효하다. (O | X)

07 등기청구권이란 등기권리자가 등기의무자에게 등기신청에 협력할 것을 청구하는 권리이다. (O | X)

08 매매계약의 무효·취소로 인하여 매도인이 매수인에 행사하는 등기청구권은 채권적 청구권이다. (O | X)

09 乙이 甲으로부터 부동산을 인도받아 사용·수익하다가 丙에게 처분하고 그 점유를 승계해 준 경우, 乙의 이전등기청구권은 소멸시효가 진행된다. (O | X)

10 점유취득시효 완성으로 인한 소유권이전등기청구권은 채권적 청구권이다. (O | X)

11 전세권이 저당권의 목적으로 되어 있는 경우에 그 전세권의 포기는 저당권자의 동의 없이 할 수 없다. (O | X)

12 동일한 물건에 관하여 소유권과 제한물권이 동일인에게 속하는 경우에는 그 제한물권은 소멸하는 것이 원칙이다. (O | X)

13 甲 소유 건물에 乙이 임차권의 대항요건을 갖춘 다음 날 丙의 저당권이 설정된 때에 乙이 그 소유권을 취득하면 임차권은 소멸한다. (○ | ×)

14 토지소유자 甲이 담보목적의 소유권이전등기를 그 토지의 지상권자 乙 및 제3자 丙에게 공동으로 경료해 준 경우, 乙의 지상권은 소멸한다. (○ | ×)

15 甲 소유의 토지에 乙이 지상권을 취득한 후 丙이 그 지상권을 목적으로 저당권을 취득하였고, 이후 丙이 乙의 지상권을 승계한 경우 丙의 저당권은 소멸한다. (○ | ×)

16 甲의 지상권에 대하여 乙이 저당권을 취득한 경우, 甲이 지상권의 목적물에 대한 소유권을 취득하더라도 甲의 지상권은 소멸하지 않는다. (○ | ×)

17 乙이 甲 소유 토지를 점유한 상태에서 그것을 매수한 경우, 乙의 점유권은 혼동으로 소멸한다. (○ | ×)

18 토지소유권과 광업권이 동일인에게 귀속하게 되면 광업권은 혼동으로 소멸한다. (○ | ×)

정답

01 ○ **02** ○ **03** ×(부동산에 대하여 점유의 권리적법은 추정되지 않는다) **04** ○ **05** ○ **06** ○ **07** ○ **08** ×(매매계약의 무효·취소가 되면 소유권은 매도인에게 자동 복귀되므로 매도인의 등기청구권은 물권적 청구권이다) **09** ×(매수인이 목적물을 인도받아 사용·수익을 하는 경우 그 소유권이전등기청구권은 채권적 청구권이지만 소멸시효가 진행하지 않는다. 이후에 그 목적물을 제3자에게 처분하고 그 점유를 승계해 준 경우에도 등기청구권의 소멸시효는 진행하지 않는다) **10** ○ **11** ○ **12** ○ **13** ×(乙 자신의 권리를 보호하기 위하여 혼동으로 소멸하지 않는다) **14** ×(공동으로 취득한 경우에 혼동으로 소멸하지 않는다) **15** ○ **16** ○ **17** ×(점유권과 본권은 병존하므로 소멸하지 않는다) **18** ×(광업권은 토지소유권과 별개의 권리로 토지의 소유권과 혼동하지 않는다)

CHAPTER 03 점유권

CHAPTER 미리보기

학습전략
❶ 출제빈도는 낮지만 1문제 정도 출제될 가능성이 있습니다.
❷ 점유의 태양을 이해하고, 점유의 효력 중 추정적 효력과 점유자와 회복자의 관계 중 과실취득권, 목적물멸실회복에 대한 책임과 비용상환청구권 등을 숙지하여야 합니다.

학습키워드
- 점유의 모습(태양)
- 점유의 추정적 효력
- 점유자의 과실취득권
- 점유물의 멸실·훼손에 대한 책임
- 비용상환청구권
- 점유보호청구권

제1절 점유권 일반

1 점유제도

점유제도는 물건을 사실상 지배하고 있는 자가 있는 경우에 그 사실상의 지배를 정당화시켜 주는 법률상의 권리(이를 본권이라고 함)가 있느냐 없느냐를 묻지 않고서 그 사실상의 지배상태에 관하여 일정한 법률효과를 부여하여 보호(권리의 적법추정, 점유보호청구권 등)하는 제도를 말한다.

2 점유권과 본권

① 점유권은 '**사실상 지배상태** 자체'를 권리로 인정하는 것이고, 반면에 본권은 '지배할 수 있는 권리가 정형화'된 것이다.
② 보통 점유권과 본권은 병존하나, 점유권은 있으나 본권이 없는 경우도 있고[도인(盜人)의 점유], 본권은 있으나 점유권이 없는 경우도 있다(도난당한 피해자).

제2절 점유의 관념화

1 점유보조자

1. 의의

> **제195조 【점유보조자】** 가사상, 영업상 기타 유사한 관계에 의하여 타인의 지시를 받아 물건에 대한 사실상의 지배를 하는 때에는 그 타인만을 점유자로 한다.

① **점유보조자**가 점유자가 되지 못하는 이유는 사회통념상 그에게 점유권을 주어 보호할 만한 가치가 없다는 점이다.
② 만일 점유보조자도 점유자라고 한다면 그의 점유를 모든 사람, 즉 그의 점유주에 대해서도 행사하게 되고 타인에게 점유권을 이전하게 되는데 이것은 부당하기 때문이다.

2. 요건

(1) 물건에 대한 사실상의 지배

타인의 지시를 받는 점유보조자가 물건을 사실상 직접 지배하고 있어야 한다. 이는 물건에 대한 직접적인 실력행사를 의미한다.

(2) 점유보조관계가 있을 것

① 점유보조관계는 점유보조자가 점유주의 지시에 따라야 할 관계로서 사회적 종속관계 내지 명령·복종관계를 말한다.
② 이러한 종속관계는 사법관계뿐만 아니라 공법관계일 수도 있으며, 반드시 유효하거나 적법한 관계일 필요도 없다.
③ 또한 종속관계는 계속적인 것이어야 하는 것도 아니고, 외부에서도 용이하게 인식할 것을 요하지도 않는다.

> **참고** 점유보조관계의 성립 여부
>
> 1. 부부
>   처(妻)는 부(夫)의 점유보조자가 아니다(통설). 남녀평등의 원칙상 부부 사이에서는 사회적 종속관계를 인정할 수 없으므로 혼인생활을 영위하는 주거와 가사상 물건에 대한 권리에 있어 처를 부의 점유보조자라고 할 수 없고, 부부의 공동점유가 인정된다.
> 2. 법인과 대표기관
>   법인의 대표기관의 점유는 법인의 점유이다(判). 따라서 법인의 대표기관은 법인의 점유보조자가 아니다.
> 3. 자기의 물건
>   자기의 소유물건에 대해서도 점유보조자가 될 수 있다. 예를 들면, 부모가 어린이에게 물건을 준 경우 그 어린이는 소유자인 동시에 점유보조자가 될 수 있다.

3. 효과

① 점유보조자는 점유자가 아니다. 따라서 점유권과 점유보호청구권이 인정되지 않는다. 다만, 점유주를 위한 자력구제권은 인정된다(통설).
② 점유의 취득과 상실은 점유보조자를 기준으로 판단한다. 따라서 점유보조자의 점유의 취득과 상실은 점유주의 점유의 취득과 상실에 영향을 미친다.
③ 점유의 모습[태양(態樣)]은 원칙적으로 점유주를 기준으로 판단한다. 점유주가 악의인 경우 점유자는 점유보조자의 선의를 원용할 수 없고, 점유주가 선의이고 점유보조자가 악의이면 점유보조자의 악의는 점유주의 불이익으로 돌아간다.
④ 점유보조자와 점유주 사이의 종속관계가 종료하면 점유보조자의 지위도 종료한다. 이러한 점유보조관계의 종료는 점유보조자의 의사만에 의하여 점유보조자의 지위가 소멸하는 것은 아니며 외부에서 명백히 인식할 수 있도록 표시되어야 한다.
⑤ 또한 소유물반환청구의 상대방은 현재 그 물건을 점유하는 자이고 그 점유보조자에 불과한 자는 이에 해당하지 아니하므로 점유보조자에 대한 인도청구는 허용되지 않는다(2001다13983).

> **판례** 점유에 필요한 사실상 지배
>
> ① 사실상의 지배란 사회관념상 물건이 어떤 사람의 지배 내에 있다고 인정되는 객관적 관계를 말한다(98다20110).
> ② 사실상의 지배가 있다고 하기 위하여는 반드시 물건을 물리적·현실적으로 지배하는 것만을 의미하는 것이 아니고, 물건과 사람과의 시간적·공간적 관계와 본권관계, 타인 지배의 가능성 등을 고려하여 사회관념에 따라 합목적적으로 판단하여야 한다(99다2553).

2 간접점유

> **제194조【간접점유】** 지상권, 전세권, 질권, 사용대차, 임대차, 임치 기타의 관계로 타인으로 하여금 물건을 점유하게 한 자는 간접으로 점유권이 있다.

1. 의의

① 간접점유자(間接占有者)란 점유매개관계(지상권, 전세권, 임대차 등)로 타인으로 하여금 물건을 점유하게 한 자를 말한다.
② 간접점유자는 점유보조자와 달라서 점유권이 인정된다. 이를 인정하는 이유는 간접점유자는 반환청구권이 있어 사회통념상 물건이 완전히 간접점유자의 지배로부터 이탈했다고 볼 수 없기 때문이다.
③ 예컨대, 임대차에 기하여 임대인이 임차인에게 가옥을 점유하게 하면 임대인은 그 가옥에 대하여 간접점유를 가지고 임차인은 직접점유를 가진다.

2. 요건

(1) 직접점유의 존재

점유매개자(직접점유자)의 점유는 **직접점유**이면서 타주점유이어야 한다.

(2) 점유매개관계가 있을 것

① **점유매개관계**는 계약에 의하여 성립할 수도 있고 법률에 의하여 성립할 수도 있으나 구체적인 법률관계를 기초로 하고 있어야 한다.
② 점유매개관계는 사법관계뿐만 아니라 공법관계일 수도 있으며, 반드시 유효할 필요도 없고, 중첩적으로 성립할 수도 있다.
③ 간접점유자는 직접점유자에 대하여 반환청구권을 가진다. 이 반환청구권은 그 기초가 되는 권리의 성질에 따라 다음과 같이 구분할 수 있다.

⊙ 채권적 청구권: 점유매개관계 종료로 인한 반환청구권
ⓒ 물권적 청구권: 소유권에 기한 물권적 청구권

3. 효과

(1) 간접점유자의 지위

① 간접점유자는 점유자이다.
② 따라서 점유권과 점유보호청구권이 인정된다(제207조). 다만, 자력구제권은 인정되지 않는다(다수설).

(2) 직접점유자와 간접점유자의 대내적 관계

① 간접점유자는 직접점유자에 대해 점유보호청구권과 자력구제권을 행사할 수 없고, 점유매개관계나 본권에 기한 청구권만 행사할 수 있다.
② 이에 비하여 직접점유자는 간접점유자에 대해 점유보호청구권과 자력구제권을 행사할 수 있고, 점유매개관계에 기한 청구권도 행사할 수 있다.

(3) 간접점유자의 대외관계 - 제3자에 대한 관계

① 직접점유자가 그 점유를 침탈당하거나 방해받고 있는 경우 간접점유자도 그 물건을 직접점유자에게 반환할 것을 청구할 수 있고, 직접점유자가 그 반환을 받을 수 없거나 이를 원하지 않는 경우에는 직접 자기에게 반환할 것을 청구할 수 있다(제207조 제2항).
② 점유침탈인지의 여부는 직접점유자를 기준으로 하므로, 직접점유자가 임의로 점유를 제3자에게 처분한 경우 이러한 점유의 이전이 간접점유자의 의사에 반한다 하더라도 간접점유자의 점유가 침탈된 경우에 해당하지 않으므로, 간접점유자의 점유보호청구권은 인정되지 않는다(92다5300).
③ 그러므로 간접점유자는 직접점유자로부터 점유를 양도받은 제3자를 상대로 점유보호청구권을 행사할 수 없다.

(4) 직접점유자의 점유상실, 점유매개관계의 종료로 간접점유는 소멸한다.

▶ **점유보조자와 간접점유자의 비교**

점유보조자	간접점유자
점유권 ×, 점유보호청구권 ×, 자력구제권 ○	점유권 ○, 점유보호청구권 ○, 자력구제권 ×
점유보조관계는 중첩적으로 성립 불가	점유는 중첩적으로 성립 가능

3 점유권의 상속

제193조 【상속으로 인한 점유권의 이전】 점유권은 상속인에 이전한다.

① 상속인은 물건에 대한 사실상의 지배를 하지 않더라도 점유권이 인정된다. 따라서 상속인이 상속개시사실을 모르거나 자기가 상속인임을 모르더라도 점유권이 인정되는 것이다.
② 다만, 주의할 것은 상속인은 새로운 권원에 의하여 자기 고유의 점유를 개시하지 않는 한, 원칙적으로 피상속인의 점유의 성질과 하자를 그대로 승계한다는 점이다(判).

제3절 점유의 모습(태양)

1 자주점유와 타주점유

1. 의의

(1) 자주점유(自主占有): 소유의 의사가 있는 점유

① 소유의 의사란 소유자와 동일한 지배를 하려는 의사, 즉 사실상 소유할 의사를 가지고 하는 점유를 의미한다. 그러한 소유의 의사는 점유개시 시에만 있으면 족하다.
② 소유의 의사가 있는 자주점유인지 여부의 판단은 점유자 개인의 주관적 의사에 의하여 결정되는 것이 아니라 점유취득의 원인, 즉 점유취득의 원인인 권원(權原)의 성질이나 점유와 관계있는 모든 사정에 의하여 외형적·객관적으로 정해진다.
③ 매매가 무효라 하더라도 그 매수인의 점유와 타인의 물건을 절취하여 가지고 있는 도인(盜人)의 점유는 자주점유에 해당한다.

(2) 타주점유(他主占有): 소유의 의사가 없는 점유

① 타인이 소유권을 가지고 있다는 것을 전제로 하면서 점유매개관계를 기초로 한 타인의 물건에 대한 점유를 타주점유라고 한다.
② 지상권자, 전세권자, 질권자, 임차인이 목적물을 점유하고 있고 또한 그 목적물에 대한 소유의 의욕이 있어도 그들의 점유는 타주점유에 해당한다.
③ 처분권한이 없는 자로부터 그 사실을 알면서 부동산을 취득하거나 어떠한 법률행위가 무효임을 알면서 그 법률행위에 의하여 부동산을 취득하여 점유하게 된 경우, 그 점유의 법적 성질은 타주점유가 된다(99다50705).

| 판례 | 점유의 태양 |

① 자주점유는 소유자와 동일한 지배를 하려는 의사를 가지고 하는 점유를 의미하는 것이지, 법률상 그러한 지배를 할 수 있는 권한, 즉 소유권을 가지고 있거나 또는 소유권이 있다고 믿고서 하는 점유를 의미하는 것은 아니다(85다카2230).

② 소유의 의사의 유무는 점유자 개인의 주관적 의사에 의하여 결정되는 것이 아니라, 점유취득의 원인이 된 사실, 즉 권원(權原)의 성질에 의하여 객관적으로 정하여진다(99다50705).

③ 매수인의 점유: 토지를 매수·취득하여 점유를 개시함에 있어서 매수인이 인접 토지와의 경계선을 정확하게 확인하여 보지 아니하여 착오로 인접 토지의 일부를 그가 매수·취득한 토지에 속하는 것으로 믿고서 인접 토지의 일부를 현실적으로 인도받아 점유하고 있다면 인접 토지의 일부에 대한 점유는 소유의 의사에 기한 것이라고 보아야 한다(99다58570·58587).

④ 매매가 무효라 하더라도 매수인은 자주점유자이다(80다671).

⑤ 명의수탁자의 점유: 명의신탁에 의하여 부동산의 소유자로 등기된 자의 점유는 그 권원의 성질상 자주점유라 할 수 없다(91다27655). ⇨ 〈비교판례〉 계약명의신탁에서 명의신탁자는 부동산의 소유자가 명의신탁약정을 알았는지 여부와 관계없이 부동산의 소유권을 갖지 못할 뿐만 아니라 매매계약의 당사자도 아니어서 소유자를 상대로 소유권이전등기청구를 할 수 없고, 이는 명의신탁자도 잘 알고 있다고 보아야 한다. 명의신탁자가 명의신탁약정에 따라 부동산을 점유한다면 명의신탁자에게 점유할 다른 권원이 인정되는 등의 특별한 사정이 없는 한 명의신탁자는 소유권 취득의 원인이 되는 법률요건이 없이 그와 같은 사실을 잘 알면서 타인의 부동산을 점유한 것이다. 이러한 명의신탁자는 타인의 소유권을 배척하고 점유할 의사를 가지지 않았다고 할 것이므로 소유의 의사로 점유한다는 추정은 깨어진다(2019다249428).

⑥ 면적이 등기부상의 면적을 상당히 초과하는 경우의 매수인의 점유: 매매대상건물 부지의 면적이 등기부상의 면적을 상당히 초과하는 경우에는 특별한 사정이 없는 한 계약당사자들이 이러한 사실을 알고 있었다고 보는 것이 상당하며, 이러한 경우에는 매도인이 그 초과 부분에 대한 소유권을 취득하여 이전하여 주기로 약정하는 등의 특별한 사정이 없는 한, 그 초과 부분은 단순한 점용권의 매매로 보아야 하고 따라서 그 점유는 권원의 성질상 타주점유에 해당한다(99다5866).

⑦ 타인소유 토지의 매수인의 점유: 점유에 있어서 소유의 의사 유무는 점유취득의 원인사실에 의하여 외형적, 객관적으로 정하여져야 할 것인즉, 토지매수인이 매매계약에 기하여 목적 토지의 점유를 취득한 경우에는 그 매매가 설사 타인의 토지의 매매로서 그 소유권을 취득할 수는 없다 하여도 다른 특별한 사정이 없는 이상 매수인의 점유는 소유의 의사로써 하는 것이라고 해석된다(80다3083).

⑧ 분묘기지권자의 점유: 타인의 토지 위에 분묘를 설치 또는 소유하는 자는 그 분묘의 보존 및 관리에 필요한 범위 내에서만 타인의 토지를 점유하는 것이므로, 점유권원의 성질상 소유의 의사가 추정되지 아니한다(94다31549).

⑨ 공유토지의 공유자 1인의 점유: 공유자 1인이 공유토지의 전부를 점유하더라도 다른 공유자의 지분비율의 범위 내에서는 타주점유이다(95다51861).

⑩ 타주점유를 상속한 경우: 점유자가 타인의 선대를 위하여 그 선산과 분묘 등을 돌보면서 이를 관리하여 온 경우, 이들 토지에 대한 점유자의 점유는 그 권원의 성질상 처음부터 타주점유이고 이를 상속 등의 방법으로 승계한 자의 점유 역시 특단의 사정이 없는 한 피상속인의 점유의 성질을 그대로 승계하여 타주점유라고 보아야 한다(97다42625).

⑪ 귀속재산의 점유자: 귀속재산의 점유자는 권원의 성질상 타주점유에 해당하나, 귀속재산을 불하받아 그 상환을 완료한 날로부터는 그 불하받은 부분에 대한 점유는 자주점유로 보아야 한다(91다27259).

2. 구별실익

자주점유와 타주점유를 구별하는 실익은 취득시효(제245조, 제246조), 선점(제252조), 점유자의 회복자에 대한 책임(제202조) 등에 있다.

3. 자주점유와 그 추정

(1) 점유권원의 성질이 객관적으로 분명하게 정해진 경우

매수인은 언제나 자주점유자이고, 이에 반해 지상권자·전세권자·질권자·임차인·수치인·등기명의수탁자 등은 언제나 타주점유이다.

(2) 자주점유의 추정 – 점유권원의 성질이 분명하지 않은 경우

① 권원의 성질상 자주점유인지 아니면 타주점유인지 불분명한 경우에, 점유자는 소유의 의사로 점유한 것, 즉 자주점유로 추정된다(제197조 제1항).
② 따라서 점유자의 점유가 자주점유가 아님을 주장하는 자는 그 점유가 타주점유임을 입증할 필요가 있다.
③ 그러나 악의의 무단점유가 입증된 경우에는 자주점유의 추정이 깨어진다(判).

> **판례** 자주점유의 추정과 악의의 무단점유
> ① 점유자가 스스로 매매 또는 증여와 같은 자주점유의 권원을 주장하였으나 이것이 인정되지 않는 경우에도 자주점유의 추정이 번복된다거나 또는 점유권원의 성질상 타주점유라고는 볼 수 없다(82다708 전합).
> ② 점유자가 취득시효기간이 경과한 후 상대방에게 토지의 매수를 제의한 사실이 있다고 하더라도 위 점유자의 점유를 타주점유라고 볼 수 없다(82다708 전합).
> ③ 점유자가 점유 개시 당시에 소유권 취득의 원인이 될 수 있는 법률행위 기타 법률요건이 없이 그와 같은 법률요건이 없다는 사실을 잘 알면서 타인 소유의 부동산을 무단점유한 것임이 입증된 경우, 특별한 사정이 없는 한 점유자는 타인의 소유권을 배척하고 점유할 의사를 갖고 있지 않다고 보아야 하므로, 이로써 소유의 의사가 있는 점유라는 추정은 깨어진다(95다28625 전합).

4. 점유의 전환

(1) 타주점유에서 자주점유로의 전환

① 타주점유가 자주점유로 전환되기 위하여는 타주점유자가 새로운 권원에 기하여 다시 소유의 의사를 가지고 점유를 시작하거나 자기에게 점유를 시킨 자에 대하여 소유의 의사가 있음을 표시하여야 할 것이고, 타주점유자가 그 명의로 소유권이전등기를 경료하였다 하여 그것만으로 소유의 의사를 표시하여 자주점유로 전환되었다고 볼 수 없다(92다51723).

② 상속인은 피상속인의 권리·의무를 포괄승계하는 자이므로 점유취득에 있어 상속은 새로운 권원이 될 수 없고 상속인은 피상속인의 점유의 태양을 그대로 승계한다. 그러므로 상속인이 새로운 권원에 의하여 자기 고유의 점유를 다시 개시하지 않는 한 상속인은 피상속인의 점유를 떠나 자기만의 점유를 주장할 수 없다.

(2) 자주점유에서 타주점유로의 전환

① 자주점유자가 새로운 권원에 기하여 타인을 위하는 의사를 가지고 점유를 시작하거나, 점유를 시킨 자에게 타주점유의사를 표시하여야 한다.
② 경락허가결정이 있으면 종전소유자는 타주점유로 전환된다(判).
③ 부동산을 다른 사람에게 매도하고 매수인으로부터 대금을 완납받아 목적물의 인도의무를 지고 있는 매도인의 점유는 특별한 사정이 없는 한 타주점유로 변경된다.

> **판례** 점유의 전환
>
> ① 타주점유자가 그 명의로 소유권이전등기를 경료한 것만으로는 점유시킨 자에 대하여 소유의 의사를 표시함으로써 자주점유로 전환되었다고 볼 수 없다(92다51723).
> ② 토지의 점유자가 이전에 토지소유자를 상대로 그 토지에 관하여 매매를 원인으로 한 소유권이전등기청구소송을 제기하였다가 패소확정되었다 하더라도 그 사정만으로 자주점유가 타주점유로 전환된다고 할 수 없다(97다30288).
> ③ 진정소유자가 자신의 소유권을 주장하며 점유자를 상대로 토지에 관한 점유자 명의의 소유권이전등기의 말소등기청구소송을 제기하여 점유자의 패소로 확정되었다면, 점유자의 토지에 대한 점유는 패소판결 확정 후부터는 타주점유로 전환된다(2000다14934).
> ④ 매수인의 채무불이행으로 부동산 매매계약이 해제되었다면 매수인의 동 부동산에 대한 점유는 계약해제일로부터는 타주점유가 되는 것이다(71다2306).

2 선의점유와 악의점유

1. 의의

① **선의점유**(善意占有): 본권이 없음에도 불구하고 본권이 있다고 오신한 점유를 말한다.
② **악의점유**(惡意占有): 본권이 없음을 알거나 본권의 유무에 관하여 의심을 품으면서 하는 점유를 말한다.

2. 구별실익

선의점유와 악의점유를 구별하는 실익은 선의취득(제249조), 선의점유자의 과실취득권(제201조), 점유자의 회복자에 대한 책임(제202조), 취득시효(제245조 제2항, 제246조) 등에 있다. 주의할 것은 비용상환청구권(제203조)은 선의·악의의 구별실익이 없다는 점이다.

3. 선의의 추정

점유자는 소유의 의사로 선의, 평온 및 공연하게 점유한 것으로 추정한다(제197조 제1항).

3 과실(過失) 있는 점유와 과실(過失) 없는 점유

① **의의**: 이 구별은 본권이 없음에도 불구하고 본권이 있다고 오신한 데 과실이 있느냐의 여부에 의한 구별이다.
② **구별실익**: 과실 있는 점유와 과실 없는 점유를 구별하는 실익은 선의취득(제249조), 취득시효(제245조 제2항, 제246조 제2항) 등에 있다.
③ **무과실의 추정 여부**: 무과실은 추정되지 않으므로 무과실의 점유를 주장하는 자는 스스로 그 입증의 책임을 진다고 하는 것이 판례의 태도이다.

4 평온·공연점유와 폭력·은비점유

① **의의**: 평온점유(平穩占有)와 폭력점유(暴力占有)는 점유를 취득·보유하는 데 강폭행위를 썼느냐의 여부에 따른 구별이다. 공연점유(公然占有)와 은비점유(隱庇占有)는 남몰래 하는 점유이냐의 여부에 따른 구별이다.
② **구별실익**: 평온·공연점유와 폭력·은비점유를 구별하는 실익은 선의취득(제249조), 선의점유자의 과실취득권(제201조 제3항), 취득시효(제245조, 제246조) 등에 있다.
③ **평온·공연의 추정**: 민법 제197조 제1항에 의하면 점유자는 평온, 공연하게 점유하는 것으로 추정된다.

5 계속점유와 불계속점유

1. 의의

이는 점유의 계속성 여부에 따른 구별이다.

2. 점유계속의 추정(제198조)

① 민법 제198조에 의하면 전후 양시에 점유한 사실이 있는 때에는 그 점유는 계속한 것으로 추정한다.
② 전후 양(兩) 시점의 점유자가 다른 경우에도 점유의 승계가 인정되는 범위에서 점유가 계속된 것으로 추정된다.

3. 점유의 승계와 효과

(1) 점유의 분리·병합의 선택의 자유(특정승계의 경우)

① 점유자의 승계인은 자기의 점유만을 주장(점유의 분리)하거나 자기의 점유와 전점유자의 점유를 아울러 주장(점유의 병합)할 수 있다(제199조 제1항).
② 이때 전(前)점유자란 현점유자에 앞서는 모든 전주(前主)를 의미한다.
③ 전점유자의 점유를 아울러 주장하는 경우에는 그 하자도 승계한다(제199조 제2항).
④ **점유개시시기의 선택 가능 여부**: 전점유자의 점유를 아울러 주장하는 경우 원칙적으로 전점유자의 점유기간 중의 임의의 시점을 선택해서 주장할 수 없다(79다2110). 즉, 점유개시 시점부터 병합해야 한다.

(2) 타주점유를 상속한 상속인의 점유와 그 전환

① 상속인의 점유는 피상속인의 점유의 성질과 하자를 떠나 새로운 점유를 주장할 수 없으며, 상속인이 상속이 아닌 새로운 권원에 의하여 자기 고유의 점유를 시작하지 않는 한 자기의 점유를 분리하여 주장할 수 없다.
② 그러므로 타주점유를 상속한 상속인의 점유가 자주점유가 되기 위하여는 점유자가 소유자에 대하여 소유의 의사가 있는 것을 표시하거나 새로운 권원에 의하여 다시 소유의 의사로 점유를 시작하여야 한다(97다40100).

6 하자 있는 점유와 하자 없는 점유

하자 있는 점유라고 함은 악의·과실·강폭·은비·불계속 등의 사정이 있는 점유를 말하고, 하자 없는 점유라고 함은 선의·무과실·평온·공연·계속 등의 사정이 있는 점유를 말한다.

제4절 점유권의 취득과 소멸

1 점유권의 취득

1. 직접점유의 취득

① **원시취득**: 어떤 물건에 대해 점유를 설정하겠다는 의사를 가지고 물건에 대한 사실상의 지배가 성립되면 그 법률효과로서 당연히 점유권은 원시적으로 취득된다.
② **승계취득**: 물권의 일종인 점유권 그 자체를 양수하는 경우(특정승계)와 피상속인의 사망에 의해서 상속인이 점유권을 취득하는 것(포괄승계)은 승계취득에 해당한다.

2. 간접점유의 취득

(1) 원시취득
① **점유매개관계의 설정**: 직접점유자가 타인과 점유매개관계를 설정하고 스스로는 간접점유자가 되어 간접점유를 원시취득할 수 있다.
② **점유개정에 의한 점유권의 양도**: 양도인이 목적물을 양도한 후에도 계속 점유하는 경우(점유개정)에 양수인은 간접점유를 취득한다.

(2) 승계취득
간접점유자가 직접점유자에 대해 가지는 목적물반환청구권을 양도한 경우 그 양수인은 간접점유를 승계취득할 수 있다.

2 점유권의 소멸

① **직접점유의 소멸**: 직접점유는 점유물에 대한 사실상의 지배를 상실함으로써 소멸한다(제192조 제2항). 다만, 침탈 후 1년 내에 점유를 회수한다든지(제204조), 그 상실상태가 일시적인 것에 지나지 않을 때에는 소멸하지 않는다.
② **간접점유의 소멸**: 직접점유자가 점유를 상실하거나 점유매개관계가 단절되면 간접점유는 소멸한다.
③ **혼동과 소멸시효에 의한 소멸 여부**: 점유권은 성질상 혼동으로 소멸하지 않으며, 소멸시효의 문제가 발생하지 않는다.

제5절 점유권의 효력

1 점유의 추정적 효력

1. 점유의 태양에 관한 추정

> **제197조 【점유의 태양】** ① 점유자는 소유의 의사로 선의, 평온 및 공연하게 점유한 것으로 추정한다.
> ② 선의의 점유자라도 본권에 관한 소에 패소한 때에는 그 소가 제기된 때부터 악의의 점유자로 본다.

어떠한 물건을 점유하는 자는 소유의 의사로 선의, 평온 및 공연하게 점유한 것으로 추정될 뿐만 아니라 점유자가 점유물에 대하여 행사하는 권리는 적법하게 보유하는 것으로 추정되므로 점유물에 대한 유익비상환청구권을 기초로 하는 유치권의 주장을 배척하려면 적어도 그 점유가 불법행위로 인하여 개시되었거나 유익비 지출 당시 이를 점유할 권원이 없음을 알았거나 이를 알지 못함이 중대한 과실에 기인하였다고 인정할 만한 사유를 상대방 당사자가 주장 입증하여야 한다(66다600).

2. 점유의 계속추정

> **제198조 【점유계속의 추정】** 전후 양시에 점유한 사실이 있는 때에는 그 점유는 계속한 것으로 추정한다.

판례는 전후 양 시점의 점유자가 다른 경우에도 점유의 승계가 입증되는 한 점유계속은 추정된다고 한다.

3. 권리의 적법추정

> **제200조 【권리의 적법의 추정】** 점유자가 점유물에 대하여 행사하는 권리는 적법하게 보유한 것으로 추정한다.

(1) 추정력의 범위

① 물적 범위
  ㉠ 점유의 적법추정은 동산인 경우에 한하여 인정되고, 부동산에 대하여는 적용되지 않는다.
  ㉡ 등기된 부동산에 관하여서는 등기의 추정력이 인정되므로 별도의 점유의 추정력을 인정할 필요가 없고(81다780), 이러한 법리는 미등기 부동산이라 하여 달리 취급하지 않는다.
  ㉢ 추정되는 권리는 물권에 한하지 않으며, 점유를 내용으로 하는 모든 권리(임차인, 수치인 등의 권리)를 포함한다.

② 인적 범위
  ㉠ 추정은 점유자의 이익을 위해서뿐만 아니라 불이익을 위해서도 추정된다.
  ㉡ 추정의 효과는 점유자뿐만 아니라 제3자도 이를 원용할 수 있다.
  ㉢ 본 규정은 점유자와 그에게 점유를 시킨 자 사이에는 적용되지 않는다. 즉, 다른 사람의 물건을 점유하는 자는 그 점유가 불법이 아니라는 것을 소유자에게 주장하려면 그 점유가 정당한 권원에 의한 것임을 점유자 스스로 주장·입증하여야 한다(64다714).
  ㉣ 예를 들어, 임대인인 소유자와 점유자인 임차인 사이에 임차권의 존부에 관한 분쟁이 발생한 경우 점유자인 임차인이 임차권의 취득사실을 입증하여야 한다.

(2) 추정의 효과

권리의 적법추정은 법률상 추정에 해당하고, 입증책임이 상대방에게 전환된다.

2 점유자와 회복자의 관계

1. 서설

① 본권(本權) 없이 점유하는 자는 본권을 가진 자가 반환청구권을 행사하면 점유물을 본권자에게 반환하여야 하는데, 점유자가 본권자에게 점유물을 반환하는 경우에 점유자와 본권자 사이의 내부적인 법률관계의 존재 여부에 따라 발생하는 청산의 문제들을 해결하기 위해 민법은 제201조 내지 제203조 규정을 두고 있다. 이 규정의 취지는 점유자의 이익을 보호하기 위해서이다.

② 본권(임차권 등 용익권)에 기하여 타인의 물건을 점유하던 자가 그 물건을 반환하는 경우에, 그들 사이의 관계는 본권을 발생시킨 법률관계에 따라 청산되는 것이지 본 규정이 적용될 것은 아니다.

2. 점유자의 과실취득권

> **제201조【점유자와 과실】** ① 선의의 점유자는 점유물의 과실을 취득한다.

(1) 선의의 점유자는 점유물의 과실(果實)을 취득한다(제201조 제1항)

① 요건
  ㉠ 선의의 점유자란 과실취득권을 포함하는 본권(소유권·전세권·지상권·임차권 등)을 가지고 있다고 오신하는 점유자이다.
  ㉡ 과실취득권이 없는 본권(저당권 등)이 있다고 오신한 경우는 과실(果實)을 반환하여야 한다.
  ㉢ 선의의 점유자가 과실을 취득함에 있어 무과실을 요건으로 하지 아니하나, 오신함에 정당한 근거가 있어야 한다(99다63350).

② 효과
  ㉠ 선의점유자는 과실(果實)을 취득한다. 과실에는 천연과실·법정과실은 물론 사용이익도 포함한다(통설·판례).
  ㉡ '과실(果實)을 취득한다'는 의미는 선의점유자에게 적극적으로 과실(果實)취득권을 부여한 것이므로 단순히 소비한 과실(果實)뿐만 아니라 수취한 과실(果實) 전부에 대하여 소유권을 취득한다(다수설).

③ **부당이득의 불성립**: 선의의 점유자의 과실(果實)취득권이 인정되는 범위 내에서 부당이득은 성립하지 않는다.
④ **불법행위의 성립**: 선의점유자에게 과실(過失)이 있는 경우에도 과실(果實)취득권은 인정하되, 그 과실(過失)에 대하여 불법행위에 의한 손해배상책임을 진다(判).

(2) 악의점유자의 과실(果實)반환의무

> 제201조【점유자와 과실(果實)】② 악의의 점유자는 수취한 과실을 반환하여야 하며 소비하였거나 과실(過失)로 인하여 훼손 또는 수취하지 못한 경우에는 그 과실(果實)의 대가를 보상하여야 한다.
> ③ 전항의 규정은 폭력 또는 은비에 의한 점유자에 준용한다.

① 악의의 점유자는 수취한 과실을 반환할 의무가 있다.
　㉠ 악의의 점유자가 과실(果實)을 소비하였거나 과실(過失)로 인하여 훼손 또는 수취하지 못한 경우에는 그 과실(果實)의 대가를 보상하여야 한다.
　㉡ 다만, 악의의 점유자라도 그 과실(過失) 없이 수취하지 못한 과실(果實)에 대하여는 반환 또는 보상의 의무가 없다.
② 폭력·은비에 의한 점유자도 악의의 점유자와 같은 범위에서 과실을 반환할 의무가 있다.

> **판례** 토지의 선의점유자의 과실수취권
> ① 민법 제201조 제1항에 의하여 과실취득권이 있는 선의의 점유자란 과실취득권을 포함하는 권원(소유권, 지상권, 임차권 등)이 있다고 오신한 점유자를 말하고, 그와 같은 오신을 함에는 오신할 만한 근거가 있어야 한다(80다2587).
> ② 토지를 사용함으로써 얻는 이득은 그 토지로 인한 과실과 동시할 것이므로, 민법 제201조 제1항에 의하여 선의의 점유자는 비록 법률상 원인 없이 타인의 토지를 점유·사용하고 이로 말미암아 그에게 손해를 입혔다 하더라도 그 점유·사용으로 인한 이득을 그 타인에게 반환할 의무는 없다(95다573·580).
> ③ 토지의 선의의 점유자로 그 과실을 취득할 권리가 있어서 경작한 농작물의 소유권을 취득할 수 있다 하더라도, 법령의 부지로 상속인이 될 수 없는 사람을 상속인이라고 생각하고 토지를 점유하였다면 점유자에게 과실이 있다고 할 수 있는바, 이는 그 토지의 진정한 소유자에 대해서는 불법행위를 구성하므로 선의점유자라도 그 불법행위에 의한 손해배상책임이 있는 것이다(66다994).

3. 점유물의 멸실·훼손에 대한 책임

> 제202조【점유자의 회복자에 대한 책임】점유물이 점유자의 책임 있는 사유로 인하여 멸실 또는 훼손한 때에는 악의의 점유자는 그 손해의 전부를 배상하여야 하며 선의의 점유자는 이익이 현존하는 한도에서 배상하여야 한다. 소유의 의사가 없는 점유자는 선의인 경우에도 손해의 전부를 배상하여야 한다.

4. 점유자의 비용상환청구권

(1) 비용상환청구권은 점유자의 선의·악의, 소유의 의사 유무를 불문하고 인정된다.

> **제203조【점유자의 상환청구권】** ① 점유자가 점유물을 반환할 때에는 회복자에 대하여 점유물을 보존하기 위하여 지출한 금액 기타 필요비의 상환을 청구할 수 있다. 그러나 점유자가 과실을 취득한 경우에는 통상의 필요비는 청구하지 못한다.
> ② 점유자가 점유물을 개량하기 위하여 지출한 금액 기타 유익비에 관하여는 그 가액의 증가가 현존한 경우에 한하여 회복자의 선택에 좇아 그 지출금액이나 증가액의 상환을 청구할 수 있다.
> ③ 전항의 경우에 법원은 회복자의 청구에 의하여 상당한 상환기간을 허여할 수 있다.

(2) 점유자의 유치권

① 필요비나 유익비의 상환청구권은 제320조의 물건에 관하여 생긴 채권이므로 유치권의 피담보채권이 될 수 있다.

② 다만, 유익비에 대하여 법원은 회복자의 청구에 의하여 상당한 상환기간을 허여할 수 있고(제203조 제3항), 이 경우 그 유예기간 중에는 채무의 변제기가 도래하지 않았으므로 유치권은 성립하지 않는다(제320조 제1항).

> **판례** 비용상환청구권의 발생시기
>
> ① 민법 제203조 제1항·제2항에 의하여 점유자의 필요비 또는 유익비 상환청구권은 점유자가 회복자로부터 점유물의 반환을 청구받거나 회복자에게 점유물을 반환할 때에 비로소 회복자에 대하여 행사할 수 있다(94다4592).
> ② 점유자의 유익비상환청구권은 점유자가 그 점유물을 반환할 때 비로소 회복자에 대하여 발생하는 것이므로 소유권이전등기의 말소만을 구하는 경우에는 그 유익비상환청구권으로서 동시이행 또는 유치권 행사의 항변을 할 수 없다(76다172).

3 점유보호청구권

1. 서설

① 점유보호청구권은 점유의 침해가 있는 경우에 본권의 유무와는 관계없이 점유 그 자체를 보호하기 위하여 인정되는 물권적 청구권의 일종이다.

② 점유보호청구권은 점유권에 기한 물권적 청구권으로서 침해자의 고의·과실을 요하지 않는 사법상 권리이며, 실체법상의 권리이다.

2. 점유보호청구권의 유형

(1) 점유의 회수 – 점유물반환청구권

> **제204조【점유의 회수】** ① 점유자가 점유의 침탈을 당한 때에는 그 물건의 반환 및 손해의 배상을 청구할 수 있다.
> ② 전항의 청구권은 침탈자의 특별승계인에 대하여는 행사하지 못한다. 그러나 승계인이 악의인 때에는 그러하지 아니하다.
> ③ 제1항의 청구권은 침탈을 당한 날로부터 1년 내에 행사하여야 한다.

① 점유의 침탈이라 함은 점유자가 그의 의사에 기인하지 아니하고, 사실적 지배를 빼앗기는 것을 말한다.
  ㉠ 사기의 의사표시에 의해 건물을 명도해 준 것이라면 건물의 점유를 침탈당한 것이 아니므로 피해자는 점유회수의 소권을 가진다고 할 수 없다(91다17443).
  ㉡ 또한 직접점유자가 무단처분(직접점유자가 임의로 점유를 타에 양도한 경우)하였다면 그 점유이전이 간접점유자의 의사에 반한다고 하더라도 간접점유자의 점유가 침탈된 것은 아니다.
  ㉢ 그러나 위법한 강제집행에 의하여 점유를 인도한 경우에는 침탈이 된다.
② 목적물의 반환을 청구하여야 한다.
  ㉠ 간접점유자가 반환청구권을 행사하는 경우에는 직접 자기에게 반환할 것을 청구할 수는 없고, 그의 직접점유자에게 반환할 것을 청구할 수 있을 뿐이다.
  ㉡ 그러나 직접점유자가 그 반환을 받을 수 없거나 또는 받기를 원하지 않는 때에는 간접점유자가 자기에게 반환할 것을 청구할 수 있다(제207조 제2항).
③ **손해배상청구권**
  ㉠ 점유의 침탈이 침탈자의 고의·과실로 인하여 발생하였고 그로 인하여 손해가 발생한 경우 손해배상청구권을 행사할 수 있으나, 손해배상청구권은 물권적 청구권의 본래의 내용은 아니다.
  ㉡ 이때의 손해배상은 점유를 빼앗긴 것에 대한 손해의 배상이므로 손해배상의 범위는 물건을 계속 점유함으로써 얻을 수 있었던 이익을 기준으로 한다.
  ㉢ 손해배상청구의 상대방은 손해를 발생하게 한 자이고, 그 특별승계인은 상대방으로 되지 않는다.
  ㉣ 따라서 침탈한 물건의 점유가 양도되면 반환청구의 상대방은 현재의 점유자인 데 대하여, 손해배상청구의 상대방은 침탈 당시의 점유자로 된다. 예컨대 甲의 점유물을 乙이 탈취하여 이를 악의의 丙에게 양도한 때에는, 甲은 乙을 상대로 손해배상을 청구하고, 丙을 상대로 점유물의 반환을 청구하게 되어, 양 청구의 상대방이 다르게 된다.

④ 제척기간
  ㉠ 점유물반환청구권 및 손해배상청구권은 점유를 침탈당한 날로부터 1년 내에 행사하여야 한다.
  ㉡ 점유물의 반환청구권은 제척기간 내에 단순히 권리행사하는 것으로 족한 기간이 아니라 반드시 그 기간 내에 소를 제기하여야 하는 이른바 출소기간으로 해석한다(2001다8097).
⑤ 상호 침탈에 있어서 점유자의 점유물반환청구권의 문제
  ㉠ 예를 들면, 甲이 그 소유 자전거를 도난당한지 몇 개월 후에, 도둑으로부터 그 사실을 알고서 양수한 乙에게 그 물건이 있음을 알고서, 甲이 乙의 집 앞에서 자전거를 다시 되찾아온 경우, 乙은 점유의 침탈을 이유로 甲에게 점유물반환청구를 할 수 있는가가 점유의 상호 침탈이다.
  ㉡ 이에 관하여 통설은 乙에게 점유물반환청구를 인정하더라도 다시 甲이 반환청구를 할 수 있게 되어 소송상 비경제라는 것을 논거로 하여 乙의 점유물반환청구를 부정하고 있다.

(2) 점유의 보유 – 점유물방해제거청구권

> 제205조【점유의 보유】① 점유자가 점유의 방해를 받은 때에는 그 방해의 제거 및 손해의 배상을 청구할 수 있다.
> ② 전항의 청구권은 방해가 종료한 날로부터 1년 내에 행사하여야 한다.
> ③ 공사로 인하여 점유의 방해를 받은 경우에는 공사착수 후 1년을 경과하거나 그 공사가 완성한 때에는 방해의 제거를 청구하지 못한다.

(3) 점유의 보전 – 점유물방해예방청구권

> 제206조【점유의 보전】① 점유자가 점유의 방해를 받을 염려가 있는 때에는 그 방해의 예방 또는 손해배상의 담보를 청구할 수 있다.
> ② 공사로 인하여 점유의 방해를 받을 염려가 있는 경우에는 전조 제3항의 규정을 준용한다.

3. 점유의 소(訴)와 본권의 소(訴)

> 제208조【점유의 소와 본권의 소와의 관계】① 점유권에 기인한 소와 본권에 기인한 소는 서로 영향을 미치지 아니한다.
> ② 점유권에 기인한 소는 본권에 관한 이유로 재판하지 못한다.

(1) 의의

① 점유의 소란 점유보호청구권을 청구원인으로 하는 소를 말하고, 소유권·지상권·전세권·임차권 등의 본권을 청구원인으로 하는 소를 **본권의 소**라고 말한다.

② 예를 들면, 甲이 점유하고 있던 그의 소유물을 乙이 침탈한 경우에 甲은 점유권에 기인한 반환청구의 소를 제기할 수 있고, 또한 본권인 소유권에 기인한 반환청구의 소를 제기할 수도 있다. 전자를 점유의 소라 하고, 후자를 본권의 소라 한다.

(2) 점유의 소와 본권의 소의 경합

① 점유권에 기인한 소와 본권에 기인한 소는 서로 영향을 미치지 아니한다. 즉, 점유의 소와 본권의 소는 전혀 별개의 소송이므로 두 소를 동시에 제기할 수도 있고, 별도로 제기할 수도 있다. 또한 한쪽의 소가 패소하더라도 다른 쪽의 소를 제기할 수가 있고, 일방의 소권이 소멸하더라도 타방의 소권에는 영향이 없다.

② 점유권에 기인한 소는 본권에 관한 이유로 재판하지 못한다. 즉, 점유물반환청구의 소에 있어서 상대방이 소유권 기타의 본권을 가지고 있다고 하더라도 이것을 이유로 점유물반환의 청구를 기각해서는 안 된다.

③ 다만, 본권자의 반소제기를 인정하므로 제208조는 별 실익이 없다. 즉, 점유권에 기인한 소와 본권에 관한 소를 모두 각 승소인용을 하되, 집행단계에서 본권을 우선시한다.

④ **선의의 점유자가 소유자에게 점유물반환청구의 소를 제기한 경우**
㉠ 선의의 점유자가 그 의사에 반하여 목적물의 점유를 빼앗긴 경우 이를 이유로 제기한 점유물반환청구의 소에 있어서 상대방이 설사 소유권 그 밖의 본권을 가지고 있다고 하더라도 선의의 점유자의 점유물반환의 청구를 부인할 수는 없다.
㉡ 그러나 상대방이 제기한 점유에 관한 소에서 패소한 소유자는 소유물의 반환청구를 할 수 있고, 이 경우 본권이 우선하여 점유자는 비록 선의일지라도 목적물을 본권자에게 반환하고 경우에 따라서 불법행위에 기한 손해배상도 해야 한다.

> **개념적용 문제**
>
> **자주점유에 관한 설명으로 옳지 않은 것은? (다툼이 있으면 판례에 따름)** 제28회 기출
>
> ① 부동산에 관한 자주점유의 추정은 국가가 점유하는 경우에도 적용된다.
> ② 타인의 물건을 관리하기 위하여 한 점유는 점유권원의 성질상 자주점유이다.
> ③ 공유자 1인이 공유부동산 전부를 점유하고 있더라도 특별한 사정이 없는 한 다른 공유자의 지분비율의 범위 내에서는 타주점유이다.
> ④ 타주점유자가 그 명의로 소유권보존등기를 경료한 것만으로는 타주점유가 자주점유로 전환되지 않는다.
> ⑤ 자주점유는 소유자와 동일한 지배를 사실상 행사하려는 의사를 가지고 하는 점유이다.

> **해설** 타인의 물건을 관리하기 위하여 한 점유는 점유권원의 성질상 타주점유이다.
>
> 정답 ②

4 자력구제

> **제209조【자력구제】** ① 점유자는 그 점유를 부정히 침탈 또는 방해하는 행위에 대하여 자력으로써 이를 방위할 수 있다.
> ② 점유물이 침탈되었을 경우에 부동산일 때에는 점유자는 침탈 후 직시(直視) 가해자를 배제하여 이를 탈환할 수 있고 동산일 때에는 점유자는 현장에서 또는 추적하여 가해자로부터 이를 탈환할 수 있다.

1. 의의

① 자력구제(自力救濟)란 자기의 점유권을 보호하기 위해 점유자 자신이 직접 실력을 행사하는 권리구제제도를 말한다.
② 이는 국가구제가 불가능하거나 대단히 곤란한 경우에 예외적으로 인정된다. 민법 제209조는 자력구제와 관련하여 자력방위권과 자력탈환권을 인정하고 있다.

2. 요건

(1) 자력방위권

① 점유가 부정히 침탈 또는 방해되는 경우에 점유자는 이러한 행위에 대하여 자력으로써 방위할 수 있다.
② 자력방위권(自力防衛權)은 침탈 또는 방해 행위가 진행 중인 경우에 행사할 수 있다.

(2) 자력탈환권

① 자력탈환권(自力奪還權)은 침탈행위가 완료되었으나 침탈자의 새로운 점유가 확립되기 전인 경우에 행사할 수 있다.
② 부동산인 경우 침탈 후 직시(直時, 가능한 신속히) 탈환권을 행사할 수 있고, 동산인 경우 현장에서 또는 추적하여 탈환권을 행사할 수 있다.
③ 자력탈환권은 점유를 침탈당한 후 '점유침탈의 현장성 내지 추적가능성'이 있는 경우에 한한다.

| 판례 | '직시(直時)'의 의미 및 자력구제 |

민법 제209조 제1항, 제2항 규정에서 말하는 '직시(直時)'란 '객관적으로 가능한 한 신속히' 또는 '사회관념상 가해자를 배제하여 점유를 회복하는 데 필요하다고 인정되는 범위 안에서 되도록 속히'라는 뜻으로 해석할 것이므로 점유자가 침탈사실을 알고 모르고와는 관계없이 침탈을 당한 후 상당한 시간이 흘렀다면 자력탈환권을 행사할 수 없다(91다14116).

3. 자력구제권의 주체와 상대방

① **주체**: 직접점유자나 점유보조자는 자력구제권을 행사할 수 있으나, 간접점유자는 자력구제권을 행사할 수 없다(다수설).
② **상대방**: 자력구제의 상대방은 점유를 침탈 또는 방해하는 자 및 그 승계인이다.

4. 효과

자력구제는 위법성을 조각(阻却)한다. 다만, 상당성(相當性)의 원칙을 넘는 자력구제는 불법행위를 구성한다.

제6절 준점유

1 의의

제210조 【준점유】 본장의 규정은 재산권을 사실상 행사하는 경우에 준용한다.

준점유(準占有)란 물건이 아닌 점유를 수반함이 없는 재산권을 사실상 행사하는 것을 말한다.

2 요건

1. 준점유의 객체

준점유의 객체는 점유를 수반하지 않는 재산권이다. 지역권, 저당권, 채권, 지식재산권, 형성권, 환매권, 광업권 등은 준점유의 객체가 될 수 있다. 그러나 소유권, 지상권, 전세권, 유치권, 질권, 임차권 등과 같이 점유를 수반하는 권리는 준점유의 객체가 될 수 없다.

2. 사실상 행사

재산권을 사실상 행사한다는 것은 점유를 수반하지 않는 재산권이 사실상 어떤 자에게 귀속하는 것과 같이 보이는 외관이 존재하는 것을 말한다. 예컨대, 예금통장과 인장을 소지하거나 채권증서를 소지하고 있는 경우가 이에 해당한다.

3 효과

준점유에는 점유에 관한 규정이 준용된다(제210조). 주의할 것은 선의취득규정(제249조)은 준용되지 않는다는 점이다.

CHAPTER 03 OX문제로 완벽 복습

01 점유자는 스스로 자주점유임을 입증할 의무가 있다. (O | X)

02 점유자의 무과실은 일반적으로 추정된다. (O | X)

03 타주점유자인 피상속인을 상속한 자가 새로운 권원에 의하여 다시 소유의사로 점유한 경우에는 자주점유로 전환된다. (O | X)

04 선의점유자가 과실을 취득할 수 있는 범위에서 부당이득은 성립하지 않는다. (O | X)

05 악의점유자는 자주점유이든 타주점유이든 그 귀책사유로 점유물이 멸실·훼손된 경우에 손해 전부에 대한 배상책임을 진다. (O | X)

06 점유의 침탈 시 점유자는 그 점유물의 반환을 청구할 수 있으나, 이는 침탈 후 1년 이내 소송상 또는 소송 외로 행사하여야 한다. (O | X)

07 악의의 점유자는 그의 책임 없는 사유로 멸실·훼손된 과실(果實)에 대하여는 보상의 의무가 없다. (O | X)

정답

01 ×(자주점유는 추정된다) 02 ×(무과실은 추정되지 않는다) 03 ○ 04 ○ 05 ○ 06 ×(점유보호청구권은 소송상 행사하여야 한다) 07 ○

에듀윌이
너를
지지할게

ENERGY

늘 하던 것만 하면, 늘 얻던 것만 얻는다.

– 프란시스 베이컨(Francis Bacon)

CHAPTER 04 소유권

회독체크 1 2 3

CHAPTER 미리보기

- 소유권
  - 토지소유권의 범위
  - 상린관계
  - 소유권의 취득
    - 취득시효
    - 점유취득시효
    - 등기부 취득시효 등
    - 선점
    - 습득
    - 발견
    - 첨부(부합, 혼화, 가공)
  - 소유물반환청구권
  - 공동소유
    - 공유
    - 합유
    - 총유

학습전략

❶ 2~3문항 정도 출제됩니다.
❷ 공동소유에 관한 사항이 매년 출제되며, 특히 공유 및 총유재산에 관한 사항을 정확하게 학습할 필요가 있습니다.
❸ 취득시효와 주위토지통행권은 판례 정리를 중심으로 학습하고, 경계에 관한 상린관계는 민법 조문 암기가 필요합니다.

학습키워드

- 토지소유권의 범위
- 상린관계
- 주위토지통행권
- 취득시효
- 점유취득시효
- 취득시효의 효과
- 소유물반환청구권
- 공유

제1절 소유권 일반

1 서설

> **제211조【소유권의 내용】** 소유자는 법률의 범위 내에서 그 소유물을 사용·수익·처분할 권리가 있다.

1. 소유권의 의의

① **소유권**이란 법률의 범위 내에서 그 소유물을 전면적으로 지배할 수 있는 전형적인 물권이다.
② 이러한 소유권은 물건이 갖는 가치를 전면적·포괄적으로 지배할 수 있는 완전한 권리(완전물권)란 점에서 물건의 일부가치만을 대상으로 하는 제한물권과 구별된다.

2. 소유권의 법률적 성질

(1) 성격상의 특질

① 소유권은 법률상의 지배권이다.
② 우리 민법은 사실상의 지배로서의 점유권과 법률상의 지배로서의 소유권을 엄격하게 구별하고 있으므로 소유권은 현실적 지배와 단절된 관념적 지배권이다(소유권의 관념성).
③ 사실상 지배인 점유권과 법률상 지배인 소유권을 구별하는 민법의 체계상 소유권은 절대적 지배권으로서의 본권이다.

(2) 내용상의 특질

① **전면성**
  ㉠ 소유권은 물건을 전면적으로 지배할 수 있는 권리이다. 즉, 소유권은 물건의 사용가치와 교환가치의 전부를 지배한다.
  ㉡ 그리고 이러한 전면성으로부터 소유권의 혼일성·탄력성·항구성이 도출된다.
② **혼일성**
  ㉠ 소유권이 사용·수익·처분권능의 단순한 총화 내지 집합이 아니라 물건에 대하여 무엇이든 할 수 있고 그 물건에 대하여 누구의 간섭도 배제할 수 있는 권리임을 말한다.
  ㉡ 소유권과 제한물권이 동일인에게 귀속하면 제한물권이 혼동으로 소멸하는 것은 이 때문이다.
③ **탄력성**: 소유권 위에 제한물권을 설정하면 소유권의 권능의 행사는 그 한도에서 중지되지만, 그 제한물권이 소멸하면 소유권의 내용은 자동적으로 종전대로 회복된다.

④ **항구성**: 소유권이 무한적으로 존속하는 성질을 갖는 것을 말한다. 따라서 존속기간이 있는 소유권은 허용될 수 없으므로 소유권은 소멸시효의 대상이 되지도 않는다.

⑤ **양도성**: 소유권은 전면적·배타적 지배가 가능한 본권으로서 반사회적 행위가 원인이 아니라면 자유롭게 양도할 수 있다.

3. 소유권의 객체

① 소유권의 객체는 물건에 한한다. 즉, 유체물·전기 기타 관리할 수 있는 자연력이 소유권의 객체가 된다.

② 따라서 아파트분양권(채권)과 같은 권리 자체에 대해서는 소유권이 성립할 수 없다(判).

4. 소유권의 내용과 제한

(1) 소유권의 내용

① **사용·수익의 권능**(이용가치의 지배): 사용·수익이란 목적물을 물질적으로 사용하거나, 목적물로부터 생기는 과실을 수취하는 것, 즉 사용가치를 실현하는 것이다.

② **처분권능**(교환가치의 지배): 처분이라 함은 물건이 가지는 교환가치를 실현하는 것이다. 처분에는 물건의 소비·변형·개조·파괴 등의 사실적 처분과 양도·담보설정 등 법률적 처분이 있다.

(2) 소유권의 제한

① **'소유권 절대의 원칙'의 수정**: 근대 초기의 '소유권 절대의 원칙'은 자본주의의 발달로 여러 가지의 폐단을 낳게 되어, 이를 시정하기 위하여 '소유권 상대의 원칙'으로 수정되었다.

② **제한의 모습**[태양(態樣)]

  ㉠ 입법과 법해석에 의한 제한

    ⓐ 입법에 의한 제한으로서 「헌법」과 민법은 소유권의 내용을 법률로써 제한할 수 있는 것으로 하고 있다. 따라서 명령에 의해서는 소유권의 내용을 제한할 수 없다.

    ⓑ 소유권의 행사의 자유를 제한하는 법률은 그 대부분이 강행법규로 특별법 형태로 제정되어 있다.

    ⓒ 법해석에 의한 제한으로서 법원은 권리남용의 법리나 신의성실의 원칙으로써 소유권의 행사를 소극적으로 제한하는 외에 공공의 복리라는 목표를 내세워서 적극적으로 소유권의 행사의 자유를 제한할 수도 있다.

  ㉡ **제한위반의 효과**: 단속법규에 위반되는 소유권의 행사일 경우에는 유효하나, 효력법규에 위반하면 무효가 된다. 또한 소유권 행사가 불법일 경우 손해배상책임을 진다.

2 토지소유권의 범위

1. 토지소유권은 정당한 이익이 있는 범위 내에서 토지의 상하에 미친다(제212조)

① 정당한 이익의 범위는 구체적인 상황을 고려하여 거래관념에 따라 결정된다.
② 토지소유권은 원칙적으로 토지의 상하에 미치는 것이므로 지하에 하수도시설을 하였다면 그 토지를 점유하였다 할 것이다(72다146).

2. 토지의 정착물 중 토지와 독립된 별개의 소유권이 성립할 수 있는 물건

(1) 건물

① 건물은 언제나 토지와 별개의 물건으로서 건물이 토지에 부합하는 경우는 절대적으로 없다.
② 건물의 최소요건은 토지의 정착물 중 지붕과 기둥, 주벽을 갖추고 사회통념상 건물로서 거래의 객체가 될 수 있어야 한다.

(2) 수목 또는 수목의 집단

① 「입목에 관한 법률」에 의해 등기된 입목과 명인방법을 갖춘 수목의 집단은 토지와 별개의 독립한 부동산이다.
② 입목등기에 의하여 소유권과 저당권이 성립할 수 있지만, 명인방법에 의하는 경우 소유권만 공시할 수 있다.
③ 입목등기나 명인방법을 갖추지 않은 수목 등은 토지의 구성부분으로서 부합물이지 종물이 아니다.

(3) 미분리 과실

미분리 과실도 명인방법을 갖춘 경우에 한하여 토지와 별개의 물건이 된다.

(4) 농작물

권원 없이 타인의 토지에 농작물을 심어 그 농작물이 수확기에 이른 경우 농작물은 토지에 부합하지 않고 언제나 경작자의 소유가 된다(判).

(5) 미채굴 광물

① 미채굴 광물은 언제나 국유로서 광업권의 객체가 되고, 토지의 소유권과 별개의 권리로 인정된다.
② 토지의 소유권이 양도되어도 광업권은 이에 부종하는 것은 아니다.

(6) 자연석 등

자연석은 토지의 구성부분으로서 독립된 물건이 아니므로 토지소유권의 범위에 속한다. 다만, 임야 내의 자연석을 조각하여 석불을 만든 경우 그 석불은 임야와는 독립된 소유권의 대상이 된다(70다1494).

3. 토지가 포락한 경우

① 토지소유권의 상실원인이 되는 포락이라 함은 토지가 바닷물이나 적용하천의 물에 개먹어 무너져 바다나 적용하천에 떨어져 그 원상복구가 불가능한 상태에 이르렀을 때를 말한다.
② 토지가 포락한 경우라도 제방건조 등의 방법에 의하여 과다한 비용을 들이지 않고서 원상복구가 가능하고 또 그러한 원상복구를 할 경제적 가치가 있는 때에는 원소유자에게 소유권이 귀속한다(71다2488).
③ 포락한 토지의 복구 후 토지가액보다 복구공사비가 더 많이 들게 되는 것과 같은 경우에는 특별한 사정이 없는 한 사회통념상 그 원상복구가 불가능하게 되었다고 볼 것이며, 또한 원상복구가 가능한지 여부는 포락 당시를 기준으로 판단하여야 하므로 그 이후의 사정은 특별한 사정이 없는 한 이를 참작할 여지가 없다(99다11687).
④ 토지가 포락되어 해면 아래에 잠김으로써 복구가 심히 곤란하여 토지로서의 효용을 상실하면 종전의 소유권이 영구히 소멸되고, 그 후 포락된 토지가 다시 성토되어도 종전의 소유자가 다시 소유권을 취득할 수는 없다(92다24677).

4. 토지소유권의 경계

① 토지소유권의 경계는 현실의 경계와 관계없이 지적도 등의 지적공부에 의하여 결정된다(92다52887).
② 다만, 지적도 등을 작성함에 있어서 기술적인 착오로 지적도상의 경계가 실제 경계와 다르게 작성되었고, 당사자들의 의사도 실제 경계에 의하였다고 인정되는 등의 특별한 사정이 있는 경우에는 예외적으로 실제의 경계에 의한다(93다22845).
③ 만약 그 토지에 인접한 토지의 소유자 등 이해관계인들이 그 토지의 실제의 경계선을 지적공부상의 경계선에 일치시키기로 합의하였다면 적어도 그때부터는 지적공부상의 경계에 의하여 그 토지의 공간적 범위가 특정된다(2006다24971).

3 상린관계

1. 서설

(1) 의의

① 토지는 서로 연속되어 있기 때문에 각 토지소유자가 자신의 토지소유권을 주장하고 행사하는 경우에는 인접 토지소유자와의 충돌이 발생할 수 있다.
② 따라서 민법은 인접한 부동산의 소유자의 상호간의 이용을 조절하기 위하여 제216조 내지 제244조 규정을 두고 있는데, 이를 **상린관계**(相隣關係)라 한다.
③ 그리고 상린관계로부터 발생하는 권리를 상린권(相隣權)이라고 한다. 상린권은 소유권의 내용 그 자체이고 독립된 물권이 아니므로 등기를 요하지 아니하고, 독립하여 포기할 수 없으며, 독립하여 소멸시효에 걸리지 않는다.

(2) 상린관계규정의 성격과 적용범위

① 상린관계에 관한 규정을 임의규정으로 보아 민법의 규정에도 불구하고 관습 또는 당사자 간의 합의로 달리 정할 수 있다(判).
② 한편 상린관계에 관한 규정은 지상권과 전세권(제290조, 제319조)에도 준용되며, 부동산임차권에 관해서도 명문규정은 없으나 통설은 상린관계규정을 유추적용하고 있다.

(3) 상린관계와 지역권의 구별

구분	상린관계	지역권
발생원인	법률규정에 의해 발생(등기 불요)	계약에 의해 발생(등기 필요)
성질	소유권의 내용 그 자체	독립한 물권
내용	소유권에 대한 최소한의 확장·제한	탄력적인 이용조절
	양자 모두 토지의 이용관계를 내용으로 하므로 병존 가능	
인접성	인접성을 요구함	요역지와 승역지가 인접할 필요가 없음
대상	부동산과 물의 이용관계	토지만의 이용관계
소멸시효	소멸시효에 걸리지 않는다.	소멸시효에 걸린다.
기원	게르만법의 단체주의	로마법의 개인주의

2. 주위토지통행권

> **제219조【주위토지통행권】** ① 어느 토지와 공로 사이에 그 토지의 용도에 필요한 통로가 없는 경우에 그 토지소유자는 주위의 토지를 통행 또는 통로로 하지 아니하면 공로에 출입할 수 없거나 과다한 비용을 요하는 때에는 그 주위의 토지를 통행할 수 있고 필요한 경우에는 통로를 개설할 수 있다. 그러나 이로 인한 손해가 가장 적은 장소와 방법을 선택하여야 한다.
> ② 전항의 통행권자는 통행지소유자의 손해를 보상하여야 한다.
>
> **제220조【분할, 일부양도와 주위통행권】** ① 분할로 인하여 공로에 통하지 못하는 토지가 있는 때에는 그 토지소유자는 공로에 출입하기 위하여 다른 분할자의 토지를 통행할 수 있다. 이 경우에는 보상의 의무가 없다.
> ② 전항의 규정은 토지소유자가 그 토지의 일부를 양도한 경우에 준용한다.

판례 주위토지통행권

[인정요건]
① 주위토지통행권은 어느 토지가 타인 소유의 토지에 둘러싸여 공로에 통할 수 없는 경우뿐만 아니라, 이미 기존의 통로가 있더라도 그것이 당해 토지의 이용에 부적합하여 실제로 통로로서의 충분한 기능을 하지 못하고 있는 경우에도 인정된다(2002다53469).
② 주위토지통행권은 그 소유 토지와 공로 사이에 그 토지의 용도에 필요한 통로가 없는 경우에 한하여 인정되는 것이므로, 이미 그 소유 토지의 용도에 필요한 통로가 있는 경우에는 그 통로를 사용하는 것보다 더 편리하다는 이유만으로 다른 장소로 통행할 권리를 인정할 수 없다(95다1088).
③ 일단 주위토지통행권이 발생하였다고 하더라도 나중에 그 토지에 접하는 공로가 개설됨으로써 주위토지통행권을 인정할 필요성이 없어진 때에는 그 통행권은 소멸한다(97다47118).

[인정범위]
① 주위토지통행권은 현재의 토지사용법에 따른 이용의 범위 내에서 인정되는 것이지, 장차의 이용상황, 즉 그 토지에 건축할 것에 대비하여 건축허가에 필요한 폭의 통행로를 미리 보장하는 것은 아니다(96다33433).
② 주위토지통행권을 가진 통행권자가 있는 경우 토지소유자는 이를 수인할 의무가 있다고는 하나, 통행지에 대한 소유자의 점유까지 배제되는 것이 아니므로 통행권자가 통행함에 그치지 아니하고 이를 배타적으로 점유하고 있다면 통행지소유자는 통행권자에 대하여 그 인도를 청구할 수 있다(93다25479).

[주위토지 통행에 따른 손해의 보상]
① 토지의 분할 또는 일부 양도로 포위된 토지를 위한 통행사용권(무상의 주위토지통행권)은 직접 분할자, 일부 양도의 당사자 사이에만 적용되므로, 포위된 토지 또는 피통행지의 특정승계인의 경우에는 주위토지통행권에 관한 일반원칙으로 돌아가 그 통행권의 범위를 따로 정하여야 한다(96다33433).
② 주위토지통행권은 통행권자의 허락을 얻어 사실상 통행하고 있는 자에게는 그 손해의 보상을 청구할 수 없다(91다19623).

3. 인지사용청구권

> **제216조 【인지사용청구권】** ① 토지소유자는 경계나 그 근방에서 담 또는 건물을 축조하거나 수선하기 위하여 필요한 범위 내에서 이웃 토지의 사용을 청구할 수 있다. 그러나 이웃 사람의 승낙이 없으면 그 주거에 들어가지 못한다.
> ② 전항의 경우에 이웃 사람이 손해를 받은 때에는 보상을 청구할 수 있다.

4. 생활방해의 금지(안온방해의 금지·Immission의 금지)와 인용의무

> **제217조 【매연 등에 의한 인지(隣地)에 대한 방해금지】** ① 토지소유자는 매연, 열기체, 액체, 음향, 진동 기타 이와 유사한 것으로 이웃 토지의 사용을 방해하거나 이웃 거주자의 생활에 고통을 주지 아니하도록 적당한 조처를 할 의무가 있다.
> ② 이웃 거주자는 전항의 사태가 이웃 토지의 통상의 용도에 적당한 것인 때에는 이를 인용할 의무가 있다.

> **판례** 　**생활방해금지**
>
> 병원의 관계자 등은 주거지역과 인접하여 종합병원을 신축하는 경우 병원에서 나는 소음이나 잔인한 장면 등이 인근 주거지역주민에게 고통을 주지 않도록 조치를 취할 의무가 있다(95다15599).

5. 수도 등의 시설권

> **제218조 【수도 등 시설권】** ① 토지소유자는 타인의 토지를 통과하지 아니하면 필요한 수도, 소수관, 가스관, 전선 등을 시설할 수 없거나 과다한 비용을 요하는 경우에는 타인의 토지를 통과하여 이를 시설할 수 있다. 그러나 이로 인한 손해가 가장 적은 장소와 방법을 선택하여 이를 시설할 것이며 타 토지의 소유자의 요청에 의하여 손해를 보상하여야 한다.
> ② 전항에 의한 시설을 한 후 사정의 변경이 있는 때에는 타 토지의 소유자는 그 시설의 변경을 청구할 수 있다. 시설변경의 비용은 토지소유자가 부담한다.

6. 경계에 관한 상린관계

(1) 경계표·담의 설치권

> **제237조 【경계표, 담의 설치권】** ① 인접하여 토지를 소유한 자는 공동비용으로 통상의 경계표나 담을 설치할 수 있다.
> ② 전항의 비용은 쌍방이 절반하여 부담한다. 그러나 측량비용은 토지의 면적에 비례하여 부담한다.
> ③ 전2항의 규정은 다른 관습이 있으면 그 관습에 의한다.
>
> **제238조 【담의 특수시설권】** 인지소유자는 자기의 비용으로 담의 재료를 통상보다 양호한 것으로 할 수 있으며 그 높이를 통상보다 높게 할 수 있고 또는 방화벽 기타 특수시설을 할 수 있다.

제239조 【경계표 등의 공유추정】 경계에 설치된 경계표, 담, 구거 등은 상린자의 공유로 추정한다. 그러나 경계표, 담, 구거 등이 상린자 일방의 단독비용으로 설치되었거나 담이 건물의 일부인 경우에는 그러하지 아니하다.

(2) 경계를 넘는 수지, 목근의 제거권

제240조 【수지(樹枝), 목근(木根)의 제거권】 ① 인접지의 수목가지가 경계를 넘는 때에는 그 소유자에 대하여 가지의 제거를 청구할 수 있다.
② 전항의 청구에 응하지 아니한 때에는 청구자가 그 가지를 제거할 수 있다.
③ 인접지의 수목뿌리가 경계를 넘은 때에는 임의로 제거할 수 있다.

(3) 토지의 심굴금지, 지하시설의 제한

제241조 【토지의 심굴(沈掘)금지】 토지소유자는 인접지의 지반이 붕괴할 정도로 자기의 토지를 심굴하지 못한다. 그러나 충분한 방어공사를 한 때에는 그러하지 아니하다.
제244조 【지하시설 등에 대한 제한】 ① 우물을 파거나 용수, 하수 또는 오물 등을 저치(貯置)할 지하시설을 하는 때에는 경계로부터 2미터 이상의 거리를 두어야 하며 저수지, 구거 또는 지하실공사에는 경계로부터 그 깊이의 반 이상의 거리를 두어야 한다.
② 전항의 공사를 함에는 토사가 붕괴하거나 하수 또는 오액(汚液)이 이웃에 흐르지 아니하도록 적당한 조치를 하여야 한다.

(4) 경계선 부근의 건축제한 및 차면시설 설치의무

제242조 【경계선 부근의 건축】 ① 건물을 축조함에는 특별한 관습이 없으면 경계로부터 반미터 이상의 거리를 두어야 한다.
② 인접지소유자는 전항의 규정에 위반한 자에 대하여 건물의 변경이나 철거를 청구할 수 있다. 그러나 건축에 착수한 후 1년을 경과하거나 건물이 완성된 후에는 손해배상만을 청구할 수 있다.
제243조 【차면(遮面)시설의무】 경계로부터 2미터 이내의 거리에서 이웃 주택의 내부를 관망할 수 있는 창이나 마루를 설치하는 경우에는 적당한 차면시설을 하여야 한다.

7. 물에 관한 상린관계

(1) 자연적 유수의 승수의무와 권리

제221조 【자연유수의 승수의무와 권리】 ① 토지소유자는 이웃 토지로부터 자연히 흘러오는 물을 막지 못한다.
② 고지소유자는 이웃 저지에 자연히 흘러내리는 이웃 저지에서 필요한 물을 자기의 정당한 사용범위를 넘어서 이를 막지 못한다.

(2) 소통공사 및 비용부담

> **제222조【소통공사권】** 흐르는 물이 저지에서 폐색된 때에는 고지소유자는 자비로 소통에 필요한 공사를 할 수 있다.
> **제223조【저수, 배수, 인수를 위한 공작물에 대한 공사청구권】** 토지소유자가 저수, 배수 또는 인수하기 위하여 공작물을 설치한 경우에 공작물의 파손 또는 폐색(閉塞)으로 타인의 토지에 손해를 가하거나 가할 염려가 있는 때에는 타인은 그 공작물의 보수, 폐색(閉塞)의 소통 또는 예방에 필요한 청구를 할 수 있다.
> **제224조【관습에 의한 비용부담】** 전2조의 경우에 비용부담에 관한 관습이 있으면 그 관습에 의한다.

(3) 처마물에 대한 시설의무

> **제225조【처마물에 대한 시설의무】** 토지소유자는 처마물이 이웃에 직접 낙하하지 아니하도록 적당한 시설을 하여야 한다.

(4) 여수소통권·유수용 공작물 사용권

> **제226조【여수(餘水)소통권】** ① 고지소유자는 침수지를 건조하기 위하여 또는 가용(家用)이나 농·공업용의 여수를 소통하기 위하여 공로(公路), 공류(公流) 또는 하수도에 달하기까지 저지(低地)에 물을 통과하게 할 수 있다.
> ② 전항의 경우에는 저지의 손해가 가장 적은 장소와 방법을 선택하여야 하며 손해를 보상하여야 한다.
> **제227조【유수용 공작물의 사용권】** ① 토지소유자는 그 소유지의 물을 소통하기 위하여 이웃 토지소유자의 시설한 공작물을 사용할 수 있다.
> ② 전항의 공작물을 사용하는 자는 그 이익을 받는 비율로 공작물의 설치와 보존의 비용을 분담하여야 한다.

(5) 여수급여청구권(餘水給與請求權)

> **제228조【여수급여청구권】** 토지소유자는 과다한 비용이나 노력을 요하지 아니하고는 가용이나 토지이용에 필요한 물을 얻기 곤란한 때에는 이웃 토지소유자에게 보상하고 여수의 급여를 청구할 수 있다.

여수를 급여하지 않는 것은 권리남용이 될 수 있다. 여수의 유무는 사회통념에 비추어 객관적으로 결정할 문제이다.

(6) 수류의 변경

> **제229조【수류의 변경】** ① 구거(溝渠) 기타 수류지의 소유자는 대안(對岸)의 토지가 타인의 소유인 때에는 그 수로나 수류의 폭을 변경하지 못한다.
> ② 양안(언덕)의 토지가 수류지소유자의 소유인 때에는 소유자는 수로와 수류의 폭을 변경할 수 있다. 그러나 하류는 자연의 수로와 일치하도록 하여야 한다.
> ③ 전2항의 규정은 다른 관습이 있으면 그 관습에 의한다.

(7) 언(堰)의 설치·이용권

> **제230조【언(堰)의 설치, 이용권】** ① 수류지의 소유자가 언(둑)을 설치할 필요가 있는 때에는 그 언(堰)을 대안(對岸)에 접촉하게 할 수 있다. 그러나 이로 인한 손해를 보상하여야 한다.
> ② 대안의 소유자는 수류지의 일부가 자기소유인 때에는 그 언을 사용할 수 있다. 그러나 그 이익을 받는 비율로 언의 설치, 보존의 비용을 분담하여야 한다.

(8) 공유하천용수권(公有河川用水權)

> **제231조【공유하천용수권】** ① 공유하천의 연안에서 농·공업을 경영하는 자는 이에 이용하기 위하여 타인의 용수를 방해하지 아니하는 범위 내에서 필요한 인수(引水)를 할 수 있다.
> ② 전항의 인수(引水)를 하기 위하여 필요한 공작물을 설치할 수 있다.
> **제232조【하류연안의 용수권보호】** 전조의 인수나 공작물로 인하여 하류연안의 용수권을 방해하는 때에는 그 용수권자는 방해의 제거 및 손해의 배상을 청구할 수 있다.
> **제233조【용수권의 승계】** 농·공업의 경영에 이용하는 수로 기타 공작물의 소유자나 몽리자(蒙利者)의 특별승계인은 그 용수에 관한 전소유자나 몽리자의 권리·의무를 승계한다.
> **제234조【용수권에 관한 다른 관습】** 전3조의 규정은 다른 관습이 있으면 그 관습에 의한다.

(9) 원천수도사용권(源泉水道使用權)

> **제235조【공용수의 용수권】** 상린자(相隣者)는 그 공용에 속하는 원천이나 수도를 각 수요의 정도에 응하여 타인의 용수를 방해하지 아니하는 범위 내에서 각각 용수할 권리가 있다.
> **제236조【용수장해의 공사와 손해배상, 원상회복】** ① 필요한 용도나 수익이 있는 원천이나 수도가 타인의 건축 기타 공사로 인하여 단수, 감수 기타 용도에 장해가 생긴 때에는 용수권자는 손해배상을 청구할 수 있다.
> ② 전항의 공사로 인하여 음료수 기타 생활상 필요한 용수에 장해가 있을 때에는 원상회복을 청구할 수 있다.

> **참고** 민법과 다른 관습이 있으면 그 관습이 우선하는 경우
>
> 1. 흐르는 물이 저지에서 폐색된 경우 소통공사비용(제224조, 제222조)
> 2. 저수·배수·인수를 위한 공작물에 대한 공사비용(제224조, 제223조)
> 3. 경계표·담의 설치권과 그 비용 및 측량비용(제237조)
> 4. 수류의 변경(제229조 제3항)
> 5. 용수권
>   ① 공용하천용수권(제234조, 제231조)
>   ② 하류연안의 용수권 보호(제234조, 제232조)
>   ③ 용수권의 승계(제234조, 제233조)
> 6. 경계선 부근의 건축에 있어서 두어야 할 거리(제242조 제1항)
> ※ 주의: 여수소통비용, 담의 특수시설권은 비용부담에 관해 관습이 우선한다는 규정이 없다.

제2절 소유권의 취득

1 소유권 취득의 원인

소유권 취득의 원인은 법률행위에 의한 경우와 법률규정에 의한 경우 두 가지가 있다.

1. 법률행위에 의한 경우

① 소유권의 취득원인으로서 가장 중요한 것은 법률행위이며, 그 밖에 상속·토지수용에 의해서도 소유권이 취득된다.
② 법률행위에 의한 소유권의 변동은 소유권 이전의 합의와 등기·인도를 해야 효력이 발생한다(제186조, 제188조).

2. 법률규정에 의한 경우

상속, 공용징수, 판결, 경매, 기타(취득시효, 선의취득, 무주물 선점·유실물 습득, 매장물 발견, 부합·혼화·가공 등)의 경우 등기·인도 없이도 법률이 정한 때 효력이 발생한다(제187조).

2 취득시효

1. 의의

① 취득시효란 물건 또는 권리를 점유하는 사실상태가 일정기간 동안 계속된 경우에 그 상태가 진실한 권리관계와 일치하는가의 여부를 묻지 않고 권리취득의 효과가 생기는 것으로 하는 제도를 말한다.
② 취득시효제도는 사회질서의 안정과 유지, 입증곤란의 구제 및 권리행사의 태만에 대한 제재를 그 존재이유로 하고 있다.

2. 시효취득되는 권리

① 소유권·지상권·지역권(계속되고 표현된 것에 한함)·분묘기지권·질권·광업권·어업권·지식재산권은 시효취득이 된다.
② 점유권·유치권·저당권·가족법상의 권리·형성권 등은 시효취득의 대상이 되지 않는다.
③ 전세권에 대하여는 견해의 대립이 있다.

3. 취득시효의 종류

부동산 물권	점유취득시효 (제245조 제1항)	20년간 소유의 의사로 평온·공연한 점유 ◐ 시효완성 후 이전등기해야 소유권 취득
	등기부 취득시효 (제245조 제2항)	소유자로 등기 후 10년간 소유의 의사로 평온·공연·선의·무과실 점유 ◐ 시효완성으로 등기 없이 소유권 취득
동산 물권	점유취득시효 (제246조 제1항)	10년간 소유의 의사로 평온·공연한 점유 ◐ 시효완성으로 소유권 취득
	선의·무과실취득시효 (제246조 제2항)	5년간 소유의 의사로 평온·공연·선의·무과실 점유 ◐ 시효완성으로 소유권 취득

3 점유취득시효

1. 주체

취득시효의 주체는 자연인은 물론 법인도 시효취득할 수 있으며, 국가·지방자치단체(91다6139), 권리능력 없는 사단(종중: 69다2013)과 권리능력 없는 재단도 취득시효의 주체가 될 수 있다.

2. 시효취득의 객체

① 취득시효의 객체는 동산, 부동산을 묻지 않는다.
② 자기소유의 물건(2001다17572) 및 성명불상자의 물건(91다9312)도 가능하다.
③ 국유재산 중 일반재산(잡종재산)에 대하여는 시효취득이 가능하다(89헌가97). 그러나 일반(잡종)재산에 대한 입증책임은 시효의 이익을 주장하는 자에게 있다(94다42655).
④ 부동산의 전부·일부 및 공유지분도 취득시효가 인정된다. 토지 일부를 시효로써 취득하고자 하는 경우 분필절차 및 그 부분에 대한 이전등기가 필요하다.
⑤ 그러나 부동산 일부에 대한 독립적 등기는 불가능하므로 부동산 일부에 대한 등기부 취득시효는 인정하지 않는다.
⑥ **귀속토지**: 귀속토지는 자주점유가 불가능하므로 취득시효가 인정될 수 없으나, 귀속 해제되어 불하받은 것으로 믿고 상환곡을 납부하고 점유하였다면 시효로써 취득할 수 있다.

> **판례** 취득시효의 객체
> ① 원래는 일반(잡종)재산이던 것이 행정재산으로 된 경우 일반(잡종)재산일 당시에 취득시효가 완성되었다고 하더라도 행정재산으로 된 이상 이를 원인으로 하는 소유권이전등기를 청구할 수 없다(96다10782).
> ② 1필 토지의 일부에 대해서는 점유취득시효가 인정된다. 다만, 분필절차를 밟은 후에 취득시효에 관한 등기를 해야 소유권을 취득한다(88다카9494).

③ 1필의 토지의 일부에 대한 시효취득을 인정하기 위하여는 그 부분이 다른 부분과 구분되어 시효취득자의 점유에 속한다는 것을 인식하기에 족한 객관적인 징표가 계속하여 존재할 것을 요한다(93다5581).
④ 공유지분에 대해서도 시효취득이 가능하다. 단, 공유 부동산 전체를 점유하여야 한다(79다639).

3. 부동산소유권의 점유취득시효의 요건

> **제245조【점유로 인한 부동산소유권의 취득기간】** ① 20년간 소유의 의사로 평온, 공연하게 부동산을 점유하는 자는 등기함으로써 그 소유권을 취득한다.

(1) 자주점유

① 취득시효의 요건으로서의 점유는 소유의 의사로 하는 점유, 즉 자주점유이어야 한다.
② 소유의 의사는 점유개시 시에만 있으면 족하다(95다40328).
③ 등기를 이미 적법·유효하게 갖춘 자가 목적물을 점유하는 경우 이는 자주점유라 할 수 있지만, 그 점유는 취득시효의 기초가 되는 점유라고 할 수 없다(判).
④ 자주점유의 추정
　㉠ 부동산의 점유권원의 성질이 분명하지 않을 때에는 점유자는 소유의 의사로 선의, 평온 및 공연하게 점유한 것으로 추정된다(2005다36045).
　㉡ 점유자가 스스로 매매 또는 증여와 같이 자주점유의 권원을 주장하였으나 이것이 인정되지 않는 경우에도 자주점유의 추정이 번복된다거나 또는 점유권원의 성질상 타주점유라고 볼 수 없다(99다72743).
　㉢ 건물의 부지가 된 토지는 그 건물의 소유자가 점유하는 것으로 보아야 하므로 건물의 소유자가 현실적으로 건물이나 그 부지를 점거하고 있지 아니하고 있더라도 그 부지를 점유한다고 보아야 한다(2002다57935).

> **판례** 자주점유의 추정과 번복
>
> [자주점유의 추정]
> ① 부동산의 점유권원의 성질이 분명하지 않을 때에는 민법 제197조 제1항에 의하여 점유자는 소유의 의사로 선의, 평온 및 공연하게 점유한 것으로 추정되는 것이며, 이러한 추정은 지적공부 등의 관리주체인 국가나 지방자치단체가 점유하는 경우에도 마찬가지로 적용된다(2005다36045).
> ② 점유자가 스스로 매매 또는 증여와 같이 자주점유의 권원을 주장하였으나 이것이 인정되지 않는 경우에도 원래 자주점유의 권원에 관한 입증책임이 점유자에게 있지 아니한 이상 그 주장의 점유권원이 인정되지 않는다는 사유만으로 자주점유의 추정이 번복된다거나 또는 점유권원의 성질상 타주점유라고 볼 수 없다(99다72743).

③ 사회통념상 건물은 그 부지를 떠나서는 존재할 수 없는 것이므로 건물의 부지가 된 토지는 그 건물의 소유자가 점유하는 것으로 볼 것이고, 이 경우 건물의 소유자가 현실적으로 건물이나 그 부지를 점거하고 있지 아니하고 있더라도 그 건물의 소유를 위하여 그 부지를 점유한다고 보아야 한다(2002다57935).
④ 취득시효의 기산점은 그 점유를 개시한 날이 되어야 하고 시효취득을 주장하는 자가 임의로 정할 수는 없다고 할 것이나 자기소유의 부동산을 점유하고 있는 상태에서 다른 사람 명의로 소유권이전등기가 된 경우 자기소유 부동산을 점유하는 것은 취득시효의 기초로서의 점유라고 할 수 없고 그 소유권의 변동이 있는 경우에 비로소 취득시효의 기초로서의 점유가 개시되는 것이므로 그 점유가 자주점유라면 취득시효의 기산점은 소유권의 변동일(소유권이전등기일)이 되어야 할 것이다(88다카26574).
⑤ 부동산에 관하여 적법·유효한 등기를 마치고 그 소유권을 취득한 사람이 자기 소유의 부동산을 점유하는 경우에는 특별한 사정이 없는 한 사실상태를 권리관계로 높여 보호할 필요가 없고, 부동산의 소유명의자는 그 부동산에 대한 소유권을 적법하게 보유하는 것으로 추정되어 소유권에 대한 증명의 곤란을 구제할 필요 역시 없으므로, 그러한 점유는 취득시효의 기초가 되는 점유라고 할 수 없으나, 그 상태에서 다른 사람 명의로 소유권이전등기가 되는 등으로 소유권의 변동이 있는 때에 비로소 취득시효의 요건인 점유가 개시된다고 볼 수 있을 뿐이다(2016다224596).

[자주점유 추정의 번복]
① 점유자가 점유개시 당시에 소유권 취득의 원인이 될 수 있는 법률행위 기타 법률요건이 없이 그와 같은 법률요건이 없다는 사실을 알면서도 타인 소유의 부동산을 무단점유한 경우에는 점유자는 타인의 소유권을 배척하고 점유할 의사를 가지고 있지 않다고 보아야 하므로, 이로써 자주점유의 추정은 깨진 것으로 보아야 한다(95다28625 전합).
② 매매에 기한 점유이지만 점유부분이 매매대상 면적을 상당히 초과하는 경우 그 초과부분은 자주점유라 할 수 없다. 즉, 매매나 증여대상 토지면적이 등기부상 면적을 상당히 초과하는 경우에, 특별한 사정이 없는 한 계약당사자들이 이러한 사실을 알고 있었다고 보아 그 점유는 권원의 성질상 타주점유이다(2007다83632).
③ 나아가 처분권한이 없는 자로부터 그 사실을 알면서 부동산을 취득하거나 어떠한 법률행위가 무효임을 알면서 그 법률행위에 의하여 부동산을 취득하여 점유하게 된 때에는 그 점유의 개시에 있어 이미 자신이 그 부동산의 진정한 소유자의 소유권을 배제하고 마치 자기의 소유물처럼 배타적 지배를 할 수 없다는 것을 알면서 점유하는 자이므로 점유개시 당시에 소유의 의사로 점유한 것으로 볼 수 없다(99다36778).
④ 미등기건물을 양수하여 건물에 관한 사실상의 처분권을 보유하게 됨으로써 그 양수인이 건물부지 역시 아울러 점유하고 있다고 볼 수 있는 등의 다른 특별한 사정이 없는 한 건물의 소유명의자가 아닌 자로서는 실제로 그 건물을 점유하고 있다고 하더라도 그 건물의 부지를 점유하는 자로는 볼 수 없다(2002다57935).

(2) 평온·공연한 점유

① 점유자는 평온·공연하게 점유하는 것으로 추정된다(제197조 제1항).
② 점유가 불법이라고 주장하는 자로부터 이의를 받은 사실이 있거나 점유물의 소유권을 둘러싸고 당사자 사이에 법률상의 분쟁이 있었다고 하더라도 그러한 사실만으로 곧 그 점유의 평온·공연성이 상실된다고는 할 수 없다(81사9 전합).

(3) 20년간의 계속적 점유(직접점유 및 간접점유 모두 인정)

(4) 등기청구권(채권적 청구권)의 발생 및 이전등기

① 점유취득시효의 요건을 갖춘 점유자는 등기함으로써 소유권을 원시취득한다(제245조 제1항, 제187조의 예외).

② 시효취득은 원시취득이므로 성질상 보존등기를 하여야 하나, 실무상 이전등기의 형식을 취한다. 이 경우의 이전등기는 이전등기의 일반원칙에 따라 등기의무자(등기명의인 또는 그 상속인)와 공동으로 신청하여야 한다.

③ 취득시효 완성으로 인한 소유권 이전등기청구권은 채권적 청구권이지만 그 양도에 있어 매매로 인한 등기청구권의 양도와 같은 제한이 적용되지 않는다.

> **판례** 취득시효 완성과 등기청구권
>
> ① 취득시효 완성으로 인한 등기청구권의 법적 성질은 채권적 청구권(95다24241)으로서 소멸시효의 대상이 되는 것이 원칙이나, 점유자가 그 점유를 계속하는 동안에는 소멸시효가 진행되지 않는다(90다카25352).
> 　◐ 이러한 점유에는 직접점유뿐만 아니라 간접점유도 포함된다(94다28468).
> ② 취득시효의 완성자가 점유를 상실할 경우 이를 시효이익의 포기로 볼 수 있는 경우가 아닌 한 이미 취득한 소유권이전등기청구권이 바로 소멸하는 것은 아니고(93다47745 전합), 점유취득시효 완성 후 점유자가 점유를 상실한 때로부터 10년간 등기청구권을 행사하지 아니하면 소멸시효가 완성된다(95다24241).
> ③ 토지에 대한 점유로 인한 취득시효 완성 당시 미등기로 남아 있던 토지에 관하여 소유권을 가지고 있던 자가 취득시효 완성 후에 그 명의로 소유권보존등기를 마친 경우 그 등기명의인에게 취득시효 완성을 주장할 수 있다(97다44089).
> ④ 미등기 토지에 대하여 소유자의 상속인 명의로 소유권보존등기를 마친 것은 시효취득에 영향을 미치는 소유자의 변경에 해당하지 않으므로, 이러한 경우에는 그 등기명의인에게 취득시효 완성을 주장할 수 있다(2006다84423).
> ⑤ 민법 제245조 제1항의 취득시효기간의 완성만으로는 소유권취득의 효력이 바로 생기는 것이 아니라, 다만 이를 원인으로 하여 소유권취득을 위한 등기청구권이 발생할 뿐이고, 미등기 부동산의 경우라고 하여 취득시효기간의 완성만으로 등기 없이도 점유자가 소유권을 취득한다고 볼 수 없다(2006다22074·22081).
> ⑥ 취득시효완성으로 인한 소유권이전등기청구권의 양도의 경우에는 매매로 인한 소유권이전등기청구권에 관한 양도제한의 법리가 적용되지 않는다(2015다36167).

4. 취득시효의 기산점 변경

(1) 점유개시 후 등기청구시까지 등기부상 소유명의자가 변경 없이 동일한 경우

① 시효기간 중 계속해서 등기명의자가 동일하고, 그 기간 중에 취득자의 변동이 없는 경우에는 시효기간이 경과된 사실만 입증되면 충분하다(76다487·488).

② 즉, 취득시효의 기산점을 임의로 선택할 수 있고, 취득시효를 주장하는 날로부터 역산하여 20년 이상의 점유사실만 입증하고 등기청구할 수 있다(93다46360 전합).

(2) 점유개시 후 등기청구 전에 등기부상 소유명의자가 변경된 경우

① **소유자가 취득시효 완성 이전에 제3자에게 부동산을 양도한 경우**
  ㉠ 취득시효 완성 전에 소유자의 변동이 있는 경우에도 이로써 취득시효의 중단사유로 볼 수는 없고(97다6186), 시효완성자는 취득시효 완성 당시의 소유자에게 등기청구할 수 있다.
  ㉡ 취득시효 대상인 부동산의 소유명의자가 변동이 있는 경우에는 시효취득의 기초가 되는 점유가 개시된 시점이 기산점이 되고, 당사자가 기산점을 임의로 선택할 수 없다(98다40688).

② **소유자가 취득시효 완성 이후 제3자에게 부동산을 양도한 경우**
  ㉠ 점유취득시효 완성자가 소유권이전등기를 청구하기 전(前)에 소유권을 양도한 경우
    ⓐ 취득시효 완성 후 목적부동산의 소유권을 취득한 제3자가 있는 경우 그에게 취득시효 완성을 주장할 수 없다.
    ⓑ 취득시효 완성사실만 가지고 취득시효 완성 후 등기청구하기 전에 부동산을 처분한 소유자에게 채무불이행에 기한 손해배상을 청구할 수 없다.
    ⓒ 소유자(매도인)의 처분행위는 특별한 사정이 없는 한 불법행위가 되는 것은 아니다.
    ⓓ 취득시효 완성 후 소유자가 변경된 경우에도 시효완성자가 취득시효 완성 당시의 소유자(매도인)에 대한 소유권이전등기청구권을 상실하지 않는다(98다40688).
    ⓔ **2차 취득시효의 문제**: 부동산 점유취득 시효완성 후 제3자 명의의 소유권이전등기가 마쳐진 이후 그 소유권이 변동된 시점을 새로운 기산점으로 삼아도 다시 취득시효의 점유기간이 완성되는 경우에는 취득시효를 주장하는 점유자로서는 소유권 변동 시를 새로운 기산점으로 삼아 2차의 취득시효의 완성을 주장할 수 있다(93다46360 전합).
    ⓕ 또한 새로이 2차 점유취득시효가 개시되어 그 취득시효기간이 경과하기 전에 등기부상 소유명의자가 변경된 경우, 그 (2차)취득시효 완성 당시의 등기부상 소유명의자에게 시효취득을 주장할 수 있다(2007다15172 전합).

> **판례** 취득시효 완성 후 등기청구 전 법률관계
> ① 취득시효로 인한 등기청구권은 채권적 청구권이므로 취득시효 완성 후 시효완성자가 소유권이전등기를 하기 전에 제3자가 먼저 소유권이전등기를 경료하면, 점유자는 그 제3자에 대하여 시효취득을 주장할 수 없다(89다카1305).
> ② 부동산점유자에게 시효취득으로 인한 소유권이전등기청구권이 있다고 하더라도 이로 인하여 부동산소유자와 시효취득자 사이에 계약상의 채권·채무가 성립하는 것은 아니므로, 그 부동산을 처분한 소유자에게 채무불이행책임을 물을 수는 없다(94다4509).

③ 취득시효가 완성된 후 점유자가 그 취득시효를 주장하거나 이로 인한 소유권이전등기청구를 하기 이전에는, 특별한 사정이 없는 한 그 등기명의인인 부동산소유자로서는 그 시효취득 사실을 알 수 없는 것이므로, 이를 제3자에게 처분하였다고 하더라도 불법행위가 성립하는 것은 아니다(94다4509).
④ 취득시효 완성으로 소유권을 취득하는 자는 그 물건의 원시취득자로서 목적물에 존재하는 하자나 제한은 모두 소멸하는 것이나, 그 기준은 시효완성 시점이 될 것이므로 취득시효 완성 후 점유자의 등기청구 전에 목적물에 설정된 저당권은 소유권에 기한 정당한 권리행사로서 시효취득자는 저당권의 제한이 있는 권리를 원시취득하였다 할 것이므로 저당권의 말소를 청구할 수는 없다(2005다75910 참조).
⑤ 취득시효 완성 후 소유자의 변경이 있다고 하여 시효완성자가 취득시효 완성 당시의 소유자(매도인)에 대한 소유권이전등기청구권을 상실하게 되는 것이 아니고, 그 후 어떠한 사유로 취득시효 완성 당시의 소유자에게 소유권이 회복되면 그 소유자에게 시효취득의 효과를 주장할 수 있다(90다14225).
⑥ 취득시효 완성 이후 제3자 명의의 소유권이전등기가 원인무효라면 취득시효 완성자가 그 완성 당시 소유자에 대하여 가지는 소유권이전등기청구권으로서 그 완성 당시 소유자를 대위하여 제3자 앞으로 경료된 원인무효인 등기의 말소를 구하고 아울러 그 완성 당시 소유자에게 취득시효 완성을 원인으로 한 소유권이전등기를 구할 수 있다(85다카2306).
⑦ 명의신탁된 부동산에 대하여 점유취득시효가 완성된 이후 시효취득자에게 소유권이전등기가 경료되기 전에 명의신탁이 해지되어 그 등기명의가 명의수탁자로부터 명의신탁자에게로 이전된 경우 그 명의신탁자는 취득시효 완성 후 소유권을 취득한 자에 해당하여 그에 대하여 취득시효를 주장할 수 없다(2000다8861).
⑧ 취득시효 완성에 의한 등기를 하기 전에 먼저 소유권이전등기를 경료하여 부동산소유권을 취득한 제3자에 대하여는 그 제3자 명의의 등기가 무효가 아닌 한 시효취득을 주장할 수 없다(92다21258).

ⓒ 소유자가 점유취득시효 완성자로부터 소유권이전등기를 청구받고 처분한 경우
  ⓐ 시효완성자는 소유자를 상대로 불법행위를 원인으로 손해배상을 청구할 수 있다.
  ⓑ 제3자가 적극가담한 이중매매에 해당하는 경우 소유자의 처분행위는 사회질서 위반으로 무효가 된다.

> **판례** 시효완성자로부터 소유권이전등기청구를 받고 처분한 경우의 법률관계
>
> ① 시효취득을 주장하는 권리자가 소유자를 상대로 취득시효 완성을 원인으로 한 소유권이전등기청구소송 등을 제기하여 소유자가 그 부동산의 취득시효 완성사실을 알았거나 알 수 있었음에도 불구하고, 그 부동산을 제3자에게 처분하여 취득시효 완성을 원인으로 한 소유권이전등기의무가 이행불능에 빠졌다면 시효완성자는 소유자를 상대로 불법행위에 기한 손해배상을 청구할 수 있다(99다20926).
> ② 소유자의 양도행위가 시효완성자에게 불법행위가 되고, 부동산을 취득한 제3자가 부동산소유자의 이와 같은 불법행위에 적극가담하였다면 이는 사회질서에 반하는 행위로서 무효이다(2001다77352).

(3) 취득시효가 완성된 토지가 수용된 경우 대상청구권

① **시효완성자가 등기청구 등의 권리행사하기 전에 수용된 경우**: 시효완성자는 대상청구권을 행사할 수 없다.

② 시효완성자가 등기청구 등의 권리행사한 이후에 수용된 경우
  ㉠ 시효완성자는 소위 대상청구권을 행사하여 그 토지의 소유자가 그 토지의 대가로 지급받은 수용보상금의 반환을 청구할 수 있다.
  ㉡ 시효완성자의 상대방에 대한 대상청구권이 인정된다 할지라도 수용사업자에 대하여 수용보상금의 수령권자가 자신이라고 주장할 수는 없다.

> **판례** 목적물의 수용과 대상청구권
> ① 취득시효가 완성된 토지가 수용되어 소유권이전등기의무가 이행불능이 된 경우 그 소유권이전등기청구권자는 소위 대상청구권을 행사하여 그 토지의 소유자가 그 토지의 대가로 지급받은 수용보상금의 반환을 청구할 수 있다(94다25025).
> ② 이때 대상청구권을 행사하기 위하여는 그 이행불능 전에 부동산소유권 취득기간이 만료되었음을 이유로 그 권리를 주장하거나 그 취득기간 만료를 원인으로 한 등기청구권을 행사한 경우에만 가능하다(94다43825).

(4) 점유의 승계와 취득시효

① 점유가 순차로 승계된 경우에는 취득시효의 완성을 주장하는 자가 자기의 점유만을 주장하거나 전점유자의 점유를 아울러 주장할 수 있는 선택권이 있으나,
② 전점유자의 점유를 아울러 주장하는 경우 그 점유의 개시시기를 그 점유기간 중의 임의의 시점으로 선택할 수 없다(97다56822).
③ 취득시효 완성 후에 시효완성자로부터 부동산을 양수하여 점유를 이전받은 승계인은 소유자에게 직접 소유권이전등기를 청구할 수는 없고, 다만 시효 완성 당시 점유자(양도인)가 소유자에게 가지는 소유권이전등기청구권을 대위행사할 수 있을 뿐이다(93다47745 전합).
④ 전점유자의 점유를 승계한 자는 그 점유 자체와 하자만을 승계할 뿐 그 점유로 인한 법률효과까지 승계하는 것은 아니어서 취득시효의 완성으로 인하여 부동산의 소유명의자에 대한 소유권이전등기청구권을 시효취득하는 자는 시효완성 당시의 점유자에 한하므로, 그로부터 부동산의 점유를 승계한 현점유자로서는 자신의 전점유자에 대한 소유권이전등기청구권을 보전하기 위하여 시효완성 당시의 전점유자가 소유명의자에 대하여 가지는 소유권이전등기청구권을 대위행사할 수 있을 뿐이지, 전점유자의 취득시효 완성의 효과를 주장하여 직접 자기에게 소유권이전등기를 청구할 권리는 없다(95다22078).

4 등기부 취득시효의 요건

> **제245조【점유로 인한 부동산소유권의 취득기간】** ② 부동산의 소유자로 등기한 자가 10년간 소유의 의사로 평온, 공연하게 선의이며 과실 없이 그 부동산을 점유한 때에는 소유권을 취득한다.

1. 시효취득자 명의의 등기

(1) 등기부상에 소유자로 등기되어 있어야 한다

① 등기부 취득시효의 등기는 적법한 유효의 등기일 필요는 없고, 원인무효의 등기라도 무방하다.
② **무효인 이중보존등기**: 부동산에 관하여 등기명의인을 달리하여 소유권보존등기가 경료된 경우, 먼저 이루어진 등기가 원인무효가 아니어서 뒤에 이루어진 소유권보존등기가 무효로 되는 때에는, 뒤에 이루어진 소유권보존등기나 이에 터잡은 소유권이전등기를 근거로 하여서는 등기부 취득시효의 완성을 주장할 수 없다(96다12511 전합).
③ 상속등기를 경료하지 않은 상태에서 등기부 취득시효가 완성된 경우 그 상속인도 제245조 제2항의 '부동산의 소유자로 등기한 자'에 해당한다고 하여 등기부 시효취득을 할 수 있다(89다카6140).
④ 등기부상만으로 어떤 토지 중 일부가 분할되고 그 분할된 토지에 대하여 지번과 지적이 부여되어 등기되어 있어도 지적공부 소관청에 의한 지번, 지적, 지목, 경계확정 등의 분필절차를 거친 바가 없다면 그 등기가 표상하는 목적물은 특정되었다고 할 수는 없으니, 그 등기부에 소유자로 등기된 자가 그 등기부에 기재된 면적에 해당하는 만큼의 토지를 특정하여 점유하였다고 하더라도, 그 등기는 그가 점유하는 토지부분을 표상하는 등기로 볼 수 없어 그 점유자는 등기부취득시효의 요건인 "부동산의 소유자로 등기한 자"에 해당하지 아니하므로 그가 점유하는 부분에 대하여 등기부시효취득을 할 수는 없다(94다4615).

(2) 등기기간과 점유기간은 각각 10년이어야 한다

① 소유자로 등기된 기간과 점유기간이 때를 같이하여 10년이어야 하는 것은 아니고, 점유의 승계와 등기의 승계가 모두 인정되어 합산한 기간이 10년이면 된다.
② 등기와 점유는 공시방법에 있어 동등한 가치를 가지므로 점유의 승계에 관한 제199조를 유추적용하여 등기의 승계도 인정된다.
③ 따라서 등기기간은 반드시 10년간 그의 명의로 등기되어 있어야 하는 것은 아니고, 전명의자의 등기기간까지 포함해서 10년이 되면 충분하다.

> **판례** 등기의 승계와 점유의 승계
> ① 반드시 시효취득자 명의로 10년간 등기되어 있어야 하는 것은 아니고, 앞 사람 명의의 등기기간까지 합쳐서 10년간 소유자로 등기되어 있으면 된다고 할 것이다(87다카2176 전합).
> ② 부동산 명의신탁에서 수탁자 명의로 등기된 기간이 10년이 경과하였다고 하더라도 그 등기를 신탁자의 등기로 볼 수 없어 신탁자에게 등기부 취득시효가 인정될 수 없고, 또 수탁자가 점유하고 있지 않은 이상 수탁자에게도 마찬가지로 인정될 수 없다(85다카1644).

(3) 평온·공연·선의·무과실의 자주점유

① 평온·공연하게 선의·무과실로 점유하여야 한다.

② 점유자의 선의는 추정되나(제197조 제1항), 무과실은 추정되지 않는다. 따라서 무과실에 대한 입증책임은 그 시효취득을 주장하는 자에게 있다.

③ 선의·무과실은 등기에 관한 것이 아니라 점유의 선의·무과실을 의미한다(93다28089). 그러므로 등기경료 이전부터 점유하였다면 그 점유개시 당시를 기준으로 그 점유의 개시에 과실이 없었는지 여부에 관하여 심리 판단하여야 한다.

④ 또한 선의·무과실은 시효기간 내내 계속되어야 하는 것은 아니고, 점유를 개시한 때에 있으면 그것으로 충분하다.

2. 국유재산 중 일반재산(잡종재산)에 대하여는 등기부 취득시효가 인정된다.

3. 물건의 일부에 대한 독립적인 등기는 사실상 불가능하므로 물건의 일부에 대한 등기부 취득시효는 인정하지 않는다.

5 동산 취득시효의 특별요건

> **제246조 【점유로 인한 동산소유권의 취득기간】** ① 10년간 소유의 의사로 평온, 공연하게 동산을 점유한 자는 그 소유권을 취득한다.
> ② 전항의 점유가 선의이며 과실 없이 개시된 경우에는 5년을 경과함으로써 그 소유권을 취득한다.

6 취득시효의 효과

> **제247조 【소유권취득의 소급효, 중단사유】** ① 전2조의 규정에 의한 소유권취득의 효력은 점유를 개시한 때에 소급한다.
> ② 소멸시효의 중단에 관한 규정은 전2조의 소유권취득기간에 준용한다.
>
> **제248조 【소유권 이외의 재산권의 취득시효】** 전3조의 규정은 소유권 이외의 재산권의 취득에 준용한다.

1. 권리의 원시취득

① 취득시효에 의한 권리의 취득은 이전등기의 형식을 취하지만 그 본질은 원시취득이다. 따라서 전(前)권리자의 권리 위에 존재하였던 하자와 제한은 모두 소멸한다.

② 다만, 승역지의 점유자가 지역권의 부담을 인용하는 상태에서 승역지를 시효취득한 경우 지역권은 존속한다.

2. 소급효

① 취득시효로 인한 권리취득의 효과는 점유를 개시한 때에 소급한다.
② 취득시효로 소유권을 취득한 경우 시효기간 중에 시효취득자가 수취한 과실은 정당한 소유자로서 취득한 것으로서 소유자에게 반환할 필요가 없는 것이므로 시효기간 중 시효취득자가 한 임대 및 기타 처분행위는 유효한 것으로 된다.
③ 취득시효가 완성된 후 점유자가 그 명의로 소유권이전등기를 경료하지 아니하여 아직 소유권을 취득하지 못하였다 하더라도 소유명의자는 점유자에 대하여 점유로 인한 부당이득반환청구를 할 수 없다(92다51280).
④ 취득시효 완성 후 원소유자가 취득시효 완성사실을 알고 점유자의 권리취득을 방해하려고 하는 등의 특별한 사정이 없는 한 소유자는 그 토지에 대한 적법한 권리를 행사할 수 있는 것이므로,
　㉠ 취득시효가 완성되어 소유권이전등기하기까지는 목적물에 대한 처분권은 당연히 소유자에게 있으므로 시효기간 중 원소유자가 이미 받은 과실 기타 이익이나 제3자로부터 받은 손해배상 등은 그대로 유효한 것으로서 시효취득자에게 반환할 의무는 없다.
　㉡ 취득시효 완성사실을 모르는 원소유자가 그 대지 부분에 건물을 신축한 후에 취득시효 완성을 원인으로 소유권이전등기를 경료한 경우 점유자로서는 그 지상에 위 건물이 존재한 상태로 대지의 소유권을 취득하였다고 할 것이어서 원소유자에 대하여 위 건물의 철거를 구할 수 없다(97다53632).
　㉢ 시효취득자가 원소유자에 의하여 그 토지에 설정된 근저당권의 피담보채무를 변제하는 것은 시효취득자가 용인하여야 할 그 토지상의 부담을 제거하여 완전한 소유권을 확보하기 위한 것으로서 그 자신의 이익을 위한 행위라 할 것이니, 위 변제액 상당에 대하여 원소유자에게 대위변제를 이유로 구상권을 행사하거나 부당이득을 이유로 그 반환청구권을 행사할 수는 없다(2005다75910).

3. 취득시효의 중단, 정지 및 포기

(1) 취득시효의 중단

① 소멸시효의 중단에 관한 규정(제168조 내지 제178조)은 취득시효에도 준용된다(제247조 제2항). 따라서 시효중단의 사유와 효력은 소멸시효에 있어서와 같다.
② 그러나 점유로 인한 부동산소유권의 시효취득과정에서 제3자에 의한 부동산에 대한 압류 또는 가압류가 있었다는 사정만으로 취득시효가 중단된다고 할 수 없다(2018다296878).

(2) 취득시효의 정지

소멸시효의 정지에 관한 규정(제179조 내지 제182조)이 취득시효에도 준용되는지에 관해 명문규정은 없지만, 통설은 시효정지제도의 취지에 비추어 소멸시효의 정지에 관한 규정을 취득시효에도 유추적용할 수 있다고 한다.

(3) 취득시효이익의 포기

① 취득시효기간 만료 후에 시효이익을 포기할 수 있다(통설·판례).
② 취득시효 완성을 원인으로 소유권이전등기를 청구하였으나 상대방의 소유를 인정하고 소를 취하한 경우에는 취득시효이익의 포기로 볼 수 있다.
③ 취득시효 기간경과 후에 소유자에 대해 매수를 제의한 것만으로는 취득시효이익의 포기로 볼 수 없다(85다카771).
④ 취득시효 완성 후에 그 사실을 모르고 당해 토지에 관하여 어떠한 권리도 주장하지 않기로 약정하였다면 이에 반하여 시효완성을 주장하는 것은 특별한 사정이 없는 한 신의칙상 허용되지 않는다(96다24101).
⑤ 취득시효기간의 만료 전에 등기부상의 소유명의가 변경되었다 하더라도 이로써 종래의 점유상태의 계속이 파괴되었다고 할 수 없으므로, 이것만으로는 취득시효의 중단사유가 될 수 없다(97다6186).
⑥ 시효이익의 포기는 달리 특별한 사정이 없는 한 시효취득자가 취득시효 완성 당시의 진정한 소유자에 대하여 하여야 그 효력이 발생하는 것이지 원인무효인 등기의 등기부상 소유명의자에게 그와 같은 의사를 표시하였다고 하여 그 효력이 발생하는 것은 아니라 할 것이다(94다40734).

> **개념적용 문제**
>
> **부동산 점유취득시효에 관한 설명으로 옳지 않은 것은? (다툼이 있으면 판례에 따름)**
>
> 제26회 기출
>
> ① 부동산에 대한 압류 또는 가압류는 취득시효의 중단사유에 해당하지 않는다.
> ② 취득시효기간 중 계속해서 등기명의자가 동일한 경우, 점유개시 후 임의의 시점을 시효기간의 기산점으로 삼을 수 있다.
> ③ 시효완성자는 시효완성 당시의 진정한 소유자에 대하여 채권적 등기청구권을 가진다.
> ④ 시효완성 후 그에 따른 소유권이전등기 전에 소유자가 부동산을 처분하면 시효완성자에 대하여 채무불이행책임을 진다.
> ⑤ 시효완성자가 소유자에게 등기이전을 청구하더라도 특별한 사정이 없는 한, 부동산의 점유로 인한 부당이득반환의무를 지지 않는다.

> **해설** 취득시효가 완성된 후 점유자가 그 취득시효를 주장하거나 이로 인한 소유권이전등기청구를 하기 이전에는, 특별한 사정이 없는 한 그 등기명의인인 부동산 소유자로서는 그 시효취득 사실을 알 수 없는 것이므로, 이를 제3자에게 처분하였다고 하더라도 불법행위가 성립하는 것은 아니고, 부동산점유자에게 시효취득으로 인한 소유권이전등기청구권이 있다고 하더라도 이로 인하여 부동산소유자와 시효취득자 사이에 계약상의 채권·채무관계가 성립하는 것은 아니므로, 그 부동산을 처분한 소유자에게 채무불이행책임을 물을 수 없다(94다4509).
>
> 정답 ④

7 무주물 선점, 유실물 습득, 매장물 발견

1. 무주물 선점

> **제252조【무주물의 귀속】** ① 무주의 동산을 소유의 의사로 점유한 자는 그 소유권을 취득한다.
> ② 무주의 부동산은 국유로 한다.
> ③ 야생하는 동물은 무주물로 하고 사양(飼養)하는 야생동물도 다시 야생상태로 돌아가면 무주물로 한다.

2. 유실물 습득

> **제253조【유실물의 소유권 취득】** 유실물은 법률에 정한 바에 의하여 공고한 후 6개월 내에 그 소유자가 권리를 주장하지 아니하면 습득자가 그 소유권을 취득한다.

3. 문화재 등의 국유

> **제255조【「국가유산기본법」 제3조에 따른 국가유산의 국유】** ① 학술, 기예 또는 고고(考古)의 중요한 재료가 되는 물건에 대하여는 제252조 제1항 및 전2조의 규정에 의하지 아니하고 국유로 한다.
> ② 전항의 경우에 습득자, 발견자 및 매장물이 발견된 토지 기타 물건의 소유자는 국가에 대하여 적당한 보상을 청구할 수 있다.
> [제목개정 2023.5.16. 시행일 2024.5.17.]

4. 매장물 발견

> **제254조【매장물의 소유권 취득】** 매장물은 법률에 정한 바에 의하여 공고한 후 1년 내에 그 소유자가 권리를 주장하지 아니하면 발견자가 그 소유권을 취득한다. 그러나 타인의 토지 기타 물건으로부터 발견한 매장물은 그 토지 기타 물건의 소유자와 발견자가 절반하여 취득한다.

8 첨부(부합·혼화·가공)

1. 서설

(1) 의의

부합(附合)·혼화(混和)·가공(加工)의 세 가지를 총칭하여 첨부(添附)라고 하는바, 이들은 소유자가 각기 다른 두 개 이상의 물건이 결합하여 사회통념상 하나의 물건으로 된 때 또는 가공에 의하여 물건과 이에 가해진 노력이 결합하였을 때 그것을 원상으로 회복하는 것이 불가능하거나 또는 물리적으로는 가능하더라도 사회경제상 매우 불이익한 경우에 1개의 물건으로서 어느 한편의 소유에 귀속시키려고 하는 제도이다.

(2) 첨부의 법률효과

① 첨부에 의하여 생긴 물건은 1개의 물건으로서 존속하고 그 복구는 인정되지 않는다. 이에 관한 첨부규정은 강행규정이다.
② 첨부에 의하여 생긴 물건에 관하여는 새로운 소유자가 결정되며, 첨부의 결과 소유권을 상실하게 된 자는 부당이득에 관한 규정에 의하여 보상을 청구할 수 있다. 소유자의 결정과 부당이득에 관한 규정은 임의규정이다.
③ 첨부로 인한 소유권 취득은 원시취득에 해당한다. 따라서 첨부로 인하여 새로운 소유권을 취득한 자는 종전 물건에 달려 있던 제한적 권리를 승계하지 않는다.

2. 부합

(1) 의의

부합이란 소유자를 각각 달리하는 수개의 물건이 결합하여 훼손이나 과다한 비용을 지출하지 않고서는 분리할 수 없어서 1개의 물건으로 되는 것을 말한다. 부합에는 부동산에의 부합과 동산 간의 부합이 있다.

(2) 부동산에의 부합

> **제256조 【부동산에의 부합(附合)】** 부동산의 소유자는 그 부동산에 부합한 물건의 소유권을 취득한다. 그러나 타인의 권원에 의하여 부속된 것은 그러하지 아니하다.

① 피부합물은 부동산이고, 부합하는 물건(부합물)은 부동산·동산 모두 포함된다(90다11967).
② 부합하는 물건의 가액이 부동산의 가액을 초과하더라도 부동산소유자가 소유권을 취득한다.
③ 타인의 권원에 의하여 부속된 것인 때에는 부속시킨 자의 소유로 된다(제256조 단서).

㉠ 권원(權原)이란 타인의 토지를 이용할 수 있는 정당한 근거로서 지상권·전세권·임차권 등이 이에 해당한다.
㉡ 부속(附屬)이란 부합과 달리 독립한 물건이어야 함을 의미한다. 그러므로 부합한 물건이 독립성을 상실하고 부동산의 구성부분으로 인정되는 경우에는 설사 권원이 있다고 하더라도 부합이 성립한다.

④ 부합 여부가 문제되는 경우
㉠ 건물은 언제나 토지와 별개의 부동산이기 때문에 절대적으로 토지에 부합하지 않는다.
㉡ 타인소유의 건물을 증축 또는 개축한 경우에 그 증·개축부분의 소유권 귀속은 원칙적으로 건물소유자에게 귀속하지만,
  ⓐ 타인의 권원에 의하여 부속된 경우에는 그 타인의 소유에 속한다.
  ⓑ 그러나 그 경우에도 그 증·개축부분이 독립성을 가지는 것을 전제로 한다.
  ⓒ 이때 독립성의 판단은 증축부분이 기존 건물에 부착된 물리적 구조뿐만 아니라 이용면에서 독립한 경제적 효용을 가지고 있는지 및 증축하여 소유하는 자의 의사 등을 종합하여 판단하여야 한다는 것이 판례의 태도이다.

> **판례** **부합물**
> ① 주유소의 지하에 매설된 유류저장탱크는 토지로부터 분리하는 데 과다한 비용이 들고, 이를 분리하여 발굴할 경우 그 경제적 가치가 현저히 감소할 것이 분명한 경우에는, 그 유류저장탱크는 토지에 부합된다(94다6345).
> ② 건물이 증축된 경우 증축부분의 기존건물에의 부합 여부는 건물의 물리적 구조뿐만 아니라 그 용도와 기능면에서 기존건물과 독립한 경제적 효용을 가지고 거래상 별개의 소유권의 객체가 될 수 있는지의 여부 및 증축하여 이를 소유하는 자의 의사 등을 종합적으로 판단하여야 한다(94다53006).
> ③ 부합의 정도는 훼손하지 아니하면 분리할 수 없거나 그 분리에 과다한 비용을 요하는 경우는 물론 분리하게 되면 경제적 가치를 심히 감소시키는 경우도 포함된다(4294민상445).
> ④ 건물의 신축공사를 도급받은 수급인이 사회통념상 독립한 건물이라고 볼 수 없는 정착물을 토지에 설치한 상태에서 공사가 중단된 경우에 위 정착물은 토지의 부합물에 불과하여 이러한 정착물에 대하여 유치권을 행사할 수 없는 것이고, 또한 공사중단 시까지 발생한 공사금채권은 토지에 관하여 생긴 것이 아니므로 위 공사금채권에 기하여 토지에 대하여 유치권을 행사할 수도 없는 것이다(2007마98).

(3) 동산 간의 부합

> **제257조【동산 간의 부합】** 동산과 동산이 부합하여 훼손하지 아니하면 분리할 수 없거나 그 분리에 과다한 비용을 요할 경우에는 그 합성물의 소유권은 주된 동산의 소유자에게 속한다. 부합한 동산의 주종을 구별할 수 없는 때에는 동산의 소유자는 부합 당시의 가액의 비율로 합성물을 공유한다.

3. 혼화

제258조【혼화(混和)】 전조의 규정은 동산과 동산이 혼화하여 식별할 수 없는 경우에 준용한다.

4. 가공

제259조【가공(加工)】 ① 타인의 동산에 가공한 때에는 그 물건의 소유권은 원재료의 소유자에게 속한다. 그러나 가공으로 인한 가액의 증가가 원재료의 가액보다 현저히 다액인 때에는 가공자의 소유로 한다.
② 가공자가 재료의 일부를 제공하였을 때에는 그 가액은 전항의 증가액에 가산한다.

제3절 소유권에 기한 물권적 청구권

1 의의

물권의 내용실현이 방해되고 있는 경우에 물권의 실효성을 위해 물권의 일반적 효력으로서 물권적 청구권이 인정된다. 민법은 물권 중 가장 완전한 권리인 소유권에 기한 물권적 청구권을 규정하고 이를 각종 물권에 준용하고 있다(제290조, 제301조, 제319조, 제370조).

2 종류

1. 소유물반환청구권

제213조【소유물반환청구권】 소유자는 그 소유에 속한 물건을 점유한 자에 대하여 반환을 청구할 수 있다. 그러나 점유자가 그 물건을 점유할 권리가 있는 때에는 반환을 거부할 수 있다.

(1) 청구권자

① 소유물반환청구의 청구권자는 소유물에 대한 점유를 상실한 현재의 소유자로서 간접점유자인 소유자도 청구권자이다.
② 현재 소유자의 점유상실의 원인이 점유의 침탈일 것을 요하지는 않는다. 즉, 소유자의 점유상실의 원인이 점유의 침탈인 경우뿐만 아니라 사기 또는 강박 등으로 점유를 스스로 인도한 경우에도 그 반환을 청구할 수 있다.
③ 부동산의 미등기매수인은 소유자가 아니므로 소유물반환청구권을 행사할 수 없으며, 명의신탁의 경우 수탁자만이 소유물반환청구권을 가진다.

④ 그러므로 일단 소유권을 상실한 전소유자는 제3자인 불법점유자에 대하여 물권적 청구권에 의한 방해배제를 청구할 수 없다(68다725 전합).

(2) 상대방

① 소유물 반환청구의 상대방은 현재 그 물건을 점유한 자이며, 상대방은 그 물건을 점유할 권리(지상권, 전세권, 질권, 유치권, 동시이행항변권 등)를 갖지 않는 자이어야 한다. ⇨ 불법점유를 이유로 하여 그 명도 또는 인도를 청구하려면 현실적으로 그 목적물을 점유하고 있는 자를 상대로 하여야 하고 불법점유자라 하여도 그 물건을 다른 사람에게 인도하여 현실적으로 점유를 하고 있지 않은 이상, 그 자를 상대로 한 인도 또는 명도청구는 부당하다(98다9045).

② 점유보조자는 상대방이 될 수 없지만, 간접점유자는 상대방이 된다.
  ㉠ 점유보조자는 독립된 점유를 가지고 있는 것처럼 보이는 경우라 할지라도 반환 청구의 상대방이 되지 않고, 따라서 점유자에 대해서만 반환을 청구할 수 있다. 판례도 회사의 직원 등 점유보조자는 독립한 점유주체가 아니므로 그에 대한 인도청구는 원칙적으로 허용되지 않는다고 한다(2001다13983).
  ㉡ 불법점유를 이유로 한 건물명도청구를 하려면 현실적으로 불법점유하고 있는 사람을 상대로 하여야 할 것이나 그렇지 않은 경우에는 간접점유자를 상대로 명도를 청구할 수 있다(81다187).

③ **점유할 권리의 부존재**: 상대방인 점유자가 자기의 점유를 정당하게 하는 권리를 가지고 있지 않아야 한다. 따라서 미등기 매수인으로서 점유하고 있는 자, 취득시효완성 후 점유하고 있는 자, 임차인, 전세권자, 지상권자, 유치권자, 동시이행의 항변권을 가지는 자 등은 점유할 권리가 있으므로 소유자는 이들에게 반환을 청구하지 못한다. 또한 유치권자로부터 유치물을 유치하기 위한 방법으로 유치물의 점유 내지 보관을 위탁받은 자도 특별한 사정이 없는 한 점유할 권리가 있으므로 소유자의 소유물반환청구를 거부할 수 있다(2011다62618).

④ **귀책사유의 불요(不要)**: 상대방이 점유를 취득함에 있어서 고의·과실이 있었음을 요구하는 것은 아니다. 따라서 타인의 행위에 의한 경우(예 도둑이 다른 사람의 집에 물건을 두고 간 경우), 자연력에 의한 경우(예 빨래가 바람에 의하여 다른 사람의 마당으로 떨어진 경우에도 소유물반환청구권이 인정된다. 또한 침해자의 고의·과실로 인하여 손해를 입은 경우에는 반환청구와 함께 손해배상을 청구할 수 있다.

(3) 입증책임

청구권자는 소유권의 존재와 상대방의 점유사실을 주장·입증하고, 상대방은 자기의 점유가 정당한 권리에 의한 것임을 주장·입증해야 한다(判).

(4) 내용
① 소유자는 점유자에게 물건의 반환을 청구할 수 있다. 여기서 반환이란 적극적으로 물건의 점유를 소유자에게 이전하는 것이다(행위청구권설: 판례·통설).
② 점유보호청구권과 달리 행사기간의 제한이 없다.

2. 소유물방해제거 및 방해예방청구권

> **제214조 【소유물방해제거, 방해예방청구권】** 소유자는 소유권을 방해하는 자에 대하여 방해의 제거를 청구할 수 있고 소유권을 방해할 염려 있는 행위를 하는 자에 대하여 그 예방이나 손해배상의 담보를 청구할 수 있다.

① **소유물방해제거청구권**: 여기에서 '방해'란 현재에도 지속되고 있는 침해를 의미하고, 법익 침해가 과거에 일어나서 이미 종결된 경우에 해당하는 '손해'의 개념과는 다르다 할 것이어서, 소유권에 기한 방해배제청구권은 방해결과의 제거를 내용으로 하는 것이 되어서는 아니되며(이는 손해배상의 영역에 해당한다 할 것이다) 현재 계속되고 있는 방해의 원인을 제거하는 것을 내용으로 한다(2003다5917).
② **소유물방해예방청구권**: 방해예방청구권은 현재는 방해가 발생하지는 않았으나, 가까운 시일 내에 방해가 발생할 염려가 있는 경우 그 예방을 청구하거나 또는 손해배상의 담보를 선택적으로 청구할 수 있는 권리를 말한다.

제4절 공동소유

1 서설

1. 의의

공동소유(共同所有)란 하나의 물건을 2인 이상의 다수인이 소유하는 것을 말한다. 이러한 공동소유의 유형으로 민법은 당사자 사이의 인적 결합관계의 정도에 따라 공유, 합유, 총유의 3가지를 인정하고 있다.

2. 공유·합유·총유의 비교

구분	공유	합유	총유
의의	하나의 소유권의 양적 분할(공동목적 ×)	조합(공동목적 달성을 위한 계약)의 재산소유형태	권리능력 없는 사단(종중·교회 등)의 재산소유형태
지분	공유지분 인정	합유지분 인정	총유물에 대한 지분 불인정
지분처분권	자유(처분금지특약 가능)	전원의 동의 시 처분 가능	없음
분할청구	자유(분할금지특약 가능)	조합이 존속하는 동안은 불가	불가
보존행위	각자가 단독으로 그 공유물 전부에 대하여 행사할 수 있다.	각자가 단독으로 그 합유물 전부에 대하여 행사할 수 있다.	• 사원총회 결의 또는 정관의 규정에 의거 행사 가능 • 소송의 경우 비법인사단의 명의 또는 사원 전원의 공동소송
관리행위	지분의 과반수로 결정	조합계약 ⇨ 조합원의 과반수	사원총회의 결의
처분·변경행위	전원의 동의	전원의 동의	사원총회의 결의
사용·수익	지분의 비율로 전부	지분비율, 조합계약	정관 기타 규약

2 공유

제262조 【물건의 공유】 ① 물건이 지분에 의하여 수인의 소유로 된 때에는 공유로 한다.

1. 서설

① 공유(共有)란 1개의 소유권이 지분(持分)에 의하여 수인(數人)의 소유로 되는 것을 말한다.
② 공유물에 대한 각 공유자의 지배권능은 서로 완전히 독립적이고, 다만 목적물이 동일하기 때문에 그 행사에 제한을 받는 공동소유형태이다.

2. 공유관계의 성립

(1) 법률행위에 의한 성립
① 공유는 수인이 하나의 물건을 공동으로 소유하기로 합의함으로써 성립한다.
② 이때 그 물건이 동산이면 공동점유, 부동산인 경우에는 공유의 등기와 공유지분의 등기가 요구된다.
③ 등기는 공유의 등기와 지분의 등기를 모두 하여야 한다.

(2) 법률규정에 의한 성립
법률규정에 의해 공유관계가 성립하는 경우로는,
① 수인 공동의 선점·습득·발견
② 타인의 토지 기타 물건으로부터 발견한 매장물
③ 주종을 구별할 수 없는 동산 간의 부합·혼화
④ 공유물의 과실(果實)
⑤ 건물의 구분소유에 있어서의 공용부분
⑥ 경계에 설치된 경계표·담·구거(공유로 추정)
⑦ 공동상속재산, 공동포괄수유재산
⑧ 귀속불명의 부부재산(공유로 추정)
⑨ 명의수탁자가 수인인 경우(92다47823) 등이 있다.

3. 공유의 지분

(1) 지분의 비율

> **제262조【물건의 공유】** ② 공유자의 지분은 균등한 것으로 추정한다.

① **균등추정**
  ㉠ 지분의 비율은 공유자 사이의 약정 또는 법률규정에 의하여 정하여지나, 그것이 불분명한 경우에는 균등한 것으로 추정된다.
  ㉡ 다만, 등기부상 등기명의자의 공유지분의 분자 합계가 분모를 초과하는 경우, 등기명의자가 등기부상 공유지분 비율로 공유한다고 추정되지 않는다(96다33709).

② **지분의 탄력성**

> **제267조【지분포기 등의 경우의 귀속】** 공유자가 그 지분을 포기하거나 상속인 없이 사망한 때에는 그 지분은 다른 공유자에게 각 지분의 비율로 귀속한다.

  ㉠ 구분건물의 소유자가 갖는 대지사용권에 대한 지분에는 민법 제267조 규정이 적용되지 않고 「집합건물의 소유 및 관리에 관한 법률」이 적용되어 전유부분의 소유자가 소유권을 포기하거나 상속인 없이 사망한 경우 그 대지지분은 전유부분과 일체로 국유가 된다.

ⓒ 공유지분의 포기는 법률행위로서 상대방 있는 단독행위에 해당하므로, 부동산 공유자의 공유지분 포기의 의사표시가 다른 공유자에게 도달하더라도 이로써 곧바로 공유지분 포기에 따른 물권변동의 효력이 발생하는 것은 아니고, 다른 공유자는 자신에게 귀속될 공유지분에 관하여 소유권이전등기청구권을 취득하며, 이후 민법 제186조에 의하여 등기를 하여야 공유지분 포기에 따른 물권변동의 효력이 발생한다(2015다52978).

ⓒ 그리고 부동산 공유자의 공유지분 포기에 따른 등기는 해당 지분에 관하여 다른 공유자 앞으로 소유권이전등기를 하는 형태가 되어야 한다(2015다52978).

(2) 지분의 처분

> **제263조【공유지분의 처분과 공유물의 사용, 수익】** 공유자는 그 지분을 처분할 수 있고 공유물 전부를 지분의 비율로 사용, 수익할 수 있다.

① 각 공유자는 다른 공유자의 동의 없이 자유로이 지분을 양도할 수 있고, 자신의 지분 위에 담보물권을 설정할 수도 있다.

② 공유자 간의 지분처분금지의 특약을 할 수는 있으나, 이는 당사자 사이에서 채권적 효력을 가질 뿐 지분을 취득한 제3자에게는 대항할 수 없다.

4. 공유자 간의 법률관계

(1) 공유물의 사용·수익

공유자는 지분의 비율로 공유물 전부를 사용·수익할 수 있다. 사용·수익의 객체는 공유물 전부이지 공유물의 특정부분이 아니다.

(2) 공유물의 보존

> **제265조【공유물의 관리, 보존】** 공유물의 관리에 관한 사항은 공유자의 지분의 과반수로써 결정한다. 그러나 보존행위는 각자가 할 수 있다.

① **공유물의 보존행위**는 각 공유자가 단독으로 그 공유물 전부에 대하여 행사할 수 있다.

② **공유물의 보존행위**

㉠ 공유물의 멸실 또는 훼손을 방지하고 그 현상을 유지하기 위하여 하는 행위

㉡ 공유건물의 손괴를 방지하기 위한 수선·유지·보관행위

㉢ 제3자가 공유물 위에 취득시효로 권리를 취득하고자 할 때에 그 시효의 중단행위

㉣ 부패하기 쉬운 물건을 매각하여 금전을 보유하는 행위

㉤ 공유물의 현상을 유지하기 위하여 이를 침해하는 제3자에게 그 배제를 구하는 행위 등

ⓗ 등기명의자가 착오로 인하여 공유자 중 1인을 단독소유자로 오인하여 자신의 명의로 경료된 원인무효의 등기말소에 관한 합의를 한 경우 이는 공유자 중 1인의 보존행위로서 그 합의는 유효가 된다.

(3) 공유물에 대한 공유자의 권리

① 공유물에 관하여 '제3자'가 원인무효의 등기명의를 가지고 있는 경우
  ㉠ 각 공유자는 단독으로 보존행위를 이유로 하여 그 등기 '전부'의 말소를 청구하거나,
  ㉡ 등기의 말소청구에 갈음하여 각 공유자에게 해당 지분별로 진정명의회복을 원인으로 한 소유권이전등기를 이행할 것을 단독으로 청구할 수 있다.
② 과반수 지분에 미달하는 소수 지분의 공유자가 공유물의 전부 또는 일부를 배타적으로 점유함으로써 공유물의 사용을 방해하는 경우, 다른 소수지분권자는 보존행위를 근거로 공유물의 인도를 청구(목적물반환청구)할 수는 없고, 다만 자신의 지분권에 기초하여 공유물에 대한 방해상태를 제거하거나 공동점유를 방해하는 행위의 금지 등을 청구할 수 있다(2018다287522 전합).
③ 침해행위가 불법행위를 구성하는 경우, 이를 이유로 한 손해배상청구나 부당이득반환청구는 각 공유자가 자신의 지분에 해당하는 범위 내에서만 이를 행사할 수 있다(78다2088).

> **판례** 공유자 중 1인의 반환청구
>
> ① 공유물에 관하여 '제3자'가 원인무효의 등기명의를 가지고 있는 경우에, 각 공유자는 단독으로 그의 지분권에 기하여 전체에 대하여 말소등기를 청구할 수는 없지만, 원인무효의 등기의 말소등기를 청구하는 것은 공유자의 보존행위이므로 이를 이유로 하여 공유자 각자가 그 등기 '전부'의 말소를 청구할 수 있다(92다52870).
> ② 공유자 중 한 사람은 공유물에 경료된 원인무효의 등기에 관하여 각 공유자에게 해당 지분별로 진정명의회복을 원인으로 한 소유권이전등기를 이행할 것을 단독으로 청구할 수 있다(2003다40651).
> ③ 공유물의 소수지분권자가 다른 공유자와 협의 없이 공유물의 전부 또는 일부를 독점적으로 점유·사용하고 있는 경우 다른 소수지분권자는 공유물의 보존행위로서 그 인도를 청구할 수는 없고, 다만 자신의 지분권에 기초하여 공유물에 대한 방해상태를 제거하거나 공동점유를 방해하는 행위의 금지 등을 청구할 수 있다고 보아야 한다(2018다287522 전합).
> ④ 일부 공유자가 공유토지의 전부를 배타적으로 점유·사용하고 있는 경우, 공유토지를 전혀 사용·수익하지 않고 있는 다른 공유자에 대하여 그 지분에 상응하는 부당이득반환의무가 있다(2000다17803).
> ⑤ 등기명의자 甲과 종전 소유자의 상속인으로서 소유권이전등기의 원인무효를 주장하는 乙 사이에 토지 소유권 환원의 방법으로 乙 앞으로 소유권이전등기를 경료하여 주기로 하는 합의가 이루어진 경우, 乙이 공동상속인들 중 1인이라면 공유물에 대한 보존행위로서 단독으로 공유물에 관한 원인무효의 등기의 말소를 구하거나 소유권이전등기에 관한 합의를 할 수 있다고 보아야 하므로, 甲이 乙을 단독상속인으로 믿고서 그와 같은 소유권환원의 합의에 이르렀더라도 그와 같은 착오는 합의내용의 중요부분에 해당한다고 볼 수 없다(95다35371).

(4) 공유물의 관리

① 공유물의 관리에 관한 사항은 공유자의 지분의 과반수로써 결정한다(제265조 본문).
② 여기서 관리란 변경이나 처분에 이르지 않는 정도로서 공유물을 이용·개량하는 행위를 말한다(예 공유물의 임대).
③ 공유자 사이에 공유물의 사용·수익에 관한 구체적인 방법을 정하는 것도 공유물의 관리에 관한 사항으로서 공유자의 지분의 과반수로써 결정하여야 한다.
  ㉠ 과반수 지분의 공유자는 다른 공유자와 사이에 미리 공유물의 관리방법에 관한 협의가 없었다 하더라도 공유물의 관리에 관한 사항을 단독으로 결정할 수 있다.
  ㉡ 다만, 소수 지분권자는 그로 인하여 사용·수익하지 못한 범위 내의 손해에 대하여는 과반수 지분권자에게 부당이득반환청구를 할 수 있다.
  ㉢ 공유물을 임대한 경우
    ⓐ **공동으로 임대한 경우**: 건물의 공유자가 공동으로 건물을 임대하고 보증금을 수령한 경우 특별한 사정이 없는 한 그 보증금의 반환채무는 불가분채무에 해당한다.
    ⓑ **과반수 지분권자가 단독으로 임대한 경우**: 과반수 지분의 공유자로부터 공유물의 전부 또는 특정부분의 사용·수익을 허락받은 제3자의 점유는 다수 지분권자의 공유물관리권에 터잡은 적법한 점유이므로 그 제3자는 소수 지분권자에 대하여도 그 점유로 인하여 법률상 원인 없이 이득을 얻고 있다고도 볼 수 없어 소수 지분권자는 제3자에 대하여 목적물의 반환청구(점유배제청구) 내지는 부당이득의 반환을 청구할 수는 없다.
④ 공유토지 위에 새로이 건물을 짓는 것은 사용·수익방법을 정하는 행위라 볼 수 없는 처분행위이므로 토지공유자 전원의 동의를 요하며, 공유토지 위에 이미 존재하고 있는 건물을 사용하는 것은 공유토지에 관한 관리행위에 해당한다.
⑤ 계약의 해제(해지)가 현상유지를 내용으로 하는 경우(예 임대차계약의 해지)에 관리행위에 속하지만, 그것이 공유물의 소유권 귀속을 달리하게 하는 것이라면(예 매매계약의 해제) 처분·변경에 해당하므로 공유자 전원의 동의가 필요하다.
⑥ 공유물 관리에 관한 제265조는 임의규정이므로, 공유자들 사이의 그와 다른 방법을 정한 특약은 유효하고, 이후 그 특약으로 정한 방법에 의하여 관리한다.

| 판례 | 공유물의 관리 |

① 건물의 공유자가 공동으로 건물을 임대하고 보증금을 수령한 경우 특별한 사정이 없는 한 그 임대는 각자 공유지분을 임대한 것이 아니고 임대목적물을 다수의 당사자로서 공동으로 임대한 것이고 그 보증금반환채무는 성질상 불가분채무에 해당한다고 본다(98다43137).
② 공유물의 과반수의 지분권을 가진 자가 공유물을 배타적으로 사용할 것을 정하는 경우, 이는 공유물의 관리방법으로서 적법하다(2000다33638).
③ 과반수 지분의 공유자가 그 공유물의 특정부분을 배타적으로 사용·수익하기로 정하는 것은 공유물의 관리방법으로서 적법하다고 할 것이므로 과반수 지분의 공유자로부터 사용·수익을 허락받은 점유자에 대하여 소수 지분의 공유자는 그 점유자가 사용·수익하는 건물의 철거나 퇴거 등 점유배제를 구할 수 없다(2002다9738).
④ 공유자 간의 공유물에 대한 사용·수익·관리에 관한 특약은 공유자의 특정승계인에 대하여도 당연히 승계되고, 위와 같은 특약 후에 공유자에 변경이 있고 특약을 변경할 만한 사정이 있는 경우에는 민법 제265조에 따라 공유자의 지분의 과반수의 결정으로 기존 특약을 변경할 수 있다(2005다1827).
⑤ 공유토지에 관하여 점유취득시효가 완성된 후 취득시효 완성 당시의 공유자들 일부로부터 과반수에 미치지 못하는 소수 지분을 양수·취득한 제3자는 나머지 과반수 지분에 관하여 취득시효에 의한 소유권이전등기를 경료받아 과반수 지분권자가 될 지위에 있는 시효취득자(점유자)에 대하여 지상건물의 철거와 토지의 인도 등 점유배제를 청구할 수 없다(2000다33638).

(5) 공유물에 대한 부담

> **제266조【공유물의 부담】** ① 공유자는 그 지분의 비율로 공유물의 관리비용 기타 의무를 부담한다.
> ② 공유자가 1년 이상 전항의 의무이행을 지체한 때에는 다른 공유자는 상당한 가액으로 지분을 매수할 수 있다.

공유자가 관리비용 등 기타의 의무이행을 1년 이상 지체한 때에는 다른 공유자는 매수대상이 되는 지분 전부의 매매대금을 제공하고 지분을 매수할 수 있고(92다25656), 이는 형성권으로 상대방의 동의가 없어도 매매의 효력이 발생한다.

(6) 공유물의 처분·변경

① 공유물의 처분이란 공유물의 양도 또는 담보물권의 설정 등 사실상·법률상 처분을 말하고, 변경이라 함은 건물의 개축·토지의 개간 등과 같이 목적물이 멸실하지 않는 범위에서 공유물의 성질을 변하게 하는 것을 말한다.
② 공유자는 다른 공유자의 동의 없이 공유물을 처분하거나 변경하지 못한다(제264조). 공유자 전원의 동의가 있어야 공유물을 처분 또는 변경할 수 있다.
③ 공유자의 1인이 다른 공유자의 동의 없이 공유물을 제3자와 매매계약을 체결한 경우, 그 매매가 당연히 무효가 되는 것은 아니고, 다른 공유자의 지분에 대해서는 타인의 권리에 대한 매매를 한 것이 된다(제569조).

> **판례** 공유물의 처분
>
> ① 공유자 중 1인이 다른 공유자의 동의 없이 그 공유토지의 특정부분을 매도하여 타인 명의로 소유권이전등기가 마쳐졌다면, 그 매도부분 토지에 관한 소유권이전등기는 처분공유자의 공유지분 범위 내에서는 실체관계에 부합하는 유효한 등기이다(93다1596).
> ② 공유자의 동의 없이 공유물을 처분한 경우 처분자의 지분의 범위 내에서는 말소등기를 청구할 수 없다(65다1086).
> ③ 공유부동산에 대한 소유 명의가 '공유자 중의 한 사람' 앞으로 되어 있다 하더라도 그 공유자의 지분에 관한 한 실체관계에 부합하는 것이므로 이 부분의 말소등기절차까지를 청구할 수는 없다(65다268 전합).
> ④ 공유자 중 1인은 공유물에 등기를 단독 명의로 경료하고 있는 다른 공유자에 대하여 그 공유자의 공유지분을 제외한 나머지 공유지분 전부에 관하여만 소유권보존등기 말소등기절차의 이행을 구할 수 있다(2006다32200).

5. 공유관계의 주장

(1) 지분의 확인청구 – 단독으로 청구

① 각 공유자는 다른 공유자 또는 제3자에 의하여 자신의 지분을 침해당한 경우 지분을 침해하는 다른 공유자 또는 제3자를 상대로 단독으로 지분확인의 소를 제기할 수 있다.

② 수인이 공동으로 부동산을 매수하였는데 매도인이 소유권이전등기를 하지 않는 경우 각 공유자는 단독으로 자신의 지분에 관하여 소유권이전등기를 청구할 수 있다.

(2) 공유관계의 대외적 주장

① 수인의 공유자가 공동하여 이전등기를 받기로 한 사실에 기한 등기청구는 수인의 공유자 전원이 공동으로 하여야 한다(4292민상853).

② **공유물 전체에 대한 소유권 확인**: 공유물 전체에 대한 소유권 확인은 이를 다투는 제3자를 상대로 공유자 전원이 하여야 하는 필요적 공동소송이다.

6. 공유물의 분할

> **제268조【공유물의 분할청구】** ① 공유자는 공유물의 분할을 청구할 수 있다. 그러나 5년 내의 기간으로 분할하지 아니할 것을 약정할 수 있다.
> ② 전항의 계약을 갱신한 때에는 그 기간은 갱신한 날로부터 5년을 넘지 못한다.
> ③ 전 2항의 규정은 제215조, 제239조의 공유물에는 적용하지 아니한다.

(1) 공유물분할의 자유

① 원칙

㉠ 각 공유자는 언제든지 자유롭게 분할을 청구하여 공유관계를 종료시킬 수 있다. 이는 인적 결합관계가 없는 공유의 본질상 당연한 것이며, 이러한 점에서 합유·총유와 구분된다.

ⓒ 이러한 공유물분할청구권은 공유관계에서 수반되는 형성권이므로 공유관계가 존속하는 한 그 분할청구권만이 독립하여 시효로 소멸될 수 없다(80다1888·1889).
② **분할의 제한**
　　㉠ 당사자는 분할금지특약을 할 수 있으며 이 특약은 5년 내의 기간에서만 유효하다. 분할금지 특약은 갱신할 수 있으나 갱신한 날로부터 5년을 넘지 못한다(제268조). 공유물이 부동산일 때에 분할금지특약은 등기하여야 제3자에게 대항할 수 있다.
　　ⓒ 성질상 법률규정으로 분할이 허용되지 않는 경우도 있다. 구분소유건물의 공용부분(제215조), 구분소유건물의 대지(「집합건물의 소유 및 관리에 관한 법률」 제8조), 경계선상의 경계표·담·구거(제239조) 등은 분할이 금지된다.
　　ⓒ 상호명의신탁(구분소유적 공유)
　　　ⓐ 상호명의신탁은 구분소유하기로 하는 당사자간의 협의가 이미 성립한 상태의 공유관계로서 진정한 공유관계라 할 수 없다.
　　　ⓑ 상호명의신탁의 당사자는 공유물분할청구할 수 없고, 명의신탁해지를 원인으로 한 지분의 반환 또는 이전등기를 청구하여야 한다(85다카451).

(2) 분할의 방법

> **제269조 【분할의 방법】** ① 분할의 방법에 관하여 협의가 성립되지 아니한 때에는 공유자는 법원에 그 분할을 청구할 수 있다.
> ② 현물로 분할할 수 없거나 분할로 인하여 현저히 그 가액이 감손될 염려가 있는 때에는 법원은 물건의 경매를 명할 수 있다.

① **협의에 의한 분할**
　　㉠ 공유물의 분할은 협의에 의하는 것을 원칙으로 한다(제269조 제1항). 분할협의는 반드시 공유자 전원이 참가하여야 하며, 공유자 중 1인이라도 배제된 상태의 분할협의는 무효이다.
　　ⓒ 분할방법으로는 공유물을 그대로 양적으로 분할하는 현물분할(現物分割)하거나,
　　ⓒ 공유물을 매각하여 그 대금을 분할하는 대금분할(代金分割),
　　㉣ 공유자의 한 사람이 단독소유권을 취득하고 다른 공유자에게 지분의 가격을 지급하는 가격배상(價格賠償)도 인정된다.
　　㉤ 협의에 의한 분할의 경우 그 분할에 관한 등기를 경료한 때에 분할의 효력이 발생한다.
　　㉥ 당사자 사이에 이루어진 어떠한 법률행위를 원인으로 하여 부동산소유권이전등기절차의 이행을 명하는 것과 같은 내용의 판결 또는 소유권이전의 약정을 내용으로 하는 화해조서에 의하여 공유부동산이 분할되는 경우 이에 대한 등기를 경료한 때에 분할의 효력이 발생한다(64다1721).

ⓒ 공유물분할의 소송절차 또는 조정절차에서 공유자 사이에 공유토지에 관한 현물분할의 협의가 성립하여 그 합의사항을 조서에 기재함으로써 조정이 성립하였다고 하더라도, 공유자들이 협의한 바에 따라 토지의 분필절차를 마친 후 각 단독소유로 하기로 한 부분에 관하여 다른 공유자의 공유지분을 이전받아 등기를 마침으로써 비로소 그 부분에 대한 대세적 권리로서의 소유권을 취득하게 된다고 보아야 한다(2011두1917 전합).

② 공유물의 분할은 당사자간에 협의가 이루어지는 경우에는 그 방법을 임의로 선택할 수 있으나, 협의가 이루어지지 아니하여 재판에 의하여 공유물을 분할하는 경우에는 법원은 현물로 분할하는 것이 원칙이고, 현물로 분할할 수 없거나 현물로 분할을 하게 되면 현저히 그 가액이 감손될 염려가 있는 때에 비로소 물건의 경매를 명할 수 있다(91다27228).

③ **재판에 의한 분할**

㉠ 분할의 방법에 관하여 협의가 성립되지 아니한 때에는 공유자는 법원에 그 분할을 청구할 수 있다(제269조 제1항).

㉡ 만약 분할협의가 성립한 후 그 협의 후에 일부 공유자가 분할에 따른 이전등기에 협조하지 않거나 분할에 관하여 다툼이 있더라도, 그 분할된 부분에 대한 소유권이전등기를 청구하든가 소유권 확인을 구하여야 하고, 공유물의 분할청구소송을 통해 그 분할을 청구하는 것은 허용되지 않는다(94다30348).

㉢ 공유물분할의 소는 형성의 소이다(91다27228). 따라서 그 판결의 확정으로 등기 없이 물권변동의 효과가 발생한다(제187조).

㉣ 또한 공유물분할의 소는 필요적 공동소송이므로 공유자 전원이 소송의 당사자로 되어야 한다.

㉤ 현물분할의 원칙

ⓐ 재판에 의하여 공유물을 분할하는 경우에 법원은 현물로 분할하는 것이 원칙이므로, 불가피하게 대금분할을 할 수밖에 없는 요건에 관한 객관적·구체적인 심리 없이 단순히 공유자들 사이에 분할의 방법에 관하여 의사가 합치하고 있지 않다는 등의 주관적·추상적인 사정에 터 잡아 함부로 대금분할을 명하는 것은 허용될 수 없다(2009다40219·40226).

ⓑ 토지를 분할하는 경우에 원칙적으로는 각 공유자가 취득하는 토지의 면적이 그 공유지분의 비율과 같도록 하여야 할 것이나, 반드시 그런 방법으로만 분할하여야 하는 것은 아니고, 토지의 형상이나 위치, 그 이용상황이나 경제적 가치가 균등하지 아니할 때에는 이와 같은 제반 사정을 고려하여 경제적 가치가 지분비율에 상응되도록 분할하는 것도 허용된다(2004다10183).

ⓒ 공유물을 공유자 중의 1인의 단독소유 또는 수인의 공유로 하되 현물을 소유하게 되는 공유자는 다른 공유자에 대하여 그 지분의 적정하고도 합리적인 가격을 배상시키는 방법에 의한 분할도 현물분할의 하나로 이용된다(2004다30583).
ⓓ 일정한 요건이 갖추어진 경우에는 공유자 상호간에 금전으로 경제적 가치의 과부족을 조정하게 하여 분할을 하는 것도 현물분할의 한 방법으로 허용되고, 여러 사람이 공유하는 물건을 현물분할하는 경우에는 분할을 원하지 않는 나머지 공유자는 공유로 남는 방법도 허용된다(93다27819).
ⓑ 분할의 방법은 당사자가 구하는 방법에 구애받지 아니하고 법원의 재량에 따라 공유관계나 그 객체인 물건의 제반 상황에 따라 공유자의 지분비율에 따른 합리적인 분할을 하면 된다(2014다233428).
ⓢ **가격배상**: 일정한 요건하에 공유자 상호간에 금전으로 경제적 가치의 과부족을 조정하게 하여 분할을 하는 것도 현물분할의 한 방법으로 허용되고, 분할을 원하지 않는 나머지 공유자는 공유로 남는 방법도 허용된다(93다27819).

(3) 분할의 성질
지분의 교환(현물분할의 경우) 또는 매매(대금분할, 가격배상)의 성질을 가진다.

(4) 분할의 효과
① **분할로 인한 담보책임**: 각 공유자는 다른 공유자가 분할로 인하여 취득한 물건 또는 그 부분에 관하여 그 지분의 비율로 매도인과 동일한 담보책임이 있다(제270조).
② **분할의 효과의 불소급**
   ㉠ 분할은 지분의 교환 또는 매매의 성질을 가지기 때문에 분할의 효과는 소급하지 않는다.
   ㉡ 그러므로 협의에 의한 분할이 이루어진 경우 그 분할등기 시에, 재판상 분할이 이루어진 경우 판결확정 시에 분할의 효력이 발생한다.
   ㉢ 다만, 예외적으로 상속재산의 분할은 상속개시 시에 소급하여 효력이 있다(제1015조).
③ **공유지분상 담보물권 설정 후 공유물이 현물분할된 경우**
   ㉠ 부동산의 공유지분 위에 근저당권이 설정된 후 그 공유부동산이 분할된 경우 저당권이 근저당권설정자에게 할당된 부분에 집중되는 것은 아니다(88다카24868).
   ㉡ 지분상의 담보물권
      ⓐ 현물분할에 의하여 공유물의 지분을 가지는 자가 공유물의 일부를 취득한 경우에는, 담보물권은 종전의 지분의 범위 내에서 분할된 그 물건과 다른 공유자가 분할로 취득한 다른 물건 위에 그대로 존속하여 그 분할된 물건의 수만큼 공동담보가 된다.
      ⓑ 대금분할 또는 가격배상에 의하여 공유물의 지분을 가지는 담보물권의 설정자가 공유물 전부를 취득한 경우에는, 담보물권은 종전의 지분의 범위 내에서 그 물건 위에 그대로 존속한다.

ⓒ 한편, 공유물이 전부 제3자 또는 다른 공유자에게 귀속하고 그 지분을 가지는 자가 대금 또는 가격을 취득하는 경우에는, 담보물권은 종전의 지분의 범위 내에서 그 타인에게 귀속한 물건 위에 존속하며, 그 밖에 물상대위의 규정에 따라서 그 대금이나 가격 위에 권리를 행사할 수도 있다.

> **참고** **공유물의 분할과 지분상의 담보물권**
>
> 甲과 乙이 각각 1/2의 지분으로 공유하고 있는 토지에 관해 甲의 지분 위에 丙의 저당권이 설정된 경우
> 1. 공유토지를 甲과 乙이 현물로 분할한 경우 – 甲이 취득한 토지의 1/2 지분 위에, 乙이 취득한 토지의 1/2의 지분 위에 丙의 저당권이 존속한다.
> 2. 甲이 가격배상에 의해 공유토지 전부를 취득한 경우 – 甲의 단독소유로 된 토지 전체에 대한 1/2 지분 위에 丙의 저당권이 존속한다.
> 3. 제3자 丁(대금분할) 또는 乙(가격배상)이 공유토지 전부를 취득한 경우 – 丁 또는 乙의 단독소유로 된 토지 전체에 대한 1/2의 지분 위에 丙의 저당권은 존속하거나, 또는 甲이 수령한 대금 위에 물상대위할 수도 있다.

개념적용 문제

공유에 관한 설명으로 옳은 것을 모두 고른 것은? (다툼이 있으면 판례에 따름) 제28회 기출

> ㄱ. 공유자의 지분은 특별한 사정이 없는 한 균등한 것으로 추정한다.
> ㄴ. 부동산 공유자의 공유지분을 포기에 따른 등기는 해당 지분에 관하여 다른 공유자 앞으로 소유권이전등기를 하는 형태가 되어야 한다.
> ㄷ. 공유물을 단독으로 점유하고 있는 소수지분권자는 공유물관리를 위한 과반수지분권자의 공유물 인도청구를 공유물의 사용수익권으로 거부할 수 없다.

① ㄱ ② ㄴ ③ ㄱ, ㄷ ④ ㄴ, ㄷ ⑤ ㄱ, ㄴ, ㄷ

해설 ㄱ. 공유자의 지분은 특별한 사정이 없는 한 균등한 것으로 추정한다(제262조 제2항 참조).
ㄴ. 공유지분의 포기는 법률행위로서 상대방 있는 단독행위에 해당하므로, 부동산 공유자의 공유지분 포기의 의사표시가 다른 공유자에게 도달하더라도 이로써 곧바로 공유지분 포기에 따른 물권변동의 효력이 발생하는 것은 아니고, 다른 공유자는 자신에게 귀속될 공유지분에 관하여 소유권이전등기청구권을 취득하며, 이후 민법 제186조에 의하여 등기를 하여야 공유지분 포기에 따른 물권변동의 효력이 발생한다(2015다52978).
ㄷ. 부동산에 관해 과반수 공유지분을 가진 자는 공유자 사이에 공유물의 관리방법에 관해 협의가 미리 없었다 하더라도 공유물의 관리에 관한 사항을 단독으로 결정할 수 있어 공유토지를 배타적으로 사용·수익할 수 있고, 이에 따라 다른 소수 지분권자를 상대로 방해배제 및 인도청구를 할 수 있다(88다카33855). 공유물을 단독으로 점유하고 있는 소수지분자가 국가로서 그 점유부분이 군사시설에 해당하는 경우일지라도 공유물관리를 위한 과반수지분권자의 공유물 인도청구를 공유물의 사용수익권으로 거부할 수 없다(2021가단5136290).

정답 ⑤

3 합유

1. 서설

(1) 의의

> **제271조 【물건의 합유】** ① 법률의 규정 또는 계약에 의하여 수인이 조합체로서 물건을 소유하는 때에는 합유로 한다. 합유자의 권리는 합유물 전부에 미친다.
> ② 합유에 관하여는 전항의 규정 또는 계약에 의하는 외에 다음 3조의 규정에 의한다.

(2) 성질

수인의 동업자가 조합체(組合體)로서 물건을 소유하는 때에 그 공동소유를 '합유'라고 한다. 조합은 공동의 목적을 가지고 결합된 단체이긴 하지만 단체적 성격이 약하고 구성원의 개별성이 강하다는 점에서 사단법인이나 법인 아닌 사단과 다르다. 합유에 있어서도 공유에서와 같이 합유자는 지분을 가진다. 그러나 합유자의 지분(조합원의 지위)은 공동의 목적을 위하여 구속되며, 자유로이 처분하지 못하는 점에서 공유와 다르다.

2. 합유관계의 성립

① **계약에 의한 합유관계의 성립**: 계약에 의해 합유관계가 성립하는 대표적인 경우로는 동업계약이 있다.
② **법률규정에 의한 합유관계의 성립**: 법률규정에 의해 합유관계가 성립하는 경우로는 「신탁법」상의 조합과 「광업법」상의 조합이 있다.

3. 합유의 법률관계

(1) 합유지분

① 합유자의 권리, 즉 지분은 합유물 전부에 미친다(제271조 제1항).
② **합유지분의 처분**: 합유지분은 조합원의 지위와 분리될 수 없으므로 전원의 동의가 없이는 처분하지 못한다(제273조 제1항).

(2) 합유물의 보존과 처분·변경

① 합유물의 보존행위는 합유자 각자가 단독으로 할 수 있다(제272조 단서).
② 합유물을 처분·변경함에는 합유자 전원의 동의가 있어야 한다(제272조).

(3) 합유물의 분할

① 조합이 존속하는 한 합유자는 합유물의 분할을 청구할 수 없다(제273조 제2항).
② **조합의 해산과 합유물의 분할**: 부득이한 사유가 있는 경우 각 조합원은 조합의 해산을 청구할 수 있는데(제720조), 이때에는 합유관계가 종료하므로 합유물을 분할할 수 있다.

> **판례** 합유지분의 상속 및 합유물의 보존행위
>
> ① 부동산의 합유자 중 일부가 사망한 경우, 합유자 사이에 특별한 약정이 없는 한 사망한 합유자의 상속인은 합유자로서의 지위를 승계하는 것이 아니므로 해당 부동산은 잔존 합유자가 2인 이상일 때에는 잔존 합유자의 합유로 귀속되고, 잔존 합유자가 1인인 때에는 잔존 합유자의 단독소유로 귀속된다(93다39225).
> ② 합유물에 관하여 경료된 원인무효의 소유권 이전등기의 말소를 구하는 소송은 합유물에 관한 보존행위로서 합유자 각자가 할 수 있다(96다16896).

4. 합유의 종료

합유는 조합체의 해산 또는 합유물의 양도로 인하여 종료한다(제274조 제1항). 조합체의 해산에 따른 합유물의 분할에 대해서는 공유물분할에 관한 규정이 준용된다.

4 총유

1. 서설

> **제275조 【물건의 총유】** ① 법인이 아닌 사단의 사원이 집합체로서 물건을 소유할 때에는 **총유**로 한다.
> ② 총유에 관하여는 사단의 정관 기타 계약에 의하는 외에 다음 2조의 규정에 의한다.

2. 총유의 법률관계

(1) 총유물의 관리·처분과 사용·수익

> **제276조 【총유물의 관리, 처분과 사용, 수익】** ① 총유물의 관리 및 처분은 사원총회의 결의에 의한다.
> ② 각 사원은 정관 기타의 규약에 좇아 총유물을 사용, 수익할 수 있다.

① 만일 비법인사단의 총유재산을 그 대표자가 사원총회의 결의 없이 처분한 경우 그 처분행위는 무효이며, 이에 대하여 제126조의 표현대리도 성립하지 않는다(2006다23312).

② 총유재산에 관한 소송은 법인 아닌 사단이 그 명의로 사원총회의 결의를 거쳐 하거나 또는 그 구성원 전원이 당사자가 되어 필수적 공동소송의 형태로 할 수 있을 뿐 그 사단의 구성원은 설령 그가 사단의 대표자라거나 사원총회의 결의를 거쳤다 하더라도 그 소송의 당사자가 될 수 없고, 이러한 법리는 총유재산의 보존행위로서 소를 제기하는 경우에도 마찬가지이다.

(2) 총유물에 관한 권리·의무의 취득과 상실

> **제277조【총유물에 관한 권리·의무의 득상】** 총유물에 관한 사원의 권리·의무는 사원의 지위를 취득상실함으로써 취득상실된다.

판례 | 총유재산에 관한 판례

① 비법인사단인 교회의 대표자는 총유물인 교회 재산의 처분에 관하여 교인총회의 결의를 거치지 아니하고는 이를 대표하여 행할 권한이 없다. 그리고 교회의 대표자가 권한 없이 행한 교회 재산의 처분행위에 대하여는 민법 제126조의 표현대리에 관한 규정이 준용되지 아니한다(2006다23312).

② 비법인사단이 총유재산에 관한 소를 제기할 때에는 정관에 다른 정함이 있는 등의 특별한 사정이 없는 한 사원총회의 결의를 거쳐야 하지만(2010다97044), 이는 비법인사단의 대표자가 비법인사단 명의로 총유재산에 관한 소를 제기하는 경우에 비법인사단의 의사결정과 특별수권을 위하여 필요한 내부적인 절차이다. 채권자대위권은 채무자가 스스로 자기의 권리를 행사하지 아니하는 때에 채권자가 채무자에 대한 채권을 보전하기 위하여 채무자의 의사와는 상관없이 채무자의 권리를 대위하여 행사할 수 있는 권리로서 그 권리행사에 채무자의 동의를 필요로 하는 것은 아니므로, 비법인사단이 총유재산에 관한 권리를 행사하지 아니하고 있어 비법인사단의 채권자가 채권자대위권에 기하여 비법인사단의 총유재산에 관한 권리를 대위행사하는 경우에는 사원총회의 결의 등 비법인사단의 내부적인 의사결정절차를 거칠 필요가 없다(2014다211336).

③ 총유물의 관리 및 처분: 총유물의 관리 및 처분이라 함은 총유물 자체에 관한 이용·개량행위나 법률적·사실적 처분행위를 의미하므로 총유물 자체의 관리·처분이 따르지 아니하는 채무부담행위(교회 또는 종중의 대표자가 타인의 금전채무를 보증하는 행위 등)는 이를 총유물의 관리·처분행위라고 볼 수 없다(2012다112299).

④ 총유재산에 관한 소송은 법인 아닌 사단이 그 명의로 사원총회의 결의를 거쳐 하거나 또는 그 구성원 전원이 당사자가 되어 필수적 공동소송의 형태로 할 수 있을 뿐 그 사단의 구성원은 설령 그가 사단의 대표자라거나 사원총회의 결의를 거쳤다 하더라도 그 소송의 당사자가 될 수 없고, 이러한 법리는 총유재산의 보존행위로서 소를 제기하는 경우에도 마찬가지이다(2004다44971 전합).

⑤-1 법인 아닌 사단의 구성원들의 집단적 탈퇴로써 사단이 2개로 분열되고 분열되기 전 사단의 재산이 분열된 각 사단들의 구성원들에게 각각 총유적으로 귀속되는 결과를 초래하는 형태의 법인 아닌 사단의 분열은 허용되지 않는다. 일부 교인들이 교회를 탈퇴하여 그 교회 교인으로서의 지위를 상실하게 되면 탈퇴가 개별적인 것이든 집단적인 것이든 이와 더불어 종전 교회의 총유재산의 관리처분에 관한 의결에 참가할 수 있는 지위나 그 재산에 대한 사용·수익권을 상실하고, 종전 교회는 잔존 교인들을 구성원으로 하여 실체의 동일성을 유지하면서 존속하며 종전 교회의 재산은 그 교회에 소속된 잔존 교인들의 총유로 귀속됨이 원칙이다.

⑤-2 소속 교단에서의 탈퇴 내지 소속 교단의 변경은 사단법인 정관변경에 준하여 의결권을 가진 교인 2/3 이상의 찬성에 의한 결의를 필요로 하고, 그 결의요건을 갖추어 소속 교단을 탈퇴하거나 다른 교단으로 변경한 경우에 종전 교회의 실체는 이와 같이 교단을 탈퇴한 교회로서 존속하고 종전 교회 재산은 위 탈퇴한 교회 소속 교인들의 총유로 귀속된다(2004다37775 전합-91다1226은 변경하기로 한다).

5 준공동소유

제278조【준공동소유】 본절의 규정은 소유권 이외의 재산권에 준용한다. 그러나 다른 법률에 특별한 규정이 있으면 그에 의한다.

개념적용 문제

공동소유에 관한 설명으로 옳지 않은 것은? (다툼이 있으면 판례에 따름) 제23회 기출

① 합유자는 합유물의 분할을 청구하지 못한다.
② 합유는 조합체의 해산 또는 합유물의 양도로 인하여 종료한다.
③ 총유물의 관리는 특별한 사정이 없는 한 사원 각자 할 수 있다.
④ 공유자의 지분은 특별한 사정이 없는 한 균등한 것으로 추정한다.
⑤ 공유자는 다른 공유자의 동의 없이 공유물을 처분하거나 변경하지 못한다.

해설 총유물의 관리 및 처분은 사원총회의 결의에 의한다(제276조 제1항).

정답 ③

CHAPTER 04 OX문제로 완벽 복습

01 아파트분양권은 소유권 객체가 될 수 없다. (O | X)

02 시효취득의 대상이 되는 권리는 소유권에 한한다. (O | X)

03 점유를 수반하지 않는 물권은 취득시효가 인정되지 않는다. (O | X)

04 부동산은 물론이고 동산의 경우에도 시효취득이 인정된다. (O | X)

05 자기 소유의 부동산에 대해서도 시효취득이 가능하다는 것이 통설·판례이다. (O | X)

06 동산이 부동산에 부합된 경우, 부합물은 부합 당시의 가액의 비율로 원래의 동산과 부동산의 소유자가 공유한다. (O | X)

07 매매를 원인으로 소유권이전등기를 경료해 준 자는 불법점유자에 대하여 소유권에 기한 물권적 청구권을 행사하지 못한다. (O | X)

08 점유보조자가 그 물건의 사실적 지배를 가지는 이상 소유권에 기한 물권적 청구권의 상대방이 된다. (O | X)

09 일부양도 또는 일부분할로 포위지가 된 경우 당사자 사이에만 무상의 주위토지통행권이 인정된다. (O | X)

10 경계표 설치 시 측량비용 및 설치비용은 쌍방이 절반하여 부담한다. (O | X)

11 주위토지통행권은 이미 통로가 있는 경우에도 토지 이용의 편익성을 위하여 인정될 수도 있다. (O | X)

12 주위토지통행권을 설정함에 있어 현재의 이용 상황과 장차의 이용 상황을 종합적으로 감안하여 그 범위를 정하여야 한다. (O | X)

13 부동산 공유자는 자기 지분 위에 다른 공유자의 동의 없이 저당권을 설정할 수 있다. (O | X)

14 제3자가 공유물을 불법점유한 경우, 공유자는 단독으로 자신에게 공유물 전부의 반환을 청구할 수 있다. (O | X)

15 공유자 간에 분할에 관해 이미 협의가 성립된 때에는 재판상 분할청구는 인정되지 않는다. (O | X)

16 공유물에 대한 과반수 지분에 미달하는 지분권자가 공유물의 전부 또는 특정 부분을 배타적으로 점유하는 경우, 다른 소수지분권자는 보존행위를 이유로 공유물에 대한 반환을 청구할 수 있다. (○ | ×)

17 각 공유자는 다른 공유자가 분할로 인하여 취득한 물건에 관하여 그 지분의 비율로 매도인과 동일한 담보책임을 진다. (○ | ×)

18 공유물이 원인 없이 타인의 명의로 등기된 경우 각 공유자는 단독으로 등기명의자에 대하여 그 등기의 전부의 말소를 청구할 수 있다. (○ | ×)

19 공유물에 대한 침해행위가 불법행위를 구성하는 경우 각 공유자는 그 침해자에게 불법행위를 이유로 공유물 전체에 대하여 발생한 손해배상청구 또는 부당이득의 반환청구를 할 수 있다. (○ | ×)

20 합유 지분은 합유자 전원의 동의를 받아 처분할 수 있다. (○ | ×)

21 조합이 존속하는 한 합유물의 분할은 허용되지 않는다. (○ | ×)

22 부동산의 합유자 중 일부가 사망한 경우 그 지분은 상속되어 상속인이 합유자의 지위를 승계한다. (○ | ×)

23 교회가 2개로 분할된 경우에도 분할된 각 교회의 교인들에게 총유적으로 귀속되는 형태의 총유재산에 대한 분할은 있을 수 없고, 분할되기 전 전체 교인들의 총유로 귀속된다. (○ | ×)

24 공유물에 대하여 제3자 명의의 무효등기가 경료된 경우 공유자 중 1인은 등기명의자에게 각 공유자에게 지분비율로 이전등기할 것을 단독으로 청구할 수 있다. (○ | ×)

정답

01 ○ 02 ×(시효취득 대상권리는 소유권, 지상권, 분묘기지권, 지역권, 지식재산권, 어업권, 광업권 등이 있다) 03 ○ 04 ○ 05 ○ 06 ×(동산이 부동산에 부합한 경우 언제나 부동산의 소유자가 그 소유권을 취득한다. 단, 정당한 권원에 의거 부합한 경우 예외는 있다) 07 ○ 08 ×(점유보조자는 점유권 없이 타인의 지시를 받아 사실상 지배하고 있는 자로서 점유권이 없으므로 물권적 청구권의 상대방이 될 수 없다) 09 ○ 10 ×(토지의 측량비용은 토지의 면적에 비례하여 분담한다) 11 ×(단지 편리하다는 이유만으로 주위토지통행권을 행사할 수는 없다) 12 ×(주위토지통행권은 현재의 토지 이용 상황에 맞춰서 인정되는 권리이고 장차의 이용 상황에까지 대비하여 인정할 수는 없다) 13 ○ 14 ○ 15 ○ 16 ×(보존행위를 근거로 공유물의 반환을 청구할 수는 없고, 지분권을 기초로 방해행위를 방지 또는 제거를 청구할 수 있을 뿐이다) 17 ○ 18 ○ 19 ×(공유물에 대한 침해행위가 불법행위를 구성하는 경우 각 공유자는 그 침해자에게 자신의 지분에 해당하는 범위 내에서만 불법행위를 이유로 손해배상청구 또는 부당이득반환청구를 할 수 있다) 20 ○ 21 ○ 22 ×(합유 지분은 상속이 인정되지 않는다) 23 ○ 24 ○

CHAPTER 05 용익물권

회독체크 [1] [2] [3]

CHAPTER 미리보기

학습전략

❶ 용익물권에는 지상권, 지역권, 전세권의 3종류가 있고, 전세권·지상권을 중심으로 1~2문항 정도 출제됩니다.
❷ 지상권은 그 효력과 관습법상 법정지상권 중심의 판례가, 지역권도 그 효력 중심의 조문이, 전세권은 물권으로서 전세권의 효력과 전세금의 반환과 관련된 내용이 학습의 포인트입니다.

학습키워드

- 용익물권의 종류
- 지상권의 효력
- 관습법상 법정지상권
- 지역권의 효력
- 전세권의 효력
- 전세권의 소멸
- 전세권의 반환

제1절 용익물권 일반

1 서설

용익물권(用益物權)이란 타인의 물건을 일정한 범위 내에서 사용·수익할 수 있는 물권을 말한다. 용익물권은 물건의 사용가치를 지배한다는 점에서 물건의 교환가치를 지배하는 담보물권과 다르다. 용익물권에는 지상권, 지역권, 전세권의 세 가지가 있다.

2 용익물권의 종류

① **지상권**: 지상권(地上權)이란 타인의 토지에 건물 기타 공작물 또는 수목을 소유하기 위하여 그 토지를 사용할 수 있는 물권을 말한다.
② **지역권**: 지역권(地役權)이란 일정한 목적을 위하여 타인의 토지를 자기 토지의 편익에 이용하는 물권을 말한다.
③ **전세권**: 전세권(傳貰權)이란 전세금을 지급하고 타인의 부동산을 점유하여 그 부동산의 용도에 좇아 사용·수익하는 용익물권으로서, 전세권이 소멸하면 목적부동산으로부터 전세권자는 전세금의 우선변제를 받을 수 있는 권리를 말한다.

제2절 지상권

1 의의

> 제279조 【지상권의 내용】 지상권자는 타인의 토지에 건물 기타 공작물이나 수목을 소유하기 위하여 그 토지를 사용하는 권리가 있다.

(1) 지상권(地上權)이란 타인의 토지에 건물 기타 공작물 또는 수목을 소유하기 위하여 그 토지를 사용할 수 있는 물권을 말한다.

(2) 지상권은 토지의 사용권을 기초로 그 사용권자가 건물의 소유권을 가질 수 있도록 함으로써 건물의 소유권과 토지의 소유권을 분리할 수 있는 근거를 마련한 물권이다.

(3) 지상권과 임차권의 차이점

① 토지의 사용을 목적으로 하는 권리라고 하는 점에서 지상권은 임차권과 같다.
② 그러나 지상권은 배타적·직접적 지배권으로서 물권인 데 비하여, 임차권은 임대인에 대한 급부청구권으로서 채권이라는 점에서 양자는 본질적으로 차이가 있다.

▶ **지상권과 토지임차권의 비교**

구분	지상권	토지임차권
권리의 성질	배타적으로 토지를 지배하는 물권	토지의 사용·수익제공을 청구하는 채권
대항력	제3자에 대항력 있음	제3자에 대항력 없음(단, 등기하면 대항력 있음)
투하자본의 회수	• 양도·임대·담보(저당) 가능(제282조, 제371조) • 지상물의 수거청구권과 매수청구권(제283조, 제285조)	• 양도·전대는 임대인의 동의를 요함(제629조) • 지상권과 동일(제615조, 제643조, 제654조)
존속기간	• 최단기간의 제한(제280조) • 기간의 약정 없으면 최단기간(제281조) • 법정갱신의 규정 없음	• 기간의 제한 없음 • 기간의 약정 없을 때는 언제든지 해지통고 가능(제635조) • 법정갱신(제639조) 규정 있음
대가관계	• 지료는 요소가 아님 • 지료의 약정이 가능 • 지료증감청구권	• 차임이 요소임 • 차임의 약정이 가능 • 차임증감청구권
설정자의 의무 필요비 상환청구권	• 2년 이상 지료 연체하면 지상권 소멸 • 지상권자의 토지사용을 용인할 소극적 의무 • 지상권자의 필요비상환청구권을 부정	• 2기의 차임액이 연체이면 해지 가능 • 임차인에게 임차물을 사용시킬 적극적 의무 • 임차권자에게 필요비·유익비상환청구권을 인정

2 지상권의 성립

1. 법률행위에 의한 취득

① 지상권은 토지소유자(지상권설정자)와 지상권자 사이의 물권적 합의로서 지상권설정계약과 등기에 의해 성립한다.
② 유증과 지상권의 양도에 의해서도 지상권은 승계취득할 수 있으며, 이 경우에도 등기를 하여야 그 효력이 발생한다.

2. 법률규정에 의한 취득

① 상속, 공용징수, 판결, 경매 기타 법률의 규정에 의하여 지상권은 등기 없이도 취득한다(제187조). 다만, 예외적으로 점유취득시효의 경우에는 등기를 하여야 지상권을 취득한다(제245조 제1항, 제248조).

② 그 외 법정지상권과 관습법상의 법정지상권도 법률규정에 의한 지상권 취득사유로서 등기 없이도 효력이 발생한다.

3 지상권의 존속기간

1. 존속기간을 약정한 경우

> **제280조【존속기간을 약정한 지상권】** ① 계약으로 지상권의 존속기간을 정하는 경우에는 그 기간은 다음 연한보다 단축하지 못한다.
> 1. 석조, 석회조, 연와조 또는 이와 유사한 견고한 건물이나 수목의 소유를 목적으로 하는 때에는 30년
> 2. 전호 이외의 건물의 소유를 목적으로 하는 때에는 15년
> 3. 건물 이외의 공작물의 소유를 목적으로 하는 때에는 5년
> ② 전항의 기간보다 단축한 기간을 정한 때에는 전항의 기간까지 연장한다.

(1) 최단존속기간의 제한

① 당사자가 지상권설정계약으로 제280조에 규정된 최단존속기간보다 단축한 기간을 존속기간으로 정한 때에는 제280조에 규정한 최단존속기간까지 연장된다.

② 최장존속기간은 제한규정이 없다. 따라서 영구무한의 지상권설정도 가능하다(99다66410).

(2) 지상권의 최단존속기간에 관한 규정(제280조)은 지상권자가 '건물이나 수목 등의 소유를 목적으로' 지상권을 설정하는 경우를 그 대상으로 하는 것이므로, 기존 건물의 사용을 목적으로 지상권을 설정하는 경우에는 그 적용이 없다(95다49318).

2. 설정행위로 존속기간을 약정하지 아니한 경우

① 설정계약으로 지상권의 존속기간을 정하지 아니한 때에는 지상물의 구조 및 종류에 따른 최단존속기간을 존속기간으로 한다(제281조 제1항).

② 그러므로 비록 미등기·무허가 건물이라도 그 건물의 종류와 구조가 확정되어 있다면 그 구조와 종류에 따른 지상권의 존속기간을 정하여야 한다(87다카2404).

③ 지상권설정 당시 공작물의 종류와 구조를 정하지 않은 때에는 15년으로 본다(제281조 제2항).

○ 수목에 대한 지상권의 존속기간은 언제나 30년 이상이다.

3. 지상권의 갱신과 존속기간

> **제284조【갱신과 존속기간】** 당사자가 계약을 갱신하는 경우에는 지상권의 존속기간은 갱신한 날로부터 제280조의 최단존속기간보다 단축하지 못한다. 그러나 당사자는 이보다 장기의 기간을 정할 수 있다.

4. 강행규정

민법 제280조 내지 제284조 등의 지상권의 존속기간과 갱신에 관한 규정은 모두 강행규정이므로 이러한 규정에 위반하여 지상권자에게 불리한 약정을 하더라도 이러한 약정은 무효이다(제289조).

4 지상권의 법적 성질

1. 타 물권

(1) 지상권은 '타인'의 토지를 사용할 수 있는 물권이다
① 지상권자가 해당 토지의 소유권을 취득하면 지상권은 혼동으로 소멸한다.
② 동일인 소유의 토지와 건물 중 토지 또는 건물만이 제3자에게 양도된 경우 건물의 소유자는 해당 토지 위에 관습법상 법정지상권을 취득하게 된다.

(2) 지상권은 배타적 지배권으로서 물권이므로 양도성과 상속성이 있다
① 지상권은 독립된 물권으로서 다른 권리에 부종함이 없이 그 자체로써 양도될 수 있으며, 그 양도성은 민법 제282조, 제289조에 의하여 절대적으로 보장되므로 소유자의 의사에 반하여도 자유롭게 타인에게 양도할 수 있다.
② 지상권자는 물권자로서 목적물의 유지·관리사용을 위한 필요비를 지출한 경우 그 반환청구가 부정된다.

2. 토지의 사용권으로서 용익물권

(1) 토지를 사용할 수 있는 권리
① 지상권자는 설정행위로 정한 목적범위 내에서 토지를 사용·수익할 수 있다(제279조).
  ㉠ 지상권은 타인의 토지에서 건물 기타 공작물 또는 수목을 소유하는 것을 본질적 내용으로 하는 것이 아니라 타인의 토지를 사용하는 것을 본질적 내용으로 하고 있다.

ⓒ 토지가 존재한다면 지상권설정계약 당시 건물 기타 공작물 또는 수목이 없더라도 지상권은 유효하게 성립하고, 기존의 건물 기타 공작물 또는 수목이 멸실하더라도 지상권의 존속기간이 만료되지 않는 한 지상권은 소멸하지 않는다(부종성이 없다).
　　ⓒ **입목에 대한 벌채권**의 확보를 위하여 지상권을 설정하였다 할지라도 지상권에는 부종성이 인정되지 아니하므로 벌채권이 소멸했더라도 지상권마저 소멸하는 것은 아니다(90다15716).
　② 지상권이 설정된 경우 토지소유자(지상권설정자)는 지상권자의 토지사용을 방해하지 않을 소극적 인용의무를 부담한다.

> **판례** 지상권의 효력
>
> 지상권자는 타인의 토지에 건물 기타 공작물이나 수목을 소유하기 위하여 그 토지를 사용하는 권리가 있으므로(민법 제279조), 지상권설정등기가 경료되면 그 토지의 사용·수익권은 지상권자에게 있고, 지상권을 설정한 토지소유자는 지상권이 존속하는 한 그 토지를 사용·수익할 수 없다(74다1150).

　③ **지상권자의 토지 사용범위**
　　㉠ 지상권은 지상물의 소유에 필요한 범위 내에서 그 지상물이 점거하고 있는 부분의 토지뿐만 아니라, 그 부속지에까지 그 효력이 미친다.
　　㉡ 지상권은 1필 토지의 일부에 대해서도 성립할 수 있다.
　　㉢ 구분지상권에 의하여 지중(地中)의 일정 공간, 공중(空中)의 일정 공간만을 지상권의 객체로 할 수 있다.

(2) 지상권자의 토지 사용목적은 건물 기타 공작물 또는 수목을 소유하기 위함이다

　① 수목이란 식재(植栽)의 대상이 되는 식물을 말하고, 경작의 대상이 되는 식물은 포함되지 않는다.
　② 공작물에는 지상공작물뿐만 아니라 지하공작물도 포함된다.

(3) 지상권자의 점유권과 물권적 청구권

　① **점유보호청구권**: 지상권은 토지를 점유할 수 있는 권리를 포함하고 있으므로 지상권자가 그 점유를 침탈당한 경우 점유권에 기한 물권적 반환청구권을 행사할 수 있다.
　② **물권적 청구권**: 지상권의 실현이 침해된 때에는 물권적 청구권으로서 목적물반환청구권·방해제거청구권·방해예방청구권 등이 인정된다.

5 지상권의 효력

1. 지상권의 처분

> **제282조 【지상권의 양도, 임대】** 지상권자는 타인에게 그 권리를 양도하거나 그 권리의 존속기간 내에서 그 토지를 임대할 수 있다.

(1) 투하자본의 회수

지상권자는 타인의 토지 위에 건물을 축조하거나 수목을 식재하는 것이므로 많은 자본을 투하하게 된다. 따라서 지상권자는 자신이 투하한 자본을 회수할 필요가 생긴 경우에는 지상물을 지상권과 함께 처분할 수 있어야 한다.

(2) 지상권의 양도·임대·담보제공

① 지상권자는 지상권설정자의 동의 없이 지상권을 타인에게 양도하거나 그 권리의 존속기간 내에서 그 토지를 임대할 수 있고, 또한 담보로 제공할 수 있다.
② 지상권을 담보로 제공하는 방법은 저당권을 설정하는 것뿐이다(제371조 제1항).
③ 제282조 규정은 편면적 강행규정이므로 양도·임대·담보제공금지특약은 모두 무효이다(제289조).

2. 토지의 사용대가로서 지료

(1) 지료에 관한 약정과 제3자에 대한 대항요건

① 지료의 지급은 지상권의 성립요건이 아니다. 지상권의 지료는 당사자의 약정에 의하여 유상·무상으로 설정할 수 있다.
  ㉠ 당사자가 설정행위로 지료의 지급을 약정한 때에는 지상권자는 지료지급의무를 부담한다.
  ㉡ 지료는 일시급이든 정기급이든 불문하며, 지료는 금전에 한하지 않는다.
  ㉢ 법정지상권의 경우에는 지료의 지급의무가 있음이 원칙이다.
② 지료 약정에 관한 등기
  ㉠ 지료에 관한 약정이 있는 경우 그 약정을 등기하면 제3자에도 대항할 수 있다(95다52864).
  ㉡ 지료를 약정한 경우에도 이를 등기하지 아니하면 지상권을 전득한 자에 대하여 지료의 지급을 청구할 수 없어 지상권의 전득자는 무상의 지상권을 취득한 것이 된다.

(2) 지료증감청구권

> **제286조【지료증감청구권】** 지료가 토지에 관한 조세 기타 부담의 증감이나 지가의 변동으로 인하여 상당하지 아니하게 된 때에는 당사자는 그 증감을 청구할 수 있다.

① 지상권의 존속기간은 상당히 장기간이기 때문에 그 존속기간 동안에 지료가 토지에 관한 조세 기타 부담의 증감이나 지가의 변동으로 인하여 상당하지 아니하게 될 경우 당사자는 그 증감을 청구할 수 있다.
② 지료증감청구권은 형성권이다. 따라서 청구하는 즉시 증감의 효과가 발생한다.
③ 다만, 상대방이 지료의 증감청구에 대하여 다투는 때에는 법원의 판단에 따르게 될 것이지만, 그 증감의 효과는 청구 시에 소급하여 생긴다.
④ 이때 법원의 결정 시까지 지상권자가 종래의 지료액을 지급하여도 지료의 연체는 발생하지 않는다(통설).

(3) 지료연체 시의 효과

> **제287조【지상권소멸청구권】** 지상권자가 2년 이상의 지료를 지급하지 아니한 때에는 지상권설정자는 지상권의 소멸을 청구할 수 있다.

① 장기적으로 지료를 지급해야 하는 지상권자가 2년 이상의 지료를 지급하지 아니하면 지상권설정자는 지상권의 소멸을 청구할 수 있고(제287조), 이러한 **지상권소멸청구권**은 형성권이므로 지상권소멸청구로 지상권은 소멸한다.
② 지상권자가 2년 이상의 지료를 지급하지 아니한 때라 함은 연체된 지료액이 통산하여 2년분 이상이어야 한다는 것을 말한다(判).

> **판례** **지료의 연체와 지상권소멸청구**
> ① 지상권자의 지료지급 연체가 토지소유권의 양도 전후에 걸쳐 이루어진 경우 토지양수인에 대한 연체기간이 2년 이상이 되지 않는다면 양수인은 지상권소멸청구를 할 수 없다(99다17142).
> ② 법정지상권에 관한 지료가 결정된 바 없다면 법정지상권자가 지료를 지급하지 아니하였다고 하더라도 지료지급을 지체한 것으로는 볼 수 없으므로 법정지상권자가 2년 이상의 지료를 지급하지 아니하였음을 이유로 하는 토지소유자의 지상권소멸청구는 그 이유가 없다(93다52297).
> ③ 법정지상권이 성립되고 그 지료액수가 판결에 의하여 정해진 경우에, 지상권자가 그 판결확정 후 지료의 청구를 받고도 그 책임 있는 사유로 상당한 기간 동안 지료의 지급을 지체한 때에는 그 지체된 지료가 판결확정 전후에 걸쳐 2년분 이상일 경우에도 토지소유자는 민법 제287조에 의하여 지상권의 소멸을 청구할 수 있다 할 것이고, 위 판결확정일로부터 2년 이상 지료의 지급을 지체하여야만 지상권의 소멸을 청구할 수 있는 것은 아니라고 할 것이다(92다44749).

(4) 무상의 지상권

① 당사자간의 합의로서 지상권을 설정하면서 지료에 관한 합의가 없었다면 무상의 지상권을 설정하기로 합의한 것이 의제된다.

② 나대지에 저당권을 설정하면서 그 토지의 교환가치 하락을 방지하기 위하여 토지에 대한 무상의 지상권을 설정할 수 있는데, 이러한 지상권은 토지의 교환가치 하락을 방지함으로써 저당권의 담보가치를 유지하기 위한 조치이므로 이후에 저당권의 피담보채권이 변제 등으로 소멸하여 저당권이 소멸하면 지상권도 말소등기 없이 당연히 소멸한다(2011다6342).

> **판례** 무상의 지상권
>
> ① 금융기관이 대출금채권의 담보를 위하여 토지에 저당권과 함께 지료 없는 지상권을 설정하면서 채무자 등의 사용·수익권을 배제하지 않은 경우, 그 지상권은 저당권이 실행될 때까지 제3자가 용익권을 취득하거나 목적 토지의 담보가치를 하락시키는 침해행위를 하는 것을 배제함으로써 저당 부동산의 담보가치를 확보하는 데에 그 목적이 있으므로 그 위에 도로개설·옹벽축조 등의 행위를 한 무단점유자에 대하여 지상권 자체의 침해를 이유로 한 임료 상당 손해배상을 구할 수 없다(2006다586).
> ② 대지에 대하여 저당권을 설정할 당시 저당권자를 위하여 동시에 지상권을 설정하여 주었다고 하더라도 저당권 설정 당시 이미 그 대지상에 건물을 소유하고 있고 그 건물에 관하여 이를 철거하기로 하는 등 특별한 사유가 없으며, 저당권의 실행으로 그 지상권도 소멸한 경우에는 건물을 위한 법정지상권이 발생하지 않는다고 할 수 없다(91다23462).
> ③ 토지를 매수하여 그 명의로 소유권이전청구권 보전을 위한 가등기를 경료하고 그 토지상에 타인이 건물 등을 축조하여 점유 사용하는 것을 방지하기 위하여 지상권을 설정하였다면 이는 위 가등기에 기한 본등기가 이루어질 경우 그 부동산의 실질적인 이용가치를 유지 확보할 목적으로 전소유자에 의한 이용을 제한하기 위한 것이라고 봄이 상당하다고 할 것이고 그 가등기에 기한 본등기청구권이 시효의 완성으로 소멸하였다면 그 가등기와 함께 경료된 위 지상권 또한 그 목적을 잃어 소멸되었다고 봄이 상당하다(90다카27570).
> ④ 근저당권 등 담보권 설정의 당사자들이 그 목적이 된 토지 위에 차후 용익권이 설정되거나 건물 또는 공작물이 축조·설치되는 등으로써 그 목적물의 담보가치가 저감하는 것을 막는 것을 주요한 목적으로 하여 채권자 앞으로 아울러 지상권을 설정하였다면, 그 피담보채권이 변제 등으로 만족을 얻어 소멸한 경우는 물론이고 시효소멸한 경우에도 그 지상권은 피담보채권에 부종하여 소멸한다(2011다6342).

6 지상권의 소멸

1. 소멸원인

(1) 물권 일반의 소멸사유

목적물(토지)의 멸실, 공용징수, 혼동, 몰수, 소멸시효, 존속기간의 만료, 약정소멸사유의 발생, 지상권에 우선하는 저당권의 실행에 의한 경매 등

(2) 지상권 특유의 소멸사유

① 지상권설정자의 소멸청구

> **제287조【지상권소멸청구권】** 지상권자가 2년 이상의 지료를 지급하지 아니한 때에는 지상권설정자는 지상권의 소멸을 청구할 수 있다.
> **제288조【지상권소멸청구와 저당권자에 대한 통지】** 지상권이 저당권의 목적인 때 또는 그 토지에 있는 건물, 수목이 저당권의 목적이 된 때에는 전조의 청구(지상권소멸청구)는 저당권자에게 통지한 후 상당한 기간이 경과함으로써 그 효력이 생긴다.

② **지상권의 포기**: 지상권자는 언제든지 자신의 권리인 지상권을 포기할 수 있는 것이 원칙이다. 그러나 지상권이 저당권의 목적으로 되어 있는 경우에는 저당권자의 동의 없이 이를 포기하지 못한다(제371조).

③ **약정소멸사유의 발생**
  ㉠ 당사자 사이에 지상권의 소멸사유를 약정한 경우에는 그러한 사유의 발생으로 지상권은 소멸한다.
  ㉡ 단, 이러한 약정사유가 존속기간·지료체납 등에 관하여 민법의 내용보다 지상권자에게 불리한 변경인 때에는 그 효력이 없다(편면적 강행규정).

> **참고** 말소등기와 소멸의 효력발생
> 지상권설정자의 소멸청구의 경우에는 말소등기 없이도 지상권은 소멸하지만(다수설), 지상권의 포기는 상대방 있는 단독행위이므로 말소등기를 해야 지상권이 소멸한다(다수설).

2. 지상권 소멸의 효과

(1) 지상권자의 계약갱신청구와 지상물매수청구권

> **제283조【지상권자의 갱신청구권, 매수청구권】** ① 지상권이 소멸한 경우에 건물 기타 공작물이나 수목이 현존한 때에는 지상권자는 계약의 갱신을 청구할 수 있다.
> ② 지상권설정자가 계약의 갱신을 원하지 아니하는 때에는 지상권자는 상당한 가액으로 전항의 공작물이나 수목의 매수를 청구할 수 있다.

① **계약갱신청구권**
  ㉠ 갱신청구권을 행사할 수 있는 자는 존속기간이 만료된 지상권자이며, 그 상대방은 행사 당시의 토지소유자이다.
  ㉡ 갱신청구권은 단순한 청구권이다. 따라서 지상권자의 갱신청구로 곧 계약갱신의 효과가 발생하는 것이 아니라 지상권설정자가 갱신청구에 응하여 갱신계약을 체결하여야 갱신의 효과가 발생한다.

② **지상물매수청구권**
 ㉠ 토지소유자가 지상권자의 갱신청구를 거절하는 경우에 지상권자는 상당한 가액으로 지상물의 매수를 청구할 수 있다(제283조 제2항).
 ㉡ 지상물매수청구권은 형성권이므로 지상물매수청구권을 행사하면 곧바로 지상물에 관한 매수청구권 행사 당시 시가 상당액으로 매매의 법률관계가 성립한다(67다2355). 따라서 지상권자의 갱신청구에 대하여 지상권설정자가 이에 응하지 않으면 지상물을 매수하여야 할 입장에 처하게 되므로 간접적으로 지상권의 갱신계약이 강제된다.
 ㉢ 그러나 존속기간의 만료 후에 지상물에 대한 매수청구가 가능함에도 불구하고 당사자 사이에 지상물 철거의 합의가 성립한 경우 또는 지료연체 기타 지상권자의 귀책사유로 지상권 소멸사유가 발생한 경우에는 지상물매수청구권을 행사할 수 없다.

(2) 지상권자의 수거권과 지상권설정자의 매수청구권

> **제285조【수거의무, 매수청구권】** ① 지상권이 소멸한 때에는 지상권자는 건물 기타 공작물이나 수목을 수거하여 토지를 원상에 회복하여야 한다.
> ② 전항의 경우에 지상권설정자가 상당한 가액을 제공하여 그 공작물이나 수목의 매수를 청구한 때에는 지상권자는 정당한 이유 없이 이를 거절하지 못한다.

① **지상물수거권 – 지상물수거의무**
 ㉠ 수거를 위하여 필요한 기간 동안은 토지의 사용을 계속할 수 있다.
 ㉡ 지상물수거권은 지상권자의 권리이자 의무이다.
② 지상권설정자의 지상물매수청구권은 형성권이며, 매수청구권을 행사할 때의 상당한 가액이란 매수청구권 행사 당시의 시가 상당액을 말한다(72다653).

(3) 지상권자의 유익비상환청구권 – 임대차에 관한 규정(제626조 제2항) **유추적용**
① 지상권설정자는 임대인과 달리 목적물의 사용·수익에 필요한 상태를 유지할 의무가 없기 때문에 필요비의 상환의무는 부담하지 않는다.
② 지상권자가 토지에 유익비를 지출한 경우에는 지상권 소멸 시에 가액의 증가가 현존하는 경우에 토지소유자의 선택에 따라 그 지출한 금액이나 증가액의 상환을 청구할 수 있다.

7 편면적 강행규정

> **제289조【강행규정】** 제280조 내지 제287조의 규정에 위반되는 계약으로 지상권자에게 불리한 것은 그 효력이 없다.

8 특수지상권

1. 법정지상권

(1) 민법 규정에 의한 법정지상권

① **전세권설정과 법정지상권**(제305조 제1항): 토지와 건물이 동일인의 소유에 속한 경우에 건물에 대해서만 전세권이 설정된 후 토지소유자가 변경된 경우 그 토지소유권의 특별승계인은 전세권설정자(건물소유자)에 대하여 지상권을 설정한 것으로 본다.

② **저당물의 경매와 법정지상권**(제366조): 토지와 건물이 동일인의 소유에 속한 경우에 토지 또는 건물에 저당권이 설정된 후 그 저당물이 경매로 인하여 토지와 건물의 소유자가 다르게 된 경우 토지소유자는 건물소유자에 대하여 지상권을 설정한 것으로 본다.

(2) 특별법에 의한 법정지상권

① **「가등기담보 등에 관한 법률」 제10조**: 토지와 그 지상건물이 동일인의 소유에 속한 경우에 토지 또는 건물에 가등기담보권, 양도담보권, 매도담보권이 설정된 후 그 담보권의 실행으로 토지와 건물의 소유자가 다르게 된 경우 토지소유자는 건물소유자에 대하여 지상권을 설정한 것으로 본다.

② **「입목에 관한 법률」 제6조**: 토지와 입목이 동일인의 소유에 속한 경우 경매 기타의 사유로 토지와 입목의 소유자가 다르게 된 경우 토지소유자는 입목소유자에 대하여 지상권을 설정한 것으로 본다.

(3) 법정지상권에 관한 규정은 강행규정이다. 따라서 당사자의 특약에 의하여 법정지상권의 성립을 배제할 수 없다.

2. 관습법상 법정지상권

(1) 의의

① 관습법상의 법정지상권이란 토지와 건물이 동일인의 소유에 속하였다가 토지와 건물 중 어느 하나가 저당물의 경매 이외의 매매 기타 사유로 토지와 건물의 소유자가 다르게 된 경우에 건물을 철거한다는 특약이 없는 한 건물소유자가 관습법에 의하여 당연히 취득하게 되는 지상권을 말한다.

② 관습법상의 법정지상권은 건물을 철거한다는 '특약'이 없는 한 인정되는 것이므로 관습법상의 법정지상권은 당사자 사이의 특약으로 포기할 수 있다.

(2) 성질

관습법상의 법정지상권은 토지와 건물을 별개의 부동산으로 보고 그 처분도 각각 별도로 가능하다는 전제하에 판례에 의해 확인된 관습법상의 물권이다.

(3) 성립요건

① **토지와 건물이 처분 당시에 동일인의 소유에 속할 것**
   ㉠ 토지와 건물은 원칙적으로 동일인의 소유로 등기되어 있어야 하나, 미등기건물·무허가 건물의 경우에도 관습법상의 법정지상권이 성립할 수 있다(91다16631).
   ㉡ 토지와 건물이 처분 당시에 동일인의 소유에 속하면 족하고, 원시적으로 동일인의 소유에 속할 필요는 없다(95다9075).
   ㉢ 토지의 소유자가 건물을 건축할 당시에 이미 토지를 타인에게 매도하여 소유권을 이전하여 줄 의무를 부담하고 있었다면, 토지의 매수인이 그 건축행위를 승낙하지 않는 이상 그 건물은 장차 철거되어야 할 것이므로 그 건물을 위한 관습법상의 법정지상권은 발생하지 아니한다.
   ㉣ 명의신탁된 토지 위에 수탁자가 건물을 신축한 경우
      ⓐ 명의신탁이 해지된 때에는 수탁자에게 관습법상의 법정지상권이 성립되지 않고,
      ⓑ 수탁자가 건물을 양도한 때에는 건물의 양수인에게 관습법상 법정지상권이 인정된다.
      ⓒ 명의신탁 해지 후 말소등기 전에 건물이 양도된 때에도 건물의 양수인이 관습법상의 법정지상권을 취득한다(判).

② **매매 기타 사유로 토지와 건물의 소유자가 달라질 것**
   ㉠ 토지와 건물의 소유권이 서로 다른 사람에게 귀속된 원인은 매매뿐만 아니라 증여, 대물변제, 공유대지의 분할, 강제경매, 「국세징수법」에 의한 공매 등도 포함된다.
   ㉡ 소유자가 달라지는 시점은 법률행위인 경우에는 소유권이전등기를 경료한 때이고, 강제경매, 「국세징수법」에 의한 공매의 경우에는 매매대금 납부 시이다.
   ㉢ 그러나 환지처분(2001다4101)이나, 환매특약의 등기가 마쳐진 토지의 매매(2010두16431), 공유대지 지분의 전매의 경우는 관습법상 법정지상권의 성립요건인 기타 처분행위에 포함되지 않는다.

③ **관습법상 법정지상권의 배제 특약이 없을 것**
   ㉠ 건물에 대한 철거 합의가 없을 것
      ⓐ 당사자 사이에 건물철거의 합의가 있는 경우에는 관습법상의 법정지상권은 성립하지 않는다.
      ⓑ 다만, 당사자 사이에 건물을 철거하고 그 소유의 새로운 건물을 신축하기로 한 합의는 건물철거에 대한 특약이라고 볼 수 없으므로 관습법상 법정지상권의 발생을 배제하는 효력이 인정되지 않는다(98다58467).

ⓒ 건물철거의 특약의 존재에 대한 주장·입증책임은 그러한 특약의 존재를 주장하는 자가 부담한다(87다카279).
ⓒ **토지에 대한 임대차계약이 없을 것**: 토지와 건물 중 건물만을 양도하면서 따로 건물을 위하여 대지에 관하여 임대차계약을 체결한 경우에는 그 대지에 성립하는 관습법상의 법정지상권을 포기한 것으로 본다(91다1912).

판례 공유관계와 관습법상 법정지상권

[관습법상 법정지상권이 성립하는 경우]
① 대지소유자가 그 지상건물을 타인과 함께 공유하면서 그 단독소유의 대지만을 건물철거의 조건 없이 타에 매도한 경우에는 건물 공유자들은 각기 건물을 위하여 대지 전부에 대하여 관습에 의한 법정지상권을 취득한다(76다388).
② 공유지상에 공유자 1인 또는 수인 소유의 건물이 있는 경우 위 공유지의 분할로 그 대지와 지상건물이 소유자를 달리하게 된 경우에는 특별한 사정이 없는 한 건물소유자는 그 건물 부지상에 그 건물을 위하여 관습상의 지상권을 취득한다(73다353).

[관습법상 법정지상권이 성립하지 않는 경우]
① 토지공유자의 한 사람이 다른 공유자의 지분과반수의 동의를 얻어 건물을 건축한 후 토지와 건물의 소유자가 달라진 경우, 토지에 관하여 관습법상의 법정지상권이 성립하는 것으로 보게 되면 토지공유자 1인으로 하여금 자신의 지분을 제외한 다른 공유자의 지분에 대하여서까지 지상권설정의 처분행위를 허용하는 셈이 되어 부당하다(92다55756).
② 토지의 공유자 중의 1인이 공유토지 위에 건물을 소유하고 있다가 토지지분만을 전매함으로써 단순히 토지공유자의 1인에 대하여 관습상의 법정지상권이 성립된 것으로 볼 사유가 발생하였다고 하더라도 당해 토지 자체에 관하여 건물의 소유를 위한 관습상의 법정지상권이 성립된 것으로 보게 된다면 이는 마치 토지공유자 1인으로 하여금 다른 공유자의 지분에 대하여까지 지상권설정의 처분행위를 허용하는 셈이 되어 부당하다 할 것이므로 위와 같은 경우에 있어서는 당해 토지에 관하여 건물의 소유를 위한 관습상의 법정지상권이 성립될 수 없다(86다카2188).
③ 민법 제366조의 법정지상권의 경우 및 토지와 건물 모두가 각각 공유에 속한 때 토지에 관한 공유자 일부의 지분만을 목적으로 하는 근저당권이 설정되었다가 경매로 그 지분을 제3자가 취득하게 된 경우에는 관습법상 법정지상권이 성립하지 않는다(2011다73038).

[구분소유적 공유(상호명의신탁)와 관습법상 법정지상권]
① 관습법상 법정지상권이 성립하는 경우: 甲과 乙이 1필지 대지를 공동으로 매수하여 같은 평수로 사실상 분할한 다음 각자 자기의 돈으로 자기 몫의 대지 위에 건물을 신축하여 점유하여 왔다면 그 대지의 소유관계는 처음부터 구분소유적 공유관계에 있다고 할 것이고 乙 소유의 건물과 그 대지는 甲과의 내부관계에 있어서 乙의 단독소유로 되었다 할 것이므로 乙은 그 후 이 사건 대지의 乙의 지분만을 경락취득한 甲에 대하여 그 소유의 위 건물을 위한 관습상의 법정지상권을 취득하였다 할 것이다(89다카24094).

② 관습법상 법정지상권이 성립하지 않는 경우: 甲과 乙이 대지를 각자 특정하여 매수하고 배타적으로 점유하여 왔으나 분필이 되어 있지 아니한 탓으로 그 특정부분에 상응하는 지분소유권이전등기만을 경료하였다면 그 대지의 소유관계는 처음부터 구분소유적 공유관계에 있다 할 것이고, 당사자 내부에 있어서는 각자가 특정 매수한 부분은 각자의 단독소유로 되었다 할 것이므로, 乙은 위 대지 중 그가 매수하지 아니한 부분에 관하여는 甲에게 그 소유권을 주장할 수 없어 위 대지 중 乙이 매수하지 아니한 부분 지상에 있는 乙 소유의 건물부분은 당초부터 건물과 토지의 소유자가 서로 다른 경우에 해당되어 관습법상 법정지상권이 성립될 여지가 없다(93다49871).

(4) 효력

① **등기 없이 법정지상권 취득**: 관습법상의 법정지상권은 법률규정에 의한 물권변동이므로 등기 없이 취득한다. 그러나 관습법상의 법정지상권을 처분하는 경우에는 등기하여야 한다(제187조 단서).

② **지상권에 관한 민법 규정 준용**
  ㉠ 관습법상의 법정지상권의 효력에 관해서는 지상권에 관한 규정이 준용된다.
  ㉡ 따라서 존속기간은 원칙적으로 그 약정을 하지 않은 것으로 처리되며(제281조),
  ㉢ 지료는 당사자 사이의 합의에 의하여 결정하고, 합의가 성립되지 않으면 당사자 청구에 의하여 법원이 지료를 결정한다(제366조 단서). 즉, 유상이 원칙이다.

③ 법정지상권이 인정된다고 하더라도 법정지상권자는 대지소유자에게 지료를 지급할 의무가 있는 것이 원칙이므로 지상권자가 지료결정 후 2년 이상 지료를 체납한 경우 토지소유자는 지상권소멸청구를 할 수 있다.

④ 그러나 지료에 관한 협의나 법원의 결정이 없어서 '지료에 관한 내용 자체'가 없는 경우에는 지료체납이 있을 수 없으므로 토지소유자는 2년 이상의 지료연체를 이유로 지상권소멸청구를 할 수 없다(99다17142).

⑤ 관습법상의 법정지상권이 성립된 후에는 건물을 개축 또는 증축하는 경우는 물론 건물이 멸실되거나 철거된 후에 신축하는 경우에도 법정지상권이 성립하고, 다만 그 범위는 구건물을 기준으로 하여 필요한 범위 내로 한정되는 것이다(96다40080).

⑥ 법정지상권이 성립한 경우, 토지소유자가 지료를 확정하는 재판이 있기 전에 법원의 지료결정을 전제로 법정지상권자에게 지료의 급부를 구하는 소를 제기할 수 있다(2019다266324).

| 판례 | 관습법상 법정지상권이 성립하지 않는 경우 |

① 토지의 점유·사용에 관하여 당사자 사이에 약정이 있는 것으로 볼 수 있거나 토지소유자가 건물의 처분권까지 함께 취득한 경우에는 관습상의 법정지상권을 인정할 까닭이 없다 할 것이어서 미등기 건물을 그 대지와 함께 매도하였다면 비록 매수인에게 그 대지에 관하여만 소유권이전등기가 경료되고 건물에 관하여는 등기가 경료되지 아니하여 형식적으로 대지와 건물이 그 소유명의자를 달리하게 되었다 하더라도 매도인에게 관습상의 법정지상권을 인정할 이유가 없다(2002다9660 전합).
② 대지와 건물이 한 사람에게 매도되었으나 대지에 관하여만 그 소유권이전등기가 경료되고 건물의 소유명의가 매도인 명의로 남아 있게 되어 형식적으로 대지와 건물이 그 소유명의자를 달리하게 된 경우에 있어서는 그 대지의 점유·사용 문제는 매매계약 당사자 사이의 계약에 따라 해결할 수 있는 것이므로 양자 사이에 관습에 의한 법정지상권을 인정할 필요는 없다(98다4798).
③ 매매계약이 적법하게 해제된 경우에는 토지매수인은 비록 당초에 토지사용 승낙을 받아 그 토지 위에 건물을 신축 중이었다 하더라도 그 토지를 신축건물의 부지로 점유할 권원을 상실하게 되는 것이고 또 당초에 건물과 그 대지가 동일인의 소유였다가 경매 등의 사유로 소유자를 달리하게 되는 경우가 아닌 이상 관습에 의한 법정지상권도 성립되지 아니한다(87다카2895).
④ 관습법상의 법정지상권의 성립요건인 해당 토지와 건물의 소유권의 동일인에의 귀속과 그 후의 각기 다른 사람에의 귀속은 법의 보호를 받을 수 있는 권리변동으로 인한 것이어야 하므로, 원래 동일인에게 소유권 귀속이 원인무효로 이루어졌다가 그 뒤 그 원인무효임이 밝혀져 그 등기가 말소됨으로써 그 건물과 토지의 소유자가 달라지게 된 경우에는 관습법상 법정지상권을 허용할 수 없다(98다64189).
⑤ 타인의 토지 위에 그 토지소유자의 승낙을 얻어 지은 건물을 매수·취득한 자는 법정지상권을 취득할 수 없다(71다2124).
⑥ 명의신탁 중 동 토지상에 건물을 신축하고 그 후 명의신탁이 해지되어 소유권회복의 방법으로 신탁자 명의로 위 가등기에 기한 본등기가 경료된 경우 위 건물은 어디까지나 명의신탁자 소유의 토지 위에 지은 것이라 할 것이므로 그 후 소유명의가 신탁자 명의로 회복될 당시 위 수탁자가 신탁자들에 대하여 지상건물의 소유를 위한 관습상의 지상권을 취득하였다고 주장할 수 없다(86다카62).

(5) (관습법상) **법정지상권의 성립 후 토지 또는 지상물의 소유권 변동 시의 권리관계**

① (관습법상) **법정지상권과 건물의 소유권의 분리처분 가능**: 법정지상권은 건물의 소유에 부속되는 종속적인 권리가 아니며 하나의 독립된 법률상의 물권이므로 건물의 소유자가 건물과 법정지상권 중 어느 하나만을 처분하는 것도 가능하다(78다52).

② **토지가 양도된 경우**: 관습법상 법정지상권이 성립한 이후 토지소유자가 해당 토지를 제3자에게 양도한 경우 제3자는 유효하게 소유권을 취득할 수 있으나, 관습법상의 법정지상권을 취득한 건물의 소유자는 법정지상권을 취득할 당시의 토지소유자에 대하여는 물론 그로부터 토지소유권을 전득한 제3자에 대하여도 등기 없이 관습법상의 법정지상권을 주장할 수 있다(87다카279).

③ **관습법상 법정지상권에 관한 논의 없이 매매 등의 처분행위로 지상물이 양도된 경우**(관습법상 법정지상권자로부터 건물의 소유권을 승계한 자의 법적 지위)

　㉠ 관습법상의 법정지상권의 승계는 부정

　　ⓐ 관습법상 법정지상권자가 그 지상권을 제3자에게 처분하려면 먼저 법정지상권에 관한 등기가 필요하다(제187조 단서).

　　ⓑ 관습법상 법정지상권의 등기 없이 건물만을 양수한 자는 관습법상 법정지상권은 승계하지 못하고 그 지상권은 당초의 지상권자(건물매도인)에게 유보된다(78다52).

　　ⓒ 법정지상권자가 그 소유건물을 양도하는 경우에는 특별한 사정이 없는 한 건물과 함께 지상권도 양도하려는 채권적 합의는 있었던 것으로 보아 그 지상건물의 양수인은 법정지상권을 취득할 수 있는 지위를 갖추었다고 보아야 한다.

　　ⓓ 그 지상건물의 양수인은 채권자대위의 법리에 따라 토지소유자 및 지상건물의 양도인에게 법정지상권설정등기 및 이전등기절차를 순차적으로 이행할 것을 청구할 수 있다(80다2873).

　㉡ 지상권 등기 없는 건물양수인에 대한 토지소유자의 건물철거청구: 토지소유자는 지상권의 부담을 용인하고 그 설정등기절차를 이행할 의무가 있는 자로서 그러한 자가 지상권 등기를 요구할 수 있는 권리자인 건물양수인을 상대로 한 건물철거청구는 신의칙상 허용되지 않는다(84다카1131 전합).

　㉢ 부당이득의 반환: 건물양수인은 토지를 점유할 권원은 있으므로 불법점유를 이유로 한 손해배상책임은 지지 않으나, 그 대지를 점유·사용함으로 인하여 얻은 이득은 부당이득으로서 대지소유자에게 지료 상당의 부당이득반환의무가 있다(96다34665).

④ **지상건물에 대한 경매실행으로 지상물을 경락받아 소유권이전등기를 경료한 경우**: 관습에 의한 법정지상권이 있는 건물의 경락인은 경매 시에 경락 후 건물을 철거하는 등의 매각조건 아래 경매되었다는 등 특별한 사정이 없는 한 건물의 경락취득과 함께 그 지상권도 당연히 취득한다(90다16214).

> **판례** **(관습법상) 법정지상권 성립 후의 법률관계**
>
> ① 관습상의 지상권은 법률행위로 인한 물권의 취득이 아니고 관습법에 의한 부동산물권의 취득이므로 등기를 필요로 하지 아니하고 지상권 취득의 효력이 발생하고 이 관습상의 법정지상권은 물권으로서의 효력에 의하여 이를 취득할 당시의 토지소유자나 이로부터 소유권을 전득한 제3자에게 대하여도 등기 없이 위 지상권을 주장할 수 있다(87다카279).
> ② 민법 제366조 소정의 법정지상권은 토지와 그 토지상의 건물이 같은 사람의 소유에 속하였다가 그중의 하나가 경매 등으로 인하여 다른 사람의 소유에 속하게 된 경우에 그 건물의 유지, 존립을 위하여 특별히 인정된 권리이기는 하지만 그렇다고 하여 위 법정지상권이 건물의 소유에 부속되는 종속적인 권리가 되는 것이 아니며 하나의 독립된 법률상의 물권으로서의 성격을 지니고 있는 것이기 때문에 건물의 소유자가 건물과 법정지상권 중 어느 하나만을 처분하는 것도 가능하다(2000다1976).

③ 저당물의 경매로 인하여 토지와 그 지상건물이 소유자를 달리하게 되어 토지상에 법정지상권을 취득한 건물소유자가 법정지상권설정등기를 경료함이 없이 건물을 양도하는 경우에 특별한 사정이 없는 한 건물과 함께 지상권도 양도하기로 하는 채권적 계약이 있었다고 할 것이므로 지상권자는 지상권설정등기를 한 후에 건물양수인에게 이의 양도등기절차를 이행하여 줄 의무가 있다. 따라서 건물양수인은 건물양도인을 순차 대위하여 토지소유자에 대하여 건물소유자였던 법정지상권자에의 법정지상권설정등기절차 이행을 청구할 수 있다(80다2873).

④ 법정지상권을 가진 건물소유자로부터 건물을 양수하면서 법정지상권까지 양도받기로 한 자는 채권자대위의 법리에 따라 전건물소유자 및 대지소유자에 대하여 차례로 지상권의 설정등기 및 이전등기절차이행을 구할 수 있다 할 것이므로 이러한 법정지상권을 취득할 지위에 있는 자에 대하여 대지소유자가 소유권에 기하여 건물철거를 구함은 지상권의 부담을 용인하고 그 설정등기절차를 이행할 의무 있는 자가 그 권리자를 상대로 한 청구라 할 것이어서 신의성실의 원칙상 허용될 수 없다(84다카1131).

⑤ 법정지상권자라 할지라도 대지소유자에게 지료를 지급할 의무는 있는 것이고, 법정지상권이 있는 건물의 양수인으로서 장차 법정지상권을 취득할 지위에 있어 대지소유자의 건물철거나 대지인도청구를 거부할 수 있다 하더라도 그 대지를 점유·사용함으로 인하여 얻은 이득은 부당이득으로서 대지소유자에게 반환할 의무가 있다(96다34665).

⑥ 관습에 의한 법정지상권이 있는 건물의 경락인은 경매시에 경락 후 건물을 철거하는 등의 매각조건 아래 경매되었다는 등 특별한 사정이 없는 한 건물의 경락취득과 함께 그 지상권도 당연히 취득하였다고 할 것이므로 그 지상권으로써 토지소유권을 전득한 자에게 대항할 수 있다(90다16214).

3. 구분지상권

제289조의2【구분지상권】 ① 지하 또는 지상의 공간은 상하의 범위를 정하여 건물 기타 공작물을 소유하기 위한 지상권의 목적으로 할 수 있다. 이 경우 설정행위로써 지상권의 행사를 위하여 토지의 사용을 제한할 수 있다.
② 제1항의 규정에 의한 구분지상권은 제3자가 토지를 사용·수익할 권리를 가진 때에도 그 권리자 및 그 권리를 목적으로 하는 권리를 가진 자 전원의 승낙이 있으면 이를 설정할 수 있다. 이 경우 토지를 사용·수익할 권리를 가진 제3자는 그 지상권의 행사를 방해하여서는 아니 된다.
제290조【준용규정】 ② 제280조 내지 제289조 및 제1항의 규정은 제289조의2의 규정에 의한 구분지상권에 관하여 이를 준용한다.

4. 분묘기지권

(1) 의의

타인의 토지에 분묘를 설치한 자가 그 분묘의 수호·봉사를 위하여, 분묘의 기지 부분에 해당하는 타인 소유의 토지를 사용할 것을 내용으로 하는 관습에 의하여 인정된 지상권 유사의 물권이다.

(2) 성립요건

① 취득사유
㉠ 자기 소유 토지에 분묘를 설치한 자가 분묘에 관하여 이전·철거 등의 별도 특약 없이 그 토지만을 타인에게 양도한 경우(67다1920)
㉡ 타인의 토지에 토지소유자의 승낙을 얻어 분묘를 설치한 경우(99다14006)
㉢ 타인의 토지에 승낙 없이 분묘를 설치한 후 20년간 평온·공연하게 그 분묘의 기지를 점유한 때(96다14036)

② 공시방법
㉠ **분묘기지권**은 분묘(봉분) 자체가 공시방법의 기능을 하므로 등기는 필요 없다.
㉡ 봉분 등 외부에서 분묘의 존재를 인식할 수 있는 형태를 갖추고 있어야 하고, 분묘가 평장(平葬) 또는 암장(暗葬)된 경우에는 분묘기지권을 취득할 수 없다(91다18040).

> **판례** 분묘기지권의 취득과 공시방법
>
> 타인 소유의 토지에 소유자의 승낙 없이 분묘를 설치한 경우에는 20년간 평온, 공연하게 그 분묘의 기지를 점유하면 지상권 유사의 관습법상의 물권인 분묘기지권을 시효로 취득하는데, 이러한 분묘기지권은 봉분 등 외부에서 분묘의 존재를 인식할 수 있는 형태를 갖추고 있는 경우에 한하여 인정되고, 평장되어 있거나 암장되어 있어 객관적으로 인식할 수 있는 외형을 갖추고 있지 아니한 경우에는 인정되지 않는다(96다14036).

(3) 효력

① **분묘기지권의 보호**: 분묘기지권은 지상권에 유사한 일종의 제한물권으로서 분묘를 수호하기 위해서 타인의 토지를 제한된 범위 내에서 사용할 수 있는 권리로서 분묘가 침해된 경우 분묘소유자는 그 침해의 배제를 청구할 수 있다.

② **분묘기지권의 효력범위**
㉠ 분묘기지권의 범위는 분묘가 설치된 기지에 국한되는 것이 아니고, 분묘의 수호 및 제사의 봉행에 필요한 주위의 빈 땅에도 효력이 미친다(94다15530).
㉡ 이미 설치되어 있는 분묘를 소유하기 위한 범위 내에서만 분묘기지권을 취득하는 것이고, 분묘기지권이 미치는 범위의 토지라 할지라도 장래 새로운 분묘를 설치할 목적 또는 기타 다른 목적을 위해서는 인정되지 않는다(4290민상771).
㉢ 그러므로 기존의 분묘기지권의 효력이 미치는 범위 내에서 부부합장을 위한 쌍분 형태의 분묘를 새로이 설치할 수 없고, 또한 단분 형태의 분묘도 새로이 설치할 수 없다(2001다28367).

③ **존속기간**: 분묘기지권의 존속기간을 약정한 경우에는 약정기간에 의한다. 존속기간을 약정하지 않은 경우에는 권리자가 분묘의 수호와 봉사를 계속하는 동안 존속한다. 즉, 지상권의 존속기간에 관한 규정을 유추적용하는 것이 아니다.

④ **지료**
  ㉠ 토지소유자의 승낙을 얻어 분묘를 설치한 경우에는 지료에 관한 당사자의 약정이 있으면 약정에 의하고, 약정이 없는 경우에는 무상이 원칙이다.
  ㉡ 그러나 자기의 소유토지에 분묘를 설치하고 그 토지를 타인에게 양도한 경우에는 유상이다. 이른바 양도형 분묘기지권을 취득한 경우 분묘기지권이 성립한 때부터 지료 지급 의무가 있다(2020다295892).
  ㉢ 「(구)장사 등에 관한 법률」의 시행일인 2001. 1. 13. 이전에 타인의 토지에 분묘를 설치하여 20년간 평온·공연하게 분묘의 기지를 점유함으로써 분묘기지권을 시효로 취득한 경우, 분묘기지권자는 토지소유자가 지료를 청구하면 그 청구한 날부터의 지료를 지급할 의무가 있다(2017다228007 전합).
⑤ **분묘기지권의 포기**: 포기의 의사표시만으로 충분하고, 점유까지 포기하여야만 그 권리가 소멸하는 것은 아니다(92다14762).

개념적용 문제

지상권과 관련하여 인정되지 않는 것을 모두 고른 것은? (다툼이 있으면 판례에 따름)

제27회 기출

ㄱ. 지상물과 지상권의 분리처분
ㄴ. 지료없는 지상권
ㄷ. 지상권의 법정갱신
ㄹ. 수목의 소유를 위한 구분지상권

① ㄱ, ㄴ ② ㄱ, ㄹ
③ ㄴ, ㄷ ④ ㄴ, ㄹ
⑤ ㄷ, ㄹ

해설 ㄷ. 법정갱신은 임대차에서 유래한 것으로 전세권은 법정갱신이 존재하지만 지상권의 법정갱신관련 제도는 없다.
ㄹ. 구분지상권은 타인 토지의 지하 또는 지상의 공간을 상하의 범위를 정해서, 건물 기타 공작물을 소유하기 위하여 취득하는 지상권으로서 수목의 소유를 위하여 설정할 수는 없다.

정답 ⑤

제3절 지역권

1 지역권 일반

1. 의의

> **제291조 【지역권의 내용】** 지역권자는 일정한 목적을 위하여 타인의 토지를 자기 토지의 편익에 이용하는 권리가 있다.

(1) 지역권(地役權)이란 일정한 목적을 위하여 타인의 토지를 자기 토지의 편익에 이용하는 물권을 말한다.

① 편익을 주는 토지를 승역지(承役地)라 하고, 편익을 받는 토지를 요역지(要役地)라고 한다.
② '토지의 편익에 이용'한다는 것은 요역지의 사용가치를 증가시키는 것을 말한다.
③ 지역권에서 편익을 받는 것은 요역지라는 토지 자체이지 그 토지의 소유자로서 사람이 아니다.
④ 지역권을 설정하면서 승역지소유자에게 적극적 행위의무를 부담하게 하는 것도 가능하다.

(2) 요역지와 승역지 사이의 관계

① 지역권자로 될 수 있는 자는 토지소유자, 지상권자, 전세권자, 임차인 등이다.
② 요역지는 반드시 1필의 토지이어야 한다. 따라서 1필 토지의 일부를 위한 지역권 설정은 불가능하다.
③ 승역지는 1필 토지의 일부이어도 무방하다. 따라서 1필 토지의 일부에 대한 지역권 설정은 가능하다.
④ 주의할 것은 요역지와 승역지는 인접할 필요는 없다는 점이다.

(3) 지역권의 종류

① **편익의 목적에 따른 분류**

㉠ 지역권의 목적으로서 편익의 종류에는 제한이 없다. 즉, 편익의 종류 제한 없이 지역권을 설정할 수 있다.
㉡ 그래서 통행·용수·일조·조망 등을 위한 지역권 또는 특수한 목적을 위한 지역권(제302조) 등 아무런 제한 없이 설정할 수 있다.

② **지역권의 행사방법에 따른 분류**

㉠ **작위(作爲)지역권과 부작위(不作爲)지역권**: 지역권자가 일정한 행위를 할 수 있고 승역지소유자가 이를 인용하여야 할 의무를 부담하는 것(작위지역권)과, 승역지소유자가 일정한 행위를 하지 않을 의무를 부담하는 것(부작위지역권)이다.

ⓒ 계속(繼續)지역권과 불계속(不繼續)지역권
  ⓐ 계속지역권은 지역권의 행사가 끊임없이 계속되는 것이고(통로의 설치 포장),
  ⓑ 불계속지역권은 지역권을 행사할 때마다 지역권자의 행위를 필요로 하는 것(통로 없이 단순 통행)이다.
ⓒ 표현(表現)지역권과 불표현(不表現)지역권
  ⓐ 표현지역권은 지역권의 행사를 외부에서 인식할 수 있는 외형적 사실을 수반하는 것이고(통행지역권),
  ⓑ 불표현지역권은 지역권의 행사를 외부에서 인식할 수 있는 외형적 사실을 수반하지 않는 것이다(부작위지역권, 지하에 수도관에 의한 인수지역권).

(4) 타 제도와의 비교

① 상린관계와의 비교
  ㉠ 상린관계는 법률규정에 의하여 인접한 토지 사이의 이용조절을 꾀하는 소유권의 한 내용인 데 비하여,
  ㉡ 지역권은 당사자 사이의 계약에 의하여 격지자간에 발생하는 독립한 물권이다.
② 지상권 및 전세권과의 비교
  ㉠ 지상권과 전세권은 사람이 어느 부동산을 사용하는 권리로 구성되어 있고 또한 토지의 사용목적이 한정되어 있다.
  ㉡ 이에 비해 지역권은 토지 자체가 타인의 토지를 통해 편익을 받는 권리로 구성되어 있고 그 편익의 내용에는 제한이 없다.

2. 지역권의 성립

(1) 법률행위에 의한 취득

① 지역권은 지역권설정계약과 등기에 의하여 취득한다.
② 그 외에 유언과 지역권의 양도에 의해서도 지역권을 취득할 수 있다.
③ 유언(법률행위)에 의한 경우에는 등기를 하여야 하나, 요역지가 양도된 경우에는 지역권의 부종성으로 인해 등기 없이도 요역지의 승계인에게 지역권은 승계된다.

(2) 법률규정에 의한 취득

> **제294조【지역권취득기간】** 지역권은 계속되고 표현된 것에 한하여 제245조의 규정을 준용한다.

① 지역권은 상속과 취득시효에 의해서도 취득될 수 있다.
② 지역권은 계속되고 표현된 것에 한하여 취득시효가 인정된다.
③ 취득시효의 경우에는 등기를 하여야 하지만, 상속의 경우에는 등기가 필요 없다.

| 판례 | 지역권의 시효취득 |

① 통로의 개설이 없는 일정한 장소를 오랜 시일 통행한 사실이 있다거나 또는 토지의 소유자가 다만 이웃하여 사는 교분으로 통행을 묵인하여 온 사실이 있다고 하더라도 그러한 사실만으로는 지역권을 취득할 수 없고 취득시효 완성에 의하여 지역권을 취득함에 있어서는 요역지의 소유자가 승역지상에 통로를 개설하여 승역지를 항시 사용하고 있는 객관적 상태가 민법 제245조에 규정된 기간 계속한 사실이 있어야 한다(65다2305).
② 요역지의 소유자 기타 사용권자만이 시효취득할 수 있고, 요역지의 불법점유자는 시효취득할 수 없다(76다1694).
③ 통행지역권을 시효취득한 경우, 요역지소유자가 승역지에 대한 도로 설치 및 사용에 의하여 승역지소유자가 입은 손해를 보상할 의무가 있다(2012다17479).

3. 존속기간과 지료

(1) 존속기간

① 지역권의 존속기간에 관해서는 규정이 없으므로 존속기간에 관한 당사자 사이의 약정은 유효이므로 당사자를 구속할 수는 있으나, 이는 「부동산등기법」상 등기대상이 아니므로 등기할 방법이 없어 제3자에게 대항할 수는 없다.
② 영구무한의 지역권 설정도 가능하다(통설·판례).

(2) 지료

① 지역권은 유상, 무상을 불문한다.
② 지역권에 관하여 대가를 지급하기로 약정하였더라도 그 약정은 「부동산등기법」상 이를 등기할 수 없으므로 지료로써 제3자에게 대항할 수는 없다.

4. 지역권의 법적 성질

(1) 타 물권

지역권은 요역지의 편익을 증진하기 위하여 타인의 토지인 승역지를 사용하는 권리이다.

(2) 용익물권

지역권은 용익물권으로서 요역지 전부를 위하여 승역지 전부 또는 일부에 대하여 설정한다.

(3) 지역권에 기한 물권적 청구권

① 지역권은 승역지를 배타적으로 지배하는 권리가 아닌 비배타적 공용권으로서 지역권자는 물권적 청구권 중 목적물(승역지)의 반환을 청구할 수 없다.

② 즉, 지역권자는 지역권을 침해 또는 방해하는 제3자에 대하여 방해제거청구권과 방해예방청구권을 행사할 수 있으나, 승역지의 반환을 청구할 수는 없다.

5. 지역권의 효력

(1) 공용적 성격(비배타성)

① 지역권에 의한 토지 사용은 배타성이 없다. 즉, 지역권이 설정되었다고 하더라도 승역지의 소유권이 전면적으로 배제되는 것은 아니므로 승역지의 소유자도 승역지를 여전히 점유·사용할 수 있다.

② **공작물의 공동사용**

> 제300조 【공작물의 공동사용】 ① 승역지의 소유자는 지역권의 행사를 방해하지 아니하는 범위 내에서 지역권자가 지역권의 행사를 위하여 승역지에 설치한 공작물을 사용할 수 있다.
> ② 전항의 경우에 승역지의 소유자는 수익 정도의 비율로 공작물의 설치, 보존의 비용을 분담하여야 한다.

③ **용수지역권**

> 제297조 【용수지역권】 ① 용수승역지의 수량이 요역지 및 승역지의 수요에 부족한 때에는 그 수요 정도에 의하여 먼저 가용에 공급하고 다른 용도에 공급하여야 한다. 그러나 설정행위에 다른 약정이 있는 때에는 그 약정에 의한다.
> ② 승역지에 수개의 용수지역권이 설정된 때에는 후순위의 지역권자는 선순위의 지역권자의 용수를 방해하지 못한다.

(2) 부종성

> 제292조 【부종성(附從性)】 ① 지역권은 요역지(要役地)소유권에 부종(附從)하여 이전하며 또는 요역지에 대한 소유권 이외의 권리의 목적이 된다. 그러나 다른 약정이 있는 때에는 그 약정에 의한다.
> ② 지역권은 요역지와 분리하여 양도하거나 다른 권리의 목적으로 하지 못한다. - 강행규정

① 예를 들면, 요역지 위에 지상권·전세권·임차권 등의 용익권이 설정되면 이들 용익권자는 그 토지에 수반하는 지역권을 행사할 수 있으며, 요역지 위에 저당권이 설정되면 지역권에도 그 효력이 미친다. 그러나 이는 강행규정은 아니므로 당사자 사이에 다른 약정이 있으면 그에 따른다.

② 요역지와 분리하여 지역권만을 양도하거나 다른 권리의 목적으로 하지 못한다. 이는 강행규정으로서 당사자 사이의 약정으로 달리 정할 수 없다.

(3) 공유관계와 지역권의 불가분성

> **제293조【공유관계, 일부양도와 불가분성】** ① 토지공유자의 1인은 지분에 관하여 그 토지를 위한 지역권 또는 그 토지가 부담한 지역권을 소멸하게 하지 못한다.
> ② 토지의 분할이나 토지의 일부양도의 경우에는 지역권은 요역지의 각 부분을 위하여 또는 그 승역지의 각 부분에 존속한다. 그러나 지역권이 토지의 일부분에만 관한 것인 때에는 다른 부분에 대하여는 그러하지 아니하다.
> **제295조【취득과 불가분성】** ① 공유자의 1인이 지역권을 취득한 때에는 다른 공유자도 이를 취득한다.
> ② 점유로 인한 지역권취득기간의 중단은 지역권을 행사하는 모든 공유자에 대한 사유가 아니면 그 효력이 없다.
> **제296조【소멸시효의 중단, 정지와 불가분성】** 요역지가 수인의 공유인 경우에 그 1인에 의한 지역권소멸시효의 중단 또는 정지는 다른 공유자를 위하여 효력이 있다.

6. 승역지소유자의 의무

(1) 부작위의무

승역지소유자의 기본적 의무는 지역권의 내용에 따라 지역권자의 행위를 인용하고 일정한 이용을 하지 않을 부작위의무를 부담하는 것이다.

(2) 승역지소유자의 의무와 위기(委棄)

> **제298조【승역지소유자의 의무와 승계】** 계약에 의하여 승역지소유자가 자기의 비용으로 지역권의 행사를 위하여 공작물의 설치 또는 수선의 의무를 부담한 때에는 승역지소유자의 특별승계인도 그 의무를 부담한다.
> **제299조【위기에 의한 부담면제】** 승역지의 소유자는 지역권에 필요한 부분의 토지소유권을 지역권자에게 위기(委棄)하여 전조의 부담을 면할 수 있다.

> **참고 위기(委棄)**
> 위기(委棄)란 승역지를 지역권자의 처분에 맡기기 위하여 소유권을 포기하는 물권적 단독행위를 말한다. 따라서 승역지의 토지부분에 대해 지역권자 앞으로 소유권이전등기를 한 때 승역지의 소유권이 지역권자에게 이전된다.

7. 지역권의 소멸

(1) 지역권의 일반적 소멸사유

지역권도 물권 일반의 소멸사유에 의해서 소멸된다.

(2) 지역권의 소멸시효

① 지역권은 20년의 소멸시효에 걸린다(제162조 제2항). 기산점은 불계속지역권에서는 최후 행사 시부터, 계속지역권에서는 그 행사를 방해하는 사실이 발생한 때부터 시효가 진행한다.
② 지역권의 일부만을 행사하는 때에는 그 불행사 부분만 시효로 소멸한다. 예를 들면, 너비 8미터의 통행지역권을 가진 자가 너비 4미터의 통로만을 만들어 사용하면 그 불행사의 부분(4미터)만이 시효로 소멸한다.

(3) 승역지의 시효취득에 의한 소멸

① 제3자가 승역지를 시효취득하면 그 위에 존재하는 지역권은 소멸하는 것이 원칙이다.
② 다만, 승역지를 시효취득한 점유자가 지역권의 존재를 인용하면서 점유를 계속한 때에는 지역권의 제한을 받는 소유권을 시효취득하게 되므로 지역권은 소멸하지 않는다.
③ 승역지의 점유자에게 취득시효가 진행되고 있는 동안에 지역권자가 그의 권리를 행사하는 경우에도 마찬가지이다.

2 특수지역권

> **제302조 【특수지역권】** 어느 지역의 주민이 집합체의 관계로 각자가 타인의 토지에서 초목, 야생물 및 토사의 채취, 방목 기타의 수익을 하는 권리가 있는 경우에는 관습에 의하는 외에 본장의 규정을 준용한다.

개념적용 문제

지역권에 관한 설명으로 옳지 않은 것은? (다툼이 있으면 판례에 따름) 제18회 기출

① 공유자의 1인이 지역권을 취득한 때에는 다른 공유자도 이를 취득한다.
② 지역권자에게는 승역지의 반환청구권이 인정되지 않는다.
③ 요역지가 수인의 공유인 경우에 그 1인에 의한 지역권 소멸시효의 중단 또는 정지는 다른 공유자를 위하여 효력이 있다.
④ 승역지와 요역지는 서로 인접하여야 하며, 떨어진 토지에 대하여는 지역권을 설정할 수 없다.
⑤ 토지공유자 1인은 그 지분에 관하여 그 토지를 위한 지역권 또는 그 토지가 부담한 지역권을 소멸하게 하지 못한다.

해설 지역권의 설정목적은 당사자가 자유롭게 결정할 수 있으므로 승역지와 요역지는 서로 인접하여야 할 필요는 없다.

정답 ④

제4절 전세권

1 의의

> **제303조 【전세권의 내용】** ① 전세권자는 전세금을 지급하고 타인의 부동산을 점유하여 그 부동산의 용도에 좇아 사용·수익하며, 그 부동산 전부에 대하여 후순위 권리자 기타 채권자보다 전세금의 우선변제를 받을 권리가 있다.
> ② 농경지는 전세권의 목적으로 하지 못한다.

2 채권적 전세(임차권)와의 차이점

① 전세권이 목적부동산을 직접 지배할 수 있는 물권인 데 대하여, 채권적 전세는 목적부동산을 사용·수익하게 할 것을 청구할 수 있는 채권에 불과하다. 따라서 채권적 전세에 관하여는 제618조 내지 제654조의 임대차에 관한 규정이 적용된다.

② 전세권은 제3자에 대하여 언제나 대항할 수 있으나, 채권적 전세는 원칙적으로 제3자에게 대항할 수 없다. 다만, 당사자간에 반대약정이 없으면 등기할 수 있고, 등기하면 그때부터 제3자에 대해 대항할 수 있다(제621조).

③ 전세권은 양도·임대·전전세·담보제공 등이 가능한 데 대하여, 채권적 전세권은 임대인의 동의 없이 양도·전대하지 못한다.

④ 사용대가를 요소로 하는 점에서 양자는 동일하다. 즉, 전세권에 있어서는 전세금을, 채권적 전세에 있어서는 차임을 지급하여야 한다. 한편 전세권에 있어서는 전세금증액에 관하여 일정한 제한이 있다(제312조의2 단서).

⑤ 전세권의 존속기간은 10년을 넘지 못하고 한편 건물전세권에 있어서는 1년 미만으로 그 기간을 약정한 때에는 1년으로 한다(제312조). 그러나 임대차의 유형으로서 전세(채권적 전세)는 임대차로서 그 기간의 제한은 없다. 다만, 「주택임대차보호법」 또는 「상가건물 임대차보호법」의 적용을 받는 채권적 전세에 있어서는 기간의 정함이 없거나 기간을 2년(상가건물 임대차보호법 1년) 미만으로 정한 임대차는 그 기간을 2년(상가건물 임대차보호법 1년)으로 본다.

⑥ 전세권이 소멸하면 전세권자는 경매권과 우선변제권을 갖는 데 비하여, 채권적 전세권자는 이러한 권리를 갖지 않는다. 다만, 「주택임대차보호법」 또는 「상가건물 임대차보호법」이 적용되는 채권적 전세에 있어서는 전세임차인은 일정한 범위의 전세금에 관하여 다른 담보권자보다 자기 채권의 우선변제를 받을 권리가 인정된다.

⑦ 전세권에 있어서는 전세권자가 목적물의 유지·수선의 의무를 부담하나(제309조), 채권적 전세에 있어서는 임대인이 목적물의 사용·수익에 필요한 상태를 유지할 의무를 부담한다(제623조). 따라서 전세권자는 목적부동산에 들인 필요비의 상환을 청구할 수 없고 유익비의 상환만을 청구할 수 있으나(제310조), 채권적 전세의 임차인은 임차물에 들인 필요비와 유익비의 상환을 청구할 수 있다(제626조).

⑧ 전세권이나 채권적 전세에서도 수거권과 부속물매수청구권이 모두 인정된다는 점에 있어서는 양자가 동일하다.

▶ 전세권과 임차권의 비교

구분	전세권	부동산임차권
본질	물권	채권
대항력	있음	원칙적으로 없음, 다만, 등기하면 있음
처분의 자유	양도·임대·전전세·담보제공 가능 / 반대특약으로 배제 가능	임대인의 동의가 있어야 양도·전대할 수 있음
전세금(차임)	전세금지급이 전세권의 요소(금전에 한함)	차임지급이 임차권의 요소(금전에 한하지 않음)
최장기간	10년	제한 없음
법정갱신	일정한 경우(건물)에만 인정	인정
필요비상환청구권	불인정	인정
파산	전세권자의 파산은 소멸청구의 사유 아님	임차인의 파산은 해지통고의 사유
공통점	유익비상환청구권·부속물매수청구권 인정	

3 전세권의 성립

1. 법률행위에 의한 취득

(1) 전세권은 전세권설정계약과 전세금 지급 그리고 등기에 의해 성립한다.

(2) 전세금

① 전세금의 지급은 전세권의 성립요소이다.
  ㉠ 전세금은 반드시 지급되어야 한다.
  ㉡ 다만, 전세금이 반드시 현실적으로 수수될 필요는 없고, 기존 채권으로 전세금의 지급에 갈음할 수도 있다(94다18508).

② 전세금은 전세목적물의 사용대가로서의 성질과 전세권 존속 중 전세권자의 모든 채무를 담보하는 보증금으로서의 성질, 신용수수의 수단으로서의 성질을 가진다.

③ **전세금증감청구권**

> **제312조의2【전세금증감청구권】** 전세금이 목적부동산에 관한 조세·공과금 기타 부담의 증감이나 경제사정의 변동으로 인하여 상당하지 아니하게 된 때에는 당사자는 장래에 대하여 그 증감을 청구할 수 있다. 그러나 증액의 경우에는 대통령령이 정하는 기준에 따른 비율(20분의 1)을 초과하지 못한다.

(3) 전세권은 목적부동산을 점유할 권리를 포함하나, 목적부동산의 인도는 전세권의 성립요건이 아니다.

(4) 그 밖에 전세권의 양도에 의해서도 전세권을 취득할 수 있다.

> **판례 전세권의 설정**
>
> ① 전세권이 용익물권적 성격과 담보물권적 성격을 겸비하고 있다는 점 및 목적물의 인도는 전세권의 성립요건이 아닌 점 등에 비추어 볼 때, 당사자가 주로 채권담보의 목적으로 전세권을 설정하였고, 그 설정과 동시에 목적물을 인도하지 아니한 경우라 하더라도, 장차 전세권자가 목적물을 사용·수익하는 것을 완전히 배제하는 것이 아니라면, 그 전세권의 효력을 부인할 수는 없다(94다18508).
> ② 전세권이 담보물권적 성격을 아울러 가지고 있는 이상 부종성과 수반성이 있기는 하지만, 다른 담보권과 마찬가지로 전세권자와 전세권설정자 및 제3자 사이의 합의가 있으면 그 전세권자의 명의를 제3자로 하는 것도 가능하므로, 임대차계약에 바탕을 두고 이에 기한 임차보증금반환채권을 담보할 목적으로 임대인, 임차인 및 제3자 사이의 합의에 따라 제3자 명의로 경료된 전세권설정등기는 유효하다 할 것이고, 비록 임대인과 임차인 또는 제3자 사이에 실제로 전세권설정계약이 체결되거나 전세금이 수수된 바 없다거나, 위 전세권설정등기의 피담보채권인 임차보증금반환채권의 귀속자는 임차인이고 제3자는 임대인에 대하여 직접 어떤 채권을 가지고 있지 아니하다 하더라도 달리 볼 것은 아니다(98다20981).
> ③ 실제로는 전세권설정계약을 체결하지 아니하였으면서도 담보의 목적 등으로 당사자 사이의 합의에 따라 전세권설정등기를 마친 경우, 전세권부 채권의 가압류권자가 선의의 제3자로서 보호받을 수 있다(2009다35743).
> ④ 甲이 통정허위표시에 해당하여 무효인 전세권설정계약에 기한 전세권부 채권을 가압류한 사안에서, 甲은 통정허위표시를 기초로 하여 새로이 법률상 이해관계를 가진 선의의 제3자에 해당한다고 봄이 상당하다(2009다35743).
> ⑤ 임대차계약에 따른 임대차보증금반환채권을 담보할 목적으로 임차인과 임대인 사이의 합의에 따라 임차인 명의로 전세권설정등기를 마친 경우, 전세금의 지급은 임대차보증금반환채권으로 갈음한 것이고 장차 전세권자가 목적물을 사용·수익하는 것을 완전히 배제하는 것도 아니므로 전세권설정등기는 유효하다. 임대인과 임차인이 위와 같이 임대차보증금반환채권을 담보할 목적으로 전세권을 설정하기 위해 전세권설정계약을 체결하였다면, 임대차보증금에서 연체차임 등을 공제하고 남은 돈을 전세금으로 하는 것이 임대인과 임차인의 합치된 의사라고 볼 수 있다. 임대차계약에 따른 임차보증금반환채권을 담보할 목적으로 전세권설정등기를 마친 경우 임대차계약에 따른 연체차임 공제는 전세권설정계약과 양립할 수 없으므로, 전세권설정자는 선의의 제3자에 대해서는 연체차임 공제 주장으로 대항할 수 없다(2020다257999).

⑥ 임대차보증금반환채권을 담보할 목적으로 임차인에게 다른 부동산에 대한 전세권을 설정하였으나, 임차인이 전세권 목적물을 운영하거나 점유하지 않고, 임대인이 직접 운영하거나 임대하여 관리한 경우라면 전세권설정계약의 당사자가 전세권의 핵심인 사용·수익 권능을 배제하고 채권담보만을 위해 전세권을 설정한 경우에 해당하여 법률이 정하지 않은 새로운 내용의 전세권을 창설하는 것으로서 물권법정주의에 반하여 허용되지 않고 이러한 전세권설정등기는 무효라고 보아야 한다(2018다40235).

2. 법률규정에 의한 취득

① 전세권은 상속에 의해서 취득할 수 있고, 전세권의 시효취득도 가능하다.
② 또한 건물에 대한 전세권은 법정갱신을 인정하여 갱신에 관한 등기를 하지 않은 경우에도 전(前)전세권과 동일한 내용, 기간의 정함이 없는 전세권을 취득한 것으로 본다(제312조 제4항).

4 전세권의 존속기간

1. 설정행위로 존속기간을 정하는 경우

> **제312조【전세권의 존속기간】** ① 전세권의 존속기간은 10년을 넘지 못한다. 당사자의 약정기간이 10년을 넘는 때에는 이를 10년으로 단축한다.
> ② 건물에 대한 전세권의 존속기간을 1년 미만으로 정한 때에는 이를 1년으로 한다.

(1) 존속기간의 등기

① 전세권의 존속기간
　㉠ 건물에 대한 전세권의 최단 존속기간은 1년 이상으로 하고, 최장 존속기간은 10년을 넘지 못한다. 당사자의 약정기간이 10년을 넘는 때에는 이를 10년으로 단축한다.
　㉡ 토지의 전세권은 최단기간의 제한은 없다. 다만, 최장기간은 건물의 전세권과 같이 10년을 넘지 못한다.
② 전세권의 존속기간은 임의적 등기사항으로서, 전세권의 존속기간에 대한 등기가 있으면 제3자에게 대항할 수 있고, 전세권 존속기간에 대한 등기가 없으면 제3자에 대하여 존속기간의 약정이 없는 전세권으로 취급된다.

(2) 계약의 갱신

> **제312조【전세권의 존속기간】** ③ 전세권의 설정은 이를 갱신할 수 있다. 그 기간은 갱신한 날로부터 10년을 넘지 못한다.

④ 건물의 전세권설정자가 전세권의 존속기간 만료 전 6월부터 1월까지 사이에 전세권자에 대하여 갱신거절의 통지 또는 조건을 변경하지 아니하면 갱신하지 아니한다는 뜻의 통지를 하지 아니한 경우에는 그 기간이 만료된 때에 전(前)전세권과 동일한 조건으로 다시 전세권을 설정한 것으로 본다. 이 경우 전세권의 존속기간은 그 정함이 없는 것으로 본다.

① **합의에 의한 갱신**
  ㉠ 전세권은 당사자의 합의에 의하여 갱신할 수 있으나, 전세권자의 계약갱신청구권은 인정되지 않는다.
  ㉡ 전세권의 약정이 존속기간의 만료로 소멸한 때에는 전세권의 설정은 이를 갱신할 수 있다. 그 기간은 갱신한 날로부터 10년을 넘지 못한다(제312조 제3항).
  ㉢ 합의에 의한 전세권의 갱신계약은 이를 등기하여야 효력을 발생한다.

② **건물의 전세권에 대한 법정갱신**(묵시의 갱신)
  ㉠ 건물의 전세권설정자가 전세권의 존속기간 만료 전 6월부터 1월까지 사이에 전세권자에 대하여 갱신거절의 통지 또는 조건을 변경하지 아니하면 갱신하지 아니한다는 뜻의 통지를 하지 아니한 경우에는 그 기간이 만료된 때에 전전세권(前傳貰權)과 동일한 조건으로 다시 전세권을 설정한 것으로 본다(제312조 제4항).
  ㉡ 이 경우 전세권의 존속기간은 그 정함이 없는 것으로서 당사자는 언제든지 **소멸통고**를 할 수 있다(제313조).
  ㉢ 건물전세권에 대한 법정갱신은 법률규정에 의한 부동산에 관한 물권의 변동이므로 전세권갱신에 관한 등기를 필요로 하지 않는다.
  ㉣ 따라서 전세권자는 법정갱신에 대한 등기 없이도 전세권설정자나 제3자에 대하여 전세권을 주장할 수 있다(88다카21029).

2. 설정행위로 존속기간을 정하지 않은 경우

제313조【전세권의 소멸통고】 전세권의 존속기간을 약정하지 아니한 때에는 각 당사자는 언제든지 상대방에 대하여 전세권의 소멸을 통고할 수 있고 상대방이 이 통고를 받은 날로부터 6월이 경과하면 전세권은 소멸한다.

5 전세권의 법적 성질

1. 타 물권

① 전세권은 타인의 부동산(토지·건물)을 사용·수익할 수 있는 권리이다(타 물권).
② 다만, 경자유전(耕者有田)의 원칙에 따라 농경지는 전세권의 목적으로 하지 못한다(제303조 제2항).

2. 용익물권

① 전세권은 타인의 부동산을 점유하여 그 부동산의 용도에 좇아 사용·수익하는 권리로서 용익물권이다. 이와 함께 전세금 반환의 확보를 위한 담보물권의 성격(경매권과 우선변제권)도 가지고 있다.
② 지상권과 동일한 목적을 위하여 전세권을 설정하는 것도 가능하다.
③ 전세권은 1필 토지의 일부 또는 1동 건물의 일부에 대해서도 성립할 수 있다.

3. 전세권에 기한 물권적 청구권과 상린관계

① **전세권자의 물권적 청구권**: 전세권에 대한 침해가 있는 경우 전세권자는 점유권에 기한 점유보호청구권(제204조 내지 제206조)뿐만 아니라, 전세권의 내용 실현이 방해된 때에는 전세권에 기한 물권적 청구권을 행사할 수 있다.
② **전세권과 상린관계**: 전세권은 토지·건물을 이용하는 권리이므로 상린관계의 규정은 전세권자 간 또는 전세권자와 인지소유자 및 지상권자 간에 준용된다.

6 전세권의 효력

1. 전세권의 효력이 미치는 범위

(1) 건물전세권의 지상권·(토지)임차권에 대한 효력

> **제304조【건물의 전세권, 지상권, 임차권에 대한 효력】** ① 타인의 토지에 있는 건물에 전세권을 설정한 때에는 전세권의 효력은 그 건물의 소유를 목적으로 한 지상권 또는 임차권에 미친다.
> ② 전항의 경우에 전세권설정자는 전세권자의 동의 없이 지상권 또는 임차권을 소멸하게 하는 행위를 하지 못한다.

(2) 전세권자를 위한 법정지상권

> **제305조【건물의 전세권과 법정지상권】** ① 대지와 건물이 동일한 소유자에 속한 경우에 건물에 전세권을 설정한 때에는 그 대지소유권의 특별승계인은 전세권설정자에 대하여 지상권을 설정한 것으로 본다. 그러나 지료는 당사자의 청구에 의하여 법원이 이를 정한다.
> ② 전항의 경우에 대지소유자는 타인에게 그 대지를 임대하거나 이를 목적으로 한 지상권 또는 전세권을 설정하지 못한다.

2. 전세권의 처분과 책임의 가중

(1) 전세권의 양도·담보제공 및 임대의 자유와 제한

> **제306조【전세권의 양도, 임대 등】** 전세권자는 전세권을 타인에게 양도 또는 담보로 제공할 수 있고 그 존속기간 내에서 그 목적물을 타인에게 전전세(轉傳貰) 또는 임대할 수 있다. 그러나 설정행위로 이를 금지한 때에는 그러하지 아니하다.
> **제307조【전세권양도의 효력】** 전세권양수인은 전세권설정자에 대하여 전세권양도인과 동일한 권리·의무가 있다.

① 전세권에 대한 담보제공은 저당권을 설정하는 것뿐이다.
② 전세권의 양도금지특약이 있는 경우 그 양도 및 담보제공은 제한된다.
③ 전세권의 양도·담보제공 및 임대를 금지하는 특약은 등기한 때에 한하여 제3자에게 대항할 수 있다.

(2) 전전세(轉傳貰)

> **제308조【전전세 등의 경우의 책임】** 전세권의 목적물을 전전세 또는 임대한 경우에는 전세권자는 전전세 또는 임대하지 아니하였으면 면할 수 있는 불가항력으로 인한 손해에 대하여 그 책임을 부담한다.

① **전전세**(轉傳貰)란 전세권자의 전세권은 그대로 존속·유지하면서 그 전세목적물의 전부 또는 일부를 목적으로 하는 전세권을 다시 설정하는 것으로서 전세권자는 그의 전세권의 존속기간 내에서 전전세할 수 있다. 다만, 이는 설정행위로 금지할 수 있다.
② **전전세의 요건**
  ㉠ 전전세(轉傳貰)도 물권으로서 전전세권설정계약과 등기가 있어야 효력이 발생한다.
  ㉡ 계약의 당사자는 전전세권설정자(원전세권자)와 전전세권자이다.
    ⓐ 전전세권 설정 시 원전세권설정자의 동의를 필요로 하지 않는다.
    ⓑ 전전세권자는 전전세권설정계약의 당사자가 아닌 원전세권설정자에 대해서는 전세권자로서 권리·의무를 가지지 않는다.
  ㉢ 전전세금의 지급은 전전세권의 성립요소이다.
③ **전전세의 효과**
  ㉠ 전전세권자는 전세권자로서의 그 목적부동산을 점유하여 사용·수익할 수 있으며, 전세권자로서 모든 권리를 가진다.
  ㉡ 전전세권은 원전세권에 부종한다.
    ⓐ 전전세권의 존속기간은 원전세권의 존속기간 내이어야 하고, 전전세금은 원전세금을 초과할 수 없다.
    ⓑ 원전세권자는 전전세권이 존속하는 동안 전전세권의 기초가 되는 원전세권을 소멸하게 하지 못한다.

ⓒ 원전세권이 소멸하는 경우 전전세권도 소멸한다. 그러나 전전세권이 소멸해도 원전세권은 소멸하지 않는다.
ⓒ **전세권자의 책임가중**: 전세권자는 전전세하지 아니하였다면 면할 수 있는 불가항력으로 인한 손해에 대하여도 그 책임을 부담한다(제308조).
② **전전세권자의 경매권과 우선변제권**: 전전세권자에게도 경매권과 우선변제권이 인정되나, 이는 원전세권자가 경매청구의 요건을 갖추었을 때 인정된다.
  ⓐ 전전세권의 존속기간이 만료되어 소멸하고 원전세권자의 전세금 반환이 지체되고 있고,
  ⓑ 원전세권의 존속기간이 만료되어 소멸하고 또한 전세권설정자가 원전세권자에 대해 전세금의 반환을 지체한 경우라면 전전세권자도 그 목적물을 경매하여 그 매각대금으로부터 전전세금의 우선변제를 받을 수 있다.

(3) 전세권의 임대

① 전세권자는 전세권의 존속기간 내에서 전세권을 임대할 수 있다. 이때 전세권설정자의 동의는 필요 없다.
② 전세권의 임대의 경우에는 전전세의 경우와 마찬가지로 전세권자의 책임이 가중된다.

3. 전세권자의 의무

(1) 용법의 준수의무

> **제311조【전세권의 소멸청구】** ① 전세권자가 전세권설정계약 또는 그 목적물의 성질에 의하여 정하여진 용법으로 이를 사용, 수익하지 아니한 경우에는 전세권설정자는 전세권의 소멸을 청구할 수 있다.
> ② 전항의 경우에는 전세권설정자는 전세권자에 대하여 원상회복 또는 손해배상을 청구할 수 있다.

① 전세권자는 목적부동산을 점유하여 그 부동산의 용도에 좇아 사용·수익할 권리가 있다.
② 용도의 부합 여부는 설정계약 또는 목적물(부동산)의 성질에 의하여 판단한다.
③ 전세권자가 전세권설정계약 또는 부동산의 성질에 의하여 정하여진 용도에 좇아 사용·수익하지 않는 경우에는 전세권설정자는 전세권의 소멸을 청구할 수 있으며, 동시에 원상회복 또는 손해배상을 청구할 수도 있다(제311조).

(2) 전세권자의 현상유지·수선의무

> **제309조【전세권자의 유지, 수선의무】** 전세권자는 목적물의 현상을 유지하고 그 통상의 관리에 속한 수선을 하여야 한다.

① 전세권자는 목적물의 현상을 유지하고 수선할 의무를 부담(제309조)하므로 전세권자는 필요비상환청구권을 행사할 수 없다.
② 전세권설정자는 전세권자의 목적물에 대한 사용·수익권을 인용할 소극적인 의무만을 부담할 뿐이고, 사용·수익에 적합한 상태를 유지할 적극적인 의무는 부담하지 않는다.
③ 만약 전세권자가 현상유지·수선의무를 위반하면 결국 목적부동산의 용도에 좇은 사용·수익을 하지 않은 것이 되므로, 전세권설정자는 전세권의 소멸을 청구할 수 있다(제311조).

4. 전세권의 담보물권성

(1) 경매권 및 우선변제권

전세권이 소멸하였으나 전세금의 반환이 지체되는 경우 전세권자는 전세금을 피담보채권으로 하여 경매를 실행하여 부동산 전부에 대하여 후순위 권리자 기타 채권자보다 전세금의 우선변제를 받을 권리가 있다(제303조 제1항).

(2) 담보물권의 통유성

전세권은 담보물권성을 가지므로 담보물권의 통유성(부종성·수반성·물상대위성·불가분성)이 인정된다.

(3) 전세금반환채권의 양도

① **분리양도 불가**(원칙): 전세권이 담보물권적 성격도 가지는 이상 부종성과 수반성이 있는 것이므로 전세권을 그 담보하는 전세금반환채권과 분리하여 양도하는 것은 원칙적으로 허용되지 않는다.
② **전세권과 전세금반환채권의 분리양도가 가능한 경우**
  ㉠ 무담보채권으로서 전세금반환채권의 양도
    ⓐ 당사자간의 특약에 의하여 전세금반환채권의 처분에도 불구하고 전세권의 처분이 따르지 않는 경우
    ⓑ 전세권 존속 중에는 장래의 그 전세권이 소멸하는 경우에 전세금반환채권이 발생하는 것을 조건으로 그 장래의 조건부 채권을 양도하는 경우(判) 또한 가능하다.
    ⓒ 전세권설정계약이 합의해지되거나, 전세권이 존속기간의 만료로 소멸하여 전세금반환채권만이 남는 경우, 전세금반환채권만의 양도도 가능하다.
  ㉡ 담보물권으로서 전세권과 전세금반환채권의 양도(전세권의 존속기간이 경과된 경우): 존속기간의 경과로서 본래의 용익물권적 권능이 소멸하고 담보물권적 권능만 남은 전세권도 그 피담보채권인 전세금반환채권과 함께 제3자에게 이를 양도할 수는 있다.

| 판례 | 전세권과 전세금반환채권의 양도 |

① 담보물권으로서 전세권과 함께 전세금반환채권의 양도: 존속기간의 경과로서 본래의 용익물권적 권능이 소멸하고 담보물권적 권능만 남은 전세권도 그 피담보채권인 전세금반환채권과 함께 제3자에게 이를 양도할 수 있는 것인바, 전세금반환채권의 양수인은 확정일자 있는 증서에 의한 채권양도절차를 거치지 않는 한 위 전세금반환채권의 압류·전부 채권자 등 제3자에게 위 전세보증금반환채권의 양도사실로써 대항할 수 없다(2003다35659).
② 정지조건부 전세금반환채권의 분리양도: 전세권이 존속하는 동안은 전세권을 존속시키기로 하면서 전세금반환채권만을 전세권과 분리하여 확정적으로 양도하는 것은 허용되지 않는 것이며, 다만 전세권 존속 중에는 장래에 그 전세권이 소멸하는 경우에 전세금반환채권이 발생하는 것을 조건으로 그 장래의 조건부 채권을 양도할 수 있을 뿐이라 할 것이다(2001다69122).
③ 합의 또는 특약에 의한 분리양도: 전세권이 존속기간의 만료로 소멸한 경우이거나 전세계약의 합의해지 또는 당사자간의 특약에 의하여 전세금반환채권의 처분에도 불구하고, 전세권의 처분이 따르지 않는 경우 등의 특별한 사정이 있는 때에는 채권양수인은 담보물권이 없는 무담보의 채권을 양수한 것이 된다(97다29790·97다33997 참조).

7 전세권의 소멸

1. 소멸원인

(1) 전세권의 일반적 소멸사유

목적물의 멸실, 공용징수, 혼동, 몰수, 소멸시효, 존속기간의 만료, 약정소멸사유의 발생, 전세권에 우선하는 저당권의 실행에 의한 경매 등을 들 수 있다.

(2) 저당권 실행경매

① 저당권이 설정된 후 전세권이 성립한 경우
  ㉠ 선순위 저당권의 경매실행 또는 후순위 저당권의 경매실행 여부를 따지지 않고 전세권은 소멸한다.
  ㉡ 저당권 실행경매 시 말소기준 권리는 최선순위 저당권이 되기 때문에 이후의 권리는 모두 소멸한다.

② 전세권이 먼저 성립한 후 저당권이 설정된 경우
  ㉠ 원칙: 전세권만이 설정되어 있는 부동산에 관하여 저당권이 설정된 경우, 저당권자가 경매신청을 하여 제3자에게 경락되었더라도 전세권자의 용익권을 확보하기 위하여 전세권은 소멸하지 않는다.
  ㉡ 예외
    ⓐ 저당권 실행경매 과정에서 선순위 전세권자가 배당요구를 하여 전세금에 대한 배당을 받으면 경락으로 전세권은 소멸한다(민사집행법 제91조 제4항).

ⓑ 건물 중 일부를 목적으로 한 전세권이 전세금을 배당받아 소멸한다고 하더라도 건물의 다른 부분을 목적으로 하는 존속기간이 남아 있는 전세권은 소멸하지 않는다.

> **판례** 전세금의 반환과 전세권의 소멸
>
> ① 전세금반환채권이 분리·양도된 때에는 채권의 처분에 따르지 않는 전세권은 소멸하므로 그 후 전세권에 가압류가 되더라도 이는 효력이 없다. 즉, 전세권설정계약의 당사자 사이에 그 계약이 합의해지된 경우 전세권설정등기는 전세금반환채권을 담보하는 효력은 있다고 할 것이나, 그 후 당사자간의 약정에 의하여 전세권의 처분이 따르지 않는 전세금반환채권만의 분리양도가 이루어진 경우에는 양수인은 유효하게 전세금반환채권을 양수하였다고 할 것이고, 그로 인하여 전세금반환채권을 담보하는 물권으로서의 전세권마저 소멸된 이상 그 전세권에 관하여 가압류부기등기가 경료되었다고 하더라도 아무런 효력이 없다(97다33997).
> ② 건물의 일부를 목적으로 하는 전세권은 그 목적물인 건물 부분에 한하여 그 효력을 미치므로 건물 중 일부를 목적으로 한 전세권이 경락으로 인하여 소멸한다고 하더라도 그 전세권보다 나중에 설정된 전세권이 건물의 다른 부분을 목적물로 하고 있었던 경우에는 그와 같은 사정만으로는 아직 존속기간이 남아 있는 후순위의 전세권까지 경락으로 인하여 함께 소멸한다고 볼 수 없다(98다50869).

(3) 전세권설정자의 소멸청구

> **제311조【전세권의 소멸청구】** ① 전세권자가 전세권설정계약 또는 그 목적물의 성질에 의하여 정하여진 용법으로 이를 사용, 수익하지 아니한 경우에는 전세권설정자는 전세권의 소멸을 청구할 수 있다.
> ② 전항의 경우에는 전세권설정자는 전세권자에 대하여 원상회복 또는 손해배상을 청구할 수 있다.

① 전세권자가 목적물의 용법준수의무를 위반한 때 전세권설정자는 전세권의 소멸을 청구할 수 있다.
② 전세권소멸청구권은 형성권으로서 전세권설정자의 전세권소멸청구가 있으면 전세권은 등기 없이도 소멸하고, 전세권설정자는 전세권자에게 원상회복 또는 손해배상을 청구할 수 있다.

(4) 존속기간의 약정이 없는 전세권의 소멸통고

> **제313조【전세권의 소멸통고】** 전세권의 존속기간을 약정하지 아니한 때에는 각 당사자는 언제든지 상대방에 대하여 전세권의 소멸을 통고할 수 있고 상대방이 이 통고를 받은 날로부터 6월이 경과하면 전세권은 소멸한다.

(5) 목적물의 멸실

> **제314조【불가항력으로 인한 멸실】** ① 전세권의 목적물의 전부 또는 일부가 불가항력으로 인하여 멸실된 때에는 그 멸실된 부분의 전세권은 소멸한다.
> ② 전항의 일부멸실의 경우에 전세권자가 그 잔존부분으로 전세권의 목적을 달성할 수 없는 때에는 전세권설정자에 대하여 전세권 전부의 소멸을 통고하고 전세금의 반환을 청구할 수 있다.

① 불가항력으로 인한 멸실
  ㉠ 전부멸실
    ⓐ 전세목적물이 전부멸실한 경우 전세권은 전부 소멸한다.
    ⓑ 따라서 전세권자는 전세권설정자에게 전세금의 반환을 청구할 수 있다.
  ㉡ 일부멸실
    ⓐ 잔존부분만으로 전세권의 목적을 달성할 수 있으면, 전세권은 잔존부분에 존속하고 따라서 전세권자는 그 부분의 비율로 전세금의 감액을 청구할 수 있다(제314조 제1항).
    ⓑ 잔존부분만으로 전세권의 목적을 달성할 수 없는 경우에는 전세권자는 설정자에 대하여 전세권의 소멸을 통고하고 전세금의 반환을 청구할 수 있다. 이때 소멸통고는 소멸청구의 의미로서 소멸통고로 전세권은 즉시 소멸한다.

② 전세권자의 귀책사유(歸責事由)에 의한 멸실

> **제315조【전세권자의 손해배상책임】** ① 전세권의 목적물의 전부 또는 일부가 전세권자에 책임 있는 사유로 인하여 멸실된 때에는 전세권자는 손해를 배상할 책임이 있다.
> ② 전항의 경우에 전세권설정자는 전세권이 소멸된 후 전세금으로써 손해의 배상에 충당하고 잉여가 있으면 반환하여야 하며 부족이 있으면 다시 청구할 수 있다.

  ㉠ 전부멸실
    ⓐ 전세권자의 귀책사유로 전세목적물이 전부멸실한 때에는 전세권자는 그 손해를 배상할 책임이 있다.
    ⓑ 이 경우에 전세권설정자는 전세권이 소멸된 후 전세금으로써 손해의 배상을 충당하고, 나머지가 있으면 반환하여야 하며, 부족이 있으면 다시 청구할 수 있다.
  ㉡ 일부멸실
    ⓐ 전세권자의 귀책사유에 의한 일부멸실의 경우에는 전세권설정자는 전세권자의 '용도에 좇은 사용' 위반을 이유로 전세권소멸청구를 할 수 있고,
    ⓑ 전세권자도 잔존부분만으로 전세권의 목적을 달성할 수 없는 경우에는 전세권의 전부의 소멸을 청구할 수 있다.
    ⓒ 이 경우 전세권자는 일부멸실에 대하여 책임이 있으므로 전세금은 손해배상에 충당하고, 전세권이 존속하는 경우에도 전세금의 감액은 인정되지 않는다.

(6) 전세권의 포기
① 전세권의 존속기간이 정하여져 있더라도 전세권자는 자유로이 전세권을 포기할 수 있다.
② 그러나 전세권이 제3자 권리(저당권)의 목적으로 되어 있는 경우에는 제3자의 동의 없이는 포기할 수 없다(제371조 제2항).
③ 전세권의 포기는 물권적 단독행위로서 등기해야 전세권이 소멸한다.

(7) 약정소멸사유 발생

① 전세권의 소멸사유를 약정할 수 있으며, 약정한 소멸사유가 발생하면 전세권은 소멸한다.
② 전세권의 약정소멸사유가 발생하면 전세권의 말소등기를 하여야 전세권이 소멸한다.

2. 전세권 소멸의 효과

(1) 전세금의 반환과 목적물 반환 및 말소등기서류 제공의 동시이행

> **제317조【전세권의 소멸과 동시이행】** 전세권이 소멸한 때에는 전세권설정자는 전세권자로부터 그 목적물의 인도 및 전세권설정등기의 말소등기에 필요한 서류의 교부를 받는 동시에 전세금을 반환하여야 한다.

① 전세권자가 그 목적물을 인도하였다고 하더라도 전세권설정등기의 말소등기에 필요한 서류를 교부하거나 그 이행의 제공을 하지 않는 이상, 전세권설정자는 전세금의 반환을 거부할 수 있다(2001다62091).
② 전세권에 저당권이 설정된 경우에도 전세권이 기간만료로 소멸된 경우 전세금반환채권에 대한 제3자의 압류 등이 없는 한 전세권설정자는 전세권자에 대하여만 전세금반환의무를 부담한다(98다31301).
③ **전세권 존속기간 중 전세목적물의 양도와 전세금반환의무**(신소유자의 면책적 채무인수)
  ㉠ 전세권 존속기간 중 전세목적물이 양도된 경우, 전세권의 내용에 따른 권리나 의무의 당사자는 전세목적물의 새로운 소유자가 된다(새로운 소유자의 면책적 채무인수).
  ㉡ 목적물의 신소유자는 구소유자와 전세권자 사이에 성립한 내용에 따른 권리·의무의 직접적인 당사자가 되어 전세권이 소멸하는 때에 전세권자에 대하여 전세권설정자의 지위에서 전세금반환의무를 부담하게 되고, 구소유자는 전세권설정자의 지위를 상실하여 전세금반환의무를 면하게 된다(99다15122).

> **판례** 전세권의 소멸과 전세금의 반환
>
> ① 전세권에 저당권이 설정된 경우에도 전세권이 기간만료로 소멸되면 전세권설정자는 전세금반환채권에 대한 제3자의 압류 등이 없는 한 전세권자에 대하여만 전세금반환의무를 부담한다(98다31301).
> ② 전세권에 대하여 설정된 저당권은 「민사소송법」제724조 소정의 부동산경매절차에 의하여 실행하는 것이나, 전세권의 존속기간이 만료되면 전세권의 용익물권적 권능이 소멸하기 때문에 더 이상 전세권 자체에 대하여 저당권을 실행할 수 없게 되고(저당권도 당연소멸), 이러한 경우는 민법 제370조, 제342조 및 「민사소송법」 제733조에 의하여 ㉠ 저당권의 목적물인 전세권에 갈음하여 존속하는 것으로 볼 수 있는 전세금반환채권에 대하여 추심명령 또는 전부명령을 받거나(이 경우 저당권의 존재를 증명하는 등기부등본을 집행법원에 제출하면 되고 별도의 채무명의가 필요한 것이 아니다), ㉡ 제3자가 전세금반환채권에 대하여 실시한 강제집행절차에서 배당요구를 하는 등의 방법으로 자신의 권리를 행사할 수 있을 뿐이다(95마684).

(2) 전세권자의 경매청구권과 우선변제권(제303조, 제318조)

① 경매청구권
㉠ 전세권설정자가 전세금의 반환을 지체한 때에는 전세권자는 「민사집행법」에 정한 바에 의하여 전세권의 목적물의 경매를 청구할 수 있다(제318조).
㉡ 전세권자인 전세금반환채권자가 전세목적물에 대한 경매를 청구하려면 우선 전세권설정자에 대하여 전세목적물의 인도의무 및 전세권설정등기 말소등기서류의 이행제공을 완료하여 전세권설정자를 이행지체에 빠뜨려야 한다(77마90).

② 우선변제권
㉠ 전세권자는 전세목적물의 매각대금에서 후순위 권리자 기타 채권자보다 전세금의 우선변제를 받을 수 있다.
㉡ 우선변제의 순위
  ⓐ 전세권자는 일반 채권자에 대해서는 언제나 우선하여 전세금을 반환받는다.
  ⓑ 전세권과 저당권은 등기의 선후에 따라서 우선순위를 결정한다.
㉢ 전세금의 반환시기가 도래한 후에 경매가 아닌 임의의 방법으로 처분하여 정산하기로 하는 특약도 유효하다.

③ 부동산 일부에 대한 전세권과 경매신청범위
㉠ 부동산의 일부에 대하여 전세권이 설정된 경우에는 전세권자는 전세권이 설정된 부분을 제외한 나머지 부분에 대하여는 우선변제권을 별론으로 하고 경매청구권이 없다(91마256).
㉡ 건물 일부에 대한 전세권의 기간이 만료되었으나 그 전세금 반환이 지체되는 경우에도 전세권의 목적인 부동산의 일부가 구분소유의 목적이 되지 않는 한 전세권자가 그 일부분만을 경매를 실행할 수는 없으나 후순위 권리자 등의 경매실행으로 매각이 이루어지면 해당 건물 전부의 경매대가에서 우선변제를 받을 수는 있다(담보물권의 불가분성).
㉢ 건물 중 일부를 목적으로 한 전세권이 경락으로 인하여 소멸한다는 사정만으로 그보다 나중에 설정되어 존속기간이 남아 있는 건물의 다른 부분을 목적으로 한 전세권(98다50869)이나 임차권(96다53628)까지 경락으로 인하여 소멸하는 것은 아니다.

> **판례** 전세금의 반환
> ① 전세권설정자는 전세권이 소멸한 경우 전세권자로부터 그 목적물의 인도 및 말소등기에 필요한 서류의 교부를 받는 동시에 전세금을 반환할 의무가 있을 뿐이므로, 전세권자가 그 목적물을 인도하였다고 하더라도 전세권설정등기의 말소등기에 필요한 서류를 교부하거나 그 이행의 제공을 하지 않는 이상, 전세권설정자는 전세금의 반환을 거부할 수 있고, 이 경우 다른 특별한 사정이 없는 한 그가 전세금에 대한 이자상당액의 이득을 법률상 원인 없이 얻는다고 볼 수 없다(2001다62091).
> ② 임대인과 임차인이 임대차계약을 체결하면서 임대차보증금을 전세금으로 하는 전세권설정등기를 경료한 경우, 다른 약정이 없는 한 임대차보증금 반환의무와 전세권설정등기 말소의무는 동시이행관계에 있다(2010다95062).

③ 전세권저당권자가 전세금반환채권에 대하여 물상대위권을 행사한 경우, 종전 저당권의 효력은 물상대위의 목적이 된 전세금반환채권에 존속하여 저당권자가 그 전세금반환채권으로부터 다른 일반채권자보다 우선변제를 받을 권리가 있으므로, 설령 전세금반환채권이 압류된 때에 전세권설정자가 전세권자에 대하여 반대채권을 가지고 있고 그 반대채권과 전세금반환채권이 상계적상에 있다고 하더라도 그러한 사정만으로 전세권설정자가 전세권저당권자에게 상계로써 대항할 수는 없다(2013다91672).

◐ 전세권에 저당권 설정 후에 발생한 반대채권으로 상계 불가

④ 그러나 전세금반환채권은 전세권이 성립하였을 때부터 이미 그 발생이 예정되어 있다고 볼 수 있으므로, 전세권저당권이 설정된 때에 이미 전세권설정자가 전세권자에 대하여 반대채권을 가지고 있고 그 반대채권의 변제기가 장래 발생할 전세금반환채권의 변제기와 동시에 또는 그보다 먼저 도래하는 경우와 같이 전세권설정자에게 합리적 기대이익을 인정할 수 있는 경우에는 특별한 사정이 없는 한 전세권설정자는 그 반대채권을 자동채권으로 하여 전세금반환채권과 상계함으로써 전세권저당권자에게 대항할 수 있다(2013다91672).

◐ 전세권에 저당권 설정 전에 발생한 반대채권으로 상계 가능

(3) 부속물수거권과 원상회복의무 및 부속물매수청구권

> **제316조【원상회복의무, 매수청구권】** ① 전세권이 그 존속기간의 만료로 인하여 소멸한 때에는 전세권자는 그 목적물을 원상에 회복하여야 하며 그 목적물에 부속시킨 물건은 수거할 수 있다. 그러나 전세권설정자가 그 부속물건의 매수를 청구한 때에는 전세권자는 정당한 이유 없이 거절하지 못한다.
> ② 전항의 경우에 그 부속물건이 전세권설정자의 동의를 얻어 부속시킨 것인 때에는 전세권자는 전세권설정자에 대하여 그 부속물건의 매수를 청구할 수 있다. 그 부속물건이 전세권설정자로부터 매수한 것인 때에도 같다.

① 부속물매수청구권은 형성권이다.
② 전세권자의 부속물매수청구권 행사로 부속물에 대한 매매계약이 성립한다.
③ 전세권설정자도 부속물의 매수를 청구할 수 있고, 전세권설정자의 매수청구에 대하여 전세권자는 정당한 이유 없이 이를 거절하지 못한다.

(4) 유익비상환청구권

> **제310조【전세권자의 상환청구권】** ① 전세권자가 목적물을 개량하기 위하여 지출한 금액 기타 유익비에 관하여는 그 가액의 증가가 현존한 경우에 한하여 소유자의 선택에 좇아 그 지출액이나 증가액의 상환을 청구할 수 있다.
> ② 전항의 경우에 법원은 소유자의 청구에 의하여 상당한 상환기간을 허여(許與)할 수 있다.

전세권자는 목적물의 현상유지와 수선의무가 있으므로 필요비상환청구의 권리는 인정될 수 없지만, 유익비상환청구의 권리는 인정될 수 있다.

(5) 토지임차인의 건물 기타 공작물의 매수청구권에 관한 민법 제643조의 규정은 성질상 토지의 전세권에도 유추 적용될 수 있다(2005다41740).

참고 지상권·전세권·임차권의 비교

1. 각 제도의 특질
   ① 지상권
      ㉠ 지상권자는 갱신청구권과 지상물매수청구권을 가진다.
      ㉡ 지상권설정자도 지상물매수청구권을 가진다.
   ② 전세권
      ㉠ 전세권자는 부속물매수청구권을 가진다.
      ㉡ 전세권설정자도 부속물매수청구권을 가진다.
   ③ 임대차
      ㉠ 토지임차인은 갱신청구권과 지상물매수청구권을 가진다(지상권 규정을 준용).
      ㉡ 건물임차인 또는 전차인은 부속물매수청구권을 가진다.

2. 각 제도의 비교
   ① 원상회복의무와 수거권은 지상권·전세권·임차권 모두에 있다.
   ② 갱신청구권과 지상물매수청구권은 전세권에 없다.
   ③ 부속물매수청구권은 지상권에 없다.
   ④ 설정자 측의 매수청구권은 임대인에게는 없다.

3. 개별적 중요사항
   ① 법정갱신(묵시의 갱신): 지상권에는 없고, 전세권(건물)과 임차권(토지 + 건물)에는 있다.
   ② 소멸청구와 해지
      ㉠ 지상권에서는 2년 이상의 지료체납 시 소멸청구가 가능하다.
      ㉡ 전세권에서는 사용목적 위반 시 소멸청구가 가능하다.
      ㉢ 임차권에서는 2기의 차임연체와 사용목적 위반 시 해지가 가능하다.
   ③ 소멸통고 또는 해지통고: 지상권에는 소멸통고제도가 없고, 전세권은 소멸통고제도를, 임대차는 해지통고를 두고 있다.
   ④ 비용상환청구권
      ㉠ 지상권자는 유익비상환청구권만 가진다(해석상 인정).
      ㉡ 전세권자도 유익비상환청구권만 가진다(명문규정으로 인정).
      ㉢ 임차인은 필요비상환청구권·유익비상환청구권 모두 가진다(명문규정으로 인정).
   ⑤ 최단존속기간: 지상권에는 최단존속기간 제한규정이 있고(30년, 15년, 5년), 전세권에는 건물전세권에만 최단존속기간 제한규정이 있다(1년). 그러나 임대차에는 최단존속기간 제한규정이 없다. 다만, 주택임대차(2년)와 상가건물 임대차(1년)의 경우에는 최단존속기간 제한규정이 있다.

개념적용 문제

전세권에 관한 설명으로 옳지 않은 것은? (다툼이 있으면 판례에 따름) 제28회 기출

① 전세권자는 목적물의 현상을 유지하고 그 통상의 권리에 속한 수선을 하여야 한다.
② 전세권자는 특별한 사정이 없는 한 전세권설정자의 동의 없이 전세권을 타인에게 양도할 수 없다.
③ 전세목적물의 인도는 전세권의 성립요건이 아니다.
④ 전세목적물에 대한 사용, 수익 권능을 배제하고 채권담보만을 위해 설정한 전세권설정등기는 무효이다.
⑤ 전세권이 갱신 없이 그 존속기간이 만료되면 전세권의 용익물권적 권능은 전세권설정등기의 말소 없이도 당연히 소멸한다.

> **해설** 전세권자는 전세권을 타인에게 양도 또는 담보로 제공할 수 있고 그 존속기간 내에서 그 목적물을 타인에게 전전세 또는 임대할 수 있다. 그러나 설정행위로 이를 금지한 때에는 그러하지 아니하다(제306조). 그러므로 설정행위로 금지하는 등의 특별한 사정이 없다면 전세권자는 전세권설정자의 동의 없이도 전세권을 타인에게 양도할 수 있다.

정답 ②

CHAPTER 05 OX문제로 완벽 복습

01 지상권은 토지의 일부 또는 전부를 그 객체로 할 수 있다. (O | X)

02 대지와 건물이 동일한 소유자에게 속한 경우 건물에 전세권을 설정한 때에는 그 대지소유권의 특별승계인은 전세권설정자에 대하여 지상권을 설정한 것으로 본다. (O | X)

03 저당물의 경매로 인하여 토지와 그 지상건물이 다른 소유자에 속한 경우에는 토지소유자는 건물소유자에 대하여 지상권을 설정한 것으로 본다. (O | X)

04 지상권의 존속기간을 영구로 약정하는 것도 허용된다. (O | X)

05 종류를 정하지 않은 수목의 소유를 목적으로 한 지상권의 존속기간은 15년이다. (O | X)

06 지상권이 설정된 토지 위에 지상권자가 신축한 건물이 지상권자 자신의 과실(過失)로 소실된 때에는 그 지상권은 소멸한다. (O | X)

07 지상권이 저당권의 목적인 경우, 2년 이상의 지료연체를 이유로 하는 지상권소멸청구는 인정되지 않는다. (O | X)

08 구분지상권은 건물 기타의 공작물 및 수목을 소유하기 위해서 설정할 수 있다. (O | X)

09 토지소유자의 승낙 없이 분묘를 설치한 후 20년간 평온·공연하게 분묘기지를 점유한 자는 그 분묘기지의 소유권을 시효취득한다. (O | X)

10 동일인 소유의 토지와 건물이 매매로 인하여 그 소유자를 달리하게 되면 언제나 관습법상의 법정지상권이 성립한다. (O | X)

11 지상권의 최단존속기간에 관한 규정은 지상물을 소유하기 위한 목적이 아닌 기존 건물의 사용을 위한 목적의 지상권 설정에 적용되지 않는다. (O | X)

정답

01 O **02** O **03** O **04** O **05** X(수목 소유를 목적으로 한다면 수목의 종류를 불문하고 30년이다) **06** X(지상권의 목적물은 토지이므로 지상물이 멸실한 경우에도 지상권이 소멸하는 것은 아니다) **07** X(소멸청구는 인정되나, 저당권자에게 통지하고 상당한 기간이 경과하여야 한다) **08** X(수목 소유를 위한 구분지상권은 인정되지 않는다) **09** X(분묘기지권은 특수지상권의 일종으로서 소유권과는 관련이 없다) **10** X(기타 처분행위 시 건물에 대한 철거 특약이 없는 경우에만 성립한다) **11** O

12 미등기 무허가건물의 경우에도 그 구조와 종류가 확정되어 있다면 최단존속기간에 관한 제280조 규정이 적용된다. (○│×)

13 벌채권 확보를 위하여 지상권을 설정한 후 지상의 수목에 대한 벌채권이 소멸한 경우 지상권은 소멸한다. (○│×)

14 지상권에서 지료에 관한 약정을 등기하면 이로써 제3자에게 대항할 수 있다. (○│×)

15 지상권자의 지료지급 연체가 토지소유권의 양도 전후에 걸쳐 발생한 경우 토지양수인에 대한 연체기간이 2년 이상이 아니면 지상권소멸청구를 할 수 없다. (○│×)

16 나대지에 대한 저당권의 담보가치 하락을 방지하기 위하여 지상권이 설정된 경우 이후 저당권이 소멸하면 지상권도 소멸한다. (○│×)

17 관습법상 법정지상권의 등기 없이 지상의 건물만 양수한 자는 관습법상 법정지상권은 승계하지 못하고 지상권은 당초의 지상권자에게 유보된다. (○│×)

18 지역권은 독립된 물권이므로 요역지의 소유권과 분리하여 지역권만을 처분하거나 지역권만을 다른 권리의 목적으로 할 수 있다. (○│×)

19 요역지 공유자의 1인이 지역권을 취득한 때에는 다른 공유자도 이를 취득한다. (○│×)

20 지역권은 유상·무상 불문한다. (○│×)

21 지역권은 계속되고 표현된 것에 한하여 20년을 점유하면 등기 없이 시효취득할 수 있다. (○│×)

22 지역권자에게 방해제거청구권과 방해예방청구권은 인정되지만, 목적물반환청구권은 인정되지 않는다. (○│×)

23 지역권은 토지 전부를 위하여 토지 일부에 대하여 설정할 수 있다. (○│×)

24 토지공유자 1인은 지분에 관하여 그 토지를 위한 지역권 또는 그 토지가 부담한 지역권을 소멸하게 하지 못한다. (○│×)

25 지역권은 20년의 소멸시효에 걸린다. (○│×)

26 요역지가 수인의 공유인 경우 그중 1인만이 지역권 소멸시효의 중단 또는 정지를 한 경우 그 효력은 다른 공유자에게 미치지 않는다. (○│×)

27 요역지와 승역지는 서로 인접해야 하고 떨어진 토지에 대하여는 지역권을 설정할 수 없다. (○│×)

28 甲 소유의 건물에 대한 전세권자 乙이 사망한 경우에 전세권은 당연히 소멸한다. (○ | ×)

29 전세권설정자가 전세권자의 전세금의 지급을 면제하였다면 전세권은 성립하지 않는다. (○ | ×)

30 건물에 대한 전세권의 최단존속기간은 2년이다. (○ | ×)

31 전세목적물의 통상관리에 속한 수선의무는 전세권설정자에게 있다. (○ | ×)

32 전세권 설정 후 전세목적물이 양도된 경우 전세금의 반환은 전소유자와 새로운 소유자 중 전세권자의 선택에 좇아 반환을 청구할 수 있다. (○ | ×)

33 전세목적물의 일부가 전세권자의 책임 있는 사유로 멸실한 때에 그 부분에 대한 전세권은 소멸함이 원칙이다. (○ | ×)

34 전세권자의 필요비상환청구권은 과실을 수취하지 않을 것을 전제로 한다. (○ | ×)

35 전세권의 존속기간은 10년 이상으로 한다. (○ | ×)

36 기간의 정함이 없는 전세권의 양 당사자는 언제든지 전세권의 소멸을 통지할 수 있는 통지가 상대방에 도달한 후 6월이 경과하면 전세권은 소멸한다. (○ | ×)

37 전세권의 양도금지특약은 유효하고, 이로써 그 양도 및 담보제공은 제한된다. (○ | ×)

38 전세권에 대한 임대 또는 전전세는 그 전전세나 임대하지 않았더라면 면할 수 있었던 불가항력의 손해까지도 책임질 것을 전제로 한다. (○ | ×)

39 존속기간의 경과로 용익물권적 권능이 소멸하고 담보물권적 권능만 남은 전세권도 전세금반환채권과 함께 양도할 수 있다. (○ | ×)

40 부동산 일부에 전세권이 설정된 경우 전세권자는 전세권이 설정된 부분을 제외한 나머지 부분에 대하여는 우선변제권은 별론으로 하고 경매청구권은 없다. (○ | ×)

정답

12 ○ 13 ×(지상권은 부종성이 없으므로 별채권이 소멸한 경우라도 지상권이 소멸하는 것은 아니다) 14 ○ 15 ○ 16 ○ 17 ○ 18 ×(지역권은 소유권에 부종하므로 요역지의 소유권과 분리하여 지역권만 처분하거나 지역권만을 다른 권리의 목적으로 할 수 없다) 19 ○(불가분성) 20 ○ 21 ×(제245조를 준용하므로 등기해야 취득한다) 22 ○(배타적 지배권이 아니다) 23 ○ 24 ○ 25 ○ 26 ×(요역지가 수인의 공유인 경우 그 1인에 의한 지역권 소멸시효의 중단 또는 정지는 다른 공유자를 위하여 효력이 있다) 27 ×(지역권은 반드시 인접한 토지만을 대상으로 하는 것은 아니다) 28 ×(전세권은 물권으로서 양도·상속이 가능하다) 29 ○ 30 ×(1년이다) 31 ×(전세권자는 통상관리에 속한 수선의무가 있다) 32 ×(전세목적물이 양도된 경우 전세금반환청구·부속물매수청구의 상대방은 언제나 목적물의 소유권을 취득한 새로운 소유자이다) 33 ○(전세권자의 책임 있는 사유로 전세목적물이 멸실한 경우 전세권은 소멸하고, 전세권자는 손해배상 또는 원상복구의 책임을 진다) 34 ×(전세권자에게 과실의 수취권과 무관하게 필요비상환청구권은 인정되지 않는다) 35 ×(10년을 넘지 못한다) 36 ○ 37 ○ 38 ○ 39 ○ 40 ○

CHAPTER 06 담보물권

회독체크 1 2 3

CHAPTER 미리보기

학습전략

❶ 민법의 전형담보에는 유치권, 질권, 저당권이 있습니다.
❷ 저당권에서는 그 효력과 관련하여 매회 1문항씩 출제되고 있고, 유치권과 질권 중 유치권을 중심으로 주로 출제되고 있으며, 질권은 그 자체의 효력보다는 유치권과의 비교 문제가 출제된 바 있습니다.

학습키워드

- 담보물권의 종류
- 유치권의 효력
- 과실수취권
- 유치권과 질권의 비교
- 저당권의 성립
- 저당권의 효력
- 저당권과 용익관계
- 특수저당권

제1절 담보물권 일반

1 담보물권의 통유성(공통된 성질)

1. 부종성(附從性)

① 담보물권의 부종성이란 피담보채권이 성립해야 담보물권도 성립하고, 피담보채권이 소멸하면 담보물권도 소멸한다는 것을 말한다.
② 법정담보물권(유치권, 법정질권, 법정저당권)은 부종성이 엄격하게 적용되며, 이러한 부종성은 당사자 합의로 달리 정할 수 없음이 원칙이다.

2. 수반성(隨伴性)

① 수반성이란 이전상의 부종성을 말한다.
  ㉠ 이전상의 부종성이란 피담보채권이 그 동일성을 유지하면서 상속·양도 기타 사유로 이전하게 되면 담보물권도 역시 그에 따라 함께 이전된다는 것을 말한다.
  ㉡ 따라서 그 피담보채권과 분리하여 담보물권만의 양도는 원칙적으로 불가능하다.
② 담보물권의 수반성은 당사자 합의로 배제할 수도 있다.

3. 물상대위성(物上代位性)

> **제342조 【물상대위】** 질권은 질물의 멸실, 훼손 또는 공용징수로 인하여 질권설정자가 받을 금전 기타 물건에 대하여도 이를 행사할 수 있다. 이 경우에는 그 지급 또는 인도 전에 압류하여야 한다.

(1) 의의

① 물상대위성이란 담보물권의 목적물이 법률상·사실상 형태가 변경(멸실, 훼손, 공용징수)된 경우에는 그 변형된 가치변형물 위에 담보물권의 효력이 미치는 성질을 말한다.
② 물상대위성은 결국 우선변제권을 위하여 인정하는 성질이므로 목적물을 유치할 뿐이고, 그 교환가치에 대하여 우선변제권이 없는 유치권에는 물상대위성이 인정되지 않는다.
③ 물상대위는 질권에서 규정하고, 우선변제권이 있는 저당권에 준용하고 있으며(제372조), 유치권에는 준용하지 않는다.

(2) 물상대위는 **추급력**(追及力)이 끝나는 곳에서 시작된다

① 추급력이란 담보물의 소유자가 변동되더라도 담보물권은 소유권 변동과 무관하게 그 담보물 자체가 존재한다면 그 물건에 담보권을 실행하여 급부를 청구할 수 있음을 의미한다.
② 멸실, 훼손, 공용징수의 경우에는 추급할 수 없으므로 물상대위가 가능하지만,
③ 매매나 임대차의 경우에는 추급할 수 있으므로 물상대위가 허용되지 않는다.
④ 그러나 저당권이 설정된 토지가 「공익사업을 위한 토지 등의 취득 및 보상에 관한 법률」에 따라 협의취득된 경우, 저당권자는 토지소유자가 수령할 보상금에 대하여 물상대위를 할 수 없다(80다2109).

(3) 물상대위의 대상

물상대위의 대상은 질물의 멸실·훼손 또는 공용징수로 인하여 발생하는 가치변형물로서 설정자가 받을 금전 기타 물건의 지급청구권 또는 인도청구권 자체에 대하여 효력이 미치는 것이고, 이미 지급된 이후의 금전이 그 대상이 되는 것은 아니다.

(4) 지급 또는 인도 전에 압류

① 물상대위를 행사하기 위해서는 청구권에 의한 금전이 설정자에게 지급 또는 인도되기 전에 압류할 것을 요한다(제342조 후단).
② 압류는 가치변형물에 대한 특정성(特定性)을 보존하기 위한 것이므로 반드시 질권자에 의한 압류뿐만 아니라 제3자의 압류도 유효하다.
③ 또한 목적물의 멸실로 인한 손해배상 또는 보상을 위한 공탁의 경우에도 그 공탁물 위에 물상대위를 인정할 수 있다(判).

4. **불가분성**(不可分性)

(1) 의의

① 불가분성이란 피담보채권의 전부를 변제받을 때까지 목적물의 전부에 대해 권리를 행사할 수 있음을 말한다.
② 피담보채권의 일부가 변제·상계·경개·면제·혼동 등으로 인하여 소멸되더라도 그 목적물의 일부가 담보물권의 효력범위에서 제외되는 것은 아니다.
③ 담보물이 분할되어도 분할 후의 각 담보물 위에 채권액 전부에 대하여 담보물권의 효력이 미친다.
④ 공유지분 위에 담보물권이 설정된 후 공유물이 분할되어도 분할된 물건 각 부분에 대하여 분할 전 지분의 범위 내에서 담보물권이 존속한다.

⑤ 저당부동산이 수개인 경우(공동저당) 수개의 목적물 전부에 대하여 저당권을 실행할 수도 있고, 수개의 저당물 중 일부만에 대하여 저당권을 실행할 수도 있으며 일부 목적물에 대해서도 피담보채권 전액을 우선변제받을 수 있다. 이때 후순위 저당권자가 있다면 후순위 저당권자의 대위가 인정된다(제368조 제2항).

(2) 불가분성은 담보물권의 효력을 강력하게 보호하기 위해 인정되는 것으로서 모든 담보물권에 공통적으로 인정된다.

(3) 불가분성의 예외

① 공동저당의 동시배당에 있어서 경매대가에 비례한 채권의 분담(제368조 제1항)
② 불가항력으로 인한 전세목적물의 일부멸실 시 전세금의 감액(제312조의2)
③ 또한 유치권에서 견련관계 없는 타 담보의 제공으로 유치권의 소멸청구(제327조)로 인한 유치권의 소멸 등의 예외가 있다.

2 담보물권의 효력

1. 우선변제적(優先辨濟的) 효력

① 채권자가 채무의 변제를 받지 못하는 때에는 담보목적물의 교환가치로부터 다른 채권자보다 우선적으로 변제를 받을 수 있는 효력을 말한다.
② 담보물권의 우선변제적 효력은 질권·저당권에 인정되지만, 유치권에는 우선변제적 효력이 없다.

2. 유치적(留置的) 효력

① 채권자가 담보목적물을 점유함으로써 채무자로 하여금 채무를 변제하도록 심리적 압박을 가하는 담보물권의 효력을 말한다.
② 유치권과 질권에서 인정되며, 점유를 수반하지 않는 저당권에서는 유치적 효력이 인정되지 아니한다.

3. 수익적(收益的) 효력

① 담보권자인 채권자가 담보목적물로부터 생기는 수익으로 채무변제에 충당하는 것을 말한다.
② 민법이 인정하는 담보물권(유치권·질권·저당권)으로 수익적 효력을 갖는 경우는 없다.
③ 다만, 전세권의 담보물권성을 인정할 경우에 이를 수익적 효력으로 인정할 수 있다.

4. 담보물권의 추급력

담보물권이 성립한 후 그 지배관계의 변동으로 담보물이 누구의 지배에 속하든 그 소재하는 곳에 추급하여 담보물권을 행사할 수 있는 효력으로서 질권과 저당권에 인정된다.

구분	성질	경매권	별제권	간이변제충당	유치적 효력	우선변제적 효력
유치권	법정	○	○	○	○	×
질권	약정	○	○	○	○	○
저당권	약정	○	○	×	×	○
전세권	약정	○	○	×	○	○

제2절 유치권

1 서설

1. 의의

유치권(留置權)이란 타인의 물건 또는 유가증권을 점유한 자가 그 물건이나 유가증권에 관하여 생긴 채권이 변제기에 있는 경우에 그 채권의 변제를 받을 때까지 그 물건 또는 유가증권을 유치할 수 있는 권리를 말한다(제320조 제1항).

2. 법적 성질

(1) 물권으로서의 성질

① 유치권은 타인의 물건을 유치하여 점유할 수 있는 독립한 물권이다.
② 대세적 효력
  ㉠ 유치권은 물권이므로 유치권자는 그 피담보채권을 변제받을 때까지 채무자뿐만 아니라 모든 사람에 대하여 유치권을 주장할 수 있다.
  ㉡ 목적물의 소유권이 변동된 경우에도 유치권자는 새로운 소유자에 대하여 유치권을 행사할 수 있다.
  ㉢ 질권이나 저당권이 성립한 이후에 유치권이 성립하였고, 그 선순위의 질권이나 저당권에 의한 담보권 실행경매가 실행된 경우에도 원칙적으로 유치권은 소멸하지 않는다.

③ 유치권자의 물권적 청구권
   ㉠ 유치권은 추급력이 없으므로 유치권 자체에 기한 물권적 반환청구권은 인정되지 않고, 유치권자의 점유 침탈 시 점유권에 기한 물권적 청구권을 행사하여 유치물의 반환을 받을 수 있을 뿐이다.
   ㉡ 유치권자도 유치권에 기한 방해제거 또는 방해예방청구권은 인정된다(통설).

(2) 담보물권으로서의 성질

① **법정담보물권** : 유치권은 법률상 일정한 요건을 갖추면 성립하는 법정담보물권이므로 등기 없이도 당연히 취득한다.
② **담보물권으로서 유치권의 불가분성**
   ㉠ 유치물은 그 각 부분으로써 피담보채권의 전부를 담보하며, 이와 같은 유치권의 불가분성은 그 목적물이 분할 가능하거나 수개의 물건인 경우에도 적용된다. 그러므로 다세대주택의 창호 등의 공사를 완성한 하수급인이 공사비채권 잔액을 변제받기 위하여 다세대주택 중 한 세대를 점유하여 유치권을 행사하는 경우 그 유치권은 한 세대에 대하여 시행한 공사비만이 아니라 다세대주택 전체에 대하여 시행한 공사비채권의 잔액 전부를 피담보채권으로 하여 성립한다(2005다16942).
   ㉡ 다만, 분할이 가능한 토지 일부분을 개간하여 그 토지 일부분에 대한 채권만을 가진 자는 그 개간한 일부분의 토지에 대하여만 유치권을 주장할 수 있고 토지 전부에 대한 유치권을 주장할 수는 없다(67다2786).
③ 법률상 우선변제권이 없는 유치권에는 담보물권의 통유성 중 물상대위성이 없다.
④ 유치권은 법률상 우선변제적 효력은 없으나, 사실상의 강력한 우선변제적 효력이 있다.

2 성립요건

> **제320조 【유치권의 내용】** ① 타인의 물건 또는 유가증권을 점유한 자는 그 물건이나 유가증권에 관하여 생긴 채권이 변제기에 있는 경우에는 변제를 받을 때까지 그 물건 또는 유가증권을 유치할 권리가 있다.
> ② 전항의 규정은 그 점유가 불법행위로 인한 경우에 적용하지 아니한다.

1. 목적물

① 목적물은 타인의 물건(부동산·동산) 또는 유가증권이다(제320조 제1항).
② 이때 목적물은 반드시 채무자 소유일 필요는 없고, 채무자가 아닌 제3자 소유의 목적물 위에도 유치권이 성립할 수 있다.

③ 부동산에 대한 유치권의 경우에도 등기가 필요 없으며, 유가증권을 목적으로 하는 경우에도 배서는 필요 없다.

> **판례** 유치권의 목적물: 타인의 물건
>
> ① 유치권은 타 물권인 점에 비추어 볼 때 수급인의 재료와 노력으로 건축되었고 독립한 건물에 해당하는 기성부분은 수급인의 소유라 할 것이므로 수급인은 공사대금을 지급받을 때까지 이에 대하여 유치권을 가질 수 없다(91다14116).
> ② 건물의 신축공사를 도급받은 수급인이 사회통념상 독립한 건물이라고 볼 수 없는 정착물을 토지에 설치한 상태에서 공사가 중단된 경우에 위 정착물은 토지의 부합물에 불과하여 이러한 정착물에 대하여 유치권을 행사할 수 없는 것이고, 또한 공사중단 시까지 발생한 공사금채권은 토지에 관하여 생긴 것이 아니므로 위 공사금채권에 기하여 토지에 대하여 유치권을 행사할 수도 없는 것이다(2007마98).

2. 목적물의 적법(適法)한 계속적 점유

(1) 유치물에 대한 점유

① 유치권자의 목적물에 대한 점유는 직접점유, 간접점유를 불문한다(2002마3516)..
② 그러나 채무자를 직접점유자로 하여 채권자가 목적물을 간접점유하는 경우에는 유치권이 성립하지 않는다(2007다27236).
③ 채권자와 채무자가 목적물을 공동으로 점유하는 경우에도 채권자를 위한 유치권은 성립한다.

(2) 계속적 점유

① 유치물의 점유는 유치권의 성립요건인 동시에 존속요건으로서 유치권자의 유치물에 대한 점유는 계속되어야 한다.
② 즉, 점유의 계속은 유치권의 존속요건이다.

(3) 적법한 점유

① 유치물에 대한 적법한 점유가 있어야 한다. 불법점유 중에 지출한 비용으로는 유치권을 주장할 수 없다(제320조 제2항).
② 임대차 종료 후 목적물반환의무가 있는 임차인이 목적물을 계속점유하면서 지출한 필요비와 유익비를 피담보채권으로 하는 유치권은 성립하지 않는다.
③ 채권자가 유치권 소멸 후에 목적물을 계속하여 점유하는 경우, 적법한 유치의 의사나 효력이 있다고 볼 수는 없다(2010마1544).

> **판례** 유치권과 점유
>
> ① 건물임차인이 임대차계약의 해제(해지) 후에도 계속 건물을 점유하고 그 기간 동안에 필요비나 유익비를 지출하더라도 그 상환청구권에 관해서는 유치권이 성립하지 않는다(66다2144).
> ② 유치권의 성립요건인 유치권자의 점유는 직접점유이든 간접점유이든 관계없지만, 유치권자는 채무자의 승낙이 없는 이상 그 목적물을 타에 임대할 수 있는 처분권한이 없으므로(민법 제324조 제2항 참조), 유치권자의 그러한 임대행위는 소유자의 처분권한을 침해하는 것으로서 소유자에게 그 임대의 효력을 주장할 수 없고, 따라서 소유자의 동의 없이 유치권자로부터 유치권의 목적물을 임차한 자의 점유는 구 민사소송법(2002. 1. 26. 법률 제6626호로 전문 개정되기 전의 것) 제647조 제1항 단서에서 규정하는 '경락인에게 대항할 수 있는 권원'에 기한 것이라고 볼 수 없다(2002마3516).

3. 피담보채권인 '목적물에 관하여 생긴 채권(견련관계 있는 채권)'의 존재

(1) 견련(牽聯)성이 있는 채권

유치권이 성립하기 위해서는 채권과 목적물 사이의 견련성(牽連性)이 있어야 한다.

① **채권이 목적물 자체로부터 발생한 경우**
  ㉠ 목적물에 지출한 비용(필요비·유익비) 등의 상환청구권
  ㉡ 목적물에 대한 수선비·수리비·공사비채권
  ㉢ **목적물로부터 발생한 불법행위로 인한 손해배상청구권**: 타인이 설치한 공작물의 하자로 인한 손해, 타인이 사육하는 동물의 공격으로 인한 손해 등

② 채권이 목적물반환청구권과 동일한 법률관계 또는 사실관계로부터 발생한 경우에도 견련성이 인정된다.

  ○ 동시이행의 항변권과 유치권이 동시에 성립

  ㉠ **동일한 법률관계**: 매매계약의 해제된 경우의 부당이득으로서 대금반환청구권과 목적물의 반환청구권 사이에 견련성이 인정된다.
  ㉡ **동일한 사실관계**: 우연히 물건을 서로 바꾸어 간 경우에 상호간에 물건의 반환청구권 사이에도 견련성이 인정된다.

③ 채무불이행으로 인한 손해배상채권은 원채권과 동일성이 인정되므로 견련관계 있는 원채권이 이행불능이 된 경우 그 채무불이행으로 인한 손해배상청구권(76다582)도 유치권의 피담보채권이 될 수 있는 견련관계 있는 채권에 해당한다.

④ 유가증권의 유상수치로 인한 보수청구권도 견련성이 인정된다.

(2) 견련성이 인정되지 않는 경우(유치권이 성립하지 않는 경우)

① 당사자간의 계약의 내용으로 발생한 채권, 즉 보증금반환채권, 권리금반환채권, 부속물매수청구권의 행사로 취득한 매매대금채권에 관하여는 유치권이 성립하지 않는다.

② **사람의 배신행위(불법행위)에서 비롯한 손해배상청구권**
　㉠ 부동산이중매매, 양도담보권자의 처분, 임대인의 처분의 경우 등 일방의 배신행위로 인한 손해배상채권에 대해서는 유치권이 성립하지 않는다.
　㉡ 임대인이 임대차계약 시 약정한 내용으로 건물시설을 아니하였기 때문에 건물을 임차목적대로 사용하지 못함으로써 발생한 임차인의 손해배상청구권(75다1305)은 유치권의 피담보채권이 아니다.

(3) '채권의 발생'과 목적물의 '점유'와의 견련성은 요구되지 않는다
① 유치권의 피담보채권이 될 수 있는 견련관계 있는 채권은 반드시 목적물의 점유 중 또는 점유와 동시에 발생한 것에만 국한(局限)하는 것은 아니다.
② 목적물을 점유하기 전에 그 목적물과 견련관계 있는 채권이 발생하였고, 그 후 채권자가 적법하게 목적물의 점유를 취득한 경우에도 유치권은 성립한다.

> **판례** 　견련관계 있는 채권
>
> [유치권이 성립하지 않는 경우]
> ① 임대인과 임차인 사이에 건물 명도 시 권리금의 반환을 약정하였다 하더라도 그와 같은 권리금의 반환청구권은 건물에 관하여 생긴 채권이라 할 수 없으므로 건물에 대한 유치권을 인정할 수 없다(93다62119).
> ② 임차인의 부속물매수청구권 행사로 인한 매매대금을 피담보채권으로 하여 임차목적물을 유치할 수는 없다(77다115).
> ③ 甲이 건물 신축공사 수급인인 乙 주식회사와 체결한 약정에 따라 공사현장에 시멘트와 모래 등의 건축자재를 공급한 사안에서, 甲의 건축자재대금채권은 매매계약에 따른 매매대금채권에 불과할 뿐 건물 자체에 관하여 생긴 채권이라고 할 수는 없다(2011다96208).
>
> [유치권이 성립하는 경우]
> ① 주택건물의 신축공사를 한 수급인이 그 건물을 점유하고 있고 또 그 건물에 관하여 생긴 공사금채권이 있다면, 그 수급인은 그 채권을 변제받을 때까지 건물을 유치할 권리가 있다(95다16202).
> ② 채무불이행에 의한 손해배상청구권은 원채권의 연장이라 보아야 할 것이므로 물건과 원채권과 사이에 견련관계가 있는 경우에는 그 손해배상채권과 그 물건과의 사이에도 견련관계가 있다 할 것으로서 손해배상채권에 관하여 유치권 항변을 내세울 수 있다 할 것이다(76다582).

4. 채권의 변제기의 도래
① 유치권이 성립하려면 견련관계 있는 채권(피담보채권)의 변제기가 도래하여야 한다.
② 유익비상환청구권에 관하여 법원이 상당한 상환기간을 허여한 경우(제203조 제3항, 제310조 제2항, 제626조 제2항 후단 등)에는 아직 피담보채권의 변제기가 도래하지 않는 것이므로 유치권은 성립하지 않는다.

③ 유치권에서는 피담보채권의 변제기 도래가 유치권의 성립요건이지만, 질권과 저당권에서는 피담보채권의 변제기 도래가 질권과 저당권의 실행요건이다.

5. 유치권배제특약의 부존재

① 유치권에 관한 규정은 임의규정이다. 그러므로 당사자 사이에 유치권을 배제하는 특약이 없어야 한다.
② 건물의 임차인이 임대차관계 종료 시에 건물을 원상으로 복구하여 임대인에게 명도하기로 약정한 것은 건물에 지출한 각종 유익비의 상환청구권을 미리 포기하기로 한 취지의 특약이라고 볼 수 있어, 임차인은 유치권을 주장할 수 없다(73다2010).
③ 유치권배제특약은 유효인 특약으로서 그 특약에 따른 효력은 특약의 상대방뿐 아니라 그 밖의 사람도 주장할 수 있다(2016다234043).
④ 유치권배제특약에도 조건을 붙일 수 있다(2016다234043).

3 효력

1. 유치권자의 권리

(1) 목적물의 유치(제320조)

① 유치(留置)란 채권의 변제를 받을 때까지 점유를 계속하면서 인도를 거절하는 것을 말한다.
② 유치권자는 자기 채권의 변제를 받을 때까지 목적물을 유치할 수 있다.

> **판례** 유치물인도청구에 관한 판결
>
> 원고(原告)의 목적물인도청구의 소에 있어서 피고(被告)가 유치권을 주장하는 경우 법원은 상환이행판결(원고일부승소), 즉 당사자 쌍방은 채무의 변제와 상환의 방법으로 물건을 인도하라는 판결을 하여야 한다(69다1592).

(2) 경매권과 간이변제충당권

> **제322조【경매, 간이변제충당】** ① 유치권자는 채권의 변제를 받기 위하여 유치물을 경매할 수 있다.
> ② 정당한 이유 있는 때에는 유치권자는 감정인의 평가에 의하여 유치물로 직접 변제에 충당할 것을 법원에 청구할 수 있다. 이 경우에는 유치권자는 미리 채무자에게 통지하여야 한다.

① **경매권**
  ㉠ 유치권자는 채권의 변제를 받기 위하여 목적물을 경매할 수 있다.
  ㉡ 유치물에 대한 경매절차에서 유치권자는 우선변제권이 없으므로 유치권자에 의한 경매실행은 우선변제를 위한 경매가 아니라 환가(換價)를 위한 경매로서의 성질을 가진다.

ⓒ 다만, 유치권자도 우선변제권은 없으나 일반채권자로서 배당에 참가하여 그 채권액에 비례하여 안분배당을 받을 수는 있다.

② 간이변제충당권

㉠ 정당한 이유가 있을 때에는 유치권자는 채무자에게 미리 통지하고, 감정인의 평가에 의하여 유치물로 직접 채무의 변제에 충당할 것을 법원에 청구할 수 있다.

㉡ 법원이 간이변제충당을 허가하는 결정을 하면 유치권자는 유치물의 소유권을 취득한다. 이는 법률규정에 의한 소유권 취득이므로 부동산의 경우에는 등기 없이도 취득한다.

㉢ 감정인의 평가액이 채권액을 초과하는 경우에는 그 초과액은 유치권자가 채무자에게 상환하여야 하며, 평가액이 채권액에 미달하는 때에는 유치권자는 추가로 청구할 수 있다.

(3) 유치권자에게는 우선변제권이 인정되지 않는다

① 유치권에는 원칙적으로 법률상 우선변제권은 없으나, 채무자 또는 제3자가 목적물을 인도받으려면 유치권자에게 채무를 변제할 책임을 지므로 사실상 우선변제권이 있는 것과 마찬가지로 된다.

② 유치권의 목적물인 부동산(유치물)이 경락된 경우 유치권자는 경락인의 목적물인도청구에 대하여 거절만 할 수 있을 뿐이지 채무자가 아닌 경락인에게 피담보채권의 변제를 청구할 수 없다(95다8713).

③ 예외적으로 (사실상) 유치권자에게 간이변제충당권, 과실수취권과 변제충당, 별제권 등의 경우 우선권이 인정된다.

유치권이 성립하지 않는 경우	• 불법행위에 의해 점유를 개시한 경우 • 타인의 물건을 절취하거나 횡령한 자가 그 물건을 수선한 경우 그 수선비채권은 유치권의 피담보채권이 될 수 없다. • 임대차계약 해제·해지 후에도 임차인이 계속 건물을 점유하고 그 기간 동안 지출한 필요비·유익비상환청구권으로는 유치권이 성립하지 않는다.
유치권은 성립하나, 유치권으로 대항할 수 없는 경우	• 건물의 점유자가 건물의 원시취득자에게 그 건물에 관한 유치권이 있다고 하더라도 그 건물의 존재와 점유가 토지소유자에게 불법행위가 되고 있다면 그 유치권으로 토지소유자에게 대항할 수 없다. • 목적물의 점유가 불법점유가 아니더라도 타인의 압류가 먼저 있는 경우에도 유치권으로써 그 압류에 대항할 수 없다. • 강제경매개시결정의 기입등기가 경료되어 압류의 효력이 발생한 이후에 채무자가 위 부동산에 관한 공사대금채권자에게 그 점유를 이전함으로써 그로 하여금 유치권을 취득하게 한 경우

> **개념적용 문제**
>
> **민사유치권에 관한 설명으로 옳지 않은 것은? (다툼이 있으면 판례에 따름)** 제28회 기출
>
> ① 유치권 배제 특약에는 조건을 붙일 수 없다.
> ② 채무자의 직접점유를 통한 채권자의 간접점유는 유치권의 요건으로서의 점유에 해당하지 않는다.
> ③ 유치권자는 피담보채권을 변제받기 위하여 유치물을 경매할 수 있다.
> ④ 채무자는 상당한 담보를 제공하고 유치권의 소멸을 청구할 수 있다.
> ⑤ 유치권의 행사는 피담보채권의 소멸시효의 진행에 영향을 미치지 아니한다.
>
> **해설** 조건은 법률행위의 효력 발생 또는 소멸을 장래의 불확실한 사실의 발생 여부에 의존케 하는 법률행위의 부관으로서, 법률행위에서 효과의사와 일체적인 내용을 이루는 의사표시 그 자체라고 볼 수 있다. 유치권 배제 특약에도 조건을 붙일 수 있는데, 조건을 붙이고자 하는 의사가 있는지는 의사표시에 관한 법리에 따라 판단하여야 한다(2016다234043).
>
> 정답 ①

(4) 과실수취권

> **제323조 【과실수취권】** ① 유치권자는 유치물의 과실을 수취하여 다른 채권보다 먼저 그 채권의 변제에 충당할 수 있다. 그러나 과실이 금전이 아닌 때에는 경매하여야 한다.
> ② 과실은 먼저 채권의 이자에 충당하고 그 잉여가 있으면 원본에 충당한다.

(5) 유치물사용권

① **승낙에 의한 사용권**
  ㉠ 유치권자는 채무자의 승낙 없이 유치물의 사용, 대여 또는 담보제공을 하지 못한다(제324조 제2항 본문).
  ㉡ 채무자란 유치물의 소유자를 말한다. 따라서 채무자와 소유자가 다른 경우 소유자(물상보증인)의 승낙을 받아야 한다.

② **보존에 필요한 사용권**
  ㉠ 보존에 필요한 사용은 채무자의 승낙이 없더라도 가능하다.
  ㉡ 유치권자가 유치물의 보존에 필요한 사용을 한 경우에도 특별한 사정이 없는 한 차임에 상당한 이득을 소유자에게 반환할 의무가 있다(2009다40684).

> **판례** 유치권의 행사와 부당이득의 반환

① 부동산임차인이 비용상환청구권에 관한 유치권을 행사하기 위하여 종전대로 그 부동산을 사용하는 것도 보존에 필요한 사용이라 할 수 있고, 이는 유치권자의 적법행위이므로 불법행위로 인한 손해배상책임을 지지 않는다(63다235).
② 유치권자가 보존에 필요한 사용으로서 실질적인 이익을 얻은 경우 이는 부당이득으로 채무자에게 반환하여야 한다(71다2414).
③ 공사대금채권에 기하여 유치권을 행사하는 자가 스스로 유치물인 주택에 거주하며 사용하는 것은 특별한 사정이 없는 한 유치물인 주택의 보존에 도움이 되는 행위로서 유치물의 보존에 필요한 사용에 해당한다고 할 것이다. 그리고 유치권자가 유치물의 보존에 필요한 사용을 한 경우에도 특별한 사정이 없는 한 차임에 상당한 이득을 소유자에게 반환할 의무가 있다(2009다40684).
④ 주택건물의 신축공사를 한 수급인이 그 건물을 점유하고 있고 또 그 건물에 관하여 생긴 공사금채권이 있다면, 수급인은 그 채권을 변제받을 때까지 건물을 유치할 권리가 있다고 할 것이고, 이러한 유치권은 수급인이 점유를 상실하거나 피담보채무가 변제되는 등 특단의 사정이 없는 한 소멸되지 않는다(95다16202).

(6) 비용상환청구권

> **제325조【유치권자의 상환청구권】** ① 유치권자가 유치물에 관하여 필요비를 지출한 때에는 소유자에게 그 상환을 청구할 수 있다.
> ② 유치권자가 유치물에 관하여 유익비를 지출한 때에는 그 가액의 증가가 현존한 경우에 한하여 소유자의 선택에 좇아 그 지출한 금액이나 증가액의 상환을 청구할 수 있다. 그러나 법원은 소유자의 청구에 의하여 상당한 상환기간을 허여할 수 있다.

① 유치권자가 유치물에 관해 필요비를 지출한 때에는 소유자에게 그 상환을 청구할 수 있다. 상환청구권자는 유치권자에 한하고, 상대방은 소유자로 규정되어 있으나 채무자를 말한다.
② 유치권자는 유치권 행사로서 목적물 점유 중에 지출한 비용(필요비·유익비)을 피담보채권으로 유치권을 주장할 수 있다.

> **판례** 유치권자의 비용상환청구권
>
> 유치권자가 유치물에 관하여 새로이 유익비를 지출하여 그 가액의 증가가 현존한 경우에는 이 유익비에 대하여도 유치권을 행사할 수 있다(71다2414).

2. 유치권자의 의무

> **제324조【유치권자의 선관의무】** ① 유치권자는 선량한 관리자의 주의로 유치물을 점유하여야 한다.
> ② 유치권자는 채무자의 승낙 없이 유치물의 사용, 대여 또는 담보제공을 하지 못한다. 그러나 유치물의 보존에 필요한 사용은 그러하지 아니하다.

4 유치권의 소멸

1. 일반적 소멸원인

(1) 모든 물권 일반의 소멸사유

① 유치권은 목적물의 멸실, 공용징수, 혼동, 몰수, 포기 등에 의하여 소멸한다.
② 유치권은 담보물권이므로 피담보채권에 부종한다. 그러므로 피담보채권과 독립하여 독자적으로 소멸시효에 걸리지 않는다. 그러나 유치권의 피담보채권이 소멸하면 그 부종성으로 인하여 유치권도 소멸한다.

(2) 담보물권에 공통된 소멸사유 – 피담보채권의 소멸

> **제326조【피담보채권의 소멸시효】** 유치권의 행사는 채권의 소멸시효의 진행에 영향을 미치지 아니한다.

① 피담보채권이 변제·대물변제·공탁·상계·소멸시효 등으로 소멸하면 유치권은 소멸한다.
② 유치권자가 유치권을 행사하더라도 '피담보채권의 소멸시효'는 그와 관계없이 진행한다(제326조). 즉, 유치권 행사는 피담보채권의 소멸시효 중단사유가 아니다.

2. 유치권 특유의 소멸원인

(1) 유치권소멸청구 – 유치권자의 의무위반

> **제324조【유치권자의 선관의무】** ① 유치권자는 선량한 관리자의 주의로 유치물을 점유하여야 한다.
> ② 유치권자는 채무자의 승낙 없이 유치물의 사용, 대여 또는 담보제공을 하지 못한다. 그러나 유치물의 보존에 필요한 사용은 그러하지 아니하다.
> ③ 유치권자가 전2항의 규정(선관의무 및 무단사용 등의 금지의무)에 위반한 때에는 채무자는 유치권의 소멸을 청구할 수 있다.

① 선관주의의무 또는 사용금지의무 위반을 이유로 유치권소멸청구를 하는 경우, 이는 형성권이므로 채무자(소유자)의 일방적 의사표시로 유치권은 소멸한다(제324조 제3항).

② 다만, 채무자(소유자)가 실제로 유치권의 소멸청구를 한 경우에 유치권이 소멸하는 것이지 유치권자의 위반사실만으로 곧바로 유치권이 소멸하는 것은 아니다.
③ 유치권의 소멸청구로 유치권은 장래를 향하여 소멸한다. 따라서 유치권자가 그 전에 한 행위(과실수취 등)는 유효하다.
④ 유치권의 소멸청구권은 채무자 또는 유치물의 소유자를 보호하기 위한 규정으로서 채무자뿐만 아니라 유치물의 소유자도 유치권의 소멸사유를 주장하여 유치권의 소멸을 청구할 수 있다.

(2) 타 담보 제공에 의한 소멸

> **제327조【타 담보 제공과 유치권소멸】** 채무자는 상당한 담보를 제공하고 유치권의 소멸을 청구할 수 있다.

① 채무자는 상당한 담보를 제공하고 유치권의 소멸을 청구할 수 있다(제327조). 소멸청구를 할 수 있는 자는 채무자로 되어 있으나, 소유자도 소멸청구를 할 수 있다.
② 이때 담보란 연대보증과 같은 인적 담보와 저당권·질권과 같은 물적 담보 모두가 포함된다.
③ 제공되는 담보는 피담보채무에 상당한 것으로서 현실적으로 제공되어야 한다.
④ 여기서 타 담보 제공을 이유로 하는 유치권소멸청구권은 형성권이 아니므로 유치권자의 승낙 또는 이에 갈음하는 판결이 있어야 유치권이 소멸하게 된다.

3. 점유의 상실

> **제328조【점유상실과 유치권소멸】** 유치권은 점유의 상실로 인하여 소멸한다.

① 유치권은 목적물에 대한 점유를 그 본체로 하는 권리이기 때문에 점유를 상실하면 유치권도 소멸한다.
② 유치권에 기한 물권적 반환청구권은 인정되지 않는다.
③ 다만, 점유의 침탈로 점유를 상실한 경우 침탈당한 후 1년 내에 점유를 회수한 경우에 한하여 처음부터 점유를 상실하지 않았던 것으로 되어 유치권이 되살아나지만, 위와 같은 방법으로 점유를 회복하기 전에는 유치권이 되살아나는 것은 아니다.
④ 유치권의 침해행위로 유치권자에게 손해가 발생한 경우에 그 손해배상청구권의 행사기간에 관하여는 점유권에 관한 내용이 적용되지 않으므로, 10년의 소멸시효 대상이다.

판례　점유권

① 甲주식회사가 건물신축 공사대금 일부를 지급받지 못하자 건물을 점유하면서 유치권을 행사해 왔는데, 그 후 乙이 경매절차에서 건물 중 일부 상가를 매수하여 소유권이전등기를 마친 다음 甲회사의 점유를 침탈하여 丙에게 임대한 사안에서, 乙의 점유침탈로 甲회사가 점유를 상실한 이상 유치권은 소멸하고, 甲회사가 점유회수의 소를 제기하여 승소판결을 받아 점유를 회복하면 점유를 상실하지 않았던 것으로 되어 유치권이 되살아나지만, 위와 같은 방법으로 점유를 회복하기 전에는 유치권이 되살아나는 것은 아니다(2011다72189).
② 유치권소멸청구는 유치권자의 선량한 관리자의 주의의무 위반에 대한 제재로서 "채무자 또는 유치물 소유자를 보호하기 위한 규정"이라며 특별한 사정이 없는 한 민법 324조 2항을 위반한 임대행위가 있었던 뒤에 유치물의 소유권을 취득한 제3자도 유치권소멸청구를 할 수 있다(2019다16077)
③ 점유회수의 소의 점유에는 직접점유뿐만 아니라 간접점유도 포함되나, 간접점유를 인정하기 위해서는 간접점유자와 직접점유를 하는 자 사이에 일정한 법률관계, 즉 점유매개관계가 필요하다. 이러한 점유매개관계는 직접점유자가 자신의 점유를 간접점유자의 반환청구권을 승인하면서 행사하는 경우에 인정된다(2011다61424).
④ 점유의 회수와 관련한 민법 제204조 제3항은 본권 침해로 발생한 손해배상청구권의 행사에는 적용되지 않으므로 점유를 침탈당한 자가 본권인 유치권 소멸에 따른 손해배상청구권을 행사하는 때에는 민법 제204조 제3항이 적용되지 아니하고, 점유를 침탈당한 날부터 1년 내에 행사할 것을 요하지 않는다(2021다213866).

개념적용 문제

甲 소유 X주택의 공사수급인 乙이 공사대금채권을 담보하기 위하여 X에 관하여 적법하게 유치권을 행사하고 있다. 이에 관한 설명으로 옳지 않은 것은? (다툼이 있으면 판례에 따름)

제27회 기출

① 乙이 X에 계속 거주하며 사용하는 것은 특별한 사정이 없는 한 적법하다.
② 乙은 X에 관하여 경매를 신청할 수 있으나 매각대금으로부터 우선변제를 받을 수는 없다.
③ 甲의 X에 관한 소유물반환청구의 소에 대하여 乙이 유치권의 항변을 하는 경우, 법원은 상환이행판결을 한다.
④ 乙이 X의 점유를 침탈당한 경우, 1년 내에 점유회수의 소를 제기하여 승소하면 점유를 회복하지 않더라도 유치권은 회복된다.
⑤ 乙이 X의 점유를 침탈당한 경우, 점유침탈자에 대한 유치권 소멸을 원인으로 한 손해배상청구권은 점유를 침탈당한 날부터 1년 내에 행사할 것을 요하지 않는다.

해설　유치권에 대한 점유의 침탈로 인하여 점유를 상실한 경우 유치권은 소멸하는 것이고 이후 점유회수의 소를 제기하여 승소판결을 받아 점유를 회복하면 점유를 상실하지 않았던 것으로 되어 유치권이 되살아나지만, 위와 같은 방법으로 점유를 회복하기 전에는 유치권이 되살아나는 것이 아니다(2011다72189).

정답　④

제3절 질권

1 서설

1. 의의

① 질권이란 채권자가 그의 채권의 담보로서 채무자 또는 제3자인 물상보증인으로부터 받은 동산 또는 재산권을 채무의 변제가 있을 때까지 유치함으로써 채무의 변제를 간접적으로 강제하는 동시에 변제가 없는 경우 그 목적물로부터 우선적으로 변제를 받는 권리를 말한다.
② 질권은 목적물의 점유가 질권자에게 이전되어 유치적 효력을 가진다는 점에서 유치권과 같고, 저당권과는 다르다. 그러나 약정담보물권이며 우선변제적 효력이 있다는 점에서는 저당권과 같다.

2. 법적 성질

(1) 타 물권

① 질권은 채무자 또는 제3자가 제공한 담보물(동산·재산권)의 교환가치를 직접적·배타적으로 지배하는 것을 내용으로 하는 제한물권이다.
② 질권이 설정되면 질권자가 목적물을 점유하고 질권설정자는 더 이상 목적물을 점유하지 않으므로 목적물에 필요비와 유익비를 지출한 질권자는 이를 피담보채권으로 유치권을 주장할 수 있다.

(2) 약정담보물권

① 질권은 약정담보물권으로서 부종성·수반성·불가분성·물상대위성이 있으며, 유치적 효력과 우선변제적 효력을 가진다.
② **질권의 목적**: 질권은 동산 또는 재산권을 그 객체로 하는 배타적 지배권이다.

3. 법정질권

(1) 법정질권의 인정

질권의 본질적 성질은 약정담보물권으로서, 법정담보물권의 성질은 예외적으로 인정된다.

(2) 민법상 법정질권

① **임차지의 부속물, 과실 등에 대한 법정질권**: 토지임대인이 임대차에 관한 채권에 의하여 임차지에 부속 또는 그 사용의 편익에 공용한 임차인의 소유동산 및 그 토지의 과실을 압류한 때에는 질권과 동일한 효력이 있다(제648조).

② **임차건물 등의 부속물에 대한 법정질권**: 건물 기타 공작물의 임대인이 임대차에 관한 채권에 의하여 그 건물 기타 공작물에 부속한 임차인소유의 동산을 압류한 때에는 질권과 동일한 효력이 있다(제650조).

2 동산질권

1. 의의

> **제329조【동산질권의 내용】** 동산질권자는 채권의 담보로 채무자 또는 제3자가 제공한 동산을 점유하고 그 동산에 대하여 다른 채권자보다 자기 채권의 우선변제를 받을 권리가 있다.

동산질권이란 채권자가 채권의 담보로 채무자 또는 제3자가 제공한 동산을 점유하여 다른 채권자보다 우선변제를 받을 수 있는 권리를 말한다.

2. 동산질권의 성립

> **제330조【설정계약의 요물성】** 질권의 설정은 질권자에게 목적물을 인도함으로써 그 효력이 생긴다.
> **제332조【설정자에 의한 대리점유의 금지】** 질권자는 설정자로 하여금 질물의 점유를 하게 하지 못한다.

(1) 질권설정계약과 목적물의 인도
① 질권설정계약은 당사자간의 채권계약이며, 목적물의 인도는 질권의 성립요건이다.
② 질물은 양도할 수 있는 동산일 것을 요한다. 양도가 금지된 동산은 질권의 목적으로 할 수 없다.

(2) 질권설정계약의 당사자
① **질권자**: 담보물권의 부종성으로 인하여 질권자는 채권자에 한한다.
② **질권설정자**
  ㉠ 질권의 설정자는 질물에 대한 소유자로서 채무자에 한하지 않고, 제3자(물상보증인)도 질권설정자가 될 수 있으나, 질권의 실행 등으로 인하여 물상보증인에게 손해가 발생한 경우 물상보증인은 보증채무의 변제자로서 채무자에 대한 구상권이 인정된다(제341조).
  ㉡ 질물에 대한 소유자가 아닌 자가 질권을 설정한 경우에도 질권자가 선의로 목적물을 인도받은 때에는 선의취득 법리에 의거 질권을 취득할 수 있다.

(3) 피담보채권

① 질권에 의하여 담보되는 피담보채권에는 제한이 없다.
  - ㉠ 급부의 종류: 금전의 지급을 목적으로 하는 채권, 급부를 목적으로 하는 채권 및 특정한 행위를 목적으로 하는 채권 모두 피담보채권이 될 수 있다.
  - ㉡ 급부의 원인: 계약으로 인한 채권, 불법행위로 인한 손해배상채권 및 기타 법률상 원인에 의한 채권 모두 피담보채권이 된다.
  - ㉢ 현존채권 및 장래에 성립할 채권, 조건부·기한부 채권도 질권의 피담보채권이 될 수 있다.

② 다만, 피담보채권은 그 담보권 실행을 위하여 금전적 가치로 환산할 수 있어야 한다.

(4) 동산의 인도방법

① 목적 동산의 인도방법에는 제한이 없으므로 질권자의 목적물에 대한 점유는 직접점유·간접점유·공동점유 모두 가능하다.

② 그러나 질권설정자로 하여금 대리점유, 즉 **점유개정**은 금지된다(제332조). 만일 점유개정에 의한 질권의 성립을 인정하여 질권설정자(채무자 등)가 목적물을 계속하여 점유한다면 질권설정 사실을 알지 못하는 제3자가 불측(不測)의 손해를 입을 염려가 있기 때문이다.

3. 동산질권의 효력

(1) 우선변제적 효력

① 동산질권자는 질물에 대하여 다른 채권자보다 자기의 채권의 우선변제를 받을 권리가 있다(제329조).

② 우선변제를 위한 요건
  - ㉠ 채무자의 이행지체가 있을 것
  - ㉡ 「민사집행법」상의 경매가 실행될 것

(2) 피담보채권의 범위

> **제334조 【피담보채권의 범위】** 질권은 원본, 이자, 위약금, 질권실행의 비용, 질물보존의 비용 및 채무불이행 또는 질물의 하자로 인한 손해배상의 채권을 담보한다. 그러나 다른 약정이 있는 때에는 그 약정에 의한다.

(3) 목적물의 범위

① 질권의 목적물은 양도할 수 있는 동산일 것을 요한다. 양도가 금지된 동산은 질권의 목적으로 할 수 없다.

② **질물**
　㉠ 양도할 수 있는 동산에 설정된 질권은 그 설정계약에 의하여 목적으로 된 물건(질물)의 전부에 미친다.
　㉡ 종물: 종물은 주물의 처분에 따른다(제100조 제2항). 그러므로 질권설정계약에 다른 약정이 없고 또한 그 종물이 인도된 경우에 한하여 질권의 효력은 그 종물에도 영향을 미친다.
③ **과실**(제323조·제343조)
　㉠ 질권자는 질물의 과실(천연과실·법정과실)을 수취하여 다른 채권자보다 먼저 그 채권의 변제에 충당할 수 있다. 그러나 과실이 금전이 아닌 때에는 경매하여야 한다.
　㉡ 과실은 먼저 채권의 이자에 충당하고, 그 잉여가 있으면 원본에 충당한다.
④ **물상대위**(제342조): 질권은 질물의 멸실·훼손 또는 공용징수로 인하여 질권설정자가 받을 금전 기타 물건에 대하여서도 이를 행사할 수 있다(담보물권의 통유성 참조).

(4) 유치적 효력

> **제335조【유치적 효력】** 질권자는 전조의 채권(피담보채권)의 변제를 받을 때까지 질물을 유치할 수 있다. 그러나 자기보다 우선권이 있는 채권자에게 대항하지 못한다.

(5) 우선변제 방법(제338조)

① 경매권, 간이변제충당권

> **제338조【경매, 간이변제충당】** ① 질권자는 채권의 변제를 받기 위하여 질물을 경매할 수 있다.
> ② 정당한 이유 있는 때에는 질권자는 감정자의 평가에 의하여 질물로 직접 변제에 충당할 것을 법원에 청구할 수 있다. 이 경우에는 질권자는 미리 채무자 및 질권설정자에게 통지하여야 한다.

② 질물 이외의 재산으로부터 변제

> **제340조【질물 이외의 재산으로부터의 변제】** ① 질권자는 질물에 의하여 변제를 받지 못한 부분의 채권에 한하여 채무자의 다른 재산으로부터 변제를 받을 수 있다.
> ② 전항의 규정은 질물보다 먼저 다른 재산에 관한 배당을 실시하는 경우에는 적용하지 아니한다. 그러나 다른 채권자는 질권자에게 그 배당금액의 공탁을 청구할 수 있다.

(6) 유질계약의 금지

> **제339조【유질계약의 금지】** 질권설정자는 채무변제기 전의 계약으로 질권자에게 변제에 갈음하여 질물의 소유권을 취득하게 하거나 법률에 정한 방법에 의하지 아니하고 질물을 처분할 것을 약정하지 못한다.

① **유질계약**: 질권을 설정함에 있어 채무의 변제기가 도래하기 전에 질권설정자와 질권자 간의 계약으로 채무의 변제에 갈음하여 질물의 소유권을 질권자가 취득하도록 하거나 법률에 정한 방법과 달리 질물을 처분(경매 또는 간이변제충당 이외의 사적 처분)할 것을 약정하는 것을 유질계약이라 한다.
② 변제기가 도래하기 전의 유질계약은 금지된다.
③ 그러나 똑같은 내용의 계약이라도 변제기가 도래한 후에는 유질계약이 아닌 대물변제로 인정되어 금지되지 않는다.
④ 유질계약금지규정은 질권자의 폭리행위를 예방하기 위한 강행규정이다.
⑤ 그러나 상사(商事)관계, 전당포영업에 있어서는 유질계약이 허용된다.

4. 동산질권자의 전질권(轉質權)

① **전질의 의의**: 전질이란 '질권자가 채권담보로서 인도받아 유치하고 있는 질물을 이용하여 다시 자신의 제3자에 대한 채무를 위한 질권을 설정하는 것'을 말하며, 이것은 질권자가 질물에 투하한 자본을 피담보채권의 변제기 전에 융통할 수 있게 한다(투하자본의 회수수단).
② **책임전질과 승낙전질**: 전질을 위하여 질권자가 질권설정자의 승낙 내지 동의를 받아야 하는 것은 아니다. 즉, 질권자는 질권설정자의 승낙을 얻어 전질을 할 수 있지만(승낙전질), 질권설정자의 승낙 없이도 자기의 책임으로 전질을 할 수도 있다(책임전질).

5. 동산질권에 대한 전질(轉質)의 유형

(1) 책임(責任)전질

> **제336조 【전질권】** 질권자는 그 권리의 범위 내에서 자기의 책임으로 질물을 전질할 수 있다. 이 경우에는 전질을 하지 아니하였으면 면할 수 있는 불가항력으로 인한 손해에 대하여도 책임을 부담한다.
> **제337조 【전질의 대항요건】** ① 전조의 경우에 질권자가 채무자에게 전질의 사실을 통지하거나 채무자가 이를 승낙함이 아니면 전질로써 채무자, 보증인, 질권설정자 및 그 승계인에게 대항하지 못한다.
> ② 채무자가 전항의 통지를 받거나 승낙을 한 때에는 전질권자의 동의 없이 질권자에게 채무를 변제하여도 이로써 전질권자에게 대항하지 못한다.

① **의의**: 질권자가 질권설정자의 승낙 없이 오직 자기의 책임만으로써 하는 전질을 의미한다.
② **성립요건**
  ㉠ 범위: 전질은 질권자의 권리(원질권)의 범위 내에서만 할 수 있다(제336조 본문). 따라서 피담보채권의 범위나 존속기간에 관하여 원질권의 피담보채권 및 존속기간을 초과할 수 없다.
  ㉡ 질권설정계약과 질물의 인도: 원질권자(原質權者)와 전질권자(轉質權者) 사이의 채권계약 및 질물의 인도를 요한다.

③ 전질의 대항요건
　㉠ 채무자에 대한 통지: 질권자가 전질의 사실을 채무자에게 통지하거나 채무자가 전질을 승낙하지 않으면 전질로써 채무자·보증인·질권설정자 및 그 승계인에 대항할 수 없다.
　㉡ 채무자가 전질에 대한 통지를 받거나 승낙을 한 때에는 전질권자 동의 없이 질권자에게 채무를 변제하여도 이로써 전질권자에게 대항할 수 없다.

④ 효과
　㉠ 전질권자는 자기의 채권을 변제받을 때까지 질물을 유치할 수 있다(제335조).
　㉡ 전질권설정자(원질권자)는 전질을 하지 아니하였으면 면할 수 있는 불가항력에 의한 손해도 배상할 책임이 있다(제336조 후단). 즉, 질권자의 책임이 가중된다.
　㉢ 전질권설정자는 전질권자의 승낙 없이 원질권설정자에 대한 질권을 포기하거나 원채무자의 채무를 면제할 수 없다.
　㉣ 원질권이 소멸하면 전질권도 소멸한다.

⑤ 전질권의 실행
　㉠ 전질권자가 전질권을 실행하기 위해서는 자기의 채권은 물론 원질권자의 채권도 변제기가 도래하고 있어야 한다.
　㉡ 전질권 실행으로 인한 매각대금은 우선 전질권자의 우선변제에 충당하고, 그 잔금이 있으면 원질권자의 변제에 충당한다.

(2) 승낙(承諾)전질

① 의의: 질권자가 질물소유자의 승낙을 얻어서 자기의 채무담보를 위하여 그가 점유하는 질물을 입질하는 것이므로 그 성질은 질물의 재(再)입질이라 할 수 있다.
　㉠ 승낙전질이란 질권자가 질물소유자의 승낙을 얻어 자신의 제3자에 대한 채무를 담보하기 위하여 그 질물 위에 자기의 질권보다 우선적 효력을 갖는 새로운 질권을 설정하는 것으로 일종의 질물의 재입질을 의미한다.
　㉡ 승낙전질은 원질권과는 완전히 독립된 전혀 별개의 물권을 설정하는 행위로서 그 성립요건 및 효과도 전질에 대한 질물소유자의 승낙의 내용에 따라 달라진다.
　㉢ 책임전질과 달리 불가항력에 의한 손해에 대한 배상의무를 부담하지 않으며, 원질권이 소멸해도 전질권은 소멸하지 않는다.

② 성립요건 – 책임전질과 다른 점
　㉠ 질물소유자의 승낙: 질물소유자의 승낙이 필요하다.
　㉡ 전질권의 범위: 원질권과 전혀 별개의 질권이 성립하는 것이므로 피담보채권의 범위 또는 존속기간에 관하여 원질권의 영향을 받지 않는다.
　㉢ 승낙에 의한 전질의 사실을 채무자에게 통지할 필요가 없다.

③ **효과 - 책임전질과 다른 점**
  ㉠ 승낙전질의 경우 질권자는 전질 이후 발생하는 불가항력으로 인한 손해에 대한 책임을 지지 않는다.
  ㉡ 원질권설정자가 원질권자에게 피담보채무를 변제하여 원질권이 소멸해도 전질권에는 영향을 미치지 않는다. 그러므로 전질권자는 계속해서 목적물을 점유할 권리가 있다.
  ㉢ 그러나 원질권설정자가 원질권자에게 그 채무를 변제하는 때 전질권자가 동의한 경우에는 그 변제로서 전질권자에게 대항할 수 있다. 즉, 원질권의 피담보채무를 변제한 원질권설정자는 전질권자에 대하여 목적물의 반환을 청구할 수 있다.

6. 동산질권의 침해에 대한 효력

① **물권적 청구권**: 동산질권은 점유할 권리를 포함하므로 그 점유가 침해된 경우는 '점유보호청구권'에 의하여 보호된다(제204조 내지 제206조). 또한 다른 물권과 달리 소유권에 기한 물권적 청구권(제213조, 제214조)을 준용하는 규정을 두고 있지 않으나, 통설은 이를 입법의 불비로 보고 해석상 '질권 자체에 기한 물권적 청구권'을 인정한다.
② **불법행위로 인한 손해배상청구권**: 질물이 제3자에 의하여 멸실 또는 훼손된 경우에 질권자는 불법행위로 인한 손해배상을 청구할 수 있다(제750조).

7. 동산질권자의 의무

① **목적물의 보관의무**: 질권자는 선량한 관리자의 주의로써 질물을 점유하여야 한다.
② **질물의 반환의무**: 동산질권자의 질물반환의무는 그 담보한 채권의 변제와 동시이행관계에 있는 것이 아니라, 피담보채권의 변제 후에 발생한다.

8. 동산질권의 소멸

(1) 일반적 소멸원인

① 질권은 물권 일반의 공통된 소멸원인(목적물의 멸실·몰수·첨부·취득시효·포기·혼동)과 담보물권에 공통된 소멸원인(경매·피담보채무의 변제)에 의하여 소멸한다.
② **피담보채권의 소멸시효**
  ㉠ 질권의 행사는 피담보채권의 소멸시효에 영향을 미치지 아니한다.
  ㉡ 질권의 행사 중에도 피담보채권의 소멸시효는 진행하며, 피담보채권이 시효로 소멸하면 질권도 소멸한다.

(2) 질권에 특유한 소멸원인

① **질권자가 스스로 목적물을 반환한 경우**: 점유의 계속은 질권의 존속요건으로서 질권자가 스스로 목적물을 질권설정자에게 반환한 경우 질권은 소멸한다.
② 질권자의 의무위반으로 인한 질권설정자의 소멸청구에 의하여 질권은 소멸한다.

3 권리질권

1. 의의

동산이 아닌 재산권을 목적으로 하는 질권을 권리질권이라 한다.

2. 권리질권의 목적

(1) 질권은 동산 이외의 재산권을 그 목적으로 할 수 있다.

(2) 질권의 목적이 될 수 있는 재산권

① **채권**: 채권은 그 종류를 묻지 않고 원칙적으로 질권의 목적이 될 수 있다. 채권의 발생원인에 따라서 계약에 의하여 생긴 채권(대금채권) 및 불법행위로 인하여 생긴 채권(손해배상청구권), 저당권의 피담보채권, 어음 등과 관련된 채권(국채·사채) 등에 질권을 설정할 수 있다.
② **주식**: 주식(주주권)도 재산권의 일종으로서 질권의 목적이 될 수 있다.
③ **지식재산권**: 저작권·특허권·디자인권 등과 같은 지식재산권에 대하여도 각각의 특별법에 의거 질권의 목적으로 할 수 있다.

> **판례** 저당권부 채권에 대한 질권의 효력
>
> ① 담보가 없는 채권에 질권을 설정한 다음 그 채권을 담보하기 위하여 저당권이 설정된 경우 원칙적으로는 저당권도 질권의 목적이 되지만, 질권자와 질권설정자가 피담보채권만을 질권의 목적으로 하였고 그 후 질권설정자가 질권자에게 제공하려는 의사 없이 저당권을 설정받는 등 특별한 사정이 있는 경우에는 저당권은 질권의 목적이 되지 않는다(2016다235411).
> ② 저당권으로 담보된 채권에 질권을 설정한 경우 원칙적으로는 저당권이 피담보채권과 함께 질권의 목적이 된다고 보는 것이 합리적이지만, 질권자와 질권설정자가 피담보채권만을 질권의 목적으로 하고 저당권은 질권의 목적으로 하지 않는 것도 가능하고 이는 저당권의 부종성에 반하지 않는다(2016다235411).

(3) 질권의 목적이 될 수 없는 재산권

① **비재산적 권리**: 인격권·친족권·상속권 등은 질권의 목적으로 할 수 없다.

② **양도성이 없는 재산권**: 재산권이라 하더라도 부양청구권·연금청구권·재해보상청구권 또는 성질상 채권자가 변경되면 급부의 내용이 전혀 달라지는 채권 등 양도성이 없는 채권은 제외된다.
③ **법률에 의거 질권설정이 금지되는 권리**
　㉠ 부동산의 사용·수익을 목적으로 하는 권리(제345조 단서)
　㉡ 광업권·어업권 등은 해당 특별법에 의거 저당권의 목적으로 하고, 질권의 설정은 금지된다.
④ 소유권·점유권·지역권 등은 그 성질상 질권설정의 목적으로 할 수 없다.
⑤ 당사자의 특약으로 양도가 금지된 채권은 질권의 목적이 될 수 없지만, 선의의 제3자에게 대항할 수 없다.

3. 채권질권

(1) 채권에 대한 질권의 설정

① 채권을 목적으로 질권을 설정하고자 할 때 법률에 다른 규정이 없으면 그 채권의 양도에 관한 민법 규정에 따른다.
② **지명채권에 대한 질권의 설정**
　㉠ 지명채권에 대한 질권의 설정은 당사자간의 질권설정계약에 의한다. 또한 지명채권의 채권증서가 있는 경우 이를 질권자에 교부함으로써 질권을 설정할 수 있다.
　　ⓐ 채권증서의 교부는 지명채권에 대한 질권설정의 증거방법에 불과하고, 질권의 성립요건은 아니다.
　　ⓑ 채권증서의 교부방법은 점유개정에 의하여 설정할 수도 있다.
　　ⓒ 그러므로 채권자인 질권자가 그 채권증서를 질권설정자에게 반환하더라도 그것만으로 질권은 소멸하지 않는 것으로 해석된다.
　㉡ 채권증서가 없는 경우 채권질권은 당사자간의 합의에 의하여 설정한다.
　㉢ **지명채권에 대한 질권설정 사실의 통지·승낙**: 지명채권을 목적으로 한 질권의 설정은 이를 지명채권의 채무자에게 통지(通知)하거나 또는 지명채권의 채무자가 입질을 승낙(承諾)하지 않으면 이로써 제3채무자 기타 제3자에게 대항할 수 없다.
③ **지시채권**: 지시채권에 대한 질권의 설정은 증서에 배서하여 질권자에게 교부하여야 효력이 생긴다.
④ **무기명채권**: 무기명채권은 그 채권증서를 질권자에게 교부하여야 질권설정의 효력이 생긴다.
⑤ **저당권부 채권**: 저당권부 채권에 질권을 설정하는 경우 그 저당권 등기에 질권을 설정하였다는 부기등기를 하여야만 질권의 효력이 저당권에도 미친다.

(2) 채권질권의 효력

① 채권질권은 입질된 원본채권의 전부 및 그 채권의 이자, 입질채권의 종된 권리에도 효력이 미친다.
　㉠ 피담보채권이 입질채권보다 적은 경우라도 질권은 입질채권 전부에 대하여 그 효력이 있다.
　㉡ 입질채권이 이자부 채권인 경우 질권의 효력은 그 이자에도 영향을 미친다.
② **질권설정자의 권리처분 제한**: 질권설정자는 질권자의 동의 없이 질권의 목적된 권리를 소멸하게 하거나 질권자의 이익을 해하는 변경을 할 수 없다(제352조).

(3) 우선변제를 받는 방법

① **직접 청구에 의하는 방법**
　㉠ 질권자는 질권의 목적이 된 채권을 직접 청구할 수 있다.
　㉡ 채권의 목적물이 금전인 때
　　ⓐ 채권의 목적물이 금전인 때에는 질권자는 자기 채권의 한도에서 직접 청구할 수 있다.
　　ⓑ 채권의 목적물인 금전채권의 변제기가 질권자의 채권의 변제기보다 먼저 도래한 때에는 질권자는 제3채무자에 대하여 그 변제금액의 공탁을 청구할 수 있다.
　　ⓒ 이 경우에 질권은 그 공탁금에 존재한다.
　㉢ 채권의 목적물이 금전 이외의 물건인 때에는 질권자가 그 물건으로 직접 변제에 충당할 수는 없고, 채무자가 그 변제를 받은 물건에 대하여 경매를 실행할 수 있다.
② **「민사집행법」에 의하는 집행방법**: 질권자는 직접 청구에 의하는 이외에 「민사집행법」에 정한 바에 따라 추심(推尋)·전부(轉付) 및 환가(換價) 등의 집행방법에 의하여 별도의 채무명의 없이도 질권을 실행할 수 있다.

(4) 채권질권에 대한 전질(轉質)

채권의 질권자도 전질(轉質)을 할 수 있다.

(5) 채권질권의 침해

채권질권은 채권 자체에 대해서뿐만 아니라 교부받은 채권증서에 대하여 물권적 지배가 가능한 것이므로 어느 것에 대해서나 침해가 있는 경우에는 물권적 청구권과 아울러 손해배상청구권을 행사할 수도 있다.

(6) 채권질권자의 의무

채권질권자는 교부받은 채권증서를 선량한 관리자의 주의로써 보관하여야 하고, 피담보채권이 소멸하는 경우에는 그것을 질권설정자에게 반환하여야 한다.

> **개념적용 문제**
>
> **질권에 관한 설명으로 옳지 않은 것은? (다툼이 있으면 판례에 따름)** 제24회 기출
>
> ① 타인의 채무를 담보하기 위하여 질권을 설정한 자는 채무자에 대한 사전구상권을 갖는다.
> ② 선의취득에 관한 민법 제249조는 동산질권에 준용한다.
> ③ 양도할 수 없는 채권은 질권의 목적이 될 수 없다.
> ④ 임대차보증금채권에 질권을 설정할 경우, 임대차계약서를 교부하지 않더라도 채권질권은 성립한다.
> ⑤ 채권질권의 설정자가 그 목적인 채권을 양도하는 경우, 질권자의 동의는 필요하지 않다.
>
> **해설** 수탁보증인의 사전구상권에 관한 내용은 물상보증인에게는 적용할 수 없다(2009다19802).
>
> **정답** ①

제4절 저당권

1 서설

1. 의의

> **제356조 【저당권의 내용】** 저당권자는 채무자 또는 제3자가 점유를 이전하지 아니하고 채무의 담보로 제공한 부동산에 대하여 다른 채권자보다 자기 채권의 우선변제를 받을 권리가 있다.

① 부동산에 대한 약정담보물권을 저당권이라 한다. 다만, 지상권이나 전세권과 같은 권리에도 저당권을 설정할 수 있고, 특별법상 부동산이 아닌 물건에도 저당권 설정이 가능하다.
② 저당권이 설정되더라도 저당목적물에 대한 점유 및 사용·수익권은 저당권자에게 있지 않고 여전히 저당권설정자(소유자)에게 있다는 점에서 목적물에 대하여 유치적 효력이 있는 유치권·질권과 차이가 있다.
③ 약정담보물권이라고 하는 점에서 질권과 유사하지만 질권은 주로 동산을 대상으로 하는 데 비하여, 저당권은 부동산을 대상으로 한다.

2. 사회적 작용

저당권은 목적물의 소유권과 점유를 채권자에게 이전하지 않고 채권자는 그 교환가치만을 지배하고 목적물은 여전히 설정자가 사용·수익한다는 점에서 그 효용성이 매우 크다.

3. 근대적 저당제도

원래 저당권은 채권의 변제를 확보하기 위한 물적 담보제도로 발달된 것이나, 근대 저당권은 오로지 저당목적물이 가지는 교환가치를 중심으로 하는 채권에 대한 종된 지위에만 머물러 있지 않고, 이를 투자의 객체로 삼아 금융거래시장에 유통시킬 필요가 있게 되었다. 이러한 목적을 위하여 다음과 같은 특질이 인정되고 있다.

(1) 공시의 원칙
① 공시의 원칙이란 저당권의 존재는 반드시 등기·등록에 의하여 공시하여야 한다는 원칙을 말한다.
② 공시의 원칙은 우리 민법에서도 인정된다. - 예외 법정저당권

(2) 특정의 원칙
① 특정의 원칙이란 저당권은 현존하는 특정의 목적물 위에만 성립할 수 있다는 원칙을 말한다.
② 이에 의하여 피담보채권액이나 저당목적물은 항상 특정되어 등기된다. 따라서 채무자의 전재산에 인정되는 일반저당권은 허용되지 않는다.
③ 특정의 원칙은 우리 민법에서도 인정된다.

(3) 순위확정의 원칙
① **순위하강금지**: 저당권의 순위는 등기의 선후에 의하여 결정되고 먼저 등기된 저당권은 후에 등기된 저당권에 의해 그 순위가 내려가지 않는다는 원칙으로서, 이 원칙은 우리 민법에서도 인정된다(제370조, 제333조).
② **순위상승금지**: 한번 결정된 저당권의 순위는 선순위 저당권이 소멸하더라도 그 순위가 상승하지 않는다. 이 원칙은 우리 민법에서 인정되지 않는다.

(4) 독립의 원칙
① 독립의 원칙이란 저당권을 특정채권의 담보라는 종된 지위에서 해방시켜 재화의 교환가치를 지배하는 가치권으로서 금융거래의 객체로서의 독자적인 지위를 부여하여야 한다는 원칙이다.
② 독립의 원칙의 내용으로 피담보채권으로부터의 독립, 후순위 저당권자로부터의 독립 등이 있는데, 우리 민법은 이를 인정하고 있지 않다.

(5) 유통성 확보의 원칙
① 유통성 확보의 원칙이란 저당권을 증권화하여 금융시장에 유통시켜야 한다는 것을 말한다.
② 유통성 확보를 위한 전제로서 등기의 공신력 인정과 저당권의 증권화가 필요한데, 우리 민법은 이를 인정하지 않는다. 단, 특별법으로 유사한 제도를 두고 있다.

> **참고** 주택저당유동화제도 – 주택저당증권(MBS; Mortgage Backed Securities)
>
> 1. 의의
>   ① 담보물권으로서 저당권 자체를 하나의 상품으로 유통하는 것을 저당권의 유동화라고 한다.
>   ② 부동산의 저당권을 다시 유통시켜 신용 창조의 수단으로 활용하는 것을 말한다.
> 2. 채무자에게 자금을 대출한 후 금융기관이 보유하게 되는 저당채권에 유동성을 부여하는 제도로서 대출재원을 확대시켜 자금 수요자에게 더 많은 자금공급혜택을 주고, 투자자에게 다양한 종류의 금융상품을 제공하게 되며, 대출기관에게는 자금의 단기조달 혹은 장기운영에 따르는 문제를 해결할 수 있게 하는 장점이 있다.
> 3. 우리나라는 한국주택금융공사가 주택저당증권을 담보로 금융기관에 자금을 공급하는 역할을 한다.

2 법률행위에 의한 저당권 성립

1. 저당권설정계약(법률행위)에 의한 저당권 성립 – 등기 필요(제186조)

(1) 계약의 성질

① 저당권설정계약이란 직접 저당권의 발생을 목적으로 하는 물권계약이다.
② 저당권설정계약은 불요식행위로서 채권계약에 종된 계약이다.
③ 저당권설정계약에 조건과 기한을 붙이는 것은 가능하다.

(2) 저당권설정계약의 당사자(저당권자와 저당권설정자)

① **저당권설정자**
   ㉠ 저당권설정자는 채무자뿐만 아니라 제3자(물상보증인)도 포함된다.
   ㉡ 저당권설정행위는 처분행위이므로 저당권설정자는 그 목적물에 관하여 처분권한을 가지고 있어야 한다.
   ㉢ 따라서 소유자가 아닌 자 및 법률상 처분권능을 제한받는 자(파산선고를 받은 자, 압류·가압류·가처분을 받은 자)는 저당권을 설정하지 못한다.
   ㉣ 물상보증인이 채무자에게 구상할 구상권의 범위는 특별한 사정이 없는 한 채무를 변제하거나 담보권의 실행으로 담보물의 소유권을 상실하게 된 시점에 확정된다는 점 등을 종합하면, 원칙적으로 수탁보증인의 사전구상권에 관한 민법 제442조는 물상보증인에게 적용되지 아니하고 물상보증인은 사전구상권을 행사할 수 없다(2009다19802).

② **저당권자**
   ㉠ 저당권자는 피담보채권의 채권자에 한한다.
   ㉡ 다만, 예외적으로 채권자와 채무자 및 제3자 사이의 합의가 있고 제3자에게 채권이 실질적으로 귀속되었다고 볼 수 있는 특별한 사정(채권의 양도, 제3자를 위한 계약)이 있는 경우에는 채권자 아닌 제3자 명의의 근저당권설정등기도 가능하다(99다48948 전합).

③ 채무자가 아닌 제3자를 채무자로 하여 설정된 근저당권은 담보물권의 부종성에 비추어 무효가 된다.

> **판례** 저당권설정계약의 당사자
>
> ① 채권자가 아닌 제3자 명의의 저당권설정등기도 예외적으로 가능: 채권담보를 위하여 저당권을 설정하는 경우 제3자 명의로 저당권등기를 하는 데 대하여 채권자와 채무자 및 제3자 사이에 합의가 있었고, 나아가 제3자에게 그 채권이 실질적으로 귀속되었다고 볼 수 있는 특별한 사정이 있는 경우에는 제3자 명의의 저당권등기도 유효하다(99다48948 전합).
> ② 채무자가 아닌 제3자를 채무자로 경료된 저당권설정등기는 무효: 근저당권설정계약상의 채무자가 아닌 제3자를 채무자로 하여 경료된 근저당권설정등기는 채무자를 달리 한 것이므로 근저당권의 부종성에 비추어 원인 없이 경료된 무효의 등기이다(80다1468).

2. 저당권설정등기

(1) 저당권은 저당권설정계약 외에 설정등기가 있어야 성립한다.

(2) 등기사항
① **필요적 등기사항**: 채권자, 채무자 그리고 원본채권액
② **임의적 등기사항**: 변제기, 이자의 발생기 및 지급시기, 원본 또는 이자의 지급장소, 채무불이행으로 인한 손해배상의 약정, 기타 특별한 약정이 있는 경우 그 약정이나 채권이 조건부인 경우 조건의 내용 등은 이를 기재하여야 한다.

3. 저당권의 객체(목적물)

저당권의 목적물은 반드시 등기·등록이 가능한 것에 한한다.

(1) 민법상 저당권의 객체 – 등기·등록이 가능한 물건
① 부동산인 토지와 건물 및 권리로서 지상권과 전세권만을 인정한다.
② 분할절차를 거치지 않는 한 부동산 일부에 대하여는 저당권을 설정할 수 없다.

(2) 기타 특별법상 인정되는 저당권의 객체
선박·자동차·항공기·건설기계, 입목, 광업권·어업권, 각종 재단저당 등이 있다.

4. 저당권의 피담보채권(저당권에 의하여 담보되는 채권)

(1) 피담보채권은 원칙적으로 그 종류를 불문한다.

① 피담보채권은 금전채권인 경우가 보통이나, 금전지급 이외의 급부를 목적으로 하는 채권도 가능하다.
② 다만, 비금전채권을 피담보채권으로 한 경우 금전적 가치로 환산할 수 있어야 한다.
③ 예를 들면, 목적물인도청구권을 담보하기 위해서도 저당권을 설정할 수 있다. 다만, 피담보채권의 가액을 금전으로 산정하여 이를 등기하여야 한다.

(2) 수인의 채무자, 수인의 채권자, 수개의 채무, 채무의 일부를 위하여 하나의 저당권을 설정하는 것도 가능하다.

① 채권의 일부를 피담보채권으로 할 수도 있고, 수개의 채권을 하나의 피담보채권으로 할 수도 있다.
② 수개의 채권을 담보로 하는 경우에는 채무자가 각각 다른 수개의 채권에 대하여 물상보증인이 하나의 저당권을 설정할 수도 있고, 채권자가 다른 여러 개의 채권을 하나의 피담보채권으로 하여 저당권을 설정할 수도 있다.

(3) 장래 채권을 위한 저당권 설정

피담보채권은 저당권 설정 당시 반드시 확정되어 있어야만 하는 것은 아니다. 장래에 발생할 특정·불특정 채권을 담보하기 위하여도 미리 저당권을 설정할 수 있다.

참고 법정저당권(제649조)과 저당권설정청구권(제666조)

1. **민법 제649조의 규정에 의하여 법률상 당연히 성립하는 경우**

   > **제649조【임차지상의 건물에 대한 법정저당권】** 토지임대인이 변제기를 경과한 최후 2년의 차임채권에 의하여 그 지상에 있는 임차인소유의 건물을 압류한 때에는 저당권과 동일한 효력이 있다.

   ① 법률규정에 의한 저당권 취득이므로 별도의 저당권 등기를 할 필요는 없다.
   ② 저당권의 성립시기는 압류등기를 한 때이다.

2. **부동산공사수급인에게 인정되는 저당권설정청구권**

   저당권설정청구권의 행사로 당연히 저당권이 성립되는 것은 아니며, 도급인이 수급인의 청구에 응하여 저당권설정등기를 하여야 비로소 저당권이 성립한다.

   > **제666조【수급인의 목적부동산에 대한 저당권설정청구권】** 부동산공사의 수급인은 전조의 보수에 관한 채권을 담보하기 위하여 그 부동산을 목적으로 한 저당권의 설정을 청구할 수 있다.

3 저당권의 법적 성질

1. 타 물권

저당권은 목적물에 대한 점유·사용은 그 소유자에게 그대로 맡겨 놓은 채 그 목적물에 관한 교환가치만을 파악하는 담보제도이다.

2. 약정담보물권

저당권은 채무자 또는 물상보증인이 점유를 이전하지 않고 채무의 담보로 제공한 부동산 기타 목적물로부터 우선변제를 받을 수 있는 약정담보물권이다.

3. 물권적 청구권

① 저당권은 배타적 지배권이 아닌 관념적 지배권이다.
② 물권적 청구권 중 목적물반환청구권은 인정되지 않고, 방해제거청구권과 방해예방청구권은 인정된다.

4. 담보물권의 통유성

① 담보물권이므로 담보물권의 통유성이 인정된다.
② 즉, 부종성(제369조), 수반성(제361조), 물상대위성(제370조, 제342조), 불가분성(제370조, 제321조)이 인정된다.

4 저당권의 효력

1. 우선변제적 효력

(1) 저당권자가 피담보채권의 변제를 받는 방법

① **저당권을 실행하는 방법**
  ㉠ 경매신청에 의한 저당권 실행방법으로는 담보권실행경매(임의경매)가 있다. 이 경우에는 집행권원이 필요 없다.
  ㉡ 그 외에 경매에 의하지 않는 저당권 실행방법으로는 유저당(流抵當)이 있다.
② **배당에 참여하는 방법**: 저당권자는 후순위 저당권자의 저당권 실행, 전세권자 또는 유치권자의 경매신청, 일반채권자의 강제집행에 참가하여 우선순위에 따라 변제받을 수 있다.

(2) 우선변제의 순위

① 일반채권자에 대한 관계

㉠ 원칙: 저당권자는 저당목적물의 매각대금에서 일반채권자에 우선하여 변제받을 수 있다.

㉡ 예외: 채권도 대항력을 갖춘 경우(가등기된 채권, 등기된 임차권) 저당권에 우선하는 경우도 있고, 사회정책적 차원에서 또는 특별법에 의하여 보호되는 채권(국세우선권, 근로관계채권 등)도 있다.

② **전세권자에 대한 관계**: 전세권과 저당권의 우선순위는 최선순위(最先順位) 저당권과 전세권 간의 등기의 선후로 결정된다.

③ 저당권 상호간의 관계

㉠ 저당권 상호간의 우선순위는 등기의 선후로 결정된다.

㉡ 선순위 저당권이 변제 기타의 사유로 소멸하면 후순위 저당권은 그 순위가 승진한다. 이를 순위승진의 원칙이라 한다.

(3) 단순한 채권자로서 변제받는 것 – 채무자의 일반재산에 대한 강제집행

① 저당권에 기하여 전부 변제받지 못한 부분의 채권에 관하여 저당권자는 일반채권자로서 채무자의 다른 재산에 대하여 스스로 강제집행을 하거나 배당에 참여하여 변제를 받을 수 있다.

② 저당권자가 저당목적물에 대하여 그의 저당권을 실행함이 없이 먼저 채무자의 일반재산에 대하여 일반채권자로서 강제집행을 하는 경우에는 일정한 제한이 있다.

㉠ 저당부동산으로부터 변제를 받지 못한 부분의 채권에 한하여 채무자의 다른 재산에 대하여 집행할 수 있다. 이에 위반한 경우에는 일반채권자는 먼저 저당부동산을 경매해서 변제를 받아 갈 것을 내용으로 하는 이의를 신청할 수 있다.

㉡ 저당부동산보다 먼저 채무자의 다른 재산에 관해 배당을 실시하는 경우에는 저당권자는 채권 전액을 가지고 배당에 참가할 수 있다. 다만, 다른 채권자는 저당권자에게 그 배당금액의 공탁을 청구할 수 있다.

참고 유저당(流抵當)

1. 의의

① 저당채무(抵當債務)의 변제기한 전의 특약에 의하여 변제가 없는 경우에 저당권자는 저당목적물을 취득(소유권이전형)하거나 이를 임의로 매각하여 우선변제(優先辨濟)에 충당하는 것(임의환가형)으로서 저당직류(抵當直流)라고도 한다.

② 우리 민법은 유질(流質)만을 금지하고 있으며(제339조), 동규정(同規定)이 저당권에 준용되지 않으므로 유저당(流抵當)은 금지되지 않는다.

2. 유저당(流抵當)의 효력에 관한 논의
   ① 임의환가형(저당물을 매각하여 변제에 충당) 유저당(流抵當)은 제한할 이유가 없다.
   ② 소유권이전형(담보물로 변제) 유저당(流抵當)
      ㉠ 일종의 대물반환의 예약이므로 민법 제607조, 제608조와 관련하여 문제가 된다.
      ㉡ 채무자가 채무불이행 시 저당권자가 저당부동산의 소유권을 취득하는 형태의 유저당은 일종의 대물반환의 예약이 되는데, 이 경우 민법 제607조, 제608조가 적용되게 된다.
      ㉢ 저당물의 가액이 피담보채무의 원리금을 초과하는 경우에는 동 규정에 위반되게 되는데 이 경우 대물변제의 예약은 '그 효력이 없다'라고 규정되어 있다.

   > **제607조 【대물반환의 예약】** 차용물의 반환에 관하여 차주가 차용물에 갈음하여 다른 재산권을 이전할 것을 예약한 경우에는 그 재산의 예약 당시의 가액이 차용액 및 이에 붙인 이자의 합산액을 넘지 못한다.
   > **제608조 【차주에 불이익한 약정의 금지】** 전2조(대물대차, 대물반환의 예약)의 규정에 위반한 당사자의 약정으로서 차주에 불리한 것은 환매 기타 여하한 명목이라도 그 효력이 없다.

2. 저당권의 효력이 미치는 범위

(1) 피담보채권의 범위

> **제360조 【피담보채권의 범위】** 저당권은 원본, 이자, 위약금, 채무불이행으로 인한 손해배상 및 저당권의 실행비용을 담보한다. 그러나 지연배상에 대하여는 원본의 이행기일을 경과한 후의 1년분에 한하여 저당권을 행사할 수 있다.

① **제360조의 취지**: 저당권의 피담보채권의 범위에 관한 제360조는 후순위 담보물권자나 저당부동산의 제3취득자를 보호하기 위해 지연배상에 관해 일정한 제한을 가하고 있다.
   ㉠ 원본, 이자, 위약금은 등기하여야 담보되나,
      ⓐ **원본(元本)**: 원본채권의 전액 또는 일부도 가능하나, 금전채권이 아닌 경우에는 그 가액을 등기하여야 한다.
      ⓑ **이자(利子)**: 무제한으로 담보되며, 이율·발생시기·지급시기·지급장소 등을 등기해야 한다.
      ⓒ **위약금(違約金)**: 위약금이 있는 경우에는 등기해야만 담보된다.
   ㉡ 지연배상(채무불이행으로 인한 손해배상), 저당권실행비용은 등기하지 않아도 담보된다.
   ㉢ 지연배상은 원본의 이행기일을 경과한 후의 1년분에 한하나, 이러한 제한은 저당권자의 제3자(후순위 권리자 등)에 대한 관계에서의 제한이며, 채무자나 저당권설정자가 저당권자에 대하여 대항할 수 있는 것은 아니다(90다8855).
② 질권과 달리 저당물의 보존비용과 저당목적물의 하자로 인한 손해배상청구권은 저당권의 피담보채권의 범위에 속하지 않는다.

(2) 목적물의 범위

① 부합물과 종물(종된 권리)

> **제358조 【저당권의 효력의 범위】** 저당권의 효력은 저당부동산에 부합된 물건과 종물에 미친다. 그러나 법률에 특별한 규정 또는 설정행위에 다른 약정이 있으면 그러하지 아니하다.

ⓧ 원칙
- ⓐ 저당권의 효력은 저당권 설정 전후를 불문하고 부합물과 종물에 미친다(제358조 본문). 그러므로 저당건물이 증축된 경우에도 종전 건물과 동일성을 유지하면 저당권의 효력이 미친다.
- ⓑ 종물은 그것이 동산이든 부동산이든 불문한다(횟집 점포건물의 수족관 건물, 주유소의 주유기, 백화점 건물의 전화교환설비 등). 또한 그 종물이 저당권 설정 전에 생긴 것이든 또는 후에 생긴 것이든 구별하지 않는다. 다만, 저당권의 실행으로 부동산이 경매된 경우에 그 부동산의 상용에 공하여진 물건일지라도 그 물건이 부동산의 소유자가 아닌 다른 사람의 소유인 때에는 이를 종물이라고 할 수 없으므로 부동산에 대한 저당권의 효력에 미칠 수 없어 부동산의 낙찰자가 당연히 그 소유권을 취득하는 것은 아니다(2007다36933).
- ⓒ 타인의 토지에 있는 건물에 대한 저당권의 효력은 그 건물의 소유를 목적으로 하는 지상권, 전세권, 임차권에도 미친다(92다527·92다24950). 따라서 경락인은 건물의 소유권을 취득할 때 지상권, 전세권, 임차권까지 취득한다. 다만, 임차권의 경우 임대인의 승낙이 없는 경우 경락인은 임대인에게 대항할 수 없다.
- ⓓ 또한 구분소유권의 목적인 건물의 전유부분에 설정한 저당권의 효력은 공용부분에 대한 구분소유자의 지분 및 대지사용권에도 그 효력이 미친다(94다12722).
- ⓔ 그러나 토지저당권의 효력은 저당토지 위의 건물과 입목 및 명인방법을 갖춘 수목의 집단에는 미치지 않는다.

ⓛ 예외
- ⓐ 법률에 특별규정이 있거나(제358조 단서),
- ⓑ 설정행위에서 저당물의 종물에는 저당권의 효력이 미치지 않는 것으로 약정을 한 경우에는 저당권의 효력이 미치지 않는다(제358조 단서). 다만, 이러한 약정은 등기하여야 제3자에게 대항할 수 있다.

② 과실

> **제359조 【과실에 대한 효력】** 저당권의 효력은 저당부동산에 대한 압류가 있은 후에 저당권설정자가 그 부동산으로부터 수취한 과실 또는 수취할 수 있는 과실에 미친다. 그러나 저당권자가 그 부동산에 대한 소유권, 지상권 또는 전세권을 취득한 제3자에 대하여는 압류한 사실을 통지한 후가 아니면 이로써 대항하지 못한다.

㉠ 원칙적으로 과실(果實)에는 저당권의 효력이 미치지 않는다. 그러나 저당부동산에 대한 압류가 있은 후에 저당권설정자가 그 부동산으로부터 수취한 과실 또는 수취할 수 있는 과실에 미친다.

㉡ 다만, 저당권자는 그 부동산에 대한 소유권, 지상권 또는 전세권을 취득한 제3자에 대하여는 압류한 사실을 통지한 후가 아니면 이로써 대항하지 못한다.

(3) 불가분성(不可分性)의 원칙

저당권은 불가분성이 있기 때문에 피담보채권이 일부만 남아 있더라도 저당권은 목적물의 전부에 대하여 효력이 미친다.

(4) 물상대위(物上代位) - 담보물권의 통유성 참조

> 제342조【물상대위】 질권은 질물의 멸실, 훼손 또는 공용징수로 인하여 질권설정자가 받을 금전 기타 물건에 대하여도 이를 행사할 수 있다. 이 경우에는 그 지급 또는 인도 전에 압류하여야 한다.

참고 저당권의 실행

1. **의의**
   저당권의 실행이란 저당권자의 의사에 의하여 저당물을 환가하고 그 대가로부터 피담보채권의 변제를 받는 것을 말한다.

2. **담보권실행경매에 의한 저당권의 실행**
   ① 담보권실행경매는 통상의 강제집행과 달리 집행권원을 요하지 않는다. 담보권실행경매를 하기 위해서는
      ㉠ 피담보채권이 유효하게 존재하여야 하고,
      ㉡ 저당권이 존재하여야 하며,
      ㉢ 피담보채권의 변제기가 도과하여 이행지체 상태이어야 한다.
   ② 담보권실행경매의 절차는 '경매신청 ⇨ 경매개시결정 ⇨ 현황조사 ⇨ 경매 ⇨ 경락허가결정 ⇨ 경락대금의 배당'의 순이다.
   ③ 배당순서는 '경매비용 ⇨ 제3취득자가 목적물에 지출한 필요비·유익비, 소액보증금 중의 일정액, 최종 3월분의 임금, 최종 3년분의 퇴직금, 재해보상금 ⇨ 담보물권, 조세, 주택임대차보증금은 각 비교기준에 의해 우선변제를 결정 ⇨ 최종 3월분의 임금, 최종 3년분의 퇴직금을 제외한 근로관계채권 ⇨ 일반채권'의 순이다.
   ④ 담보권실행경매의 효과
      ㉠ 소유권 이전: 경락인(매수인)은 경락대금(매수대금)을 완납한 때 경매 목적물의 소유권을 취득한다.
      ㉡ 제한물권의 소멸 여부
         ⓐ 저당권은 경락으로 모두 소멸한다.
         ⓑ 유치권은 경락에도 불구하고 존속한다.
         ⓒ 최선순위 저당권보다 먼저 성립한 용익물권과 먼저 대항력을 갖춘 임차권은 경매로 소멸되지 않고 경락된 부동산 위에 존속한다.

ⓒ 경매의 공신력
  ⓐ 저당권 실행에 의한 임의경매의 공신력은 원칙적으로 인정되지 않는다. 피담보채권이 소멸하여 무효인 저당권이 실행된 경우에도 경락인이 소유권을 취득할 수 없다.
  ⓑ 그러나 예외적으로 사해행위로 인하여 저당권이 설정되어 무효인 저당권에 의한 경매가 실행된 후 무효인 것이 밝혀진 경우에도 경락인은 소유권을 취득한다(2000다44348). 경락인의 선의는 추정되기 때문이다.
ⓔ 담보책임의 발생: 저당권설정자의 소유권이 존재하지 않았던 경우에는 설정자는 타인의 권리의 매매(제569조 이하)에 준하여 담보책임을 진다.

3. 경매에 의하지 않는 저당권의 실행[유저당(流抵當)]
① 의의: 유저당(流抵當)이란 저당권설정계약 또는 피담보채권의 변제기 도래 전의 특약으로 저당채무의 불이행이 있는 경우 저당권자가 저당물의 소유권을 취득하거나 경매에 의하지 않고 임의로 처분·환가하여도 좋다는 내용의 약정을 말한다.
② 유효성 인정 여부
  ㉠ 질권의 경우에는 변제기 도래 전 유질계약은 금지된다(제339조).
  ㉡ 그러나 저당권의 경우에는 제370조에서 제339조를 준용하고 있지 않으므로 유저당도 허용된다(유효성의 인정).
  ㉢ 다만, 변제기 도래 전의 유저당계약에 관하여는 제607조 및 제608조가 적용된다.
③ 유형
  ㉠ 대물변제형 유저당(대물변제예약): 대물변제형 유저당의 경우 가등기를 하지 않은 경우와 가등기를 한 경우가 있는데, 가등기를 하지 않는 경우만이 유저당계약에 해당된다. 가등기를 한 경우에는 「가등기담보 등에 관한 법률」이 적용되어 저당권과 가등기담보권이 병존한다.
  ㉡ 임의환가형 유저당(임의환가약정): 임의환가의 특약도 유효하다. 이러한 특약이 있는 경우에 저당권자는 미리 자기 앞으로 소유권이전등기를 하고 목적물의 인도를 받아 제3자에게 처분해서 처분대가로 피담보채권에 충당하고 남은 금액을 저당권설정자에게 반환하여야 한다. 이때 피담보채권은 제3자에게 소유권이전등기를 한 때 확정적으로 소멸한다.

5 저당권과 용익관계

1. 저당권과 용익권의 관계

① 용익권이 저당권 실행에 의해 소멸하는지의 여부는 최선순위의 저당권과 용익권의 설정등기 또는 대항력의 선·후에 의하여 결정된다.
② 저당권을 설정하기 전에 이미 제3자가 목적물에 대하여 용익권(지상권·전세권·대항력 있는 임차권 등)을 가지고 있는 경우에는 저당권이 실행되더라도 용익권자는 경락인에 대항할 수 있다.
③ 저당권이 설정된 후 제3자가 취득한 용익권은 저당권의 실행이 있을 때까지 용익할 수 있으나, 저당권의 실행이 있게 되면 경락인에게 대항할 수 없다(⑩ 토지 일부에 대한 임차인 A가 대항요건을 갖춘 다음 날 B의 저당권과 C의 지상권이 순차적으로 성립한 후 다시 D의 저당권이

성립하고 D의 저당권이 실행된 경우 말소기준권리는 B의 저당권이 되므로 이후에 성립한 권리는 유치권을 제외하고 모두 소멸한다).

2. 법정지상권

> **제366조【법정지상권】** 저당물의 경매로 인하여 토지와 그 지상건물이 다른 소유자에 속한 경우에는 토지소유자는 건물소유자에 대하여 지상권을 설정한 것으로 본다. 그러나 지료는 당사자의 청구에 의하여 법원이 이를 정한다.

(1) 의의

법정지상권은 동일인에게 속한 토지와 그 지상의 건물이 어떤 사정으로 각각 소유자를 달리하게 된 경우에 건물소유자에게 그 건물소유를 위하여 법률상 인정되는 토지사용권을 말한다.

(2) 성립요건

① **토지상에 건물이 존재하는 상태에서 토지 또는 지상 건물에 저당권이 설정될 것**
   ㉠ 건물이 존재하면 되므로 토지에 대한 저당권설정 당시 그 토지상에 무허가건물, 미등기 건물이라도 있었다면 법정지상권은 성립한다.
   ㉡ 토지에 대한 저당권설정 당시에 건축 중인 건물이 사회관념상 독립된 건물로 볼 수 있는 정도에 이르지 않았다 하더라도 건물의 종류, 규모가 외형상 예상할 수 있는 정도까지 건축이 진전되어 있는 경우에는 법정지상권을 인정한다(2004다13533).

② **토지와 건물이 동일인의 소유에 속할 것**
   ㉠ 저당권설정 당시에는 토지와 건물이 존재하고 소유자가 동일인인 경우에 법정지상권이 성립할 수 있다.
   ㉡ 저당권설정 당시 토지와 건물의 소유자가 다른 경우에는 법정지상권을 인정할 필요가 없다.
   ㉢ 저당권설정 후에 경매에 의한 낙찰 전에 토지 또는 건물이 제3자에게 양도된 경우에는 법정지상권의 성립을 방해하지 않는다.

③ **토지와 건물의 한쪽 또는 양쪽에 저당권이 설정되었을 것**

④ **저당물의 경매 결과 토지와 건물의 소유자가 달라질 것**
   ㉠ 법정지상권의 성립요건으로서 경매는 담보권실행경매만을 의미한다.
   ㉡ 일반채권자의 압류에 의한 강제경매로 지상물과 건물의 소유자가 달라진 경우에는 관습법상의 법정지상권이 성립할 여지가 있다.

⑤ 성립시기와 등기 여부
　㉠ 법정지상권의 성립시기는 토지나 그 지상건물의 경매로 그 소유권이 경락인에게 이전하는 때, 즉 경락인이 경락대금을 완납하는 때이다.
　㉡ 이는 법률규정에 의한 물권변동이므로 등기 없이 법정지상권을 취득하지만, 처분 시에는 등기하여야 한다(제187조).

> **판례** 　법정지상권의 성립
> ① 건물이 없는 토지에 저당권을 설정한 후에 건물을 지은 때에는 법정지상권은 성립하지 않는다(95마1262).
> ② 건물이 있는 토지에 저당권을 설정한 후에, 건물이 멸실되어 신축하거나 증·개축한 경우에도 법정지상권은 인정하되, 존속기간과 범위 등은 재축·개축이 있기 전의 구건물을 표준으로 하여 결정하여야 할 것이다(2000다48517).
> ③ 동일인의 소유에 속하는 토지 및 그 지상건물에 관하여 공동저당권이 설정된 후 그 지상건물이 철거되고 새로 건물이 신축된 경우에는 그 신축건물의 소유자가 토지의 소유자와 동일하고 토지의 저당권자에게 신축건물에 관하여 토지의 저당권과 동일한 순위의 공동저당권을 설정해 주는 등 특별한 사정이 없는 한 저당물의 경매로 인하여 토지와 그 신축건물이 다른 소유자에 속하게 되더라도 그 신축건물을 위한 민법 제366조 소정의 법정지상권은 성립하지 않는다(98다43601 전합).
> ④ 토지에 저당권을 설정할 당시에 토지의 지상에 건물이 존재하고 있었고 그 양자가 동일 소유자에게 속하였다가 그 후 저당권의 실행으로 토지가 낙찰되기 전에 건물이 제3자에게 양도된 경우, 건물을 양수한 제3자는 민법 제366조의 법정지상권을 취득한다(99다52602).

⑥ 법정지상권의 내용
　㉠ 법정지상권의 범위는 반드시 그 건물의 대지에 한정되는 것은 아니며, 건물이용에 필요한 한도 내에서 대지 이외의 부분까지 미친다.
　㉡ 지료는 당사자의 협의로 이를 정하나, 협의가 이루어지지 않은 때에는 당사자의 청구에 의하여 법원이 이를 정한다(제366조 단서).
　㉢ 그의 존속기간은 약정이 없으므로 민법 제280조에 의하여 지상건물의 구조와 종류에 따라 정하고(判), 그 밖에 지상권의 내용은 일반지상권과 동일하다.

(3) 법정지상권에 관한 제366조는 강행규정이다. 따라서 당사자간의 특약으로 법정지상권의 성립을 배제할 수 없다(87다카1564).

3. 저당토지 위의 건물에 대한 일괄(一括)경매청구권

> **제365조 【저당지상의 건물에 대한 경매청구권】** 토지를 목적으로 저당권을 설정한 후 그 설정자가 그 토지에 건물을 축조한 때에는 저당권자는 토지와 함께 그 건물에 대하여도 경매를 청구할 수 있다. 그러나 그 건물의 경매대가에 대하여는 우선변제를 받을 권리가 없다.

(1) 의의

일괄경매청구권(一括競賣請求權)이란 토지를 목적으로 하는 저당권을 설정한 후 설정자가 그 토지에 건물을 축조한 경우 저당권자가 토지와 함께 그 건물에 대해서도 경매를 청구할 수 있는 권리를 말한다.

(2) 인정이유

제366조의 법정지상권 취득이 불가능한 경우에 건물철거를 방지하고 토지의 교환가치를 확보하기 위해 일괄경매청구권이 인정된다.

(3) 법적 성격

① 일괄경매청구권은 저당권자의 권리이지 의무가 아니다. 따라서 일괄경매청구할 것인지 아니면 토지만을 경매청구할 것인지의 여부는 저당권자가 자유롭게 선택할 수 있다.
② 토지만을 경매하여 그 대금으로부터 충분히 피담보채권의 변제를 받을 수 있다고 하더라도 일괄경매청구권은 인정되며(85마269), 과잉경매로 되지 않는다.

(4) 요건

① **토지에 저당권설정 당시에 지상에 건물이 없을 것**
  ㉠ 저당권설정 후에 저당토지상에 건물이 신축된 경우에 한하여 인정된다.
  ㉡ 저당권자의 일괄경매청구권은 저당권설정자가 저당권을 설정한 후 저당목적물인 토지 상에 건물을 축조함으로써 저당권의 실행이 곤란하여지거나 저당목적물의 담보가치의 하락을 방지하고자 함에 그 규정취지가 있다고 할 것이므로, 저당권설정 당시에 건물의 존재가 예측되고 또한 당시 사회경제적 관점에서 그 가치의 유지를 도모할 정도로 건물의 축조가 진행되어 있는 경우에는 위 규정은 적용되지 아니한다(86다카2856).

② **토지에 대한 저당권설정자가 건물을 축조하여 소유하고 있을 것**
  ㉠ 토지소유자인 저당권설정자가 축조하여 경매 시까지 소유하고 있는 건물이어야 한다(93마1736).
  ㉡ 따라서 저당권설정자 이외의 제3자가 건물을 축조하여 소유하고 있는 경우에 일괄경매청구권은 인정되지 않는다.
  ㉢ 나아가 저당권설정자가 건물을 축조한 후 이를 제3자에게 양도한 경우 일괄경매청구권은 인정되지 않는다(99마146).
  ㉣ 다만, 저당권설정자의 상속인이 토지의 소유자로서 건물을 축조한 경우에는 일괄경매청구가 가능하다(判).

ⓜ 또한 저당권설정자로부터 저당토지에 대한 용익권을 설정받은 자가 그 토지에 건물을 축조한 경우라도 그 후 저당권설정자가 그 건물의 소유권을 취득한 경우에는 저당권자에게 토지와 함께 그 건물에 대하여 일괄경매청구권이 인정된다(2003다3850).

(5) 효과

일괄경매의 취지에 따라 토지와 건물은 동일인에게 경락되어야 한다. 그러나 저당권자의 우선변제권은 토지의 경매대금에 한정되고, 건물의 경매대금에 대하여는 우선변제권이 인정되지 않는다.

4. 제3취득자의 지위

(1) 의의

제3취득자란 저당권이 설정된 후에 저당목적물을 양도받은 양수인(소유자) 또는 저당부동산 위에 지상권이나 전세권을 취득한 자를 말한다.

(2) 보호의 필요성

채무자가 채무변제를 하지 않아 저당권이 실행되는 경우 제3취득자는 정당하게 취득한 자신의 권리를 상실하므로 보호할 필요성이 있다.

(3) 제3취득자의 지위

> 제363조【저당권자의 경매청구권, 경매인】① 저당권자는 그 채권의 변제를 받기 위하여 저당물의 경매를 청구할 수 있다.
> ② 저당물의 소유권을 취득한 제3자도 경매인이 될 수 있다.
> 제364조【제3취득자의 변제】저당부동산에 대하여 소유권, 지상권 또는 전세권을 취득한 제3자는 저당권자에게 그 부동산으로 담보된 채권을 변제하고 저당권의 소멸을 청구할 수 있다.
> 제367조【제3취득자의 비용상환청구권】저당물의 제3취득자가 그 부동산의 보존, 개량을 위하여 필요비 또는 유익비를 지출한 때에는 제203조 제1항·제2항의 규정(점유자의 상환청구권)에 의하여 저당물의 경매대가에서 우선상환을 받을 수 있다.

① 저당물의 소유권을 취득한 제3자도 경매인이 될 수 있다.

② 제3취득자의 변제권

㉠ 저당부동산에 대하여 소유권, 지상권, 전세권을 취득한 제3자는 저당권자에게 피담보채권을 변제하고 저당권의 소멸을 청구할 수 있다.

㉡ 저당물의 제3취득자는 이해관계 있는 제3자에 해당하므로 채무자나 채권자의 의사에 반해서도 저당권으로 담보된 채권을 변제할 수 있다.

ⓒ 채무의 변제시기 및 범위
ⓐ 저당권
ⅰ) **변제시기**: 저당권의 피담보채권의 변제기 도래 전의 변제는 저당권자 내지 채권자의 이익을 부당하게 침해하는 결과를 가져올 수 있으므로, 제3취득자는 피담보채권의 변제기가 도래하기 전에는 그 채무변제 및 저당권의 말소를 청구할 수 없다.
ⅱ) **변제범위**: 제360조가 정하는 범위의 금액만을 변제하고 저당권의 소멸을 청구할 수 있기 때문에 지연배상은 피담보채무의 이행기 후 1년분만 변제하면 된다.
ⓑ 근저당권
ⅰ) **변제시기**: 특별한 사정이 없는 한 근저당권의 기본계약 해지에 관한 근저당설정자의 권한을 제3취득자도 원용할 수 있으므로 근저당에 있어서는 변제기 또는 존속기간의 도래 전에도 발생한 채무 전액을 변제하고 근저당권의 소멸을 청구할 수 있다(2002다7176).
ⅱ) **변제범위**: 실제 발생한 채권액이 채권최고액을 초과하는 경우에도 근저당에 의하여 담보된 채권최고액만 변제하면 충분하다.
ⓒ 민법은 변제 후 저당권의 소멸을 청구하는 것으로 표현되어 있으나(제364조), 변제로 피담보채권이 소멸되면 저당권은 부종성에 의하여 말소등기 없이 당연히 소멸된다.
ⓔ 제3취득자의 **구상권**
ⓐ 제3취득자가 변제한 경우 채무자에 대하여 구상권(求償權)을 가지며, 그 구상권을 확보하기 위해 법정대위(法定代位)가 인정된다(제482조 제1항).
ⓑ 따라서 저당권(근저당권)은 그 피담보채권과 함께 변제를 한 제3취득자에게 이전한다.

③ **제3취득자의 필요비·유익비상환청구권**
㉠ 저당물의 제3취득자가 그 부동산의 보존, 개량을 위하여 필요비 또는 유익비를 지출한 때에는 제203조 제1항·제2항에 의하여 저당물의 경매대가에서 우선변제를 받을 수 있다(제367조).
㉡ 다만, 그 필요비나 유익비를 피담보채권으로 하여 유치권을 주장할 수는 없다.

④ **담보책임**: 제3취득자가 저당권의 실행으로 자신의 권리를 상실한 경우 제576조에 의해 담보책임을 물을 수 있다.

판례 **저당물의 소유권을 취득한 제3자**

① 타인의 채무를 담보하기 위하여 저당권을 설정한 부동산의 소유자인 물상보증인으로부터 저당부동산의 소유권을 취득한 제3취득자는 그 저당권이 실행되면 저당부동산에 대한 소유권을 잃는다는 점에서 물상보증인과 유사한 지위에 있다. 따라서 물상보증의 목적물인 저당부동산의 제3취득자가 그 채무를 변제하거나 저당권의 실행으로 인하여 저당부동산의 소유권을 잃은 때에는 특별한 사정이 없는 한 물상보증인의 구상권에 관한 민법 제370조, 제341조의 규정을 유추적용하여 물상보증인으로부터 저당부동산을 양수한 제3취득자는 보증채무에 관한 규정에 의하여 채무자에 대한 구상권이 있다고 할 것이다(97다8403).

② 제3취득자의 우선상환은 제3취득자가 경매절차에서 배당받는 방법으로 민법 제203조 제1항, 제2항에서 규정한 비용에 관하여 경매절차의 매각대금에서 우선변제받을 수 있다는 것이지 이를 근거로 제3취득자가 직접 저당권설정자, 저당권자 또는 경매절차 매수인 등에 대하여 비용상환을 청구할 수 있는 권리가 인정될 수 없다. 따라서 제3취득자는 민법 제367조에 의한 비용상환청구권을 피담보채권으로 주장하면서 유치권을 행사할 수 없다(2022다265093).

개념적용 문제

저당권에 관한 설명으로 옳지 않은 것은? (다툼이 있으면 판례에 따름) 제28회 기출

① 건물에 대한 저당권의 효력은 특별한 사정이 없는 한 그 건물에 종된 권리인 건물의 소유를 목적으로 하는 지상권에도 미친다.
② 저당권은 피담보채권과 분리하여 타인에게 양도할 수 없다.
③ 저당권자는 피담보채권의 변제를 받기 위하여 저당물의 경매를 청구할 수 있다.
④ 저당물의 소유권을 취득한 제3자는 그 저당물의 경매에서 경매인이 될 수 없다.
⑤ 저당권으로 담보한 채권이 시효의 완성으로 소멸한 때에는 저당권도 소멸한다.

해설 저당물의 소유권을 취득한 제3자도 경매인이 될 수 있다(제363조 제2항). 저당물의 제3취득자도 피담보채권의 대위변제, 경매인, 비용의 우선상환을 청구할 수 있다.

정답 ④

6 저당권의 침해(侵害)와 구제(救濟)

1. 저당권 침해의 의의

저당권설정 후 저당물의 담보가치를 위태롭게 하는 저당권설정자의 모든 행위가 저당권을 침해하는 행위가 된다.

2. 구제방법

(1) 물권적 청구권

① 저당권은 등기부에 등기를 통한 관념적 지배권으로 저당물에 대한 침해가 있는 경우 저당권자는 방해제거청구권 또는 방해예방청구권을 행사할 수는 있으나, 목적물반환청구권을 행사할 수는 없다.

② **방해제거 및 예방청구권**
　㉠ 저당권의 침해가 있는 때에는 저당권자는 물권적 청구권으로서 방해제거나 방해예방을 청구할 수 있다(제370조, 제214조).
　㉡ 저당권 침해행위가 있는 때에는 잔존하는 저당목적물의 교환가치가 피담보채권액을 넘는 경우라도 물권적 청구권을 행사할 수 있다.
③ **무효등기말소청구**: 저당권자는 법률상 무효이나 사실상 저당권의 실행에 장해가 될 수 있는 등기의 말소를 청구할 수 있다. 즉, 피담보채권이 이미 소멸하였음에도 불구하고 말소되지 않은 선순위 저당권등기의 말소청구를 할 수 있다.

(2) 기한이익 상실로 인한 즉시변제청구권

> **제388조【기한의 이익의 상실】** 채무자는 다음 각 호의 경우에는 기한의 이익을 주장하지 못한다.
> 1. 채무자가 담보를 손상, 감소 또는 멸실하게 한 때
> 2. 채무자가 담보제공의 의무를 이행하지 아니한 때

(3) 불법행위로 인한 손해배상청구권

① 저당권자는 저당권 자체의 침해를 이유로 침해자에게 불법행위로 인한 손해배상을 청구할 수 있다.
② 다만, 손해배상청구권은 저당목적물의 침해로 저당권자가 피담보채권의 완전한 만족을 얻을 수 없을 때에만 행사할 수 있고, 목적물의 잔존가치만으로 여전히 채권의 만족을 얻을 수 있는 경우에는 저당권자에게 손해가 발생하지 않았으므로 손해배상청구권은 발생하지 않는다.
③ 손해배상청구를 할 수 있는 시기는 저당권 실행을 기다릴 필요 없이 변제기 전이라도 불법행위 후 즉시(손해가 발생한 때) 가능하다.

(4) 담보물보충청구권(저당권설정자의 책임 있는 사유로 인한 경우에 한함)

> **제362조【저당물의 보충】** 저당권설정자의 책임 있는 사유로 인하여 저당물의 가액이 현저히 감소된 때에는 저당권자는 저당권설정자에 대하여 그 원상회복 또는 상당한 담보제공을 청구할 수 있다.

(5) 손해배상청구권과 담보물보충청구권

손해배상청구권은 담보물보충청구권과는 동시에 행사할 수는 없고, 선택적으로 행사할 수 있다. 그러나 즉시변제청구권과 손해배상청구권은 동시에 행사할 수는 있다.

7 저당권의 처분과 소멸

1. 저당권의 처분

① 저당권처분의 자유의 제한

> **제361조 【저당권의 처분제한】** 저당권은 그 담보한 채권과 분리하여 타인에게 양도하거나 다른 채권의 담보로 하지 못한다.

② **저당권부 채권**(피담보채권)**의 양도**: 저당권과 피담보채권은 일체로서 처분되는 것이 원칙이므로 피담보채권 양도에 관해서는 채권양도에 관한 규정이 적용되고(제449조 내지 제452조), 피담보채권 양도로 인한 저당권의 이전은 등기를 하여야 효력이 생긴다(제186조).

2. 저당권의 소멸

(1) 일반적 소멸원인

① 저당권은 저당목적물의 멸실, 저당권의 포기, 혼동 등으로 소멸한다.
② 저당권으로 담보한 피담보채권이 채무자의 변제, 기타 사유로 인하여 소멸한 때에는 부종성에 의하여 저당권도 소멸한다.

(2) 특유한 소멸원인

① 저당권은 경매(제363조), 제3취득자의 변제(제364조)로 소멸한다.
② 피담보채권이 소멸시효 완성(제369조)이나 기타 사유로 인하여 소멸한 때에는 저당권도 소멸한다. 그러나 피담보채권과 독립하여 저당권만이 소멸시효에 걸리지는 않는다.

> **판례** 전소유자의 근저당권말소청구
>
> 근저당권이 설정된 후에 그 부동산의 소유권이 제3자에게 이전된 경우, 현재의 소유자는 자신의 소유권에 기하여 피담보채무의 소멸을 원인으로 그 근저당권등기의 말소를 청구할 수 있고, 근저당권설정자인 종전의 소유자도 근저당권설정계약의 당사자로서 근저당권의 소멸에 따른 원상회복으로 근저당권자에게 근저당권설정등기의 말소를 구할 수 있는 계약상의 권리가 있으므로 근저당권자에게 피담보채무의 소멸을 이유로 하여 그 근저당권설정등기의 말소를 청구할 수 있다(93다16338 전합).

3. 지상권·전세권을 목적으로 하는 저당권

> **제371조【지상권, 전세권을 목적으로 하는 저당권】** ① 본장의 규정은 지상권 또는 전세권을 저당권의 목적으로 한 경우에 준용한다.
> ② 지상권 또는 전세권을 목적으로 저당권을 설정한 자는 저당권자의 동의 없이 지상권 또는 전세권을 소멸하게 하는 행위를 하지 못한다.

8 특수저당권

1. 근저당(根抵當)

> **제357조【근저당】** ① 저당권은 그 담보할 채무의 최고액만을 정하고 채무의 확정을 장래에 보류하여 이를 설정할 수 있다. 이 경우에는 그 확정될 때까지의 채무의 소멸 또는 이전은 저당권에 영향을 미치지 아니한다.
> ② 전항의 경우에는 채무의 이자는 최고액 중에 산입한 것으로 본다.

(1) 의의

근저당(根抵當)이란 계속적 거래관계(당좌대월계약, 어음할인계약, 어음대부계약, 상인 간의 계속적 상품공급계약 등)로부터 발생하여 그 존속기간 중 증감 변동하는 불특정 다수의 채권을 장래 결산기에 일정한 한도액의 범위(채권최고액)까지 담보하는 저당권을 말한다.

(2) 근저당권의 성립

① 근저당권설정계약
  ㉠ 근저당권설정계약의 당사자는 근저당권자와 근저당권설정자이다.
  ㉡ 근저당권자는 채권자에 한하나, 근저당권설정자는 채무자인 것이 보통이지만 제3자(물상보증인)일 수도 있다.
  ㉢ 근저당권설정계약에는 기본계약관계도 명백히 정해져 있어야 하며, 채권최고액과 피담보채권의 범위를 결정하는 기준을 정하여야 한다.

② 등기
  ㉠ 근저당권설정등기에는 근저당이라는 취지와 채권최고액을 반드시 등기하여야 한다.
  ㉡ 근저당권의 결산기 또는 존속기간은 필요적 등기사항이 아니다. 하지만 이를 등기하면 그 이후에 생긴 채권을 피담보채권에 포함시키지 못하며, 또한 후순위 저당권설정 후에 기간을 변경하였다 하더라도 원래의 기간 만료 후에 생긴 채권에 관하여는 후순위 저당권자에게 대항할 수 없다(4293민상893).
  ㉢ 근저당권설정등기에 소요되는 비용은 채권자가 부담하여야 한다(2008두23184).

(3) 근저당권의 변경

① **채권최고액과 존속기간의 변경**
  ㉠ 당사자는 계약에 의하여 근저당권설정계약으로 정한 채권최고액과 존속기간을 변경할 수 있다.
  ㉡ 근저당권은 원래 피담보채권이 특정되어 있지 않으므로 채권최고액을 증액하더라도 피담보채권 자체의 변경이 있는 것이라고 할 수 없다.
  ㉢ 채권최고액의 증액
    ⓐ 채권최고액의 증액은 당해 근저당권 자체의 변경이므로 변경등기를 하여야 하고, 등기를 하지 않으면 제3자에게 대항하지 못한다.
    ⓑ 후순위 담보물권자가 존재할 경우 채권최고액을 증액하고자 하는 경우 후순위 권리자의 동의 내지 승낙이 필요하다.

② **기본계약의 추가·변경**: 어떤 기본계약에 기하여 근저당권을 설정한 후 당사자가 기본계약을 변경하거나 다른 기본계약을 추가할 수 있다.

③ **채권자·채무자의 변경**
  ㉠ 근저당권설정계약상의 채권자·채무자는 상속 또는 합병에 의하여 변경될 수 있다. 더 나아가 기본계약의 특정승계도 인정된다.
  ㉡ 기본계약의 특정승계는 계약인수에 해당하기 때문에 근저당권자·양수인·채무자의 3면계약에 의하여야 한다.
  ㉢ 근저당권의 피담보채무가 확정되기 전에는 채무의 범위나 채무자를 변경할 수 있는 것이고, 채무의 범위나 채무자가 변경된 경우에는 당연히 변경 후의 범위에 속하는 채권이나 채무자에 대한 채권만이 당해 근저당에 의해 담보되고, 변경 전의 범위에 속하는 채권이나 채무자에 대한 채권은 그 근저당권에 의하여 담보되는 채무의 범위에서 제외된다(97다15777).
  ㉣ 근저당권을 설정한 후에 근저당설정자와 근저당권자의 합의로 채무의 범위 또는 채무자를 추가하거나 교체하는 등으로 피담보채무를 변경할 수 있다. 이러한 경우 위와 같이 변경된 채무가 근저당권에 의하여 담보된다(97다15777·15784). 후순위 저당권자 등 이해관계인은 근저당권의 채권최고액에 해당하는 담보가치가 근저당권에 의하여 이미 파악되어 있는 것을 알고 이해관계를 맺었기 때문에 이러한 변경으로 예측하지 못한 손해를 입었다고 볼 수 없으므로, 피담보채무의 범위 또는 채무자를 변경할 때 이해관계인의 승낙을 받을 필요가 없다(2021다255648).

④ **근저당권의 양도**
  ㉠ 기본계약상의 지위와 분리하여 근저당권만을 양도할 수 없으므로 근저당권의 기초가 되는 계속적 거래계약상 당사자의 지위가 이전하면 근저당권도 이전한다.

ⓛ 피담보채권이 확정되기 전에 근저당권에 의하여 담보되어 있는 어떤 개별적인 채권이 양도된 경우 그 채권은 담보되는 채권의 범위에서 제외되고 근저당권이 이에 수반되지는 않는다(95다53812).

ⓒ 피담보채권액이 확정된 후에 그 확정된 채권의 양도가 있거나 대위변제된 경우 확정된 근저당권은 피담보채권에 수반되어 그 양수인 또는 대위변제자에게 이전한다.

(4) 근저당권의 효력

① 근저당의 특수성

ⓛ 피담보채권의 불확정성: 근저당권은 장래의 증감 변동하는 불특정 다수의 채권을 담보하는 점에서 장래의 특정 채권을 담보하는 일반저당권과 다르다.

ⓒ 부종성 및 수반성의 완화

ⓐ 근저당은 개별채권에 부종하지 않는다. 즉, 기본계약상의 채권이 존재하지 않는 경우에도 기본계약의 효력이 존속하는 범위 내에서 근저당권이 소멸하는 것은 아니다.

ⓑ 즉, 기본계약상의 채권이 일시적으로 전부 변제되더라도 근저당권은 소멸하지 않고, 채권이 다시 발생하면 근저당권은 동일성을 유지한 채 그 채권을 담보한다.

ⓒ 기본계약상의 채권 중 일부가 타인에게 이전된 경우에도 근저당권은 이에 수반하지 않는다.

② **채권최고액**

ⓛ 근저당권은 채권최고액의 범위 안에서 설정계약에서 정하여진 피담보채권을 담보한다.

ⓒ 근저당의 채권최고액이란 담보목적물로부터 우선변제의 최고한도액을 의미하는 것이지 채무자의 책임의 한도액을 의미하는 것은 아니다.

ⓒ 원본·이자·위약금·채무불이행으로 인한 손해배상(지연배상) 모두 채권최고액에 포함되며, 채권최고액 범위 내이면 지연배상도 1년분에 한하지 않고 최고액 한도 내에서 무제한 담보되지만, 근저당권실행비용은 채권최고액에 포함되지 않는다(71마251).

③ **피담보채권의 확정**: 근저당권을 실행하기 위해서는 피담보채권이 확정되어야 한다.

ⓛ 근저당권의 피담보채권 확정사유

ⓐ 결산기의 도래, 존속기간의 만료, 기본계약 또는 근저당권설정계약의 해제·해지로 확정된다.

ⓑ 근저당권자가 경매를 신청하는 경우 경매신청 시에 그의 피담보채권은 확정된다(97다26104).

ⓒ 후순위 근저당권자가 경매를 신청하는 경우 선순위 근저당권자의 피담보채권은 경락인이 경락대금을 완납한 때에 확정된다(99다26085).

ⓒ 확정된 피담보채권액이 채권최고액을 초과하는 경우

ⓐ 채권최고액이란 담보목적물로부터 우선변제를 받을 수 있는 최고한도액을 말하는 것이지 채무자의 책임의 한도를 의미하는 것은 아니다.

ⓑ 경매실행 시: 확정된 피담보채권액이 채권최고액에 미달하는 때에는 근저당권자는 확정된 피담보채권액까지 우선변제를 받을 수 있으나, 확정된 피담보채권액이 채권최고액을 초과한 상태에서 경매가 실행되면 그 초과부분은 근저당권에 의하여 담보되지 않는다(우선변제받을 수 없다).
ⓒ 채무자 등의 변제 시
ⅰ) 근저당권설정자인 채무자는 확정된(채권최고액을 넘는) 피담보채권액 전부를 변제하여야 근저당권등기의 말소를 청구할 수 있고(2000다59081),
ⅱ) 채무자 이외의 물상보증인(74다998), 제3취득자(2002다7176) 등은 채권최고액까지만 변제하고 근저당권등기의 말소를 청구할 수 있다.
ⅲ) 후순위 근저당권자는 선순위근저당권의 피담보채무가 확정된 이후에 그 확정된 피담보채무를 변제하였다 하여 선순위근저당권의 소멸을 청구할 수 없다.

> **판례** **근저당부동산의 후순위자의 변제**
>
> 근저당부동산에 대하여 후순위근저당권을 취득한 자는 민법 제364조에서 정한 권리를 행사할 수 있는 제3취득자에 해당하지 아니한다. 따라서 이러한 후순위근저당권자가 선순위근저당권의 피담보채무가 확정된 이후에 그 확정된 피담보채무를 변제한 것은 민법 제469조의 규정에 의한 이해관계 있는 제3자의 변제로서 유효한 것인지 따져볼 수는 있을지언정 민법 제364조의 규정에 따라 선순위근저당권의 소멸을 청구할 수 있는 사유로는 삼을 수 없다(2005다17341).

④ **피담보채권 확정의 효과**
㉠ 피담보채권 확정으로 근저당권은 부종성을 갖게 되어 보통의 저당권과 같은 취급을 받게 되므로(97다26104), 근저당권의 실행은 일반 저당권의 실행절차에 의한다.
㉡ 근저당권자의 경매신청 등의 사유로 피담보채권이 확정된 후 경매신청이 취하되었다 하더라도 피담보채권 확정의 효과는 번복되지 않는 것이므로 그 이후에 새로운 거래로 인하여 발생하는 채권은 더 이상 그 근저당권에 의하여 담보되지 않는다(87다카545).
㉢ 그러나 피담보채권이 확정된 이후에도 확정 전에 발생한 **원본채권**에 관하여 확정 후에 발생하는 이자나 지연손해금 채권은 채권최고액의 범위 내에서 근저당권에 의하여 여전히 담보된다(2005다38300).

(5) 근저당권의 소멸

① 피담보채권이 확정될 때 담보할 채권이 전혀 존재하지 않거나 채권이 있더라도 변제로 소멸한 때 또는 담보권실행경매로 근저당권은 소멸한다.
② 근저당권의 존속기간을 정하고 있지 않을 때에는, 이미 발생하고 있는 채무가 변제 등으로 전부 소멸하고 없으면, 기본계약과 설정계약을 해지하여 근저당권을 소멸시킬 수 있다.

③ 존속기간 또는 결산기를 정하였으나, 그 기간의 경과 전이라도 발생한 채권이 소멸하고 또한 채무자가 거래를 계속하기를 원하지 않으면 설정자는 계약을 해지하고 설정등기의 말소를 청구할 수 있다(66다68).

(6) 포괄근저당의 유효성 여부

① **의의**: 포괄근저당(包括根抵當)이란 기본계약의 내용조차도 특정하지 않고서 채권자가 채무자에 대하여 취득하는 모든 채권을 담보하는 근저당권을 말한다.

② **유효성 여부**

　㉠ 포괄근저당에 대해서도 "기타 각종의 원인으로 장래 부담하게 될 모든 채무까지 담보한다."라고 기재되어 있으면 대체로 그 유효성을 인정하고 있다(2000다44911).

　㉡ 다만, 판례는 피담보채무의 범위에 대해서 부동문자로 인쇄된 근저당권설정계약서상에 피담보채무가 포괄적으로 기재된 사안에서 그 문언과 달리 일반적인 대출관행, 당사자의 의사 등을 고려하여 합리적으로 제한하려는 해석을 하고 있다.

개념적용 문제

근저당권에 관한 설명으로 옳은 것은? (다툼이 있으면 판례에 따름)　　제22회 기출

① 저당권과 달리 근저당권은 채권최고액을 정하여 등기하여야 한다.
② 피담보채무의 이자는 채권최고액에서 제외한다.
③ 피담보채권의 확정 전에 발생한 원본채권에 관하여 그 확정 후에 발생한 이자채권은 피담보채권의 범위에 속하지 않는다.
④ 채권자는 피담보채권이 확정되기 전에 그 채권의 일부를 양도하여 근저당권의 일부양도를 할 수 있다.
⑤ 확정된 피담보채무액이 채권최고액을 초과하더라도 근저당권설정자인 채무자는 채권최고액을 변제하고 근저당권의 말소를 청구할 수 있다.

해설 ② 피담보채무의 이자는 채권최고액에 포함한다.
③ 피담보채권의 확정 전에 발생한 원본채권에 관하여 그 확정 후에 발생한 이자채권은 피담보채권의 범위에서 계속하여 담보되나, 피담보채권 확정 후 새로운 거래관계에서 발생하는 채권은 더 이상 담보되지 않는다.
④ 근저당권은 부종성과 수반성이 일부 완화되므로 기본계약상의 지위에는 부종하지만 개별채권에는 부종하지 않는다. 그러므로 채권자는 피담보채권이 확정되기 전에 그 채권의 일부를 양도하여 근저당권의 일부양도를 할 수 없다.
⑤ 확정된 피담보채무액이 채권최고액을 초과하는 경우 근저당권설정자인 채무자는 확정된 채무 전액을 변제하고 근저당권의 말소를 청구할 수 있다.

정답 ①

2. 공동저당

(1) 의의

① 공동저당(共同抵當)이란 채권자가 동일한 채권의 담보로서 수개의 부동산 위에 저당권을 설정하는 것을 말한다.
② 공동저당이 설정되면 목적물의 수만큼 저당권이 존재하게 된다.
③ 공동저당은 채권자에게 담보범위를 확대하고 위험을 분산시키는 기능을 하고, 채무자에게는 담보가치가 낮은 수개의 담보물로써 신용을 보다 용이하게 확보하는 기능을 한다.

(2) 공동저당의 특수성

① 공동저당은 각 부동산마다 동일한 피담보채권으로 저당권이 성립하여, 저당권이 저당목적물의 수만큼 존재하게 된다.
② 이때 복수의 저당권은 피담보채권을 공동으로 하기 때문에 서로 제약을 받는다.
③ 각 저당권은 동시에 설정될 수도 있고, 서로 다른 시기에 설정될 수도 있다.
④ 각 저당권은 순위가 달라도 설정 가능하다.
⑤ 각 저당목적물의 소유자가 달라도 가능하다. 즉, 저당목적물 중 일부가 물상보증인이 제공한 것이라도 유효하게 성립한다.
⑥ 각 담보물의 종류가 달라도 무방하다.
⑦ 공동저당권자는 어느 부동산이든 임의로 골라서 경매하여 피담보채권의 전부 또는 일부를 우선변제받을 수 있게 되므로, 공동저당권자가 저당권을 실행하는 목적물의 소유자나 이 목적물에 관하여 후순위 담보권을 가지는 자는 공동저당권자의 자의에 의하여 불리하게 될 염려가 있다.

(3) 공동저당권의 성립

① 공동저당권설정계약
② **등기**: 각 부동산에 관하여 저당권설정등기를 요하며, 각 부동산이 동일한 채권의 공동담보로 되어 있다는 것(공동담보의 취지)을 아울러 기재하여야 한다.
③ 공동담보물이 5개 이상의 경우 공동담보목록을 작성한다.

(4) 공동저당의 효력(후순위 담보권자와의 관계)

> **제368조 【공동저당과 대가의 배당, 차순위자의 대위】** ① 동일한 채권의 담보로 수개의 부동산에 저당권을 설정한 경우에 그 부동산의 경매대가를 동시에 배당하는 때에는 각 부동산의 경매대가에 비례하여 그 채권의 분담을 정한다.
> ② 전항의 저당부동산 중 일부의 경매대가를 먼저 배당하는 경우에는 그 대가에서 그 채권 전부의 변제를 받을 수 있다. 이 경우에 그 경매한 부동산의 차순위 저당권자는 선순위 저당권자가 전항의 규정에 의하여 다른 부동산의 경매대가에서 변제를 받을 수 있는 금액의 한도에서 선순위자를 대위하여 저당권을 행사할 수 있다.

① **동시배당**(同時配當)**의 경우**
　㉠ 공동저당의 목적인 부동산 전부의 경매대가를 동시에 배당하는 때에는 각 부동산의 경매대가에 비례하여 그 채권의 분담을 정한다.
　㉡ 제368조 제1항은 부동산에 관하여 후순위 저당권자의 존재 여부와 관계없이 적용된다.
　㉢ 그러나 공동담보 목적물인 부동산이 모두 채무자의 소유가 아니고, 일부는 물상보증인의 소유인 경우 채무자 소유 부동산의 경매대가에서 공동저당권자에게 우선적으로 배당을 하고, 부족분이 있는 경우에 한하여 물상보증인 소유 부동산의 경매대가에서 추가로 배당을 하여야 한다(2008다41475).

> **판례** 공동저당에서 부담의 안분원칙에 대한 예외
> 공동저당권이 설정되어 있는 수개의 부동산 중 일부는 채무자 소유이고 일부는 물상보증인 소유인 경우 위 각 부동산의 경매대가를 동시에 배당하는 때에는, ~(중략)~ 민법 제368조 제1항(부담의 안분)은 적용되지 아니한다고 봄이 상당하다. 따라서 이러한 경우 경매법원으로서는 채무자 소유 부동산의 경매대가에서 공동저당권자에게 우선적으로 배당을 하고, 부족분이 있는 경우에 한하여 물상보증인 소유 부동산의 경매대가에서 추가로 배당을 하여야 한다(2008다41475).

② **이시배당**(異時配當, 순차배당)**의 경우 – 차순위 저당권자의 대위권**
　㉠ 공동저당권자는 공동저당부동산 중 일부에 대하여 저당권을 실행하고 배당하는 경우에는 그 일부의 경매대가에서 피담보채권 전부를 우선변제받을 수 있다.
　㉡ 이 경우에 그 경매한 부동산의 차순위 저당권자는 선순위 저당권자가 동시에 경매하여 배당하였더라면 다른 부동산의 경매대가에서 변제를 받을 수 있었던 금액의 한도에서 선순위 저당권자를 대위(代位)하여 저당권을 행사할 수 있다(제368조 제2항, 차순위 저당권자 대위).
　㉢ 차순위 저당권자 대위에 의하여 다른 공동담보물에 성립하였던 공동저당권자의 저당권은 차순위 저당권자에게 이전한다.
　㉣ 그러나 제368조 제2항의 차순위 저당권자의 대위는 다른 공동저당의 목적물이 모두 채무자의 소유인 경우에만 적용된다.

③ **물상보증인과의 관계**
　㉠ 물상보증인과 후순위 저당권자 사이의 이익 충돌이 발생하는 경우 판례는 물상보증인을 우선 보호하는 입장을 취한다(물상보증인 우위설).
　㉡ 공동저당물인 채무자 소유 부동산과 물상보증인 소유 부동산 위에 각각 1번 공동저당권을 가진 자에 의하여 채무자 소유의 부동산에 대하여 경매가 먼저 실행된 경우: 채무자 소유의 부동산 위의 후순위 저당권자는 물상보증인 소유의 부동산에 대하여 대위권을 행사할 수 없다(95마500).

ⓒ 공동저당물인 채무자 소유 부동산과 물상보증인 소유 부동산 위에 각각 1번 공동저당권을 가진 자에 의하여 물상보증인 소유의 부동산에 대하여 경매가 먼저 실행된 경우: 물상보증인은 변제자대위규정(제481조, 제482조)에 의하여 채무자 소유 부동산 위의 공동저당권자의 1번 저당권의 지위를 대위취득하고, 그 물상보증인 소유의 부동산의 후순위 저당권자는 물상보증인이 변제자대위로 취득한 1번 저당권에 대하여 물상대위할 수 있다(93다25417).

④ **과잉금지의 원칙**: 공동담보물 중 어느 하나의 매각대금만으로도 모든 채권자의 채권의 변제에 충분할 경우, 다른 공동담보 부동산에 대한 경매는 과잉금지의 원칙상 허용되지 않는다(민사집행법 제124조). 다만, 저당토지 위의 건물에 대한 일괄경매청구 시에는 그러하지 아니하다.

⑤ 공동담보물 중 선순위 저당권이 있는 담보물은 별도로 경매를 실행한다.

(5) 공동저당 법리의 유추적용 여부(판례)

① 판례는 「주택임대차보호법」상 소액보증금반환청구권이나 임금채권 등에 관한 우선특권에 대하여 민법상 공동저당의 법리를 유추적용한다.

② 다만, 동일한 채권의 담보를 위하여 부동산과 선박에 저당권이 설정된 경우에는 민법상 공동저당 법리의 유추적용을 부정한다(2001다53264).

3. 특별법에 의한 저당

(1) 서설

저당권에 관한 민법의 규정은 민법 이외의 법률에 의하여 설정되는 저당권에 대해서도 준용된다(제372조).

(2) 입목저당

수목의 집단으로서 그 소유자가 「입목에 관한 법률」에 의하여 소유권보존등기를 한 것을 입목(立木)이라고 한다(동법 제2조 제1항). 입목은 토지와 별개의 부동산으로서 소유권과 저당권의 객체가 된다(동법 제3조).

(3) 재단저당

재단저당이란 기업을 구성하는 토지·건물·기계·기구 등 물적 설비와 그 기업에 관한 면허·특허 기타의 특권 등을 묶어 하나의 재단을 구성하여 그 위에 저당권을 설정하는 제도를 말한다. 현행 재단저당에 관한 특별법으로는 「공장 및 광업재단 저당법」이 있다.

(4) 동산저당(자동차 등 특정동산 저당법)

선박·자동차·항공기·건설기계와 같이 등기·등록에 의해 공시되는 동산에 관하여 저당권을 설정할 수 있는데, 이를 동산저당이라고 한다.

> **개념적용 문제**
>
> 甲이 5,000만원의 채권을 담보하기 위해, 채무자 乙 소유의 X부동산과 물상보증인 丙 소유의 Y부동산에 각각 1번 저당권을 취득하였다. 그 후 丁이 4,000만원의 채권으로 X부동산에, 戊가 3,000만원의 채권으로 Y부동산에 각각 2번 저당권을 취득하였다. 甲이 X부동산과 Y부동산에 대하여 담보권 실행을 위한 경매를 신청하여 X부동산은 6,000만원, Y부동산은 4,000만원에 매각되어 동시에 배당하는 경우, 이자 및 경매비용 등을 고려하지 않는다면 甲이 Y부동산의 매각대금에서 배당받을 수 있는 금액은? (다툼이 있으면 판례에 따름)
>
> 제23회 기출
>
> ① 0원　　　　　　　　　　② 1,000만원
> ③ 2,000만원　　　　　　　④ 3,000만원
> ⑤ 4,000만원
>
> **해설** 공동저당권이 설정되어 있는 수개의 부동산 중 일부는 채무자 소유이고 일부는 물상보증인의 소유인 경우 민법 제368조 제1항(안분배당)은 적용되지 아니하므로 채무자 소유 부동산의 경매대가에서 공동저당자에게 우선적으로 배당을 하고, 부족분이 있는 경우에 한하여 물상보증인 소유 부동산의 경매대가에서 추가로 배당을 하여야 한다(2008다41475). 이 경우 채무자 소유 부동산의 경매대가가 6,000만원으로서 이로부터 모두 변제가 가능하므로 물상보증인 소유 부동산의 매각대금에서 추가로 배당할 것은 없다.
>
> **정답** ①

CHAPTER 06 OX문제로 완벽 복습

01 부종성의 원칙상 피담보채권이 변제로 인하여 소멸하면 모든 담보물권도 절대적으로 소멸하고 이는 당사자 합의로 달리 정할 수 없다. (O | X)

02 유치권자는 유치물에 대하여 물상대위할 수 있다. (O | X)

03 불가분성은 피담보채권뿐만 아니라 담보물에도 인정된다. (O | X)

04 피담보채권의 일부가 변제로 소멸하더라도 잔액이 있는 한, 담보물의 전부에 담보물권의 효력이 영향을 미친다. (O | X)

05 물상대위권을 행사하는 데에는 담보물권자의 압류만이 인정된다. (O | X)

06 물상대위성은 명문규정이 있는 저당권에만 존재하는 특유의 규정이다. (O | X)

07 임차인이 임대차기간 만료 전에 임차목적물을 보존하기 위해 비용을 지출한 경우, 비용상환청구권은 목적물에 관하여 생긴 채권으로 본다. (O | X)

08 피담보채권의 변제기 도래는 유치권의 성립요건이다. (O | X)

09 유치권은 법정 담보물권이므로 이를 미리 포기하는 특약은 무효이다. (O | X)

10 물건의 인도청구소송에서 피고의 유치권 항변이 인용되는 경우, 법원은 그 물건에 관하여 생긴 채권의 변제와 상환으로 물건을 인도할 것을 명하여야 한다. (O | X)

11 유치권자가 소유자의 승낙 없이 제3자에게 유치물을 임대한 경우, 임차인은 유치물의 소유자에게 임대차의 효력을 주장할 수 없다. (O | X)

12 동산질권자는 채권의 담보로 채무자 또는 제3자가 제공한 동산을 점유할 권리가 있다. (O | X)

13 질권의 설정은 질권자에게 목적물을 인도함으로써 그 효력이 생긴다. (O | X)

14 질권자는 설정자로 하여금 질물의 점유를 하게 할 수 있다. 그러나 선의의 제3자에게 대항할 수 없다. (O | X)

15 동산질권자는 채권의 담보로 제공한 동산에 대하여 다른 채권자보다 자기 채권의 우선변제를 받을 권리가 있다. (O | X)

16 질권자는 그 담보된 채권의 변제를 받을 때까지 질물을 점유·사용할 수 있다. (O | X)

17 채무의 변제기 전이라도 질권설정자는 특약으로 질권자에게 변제에 갈음하여 질물의 소유권을 취득하게 할 수 있다. (O | X)

18 저당권으로 담보한 채권은 질권의 목적으로 할 수 없다. (O | X)

19 지명채권을 목적으로 한 질권의 설정은 설정자가 제3채무자에게 질권설정의 사실을 통지하거나 제3채무자가 이를 승낙함이 아니면 이로써 제3채무자 기타 제3자에게 대항하지 못한다. (O | X)

20 지시채권을 질권의 목적으로 한 질권의 설정은 증서를 질권자에게 인도하는 것만으로도 그 효력이 생긴다. (O | X)

21 질권설정자는 질권자의 동의 없이 질권의 목적된 권리를 소멸하게 하거나 질권자의 이익을 해하는 변경을 할 수 없다. (O | X)

22 채권의 목적물이 금전인 때에는 질권자는 자기 채권의 한도에서 직접 청구할 수 있다. (O | X)

23 채권의 변제기가 질권자의 채권의 변제기보다 먼저 도래한 때에는 질권자는 제3채무자에 대하여 그 변제금액의 공탁을 청구할 수 있다. (O | X)

24 저당권자 乙이 甲에 대한 대여금채권은 남겨둔 채 부동산에 관한 저당권만을 제3자 丙에게 양도하기로 하는 계약은 무효이다. (O | X)

25 저당권의 피담보채권의 범위에 속하는 지연배상에 대하여는 원본의 이행기 경과 후의 1년분에 한하여 담보된다. (O | X)

26 저당권은 타인의 권원에 의하여 부속시킨 것에는 효력이 영향을 미치지 않는다. (O | X)

정답

01 O 02 ×(유치권자는 우선변제권이 없어 물상대위권도 없다) 03 O 04 O 05 ×(지급되기 전에 압류는 제3자의 압류도 유효하다) 06 ×(저당권과 질권에서 인정한다) 07 O 08 O 09 ×(배제특약은 가능하다) 10 O 11 O 12 O 13 O 14 ×[질권자는 설정자로 하여금 질물의 점유를 하게 하지 못한다(제332조)] 15 O 16 ×[질권자는 그 담보된 채권의 변제를 받을 때까지 질물을 유치할 수 있다(제335조). 즉, 질권자는 그 질물을 사용할 수는 없다] 17 ×[질권설정자는 채무변제기 전의 계약으로 질권자에게 변제에 갈음하여 질물의 소유권을 취득하게 하거나 법률에 정한 방법에 의하지 아니하고 질물을 처분할 것을 약정하지 못한다(제339조)] 18 ×[저당권으로 담보한 채권을 질권의 목적으로 한 때에는 그 저당권등기에 질권의 부기등기를 하여야 그 효력이 저당권에 미친다(제348조). 즉, 저당권의 피담보채권은 질권의 목적으로 할 수 있다] 19 O 20 ×[지시채권을 질권의 목적으로 한 질권의 설정은 증서에 배서하여 질권자에게 교부함으로써 그 효력이 생긴다(제350조). 즉, 증서의 단순한 인도만으로는 지시채권의 질권이 성립하지 않는다] 21 O 22 O 23 O 24 O 25 O 26 O

27 저당권의 효력은 저당부동산의 종물에도 영향을 미친다. (○ | ×)

28 지상권과 저당권, 지상권이 순서대로 설정된 경우 선순위 지상권은 저당권자의 경매신청에 따른 매각으로 매수인에게 인수되나, 후순위 지상권은 매각으로 소멸한다. (○ | ×)

29 지상권자 乙로부터 지상의 건물을 양수하면서 지상권까지 넘겨받기로 한 丙에 대하여 지상권설정자 甲은 건물철거 및 대지의 인도를 구할 수 없다. (○ | ×)

30 甲 소유의 나대지에 乙이 저당권을 취득한 후 甲이 그 나대지에 건물을 신축한 경우, 저당권 실행으로 토지와 건물의 소유자가 다르게 되어도 법정지상권은 성립하지 않는다. (○ | ×)

31 나대지의 저당권설정자로부터 용익권을 설정받은 자가 건축한 건물이라도 저당권설정자가 나중에 소유권을 취득하였다면 일괄경매청구가 허용된다. (○ | ×)

32 저당권자는 일괄경매를 청구할 의무가 있으므로, 토지만 경매를 신청하는 것은 허용되지 않는다. (○ | ×)

33 근저당권의 채권최고액에는 지연이자는 1년분에 한하여 포함된다. (○ | ×)

34 근저당의 채권최고액에는 피담보채권의 이자가 포함된 것으로 본다. 하지만 실행비용은 포함되지 않는다. (○ | ×)

35 피담보채권이 확정되면 그 후에 발생하는 채권은 채권최고액에 미치지 못하더라도 더 이상 근저당권에 의하여 담보되지 않는다. (○ | ×)

36 공동담보물이 3개 이상이면 공동담보목록을 작성한다. (○ | ×)

정답

27 ○ 28 ○ 29 ○ 30 ○ 31 ○ 32 ×(저당권자의 선택에 의한다) 33 ×(지연이자는 최고액 범위 내에서 무제한으로 담보된다) 34 ○ 35 ○ 36 ×(공동담보물이 5개 이상의 경우 공동담보목록을 작성한다)

도중에 포기하지 말라.
망설이지 말라.
최후의 성공을 거둘 때까지 밀고 나가자.

– 헨리 포드(Henry Ford)

PART 5

채권법

CHAPTER 01 채권법 총론
CHAPTER 02 채권법 각론(계약법 총론)
CHAPTER 03 계약법 각론(매매)
CHAPTER 04 임대차
CHAPTER 05 도급과 위임
CHAPTER 06 부당이득과 불법행위

최근 5개년
평균 출제문항 수 **7.6개**

최근 5개년
평균 출제비중 **19.0%**

PART 5 합격전략

채권법은 매년 8문항씩 계속 출제되고 있으며, 2025년 제28회 시험에서도 총 8문항이 출제되었습니다. 채권법도 출제범위에 비해 공부해야 할 분량이 많지만 불법행위와 부진정연대채무, 매매에서 매도인의 담보책임은 심도 있게 학습해야 합니다. 총칙을 공부하며 채권에 관한 중요부분을 연관시켜 효율적으로 학습해야 합니다.

CHAPTER 01 채권법 총론

CHAPTER 미리보기

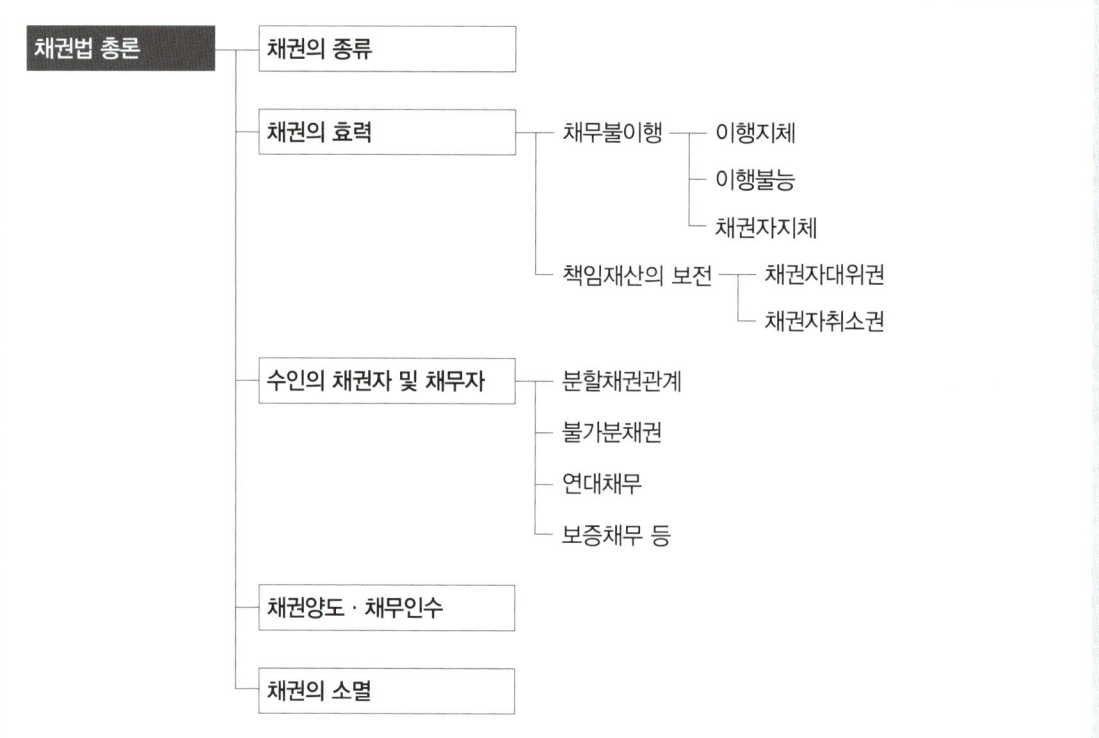

학습전략

❶ 채권법은 총론과 각론 각각 모두 합하여 출제비중은 약 8문항입니다.
❷ 불법행위와 손해배상 부진정연대책임은 연계하여 심도 있게 학습해야 합니다.
❸ 채권의 종류 및 책임재산의 보전제도 및 채권의 소멸원인 등에 관하여 특히 집중적으로 학습해야 합니다.

학습키워드

- 채권의 종류
- 채무불이행
- 책임재산의 보전
- 연대채무
- 채권양도
- 채무인수
- 채권의 소멸

제1절 총설

1 채권법의 의의 및 특질

1. 채권의 의의

채권이란 채권자가 채무자에게 일정한 급부(작위 또는 부작위)를 요구할 수 있는 권리로서 대인권(對人權)이면서 상대권(相對權)이고 재산권의 일종이다.

2. 채권법의 특질

(1) 임의법규적 성질

① 주로 당사자의 의사표시를 요소로 하는 법률행위로 형성되는 채권관계는 물권과 같은 배타성이 없으므로 일반적으로 채권법은 임의법규성을 가지고 그 규정의 대부분은 당사자의 의사에 따르거나 보충하는 작용을 한다.
② 그러나 불법행위로부터 발생하는 법정채권관계에서는 강행규정의 성격도 일부 존재한다.

(2) 신의칙에 의한 지배

① 계약의 체결이나 계약상 권리의 행사 또는 의무의 이행에 있어 계약당사자 사이의 신뢰관계가 중요시되는 채권관계의 본질상, 신의칙이 구체적인 작용을 하게 된다.
② 채권관계에서 신의칙이 가장 중요한 기능을 발휘하는 분야는 채권의 행사 및 채무의 이행과 관련해서이다. 구체적으로 신의칙이 문제되는 경우로는 급부의 방법, 부수적 의무의 발생, 변제의 시기와 장소 및 변제과정에서의 채권자의 협력의무 등이다.
③ 우리 민법은 제2조에 사법(私法)관계 일반원칙으로서 신의성실의 원칙을 규정하고 있고, 특히 제2조 제1항을 신의칙이라 하며 채권법관계에서 그 효용가치가 크다.

2 채권의 성질·목적·종류

1. 채권의 법률적 성질

채권은 특정인(채무자)으로 하여금 특정의 행위(급부)를 요구하는 권리로서, 그 내용에 있어서는 재산권이고 그 작용에 있어서는 청구권이다.

(1) 상대권(대인권)

채권은 특정의 의무자(채무자)에 대해서만 주장할 수 있는 대인권이면서 상대권이다.

(2) 비배타성·평등성

채권에는 배타성이 없다. 즉, 그 내용이 동일하더라도 동시에 병존할 수 있으며, 성립시기의 선후나 금액의 다소에 따라 그 효력에 차이가 없다. ⇨ 채권자 평등주의

(3) 양도성

① 채권 자체가 재산적 가치가 인정되므로 채권은 그 동일성을 유지한 채 유통될 수 있는 것이 원칙이다.
② **양도성이 제한되는 채권**: 당사자간의 신뢰관계나 특별한 인적 관계를 기초로 하는 사용대차(제610조 제2항), 임대차(제629조 제1항), 고용(제657조 제1항), 일신전속권(부양청구권·부부간의 동거청구권) 등은 채권의 양도가 제한된다.

2. 채권의 목적

(1) 의의

채권의 목적이란 채권의 내용이 되는 채무자의 행위(작위·부작위), 즉 급부를 가리킨다. 물권의 종류와 내용은 법률로 한정되어 있으나, 채권의 내용은 당사자가 임의로 정할 수 있다.

(2) 급부의 종류

채권의 목적인 급부는 작위급부와 부작위급부, 특정급부와 불특정급부, 가분급부와 불가분급부, 일시적 급부와 계속적 급부 등으로 구분할 수 있다.

(3) 채권의 목적

> **제373조 【채권의 목적】** 금전으로 가액을 산정할 수 없는 것이라도 채권의 목적으로 할 수 있다.

① 채권의 목적(법률행위의 내용)은 이행이 가능한 것이어야 하며, 확정할 수 있고 적법하며 사회질서에 반하지 않는 것이라야 한다.
② 채권이란 특정인(채권자)이 특정인(채무자)에 대하여 일정한 행위를 청구할 수 있는 권리를 말하는 것으로, 그 급부가 반드시 금전적 가치로 환산이 가능한 것일 필요는 없다.
  ㉠ 예를 들면, 강의 또는 음악을 들을 수 있는 채권, 아이를 돌봐주기로 한 채권 등이 이에 해당된다.
  ㉡ 금전으로 가액을 산정할 수 없는 것을 목적으로 하는 채권(제373조)도 존재할 수 있으며, 그 불이행 시에는 강제이행 또는 손해배상 등을 청구할 수 있다.

3. 채권의 종류

(1) 특정물채권

> **제374조【특정물인도채무자의 선관의무】** 특정물의 인도가 채권의 목적인 때에는 채무자는 그 물건을 인도하기까지 선량한 관리자의 주의로 보존하여야 한다.
>
> **제462조【특정물의 현상인도】** 특정물의 인도가 채권의 목적인 때에는 채무자는 이행기의 현상대로 그 물건을 인도하여야 한다.

(2) 종류채권

① **의의**: 일정한 종류에 속하는 물건의 일정량의 인도를 목적으로 하는 채권을 종류채권이라고 한다. 예를 들면, 시멘트 10포대 또는 쌀 5가마니의 인도를 목적으로 하는 채권이 이에 해당한다.

② **종류채권의 특정과 목적물의 품질**

> **제375조【종류채권】** ① 채권의 목적을 종류로만 지정한 경우에 법률행위의 성질이나 당사자의 의사에 의하여 품질을 정할 수 없는 때에는 채무자는 중등품질의 물건으로 이행하여야 한다.
> ② 전항(종류채권)의 경우에 채무자가 이행에 필요한 행위를 완료하거나 채권자의 동의를 얻어 이행할 물건을 지정한 때에는 그때로부터 그 물건을 채권의 목적물로 한다.

③ **특정의 효과**: 종류채권의 목적물이 특정되면 그 이후에는 특정물채권으로 변하게 된다.

(3) 변제장소

> **제467조【변제의 장소】** ① 채무의 성질 또는 당사자의 의사표시로 변제장소를 정하지 아니한 때에는 특정물의 인도는 채권성립 당시에 그 물건이 있던 장소에서 하여야 한다.
> ② 전항의 경우에 특정물인도 이외의 채무변제는 채권자의 현주소에서 하여야 한다. 그러나 영업에 관한 채무의 변제는 채권자의 현영업소에서 하여야 한다.

> **참고** 채무자의 행위에 의한 종류물의 특정
>
> 1. **지참채무의 경우** - 채무자가 목적물을 채권자의 주소지에 가지고 가서 이행하여야 하는 채무
>   ① 특정물 인도 이외의 채무, 즉 종류채무는 원칙적으로 지참채무로서 이는 채권자의 현주소지에서 이를 이행하여야 한다.
>   ② 지참채무는 현실의 제공이 있어야 채무의 내용에 따른 이행이 된다.
>   ③ 현실제공이란 채권자가 제공의 사실을 알 수 있을 정도의 제공행위를 말한다. 따라서 채무자가 목적물을 채권자의 주소에 운반하여 채권자가 언제든지 수령할 수 있는 상태에 둔 때 채무의 내용에 따른 이행이 되고 특정되었다 할 수 있다.
>   ④ 현실제공에 대한 채권자의 인지 여부는 따지지 않는다. 즉, 이행기가 약정되어 있는 경우에 채무자가 이행기에 이행장소에 갔으나 채권자가 그 장소에 나오지 않은 경우에도 채무자는 그 채무의 이행제공이 인정되므로 목적물은 특정된 것이 된다.

2. **추심채무** – 채권자가 채무자의 주소에 와서 목적물을 추심하여 이행을 받아야 하는 채무
   ① 종류채무도 당사자간의 합의로 추심채무로 정할 수 있다.
   ② 채무의 이행에 채권자의 추심행위를 요하는 경우에는 채무자가 급부 목적물을 분리한 후 또한 변제 준비의 완료를 하고 이를 채권자에게 통지하여 수령을 최고한 때에 특정된다.
3. **송부채무** – 채무를 이행함에 있어서 채권자(債權者) 및 채무자의 주소나 영업소 이외의 제3의 장소에 목적물을 송부하여야 할 채무이다. 그러나 제3의 장소가 이행의 장소인 때에는 목적물의 특정은 지참채무(持參債務)의 경우와 같아진다.

(4) 금전채권

> **제376조【금전채권】** 채권의 목적이 어느 종류의 통화로 지급할 것인 경우에 그 통화가 변제기에 강제통용력을 잃은 때에는 채무자는 다른 통화로 변제하여야 한다.

① 의의
   ㉠ 금전채권은 종류채권의 일종이지만 수량으로 표시된 일정한 화폐가치를 목적으로 하며, 금전의 종류를 묻지 않으므로 목적물의 특정이라는 것이 없고, 또한 경제적 변혁이 발생하지 않는 한 '이행불능'도 없고 언제나 이행지체만이 성립한다.
   ㉡ 매매·소비대차·임치·고용·도급 등은 그 대부분이 금전을 대가로 하므로 금전채권이 발생하는 원인은 대단히 다양하다.
   ㉢ 특히 채무불이행·불법행위 등으로 발행하는 손해배상채권도 금전채권인 것이다.

② 금전채무 불이행에 대한 특칙

> **제397조【금전채무 불이행에 대한 특칙】** ① 금전채무 불이행의 손해배상액은 법정이율에 의한다. 그러나 법령의 제한에 위반하지 아니한 약정이율이 있으면 그 이율에 의한다.
> ② 전항의 손해배상에 관하여는 채권자는 손해의 증명을 요하지 아니하고 채무자는 과실 없음을 항변하지 못한다.

③ 외화채권

> **제377조【외화채권】** ① 채권의 목적이 다른 나라 통화로 지급할 것인 경우에는 채무자는 자기가 선택한 그 나라의 각 종류의 통화로 변제할 수 있다.
> ② 채권의 목적이 어느 종류의 다른 나라 통화로 지급할 것인 경우에 그 통화가 변제기에 강제통용력을 잃은 때에는 그 나라의 다른 통화로 변제하여야 한다.
>
> **제378조【동전】** 채권액이 다른 나라 통화로 지정된 때에는 채무자는 지급할 때에 있어서의 이행지의 환금시가에 의하여 우리나라 통화로 변제할 수 있다.

> **개념적용 문제**
>
> 금전채무 불이행으로 인한 손해배상에 관한 설명으로 옳지 않은 것은? (다툼이 있으면 판례에 따름)
> 제18회 기출
>
> ① 채무자는 과실 없음을 항변하지 못한다.
> ② 손해배상액은 특별한 사정이 없는 한 법정이율에 의한다.
> ③ 지연손해금채무는 이행지체로 인한 손해배상채무이다.
> ④ 채권자가 손해의 발생과 그 손해액을 증명하여야 한다.
> ⑤ 이행지체에 대비한 지연손해금 비율을 따로 약정한 경우, 이는 손해배상액의 예정으로 감액의 대상이 될 수 있다.
>
> **해설** 금전채무 불이행으로 인한 손해배상에 관하여는 채권자는 손해의 증명을 요하지 아니하고, 채무자는 과실 없음을 항변하지 못한다(제397조 제2항).
>
> 정답 ④

(5) 이자채권

> **제379조【법정이율】** 이자 있는 채권의 이율은 다른 법률의 규정이나 당사자의 약정이 없으면 연 5분으로 한다.

① 이자는 금전 기타 대체물의 사용대가로서 법정과실의 일종이다.
  ㉠ 또한 금전채무 불이행 시에 지급되는 '지연배상'은 이를 지연이자라고 부르기도 하며 이자와 동시되는 일이 많으나, 그 법률상의 성질은 손해배상이지 이자가 아니다.
  ㉡ 이자는 금전인 것이 보통이지만 반드시 금전이어야 하는 것은 아니며 대체물도 이자가 된다.
② **이자의 이율**
  ㉠ **법정이율**: 법정이율은 민사에 있어서는 연 5분이고(제379조), 상사에 있어서는 연 6분이다(상법 제54조).
  ㉡ **약정이율**: 약정이율은 원칙적으로 자유이나, 금전의 소비대차에 관하여는 「이자제한법」에 의한 최고율의 제한이 있다.
③ **금전채무 불이행에 대한 이자**(손해배상)
  ㉠ 금전채무 불이행의 손해배상액은 법정이율에 의한다. 그러나 법령의 제한에 위반하지 아니한 약정이율이 있으면 그 이율에 의한다(제397조 제1항).
  ㉡ 즉, 금전채무에 대한 변제기 이후의 지연이자에 대한 특별약정이 없어도 채무자는 법정이자 또는 원금에 대한 약정이자를 지연이자로 하여 당연히 지급할 의무가 있다.

ⓒ 금전채무 불이행으로 인하여 지연이자 상당의 손해가 발생하였다는 취지의 주장: 금전채무 불이행에 관한 특칙으로서 민법 제397조는 그 이행지체가 있으면 지연이자 부분만큼의 손해가 있는 것으로 의제하려는 데에 그 취지가 있는 것이므로 지연이자를 청구하는 채권자는 그만큼의 손해가 있었다는 것을 증명할 필요가 없는 것이나, 그렇다고 하더라도 채권자가 금전채무의 불이행을 원인으로 손해배상을 구할 때에 지연이자 상당의 손해가 발생하였다는 취지의 주장은 하여야 하는 것이지 주장조차 하지 아니하여 그 손해를 청구하고 있다고 볼 수 없는 경우까지 지연이자 부분만큼의 손해를 인용해 줄 수는 없는 것이다(99다49644).

(6) 선택채권

① 의의

㉠ 선택적 급부를 목적으로 하는 하나의 채권을 말한다.

㉡ 예를 들면, 경품에 당첨된 자에게 냉장고 또는 에어컨 중 어느 하나를 주겠다고 하는 경우와 같이, 여러 개의 급부 가운데서 선택권자의 선택권 행사에 의하여 하나의 급부로 확정되는 채권을 선택채권이라고 한다.

② 선택채권의 특정

㉠ 의의

ⓐ 선택채권의 채무를 이행하기 위하여 그 수개의 급부 가운데서 어느 하나를 특정해서 단순채권으로 변경하는 것을 선택채권의 특정 또는 집중이라고 한다.

ⓑ 선택채권 특정의 원인에는 선택권의 행사와 급부불능의 두 가지가 있다.

㉡ 선택권의 행사에 의한 선택채권의 특정

ⓐ 선택권자

> **제380조【선택채권】** 채권의 목적이 수개의 행위 중에서 선택에 좇아 확정될 경우에 다른 법률의 규정이나 당사자의 약정이 없으면 선택권은 채무자에게 있다.

ⓑ 선택권의 행사방법

> **제382조【당사자의 선택권의 행사】** ① 채권자나 채무자가 선택하는 경우에는 그 선택은 상대방에 대한 의사표시로 한다.
> ② 전항의 의사표시는 상대방의 동의가 없으면 철회하지 못한다.
> **제383조【제3자의 선택권의 행사】** ① 제3자가 선택하는 경우에는 그 선택은 채무자 및 채권자에 대한 의사표시로 한다.
> ② 전항의 의사표시는 채권자 및 채무자의 동의가 없으면 철회하지 못한다.

ⓒ 선택권의 이전

> **제381조 【선택권의 이전】** ① 선택권 행사의 기간이 있는 경우에 선택권자가 그 기간 내에 선택권을 행사하지 아니하는 때에는 상대방은 상당한 기간을 정하여 그 선택을 최고할 수 있고 선택권자가 그 기간 내에 선택하지 아니하면 선택권은 상대방에게 있다.
> ② 선택권 행사의 기간이 없는 경우에 채권의 기한이 도래한 후 상대방이 상당한 기간을 정하여 그 선택을 최고하여도 선택권자가 그 기간 내에 선택하지 아니할 때에도 전항과 같다.
>
> **제384조 【제3자의 선택권의 이전】** ① 선택할 제3자가 선택할 수 없는 경우에는 선택권은 채무자에게 있다.
> ② 제3자가 선택하지 아니하는 경우에는 채권자나 채무자는 상당한 기간을 정하여 그 선택을 최고할 수 있고 제3자가 그 기간 내에 선택하지 아니하면 선택권은 채무자에게 있다.

ⓓ 선택의 효력

> **제386조 【선택의 소급효】** 선택의 효력은 그 채권이 발생한 때에 소급한다. 그러나 제3자의 권리를 해하지 못한다.

ⅰ) **선택의 소급효**: 선택의 효력은 그 채권이 발생한 때에 소급한다. 그러나 제3자의 권리를 해하지 못한다.

ⅱ) **단순채권으로의 전환**: 선택권자의 선택권 행사로 인하여 그 채권은 처음부터 선택된 그 급부만을 목적으로 하는 단순채권이 성립하고 있었던 것으로 된다.

ⓒ 급부불능에 의한 선택채권의 특정

> **제385조 【불능으로 인한 선택채권의 특정】** ① 채권의 목적으로 선택할 수개의 행위 중에 처음부터 불능한 것이나 또는 후에 이행불능하게 된 것이 있으면 채권의 목적은 잔존한 것에 존재한다.
> ② 선택권 없는 당사자의 과실로 인하여 이행불능이 된 때에는 전항의 규정을 적용하지 아니한다.

ⓐ **원시적 불능**: 선택할 수 있는 수개의 급부 중 당사자의 과실 없이 처음부터 불능으로 된 것이 있는 때에 채권의 목적은 잔존한 것에 존재하므로, 남은 급부가 하나뿐이면 단순채권으로 성립하고, 남은 급부가 두 개 이상이면 이들을 목적으로 하는 선택채권이 성립한다.

ⓑ **후발적 불능**: 수개의 급부 중 후발적으로 불능으로 된 것이 있는 때

ⅰ) 선택권이 있는 당사자의 과실로 불능으로 되든가 또는 누구의 과실도 없이 불능으로 된 때에는 채권은 잔존하는 급부에 관하여 존재한다(제385조 제1항).

ⅱ) 그러나 선택권 없는 당사자의 과실로 불능으로 된 때에는
- 채권자가 선택권자인 경우에는 채무자의 과실로 불능이 된 급부를 선택하여 채무자에게 이행불능에 의한 손해배상을 청구할 수 있고,
- 채무자가 선택권자인 경우에는 채권자의 과실로 불능으로 된 급부를 선택하여 채무를 면할 수 있다.

> **개념적용 문제**
>
> **선택채권에 관한 설명으로 옳은 것은? (다툼이 있으면 판례에 따름)** 제25회 기출
>
> ① 선택권에 관하여 법률의 규정이나 당사자의 약정이 없으면 선택권은 채권자에게 있다.
> ② 선택권 행사의 기간이 있는 경우, 선택권자가 그 기간 내에 선택권을 행사하지 않으면 즉시 상대방에게 선택권이 이전된다.
> ③ 제3자가 선택권을 행사하기로 하는 당사자의 약정은 무효이다.
> ④ 선택채권의 소멸시효는 선택권을 행사한 때부터 진행한다.
> ⑤ 채권의 목적으로 선택할 여러 개의 행위 중에 당사자의 과실 없이 처음부터 불능한 것이 있으면 채권의 목적은 잔존한 것에 존재한다.
>
> **해설** ① 선택권에 관하여 법률의 규정이나 당사자의 약정이 없으면 선택권은 채무자에게 있다.
> ② 선택권 행사의 기간이 있는 경우에 선택권자가 그 기간 내에 선택권을 행사하지 아니하는 때에는 상대방은 상당한 기간을 정하여 그 선택을 최고할 수 있고 선택권자가 그 기간 내에 선택하지 아니하면 선택권은 상대방에게 있다(제381조 제1항).
> ③ 제3자가 선택권을 행사하기로 하는 당사자의 약정은 유효이다.
> ④ 선택권 행사에 필요한 상당한 기간이 경과한 날(선택권을 행사할 수 있는 때)로부터 양수인의 소유권이전등기청구권의 소멸시효가 진행된다(98다23195).
>
> **정답** ⑤

제2절 채권의 효력

1 채무불이행

1. 의의

채무자가 자신의 책임 있는 사유로 채무의 내용에 좇은 이행을 하지 않는 것이 **채무불이행**이다. 채무불이행은 이행지체와 이행불능으로 구분하고 채권자의 수령지체도 채무불이행의 일종으로 본다. 채무자의 채무불이행 시 채권자는 계약을 해제하고 손해배상을 청구할 수 있게 된다.

> **제390조 【채무불이행과 손해배상】** 채무자가 채무의 내용에 좇은 이행을 하지 아니한 때에는 채권자는 손해배상을 청구할 수 있다. 그러나 채무자의 고의나 과실 없이 이행할 수 없게 된 때에는 그러하지 아니하다.

2. 이행지체

> **제387조 【이행기와 이행지체】** ① 채무이행의 확정한 기한이 있는 경우에는 채무자는 기한이 도래한 때로부터 지체책임이 있다. 채무이행의 불확정한 기한이 있는 경우에는 채무자는 기한이 도래함을 안 때로부터 지체책임이 있다.
> ② 채무이행의 기한이 없는 경우에는 채무자는 이행청구를 받은 때로부터 지체책임이 있다.

(1) 의의
① 채무의 이행의무가 발생했고 그 이행이 가능함에도 채무자가 스스로 채무이행을 하지 않는 것을 채무불이행 중 이행지체라고 한다.
② 이행지체는 채무불이행의 가장 전형적인 유형이다.

(2) 이행지체의 요건
① 이행기가 도래하고,
② 이행이 가능하며,
③ 이행지체가 채무자의 책임 있는 사유에 의한 것임을 요한다. 그러나 금전채무의 이행지체를 판단함에 있어서는 채무자의 책임 있는 사유 여부를 불문한다(제397조 제2항).
④ 채무자가 이행하지 않는 것이 정당한 사유(동시이행의 항변권이 있는 경우 등)에 의한 경우는 이행지체가 아니다.

(3) 이행지체의 효과
① 채무자의 지체책임
　㉠ 이행지체의 효과: 채무자의 이행지체로 채권자에게 계약의 해제 및 손해배상청구권이 발생한다.
　㉡ 이행지체에 대한 채무자의 지체책임의 기산일
　　ⓐ 확정기한이 있으면 기한이 도래한 다음 날(88다3253),
　　ⓑ 기한의 정함이 없는 채무는 그 이행청구를 받은 다음 날부터 지체책임이 있다(72다1066). ⇨ 이행청구 시 상당한 기간을 정해 최고를 해야 한다. 그러므로 반환시기의 약정이 없는 소비대차의 대주는 상당한 기간을 정해 차주에게 반환을 최고하고, 그 최고기간이 경과한 다음 날부터 차주는 이행지체의 책임이 발생한다.
　　ⓒ 불확정기한부 채무는 기한도래 사실을 채무자가 안 다음 날로부터 지체책임이 있다.
　　ⓓ 불법행위로 인한 손해배상채권은 불법행위 시에 발생하고 그 이행기가 도래하는 것이므로(94다30065), 불법행위로 인한 손해배상채무의 지연손해금의 기산일은 그 불법행위의 성립일이 된다(2010다18829).

② **기한이익의 상실**

> **제388조 【기한의 이익의 상실】** 채무자는 다음 각 호의 경우에는 기한의 이익을 주장하지 못한다.
> 1. 채무자가 담보를 손상, 감소 또는 멸실하게 한 때
> 2. 채무자가 담보제공의 의무를 이행하지 아니한 때

판례 채무불이행(이행지체)

① 금전채무의 지연손해금채무는 금전채무의 이행지체로 인한 손해배상채무로서 이행기의 정함이 없는 채무에 해당하므로, 채무자는 확정된 지연손해금채무에 대하여 채권자로부터 이행청구를 받은 때로부터 지체책임을 부담하게 된다(2004다11582).
② 민법 제387조 제2항의 규정에서 채무이행의 기한이 없는 경우에는 채무자는 이행청구를 받은 때로부터 지체책임이 있다고 한 취지는 채무자는 이행의 청구를 받은 날 안으로 이행을 하면 되고, 그 청구를 받은 날을 도과할 때 비로소 지체의 책임을 진다고 풀이하는 것이 상당하다(72다1066).
③ 채무이행의 확정기한이 있는 경우에는 그 기한이 도래한 다음 날부터 이행지체의 책임을 지고, 기한의 정함이 없는 경우에는 그 이행의 청구를 받은 다음 날로부터 이행지체의 책임을 진다(88다3253).
④ 불법행위로 인한 손해배상채권은 불법행위 시에 발생하고 그 이행기가 도래하는 것이다(94다30065).
⑤ 불법행위로 인한 손해배상채무의 지연손해금의 기산일은 그 불법행위의 성립일이 된다(2010다18829).
⑥ 채권의 가압류는 제3채무자에 대하여 채무자에게 지급하는 것을 금지하는 데 그칠 뿐 채무 그 자체를 면하게 하는 것이 아니고, 가압류가 있다 하여도 그 채권의 이행기가 도래한 때에는 제3채무자는 그 지체책임을 면할 수 없다고 보아야 할 것이다(93다951).

개념적용 문제

이행지체에 관한 설명으로 옳지 않은 것은? (다툼이 있으면 판례에 따름) 제21회 기출

① 이행지체를 이유로 한 계약의 해제는 손해배상의 청구에 영향을 미치지 않는다.
② 불법행위로 인한 손해배상채무의 지연손해금 기산일은 채무이행을 통지받은 때이다.
③ 채무이행의 기한이 없는 경우, 채무자는 이행청구를 받은 다음 날부터 지체책임이 있다.
④ 채무자는 자기에게 과실이 없는 경우에도 원칙적으로 이행지체 중에 생긴 손해를 배상하여야 한다.
⑤ 동시이행관계에 있는 채무의 이행기가 도래하였더라도 상대방이 이행제공을 하지 않는 한 이행지체가 성립하지 않는다.

해설 불법행위로 인한 손해배상채권은 불법행위 시에 발생하고 그 이행기가 도래하는 것이므로, 불법행위로 인한 손해배상채무의 지연손해금의 기산일은 그 불법행위의 성립일이 된다.

정답 ②

3. 이행불능

(1) 의의
채무자의 책임 있는 사유로 인하여 채무이행이 불가능하게 된 것을 이행불능이라고 한다.

(2) 이행불능의 요건
① 채무자의 채무가 이행이 불가능한 상태로 확정될 것
② 채무자의 귀책사유와 위법성이 있을 것
③ 채무자에게 책임능력이 있을 것

(3) 이행불능의 효과
① 이행불능의 경우 이행강제의 문제는 발생하지 않는다.
② 이행불능으로 인한 손해배상의 성질은 이행에 갈음하는 전보배상이다.
③ 계약의 이행불능 시 상대방은 최고 없이 계약을 해제할 수 있다(즉시해제).

판례 채무불이행(이행불능)

[이행불능 인정]
① 채무의 이행이 불능이라는 것은 단순히 절대적·물리적으로 불능인 경우가 아니라 사회생활에 있어서의 경험법칙 또는 거래상의 관념에 비추어 볼 때 채권자가 채무자의 이행의 실현을 기대할 수 없는 경우를 말한다(2000다22850).
② 부동산소유권이전등기 의무자가 그 부동산에 관하여 제3자 앞으로 비록 채무담보를 위하여 소유권이전등기를 경료하였다고 할지라도 그 의무자가 채무를 변제할 자력이 없는 경우에는 특단의 사정이 없는 한 그 소유권이전등기의무는 이행불능이 된다(91다8104).
③ 부동산의 매도인이 목적물에 대하여 제3자에게 지상권을 설정해 주고 등기를 마치고 또 저당권을 설정하고 등기를 마친 경우에는 매도인의 채무는 이행불능이 된다(73다1133).

[이행불능 부정]
① 계약의 이행불능 여부는 사회통념에 의하여 이를 판정하여야 할 것인바, 임대차계약상의 임대인의 의무는 목적물을 사용·수익하게 할 의무로서, 목적물에 대한 소유권 있음을 성립요건으로 하고 있지 아니하여 임대인이 소유권을 상실하였다는 이유만으로 그 의무가 불능하게 된 것이라고 단정할 수 없다(93다37977).
② 부동산소유권이전등기 의무자가 그 부동산상에 가등기를 경료한 경우 가등기는 본등기의 순위보전의 효력을 가지는 것에 불과하고 또한 그 소유권이전등기 의무자의 처분권한이 상실되지도 아니하므로 그 가등기만으로는 소유권이전등기의무가 이행불능이 된다고 할 수 없다(91다8104).
③ 매매목적물에 관하여 매도인의 다른 채권자가 강제경매를 신청하여 그 절차가 진행 중에 있다는 사유만으로는 아직 매도인이 그 목적물의 소유권을 취득할 수 없는 때에 해당한다고 할 수 없으므로 매수인은 이를 이유로 계약을 해제하거나 위약금의 청구를 할 수 없다고 할 것이고 그와 같은 법리는 매매목적물에 관하여 강제경매가 진행 중인 데 대한 책임이 누구에게 있느냐에 따라 달라지는 것이 아니다(87다카655).
④ 매매목적물에 관하여 이중으로 제3자와 매매계약을 체결하였다는 사실만 가지고는 매매계약이 법률상 이행불능이라고 할 수 없다(96다14616).

(4) 대상청구권

① **대상청구권**이란 이행불능의 목적물에 대신하는 이익(가치변형물)을 채무자가 취한 경우 채권자가 채무자가 취한 이익을 불능으로 된 채권에 갈음하여 청구할 수 있는 권리를 말한다.
② 민법상 명문의 규정은 없지만, 판례가 인정하고 있다.

> **판례** 대상청구권
>
> ① 대상청구권이 인정되기 위하여는 급부가 후발적으로 불능하게 되어야 하고, 급부를 불능하게 하는 사정의 결과로 채무자가 채권의 목적물에 관하여 '대신하는 이익'을 취득하여야 한다(2003다35482).
> ② 소유권이전등기의무의 목적 부동산이 수용되어 그 소유권이전등기의무가 이행불능이 된 경우, 등기청구권자는 등기의무자에게 대상청구권의 행사로써 등기의무자가 지급받은 수용보상금의 반환을 구하거나 또는 등기의무자가 취득한 수용보상금청구권의 양도를 구할 수 있을 뿐 그 수용보상금청구권 자체가 등기청구권자에게 귀속되는 것은 아니다(95다56910).

4. 불완전이행

(1) 채무자가 채무의 이행을 하였으나, 그것이 채무내용에 좇은 완전한 이행이 아니라 하자 있는 불완전한 이행이었기 때문에 채권자에게 손해가 생긴 경우를 '불완전이행'이라고 한다.

(2) 불완전이행의 유형

① **추완**(追完)**이 가능한 경우**: 추완이 가능한 불완전이행은 이행지체로 취급한다.
② **추완**(追完)**이 불가능한 경우**: 추완이 불가능한 경우 이행불능으로 취급한다.

5. 채권자지체

(1) 의의

채권자지체(수령지체)란 채무자의 채무이행에 대하여 채권자의 수령 그 밖에 협력을 필요로 하는 경우에 있어서 채무자가 채무의 내용에 좇은 이행의 제공을 하였음에도 불구하고 채권자가 이를 수령하지 않음으로써 이행지체의 상태에 있는 것을 말한다(제400조).

(2) 채권자지체의 성립요건

> **제400조【채권자지체】** 채권자가 이행을 받을 수 없거나 받지 아니한 때에는 이행의 제공 있는 때로부터 지체책임이 있다.

① 채권자의 수령을 요하는 급부가 존재할 것
② 채무자의 이행제공이 있을 것
③ 채권자의 수령거절 또는 수령불능 사유가 있을 것

④ 채권자의 귀책사유와 위법성이 있을 것

(3) 채권자지체의 효과

> **제401조【채권자지체와 채무자의 책임】** 채권자지체 중에는 채무자는 고의 또는 중대한 과실이 없으면 불이행으로 인한 모든 책임이 없다.
> **제402조【동전】** 채권자지체 중에는 이자 있는 채권이라도 채무자는 이자를 지급할 의무가 없다.
> **제403조【채권자지체와 채권자의 책임】** 채권자지체로 인하여 그 목적물의 보관 또는 변제의 비용이 증가된 때에는 그 증가액은 채권자의 부담으로 한다.

채권자지체가 성립하는 경우 그 효과로서 원칙적으로 채권자에게 민법 규정에 따른 일정한 책임이 인정되는 것 외에, 채무자가 채권자에 대하여 일반적인 채무불이행책임과 마찬가지로 손해배상이나 계약 해제를 주장할 수는 없다(2019다293036).

2 채무불이행에 대한 구제(강제이행과 손해배상)

1. 강제이행

> **제389조【강제이행】** ① 채무자가 임의로 채무를 이행하지 아니한 때에는 채권자는 그 강제이행을 법원에 청구할 수 있다. 그러나 채무의 성질이 강제이행을 하지 못할 것인 때에는 그러하지 아니하다.
> ② 전항의 채무가 법률행위를 목적으로 한 때에는 채무자의 의사표시에 갈음할 재판을 청구할 수 있고 채무자의 일신에 전속하지 아니한 작위를 목적으로 한 때에는 채무자의 비용으로 제3자에게 이를 하게 할 것을 법원에 청구할 수 있다.
> ③ 그 채무가 부작위를 목적으로 한 경우에 채무자가 이에 위반한 때에는 채무자의 비용으로써 그 위반한 것을 제각하고 장래에 대한 적당한 처분을 법원에 청구할 수 있다.
> ④ 전3항의 규정은 손해배상의 청구에 영향을 미치지 아니한다.

2. 손해배상

(1) 의의

채무불이행으로 인한 손해배상은 원본채권과 동일한 것으로 본다.

(2) 채무불이행에 대한 손해배상

> **제390조【채무불이행과 손해배상】** 채무자가 채무의 내용에 좇은 이행을 하지 아니한 때에는 채권자는 손해배상을 청구할 수 있다. 그러나 채무자의 고의나 과실 없이 이행할 수 없게 된 때에는 그러하지 아니하다.
> **제391조【이행보조자의 고의, 과실】** 채무자의 법정대리인이 채무자를 위하여 이행하거나 채무자가 타인을 사용하여 이행하는 경우에는 법정대리인 또는 피용자의 고의나 과실은 채무자의 고의나 과실로 본다.
> **제392조【이행지체 중의 손해배상】** 채무자는 자기에게 과실이 없는 경우에도 그 이행지체 중에 생긴 손해를 배상하여야 한다. 그러나 채무자가 이행기에 이행하여도 손해를 면할 수 없는 경우에는 그러하지 아니하다.

(3) 손해배상의 범위 및 방법

① 손해배상의 범위

> **제393조【손해배상의 범위】** ① 채무불이행으로 인한 손해배상은 통상의 손해를 그 한도로 한다.
> ② 특별한 사정으로 인한 손해는 채무자가 그 사정을 알았거나 알 수 있었을 때에 한하여 배상의 책임이 있다.

㉠ 통상손해: 통상손해는 민법상 당연히 예상되는 손해를 말하며, 그 상황에서 특별한 사유로 인해 발생한 확대손해인 특별손해와 구별되는 손해를 말한다. 임대차보증금 반환을 지체함으로써 임차인이 입게 되는 손해는, 법원실무상 특별한 사정이 없는 한 민법상 연 5%의 지연이자를 가산하는데, 이를 통상손해라 한다.

㉡ 특별손해: 특별손해는 그 상황에서 특별한 사유로 인해 발생한 확대손해로 민법상 당연히 예상되는 손해인 통상손해와 구별된다. 甲이 乙과 말다툼 중 乙을 밀쳐서 乙이 병원에 입원한 경우, 乙은 불법행위에 대한 손해배상청구를 하면서 乙이 최고급 병원의 특실 입원비 및 후유증 방지를 위한다는 명목으로 보약 값을 청구하였다면 이는 특별손해에 해당하여 甲은 특별한 사정이 없는 한 책임지지 않는다.

② 손해배상의 유형

> **제395조【이행지체와 전보배상】** 채무자가 채무의 이행을 지체한 경우에 채권자가 상당한 기간을 정하여 이행을 최고하여도 그 기간 내에 이행하지 아니하거나 지체 후의 이행이 채권자에게 이익이 없는 때에는 채권자는 수령을 거절하고 이행에 갈음한 손해배상을 청구할 수 있다.

㉠ **전보배상**(塡補賠償): 이행에 갈음하는 배상으로서 채무가 이행되었다면 채권자가 얻었을 이익의 전부를 배상하는 것이다. 일종의 급부의 변경으로 볼 수 있다.

㉡ **지연배상**(遲延賠償): 채무이행이 지연됨으로써 발생한 손해를 배상하는 것이다. 이행지체로 인하여 손해가 발생한 경우에는 본래의 급부(給付求)에 가산하여 지연배상이 청구되어 본래의 급부에 대한 채권의 확장으로 볼 수 있다.

③ 손해배상의 방법

> **제394조 【손해배상의 방법】** 다른 의사표시가 없으면 손해는 금전으로 배상한다.

판례 지체책임

① 채무불이행을 이유로 계약을 해제하거나 해지하고 손해배상을 청구하는 경우에, 채권자는 채무가 이행되었더라면 얻었을 이익을 얻지 못하는 손해를 입은 것이므로 계약의 이행으로 얻을 이익, 즉 이행이익의 배상을 구하는 것이 원칙이다. 그러나 채권자는 그 대신에 계약이 이행되리라고 믿고 지출한 비용의 배상을 채무불이행으로 인한 손해라고 볼 수 있는 한도에서 청구할 수도 있다. 이러한 지출비용의 배상은 이행이익의 증명이 곤란한 경우에 증명을 용이하게 하기 위하여 인정되는데, 이 경우에도 채권자가 입은 손해, 즉 이행이익의 범위를 초과할 수는 없다. 또한 채권자가 계약의 이행으로 얻을 수 있는 이익이 인정되지 않는 경우라면, 채권자에게 배상해야 할 손해가 발생하였다고 볼 수 없으므로, 당연히 지출비용의 배상을 청구할 수 없다(2015다235766).
② 금전채무의 이행지체로 인하여 발생하는 지연손해금은 그 성질이 손해배상금이지 이자가 아니며, 민법 제163조 제1호가 규정한 '1년 이내의 기간으로 정한 채권'도 아니므로 3년간의 단기소멸시효의 대상이 되지 아니한다고 할 것이다(98다42141).

(4) 손해배상액의 산정 기준일

① **이행지체의 경우**: 이행지체로 인한 손해배상의 경우 이행을 최고한 후 상당한 기간이 경과한 때를 기준으로 손해배상액을 산정한다.
② **이행불능의 경우**: 이행불능을 원인으로 하는 전보배상은 이행불능 당시를 기준으로 한다.

판례 손해배상액의 산정 기준일

① 채무자의 부동산에 관한 소유권이전등기의무가 이행불능으로 된 경우 그 손해배상액은 원칙적으로 이행불능 당시의 목적물의 시가에 의하여야 하고, 그 후 목적물의 시가가 등귀하였다고 하더라도 그로 인한 손해는 특별한 사정에 인한 것이어서 채무자가 이행불능 당시 그와 같은 특별한 사정을 알았거나 알 수 있었을 경우에 한하여 그 등귀한 가격에 의한 손해배상을 청구할 수 있다고 할 것이다(95다22337).
② 부동산을 매수하고 소유권이전등기까지 넘겨받았지만 진정한 소유자가 제기한 등기말소청구소송에서 매도인과 매수인 앞으로 된 소유권이전등기의 말소를 명한 판결이 확정됨으로써 매도인의 소유권이전의무가 이행불능된 경우, 그 손해배상액 산정의 기준시점은 위 판결이 확정된 때이다(92다25946).
③ 불법행위로 인한 손해배상채권은 그 성립일부터 채권자는 채권을 행사할 수 있고, 채무자는 그 변제의 의무가 있는 것이므로 채무자가 그 변제의 의무를 이행하지 않았다면 불법행위의 성립일로부터 손해배상의 의무가 있다(2010다18829).
④ 이행지체에 의한 전보배상청구에 있어서는 다른 특별한 사정이 없는 한, 채권자는 채무자에게 상당한 기간을 정하여 그 본래의 의무이행을 최고하고 그 이행이 없는 경우에 그 본래 의무의 이행에 대신하는 전보배상을 청구할 수 있고, 그 전보배상에 있어서의 손해액 산정의 표준시기는 원칙적으로 최고하였던 '상당한 기간'이 경과한 당시의 시가에 의하여야 한다(97다24542).

(5) 손해배상액의 예정 및 손해배상자의 대위

> **제398조【배상액의 예정】** ① 당사자는 채무불이행에 관한 손해배상액을 예정할 수 있다.
> ② 손해배상의 예정액이 부당히 과다한 경우에는 법원은 적당히 감액할 수 있다.
> ③ 손해배상액의 예정은 이행의 청구나 계약의 해제에 영향을 미치지 아니한다.
> ④ 위약금의 약정은 손해배상액의 예정으로 추정한다.
> ⑤ 당사자가 금전이 아닌 것으로써 손해의 배상에 충당할 것을 예정한 경우에도 전4항의 규정을 준용한다.
>
> **제399조【손해배상자의 대위】** 채권자가 그 채권의 목적인 물건 또는 권리의 가액 전부를 손해배상으로 받은 때에는 채무자는 그 물건 또는 권리에 관하여 당연히 채권자를 대위한다.

판례 손해배상의 예정

① 물품제조·납품 계약에 있어 지체상금 약정을 한 경우, 손해배상의 예정으로 추정된다(99다57126).
② 민법 제398조 제2항에서 정한 '손해배상의 예정액이 부당히 과다한 경우'의 판단기준 시점은 사실심 변론기일 종결 시를 말한다(2013다5121).
③ 계약 당시 당사자 사이에 손해배상액을 예정하는 내용의 약정이 있는 경우에는 그것은 계약상의 채무불이행으로 인한 손해액에 관한 것이고 이를 그 계약과 관련된 불법행위상의 손해까지 예정한 것이라고는 볼 수 없다(98다48033).
④ 수급인이 위 약정상의 하자 및 미시공 부분에 대한 공사를 완료하지 못할 경우 이에 대한 그의 귀책사유나 도급인의 손해 발생 또는 그 액수를 묻지 아니하고 미지급 공사비 상당을 도급인에게 배상하는 결과가 되는 것이므로, 이러한 약정은 바로 민법 제398조 소정의 채무불이행에 관한 손해배상액을 예정한 경우에 해당한다고 할 것이다(2007다69186).

(6) 과실상계와 손익상계

① 과실상계

> **제396조【과실상계】** 채무불이행에 관하여 채권자에게 과실이 있는 때에는 법원은 손해배상의 책임 및 그 금액을 정함에 이를 참작하여야 한다.

　㉠ 과실상계란 채무불이행에 의한 손해배상의 경우와 불법행위로 인한 손해배상의 문제가 발생한 경우 법원에 의하여 필요적으로 조사·참작되어야 하는 채권자나 피해자의 과실을 말한다.
　㉡ 과실상계의 요건
　　ⓐ 채무자의 채무불이행 또는 가해자의 불법행위가 성립
　　ⓑ 손해를 입은 상대방의 피해발생에 대한 원인제공 또는 과실
　㉢ 손익상계와 구별
　　ⓐ 손익상계와 과실상계 모두 손해배상액 산정의 기준이며, 모두 공평의 원칙에 근거한다는 점은 같다.

ⓑ 과실상계는 '행위자의 과실'이라는 주관적 요건이 필요하고, 손익상계는 '이익을 얻었다'는 객관적 사실이 필요하다는 점에서 차이가 있다.
ⓔ **효과**: 과실상계에 관하여 당사자의 주장이 없어도 소송과정에서 법원은 직권으로 판단하여야 한다.

> **판례** 손해배상과 과실상계
>
> ① 민법상 과실상계제도는 채권자가 신의칙상 요구되는 주의를 다하지 아니한 경우 공평의 원칙에 따라 손해배상액을 산정함에 있어서 채권자의 그와 같은 부주의를 참작하게 하려는 것이므로 사회통념상 혹은 신의성실의 원칙상 단순한 부주의라도 그로 말미암아 손해가 발생하거나 확대된 원인을 이루었다면 채권자에게 과실이 있는 것으로 보아 과실상계를 할 수 있다(98다35389).
> ② 채무불이행으로 인한 손해배상책임의 범위를 정함에 있어서의 과실상계 사유의 유무와 정도는 개별 사례에서 문제된 계약의 체결 및 이행 경위와 당사자 쌍방의 잘못을 비교하여 종합적으로 판단하여야 하며, 이때에 과실상계 사유에 관한 사실인정이나 그 비율을 정하는 것은 그것이 형평의 원칙에 비추어 현저히 불합리한 것이 아닌 한 사실심의 전권사항이라고 할 수 있다(98다35389).
> ③ 손해배상청구소송에서 피해자에게 과실이 인정되면 법원은 손해배상의 책임 및 그 금액을 정함에 있어서 이를 참작하여야 하며, 배상의무자가 피해자의 과실에 관하여 주장하지 않는 경우에도 소송자료에 의하여 과실이 인정되는 경우에는 이를 법원이 직권으로 심리·판단하여야 할 것이지만, 피해자의 부주의를 이용하여 고의로 불법행위를 저지른 자가 바로 그 피해자의 부주의를 이유로 자신의 책임을 감하여 달라고 주장하는 것은 허용될 수 없다(99다50538).
> ④ 과실상계는 본래 채무불이행 내지 불법행위로 인한 손해배상책임에 대해 인정되는 것이고, 채무 내용에 따른 본래의 급부의 이행을 구하는 경우에 적용될 것이 아니다(96다8468).
> ⑤ 손해배상액을 예정한 경우에는 과실상계를 적용할 성질의 것이 아니다(72다108).

② **손익상계**
  ㉠ **손익상계**란 채무불이행에 의하여 채권자에게 손해가 발생함과 동시에 이익이 발생하였고 그 이익이 채무불이행과 상당인과관계가 있는 경우 그 이익을 손해배상범위에서 공제하는 것을 말한다.
  ㉡ 손익상계에 관하여 민법에 아무런 규정이 없으나, 판례와 다수설이 인정하고 있다.
  ㉢ 손익상계에 관한 입증책임은 배상의무자에게 있다.
  ㉣ 불법행위나 채무불이행에 관한 손해배상액 산정 시 과실상계와 손익상계가 경합하는 경우 과실상계를 먼저 한 다음 손익상계를 하여야 한다(2007다37721).
  ㉤ **산재보험급여와 과실상계**: 「산업재해보상보험법」에 따라 보험급여를 받은 재해근로자가 제3자를 상대로 손해배상을 청구할 때 그 손해 발생에 재해근로자의 과실이 경합된 경우에, 재해근로자의 손해배상청구액은 보험급여와 같은 성질의 손해액에서 먼저 보험급여를 공제한 다음 과실상계를 하는 '공제 후 과실상계' 방식으로 산정하여야 한다(2021다241618 전합).

> **개념적용 문제**
>
> 채권의 효력에 관한 설명으로 옳지 않은 것은? (다툼이 있으면 판례에 따름)
>
> 제27회 기출
>
> ① 채무자는 귀책사유가 없으면 민법 제390조의 채무불이행에 따른 손해배상책임을 지지 않는다.
> ② 채무자의 법정대리인이 채무자를 위하여 채무를 이행하는 경우, 법정대리인의 고의나 과실은 채무자의 고의나 과실로 본다.
> ③ 채무이행의 불확정한 기한이 있는 경우에는 채무자는 기한이 도래함을 안 때로부터 지체책임이 있다.
> ④ 특별한 사정으로 인한 손해는 채무자가 그 사정을 알았거나 알 수 있었을 때에 한하여 배상의 책임이 있다.
> ⑤ 채무가 채무자의 법률행위를 목적으로 한 경우, 채무자가 이를 이행하지 않으면 채권자는 채무자의 비용으로 제3자에게 이를 하게 할 것을 법원에 청구할 수 있다.
>
> **해설** 채무가 법률행위를 목적으로 한 때에는 채무자의 의사표시에 갈음할 재판을 청구할 수 있고 채무자의 일신에 전속하지 아니한 작위를 목적으로 한 때에는 채무자의 비용으로 제3자에게 이를 하게 할 것을 법원에 청구할 수 있다(제389조 제2항). ⇨ 의사표시를 필수불가결의 요소로 하는 법률행위가 채무의 목적인 경우 그 의사표시를 간접강제하게 할 수 없으므로 이를 제3자에게 하게 할 것을 법원에 청구할 수는 없다.
>
> **정답** ⑤

4 책임재산의 보전

1. 서설

(1) 책임재산

① 책임재산이란 채무자가 채무를 이행하지 않을 경우 채권자가 강제집행을 통해 채권 회수를 할 수 있는 채무자의 재산을 의미한다. 즉, 채무자가 빚을 갚지 못할 경우 채권자가 채무자의 재산을 팔아 채무를 변제받을 수 있는 대상이 되는 재산을 말한다.
② 채무자의 일반재산은 통상적으로 '책임재산'이라 할 수 있다.

(2) 채권자대위권과 채권자취소권

① 채권자대위권은 채무자가 소극적으로 책임재산의 유지를 꾀하지 않는 경우에 채권자가 채무자에 갈음하여 책임재산의 유지를 꾀하기 위한 권리이다.
② 채권자취소권은 채무자가 적극적으로 책임재산을 감소하게 하는 경우에 채권자가 채무자의 사해행위를 취소해서 책임재산을 회복하기 위한 권리이다.

2. 채권자대위권

(1) 의의

> **제404조 【채권자대위권】** ① 채권자는 자기의 채권을 보전하기 위하여 채무자의 권리를 행사할 수 있다. 그러나 일신에 전속한 권리는 그러하지 아니하다.
> ② 채권자는 그 채권의 기한이 도래하기 전에는 법원의 허가 없이 전항의 권리를 행사하지 못한다. 그러나 보전행위는 그러하지 아니하다.

① 채권자대위권이란 채무자가 그의 일반재산의 감소를 방치하는 경우에 채권자가 자기의 채권을 보전하기 위하여 채무자에 속하는 권리를 갈음하여 행사하는 것을 말한다.
② 이러한 채권자대위권은 단순한 실체법상의 권리이지 소송법상의 권리가 아니다.

(2) 행사요건

① **채권자의 채권을 보전할 필요가 있을 것**: 채권자의 채권이 존재하고 그 채권이 만족되지 못할 위험이 존재할 것을 요한다. ⇨ 피보전채권의 존재

> **판례** 채권자대위소송
>
> ① 채권자가 채무자를 상대로 소유권이전등기절차이행의 소를 제기하여 패소의 확정판결을 받게 되면 채권자는 채무자의 제3자에 대한 권리를 행사하는 채권자대위소송에서 그 확정판결의 기판력으로 말미암아 더 이상 채무자에 대하여 동일한 청구원인으로 소유권이전등기청구를 할 수 없으므로 그러한 권리를 보전하기 위한 채권자대위소송은 그 요건을 갖추지 못하여 부적법하다(2002다64148).
> ② 채권자가 채권자대위소송을 제기하는 한편 채무자를 상대로 피보전채권의 이행청구소송을 제기하였는데, 채무자가 그 소송절차에서 소멸시효 완성의 항변을 원용한 경우, 법원은 이러한 사유가 현출된 채권자대위소송에서 피보전채권의 소멸시효 완성 여부를 심리·판단하여야 한다(2007다64471).
> ③ 비법인사단이 총유재산에 관한 소를 제기할 때에는 정관에 다른 정함이 있는 등의 특별한 사정이 없는 한 사원총회의 결의를 거쳐야 하지만(2010다97044), 이는 비법인사단의 대표자가 비법인사단 명의로 총유재산에 관한 소를 제기하는 경우에 비법인사단의 의사결정과 특별수권을 위하여 필요한 내부적인 절차이다. 채권자대위권은 채무자가 스스로 자기의 권리를 행사하지 아니하는 때에 채권자가 채무자에 대한 채권을 보전하기 위하여 채무자의 의사와는 상관없이 채무자의 권리를 대위하여 행사할 수 있는 권리로서 그 권리행사에 채무자의 동의를 필요로 하는 것은 아니므로, 비법인사단이 총유재산에 관한 권리를 행사하지 아니하고 있어 비법인사단의 채권자가 채권자대위권에 기하여 비법인사단의 총유재산에 관한 권리를 대위행사하는 경우에는 사원총회의 결의 등 비법인사단의 내부적인 의사결정절차를 거칠 필요가 없다(2014다211336).

> **판례** 채권자대위권의 행사요건으로 무자력

① 채권자는 자기의 채무자에 대한 부동산의 소유권이전등기청구권 등 특정채권을 보전하기 위하여 채무자가 방치하고 있는 그 부동산에 관한 특정권리를 대위하여 행사할 수 있고 그 경우에는 채무자의 무자력을 요건으로 하지 아니하는 것이다(91다483).
② 채권자가 채무자를 대위함에 있어 대위에 의하여 보전될 채권자의 채무자에 대한 권리가 금전채권인 경우에는 그 보전의 필요성, 즉 채무자가 무자력인 때에만 채권자가 채무자를 대위하여 채무자의 제3채무자에 대한 권리를 행사할 수 있다(2008다76556).
③ 채권자대위의 요건으로서의 무자력이란 채무자의 변제자력이 없음을 뜻하고 특히 임의변제를 기대할 수 없는 경우에는 강제집행을 통한 변제가 고려되어야 하므로, 소극재산이든 적극재산이든 위와 같은 목적에 부합할 수 있는 재산인지 여부가 변제자력 유무 판단의 중요한 고려요소가 되어야 한다. 따라서 채무자의 적극재산인 부동산에 이미 제3자 명의로 소유권이전청구권보전의 가등기가 마쳐져 있는 경우에는 강제집행을 통한 변제가 사실상 불가능하므로, 그 가등기가 「가등기담보 등에 관한 법률」에 정한 담보가등기로서 강제집행을 통한 매각이 가능하다는 등의 특별한 사정이 없는 한, 위 부동산은 실질적으로 재산적 가치가 없어 적극재산을 산정할 때 제외하여야 한다(2008다76556).

② **채무자가 스스로 권리를 행사하지 않을 것**
 ㉠ 채무자가 자신의 채권을 행사할 수 있음에도 이를 행사하지 않아 그의 일반재산이 감소하거나 증가가 방해받고 있는 경우 채권자대위권을 행사할 수 있다.
 ㉡ 그러므로 이미 채무자와 제3채무자 사이에 소송이 제기되어 채무자의 권리행사가 계속된 후에 소송수행상의 개개의 행위를 대위하는 것은 허용되지 않는다(2012다75239).

> **판례** 채권자대위권 행사
>
> 채권자대위권은 채무자가 제3채무자에 대한 권리를 행사하지 아니하는 경우에 한하여 채권자가 자기의 채권을 보전하기 위하여 행사할 수 있는 것이기 때문에 채권자가 대위권을 행사할 당시 이미 채무자가 그 권리를 재판상 행사하였을 때에는 설사 패소의 확정판결을 받았더라도 채권자는 채무자를 대위하여 채무자의 권리를 행사할 당사자적격이 없다(92다32876).

③ **채권자의 채권이 이행기에 있을 것**: 채권자의 채권이 이행기에 도래하지 않은 경우 채권을 행사할 수 없으므로 채권자대위권도 행사할 수 없다. 다만, 시효중단을 위한 소제기와 같은 보전행위는 변제기가 도래하기 전이라도 채권자대위권 행사가 가능하다.
④ **피보전채권이 채권자대위권의 객체가 될 수 있는 것일 것**
 ㉠ 일신전속권·인격적 권리, 압류금지대상 권리는 채권자대위권의 목적이 될 수 없다.
 ㉡ 유류분반환청구권과 같은 일신전속권(2009다93992)이나, 이혼으로 인한 재산분할청구권(98다58016)은 그 구체적 내용이 형성되기 전에는 채권자대위권의 피보전채권이 될 수 없다.
 ㉢ 소유권이전등기청구권이나 사용·수익을 위한 임차권과 같은 특정 채권이나 채권자취소권(2000다73049)을 보전하기 위한 채권자대위권 행사는 가능하다.

> **판례** 피보전채권
>
> ① 물권적 청구권을 피보전권리로 하는 채권자대위권이 인정된다(2006다82700·82717).
> ② 토지거래규제구역 내의 토지를 허가 없이 매수한 경우, 매도인에 대한 허가신청절차 협력의무의 이행청구권이 채권자대위권에 의하여 보전될 수 있다(95다22917).
> ③ 채권자대위소송에서 대위에 의하여 보전될 채권자의 채무자에 대한 권리(피보전채권)가 존재하는지 여부는 소송요건으로서 법원의 직권조사사항이다(2009다3234).
> ④ 이혼으로 인한 재산분할청구권은 협의 또는 심판에 의하여 그 구체적 내용이 형성되기까지는 그 범위 및 내용이 불명확·불확정하기 때문에 구체적으로 권리가 발생하였다고 할 수 없으므로 이를 보전하기 위하여 채권자대위권을 행사할 수 없다(98다58016).

(3) 행사방법

채권자는 자기 이름으로 재판상 또는 재판 외에서 행사할 수 있다(채무자의 대리인으로서 행사하는 것이 아님).

> **판례** 채권자대위권의 행사
>
> ① 채권자대위권의 행사는 채무자가 그 행사를 반대하는 경우에도 가능하다(63다634).
> ② 채권자취소권이 채권자대위권의 대상이 되는 것이고, 채권자가 채무자의 채권자취소권을 대위행사하는 경우, 제소기간의 준수 여부는 채무자를 기준으로 하여 판단한다(2000다73049).

(4) 채무자에게 통지

> **제405조【채권자대위권 행사의 통지】** ① 채권자가 전조 제1항의 규정에 의하여 보전행위 이외의 권리를 행사한 때에는 채무자에게 통지하여야 한다.
> ② 채무자가 전항의 통지를 받은 후에는 그 권리를 처분하여도 이로써 채권자에게 대항하지 못한다.

① 채권자대위권 행사의 통지를 받은 후에는 채무자가 그 권리를 처분하여도 이로써 채권자에게 대항하지 못한다(제405조 제2항).
② 채무자가 채권자대위권 행사의 통지를 받은 후에 채무를 불이행함으로써 통지 전에 체결된 약정에 따라 매매계약이 자동적으로 해제되도록 하거나, 채권자대위권 행사의 통지를 받은 후에 채무자의 채무불이행을 이유로 제3채무자가 매매계약을 해제하도록 한 경우 이는 채무자의 처분행위가 아니므로 제3채무자는 계약해제로써 대위권을 행사하는 채권자에게 대항할 수 있다(2011다87235 전합).

(5) 행사의 효과

① 채권자가 채무자의 권리를 행사한다고 해서 채권자에게 직접적인 이익이 돌아가는 것이 아니다. 즉, 채권자 대위권 행사로 얻은 결과는 모두 채무자에게 귀속된다.

㉠ 채권자 대위권 행사의 결과로 채무자가 제3채무자로부터 변제받은 재산은 채권자대위권을 행사한 채권자뿐만 아니라 채무자의 모든 채권자를 위하여 공동담보가 된다.
㉡ 채권자대위권 행사의 효과는 채무자에게 귀속되는 것이므로 채권자대위소송의 제기로 인한 소멸시효 중단의 효과 역시 채무자에게 생긴다(2010다80930).
② 다만, 채권자대위권을 행사함에 있어서 채권자가 제3채무자에 대하여 자기에게 직접 급부를 요구하여도 상관없는 것이므로, 소유권보존등기청구권 또는 소유권이전등기말소청구권을 채권자가 대위행사한 경우 법원은 제3채무자로부터 채권자에게 직접 이행할 것을 명할 수도 있다(95다27998).

> **판례** 채무자에 대한 효과
>
> ① 채권자가 채권자대위권을 행사하는 방법으로 제3채무자를 상대로 소송을 제기하고 판결을 받은 경우에는 어떠한 사유로 인하였든 적어도 채무자가 채권자대위권에 의한 소송이 제기된 사실을 알았을 경우에는 그 판결의 효력은 채무자에게 미친다(74다1664 전합). 채권자대위권 행사의 효과는 채무자에게 귀속되는 것이므로 채권자대위소송의 제기로 인한 소멸시효 중단의 효과 역시 채무자에게 생긴다(2010다80930).
> ② 채권자대위권에 의한 소송이 제기된 사실을 피대위자가 알게 된 이상, 그 대위소송에 관한 종국판결이 있은 후 그 소가 취하된 때에는 피대위자도 「민사소송법」 제240조 제2항 소정의 재소금지규정의 적용을 받아 그 대위소송과 동일한 소를 제기하지 못한다(93다20177·20184).
> ③ 채권자대위권을 행사함에 있어서 채권자가 제3채무자에 대하여 자기에게 직접 급부를 요구하여도 상관없는 것이고 자기에게 급부를 요구하여도 어차피 그 효과는 채무자에게 귀속되는 것이므로, 채권자대위권을 행사하여 채권자가 제3채무자에게 그 명의의 소유권보존등기나 소유권이전등기의 말소절차를 직접 자기에게 이행할 것을 청구하여 승소하였다고 하여도 그 효과는 원래의 소유인 채무자에게 귀속되는 것이니, 법원이 채권자대위권을 행사하는 채권자에게 직접 말소등기절차를 이행할 것을 명하였다고 하여 무슨 위법이 있다고 할 수 없다(95다27998).
> ④ 채무자가 채권자대위권 행사의 통지를 받은 후에 채무를 불이행함으로써 통지 전에 체결된 약정에 따라 매매계약이 자동적으로 해제되거나, 채권자대위권 행사의 통지를 받은 후에 채무자의 채무불이행을 이유로 제3채무자가 매매계약을 해제한 경우 제3채무자는 계약해제로써 대위권을 행사하는 채권자에게 대항할 수 있다. 다만, 형식적으로는 채무자의 채무불이행을 이유로 한 계약해제인 것처럼 보이지만 실질적으로는 채무자와 제3채무자 사이의 합의에 따라 계약을 해제한 것으로 볼 수 있거나, 채무자와 제3채무자가 단지 대위채권자에게 대항할 수 있도록 채무자의 채무불이행을 이유로 하는 계약해제인 것처럼 외관을 갖춘 것이라는 등의 특별한 사정이 있는 경우에는 채무자가 피대위채권을 처분한 것으로 보아 제3채무자는 계약해제로써 대위권을 행사하는 채권자에게 대항할 수 없다(2011다87235 전합).

(6) 비용의 상환

① 채권자대위권 행사로 비용이 발생한 경우 채권자는 위임에 관한 규정을 준용하여 채무자에게 비용의 상환을 청구할 수 있다.
② 채권자대위권을 행사하는 경우 채권자와 채무자는 일종의 법정위임의 관계에 있으므로 채권자는 민법 제688조(수임인의 비용상환청구권)를 준용하여 채무자에게 그 비용의 상환을 청구할 수 있고, 그 비용상환청구권은 강제집행을 직접 목적으로 하여 지출된 집행비용이라고는 볼 수 없으므로 지급명령신청에 의하여 지급을 구할 수 있다(96그8).

(7) 제3채무자의 항변

① 제3채무자는 채무자에 대한 항변사유(예) 채무의 소멸, 변제기의 미도래 등)로서 채권자에게 대항할 수 있으나, 채무자가 채권자에 대하여 가지는 항변의 사유로 채권자에게 대항할 수는 없다.
② 채권의 소멸시효가 완성된 경우 이를 원용할 수 있는 자는 시효이익을 직접 받는 자인 채무자로서 채무자가 이를 원용하지 않는 한 제3채무자가 이를 원용할 수 없다.
③ 그러나 제3채무자는 채권자의 채무자에 대한 권리의 발생원인이 된 법률행위가 무효라거나 위 권리가 변제 등으로 소멸하였다는 등의 사실을 주장하여 채권자의 채무자에 대한 권리가 인정되는지 여부를 다투는 것은 가능하다.
④ 채권자대위소송에서 법원은 채권자의 채권 발생의 원인이 된 법률행위의 효력을 직권으로 판단하여야 한다.

> **판례** 채권자대위소송의 제기
>
> ① 채권자대위소송에 있어서 대위에 의하여 보전될 채권자의 채무자에 대한 권리가 인정되지 아니할 경우에는 채권자가 스스로 원고가 되어 채무자의 제3채무자에 대한 권리를 행사할 당사자적격이 없게 되므로 그 대위소송은 부적법하여 각하할 수밖에 없다(94다31549).
> ② 채권자가 채권자대위권을 행사하여 제3자에 대하여 하는 청구에 있어서, 제3채무자는 채무자가 채권자에 대하여 가지는 항변으로 대항할 수 없고, 채권의 소멸시효가 완성된 경우 이를 원용할 수 있는 자는 원칙적으로는 시효이익을 직접 받는 자뿐이고, 채권자대위소송의 제3채무자는 이를 행사할 수 없다(2001다10151).
> ③ 채권자가 채권자대위소송을 제기한 경우, 제3채무자는 채무자가 채권자에 대하여 가지는 항변권이나 형성권 등과 같이 그 권리자에 의한 행사를 필요로 하는 사유를 들어 채권자의 채무자에 대한 권리가 인정되는지 여부를 다툴 수 없지만, 채권자의 채무자에 대한 권리의 발생원인이 된 법률행위가 무효라거나 위 권리가 변제 등으로 소멸하였다는 등의 사실을 주장하여 채권자의 채무자에 대한 권리가 인정되는지 여부를 다투는 것은 가능하고, 이 경우 법원은 제3채무자의 위와 같은 주장을 고려하여 채권자의 채무자에 대한 권리가 인정되는지 여부에 관하여 직권으로 심리·판단하여야 한다(2013다55300).

3. 채권자취소권(사해행위취소권)

(1) 의의

> **제406조【채권자취소권】** ① 채무자가 채권자를 해함을 알고 재산권을 목적으로 한 법률행위를 한 때에는 채권자는 그 취소 및 원상회복을 법원에 청구할 수 있다. 그러나 그 행위로 인하여 이익을 받은 자나 전득한 자가 그 행위 또는 전득 당시에 채권자를 해함을 알지 못한 경우에는 그러하지 아니하다.
> ② 전항의 소는 채권자가 취소원인을 안 날로부터 1년, 법률행위 있은 날로부터 5년 내에 제기하여야 한다.

① 채권자취소권(債權者取消權)이란 채권자를 해함을 알고 행한 채무자의 법률행위에 대하여 그 취소 및 원상회복을 법원에 청구할 수 있는 채권자의 권리를 말한다. 사해행위취소권(詐害行爲取消權)이라고도 한다.

② 예를 들면, 甲으로부터 5천만원을 빌려 쓴 乙이 그의 유일한 재산인 부동산을 친구 丙에게 증여하여 무자력이 되었다면 채권의 안전한 확보면에서 볼 때 甲이 가지는 채권은 허울뿐이고 실제적인 가치는 거의 없다고 해도 무방할 것이므로, 甲이 乙의 증여를 채권자를 해하는 행위, 즉 사해행위(詐害行爲)로서 취소하고, 그 주택을 丙으로부터 乙에게로 회복할 수 있는 권리가 채권자취소권이다.

(2) 요건

① 피보전채권이 존재할 것

㉠ 사해행위취소의 피보전채권은 금전채권이나 종류채권이어야 하고, 소유권이전등기청구권과 같은 특정물에 대한 채권은 피보전채권이 될 수 없다(2001다32236).

㉡ 취소채권자의 채권이 정지조건부채권이라 하더라도 장래에 정지조건이 성취되기 어려울 것으로 보이는 등 특별한 사정이 없는 한, 이를 피보전채권으로 하여 채권자취소권을 행사할 수 있다(2011다55542).

㉢ 피보전채권은 원칙적으로 사해행위 이전에 존재하고 있어야 한다.

㉣ 다만, 사해행위 당시에 이미 성립한 법률관계가 존재하고 이에 터잡아 향후 채권이 발생될 수 있는 고도의 개연성으로 인하여 가까운 장래에 채권이 성립된 경우에는, 그 채권도 채권자취소권의 피보전채권이 될 수 있다.

㉤ 채무자의 보전재산에 담보권 등의 채권자의 채권보다 우선변제권이 있다면 우선변제 금액을 공제한 잔액만을 대상으로 사해행위 취소를 청구할 수 있다. 이 경우 채권자취소권을 행사하는 채권자가 그 담보권을 공제하고 남는 잔액이 있음을 증명하여야 한다(判).

> **판례** 피보전채권
>
> ① 채권자취소권에 의하여 보호될 수 있는 채권은 원칙적으로 사해행위라고 볼 수 있는 행위가 행하여지기 전에 발생된 것임을 요하지만, 그 사해행위 당시에 이미 채권 성립의 기초가 되는 법률관계가 발생되어 있고, 가까운 장래에 그 법률관계에 터잡아 채권이 성립되리라는 점에 대한 고도의 개연성이 있으며, 실제로 가까운 장래에 그 개연성이 현실화되어 채권이 성립된 경우에는, 그 채권도 채권자취소권의 피보전채권이 될 수 있다(2002다42957).
>
> ② 주채무자 또는 제3자 소유의 부동산에 대하여 채권자 앞으로 근저당권이 설정되어 있고, 그 부동산의 가액 및 채권최고액이 당해 채무액을 초과하여 채무 전액에 대하여 채권자에게 우선변제권이 확보되어 있다면, 그 범위 내에서는 채무자의 재산처분행위는 채권자를 해하지 아니하므로 연대보증인이 비록 유일한 재산을 처분하는 법률행위를 하더라도 채권자에 대하여 사해행위가 성립되지 않는다고 보아야 할 것이고, 당해 채무액이 그 부동산의 가액 및 채권최고액을 초과하는 경우에는 그 담보물로부터 우선변제받을 액을 공제한 나머지 채권액에 대하여만 채권자취소권이 인정된다고 할 것이며, 피보전채권의 존재와 그 범위는 채권자취소권 행사의 한 요건에 해당된다고 할 것이므로 이 경우 채권자취소권을 행사하는 채권자로서는 그 담보권의 존재에도 불구하고 자신이 주장하는 피보전채권이 그 우선변제권 범위 밖에 있다는 점을 주장·입증하여야 한다(2002다41589).

③ 채권자취소권은 채무자가 채권자를 해함을 알면서 자기의 일반재산을 감소시키는 행위를 한 경우에 그 행위를 취소하여 채무자의 재산을 원상회복시킴으로써 모든 채권자를 위하여 채무자의 책임재산을 보전하는 권리로서, 특정물 채권을 보전하기 위하여 행사하는 것은 허용되지 않는다(94다2534)
④ 부동산을 양도받아 소유권이전등기청구권을 가지고 있는 자가 양도인이 제3자에게 이를 이중으로 양도하여 소유권이전등기를 경료하여 줌으로써 취득하는 부동산 가액 상당의 손해배상채권은 이중양도행위에 대한 사해행위취소권을 행사할 수 있는 피보전채권에 해당한다고 할 수 없다(98다56690).

② **채무자의 사해행위가 있을 것**
  ㉠ 채권자 취소권의 대상인 사해행위란 채무초과 상태의 채무자가 책임재산을 감소시키는 행위를 함으로써 일반채권자들을 위한 공동담보(피보전재산)의 부족상태를 유발하거나 심화시키는 행위를 말한다.
    ⓐ 채무자의 행위가 법률행위뿐만 아니라, 준법률행위(채무승인 등)나 통정허위표시인 경우에도 사해행위취소의 대상이 될 수 있다.
    ⓑ 상속재산의 협의분할의 경우 재산상 행위이므로 채권자취소권의 대상이 된다.
  ㉡ 채권자취소권의 행사 목적으로 할 수 없는 권리
    ⓐ 직접 재산권의 행사로 볼 수 없는 혼인, 이혼, 상속의 승인, 포기, 노무자의 노무계약 등은 채권자취소권 행사의 목적이 되지 않는다.
    ⓑ 또한 압류가 금지된 재산권은 제3자에 대한 담보제공이나, 타인의 강제집행의 대상이 될 수 없으므로 이의 처분행위도 채권자취소권의 대상이 되지 않는다.

> **판례** 채권자취소권과 채무자의 사해행위
>
> ① 상속의 포기는 민법 제406조 제1항에서 정하는 '재산권에 관한 법률행위'에 해당하지 아니하여 사해행위취소의 대상이 되지 못한다(2011다29307).
> ② 상속재산의 분할협의도 재산권을 목적으로 하는 법률행위에 해당하므로 사해행위에 해당한다. 그러나 채권자취소권으로 취소되는 범위는 재산분할 결과가 구체적 상속분에 미달하는 과소한 것인 때 그 미달하는 부분에 한정된다(2000다51797).
> ③ 이미 채무초과 상태에 있는 채무자가 이혼을 하면서 배우자에게 재산분할로 일정한 재산을 양도함으로써 결과적으로 일반 채권자에 대한 공동담보를 감소시키는 결과로 되어도, 그 재산분할이 민법 제839조의2 제2항의 규정 취지에 따른 상당한 정도를 벗어나는 과대한 것이라고 인정할 만한 특별한 사정이 없는 한, 사해행위로서 취소되어야 할 것은 아니라고 할 것이고, 다만 상당한 정도를 벗어나는 초과부분에 대하여는 적법한 재산분할이라고 할 수 없기 때문에 이는 사해행위에 해당하여 취소의 대상으로 될 수 있을 것이고, 위와 같이 상당한 정도를 벗어나는 과대한 재산분할이라고 볼 만한 특별한 사정이 있다는 점에 관한 입증책임은 채권자에게 있다고 보아야 할 것이다(2000다63516).
>   ○ 채권자가 채무자를 상대로 손해배상채권을 보전하기 위하여 그 소유의 부동산에 대하여 가압류결정을 받기 하루 전에 채무자가 합의이혼을 하고 처에 대한 위자료 및 자녀의 양육비로 그의 유일한 재산인 위 부동산을 처에게 무상양도하였다면 그 양도경위에 비추어 채무자는 그 양여행위로써 자신이 무자력에 빠지게 되어 채권자를 해한다는 사실을 알고 있었다고 보여지므로 위 양여행위는 채권자에 대한 사해행위가 된다(90다카24762).

④ 채권자취소권의 대상이 되는 사해행위는 채무자의 총재산에 감소를 초래함으로써 채권자를 해하는 채무자의 재산적 법률행위를 말하므로 채무자의 총재산에 감소를 초래하지 않는 경우에는 사해행위라 할 수 없다(80다1403).
⑤ 채무자가 양도한 목적물에 담보권이 설정되어 있는 경우라면 그 목적물 중에서 일반 채권자들의 공동담보에 공하여지는 책임재산은 피담보채권액을 공제한 나머지 부분만이라 할 것이고 피담보채권액이 목적물의 가격을 초과하고 있는 때에는 당해 목적물의 양도는 사해행위에 해당한다고 할 수 없다(97다10864).

　　ⓒ 사해행위의 판단시기: 채무자의 재산처분행위 당시의 시가를 기준으로 판단한다(2002다41589).

③ **채무자가 채권자를 해하는 법률행위를 했을 것**
　　㉠ 채무자의 사해행위로 그의 일반재산이 감소하여 채권의 공동담보에 부족이 생기고, 그 결과 채권자에게 완전한 변제를 할 수 없게 되는 행위를 했어야 한다.
　　㉡ 이러한 채무자의 재산감소 행위로 채무자가 채무초과 또는 무자력이 되면 그 행위는 사해행위로서 취소의 목적이 되는 것이고, 채무자의 재산 감소를 초래하지 않는다면 이는 사해행위로 볼 수 없어 채권자취소권을 행사할 수 없다(80다1403).
　　㉢ 채권자취소권 행사대상이 되는 채무자의 행위
　　　　ⓐ 증여계약, 매매계약, 대물변제, 근저당 설정계약, 채권양도 및 양수계약 등
　　　　ⓑ 변제는 원칙적으로 사해행위라 볼 수 없지만, 일부채권자와 통모하여 다른 채권자를 해할 목적의 변제는 사해행위에 해당한다. 즉, 일부채권자와 통모가 있거나 이미 채무초과 상태에 빠진 채무자가 특정 부동산으로 그의 유일한 재산을 일부채권자에게 대물변제로 넘겨주는 행위는 사해행위에 해당한다.
　　　　ⓒ 부동산 기타 재산을 무상으로 양도하거나 부당하게 저렴한 가격으로 매각하는 행위는 사해행위에 해당한다.
　　　　ⓓ 채무자가 자신의 유일한 재산인 부동산을 매각하여 소비하기 쉬운 금전으로 바꾸는 행위는 그 매각으로 채무변제에 충당하기 위하여 상당한 가격으로 매각이 이루어진 경우가 아니라면 사해행위에 해당한다(66다1535).
　　　　ⓔ 어느 특정 채권자에 대한 담보제공행위가 사해행위가 되기 위하여는 채무자가 이미 채무초과 상태에 있을 것과 그 채권자에게만 다른 채권자에 비하여 우선변제를 받을 수 있도록 하여 다른 일반 채권자의 공동담보를 감소시키는 결과를 초래하였다면 이를 사해행위라고 할 수 있다(判).

| 판례 | 사해행위 |

① 이미 채무초과의 상태에 빠져 있는 채무자가 그의 유일한 재산인 부동산을 채권자들 가운데 어느 한 사람에게 대물변제로 제공하는 행위는 다른 특별한 사정이 없는 한 다른 채권자들에 대한 관계에서 사해행위가 된다(2000다3262).
② 채무자가 자기의 유일한 재산인 부동산을 매각하여 소비하기 쉬운 금전으로 바꾸는 행위는 특별한 사정이 없는 한 채권자에 대하여 사해행위가 되어 채무자의 사해의 의사가 추정된다(2000다3262).
③ 채무자가 유일한 재산인 부동산을 처분하였다는 사실을 채권자가 알았다면 특별한 사정이 없는 한 채무자의 사해의사도 채권자가 알았다고 봄이 상당하다(2000다3262).
④ 채무자의 재산처분행위가 사해행위가 되기 위해서는 그 행위로 말미암아 채무자의 총재산의 감소가 초래되어 채권의 공동담보에 부족이 생기게 되어야 하는 것, 즉 채무자의 소극재산이 적극재산보다 많아져야 하는 것인바, 채무자가 연속하여 수개의 재산처분행위를 한 경우에는, 그 행위들을 하나의 행위로 보아야 할 특별한 사정이 없는 한, 일련의 행위를 일괄하여 그 전체의 사해성 여부를 판단할 것이 아니라 각 행위마다 그로 인하여 무자력이 초래되었는지 여부에 따라 사해성 여부를 판단하여야 한다(2000다69026).
⑤ 채무자의 무자력 여부는 사해행위 당시를 기준으로 판단하여야 하는 것이므로 채무자의 적극재산에 포함되는 부동산이 사해행위가 있은 후에 경매절차에서 경락된 경우에 그 부동산의 평가는 경락된 가액을 기준으로 할 것이 아니라 사해행위 당시의 시가를 기준으로 하여야 할 것이며, 부동산에 대하여 정당한 절차에 따라 산출된 감정평가액은 특별한 사정이 없는 한 그 시가를 반영하는 것으로 보아도 좋을 것이다(2000다69026).
⑥ 채무자가 자기의 유일한 재산인 부동산을 매각하여 소비하기 쉬운 금전으로 바꾸는 행위로 그 매각이 일부 채권자에 대한 정당한 변제에 충당하기 위하여 상당한 매각으로 이루어졌다든가 하는 특별한 사정이 없는 한 항상 채권자에 대하여 사해행위가 된다고 볼 것이므로 채무자의 사해의 의사는 추정되는 것이고 이를 매수한 수익자가 악의 없었다는 입증책임은 그 수익자 자신에게 있다(66다1535).

ⓗ 사해행위가 아닌 경우
　　ⓐ 원인행위가 채권자를 해하는 행위가 아니라면 이에 관한 대항요건을 확보하기 위한 부수적 행위는 채권자취소권의 대상이 될 수 없다(2011다32785).
　　ⓑ 수급인의 저당권설정요구에 대한 도급인의 저당권설정행위는 사해행위라 할 수 없다(2007다78616).
　　ⓒ 특정 채권자에게 부동산을 담보로 제공한 경우 그 담보물이 채무자 소유의 유일한 부동산이라고 하여 사해행위가 된다고 볼 수는 없다(判).

| 판례 | 사해행위가 아닌 경우 |

① 채권자취소권은 채무자가 채권자에 대한 책임재산을 감소시키는 행위를 한 경우 이를 취소하고 원상회복을 하여 공동담보를 보전하는 권리이고, 채권양도의 경우 그 권리이전의 효과는 원칙적으로 당사자 사이의 양도계약 체결과 동시에 발생하며 채무자에 대한 통지 등은 채무자를 보호하기 위한 대항요건일 뿐이므로, 채권양도행위가 사해행위에 해당하지 않는 경우에 양도통지가 따로 채권자취소권 행사의 대상이 될 수는 없다(2011다32785).

② 어느 특정 채권자에 대한 담보제공행위가 사해행위가 되기 위하여는 채무자가 이미 채무초과 상태에 있을 것과 그 채권자에게만 다른 채권자에 비하여 우선변제를 받을 수 있도록 하여 다른 일반 채권자의 공동담보를 감소시키는 결과를 초래할 것을 그 요건으로 하며, 특정 채권자에게 부동산을 담보로 제공한 경우 그 담보물이 채무자 소유의 유일한 부동산인 경우에 한하여만 사해행위가 성립한다고 볼 수는 없다(2005다47106).
③ 수급인의 저당권설정청구권에 관한 민법 제666조의 입법 취지에 비추어 수급인의 저당권설정청구권 행사에 따라 도급인이 저당권을 설정하는 행위는 사해행위에 해당하지 않는다(2007다78616).

④ 채무자의 단순한 부작위(예 증여 또는 유증의 거부)나 사실행위 및 불법행위는 채권자취소권의 대상이 아니다.

개념적용 문제

채권자취소권에 관한 설명으로 옳은 것을 모두 고른 것은? (다툼이 있으면 판례에 따름)

제22회 기출

㉠ 채권자취소권은 상대방에 대한 의사표시로 행사할 수 있다.
㉡ 채무자를 상대로 채권자취소권을 행사할 수 없다.
㉢ 채권자취소권 행사에 따른 원상회복은 가액반환이 원칙이다.

① ㉠
② ㉡
③ ㉠, ㉢
④ ㉡, ㉢
⑤ ㉠, ㉡, ㉢

해설 ㉠ 채권자취소권은 상대방에 대한 소제기 방식으로 재판상 행사하여야 한다.
㉢ 채권자취소권 행사에 따른 원상회복은 원물반환이 원칙이다.

정답 ②

⑥ **주관적 요건**
㉠ 채무자의 사해의 의사(악의)
ⓐ 채무자가 법률행위 당시 자신의 행위가 채권자를 해한다는 것을 알고 있어야 한다.
ⓑ 사해의 의사에 대한 판단시기는 처분행위 당시를 기준으로 한다.
ⓒ 채무자의 악의 및 사해행위로 무자력 또는 채무초과 상태가 되었다는 사실에 대한 증명책임은 채권자에게 있다.
㉡ 수익자, 전득자(轉得者)의 악의
ⓐ 사해의 의사에 대한 판단 시기는 전득 당시를 기준으로 한다.
ⓑ 채무자의 악의가 입증이 되면 수익자 및 전득자의 악의는 추정이 된다. 그러므로 사해행위취소소송에 있어서 수익자 또는 전득자는 자신이 선의라는 사실을 입증할 책임이 있다(2009다81920).

> **판례** 수익자 및 전득자의 악의

① 채권자취소권 행사에 있어서 채권자가 취소원인을 알았다고 하기 위하여서는 단순히 채무자가 재산의 처분행위를 하였다는 사실을 아는 것만으로는 부족하고 구체적인 사해행위의 존재를 알고 나아가 채무자에게 사해의 의사가 있었다는 사실까지 알 것을 요하나, 나아가 채권자가 수익자나 전득자의 악의까지 알아야 하는 것은 아니다(2000다3262).
② 채권자가 사해행위의 취소로서 수익자를 상대로 채무자와의 법률행위의 취소를 구함과 아울러 전득자를 상대로도 전득행위의 취소를 구함에 있어서, 전득자의 악의는 전득행위 당시 채무자와 수익자 사이의 법률행위가 채권자를 해한다는 사실, 즉 사해행위의 객관적 요건을 구비하였다는 것에 대한 인식을 의미한다(2014다237192).
③ 사해행위취소소송에 있어서 수익자 또는 전득자가 악의라는 점에 관하여는 채권자에게 입증책임이 있는 것이 아니라 수익자 또는 전득자 자신에게 선의라는 사실을 입증할 책임이 있다(2009다81920).

(3) 채권자취소권의 행사

① **행사방법 및 상대방**
  ㉠ 채권자취소권은 채권자가 자기의 이름으로 행사하되, 채권자대위권과는 달리 반드시 '재판상' 행사하여야 한다.
  ㉡ 취소소송의 피고(소송상대방)는 언제나 이익반환청구의 상대방, 즉 이미 채무자로부터 부동산이나 금전을 수취한 수익자 또는 전득자이며, 채무자를 상대로 행사할 수는 없다(91다13717).

② **상대방의 소멸시효 항변**: 채권자취소소송의 상대방이 된 수익자 또는 전득자는 소송을 제기한 채권자의 채권이 소멸시효가 완성된 것이라면 그 소멸시효의 완성을 원용할 수 있다.

> **판례** 피보전채권 소멸시효의 원용

소멸시효를 원용할 수 있는 사람은 권리의 소멸에 의하여 직접 이익을 받는 자에 한정되는바, 사해행위취소소송의 상대방이 된 사해행위의 수익자는, 사해행위가 취소되면 사해행위에 의하여 얻은 이익을 상실하고 사해행위취소권을 행사하는 채권자의 채권이 소멸하면 그와 같은 이익의 상실을 면하는 지위에 있으므로, 그 채권의 소멸에 의하여 직접 이익을 받는 자에 해당하는 것으로 보아야 한다(2007다54849).

③ **효과**
  ㉠ 채권자취소권의 행사로 수익자가 취득한 권리가 외형상 채무자에게 반환되는 형식이 되더라도 채무자와 수익자 사이의 법률관계에는 영향을 미치지 아니한다.
  ㉡ 채무자와 수익자 사이의 부동산매매계약이 사해행위로 취소되고 그에 따른 원상회복으로 수익자 명의의 소유권이전등기가 말소되어 채무자의 등기명의가 회복되더라도, 그 부동산은 취소채권자나 기타 채권자와 수익자 사이에서 채무자의 책임재산으로 취급될 뿐, 채무자가 직접 부동산을 취득하여 권리자가 되는 것은 아니다.

ⓒ 채무자가 사해행위 취소로 등기명의를 회복한 부동산을 제3자에게 처분하더라도 이는 무권리자의 처분에 불과하여 효력이 없으므로, 채무자로부터 제3자에게 마쳐진 소유권이전등기나 이에 기초하여 순차로 마쳐진 소유권이전등기 등은 모두 원인무효의 등기로서 말소되어야 한다.

ⓓ 채권자취소권 행사 결과 회복된 재산에 대한 강제집행 등을 통해 채권자가 만족을 받고 남은 잉여는 채무자에게 반환되는 것이 아니라 사해행위취소청구를 받아 그 재산을 반환하였던 상대방에게 반환하여야 한다.

> **판례** 채권자취소권의 행사

①-1 채무자의 수익자에 대한 채권양도가 사해행위로 취소되는 경우, 수익자가 제3채무자에게서 아직 채권을 추심하지 아니한 때에는, 채권자는 사해행위취소에 따른 원상회복으로서 수익자가 제3채무자에게 채권양도가 취소되었다는 취지의 통지를 하도록 청구할 수 있다.

①-2 사해행위의 취소는 채권자와 수익자의 관계에서 상대적으로 채무자와 수익자 사이의 법률행위를 무효로 하는 데에 그치고, 채무자와 수익자 사이의 법률관계에는 영향을 미치지 아니한다. 따라서 채무자의 수익자에 대한 채권양도가 사해행위로 취소되고, 그에 따른 원상회복으로서 제3채무자에게 채권양도가 취소되었다는 취지의 통지가 이루어지더라도, 채권자와 수익자의 관계에서 채권이 채무자의 책임재산으로 취급될 뿐, 채무자가 직접 채권을 취득하여 권리자로 되는 것은 아니므로, 채권자는 채무자를 대위하여 제3채무자에게 채권에 관한 지급을 청구할 수 없다(2012다2743).

② 채권자가 채권자취소권을 행사하려면 사해행위로 인하여 이익을 받은 자나 전득한 자를 상대로 그 법률행위의 취소를 청구하는 소송을 제기하여야 되는 것으로서 채무자를 상대로 그 소송을 제기할 수는 없다(91다13717).

③-1 사해행위의 취소는 채권자와 수익자의 관계에서 상대적으로 채무자와 수익자 사이의 법률행위를 무효로 하는 데에 그치고 채무자와 수익자 사이의 법률관계에는 영향을 미치지 아니하므로, 채무자와 수익자 사이의 부동산매매계약이 사해행위로 취소되고 그에 따른 원상회복으로 수익자 명의의 소유권이전등기가 말소되어 채무자의 등기명의가 회복되더라도, 그 부동산은 취소채권자나 민법 제407조에 따라 사해행위 취소와 원상회복의 효력을 받는 채권자와 수익자 사이에서 채무자의 책임재산으로 취급될 뿐, 채무자가 직접 부동산을 취득하여 권리자가 되는 것은 아니다.

③-2 채무자가 사해행위 취소로 등기명의를 회복한 부동산을 제3자에게 처분하더라도 이는 무권리자의 처분에 불과하여 효력이 없으므로, 채무자로부터 제3자에게 마쳐진 소유권이전등기나 이에 기초하여 순차로 마쳐진 소유권이전등기 등은 모두 원인무효의 등기로서 말소되어야 한다. 이 경우 취소채권자나 민법 제407조에 따라 사해행위 취소와 원상회복의 효력을 받는 채권자는 채무자의 책임재산으로 취급되는 부동산에 대한 강제집행을 위하여 원인무효등기의 명의인을 상대로 등기의 말소를 청구할 수 있다(2015다217980).

④ 채권자취소권제도는 채무자의 책임재산 감소행위에 대한 채권자 보호를 위하여 채권자와 악의인 반환의 상대방 사이의 형평을 위하여 법이 특별히 인정한 청구권으로서, 사해행위의 취소는 재산반환의 상대방인 수익자 또는 전득자에 대한 관계에서 목적물의 반환에 필요한 범위 내에서만 상대적으로 효력이 있을 뿐 그 밖의 사람에게는 영향이 없는 점, 회복된 재산으로부터 채권자가 만족을 받고 남은 잉여는 채무자에게 반환되는 것이 아니라 사해행위취소청구를 받아 그 재산을 반환하였던 상대방에게 반환하여야 한다(2010허1169).

⑤ 사해행위의 취소에 따른 원상회복은 원칙적으로 그 목적물 자체의 반환에 의하여야 하는바, 이때 사해행위의 목적물이 동산이고 그 현물반환이 가능한 경우에는 취소채권자는 직접 자기에게 그 목적물의 인도를 청구할 수 있다(99다23468).
⑥ 채권자가 사해행위취소에 따른 원상회복을 구함에 있어서, 사해행위 후 제3자가 목적물에 관하여 저당권 등의 권리를 취득하여 수익자를 상대로 원물반환 대신 가액배상을 구할 수 있음에도 불구하고 채권자 스스로 위험이나 불이익을 감수하면서 원물반환을 구하는 것이 허용된다(2000다57139).

(4) 채권자취소권의 행사기간 – 제척기간(除斥期間)

① **제척기간**(除斥期間): 채권자취소권은 채권자가 취소원인을 안 날부터 1년, 법률행위가 있은 날로부터 5년 내에 행사할 것을 요한다(제406조 제2항).

② **기산점**
  ㉠ 권리의 변동이 확정된 날이 아닌 권리의 변동원인인 법률행위가 있은 날을 기준으로 하여 제척기간이 진행된다.
  ㉡ 가등기에 기한 본등기가 행하여진 경우에는 가등기의 등기원인이 되는 법률행위가 있은 날(가등기설정 계약일)이 최초의 기산점이 되고, 취소대상인 목적물에 대하여 가압류를 한 경우에는 가압류한 날이 취소원인을 안 날로서 기산점이 된다.

> **판례** **채권자취소권의 행사**
> ① 채권자취소의 소는 채권자가 취소원인을 안 날로부터 1년 내에 제기하여야 하는 것인바, 여기에서 취소원인을 안다고 하기 위하여서는 단순히 채무자의 법률행위가 있었다는 사실을 아는 것만으로는 부족하고, 그 법률행위가 채권자를 해하는 행위라는 것, 즉 그에 의하여 채권의 공동담보에 부족이 생기거나 이미 부족상태에 있는 공동담보가 한층 더 부족하게 되어 채권을 완전하게 만족시킬 수 없게 된다는 것까지 알아야 한다(2000다15265).
> ② 채무자 소유의 부동산에 관하여 수익자의 명의로 소유권이전청구권의 보전을 위한 가등기가 경료되었다가 그 가등기에 기한 소유권이전의 본등기가 경료된 경우에, 가등기의 등기원인인 법률행위와 본등기의 등기원인인 법률행위가 명백히 다른 것이 아닌 한 본등기의 기초가 된 가등기의 등기원인인 법률행위를 제쳐놓고 본등기의 등기원인인 법률행위만이 취소의 대상이 되는 사해행위라고 볼 것은 아니므로, 가등기의 등기원인인 법률행위가 있은 날이 언제인지와 관계없이 본등기가 경료된 날로부터 사해행위 취소의 소의 제척기간이 진행된다고 볼 수 없다(96다26329).

제3절 수인의 채권자 및 채무자

1 서설

1. 의의

甲·乙·丙 3인이 丁에 대하여 승용차 한 대를 급여하게 하는 채권을 갖는다든지 또는 甲이 乙·丙·丁 3인에 대하여 100만원을 지급하게 하는 채권을 갖는다는 것과 같이, 동일한 채권 또는 채무관계에 관하여 수인의 채권자 또는 채무자가 있는 것을 말한다.

2. 유형

민법이 인정하는 다수당사자의 채권관계로는 분할채권, 불가분채권, 연대채무, 보증채무 등이 있는데, 이 가운데 연대채무와 보증채무는 이른바 인적 담보로서 채무의 이행을 확보하려는 것이다.

2 분할채권관계

1. 의의

분할채권관계란 한 개의 가분급부를 목적으로 하는 다수당사자간의 채권 또는 채무관계를 말하는바, 채권자가 다수인 것을 분할채권, 채무자가 다수인 것을 분할채무라 한다.

2. 분할채권의 원칙

> **제408조【분할채권관계】** 채권자나 채무자가 수인인 경우에 특별한 의사표시가 없으면 각 채권자 또는 각 채무자는 균등한 비율로 권리가 있고 의무를 부담한다.

예컨대, 甲·乙·丙 3인 공유물을 매각하여 9만원의 대금채권을 취득한 경우에는 각자 3만원씩의 채권을 취득하고, 또한 공동으로 물건을 매수하여 9만원의 대금채무를 부담하는 경우에는 각자 3만원씩의 채무를 진다.

3 불가분채권

1. 불가분채권의 의의

> **제409조 【불가분채권】** 채권의 목적이 그 성질 또는 당사자의 의사표시에 의하여 불가분인 경우에 채권자가 수인인 때에는 각 채권자는 모든 채권자를 위하여 이행을 청구할 수 있고 채무자는 모든 채권자를 위하여 각 채권자에게 이행할 수 있다.

불가분채권관계란 다수의 채권자가 분할할 수 없는 급부를 목적으로 하는 채권을 가지는 관계를 말한다.

2. 발생원인

(1) 채권의 성질상 불가분채권

甲과 乙이 공동으로 丙으로부터 1대의 자동차를 매입한 경우에는 자동차의 인도청구권에 관하여 甲과 乙이 불가분채권을 갖게 된다.

(2) 당사자의 의사표시로 인한 불가분채권

甲·乙·丙 3인이 丁에 대하여 3만원을 급부시키는 채권을 당사자 사이의 특약으로 불가분채권으로 하는 경우로서, 이는 분할채권관계를 불가분채권관계로 만들어서 이행의 청구나 급부의 편의를 꾀하는 데 그 목적이 있다.

3. 성질

① 불가분채권은 본래 각각 별개의 독립한 채권이며, 다만 급부가 불가분이기 때문에, 각 채권자의 채권이 서로 제약을 받는 데 지나지 않는다.
② 가분채권으로의 변경

> **제412조 【가분채권, 가분채무에의 변경】** 불가분채권이나 불가분채무가 가분채권 또는 가분채무로 변경된 때에는 각 채권자는 자기부분만의 이행을 청구할 권리가 있고 각 채무자는 자기부담부분만을 이행할 의무가 있다.

자동차 1대를 목적으로 하는 불가분채권이 채무불이행으로 인하여 300만원의 손해배상채권으로 전환한 경우와 같이, 불가분채권의 목적이 가분급부로 변하였을 때에는 분할채권관계가 된다(제412조).

4. 효력

> **제410조 【1인의 채권자에 생긴 사항의 효력】** ① 전조(제409조)의 규정에 의하여 모든 채권자에게 효력이 있는 사항(채권자의 이행청구 또는 채무자의 이행)을 제외하고는 불가분채권자 중 1인의 행위나 1인에 관한 사항은 다른 채권자에게 효력이 없다.
> ② 불가분채권자 중의 1인과 채무자 간에 경개나 면제 있는 경우에 채무 전부의 이행을 받은 다른 채권자는 그 1인이 권리를 잃지 아니하였으면 그에게 분급할 이익을 채무자에게 상환하여야 한다.

(1) 대외적 효력(모든 채권자와 채무자와의 관계)

① 절대적 효력

㉠ 각 채권자는 모든 채권자를 위하여 이행을 청구할 수 있다(제409조). 즉, 각 채권자는 단독으로 모든 채권자를 위하여 자기에게 급부할 것을 청구할 수 있다. 따라서 채권자 가운데 1인의 이행청구에 의하여 생긴 이행지체·시효중단 등의 효력은 다른 채권자에게도 미친다.

㉡ 채무자는 모든 채권자를 위하여 각 채권자에게 전부의 이행을 할 수 있다(제409조). 즉, 1인의 채권자에 대한 변제 또는 변제의 제공은 모든 채권자에 대하여 효력이 생기고, 이를 원인으로 하는 채권의 소멸 또는 수령지체의 효과도 모든 채권자에 대하여 생긴다.

② 상대적 효력

㉠ 불가분채권자의 1인과 채무자와의 사이에서 법률행위로서 생긴 효과로서 위에서 서술한 것 이외에는 다른 채권자에 대하여 영향을 미치지 않는다. 즉, 상대적 효력이 생기는 데 그친다.

㉡ 따라서 불가분채권자의 1인과 채무자와의 사이에서 경개나 면제가 행하여진 경우에도 다른 채권자는 채무의 전부의 이행을 청구할 수 있다.

㉢ 다만, 그 1인의 채권자가 그의 권리를 잃지 않았더라면 그에게 분급하였을 이익을 채무자에게 상환하여야 한다(제410조 제2항).

㉣ 예를 들면, 甲과 乙이 채무자 丙에 대하여 각각 100만원씩 총 200만원의 불가분채권을 보유한 경우 甲이 채무자 丙과 경개 또는 채무면제로 인하여 丙의 채무가 소멸한 경우에도 乙은 丙에게 이행을 청구할 수 있고, 乙이 丙으로부터 채무 전부의 이행을 받은 경우 乙은 甲이 경개나 채무면제를 하지 아니하였으면 그에게 분급할 이익 100만원을 채무자 丙에게 상환하여야 한다(제410조 제2항).

(2) 대내적 효력(채권자 상호간의 관계)

① 불가분채권의 변제를 받은 채권자는 다른 채권자에 대하여 내부관계의 비율에 따라 그의 급부이익을 분급하여야 한다.

② 그리고 특별한 사정이 없으면 내부적 비율은 균등한 것으로 추정하여야 한다.

> **판례** **불가분채무**
> ① 건물을 공동으로 상속한 상속인들의 건물철거의무(80다756)
> ② 자동차를 공유하는 매도인들의 매수인에 대한 자동차인도의무
> ③ 임대목적물을 공유하고 있는 공동임대인의 임차 보증금의 보증금반환채무(98다43137)
> ④ 수인이 공동으로 타인의 재산을 사용하여 생긴 부당이득의 반환의무(2000다13948)
> ⑤ 공유 토지에 수목이 부합되어 이익을 얻은 토지공유자들의 제3자에 대한 부당이득반환채무(80다649)

4 연대채무

1. 의의

연대채무는 수인의 채무자가 동일한 내용의 급부에 관하여 각자 독립적으로 전부를 변제할 채무를 부담하고, 그 가운데 어느 1인이 전부를 변제하면 다른 채무자도 모두 채무를 면하는 채무관계로서 채권담보의 작용을 하는 채무를 말한다.

(1) 연대채무의 내용

> **제413조【연대채무의 내용】** 수인의 채무자가 채무 전부를 각자 이행할 의무가 있고 채무자 1인의 이행으로 다른 채무자도 그 의무를 면하게 되는 때에는 그 채무는 연대채무로 한다.

① 연대채무의 각 채무자는 전부의 급부를 하여야 할 의무를 진다.
② 급부의 성질이 불가분이기 때문에 부득이 전부를 급부하여야 하는 의무를 부담하는 것이 아니라, 급부는 가분일지라도 채권자로 하여금 전부의 변제를 받게 하려는 연대채무 본래의 목적에 의하여 각 채무자의 채무는 전부의 급부를 그 내용으로 한다.
③ 연대채무는 채무자의 수만큼의 다수의 독립한 채무가 존재한다. 그리고 각 채무자의 채무는 독립한 것이기 때문에 그들 사이에는 주종의 구별이 없다. 이 점에서 연대채무는 보증채무와 다르며, 보증보다도 유력한 담보의 수단이 된다.

(2) 연대채무의 내적 관계

① 연대채무자 중의 1인이나 또는 수인이 채권자에게 채무전부를 급부하면 다른 모든 연대채무자의 채무도 소멸한다.
② 각 연대채무자의 채무는 주관적으로도 공동의 목적에 의하여 결합이 되어 있다. 그 결과 연대채무자 중 1인과 채권자 사이의 권리·의무의 변동은 일정한 범위에서 다른 채무자에게도 영향을 미친다.

③ 연대채무자의 내부적으로는 채무 총액에 대한 부담부분이 있기 때문에 연대채무자 중이 1인이 자기의 출재로 공동의 면책(변제·대물변제·공탁등)을 하였다면 다른 연대채무자들에게 내부적 채무의 부담비율에 따라 구상권을 행사할 수 있다.

2. 연대채무의 성립

(1) 법률행위에 의한 성립

① 계약에 의하여 연대채무를 발생시키는 경우, 그 계약은 반드시 1개의 계약이라야 하는 것은 아니다. 수인의 채무자가 채권자와 순차로 각각 별개의 계약을 맺고 연대채무자가 되는 것도 가능하다.

② **연대채무자에 대한 법률행위의 무효나 취소의 원인**

> **제415조【채무자에 생긴 무효, 취소】** 어느 연대채무자에 대한 법률행위의 무효나 취소의 원인은 다른 연대채무자의 채무에 영향을 미치지 아니한다.

(2) 법률의 규정에 의한 성립

연대채무는 법률의 규정에 의하여도 성립한다. 예컨대, 수인이 공동의 불법행위로 타인에게 손해를 가한 때에는 연대하여 그 손해를 배상할 책임이 있다(제760조 제1항). 이와 같은 규정은 민법(제35조, 제616조, 제654조 등)에도 있지만 「상법」 기타의 법률에도 적지 않게 있다.

3. 연대채무의 효력

(1) 채권자의 권리

> **제414조【각 연대채무자에 대한 이행청구】** 채권자는 어느 연대채무자에 대하여 또는 동시나 순차로 모든 연대채무자에 대하여 채무의 전부나 일부의 이행을 청구할 수 있다.

① 연대채무자에 대한 이행의 청구는 재판상·재판 외 모두 가능하고, 다수의 소(訴)를 동시에 제기하든 또는 순차로 제기하든 채권자의 자유이다.
② 연대채무자의 전원 또는 수인이나 1인이 파산선고를 받은 때에는 채권자는 파산 선고 시에 가진 채권의 전액에 관하여 각 파산재단의 배당에 참가할 수 있다(채무자 회생 및 파산에 관한 법률 제126조 제1항, 제428조).
③ **각 채무의 독립성:** 각 연대채무자가 채권자에게 부담하는 채무는 각각 독립한 채무이므로 각 연대채무자는 채권자에게 각각 독립적인 법률요건 등의 원인으로 채무를 소멸하게 할 수 있다.

(2) 연대채무자 중 1인과 채권자 사이의 채권·채무변동이 다른 연대채무자에게 절대적으로 효력을 미치는 경우

① 일반적 효력

㉠ 변제·대물변제·공탁: 이 행위들은 출재(出財)를 통해 채무를 소멸하게 하는 것이므로 민법상 명문의 규정은 없어도 절대적 효력이 인정된다.

㉡ 계약의 해제·해지

ⓐ 해제·해지권 불가분의 원칙에 의해 해제권·해지권은 전원으로부터 또는 전원에 대하여 행사하여야 하고, 1인에 관하여 해제권이나 해지권이 소멸하면 다른 자에 관해서도 소멸한다.

ⓑ 따라서 계약의 해제·해지는 연대채무에 있어서 절대적 효력을 생기게 한다.

② 민법 규정

㉠ 이행의 청구: 연대채무자의 1인에 대한 이행청구는 다른 채무자에게도 그 효력이 있다(제416조). 따라서 이행청구를 이유로 하는 이행지체·시효중단도 역시 절대적 효력이 있다.

㉡ 소멸시효의 완성: 어느 연대채무자에 대하여 소멸시효가 완성한 때에는 그 부담부분에 한하여 다른 채무자도 의무를 면한다(제421조).

㉢ **경개**

ⓐ 어느 연대채무자와 채권자와의 사이에 경개가 있는 때에는 채권은 모든 채무자의 이익을 위하여 소멸한다(제417조).

ⓑ 예를 들면, 어느 연대채무자가 100만원의 연대채무를 특정의 물건에 대한 소유권이전채무로 경개하는 계약을 하면 나머지 연대채무도 채무를 면하게 된다.

ⓒ 이때 경개한 연대채무자는 나머지 연대채무자의 부담부분에 대하여 구상할 수 있다.

㉣ 면제: 채권자가 어느 연대채무자에 대하여 그 채무를 면제한 때에는 그 채무자의 부담부분에 한하여 다른 채무자도 채무를 면한다(제419조).

㉤ **상계**

ⓐ 연대채무자 중의 1인이 채권자에 대하여 반대채권으로서 상계한 때에는 채권은 모든 연대채무자의 이익을 위하여 소멸한다(제418조 제1항).

ⓑ 예를 들면, 甲·乙이 丙에게 60만원의 연대채무를 부담하고, 甲이 丙에 대하여 40만원의 반대채권을 가진 경우에, 甲이 이 40만원의 채권으로 상계하면 乙도 40만원의 채무를 면하게 되어 결국 甲·乙이 20만원의 연대채무를 부담하게 된다.

ⓒ 어느 연대채무자가 반대채권을 가진 경우에 그 연대채무자가 상계하지 않는 경우 다른 연대채무자는 그 반대채권을 가지는 채무자의 부담부분(위의 사례에서 甲·乙의 부담부분이 균등하다면 30만원)에 관해서만 그를 대신하여 상계할 수 있다.

ⓑ 혼동
  ⓐ 어느 연대채무자와 채권자와의 사이에 혼동이 있는 때에는 그 채무자의 부담부분에 한하여 다른 채무자도 의무를 면한다(제420조).
  ⓑ 예를 들면, 甲·乙·丙이 균등한 부담부분으로 丁에 대하여 30만원의 연대채무를 부담하는 경우에 甲이 丁의 채권을 양수하였다면, 乙·丙은 甲의 부담부분 10만원에 대하여 채무를 면하게 된다.
ⓒ **채권자지체**: 어느 연대채무자에 대한 채권자의 지체는 다른 연대채무자에게도 효력이 있다(제422조). 즉, 민법은 채권자지체에 대하여 절대적 효력을 인정한다.

(3) 연대채무자 중 1인과 채권자 사이의 채권·채무변동이 다른 연대채무자의 채무에 효력이 미치지 않는 경우

① 전술(前述)한 절대적 사항 이외의 연대채무자 1인에 관하여 생긴 사항은 다른 채무자에게 그 효력이 없다(제423조).
② **시효의 중단·정지**: 이행청구에 의한 시효의 중단 이외에 연대채무자 중 1인에 대한 압류, 가압류, 가처분 등으로 인한 시효의 중단 또는 정지는 모두 상대적 효력이 생길 뿐이다.
③ **채무자의 과실과 채무불이행**
 ㉠ 연대채무자의 1인에게 과실이 있거나 또는 그에게 책임 있는 사유로 이행지체·이행불능이 생기더라도, 다른 채무자에게 과실 있는 것으로 되지 않고 또한 다른 채무자가 채무불이행의 책임을 지지 않는다.
 ㉡ 다만, 청구에 의한 이행지체는 절대적 효력이 있다.
④ **확정판결**: 채권자가 연대채무자의 1인에 대하여 승소판결을 얻거나 또는 패소판결을 얻어도, 그것은 다른 채무자에 대하여 기판력을 미치지 못한다.

4. 연대채무의 대내적 효력(구상관계)

> **제425조【출재채무자의 구상권】** ① 어느 연대채무자가 변제 기타 자기의 출재로 공동면책이 된 때에는 다른 연대채무자의 부담부분에 대하여 구상권을 행사할 수 있다.
> ② 전항의 구상권은 면책된 날 이후의 법정이자 및 피할 수 없는 비용 기타 손해배상을 포함한다.

(1) 부담부분의 결정

연대채무자의 부담부분의 비율은 당사자 사이의 특약으로 정하여지는 것이 보통이지만, 그러한 특약이 없는 경우에는 각 채무자의 부담부분은 균등한 것으로 추정된다(제424조).

(2) 구상권의 성립과 범위

① **구상권의 성립**
  ㉠ **공동면책**: 연대채무자 가운데 1인이 변제 등의 행위로 모든 채무자를 위하여 채무의 전부를 소멸하게 하거나 또는 감소하게 한 때에는 타인의 채무까지도 변제(공동면책)한 것이 된다.
  ㉡ 공동면책 외에 자기의 **출재**(出財)가 있어야 한다[재산의 출연(出捐)].
    ⓐ 변제·대물변제·공탁·상계·경개·혼동의 경우에는 구상권이 발생한다.
    ⓑ 채무면제나 시효완성으로 다른 연대채무자가 채무를 면한 경우에도 채무면제 또는 시효완성을 한 연대채무자의 출재가 없으므로 구상권은 생기지 않는다.
  ㉢ 따라서 다른 채무자에 대하여 각자의 부담부분에 따라서 상환을 청구할 수 있다.
  ㉣ 이것을 연대채무자의 구상권이라고 한다.

② **구상권의 범위**: 다음에 열거한 금액을 연대채무자 각자의 부담부분의 비율에 따라 분할하여, 출재한 채무자가 다른 채무자에게 구상하게 된다.
  ㉠ 출재액: 출재라 함은 자기의 재산의 감소로 타인의 재산을 증가하게 하는 것을 말한다. 채무자가 기존의 그의 재산을 적극적으로 지출하는 것이 보통이나, 소극적으로 새로운 채무를 부담하는 것도 출재가 된다.
  ㉡ 면책된 날 이후의 법정이자: 변제 기타 공동면책이 있었던 날 이후의 법정이자가 가산된다.
  ㉢ 필요비: 변제 기타 공동면책을 위하여 피할 수 없었던 비용(운반비·포장비 등)도 구상액에 가산된다.
  ㉣ 기타의 손해: 공동면책을 위하여 피할 수 없었던 손해, 예컨대 채권자로부터 재판상의 청구나 강제집행을 당한 경우의 소송비용·집행비용 등도 구상액에 가산된다.

(3) 구상권의 제한

① **구상요건으로서 사전통지 및 사후통지**
  ㉠ 각 채무자가 자의적으로 변제를 하게 되면 다른 채무자가 상계할 수 있는 반대채권을 가지고 있어서 변제할 필요가 없는 채무를 변제하는 경우도 있을 수 있고, 어느 한 채무자가 이미 변제한 채무를 다시 변제하는 등의 혼란이 발생할 수 있다.
  ㉡ 이러한 결과의 발생을 막기 위하여 민법은 변제하려면 반드시 사전 및 사후에 다른 연대채무자에게 통지를 하여야 하는 것으로 하고, 그러한 통지를 게을리하였기 때문에 위와 같은 문제들이 생긴 때에는 그 통지를 게을리한 자의 구상권의 범위에 일정한 제한을 받는 것으로 하였다(제426조).

② **사전통지를 하지 아니한 때**
  ㉠ 어느 연대채무자가 다른 연대채무자에게 통지하지 아니하고 변제 기타 자기의 출재로 공동면책이 된 경우에 다른 채무자가 채권자에게 대항할 수 있는 사유가 있었을 때에는 그 채무자는 자기의 부담부분에 한하여 그 사유를 가지고 면책을 한 채무자(구상권자)에게 대항할 수 있다.
  ㉡ 그 대항사유가 상계인 때에는 상계로 소멸할 채권은 구상권자에게 이전한다(제426조 제1항).

> **사례**
> 甲에 대한 300만원의 연대채무자 乙·丙·丁 가운데서 乙이 사전의 통지를 하지 않고서 300만원을 변제하고 丙·丁에 대하여 각각 100만원을 구상하는 경우에, 丁이 甲에 대하여 200만원의 반대채권을 가지고 있었다면 丁은 자기의 부담부분인 100만원을 甲에 대한 채권으로 乙의 구상권과 상계할 수 있다.

  ㉢ 이와 같이 상계한 때에는 丁의 甲에 대한 채권은 그 범위에서 乙에게 이전한다.
③ **사후통지를 하지 아니한 때**: 어느 연대채무자가 변제 기타 자기의 출재로 공동면책이 되었음을 다른 채무자에게 통지를 게을리 함으로써 다른 채무자가 선의로 채권자에게 변제 기타 유상의 면책행위를 한 때에는 그 채무자는 자기의 면책행위의 유효를 주장할 수 있다(제426조 제2항).

(4) 상환무자력자가 있는 경우의 구상권자의 보호

① **무자력자의 부담부분의 분담**
  ㉠ 연대채무자 중에 상환할 자력이 없는 자가 있는 때에는 그 채무자의 부담부분은 구상권자 및 다른 자력이 있는 채무자가 그 부담부분에 비례하여 분담한다.
  ㉡ 그러나 구상권자에게 과실이 있는 때에는 다른 채무자에 대하여 분담을 청구하지 못한다(제427조 제1항).

> **사례**
> 甲이 30만원을 변제하고 乙·丙에 대하여 각각 10만원씩 구상하려고 하였는데 丙이 무자력인 때에는 丙의 부담부분 10만원은 甲과 乙이 각자의 부담부분에 따라서 5만원씩 분담한다.

② **연대의 면제와 무자력자의 부담부분**
  ㉠ 연대채무자 가운데 1인이 채권자로부터 연대의 면제를 받은 경우에, 다른 채무자 가운데 자력이 없는 자가 있으면 그 무자력자가 변제할 수 없는 부분에 관하여 연대의 면제를 받은 자가 분담할 부분은 채권자가 부담하여야 한다(제427조 제2항).

> **사례**
>
> 甲·乙·丙·丁 4인이 A에 대하여 240만원의 연대채무를 지고 있는 경우에 A가 丁에 대하여 연대를 면제했다고 할 때, 甲이 채무를 변제하여 乙·丙·丁에게 구상을 하였던바, 丙이 무자력자임이 판명되었다면 甲·乙·丁은 丙이 부담하여야 할 60만원을 각각 20만원씩 분담하게 된다.

ⓒ 그런데 丁은 연대의 면제를 받고 있으므로 丁이 분담하여야 할 20만원은 채권자 A가 부담하게 된다.

(5) 구상권자의 대위권

연대채무자는 '변제할 정당한 이익이 있는 자'이므로 변제에 의하여 당연히 채권자를 대위한다(제481조). 즉, 채권 및 담보에 관하여 채권자가 가지고 있었던 모든 권리를 행사할 수 있다.

> **판례** 연대채무와 구상권
>
> 연대보증인들 사이의 내부관계에서는 연대보증인 각자가 자신의 분담금액을 한도로 일부 보증을 한 것과 같이 볼 수 있어서 그 분담금액 범위 내의 출재에 관한 구상관계는 주채무자만을 상대로 해결할 것을 예정하고 있는 반면, 연대채무자들 사이에서는 연대채무자 각자가 행한 모든 출재에 관하여 다른 연대채무자의 공동부담을 기대하는 것이 보통이다. 그리하여 민법은 연대보증인 중의 한 사람이 공동면책을 이유로 다른 연대보증인에게 구상권을 행사하려면 '자기의 부담부분을 넘은' 변제를 하였을 것을 그 요건으로 규정하였으나(제448조 제2항), 연대채무자 중의 한 사람이 공동면책을 이유로 다른 연대채무자에게 구상권을 행사하는 데 있어서는 그러한 제한 없이 '부담부분'에 대하여 구상권을 행사할 수 있는 것으로 규정하고 있다(제425조 제1항). 따라서 연대채무자 사이의 구상권 행사에 있어서 '부담부분'이란 연대채무자가 그 내부관계에서 출재를 분담하기로 한 비율을 말한다고 봄이 타당하다. 그 결과 변제 기타 자기의 출재로 일부 공동면책되게 한 연대채무자는 역시 변제 기타 자기의 출재로 일부 공동면책되게 한 다른 연대채무자를 상대로 하여서도 자신의 공동면책액 중 다른 연대채무자의 분담비율에 해당하는 금액이 다른 연대채무자의 공동면책액 중 자신의 분담비율에 해당하는 금액을 초과한다면 그 범위에서 여전히 구상권을 행사할 수 있다고 보아야 한다(2013다46023).

5 보증채무

1. 의의와 성질

(1) 의의

① **보증채무**란 주된 채무자가 그의 채무를 이행하지 않는 경우에 그것을 대신 이행하여야 할 채무를 말한다.
② 즉, 보증채무는 주된 채무와 동일내용을 가지며 주된 채무의 이행이 없는 경우에 이를 이행할 책임을 부담함으로써 주된 채무에 대한 채권을 담보하는 채무이다.

③ 보증채무의 법률구성은 다수당사자의 채권관계이나 그 기능은 채권의 담보이며 주채무에 대해 종된 채무의 관계에 있다.

(2) 법적 성질

① **독립성**
  ㉠ 보증채무는 채권자와 보증인 간의 계약으로 주채무와 독립된 계약에 의하여 성립하는 독립된 채무이다.
  ㉡ 보증채무의 내용은 주채무와 동일하다. 그러나 보증채무는 주채무와는 별개의 독립한 채무이므로 보증채무와 주채무의 소멸시효기간은 그 채무의 성질에 따라 각각 별개로 정해진다.

② **부종성**
  ㉠ 성립상(존속상)의 부종성: 보증채무는 주채무의 담보를 목적으로 하므로 반드시 주채무가 있어야만 한다. 따라서 주채무가 무효이거나 취소된 때에는 그에 따라 보증채무도 무효가 되거나 취소된다.
  ㉡ 내용상의 부종성
    ⓐ 주채무의 내용에 변경이 생기면 보증채무의 내용도 변경된다. 또한 보증인은 주채무자가 가지는 항변권으로 채권자에게 대항할 수 있다.
    ⓑ 보증계약 체결 후 채권자가 보증인의 승낙 없이 주채무자에 대하여 변제기를 연장하여 준 경우, 그것이 반드시 보증인의 책임을 가중하는 것이라고는 할 수 없으므로 원칙적으로 보증채무에 대하여도 그 효력이 미친다(95다49141).
    ⓒ 주채권을 가지지 않는 자에게 보증채권만을 인정할 실익도 없기 때문에 주채권과 분리하여 보증채권만을 양도하기로 하는 약정은 그 효력이 없다(95다49141).

③ **수반성**(이전상의 부종성)
  ㉠ 주채무에 대한 채권이 이전하면 원칙적으로 보증인에 대한 채권도 이전한다.
  ㉡ 보증채무는 주채무에 대한 부종성 또는 수반성이 있어서 주채무자에 대한 채권이 이전되면 당사자 사이에 별도의 특약이 없는 한 보증인에 대한 채권도 함께 이전하고, 이 경우 채권양도의 대항요건도 주채권의 이전에 관하여 구비하면 족하고, 별도로 보증채권에 관하여 대항요건을 갖출 필요는 없다(2002다21509).

④ **보충성**: 보증채무는 원칙적으로 주채무가 이행되지 않을 때 비로소 이행하게 되는 제2차적인 채무이다. 따라서 채권자가 보증인에 대하여 청구하는 때에는 보증인은 최고·검색의 항변을 할 수 있다(제437조). 그러나 연대보증인에게는 보충성이 없다.

> **판례** **보증채무**
>
> ① 보증채무는 주채무와는 별개의 독립한 채무이므로 보증채무와 주채무의 소멸시효기간은 그 채무의 성질에 따라 각각 별개로 정해진다. 그리고 주채무자에 대한 확정판결에 의하여 민법 제163조 각 호의 단기소멸시효에 해당하는 주채무의 소멸시효기간이 10년으로 연장된 상태에서 그 주채무를 보증한 경우, 특별한 사정이 없는 한 그 보증채무에 대하여는 민법 제163조 각 호의 단기소멸시효가 적용될 여지가 없고, 그 성질에 따라 보증인에 대한 채권이 민사채권인 경우에는 10년, 상사채권인 경우에는 5년의 소멸시효기간이 적용된다(2011다76105).
> ② 보증채무는 주채무와는 별개의 채무이기 때문에 보증채무 자체의 이행지체로 인한 지연손해금은 보증한 도액과는 별도로 부담하고 이 경우 보증채무의 연체이율에 관하여 특별한 약정이 없는 경우라면 그 거래행위의 성질에 따라 상법 또는 민법에서 정한 법정이율에 따라야 하며, 주채무에 관하여 약정된 연체이율이 당연히 여기에 적용되는 것은 아니지만, 특별한 약정이 있다면 이에 따라야 한다(99다12123).
> ③ 조세채권은 국세징수법에 의하여 우선권 및 자력집행권이 인정되는 권리로서 사법상의 채권과는 그 성질을 달리하므로 조세채권의 성립과 행사는 법률에 의해서만 가능한 것이고, 세법에 의하지 아니한 사법상의 계약에 의하여 조세채무를 부담하게 하거나 이를 보증하게 하여 이들로부터 조세채권의 종국적 만족을 실현하는 것은 허용될 수 없는 것이다(2004다58277).

2. 보증계약과 보증채무의 성립

(1) 보증계약의 성질

① **채권자와 보증인 간의 계약**: 보증계약은 채권자와 보증인 간에 맺어지는 계약이며, 주채무자는 보증계약과는 직접 관계가 없다. 보증인이 보증계약을 하는 것은 주채무자의 부탁에 의하는 것이 보통이나, 이 부탁의 유무는 보증계약의 효력에 영향을 미치지 아니한다.

② **낙성계약**: 민법상 보증계약은 불요식의 낙성계약이다. 따라서 채권자와 보증인 사이의 보증에 관한 합의만으로써 성립하나, 그 구체적 내용은 서면에 기재하여야 한다.

(2) 보증채무의 성립요건

① **주채무가 존재할 것**: 부종성

㉠ 보증채무의 부종성으로 인하여 보증채무는 주채무의 존재를 전제로 한다.

㉡ 주채무는 반드시 현실적으로 발생하고 있어야 하는 것은 아니며, 장래의 채무 또는 장래에 증감하는 채무를 담보하는 이른바 '**근보증**'도 유효하게 성립한다.

> **제428조의3【근보증】** ① 보증은 불확정한 다수의 채무에 대해서도 할 수 있다. 이 경우 보증하는 채무의 최고액을 서면으로 특정하여야 한다.
> ② 제1항의 경우 채무의 최고액을 제428조의2 제1항에 따른 서면으로 특정하지 아니한 보증계약은 효력이 없다.

② 보증인의 행위능력 및 변제자력(辨濟資力)

> **제431조【보증인의 조건】** ① 채무자가 보증인을 세울 의무가 있는 경우에는 그 보증인은 행위능력 및 변제
> 자력이 있는 자로 하여야 한다.
> ② 보증인이 변제자력이 없게 된 때에는 채권자는 보증인의 변경을 청구할 수 있다.
> ③ 채권자가 보증인을 지명한 경우에는 전2항의 규정을 적용하지 아니한다.
> **제432조【타 담보의 제공】** 채무자는 다른 상당한 담보를 제공함으로써 보증인을 세울 의무를 면할 수 있다.

3. 보증채무의 내용과 범위

(1) 보증채무의 내용과 방식

> **제428조【보증채무의 내용】** ① 보증인은 주채무자가 이행하지 아니하는 채무를 이행할 의무가 있다.
> ② 보증은 장래의 채무에 대하여도 할 수 있다.
> **제428조의2【보증의 방식】** ① 보증은 그 의사가 보증인의 기명날인 또는 서명이 있는 서면으로 표시되어야
> 효력이 발생한다. 다만, 보증의 의사가 전자적 형태로 표시된 경우에는 효력이 없다.
> ② 보증채무를 보증인에게 불리하게 변경하는 경우에도 제1항과 같다.
> ③ 보증인이 보증채무를 이행한 경우에는 그 한도에서 제1항과 제2항에 따른 방식의 하자를 이유로 보증의
> 무효를 주장할 수 없다.

① 보증채무의 내용인 급부의 목적은 부종성으로 인하여 주채무의 그것과 동일하다.

② 주채무의 목적이 그의 동일성을 잃지 않고서 변경된 때에는 보증채무의 목적도 그에 따라 변경된다.

(2) 보증채무의 범위

> **제429조【보증채무의 범위】** ① 보증채무는 주채무의 이자, 위약금, 손해배상 기타 주채무에 종속한 채무를
> 포함한다.
> ② 보증인은 그 보증채무에 관한 위약금 기타 손해배상액을 예정할 수 있다.
> **제430조【목적, 형태상의 부종성】** 보증인의 부담이 주채무의 목적이나 형태보다 중한 때에는 주채무의 한
> 도로 감축한다.

> **판례** 보증채무의 범위

① 보증인은 특별한 사정이 없는 한 채무자가 채무불이행으로 인하여 부담하여야 할 손해배상채무에 관하여도 보증책임을 진다고 할 것이고, 따라서 보증인으로서는 채무자의 채무불이행으로 인한 채권자의 손해를 배상할 책임이 있다고 할 것이나, 원래 보증인의 의무는 보증계약 성립 후 채무자가 한 법률행위로 인하여 확장, 가중되지 아니하는 것이 원칙이므로, 채무자의 채무불이행시의 손해배상의 범위에 관하여 채무자와 채권자 사이의 합의로 보증인의 관여 없이 그 손해배상 예정액이 결정되었다고 하더라도, 보증인으로서는 위 합의로 결정된 손해배상 예정액이 채무불이행으로 인하여 채무자가 부담할 손해배상 책임의 범위를 초과하지 아니한 한도 내에서만 보증책임이 있다(94다38250).

② 보증계약의 성립을 인정하려면 당연히 그 전제로서 보증인의 보증의사가 있어야 하고, 이러한 보증의사의 존부는, 당사자가 거래에 관여하게 된 동기와 경위, 그 관여 형식 및 내용, 당사자가 그 거래행위에 의하여 달성하려는 목적, 거래의 관행 등을 종합적으로 고찰하여 판단하여야 할 당사자의 의사해석 및 사실인정의 문제이지만, 보증은 이를 부담할 특별한 사정이 있을 경우 이루어지는 것이므로, 보증의사의 존재나 보증범위는 이를 엄격하게 제한하여 인정하여야 할 것이다(98다39923).

③ 보증의 의사표시에 보증인의 기명날인 또는 서명이 있는 서면을 요구하는 것은, 한편으로 그 의사가 명확하게 표시되어서 보증의 존부 및 내용에 관하여 보다 분명한 확인수단이 보장되고, 다른 한편으로 보증인으로 하여금 가능한 한 경솔하게 보증에 이르지 아니하고 숙고의 결과로 보증을 하도록 하려는 취지에서 나온 것이다. 위 법규정이 '보증의 의사'가 일정한 서면으로 표시되는 것을 정할 뿐이라는 점 등을 고려할 때, 작성된 서면에 반드시 '보증인' 또는 '보증한다'라는 문언의 기재가 있을 것이 요구되지는 아니한다고 봄이 상당하다(2013다23372).

> **개념적용 문제**

보증채무에 관한 설명으로 옳은 것을 모두 고른 것은? 제26회 기출

> ㄱ. 보증인의 보증채무는 주채무의 위약금이나 손해배상을 포함하지 않는다.
> ㄴ. 주채무자의 항변포기는 보증인에게 효력이 없다.
> ㄷ. 보증인은 주채무자의 채권에 의한 상계로 채권자에게 대항할 수 있다.
> ㄹ. 주채무자에 대한 시효의 중단은 보증인에 대하여 효력이 없다.

① ㄱ, ㄴ ② ㄴ, ㄷ ③ ㄷ, ㄹ ④ ㄱ, ㄴ, ㄷ ⑤ ㄴ, ㄷ, ㄹ

해설
ㄴ. 주채무자의 항변포기는 보증인에게 효력이 없다(제433조 제2항).
ㄷ. 보증인은 주채무자의 채권에 의한 상계로 채권자에게 대항할 수 있다(제434조).
ㄱ. 보증채무는 주채무의 이자, 위약금, 손해배상 기타 주채무에 종속한 채무를 포함한다(제429조 제1항).
ㄹ. 주채무자에 대한 시효의 중단은 보증인에 대하여 그 효력이 있다(제440조).

정답 ②

4. 보증채무의 대외적 효력

(1) 채권자의 권리와 의무

① **채권자의 권리**

㉠ 주채무와 보증채무가 모두 이행기에 있는 때에는 채권자는 주채무자와 보증인에 대하여 별개로 또는 동시나 순차로 전부 또는 일부의 이행을 청구할 수 있다.

㉡ 다만, 보증채무의 이행기가 주채무의 이행기보다 먼저 도래하는 일은 있을 수 없다.

㉢ 채권자가 보증인에게 청구할 수 있는 보증채무의 범위는 특약이 없는 한, 주채무의 이자·위약금·손해배상 기타 주채무에 종속하는 모든 채무에 미친다(제429조 제1항).

② **채권자의 의무 등**

> **제436조의2 【채권자의 정보제공의무와 통지의무 등】** ① 채권자는 보증계약을 체결할 때 보증계약의 체결 여부 또는 그 내용에 영향을 미칠 수 있는 주채무자의 채무 관련 신용정보를 보유하고 있거나 알고 있는 경우에는 보증인에게 그 정보를 알려야 한다. 보증계약을 갱신할 때에도 또한 같다.
> ② 채권자는 보증계약을 체결한 후에 다음 각 호의 어느 하나에 해당하는 사유가 있는 경우에는 지체 없이 보증인에게 그 사실을 알려야 한다.
> 1. 주채무자가 원본, 이자, 위약금, 손해배상 또는 그 밖에 주채무에 종속한 채무를 3개월 이상 이행하지 아니하는 경우
> 2. 주채무자가 이행기에 이행할 수 없음을 미리 안 경우
> 3. 주채무자의 채무 관련 신용정보에 중대한 변화가 생겼음을 알게 된 경우
> ③ 채권자는 보증인의 청구가 있으면 주채무의 내용 및 그 이행 여부를 알려야 한다.
> ④ 채권자가 제1항부터 제3항까지의 규정에 따른 의무를 위반하여 보증인에게 손해를 입힌 경우에는 법원은 그 내용과 정도 등을 고려하여 보증채무를 감경하거나 면제할 수 있다.

③ 물상보증인은 주채무자의 자력에 대하여 조사한 다음 계약을 체결할 것인지 여부를 스스로 결정해야 하고, 채권자가 물상보증인에게 주채무자의 신용 상태를 고지할 신의칙상 의무는 존재하지 않는다(2017다254051).

(2) 보증인의 항변권(보증채무의 부종성 및 보충성)

① **부종성에 기한 권리**

> **제433조 【보증인과 주채무자항변권】** ① 보증인은 주채무자의 항변으로 채권자에게 대항할 수 있다.
> ② 주채무자의 항변포기는 보증인에게 효력이 없다.
>
> **제435조 【보증인과 주채무자의 취소권 등】** 주채무자가 채권자에 대하여 취소권 또는 해제권이나 해지권이 있는 동안은 보증인은 채권자에 대하여 채무의 이행을 거절할 수 있다.

㉠ 보증채무는 주채무와는 별개의 독립한 채무이므로 비록 주채무자가 주채무의 부존재 또는 소멸의 항변권, 기한유예의 항변권, 동시이행의 항변권 등의 항변권을 포기하더라도 보증인은 주채무자의 항변권을 주장할 수 있다.

ⓛ 주채무자가 채권자에 대하여 취소권·해제권 또는 해지권을 가지고 있는 동안은 보증인은 채권자에 대하여 채무의 이행을 거절할 수 있다.

② 보충성에 기한 권리
㉠ 보증인의 이행책임: 보증인은 주채무자가 채무를 이행하지 않는 부분, 또는 이행하지 못하는 부분에 한하여 채무를 이행할 의무를 진다.
㉡ 보증인의 **최고·검색의 항변권**

> **제437조【보증인의 최고, 검색의 항변】** 채권자가 보증인에게 채무의 이행을 청구한 때에는 보증인은 주채무자의 변제자력이 있는 사실 및 그 집행이 용이할 것을 증명하여 먼저 주채무자에게 청구할 것과 그 재산에 대하여 집행할 것을 항변할 수 있다. 그러나 보증인이 주채무자와 연대하여 채무를 부담할 때에는 그러하지 아니하다.
>
> **제438조【최고, 검색의 해태의 효과】** 전조의 규정에 의한 보증인의 항변에 불구하고 채권자의 해태로 인하여 채무자로부터 전부나 일부의 변제를 받지 못한 경우에는 채권자가 해태하지 아니하였으면 변제받았을 한도에서 보증인은 그 의무를 면한다.

(3) 채권자와 주채무자 또는 채권자와 보증인 사이에서 채권·채무관계의 변동의 효력

① **채권자와 주채무자 사이의 채권에 대한 시효의 중단 및 상계**

> **제440조【시효중단의 보증인에 대한 효력】** 주채무자에 대한 시효의 중단은 보증인에 대하여 그 효력이 있다.
>
> **제434조【보증인과 주채무자상계권】** 보증인은 주채무자의 채권에 의한 상계로 채권자에게 대항할 수 있다.

㉠ 주채무에 대한 시효가 중단된 때에는, 그 중단사유가 무엇이든 보증채무도 소멸시효도 중단되어 더 이상 시효가 진행하지 않는다.
㉡ 주채무자가 채권자에 대하여 반대채권을 가지고 상계하여 그 채무를 소멸하게 한 경우 보증채무도 절대적으로 소멸한다.
㉢ 주채무자가 채권자에 대하여 반대채권을 가지고 있음에도 상계하지 않는 경우에 보증인은 그 상계로 채권자에게 대항할 수 있다.

② **채권자와 보증인 사이의 권리·의무의 변동**
㉠ 채권자와 보증인과의 사이에 권리·의무의 변동은 원칙적으로 주채무자에 대하여는 영향이 미치지 않는다. 즉, 상대적 효력만이 생길 뿐이다.
㉡ 그러나 보증인의 상계·공탁·변제·대물변제 등과 같이 채권을 만족하게 하는 사유는 채무자에게도 절대적 효력이 있다. 그러므로 보증인의 변제로 채권이 소멸하면 그 범위 내에서 채무자도 그 채무를 면한다.

5. 보증채무의 대내적 효력(구상관계)

(1) 보증인의 구상권

> **제441조【수탁보증인의 구상권】** ① 주채무자의 부탁으로 보증인이 된 자가 과실 없이 변제 기타의 출재로 주채무를 소멸하게 한 때에는 주채무자에 대하여 구상권이 있다.
> ② 제425조 제2항의 규정은 전항의 경우에 준용한다.

① **구상권의 범위**: 구상권의 범위는 연대채무에 있어서와 마찬가지로 면책금액, 면책일 이후의 법정이자, 면책상의 필요비 기타의 손해배상이다(제425조 제2항, 제441조 제2항).

② **구상권의 제한**

㉠ 보증인이 면책통지를 하지 아니한 경우

> **제445조【구상요건으로서의 통지】** ① 보증인이 주채무자에게 통지하지 아니하고 변제 기타 자기의 출재로 주채무를 소멸하게 한 경우에 주채무자가 채권자에게 대항할 수 있는 사유가 있었을 때에는 이 사유로 보증인에게 대항할 수 있고 그 대항사유가 상계인 때에는 상계로 소멸할 채권은 보증인에게 이전된다.
> ② 보증인이 변제 기타 자기의 출재로 면책되었음을 주채무자에게 통지하지 아니한 경우에 주채무자가 선의로 채권자에게 변제 기타 유상의 면책행위를 한 때에는 주채무자는 자기의 면책행위의 유효를 주장할 수 있다.

㉡ 주채무자가 면책통지를 하지 아니한 경우

> **제446조【주채무자의 보증인에 대한 면책통지의무】** 주채무자가 자기의 행위로 면책하였음을 그 부탁으로 보증인이 된 자에게 통지하지 아니한 경우에 보증인이 선의로 채권자에게 변제 기타 유상의 면책행위를 한 때에는 보증인은 자기의 면책행위의 유효를 주장할 수 있다.

③ **수탁보증인의 사전구상권과 주채무자의 면책청구**

> **제442조【수탁보증인의 사전구상권】** ① 주채무자의 부탁으로 보증인이 된 자는 다음 각 호의 경우에 주채무자에 대하여 미리 구상권을 행사할 수 있다.
> 1. 보증인이 과실 없이 채권자에게 변제할 재판을 받은 때
> 2. 주채무자가 파산선고를 받은 경우에 채권자가 파산재단에 가입하지 아니한 때
> 3. 채무의 이행기가 확정되지 아니하고 그 최장기도 확정할 수 없는 경우에 보증계약 후 5년을 경과한 때
> 4. 채무의 이행기가 도래한 때
> ② 전항 제4호의 경우에는 보증계약 후에 채권자가 주채무자에게 허여한 기한으로 보증인에게 대항하지 못한다.
>
> **제443조【주채무자의 면책청구】** 전조의 규정에 의하여 주채무자가 보증인에게 배상하는 경우에 주채무자는 자기를 면책하게 하거나 자기에게 담보를 제공할 것을 보증인에게 청구할 수 있고 또는 배상할 금액을 공탁하거나 담보를 제공하거나 보증인을 면책하게 함으로써 그 배상의무를 면할 수 있다.

④ 부탁 없는 보증인의 구상권

> **제444조 【부탁 없는 보증인의 구상권】** ① 주채무자의 부탁 없이 보증인이 된 자가 변제 기타 자기의 출재로 주채무를 소멸하게 한 때에는 주채무자는 그 당시에 이익을 받은 한도에서 배상하여야 한다.
> ② 주채무자의 의사에 반하여 보증인이 된 자가 변제 기타 자기의 출재로 주채무를 소멸하게 한 때에는 주채무자는 현존이익의 한도에서 배상하여야 한다.
> ③ 전항의 경우에 주채무자가 구상한 날 이전에 상계원인이 있음을 주장한 때에는 그 상계로 소멸할 채권은 보증인에게 이전된다.

(2) 보증인의 대위권

보증인은 변제할 정당한 이익이 있는 자이므로 구상권의 범위 내에서 채권자를 대위하여 그의 권리를 행사할 수 있다.

판례 보증인의 구상권

① 물상보증인이 담보부동산을 제3취득자에게 매도하고 제3취득자가 담보부동산에 설정된 근저당권의 피담보채무의 이행을 인수한 경우, 그 이행인수는 매매당사자 사이의 내부적인 계약에 불과하여 이로써 물상보증인의 책임이 소멸하지 않는 것이고, 따라서 담보부동산에 대한 담보권이 실행된 경우에도 제3취득자가 아닌 원래의 물상보증인이 채무자에 대한 구상권을 취득한다(97다1556).
② 민법 제446조의 규정은 같은 법 제445조 제1항의 규정을 전제로 하는 것이어서 같은 법 제445조 제1항의 사전통지를 하지 아니한 수탁보증인까지 보호하는 취지의 규정은 아니므로, 수탁보증에 있어서 주채무자가 면책행위를 하고도 그 사실을 보증인에게 통지하지 아니하고 있던 중에 보증인도 사전통지를 하지 아니한 채 이중의 면책행위를 한 경우에는 보증인은 주채무자에 대하여 민법 제446조에 의하여 자기의 면책행위의 유효를 주장할 수 없다고 봄이 상당하고 따라서 이 경우에는 이중변제의 기본원칙으로 돌아가 먼저 이루어진 주채무자의 면책행위가 유효하고 나중에 이루어진 보증인의 면책행위는 무효로 보아야 하므로 보증인은 민법 제446조에 기하여 주채무자에게 구상권을 행사할 수 없다(95다46265).
③ 물상보증인이 채무자에게 구상할 구상권의 범위는 특별한 사정이 없는 한 채무를 변제하거나 담보권의 실행으로 담보물의 소유권을 상실하게 된 시점에 확정된다는 점 등을 종합하면, 원칙적으로 수탁보증인의 사전구상권에 관한 민법 제442조는 물상보증인에게 적용되지 아니하고 물상보증인은 사전구상권을 행사할 수 없다(2009다19802).

참고 물상보증인

1. 타인의 채무를 위하여 자기가 소유하는 재산을 담보에 제공하는 것을 물상보증이라고 하고, 그 재산을 담보에 제공한 사람을 물상보증인(物上保證人)이라고 한다. 타인의 채무를 위하여 채권자와 계약으로 저당권 또는 질권을 설정한다. 물상보증인은 수탁보증인과 달라서 채무를 부담하지 않으므로 채권자는 물상보증인에 대하여 이행청구를 하거나 그의 일반재산에 대하여 강제집행을 하지는 못한다.
2. 그러나 담보권이 실행되거나 또는 물상보증인이 변제를 했을 때에는 물상보증인은 채무자에 대하여 보증인과 동일한 구상권(求償權)을 취득한다(제341조, 제370조). 물상보증인(物上保證人)은 변제를 하는 데 이해관계를 가진 제3자로서 채무자의 의사에 반하여 변제할 수 있으며(제469조 제2항), 변제에 의하여 당연히 채권자를 대위한다(제481조).

6. 공동보증

(1) 의의

공동보증이라 함은 수인의 보증인이 동일한 채무를 보증하는 관계이다. 수인이 하나의 계약으로 동시에 보증인이 되는 수가 있고, 순차로 별개의 계약으로 보증인이 되는 수도 있다. 공동보증도 보통의 보증과 다를 것이 없으나, 다만 보증인이 수인이기 때문에 보증인의 채권자에 대한 관계 및 보증인 상호간의 관계에 있어서 보통의 보증과는 다른 효력이 인정된다.

(2) 분별의 이익

공동보증인은 그들이 하나의 계약으로 보증인이 된 경우는 물론이고 각각 별개의 계약으로 보증인이 된 경우에도, 주채무의 액을 균등한 비율로 분할한 액에 관해서만 보증채무를 부담하는 것이 원칙이다(제408조, 제439조). 이를 보증인의 '분별의 이익'이라고 한다. 그러나 다음과 같은 경우에는 예외적으로 분별의 이익이 인정되지 않는다.

① 주채무가 불가분인 때
② 각 보증인이 서로 연대하여 채무를 부담한 때(보증연대)
③ 공동보증인이 각각 주채무자와 연대하여 채무를 부담한 때(연대보증)

(3) 구상관계

> **제448조 【공동보증인 간의 구상권】** ① 수인의 보증인이 있는 경우에 어느 보증인이 자기의 부담부분을 넘은 변제를 한 때에는 제444조의 규정을 준용한다.
> ② 주채무가 불가분이거나 각 보증인이 상호 연대로 또는 주채무자와 연대로 채무를 부담한 경우에 어느 보증인이 자기의 부담부분을 넘은 변제를 한 때에는 제425조 내지 제427조의 규정을 준용한다.

① **분별의 이익을 가지는 경우**: 분별의 이익을 가지는 경우에는 각 공동보증인은 자기가 부담하는 분할된 보증채무액에 관하여 주채무자에게 구상권이 있고, 만일에 어느 공동보증인이 자기의 부담부분이 넘는 변제를 한 때에는 부탁 없는 보증인의 규정에 준하여 공동보증인에게도 구상할 수 있다.

② **분별의 이익이 없는 경우**: 분별의 이익이 없는 경우에는 각 공동보증인은 변제한 것의 전부를 주채무자에 대하여서는 물론 다른 공동보증인에게도 연대채무의 규정에 준하여 구상할 수 있다.

제4절 채권양도·채무인수

1 채권양도

1. 의의

채권양도란 '채권을 그 동일성을 유지하면서 이전하는 신·구채권자 사이의 계약'을 말한다. 채권양도는 채권 자체를 하나의 재화로 보고 그것을 직접 양수인에게 이전하는 것을 목적으로 하는 것이므로 준물권계약이다.

2. 채권의 양도성

> **제449조 【채권의 양도성】** ① 채권은 양도할 수 있다. 그러나 채권의 성질이 양도를 허용하지 아니하는 때에는 그러하지 아니하다.
> ② 채권은 당사자가 반대의 의사를 표시한 경우에는 양도하지 못한다. 그러나 그 의사표시로써 선의의 제3자에게 대항하지 못한다.

(1) 채권은 재산권으로서 양도할 수 있다

① 채권의 성질이 양도를 허용하지 아니하는 것, 즉 일신전속권 등의 채권은 양도할 수 없다(제449조 제1항).
② 채권의 양도금지 특약은 채권양도에 대한 반대의 의사표시로서 채권자 및 채무자 당사자 간에는 그 효력이 있으나 이와 같은 특약이 표시되지 않았다면, 이로써 선의의 제3자에게는 양도금지 특약의 효력을 주장할 수 없다.

(2) 채권양도의 법률적 성질

① 채권자와 양수인 사이의 낙성·불요식계약으로서 당사자 사이의 약정에 의하여 채권양도의 효력이 발생한다.
② 다만, 채권양도행위는 처분행위로서 준물권행위에 해당한다.

> **판례** 채권의 양도 및 양도금지 특약
> ① 임차인으로부터 임대차보증금반환채권을 양수한 자가 그 채권을 양수하면서 채권양도금지 특약이 기재된 임대차계약서를 교부받고 이를 채권양도서류에 첨부하여 사서인증까지 받았다면 위 양수인은 채권의 양도금지 특약이 존재한다는 사실을 알았거나 이를 알지 못한 데 중과실이 있다(2010다8310).
> ② 「주택임대차보호법」상 우선변제권을 가진 임차인으로부터 임차권과 분리하여 임차보증금반환채권만을 양수한 채권양수인이 「주택임대차보호법」상의 우선변제권을 행사할 수 있는 임차인에 해당한다고 볼 수는 없다(2010다10276).

③ 임차권의 양도가 금지된다 하더라도 임차보증금반환채권의 양도마저 금지되는 것은 아니므로 양도인은 양수인에 대하여 그 채권의 양도에 관하여 임대인에게 통지를 하거나 그에 대한 승낙을 받아 주어야 할 의무를 부담한다(93다13131).
④ 당사자 사이에 양도금지의 특약이 있는 채권이라도 압류 및 전부명령에 의하여 이전할 수 있고, 양도금지의 특약이 있는 사실에 관하여 압류채권자가 선의인가 악의인가는 전부명령의 효력에 영향을 미치지 못한다(76다1623).
⑤ 이자채권은 원본채권에 대하여 종속성을 갖고 있으나 이미 변제기에 도달한 이자채권은 원본채권과 분리하여 양도할 수 있고 원본채권과 별도로 변제할 수 있으며 시효로 인하여 소멸되기도 하는 등 어느 정도 독립성을 갖게 되는 것이므로, 원본채권이 양도된 경우 이미 변제기에 도달한 이자채권은 원본채권의 양도 당시 그 이자채권도 양도한다는 의사표시가 없는 한 당연히 양도되지는 않는다(88다카12803).

3. 지명채권의 양도

(1) 지명채권

① **지명채권**이란 '채권자가 특정되어 있는 채권'으로서 통상적인 채권을 지명채권이라 한다.
② 증권적 채권과는 달라서 지명채권은 그 채권의 성립·존속·행사·양도 등을 위하여 증서, 즉 증권의 작성·교부를 필요로 하지 않으므로 증서는 단순한 증거로서의 역할을 할 뿐이다.
③ **양도방법**: 지명채권의 양도는 양도인과 양수인의 합의에 의하여 양도가 가능하다.

(2) 지명채권의 양도와 대항요건

> **제450조【지명채권 양도의 대항요건】** ① 지명채권의 양도는 양도인이 채무자에게 통지하거나 채무자가 승낙하지 아니하면 채무자 기타 제3자에게 대항하지 못한다.
> ② 전항의 통지나 승낙은 확정일자 있는 증서에 의하지 아니하면 채무자 이외의 제3자에게 대항하지 못한다.

① 제3자에 대한 대항요건으로서 확정일자 있는 증서방식의 취지는 채권의 양도인, 양수인 및 채무자가 통모하여 통지일 또는 승낙일을 소급함으로써 제3자의 권리를 침해하는 것을 방지하기 위한 것이다(判).
② 승낙 또는 통지의 상대방
   ㉠ **채무자에 대한 통지**: 채권양도의 사실은 양도인(구채권자)이 채무자에게 통지하여야 한다.
   ㉡ 채권양도통지는 양도인이 직접하지 아니하고 사자를 통하여 하거나 대리인으로 하여금 하게 하여도 무방하고, 채권의 양수인도 양도인으로부터 채권양도통지 권한을 위임받아 대리인으로서 그 통지를 할 수 있다(2003다43490).
   ㉢ **채무자의 승낙**: 채권양도에 대한 채무자의 승낙은 양도인이나 양수인 누구에게 하든 무방하다.

③ 지명채권 양도에 대한 통지·승낙의 효과

> **제451조 【승낙, 통지의 효과】** ① 채무자가 이의를 보류하지 아니하고 전조의 승낙을 한 때에는 양도인에게 대항할 수 있는 사유로써 양수인에게 대항하지 못한다. 그러나 채무자가 채무를 소멸하게 하기 위하여 양도인에게 급여한 것이 있으면 이를 회수할 수 있고 양도인에 대하여 부담한 채무가 있으면 그 성립되지 아니함을 주장할 수 있다.
> ② 양도인이 양도통지만을 한 때에는 채무자는 그 통지를 받은 때까지 양도인에 대하여 생긴 사유로써 양수인에게 대항할 수 있다.
>
> **제452조 【양도통지와 금반언】** ① 양도인이 채무자에게 채권양도를 통지한 때에는 아직 양도하지 아니하였거나 그 양도가 무효인 경우에도 선의인 채무자는 양수인에게 대항할 수 있는 사유로 양도인에게 대항할 수 있다.
> ② 전항의 통지는 양수인의 동의가 없으면 철회하지 못한다.

판례 채권양도에 대한 대항요건

① 민법 제450조에서 말하는 '확정일자'란 증서에 대하여 그 작성한 일자에 관한 완전한 증거가 될 수 있는 것으로 법률상 인정되는 일자를 말하며, 당사자가 나중에 변경하는 것이 불가능한 확정된 일자를 가리키고, '확정일자 있는 증서'란 위와 같은 일자가 있는 증서로서 민법 부칙(1958.2.22.) 제3조에 정한 증서(공정증서)를 말한다(2010다8310).
② '확정일자 있는 증서에 의한' 통지나 승낙을 갖추도록 하고 있는 취지는 채권의 양도인, 양수인 및 채무자가 통모하여 통지일 또는 승낙일을 소급함으로써 제3자의 권리를 침해하는 것을 방지하기 위한 것이다(2009다49469).
③ 채권이 이중으로 양도된 경우, 양수인 상호간의 우열은 통지 또는 승낙에 붙여진 확정일자의 선후에 의하여 결정할 것이 아니라, 채권양도에 대한 채무자의 인식, 즉 확정일자 있는 양도통지가 채무자에게 도달한 일시 또는 확정일자 있는 승낙의 일시의 선후에 의하여 결정하여야 한다(93다24223 전합).
④ 채권양도통지는 양도인이 채무자에 대하여 당해 채권을 양수인에게 양도하였다는 사실을 통지하는 관념의 통지로서, 채권양도가 있기 전에 미리 하는 사전통지는 채무자로 하여금 양도의 시기를 확정할 수 없는 불안한 상태에 있게 하는 결과가 되어 원칙적으로 허용될 수 없다(2000다2627).
⑤ 채권양도의 통지는 양도인이 채무자에 대하여 당해 채권을 양수인에게 양도하였다는 사실을 알리는 관념의 통지이고, 법률행위의 대리에 관한 규정은 관념의 통지에도 유추·적용된다고 할 것이어서 채권양도의 통지도 양도인이 직접하지 아니하고 사자를 통하여 하거나 나아가서 대리인으로 하여금 하게 하여도 무방하다고 할 것이고, 또한 그와 같은 경우에 양수인이 양도인의 사자 또는 대리인으로서 채권양도통지를 하였다 하여 민법 제450조의 규정에 어긋난다고 볼 수도 없고, 달리 이를 금지할 근거도 없다(94다19242).
⑥ 집합채권의 양도가 양도금지특약을 위반하여 무효인 경우 채무자는 일부 개별 채권을 특정하여 추인하는 것이 가능하고, 채무자의 사후승낙에 의하여 무효인 채권양도행위가 추인되어 유효하게 되며 이 경우 다른 약정이 없는 한 소급효가 인정되지 않고 양도의 효과는 승낙시부터 발생한다(2009다47685).
⑦ 채권양도는 양도인과 양수인 사이에 채권을 동일성을 유지하면서 전자로부터 후자에게로 이전시킬 것을 목적으로 하는 계약을 말한다. 채권양도에 의하여 채권은 동일성을 잃지 않고 양도인으로부터 양수인에게 이전되는데, 이는 채권양도의 대항요건을 갖추지 못하였다고 하더라도 마찬가지이다(2019다272855).

⑧ 채권양도에 의하여 채권은 그 동일성을 잃지 않고 양도인으로부터 양수인에게 이전되며, 이러한 법리는 채권양도의 대항요건을 갖추지 못하였다고 하더라도 마찬가지이므로, 비록 대항요건을 갖추지 못하여 채무자에게 대항하지 못한다고 하더라도 채권의 양수인이 채무자를 상대로 재판상의 청구를 하였다면 이는 소멸시효 중단사유인 재판상의 청구에 해당한다고 보아야 한다(2005다41818).

⑨ 채무에 이행기의 정함이 없는 경우에는 채무자가 이행의 청구를 받은 다음 날부터 이행지체의 책임을 지는 것이나, 한편 지명채권이 양도된 경우 채무자에 대한 대항요건이 갖추어질 때까지 채권양수인은 채무자에게 대항할 수 없으므로, 이행기의 정함이 없는 채권을 양수한 채권양수인이 채무자를 상대로 그 이행을 구하는 소를 제기하고 소송 계속 중 채무자에 대한 채권양도통지가 이루어진 경우에는 특별한 사정이 없는 한 채무자는 채권양도통지가 도달된 다음 날부터 이행지체의 책임을 진다(2012다29557).

⑩ 채권양도가 다른 채무의 담보조로 이루어졌으며 또한 그 채무가 변제되었다고 하더라도, 이는 채권 양도인과 양수인 간의 문제일 뿐이고, 양도채권의 채무자는 채권 양도·양수인 간의 채무 소멸 여하에 관계없이 양도된 채무를 양수인에게 변제하여야 하는 것이므로, 설령 그 피담보채무가 변제로 소멸되었다고 하더라도 양도채권의 채무자로서는 이를 이유로 채권양수인의 양수금 청구를 거절할 수 없다(99다23093).

⑪ 민법은 채권의 귀속에 관한 우열을 오로지 확정일자 있는 증서에 의한 통지 또는 승낙의 유무와 그 선후로써만 결정하도록 규정하고 있는 데다가, 채무자의 "이의를 보류하지 아니한 승낙"은 민법 제451조 제1항 전단의 규정 자체로 보더라도 그의 양도인에 대한 항변을 상실시키는 효과밖에 없고, 채권에 관하여 권리를 주장하는 자가 여럿인 경우 그들 사이의 우열은 채무자에게도 효력이 미치므로, 위 규정의 "양도인에게 대항할 수 있는 사유"란 채권의 성립, 존속, 행사를 저지·배척하는 사유를 가리킬 뿐이고, 채권의 귀속(채권이 이미 타인에게 양도되었다는 사실)은 이에 포함되지 아니한다(93다35551).

⑫ 채권양도에 있어서 주채무자에 대하여 채권양도통지 등 대항요건을 갖추었으면 보증인에 대하여도 그 효력이 미친다(75다1100).

⑬ 채무자는 제3자가 채권자로부터 채권을 양수한 경우 채권양도금지 특약의 존재를 알고 있는 양수인이나 그 특약의 존재를 알지 못함에 중대한 과실이 있는 양수인에게 그 특약으로써 대항할 수 있고, 여기서 말하는 '중과실'이란 통상인에게 요구되는 정도의 상당한 주의를 하지 않더라도 약간의 주의를 한다면 손쉽게 그 특약의 존재를 알 수 있음에도 불구하고 그러한 주의조차 기울이지 아니하여 특약의 존재를 알지 못한 것을 말하며, 제3자의 악의 내지 중과실은 채권양도금지의 특약으로 양수인에게 대항하려는 자가 이를 주장·증명하여야 한다(2010다8310).

> **개념적용 문제**
>
> 甲이 乙에 대한 매매대금채권을 丙에게 양도하였다. 이에 관한 설명으로 옳지 않은 것을 모두 고른 것은? (다툼이 있으면 판례에 따름)   제26회 기출
>
> > ㉠ 채권양도의 통지는 양도인이 해야 하므로 丙이 甲의 대리인으로서 채권양도의 통지에 관한 위임을 받았더라도 丙에 의한 양도통지는 효력이 없다.
> > ㉡ 甲이 乙과의 양도금지특약에 반하여 매매대금채권을 양도하였는데, 丙이 그 특약을 경과실로 알지 못하였다면 丙은 乙을 상대로 그 양수금의 지급을 청구할 수 있다.
> > ㉢ 乙이 채권양도에 관하여 이의를 보류하지 않고 승낙하였으나 그 전에 甲의 매매대금채권과 상계적상에 있는 채권을 가지고 있었다면, 이러한 사정을 알고 있었던 丙의 양수금 지급청구에 대해서 乙은 상계로 대항할 수 있다.
>
> ① ㉠ ② ㉢ ③ ㉠, ㉡
> ④ ㉡, ㉢ ⑤ ㉠, ㉡, ㉢
>
> **해설** ㉠ 민법 제450조에 의한 채권양도통지는 양도인이 직접 하지 아니하고 사자를 통하여 하거나 대리인으로 하여금 하게 하여도 무방하고, 채권의 양수인도 양도인으로부터 채권양도통지 권한을 위임받아 대리인으로서 그 통지를 할 수 있다(94다19242).
>
> **정답** ①

4. 지시채권의 양도

(1) 지시채권

지시채권이란 특정한 사람 또는 그 사람으로부터 순차적으로 지시받은 사람에게 변제할 증권적 채권(證券的債權)으로서 어음채권이 대표적이라 할 수 있다.

(2) 지시채권의 양도방식

> **제508조【지시채권의 양도방식】** 지시채권은 그 증서에 배서하여 양수인에게 교부하는 방식으로 양도할 수 있다.

(3) 환배서(還背書)와 배서의 방식

> **제509조【환배서】** ① 지시채권은 그 채무자에 대하여도 배서하여 양도할 수 있다.
> ② 배서로 지시채권을 양수한 채무자는 다시 배서하여 이를 양도할 수 있다.
>
> **제510조【배서의 방식】** ① 배서는 증서 또는 그 보충지에 그 뜻을 기재하고 배서인이 서명 또는 기명날인함으로써 이를 한다.
> ② 배서는 피배서인을 지정하지 아니하고 할 수 있으며 또 배서인의 서명 또는 기명날인만으로 할 수 있다.

(4) 선의취득

> **제514조【동전-선의취득】** 누구든지 증서의 적법한 소지인에 대하여 그 반환을 청구하지 못한다. 그러나 소지인이 취득한 때에 양도인이 권리 없음을 알았거나 중대한 과실로 알지 못한 때에는 그러하지 아니하다.

(5) 변제의 장소

> **제516조【변제의 장소】** 증서에 변제장소를 정하지 아니한 때에는 채무자의 현영업소를 변제장소로 한다. 영업소가 없는 때에는 현주소를 변제장소로 한다.

(6) 증서의 제시

> **제519조【변제와 증서교부】** 채무자는 증서와 교환하여서만 변제할 의무가 있다.
> **제517조【증서의 제시와 이행지체】** 증서에 변제기한이 있는 경우에도 그 기한이 도래한 후에 소지인이 증서를 제시하여 이행을 청구한 때로부터 채무자는 지체책임이 있다.

(7) 채무자의 조사할 권리 및 의무

① 채무자는 배서의 연속 여부를 조사할 의무가 있으며, 배서인의 서명 또는 날인의 진위나 소지인의 진위를 조사할 권리는 있으나 의무는 없다.
② 그러나 채무자가 변제하는 때에 소지인이 권리자 아님을 알았거나 중대한 과실로 알지 못한 때에는 그 변제는 무효로 한다.

(8) 영수의 기입청구권

> **제520조【영수의 기입청구권】** ① 채무자는 변제하는 때에 소지인에 대하여 증서에 영수를 증명하는 기재를 할 것을 청구할 수 있다.
> ② 일부변제의 경우에 채무자의 청구가 있으면 채권자는 증서에 그 뜻을 기재하여야 한다.

5. 무기명채권의 양도

(1) 무기명채권

① 무기명채권이란 채무자와 만기 때 받을 금액(원금 + 이자) 등만 적시되어 있고 채권자가 표시되어 있지 않은 채권을 말한다.
② 무기명수표, 무기명주식, 무기명사채, 무기명 국·공채, 상품권 등과 같이 채권자가 누구인지 기재되지 않은 채권이 모두 여기에 포함된다.

(2) 무기명채권의 양도방식

> **제523조【무기명채권의 양도방식】** 무기명채권은 양수인에게 그 증서를 교부함으로써 양도의 효력이 있다.

(3) 지명소지인출급채권

> **제525조【지명소지인출급채권】** 채권자를 지정하고 소지인에게도 변제할 것을 부기한 증서는 무기명채권과 같은 효력이 있다.

2 채무인수

1. 의의

채무인수는 채무의 동일성을 유지하면서 채무가 채무자로부터 제3자에게 이전되는 계약을 말한다. 다만, 상속 또는 합병 등 법률규정에 의하여 채무가 인수되는 경우도 있다.

2. 채무인수의 요건

(1) 채무에 관한 요건

① **유효한 채무의 존재**: 유효한 채무가 존재하면 충분하고 그 채무가 반드시 현존하는 것임을 요하지 않는다. 즉, 장래채무(조건부·기한부 채무), 불완전채무(자연채무)도 인수될 수 있다.

② **채무의 이전성**: 채무의 이전이 성질상 제한(일신에 속하는 채무) 또는 의사표시에 의한 제한(양도금지 특약이 있는 채권)이 있는 채무는 이전이 제한된다.

(2) 인수의 당사자(當事者)

① **채권자와 제3자**(인수인) **간의 계약**

> **제453조【채권자와의 계약에 의한 채무인수】** ① 제3자는 채권자와의 계약으로 채무를 인수하여 채무자의 채무를 면하게 할 수 있다. 그러나 채무의 성질이 인수를 허용하지 아니하는 때에는 그러하지 아니하다.
> ② 이해관계 없는 제3자는 채무자의 의사에 반하여 채무를 인수하지 못한다.

㉠ 이해관계 있는 제3자는 채권자와의 계약으로 채무를 인수하여 채무자의 채무를 면하게 할 수 있다.

ⓐ 이해관계 있는 제3자는 채무자의 동의가 없어도 또한 반대의사가 표시된 경우에도 채권자와의 계약으로 채무를 인수할 수 있다.

ⓑ 예를 들어 연대채무자, 물상보증인, 보증인, 담보물의 제3취득자 등은 채무자의 반대의사 유무를 불문하고 채무를 인수할 수 있다.

ⓒ 채무를 인수한 제3자가 채무를 변제한 경우 보증채무 변제에 관한 법리에 따라 제3자는 채무자에게 구상권을 행사할 수 있다.

ⓒ 이해관계 없는 제3자가 채권자와의 계약으로 채무를 인수하기 위하여는 채무자의 동의 내지 승낙이 필요하다. 즉, 채무자의 의사에 반하여 채무를 인수할 수는 없다.

② **채무자와 인수인 간의 계약에 의한 채무인수와 승낙 여부의 최고**

> **제454조【채무자와의 계약에 의한 채무인수】** ① 제3자가 채무자와의 계약으로 채무를 인수한 경우에는 채권자의 승낙에 의하여 그 효력이 생긴다.
> ② 채권자의 승낙 또는 거절의 상대방은 채무자나 제3자이다.
> **제455조【승낙 여부의 최고】** ① 전조의 경우에 제3자나 채무자는 상당한 기간을 정하여 승낙 여부의 확답을 채권자에게 최고할 수 있다.
> ② 채권자가 그 기간 내에 확답을 발송하지 아니한 때에는 거절한 것으로 본다.
> **제456조【채무인수의 철회, 변경】** 제3자와 채무자 간의 계약에 의한 채무인수는 채권자의 승낙이 있을 때까지 당사자는 이를 철회하거나 변경할 수 있다.

3. 채무인수의 효과

(1) 채무의 이전(移轉)

① 채무인수에 관하여 채권자의 동의 내지 승낙이 있으면 채무자는 채무를 면하고, 채무를 인수한 제3자가 채무자가 된다.

② **종된 채무의 이전**: 전채무자의 채무가 인수인에게 이전할 때 그 채무에 종속된 채무도 함께 이전한다. 따라서 이자채무나 위약금채무 등도 모두 이전된다(배제 가능).

(2) 채무인수의 소급효와 인수인의 항변

> **제457조【채무인수의 소급효】** 채권자의 채무인수에 대한 승낙은 다른 의사표시가 없으면 채무를 인수한 때에 소급하여 그 효력이 생긴다. 그러나 제3자의 권리를 침해하지 못한다.
> **제458조【전채무자의 항변사유】** 인수인은 전채무자의 항변할 수 있는 사유로 채권자에게 대항할 수 있다.

① **인수인이 항변(抗辯)할 수 있는 사유**: 인수인은 전채무자가 채권자에게 주장할 수 있었던 계약의 불성립, 취소, 채무의 일부면제, 동시이행의 항변권 등의 채무의 성립 및 존속 또는 이행을 저지·배척하는 모든 사유를 채권자에게 주장할 수 있다.

② **인수인이 항변(抗辯)할 수 없는 사유**: 계약의 취소나 해제는 계약의 당사자만이 행사할 수 있는 권리이다. 채무인수인이 채무를 인수하였다 하여 계약당사자의 취소권이나 해제권의 권리까지 인수하였다고 볼 수는 없으므로 인수인은 전(前)채무자의 취소권, 해제권을 행사할 수는 없다.

(3) 채무인수로 인한 보증·담보의 소멸

> **제459조【채무인수와 보증, 담보의 소멸】** 전채무자의 채무에 대한 보증이나 제3자가 제공한 담보는 채무인수로 인하여 소멸한다. 그러나 보증인이나 제3자가 채무인수에 동의한 경우에는 그러하지 아니하다.

(4) 면책적 채무인수와 소멸시효의 중단

면책적 채무인수가 있은 경우 이는 소멸시효 중단사유인 채무승인에 해당한다(99다12376).

개념적용 문제

면책적 채무인수에 관한 설명으로 옳은 것은? 제21회 기출

① 인수인은 전(前)채무자의 항변할 수 있는 사유로 채권자에게 대항할 수 있다.
② 전(前)채무자의 채무에 대한 보증이나 제3자가 제공한 담보는 채무인수가 있더라도 원칙적으로 소멸하지 않는다.
③ 채무인수는 채무자에게 불리한 것이 아니므로 이해관계 없는 제3자도 채무자의 의사에 반하여 채무를 인수할 수 있다.
④ 제3자와 채무자 사이의 계약에 의한 채무인수를 채권자가 승낙한 경우, 당사자는 임의로 채무인수의 의사표시를 철회할 수 있다.
⑤ 제3자가 채무자와의 계약으로 채무를 인수한 경우, 채권자가 이를 승낙하면 특별한 사정이 없는 한 그 승낙의 의사표시를 한 때부터 채무인수의 효력이 생긴다.

해설 인수인은 전(前)채무자의 항변할 수 있는 사유로 채권자에게 대항할 수 있다(제458조).
② 전채무자의 채무에 대한 보증이나 제3자가 제공한 담보는 채무인수로 인하여 소멸한다(제459조 본문).
③ 이해관계 없는 제3자는 채무자의 의사에 반하여 채무를 인수하지 못한다(제453조 제2항).
④ 제3자와 채무자 간의 계약에 의한 채무인수는 채권자의 승낙이 있을 때까지 당사자는 이를 철회하거나 변경할 수 있다(제456조 본문). 그러므로 제3자와 채무자 사이의 계약에 의한 채무인수를 채권자가 이미 승낙한 경우라면 당사자는 임의로 채무인수의 의사표시를 철회할 수 없다.
⑤ 제3자가 채무자와의 계약으로 채무를 인수한 경우, 채권자의 채무인수에 대한 승낙은 다른 의사표시가 없으면 채무를 인수한 때에 소급하여 그 효력이 생긴다(제457조).

정답 ①

| 참고 | 채무인수의 유형 |

1. **병존적(중첩적) 채무인수(채무인수에 대하여 채권자의 동의가 없는 경우 및 제3자를 위한 계약)**
   ① 병존적 채무인수(倂存的 債務引受)란 종래의 채무자의 채무를 면제시키지 않고 제3자(인수인)가 채권관계에 가입해서 종래의 채무자와 더불어 새로이 동일한 채무를 부담하는 계약이다. 중첩적·부가적 채무인수라고도 한다. 병존적 채무인수는 처분행위가 아니며 단순히 채권행위로서의 성질만 가진다.
   ② 면책적 채무인수인지 병존적 채무인수인지가 불분명할 경우 병존적(중첩적) 채무인수로 본다(2002다36228).
   ③ 병존적 채무인수가 있는 경우 종래의 채무자는 채무를 면하지 못하고 인수인은 종래의 채무자의 채무와 동일한 채무를 부담하게 된다. 대법원은 채무자와 인수인과의 관계에 대해 "중첩적 채무인수에서 채무자의 부탁 없이 채권자와의 계약으로 채무를 인수하는 것은 매우 드문 일이므로 채무자와 인수인은 원칙적으로 주관적 공동관계가 있는 연대채무관계에 있고, 인수인이 채무자의 부탁을 받지 아니하여 주관적 공동관계가 없는 경우에는 부진정연대관계에 있는 것으로 보아야 한다."라고 판시하였다.
   ④ 채무자와 인수인이 계약으로 병존적 채무인수를 한 경우, 이 계약의 성질은 채권자로 하여금 직접 인수인에게 채권을 취득하게 하는 일종의 제3자를 위한 계약이다.
   ⑤ 중첩적 채무인수에서 인수인이 채무자의 부탁 없이 채권자와의 계약으로 채무를 인수하는 것은 매우 드문 일이므로 채무자와 인수인은 원칙적으로 주관적 공동관계가 있는 연대채무관계에 있고, 인수인이 채무자의 부탁을 받지 아니하여 주관적 공동관계가 없는 경우에는 부진정연대관계에 있는 것으로 보아야 한다(2009다32409).

2. **면책적 채무인수**
   ① 면책적 채무인수(免責的 債務引受)란 채무의 동일성을 유지하면서 이를 종래의 채무자로부터 제3자인 인수인에게 이전하는 것을 목적으로 하는 계약이다(99다12376).
   ② 면책적 채무인수의 경우 종래의 채무자는 채무관계에서 탈퇴하여 면책되는 효과가 발생하여 채무인수인만 채무자로서 변제의 의무가 발생한다.

3. **이행인수**
   ① 이행인수(履行引受)란 인수인이 채무자를 대신하여 그 채무를 이행할 것을 약정하는 채무자와 인수인 사이의 이행인수계약이다.
   ② 구체적 사례로 부동산을 매매할 때 매매계약서에 "매수인이 은행대출금 2억원을 대신 갚고 나머지 금액만 잔금으로 지급한다."라고 기재하여 기존의 근저당채무를 매수인이 승계하는 경우는 매수인이 채무만 대신 갚으면 되고 채무자 명의를 굳이 바꾸지 않아도 된다. 이를 이행인수라 한다.
   ③ 채권자의 승낙이 없는 경우에는 채무자와 인수인 사이에서 면책적 채무인수 약정을 하더라도 이행인수 등으로서 효력밖에 갖지 못하며 채무자는 채무를 면하지 못한다(2009다88303).
   ④ 이행인수인이 채무자와의 이행인수약정에 따라 채권자에게 채무를 이행하기로 약정하였음에도 불구하고 이를 이행하지 아니하는 경우에는 채무자에 대하여 채무불이행의 책임을 지게 되어 특별한 법적 불이익을 입게 될 지위에 있다고 할 것이므로, 이행인수인은 그 변제를 할 정당한 이익이 있다고 할 것이다(2009마461).

판례 | 채무인수와 이행인수

[중첩적 채무인수]

① 중첩적 채무인수에서 인수인이 채무자의 부탁 없이 채권자와의 계약으로 채무를 인수하는 것은 매우 드문 일이므로 채무자와 인수인은 원칙적으로 주관적 공동관계가 있는 연대채무관계에 있고, 인수인이 채무자의 부탁을 받지 아니하여 주관적 공동관계가 없는 경우에는 부진정연대관계에 있는 것으로 보아야 한다(2009다32409).

② 중첩적 채무인수는 채권자와 채무인수인과의 합의가 있는 이상 채무자의 의사에 반하여서도 이루어질 수 있다(87다카1836).

[면책적 채무인수]

① 면책적 채무인수가 소멸시효의 중단사유인 채무승인에 해당한다고 보아야 하고, 인수채무의 소멸시효는 채무승인에 따라 채무인수일로부터 새로이 진행한다(99다12376).

② 면책적 채무인수는 채무인수로 인하여 인수인은 종래의 채무자와 지위를 교체하여 새로이 당사자로서 채무관계에 들어서서 종래의 채무자와 동일한 채무를 부담하고 동시에 종래의 채무자는 채무관계에서 탈퇴하여 면책되는 것일 뿐이므로, 인수채무가 원래 5년의 상사시효의 적용을 받던 채무라면 그 후 면책적 채무인수에 따라 그 채무자의 지위가 인수인으로 교체되었다고 하더라도 그 소멸시효의 기간은 여전히 5년의 상사시효의 적용을 받는다 할 것이고, 이는 채무인수행위가 상행위나 보조적 상행위에 해당하지 아니한다고 하여 달리 볼 것이 아니다(99다12376).

[이행인수]

① 부동산의 매수인이 매매목적물에 관한 임대차보증금반환채무 등을 인수하는 한편, 그 채무액을 매매대금에서 공제하기로 약정한 경우, 그 인수는 특별한 사정이 없는 이상 매도인을 면책시키는 면책적 채무인수가 아니라 이행인수로 보아야 하고, 면책적 채무인수로 보기 위해서는 이에 대한 채권자, 즉 임차인의 승낙이 있어야 한다(2000다69026).

② 부동산의 매수인이 매매목적물에 관한 채무를 인수하는 한편 그 채무액을 매매대금에서 공제하기로 약정한 경우, 그 인수는 특별한 사정이 없는 한 매도인을 면책시키는 채무인수가 아니라 이행인수로 보아야 하고, 면책적 채무인수로 보기 위하여는 이에 대한 채권자의 승낙이 있어야 한다(94다58599).

③ 부동산의 매수인이 매매목적물에 관한 채무를 인수하는 한편 그 채무액을 매매대금에서 공제하기로 약정한 경우, 매수인은 매매계약 시 인수한 채무를 현실적으로 변제할 의무를 부담하는 것은 아니고, 특별한 사정이 없는 한 매수인이 매매대금에서 그 채무액을 공제한 나머지를 지급함으로써 잔금지급의 의무를 다하였다 할 것이므로, 설사 매수인이 위 채무를 현실적으로 변제하지 아니하였다 하더라도 그와 같은 사정만으로는 매도인은 매매계약을 해제할 수 없고, 매수인이 인수채무를 이행하지 않음으로써 매매대금의 일부를 지급하지 않은 것과 동일하다고 평가할 수 있는 특별한 사유가 있을 때 계약해제권이 발생한다(94다58599).

④ 근저당권이 설정된 부동산에 관하여 그 매수인이 소유자 겸 채무자와의 계약으로 그 피담보채무를 인수하는 경우 그 채무인수에 관하여 채권자의 묵시의 승낙이 있는 것으로 보아야 할 경험칙이 있다고 할 수 없고, 또 그러한 거래의 관행이 있다고 인정할 증거도 없다면 채권자의 승낙이 없는 이상 채무자를 면책시키는 채무인수로 볼 수 없고 이행인수로 보아야 한다(88다카29467).

> **판례** 채무인수
>
> ① 부동산 매수인이 매매목적물에 설정된 근저당권의 피담보채무에 관하여 그 이행을 인수한 경우, 채권자에 대한 관계에서는 매도인이 여전히 채무를 부담한다고 하더라도, 매도인과 매수인 사이에서는 매수인에게 위 피담보채무를 변제할 책임이 있으므로, 매수인이 그 변제를 게을리 하여 근저당권이 실행됨으로써 매도인이 매매목적물에 관한 소유권을 상실하였다면, 특별한 사정이 없는 한, 이는 매수인에게 책임 있는 사유로 인하여 소유권이전등기의무가 이행불능으로 된 경우에 해당하고, 거기에 매도인의 과실이 있다고 할 수는 없다(2007다8464).
> ② 물상보증인이 채무를 변제하거나 담보권의 실행으로 소유권을 잃은 때에는 보증채무를 이행한 보증인과 마찬가지로 채무자로부터 담보부동산을 취득한 제3자에 대하여 구상권의 범위 내에서 출재한 전액에 관하여 채권자를 대위할 수 있는 반면, 채무자로부터 담보부동산을 취득한 제3자는 채무를 변제하거나 담보권의 실행으로 소유권을 잃더라도 물상보증인에 대하여 채권자를 대위할 수 없다고 보아야 한다. 만일 물상보증인의 지위를 보증인과 다르게 보아서 물상보증인과 채무자로부터 담보부동산을 취득한 제3자 상호 간에는 각 부동산의 가액에 비례하여 채권자를 대위할 수 있다고 한다면, 본래 채무자에 대하여 출재한 전액에 관하여 대위할 수 있었던 물상보증인은 채무자가 담보부동산의 소유권을 제3자에게 이전하였다는 우연한 사정으로 이제는 각 부동산의 가액에 비례하여서만 대위하게 되는 반면, 당초 채무 전액에 대한 담보권의 부담을 각오하고 채무자로부터 담보부동산을 취득한 제3자는 그 범위에서 뜻하지 않은 이득을 얻게 되어 부당하다(2011다50233 전합).

제5절 채권의 소멸

1 총설

1. 의의

채권의 소멸이란 채권이 절대적·객관적으로 그 존재가 없어지는 것을 말한다.

2. 채권의 일반적 소멸원인

채권도 재산권으로서 하나의 권리이므로 권리 일반의 소멸사유인 법률행위의 취소, 소멸시효, 계약해제 또는 해지, 해제조건의 완성 등으로 소멸하고, 물건의 급부가 채권의 목적인 때에는 목적물의 멸실로 채권은 소멸한다.

3. 채권법상 특유의 소멸사유

(1) 법률행위에 의한 채권의 소멸

① **단독행위**: 면제, 상계
② **계약**: 대물변제, 공탁, 경개

(2) 법률행위가 아닌 원인에 의한 채권의 소멸
① **준법률행위**: 변제
② **사건**: 혼동 등

4. 이행불능

민법 규정에는 없지만 채무자의 귀책사유 없는 이행불능도 채권의 소멸사유로 해석한다.

2 법률행위가 아닌 채권의 소멸원인

1. 준법률행위

(1) 변제
① 변제란 채무의 내용에 좇은 급부를 실현하는 것으로서 이행이라고도 한다.
② 변제는 법률행위는 아니므로 변제로서 채권이 소멸하는 것은 변제의사의 효과에 의한 것이 아니라 급부의 실현으로 급부결과가 발생했기 때문이다.

(2) 변제제공

> **제460조 【변제제공의 방법】** 변제는 채무내용에 좇은 현실제공으로 이를 하여야 한다(현실제공). 그러나 채권자가 미리 변제받기를 거절하거나 채무의 이행에 채권자의 행위를 요하는 경우에는 변제준비의 완료를 통지하고 그 수령을 최고하면 된다(구두통지).
>
> **제461조 【변제제공의 효과】** 변제의 제공은 그때로부터 채무불이행의 책임을 면하게 한다.

(3) 변제의 목적물
① **특정물**

> **제462조 【특정물의 현상인도】** 특정물의 인도가 채권의 목적인 때에는 채무자는 이행기의 현상대로 그 물건을 인도하여야 한다.

② **변제로서 타인의 물건을 인도한 경우**

> **제463조 【변제로서의 타인의 물건의 인도】** 채무의 변제로 타인의 물건을 인도한 채무자는 다시 유효한 변제를 하지 아니하면 그 물건의 반환을 청구하지 못한다.

③ 양도능력이 없는 소유자의 물건인도

> **제464조【양도능력 없는 소유자의 물건인도】** 양도할 능력 없는 소유자가 채무의 변제로 물건을 인도한 경우에는 그 변제가 취소된 때에도 다시 유효한 변제를 하지 아니하면 그 물건의 반환을 청구하지 못한다.

④ 채권자의 선의소비, 양도와 구상권

> **제465조【채권자의 선의소비, 양도와 구상권】** ① 전2조(타인의 물건을 인도한 경우 및 양도능력이 없는 소유자의 물건인도)의 경우에 채권자가 변제로 받은 물건을 선의로 소비하거나 타인에게 양도한 때에는 그 변제는 효력이 있다.
> ② 전항의 경우에 채권자가 제3자로부터 배상의 청구를 받은 때에는 채무자에 대하여 구상권을 행사할 수 있다.

(4) 변제의 장소

> **제467조【변제의 장소】** ① 채무의 성질 또는 당사자의 의사표시로 변제장소를 정하지 아니한 때에는 특정물의 인도는 채권성립 당시에 그 물건이 있던 장소에서 하여야 한다.
> ② 전항의 경우에 특정물인도 이외의 채무변제는 채권자의 현주소에서 하여야 한다. 그러나 영업에 관한 채무의 변제는 채권자의 현영업소에서 하여야 한다.

(5) 변제기 전의 변제

> **제468조【변제기 전의 변제】** 당사자의 특별한 의사표시가 없으면 변제기 전이라도 채무자는 변제할 수 있다. 그러나 상대방의 손해는 배상하여야 한다.

(6) 제3자의 변제

> **제469조【제3자의 변제】** ① 채무의 변제는 제3자도 할 수 있다. 그러나 채무의 성질 또는 당사자의 의사표시로 제3자의 변제를 허용하지 아니하는 때에는 그러하지 아니하다.
> ② 이해관계 없는 제3자는 채무자의 의사에 반하여 변제하지 못한다.

(7) 채권의 준점유자 또는 영수증소지자에 대한 변제

> **제470조【채권의 준점유자에 대한 변제】** 채권의 준점유자에 대한 변제는 변제자가 선의이며 과실 없는 때에 한하여 효력이 있다.
> **제471조【영수증소지자에 대한 변제】** 영수증을 소지한 자에 대한 변제는 그 소지자가 변제를 받을 권한이 없는 경우에도 효력이 있다. 그러나 변제자가 그 권한 없음을 알았거나 알 수 있었을 경우에는 그러하지 아니하다.
> **제472조【권한 없는 자에 대한 변제】** 전2조의 경우 외에 변제받을 권한 없는 자에 대한 변제는 채권자가 이익을 받은 한도에서 효력이 있다.

① **채권의 준점유자**: 변제자의 입장에서 볼 때 일반의 거래관념상 채권을 행사할 정당한 권한을 가진 것으로 믿을 만한 외관을 가지는 사람을 말하므로, 준점유자가 스스로 채권자라고 하여 채권을 행사하는 경우뿐만 아니라 채권자의 대리인이라고 하면서 채권을 행사하는 때에도 채권의 준점유자에 해당한다(2004다5389).
② 채권의 준점유자(제470조) 또는 영수증소지자(제471조)에게 변제하는 경우를 제외하고는 변제받을 권한 없는 자에 대한 변제는 그 효력이 없어 채권은 소멸하지 않는다.
③ 그러나 변제받을 권한이 없는 자에게 변제한 경우에도 채권자가 그로 인하여 이익을 받은 한도에서는 변제의 효력이 있으므로 그 범위 내에서 채권자의 채권은 소멸한다.

(8) 채무변제의 효과

> **제473조【변제비용의 부담】** 변제비용은 다른 의사표시가 없으면 채무자의 부담으로 한다. 그러나 채권자의 주소이전 기타의 행위로 인하여 변제비용이 증가된 때에는 그 증가액은 채권자의 부담으로 한다.
> **제474조【영수증청구권】** 변제자는 변제를 받는 자에게 영수증을 청구할 수 있다.
> **제475조【채권증서반환청구권】** 채권증서가 있는 경우에 변제자가 채무 전부를 변제한 때에는 채권증서의 반환을 청구할 수 있다. 채권이 변제 이외의 사유로 전부 소멸한 때에도 같다.

(9) 변제의 충당

① 지정변제충당

> **제476조【지정변제충당】** ① 채무자가 동일한 채권자에 대하여 같은 종류를 목적으로 한 수개의 채무를 부담한 경우에 변제의 제공이 그 채무 전부를 소멸하게 하지 못하는 때에는 변제자는 그 당시 어느 채무를 지정하여 그 변제에 충당할 수 있다.
> ② 변제자가 전항의 지정을 하지 아니할 때에는 변제받는 자는 그 당시 어느 채무를 지정하여 변제에 충당할 수 있다. 그러나 변제자가 그 충당에 대하여 즉시 이의를 한 때에는 그러하지 아니하다.
> ③ 전2항의 변제충당은 상대방에 대한 의사표시로써 한다.

② 법정변제충당

> **제477조【법정변제충당】** 당사자가 변제에 충당할 채무를 지정하지 아니한 때에는 다음 각 호의 규정에 의한다.
> 1. 채무 중에 이행기가 도래한 것과 도래하지 아니한 것이 있으면 이행기가 도래한 채무의 변제에 충당한다.
> 2. 채무 전부의 이행기가 도래하였거나 도래하지 아니한 때에는 채무자에게 변제이익이 많은 채무의 변제에 충당한다.
> 3. 채무자에게 변제이익이 같으면 이행기가 먼저 도래한 채무나 먼저 도래할 채무의 변제에 충당한다.
> 4. 전2호의 사항이 같은 때에는 그 채무액에 비례하여 각 채무의 변제에 충당한다.

③ 부족변제의 충당

> **제478조【부족변제의 충당】** 1개의 채무에 수개의 급여를 요할 경우에 변제자가 그 채무 전부를 소멸하게 하지 못한 급여를 한 때에는 전2조의 규정을 준용한다.

④ 변제충당의 순서

> **제479조【비용, 이자, 원본에 대한 변제충당의 순서】** ① 채무자가 1개 또는 수개의 채무의 비용 및 이자를 지급할 경우에 변제자가 그 전부를 소멸하게 하지 못한 급여를 한 때에는 비용, 이자, 원본의 순서로 변제에 충당하여야 한다.
> ② 전항의 경우에 제477조의 규정을 준용한다.

비용, 이자, 원본에 대한 변제충당에 있어서는 민법 제479조에 그 충당 순서가 법정되어 있고 지정변제충당에 관한 같은 법 제476조는 준용되지 않으므로 당사자 사이에 특별한 합의가 없는 한 비용, 이자, 원본의 순서로 변제에 충당하여야 할 것이며, 채무자는 물론 채권자라고 할지라도 위 법정 순서와 다르게 일방적으로 충당의 순서를 지정할 수는 없다 (2001다60767).

(10) 변제자대위

> **제480조【변제자의 임의대위】** ① 채무자를 위하여 변제한 자는 변제와 동시에 채권자의 승낙을 얻어 채권자를 대위할 수 있다.
> ② 전항의 경우에 제450조 내지 제452조의 규정을 준용한다. ⇨ 채무자에 대한 통지와 채무자의 승낙이 있어야 대항요건을 갖춘다.
> **제481조【변제자의 법정대위】** 변제할 정당한 이익이 있는 자는 변제로 당연히 채권자를 대위한다.

① **변제자대위의 효과**(제482조)**와 제한**: 대위자 간의 관계

> **제482조【변제자대위의 효과, 대위자간의 관계】** ① 전2조의 규정에 의하여 채권자를 대위한 자는 자기의 권리에 의하여 구상할 수 있는 범위에서 채권 및 그 담보에 관한 권리를 행사할 수 있다.
> ② 전항의 권리행사는 다음 각호의 규정에 의하여야 한다.
>   1. 보증인은 미리 전세권이나 저당권의 등기에 그 대위를 부기하지 아니하면 전세물이나 저당물에 권리를 취득한 제삼자에 대하여 채권자를 대위하지 못한다.
>   2. 제삼취득자는 보증인에 대하여 채권자를 대위하지 못한다.
>   3. 제삼취득자 중의 1인은 각 부동산의 가액에 비례하여 다른 제삼취득자에 대하여 채권자를 대위한다.
>   4. 자기의 재산을 타인의 채무의 담보로 제공한 자가 수인인 경우에는 전호의 규정을 준용한다.
>   5. 자기의 재산을 타인의 채무의 담보로 제공한 자와 보증인간에는 그 인원수에 비례하여 채권자를 대위한다. 그러나 자기의 재산을 타인의 채무의 담보로 제공한 자가 수인인 때에는 보증인의 부담부분을 제외하고 그 잔액에 대하여 각 재산의 가액에 비례하여 대위한다. 이 경우에 그 재산이 부동산인 때에는 제1호의 규정을 준용한다.

제483조【일부의 대위】 ① 채권의 일부에 대하여 대위변제가 있는 때에는 대위자는 그 변제한 가액에 비례하여 채권자와 함께 그 권리를 행사한다.
② 전항의 경우에 채무불이행을 원인으로 하는 계약의 해지 또는 해제는 채권자만이 할 수 있고 채권자는 대위자에게 그 변제한 가액과 이자를 상환하여야 한다.

제484조【대위변제와 채권증서, 담보물】 ① 채권전부의 대위변제를 받은 채권자는 그 채권에 관한 증서 및 점유한 담보물을 대위자에게 교부하여야 한다.
② 채권의 일부에 대한 대위변제가 있는 때에는 채권자는 채권증서에 그 대위를 기입하고 자기가 점유한 담보물의 보존에 관하여 대위자의 감독을 받아야 한다.

제485조【채권자의 담보상실, 감소행위와 법정대위자의 면책】 제481조의 규정에 의하여 대위할 자가 있는 경우에 채권자의 고의나 과실로 담보가 상실되거나 감소된 때에는 대위할 자는 그 상실 또는 감소로 인하여 상환을 받을 수 없는 한도에서 그 책임을 면한다.

제486조【변제 이외의 방법에 의한 채무소멸과 대위】 제삼자가 공탁 기타 자기의 출재로 채무자의 채무를 면하게 한 경우에도 전6조의 규정을 준용한다.

개념적용 문제

변제에 관한 설명으로 옳은 것은? 제28회 기출

① 특정물의 인도는 특별한 사정이 없는 한 채권자의 현주소에서 하여야 한다.
② 변제는 채무자에게 이익이 되므로, 이해관계 없는 제3자라도 채무자의 의사에 반하여 변제할 수 있다.
③ 변제할 정당한 이익이 있는 자는 채권자의 승낙을 얻어야만 변제로 채권자를 대위할 수 있다.
④ 채권의 준점유자에 대한 변제는 변제자가 선의이며 과실없는 때에 한하여 효력이 있다.
⑤ 변제충당은 원본, 이자, 비용의 순서에 의한다.

해설 ① 채무의 성질 또는 당사자의 의사표시로 변제장소를 정하지 아니한 때에는 특정물의 인도는 채권 성립 당시에 그 물건이 있던 장소에서 하여야 한다(제467조).
② 이해관계 없는 제3자는 채무자의 의사에 반하여 변제하지 못한다(제469조 제2항).
③ 변제할 정당한 이익이 있는 자는 변제로 당연히 채권자를 대위한다(제481조).
⑤ 채무자가 1개 또는 수개의 채무의 비용 및 이자를 지급할 경우에 변제자가 그 전부를 소멸하게 하지 못한 급여를 한 때에는 비용, 이자, 원본의 순서로 변제에 충당하여야 한다(제479조 제1항).

정답 ④

2. 사건 - 혼동

제507조【혼동의 요건, 효과】 채권과 채무가 동일한 주체에 귀속한 때에는 채권은 소멸한다. 그러나 그 채권이 제3자의 권리의 목적인 때에는 그러하지 아니하다.

3. 기타

채무자의 귀책사유 없는 이행불능도 채권의 소멸사유로 해석한다.

③ 법률행위에 의한 채권의 소멸

1. 단독행위

(1) 채권자의 채무면제

> **제506조【면제의 요건, 효과】** 채권자가 채무자에게 채무를 면제하는 의사를 표시한 때에는 채권은 소멸한다. 그러나 면제로써 정당한 이익을 가진 제3자에게 대항하지 못한다.

① 면제는 처분행위이므로 처분권한을 가진 자만이 할 수 있다.
② 채권이 압류되었거나 채권이 질권의 목적이 된 경우와 같이 처분권한이 제한되어 있는 경우에 그 채권을 면제하더라도 압류채권자 또는 질권자에게 대항하지 못한다.
③ 채무면제는 상대방에게 이익만을 주는 단독행위로서 조건·기한을 붙일 수 있다.

(2) 채무자의 상계

① 의의

> **제492조【상계의 요건】** ① 쌍방이 서로 같은 종류를 목적으로 한 채무를 부담한 경우에 그 쌍방의 채무의 이행기가 도래한 때에는 각 채무자는 대등액에 관하여 상계할 수 있다. 그러나 채무의 성질이 상계를 허용하지 아니할 때에는 그러하지 아니하다.
> ② 전항의 규정은 당사자가 다른 의사를 표시한 경우에는 적용하지 아니한다. 그러나 그 의사표시로써 선의의 제3자에게 대항하지 못한다.
> **제493조【상계의 방법, 효과】** ① 상계는 상대방에 대한 의사표시로 한다. 이 의사표시에는 조건 또는 기한을 붙이지 못한다.
> ② 상계의 의사표시는 각 채무가 상계할 수 있는 때에 대등액에 관하여 소멸한 것으로 본다.

㉠ 상계의 법률행위는 상대방 있는 단독행위이다. 그러므로 일방적으로 상대방에게 상계의 의사표시를 하여도 상계의 효력은 발생한다.
㉡ 당사자 쌍방의 채무가 서로 상계적상에 있다 하더라도, 별도의 의사표시 없이도 상계된 것으로 한다는 특약이 없는 한, 그 자체만으로 상계로 인한 채무소멸의 효력이 생기는 것은 아니고 상계의 의사표시를 기다려 비로소 상계로 인한 채무소멸의 효력이 생긴다(99다6524).
㉢ 소멸시효가 완성된 채권

> **제495조【소멸시효 완성된 채권에 의한 상계】** 소멸시효가 완성된 채권이 그 완성 전에 상계할 수 있었던 것이면 그 채권자는 상계할 수 있다.

ⓔ 각 채무의 이행지가 다른 경우에도 상계

> **제494조【이행지를 달리하는 채무의 상계】** 각 채무의 이행지가 다른 경우에도 상계할 수 있다. 그러나 상계하는 당사자는 상대방에게 상계로 인한 손해를 배상하여야 한다.

② 상계의 금지

> **제496조【불법행위채권을 수동채권으로 하는 상계의 금지】** 채무가 고의의 불법행위로 인한 것인 때에는 그 채무자는 상계로 채권자에게 대항하지 못한다.
> **제497조【압류금지채권을 수동채권으로 하는 상계의 금지】** 채권이 압류하지 못할 것인 때에는 그 채무자는 상계로 채권자에게 대항하지 못한다.
> **제498조【지급금지채권을 수동채권으로 하는 상계의 금지】** 지급을 금지하는 명령을 받은 제3채무자는 그 후에 취득한 채권에 의한 상계로 그 명령을 신청한 채권자에게 대항하지 못한다.

③ 상계의 제한

㉠ 동시이행의 항변권이 붙은 채권을 자동채권으로 하여 상계할 수 없다. 상계하고자 하는 자가 가지고 있는 채권(자동채권)에 대하여 채무자에게 동시이행의 항변권이 존재하는 경우에는, 변제기라고 하여 자신의 채무와 상대방의 채무를 상계할 수 없는 것이다. 이를 허용하면 상대방의 동시이행항변권이 소멸되어 선(先)이행을 받은 것과 동일한 결과를 가져오기 때문이다.

㉡ 당사자가 상계하지 않기로 하는 등 다른 의사를 표시한 경우에는 사적 자치의 원칙상 당연히 상계할 수 없다. 그러나 이와 같은 상계금지 또는 상계제한의 특약의 존재는 선의의 제3자에게는 주장하지 못한다.

㉢ 사용자가 근로자에게 이미 퇴직금 명목의 금원을 지급하였으나 그것이 퇴직금 지급으로서의 효력이 없어 사용자가 같은 금원 상당의 부당이득반환채권을 갖게 된 경우, 이를 자동채권으로 하여 근로자의 퇴직금채권과 상계할 수 있지만, 그 상계가 허용되는 범위는 퇴직금채권의 2분의 1을 초과하는 부분에 해당하는 금액에 관하여만 허용된다(2007다90760 전합).

㉣ 상계에 있어서 수동채권으로 될 수 있는 채권은 상대방이 상계자에 대하여 가지는 채권이어야 하고, 상대방이 제3자에 대하여 가지는 채권과는 상계할 수 없다고 보아야 하므로 유치권이 인정되는 아파트를 경락·취득한 자가 아파트 일부를 점유·사용하고 있는 유치권자에 대한 임료 상당의 부당이득금반환채권을 자동채권으로 하고 유치권자의 종전 소유자에 대한 유익비상환채권을 수동채권으로 하여 상계할 수 없다(2010다101394).

> **판례** 상계와 상계적상
>
> ① 민법 제492조 제1항에서 말하는 '채무의 이행기가 도래한 때'는 채권자가 채무자에게 이행의 청구를 할 수 있는 시기가 도래하였음을 의미하고 채무자가 이행지체에 빠지는 시기를 말하는 것이 아니다(2018다25946).
> ② 상계의 의사표시가 있는 경우, 채무는 상계적상시에 소급하여 대등액에 관하여 소멸한 것으로 보게 되므로, 상계에 의한 양 채권의 차액 계산 또는 상계 충당은 상계적상의 시점을 기준으로 하게 되고, 따라서 그 시점 이전에 수동채권의 변제기가 이미 도래하여 지체가 발생한 경우에는 상계적상 시점까지의 수동채권의 약정이자 및 지연손해금을 계산한 다음 자동채권으로써 먼저 수동채권의 약정이자 및 지연손해금을 소각하고 잔액을 가지고 원본을 소각하여야 한다(2005다8125).
> ③ 이행기의 정함이 없는 채권의 경우 그 성립과 동시에 이행기에 놓이게 되고(67다1166), 부당이득반환채권은 이행기의 정함이 없는 채권으로서 채권의 성립과 동시에 언제든지 이행을 청구할 수 있으므로, 그 채권의 성립일에 상계적상에서 의미하는 이행기가 도래한 것으로 볼 수 있다(2021다287515).
> ④ 거래통념상 중대한 과실은 고의와 동일시할 수 있다는 점에 비추어 보면 고의에 준하는 중과실에 의한 불법행위를 원인으로 한 채권을 수동채권으로 하는 상계도 허용할 것이 아니라고 확장해석을 함이 상당하다(92나56065).
> ⑤ 부진정연대채무자 중 1인이 자신의 채권자에 대한 반대채권으로 상계를 한 경우에도 채권은 변제, 대물변제, 또는 공탁이 행하여진 경우와 동일하게 현실적으로 만족을 얻어 그 목적을 달성하는 것이므로, 그 상계로 인한 채무소멸의 효력은 소멸한 채무 전액에 관하여 다른 부진정연대채무자에 대하여도 미친다고 보아야 한다. 이는 부진정연대채무자 중 1인이 채권자와 상계계약을 체결한 경우에도 마찬가지이다. 나아가 이러한 법리는 채권자가 상계 내지 상계계약이 이루어질 당시 다른 부진정연대채무자의 존재를 알았는지 여부에 의하여 좌우되지 아니한다(2003다3789).

2. 계약

(1) 경개

① **경개**는 채무의 중요부분(채권자, 채무자, 채무의 내용)을 변경함으로써 신채무를 성립시키는 동시에 구채무를 소멸시키는 유상계약이다.

> **제500조 【경개의 요건, 효과】** 당사자가 채무의 중요한 부분을 변경하는 계약을 한 때에는 구채무는 경개로 인하여 소멸한다.
> **제501조 【채무자변경으로 인한 경개】** 채무자의 변경으로 인한 경개는 채권자와 신채무자 간의 계약으로 이를 할 수 있다. 그러나 구채무자의 의사에 반하여 이를 하지 못한다.
> **제502조 【채권자변경으로 인한 경개】** 채권자의 변경으로 인한 경개는 확정일자 있는 증서로 하지 아니하면 이로써 제3자에게 대항하지 못한다.

② **채권자변경의 경개와 채무자승낙의 효과**: 채무자가 구채권자에 대하여 채무를 소멸하기 위한 급여를 한 것이 있거나 채무를 부담한 것이 있으면, 그 급여를 구채권자로부터 회수할 수 있으며 부담한 채무가 성립하지 않음을 주장할 수 있다(제451조 제1항).

③ 구채무가 소멸하지 않는 경우

> **제504조【구채무불소멸의 경우】** 경개로 인한 신채무가 원인의 불법 또는 당사자가 알지 못한 사유로 인하여 성립되지 아니하거나 취소된 때에는 구채무는 소멸되지 아니한다.

④ 신채무에의 담보이전

> **제505조【신채무에의 담보이전】** 경개의 당사자는 구채무의 담보를 그 목적의 한도에서 신채무의 담보로 할 수 있다. 그러나 제3자가 제공한 담보는 그 승낙을 얻어야 한다.

(2) 공탁

① 변제공탁의 요건, 효과

> **제487조【변제공탁의 요건, 효과】** 채권자가 변제를 받지 아니하거나 받을 수 없는 때에는 변제자는 채권자를 위하여 변제의 목적물을 공탁하여 그 채무를 면할 수 있다. 변제자가 과실 없이 채권자를 알 수 없는 경우에도 같다.

② 공탁의 방법

> **제488조【공탁의 방법】** ① 공탁은 채무이행지의 공탁소에 하여야 한다.
> ② 공탁소에 관하여 법률에 특별한 규정이 없으면 법원은 변제자의 청구에 의하여 공탁소를 지정하고 공탁물보관자를 선임하여야 한다.
> ③ 공탁자는 지체 없이 채권자에게 공탁통지를 하여야 한다.

변제공탁은 공탁공무원의 수탁처분과 공탁물보관자의 공탁물수령으로 그 효력이 발생하여 채무소멸의 효과를 가져오는 것이고 채권자에 대한 공탁통지나 채권자의 수익의 의사표시가 있는 때에 공탁의 효력이 생기는 것이 아니다(72마401).

③ 공탁물의 회수

> **제489조【공탁물의 회수】** ① 채권자가 공탁을 승인하거나 공탁소에 대하여 공탁물을 받기를 통고하거나 공탁유효의 판결이 확정되기까지는 변제자는 공탁물을 회수할 수 있다. 이 경우에는 공탁하지 아니한 것으로 본다.
> ② 전항의 규정은 질권 또는 저당권이 공탁으로 인하여 소멸한 때에는 적용하지 아니한다.

④ **자조매각금**(自助賣却金)**의 공탁**

> **제490조【자조매각금의 공탁】** 변제의 목적물이 공탁에 적당하지 아니하거나 멸실 또는 훼손될 염려가 있거나 공탁에 과다한 비용을 요하는 경우에는 변제자는 법원의 허가를 얻어 그 물건을 경매하거나 시가로 방매하여 대금(자조매각금)을 공탁할 수 있다.

⑤ 공탁에 대한 채권자의 권리와 의무

> **제491조【공탁물수령과 상대의무이행】** 채무자가 채권자의 상대의무이행과 동시에 변제할 경우에는 채권자는 그 의무이행을 하지 아니하면 공탁물을 수령하지 못한다.

(3) 대물변제

> **제466조【대물변제】** 채무자가 채권자의 승낙을 얻어 본래의 채무이행에 갈음하여 다른 급여를 한 때에는 변제와 같은 효력이 있다.

CHAPTER 01 OX문제로 완벽 복습

01 금전으로 가액을 환산할 수 없는 것도 채권의 목적으로 할 수 있다. (O | X)

02 채권은 특정의 의무자(채무자)에 대해서만 주장할 수 있는 상대권일 뿐 대세적 효력은 없다. (O | X)

03 특정물의 인도의무자는 특정물의 이행기까지 선량한 관리자의 주의의무가 있다. (O | X)

04 당사자 의사의 해석을 통해서도 목적물의 품질이 결정되지 않는 경우에는 종류물의 채무자는 중등의 품질로 급부하여야 한다. (O | X)

05 금전채무불이행의 손해배상은 법정이율에 의한다. 다만, 약정이율이 있으면 그에 따른다. (O | X)

06 금전채무불이행에 따른 손해배상은 이행지체 또는 이행불능으로 인한 손해 모두가 발생할 수 있다. (O | X)

07 금전채권의 채무불이행 시 채권자는 그 손해를 입증하여 손해배상을 청구할 수 있고, 채무자는 무과실의 항변을 할 수 있다. (O | X)

08 법률규정이나 특약이 없으면 선택채권의 선택권은 채무자가 가진다. (O | X)

09 채무자가 선택권자인 경우 채권자의 과실로 목적물의 일부가 불능이 된 경우, 채무자는 과실로 불능이 된 급부를 선택하여 채무를 면할 수 있다. (O | X)

10 채무이행에 불확정기한이 있는 경우 채무자는 기한이 도래함을 안 다음 날부터, 기한이 없는 채무는 이행청구를 받은 다음 날부터 지체책임을 진다. (O | X)

11 불법행위로 인한 손해배상채권은 불법행위 발생과 동시에 그 이행기가 도래하므로 그 지연손해금의 기산일은 불법행위의 성립일이 된다. (O | X)

정답

01 O 02 O 03 X(이행기가 아닌 인도 시까지 선관주의의무가 있다) 04 O 05 O 06 X(금전채권에 관하여는 경제적 변혁이 발생하지 않는 한 '이행불능'이라는 상태가 생기지 않는다. 즉, '이행지체'로 인한 지연손해배상의 문제가 생길 뿐이다) 07 X(금전채권의 채무불이행 시 채권자는 손해의 증명을 요하지 않으며 채무자의 무과실 항변은 금지된다) 08 O 09 O 10 O 11 O

12 채무자의 법정대리인이나, 채무자가 타인을 사용하여 이행하는 경우 그 법정대리인 또는 피용자의 고의 또는 과실을 채무자의 고의 또는 과실로 본다. (○ | ×)

13 채권자대위권 행사로 인하여 채무자가 제3채무자로부터 변제받은 재산은 채무자의 모든 채권자를 위하여 공동책임재산이 된다. (○ | ×)

14 소유권이전등기말소청구권을 채권자가 대위행사한 경우 법원은 제3채무자로부터 채권자에게 직접 이행할 것을 명할 수 있다. (○ | ×)

15 채권자대위권을 행사한 채권자의 채권이 시효로 소멸하였다면 제3채무자는 이를 원용하여 채무이행을 거절할 수 있다. (○ | ×)

16 상속재산의 협의분할행위는 채권자취소권 대상이나, 상속의 포기는 채권자취소권 대상이 되지 않는다. (○ | ×)

17 채무자가 자신의 유일한 재산인 부동산을 매각하여 소비하기 쉬운 금전으로 바꾸는 행위는 특별한 사정이 없는 한 사해행위에 해당한다. (○ | ×)

18 수급인에 대한 도급인의 저당권설정행위는 사해행위에 해당한다. (○ | ×)

19 사해행위 이전에 발생한 채권도 채권자취소권의 대상인 피보전채권에 해당할 수 있다. (○ | ×)

20 채무자의 사해행위로 책임재산의 소유권이전등기가 이미 경료된 경우 채권자는 그 등기이전일로부터 5년 이내에 채권자취소권을 행사할 수 있다. (○ | ×)

21 연대채무관계가 성립하면 채무자의 수만큼 채권·채무가 존재하게 된다. (○ | ×)

22 보증계약은 채권자와 보증인 간의 계약으로서 독립성과 부종성을 갖는다. (○ | ×)

23 채권자가 보증인을 지명한 경우 보증인은 변제자력 및 행위능력이 있는 자일 것을 요한다. (○ | ×)

24 보증은 그 의사가 보증인의 기명날인 또는 서명이 있는 서면에 표시되어야 효력이 있고, 전자적 형태의 보증도 효력이 있다. (○ | ×)

25 보증인의 최고·검색의 항변 시 채권자의 해태로 인하여 채무자로부터 전부 또는 일부를 변제받지 못한 부분이 있다면 그 한도에서 보증인은 의무를 면한다. (○ | ×)

26 주채무자가 자기의 행위로 면책되었음을 보증인에게 통지하지 않아 보증인이 채무를 변제한 경우 보증인은 자신의 변제가 유효임을 주장할 수 있다. (○ | ×)

27 주채무자의 의사에 반하여 보증인이 된 자가 변제 기타의 출재로 주채무를 소멸하게 한 때에는 주채무자는 그 당시 받은 이익 한도에서 배상하여야 한다. (○ | ×)

28 채권이 확정일자 있는 증서에 의하여 이중으로 양도된 경우 그 양수인 간의 통지에 붙여진 확정일자의 순서에 의한다. (○ | ×)

29 지시채권의 증서에 변제의 장소를 정하지 않는 경우 채무자의 현영업소 또는 현주소를 변제의 장소로 한다. (○ | ×)

30 채무자의 동의를 받은 제3자는 채권자와 계약으로 채무를 인수하고 채무자의 채무를 면하게 할 수 있는데, 이는 면책적 채무인수에 해당한다. (○ | ×)

31 채무를 인수한 자는 전 채무자의 항변할 수 있는 사유로 채권자에게 대항할 수 있다. (○ | ×)

32 채무의 변제로 타인의 물건을 인도한 자는 다시 유효한 변제를 하지 않으면 그 물건의 반환을 청구할 수 없다. (○ | ×)

33 당사자의 특별한 의사표시가 없으면 변제기 전이라도 채무자는 상대방의 손해를 배상하고 채무를 변제할 수 있다. (○ | ×)

34 채권의 준점유자가 스스로 채권자라고 하여 채권을 행사하는 경우에 준점유자에 해당하지 않는다. (○ | ×)

35 지급금지명령을 받은 제3채무자는 이후 취득한 채권에 의한 상계로 그 명령을 신청한 채권자에게 대항할 수 있다. (○ | ×)

36 변제할 정당한 이익이 있는 자는 변제로서 당연히 채권자를 대위한다. (○ | ×)

정답

12 ○ 13 ○ 14 ○ 15 ×(채권의 소멸시효가 완성된 경우 이를 원용할 수 있는 자는 시효이익을 직접 받는 채무자로서 제3채무자는 소멸시효를 주장할 수 없다) 16 ○ 17 ○ 18 ×(수급인에 대한 도급인의 저당권설정행위는 채무자의 책임재산이 감소하는 것이 아니므로 사해행위에 해당하지 않는다) 19 ○ 20 ×(소유권이전등기일이 아닌 사해행위를 한 날, 즉 원인행위를 한 계약체결일이 기산일이 된다) 21 ○ 22 ○ 23 ×(채권자가 보증인을 지명한 경우에는 행위능력 및 변제자력 여부를 따지지 않는다) 24 ×(보증의 의사가 전자적 형태로 표시된 경우에는 효력이 없다) 25 ○ 26 ○ 27 ×(현존이익한도에서 배상하여야 한다) 28 ×(확정일자 있는 통지가 채무자에게 도달한 날 또는 채무자가 승낙한 날을 기준으로 한다) 29 ○ 30 ○ 31 ○ 32 ○ 33 ○ 34 ×(채권의 준점유자가 스스로 채권자라고 하여 채권을 행사하는 경우뿐만 아니라 채권자의 대리인이라고 하면서 채권을 행사하는 경우에도 준점유자에 해당한다) 35 ×(지급금지명령을 받은 제3채무자는 이후 취득한 채권에 의한 상계로 그 명령을 신청한 채권자에게 대항하지 못한다) 36 ○

ENERGY

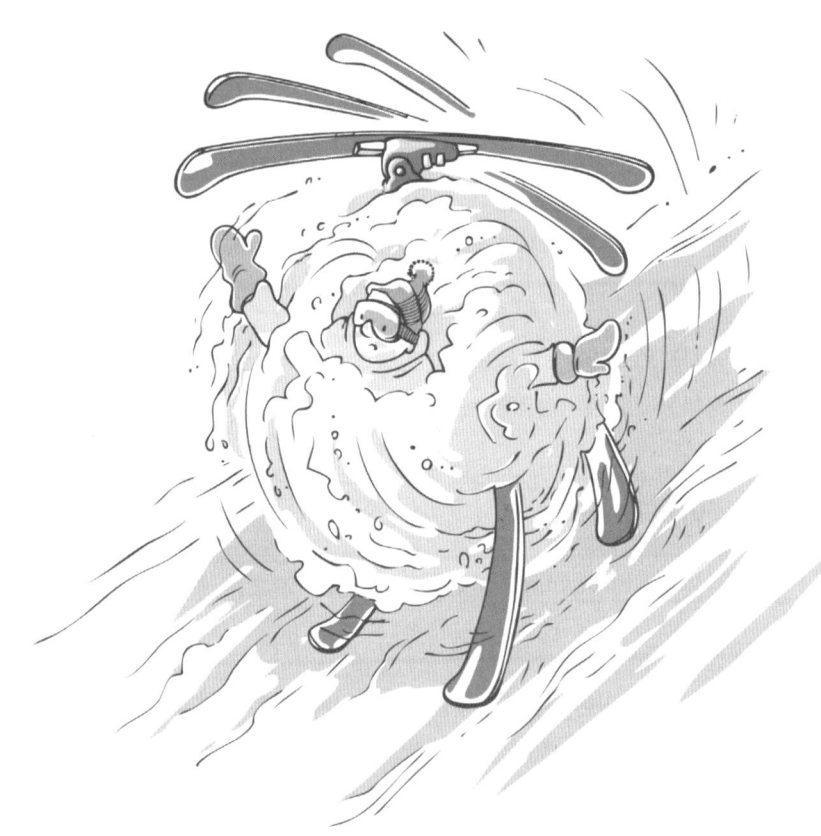

경험이란 사람들이
자신의 실수를 일컫는 말이다.

CHAPTER 02 채권법 각론(계약법 총론)

회독체크 1 2 3

CHAPTER 미리보기

- 계약법 총론
  - 계약의 종류
  - 계약의 성립
    - 청약과 승낙에 의한 계약
    - 계약체결상의 과실
  - 계약의 효력
    - 쌍무과실의 특수한 효력
      - 동시이행의 항변권
      - 위험부담
    - 제3자를 위한 계약
  - 계약의 해제·해지(소멸)
    - 약정해제
    - 법정해제

학습전략

❶ 채권법 각론 중 계약법 총론에서 통상적으로 1~2문항 정도가 출제됩니다.
❷ 계약법에서 계약의 성립, 쌍무계약의 효력으로 동시이행의 항변권 및 위험부담, 제3자를 위한 계약 그리고 계약의 해제 및 해지의 효력에 대한 집중적 학습이 요구됩니다.

학습키워드

- 계약의 종류
- 계약의 성립
- 계약의 효력
- 쌍무계약의 효력
- 동시이행의 항변권
- 위험부담
- 제3자를 위한 계약
- 계약의 해제·해지

제1절 계약의 의의

1 계약의 개념과 사회적 작용

① **넓은 의미(광의)의 계약**: 광의의 계약이란 서로 대립하는 두 개 이상의 의사표시의 합치로써 성립하는 법률행위를 말한다. 광의의 계약에는 채권계약, 물권계약, 준물권계약, 가족법상의 계약 등이 있다.
② **좁은 의미(협의)의 계약**: 협의의 계약이란 광의의 계약 중에서 채권계약만을 말한다. 즉, 채권각론에서는 채권의 발생을 목적으로 하는 합의인 채권계약만을 그 대상으로 하고 있다.
③ **계약의 사회적 작용**: 오늘날 법률관계를 형성시키는 가장 일반적인 수단이 계약이다. 즉, 오늘날에는 개인의 의사에 권리형성력을 부여하고 있으며, 이러한 사적 자치를 실현하는 전형적인 수단이 바로 계약이다.

2 계약자유의 원칙과 약관에 의한 계약

1. 계약자유의 원칙(사적 자치의 원칙, 법률행위 자유의 원칙)

(1) 의의

우리 민법은 계약자유의 원칙을 기본원리로 하고 있다. 이 계약자유의 원칙이란 개인 사이의 계약에 의한 법률관계의 형성은 법률의 제한이 없는 한 국가가 개입하지 말고 각자의 자유의사에 의하여 이루어지며, 법도 그러한 자유의 결과를 최대한 승인한다는 원칙을 말한다.

(2) 계약자유의 원칙의 내용

① **체결의 자유**: 당사자가 계약을 체결할 것인가의 여부를 자유롭게 결정할 수 있는 자유를 말한다.
② **상대방 선택의 자유**: 당사자가 계약을 체결할 때 누구를 상대방으로 할 것인가를 자유롭게 결정할 수 있는 자유를 말한다.
③ **내용결정의 자유**: 당사자가 계약의 내용을 자유롭게 결정할 수 있는 자유를 말한다.
④ **방식의 자유**: 원칙적으로 당사자 사이의 의사표시의 합치로써 계약은 성립하며 일정한 방식을 필요로 하지 않는다는 원칙을 말한다.

2. 약관에 의한 계약(약관의 규제에 관한 법률, 이하 '약관법'이라 함)

(1) 서설

① **약관**(約款 – 보통거래약관)**의 의의**
  ㉠ **약관**이란 그 명칭이나 형태 또는 범위에 상관없이 계약의 한쪽 당사자가 여러 명의 상대방과 계약을 체결하기 위하여 일정한 형식으로 미리 마련한 계약의 내용을 말한다(약관법 제2조 제1호).
  ㉡ 따라서 구체적인 계약에서 일방당사자와 상대방 사이에 교섭이 이루어져 계약의 내용으로 된 조항은 작성상의 일방성이 없으므로 '약관법'의 규제대상인 약관에는 해당하지 않는다(2005다74863).

② **약관의 기능과 그 규제의 필요성**
  ㉠ 동종의 거래가 대량적·반복적으로 이루어지는 경우 사업자는 거래의 신속과 획일성을 유지하기 위하여 약관을 작성하여 계약을 체결하게 된다.
  ㉡ 고객이 사업자와 경제적으로 대등한 힘을 가지는 경우에는 별 문제가 되지 않으나, 고객이 경제적 약자인 때에는 고객은 사업자가 정한 약관의 내용을 사실상 그대로 받아들일 수밖에 없다.
  ㉢ 따라서 경제적 약자를 보호하고 사업자가 정한 부당한 약관을 규제하기 위하여 1986년 '약관법'을 공포하기에 이르렀다.

③ **약관의 법적 성질**: 약관이 계약의 내용으로 되어 상대방을 구속하는 근거는 약관 자체가 법적 효력이 있는 것이 아니고, 약관을 계약의 내용으로 하기로 하는 당사자의 합의 때문이라는 것이 통설·판례의 입장이다.

(2) 약관의 계약으로의 편입

① **의의**: 약관을 계약내용으로 포함시키는 것을 계약에의 편입이라 한다.
② **계약으로 편입 요건**(명시·설명의 의무 이행): 약관이 계약내용으로 편입되기 위한 요건은 사업자가 약관내용에 관하여 고객이 이해할 수 있도록 명시·설명의무를 이행하는 것이고(약관법 제3조 제3항), 이를 위반한 경우 해당 약관은 계약의 내용으로 주장할 수 없다(약관법 제3조 제4항).
③ **명시·설명의무의 범위**: 약관의 중요한 사항, 즉 고객의 이해관계에 중대한 영향을 미치는 약관내용을 그 범위로 한다. 여기서 설명의무의 대상이 되는 '중요한 내용'이라 함은 사회통념에 비추어 고객이 계약체결의 여부 또는 대가를 결정하거나 계약체결 후 어떤 행동을 취할지에 관하여 직접적인 영향을 미칠 수 있는 사항을 말하고, 약관조항 중에서 무엇이 중요한 내용에 해당하는지에 관하여는 일률적으로 말할 수 없으며, 구체적인 사건에서 개별적 사정을 고려하여 판단하여야 한다(2017다228038).

④ 명시·설명의무의 면제
  ㉠ 다른 법률의 규정에 의하여 행정관청의 인가를 받은 약관으로서 거래의 신속을 위하여 필요하다고 인정되어 대통령이 정하는 약관에 대하여는 약관의 명시·설명의무가 면제된다.
  ㉡ 거래상 일반적인 것이어서 사업자의 별도의 설명이 없어도 상대방이 충분히 예상할 수 있거나 법령의 규정에 의하여 정하여진 것을 되풀이 또는 부연 설명하는 정도에 불과한 것이라면 명시·설명의무가 면제된다(2003다7302).
    ⓐ 당사자 사이의 약정의 취지를 명백히 하기 위한 확인적 규정에 불과한 경우(96다8277)
    ⓑ 고객이나 그 대리인이 충분히 잘 알고 있는 사항(2003다27054)
  ㉢ 계약의 성질상 명시·설명이 현저히 곤란한 경우

3. 약관에 대한 통제

(1) 약관해석의 원칙

① **개별약정의 우선**
  ㉠ 약관에서 정하고 있는 사항에 관하여 사업자와 고객이 약관의 내용과 다르게 합의한 사항이 있을 때에는 그 합의사항은 약관에 우선한다(약관법 제4조).
  ㉡ 따라서 계약당사자가 명시적으로 약관의 규정과 다른 내용의 약정을 하였다면 약관의 규정을 이유로 그 약정의 효력을 부인할 수는 없다(2001다6619).
② **객관적 해석의 원칙**(통일적 해석의 원칙): 약관은 고객에 따라 다르게 해석되어서는 안 된다는 원칙이다(약관법 제5조 제1항 후단).
③ **작성자불이익의 원칙**(불명확조항 해석의 원칙): 약관의 뜻이 명백하지 아니한 경우에는 고객에게 유리하게 해석되어야 한다(약관법 제5조 제2항). 이를 고객유리 해석의 원칙이라고도 한다.
④ **축소해석의 원칙**(제한해석의 원칙)
  ㉠ 축소해석의 원칙이란 약관내용 중 사업자에게 유리한 조항을 축소하여 해석하는 것을 말한다.
  ㉡ 즉, 법률에 규정되어 있는 고객의 권리를 제한하거나 사업자의 책임을 제한하는 약관조항은 좁고 엄격하게 해석하여 고객에게 유리하게 해석되어야 한다(2006다24131).
  ㉢ 주의할 것은 축소해석의 원칙은 약관법상의 원칙이 아니라 판례에 의해 인정되는 해석원칙이다.
⑤ **수정해석의 원칙**(신의성실의 원칙): 부동문자로 작성된 약관의 내용이 사회여건 등의 변화로 수정 해석할 필요가 발생한 경우 그 필요한 범위 내에서 수정해석도 가능하다.

(2) 불공정성 통제

불공정성 통제에 관하여 일반조항(약관법 제6조)과 무효조항 목록(약관법 제7조 내지 제14조)을 명시함으로써 규제하고 있다.

4. 불공정약관조항의 효력

① **원칙**(무효): 신의칙에 반하여 공정을 잃은 약관조항은 무효(약관법 제6조 제1항)이며, 그 밖에도 약관법은 개별적인 무효사유에 관하여 규정을 두고 있다.

② **불공정조항에 해당하여 무효인 약관의 구체적 유형**
  ㉠ 약관이용자인 사업자의 책임을 부당하게 면제하는 경우(98다57099)
  ㉡ 고객에 대하여 부당하게 과중한 손해배상액을 예정하는 경우(99다53483). 그러나 약관상 매매계약 해제 시 매도인을 위한 손해배상액의 예정조항은 있는 반면 매수인을 위한 손해배상액의 예정조항은 없는 경우, 매도인 일방만을 위한 손해배상액의 예정조항을 두었다고 하여 곧 그 조항이 약관법에 위배되어 무효라 할 수는 없다(99다53759).
  ㉢ 계약의 해제권·해지권을 고객에 대하여 부당하게 배제 또는 제한하거나 반대로 사업자에 대해서는 부당하게 폭넓게 인정하는 경우(96다19413)
  ㉣ 고객에게 소의 제기를 금지하거나 상당한 이유 없이 입증책임을 부담시키는 경우(98마863) 등

5. 일부무효의 특칙(약관법 제16조)

① **원칙**(일부무효): 약관의 전부 또는 일부의 조항이 명시·설명의무 위반으로 계약의 내용이 되지 못하는 경우나 불공정약관조항에 해당하여 무효로 되는 경우 그 부분은 계약의 내용으로 포함시킬 수 없고, 계약은 나머지 부분만으로 유효하게 존속한다.

② **예외**(전부무효): 다만, 유효한 부분만으로는 계약의 목적달성이 불가능하거나 일방당사자에게 부당하게 불리한 때에는 당해 계약을 전부 무효로 한다(약관법 제16조). 이를 일부무효의 특칙이라 한다.

> **판례** **약관의 효력**
>
> ① 약관이 계약당사자 사이에 구속력을 갖는 것은 그 자체가 법규범이거나 또는 법규범적 성질을 가지기 때문이 아니라 당사자가 그 약관의 규정을 계약내용에 포함시키기로 합의하였기 때문이므로 계약당사자가 명시적으로 약관의 규정과 다른 내용의 약정을 하였다면, 약관의 규정을 이유로 그 약정의 효력을 부인할 수는 없다(89다카24070).
> ② 보험자가 보험약관에 대한 명시·설명의무에 위반하여 보험계약을 체결한 경우, 보험계약자가 그 약관에 규정된 고지의무를 위반하였다 하더라도 이를 이유로 보험계약을 해지할 수는 없다(95다53546).
> ③ 당해 거래계약에 당연히 적용되는 법령에 규정되어 있는 사항은 그것이 약관의 중요한 내용에 해당한다고 하더라도 특별한 사정이 없는 한 사업자가 이를 따로 명시·설명할 의무는 없다(98다19240).

제2절 계약의 종류

1 전형계약과 비전형계약

1. 전형계약

민법전에서 규정하고 있는 15종의 계약을 전형계약 또는 유명(有名)계약이라 한다. 즉, 민법이 정하는 15종류의 계약이란 증여·매매·교환·소비대차·사용대차·임대차·고용·도급·현상광고·위임·임치·조합·종신정기금·화해·여행계약 등을 말한다.

2. 비전형계약(무명계약)

① 전형계약 이외의 계약을 말한다. 즉, 민법전에 규정되어 있지 않은 계약을 비전형계약이라 한다.
② 계약자유의 원칙상 채권계약에 관한 민법 규정은 원칙적으로 임의규정이므로 계약당사자가 민법 규정에 의한 전형계약과 그 명칭 및 내용을 달리하는 계약을 체결하는 것은 자유롭게 허용되므로 효력이 있다.

3. 혼합계약

혼합계약이란 두 가지 이상의 전형계약의 성질을 겸하고 있는 계약을 말한다(제작물공급계약 등).

참고 민법의 전형계약

계약종류	내용	계약의 성질	비고
매매	당사자 일방이 재산권을 상대방에게 이전할 것을 약정하고 상대방이 그 대금을 지급할 것을 약정함으로써 그 효력이 생긴다.	쌍무계약(유상)	낙성계약
교환	당사자 쌍방이 금전 이외의 재산권을 상호 이전할 것을 약정함으로써 그 효력이 생긴다.	쌍무계약(유상)	낙성계약
임대차	임대차는 당사자 일방이 상대방에게 목적물을 사용·수익하게 할 것을 약정하고, 상대방은 이에 대하여 차임을 지급할 것을 약정함으로써 그 효력이 생긴다.	쌍무계약(유상)	낙성계약
고용	고용은 당사자 일방이 상대방에 대하여 노무를 제공할 것을 약정하고, 상대방은 이에 대하여 보수를 지급할 것을 약정함으로써 그 효력이 생긴다.	쌍무계약(유상)	낙성계약
도급	당사자 일방이 어느 일을 완성할 것을 약정하고, 상대방이 그 결과에 대하여 보수를 지급할 것을 약정함으로써 그 효력이 생긴다.	쌍무계약(유상)	낙성계약
조합	2인 이상이 상호 출자하여 공동사업을 경영할 것을 약정함으로써 그 효력이 생긴다.	쌍무계약(유상)	낙성계약
화해	당사자가 상호 양보하여 당사자간의 분쟁을 종지할 것을 약정함으로써 그 효력이 생긴다.	쌍무계약(유상)	낙성계약
종신정기금	당사자 일방이 상대방 또는 제3자의 종신까지 정기로 금전, 기타 물건을 상대방 또는 제3자에게 지급할 것을 약정함으로서 그 효력이 생긴다.	유상계약(쌍무) 무상계약(편무)	낙성계약
증여	당사자 일방이 무상으로 재산을 상대방에게 수여하는 의사를 표시하고, 상대방이 이를 승낙함으로써 그 효력이 생긴다.	편무계약(무상)	낙성계약
사용대차	당사자 일방이 상대방에게 무상으로 사용·수익하게 하기 위하여 목적물을 인도하기로 약정하고, 상대방은 사용 후 반환하기로 약정함으로써 그 효력이 생긴다.	편무계약(무상)	낙성계약
현상광고	광고자가 어느 행위를 한 자에게 일정한 보수를 지급할 의사를 표시하고, 이에 응한 자가 그 광고에 정한 행위를 완료함으로써 그 효력이 생긴다.	편무계약(유상)	요물계약
소비대차	당사자 일방이 금전 기타 대체물의 소유권을 상대방에게 이전할 것을 약정하고, 상대방은 그와 같은 종류, 품질 및 수량으로 반환할 것을 약정함으로써 그 효력이 생긴다.	유상계약(쌍무) 무상계약(편무)	낙성계약
위임	당사자 일방이 상대방에 대하여 사무처리를 위탁하고, 상대방은 이를 승낙함으로써 그 효력이 생긴다.	유상계약(쌍무) 무상계약(편무)	낙성계약
임치	당사자 일방이 상대방에 대하여 금전이나 유가증권, 기타 물건의 보관을 위탁하고, 상대방이 이를 승낙함으로써 그 효력이 생긴다.	유상계약(쌍무) 무상계약(편무)	낙성계약
여행계약	당사자 한쪽이 상대방에게 운송, 숙박, 관광 또는 그 밖의 여행관련 용역을 결합하여 제공하기로 약정하고, 상대방이 그 대금을 지급하기로 약정함으로써 효력이 생긴다.	쌍무계약 유상계약	낙성계약

> **개념적용 문제**
>
> 민법이 규정하고 있는 전형계약이 아닌 것은?   제24회 기출
>
> ① 부당이득 ② 위임
> ③ 도급 ④ 증여
> ⑤ 매매
>
> **해설** 민법이 규정하고 있는 전형계약은 증여, 매매, 교환, 소비대차, 사용대차, 임대차, 고용, 도급, 현상광고, 위임, 임치, 조합, 종신정기금, 화해, 여행계약으로 15종이다. 부당이득은 계약이 아니고 사건이다.
>
> 정답 ①

2 쌍무계약과 편무계약

1. 의의

① **쌍무계약**: 계약의 양 당사자가 서로 대가적 의미[견련(牽聯)성]의 채무를 부담하게 되는 계약을 말한다(매매·교환·임대차·고용·도급·조합·화해, 유상인 소비대차·위임·임치·여행계약 등).

② **편무계약**: 계약의 일방당사자만이 채무를 부담하든가 양 당사자가 채무를 부담하더라도 대가적 의미를 가지지 않는 경우를 말한다(증여·사용대차·현상광고, 무상인 소비대차·위임·임치 등).

2. 구별실익

구별실익은 쌍무계약에 관해서는 동시이행의 항변권(제536조)과 위험부담(제537조, 제538조)의 문제가 발생하고, 편무계약에 관해서는 원칙적으로 이러한 문제들이 발생하지 않는다는 점에 있다.

3 유상계약과 무상계약

1. 의의

이는 계약의 각 당사자가 서로 대가적(對價的) 의미를 가지는 출연(出捐) 내지 출재(出財)를 하느냐 않느냐에 따른 구별이다. 위에서 본 쌍무계약·편무계약은 계약의 효과로서 생기는 채권관계만을 기초로 한 구별이나, 유상계약·무상계약은 계약의 성립에서부터 그 효과로서 생기는 채권관계의 내용의 실현에 이르는 전 과정에 있어서의 대가적 급부를 그 대상으로 한 구별이다.

(1) 유상계약

① 유상계약이란 계약의 전 과정을 고찰하여 볼 때 양 당사자가 서로 대가적 의미를 가지는 출연(出捐)을 하는 계약을 말한다.
② 매매·교환·임대차·고용·도급·조합·현상광고·화해는 유상계약에 해당한다.

(2) 무상계약

① 무상계약이란 일방당사자만이 급부를 하든지 쌍방당사자 모두 급부를 하더라도 그 급부 사이에 대가적 의미를 가지지 않는 계약을 말한다.
② 증여·사용대차는 무상계약에 해당한다.

(3) 한편 소비대차·위임·임치·종신정기금은 유상으로 할 수도 있고 무상으로 할 수도 있는 계약이다.

(4) 양자를 구별하는 실익은 유상계약에서는 계약의 목적물이나 권리의 하자·흠결에 대하여 담보책임을 지지만(제567조, 제570조 내지 제584조), 무상계약에서는 출연자(出捐者)가 악의가 아닌 한 담보책임을 지지 않는다(제559조, 제612조).

2. 쌍무·편무계약과 관계

① 쌍무·편무계약의 구별은 계약의 효과로서 성립하는 채무의 부담에 관한 것이고, 유상·무상계약의 구별은 계약의 성립으로부터 채무의 이행에 이르기까지 전 과정에서 당사자가 서로 대가적 의미를 가지는 출연을 하느냐 여부를 기준으로 한다.
② 민법상의 쌍무계약은 모두 유상계약이다. 그러나 유상계약은 모두 쌍무계약은 아니다(현상광고계약은 유상계약이지만 편무계약이다).
③ 같은 논리로 민법상의 무상계약은 모두 편무계약이다. 그러나 편무계약이 모두 무상계약은 아니다(현상광고).

3. 구별실익

유상계약에는 매매에 관한 규정, 특히 매도인의 담보책임규정이 준용된다는 데에 있다(제567조).

4 낙성계약과 요물계약

1. 의의

① **낙성계약**: 당사자 사이의 의사표시의 합치만으로 성립하는 계약을 말한다.
② **요물계약**: 당사자 사이의 의사표시의 합치 이외에 물건의 인도 또는 지정행위의 완료와 같은 현실적인 급부를 함으로써 성립하는 계약을 말한다.
③ 현상광고, 대물변제, 계약금계약, 보증금계약(다수설), 전세금계약 등이 요물계약에 해당하고, 그 이외에는 낙성계약에 해당한다.

2. 구별실익

계약성립시기에 차이가 있다. 요물계약은 급부를 현실적으로 제공할 때 성립하지만, 낙성계약은 쌍방의 합의가 이루어진 때 계약이 성립한다.

5 일시적 계약과 계속적 계약

1. 의의

① **일시적 계약**: 채무의 내용인 급부의 실현이 일회적으로 완료되는 계약을 말한다.
② **계속적 계약**: 채무의 내용인 급부의 실현이 일정기간 동안 계속적으로 이행되어야 하는 계약을 말한다.
③ 소비대차·사용대차·임대차·고용·위임·임치·조합·종신정기금 등이 계속적 계약에 해당하고, 매매·교환·증여는 일시적 계약에 해당한다.

2. 계속적 계약의 특징

① **기본채권과 지분채권의 존재**
  ㉠ 계속적 계약관계에서 반복적·정기적으로 발생하는 채권이 지분채권이고, 이를 유출·파생하게 하는 계약을 기본채권이라 한다.
  ㉡ 예를 들면, 임대차계약을 체결하면 기본적인 채권(임대차기간 동안 사용수익청구권)과 지분채권(임대인의 월차임청구권)이 발생하여 그 임대차계약의 존속기간 동안 존재하게 된다.
② **계약당사자 사이의 강한 인적 신뢰관계의 존재**
  ㉠ 임대차의 당사자에 관한 착오는 중요부분의 착오로 취급되고,
  ㉡ 임차권의 양도나, 전대에 있어서 임대인의 동의를 요하며,
  ㉢ 수임인의 사망은 위임의 종료원인이 된다.

ⓔ 조합원의 사망이 탈퇴의 사유가 되는 것은 상호 신뢰 중시의 반영이라 할 수 있다.
③ 계약의 급부내용이 일정기간 계속 유지되는 과정에서 사정변경의 원칙 적용이 특히 두드러진다(임대차계약에서 차임증감청구권).
④ 계속관계를 맺는 당사자 사이에는 명령·복종관계가 맺어질 수 있으며, 임차권의 물권화 경향과 「근로기준법」 등 제정 등으로 그 모순을 시정하게 된다.
⑤ 계약관계의 해소방법으로 해지권을 행사한다.

제3절 계약의 성립

1 계약성립의 유형

계약은 보통 청약과 승낙의 의사표시의 합치(제527조 내지 제531조)에 의해 성립한다. 그러나 민법은 이외에도 의사실현에 의한 계약성립(제532조)과 교차청약에 의한 계약성립(제533조)에 관하여도 규정하고 있다.

2 계약의 성립요건으로서 의사표시의 합치

1. 의의

(1) 계약이 성립하기 위하여 법률행위의 일반적 성립요건 이외에도 계약당사자 사이의 서로 대립되는 의사표시의 합치, 즉 합의(合意)가 있어야 한다.

(2) 계약에 있어서 청약과 승낙의 의사표시의 '합치'는 계약의 특별성립요건에 해당한다. 이러한 의사표시의 합치는 다시 객관적 합치와 주관적 합치로 나누어진다.
① **주관적 합치**(상대방에 대한 합치): 당사자의 의사표시가 서로 상대방에 대한 것으로, 계약의 상대방이 누구이냐에 관하여 잘못이 없는 것을 말한다. 예를 들면, A가 B에게 청약을 한 경우 B는 A에게 승낙을 하여야 계약이 성립한다.
② **객관적 합치**(내용적 합치): 서로 대립되는 의사표시로서 청약과 승낙이 내용적으로 일치하는 것을 말한다. 예를 들면, 甲이 A토지를 1억원에 팔겠다고 乙에게 청약을 한 경우 乙이 해당 토지를 1억원에 사겠다는 내용의 승낙을 甲에게 하여야 계약이 성립한다.

2. 불합의

(1) 불합의의 의의
① 불합의(불합치, 불일치)란 의사표시의 내용이 전면적으로 또는 부분적으로 불일치하는 것을 말한다.
② 불합의의 경우에는 계약은 성립하지 않는다.

(2) 불합의의 유형
① **안 불합의**(의식적 불합의): 안 불합의란 의사표시의 불일치를 쌍방당사자가 서로 알고 있는 경우를 말한다. 청약에 대하여 조건을 붙이거나 변경을 가하여 승낙을 하는 경우가 이에 해당한다. 예를 들면, 甲이 자기 소유의 건물을 1억원에 판다는 청약의 의사표시에 대해 乙이 8천만원에 사겠다는 승낙의 의사표시를 한 경우 계약은 성립하지 않는다.
② **숨은 불합의**(무의식적 불합의): 숨은 불합의란 계약당사자 쌍방 또는 일방이 의사표시의 불일치를 알지 못하는 경우를 말한다. 예를 들면, 甲이 자기 소유 건물을 1억원에 매매하기로 乙과 합의하였는데, 甲은 자신의 A건물을 매도한다고 생각하였으나 乙은 甲의 B건물을 매수한다고 생각한 경우가 이에 해당한다. 숨은 불합의의 경우에도 역시 계약은 성립하지 않는다.

(3) 불합의와 착오와의 구별
① 불합의는 수개의 의사표시의 내용이 일치하지 않는 것을 말하고, 착오는 하나의 의사표시 내에서 의사와 표시가 불일치하는 것을 표의자가 모르는 경우이다.
② 의사표시의 합치는 계약의 성립요건의 문제이고, 착오는 성립을 전제로 한 계약의 효력요건의 문제이므로 항상 불합의 여부를 먼저 검토하여야 한다.
③ 불합의는 양 당사자의 의사표시를 비교하는 것임에 반하여, 착오는 일방당사자의 의사표시를 의사와 표시로 나누어 그 일치 여부를 검토하는 것이다.
④ 착오는 법률행위의 중요부분에 관한 것으로 표의자에게 중대한 과실이 없는 경우에 한하여 취소할 수 있지만, 무의식적 불합의가 있게 되면 계약은 성립하지 않는다.

3 청약과 승낙에 의한 계약의 성립

1. 청약의 의사표시

(1) 의의
① **청약**이란 승낙과 결합하여 일정한 내용의 계약을 성립시킬 것을 목적으로 하는 구체적·확정적 의사표시를 말한다.

② 청약은 의사표시로서 승낙이라는 다른 의사표시와 결합하여야만 비로소 법률행위인 계약을 성립시키는 법률사실에 해당하므로 그 자체만으로는 계약이 성립될 수 없다.

(2) 청약의 요건

① **청약의 내용**(구체적·확정적 의사표시): 청약은 그에 대한 승낙에 의하여 곧바로 계약의 성립에 필요한 의사합치에 이를 수 있을 정도로 내용적으로 확정되어 있거나 해석에 의하여 확정될 수 있어야 한다(2000다45273). 이 점에서 청약의 유인과 구별된다.

② **청약자**: 청약은 장차 계약의 일방당사자가 될 특정인이 하는 것이 일반적이다. 그러나 청약자가 누구이냐가 그 청약의 의사표시 속에 명시적으로 표시되어야 하는 것은 아니다(자동판매기의 설치).

③ **청약의 상대방**
　㉠ 청약은 상대방 있는 의사표시이지만, 그 상대방은 특정인뿐만 아니라 불특정 다수인이라도 무방하다(자동판매기의 설치 등의 경우).
　㉡ 이때 청약은 장래 계약의 당사자로 될 수 있는 자에 대하여만 효력을 가진다.

④ **승낙기간**: 청약 시 그 승낙기간을 반드시 정해야 하는 것도 아니다.
　㉠ 승낙기간을 정한 경우: 그 기간을 청약의 유효기간으로 본다.
　㉡ 승낙기간을 정하지 않은 경우: 상당한 기간이 승낙기간으로 정해진다.

> **참고　청약과 청약의 유인**
>
> 1. 청약의 유인이란 타인을 꾀어 자기에게 청약하게 하려는 행위를 말한다. 청약의 유인의 경우에는 유인에 의하여 꼬임을 받은 자가 의사표시를 하였더라도 계약은 성립하지 않으며(청약에 해당하므로) 유인을 한 자가 승낙의 의사표시를 하여야만 계약이 성립한다.
> 2. 청약인지 청약의 유인인지 문제되는 경우
>   ① 다수설은 구인광고, 주택의 분양·임대광고, 상품목록의 배부, 기차의 시간표 게시 등은 청약의 유인에 해당하고, 정찰가격을 붙인 상품의 진열, 자동판매기의 설치 등은 청약에 해당한다고 본다.
>   ② 그러나 판례는 아파트 분양광고 중 아파트의 외형, 마감재의 재질, 부대시설 등 이행이 가능한 부분은 청약으로 본다.
> 3. 청약과 청약의 유인을 이론적으로 구별하는 것은 쉽지만 실제에 있어서는 구별하기가 어려운 경우가 있다. 따라서 다수설과 같이 일률적으로 정할 것이 아니라 당사자 사이에 계약을 성립시키겠다는 확정적 구속의사가 있는지의 여부를 기준으로 합목적적으로 결정하여야 할 것이다.

(3) 청약의 효력

① **청약의 효력발생시기**
　㉠ 청약도 의사표시이므로, 의사표시의 효력발생시기에 관한 일반원칙에 따라 상대방에게 도달한 때에 효력이 발생한다(제111조 제1항).

ⓛ 청약의 의사표시를 발신한 후 도달 전에 청약자가 사망하거나 제한능력자가 되어도 청약의 효력에는 영향을 미치지 않는 것이 원칙이다(제111조 제2항).
　　ⓒ 그러나 당사자의 인격 내지 개성이 중시되는 계약(위임, 고용계약)에 대한 청약인 경우에는 청약자가 사망한 경우에는 그 효력을 잃는다.
② **청약의 구속력**(拘束力)(청약의 비철회성, 형식적 효력)

> **제527조 【계약의 청약의 구속력】** 계약의 청약은 이를 철회하지 못한다.

　　㉠ 청약의 구속력이란 청약이 효력을 발생한 후에는 청약자가 임의로 철회하지 못한다는 것을 말한다.
　　ⓛ 청약이 있게 되면 상대방은 승낙함으로써 계약을 체결할 수 있는 기회를 가지게 되고 계약체결을 위한 준비행위를 하게 된다. 그런데 청약자가 청약을 임의로 철회한다면 상대방에게 부당하게 손해를 줄 염려가 있기 때문에 임의로 철회할 수 없도록 한 것이다.
　　ⓒ 그러나 상대방에게 부당한 손해를 줄 염려가 없는 경우에는 청약의 구속력은 배제된다. 예를 들면, 청약자가 처음부터 철회의 자유를 유보한 경우라든가 승낙기간을 정하지 않은 대화자 사이의 청약에 대해서는 청약의 구속력이 배제된다.

③ **청약의 승낙적격**(承諾適格)(청약의 존속기간)
　　㉠ 청약이 도달하면 상대방은 그에 대하여 승낙함으로써 계약을 성립시킬 수 있다. 즉, 청약은 그에 대응하는 승낙만 있으면 곧바로 계약이 성립하게 되는 효력을 가지고 있는데, 이를 청약의 실질적 효력 또는 승낙적격이라 한다.
　　ⓛ 승낙은 청약이 효력을 발생한 때로부터 그것이 소멸할 때까지의 사이에 행하여져야 계약을 성립시킬 수 있다. 따라서 승낙적격은 청약의 존속기간이다.

2. 승낙의 의사표시

(1) 의의

　승낙이란 청약에 대응하여 계약을 성립시킬 목적으로 청약자에 대하여 하는 승낙자의 의사표시를 말한다. 승낙도 의사표시로서 법률사실에 해당한다.

(2) 승낙의 요건

　① **승낙의 내용 – 객관적 합치**
　　㉠ 승낙은 청약의 내용과 일치하여야 한다(객관적 합치). 따라서 청약의 내용과 일치하지 않는 승낙에 의한 계약은 성립할 수 없음이 원칙이다.

ⓒ 변경을 가한 승낙

제534조【변경을 가한 승낙】 승낙자가 청약에 대하여 조건을 붙이거나 변경을 가하여 승낙한 때에는 그 청약의 거절과 동시에 새로 청약한 것으로 본다.

> **판례** 청약에 대한 승낙
>
> ① 청약의 상대방에게 청약을 받아들일 것인지 여부에 관하여 회답할 의무가 있는 것은 아니므로, 청약자가 미리 정한 기간 내에 이의를 하지 아니하면 승낙한 것으로 간주한다는 뜻을 청약 시 표시하였다고 하더라도 이는 상대방을 구속하지 아니하고, 그 기간은 경우에 따라 단지 승낙기간을 정하는 의미를 가질 수 있을 뿐이다(98다48903).
> ② 매매계약 당사자 중 매도인이 매수인에게 매매계약을 합의해제할 것을 청약하였다고 할지라도, 매수인이 그 청약에 대하여 조건을 붙이거나 변경을 가하여 승낙한 때에는 그 청약의 거절과 동시에 새로 청약한 것으로 보게 되는 것이고, 그로 인하여 종전의 매도인의 청약은 실효된다(2000다17834).

② 승낙자 – 청약의 수령자

㉠ 청약의 수령자만이 승낙을 할 수 있다.

㉡ 원칙적으로 청약수령자는 청약을 받았다는 사실로부터 아무런 법률상의 의무를 부담하지 않는다. 즉, 청약수령자는 승낙 여부에 대한 자유를 가지고 있으며, 특별한 사정이 없는 한 법적 회답의무도 부담하지 않는다.

㉢ 따라서 청약자가 "회답이 없으면 승낙한 것으로 본다."라는 문구를 덧붙여 청약하였더라도 이는 상대방을 구속하지 않는다(98다48903).

㉣ 그러므로 청약자가 물건을 송부하면서 "구입하지 않으면 반송하라. 반송하지 않으면 구입한 것으로 보겠다."라고 한 경우라도 물건을 수령하거나 반송할 의무가 생기지 않는다.

③ 승낙의 상대방 – 주관적 합치

㉠ 승낙은 특정의 청약자에 대하여 하여야 한다. 승낙은 청약과 달리 불특정 다수인에 대한 승낙은 있을 수 없다.

㉡ 승낙은 청약에 대하여 동의를 준다는 내심의 결의로는 부족하고 청약자에게 표시되어야 한다. 그 표시방법은 명시적으로뿐만 아니라 묵시적으로도 가능하다.

④ 승낙기간

㉠ 승낙기간을 정한 경우: 그 기간 내에 승낙이 청약자에 도달하여야 한다.

㉡ 승낙기간을 정하지 않은 경우: 상당한 기간 내에 승낙이 청약자에 도달하여야 한다.

(3) 승낙의 효력발생시기(계약의 성립시기)

① **대화자간의 계약성립시기**: 대화자간의 계약의 성립시기에 관하여는 특별한 규정이 없으므로 도달주의의 일반원칙(제111조)에 따라 승낙의 의사표시가 도달한 때에 계약이 성립한다.

② **격지자간의 계약성립시기**

> **제531조【격지자간의 계약성립시기】** 격지자간의 계약은 승낙의 통지를 발송한 때에 성립한다.

(4) 연착된 승낙

> **제528조【승낙기간을 정한 계약의 청약】** ① 승낙의 기간을 정한 계약의 청약은 청약자가 그 기간 내에 승낙의 통지를 받지 못한 때에는 그 효력을 잃는다.
> ② 승낙의 통지가 전항의 기간 후에 도달한 경우에 보통 그 기간 내에 도달할 수 있는 발송인 때에는 청약자는 지체 없이 상대방에게 그 연착의 통지를 하여야 한다. 그러나 그 도달 전에 지연의 통지를 발송한 때에는 그러하지 아니하다.
> ③ 청약자가 전항의 통지를 하지 아니한 때에는 승낙의 통지는 연착되지 아니한 것으로 본다.
> **제529조【승낙기간을 정하지 아니한 계약의 청약】** 승낙의 기간을 정하지 아니한 계약의 청약은 청약자가 상당한 기간 내에 승낙의 통지를 받지 못한 때에는 그 효력을 잃는다.
> **제530조【연착된 승낙의 효력】** 전2조의 경우에 연착된 승낙은 청약자가 이를 새 청약으로 볼 수 있다.

① **보통의 연착된 승낙의 경우**
  ㉠ 승낙기간을 정한 청약에 대하여 승낙기간을 경과하여 승낙의 의사표시가 도달한 경우라든가 승낙기간을 정하지 않은 청약에 대해 상당한 기간을 경과하여 승낙이 도달한 경우에는 계약이 성립하지 않는다.
  ㉡ 다만, 연착된 승낙은 청약자가 이를 새 청약으로 볼 수 있다(제530조).

> **판례** 　**청약의 효력 상실**
>
> 유효기간을 1990.8.8. 18시까지로 하는 청약의 취지가 담긴 상품거래 제의문을 교부받은 일방당사자가 같은 날 18시를 58분 경과한 18시 58분에 그 거래 제의문에 의한 청약을 아무런 수정 없이 승낙한다는 취지에서 거래 제의문의 중요부분을 그대로 기재한 상품매매기본계약서를 타방당사자에게 교부한 경우, 그 유효기간으로 기재된 18시는 청약의 효력이 유지되는 최종시점이며 그 시각이 경과하면 거래 제의문에 의한 청약은 그 효력이 상실된다고 보는 것이 신의칙에 합당하다(92다23537).

② **승낙기간 내에 도달할 수 있게 보낸 경우**(사고에 의한 연착)
  ㉠ 승낙의 통지가 승낙기간 후에 도달한 경우에 보통 그 기간 내에 도달할 수 있는 발송인 때에는 청약자는 지체 없이 상대방에게 그 연착의 통지를 하여야 한다(제528조 제2항 본문).
  ㉡ 승낙자가 자신의 승낙의 의사표시를 승낙기간 내에 도달할 수 있도록 발송한 경우에는 계약이 성립된 것으로 믿고 계약상의 채무를 이행하기 위한 준비행위를 하거나 다른 계약의 체결을 단념하는 등 계약당사자로서의 기대를 가지고 행동하게 된다.
  ㉢ 따라서 그 승낙의 의사표시가 사고에 의해 연착된 경우에는 승낙자에게 불측의 손해가 발생하지 않도록 하기 위하여 청약자에게 연착의 통지의무를 부과하고 있는 것이다.

② 다만, 승낙의 의사표시가 도달하기 전에 청약자가 지연의 통지를 발송한 경우에는 연착의 통지를 할 필요가 없다(제528조 제2항 단서).
⑩ 청약자가 연착의 통지를 하지 아니한 때에는 승낙의 통지는 연착되지 아니한 것으로 되어 계약은 성립한 것으로 간주된다(제528조 제3항).

4 기타의 방법에 의한 계약의 성립

1. 의사실현에 의한 계약의 성립

제532조【의사실현에 의한 계약성립】 청약자의 의사표시나 관습에 의하여 승낙의 통지가 필요하지 아니한 경우에는 계약은 승낙의 의사표시로 인정되는 사실이 있는 때에 성립한다.

> **판례** 의사실현에 의한 예금계약의 성립
>
> 예금계약은 예금자가 예금의 의사를 표시하면서 금융기관에 돈을 제공하고 금융기관이 그 의사에 따라 그 돈을 받아 확인을 하면 그로써 성립하며, 금융기관의 직원이 그 받은 돈을 금융기관에 입금하지 아니하고 이를 횡령하였다고 하더라도 예금계약의 성립에는 아무런 문제가 없다(95다26919).

2. 교차청약에 의한 계약의 성립

제533조【교차청약】 당사자간에 동일한 내용의 청약이 상호 교차된 경우에는 양 청약이 상대방에게 도달한 때에 계약이 성립한다.

두 청약이 동시에 도달하지 않은 경우에는 나중의 청약이 상대방에게 도달한 때에 계약이 성립한다.

5 계약의 경쟁체결(競爭締結)

① **의의**: 다수의 경쟁자들이 서로 경쟁하여 계약을 체결하는 경우로 경매(競賣)와 입찰(入札)을 들 수 있다. 경매는 경쟁자가 서로 다른 경쟁자의 표시한 조건을 알 수 있는 경우를 말하고, 입찰은 다른 경쟁자의 표시내용을 알 수 없는 경우를 말한다.
② **사경매에 의한 계약의 성립**: 경매자가 스스로 가격을 제시하면서 값이 내려가는 경매의 경우에 가격 제시는 청약이 될 것이다. 값이 올라가는 경매의 경우는 둘로 나누어 경매자가 침묵하는 것은 청약의 유인이 되고, 경매자가 최저가격을 제시하는 것은 청약이 될 것이다.

③ **입찰**: 입찰의 경우에는 입찰을 붙인다는 표시가 청약의 유인이 되고, 입찰이 청약이 될 것이다. 그리고 낙찰이 일반적으로 승낙이 된다.

> **개념적용 문제**
>
> 계약 성립에 관한 설명으로 옳지 않은 것은? 제24회 기출
>
> ① 승낙기간이 정해진 경우에 승낙의 통지가 그 기간 내에 도달하지 않으면 특별한 사정이 없는 한 계약은 성립하지 않는다.
> ② 격지자간의 계약은 승낙의 통지가 도달한 때에 성립한다.
> ③ 청약이 상대방에게 도달하여 그 효력이 발생하면 청약자는 임의로 이를 철회하지 못한다.
> ④ 청약자의 의사표시에 의하여 승낙의 통지가 필요 없는 경우, 계약은 승낙의 의사표시로 인정되는 사실이 있는 때에 성립한다.
> ⑤ 당사자간에 동일한 내용의 청약이 상호 교차된 경우에는 양 청약이 상대방에게 도달한 때에 계약이 성립한다.
>
> **해설** 격지자간의 계약은 승낙의 통지를 발송한 때 성립한다.
>
> **정답** ②

6 계약체결상의 과실책임

1. 의의

① 계약체결상의 과실책임이란 계약체결 과정에 당사자의 일방이 자신의 책임 있는 사유로 계약이 무효가 되어 상대방에게 손해를 가한 때에 그 손해의 배상책임을 말한다.
② 다만, 민법 제535조는 계약체결상의 과실을 규율하고 있는데, 본조는 그 제목과는 달리 원시적 불능만을 규율하고 있다.

2. 법적 성질 – 계약상 책임

① 계약상의 의무는 주된 의무이행뿐만 아니라 신의칙상의 부수적 의무를 포함한다.
② 계약체결상의 과실책임은 이러한 신의칙상의 부수적 의무를 위반한 책임으로 그 법적 성질을 계약상 책임으로 파악한다.

3. 요건

> **제535조【계약체결상의 과실】** ① 목적이 불능한 계약을 체결할 때에 그 불능을 알았거나 알 수 있었을 자는 상대방이 그 계약의 유효를 믿었음으로 인하여 받은 손해를 배상하여야 한다. 그러나 그 배상액은 계약이 유효함으로 인하여 생길 이익액을 넘지 못한다.
> ② 전항의 규정은 상대방이 그 불능을 알았거나 알 수 있었을 경우에는 적용하지 아니한다.

① **계약의 목적이 원시적·객관적·전부불능일 것**: 계약이 원시적 불능(원시적·객관적·전부불능)으로 무효이어야 한다. 예를 들면, 건물에 관한 매매계약체결 전에 건물이 전부 소실해 버린 경우가 이에 해당한다.
② 계약이 유효였다면 급부를 하여야 할 자(배상의무자)가 그 목적의 불능임을 알았거나(악의) 알 수 있었을 것(과실)
③ 상대방(배상청구권자)이 목적의 불능으로 손해를 입었을 것
④ 상대방이 불능원인에 관하여 선의·무과실일 것

4. 효과

위 요건이 충족되는 경우 과실이 있는 당사자는 상대방이 그 계약의 유효를 믿었음으로 인하여 생긴 손해, 즉 신뢰이익(信賴利益)을 배상하여야 한다. 그러나 그 배상액은 계약이 유효함으로 인하여 생길 이익, 즉 이행이익(履行利益)을 한도로 손해배상을 청구할 수 있다.

5. 제535조(계약체결상의 과실)의 확대적용 여부

① 민법은 원시적 불능으로 인하여 계약이 무효로 된 때에 한하여 계약체결상의 과실책임을 규정하고 있다.
② 판례는 원시적·객관적 전부불능의 경우에만 제535조(계약체결상의 과실)를 적용할 뿐 그 외에는 제535조를 적용하지 않는다.
③ 그러나 다수설은 이외에도 계약체결을 위한 준비단계에서의 과실의 경우, 계약이 유효한 경우, 계약이 무효 또는 취소되는 경우에도 제535조를 확대적용하고 있다.

6. 계약교섭단계에서 보호의무의 위반

① 계약교섭단계에서 계약교섭 자체가 부당하게 파기된 경우에도 계약체결상의 과실책임을 인정할 수 있는지에 대하여 학설이 나뉜다.
② 그러나 이 경우에 판례(99다40418)는 계약체결상의 과실에 의한 계약책임을 인정하지 않고, 불법행위책임을 인정한다.

③ 즉, 어느 일방이 교섭단계에서 계약이 확실하게 체결되리라는 정당한 기대 내지 신뢰를 부여하여 상대방이 그 신뢰에 따라 행동하였음에도 상당한 이유 없이 계약의 체결을 거부하여 손해를 입혔다면 이는 신의성실의 원칙에 비추어 볼 때 계약자유 원칙의 한계를 넘는 위법한 행위로서 불법행위를 구성한다.

④ 계약교섭의 부당한 중도파기가 불법행위를 구성하는 경우 그러한 불법행위로 인한 손해는 일방이 신의에 반하여 상당한 이유 없이 계약교섭을 파기함으로써 계약체결을 신뢰한 상대방이 입게 된 상당인과관계 있는 손해로서 계약이 유효하게 체결된다고 믿었던 것에 의하여 입었던 손해, 즉 신뢰손해에 한정된다.

⑤ 이러한 신뢰손해란, 예를 들면 그 계약의 성립을 기대하고 지출한 계약준비비용과 같이 그러한 신뢰가 없었더라면 통상 지출하지 아니하였을 비용 상당의 손해라고 할 것이다.

⑥ 계약교섭의 파기로 인한 불법행위가 인격적 법익을 침해함으로써 상대방에게 정신적 고통을 초래하였다고 인정되는 경우라면 그러한 정신적 고통에 대한 손해에 대하여는 별도로 배상을 구할 수 있다(2001다53059).

⑦ 기회비용으로 인한 손해(92다42897)도 배상청구할 수 있다.

⑧ 그러나 아직 계약체결에 관한 확고한 신뢰가 부여되기 이전 상태에서 계약교섭의 당사자가 계약체결이 좌절되더라도 어쩔 수 없다고 생각하고 지출한 비용, 예를 들면 경쟁입찰에 참가하기 위하여 지출한 제안서·견적서 작성비용 등은 손해배상을 청구할 수 없다(2001다53059).

⑨ 또한 계약의 교섭단계에서 계약의 이행은 극히 이례적이므로 그 이행비용도 손해배상청구할 수 없으나, 그 계약의 이행이 상대방의 적극적인 요구로 이루어진 경우에는 손해배상청구할 수 있다(2002다32301).

> **판례** 계약체결상의 과실책임
>
> ① 학교법인의 직원채용시험에서 최종합격한 자를 학교 내의 사정으로 학교법인이 직원채용통지와 발령을 계속적으로 대기시켰다가 상당한 기간이 경과한 후 학교법인의 사정으로 채용불가의 통지를 한 사안에서 학교법인은 불법행위자로서 최종합격자의 다른 취직의 기회를 포기함으로써 입은 손해를 배상하여야 한다(92다42897).
> ② 부동산매매계약에 있어서 실제면적이 계약면적에 미달하는 경우에는 그 매매가 수량지정매매에 해당할 때에 한하여 민법 제574조, 제572조에 의한 대금감액청구권을 행사함은 별론으로 하고, 그 매매계약이 그 미달 부분만큼 일부 무효임을 들어 이와 별도로 일반 부당이득반환청구를 하거나 그 부분의 원시적 불능을 이유로 민법 제535조가 규정하는 계약체결상의 과실에 따른 책임의 이행을 구할 수 없다(99다47396).

③ 계약교섭단계에서는 아직 계약이 성립된 것이 아니므로 당사자 중 일방이 계약의 이행행위를 준비하거나 이를 착수하는 것은 이례적이라고 할 것이므로 설령 이행행위에 착수하였다고 하더라도 이는 자기의 위험판단과 책임에 의한 것이라고 평가할 수 있지만 만일 이행의 착수가 상대방의 적극적인 요구에 따른 것이고, 바로 이와 같은 이행에 들인 비용의 지급에 관하여 이미 계약교섭이 진행되고 있었다는 등의 특별한 사정이 있는 경우에는 당사자 중 일방이 계약의 성립을 기대하고 이행을 위하여 지출한 비용 상당의 손해가 상당인과관계 있는 손해에 해당한다(2002다32301).

제4절 계약의 효력

1 서설

1. 계약의 효력 일반

(1) 계약의 성립요건과 효력요건

① **계약의 성립요건**: 계약이 성립하기 위해서는 당사자, 목적, 의사표시 그리고 청약과 승낙의 의사표시의 합치가 있으면 된다.

② **계약의 효력요건**: 계약도 법률행위이므로 그 효력을 발생하기 위해서는 일반적 효력요건과 특별효력요건을 갖추어야 한다.

(2) 계약의 효력에 관한 민법 규정

민법은 계약의 효력으로 동시이행의 항변권(제536조), 위험부담(제537조, 제538조), 제3자를 위한 계약(제539조 내지 제542조)을 규정하고 있다. 동시이행의 항변권과 위험부담은 쌍무계약의 특유한 효력이다.

2. 쌍무계약의 효력

쌍무계약이란 양 당사자의 쌍방이 서로 대가적 의미의 채무를 부담하는 계약을 말한다. 따라서 쌍무계약상에 있어서 양 당사자의 채무는 그 가치에 있어서 서로 대립적·교환적·대가적으로 균형이 잡힐 것이 요구되고, 서로 분리할 수 없는 연관성을 갖는데 이를 양 채무의 '견련성(牽聯性)'이라 한다.

① **성립상의 견련성**: 쌍무계약에서 발생한 일방의 채무가 성립하여야만 타방의 채무도 성립하고, 일방의 채무가 무효·취소된 경우에는 타방의 채무도 성립하지 않는다는 것을 말한다.

② **이행상의 견련성**: 쌍무계약의 각 채무의 이행에 있어 일방의 채무가 이행될 때까지는 타방도 자신의 채무를 이행하지 않아도 좋다는 것을 말한다. 이러한 이행상의 견련성으로부터 '동시이행의 항변권'이 인정된다.

③ **존속상의 견련성**: 쌍무계약의 각 채무가 이행되기 전에 일방의 채무가 채무자의 책임 없는 사유로 인하여 후발적 불능으로 소멸한 경우 상대방 채무의 존속 여부에 관한 문제이다. 이러한 존속상의 견련성으로부터 '위험부담'의 문제가 발생한다.

2 동시이행의 항변권

> **제536조【동시이행의 항변권】** ① 쌍무계약의 당사자 일방은 상대방이 그 채무이행을 제공할 때까지 자기의 채무이행을 거절할 수 있다. 그러나 상대방의 채무가 변제기에 있지 아니하는 때에는 그러하지 아니하다.
> ② 당사자 일방이 상대방에게 먼저 이행하여야 할 경우에 상대방의 이행이 곤란할 현저한 사유가 있는 때에는 전항 본문과 같다.

1. 의의

① 동시이행의 항변권이란 쌍무계약에서 채권자가 자기채무의 이행이나 이행제공을 하지 않고 채무자에게 이행을 청구한 경우 채무자가 자신의 채무의 이행을 거절할 수 있는 권능을 말한다.

② 동시이행의 항변권을 인정하는 이유는 쌍무계약에서 발생하는 대가관계에 있는 채무는 동시에 이행하는 것이 공평하고 또한 신의칙에 부합하기 때문이다. 공평의 원리에 기하여 채무자에게 이행을 거절하는 권능을 인정하는 점에서, 동시이행의 항변권은 유치권(留置權)과 유사하다.

▶ 동시이행의 항변권과 유치권의 비교

구분		유치권	동시이행의 항변권
차이점		• 물권이므로 절대성과 배타성이 있다(對世權). • 그 물건에 관한 일체의 채권의 변제 확보가 목적(채권담보가 핵심)	• 쌍무계약의 효력으로서 인정되는 것이므로 당사자 사이에서만 효력이 있다(對人權). • 쌍무계약상의 채권의 이행을 목적(상대방의 이행확보가 핵심)
		채권의 전부를 변제받을 때까지 유치물 전부에 대해 권리행사 가능	일부를 제공한 경우 미제공부분에 대해서만 권리행사 가능
		채권의 변제를 받을 때까지 권리행사 가능	이행의 제공을 할 때까지 권리행사 가능
		물건의 인도를 거절	일체의 채무의 이행을 거절
		다른 담보를 제공하고 소멸청구 가능	다른 담보를 제공하고 권리행사 저지 불가
공통점		• 양자 모두 공평의 원칙에 입각 • 양자 모두 채권의 변제를 촉구하는 기능을 함(양자는 병존 가능) • 소송에서 문제된 경우 상환이행판결(원고일부승소판결)이 내려짐	

2. 성립요건

(1) 쌍무계약상 대가적(對價的) 의미의 채무가 존재할 것

① 동시이행의 항변권은 원칙적으로 동일한 쌍무계약의 당사자 사이에서 인정된다.

② **대가적 채무의 변경과 동시이행관계의 인정**

   ㉠ **채권양도 등**: 채권양도·채무인수·상속 등으로 당사자가 변경되는 경우라 하더라도 채권·채무의 동일성이 유지되는 한 동시이행의 항변권은 존속한다.

   ㉡ **이행불능으로 인한 손해배상**: 당사자 일방의 채무가 이행불능 기타의 원인으로 소멸한 때 동시이행의 항변권도 소멸하는 것이 원칙이지만, 본래의 채무가 손해배상채무로 성질이 변경되었다면 동일성이 유지되므로 동시이행의 항변권은 존속된다(97다30066).

③ 쌍방의 채무가 대가적 의미를 갖지 않는다면 동시이행관계가 아니다.

   ㉠ 쌍방이 서로 채무를 부담하여도 별개의 원인에 의해 생긴 경우이거나 동일한 쌍무계약에 의해 생겼더라도 대가적 의미를 갖지 않을 때에는 동시이행의 항변권은 성립하지 않는다(88다카10753). 다만, 쌍무계약상 대가적 의미의 채무가 아닌 상호간의 다수의 채권관계의 경우에도 쌍방 합의로서 동시에 이행하기로 약정할 수 있다.

   ㉡ **부수적 채무불이행과 동시이행의 항변권 부정**(73다584)

   ⓐ 견련성은 주된 급부의무 사이에서만 문제되고, 부수적 의무의 불이행에 대해서는 원칙적으로 동시이행의 항변권이 인정되지 않는다.

   ⓑ 다만, 부수적 의무라도 내용에 따라서는 그것이 계약의 중요한 전제조건으로 제시되었다는 등의 특별한 사정이 있는 경우에는 동시이행관계를 인정한다.

   ㉢ **경개의 경우 동시이행의 항변권 부정**: 경개의 경우에는 채권·채무의 동일성이 유지되지 않으므로 동시이행관계에 있던 쌍무계약상의 채권이 경개로 변경된 경우 동시이행의 항변권은 소멸한다.

> **판례** 동시이행의 항변권
>
> ① 동시이행의 항변권은 공평의 관념과 신의칙에 입각하여 각 당사자가 부담하는 채무가 서로 대가적 의미를 가지고 관련되어 있을 때 그 이행에 있어서 견련관계를 인정하여 당사자 일방은 상대방이 채무를 이행하거나 이행의 제공을 하지 아니한 채 당사자 일방의 채무의 이행을 청구할 때에는 자기의 채무이행을 거절할 수 있도록 하는 제도인바, 이러한 제도의 취지에서 볼 때 당사자가 부담하는 각 채무가 쌍무계약에 있어 고유의 대가관계가 있는 채무가 아니라고 하더라도 구체적인 계약관계에서 각 당사자가 부담하는 채무에 관한 약정내용에 따라 그것이 대가적 의미가 있어 이행상의 견련관계를 인정하여야 할 사정이 있는 경우에는 동시이행의 항변권을 인정할 수 있다(91다30927).
>
> ② 계약상의 의무 가운데 주된 채무와 부수적 채무를 구별함에 있어서는 급부의 독립된 가치와는 관계없이 계약을 체결할 때 표명되었거나 그 당시 상황으로 보아 분명하게 객관적으로 나타난 당사자의 합리적 의사에 의하여 결정하되, 계약의 내용·목적·불이행의 결과 등의 여러 사정을 고려하여야 한다(2005다53705).

(2) 상대방(쌍방)의 채무가 변제기에 있을 것

① 상대방의 채무는 아직 변제기에 있지 않고 자기의 채무만이 변제기에 있는 당사자는 동시이행의 항변권이 없다(제536조 제1항 단서). 당사자의 일방이 법률의 규정에 의하여(제633조 차임지급의무, 제665조 수급인의 보수청구권, 제686조 수임인의 보수청구권) 또는 특약으로 상대방보다 먼저 이행할 의무(선이행의무)를 부담하는 때에는 그 자는 이 항변권을 갖지 않는다.

② 선이행의무자가 동시이행의 항변권을 행사할 수 있는 경우

㉠ 불안의 항변권

ⓐ 당사자 일방이 선이행의무를 지는 경우라도 상대방의 재산상태의 악화 등과 같이 '상대방의 이행이 곤란할 현저한 사유'가 있는 때에는 선이행의무자에게 동시이행의 항변권이 인정된다.

ⓑ 매매부동산에 세금체납으로 인하여 압류등기가 되어 있음을 이유로 한 매수인의 중도금 또는 잔대금 지급거절은 채무불이행에 해당하지 않는다.

㉡ 선이행의무를 지체하던 중 상대방 채무의 이행기가 도래한 경우

ⓐ 동시이행의 항변권의 요건으로서의 상대방 채무의 변제기 도래는 동시이행의 항변권을 행사할 때 상대방의 채무가 변제기에 있어야 한다는 의미일 뿐 처음부터 변제기가 같아야 한다는 것을 의미하지는 않는다.

ⓑ 따라서 선이행의무를 이행하지 않고 있는 동안 상대방 채무의 변제기가 도래한 경우 이행을 지체한 선이행의무자도 상대방의 청구에 대하여 동시이행의 항변권을 행사할 수 있다.

> **판례** 선이행의무자의 동시이행의 항변권
>
> ① 불안의 항변권에서 상대방의 이행이 곤란한 현저한 사유가 있는 경우란 채무자의 신용불안이나 재산상태의 악화 등의 사정으로 반대급부를 이행받을 수 없는 사정변경이 생기고 이로 인하여 당초의 계약내용에 따른 선이행의무를 이행하게 하는 것이 공평과 신의칙에 반하게 되는 경우를 말하는 것이다(90다카24335).
> ② 선이행의무자도 동시이행의 항변권을 행사할 수 있다는 것이 통설·판례이다. 예컨대 부동산매수인이 중도금을 지급하지 않고 있던 중 매도인의 소유권이전등기 소요서류의 제공 없이 잔대금지급기일이 도래한 경우에 중도금[잔대금 포함. 나아가 중도금지급기일 다음 날부터 잔대금지급기일까지의 지연손해금도 포함한다(90다19930)] 지급의무와 소유권이전등기 소요서류의 제공의무 사이에서도 동시이행의 항변권이 인정된다(97다54604). 따라서 그때부터는 매수인은 중도금을 지급하지 아니한 데 대한 이행지체책임을 지지 아니한다(2000다577).

(3) 상대방이 자기의 채무이행 또는 그 제공을 하지 않고서 이행을 청구할 것

① 상대방이 '채무의 내용에 좇은(완전한)' 이행 또는 이행의 제공을 하면서 이행을 청구한 경우에는 동시이행의 항변권이 인정되지 않는다.

② 상대방이 일부이행 또는 불완전이행을 한 경우에는 원칙적으로 이행하지 않은 부분 또는 불완전한 부분에 해당하는 채무의 이행에 대해서만 동시이행의 항변권을 행사할 수 있다.

> **판례** 동시이행의 항변권 행사범위
>
> ① 임대차계약에 있어서 목적물을 사용·수익하게 할 임대인의 의무와 임차인의 차임지급의무는 상호 대응관계에 있으므로 임대인이 목적물에 대한 수선의무를 불이행하여 임차인이 목적물을 전혀 사용할 수 없을 경우에는 임차인은 차임 전부의 지급을 거절할 수 있으나, 수선의무불이행으로 인하여 부분적으로 지장이 있는 상태에서 그 사용·수익이 가능할 경우에는 그 지장이 있는 한도 내에서만 차임의 지급을 거절할 수 있을 뿐 그 전부의 지급을 거절할 수 없으므로 그 한도를 넘는 차임의 지급거절은 채무불이행이 된다(88다카13332·13349).
> ② 쌍무계약인 매매계약에서 매수인이 선이행의무인 분양잔대금지급의무를 이행하지 않고 있는 사이에 매도인의 소유권이전등기의무의 이행기가 도과한 경우, 분양잔대금지급채무를 여전히 선이행하기로 약정하는 등 특별한 사정이 없는 한 매도인과 매수인 쌍방의 의무는 동시이행관계에 놓이게 된다(2001다27784).

(4) 수령지체에 빠진 자의 동시이행의 항변권

① 쌍무계약의 당사자 일방이 한 번 현실의 이행을 제공함으로써 **수령지체**에 빠진 당사자도 그 후에 상대방이 이행의 제공을 계속하지 않는 한 여전히 동시이행의 항변권을 행사할 수 있다.

② 일시적으로 당사자 일방의 의무의 이행제공이 있었으나 곧 그 이행의 제공이 중지되어 더 이상 그 제공이 계속되지 아니하는 기간 동안에는 상대방의 의무가 이행지체 상태에 빠졌다고 할 수는 없다고 할 것이고, 따라서 그 이행의 제공이 중지된 이후에 상대방의 의무가 이행지체되었음을 전제로 하는 손해배상청구도 할 수 없는 것이다(94다26646).

> **판례** 동시이행관계
>
> ① 쌍무계약의 당사자 일방이 먼저 한 번 현실의 제공을 하고 상대방을 수령지체에 빠지게 하였다 하더라도 그 이행의 제공이 계속되지 않는 경우는 과거에 이행의 제공이 있었다는 사실만으로 상대방이 가지는 동시이행의 항변권이 소멸하는 것은 아니다. 따라서 일시적으로 당사자 일방의 의무의 이행제공이 있었으나 곧 그 이행의 제공이 중지되어 더 이상 그 제공이 계속되지 아니하는 기간 동안에는 상대방의 의무가 이행지체 상태에 빠졌다고 할 수는 없으므로 그 이행의 제공이 중지된 이후에 상대방의 의무가 이행지체되었음을 전제로 하는 손해배상청구도 할 수 없다(98다13754).
> ② 부동산매매계약에서 매도인의 소유권이전등기절차 이행채무와 매수인의 매매잔대금 지급채무가 동시이행관계에 있는 한 쌍방이 이행을 제공하지 않는 상태에서는 이행지체로 되는 일이 없을 것이다(2012다83827).
> ③ 동시이행관계에 있는 채무의 이행지체를 이유로 계약을 해제하기 위해서는 먼저 자기 채무의 이행의 제공을 하여 상대방을 이행지체에 빠뜨린 후 상당기간 동안 '이행의 제공을 계속적으로 하여야(이행에 필요한 상태를 유지하는 것을 말함)' 해제권이 발생하게 된다(85다카2197).

3. 동시이행항변권의 효력

(1) 연기적 항변권 – 이행거절권능

① 채무자는 상대방이 채무를 이행하거나 또는 이행의 제공을 할 때까지 자기채무의 이행을 거절할 수 있다. 따라서 항변권자의 채무를 소멸시키는 것은 아니다.
② 동시이행항변권의 행사는 상대방으로부터 청구를 받은 때 행사하면 된다.
③ 채무자가 자기 채무의 이행을 거절하기 위해서는 동시이행의 항변권을 주장하는 경우에 효력이 발생한다.

(2) 동시이행항변권의 존재의 효과 – 이행지체 저지효

① 동시이행의 항변권은 그 존재만으로도 이행지체가 성립하지 않는다.
② 쌍무계약에서 쌍방의 채무가 동시이행관계에 있는 경우 일방의 채무의 이행기가 도래하더라도 상대방 채무의 이행제공이 있을 때까지는 그 채무를 이행하지 않아도 이행지체의 책임을 지지 않는 것이다.
③ 이러한 이행지체 저지의 효과는 이행지체의 책임이 없다고 주장하는 자가 반드시 동시이행의 항변권을 행사하여야만 발생하는 것은 아니다(2001다3764).

(3) 동시이행항변권의 행사(주장)의 효과 – 재판상 행사의 효과

① 법원은 항변권자의 원용이 없는 한 항변권의 존재를 직권으로 고려하지 못한다(2005다53187).
② 원고(채권자)의 이행청구소송에 대해 피고(채무자)가 동시이행의 항변권을 원용한 경우 법원은 상환이행판결(상환급부판결, 원고일부승소판결, 원고일부승소·일부패소판결)을 한다.

(4) 상계금지효

① 동시이행의 항변권이 붙은 채권을 자동채권으로 하여 상계할 수 없다.
② 동시이행의 항변권이 붙은 채권을 자동채권으로 하여 상계하도록 한다면 상계자의 일방적 의사표시에 의하여 상대방이 가지는 항변권을 부당하게 상실시키는 결과가 되기 때문이다.
③ 다만, 동시이행의 항변권이 붙은 채권을 수동채권으로 상계하는 것은 무방하다.

(5) 소멸시효의 진행

① 동시이행의 항변권이 붙은 채권도 그 이행기가 도래하면 소멸시효가 진행한다.
② 즉, 매도인의 매매대금청구권과 매수인의 소유권이전등기청구권이 서로 동시이행관계에 놓여 있다 하더라도 특별한 사정이 없는 한 그 이행기가 되면 각각의 청구권은 소멸시효가 진행된다.

> **판례** 동시이행의 항변권 행사
>
> ① 동시이행의 항변권은 당사자가 이를 원용하여야 그 인정 여부에 대하여 심리할 수 있는 것이다(2005다53187).
> ② 매수인이 매도인을 상대로 매매목적 부동산 중 일부에 대해서만 소유권이전등기의무의 이행을 구하고 있는 경우, 매도인은 매매잔대금 전부에 대하여 동시이행의 항변권을 행사할 수 있다(2005다53187).
> ③ 동시이행관계에 있는 쌍무계약상 자기채무의 이행을 제공하는 경우 그 채무를 이행함에 있어 상대방의 행위를 필요로 할 때에는 언제든지 현실로 이행을 할 수 있는 준비를 완료하고 그 뜻을 상대방에게 통지하여 그 수령을 최고하여야만 상대방으로 하여금 이행지체에 빠지게 할 수 있는 것이다(2001다3764).

3 동시이행항변권의 확장

1. 의의

① 동시이행의 항변권은 쌍무계약에서의 채무이행의 공평성을 위하여 인정되는 것이다.
② 따라서 동일한 배려를 요하는 경우에는 양 채무가 쌍무계약에서 생긴 것이 아니더라도 쌍방이 부담하는 채무 사이에 대가적인 의미가 있어 이행상의 견련관계를 인정하여야 할 사정이 있는 경우 이를 인정하여야 한다.

2. 법률규정에 의해 동시이행관계가 인정되는 경우

① 전세권이 소멸한 경우에 있어서 전세권자의 목적물인도 및 전세권설정등기의 말소에 필요한 서류의 교부의무와 전세권설정자의 전세금반환의무(제317조)
② 계약해제에 있어서 각 당사자의 **원상회복**의무(제549조)
③ 부담부 증여에 있어서 증여자의 재산권이전의무와 수증자의 부담이행의무(제561조)
④ 매매에 있어서 매도인의 재산권이전의무와 매수인의 대금지급의무(제568조 제2항)
⑤ 매도인의 담보책임과 매수인의 반환의무(제583조)
⑥ 도급에 있어서 수급인의 목적물인도의무 및 하자보수의무와 도급인의 보수지급의무(제665조, 제667조)
⑦ 종신정기금의 계약의 해제에 따른 쌍방의 원본반환채무(제728조)
⑧ 가등기담보에 있어서 청산금지급채무와 목적물인도 및 등기의무(가등기담보 등에 관한 법률 제4조 제3항)
⑨ 「주택임대차보호법」상 임차주택의 매매 또는 경매의 경우 주택인도의무와 보증금반환의무(주택임대차보호법 제3조 제6항)

3. 판례 및 해석상 동시이행관계가 인정되는 경우

① 임대차계약이 종료된 경우 임차인의 목적물인도의무와 임대인의 보증금반환의무(77다1241 전합)
② 채무의 변제와 영수증 교부(2003다22042)
③ 쌍무계약이 무효로 된 경우, 양 당사자의 취득물반환의무(95다54693) 및 매매계약의 취소에 따른 원상회복의무(2001다3764)
④ 채무의 이행확보를 위하여 어음이나 수표를 발행한 경우 채무의 이행과 어음·수표의 반환(92다8712)
⑤ 매수인이 양도소득세를 부담하기로 한 경우에 매도인의 소유권이전등기의무와 매수인의 양도소득세 제공의무(92다56490)
⑥ 토지임대차에 있어서 토지임차인이 지상물매수청구권을 행사한 경우 토지임차인의 지상물이전의무와 토지임대인의 매매대금지급의무(91다3260)
⑦ 가압류가 된 부동산의 매매계약에서 매도인의 가압류등기말소 및 소유권이전등기의무와 매수인의 대금지급의무(2000다8533)
⑧ 경매절차가 무효로 된 경우에도 동일한 법리로서 경락인의 소유권이전등기 말소의무와 목적물소유자의 배당금반환의무는 동시이행관계에 있다(94다55071).
⑨ 구분소유적 공유관계가 해소되는 경우 쌍방의 지분소유권이전등기의무와 아울러 공유지분에 경료된 근저당권설정등기 등의 말소의무(2004다32992)

4. 동시이행관계가 아닌 경우

① 피담보채권의 변제와 담보등기(저당권, 가등기담보권·양도담보권 등)의 말소는 동시이행관계가 아니다. ⇨ 피담보채권의 변제가 선이행의무이다(69다1173·84다카781).
② 채무변제와 채권증서의 반환은 동시이행관계가 아니다. ⇨ 채무자가 채무 전부를 변제한 후 채권증서의 반환을 청구할 수 있으나 동시이행관계는 아니다(2003다22042).
③ 토지거래허가신청절차 협력의무와 매수인의 대금지급의무는 동시이행관계가 아니다. ⇨ 허가신청절차 협력의무가 선이행의무이다.
④ 임차권등기명령에 의한 임차권등기가 경료된 경우, 임대인의 임대차보증금의 반환의무와 임차권등기의 말소의무는 동시이행관계가 아니고 임대인의 임대차보증금 반환의무가 선이행의무(2005다4529)이다. 그러나 이 경우에도 임대차목적물의 반환과 임차보증금의 반환은 동시이행관계에 있다.
⑤ 근저당권 실행을 위한 경매가 무효가 된 경우, 낙찰자의 채무자에 대한 소유권이전등기 말소의무와 근저당권자의 낙찰자에 대한 배당금반환의무는 동시이행관계가 아니다(2006다24049).

> **판례** 동시이행관계가 아닌 경우

① 채무자가 채무 전부를 변제한 때에는 채권자에게 채권증서의 반환을 청구할 수 있으며, 제3자가 변제를 하는 경우에는 제3자도 채권증서의 반환을 구할 수 있으나(제475조 참조), 이러한 채권증서 반환청구권은 채권 전부를 변제한 경우에 인정되는 것이고, 영수증 교부의무와는 달리 변제와 동시이행관계가 아니다(2003다22042).

② 경매절차가 무효로 된 경우에도 동일한 법리로서 경락인의 소유권이전등기 말소의무와 목적물소유자의 배당금반환의무는 동시이행관계에 있다(94다55071). ⇨ 〈비교판례〉 근저당권 실행을 위한 경매가 무효로 되어 채권자(= 근저당권자)가 채무자를 대위하여 낙찰자에 대한 소유권이전등기 말소청구권을 행사하는 경우, 낙찰자가 부담하는 소유권이전등기 말소의무는 채무자에 대한 것인 반면, 낙찰자의 배당금반환청구권은 실제 배당금을 수령한 채권자(=근저당권자)에 대한 채권인바, 채권자(= 근저당권자)가 낙찰자에 대하여 부담하는 배당금반환채무와 낙찰자가 채무자에 대하여 부담하는 소유권이전등기 말소의무는 서로 이행의 상대방을 달리하는 것으로서, 채권자(= 근저당권자)의 배당금반환채무가 동시이행의 항변권이 부착된 채 채무자로부터 승계된 채무도 아니므로, 위 두 채무는 동시에 이행되어야 할 관계에 있지 아니하다(2006다24049).

③ 「주택임대차보호법」 제3조의3 규정에 의한 임차권등기는 이미 임대차계약이 종료하였음에도 임대인이 그 보증금을 반환하지 않는 상태에서 경료되게 되므로, 이미 사실상 이행지체에 빠진 임대인의 임대차보증금의 반환의무와 그에 대응하는 임차인의 권리를 보전하기 위하여 새로이 경료하는 임차권등기에 대한 임차인의 말소의무를 동시이행관계에 있는 것으로 해석할 것은 아니고, 특히 위 임차권등기는 임차인으로 하여금 기왕의 대항력이나 우선변제권을 유지하도록 해 주는 담보적 기능만을 주목적으로 하는 점 등에 비추어 볼 때, 임대인의 임대차보증금의 반환의무가 임차인의 임차권등기 말소의무보다 먼저 이행되어야 할 의무이다(2005다4529).

> **개념적용 문제**
>
> **동시이행의 관계에 있는 것을 모두 고른 것은? (다툼이 있으면 판례에 따름)** 제23회 기출
>
> > ㉠ 가압류등기가 있는 부동산매매에서 매도인의 소유권이전등기의무 및 가압류등기의 말소의무와 매수인의 대금지급의무
> > ㉡ 주택임대인과 임차인 사이의 임대차보증금반환의무와 임차권등기명령에 의해 마쳐진 임차권등기의 말소의무
> > ㉢ 채권담보의 목적으로 마쳐진 가등기의 말소의무와 피담보채무의 변제의무
>
> ① ㉠
> ② ㉢
> ③ ㉠, ㉡
> ④ ㉡, ㉢
> ⑤ ㉠, ㉡, ㉢
>
> **해설** ㉠ 가압류등기가 있는 부동산매매에서 매도인의 소유권이전등기의무 및 가압류등기의 말소의무와 매수인의 대금지급의무(2000다8533)는 동시이행 관계에 있다.
> ㉡ 주택임대인과 임차인 사이의 임대차보증금반환의무와 임차권등기명령에 의해 마쳐진 임차권등기의 말소의무(2005다4529)는 동시이행 관계가 아니다.
> ㉢ 채권담보의 목적으로 마쳐진 가등기의 말소의무와 피담보채무의 변제의무(84다카781)는 동시이행 관계가 아니다.
>
> **정답** ①

4 위험부담

1. 의의

위험부담이란 쌍무계약에 기한 당사자 일방의 채무가 채무자의 귀책사유 없이 후발적 불능으로 소멸한 경우 그에 대응하는 상대방의 채무(반대급부의 의무)가 존속하는지 여부에 관한 문제이다.

2. 위험부담에 관한 입법주의

(1) 채무자위험부담주의

채무자위험부담주의란 쌍무계약에서 두 채무는 견련관계에 있으므로 일방의 채무가 채무자의 책임 없는 사유로 소멸한 경우 이에 대응하는 타방의 채무도 소멸하게 함으로써 대가의 위험을 채무자가 부담하도록 하는 입법주의를 말한다.

(2) 우리 민법의 태도

① 민법은 원칙적으로 채무자가 위험을 부담하는 것으로 하고 있다(제537조). 다만, 일정한 경우에 예외를 인정하고 있다(제538조).
② 위험부담에 관한 제537조와 제538조는 임의규정이므로 당사자의 특약으로 달리 정할 수 있다.

3. 채무자위험부담주의의 원칙

> **제537조【채무자위험부담주의】** 쌍무계약의 당사자 일방의 채무가 당사자 쌍방의 책임 없는 사유로 이행할 수 없게 된 때에는 채무자는 상대방의 이행을 청구하지 못한다.

(1) 요건

① **쌍무계약일 것**: 위험부담은 쌍무계약에서 문제되는 것이므로 양 당사자의 채무가 이행상의 견련성이 있어야 한다.
② **후발적 불능일 것**: 위험부담은 쌍무계약의 일방의 채무가 후발적으로 불능하게 된 때에 문제가 된다. 원시적 불능의 경우에는 성립상의 견련성의 문제로 처리되기 때문에 위험부담의 문제가 생기지 않는다. 또한 종류채권에서는 그 특정이 있기 전에는 불능이 생길 수 없어 위험부담도 발생하지 않는다.
③ **불능의 원인이 채권자·채무자 쌍방의 책임 없는 사유일 것**
 ㉠ 불능의 원인된 사유는 자연력이든(예 낙뢰·지진·홍수 등에 의하여 목적물이 멸실한 경우) 사람의 행위이든(예 제3자의 실화에 의하여 목적물이 멸실된 경우) 이를 묻지 않는다.
 ㉡ 채무자의 책임 있는 사유로 이행할 수 없게 된 경우에는 채무불이행(제390조)의 문제로 다루어진다.

(2) 효과

① 채무자는 자신의 채무를 면하나, 동시에 채권자에 대한 반대급부청구권을 잃는다(제537조). 만일 채무자가 이미 채무를 이행하였다면 반대급부의 소멸로 인한 채권자의 부당이득을 이유로 급부한 것의 반환을 청구할 수 있다(제741조).
② **대상청구권**(代償請求權)**의 인정**: 채무자의 책임 없는 사유로 이행불능으로 된 경우라도 채무자가 그 이행불능으로 인하여 목적물에 갈음하는 대상(代償)물이나 손해배상청구권을 취득한 때에는 채권자는 계약의 존속을 주장하여 자신의 반대급부를 이행하고 대상청구권을 행사할 수도 있다.

③ **급부의 일부가 불능인 경우**
  ㉠ 매매계약이 성립한 후 매매목적물의 일부가 매도인의 책임 없는 사유로 멸실(후발적 일부불능)한 때에도 담보책임이 아닌 위험부담의 법리가 적용된다(이에 반하여 원시적 일부불능의 경우에는 제574조에 의하여 담보책임이 인정된다).
  ㉡ 따라서 채무자는 그 부분에 상응하는 만큼 반대급부청구권을 잃지만, 그 일부불능으로 인해 계약의 목적을 달성할 수 없는 때에는 전부불능과 마찬가지로 다루어 반대급부청구권 전부가 소멸한다(통설).
  ㉢ 예를 들면, 임대차에 있어서 임차물의 일부가 임차인의 과실 없이 멸실 기타 사유로 인하여 사용·수익할 수 없는 때에는 그 부분의 비율에 의한 차임이 당연히 감액되는 것이 아니라 임차인이 차임감액청구권을 행사하여야 감액의 효과가 발생한다(제627조 제1항).

(3) 위험부담의 이전
① **부동산매매의 경우**: 소유권이전등기를 한 때를 기준으로 위험은 매수인에게 이전된다. 따라서 등기 이후에 생긴 불이익(토지수용, 건물의 멸실 등)은 매수인의 부담으로 된다. 등기를 하기 전에 미리 인도를 한 경우에도 위험은 매수인에게 이전한다(다수설).
② **동산의 경우**: 급부목적물이 동산인 경우에는 인도 시에 위험부담이 채권자에게 이전된다.

4. 채권자 귀책사유 또는 채권자의 수령지체 중의 이행불능

> **제538조【채권자 귀책사유로 인한 이행불능】** ① 쌍무계약의 당사자 일방의 채무가 채권자의 책임 있는 사유로 이행할 수 없게 된 때에는 채무자는 상대방의 이행을 청구할 수 있다. 채권자의 수령지체 중에 당사자 쌍방의 책임 없는 사유로 이행할 수 없게 된 때에도 같다.
> ② 전항의 경우에 채무자는 자기의 채무를 면함으로써 이익을 얻은 때에는 이를 채권자에게 상환하여야 한다.

(1) 채무자위험부담주의 원칙에 대한 예외(채권자의 위험부담)
① 이행불능이 채권자의 책임 있는 사유로 생긴 때에는 채권자위험부담주의를 취하여 채무자의 반대급부청구권이 소멸하지 않는다(제538조). 즉, 채무자는 반대급부를 청구할 수 있다(제538조 제1항 전단).
② 채권자의 수령지체 중 당사자 쌍방의 책임 없는 사유로 이행할 수 없게 된 때에도 채권자위험부담주의가 적용되고, 채무자는 반대급부를 청구할 수 있다(제538조 제1항 후단).
③ 채권자지체 중에는 채무자는 고의 또는 중대한 과실이 없으면 채무불이행으로 인한 모든 책임을 면하므로(제401조), 채권자지체 중 채무자의 경과실로 이행할 수 없게 된 경우에도 채권자가 위험을 부담하게 된다(다수설).

(2) 효과

① 채무자는 자기 채무를 면하고 채권자에게 반대급부를 청구할 수 있다. 따라서 채권자는 자신의 반대급부를 이행하여야 한다.

② 채무자가 자기의 채무를 면함으로써 이익을 얻은 때에는 이를 채권자에게 상환하여야 한다(제538조 제2항).

③ 예를 들면, 매매계약에서 물건인도의무가 매수인의 귀책사유로 또는 채권자지체 중에 불능이 된 경우 매도인은 인도의무를 면하는 대신 매매대금은 받을 수 있으나 매도인의 인도에 따른 비용을 절약하게 되었으므로 매매대금에서 그 비용은 공제하여야 한다.

판례 | 이익의 반환범위

① 이익상환의 범위: 사용자의 귀책사유로 인하여 해고된 근로자가 해고기간 중에 다른 직장에서 근무하여 지급받은 임금은 민법 제538조 제2항에 규정된 자기의 채무를 면함으로써 얻은 이익에 해당하므로, 사용자는 근로자에게 해고기간 중의 임금을 지급함에 있어 위와 같은 이익(이른바 중간수입)을 공제할 수 있다. 그러나 근로자가 지급받을 수 있는 임금액 중「근로기준법」제38조 소정의 휴업수당의 범위 내의 금액은 중간수입으로 공제할 수 없고 휴업수당을 초과하는 금액만을 중간수입으로 공제하여야 한다(93다37915).

② 사용자의 부당한 해고처분이 무효이거나 취소된 때에는 근로자가 그간 근로의 제공을 하지 못한 것은 사용자의 귀책사유로 인한 것이므로, 근로자는 민법 제538조 제1항에 의하여 계속 근로하였을 경우에 받을 수 있는 임금 전부의 지급을 청구할 수 있다(81다626).

③ 사용자의 근로자에 대한 해고가 무효인 경우 근로자는 민법 제538조 제1항에 의하여 그 기간 중에 근로제공을 하였을 경우에 받을 수 있는 반대급부인 임금의 지급을 청구할 수 있지만, 해고기간 중 근로자가 징역형의 선고를 받아 상당기간 구속된 경우 해고가 무효이더라도 구속기간 동안에는 근로자가 근로제공을 할 수 없는 처지이므로 구속기간 동안의 임금을 청구할 수는 없다(94다40987).

> **개념적용 문제**
>
> 甲은 그 소유의 X주택을 乙에게 매도하기로 약정하였는데, 인도와 소유권이전등기를 마치기 전에 X주택이 소실되었다. 이에 관한 설명으로 옳지 않은 것은? (다툼이 있으면 판례에 따름)
>
> 제24회 기출
>
> ① X주택이 불가항력으로 소실된 경우, 甲은 乙에게 대금지급을 청구할 수 없다.
> ② X주택이 甲의 과실로 소실된 경우, 乙은 甲에게 이행불능에 따른 손해배상을 청구할 수 있다.
> ③ X주택이 乙의 과실로 소실된 경우, 甲은 乙에게 대금지급을 청구할 수 있다.
> ④ 乙의 수령지체 중에 X주택이 甲과 乙에게 책임 없는 사유로 소실된 경우, 甲은 乙에게 대금지급을 청구할 수 없다.
> ⑤ 乙은 이미 대금을 지급하였는데 X주택이 불가항력으로 소실된 경우, 乙은 甲에게 부당이득을 이유로 대금의 반환을 청구할 수 있다.
>
> **해설** 채권자 乙의 수령지체 중에 X주택이 甲과 乙에게 책임 없는 사유로 소실된 경우, 甲은 乙에게 대금지급을 청구할 수 있다. 다만, 甲은 자신의 채무를 면함에 따라 얻은 이익을 乙에게 반환하여야 한다.
>
> **정답** ④

5 제3자를 위한 계약

1. 서설

(1) 의의

① 제3자를 위한 계약이란 계약당사자 이외의 제3자에게 직접 권리를 취득시키는 계약을 말한다. 계약은 일반적으로 그 효력을 당사자 사이에서만 발생시킬 의사로 체결되지만, 제3자를 위한 계약은 당사자가 자기들 명의로 체결한 계약으로 제3자로 하여금 직접 계약당사자의 일방에 대하여 권리를 취득하게 하는 것을 목적으로 하는 계약이다(2018다204992).
② 구체적으로 보면 甲이 자신의 건물을 乙에게 매도하면서 乙로 하여금 직접 丙에게 매매대금을 지급하게 하여 丙에게 매매대금청구권을 취득하도록 약속하는 경우가 이에 해당한다. 이 경우 甲은 요약자(채무부담약속을 요청하는 자), 乙은 낙약자(채무부담약속을 수락하는 자, 채무자), 丙은 수익자(제3자)라고 한다.

(2) 제3자를 위한 계약의 법률관계(3면 관계)

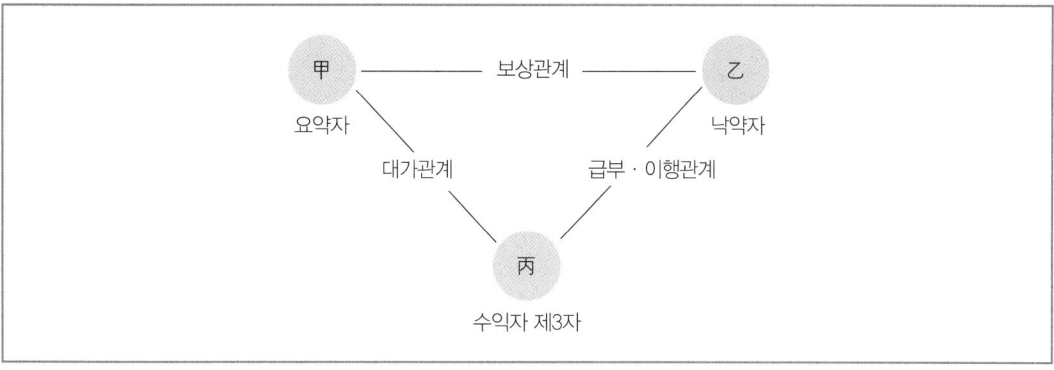

① **보상관계**(기본관계)
   ㉠ 낙약자는 제3자에 대하여 직접 급부하여야 할 채무를 부담하게 되는데, 이는 요약자와 낙약자 사이에 원인관계가 있기 때문이며, 이 원인관계를 보상관계(補償關係)라고 한다. 즉, 낙약자가 제3자에게 급부함으로써 입게 되는 재산상의 손실은 요약자와의 사이에 있는 원인관계에 의하여 보상된다는 의미이다.
   ㉡ 낙약자는 보상관계를 원인으로 하여 제3자를 위한 계약을 하는 것이므로 보상관계는 제3자를 위한 계약의 내용을 이루고 있으며 그 흠결(欠缺)이나 하자(瑕疵)는 계약의 효력에 영향을 미치고, 낙약자는 보상관계에서 생기는 항변권으로써 제3자에게 대항할 수 있다.
② **급부관계**(이행관계): 급부관계란 낙약자와 수익자 사이의 관계를 말한다. 낙약자와 수익자 사이에는 직접적인 계약관계가 존재하는 것은 아니다. 수익자는 낙약자에 대하여 수익의 의사표시를 하여야 하며, 그때 비로소 수익자의 권리는 확정된다.
③ **대가관계**
   ㉠ 요약자가 제3자에게 권리를 취득하게 하는 데에는 일정한 원인관계가 있어야 한다. 이 원인관계를, 요약자가 급부를 받지 못하는 경제적 손실에 대응한다는 의미에서 대가관계(對價關係)라고 한다.
   ㉡ 이 대가관계는 요약자와 제3자 사이의 내부관계에 불과한 것이며, 제3자를 위한 계약 자체와는 아무런 관계가 없으므로 그 흠결이나 하자는 계약의 효력에 영향을 미치지 않는다. 따라서 낙약자는 요약자와 수익자 사이의 법률관계에 기한 항변으로 수익자에게 대항하지 못하고, 요약자도 대가관계의 부존재나 효력의 상실을 이유로 자신이 기본관계에 기하여 낙약자에게 부담하는 채무의 이행을 거부할 수 없다(2003다49771).

> **판례** 제3자를 위한 계약에 있어서 대가관계
>
> 제3자를 위한 계약의 체결원인이 된 요약자와 제3자(수익자) 사이의 법률관계(이른바 대가관계)의 효력은 제3자를 위한 계약 자체는 물론 그에 기한 요약자와 낙약자 사이의 법률관계(이른바 기본관계)의 성립이나 효력에 영향을 미치지 아니하므로, 낙약자는 요약자와 수익자 사이의 법률관계에 기한 항변으로 수익자에게 대항하지 못하고, 요약자도 대가관계의 부존재나 효력의 상실을 이유로 자신이 기본관계에 기하여 낙약자에게 부담하는 채무의 이행을 거부할 수 없다(2003다49771).

2. 제3자를 위한 계약의 성립요건

> 제539조 【제3자를 위한 계약】 ① 계약에 의하여 당사자 일방이 제3자에게 이행할 것을 약정한 때에는 그 제3자는 채무자에게 직접 그 이행을 청구할 수 있다.

(1) 계약의 당사자

① 제3자를 위한 계약의 당사자는 요약자(要約者)와 낙약자(諾約者)이며, 수익자(受益者)는 당사자가 아니다.
② 제3자를 위한 계약은 낙약자와 요약자가 각각 자기의 이름으로 의사표시를 함으로써 성립하며, 요약자가 제3자의 대리인이 되는 것이 아니다.

(2) 제3자 수익약정(제3자 약관)의 존재

① 제3자를 위한 계약은 제3자로 하여금 직접 권리를 취득하게 하는 계약으로서 그 밖의 점에 있어서는 당사자 사이에 효과가 발생하는 보통의 계약과 다를 것이 없다. 또한 제3자를 위한 계약은 그 내용의 일부로서 제3자 약관(제3자로 하여금 권리를 취득하게 하는 데 관한 약정부분)이 따르는 것에 지나지 않으므로 이에 조건이나 기한을 붙여도 무방하다.
② 제3자를 위한 계약에 의하여, 제3자는 직접 낙약자에 대하여 급부를 청구할 수 있는 권리를 취득한다.
  ㉠ 이행의 인수(引受)는 제3자(채권자)를 위한 계약으로서의 성질을 갖지 않는다. 즉, 이행의 인수는 본래 채무에 관계없는 자(인수인)가 변제 기타의 방법으로 채무를 소멸하게 하여 채무자의 책임을 면하게 할 것을 약정하는 계약으로 제3자를 위한 계약이 아니다.
  ㉡ 중첩적 채무인수 또는 병존적(倂存的) 채무인수는 원채무자와 인수인 사이의 계약에 의하는 경우에는 채권자에게 그가 가지는 채권 이외에 새로운 채권을 취득하게 하는 것을 목적으로 하므로 채권자를 제3자로 하는 제3자를 위한 계약이라고 할 수 있다. 그러나 면책적(免責的) 채무인수는 채권자로 하여금 새로운 채권을 취득하게 하는 것이 아니므로 제3자를 위한 계약이라고 할 수 없다.

ⓒ 계약당사자(낙약자)의 제3자에 대한 채권에 관하여 그 채무의 면제를 하는 계약도 제3자를 위한 계약에 준하는 것으로 유효하다(2002다37405).

③ **제3자의 현존·특정 여부**

㉠ 제3자가 될 수 있는 자는 계약당사자 이외의 모든 자연인·법인이며, 또 특정될 수 있을 것이면 계약 당시에 현존·특정되지 않더라도 무방하다(태아·설립 중의 법인)(97다7264).

㉡ 다만, 제3자가 낙약자에게 수익의 의사를 표시할 때에는 현존·특정되어야 한다.

> **판례** 제3자를 위한 계약
>
> ① 이행의 인수는 본래 채무에 관계없는 자(인수인)가 변제 기타의 방법으로 채무를 소멸케 하여 채무자의 책임을 면하게 할 것을 약정하는 계약이며, 그 본질은 인수인이 채무자에 대한 관계에 있어서 채무자를 면책케 하는 채무를 부담하는 데 있고, 채권자로 하여금 직접 인수인에 대한 채권을 취득케 하는 것은 아니므로 제3자인 채권자를 위한 계약이라고 할 수 없다(97다28698).
> ② 병존적 채무인수: 부동산을 매매하면서 매도인과 매수인 사이에 중도금 및 잔금은 매도인의 채권자에게 직접 지급하기로 약정한 경우, 그 약정은 매도인의 채권자로 하여금 매수인에 대하여 그 중도금 및 잔금에 대한 직접청구권을 행사할 권리를 취득케 하는 제3자를 위한 계약에 해당하고 동시에 매수인이 매도인의 그 제3자에 대한 채무를 인수하는 병존적 채무인수에도 해당한다(97다28698).
> ③ 제3자를 위한 계약은 제3자에게 권리를 취득시키는 것을 목적으로 하지만 단순히 권리만을 취득케 하는 것을 필요로 하지 아니하고 제3자에게 대가의 지급 그 밖의 일정한 부담 하에 권리를 취득케 하는 것도 무방하다(65다1620)

3. 당사자간의 권리·의무

(1) 요약자

① 요약자는 계약의 당사자로서 보상관계에 정한 내용에 따라 낙약자에게 계약상의 급부를 이행하여야 한다.

② 요약자는 낙약자에 대하여 제3자에게 채무를 이행할 것을 청구할 권리를 가진다.

③ 보상관계에 취소사유가 존재하면 요약자는 그 계약을 취소할 수 있다.

④ 낙약자의 채무불이행이 있는 경우, 요약자는 제3자의 동의 없이도 계약을 해제할 수 있다(69다1410). 또한 그 채무불이행을 이유로 제3자에게 손해배상을 할 것을 청구할 수 있다. 이때 제3자도 자기에게 손해배상할 것을 낙약자에게 직접 청구할 수 있다.

(2) 낙약자

① 낙약자 역시 계약당사자로서 그 계약으로부터 발생하는 취소권이나 해제·해지권을 취득하고, 제3자의 이행청구가 있으면 이를 이행할 의무를 부담한다.

② 제3자에 대한 최고권

제540조【채무자의 제3자에 대한 최고권(催告權)】 전조의 경우에 채무자는 상당한 기간을 정하여 계약의 이익의 향수 여부의 확답을 제3자에게 최고할 수 있다. 채무자가 그 기간 내에 확답을 받지 못한 때에는 제3자가 계약의 이익을 받을 것을 거절한 것으로 본다.

③ 채무자의 항변권

제542조【채무자의 항변권】 채무자는 제539조의 계약에 기한 항변으로 그 계약의 이익을 받을 제3자에게 대항할 수 있다.

㉠ 여기서의 항변이란 동시이행의 항변권 및 해제권·해지권·취소권 등 계약 자체에 흠결(欠缺)이 발생한 것을 말한다.
㉡ 예를 들면, 보상관계가 쌍무계약인 경우 수익자가 낙약자에게 이행을 청구하면 낙약자는 그가 요약자에 대하여 주장할 수 있는 동시이행의 항변권 등을 이유로 자신의 채무이행을 거절할 수 있다.
㉢ 그러나 수익의 의사표시를 한 제3자에게 이미 급부를 이행한 이후 계약이 무효·취소가 되었다면 낙약자는 제3자에 대하여 그 급부를 부당이득으로서 반환청구할 수는 없다(2010다31860·31877).

(3) 제3자(수익자)

① 제3자를 위한 계약의 당사자는 요약자와 낙약자이고, 제3자는 계약의 당사자가 아니다.
② 여기서 제3자의 권리는 제3자가 낙약자에게 수익의 의사표시를 한 때에 생긴다. 그 수익의 의사표시는 명시적으로뿐만 아니라 묵시적으로도 할 수 있다(2003다45267).
③ 제3자를 위한 계약에서 제3자(수익자)에게 제3자 보호규정이 적용되는지 여부
㉠ 민법의 의사표시규정(제107조 내지 제110조)에서 보호하는 선의의 제3자에 해당되지 않는다. 예를 들면, 요약자가 낙약자에 대하여 사기·강박을 한 경우 낙약자는 언제나 자신의 의사표시를 취소할 수 있고, 설령 수익자(제3자)가 선의이더라도 그 취소로써 수익자에게 대항할 수 있다.
㉡ 제3자를 위한 계약에서도 낙약자와 요약자 사이의 법률관계(기본관계)에 기초하여 수익자가 요약자와 원인관계(대가관계)를 맺음으로써 해제 전에 새로운 이해관계를 갖고 그에 따라 등기, 인도 등을 마쳐 권리를 취득하였다면, 수익자는 민법 제548조 제1항 단서에서 말하는 계약해제의 소급효가 제한되는 제3자에 해당한다고 봄이 타당하다(2018다244976).

4. 제3자의 권리 취득

(1) 수익의 의사표시 이전

① 제3자가 수익의 의사표시를 행하는 시점부터 제3자의 권리는 확정되므로 수익의 의사표시 이전의 제3자는 단순히 계약에 포함되어 있는 자에 불과하다.

② 제3자를 위한 계약이 있는 경우에 수익의 의사표시를 하느냐 않느냐는 제3자의 자유이다. 그러나 그러한 계약이 있으면 제3자는 일방적 의사표시에 의하여 권리취득의 효과를 발생하게 하는 법률상의 지위를 가지게 되므로 아직 수익의 의사표시를 하기 이전에도 제3자는 형성권을 가진다.

　㉠ 이러한 형성권은 특약이 없는 한 10년의 제척기간에 걸린다(다수설).
　㉡ 이 형성권은 재산권의 일종이므로 양도성과 상속성을 가지며, 채권자대위권의 목적이 된다(다수설).

(2) 수익의 의사표시 - 제3자의 권리 취득요건

> **제539조【제3자를 위한 계약】** ① 계약에 의하여 당사자 일방이 제3자에게 이행할 것을 약정한 때에는 그 제3자는 채무자에게 직접 그 이행을 청구할 수 있다.
> ② 전항의 경우에 제3자의 권리는 그 제3자가 채무자에 대하여 계약의 이익을 받을 의사를 표시한 때에 생긴다.
> **제541조【제3자의 권리의 확정】** 제539조의 규정에 의하여 제3자의 권리가 생긴 후에는 당사자는 이를 변경 또는 소멸시키지 못한다.

① 제3자는 채무자(낙약자)에 대하여 계약의 이익을 받을 의사표시를 함으로써 채무자에 대하여 직접 권리를 취득한다(제539조). 이 수익의 의사표시는 제3자를 위한 계약에 있어서의 제3자의 권리발생요건이지 계약의 성립요건은 아니다. 다만, 제3자의 수익의 의사표시는 권리발생의 절대적 요건은 아니다. ⇨ 타인을 위한 보험(상법 제639조), 변제를 위한 공탁(제487조) 등에서는 제3자가 수익의 의사표시 없이 당연히 권리를 취득한다.

② 수익의 의사표시는 채무자(낙약자)를 상대방으로 하여서 하여야 한다(제539조 제2항).
　㉠ 제3자의 권리가 발생한 후에는 계약당사자는 이를 변경 또는 소멸시키지 못한다(제541조). 다만, 제3자가 수익의 의사표시를 함으로써 제3자에게 권리가 확정적으로 귀속된 경우에는 요약자와 낙약자의 합의에 의하여 제3자의 권리를 소멸·변경시킬 수 있음을 미리 유보하였거나, 제3자의 동의가 있는 경우가 아니면 계약의 당사자인 요약자와 낙약자가 제3자의 권리를 변경·소멸시키는 행위를 한 경우 이는 제3자에 대하여 효력이 없다(2001다30285).
　㉡ 또한 당사자가 하자 있는 의사표시를 이유로 계약 자체를 취소하거나, 낙약자의 채무불이행을 이유로 요약자가 계약을 해제한 경우에는 제3자의 권리가 확정된 후라도 예외적으로 변경 또는 소멸시킬 수 있다.

③ 제3자는 계약의 당사자가 아니기 때문에 해제권[낙약자가 채무를 이행하지 않는 경우, 수익자에게는 계약의 해제권이나 해제를 원인으로 한 원상회복청구권도 인정되지 않는다(92다41559)]이나 요약자가 제한능력자이거나 착오 또는 낙약자의 사기·강박 등이 있는 경우에도 취소권을 행사할 수 없다.
④ 법률행위의 상대방의 선의·악의·과실·무과실 등이 문제될 때에는 오로지 요약자만을 기준으로 판단하여야 한다. 예를 들면, 타인의 물건의 매매에 있어서 요약자가 그 물건이 매도인(낙약자)에게 속하지 않음을 알고 있었던 때에는 제3자는 선의이더라도 손해배상을 청구할 수 없다. 그러나 제3자의 권리 확정 후 채무자의 채무불이행으로 제3자에게 손해가 발생한 경우 제3자는 채무자에게 손해배상도 직접 청구할 수 있다.
⑤ 그리고 의사의 흠결이나 사기·강박의 유무에 관하여서도 요약자나 낙약자를 기준으로 판단한다.

> **판례** 제3자(수익자)의 권리
> ① 제3자를 위한 계약의 당사자가 아닌 수익자는 계약의 해제권이나 해제를 원인으로 한 원상회복청구권을 행사할 수 없다(92다41559).
> ② 제3자를 위한 계약에 있어서 수익자는 낙약자에게 직접 그 이행을 청구할 수 있을 뿐만 아니라 요약자가 계약을 해제한 경우에는 낙약자에게 자기가 입은 손해의 배상을 청구할 수 있는 것이므로, 수익자가 완성된 목적물의 하자로 인하여 손해를 입었다면 수급인은 그 손해를 배상할 의무가 있다(92다41559).
> ③ 제3자를 위한 계약에 있어서, 낙약자의 행위 자체가 불법행위가 되거나, 계약 자체가 무효인 경우에는, 제3자는 손해배상의 청구를 할 수 없다(66다674).

⑥ 이러한 수익의 의사표시는 명시적으로뿐만 아니라 묵시적으로도 할 수 있다.
  ○ 수익자가 이행을 청구하거나 이행의 소를 제기한 경우에는 수익의 의사표시가 있는 것으로 해석한다(72다1208).

(3) 제3자가 수익을 거절하는 경우

① 제3자가 수익을 거절하는 경우 낙약자는 요약자에게 대신 급부함으로써 채무의 이행을 완료할 수 있다.
② 그 급부할 것이 절대적으로 수익자에게로 요구되는 경우라면 당사자 쌍방의 귀책사유 없는 후발적 불능으로 취급된다.

제5절 계약의 해제·해지(계약의 소멸)

1 해제

1. 의의

① 해제란 유효하게 성립한 계약에 있어서 당사자 일방의 채무불이행 등이 있는 경우 계약을 소급적으로 소멸시키는 것으로서 계약에만 인정되는 특유한 제도이다.
② 이러한 해제의 의사표시를 할 수 있는 권리를 해제권이라고 하며, 이는 일방적 의사표시로써 계약을 소멸시키는 상대방 있는 단독행위로서 형성권이다(2004다67011).

2. 해제와 구별개념

(1) 해제와 철회

철회는 법률행위의 효력이 발생하기 전에 그 효력을 저지하는 것이고, 해제는 이미 효력이 발생한 계약을 사후적으로 소멸시키는 것이다.

(2) 해제와 취소

① 해제와 취소는 양자가 권리자의 일방적 의사표시에 의하여 법률행위의 효력을 소급적으로 소멸하게 하는 점에서는 동일하다.
② 그러나 취소는 모든 법률행위에서 인정되지만, 해제는 계약에만 인정된다.
③ 취소권은 법률규정에 의해서만 발생하지만, 해제권은 법률의 규정 이외에 당사자의 약정으로도 발생할 수 있다.
④ 해제와 취소는 그 효과로서 반환범위가 다르다. 취소는 민법 제748조의 부당이득반환범위에 따르지만, 해제는 민법 제548조의 원상회복에 따른다.

구분	취소	해제
효력소멸	일방적 의사표시에 의해 법률행위의 효력을 소급적으로 소멸	
적용범위	모든 법률행위에 인정	계약에만 인정
발생원인	법률규정에 의해서만 발생	약정과 법률규정에 의해 발생
반환범위	부당이득의 반환	원상회복
손해배상청구	×	○

(3) 합의해제(해제계약)

① 합의해제(해제계약)는 기존 계약을 해소하기로 하는 계약당사자간의 합의로서 그 본질은 계약이다. 해제계약도 계약자유의 원칙상 당연히 인정되며, 합의방법은 명시적 합의뿐만 아니라 묵시적 합의에 의한 해제도 인정한다.

② 합의해제에 의하여 계약은 소급하여 소멸한다. 그러나 그 소급효로서 제3자의 권리를 해하지는 못한다.

③ 합의해제로 인한 효과는 당사자의 합의에 의하여 정해지는 것이고, 민법 제548조 제2항은 적용되지 않으므로 해제로 인한 반환할 금전에 그 받은 날로부터의 이자를 가하여야 할 의무도 없고(95다16011), 계약해제로 인한 손해배상 등은 합의해제(해제계약)에서는 적용되지 않는다(86다카1147).

④ 일부 이행된 계약에 대한 묵시적 합의해제를 인정하기 위하여는 그 원상회복에 관하여도 의사가 일치되어야 한다(2010다98412).

⑤ 계약당사자의 일방이 계약해제에 따른 원상회복 및 손해배상의 범위에 관한 조건을 제시한 경우, 그 조건에 관한 합의까지 이루어져야 합의해제가 성립된다(95다43044).

판례 합의해제와 손해배상

① 당사자 사이의 합의로 성립한 계약을 합의해제하기 위하여서는 계약이 성립하는 경우와 마찬가지로 기존 계약의 효력을 소멸시키기로 하는 내용의 해제계약의 청약과 승낙이라는 서로 대립하는 의사표시가 합치될 것을 그 요건으로 하며, 이러한 합의가 성립하기 위하여는 쌍방 당사자의 표시행위에 나타난 의사의 내용이 서로 객관적으로 일치하여야 한다. 그리고 계약의 합의해제는 묵시적으로 이루어질 수도 있으나, 계약이 묵시적으로 합의해제되었다고 하려면 계약의 성립 후에 당사자 쌍방의 계약실현의사의 결여 또는 포기로 인하여 당사자 쌍방의 계약을 실현하지 아니할 의사가 일치되어야만 하고(2009다73011), 계약이 일부 이행된 경우에는 그 원상회복에 관하여도 의사가 일치되어야 할 것이다(2010다98412).

② 계약당사자의 일방이 계약해제에 따른 원상회복 및 손해배상의 범위에 관한 조건을 제시한 경우, 그 조건에 관한 합의까지 이루어져야 합의해제가 성립된다(95다43044).

③ 합의해제 또는 해제계약이라 함은 해제권의 유무에 불구하고 계약당사자 쌍방이 합의에 의하여 기존의 계약의 효력을 소멸시켜 당초부터 계약이 체결되지 않았던 것과 같은 상태로 복귀시킬 것을 내용으로 하는 새로운 계약으로서, 그 효력은 그 합의의 내용에 의하여 결정되고 여기에는 해제에 관한 민법 제548조 제2항의 규정은 적용되지 아니하므로, 당사자 사이에 약정이 없는 이상 합의해제로 인하여 반환할 금전에 그 받은 날로부터의 이자를 가하여야 할 의무가 있는 것은 아니다(95다16011).

④ 계약이 합의해제된 경우에는 그 해제 시에 당사자 일방이 상대방에게 손해배상을 하기로 특약하거나 손해배상청구를 유보하는 의사표시를 하는 등 다른 사정이 없는 한 채무불이행으로 인한 손해배상을 청구할 수 없다(86다카1147).

⑤ 계약의 합의해제에 있어서도 민법 제548조의 계약해제의 경우와 같이 이로써 제3자의 권리를 해할 수 없으나, 그 대상부동산을 전득한 매수자라도 완전한 권리를 취득하지 못한 자는 위 제3자에 해당하지 아니한다(91다2601).

3. 약정해제권의 발생

(1) 특약에 의한 해제권 행사

① <u>약정해제권</u>이란 계약의 내용으로 "특정한 사유가 발생한 경우 일방이 계약을 해제할 수 있다."라고 특약을 하였고, 이후에 그 특약으로 정한 사유가 발생하면 당사자 일방이 계약을 해제할 수 있는 권리를 말한다. 즉, 당사자 사이의 약정에 계약을 해제할 수 있는 가능성을 유보해 두는 것을 말한다.

② 약정해제는 계약체결과 동시에 하는 것이 일반적이나 계약체결 후에도 별개의 계약으로 해제권유보의 약정을 할 수도 있다.

③ 약정해제권을 행사한 경우 계약은 소급적으로 소멸한다. 그러나 약정해제는 채무불이행을 전제로 하지 않으므로 채무불이행을 이유로 한 손해배상청구권을 행사할 수 없다(제551조).

④ 한편 약정해제권은 해제권자의 포기에 의하여 소멸되며, 10년의 제척기간에 걸린다.

(2) 해제조건과 자동해제약정(실권약관)

① 해제는 해제권자의 의사표시에 의하여 계약이 소급적으로 소멸하나, 해제조건이란 조건이 성취하는 경우 장래에 향하여 특별한 의사표시 없이 효력이 소멸하는 것을 말한다.

② 여기서 특히 일방당사자의 채무불이행을 해제조건으로 하는 약관으로 일방당사자의 채무불이행이 있으면 채권자 측의 특별한 의사표시가 없어도 당연히 계약의 효력은 소멸되고 채무자의 계약상의 권리도 상실된다는 취지의 약정을 실권약관이라고 한다.

③ 매매계약에 있어 중도금에 대한 실권약관에 의하여 계약은 자동해제되지만, 잔금에 대한 실권약권이 있었다는 사유만으로 계약이 자동해제되는 것은 아니다.

> **판례** **실권약관(자동해제조항)**
>
> ① 중도금에 관한 실권약관의 효력: 매매계약에 있어서 매수인이 중도금을 약정한 일자에 지급하지 아니하면 그 계약을 무효로 한다고 하는 특약이 있는 경우 매수인이 약정한 대로 중도금을 지급하지 아니하면 해제의사표시 없이도 계약은 그 일자에 자동적으로 해제된다고 보아야 한다(91다13717).
> ② 잔금에 관한 실권약관: 부동산매매계약에 있어서 매수인이 잔금지급일까지 그 대금을 지급하지 못하면 그 계약이 자동적으로 해제된다는 취지의 약정이 있더라도 특별한 사정이 없는 한 매수인의 잔금지급의무와 매도인의 소유권이전등기의무는 동시이행의 관계에 있으므로, 매도인이 잔금지급기일에 소유권이전등기에 필요한 서류를 준비하여 매수인에게 알리는 등 이행의 제공을 하여 매수인으로 하여금 이행지체에 빠지게 하였을 때에 비로소 자동적으로 매매계약이 해제된다고 보아야 하고, 매수인이 그 약정기한을 도과하였더라도 이행지체에 빠진 것이 아니라면 잔금 미지급으로 계약이 자동해제된 것으로 볼 수는 없다(98다505).
> ③ 매도인이 위약 시에는 계약금의 배액을 배상하고 매수인이 위약 시에는 지급한 계약금을 매도인이 취득하고 계약은 자동적으로 해제된다는 조항은 위약 당사자가 상대방에 대하여 계약금을 포기하거나 그 배액을 배상하여 계약을 해제할 수 있다는 해제권 유보조항이라 할 것이므로, 최고나 통지 없이 해제할 수 있다는 특약이라고 볼 수는 없다(80다851).

(3) 해약금에 의한 해제(제565조)

① 유상계약을 체결할 때 계약금계약을 체결한 경우 반대특약이 없으면 그 계약금은 해약금으로 추정되므로 계약의 당사자는 계약금을 해약금으로 하여 계약을 해제할 수 있다.

② **해약금에 의한 해제**

㉠ 해제가능시기: 해약금에 의한 해제는 당사자 중 일방이 이행에 착수하지 전까지만 가능하다.

㉡ 해제방법

ⓐ 계약금을 교부한 자는 그 포기의 의사표시만으로 해제할 수 있다.

ⓑ 계약금을 수령한 자는 그 계약금의 배액을 상환하여 계약을 해제할 수 있다. 다만, 해제의 의사표시만으로 해제되지 않으며 현실적으로 배액을 이행 제공하여야 계약이 해제된다.

ⓒ 다만, 계약금을 수령한 자가 배액을 이행 제공하였음에도 상대방이 이를 수령하지 않는 경우 이를 공탁까지 할 필요는 없다.

㉢ 해제의 효과: 해약금에 의한 해제는 채무불이행을 이유로 한 것이 아니므로 손해배상의 문제는 발생하지 않는다. 또한 당사자 쌍방이 이행에 착수한 것이 없으므로 원상회복의 문제도 발생하지 않는다.

2 법정해제권

1. 이행지체로 인한 해제권의 발생

> **제544조 【이행지체와 해제】** 당사자 일방이 그 채무를 이행하지 아니하는 때에는 상대방은 상당한 기간을 정하여 그 이행을 최고하고 그 기간 내에 이행하지 아니한 때에는 계약을 해제할 수 있다. 그러나 채무자가 미리 이행하지 아니할 의사를 표시한 경우에는 최고를 요하지 아니한다.

(1) 보통의 이행지체 - 채무자의 귀책사유에 의한 이행지체

① 채무자의 채무가 이행기에 도래하였고 이행이 가능함에도 채무자의 책임 있는 사유로 채무가 이행되지 않아야 하며, 이행하지 않는 것이 위법하여야 한다.

② 다만, 일부 이행지체의 경우에도 원칙적으로 그 부분만의 해제권이 발생하고, 잔존 부분으로 계약의 목적을 달성할 수 없는 경우에는 계약 전부를 해제할 수 있다.

(2) 채권자가 상당한 기간을 정하여 이행을 최고할 것

① 상당한 기간이란 채무자가 이행을 준비하고 현실적으로 이행하는 데 필요하다고 객관적으로 인정되는 기간을 말한다.

② 최고기간을 정하지 않았거나 그 기간이 상당하지 않은 경우(너무 짧은 경우)에도 최고로서의 효력은 있고, 다만 상당한 기간이 경과한 후에 해제권이 발생한다(79다1135).

③ **최고의 범위**
  ㉠ 과다최고(過多催告): 원칙적으로 부적법한 최고라 하여야 하지만, 양적인 차이가 비교적 적다거나 과다하게 최고한 진의가 본래 급부하여야 할 수량을 청구한 것이라면(본래 급부와 동일성이 인정된다면) 그 최고는 본래 급부하여야 할 수량의 범위 내에서 해제권을 발생시킨다.
  ㉡ 과소최고(過少催告): 원칙적으로 최고에 표시된 수량에 대해서만 해제권이 발생하고, 다만 과소의 정도가 경미하다면 전액에 대하여 최고의 효과가 발생한다.

> **판례** 　해제권의 취득
> ① 쌍무계약에 있어서 채무불이행으로 인하여 계약해제권이 발생하려면 계약을 해제하려고 하는 당사자는 쌍무계약의 이행기일에 자기 채무의 이행제공을 하여 상대방을 이행지체에 빠지게 하여야만 해제권을 취득한다(76다2370).
> ② 쌍무계약인 부동산매매계약에 있어서 매수인이 이행기일을 도과한 후에 이르러 매도인에 대하여 계약상 의무 없는 과다한 채무의 이행을 요구하고 있는 경우에는 매도인으로서는 매수인이 이미 자신의 채무를 이행할 의사가 없음을 표시한 것으로 보아 자기 채무의 이행 제공이나 최고 없이도 계약을 해제할 수 있다(92다9463).
> ③ 쌍무계약에 있어서 당사자 일방이 미리 자기의 채무를 이행하지 아니할 의사를 표시한 때에는 상대방은 이행의 최고나 자기 채무의 이행의 제공이 없이 계약을 해제할 수 있다. 이러한 의사의 표시 여부는 계약의 이행에 관한 당사자의 행동과 계약 전후의 구체적 사정 등을 종합적으로 살펴서 판단하여야 할 것이다(2000다49053).
> ④ 매매대금의 일부로 남아 있는 금액에 관하여 매수인이 매도인에 대한 다른 반대채권의 상계로써 전액 지급된 것으로 주장하면서 소유권이전등기의 이행을 소구한 것만으로는 매수인이 자기의 채무를 이행할 의사가 없음을 명백히 한 것이라고 단정할 수는 없다(2000다49053).

(3) 최고기간 내에 채무자의 이행 또는 이행의 제공이 없을 것

① 채무자가 동시이행의 항변권을 가지는 경우에는 채권자도 자신이 부담하는 채무의 이행을 제공하여야 한다.
② 해제권이 발생한 후라도 채권자가 해제권을 행사하기 전에 채무자가 이행지체로 인한 손해배상을 포함한 모든 채무의 이행을 한 경우에는 해제권이 소멸한다.
③ 다만, 채권자는 해제권이 발생한 후에도 해제권을 포기하고 본래의 급부와 지연이자를 청구할 수 있다.

2. 정기행위에 있어서 해제권의 발생

> **제545조 【정기행위와 해제】** 계약의 성질 또는 당사자의 의사표시에 의하여 일정한 시일 또는 일정한 기간 내에 이행하지 아니하면 계약의 목적을 달성할 수 없을 경우에 당사자 일방이 그 시기에 이행하지 아니한 때에는 상대방은 전조의 최고를 하지 아니하고 계약을 해제할 수 있다.

(1) 정기행위의 의의
① 채무의 이행이 계약의 성질 또는 당사자의 의사표시에 의하여 일정한 일시나 일정한 기간 내에 이행하지 않으면 계약의 목적을 달성할 수 없는 계약을 말한다.
② 예를 들면, 회갑연에 요리나 초대장의 주문, 결혼식·장례식에 필요한 화환의 주문 등이 정기행위이다.

(2) 즉시해제
① 정기행위의 이행지체의 경우에는 이행의 최고 없이 즉시 해제권을 행사할 수 있다. 그러나 그 해제권의 행사는 해제의 의사표시로 하여야 한다.
② 즉, 정기행위의 이행기 도과 사실만으로 계약이 자동해제되는 것은 아니다.

3. 이행불능으로 인한 해제권의 발생

> **제546조 【이행불능과 해제】** 채무자의 책임 있는 사유로 이행이 불능하게 된 때에는 채권자는 계약을 해제할 수 있다.

(1) 즉시해제
① 채무자의 귀책사유로 이행이 불가능하게 되면 채권자는 이행의 최고 없이도 곧바로 계약을 해제할 수 있다.
② 이행기가 도래하지 않은 쌍무계약의 일방당사자의 채무가 이행불능으로 된 경우 해제권자는 최고 없이 즉시 계약을 해제할 수 있다.
③ 이행불능을 이유로 계약을 해제하기 위해서는 그 이행불능이 채무자의 귀책사유에 의한 경우여야만 한다 할 것이므로, 매도인의 매매목적물에 관한 소유권이전의무가 이행불능이 되었다고 할지라도, 그 이행불능이 매수인의 귀책사유에 의한 경우에는 매수인은 그 이행불능을 이유로 계약을 해제할 수 없다(2000다50497).

(2) 일부무효의 특칙
① 일부 이행불능의 경우에는 급부가 가분적이고 잔존 부분만으로 계약의 목적을 달성할 수 있는 경우에는 불능부분에 대해서만 계약을 해제할 수 있다.

② 그러나 잔존부분만으로 계약의 목적을 달성할 수 없는 경우에는 계약 전부를 해제할 수 있다.

4. 기타의 해제

(1) 불완전이행으로 인한 해제권의 발생
① 추완(追完)이 가능한 경우에는 이행지체에 준해서 이행을 상당한 기간 최고한 후에 최고기간 내에 이행이 없을 경우에 해제권을 행사할 수 있다.
② 추완(追完)이 불가능한 경우에는 이행불능에 준해서 이행의 최고 없이 곧바로 해제권을 행사할 수 있다.

(2) 채권자 지체(채권자의 수령지체)
① 채무의 내용인 급부가 실현되기 위하여 채권자의 수령 그 밖의 협력행위가 필요한 경우에, 채무자가 채무의 내용에 따른 이행제공을 하였는데도 채권자가 수령 그 밖의 협력을 할 수 없거나 하지 않아 급부가 실현되지 않는 상태에 놓이면 채권자지체가 성립한다.
② 채권자지체의 성립에 채권자의 귀책사유는 요구되지 않는다.
③ 채권자지체 중에는 채무자는 고의 또는 중대한 과실이 없으면 불이행으로 인한 모든 책임이 없고(제401조),
④ 이자 있는 채권이라도 채무자는 이자를 지급할 의무가 없으며(제402조), 채권자지체로 인하여 그 목적물의 보관 또는 변제의 비용이 증가된 때에는 그 증가액은 채권자가 부담하는 것으로 정한다(제403조).
⑤ 나아가 채권자의 수령지체 중에 당사자 쌍방의 책임 없는 사유로 채무를 이행할 수 없게 된 때에는 채무자는 상대방의 이행을 청구할 수 있다(제538조 제1항).
⑥ 그러나 채권자지체가 성립하는 경우 그 효과로서 원칙적으로 채권자에게 민법 규정에 따른 일정한 책임이 인정되는 것 외에, 채무자가 채권자에 대하여 일반적인 채무불이행책임과 마찬가지로 손해배상이나 계약 해제를 주장할 수는 없다(2019다293036).

(3) 사정변경으로 인한 해제권의 발생
① 사정변경으로 인한 계약해제의 요건
　㉠ 계약 성립의 기초가 되었던 객관적인 사정이 이후 당사자가 예견할 수 없을 정도로 현저한 변경이 발생하였고,
　㉡ 그러한 사정의 변경이 해제권을 취득하는 당사자에게 책임 없는 사유로 생긴 것으로서,
　㉢ 계약내용대로의 구속력을 인정한다면 신의칙에 현저히 반하는 결과가 생기는 경우에 계약의 내용을 변경하거나 계약을 해제·해지할 수 있다는 신의성실의 원칙의 파생원칙 중 하나이다.

② **사정변경에 관한 다수설과 판례**
  ㉠ 다수설은 사정변경의 원칙에 입각한 계약의 해제·해지를 일반적으로 인정한다.
  ㉡ 판례도 사정변경의 원칙을 인용하여 계약준수의 원칙에 대한 예외로서 사정변경을 이유로 계약을 해제할 수 있다는 원론적인 입장에는 동의한다.
    ⓐ 계약해제: 사정변경을 이유로 계약의 해제를 인정한 구체적 사례는 없다.
    ⓑ 계약의 해지: 불확정채무에 대한 계속적 보증계약의 경우 사정변경을 원인으로 그 계약을 해지할 수 있다(判).
      ❍ 계약의 해지에서 추가 설명

(4) 부수적 의무위반과 계약해제권의 문제

① 부수적 의무의 불이행의 경우에는 계약목적 달성에 아무런 영향이 없으므로 해제는 허용되지 않는다는 것이 통설·판례이다.
② 즉, 그 불이행으로 인하여 채권자가 계약의 목적을 달성할 수 없는 경우 또는 특별한 약정이 있는 경우를 제외하고는 원칙적으로 계약 전체의 해제를 허용할 수 없다.
③ 채무불이행을 이유로 계약을 해제하려면, 당해 채무가 계약의 목적 달성에 있어 필요불가결하고 이를 이행하지 아니하면 계약의 목적이 달성되지 아니하여 채권자가 그 계약을 체결하지 아니하였을 것이라고 여겨질 정도의 주된 채무이어야 하고 그렇지 아니한 부수적 채무를 불이행한 데에 지나지 아니한 경우에는 계약을 해제할 수 없다(2001다20394).

> **참고 즉시해제가 가능한 경우**
>
> 1. 정기행위(제545조)의 이행기가 도과한 경우
> 2. 이행불능(제546조)과 추완이 불가능한 불완전이행(통설)
> 3. 채무자가 미리 이행거절의 의사를 분명히 한 경우(판례·통설)
> 4. 이행지체가 있어도 최고 없이 곧바로 해제권이 발생한다는 당사자 사이에 최고 배제의 특약이 있는 경우(통설)
> 5. 이행기를 정하지 않은 채무의 경우, 상대방을 이행지체에 빠뜨리기 위해서 이행의 최고를 한 경우, 해제권 발생을 위한 최고를 다시 할 필요는 없다.

3 해제권의 행사

1. 해제권의 행사방법

> **제543조 【해지, 해제권】** ① 계약 또는 법률의 규정에 의하여 당사자의 일방이나 쌍방이 해지 또는 해제의 권리가 있는 때에는 그 해지 또는 해제는 상대방에 대한 의사표시로 한다.
> ② 전항의 의사표시는 철회하지 못한다.

(1) 해제의 의사표시

① 해제권은 형성권으로서 그 행사 여부는 해제권자의 자유이며, 해제권은 상대방에 대한 일방적 의사표시 또는 소(訴)로써 행사할 수 있다.

② 해제는 단독행위로 조건이나 기한을 붙이지 못하는 것이 원칙이나, 상대방에게 불이익을 주지 않는 경우에는 예외적으로 조건을 붙일 수 있다.

　○ 정지조건부 계약해제

③ 해제의 의사표시가 상대방에게 도달하여 그 효력이 발생(도달주의)한 후에는 상대방이 승낙하지 않는 한 해제의 의사표시를 철회할 수 없다.

④ 해제의 의사표시 자체에 제한능력·착오·사기·강박 등의 사정이 있는 경우에는 당연히 취소할 수 있다.

> **판례** **해제권의 행사방법**
> ① 소(訴)의 제기로써 계약해제권을 행사한 후 그 뒤 그 소송을 취하하였다 하여도 해제권은 형성권이므로 그 행사의 효력에는 아무런 영향을 미치지 아니한다(80다916).
> ② 정지조건부 계약해제: 소정 기간 내에 이행이 없으면 해제한다는 표시를 수반하는 최고는 이행청구와 동시에 기간 내에 이행이 없는 것을 정지조건으로 하여 미리 해제의 의사를 표시하고 있는 것으로 보아야 하며, 그것은 기간이 경과 후에 다시 해제의 의사표시를 하는 것에 비하여 특별히 채무자에게 불이익을 주지 않으므로 유효하다(70다1508).

(2) 해제의 불가분성

> **제547조 【해지, 해제권의 불가분성】** ① 당사자의 일방 또는 쌍방이 수인인 경우에는 계약의 해지나 해제는 그 전원으로부터 또는 전원에 대하여 하여야 한다.
> ② 전항의 경우에 해지나 해제의 권리가 당사자 1인에 대하여 소멸한 때에는 다른 당사자에 대하여도 소멸한다.

수인의 매수인에게 부동산을 공동매도하였으나, 매수인이 대금을 지급하지 않는 경우, 매도인의 이행최고 및 해제의 통지가 다수의 매수인 중 일부에 대하여 그 송달이 불능으로 되었다면 해제의 효력은 매수인 전권에 대하여 발생할 수 없다(68다696).

2. 계약해제의 효과

> **제548조【해제의 효과, 원상회복의무】** ① 당사자 일방이 계약을 해제한 때에는 각 당사자는 그 상대방에 대하여 원상회복의 의무가 있다. 그러나 제3자의 권리를 해하지 못한다.
> ② 전항의 경우에 반환할 금전에는 그 받은 날로부터 이자를 가하여야 한다.
> **제549조【원상회복의무와 동시이행】** 제536조의 규정은 전조의 경우에 준용한다.

(1) 해제의 효과 – 계약의 소급적 실효

① 계약을 해제하는 경우 그 직접적인 효과로서 계약은 처음부터 존재하지 않았던 것처럼 소급적으로 소멸한다. 따라서 이행하기 전이면 이행할 필요가 없고, 이행한 후이면 부당이득으로서 반환하여야 하나, 그 반환의 범위인 제748조에 대한 특칙규정으로서 제548조에 따라 원상회복의무가 주어진다. – 직접효과설(통설·판례)

② 일방 당사자의 계약위반을 이유로 한 상대방의 계약해제 의사표시에 의하여 계약이 해제되었음에도 상대방이 계약이 존속함을 전제로 계약상 의무의 이행을 구하는 경우 계약을 위반한 당사자도 당해 계약이 상대방의 해제로 소멸되었음을 들어 그 이행을 거절할 수 있다(2001다21441).

③ 소제기로써 계약해제권을 행사한 후 그 뒤 그 소송을 취하하였다 하여도 해제권은 형성권이므로 그 행사의 효력에는 아무런 영향을 미치지 아니한다(80다916).

(2) 채권행위인 매매계약이 해제로 인하여 실효된 경우 물권행위도 이에 영향을 받아 그 효력을 상실한다고 보아, 상대방이 보유하던 소유권은 당연히 원권리자에게 복귀한다(判).

(3) 계약해제의 소급효는 제3자의 권리를 해하지 못한다(제548조 제1항 단서)

① 여기서 제3자는 그 계약으로 생긴 법률적 효과를 기초로 새로운 이해관계를 가졌을 뿐만 아니라 등기·인도 등으로 완전한 권리(등기·인도·대항요건 등)를 취득한 자(95다49882)로서 선의·악의를 불문한다(2008다57746).

② 따라서 제3자를 위한 계약에서도 낙약자와 요약자 사이의 법률관계(기본관계)에 기초하여 수익자가 요약자와 원인관계(대가관계)를 맺음으로써 해제 전에 새로운 이해관계를 갖고 그에 따라 등기, 인도 등을 마쳐 권리를 취득하였다면, 수익자는 민법 제548조 제1항 단서에서 말하는 계약해제의 소급효가 제한되는 제3자에 해당한다고 봄이 타당하다(2018다244976).

③ 계약의 해제로 소멸하는 계약상의 채권을 양수한 자(95다49882)나 그 채권을 압류한 자 등은 보호되는 제3자의 범위에 포함되지 않는다(2000다22850).

(4) 제3자 보호범위의 확대

해제권의 행사 후 원상회복등기가 이루어지기 전에 계약의 해제를 모른 상태에서(선의) 새로운 이해관계를 맺은 제3자의 경우도 보호된다(84다카130).

> **판례** 계약의 해제와 제3자
>
> 계약당사자의 일방이 계약을 해제하였을 때에 계약은 소급적으로 소멸하여 해약당사자는 각 원상회복의무를 지게 되나, 이 경우 계약해제로 인한 원상회복등기 등이 이루어지기 이전에 계약의 해제를 주장하는 자와 양립되지 아니하는 법률관계를 가지게 되었고 계약해제사실을 몰랐던(선의) 제3자에 대해서는 계약해제를 주장할 수 없다(84다카130).

> **참고** 계약의 해제와 제3자 보호
>
> 1. 제3자에 해당하는 경우
>   ① 매수인과 매매예약을 체결한 후 그에 기한 소유권이전청구권 보전을 위한 가등기를 마친 사람(2013다14569)
>   ② 해제된 계약에 의하여 채무자인 책임재산이 된 계약의 목적물을 가압류한 가압류채권자(99다40937)
>   ③ '소유권을 취득'하였다가 계약해제로 소유권을 상실하게 된 매수인(임대인)으로부터 그 계약이 해제되기 전에 주택을 임차하여 「주택임대차보호법」상의 대항요건을 갖춘 임차인(2003다12717)
> 2. 제3자에 해당하지 않는 경우
>   ① 해제에 의하여 소멸하는 채권 그 자체의 양수인[아파트 분양신청권이 전전매매(轉轉賣買)된 후 최초의 매매당사자가 계약을 합의해제한 경우 그 분양신청권을 전전매수한 자](95다49882)
>   ② 해제에 의하여 소멸하는 계약상의 채권을 양수하거나 그 채권 자체를 압류 또는 전부한 채권자(99다51685)
>   ③ 제3자를 위한 계약에 있어서의 수익자
>   ④ 매도인의 '매매대금 수령 이전'에 해제조건부로 임대권한만을 부여받은 매수인으로부터 그 계약이 해제되기 전에 주택을 임차하여 「주택임대차보호법」상의 대항요건을 갖춘 임차인(95다32037)
>   ⑤ 토지를 매도하였다가 대금지급을 받지 못하여 그 매매계약을 해제한 경우에 있어 그 토지 위에 신축된 건물의 매수인(90다카16761)
>   ⑥ 계약이 해제되기 전에 계약상의 채권을 양수하여 이를 피보전권리로 하여 처분금지가처분결정을 받은 자
>   ⑦ 미등기 무허가건물에 관한 매매계약이 해제되기 전에 매수인으로부터 무허가건물을 다시 매수하고 무허가건물관리대장에 소유자로 등재된 자(2011다64782)

(5) 원상회복의무

① 의의

㉠ 계약이 해제되면 각 당사자는 이미 이행한 급부를 원상으로 회복하여야 할 의무를 진다(등기말소, 물건의 반환, 금전의 반환 등).

ⓛ 직접효과설에 의하면 계약은 소급적으로 소멸하므로 계약에 기초하여 이루어진 급부는 법률상 원인을 상실하게 되어 부당이득으로서 반환하여야 하나, 그 범위는 제748조의 특칙인 제548조에 의하여 원상회복의무가 주어진다고 한다. 따라서 이득의 현존 여부와 선의·악의를 불문하고 받은 급부의 전부를 반환하여야 한다(98다43175).

② **원상회복의 범위**

㉠ 원물반환의 원칙

ⓐ 급부된 것이 특정물인 경우에는 그 물건을 반환하여야 하고, 종류물인 경우에는 받은 물건과 동종·동질·동량의 다른 물건으로 반환하여야 한다.

ⓑ 금전의 경우에는 받은 날로부터 이자(부당이득의 성질)를 가산하여 반환해야 한다(제548조 제2항).

판례 | 계약의 해제와 원상회복

① 우리의 법제가 물권행위의 독자성과 무인성을 인정하고 있지 않은 점과 제548조 제1항 단서가 거래안정을 위한 특별규정이란 점을 생각할 때 계약이 해제되면 그 계약의 이행으로 변동이 생겼던 물권은 당연히 그 계약이 없었던 원상태로 복귀한다(75다1394).

② 법정해제권 행사의 경우 당사자 일방이 그 수령한 금전을 반환함에 있어 그 받은 날로부터 법정이자를 부가하도록 하는 것은 제548조 제2항에 따른 원상회복의 범위로서 일종의 부당이득반환의 성질을 가지는 것이지 반환의무의 이행지체로 인한 것이 아니다. 따라서 부동산매매계약이 해제된 경우 매도인의 매매대금 반환의무와 매수인의 소유권이전등기말소등기 절차이행의무가 동시이행의 관계에 있는지 여부와는 관계없이 매도인이 반환하여야 할 매매대금에 대하여는 그 받은 날로부터 민법 소정의 법정이율인 연 5푼의 비율에 의한 법정이자를 부가하여 지급하여야 하고, 이와 같은 법리는 약정된 해제권을 행사하는 경우에도 마찬가지이다(2000다9123).

③ 매매계약이 무효인 때의 매도인의 매매대금반환의무는 성질상 부당이득반환의무로서 그 반환범위에 관하여는 민법 제748조가 적용된다 할 것이고, 명문의 규정이 없는 이상 그에 관한 특칙인 민법 제548조 제2항이 당연히 유추적용 또는 준용된다고 할 수 없다(토지거래허가를 받지 못해 매매계약이 무효로 된 사안에서, 민법 제548조 제2항을 준용하여 매도인은 매매대금을 받은 날로부터의 이자를 가산하여 지급하여야 한다는 매수인의 주장을 배척한 사례)(96다54997).

④ 건축도급계약에 있어서 미완성부분이 있는 경우라도 공사가 상당한 정도로 진척되어 그 원상회복이 중대한 사회적·경제적 손실을 초래하게 되고 완성된 부분이 도급인에게 이익이 되는 경우에는 수급인의 채무불이행을 이유로 도급인이 계약을 해제한 때는 그 미완성부분에 대해서만 도급계약이 실효된다고 보아야 하므로, 이 경우 수급인은 해제한 때의 상태 그대로 그 건물을 도급인에게 인도하고 도급인은 그 건물의 완성도 등을 참작하여 인도받은 건물에 상당한 보수를 지급하여야 할 의무가 있다(85다카1751).

⑤ 과실상계는 본래 채무불이행 또는 불법행위로 인한 손해배상책임에 대하여 인정되는 것이고, 매매계약이 해제되어 소급적으로 효력을 잃은 결과 매매당사자에게 당해 계약에 기한 급부가 없었던 것과 동일한 재산상태를 회복시키기 위한 원상회복의무의 이행으로서 이미 지급한 매매대금 기타의 급부의 반환을 구하는 경우에는 적용되지 아니한다(2013다34143).

ⓒ **가액반환**(예외)
ⓐ 원물반환이 불가능하거나 또는 수령자에게 이익이 되지 않은 경우에는 가액을 반환하여야 한다.
ⓑ 수령한 원물이 멸실·훼손된 경우에는 반환의무자에게 책임 있는 사유로 인한 때에만 해제 당시의 가격으로 반환하여야 한다(다수설).
ⓒ 노무 기타 물건의 이용 등 무형의 가치를 급부한 경우에는 급부 당시의 가격으로 반환하여야 한다.
ⓔ 급부받은 물건으로부터 과실을 취득하였거나 그 물건을 사용하여 이득을 얻은 때에는 그 과실 및 사용이익도 함께 반환하여야 한다.
ⓜ 채무자가 반환하여야 할 물건에 대하여 필요비 및 유익비를 지출한 때에는 점유자와 회복자의 관계에 관한 제203조가 적용된다. 따라서 필요비는 그 전액을 상환청구할 수 있고, 유익비는 그 가액의 증가가 현존하는 경우에 한하여 회복자의 선택에 따라 지출금액이나 증가액의 상환을 청구할 수 있다.
ⓗ **과실상계 불가**: 과실상계는 위법행위에 대한 손해배상액을 산정할 때에 적용하는 법리로서 계약해제로 인한 원상회복함에 있어 위법행위로 인한 손해배상에 관한 과실상계의 법리를 적용할 수는 없다(2013다34143).

개념적용 문제

계약의 합의해제에 관한 설명으로 옳지 않은 것은? (다툼이 있으면 판례에 따름)

제25회 기출

① 일부 이행된 계약의 묵시적 합의해제가 인정되기 위해서는 그 원상회복에 관하여도 의사가 일치되어야 한다.
② 당사자 일방이 합의해제에 따른 원상회복 및 손해배상의 범위에 관한 조건을 제시한 경우, 그 조건에 관한 합의까지 이루어져야 합의해제가 성립한다.
③ 계약이 합의해제된 경우, 원칙적으로 채무불이행에 따른 손해배상을 청구할 수 있다.
④ 계약의 해제에 관한 민법 제543조 이하의 규정은 합의해제에는 원칙적으로 적용되지 않는다.
⑤ 매매계약이 합의해제된 경우, 원칙적으로 매수인에게 이전되었던 매매목적물의 소유권은 당연히 매도인에게 복귀한다.

해설 계약이 합의해제된 경우에는 그 해제 시에 당사자 일방이 상대방에게 손해배상을 하기로 특약하거나 손해배상청구를 유보하는 의사표시를 하는 등 다른 사정이 없는 한 채무불이행으로 인한 손해배상을 청구할 수 없다(86다카1147).

정답 ③

(6) 계약의 해제와 손해배상청구

> **제551조【해지, 해제와 손해배상】** 계약의 해지 또는 해제는 손해배상의 청구에 영향을 미치지 아니한다.

① **민법의 태도**: 민법은 해제와 손해배상청구권과의 관계에 있어서 병존주의를 취한다(제551조). 따라서 계약을 해제하여 원상회복하고 난 후에도 손해가 있는 경우 그 배상을 청구할 수 있다.

② **손해배상의 성질과 범위**: 해제에 있어서 손해배상은 채무불이행에 의한 손해배상이므로, 신뢰이익의 배상이 아니라 이행이익의 배상이다. 배상액의 산정시기는 원칙적으로 해제 당시를 표준으로 한다.

> **판례** 계약의 해제와 손해배상
>
> ① 계약당사자의 일방이 계약해제와 아울러 하는 손해배상청구도 채무불이행으로 인한 손해배상과 다를 것이 없으므로 전보배상으로서 그 계약의 이행으로 인하여 채권자가 얻을 이익, 즉 이행이익을 손해로서 청구하여야 하고 그 계약이 해제되지 아니하였을 경우 채권자가 그 채무의 이행으로 소요하게 된 비용, 즉 신뢰이익의 배상은 청구할 수 없는 것이다(82다카1667).
> ② 채무불이행을 이유로 계약해제와 아울러 손해배상을 청구하는 경우에 그 계약이행으로 인하여 채권자가 얻을 이익, 즉 이행이익의 배상을 구하는 것이 원칙이지만, 그에 갈음하여 그 계약이 이행되리라고 믿고 채권자가 지출한 비용, 즉 신뢰이익의 배상을 구할 수도 있다. 다만, 그 신뢰이익은 과잉배상금지의 원칙에 비추어 이행이익의 범위를 초과할 수 없다(2002다2539).
> ③ 매매계약이 무효인 때의 매도인의 매매대금반환의무는 성질상 부당이득반환의무로서 그 반환범위에 관하여는 민법 제748조가 적용된다 할 것이고, 명문의 규정이 없는 이상 그에 관한 특칙인 민법 제548조 제2항이 당연히 유추적용 또는 준용된다고 할 수 없다(96다54997).

③ **특약에 의한 손해배상액의 예정**: 특약에 의하여 본래의 급부에 갈음하는 배상액을 예정한 경우 해제권이 행사되더라도 손해배상의 예정액에 대한 특약은 효력을 잃지 않는다.

(7) 해제의 효과와 동시이행

계약해제로 인하여 각 당사자가 부담하는 원상회복의무나 손해배상의무는 각각 동시이행의 관계에 있다(제549조).

> **판례** 계약의 해제
>
> ① 근로자가 사직원의 제출방법에 의하여 근로계약관계의 합의해지를 청약하고 이에 대하여 사용자가 승낙함으로써 당해근로관계를 종료시키게 되는 경우에 있어서는, 근로자는 위 사직원의 제출에 따른 사용자의 승낙의사가 형성되어 확정적으로 근로계약 종료의 효과가 발생하기 전에는 그 사직의 의사표시를 자유로이 철회할 수 있다고 보아야 할 것이며, 다만 근로계약 종료의 효과발생 전이라고 하더라도 근로자가 사직의 의사표시를 철회하는 것이 사용자에게 불측의 손해를 주는 등 신의칙에 반한다고 인정되는 특별한 사정이 있는 경우에 한하여 그 철회가 허용되지 않는다고 해석함이 상당하다(91다43138).
> ② 계약 당시 일방의 책임으로 계약이 해지되면 계약이행보증금이 상대방에게 귀속된다고 정한 경우 계약이행보증금은 위약금으로서 민법 제398조 제4항에 따라 손해배상액의 예정으로 추정된다. 손해배상액을 예정한 경우 다른 특약이 없는 한 채무불이행으로 발생할 수 있는 모든 손해가 예정액에 포함된다. 그 계약과 관련하여 손해배상액을 예정한 채무불이행과 별도의 행위를 원인으로 손해가 발생하여 불법행위 또는 부당이득이 성립한 경우 그 손해는 예정액에서 제외되지만, 계약 당시 채무불이행으로 인한 손해로 예정한 것이라면 특별한 사정이 없는 한 손해를 발생시킨 원인행위의 법적 성격과 상관없이 그 손해는 예정액에 포함되므로 예정액과 별도로 배상 또는 반환을 청구할 수 없다(2016다274270).

3. 해제권의 소멸

(1) 일반적 소멸원인

① **채무자의 이행 또는 이행의 제공**: 해제권이 발생하였더라도 채권자가 해제권을 행사하기 전에 채무자는 채무의 내용에 좇아 이행과 지연배상을 함으로써 해제권을 소멸시킬 수 있다.

② **해제권의 포기**: 해제권자는 일방적 의사표시로써 해제권을 포기할 수 있다. 이때의 의사표시는 상대방에 대하여 하여야 한다.

③ **해제권의 실효**: 해제권자가 상당한 기간이 경과하도록 이를 행사하지 않아 상대방으로서도 이제는 그 권리가 행사되지 아니할 것이라고 신뢰할 만한 정당한 사유를 가지게 되었을 경우 해제권은 실효된다(실효의 원칙).

④ **제척기간의 경과**: 해제권은 형성권이므로 10년의 제척기간에 걸린다.

(2) 해제권의 특유한 소멸원인

① 상대방의 최고에 의한 소멸

> **제552조【해제권 행사 여부의 최고권】** ① 해제권의 행사의 기간을 정하지 아니한 때에는 상대방은 상당한 기간을 정하여 해제권 행사 여부의 확답을 해제권자에게 최고할 수 있다.
> ② 전항의 기간 내에 해제의 통지를 받지 못한 때에는 해제권은 소멸한다.

② 해제권자의 목적물 훼손, 반환불능, 가공, 개조에 의한 소멸

> **제553조【훼손 등으로 인한 해제권의 소멸】** 해제권자의 고의나 과실로 인하여 계약의 목적물이 현저히 훼손되거나 이를 반환할 수 없게 된 때 또는 가공이나 개조로 인하여 다른 종류의 물건으로 변경된 때에는 해제권은 소멸한다.

③ **해제권의 불가분성에 의한 소멸**: 해제권자가 수인인 경우 해제의 권리가 당사자 1인에 대하여 소멸한 때에는 다른 당사자에 대하여도 소멸한다(제547조 제2항).

4 계약의 해지

1. 서설

(1) 의의

① 계약의 해지란 계속적 채권관계에 있어서 계약의 효력을 장래에 향하여 소멸시키는 계약당사자의 일방적 의사표시를 말한다.
② 다만, 계속적 계약에서도 해지권만 인정되는 것이 아니라, 해제권이 인정되는 경우도 있다.
③ 예컨대, 임대차계약에서 임대인이 목적물을 인도하기 전, 고용계약에서 노무자가 노무를 제공하기 전의 계약의 해소는 해지가 아니라 해제이다.

(2) 성질

① 해지는 일방적 의사표시로써 계약을 소멸시키는 형성권이다.
② 해지는 계속적 채권계약에 한하여 인정되고, 장래에 향하여 효력이 발생한다.

(3) 해제와 해지의 비교

구분	해제	해지
적용범위	일시적 계약관계에서 인정	계속적 계약관계에서 인정
효력	계약이 소급적으로 소멸	계약은 장래에 향해서만 소멸
의무	원상회복의무를 부담	청산의무를 부담
공통점	• 형성권 • 약정 또는 법률규정에 의해 발생 • 손해배상청구권 발생 • 철회 불가	

2. 해지권의 발생

(1) 약정해지권의 발생

약정해지권은 당사자간의 해지에 관한 약정에 의하여 발생한다.

(2) 법정해지권의 발생

① 민법은 법정해지권의 발생에 대하여 일반적 규정을 두지 않고 개개의 계약에 따라 개별적 규정을 두고 있을 뿐이다.
② 제544조 내지 제546조가 법정해지의 경우에도 적용될 수 있는지에 대해서는 긍정설과 부정설(다수설)이 대립된다.

(3) 사정변경의 원칙과 계약의 해지

① 불확정채무에 대한 계속적 보증계약 성립 당시의 사정에 현저한 변경이 생긴 경우에는 보증인에게 보증계약의 해지권을 인정하고 있다.
② 그러나 확정채무에 대하여는 계속적 보증계약이라도 사정변경을 이유로 계약을 해지할 수는 없다고 한다.

> **판례** 사정변경과 계약해지
>
> ① 회사의 임원이나 직원의 지위에 있기 때문에 회사의 요구로 부득이 회사와 제3자 사이의 계속적 거래로 인한 회사의 불확정 채무에 대해 보증인이 된 자는 그 후 회사로부터 퇴사하여 임원이나 직원의 지위를 떠난 때에는 보증계약 성립 당시의 사정에 현저한 변경이 생긴 경우에 해당하므로 사정변경을 이유로 보증계약을 해지할 수 있다(89다카1381).
> ② 확정된 채무에 대하여는 이미 채권자·채무자·보증인 및 채무액의 확정을 이유로 사정변경으로 인한 계약의 해지를 인정하지 않는다(2004다30675).

3. 해지권의 행사

(1) 형성권의 행사

해지권은 형성권이므로 해지권의 행사는 상대방에 대한 일방적 의사표시에 의한다(제543조 제1항). 또한 해지의 의사표시가 상대방에게 도달하면 철회하지 못한다(제543조 제2항).

(2) 해지권의 행사상·소멸상 불가분성

당사자의 일방 또는 쌍방이 수인인 경우에는 계약의 해지는 그 전원으로부터 또는 전원에 대하여 하여야 하고, 해지의 권리가 당사자 1인에 대하여 소멸한 때에는 다른 당사자에 대하여도 소멸한다(제547조).

> **판례** 해지의 불가분성
>
> 수탁자의 사망으로 인하여 수탁자의 지위가 공동상속되었을 때 신탁해지의 의사표시가 그 공동상속인 일부에게만 이루어진 경우 신탁해지의 효과는 그 일부 상속인에게만 발생하는 것이고, 이때부터 해제권의 불가분성에 관한 민법 제547조의 규정은 적용이 없다(92다9579).

4. 해지의 효과

> **제550조【해지의 효과】** 당사자 일방이 계약을 해지한 때에는 계약은 장래에 대하여 그 효력을 잃는다.

(1) 해지의 효과

① **장래효**: 계약은 장래를 향하여 소멸하므로 해지의 효과가 발생하기 전에 이미 이행된 급부는 그대로 유효하다.

② **해지효과의 발생시기**: 해지는 그 의사표시가 상대방에게 도달한 때부터 그 효력이 발생하는 것이 원칙이다(제111조). 그러나 계속적 계약에서는 해지의 의사표시 후 일정한 기간이 경과한 때에 효력이 발생하는 것으로 하는(이를 '해지통고'라 함) 개별적인 예외를 두고 있는 경우가 있다(제635조, 제660조 등). 이는 계약해지의 상대방을 보호하기 위한 것으로서 강행규정이다.

(2) 청산의무

계약이 해지된 경우 계약은 장래를 향해서 소멸한다. 따라서 사용대차나 임대차가 해지된 경우 차주 또는 임차인은 목적물을 반환하여야 하는데, 이는 해제에 있어서의 원상회복의무와는 성질이 다르므로 보통 청산의무라고 부른다.

(3) 손해배상청구

계약의 해지는 손해배상의 청구에 영향을 미치지 않는다(제551조).

개념적용 문제

채무자의 이행지체로 인한 계약해제에 관한 설명으로 옳은 것은? (다툼이 있으면 판례에 따름)

제28회 기출

① 정기행위의 경우, 채권자는 이행의 최고 없이 계약을 해제할 수 있다.
② 확정기한부 채무의 경우, 채무자는 이행청구를 받은 때부터 지체책임을 지게 된다.
③ 채권자는 채무자에게 도달한 계약해제의 의사표시를 철회할 수 있다.
④ 계약해제로 채권자가 받은 금전을 반환해야 할 경우, 채권자는 그 원금만 반환하면 족하다.
⑤ 채권자가 매매계약을 해제하면 그 계약은 장래에 향하여 효력을 잃는다.

해설 ② 채무이행의 확정한 기한이 있는 경우에는 채무자는 기한이 도래한 때로부터 지체책임이 있다(제387조).
③ 채권자는 채무자에게 도달한 계약해제의 의사표시를 철회하지 못한다(제543조 제2항 참조).
④ 계약해제로 채권자가 받은 금전을 반환해야 할 경우, 반환할 금전에는 그 받은 날로부터 이자를 가하여야 한다(제548조 제2항 참조).
⑤ 채권자가 매매계약을 해제하면 그 계약은 소급하여 효력을 잃는다.

정답 ①

CHAPTER 02 OX문제로 완벽 복습

01 계약자유의 원칙은 체결의 자유, 상대방선택의 자유, 내용결정의 자유, 방식의 자유 등이 있다. (○ | ×)

02 약관은 수분양자의 이해가능성을 기준으로 주관적으로 해석한다. (○ | ×)

03 쌍무계약이 갖는 이행상의 견련성으로 동시이행의 항변권이 성립한다. (○ | ×)

04 당사자 사이에 계약의 내용을 이루는 본질적 사항이나 중요사항에 관하여 구체적으로 의사합치가 있으면 계약이 성립한다. (○ | ×)

05 甲이 乙에게 물건을 매도하겠다는 뜻과 승낙의 기간을 10월 30일로 하는 내용의 서면을 발송한 경우, 甲의 서면이 乙에게 도달하기 전에 甲이 사망하고 乙이 甲의 단독상속인 丙에게 승낙통지를 발송하여 10월 30일에 도달하더라도 乙과 丙 사이의 계약이 성립하지 않는다. (○ | ×)

06 甲이 乙에게 물건을 매도하겠다는 뜻과 승낙의 기간을 10월 30일로 하는 내용의 서면을 발송한 경우 乙이 10월 20일에 승낙통지를 발송하여 10월 31일에 도달한 경우, 甲이 편지의 소인을 확인하고 승낙기간 내에 도달될 수 있었던 발송임을 알고도 연착 사실을 乙에게 알리지 않은 경우 乙의 승낙은 승낙기간 내에 도달한 것으로 본다. (○ | ×)

07 연착된 승낙에 대하여는 청약자가 이를 새 청약으로 볼 수 있다. (○ | ×)

08 교차청약이 성립하기 위해서는 쌍방의 청약이 내용상 합치하여야 한다. (○ | ×)

09 임대차 종료 시에 임대인의 보증금반환의무와 임차인의 목적물명도의무 사이에는 동시이행의 관계가 인정된다. (○ | ×)

10 계약이 무효 또는 취소된 경우에 각 당사자의 원상회복의무는 동시이행관계에 있다. (○ | ×)

11 동시이행의 항변권의 성립을 위하여는 쌍무계약 당사자 쌍방의 채무가 모두 변제기에 있어야 한다. (○ | ×)

12 동시이행의 항변권이 붙은 채권을 자동채권으로 상계(相計)할 수 없다. (○ | ×)

13 위험부담에 관하여 채권자부담주의가 원칙이다. (○ | ×)

14 제3자를 위한 계약은 당연히 수익자에게 그 효력이 미친다. (○ | ×)

15 제3자를 위한 계약에서 낙약자의 채무불이행이 있는 경우에는 요약자와 제3자는 모두 해제권을 가지게 된다. (○ | ×)

16 약정사유로 인한 해제로 상대방에게 손해가 발생한 경우 그 손해를 배상하여야 한다. (○ | ×)

17 매매계약 시 "매수인이 중도금의 이행을 지체한 경우에는 매도인의 의사표시 없이도 계약의 효력은 소멸한다."라고 약정하였고, 매수인이 중도금을 이행지체한 경우 계약은 자동해제된다. (○ | ×)

18 약정해제사유로 계약이 해제된 경우 특별한 사정이 없는 한 손해배상을 청구할 수 없다. (○ | ×)

19 매매계약 후 매수인의 매수자금이 부족하여 매매대금의 지급이 지체되는 경우, 매도인은 최고를 하지 않으면 계약을 해제할 수 없다. (○ | ×)

20 채무불이행을 이유한 한 계약의 해제는 상대방에 대하여 서면으로 하여야 한다. (○ | ×)

21 당사자의 일방 또는 쌍방이 여러 명인 경우, 계약의 해지나 해제는, 해제권자 중 1인이 상대방 중 1인에게 하면 그 해제의 효력이 발생한다. (○ | ×)

22 계약이 해제되면 상대방에게 이전되었던 소유권은 원소유자에게 당연히 복귀한다. (○ | ×)

23 계약이 해제되기 이전에 계약상의 채권을 양수하여 이를 피보전권리로 하여 처분금지가처분결정을 받은 자는 해제로 보호되는 제3자가 아니다. (○ | ×)

정답

01 ○　02 ×(보통 고객의 평균적 이해가능성을 기준으로 객관적으로 해석한다)　03 ○　04 ○　05 ×(의사표시 발송 후 표의자가 사망한 경우에도 의사표시의 효력에 영향을 미치지 않는다. 즉, 의사표시의 내용에 따라 그 효력이 결정된다)　06 ○　07 ○　08 ○　09 ○　10 ○　11 ○　12 ○　13 ×(위험부담은 채무자부담주의가 원칙이다)　14 ×(제3자의 수익의 의사표시가 있어야 한다)　15 ×(제3자는 계약의 당사자가 아니므로 해제권을 행사할 수 없다)　16 ×(약정해제는 채무불이행을 이유로 한 것이 아니므로 상대방에 손해가 발생한 경우에도 그 손해배상의 의무가 없다)　17 ○　18 ○　19 ○　20 ×(계약의 해제도 특약이 없는 한 반드시 서면일 필요 없다. ⇨ 불요식행위)　21 ×(계약의 당사자가 여러 명인 경우 계약의 해제는 전원이 전원에 대하여 하여야 한다. ⇨ 불가분성)　22 ○　23 ○

24 매도인 甲이 매수인의 채무불이행을 이유로 계약을 해제한 경우에 甲은 원상회복의 내용으로 수령한 매매대금 및 그 받은 날로부터 법정이자를 반환해야 하는데, 그 이자의 법적 성질은 이행지체로 인한 손해배상책임이다. (O | X)

25 계약해제로 인한 손해배상청구는 채무불이행으로 인한 손해배상과 다르므로 신뢰이익의 배상을 청구할 수 있을 뿐이다. (O | X)

26 채무불이행으로 계약을 해지한 자는 계약해지 후 추가로 손해배상을 청구할 수 없다. (O | X)

27 계약금계약이 체결되고 약정한 계약금의 일부가 급부된 상태에서 계약금을 해약금으로 계약을 해제하는 경우, 해약금의 기준이 되는 계약금은 급부된 계약금이 아닌 약정한 계약금이다. (O | X)

28 정기행위의 이행기가 도과하여 당사자가 계약의 목적을 달성할 수 없다면 이로써 계약은 자동적으로 해제된다. (O | X)

29 해제권 행사 후 원상회복등기가 경료되기 전에 계약의 해제를 모른 상태에서 매수인과 새로운 이해관계를 맺은 제3자는 보호된다. (O | X)

30 토지를 매도했다가 대금 미지급을 이유로 매도인이 매매계약을 해제한 경우, 그 계약이 해제되기 전에 그 토지 위에 신축된 건물의 매수인은 해제권자에게 대항하지 못한다. (O | X)

31 계약을 합의해제하는 경우에도 해제의 소급효는 제3자의 권리를 해하지 못한다. (O | X)

정답

24 ×(반환의무 이행지체로 인한 것이 아닌 부당이득의 반환으로서 원상회복을 의미한다) 25 ×(이행이익의 배상이 원칙이다) 26 ×(계약의 해제 또는 해지는 손해배상청구에 영향을 미치지 아니한다. 그러므로 상대방의 채무불이행을 이유로 계약을 해제한 자는 그로 인한 손해가 있으면 그 손해배상도 청구할 수 있다) 27 O 28 ×(이행기 도과 사실만으로 계약이 자동해제되는 것은 아니고, 최고 없이 해제의 의사표시는 해야 한다) 29 O 30 O 31 O

CHAPTER 03 계약법 각론(매매)

CHAPTER 미리보기

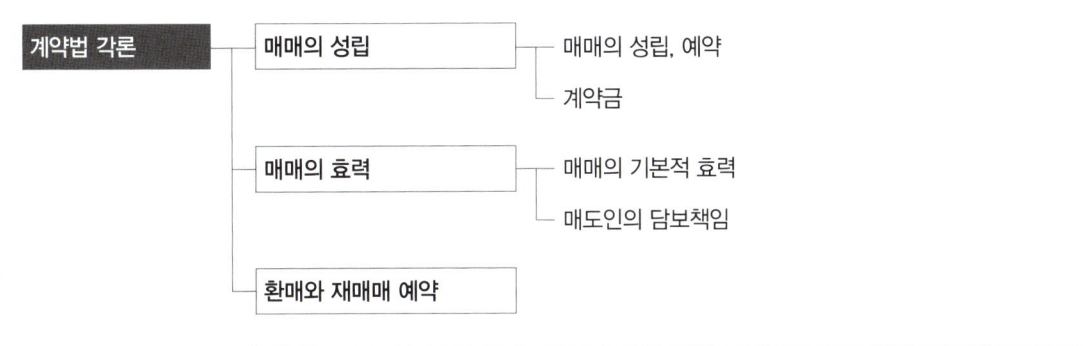

학습전략

❶ 매매는 계약법 각론에 해당하고 매년 1문항 정도 출제됩니다.
❷ 매매에서는 전반적인 내용이 문제로 구성되어 출제되지만, 계약금의 효력이나 매도인의 담보책임에 관한 내용이 정답과 관련된 경우가 많습니다. 이 부분을 중점적으로 학습해야 합니다.

학습키워드

- 매매의 성립
- 계약금
- 매매의 효력
- 매도인의 담보책임

제1절 매매

1 매매의 의의

> **제563조【매매의 의의】** 매매는 당사자 일방이 재산권을 상대방에게 이전할 것을 약정하고 상대방이 그 대금을 지급할 것을 약정함으로써 그 효력이 생긴다.

매매란 매도인이 매수인에게 재산권을 이전할 것을 약정하고, 매수인은 이에 대해 대금을 지급할 것을 약정함으로써 성립하는 계약을 말한다.

2 법적 성질

> **제567조【유상계약에의 준용】** 본절의 규정은 매매 이외의 유상계약에 준용한다. 그러나 그 계약의 성질이 이를 허용하지 아니하는 때에는 그러하지 아니하다.

1. 유상·쌍무계약

매매는 양 당사자의 급부가 서로 대가성을 가지는 출연관계에 있으므로 유상계약이고, 매도인의 재산권이전의무와 매수인의 대금지급의무가 서로 견련관계에 있으므로 쌍무계약이다.

2. 낙성·불요식계약

① 매매는 당사자 사이의 의사표시의 합치만으로 성립하는 낙성계약이다. 또한 특별한 방식을 필요로 하지 않는 불요식계약이다.
② 약정한 재산권의 이전과 대금의 지급은 계약의 이행행위이지 계약의 성립요건이 아니다.
③ 할부매매, 방문판매 등 특별법에 따라 서면으로 체결할 것이 요구되는 계약도 있으며 부동산 매매계약에 의한 소유권이전등기 신청 시에는 검인계약서를 등기원인증서로 제출하도록 하는 경우도 있다.

3 현실매매

현실매매는 채권계약, 물건의 소유권이전 및 대금지급이 동시에 행하여지게 되는데, 오늘날 거래관계에서 간단한 동산의 매매는 대부분 현실매매로 이루어진다. 현실매매도 매매의 일종이므로 매매에 관한 규정이 준용된다.

제2절 매매의 성립

1 매매의 성립

1. 의사의 합치

매매계약은 재산권이전과 대금지급에 관한 합의가 있으면 성립한다. 따라서 매매계약의 세부사항(계약비용, 채무의 이행시기, 이행장소 등)에 관한 합의까지는 필요 없다.

> **판례** 매매계약의 성립
>
> 매매계약에 있어서 그 목적물과 대금은 반드시 그 계약체결 당시에 구체적으로 특정되어 있을 필요는 없고 이를 사후에라도 구체적으로 특정할 수 있는 방법과 기준이 정해져 있으면 족한 것이고, 이 경우 그 약정된 기준에 따른 대금액의 산정에 관하여 당사자간에 다툼이 있는 경우에는 법원이 이를 결정할 수밖에 없다(2001다7940).

2. 재산권의 이전

① 매매계약은 재산권의 이전을 목적으로 한다. 재산권에는 물권, 채권, 지식재산권 등이 있다.
② 타인 소유의 물건도 매매의 목적물이 될 수 있다. 다만, 매도인은 그 물건 또는 권리를 취득하여 매수인에게 이전하여야 할 의무(채무)가 있다.
③ 장래에 생길 물건이나 권리도 매매의 목적물이 될 수 있다.

3. 대금의 지급

매매에 있어서 반대급부는 금전에 한한다. 반대급부가 금전 이외의 재산권이면 교환에 해당한다.

4. 매매계약비용의 부담

> **제566조【매매계약의 비용의 부담】** 매매계약에 관한 비용은 당사자 쌍방이 균분하여 부담한다.

① 매매계약에 관한 비용이란 매매계약서 작성비용, 매매를 위한 조사 또는 측량비용 등을 의미하는 것으로 당사자 쌍방이 균분하여 부담한다.
② 등기비용은 계약비용이 아니므로 매수인이 부담하는 것이고, 목적물에 설정된 근저당권이나 압류등기 등의 권리제한 요소의 말소비용과 같은 이행비용은 매도인이 부담하는 것이 원칙이다.
③ 그러나 이는 강행규정이 아니므로 당사자 합의로 달리 정할 수 있다.

2 매매의 예약

1. 예약의 의의

① **예약**이란 장차 본계약을 체결할 것을 미리 약속하는 계약을 말한다. 매매의 예약은 보통 청구권을 확보하기 위해서나 채권을 담보하는 수단으로서 활용된다.

② 예약은 언제나 채권계약이다. 그러나 본계약은 채권계약일 수도 있고, 물권계약일 수도 있고, 신분법상의 계약일 수도 있다.

2. 예약의 종류

(1) 편무예약과 쌍무예약

① 이는 본계약 체결의무(승낙의무)를 누가 부담하느냐에 따른 구별이다.

② 본계약 체결의무를 어느 일방이 부담하면 편무예약이라 하고, 쌍방 모두 부담하면 쌍무예약이라 한다.

(2) 일방예약과 쌍방예약

① 이는 예약완결권을 누가 가지느냐에 따른 구별이다.

② 예약완결권을 어느 일방이 가지면 일방예약이라 하고, 쌍방 모두 가지면 쌍방예약이라 한다.

3. 매매의 일방예약

(1) 의의

> **제564조【매매의 일방예약】** ① 매매의 일방예약은 상대방이 매매를 완결할 의사를 표시하는 때에 매매의 효력이 생긴다.
> ② 전항의 의사표시의 기간을 정하지 아니한 때에는 예약자는 상당한 기간을 정하여 매매완결 여부의 확답을 상대방에게 최고할 수 있다.
> ③ 예약자가 전항의 기간 내에 확답을 받지 못한 때에는 예약은 그 효력을 잃는다.

① **일방예약의 법적 성질**: 일방예약은 예약완결권의 행사를 정지조건으로 하는 채권계약이라는 것이 다수설이다.

② 민법은 제564조에서 매매의 일방예약은 상대방이 매매를 완결할 의사를 표시하는 때에 매매의 효력이 생긴다고 규정하여 '매매의 일방예약'만을 규정하고 있다. 이를 근거로 하여 매매의 예약은 일방예약으로 추정한다.

③ 제564조는 모든 유상계약에 준용되므로(제567조), 다른 약정이나 관습이 없으면 낙성·유상계약의 예약은 일방예약으로 효력을 가진다.

(2) 법적 성격

① 매매의 일방예약은 예약권리자의 완결의 의사표시를 정지조건으로 하여 매매의 효력이 발생하는 정지조건부 매매라는 것이 다수설이다.
② 본계약은 예약완결권 행사를 정지조건으로 하여 예약 시에 성립하되, 소급효의 특약이 없는 한 그 효력은 조건성취 시인 예약완결권 행사 시부터 생긴다.

(3) 성립요건

특별한 요건은 없으나, 본계약인 매매가 성립할 수 있어야 한다. 즉, 매매의 예약은 당사자의 일방이 매매를 완결할 의사를 표시한 때에 매매의 효력이 생기는 것이므로, 적어도 일방예약이 성립하려면 그 예약에 터잡아 맺어질 본계약의 요소가 되는 매매목적물, 이전방법, 매매가액 및 지급방법 등의 내용이 확정되어 있거나 확정할 수 있어야 한다(93다4908).

(4) 예약완결권(豫約完結權)

① 매매의 일방예약에 의하여 예약완결권자는 상대방에 대하여 매매완결의 의사표시를 할 수 있는 권리를 가지는데, 이를 예약완결권이라고 하며 그 성질은 형성권이다.
② 부동산물권에 관한 예약완결권은 가등기를 할 수 있고, 가등기를 하면 제3자에게 대항할 수 있다.

(5) 예약완결권의 양도

예약완결권은 재산권이므로 양도성이 있다. 다만, 예약완결권을 양도한 경우에는 채권양도의 대항요건(제450조)을 갖추어야 한다.

(6) 예약완결권의 행사 및 효과

① 매매예약에 있어서는 예약완결권자가 의무자에 대하여 매매를 완결할 의사를 표시함으로써 매매는 성립한다.
② 예약완결권은 형성권이므로, 그 행사는 예약완결권자의 예약의무자에 대한 일방적 의사표시로 한다.
③ 예약완결권이 양도된 경우는 당연히 양수인이 완결의 의사표시를 하여야 한다.
④ 다만, 예약완결권이 가등기된 경우 목적부동산이 양도된 때에는 가등기의무자인 예약상의 상대방(양도인)에게 예약완결권을 행사하여야 하고, 가등기에 기한 본등기가 신청되면 목적부동산에 관한 양수인 명의의 본등기는 직권으로 말소된다.

(7) 예약완결권의 존속기간

① 매매예약의 완결권은 일종의 형성권으로서 당사자 사이에 행사기간을 약정한 때에는 그 기간 내에, 약정이 없는 때에는 예약이 성립한 때로부터 10년 내에 이를 행사하여야 하고,

그 기간을 지난 때에는 예약 완결권은 제척기간의 경과로 인하여 소멸한다. 한편 당사자 사이에 약정하는 예약 완결권의 행사기간에 특별한 제한은 없다(2016다42077).

② **예약완결권의 행사기간을 정하지 않은 경우**
  ㉠ 예약이 성립한 때로부터 최장 10년의 제척기간에 걸린다.
  ㉡ 약정이 없는 경우 예약자는 상당한 기간을 정하여 매매완결 여부의 확답을 상대방(예약완결권자)에게 최고할 수 있다. 이 경우 예약자가 상당한 기간 내에 확답을 받지 못한 경우에는 그 예약은 효력을 상실한다(제564조 제2항 및 제3항).

③ 매매의 일방예약에서 예약자의 상대방이 매매완결의 의사를 표시하여 매매의 효력을 생기게 하는 권리(이른바 예약완결권)는 일종의 형성권으로서 당사자 사이에 그 행사기간을 약정한 때에는 그 기간 내에, 그러한 약정이 없는 때에는 예약이 성립한 때부터 10년 내에 이를 행사하여야 하고 위 기간을 도과한 때에는 상대방이 예약목적물인 부동산을 인도받은 경우라도 예약완결권은 제척기간의 경과로 인하여 소멸된다(91다44766).

④ 제척기간의 도과 여부는 법원의 직권조사사항이다.

개념적용 문제

매매의 예약에 관한 설명으로 옳지 않은 것은? (다툼이 있으면 판례에 따름) 제27회 기출

① 매매의 일방예약은 예약완결자가 매매를 완결할 의사를 표시하는 때에 매매의 효력이 생긴다.
② 예약목적물인 부동산을 인도받은 경우, 예약완결권은 제척기간의 경과로 인하여 소멸하지 않는다.
③ 예약완결권을 재판상 행사하는 경우, 그 의사표시가 담긴 소장 부본이 제척기간 내에 상대방에게 송달되면 적법하게 예약완결권을 행사하였다고 볼 수 있다.
④ 매매예약 완결의 의사표시 전에 목적물이 멸실된 경우, 매매예약 완결의 의사표시를 하여도 매매의 효력은 발생하지 않는다.
⑤ 예약완결권의 제척기간 도과 여부는 법원이 직권으로 조사하여 재판에 고려하여야 한다.

해설 매매의 일방예약에서 예약자의 상대방이 매매완결의 의사를 표시하여 매매의 효력을 생기게 하는 권리(이른바 예약완결권)는 일종의 형성권으로서 당사자 사이에 그 행사기간을 약정한 때에는 그 기간 내에, 그러한 약정이 없는 때에는 예약이 성립한 때부터 10년 내에 이를 행사하여야 하고 위 기간을 도과한 때에는 상대방이 예약목적물인 부동산을 인도받은 경우라도 예약완결권은 제척기간의 경과로 인하여 소멸된다(91다44766)

정답 ②

3 계약금(契約金)

1. 의의

① 계약금이란 계약을 체결하면서 그에 부수하여 당사자 일방이 상대방에 대하여 교부하는 금전 기타 유가물을 말한다.
② 이러한 계약금은 계약당사자 사이의 계약금계약에 의하여 수수된다.

2. 계약금계약의 성질

(1) 요물계약

① 계약금계약은 금전 기타 유가물의 현실적 교부를 성립요건으로 하는 요물계약이다.
② 계약금계약은 금전 기타 유가물의 교부를 요건으로 하므로 단지 계약금을 지급하기로 약정만 한 단계에서는 아직 계약금으로서의 효력, 즉 민법 규정에 의해 계약해제를 할 수 있는 권리는 발생하지 않는다고 할 것이다(2007다73611).
③ 당사자가 계약금의 일부만을 먼저 지급하고 잔액은 나중에 지급하기로 약정하거나 계약금 전부를 나중에 지급하기로 약정한 경우, 교부자가 계약금의 잔금이나 전부를 약정대로 지급하지 않으면 상대방은 계약금지급의무의 이행을 청구하거나 채무불이행을 이유로 계약금약정을 해제할 수 있고, 나아가 위 약정이 없었더라면 주계약을 체결하지 않았을 것이라는 사정이 인정된다면 주계약도 해제할 수도 있을 것이나, 교부자가 계약금의 잔금 또는 전부를 지급하지 아니하는 한 계약금계약은 성립하지 아니하므로 당사자가 임의로 주계약을 해제할 수는 없다 할 것이다(2007다73611).

(2) 독립된 계약·종된 계약

① 계약금계약은 독립된 계약으로서 주된 계약과 동시에 행하여질 필요는 없다.
② 계약금계약은 매매계약 등에 부수하여 이루어지는 종된 계약이다.
③ 따라서 주된 계약의 효력이 무효·취소·해제 등으로 소멸하면 계약금계약도 당연히 실효된다(부종성).

3. 계약금의 종류

(1) 증약금

증약금이란 계약체결의 증거로서의 의미를 가지는 계약금을 말한다. 모든 계약금은 언제나 증약금으로서 성질을 가진다.

(2) 해약금(解約金) - 반대약정이 없는 한

해약금이란 계약의 해제권을 유보(보류)하기 위하여 수수된 계약금을 말한다. 민법은 계약금을 해약금으로 추정하고 있다(제565조 제1항). 이에 관하여는 별도로 설명한다.

(3) 위약금 - 계약금을 위약금으로 하는 특약이 있는 경우에만

① **위약금**이란 채무불이행 등의 계약 위반행위가 있는 경우에 위반자(채무자)가 상대방(채권자)에게 지급하기로 약정한 금전으로서 계약 내용의 이행확보수단으로서의 계약금을 말한다.

② 계약금이 위약금으로서의 성질을 가지기 위해서는 계약금을 위약금으로 한다는 특약이 존재하여야 한다. 또한 계약금을 위약금으로 하는 특약을 한 경우 이는 해약금과 손해배상예정으로서의 성질을 동시에 갖게 된다(95다33726).

③ 계약금을 위약금으로 특약을 한 경우 그 위약금은 그 약정의 구체적 내용에 따라 손해배상액의 예정과 위약벌로 구분된다. 다만, 위약금의 성질을 특별히 정하지 않은 경우 위약금에 관한 특약은 손해배상예정으로 추정한다.

　㉠ 손해배상액의 예정

　　ⓐ 채무불이행의 경우에 채무자가 지급하여야 할 손해배상액을 당사자가 미리 계약으로 정하는 것으로서 "계약금을 교부한 자가 계약을 위반한 경우 이를 몰수당하고, 교부받은 자가 계약을 위반한 경우에는 그 배액을 상환하기로 한다."라는 약정이 있으면 이것이 위약금 약정으로서 손해배상의 예정이다.

　　ⓑ 계약금을 손해배상의 예정으로 정한 경우 실손해가 계약금을 초과하는 경우에도 계약금의 한도 내에서만 몰수할 수 있고 추가로 손해배상을 청구할 수는 없으며, 반대로 실손해가 계약금에 미달하는 경우에도 계약금 전액을 몰수할 수 있다.

　　ⓒ 위약금 약정을 하더라도 해약금으로서의 성질이 없어지는 것은 아니므로, 계약금이 해약금과 손해배상예정액의 성질을 겸하는 경우 해약금에 의한 계약해제를 하면서 손해배상예정액이 과다하다는 이유로 그 감액을 청구하여 계약금의 일부를 돌려받을 수 있다(95다33726).

　　ⓓ 또한 예정된 배상액이 부당하게 과다한 경우에는 법원이 이를 직권으로 감액하거나, 당사자가 법원에 감액을 청구할 수 있다(제398조).

　　ⓔ 매도인의 귀책사유로 매매계약이 해제된 경우에 대해서만 위약금 약정을 둔 경우, 매수인의 귀책사유로 매매계약이 해제되는 경우에도 매수인에게 위약금 지급의무가 인정되지 않는다(2007다40765).

　㉡ **위약벌**

　　ⓐ 채무자가 채무를 이행하지 않을 경우 손해배상 이외에 별도로 사적 제재로서 벌금을 받기로 약정한 경우에 이를 위약벌이라 한다.

ⓑ 위약벌의 특약이 있는 경우, 채무자의 채무불이행 등 계약위반을 이유로 계약금을 몰수하는 것과는 별도로 채무불이행을 이유로 손해배상을 별도로 청구할 수 있다.

ⓒ 위약벌의 약정은 채무의 이행을 확보하기 위하여 정해지는 것으로서 손해배상의 예정과는 내용이 다르므로 손해배상의 예정에 관한 민법 제398조 제2항을 유추적용하여 감액할 수 없으나, 의무의 강제로 얻어지는 채권자의 이익에 비하여 약정된 벌이 과도하게 무거울 때에는 일부 또는 전부가 공서양속에 반하여 무효로 된다. 다만 위약벌 약정과 같은 사적 자치의 영역을 일반조항인 공서양속을 통하여 제한적으로 해석할 때에는 계약의 체결 경위와 내용을 종합적으로 검토하는 등 매우 신중을 기하여야 한다(2014다14511).

ⓓ 위약금의 약정이 손해배상액의 예정과 위약벌의 성질을 함께 가지는 것으로 볼 수 있는 경우 특별한 사정이 없는 한 민법 제398조 제2항에 따라 위약금 전체 금액을 기준으로 감액을 할 수 있다(2016다257978).

4. 해약금에 의한 계약해제(계약금은 해약금으로 추정)

> **제565조【해약금】** ① 매매의 당사자 일방이 계약 당시에 금전 기타 물건을 계약금, 보증금 등의 명목으로 상대방에게 교부한 때에는 당사자간에 다른 약정이 없는 한 당사자의 일방이 이행에 착수할 때까지 교부자는 이를 포기하고 수령자는 그 배액을 상환하여 매매계약을 해제할 수 있다.
> ② 제551조의 규정(해지, 해제와 손해배상)은 전항의 경우에 이를 적용하지 아니한다.

계약금이 교부된 경우 우리 민법에서 계약금은 원칙적으로 해약금으로서 성질을 가지는 것으로 추정하고 있다. 민법 제565조의 해약금은 당사자간에 다른 약정이 없는 경우에 한하여 인정되는 것이고, 만일 당사자가 계약금을 해약금으로 하지 않기로 특별히 약정을 하였다면 계약금은 해약금이 아니므로 계약금을 해약금으로 하여 해제권을 행사할 수 없다(2008다50615).

(1) 해제방법

① 당사자 일방이 이행에 착수할 때까지 교부자는 이를 포기하고, 수령자는 배액을 상환하여 계약을 해제할 수 있다.
② 교부자는 해제권을 행사하면 당연히 계약금포기의 효력이 발생하므로 별도의 포기의사가 필요 없다.
③ 그러나 수령자는 해제의 의사표시만으로는 부족하고 반드시 현실적으로 배액을 이행 제공하여야만 해제권을 행사할 수 있다.
④ 다만, 상대방이 수령하지 않는다고 하여 공탁까지 할 필요는 없다(91다2151).

(2) 행사기간

① 해제권을 행사할 수 있는 기간은 당사자의 일방이 이행에 착수할 때까지이다.

㉠ '이행의 착수'란 채무이행의 일부를 행하거나 이행에 필요한 전제행위를 하는 것을 말하고 이행의 준비만으로는 부족하다(2007다72274).
㉡ 중도금을 지급한다든가 잔금을 준비하고 가옥의 명도·소유권이전등기할 것을 촉구하는 것, 등기서류를 제공하는 것 등은 이행의 착수에 해당된다.

판례 **이행의 착수**

① 매수인이 매매대금 중 일부에 대한 제공(제의)(93다11968)
② 매수인이 매도인의 동의하에 매매계약의 계약금 및 중도금 지급을 위하여 은행도 어음을 교부한 경우(2002다46492)
③ 매수인이 중도금 일부의 지급에 갈음하여 매도인에게 제3자에 대한 대여금채권을 양도하기로 약정하고, 그 자리에 제3자도 참석한 경우(2005다39594)

② '당사자의 일방'이란 매매계약의 양 당사자 중 어느 일방을 말한다. 따라서 매도인이 이행에 착수한 바가 없더라도 매수인이 이미 이행에 착수한 경우 매도인과 매수인 양 당사자는 더 이상 해약금에 의한 계약해제는 할 수 없다(99다62074).

판례 **계약금에 의한 계약의 해제**

① 계약금계약은 금전 기타 유가물의 교부를 요건으로 하므로 단지 계약금을 지급하기로 약정만 한 단계에서는 아직 계약금으로서의 효력, 즉 민법 규정에 의해 계약해제를 할 수 있는 권리는 발생하지 않는다고 할 것이다(2007다73611).
② 당사자가 계약금의 일부만을 먼저 지급하고 잔액은 나중에 지급하기로 약정하거나 계약금 전부를 나중에 지급하기로 약정한 경우, 교부자가 계약금의 잔금이나 전부를 약정대로 지급하지 않으면 상대방은 계약금지급의무의 이행을 청구하거나 채무불이행을 이유로 계약금 약정을 해제할 수 있고, 나아가 위 약정이 없었더라면 주계약을 체결하지 않았을 것이라는 사정이 인정된다면 주계약도 해제할 수도 있을 것이다(2007다73611).
③ 계약금을 교부하기로 약정한 자가 계약금의 잔금 또는 전부를 지급하지 아니하는 한 계약금계약은 성립하지 아니하므로 당사자가 임의로 주계약을 해제할 수는 없다 할 것이다(2007다73611).
④ 계약금 일부만 지급된 경우 수령자가 (특약 등을 근거로) 매매계약을 해제할 수 있다고 하더라도, 그 해약금의 기준이 되는 금원은 '실제 교부받은 계약금'이 아니라 '약정 계약금'이라고 봄이 타당하다. '실제 교부받은 계약금'의 배액만을 상환하여 매매계약을 해제할 수 있다면 이는 당사자가 일정한 금액을 계약금으로 정한 의사에 반하게 될 뿐 아니라, 교부받은 금원이 소액일 경우에는 사실상 계약을 자유로이 해제할 수 있어 계약의 구속력이 약화되는 결과가 되어 부당하기 때문이다(2014다231378).
⑤ 이행기의 약정이 있더라도 당사자가 채무의 이행기 전에는 착수하지 아니하기로 하는 특약을 하는 등의 특별한 사정이 없는 한 이행기 전에 이행에 착수할 수 있다. 따라서 매수인이 중도금을 이행기 전에 지급한 경우, 이는 적법한 이행의 착수에 해당한다(92다31323).
⑥ 매매계약의 체결 이후 시가 상승이 예상되자 매도인이 구두로 구체적인 금액의 제시 없이 매매대금의 증액요청을 하였고, 매수인이 이에 대하여 확답하지 않은 상태에서 중도금을 이행기 전에 제공한 경우, 그 이후 매도인은 계약금의 배액을 공탁하여 해제권을 행사할 수 없다(2004다11599).

(3) 해약금에 의한 해제의 효과

① 해약금에 의한 계약해제에 의하여 계약이 소급적으로 실효된다.
② 그러나 해약금에 의한 계약해제는 채무불이행을 원인으로 한 것이 아니므로 손해배상의 문제는 발생하지 않으며, 이행한 것이 없으므로 원상회복의무의 문제도 발생하지 않는다.
③ 계약금이 교부되어 해약금·위약벌로 특약이 있는 경우 이는 약정해제사유로서 이에 의한 계약해제는 채무불이행으로 인한 계약해제(법정해제)에 영향을 미치지 않는다.
④ 즉, 해약금·위약벌의 특약이 있는 경우에도 채무자의 채무불이행이 있으면 채무불이행을 이유로 계약을 해제할 수 있다.

> **판례** 위약벌의 특약과 법정해제
>
> 계약서에 명문으로 위약 시의 법정해제권의 포기 또는 배제를 규정하지 않은 이상 계약당사자 중 어느 일방에 대한 약정해제권의 유보 또는 위약벌에 관한 특약의 유무 등은 채무불이행으로 인한 법정해제권의 성립에 아무런 영향을 미칠 수 없다(89다카14110).

5. 계약의 이행과 계약금의 반환

① 당해 계약이 해제되지 않고 이행된 경우 계약금의 수령자는 교부자에게 그 계약금을 반환하여야 한다.
② 반환하여야 할 계약금은 현존 여부를 묻지 않고 당연히 받은 금액이 된다.
③ 그러나 관례상 일반적으로 계약금은 매수인이 매도인에게 지급하는 금전인 경우가 많으므로, 이러한 경우에는 매매계약이 이행되는 때에 계약금은 매매대금으로 충당되는 것이 일반적이다.

> **개념적용 문제**
>
> 甲은 乙 소유의 X토지를 3억원에 매수하면서 계약금으로 3천만원을 乙에게 지급하기로 약정하고, 그 즉시 계약금 전액을 乙의 계좌로 입금하였다. 이에 관한 설명으로 옳지 않은 것은? (다툼이 있으면 판례에 따름) 제25회 기출
>
> ① 甲과 乙의 계약금계약은 요물계약이다.
> ② 甲과 乙 사이에 다른 약정이 없는 한 계약금은 해약금의 성질을 갖는다.
> ③ 乙에게 지급된 계약금은 특약이 없는 한 손해배상액의 예정으로 볼 수 없다.
> ④ 만약 X토지가 토지거래허가구역 내의 토지이고 甲과 乙이 이행에 착수하기 전에 관할 관청으로부터 토지거래허가를 받았다면, 甲은 3천만원을 포기하고 매매계약을 해제할 수 있다.
> ⑤ 乙이 甲에게 6천만원을 상환하고 매매계약을 해제하려는 경우, 甲이 6천만원을 수령하지 않는 때에는 乙은 이를 공탁해야 유효하게 해제할 수 있다.
>
> **해설** 매매당사자간에 계약금을 수수하고 계약해제권을 유보한 경우에 매도인이 계약금의 배액을 상환하고 계약을 해제하려면 계약해제 의사표시 이외에 계약금 배액의 이행의 제공이 있으면 족하고 상대방이 이를 수령하지 아니한다 하여 이를 공탁하여야 유효한 것은 아니다(91다2151).
>
> **정답** ⑤

제3절 매매의 효력

1 매매의 기본적 효력

매매가 성립하면 그 효력으로서 매도인은 매매의 목적인 재산권을 매수인에게 이전하여야 하고, 매수인은 매매대금을 매도인에게 지급하여야 한다(제568조). 그 밖에 매매의 목적인 재산권에 하자가 있거나 또는 매매목적물에 하자가 있는 경우에 매도인은 민법에서 규정한 일정한 책임을 진다(제570조 내지 제584조). 결국 매매의 효력의 내용은 '매도인의 재산권이전의무', '매수인의 대금지급의무', '매도인의 담보책임'으로 크게 나누어 볼 수 있다.

1. 매도인의 재산권이전의무의 내용

> **제568조【매매의 효력】** ① 매도인은 매수인에 대하여 매매의 목적이 된 권리를 이전하여야 하며 매수인은 매도인에게 그 대금을 지급하여야 한다.
> ② 전항의 쌍방의무는 특별한 약정이나 관습이 없으면 동시에 이행하여야 한다.

① 매도인은 매수인에게 재산권이전에 필요한 모든 행위를 하여야 한다. 즉, 재산권 변동에 필요한 급부를 종국적으로 이행하여야 한다.

㉠ 예를 들면, 소유권의 취득을 위하여 부동산의 경우에는 등기를, 동산의 경우에는 인도를, 채권의 경우에는 대항요건을 갖출 수 있도록 매도인은 협력·이행할 의무(채무)를 진다.

㉡ 또한 부동산의 점유를 내용으로 하는 물권의 매매에서는 등기 외에도 목적물의 점유도 이전하여야 한다. 그리고 타인의 토지에 건물을 소유하고 있는 자(지상권자·토지임차권자)가 그 건물을 매도한 경우 매수인에게 그 토지에 대한 사용권(지상권·토지임차권)을 갖게 해주어야 한다.

> **판례** **매매계약과 물권적 청구권**
>
> ① 토지의 매수인이 아직 소유권이전등기를 경료받지 아니하였다 하여도 매매계약의 이행으로 그 토지를 인도받은 때에는 매매계약의 효력으로서 이를 점유·사용할 권리가 생기게 된 것으로 보아야 하고, 또 매수인으로부터 위 토지를 다시 매수한 자는 위와 같은 토지의 점유·사용권을 취득한 것으로 봄이 상당하므로 매도인은 매수인으로부터 다시 위 토지를 매수한 자에 대하여 토지소유권에 기한 물권적 청구권을 행사할 수 없다(97다42823).
> ② 부동산의 매매계약이 체결된 경우에는 매도인의 소유권이전등기의무 및 인도의무와 매수인의 잔대금지급의무는 동시이행의 관계에 있는 것이 원칙이고, 이 경우 매도인은 특별한 사정이 없는 한 제한이나 부담이 없는 완전한 소유권이전등기의무를 지는 것이므로 매매목적 부동산에 가압류등기 등이 되어 있는 경우에는 매도인은 이와 같은 등기도 말소하여 완전한 소유권이전등기를 해 주어야 하는 것이다. 따라서 가압류등기 등이 있는 부동산의 매매계약에 있어서는 매도인의 소유권이전등기의무와 아울러 가압류등기의 말소의무도 매수인의 대금지급의무와 동시이행관계에 있다고 할 것이다(2000다8533).

㉢ 매도인이 주물 또는 주된 권리를 매매한 경우 특약이 없는 한 종물 또는 종된 권리도 함께 이전해 주는 것이 원칙이다.

㉣ 타인의 권리를 매매한 경우에는 매도인은 타인으로부터 그 권리를 취득하여 매수인에게 이전하여야 한다(제569조).

㉤ 매매목적 부동산에 압류·가압류등기, 저당권·근저당권설정등기 등이 경료되어 있는 경우에는 매도인은 이와 같은 등기도 말소하여 아무런 부담이 없는 완전한 권리를 이전해 주어야 한다(2000다8533).

② 매도인의 이와 같은 (목적물의 인도를 포함한) 재산권이전의무와 매수인의 대금지급의무는 특약이나 관습이 없는 한 동시이행관계에 있다(제568조 제2항).

> **판례** 매도인의 의무
>
> ① 매매목적물인 아파트에 대하여 채권자의 가처분집행이 되어 있다고 해서 위 매매에 따른 소유권이전등기가 불가능한 것도 아니고, 다만 채권자가 본안소송에서 승소하여 채권자에게 소유권이전등기가 경료되는 경우에는 매수인이 소유권을 상실할 수 있으나 이는 담보책임 등으로 해결할 수 있고 경우에 따라서는 신의칙 등에 의해 대금지급채무의 이행을 거절할 수 있음에 그친다고 할 것이므로 매수인으로서는 위 가처분집행이 유지되고 있다는 점만으로 매도인이 계약을 위반하였다고 하여 위 매매계약을 해제할 수는 없다(94다6529).
> ② 매매목적물인 부동산에 근저당권설정등기나 가압류등기가 있는 경우에 매도인으로서는 위 근저당권설정등기나 가압류등기를 말소하여 완전한 소유권이전등기를 해 주어야 할 의무를 부담한다고 할 것이지만, 매매목적물인 부동산에 대한 근저당권설정등기나 가압류등기가 말소되지 아니하였다고 하여 바로 매도인의 소유권이전등기의무가 이행불능으로 되었다고 할 수 없고, 매도인이 미리 이행하지 아니할 의사를 표시한 경우가 아닌 한, 매수인이 매도인에게 상당한 기간을 정하여 그 이행을 최고하고 그 기간 내에 이행하지 아니한 때에 한하여 계약을 해제할 수 있다(2000다50688).

2. 매수인의 대금지급의무

(1) 의의

① 매수인은 매도인의 재산권이전에 대한 반대급부로서 대금지급의무를 진다(제568조 제1항).
② 특약이 없는 한 매수인의 대금지급의무는 매도인의 재산권이전의무와 동시이행관계에 있다(제568조 제2항).

(2) 동시이행

> **제585조【동일기한의 추정】** 매매의 당사자 일방에 대한 의무이행의 기한이 있는 때에는 상대방의 의무이행에 대하여도 동일한 기한이 있는 것으로 추정한다.

(3) 대금의 지급장소

① 대금지급채무는 금전채무로서 지참채무이므로 채권자(매도인)의 주소 또는 영업소에서 대금을 지급하는 것이 원칙이다(제467조 제2항).
② 그러나 매매의 목적물의 인도와 동시에 대금을 지급할 경우에는 그 인도장소에서 대금을 지급하여야 한다(제586조).

(4) 대금지급거절권과 매도인의 공탁청구

> **제588조【권리주장자가 있는 경우와 대금지급거절권】** 매매의 목적물에 대하여 권리를 주장하는 자가 있는 경우에 매수인이 매수한 권리의 전부나 일부를 잃을 염려가 있는 때에는 매수인은 그 위험의 한도에서 대금의 전부나 일부의 지급을 거절할 수 있다. 그러나 매도인이 상당한 담보를 제공한 때에는 그러하지 아니하다.
>
> **제589조【대금공탁청구권】** 전조의 경우에 매도인은 매수인에 대하여 대금의 공탁을 청구할 수 있다.

① 매수인이 대금지급을 거절할 수 있는 경우로는 동시이행의 항변권을 원용할 수 있는 경우(제536조)와 매매목적물에 대하여 권리를 주장하는 자가 있는 경우(제588조)이다.
② 매매의 목적물에 대하여 권리를 주장하는 자가 있는 경우에 매수인이 매수한 권리의 전부나 일부를 잃을 염려가 있는 때에는 매수인은 그 위험의 한도에서 대금의 전부나 일부의 지급을 거절할 수 있다.
③ 그러나 매도인이 상당한 (인적·물적) 담보를 (현실적) 제공한 때에는 대금지급을 거절할 수 없다.
④ 이때 매도인이 상당한 담보물권의 설정을 하거나 보증인이 보증계약을 요구한 때에 매수인은 이를 승낙할 의무를 진다(判).
⑤ 한편 매수인에게 위와 같은 대금지급거절권이 있는 경우에 매도인은 매수인에 대하여 대금의 공탁을 청구할 수 있고, 이러한 매도인의 공탁청구에 대하여 매수인이 공탁하지 않으면 매수인은 대금지급거절권을 잃는다.

> **판례** **대금지급거절권**
> 근저당권설정등기가 있어 완전한 소유권이전을 받지 못할 우려가 있는 경우 매수인은 그 근저당권의 말소등기가 될 때까지 그 등기상의 담보한도금액에 상당한 대금지급을 거절할 수 있다(87다카1029).

(5) 목적물수령의무

신의칙상 매수인(채권자)에게도 일반적인 목적물수령의무가 있고, 매수인(채권자)이 자신의 고의 또는 과실로 목적물을 수령할 수 없거나 그 수령을 거절하는 것은 채무불이행에 해당하므로, 채권자지체책임(제401조~제403조)을 부담하는 외에 계약해제와 손해배상책임의 불이익을 받을 수 있다.

3. 과실의 귀속과 대금의 이자

(1) 과실의 귀속

> **제587조【과실의 귀속, 대금의 이자】** 매매계약 있은 후에도 인도하지 아니한 목적물로부터 생긴 과실은 매도인에게 속한다. 매수인은 목적물의 인도를 받은 날로부터 대금의 이자를 지급하여야 한다. 그러나 대금의 지급에 대하여 기한이 있는 때에는 그러하지 아니하다.

① 매매계약이 있은 후에도 인도하지 아니한 목적물로부터 생긴 과실은 매도인에게 속한다. '인도 시를 기준'으로 매도인의 과실취득과 매수인의 대금지급은 서로 대응관계에 있기 때문이다.
② 소유권이전등기를 경료받은 매수인이 아직 대금을 완급하지 않은 이상 부동산으로부터 발생하는 과실은 매수인이 아니라 매도인에게 귀속되어야 한다(91다32527).
③ 그러나 매수인이 대금을 완납한 경우에는 매도인이 목적물을 점유하고 있더라도 그 목적물로부터 생긴 과실은 매수인에게 속한다(93다28928).

(2) 대금의 이자지급

① 매수인은 이행지체에 빠지거나 기한이 도래한 때로부터 이자를 지급하여야 하는 것이 원칙이다(제387조).
② 하지만 민법은 매매목적물의 인도를 받은 날로부터 대금의 이자를 지급하도록 규정하고 있다(제587조).
③ 그러나 매수인의 매매대금의 지급에 관하여 대금지급시기가 정해져 있다면 비록 목적물을 먼저 인도받았다 하더라도 그 지급시기가 도래할 때까지는 따로 이자를 지급할 필요가 없다(제587조).

2 매도인의 담보책임

1. 서설

(1) 의의

① <u>매도인의 담보책임</u>이란 매매의 목적물인 권리 또는 물건에 하자(흠) 내지 불완전한 점이 있는 경우 매도인이 매수인에 대하여 부담하는 책임을 말한다.
② 매도인의 담보책임에 대해서는 하자가 권리에 존재하는 경우와 물건에 존재하는 경우에 따라 담보책임의 유형을 달리 정하고 있다.
③ 매매 대상급부의 원시적 일부불능(一部不能)인 것을 포함한다(제574조).
④ 매도인의 담보책임규정은 매매 이외의 다른 유상계약에 준용된다(제567조).

(2) 법적 성질

① **법정책임**: 매도인의 담보책임은 매매계약의 유상성(대가성)에 비추어 매수인을 보호하고 거래안전을 보호하기 위하여 인정되는 법정책임이다. 즉, 매도인의 담보책임은 채무불이행책임이 아니라는 것이 통설이다.

② **무과실책임**: 매도인의 담보책임은 매도인이 목적물의 하자에 대한 고의 또는 과실이 없어도 책임을 지는 무과실책임이다.

③ 다만, 확대손해가 발생한 경우에 매도인에게 그 확대손해에 대한 배상책임을 지우기 위해서는 하자에 관해 매도인에게 귀책사유가 있어야 한다는 것이 판례이다(96다39455).

▶ 매도인의 담보책임과 채무불이행책임의 비교

구분	매도인의 담보책임	채무불이행책임
성립요건	매도인(채무자)의 고의·과실을 요건으로 하지 않는 무과실책임	채무자(매도인)의 고의·과실을 요건으로 하는 과실책임
매수인의 선의·악의	매수인(채권자)의 하자에 대한 선의·악의는 담보책임의 내용에 영향을 미침	채권자(매수인)의 선의·악의는 내용에 영향을 미치지 않음
계약해제	계약의 목적을 달성할 수 없는 경우에 한해 최고 없이 인정됨	채무불이행이 있는 경우 원칙적으로 최고하고 계약을 해제함
손해배상	매수인이 선의인 경우에만 원칙적으로 손해배상청구권이 인정됨	채권자의 선의·악의를 불문하고 손해배상청구권이 인정됨
권리의 행사기간	1년 또는 6월의 제척기간의 적용을 받음	통상의 소멸시효의 적용을 받음

2. 권리의 하자에 대한 매도인의 담보책임

(1) 권리의 전부가 타인에게 속하는 경우

> 제569조【타인의 권리의 매매】 매매의 목적이 된 권리가 타인에게 속한 경우에는 매도인은 그 권리를 취득하여 매수인에게 이전하여야 한다.
>
> 제570조【동전 – 매도인의 담보책임】 전조의 경우에 매도인이 그 권리를 취득하여 매수인에게 이전할 수 없는 때에는 매수인은 계약을 해제할 수 있다. 그러나 매수인이 계약 당시 그 권리가 매도인에게 속하지 아니함을 안 때에는 손해배상을 청구하지 못한다.
>
> 제571조【동전(同前) – 선의의 매도인의 담보책임】 ① 매도인이 계약당시에 매매의 목적이 된 권리가 자기에게 속하지 아니함을 알지 못한 경우에 그 권리를 취득하여 매수인에게 이전할 수 없는 때에는 매도인은 손해를 배상하고 계약을 해제할 수 있다.
> ② 전항의 경우에 매수인이 계약 당시 그 권리가 매도인에게 속하지 아니함을 안 때에는 매도인은 매수인에 대하여 그 권리를 이전할 수 없음을 통지하고 계약을 해제할 수 있다.

① 의의

㉠ 타인의 권리의 매매도 유효하다. 그러나 매도인이 그 권리를 취득하여 매수인에게 이전할 수 없는 때에는 매도인은 그에 대한 담보책임을 지게 된다.

ⓒ 예컨대, 乙이 甲의 부동산을 매수하여 다시 丙에게 매각하였으나, 乙이 甲으로부터 등기이전을 받기 전에 甲이 丁에게 이중으로 매각하고 이전등기를 하여 丁이 그 부동산소유권을 취득한 경우, 乙은 그 권리를 취득할 수 없게 되므로 제570조가 적용된다.

② **성립요건**: 매매목적물이 현존(現存)하나 그것이 타인의 권리에 속하기 때문에 이전할 수 없는 경우이어야 한다. 매매목적물 자체가 전혀 존재하지 않거나 계약체결 전에 이미 소실된 경우에는 원시적 전부불능의 문제로서 계약체결상의 과실책임(제535조)이 문제될 뿐 담보책임의 문제는 발생하지 않는다.

> **판례** 타인권리에 대한 매매
> ① 타인의 물건이 매매의 목적인 때에는 그 매매계약은 유효하며, 원시적 불능으로서 무효가 되는 것은 아니다(93다20283).
> ② 명의신탁자는 그 부동산을 사실상 처분할 수 있을 뿐만 아니라 법률상으로도 처분할 수 있는 권한이 있으므로 이는 민법 제569조의 타인의 권리매매에 해당하지 않는다(96다18656).

③ **담보책임의 내용**
　㉠ 계약해제권: 매매계약의 목적달성이 불가능하기 때문에 매수인은 선의·악의를 불문하고 최고 없이 계약을 해제할 수 있다.
　㉡ 손해배상청구권
　　ⓐ 매수인이 선의인 경우에는 계약의 해제와 더불어 손해배상을 청구할 수 있다.
　　ⓑ 손해배상액의 범위는 불능 당시의 시가를 표준으로 하여 완전히 이행된 것과 동일한 경제적 이익(이행이익)을 배상할 의무가 있다(66다2618 전합).
　　ⓒ 손해배상액의 산정시기는 이행불능 당시의 시가를 표준으로 산정된다(判).
　㉢ 제척기간의 적용 여부: 제570조에서 인정되는 계약해제권과 손해배상청구권의 행사에는 제척기간의 규정을 두고 있지 않다.
　㉣ 채무불이행책임과의 경합 여부: 매수인이 악의인 경우, 담보책임으로서의 손해배상을 청구할 수 없는 때에도 매도인에게 책임 있는 사유로 이행불능이 되었다면 채무불이행에 기한 손해배상을 청구할 수는 있다(93다37328).

④ **선의의 매도인의 계약 해제권**
　㉠ 매수인이 선의인 경우: 매도인이 계약 당시에 매매의 목적이 된 권리가 자기에게 속하지 아니함을 알지 못한 경우에 그 권리를 취득하여 매수인에게 이전할 수 없는 때에는 선의의 매도인은 손해를 배상하고 계약을 해제할 수 있다(제571조 제1항).
　㉡ 매수인이 악의인 경우: 매수인이 계약 당시 그 권리가 매도인에게 속하지 아니함을 안 때에는 선의의 매도인은 매수인에 대하여 그 권리를 이전할 수 없음을 통지하고 계약을 해제할 수 있다(제571조 제2항).

ⓒ 이 규정은 본래적 의미의 담보책임의 내용이 아니라 선의의 매도인을 보호하기 위한 특별규정에 해당한다.

(2) 권리의 일부가 타인에게 속하는 경우

> **제572조【권리의 일부가 타인에게 속한 경우와 매도인의 담보책임】** ① 매매의 목적이 된 권리의 일부가 타인에게 속함으로 인하여 매도인이 그 권리를 취득하여 매수인에게 이전할 수 없는 때에는 매수인은 그 부분의 비율로 대금의 감액을 청구할 수 있다.
> ② 전항의 경우에 잔존한 부분만이면 매수인이 이를 매수하지 아니하였을 때에는 선의의 매수인은 계약 전부를 해제할 수 있다.
> ③ 선의의 매수인은 감액청구 또는 계약해제 외에 손해배상을 청구할 수 있다.
> **제573조【전조의 권리행사의 기간】** 전조의 권리는 매수인이 선의인 경우에는 사실을 안 날로부터, 악의인 경우에는 계약한 날로부터 1년 내에 행사하여야 한다.

① **의의**: 매매의 목적인 권리의 일부가 타인에게 속하기 때문에 매도인이 그 부분의 권리를 매수인에게 이전할 수 없는 경우, 매도인이 부담하는 담보책임을 말한다.

② **성립요건**
ⓐ 매매목적물에 관한 권리의 일부가 타인에게 속하기 때문에 그 권리를 이전할 수 없어야 한다.
ⓑ 단일한 권리의 일부가 타인에 속하는 경우뿐만 아니라 수개의 권리를 일괄하여 매매의 목적으로 정한 경우에도 그 가운데 이전할 수 없게 된 권리부분이 차지하는 비율에 따른 대금 산출이 불가능한 경우에는 제572조가 적용된다는 것이 판례의 태도이다.

③ **담보책임의 내용**
ⓐ 대금감액청구권: 매수인의 선의·악의를 불문하고 타인에게 속하는 부분의 비율로 대금의 감액을 청구할 수 있다. 대금감액청구권은 계약의 일부해제에 해당하므로 형성권이다.
ⓑ 계약해제권: 선의의 매수인은 이전된 부분만이면 이를 매수하지 않았으리라는 사정이 있는 경우 계약 전부를 해제할 수 있다.
ⓒ 손해배상청구권: 매수인이 선의인 경우 대금감액 또는 계약해제를 하면서 손해배상도 함께 청구할 수 있다.
ⓓ 제척기간: 선의의 매수인은 그 사실을 안 날로부터 1년 내에, 악의의 매수인은 계약한 날로부터 1년 내에 권리를 행사하여야 한다.

> **판례** **선의의 매수인이 사실을 안 날의 의미**
> 선의의 매수인이 사실을 안 날이라 함은 권리의 일부가 타인에게 속한 사실을 안 날이 아니라 그 때문에 매도인이 이를 취득하여 매수인에게 이전할 수 없게 되었음이 확실하게 된 사실을 안 날을 말하는 것이다 (91다27396).

(3) 목적물의 수량부족·일부멸실의 경우

> **제574조【수량부족, 일부멸실의 경우와 매도인의 담보책임】** 전2조의 규정은 수량을 지정한 매매의 목적물이 부족되는 경우와 매매목적물의 일부가 계약 당시에 이미 멸실된 경우에 매수인이 그 부족 또는 멸실을 알지 못한 때에 준용한다.

① **의의**: 수량을 지정하여 매매한 경우에 매매목적물의 수량이 부족한 때에는 소유권의 내용인 수량에 감소가 생기고, 또한 매매목적물의 일부가 계약 당시에 이미 멸실한 경우에도 역시 소유권의 일부에 흠결이 있게 된다. 이때 매도인이 매수인에게 부담하는 담보책임을 말한다.

② **성립요건**
  ㉠ 수량부족
    ⓐ 수량을 지정한 매매에 있어서 목적물의 수량이 부족하여야 한다. 수량을 지정한 매매라 함은 당사자가 매매의 목적인 특정물이 일정한 수량을 가지고 있다는 데에 주안점을 두고, 대금도 그 수량을 기준으로 하여 정한 경우를 말한다(判).
    ⓑ 매매목적물은 특정물이어야 한다. 종류물 매매에 있어서는 급부된 물건이 부족한 경우 이는 채무불이행책임이 문제될 뿐 담보책임의 문제는 발생하지 않는다.

> **판례** 수량부족과 매도인의 담보책임
> 토지의 매매에 있어 목적물을 등기부상의 평수에 따라 특정한 경우라도 당사자가 그 지정된 구획을 전체로서 평가하였고 평수에 의한 계산이 하나의 표준에 지나지 아니하여 그것이 당사자들 사이에 대상토지를 특정하고 그 대금을 결정하기 위한 방편이었다고 보일 때에는 수량을 지정한 매매라 할 수 없다(90다15433).

  ㉡ 일부멸실
    ⓐ 매매목적물의 일부가 계약체결 당시에 이미 멸실되어야 한다.
    ⓑ 즉, 원시적·일부불능의 경우에 한한다. 다만, 원시적·전부/일부 불능에 있어서는 원칙적으로 '계약체결상 과실책임'이 문제되지만, 민법 제574조가 적용되는 범위에서는 계약체결상 과실책임이 발생하지 않는다.

③ **담보책임의 내용**
  ㉠ 매수인이 선의인 경우
    ⓐ 선의의 매수인은 권리의 일부가 타인에게 속하는 경우의 담보책임과 동일하게 대금감액청구권과 손해배상청구권을 가지며, 잔존한 부분만이면 매수하지 아니하였을 때에는 계약 전부를 해제할 수 있다.
    ⓑ 이때의 매수인의 위와 같은 권리는 하자를 안 날로부터 1년(제척기간) 내에 행사되어야 한다.

ⓒ 매수인이 악의인 경우: 매수인이 악의인 경우에는 매도인에 대하여 어떠한 내용의 담보책임도 물을 수 없다. 이는 원시적 불능인 것을 알면서 매수한 자를 보호할 필요가 없기 때문이다.

(4) 제한물권이 설정되어 있어서 용익권능의 제한을 받고 있는 경우

> **제575조 【제한물권 있는 경우와 매도인의 담보책임】** ① 매매의 목적물이 지상권, 지역권, 전세권, 질권 또는 유치권의 목적이 된 경우에 매수인이 이를 알지 못한 때에는 이로 인하여 계약의 목적을 달성할 수 없는 경우에 한하여 매수인은 계약을 해제할 수 있다. 기타의 경우에는 손해배상만을 청구할 수 있다.
> ② 전항의 규정은 매매의 목적이 된 부동산을 위하여 존재할 지역권이 없거나 그 부동산에 등기된 임대차계약이 있는 경우에 준용한다.
> ③ 전2항의 권리는 매수인이 그 사실을 안 날로부터 1년 내에 행사하여야 한다.

① **의의**: 매도인은 매수인에게 소유권을 완전하게 이전해야 할 의무를 부담하는데, 타인의 제한물권에 의하여 매매목적인 소유권이 용익상의 제한을 받고 있다면, 그러한 한도에서 소유권에 하자가 있는 것이고, 이때 매도인이 매수인에게 부담하는 담보책임을 말한다.

② **성립요건**
   ㉠ 매매목적물이 지상권, 지역권, 전세권, 질권 또는 유치권의 목적이 되어 있거나, 목적부동산 위에 등기된 임차권이나 「주택임대차보호법」상의 대항력을 갖춘 임차권이 존재하거나,
   ㉡ 매매의 목적이 된 부동산을 위하여 존재하여야 할 지역권이 없어야 한다.
   ㉢ 위의 제한으로 매수인이 목적물을 충분히 사용·수익할 수 없어야 한다.

③ **담보책임의 내용**
   ㉠ 계약해제권: 선의의 매수인은 계약의 목적을 달성할 수 없는 경우에 한하여 계약을 해제할 수 있다.
   ㉡ 손해배상청구권: 선의의 매수인은 언제나 손해배상을 청구할 수 있다.
   ㉢ 제척기간: 선의의 매수인의 계약해제권과 손해배상청구권은 용익적 권리의 존재 또는 지역권의 부존재 사실을 안 날로부터 1년 내에 행사되어야 한다.

(5) 저당권 또는 전세권의 행사로 소유권을 취득할 수 없거나 상실한 경우

> **제576조 【저당권, 전세권의 행사와 매도인의 담보책임】** ① 매매의 목적이 된 부동산에 설정된 저당권 또는 전세권의 행사로 인하여 매수인이 그 소유권을 취득할 수 없거나 취득한 소유권을 잃은 때에는 매수인은 계약을 해제할 수 있다.
> ② 전항의 경우에 매수인의 출재로 그 소유권을 보존한 때에는 매도인에 대하여 그 상환을 청구할 수 있다.
> ③ 전2항의 경우에 매수인이 손해를 받은 때에는 그 배상을 청구할 수 있다.
>
> **제577조 【저당권의 목적이 된 지상권, 전세권의 매매와 매도인의 담보책임】** 전조의 규정은 저당권의 목적이 된 지상권 또는 전세권이 매매의 목적이 된 경우에 준용한다.

① 의의
  ㉠ 매매목적물에 설정되어 있던 저당권 또는 전세권이 행사(경매실행)되어 제3자(경락인)가 소유권을 취득하게 되면, 단순히 매매계약만을 체결한 매수인은 소유권을 취득할 수 없게 되고,
  ㉡ 이미 소유권이전등기를 마친 매수인이라 하더라도 취득한 소유권을 상실하게 된다. 이때 매도인이 매수인에게 부담하는 담보책임을 말한다.

② 성립요건
  ㉠ 매매의 목적부동산에 저당권 또는 전세권이 설정되었다는 사실만으로는 담보책임이 발생하지 않고,
    ⓐ 저당권 또는 전세권의 실행으로 인하여 매수인이 매매의 목적부동산의 소유권을 취득할 수 없거나 취득한 소유권을 상실하거나,
    ⓑ 매매의 목적부동산에 설정된 저당권 또는 전세권의 실행에 의한 소유권 상실을 피하기 위하여 매수인이 자신의 출재(出財)로 저당권·전세권을 소멸시켜 그 소유권을 보존하거나,
    ⓒ 지상권 또는 전세권 위에 설정된 저당권이 실행되어 지상권 또는 전세권을 취득할 수 없거나 잃게 되는 경우 또는 매수인의 출재로 그러한 전세권·지상권을 보존한 경우이어야 한다.
  ㉡ 적용범위의 확대
    ⓐ 가등기의 목적이 된 부동산을 매수한 사람이 그 뒤 가등기에 기한 본등기가 경료됨으로써 그 부동산의 소유권을 상실하게 된 경우
    ⓑ 가압류 목적이 된 부동산을 매수한 이후 가압류에 기한 강제집행으로 부동산 소유권을 상실한 경우

> **판례** 매도인의 담보책임
> ① 가등기의 목적이 된 부동산을 매수한 사람이 그 뒤 가등기에 기한 본등기가 경료됨으로써 그 부동산의 소유권을 상실하게 된 때에는 매매의 목적 부동산에 설정된 저당권 또는 전세권의 행사로 인하여 매수인이 취득한 소유권을 상실한 경우와 유사하므로, 이와 같은 경우에는 민법 제570조가 아니라 제576조 규정이 준용되므로 같은 조 소정의 담보책임을 진다고 보아야 한다(92다21784).
> ② 가압류 목적이 된 부동산을 매수한 사람이 그 후 가압류에 기한 강제집행으로 부동산 소유권을 상실하게 되었다면 이는 매매의 목적 부동산에 설정된 저당권 또는 전세권의 행사로 인하여 매수인이 취득한 소유권을 상실한 경우와 유사하므로, 이와 같은 경우 매도인의 담보책임에 관한 민법 제576조의 규정이 준용된다고 보아 매수인은 같은 조 제1항에 따라 매매계약을 해제할 수 있고, 같은 조 제3항에 따라 손해배상을 청구할 수 있다고 보아야 한다(2011다1941).

  ㉢ 매수인이 매도인과의 특약으로 저당권 또는 전세권에 의하여 담보된 채권을 인수하기로 한 때에는 제576조가 적용되지 않는다.

② 즉, 저당부동산의 매수인이 그 피담보채무 전부를 인수하는 것으로 매매대금 일부의 지급에 갈음하기로 약정하고 소유권을 취득하였다면 이는 이행인수에 해당하고 차후 그 저당권의 실행으로 그 소유권을 상실한 경우일지라도 매수인은 계약을 해제할 수 없다(98다25184).

③ 담보책임의 내용

㉠ 계약해제권: 매수인의 선의·악의를 불문하고 매매의 목적부동산에 대한 소유권을 취득할 수 없거나 상실한 때에는 계약을 해제할 수 있다. 또한 매수인이 자신의 출재로 소유권을 보존한 때에는 매도인에게 그 상환을 청구할 수 있다.

㉡ 손해배상청구권

ⓐ 매수인의 선의·악의를 불문하고 소유권을 취득할 수 없거나 상실한 때 또는 자신의 출재로 소유권을 보존하여 손해를 받은 때에는 따로 손해배상을 청구할 수 있다.

ⓑ 매매의 목적이 된 부동산에 설정된 저당권 또는 전세권의 행사로 인하여 매수인이 그 소유권을 취득할 수 없거나 취득한 소유권을 잃은 경우에 관한 매도인의 담보책임으로 인한 손해배상사건에서 배상권리자에게 손해의 발생과 확대에 기여한 과실이 인정되는 경우, 법원이 손해배상의 범위를 정할 때 이를 참작하여야 하고,

ⓒ 이 경우에 손해배상의 책임을 다투는 배상의무자가 배상권리자의 과실에 따른 상계항변을 하지 아니하더라도 소송에 나타난 자료에 의하여 그 과실이 인정되면 법원은 직권으로 이를 심리·판단하여야 한다(2013다92873).

ⓓ 매도인의 담보책임에 기한 손해배상채무의 지체책임은 이행청구를 받은 때로부터 지체책임이 발생한다(2013다92873).

㉢ 제척기간의 적용 여부: 제576조에서 인정되는 계약해제권과 손해배상청구권의 행사에는 제척기간의 적용이 없다.

3. 물건의 하자에 대한 매도인의 담보책임(하자담보책임)

(1) 성립요건

① 물건의 하자에 대한 매도인의 담보책임(하자담보책임)은 특정물에 하자가 있는 경우(제580조)뿐만 아니라 종류물(불특정물)에 하자가 있는 경우(제581조)에도 적용된다.

② 매매목적물인 물건 자체에 하자가 있어야 하며, 그 하자에 대하여 매수인은 선의·무과실이어야 한다.

> **참고** 하자의 판정
>
> 1. 하자란 특정물의 품질이나 성능에 관하여 현실적으로 '있는' 상태와 마땅히 '있어야 할' 상태의 불일치를 말한다.
> 2. 하자가 있는지의 여부에 관하여 통설은 해당 종류의 물건이 거래에서 요구되는 통상의 품질이나 성능을 갖추었는지를 기준으로 결정하여야 할 것이나, 당사자가 목적물의 품질에 관하여 특별히 보증(카탈로그와 검사성적표의 제시)을 한 경우에는 이를 고려하여 판단하여야 한다(判).
> 3. 특정물매매의 경우 하자를 판단하는 시점은 계약체결 당시이다.
> 4. **법률상의 장애의 경우**: 벌채의 목적으로 매수한 산림이 관계법규에 의하여 벌채를 하지 못하거나, 공장부지로서 매수한 토지가 관계법규에 의하여 공장을 세울 수 없는 경우와 같은 법률상의 장애에 대하여 판례는 물건의 하자로 본다.

(2) 책임의 내용

① **특정물**(特定物)**매매**

> **제580조 【매도인의 하자담보책임】** ① 매매의 목적물에 하자가 있는 때에는 제575조 제1항의 규정을 준용한다. 그러나 매수인이 하자 있는 것을 알았거나 과실로 인하여 이를 알지 못한 때에는 그러하지 아니하다.
> ② 전항의 규정은 경매의 경우에 적용하지 아니한다.

㉠ 목적물의 하자로 인하여 계약의 목적을 달성할 수 없는 때에 한하여 선의·무과실의 매수인은 계약을 해제할 수 있다.

㉡ 계약의 목적을 달성할 수 있는 경우에는 손해배상만을 청구할 수 있다.

㉢ 제척기간: 계약해제권 및 손해배상청구권은 매수인이 그 사실을 안 날로부터 6월 이내에 행사하여야 한다.

② **종류물**(種類物, 불특정물)**매매**

> **제581조 【종류매매와 매도인의 담보책임】** ① 매매의 목적물을 종류로 지정한 경우에도 그 후 특정된 목적물에 하자가 있는 때에는 전조의 규정을 준용한다.
> ② 전항의 경우에 매수인은 계약의 해제 또는 손해배상의 청구를 하지 아니하고 하자 없는 물건을 청구할 수 있다.
> **제582조 【전2조의 권리행사기간】** 전2조에 의한 권리는 매수인이 그 사실을 안 날로부터 6월 내에 행사하여야 한다.

㉠ 매매의 목적물을 종류로 지정하였는데 그 후 특정된 목적물에 하자가 있는 경우에는 선의·무과실의 매수인은 특정물매매의 하자와 동일하게 계약해제권 및 손해배상청구권이 발생한다.

ⓒ 매수인은 계약해제권과 손해배상청구권을 행사하지 않고 하자가 없는 완전한 다른 물건의 급부를 청구할 수도 있다. 즉, 계약해제권·손해배상청구권과 하자가 없는 완전한 다른 물건의 급부청구권은 선택적으로 행사할 수는 있으나 동시에 행사할 수는 없다.
　　ⓒ 제척기간: 계약해제권, 손해배상청구권, 완전물급부청구권은 매수인이 그 사실을 안 날로부터 6월 이내에 행사하여야 한다.

(3) 입증책임
매수인의 악의 또는 과실은 담보책임을 면하려는 매도인이 주장·입증하여야 한다.

(4) 경매에 있어서의 담보책임 적용 여부
경매에 있어서의 담보책임은 경락목적물의 권리에 하자가 있는 경우에만 적용되므로, 경락받은 특정물에 하자가 있더라도 매도인은 담보책임을 지지 않는다(제580조 제2항).

(5) 하자담보책임에 기한 손해배상청구권은 제척기간 및 소멸시효가 모두 적용된다.

(6) 매도인의 하자담보책임이 성립하는 경우에도 매수인은 중요부분의 착오를 이유로 매매계약을 취소할 수 있다.

(7) 매매의 목적물에 하자가 있는 경우 매도인의 하자담보책임과 채무불이행책임은 별개의 권원에 의하여 경합적으로 인정된다.

> **판례** **매도인의 하자담보책임**
> ① 매도인에 대한 하자담보에 기한 손해배상청구권에 대하여는 민법 제582조의 제척기간이 적용되고, 이는 법률관계의 조속한 안정을 도모하고자 하는 데에 취지가 있다. 그런데 하자담보에 기한 매수인의 손해배상청구권은 권리의 내용·성질 및 취지에 비추어 민법 제162조 제1항의 채권 소멸시효의 규정이 적용되고, 민법 제582조의 제척기간 규정으로 인하여 소멸시효 규정의 적용이 배제된다고 볼 수 없으며, 이때 다른 특별한 사정이 없는 한 무엇보다도 매수인이 매매목적물을 인도받은 때부터 소멸시효가 진행한다(2011다10266).
> ② 착오로 인한 취소제도와 매도인의 하자담보책임제도는 취지가 서로 다르고, 요건과 효과도 구별된다. 따라서 매매계약 내용의 중요부분에 착오가 있는 경우 매수인은 매도인의 하자담보책임이 성립하는지와 상관없이 착오를 이유로 매매계약을 취소할 수 있다(2015다78703).
> ③ 매매의 목적물에 하자가 있는 경우 매도인의 하자담보책임과 채무불이행책임은 별개의 권원에 의하여 경합적으로 인정된다. 이 경우 특별한 사정이 없는 한 하자를 보수하기 위한 비용은 매도인의 하자담보책임과 채무불이행책임에서 말하는 손해에 해당한다. 따라서 매매 목적물인 토지에 폐기물이 매립되어 있고 매수인이 폐기물을 처리하기 위해 비용이 발생한다면 매수인은 그 비용을 민법 제390조에 따라 채무불이행으로 인한 손해배상으로 청구할 수도 있고, 민법 제580조 제1항에 따라 하자담보책임으로 인한 손해배상으로 청구할 수도 있다(2017다202050).

개념적용 문제

매매에 관한 설명으로 옳지 않은 것은? 제28회 기출

① 매매목적물에 하자가 있다는 사실을 과실로 알지 못한 매수인은 매도인에 대하여 하자담보책임을 물을 수 있다.
② 매매계약에 관한 비용은 당사자 쌍방이 균분하여 부담한다.
③ 매매목적물의 인도와 동시에 대금을 지급할 경우에는 그 인도장소에서 이를 지급하여야 한다.
④ 매매의 목적이 된 권리가 타인에게 속한 경우에는 매도인은 그 권리를 취득하여 매수인에게 이전하여야 한다.
⑤ 매매의 당사자 일방에 대한 의무이행의 기한이 있는 때에는 상대방의 의무이행에 대하여도 동일한 기한이 있는 것으로 추정한다.

해설 매매의 목적물에 하자가 있는 때에는 제575조 제1항의 규정을 준용한다. 그러나 매수인이 하자있는 것을 알았거나 과실로 인하여 이를 알지 못한 때에는 그러하지 아니하다.

정답 ①

4. 경매에 있어서의 담보책임

제578조【경매와 매도인의 담보책임】 ① 경매의 경우에는 경락인은 전8조의 규정에 의하여 채무자에게 계약의 해제 또는 대금감액의 청구를 할 수 있다.
② 전항의 경우에 채무자가 자력이 없는 때에는 경락인은 대금의 배당을 받은 채권자에 대하여 그 대금 전부나 일부의 반환을 청구할 수 있다.
③ 전2항의 경우에 채무자가 물건 또는 권리의 흠결을 알고 고지하지 아니하거나 채권자가 이를 알고 경매를 청구한 때에는 경락인은 그 흠결을 안 채무자나 채권자에 대하여 손해배상을 청구할 수 있다.

(1) 의의

강제경매 또는 담보권 실행을 위한 경매의 경우 경락인은 매도인의 담보책임에 있어서의 매수인의 지위에 있고, 채무자는 매도인의 지위에 있게 되므로, 경매목적물에 하자가 있는 경우 민법은 경락인(매수인)을 보호하기 위한 규정을 두고 있다.

(2) 성립요건

① **경매목적물의 권리에 하자가 있어야 한다**: 경매목적물의 물건에 하자가 있는 경우에는 경매에 있어서의 담보책임규정이 적용되지 않는다(제580조 제2항).
② **경매란 공(公)경매에 한한다**: 공(公)경매란 「민사집행법」에 의한 통상의 강제경매와 담보권실행경매 및 「국세징수법」에 의한 공매를 말한다.

(3) 담보책임의 내용

① 경락인은 1차적으로 채무자(매도인)에 대하여 해제 또는 대금감액을 청구할 수 있다.
② 채무자가 무자력(無資力)인 경우에는 2차적으로 배당받은 채권자에 대하여 대금의 전부 또는 일부의 상환을 청구할 수 있다.

(4) 손해배상청구

① 경매목적물 위에 권리의 하자가 있다는 사실만으로 손해배상의 문제는 발생하지 않는다.
② 채무자가 물건 또는 권리의 흠결을 알고 고지하지 아니하거나, 채권자가 이를 알고 경매를 청구한 경우에는 매수인(경락인)은 계약의 해제 또는 대금감액청구 외에 손해배상을 청구할 수 있다.

(5) 경매절차가 무효가 된 경우

경매절차가 무효인 경우 담보책임은 적용될 여지가 없다(判).

> **판례** 경매에 있어서 매도인의 담보책임
>
> ① 담보제공자가 물상보증인인 경우: 경매에 있어서 채무자가 그 담보책임을 지는 것은 그가 권리를 이전하여야 할 지위에 있기 때문이므로, 경매에 있어서 매도인의 담보책임은 목적물의 소유자, 따라서 물상보증인이 책임을 부담한다(87다카2641).
> ② 선순위 근저당권의 존재로 후순위 임차권이 소멸하는 것으로 알고 부동산을 낙찰받았으나 그 후 채무자가 후순위 임차권의 대항력을 존속시킬 목적으로 선순위 근저당권의 피담보채무를 모두 변제하고 그 근저당권을 소멸시키고도 이 점에 대하여 낙찰자에게 아무런 고지도 하지 않아 낙찰자가 대항력 있는 임차권이 존속하게 된다는 사정을 알지 못한 채 대금지급기일에 낙찰대금을 지급하였다면, 채무자는 민법 제578조 제3항의 규정에 의하여 낙찰자가 입게 된 손해를 배상할 책임이 있다(2002다70075).
> ③ 민법 제578조에 의하여 경매신청 채권자가 경락인에게 부담하는 손해배상책임은 반드시 신청채권자의 경매신청행위가 위법한 것임을 전제로 하는 것은 아니지만, 경매절차에서 소유권이전청구권 가등기가 경료된 부동산을 경락받았으나 가등기에 기한 본등기가 경료되지 않은 경우에는 아직 경락인이 그 부동산의 소유권을 상실한 것이 아니므로 민법 제578조에 의한 손해배상책임이 성립되었다고 볼 여지가 없다(97다54024).

5. 채권의 매도인의 담보책임

> **제579조【채권매매와 매도인의 담보책임】** ① 채권의 매도인이 채무자의 자력을 담보한 때에는 매매계약 당시의 자력을 담보한 것으로 추정한다.
> ② 변제기에 도달하지 아니한 채권의 매도인이 채무자의 자력을 담보한 때에는 변제기의 자력을 담보한 것으로 추정한다.

(1) 의의

① 채권매매에 있어서 매도인이 매매의 목적이 된 채권과 관련하여 채무자의 자력을 담보하는 특약을 하였으나 채무자가 자력이 없거나 부족하여 매수인이 채권행사의 만족을 얻지 못하는 경우 이에 대한 담보책임을 부담하는 것을 말한다.
② 이에 관하여 민법은 제579조에서 추정규정을 두고 있다.
③ 채권을 매도한 매도인은 언제나 채권매매에 대한 책임을 지는 것은 아니고, 그 담보책임에 관한 특약을 한 경우에 한하여 담보책임을 진다.

(2) 채권의 매도인의 담보책임

① 변제기에 도달한 채권의 매도인이 채무자의 자력을 담보한 때에는 '매매계약 당시'의 자력을 담보한 것으로 추정한다(제579조 제1항).
② 변제기에 도달하지 아니한 채권의 매도인이 채무자의 자력을 담보한 때에는 '변제기'의 자력을 담보한 것으로 추정한다(제579조 제2항).
③ 변제기가 이미 도래한 채권의 매도인이 채무자의 장래의 자력을 담보하거나 변제기의 약정이 없는 채권에 관하여 채무자의 장래의 자력을 담보한 경우에는 '실제 변제 시'까지의 자력을 담보한 것으로 보아야 한다(통설).

(3) 담보책임의 내용

① 채무자의 무자력으로 인하여 변제되지 않은 부분을 매도인이 대신해서 변제하여야 한다.
② 따라서 채권매매의 매수인은 먼저 채무자에게 이행청구를 하고, 채무자의 자력부족으로 변제를 받지 못한 때에는 채권의 매도인에게 이를 청구할 수 있다.

6. 동시이행과 매도인의 담보책임 면제특약

(1) 담보책임과 동시이행관계

> **제583조【담보책임과 동시이행】** 제536조의 규정은 제572조 내지 제575조, 제580조 및 제581조의 경우에 준용한다.

매도인의 담보책임이 인정되는 경우 매수인은 매도인으로부터 수령한 것에 대한 반환의무를 부담하는 경우가 많다. 따라서 쌍방의 의무는 서로 밀접한 관계(견련성)를 가지므로 매도인의 담보책임과 매수인의 반환의무는 동시이행관계에 있게 된다.

(2) 담보책임면제의 특약

> **제584조【담보책임면제의 특약】** 매도인은 전15조에 의한 담보책임을 면하는 특약을 한 경우에도 매도인이 알고 고지하지 아니한 사실 및 제3자에게 권리를 설정 또는 양도한 행위에 대하여는 책임을 면하지 못한다.

① 매도인의 담보책임에 관한 민법 규정은 임의규정이므로 담보책임의 내용을 면제·경감·가중하는 특약은 원칙적으로 유효하다.
② 다만, 그러한 특약을 한 경우라도
  ㉠ 매도인이 알고 고지하지 아니한 사실
  ㉡ 제3자에게 권리를 설정 또는 양도한 행위에 대하여는 책임을 면할 수 없다.

(3) 타 제도와의 관계

① **담보책임과 착오의 관계**: 매도인의 담보책임이 성립하는 경우에도 매수인은 중요부분의 착오를 이유로 계약을 취소할 수 있다(판례).
② **담보책임과 사기의 관계**: 사기와 담보책임이 경합하는 경우에는 각각의 요건을 입증하여 주장할 수 있다(통설·판례).
③ **담보책임과 원시적 불능의 관계**
  ㉠ 원시적·객관적·전부불능의 경우에는 계약체결상의 과실책임이 문제될 뿐이지만,
  ㉡ 원시적·객관적·일부불능의 경우에는 일부무효의 법리(제137조)의 특칙인 담보책임규정이 적용된다(제574조).
  ㉢ 원시적·주관적·전부불능(전부 타인권리의 매매)이나 원시적·주관적·일부불능(일부 타인권리의 매매)의 경우에는 계약 자체는 유효하지만, 매도인이 그 권리를 취득하여 매수인에게 이전하지 못하는 경우에는 담보책임을 진다(제569조, 제572조).
④ **담보책임과 채무불이행책임의 경합문제**: 판례는 타인의 권리를 매매의 목적으로 한 경우에 그 권리를 취득하여 매수인에게 이전하여야 할 매도인의 의무가 매도인의 귀책사유로 인하여 이행불능이 되었다면 매수인이 매도인의 담보책임에 관한 민법 제570조 단서(선의의 매수인의 손해배상청구)의 규정에 의하여 손해배상을 청구할 수 없다고 하더라도 채무불이행 일반의 규정(제546조, 제390조)에 좇아서 계약을 해제하고 손해배상을 청구할 수 있다고 하여 양 책임의 경합을 인정한다(93다37328).

개념적용 문제

매도인의 담보책임에 관한 설명으로 옳은 것을 모두 고른 것은? (다툼이 있으면 판례에 따름)

제26회 기출

㉠ 변제기에 이르지 않은 채권의 매도인이 채무자의 자력을 담보한 경우, 변제기의 자력을 담보한 것으로 추정한다.
㉡ 매매의 목적부동산에 설정된 저당권 행사로 매수인이 그 소유권을 취득할 수 없는 경우, 저당권 설정사실에 관하여 악의의 매수인은 그 입은 손해의 배상을 청구할 수 없다.
㉢ 매매의 목적이 된 권리가 타인에게 속하여 매도인이 그 권리를 취득한 후 매수인에게 이전할 수 없는 때에는 매수인이 계약 당시 그 권리가 매도인에게 속하지 아니함을 알았더라도 손해배상을 청구할 수 있다.

① ㉠
② ㉡
③ ㉢
④ ㉠, ㉡
⑤ ㉡, ㉢

해설 ㉡ 매매의 목적부동산에 설정된 저당권 행사로 매수인이 그 소유권을 취득할 수 없는 경우, 저당권 설정사실에 관하여 악의의 매수인은 그 입은 손해의 배상을 청구할 수 있다.
㉢ 매매의 목적이 된 권리가 타인에게 속하여 매도인이 그 권리를 취득한 후 매수인에게 이전할 수 없는 때에는 매수인이 계약 당시 그 권리가 매도인에게 속하지 아니함을 알았다면 손해배상을 청구할 수 없다.

정답 ①

제4절 환매와 재매매 예약

1 환매

1. 환매의 의의

(1) 서설

> **제590조 【환매의 의의】** ① 매도인이 매매계약과 동시에 환매할 권리를 보류한 때에는 그 영수한 대금 및 매수인이 부담한 매매비용을 반환하고 그 목적물을 환매할 수 있다.
> ② 전항의 환매대금에 관하여 특별한 약정이 있으면 그 약정에 의한다.
> ③ 전2항의 경우에 목적물의 과실과 대금의 이자는 특별한 약정이 없으면 이를 상계한 것으로 본다.

① **환매**: 환매란 매매계약과 동시에 환매할 권리를 보류하는 경우를 말한다. 즉, 매도인이 매매계약과 동시에 특약으로서 환매할 권리(환매권)를 유보한 후 일정기간 내에 그 권리를 행사하여 매매목적물을 다시 매입하는 것을 말한다.

② **환매의 효과**
  ㉠ 해제권유보부 매매(다수설): 환매권을 행사하면 매매계약은 해제되어 당사자 쌍방에게 원상회복의무가 발생하여 매수인은 목적물을 반환하여야 하고, 매도인은 환매대금을 반환하여야 한다.
  ㉡ 재매매 예약: 환매권의 행사로써 매도인과 매수인 사이에 두 번째 매매가 성립한 것으로 되므로, 당사자간에는 두 번째 매매에 대한 권리·의무가 발생하여, 매도인은 매수인에 대하여 목적물에 대한 소유권이전 및 인도를 청구할 수 있고, 한편 매도인은 매수인에게 환매대금을 제공하여야 한다.

(2) 환매의 요건

① **목적물**: 환매의 목적물에는 제한이 없으므로 동산, 부동산, 채권, 지식재산권 등 모두 가능하다.

② **환매특약**
  ㉠ 환매특약은 매매계약과 동시에 하여야 한다.
  ㉡ 매매계약 체결 이후에 하는 환매특약은 재매매의 예약으로 될 수 있을 뿐이다.
  ㉢ 이 환매의 특약은 매매계약의 종된 계약이다.

③ 환매기간

> 제591조【환매기간】① 환매기간은 부동산은 5년, 동산은 3년을 넘지 못한다. 약정기간이 이를 넘는 때에는 부동산은 5년, 동산은 3년으로 단축한다.
> ② 환매기간을 정한 때에는 다시 이를 연장하지 못한다.
> ③ 환매기간을 정하지 아니한 때에는 그 기간은 부동산은 5년, 동산은 3년으로 한다.

환매기간의 기산점은 특약이 성립한 날이다. 그리고 이와 다른 기산점을 정하는 특약은 무효이므로, 이때에는 환매기간을 정하지 아니한 것으로 본다.

2. 환매권의 실행

(1) 환매권의 의의

① 환매권의 법적 성질

㉠ 환매권은 형성권으로서 환매권자는 환매기간 내에 일방적 의사표시에 의하여 환매의무자로 하여금 매매목적물의 소유권을 환매대금 및 매매비용의 상환으로 환매권자에게 이전하여야 할 의무를 발생시킨다.

㉡ 환매권은 일종의 재산권적인 성격이 있으므로 양도성과 상속성이 있다. 등기된 환매권의 양도는 그 이전등기로서 부기등기를 하여야 하며, 환매등기가 되어 있지 않은 경우에는 채권양도의 대항요건(제450조)을 갖추어야 한다.

㉢ 환매권은 일신전속권이 아니므로 채권자대위권의 객체가 된다.

> 제593조【환매권의 대위행사와 매수인의 권리】매도인의 채권자가 매도인을 대위하여 환매하고자 하는 때에는 매수인은 법원이 선정한 감정인의 평가액에서 매도인이 반환할 금액을 공제한 잔액으로 매도인의 채무를 변제하고 잉여액이 있으면 이를 매도인에게 지급하여 환매권을 소멸시킬 수 있다.

② 환매권의 행사

> 제592조【환매등기】매매의 목적물이 부동산인 경우에 매매등기와 동시에 환매권의 보류를 등기한 때에는 제3자에 대하여 그 효력이 있다.
> 제594조【환매의 실행】① 매도인은 기간 내에 대금과 매매비용을 매수인에게 제공하지 아니하면 환매할 권리를 잃는다.
> ② 매수인이나 전득자가 목적물에 대하여 비용을 지출한 때에는 매도인은 제203조의 규정에 의하여 이를 상환하여야 한다. 그러나 유익비에 대하여는 법원은 매도인의 청구에 의하여 상당한 상환기간을 허여할 수 있다.

(2) 공유지분의 환매

> **제595조【공유지분의 환매】** 공유자의 1인이 환매할 권리를 보류하고 그 지분을 매도한 후 그 목적물의 분할이나 경매가 있는 때에는 매도인은 매수인이 받은 또는 받을 부분이나 대금에 대하여 환매권을 행사할 수 있다. 그러나 매도인에게 통지하지 아니한 매수인은 그 분할이나 경매로써 매도인에게 대항하지 못한다.

2 재매매 예약

1. 서설

① **재매매의 예약의 의의**: 재매매의 예약이란 매도인이 어떤 물건이나 권리를 매수인에게 매각한 후 다시 그 물건을 매수인으로부터 매수할 것을 예약하는 것을 말한다. 재매매의 예약도 당사자간에 특약이 없는 한 제564조의 일방예약에 관한 규정이 적용된다.
② **재매매의 예약의 기능**: 재매매의 예약도 실제에 있어서는 환매와 같이 채권담보수단으로 이용된다.

2. 환매와의 비교

재매매 예약은 특약의 시기, 재매매대금, 존속기간에 제한이 없으며 형식상 매우 간편하다는 특징이 있다.

구분	환매	재매매의 예약
목적물	동산, 부동산, 채권, 지식재산권 등 모두 가능	
특약시기	매매계약과 동시에 하여야 함	특약시기에 아무런 제한이 없음
대금	환매대금은 원칙적으로 매매대금과 매수인이 부담한 매매비용에 한정됨	재매매대금은 원칙적으로 제한이 없음
존속기간	부동산은 5년, 동산은 3년을 넘지 못함	존속기간에 대해 아무런 제한이 없음
등기 여부	환매목적물이 부동산인 경우 매매등기와 동시에 환매권유보등기를 할 수 있음	청구권보전의 가등기를 할 수 있을 뿐임
행사방법	환매권 행사 시 환매대금을 제공하여야 함	예약완결권의 행사 시에는 그러한 제한이 없음

CHAPTER 03 OX문제로 완벽 복습

01 매매에서 목적물에 대한 반대급부는 금전에 한한다. (O | X)

02 매매의 예약은 채권계약이다. (O | X)

03 매매의 예약 시 예약완결권은 가등기할 수 있다. (O | X)

04 계약금계약은 요물계약이다. (O | X)

05 계약금액은 반드시 매매대금의 1할 이상이어야 한다. (O | X)

06 특약이 있는 경우 계약금은 위약금으로서 손해배상의 예정으로 추정한다. (O | X)

07 매수인이 매매대금의 이행의 준비 상태에 있는 경우에는 매도인은 수령한 계약금의 배액을 상환하고 계약을 해제할 수 있다. (O | X)

08 매수인 甲이 계약금을 포기하고 계약을 해제한 경우, 특별한 사정이 없는 한, 매도인 乙은 계약금 이상의 손해가 발생했어도 추가로 손해배상을 청구할 수 없다. (O | X)

09 매도인의 재산권이전의무는 원칙적으로 매수인의 대금지급의무와 동시이행의 관계에 있다. (O | X)

10 당사자 일방에 대한 의무이행의 기한이 있는 때는 상대방의 의무이행에 대하여도 동일한 기한이 있는 것으로 추정한다. (O | X)

11 권리의 전부가 타인에게 속했음을 이유로 선의의 매수인이 계약해제권과 손해배상을 청구하는 경우에 하자를 안 날로부터 1년 이내에 행사하여야 한다. (O | X)

12 토지가 丙 소유임을 매도인 甲이 이를 알지 못한 경우, 선의의 매수인 乙에게 소유권을 이전할 수 없는 甲은 그 손해를 배상하고 계약을 해제할 수 있다. (O | X)

13 목적물 일부가 타인의 권리에 속한 경우 매수인은 선·악 불문하고 대금의 감액을 청구할 수 있다. (O | X)

14 매매의 목적물에 저당권이 설정되어 있는 경우에 매수인은 선의·악의 불문하고 계약을 해제하고 손해배상을 청구할 수 있다. (O | X)

15 담보권 실행으로 행하여지는 경매 시 매수인은 물건의 하자에 대하여는 원칙적으로 담보책임을 묻지 못한다. (○|×)

16 매매대금이 완납된 후 목적물로부터 발생한 과실은 매수인에게 속한다. (○|×)

17 소유권이전등기를 받은 매수인이 소유권을 취득한 경우라도 매매대금이 완납되지 않았다면 목적물의 과실은 매도인에게 속한다. (○|×)

18 변제기 도래 전 채권의 매도인이 채무자의 자력을 담보한 경우 그 변제기의 자력을 담보한 것으로 본다. (○|×)

정답

01 ○　02 ○(예약은 언제나 채권계약이다)　03 ○　04 ○　05 ×(계약금은 매매계약의 종된 독립된 계약으로서 그 금액은 당사자의 합의에 의한다)　06 ○　07 ○　08 ○　09 ○　10 ○　11 ×(제척기간의 적용이 없다)　12 ○　13 ○　14 ×(매매목적물에 저당권이 설정되어 있다는 사실만으로 매수인이 계약의 해제 및 손해배상을 청구할 수 있는 것은 아니고, 그 저당권이 실행되어 매수인이 취득한 권리를 상실하거나, 매수인의 출재로 이를 변제한 경우에 매수인은 선·악 불문하고 계약을 해제하고 손해배상을 청구할 수 있다)　15 ○　16 ○　17 ○　18 ×(변제기의 자력을 담보한 것으로 추정한다)

CHAPTER 04 임대차

회독체크 1 2 3

CHAPTER 미리보기

- 임대차
  - 임대차의 성립
  - 임대차의 존속기간
  - 임대차의 효력
    - 임대인의 권리와 의무
    - 임차인의 권리와 의무
  - 부동산임차권의 물권화 경향
  - 임차권의 양도와 임차물의 전대
  - 보증금과 권리금
  - 임대차의 종료

학습전략

❶ 매년 1문항씩 꾸준히 출제되고 있습니다.
❷ 임대인과 임차인의 권리·의무관계에서 임차인의 권리가 자주 출제됩니다. 이 부분을 집중하여 학습할 필요가 있습니다.

학습키워드

- 임대차의 존속기간
- 임대차의 효력
- 임차인의 권리
- 임차인의 의무
- 임차권의 양도
- 임차물의 전대

제1절 임대차

1 의의

> **제618조【임대차의 의의】** 임대차는 당사자 일방이 상대방에게 목적물을 사용·수익하게 할 것을 약정하고 상대방이 이에 대하여 차임을 지급할 것을 약정함으로써 그 효력이 생긴다.

임대차는 당사자 일방이 상대방에게 목적물을 사용·수익하게 할 것을 약정하고, 상대방이 이에 대하여 차임을 지급할 것을 약정함으로써 성립하는 유상·쌍무·낙성·불요식계약이다.

2 법적 성질

① 임대차는 물건의 사용·수익을 목적으로 하는 채권계약이다.
  ㉠ 임대차의 목적물은 물건이다. 다만, 부동산 중 농지에 대한 임대차는 원칙적으로 금지된다(농지법 제23조).
  ㉡ 임대차는 임차인이 목적물을 사용·수익하는 계약이다. 사용·수익 중 어느 하나만을 목적으로 하는 것도 가능하다.
  ㉢ 임대차는 채권계약이다. 따라서 임대인이 임차목적물에 대한 소유권 기타 처분권을 가지고 있어야 하는 것은 아니다.

> **판례** 타인 소유물에 대한 임대차
> 타인소유의 부동산을 임대한 것이 임대차계약을 해지할 사유는 될 수 없고 목적물이 반드시 임대인의 소유일 것을 특히 계약의 내용으로 삼은 경우라야 착오를 이유로 임차인이 임대차계약을 취소할 수 있다(74다2069).

② **차임**(借賃)의 지급
  ㉠ 임대차에 있어서 사용·수익의 대가로서 차임의 지급은 임대차의 성립 요소이다.
  ㉡ 차임은 금전에 한하지 않는다.
  ㉢ 그러나 임대차는 요물계약이 아니므로 사전에 차임을 지급할 필요는 없으며, 차임지급을 약정함으로써 임대차계약이 성립한다.
③ 임대차는 유상·쌍무·낙성·불요식계약이며, 계속적 채권계약에 속한다.

제2절 임대차의 존속기간

1 존속기간을 약정한 경우

① 계약자유의 원칙상 임대차의 존속기간은 임대차의 목적을 따지지 아니하고 당사자 합의에 의하여 자유롭게 결정할 수 있다.
② 존속기간을 영구로 하는 것도 허용된다.
  ㉠ 영구임대라는 취지는, 임대인에게는 임대차기간의 보장이 의무가 되나 임차인에게는 권리의 성격을 갖는 것이므로 임차인으로서는 언제라도 그 권리를 포기할 수 있고, 그렇게 되면 임대차계약은 임차인에게 기간의 정함이 없는 임대차가 된다(2023다209045).
  ㉡ 이 경우 임차인은 언제든지 해지통고를 할 수 있다.

2 존속기간을 약정하지 않은 경우

제635조【기간의 약정 없는 임대차의 해지통고】 ① 임대차기간의 약정이 없는 때에는 당사자는 언제든지 계약해지의 통고를 할 수 있다. ⇨ 강행규정
② 상대방이 전항의 통고를 받은 날로부터 다음 각 호의 기간이 경과하면 해지의 효력이 생긴다.
1. 토지, 건물 기타 공작물에 대하여는 임대인이 해지를 통고한 경우에는 6월, 임차인이 해지를 통고한 경우에는 1월
2. 동산에 대하여는 5일

제636조【기간의 약정 있는 임대차의 해지통고】 임대차기간의 약정이 있는 경우에도 당사자 일방 또는 쌍방이 그 기간 내에 해지할 권리를 보류한 때에는 전조의 규정을 준용한다.

3 존속기간의 갱신

1. 계약에 의한 갱신 – 약정갱신

임대차의 존속기간은 계약자유의 원칙상 자유로이 결정할 수 있으므로 당사자가 약정한 임대차기간이 만료되어 갱신이 필요한 경우에도 그 존속기간은 당사자가 임의로 정할 수 있다.

2. 묵시의 갱신(법정갱신)

> **제639조【묵시의 갱신】** ① 임대차기간이 만료한 후 임차인이 임차물의 사용, 수익을 계속하는 경우에 임대인이 상당한 기간 내에 이의를 하지 아니한 때에는 전임대차와 동일한 조건으로 다시 임대차한 것으로 본다. 그러나 당사자는 제635조의 규정에 의하여 해지의 통고를 할 수 있다.
> ② 전항의 경우에 전임대차에 대하여 제3자가 제공한 담보는 기간의 만료로 인하여 소멸한다.

① 묵시의 갱신(법정갱신)으로 인해 전임대차와 동일한 조건으로 다시 임대차한 것으로 보게 되나, 다만 존속기간만은 기간의 약정이 없는 것으로 된다. 따라서 이 경우에는 제635조가 적용되므로 각 당사자는 언제든지 해지통고를 할 수 있다.
② 제639조 제1항은 강행규정이다(64누62).
③ **법정갱신과 제3자가 제공한 담보 등**
  ㉠ 법정갱신이 성립하는 경우 전임대차에 대하여 제3자가 제공한 담보는 기간의 만료로 소멸하나(제639조 제2항), 당사자가 제공한 담보는 존속한다.
  ㉡ 제3자가 제공한 담보란 질권, 저당권, 보증 등을 말하는 것이고, 임대차 보증금은 이에 포함되지 않는다(76다951).
  ㉢ 즉, 임대차가 법정갱신된 경우에도 기존의 임대차를 담보하기 위하여 제3자가 제공한 보증금은 소멸하지 않는다.
④ 주택임대차와 상가건물임대차에 대해서는 각각 특별법에서 특칙을 두고 있다(주택임대차보호법 제6조, 상가건물 임대차보호법 제10조).

4 단기임대차의 존속기간

> **제619조【처분능력, 권한 없는 자의 할 수 있는 단기임대차】** 처분의 능력 또는 권한 없는 자가 임대차를 하는 경우에는 그 임대차는 다음 각 호의 기간을 넘지 못한다.
> 1. 식목, 채염(採鹽) 또는 석조, 석회조, 연와조 및 이와 유사한 건축을 목적으로 한 토지의 임대차는 10년
> 2. 기타 토지의 임대차는 5년
> 3. 건물 기타 공작물의 임대차는 3년
> 4. 동산의 임대차는 6월
>
> **제620조【단기임대차의 갱신】** 전조의 기간은 갱신할 수 있다. 그러나 그 기간만료 전 토지에 대하여는 1년, 건물 기타 공작물에 대하여는 3월, 동산에 대하여는 1월 내에 갱신하여야 한다.

제3절 임대차의 효력

1 임대인의 권리

임대차계약이 존속 중에는 차임지급을 청구할 권리와 그 계약이 종료한 경우 임대목적물의 반환을 청구할 수 있는 권리를 기본으로 한다. 다만, 전자와 관련하여 차임증감청구권과 법정질권·법정저당권이 인정된다.

2 임대인의 의무

> **제623조【임대인의 의무】** 임대인은 목적물을 임차인에게 인도하고 계약 존속 중 그 사용·수익에 필요한 상태를 유지하게 할 의무를 부담한다.

임대인은 임대차관계가 존속하는 동안에 임차인이 목적물을 사용·수익할 수 있도록 하는 적극적인 의무를 부담한다. 이 의무로부터 다음과 같은 구체적 의무들이 파생한다.

1. 목적물인도의무

임차인이 목적물의 사용·수익을 위해 점유를 필요로 하는 경우에는 임대인은 목적물을 인도하여야 한다(제623조 전단). 이때 주물뿐만 아니라 종물도 함께 인도하여야 한다.

2. 방해제거의무

① 임대차의 전(全) 기간 동안 제3자가 임차인이 점유하는 임차목적물을 침해하여 그 사용·수익을 방해하는 경우 임대인은 임차인을 위하여 그 방해를 제거할 의무를 진다(통설).
② 임차인이 점유보호청구권을 가진다거나 대항력 있는 임차권 자체에 기한 방해제거청구권을 행사할 수 있더라도 임대인은 방해제거의무를 면하지 못한다.

3. 수선의무

(1) 수선의무의 개념

① 임대인은 임대차계약 존속 중 그 사용·수익에 필요한 상태를 유지하게 할 의무를 부담한다(제623조 후단).

② 임대인의 사용·수익에 필요한 상태 유지의무는 임차인에게 임대목적물을 제공하여 임차인으로 하여금 이를 사용·수익하게 함에 그치는 것이지 임차인의 안전을 배려하여 주거나 도난을 방지하는 등의 보호의무까지 부담한다고 볼 수 없다(99다10004). 다만, 공중접객업인 숙박업을 경영하는 자가 투숙객과 체결하는 숙박계약은 일시사용을 위한 임대차계약으로서, 숙박업자는 통상의 임대차와 같이 단순히 여관 등의 객실 및 관련 시설을 제공하여 고객으로 하여금 이를 사용·수익하게 할 의무를 부담하는 것에서 한 걸음 더 나아가 고객에게 위험이 없는 안전하고 편안한 객실 및 관련 시설을 제공함으로써 고객의 안전을 배려하여야 할 보호의무를 부담한다(96다47302).
③ 천재지변 기타 불가항력으로 목적물이 파손된 경우에도 임대인의 수선의무는 면제되지 않는다.
④ 더 나아가 임차인의 귀책사유로 목적물이 파손된 경우에도 임대인이 수선의무를 부담한다(다수설).

(2) 수선의무의 면제특약

① 임대인의 수선의무는 당사자의 특약에 의하여 면제하거나 임차인의 부담으로 할 수는 있으나, 판례는 임대인의 수선의무 면제특약에 관하여 제한적으로 해석을 하고 있다.
② 즉, 수선의무 면제특약에 의하여 임대인이 수선의무를 면하게 되는 것은 소규모 수선에 한하고, 대규모의 수선(대규모 파손의 수리, 건물의 주요 구성부분에 대한 대수선, 기본적 설비의 교체 등)은 이에 포함되지 않고 여전히 임대인이 부담한다(94다34692).

(3) 임대인의 수선의무 불이행

① 임대인의 수선의무불이행에 대하여 임차인은 차임의 감액청구 또는 차임의 지급거절 외에 계약해지(제544조)와 손해배상청구(제551조) 등을 할 수 있다.
② 즉, 임대인이 목적물을 사용·수익하게 할 의무는 임차인의 차임지급의무와 서로 대응하는 관계에 있으므로, 임대인이 이러한 의무를 불이행하여 목적물의 사용·수익에 지장이 있으면 임차인은 지장이 있는 한도에서 차임의 지급을 거절할 수 있다(2016다227694).

4. 담보책임

임대차는 유상계약이므로 매매에 관한 규정이 준용된다(제567조). 따라서 임대인은 임차인에 대하여 매도인과 같은 담보책임을 진다.

3 임차인의 권리

1. 임차권

(1) 의의

임차권이란 임차인이 목적물을 사용·수익할 수 있는 권리를 말한다.

(2) 사용·수익의 범위

① 임차인은 계약 또는 목적물의 성질에 의하여 정하여진 용법으로 임차물을 사용·수익하여야 한다(제654조, 제610조). 임차인이 이를 위반한 경우 임대인은 위반행위의 정지를 청구하거나 계약을 해지할 수 있고, 그 밖에 손해가 있으면 손해배상을 청구할 수 있다.

② 임차인은 임대인의 동의 없이 그 권리를 양도하거나 임차물을 전대하지 못한다(제629조 제1항). 임차인이 이를 위반한 경우 임대인은 계약을 해지할 수 있다(제629조 제2항).

2. 비용상환청구권

> **제626조【임차인의 상환청구권】** ① 임차인이 임차물의 보존에 관한 필요비를 지출한 때에는 임대인에 대하여 그 상환을 청구할 수 있다.
> ② 임차인이 유익비를 지출한 경우에는 임대인은 임대차 종료 시에 그 가액의 증가가 현존한 때에 한하여 임차인의 지출한 금액이나 그 증가액을 상환하여야 한다. 이 경우에 법원은 임대인의 청구에 의하여 상당한 상환기간을 허여할 수 있다.

(1) 필요비상환청구권

① 임차인이 임차물의 보존에 관한 필요비를 지출한 때에는 임대인에 대하여 그 상환을 청구할 수 있다(제626조 제1항).

② 필요비는 필요비를 지출한 즉시, 즉 임대차 존속 중에도 상환청구할 수 있고, 임대차 종료 시에 상환청구할 수도 있으며, 가액의 증가가 현존하는지의 여부에 관계없이 지출비용 전액에 대하여 상환을 청구할 수 있다.

③ 임대인의 필요비상환의무는 특별한 사정이 없는 한 임차인의 차임지급의무와 서로 대응하는 관계에 있으므로, 임차인은 지출한 필요비 금액의 한도에서 차임의 지급을 거절할 수 있다(2016다227694).

(2) 유익비상환청구권

① 임차인이 유익비를 지출한 경우에는 임대인은 임대차 종료 시에 그 가액의 증가가 현존한 때에 한하여 임차인의 지출한 금액이나 그 증가액을 상환하여야 한다. 이 경우에 법원은 임대인의 청구에 의하여 상당한 상환기간을 허여할 수 있다(제626조 제2항).

② 유익비는 목적물의 객관적 가치를 증가시키기 위하여 지출한 비용을 말한다.

③ 가액의 증가가 현존한 경우란 유익비의 지출로서 목적물의 객관적 가치가 증가된 경우에 인정되는 것이고, 임차인의 주관적인 취미나 특수한 영업목적을 위하여 지출된 경우에는 인정되지 아니한다.

④ 또한 유익비는 그 지출에 의한 가치 증가부분이 임차물의 구성부분이 되어 임대인이 그 소유권을 취득하는 경우(제256조)에만 문제된다.

> **판례** **유익비의 판단기준**
>
> ① 임차인이 삼계탕 집을 경영하기 위하여 보일러, 온돌방, 주방 내부, 합판을 이용한 점포방식, 실내전등 등을 설치하고 유익비를 청구한 사안에서 이 건물의 본래의 용도 및 피고의 이용실태 등에 비추어 피고가 지출한 위 비용은 어디까지나 피고가 위 건물에서 삼계탕집을 경영하기 위한 것이지 건물의 보존을 위한다거나 그 객관적 가치를 증가시키기 위한 것이 아니어서 이를 필요비 또는 유익비라고 할 수 없다(93다25738).
> ② 간이음식점을 경영하기 위하여 부착시킨 시설물에 불과한 간판은 건물부분의 객관적 가치를 증가시키기 위한 것이라고 보기 어려울 뿐만 아니라, 그로 인한 가액의 증가가 현존하는 것도 아니어서 그 간판 설치비를 유익비라 할 수 없다(94다20389).

(3) 제626조의 성격 – 임의규정

임차인의 비용상환청구권에 대한 제626조 규정은 강행규정이 아니므로 비용상환의 면제특약은 가능하고 그 특약은 유효이다(95다12927).

> **판례** **임대차의 원상복구특약과 유익비상환청구의 포기**
>
> 임대차계약에서 "임차인은 임대인의 승인하에 개축 또는 변조할 수 있으나 부동산의 반환기일 전에 임차인의 부담으로 원상복구하기로 한다."라고 약정한 경우, 이는 임차인이 임차목적물에 지출한 각종 유익비의 상환청구권을 미리 포기하기로 한 취지의 특약이라고 봄이 상당하다(95다12927).

(4) 행사기간 및 상대방

제654조【준용규정】 제610조 제1항, 제615조 내지 제617조의 규정은 임대차에 이를 준용한다.

제617조【손해배상, 비용상환청구의 기간】 계약 또는 목적물의 성질에 위반한 사용, 수익으로 인하여 생긴 손해배상의 청구와 차주(임차인)가 지출한 비용의 상환청구는 대주(임대인)가 물건의 반환을 받은 날로부터 6월 내에 하여야 한다.

① **제척기간**: 임차인의 필요비·유익비상환청구권은 임대인이 목적물을 반환받은 날로부터 6월 내에 행사하여야 한다(제654조, 제617조). 이 기간은 제척기간에 해당한다.

② **상대방**
  ㉠ 임차인의 비용상환청구권의 상대방은 비용지출 당시의 임대인이다.
  ㉡ **임차물의 소유권이 양도된 경우**: 임차목적물의 소유권을 취득한 자가 임대인의 지위를 승계하는 등의 특별한 사정이 있는 경우가 아니라면 그 새로운 소유자에게는 비용의 상환을 청구할 수 없다.

개념적용 문제

임차인의 유익비상환청구권에 관한 설명으로 옳지 않은 것은? (다툼이 있으면 판례에 따름)

제21회 기출

① 임차인은 임대차가 종료하기 전에는 유익비상환을 청구할 수 없다.
② 임대인은 임차인의 선택에 따라 지출한 금액이나 가치증가액을 상환하여야 한다.
③ 유익비상환청구권은 임대인이 목적물을 반환받은 날로부터 6개월 내에 행사하여야 한다.
④ 임대인에게 비용상환을 요구하지 않기로 약정한 경우, 임차인은 유익비상환을 청구할 수 없다.
⑤ 임대인이 유익비를 상환하지 않으면, 임차인은 특별한 사정이 없는 한 임대차 종료 후 임차목적물의 반환을 거절할 수 있다.

해설 임차인이 유익비를 지출한 경우에는 임대인은 임대차 종료 시에 그 가액의 증가가 현존한 때에 한하여 임차인의 지출한 금액이나 그 증가액을 상환하여야 한다(제626조 제2항).

정답 ②

---

3. 건물임차인의 부속물매수청구권

제646조【임차인의 부속물매수청구권】 ① 건물 기타 공작물의 임차인이 그 사용의 편익을 위하여 임대인의 동의를 얻어 이에 부속한 물건이 있는 때에는 임대차의 종료 시에 임대인에 대하여 그 부속물의 매수를 청구할 수 있다.
② 임대인으로부터 매수한 부속물에 대하여도 전항과 같다.

(1) 행사요건

① 부속물(附屬物)이란 건물에 부속된 물건으로서 임차인의 소유에 속하고 건물의 구성부분으로는 되지 아니한 것(독립성의 인정)으로서, 건물의 사용에 객관적인 편익을 가져오게 하는 물건을 말한다. 따라서 부속된 물건이 오로지 임차인의 특수목적에 사용하기 위하여 부속된 경우에는 부속물에 포함되지 않는다.
② 임대인의 동의를 얻어 이에 부속하거나 임대인으로부터 매수한 부속물이어야 한다.

③ 임대차가 기간만료로 종료 시 청구할 수 있다. 그러나 임차인의 채무불이행으로 임대차가 해지되어 종료하는 경우에는 부속물의 매수청구권을 행사할 수 없다(88다카7245).

(2) 행사의 효과

부속물매수청구권은 형성권이므로 임차인의 일방적 의사표시에 의하여 임대인과 임차인 사이에는 부속물에 관한 매매계약이 성립하게 된다. 따라서 임차인의 부속물인도의무와 임대인의 대금지급의무는 동시이행관계에 있다.

(3) 강행규정(强行規定)

부속물매수청구권에 관한 규정은 편면적 강행규정이므로 이에 위반한 약정으로 임차인에게 불리한 것은 효력이 없다(제652조). 이는 일시사용을 위한 임대차에는 적용이 없다(제653조).

▶ **부속물매수청구권과 비용상환청구권**

구분	부속물매수청구권	비용상환청구권
성질	형성권	청구권
행사요건	부속물이 건물과는 독립한 물건일 것	그 물건이 건물의 구성부분으로 될 것
	임대인의 동의를 얻어 부속시킨 것이거나 임대인으로부터 매수한 것에 대해서만 인정됨	제한 없음
	임차인에게 의무위반이 있는 경우에는 인정되지 않음	제한 없음
청구시기	임대차 종료 시	필요비 - 지출 시 또는 종료 시 유익비 - 종료 시
기타	편면적 강행규정, 유치권 성립 안함	임의규정, 유치권 성립 가능
공통점	투하자본의 회수 수단	

> **판례** 부속물매수청구권
> ① 건물임차인의 매수청구권의 대상이 되는 부속물이라 함은 건물에 부속된 물건으로 임차인의 소유에 속하고, 건물의 구성부분이 되지 아니한 것으로서 건물의 사용에 객관적인 편익을 가져오게 하는 물건이라 할 것이므로, 부속된 물건이 오로지 임차인의 특수목적에 사용하기 위하여 부속된 것일 때는 이를 부속물매수청구권의 대상이 되는 물건이라 할 수 없을 것이다(92다41627).
> ② 건물임차인이 자신의 비용을 들여 증축한 부분을 임대인 소유로 귀속시키기로 하는 약정은 임차인이 원상회복의무를 면하는 대신 투입비용의 변상이나 권리주장을 포기하는 내용이 포함된 것으로서 특별한 사정이 없는 한 유효하므로, 그 약정이 부속물매수청구권을 포기하는 약정으로서 강행규정에 반하여 무효라고 할 수 없고 또한 그 증축 부분의 원상회복이 불가능하다고 해서 유익비의 상환을 청구할 수도 없다(94다44705·44712).

4. 토지임차인의 갱신청구권과 지상물매수청구권

> **제643조 【임차인의 갱신청구권, 매수청구권】** 건물 기타 공작물의 소유 또는 식목, 채염, 목축을 목적으로 한 토지임대차의 기간이 만료한 경우에 건물, 수목 기타 지상시설이 현존한 때에는 제283조의 규정을 준용한다.
> **제283조 【지상권자의 갱신청구권, 매수청구권】** ① 지상권이 소멸한 경우에 건물 기타 공작물이나 수목이 현존한 때에는 지상권자는 계약의 갱신을 청구할 수 있다.
> ② 지상권설정자가 계약의 갱신을 원하지 아니하는 때에는 지상권자는 상당한 가액으로 전항의 공작물이나 수목의 매수를 청구할 수 있다.

(1) 임차인이 지상물매수청구권을 행사하려면 토지임대차의 기간이 만료되고 임차지상에 건물 기타 공작물 등의 지상물이 현존하여야 한다.

(2) 임차인이 갱신청구권을 먼저 행사하고, 임대인이 이를 거절하여야 한다.

(3) 매수청구의 대상

① 매수청구권의 대상은 원칙적으로 토지 위의 지상물이다.
② 임대차계약 당시의 기존 건물이거나 임대인의 동의를 얻어 신축한 것에 한정되지 않는다. 즉, 임대차기간 중에 축조되었다고 하더라도 그 만료 시에 가치가 잔존하고 있으면 매수청구의 범위에 포함된다(93다34589).
③ 또한 지상물의 객관적인 경제적 가치나 임대인에 대한 효용 여부와 관계없이 매수청구권을 행사할 수 있다(2001다42080). 즉, 경제적 가치가 있을 필요도 없고, 임대인에게 소용이 있는 물건일 필요도 없다.
④ 미등기·무허가 건물도 매수청구의 대상이 된다(97다37753). 다만, 임차권 소멸 후에 임차인이 새로이 설치한 지상건물은 매수청구를 할 수 없다.

> **판례** 임차인의 매수청구권
> ① 건물 소유를 목적으로 하는 토지임대차에 있어서 임차인의 소유건물이 임대인이 임대한 토지 외에 임차인 또는 제3자 소유의 토지 위에 걸쳐서 건립되어 있는 경우에는, 임차지상에 서 있는 건물 부분 중 구분소유의 객체가 될 수 있는 부분에 한하여 임차인에게 매수청구가 허용된다(93다42634 전합).
> ② 민법 제643조, 제283조에 규정된 임차인의 매수청구권은 건물의 소유를 목적으로 한 토지임대차의 기간이 만료되어 그 지상에 건물이 현존하고 임대인이 계약의 갱신을 원하지 아니하는 경우에 임차인에게 부여된 권리로서 그 지상건물이 객관으로 경제적 가치가 있는지 여부나 임대인에게 소용이 있는지 여부가 그 행사요건이라고 볼 수 없다(2001다42080).
> ③ 건물의 소유를 목적으로 하는 토지임대차에 있어서, 임대차가 종료함에 따라 토지의 임차인이 임대인에 대하여 건물매수청구권을 행사할 수 있음에도 불구하고 이를 행사하지 아니한 채, 토지의 임대인이 임차인에 대하여 제기한 토지의 인도 및 건물철거청구소송에서 패소하여 그 패소판결이 확정되었다고

하더라도, 그 확정판결에 의하여 건물철거가 집행되지 아니한 이상 토지의 임차인으로서는 건물매수청구권을 행사하여 별소로써 임대인에 대하여 건물매매대금의 지급을 구할 수 있다(95다42195).
④ 임대차의 경우에 임차인의 채무불이행 등 사유로 인하여 임대차계약이 해지되었을 때에는 임차인에게 계약갱신권이 발생할 여지가 없고, 따라서 임차인에게 매수청구권이 발생할 수 없다(72다2013).
⑤ 건물 소유를 목적으로 하는 토지임대차에서 종전 임차인으로부터 미등기 무허가건물을 매수하여 점유하고 있는 임차인이 임대인에 대하여 지상물매수청구권을 행사할 수 있다(2013다48364).

(4) 임차권의 소멸원인에 따른 지상물매수청구권의 행사 가능 여부

① **임대인의 해지통고에 의한 임차권의 소멸의 경우**: 기간의 약정이 없는 토지임대차계약을 임대인이 해지통고한 경우에는 곧바로 계약갱신을 거절한 것이라고 할 수 있으므로 계약의 갱신을 청구함이 없이 지상물을 매수청구할 수 있다(94다51178).

② **임차인의 채무불이행으로 인한 임대차 해지의 경우**: 임차인의 채무불이행으로 임대차계약이 해지된 경우에는 임차인이 계약갱신을 청구할 수 없으므로 지상물매수청구권도 행사할 수 없다(96다54249).

③ **합의에 의한 임대차 소멸의 경우**: 임대인과 임차인이 합의에 의하여 임차권을 소멸시키기로 한 경우에는 지상물매수청구권이 인정되지 않는다(判).

(5) 청구권자와 그 상대방

① **청구권자**: 지상물매수청구권은 지상물의 소유자에 한하여 행사할 수 있으나(93다6386), 미등기매수인에게도 인정된다(2013다48364·48371).

② **상대방**: 지상물 매수청구권의 상대방은 임차권 소멸 당시의 임대인이다.

③ 건물의 소유를 목적으로 하는 토지임차인의 지상물매수청구권 행사의 상대방은 원칙적으로 임차권 소멸 당시의 토지소유자인 임대인이다. 따라서 토지소유자가 아닌 제3자가 토지를 임대한 경우에 임대인은 특별한 사정이 없는 한 지상물매수청구권의 상대방이 될 수 없다(2020다254228·254235).

(6) 청구권의 행사방법과 효과

① 임차인의 지상물매수청구권은 형성권이다. 따라서 계약갱신을 거절당한 임차인이 이를 행사하면 그 즉시 지상물에 대한 매매가 성립한다. 이 경우 임대인의 승낙이 없어도 지상물에 대한 매매가 성립한다.

② 따라서 임차인의 지상물인도의무와 임대인의 대금지급의무는 동시이행관계에 있다. 이때 그 가액은 매수청구권 행사 당시의 시가 상당액이다(判).

③ 다만, 판례는 건물 기타 공작물의 소유를 목적으로 한 토지임대차에 있어서 임차인이 그 지상건물 등에 관하여 민법 제643조 소정의 매수청구권을 행사한 후에 그 임대인인 토지소유

자로부터 매수대금을 지급받을 때까지 그 지상건물 등의 인도를 거부할 수 있다고 하여도, 지상건물 등의 점유·사용을 통하여 그 부지를 계속하여 점유·사용하는 한 그로 인한 부당이득으로서 부지의 임료 상당액을 토지임대인에게 반환하여야 할 의무가 있다고 한다.

> **판례** **지상물매수청구권의 배제특약**
>
> 임대차기간이 만료 후 임차인이 지상건물을 철거하여 토지를 인도하고 만약 지상건물을 철거하지 아니할 경우에는 그 소유권을 임대인에게 이전하기로 한 약정은 민법 제643조 소정의 임차인의 지상물매수청구권을 배제하기로 하는 특약으로서 임차인에게 불리한 것이므로 무효이다(90다19695).

> **개념적용 문제**
>
> 임차인의 부속물매수청구권에 관한 설명으로 옳지 않은 것은? (다툼이 있으면 판례에 따름)
>
> 제20회 기출
>
> ① 일시사용을 위한 임대차가 명백한 경우, 임차인은 부속물매수청구권을 행사할 수 없다.
> ② 임대차계약이 임차인의 채무불이행으로 인하여 해지된 경우에는 부속물매수청구권이 인정되지 않는다.
> ③ 임차인이 부속물매수청구권을 적법하게 행사한 경우, 임차인은 임대인이 매도대금을 지급할 때까지 부속물의 인도를 거절할 수 있다.
> ④ 오로지 임차인의 특수목적에 사용하기 위하여 부속된 물건은 부속물매수청구권의 대상이 되지 않는다.
> ⑤ 건물임차인이 자신의 비용으로 증축한 부분을 임대인 소유로 귀속시키기로 약정하였더라도, 특별한 사정이 없는 한 이는 강행규정에 반하여 무효이므로 임차인의 부속물매수청구권은 인정된다.
>
> **해설** 건물임차인이 자신의 비용으로 증축한 부분을 임대인 소유로 귀속시키기로 약정하였다면 이는 임차인의 원상회복의무를 면하는 대신 유익비의 상환청구권이나 부속물의 매수청구권을 포기하기로 하는 특약을 한 것으로 강행규정을 위반했다고 할 수 없으므로 임차인은 유익비상환청구 또는 부속물매수청구권을 행사할 수 없다.
>
> **정답** ⑤

4 임차인의 의무

1. 차임지급의무

임차인은 임대차목적물의 사용·수익의 대가로서 임대인에게 차임을 지급할 의무를 진다(제618조). 차임지급의무는 임차인의 가장 중요한 의무이다.

(1) 차임의 내용

차임은 금전에 한하지 않고, 기타의 물건으로 지급하여도 무방하다. 차임의 액수에 대해서는 민법에 제한규정이 없으므로 원칙적으로 당사자의 약정으로 자유로이 정할 수 있다.

(2) 차임의 지급시기

> 제633조【차임지급의 시기】 차임은 동산, 건물이나 대지에 대하여는 매월 말에, 기타 토지에 대하여는 매년 말에 지급하여야 한다. 그러나 수확기 있는 것에 대하여는 그 수확 후 지체 없이 지급하여야 한다.

(3) 차임지급의 연체와 계약의 해지

> 제640조【차임연체와 해지】 건물 기타 공작물의 임대차에는 임차인의 차임연체액이 2기의 차임액에 달하는 때에는 임대인은 계약을 해지할 수 있다.
> 제641조【동전(同前)】 건물 기타 공작물의 소유 또는 식목, 채염(採鹽), 목축을 목적으로 한 토지임대차의 경우에도 전조의 규정을 준용한다.
> 제642조【토지임대차의 해지와 지상건물 등에 대한 담보물권자에의 통지】 전조의 경우에 그 지상에 있는 건물 기타 공작물이 담보물권의 목적이 된 때에는 제288조의 규정을 준용한다.

① 건물 기타 공작물의 임대차에는 임차인의 차임연체액이 2기의 차임액에 달하는 때에는 임대인은 계약을 해지할 수 있다(제640조).
② 여기서 '2기의 차임액'이란 연속하여 2기의 차임을 연체하는 것을 말하는 것이 아니고, 연체차임의 누적액이 2기의 차임액에 달하는 것을 의미한다.
③ 임대인은 임차인에게 차임지급의 최고 없이 해지할 수 있으나, 그 지상에 있는 건물 기타 공작물이 담보물권의 목적이 된 때에는 그 담보물권자에게 통지한 후 상당한 기간이 경과하여야 해지의 효력이 생긴다(제642조).

(4) 임대인의 차임채권 확보를 위한 법정질권과 법정저당권

> 제648조【임차지의 부속물, 과실(果實) 등에 대한 법정질권】 토지임대인이 임대차에 관한 채권에 의하여 임차지에 부속 또는 그 사용의 편익에 공용한 임차인의 소유동산 및 그 토지의 과실(果實)을 압류한 때에는 질권과 동일한 효력이 있다.
> 제649조【임차지상의 건물에 대한 법정저당권】 토지임대인이 변제기를 경과한 최후 2년의 차임채권에 의하여 그 지상에 있는 임차인 소유의 건물을 압류한 때에는 저당권과 동일한 효력이 있다.
> 제650조【임차건물 등의 부속물에 대한 법정질권】 건물 기타 공작물의 임대인이 임대차에 관한 채권에 의하여 그 건물 기타 공작물에 부속한 임차인 소유의 동산을 압류한 때에는 질권과 동일한 효력이 있다.

(5) 차임증감청구

① 일부멸실로 인한 차임감액청구권

> **제627조 【일부멸실 등과 감액청구, 해지권】** ① 임차물의 일부가 임차인의 과실 없이 멸실 기타 사유로 인하여 사용, 수익할 수 없는 때에는 임차인은 그 부분의 비율에 의한 차임의 감액을 청구할 수 있다.
> ② 전항의 경우에 그 잔존부분으로 임차의 목적을 달성할 수 없는 때에는 임차인은 계약을 해지할 수 있다.

차임감액청구권은 형성권이므로 임대인의 승낙을 요하지 않는다. 또한 본조는 편면적 강행규정으로서 이에 위반하여 임차인에게 불리한 것은 무효이다(제652조).

② 사정변경에 의한 차임증감청구권

> **제628조 【차임증감청구권】** 임대물에 대한 공과부담의 증감 기타 경제사정의 변동으로 인하여 약정한 차임이 상당하지 아니하게 된 때에는 당사자는 장래에 대한 차임의 증감을 청구할 수 있다.

㉠ 사정변경의 원칙을 규정한 개별규정이다.
㉡ 차임증감청구권은 형성권으로서 이에 관한 규정은 편면적 강행규정이다. 따라서 차임불감액의 특약은 임차인에게 불리하므로 언제나 무효이다.
㉢ 그러나 차임부증액의 특약은 임차인에게 유리하므로 원칙적으로 유효하다. 다만, 차임부증액의 특약이 있더라도 그 특약을 그대로 유지시키는 것이 신의칙에 반한다고 인정될 정도의 사정변경이 있는 경우에는 형평의 원칙상 임대인에게 차임증액청구를 인정할 수 있다는 것이 판례의 태도이다.
㉣ 이의 행사방법에는 제한이 없으므로 재판상은 물론, 재판 외의 방법으로도 행사할 수 있다.

(6) 공동임차인의 연대의무

여러 사람이 공동으로 목적물을 임차한 경우에는 민법은 임대인을 보호하기 위하여 임차인이 연대하여 의무를 부담하도록 하고 있다(제654조, 제616조).

2. 임차물보관의무·통지와 인용의무

(1) 선량한 관리자의 주의의무

임차인은 임차목적물을 인도할 때까지 선량한 관리자의 주의로 보존하여야 한다(제374조). 선관주의의무에 위반하여 목적물을 멸실한 경우 채무불이행에 의한 손해배상책임을 진다.

(2) 통지의무

> **제634조【임차인의 통지의무】** 임차물의 수리를 요하거나 임차물에 대하여 권리를 주장하는 자가 있는 때에는 임차인은 지체 없이 임대인에게 이를 통지하여야 한다. 그러나 임대인이 이미 이를 안 때에는 그러하지 아니하다.

(3) 인용의무

> **제624조【임대인의 보존행위, 인용의무】** 임대인이 임대물의 보존에 필요한 행위를 하는 때에는 임차인은 이를 거절하지 못한다.
> **제625조【임차인의 의사에 반하는 보존행위와 해지권】** 임대인이 임차인의 의사에 반하여 보존행위를 하는 경우에 임차인이 이로 인하여 임차의 목적을 달성할 수 없는 때에는 계약을 해지할 수 있다.

3. 임차물반환의무

임대차가 종료한 때에는 임차인은 임차물을 임대인에게 반환하여야 한다. 임차인이 임차목적물을 반환하는 때에는 이를 원상에 회복하여야 하고, 이에 부속시킨 물건은 철거할 수 있다(제615조, 제654조).

제4절 부동산임차권의 물권화 경향

1 임차권 등기와 차지권의 대항력

1. 임대차의 등기

> **제621조【임대차의 등기】** ① 부동산임차인은 당사자간에 반대약정이 없으면 임대인에 대하여 그 임대차등기절차에 협력할 것을 청구할 수 있다.
> ② 부동산임대차를 등기한 때에는 그때부터 제3자에 대하여 효력이 생긴다.

① 임차권이 등기되어 대항력이 발생한 이후 제3자가 임대인인 소유자로부터 그 부동산을 양수하여 소유권을 취득하고 임차인에 대하여 부동산명도청구를 하더라도 임차인은 이를 거절할 수 있다.

② 임대인과 임대목적물의 소유권 양수인 및 임차인 사이에 임대인의 지위에 관한 승계계약이 있는 경우
  ㉠ 임차인은 양수인에게 차임을 지급하여야 하고,
  ㉡ 임대차 종료 시 양수인에게 임대차보증금의 반환청구를 하여야 하며, 비용상환청구권 및 매수청구권도 양수인에게 행사할 수 있다.
  ㉢ 다만, 이때 연체차임은 특별한 사정이 없는 한 양수인에게 이전하지 않으며,
  ㉣ 임대인과 임차인 사이에 있었던 임대차에 부수하는 여러 특약 중 등기하여야 할 사항에 관해서는 그것이 등기된 경우에 한하여 양수인에게 대항할 수 있다.
③ 그러나 임대차에 대한 승계계약이 없는 경우에는 보증금반환의무는 종전 임대인만이 부담할 뿐이다.

2. 건물등기 있는 차지권의 대항력

> **제622조 【건물등기 있는 차지권(借地權)의 대항력】** ① 건물의 소유를 목적으로 한 토지임대차는 이를 등기하지 아니한 경우에도 임차인이 그 지상건물을 등기한 때에는 제3자에 대하여 임대차의 효력이 생긴다.
> ② 건물이 임대차기간 만료 전에 멸실 또는 후폐(朽廢)한 때에는 전항의 효력을 잃는다.

① 토지임차인이 대항력을 취득하기 위해서는 자신이 건물을 신축하고 소유권보존등기를 한 경우뿐만 아니라 토지임차권과 건물을 양도받아 건물에 대한 소유권이전등기를 한 경우까지도 포함된다.
② 다만, 토지임차인이 임대인과의 관계에서 토지에 관한 적법한 임대차계약 없이 그 지상건물에 관하여 등기를 한 경우에는 대항력이 인정되지 않는다(95다29345).
③ 한편 건물이 임대차기간 만료 전에 멸실 또는 후폐한 때에는 토지임차인을 보호할 필요가 없으므로 토지임대차는 그 대항력을 잃는다(제622조 제2항).

3. 주택임대차보호법·상가건물 임대차보호법에 의한 대항력

① 주택의 임대차는 그 등기가 없는 경우에도 임차인이 주택의 인도와 주민등록을 마친 때에는 그 다음 날부터 제3자에 대하여 효력이 생긴다(주택임대차보호법 제3조 제1항). 일정 규모 이하의 상가건물임대차도 건물의 인도와 사업자 등록을 갖추면 대항력이 생긴다.
② 또한 임차주택의 양수인은 임대인의 지위를 승계한 것으로 본다(주택임대차보호법 제3조 제4항). 따라서 종래의 주택임대차관계는 동일성을 유지하면서 임차인과 양수인 사이에 존속하게 된다.

2 방해배제청구권의 행사

① **임차권 자체에 기한 방해제거의 청구**: 임차권이 공시(등기 또는 주택임대차보호법상의 대항요건)되어 대항력을 갖춘 경우에는 임차인은 임차권 자체에 기한 방해제거청구권을 행사할 수 있다는 것이 다수설의 태도이다.
② **점유권에 기한 방해제거의 청구**: 임차권이 대항력을 갖추지 못했으나 임차인이 목적물을 점유하는 경우 임차인은 점유권에 기한 방해제거청구권을 행사할 수 있다.
③ **소유권에 기한 방해제거청구권의 대위행사**: 임차권이 대항력과 점유를 모두 갖추지 못한 경우 임차인은 임대인에 대하여 임대차 계약으로 정한 내용에 따라 사용·수익·제공해 줄 것을 요구할 수 있으므로, 자신의 그 임차권을 보전하기 위하여 임대인(소유자)이 제3자에 대하여 가지는 소유권에 기한 물권적 반환청구권을 대위하여 행사할 수 있다.

3 최단존속기간의 보장

부동산임차인의 지위를 보호하기 위해서는 최장존속기간을 보장하는 것보다 최단존속기간을 보장하는 것이 더 중요하다.

① 민법상의 임대차에 대해서는 최단존속기간 제한규정이 없다.
② 주택임대차에 대해서는 기간의 정함이 없거나 기간을 2년 미만으로 정한 임대차는 그 기간을 2년으로 보고 있다(주택임대차보호법 제4조 제1항).
③ 상가건물임대차에 대해서는 기간의 정함이 없거나 기간을 1년 미만으로 정한 임대차는 그 기간을 1년으로 보고 있다(상가건물 임대차보호법 제9조 제1항).

4 차임 및 보증금 제한

① 민법은 차임액을 제한하는 규정 및 보증금에 관한 규정이 없고, 일정한 경우에 당사자에게 차임증감청구권만을 인정하고 있다(제628조).
② 주택임대차 또는 상가건물임대차에 대해서는 차임 또는 보증금의 증액의 경우에는 일정한 제한이 있다(주택임대차보호법 제7조, 상가건물 임대차보호법 제11조).

제5절 임차권의 양도와 임차물의 전대

1 의의 및 민법의 태도

1. 의의

(1) 임차권의 양도

임차권이 그 동일성을 유지하면서 양수인에게 이전하게 하는 계약을 말한다. 임차권의 양도가 있게 되면 임차인은 임차인으로서의 지위에서 벗어나고, 양수인이 임차인의 지위를 그대로 승계하여 임차인으로서의 권리·의무를 취득하게 된다.

(2) 임차물의 전대

① 임차인이 그 임차물을 다시 제3자로 하여금 사용·수익하게 하는 계약을 말한다. 전대에 있어서는 임차인이 종전 지위에서 벗어나는 것이 아니고 종전의 계약상의 지위를 그대로 유지한다는 점에서 양도와 다르다.
② 이러한 임차물의 전대는 임차인과 전차인 사이의 낙성·불요식계약이다.

2. 임차권 양도 및 임차물 전대와 임대인의 동의

> 제629조【임차권의 양도, 전대의 제한】 ① 임차인은 임대인의 동의 없이 그 권리를 양도하거나 임차물을 전대하지 못한다.
> ② 임차인이 전항의 규정에 위반한 때에는 임대인은 계약을 해지할 수 있다.
> 제632조【임차건물의 소부분을 타인에게 사용케 하는 경우】 전 3조의 규정은 건물의 임차인이 그 건물의 소부분을 타인에게 사용하게 하는 경우에 적용하지 아니한다.

(1) 무단양도 및 전대의 금지

① **원칙**: 임차권의 양도 또는 임차물의 전대는 임대인의 동의를 얻어야 한다. 임대인의 동의를 얻지 않은 경우에는 임대인에게 대항할 수 없고, 임대인은 임대차계약을 해지할 수 있다(제629조). 다만, 이는 임의규정이므로 특약으로 달리 정할 수 있다.
② **예외**
  ㉠ 건물의 임차인이 그 건물의 소부분을 타인에게 사용하게 하는 경우에는 임대인의 동의를 요하지 않는다(제632조). 건물의 소부분의 전대는 임대인의 동의 없이도 가능하다.
  ㉡ 임차인이 임대인으로부터 별도의 승낙을 얻은 바 없이 제3자에게 임차물을 사용·수익하도록 한 경우에 있어서도 임차인의 당해 행위가 임대인에 대한 배신적 행위라고 인정할 수 없는 특별한 사정이 있는 경우에는 해지권은 발생하지 않는다(92다45308).

(2) 임대인의 동의(대항요건)

① 임대인의 동의는 임차권의 양도 또는 전대를 가능하게 하는 권능을 임차인에게 부여하는 일방적 의사표시이다. 임대인의 동의는 양도·전대의 유효요건(효력발생요건)은 아니고 대항요건에 해당한다. 동의는 반드시 양도·전대 이전에 이루어져야 하는 것은 아니며 사후동의도 가능하다.

② 임차인이 임대인의 동의 없이 그의 임차권을 양도하거나, 전대한 때에는 임대인은 임대차계약을 해지할 수 있다(제629조 제2항).

2 임대인의 동의 없는 임차권의 양도 및 임차물 전대

1. 임차인(양도인)과 양수인·전차인의 관계

(1) 임차권 양도계약의 유효

임대인의 동의가 없는 경우에도 임차권 양도계약 자체는 당사자 사이에서는 유효하므로, 양수인은 임차권을 취득한다.

(2) 임차권 양도인의 의무

임차권을 무단양도한 임차인(양도인)은 임차권의 양수인을 위하여 임대인의 동의를 얻어 줄 의무를 부담한다(85다카1812).

2. 임대인과 양수인·전차인의 관계

① 임차권의 무단양도 시 임차권의 양수인(전차인)의 목적물에 대한 점유는 임대인에 대한 관계에서는 불법점유가 된다. 따라서 임대인은 소유권에 기하여 임차물을 반환할 것을 청구할 수 있다.
  ㉠ 다만, 임대인이 임차인과의 임대차계약을 해지하기 전에는 직접점유자인 임차인에게 반환할 것을 청구할 수 있고, 해지한 후에는 직접 자신에게 반환할 것을 청구할 수 있다.
  ㉡ 임대인은 전차인에게 차임청구권을 갖지 못하나 임차인의 차임청구권을 대위 행사할 수 있다.

② 임대인이 임차권의 무단양도를 이유로 임대차를 해지하지 않는 한 손해배상청구 또는 부당이득반환청구를 할 수 없다.

임차인이 임대인의 동의를 받지 않고 제3자에게 임차권을 양도하거나 전대하는 등의 방법으로 임차물을 사용·수익하게 하더라도, 임대인이 이를 이유로 임대차계약을 해지하거나 그 밖의 다른 사유로 임대차계약이 적법하게 종료되지 않는 한 임대인은 임차인에 대하여 여전히 차임청구권을 가지므로, 임대차계약이 존속하는 한도 내에서는 제3자에게 불법점유를 이유로 한 차임 상당 손해배상청구나 부당이득반환청구를 할 수 없다(2006다10323).

3. 임대인과 임차인(양도인)의 관계

임대인은 임대차계약을 해지할 수 있다(제629조 제2항). 그러나 해지를 하지 않는 동안에는 임차인은 종전의 지위를 그대로 유지하기 때문에 임대차계약이 해지되지 않는 한 임대인은 임차인에 대하여 차임청구권을 가진다.

> **판례** 임대차계약의 해지사유가 아닌 임차권 양도
>
> ① 임차권을 무단으로 양도한 경우라도 임차권의 양수인이 임차인과 부부로서 임차건물에 동거하면서 함께 가구점을 경영하고 있는 경우에는 무단양도행위가 임대인에 대한 배신행위라고 볼 수 없으므로 임대인은 임대차계약을 해지할 수 없다(92다45308).
> ② 건물의 소유를 목적으로 하여 토지를 임차한 사람이 그 토지 위에 소유하는 건물에 저당권을 설정한 때에는 민법 제358조 본문에 따라서 저당권의 효력이 건물뿐만 아니라 건물의 소유를 목적으로 한 토지의 임차권에도 미친다고 보아야 할 것이므로, 건물에 대한 저당권이 실행되어 경락인이 건물의 소유권을 취득한 때에는 특별한 다른 사정이 없는 한 건물의 소유를 목적으로 한 토지의 임차권도 건물의 소유권과 함께 경락인에게 이전된다. 그러나 이 경우에도 민법 제629조가 적용되기 때문에 토지의 임대인에 대한 관계에서는 그의 동의가 없는 한 경락인은 그 임차권의 취득을 대항할 수 없다(92다24950).

3 임대인의 동의 있는 양도·전대의 법률관계

1. 임대인의 동의 있는 임차권의 양도

양도인은 임차인으로서의 지위에서 벗어나고, 양수인이 임차인의 지위를 그대로 승계하여 동일성을 유지하면서 임차인으로서의 권리·의무를 취득하게 된다. 따라서 차임지급의무도 당연히 양수인에게 이전한다. 그러나 양도인의 연체차임채무나 다른 의무위반으로 인한 손해배상의무는 별도의 약정이 없는 한 이전하지 않는다.

2. 임대인의 동의 있는 임차물의 전대

> **제630조【전대의 효과】** ① 임차인이 임대인의 동의를 얻어 임차물을 전대한 때에는 전차인은 직접 임대인에 대하여 의무를 부담한다. 이 경우에 전차인은 전대인에 대한 차임의 지급으로써 임대인에게 대항하지 못한다.
> ② 전항의 규정은 임대인의 임차인에 대한 권리행사에 영향을 미치지 아니한다.

(1) 임차인(전대인)과 전차인의 관계

① 전대차는 임대차의 효력범위 내에서만 가능하므로 임차인이 임대인의 동의를 얻어 임차물을 전대한 경우, 임대인과 임차인 사이의 종전 임대차계약은 계속 유지되고(제630조 제2항), 임차인과 전차인 사이에는 별개의 새로운 전대차계약이 성립한다.

② 전차인은 전대차계약으로 전대인에 대하여 부담하는 의무 이상으로 임대인에게 의무를 지지 않고 동시에 임대차계약으로 임차인이 임대인에 대하여 부담하는 의무 이상으로 임대인에게 의무를 지지 않는다(2018다200518).

(2) 임대인과 임차인(전대인)의 관계

① 적법한 전대차관계에서 임대차와 전대차는 중첩적으로 성립한다.

② 임대인이 전대차에 동의를 하여 전차인이 사용수익권을 행사하는 경우에도 임대인은 임차인에게 임대차계약상 권리를 행사할 수 있고(제630조 제2항), 전차인에게 직접 권리를 행사할 수도 있다.

(3) 임대인과 전차인의 관계

> **제631조【전차인의 권리의 확정】** 임차인이 임대인의 동의를 얻어 임차물을 전대한 경우에는 임대인과 임차인의 합의로 계약을 종료한 때에도 전차인의 권리는 소멸하지 아니한다.

① 임차인이 임대인의 동의를 얻어 임차물을 전대한 경우 전차인은 그 계약의 내용에 따른 유효한 사용·수익권을 취득한다.

② 임대인의 동의 있는 전대차가 적법하다고 하여 임대인과 전차인 사이에 직접 임대차관계가 성립하는 것은 아니다. 따라서 전차인은 임대인에 대하여 권리를 주장하지 못한다.

　㉠ 임대인과 전차인 사이에 임대차관계는 없지만 임대인 보호를 위하여 전차인은 직접 임대인에 대하여 의무를 부담한다(제630조 제1항).
　　ⓐ 전차인은 임대인에 대하여 직접 차임지급의무를 부담한다.
　　ⓑ 전차인이 임대인에 대하여 차임을 지급하면, 전대인에 대하여는 그 의무를 면하게 된다.
　㉡ 전차인은 전대인에 대한 차임의 지급으로써 임대인에게 대항하지 못한다(제630조 제1항).

ⓐ 전차인이 전대인에 대한 차임의 지급으로써 임대인에게 대항할 수 없는 차임의 범위는 전대차계약상의 차임지급시기를 기준으로 하여 그 전에 전대인에게 지급한 차임에 한정되고, 그 이후에 지급한 차임으로는 임대인에게 대항할 수 있다(2006다45459).
ⓑ 다만, 전대차계약상의 차임지급시기 전에 전대인에게 지급한 차임이라도, 임대인의 차임청구 전에 차임지급시기가 도래한 경우에는 그 지급으로 임대인에게 대항할 수 있다(2018다200518).
ⓒ 전차인은 임대인에 대하여 목적물의 수선이나 그 수선비용의 상환을 청구할 수는 없다.
③ 전대차는 임대차를 기초로 성립한다.
㉠ 전대인의 임차권이 기간의 만료·채무불이행에 의한 해지 등으로 소멸하면, 전차인의 전차권도 소멸한다.
㉡ 적법한 전대차에서 임대인과 임차인의 합의로 계약을 종료한 때에도 전차인의 권리는 소멸하지 않는다(제631조).
㉢ 전차인 보호를 위한 제631조는 강행규정이다(제652조).
④ 임대차가 종료하면 전대차도 종료하는데, 이때 임대인은 직접 전차인에 대하여 목적물의 반환을 청구할 수 있지만, 전차인은 임차인에 대한 보증금반환채권으로 임대인에게 대항하지 못한다(90다카24939).

(4) 전차인 보호를 위한 특별규정

① 해지통고의 전차인에 대한 통지

> **제638조 【해지통고의 전차인에 대한 통지】** ① 임대차계약이 해지의 통고로 인하여 종료된 경우에 그 임대물이 적법하게 전대되었을 때에는 임대인은 전차인에 대하여 그 사유를 통지하지 아니하면 해지로써 전차인에게 대항하지 못한다.
> ② 전차인이 전항의 통지를 받은 때에는 제635조 제2항의 규정을 준용한다.

㉠ 전차인이 통지를 받은 때에는, 해지의 효력은 그 전차인에 대하여서는 일정한 기간(부동산임대차는 6개월, 동산임대차는 5일)이 경과하여야 발생한다(제638조 제2항, 제635조 제2항).
㉡ 제638조는 강행규정이고(제652조), 일시사용을 위한 전대차의 경우에는 적용되지 않는다(제653조).

② **전차인의 임대청구권과 매수청구권**(강행규정)

> **제644조 【전차인의 임대청구권, 매수청구권】** ① 건물 기타 공작물의 소유 또는 식목, 채염, 목축을 목적으로 한 토지임차인이 적법하게 그 토지를 전대한 경우에 임대차 및 전대차의 기간이 동시에 만료되고 건물, 수목 기타 지상시설이 현존한 때에는 전차인은 임대인에 대하여 전전대차와 동일한 조건으로 임대할 것을 청구할 수 있다.
> ② 전항의 경우에 임대인이 임대할 것을 원하지 아니하는 때에는 제283조 제2항의 규정을 준용한다.

③ **전차인의 부속물매수청구권**(강행규정)

> **제647조【전차인의 부속물매수청구권】** ① 건물 기타 공작물의 임차인이 적법하게 전대한 경우에 전차인이 그 사용의 편익을 위하여 임대인의 동의를 얻어 이에 부속한 물건이 있는 때에는 전대차의 종료 시에 임대인에 대하여 그 부속물의 매수를 청구할 수 있다.
> ② 임대인으로부터 매수하였거나 그 동의를 얻어 임차인으로부터 매수한 부속물에 대하여도 전항과 같다.

제6절 보증금 및 권리금

1 보증금

1. 의의

① 보증금이란 부동산임대차, 특히 건물임대차에 있어서 임차인의 모든 채무를 담보하기 위하여 임차인 또는 제3자가 임대인에게 교부하는 금전 기타 물건을 말한다.
② 민법에는 보증금에 관한 규정이 없으므로, 이는 학설과 판례 및 관행에 의하여 규율되고 있다.
③ 임대차계약에서 보증금을 지급하였다는 입증책임은 보증금의 반환을 구하는 임차인이 부담하고, 임대차계약이 성립하였다면 임대인에게 임대차계약에 기한 임료 채권이 발생하였다 할 것이므로 임료를 지급하였다는 입증책임도 임차인이 부담한다(2004다19647).

2. 보증금계약

(1) 보증금계약의 성립

보증금계약의 당사자는 보통 임대인과 임차인이지만, 임차인에 갈음하여 제3자가 될 수도 있다.

(2) 보증금계약의 법적 성질

① 보증금은 보증금계약에 의하여 수수되는데, 보증금계약은 임대차계약과 독립된 계약이다.
② 그러므로 보증금계약은 반드시 임대차계약과 동시에 체결되어야 하는 것은 아니다. 그러나 보증금계약은 임대차계약에 종된 계약이므로, 임대차가 유효하게 성립하여야만 보증금계약도 유효하게 된다.
③ 보증금계약은 금전을 교부함으로써 효력이 생기므로, 일종의 요물계약(要物契約)이다. 그러나 반드시 요물계약으로 하여야 하는 것은 아니며, 보증금을 교부할 채권·채무를 발생하게 하는 낙성계약도 유효하다.

3. 보증금의 효력

(1) 보증금의 담보적 효력

① 보증금은 차임의 부지급(不支給), 임차물(賃借物)의 멸실·훼손 등 임대차관계에서 생길 수 있는 임차인의 모든 채무를 담보한다. 따라서 임대인은 이 보증금으로부터 다른 채권자에 우선하여 변제를 받을 수 있다.

② 부동산임대차에 있어서 수수된 보증금은 차임채무, 목적물의 멸실·훼손 등으로 인한 손해배상채무 등 임대차에 따른 임차인의 모든 채무를 담보하는 것으로서 그 피담보채무 상당액은 임대차관계의 종료 후 목적물이 반환될 때에 특별한 사정이 없는 한 별도의 의사표시 없이 보증금에서 당연히 공제되는 것이다.

③ 임대보증금이 수수된 임대차계약에서 차임채권에 관하여 압류 및 추심명령이 있었다 하더라도, 당해 임대차계약이 종료되어 목적물이 반환될 때에는 그때까지 추심되지 아니한 채 잔존하는 차임채권 상당액도 임대보증금에서 당연히 공제된다(2004다56554).

(2) 보증금의 채무변제에 충당

① 임대인은 원칙적으로 임대차가 종료한 후에 보증금을 가지고 임차인의 채무변제에 충당할 수 있다.

② 다만, 연체차임에 대하여 임대인은 임대차가 아직 존속하고 있는 동안에도 보증금으로써 그 변제에 충당할 수 있다.

③ 이는 임대인의 권리이지 의무는 아니므로, 임대인은 보증금으로써 연체차임에 충당할 수도 있고, 아니면 충당하지 않고 임차인에게 그 지급을 청구할 수도 있다.

④ 이 경우에 임차인은 보증금의 존재를 이유로 연체된 차임의 지급이행을 거절하지 못한다(94다4417).

> **판례** 임대차보증금의 효력
>
> 임대차보증금은 임대차계약이 종료된 후 임차인이 목적물을 명도할 때까지 발생하는 차임 및 기타 임차인의 채무를 담보하기 위하여 교부되는 것이므로 특별한 사정이 없는 한 임대차계약이 종료되었다 하더라도 목적물이 명도되지 않았다면 임차인은 보증금이 있음을 이유로 연체차임의 지급을 거절할 수 없다(99다24881).

4. 보증금의 반환

(1) 임대인의 보증금 반환과 임차인의 임차목적물 반환은 동시이행관계

① **보증금반환청구권의 발생시기**: 임차인의 보증금반환청구권은 임대차 종료 시 발생한다.

② **동시이행**: 임대차보증금 중 목적물을 반환받을 때까지 생긴 연체차임 등 임차인의 모든 채무를 공제한 나머지 금액에 관하여만 임차인의 목적물반환의무와 동시이행관계에 있다(判).

| 판례 | 임대차의 종료와 반환의무 |

① 임대차계약의 종료에 의하여 발생된 임차인의 임차목적물반환의무와 임대인의 연체차임을 공제한 나머지 보증금의 반환의무는 동시이행의 관계에 있는 것이므로, 임대차계약 종료 후에도 임차인이 동시이행의 항변권을 행사하여 임차건물을 계속 점유해 온 것이라면 임대인이 임차인에게 위 보증금반환의무를 이행하였다거나, 그 현실적인 이행의 제공을 하여 임차인의 건물명도의무가 지체에 빠지는 등의 사유로 동시이행항변권을 상실하게 되었다는 점에 관하여 임대인의 주장·입증이 없는 이상, 임차인의 위 건물에 대한 점유는 불법점유라고 할 수 없다(90다카24076).
② 임차인이 임대차계약 종료 이후에도 임차건물부분을 계속 점유하기는 하였으나 이를 사용, 수익하지 아니하여 실질적인 이득을 얻은 바 없는 경우에는 그로 인하여 임대인에게 손해가 발생하였다 하더라도 임차인의 부당이득반환의무는 성립되지 않는다(91다45202·45219).
③ 임차보증금반환청구권은 임대차 종료 시에 발생하기는 하나 임차인은 보증금 중 연체차임, 손해배상 등 당해 임대차에 관하여 명도(반환) 시까지 생긴 모든 채무를 청산한 나머지의 반환만을 청구할 수 있다(77다1241 전합).

(2) 유치권의 성립 여부

보증금반환청구권은 채권과 목적물 사이의 견련성이 없으므로, 보증금반환청구권을 담보하기 위하여 임차목적물에 대해 유치권을 행사할 수 없다.

(3) 묵시의 갱신과 보증금의 효력

제639조에 의하여 임대차의 묵시의 갱신이 있게 되더라도 임차인이 제공한 보증금은 그대로 남게 된다. 아울러 판례는 보증금은 제3자가 제공한 것이라도 그대로 존속한다고 본다(76다951).

5. 부동산소유권의 이전과 보증금반환채무의 승계

(1) 부동산임차권에 대항력이 있는 경우

① 임대차의 존속 중에 임대차의 목적물이 양도되어 임대인의 지위가 이전된 경우에, 대항력을 갖춘 부동산임대차인 때에는(제621조, 제622조 참조), 보증금의 반환채무는 임대차관계에 수반하여 임대인의 지위를 승계한 새로운 임대인이 부담한다.
② 다만, 임대차 존속기간 중 임차물을 양도할 때에 최초의 임대인에게 보증금에 의하여 담보된 임차인의 채무가 있었을 때에는 그것은 공제되고, 양수인(새로운 임대인)은 그 잔액에 관해서만 승계하게 된다.

(2) 부동산임차권에 대항력이 없는 경우

임차권이 대항력을 갖지 않는 경우 임차인은 목적물의 양수인에 대하여 임차권을 주장할 수 없고, 양수인과 임대인 사이에 인수계약이 없는 한 보증금의 반환도 청구할 수 없다. 더욱이 임차보증금은 임차물에 관하여 생긴 채권이 아니므로 유치권도 성립하지 않는다.

> **판례** 보증금반환채무
>
> 주택의 임차인이 제3자에 대하여 대항력을 구비한 후에 그 주택의 소유권이 양도된 경우에는 그 양수인이 임대인의 지위를 승계하게 되는 것이므로, 보증금반환채무도 주택의 소유권과 결합하여 일체로서 이전하며 이에 따라 양도인의 임차보증금반환채무는 소멸한다(88다카13172).

2 권리금

1. 의의

① 권리금이란 주로 부동산임대차에 부수하여 그 부동산이 갖는 특수한 장소적 이익 내지 특수한 권리이용의 대가로서 지급하는 금전 기타 유가물을 말한다.
② 민법에는 권리금에 관한 규정이 없으므로, 이는 판례와 거래관행에 의해 규율되고 있다.

2. 권리금의 효력

① 권리금은 원칙적으로 임대차 종료 시 임차인이 그 반환을 임대인에게 청구할 수 없다(判).
② 다만, 임차인은 권리금의 반대급부로 인수한 부속물에 대하여 임대인에게 매수를 청구하거나(제646조), 임차물에 대한 필요비 또는 유익비의 상환을 청구할 수는 있다(제626조).

제7절 임대차의 종료

1 종료원인

1. 존속기간의 만료

임대차의 존속기간을 약정한 경우에는 그 기간이 만료됨으로써 임대차는 종료한다.

2. 해지통고

> **제635조 【기간의 약정 없는 임대차의 해지통고】** ① 임대차기간의 약정이 없는 때에는 당사자는 언제든지 계약해지의 통고를 할 수 있다.
> ② 상대방이 전항의 통고를 받은 날로부터 다음 각 호의 기간이 경과하면 해지의 효력이 생긴다.
> 1. 토지, 건물 기타 공작물에 대하여는 임대인이 해지를 통고한 경우에는 6월, 임차인이 해지를 통고한 경우에는 1월

2. 동산에 대하여는 5일

제636조【기간의 약정 있는 임대차의 해지통고】 임대차기간의 약정이 있는 경우에도 당사자 일방 또는 쌍방이 그 기간 내에 해지할 권리를 보류한 때에는 전조의 규정을 준용한다.

제637조【임차인의 파산과 해지통고】 ① 임차인이 파산선고를 받은 경우에는 임대차기간의 약정이 있는 때에도 임대인 또는 파산관재인은 제635조의 규정에 의하여 계약해지의 통고를 할 수 있다.
② 전항의 경우에 각 당사자는 상대방에 대하여 계약해지로 인하여 생긴 손해의 배상을 청구하지 못한다.

3. 임대차계약의 해지(즉시해지)

(1) 해지사유

① 임대인이 임차인의 의사에 반하여 보존행위를 함으로써 임대차의 목적을 달성할 수 없는 때(제625조)
② 임차물의 일부가 임차인의 과실에 의하지 않고 멸실한 경우에 그 잔존부분만으로는 임대차의 목적을 달성할 수 없는 때(제627조)
③ 임차인이 임대인의 동의 없이 무단으로 임차권을 양도하거나 임차물을 전대한 때(제629조)
④ 2기의 차임액에 상당하는 차임이 연체된 때(제640조, 제641조)
⑤ 당사자 일방에 의한 채무불이행이 있는 때(제544조, 제546조)
⑥ 기타 부득이한 사유가 있는 때

> **판례** 임대차관계의 해지사유
> 임대인이 신소유자와의 계약으로 임대인의 지위를 양도한다 하더라도 임차인이 원하지 아니하면 임대차의 승계를 임차인에게 강요할 수는 없는 것이어서 스스로 임대차를 종료시킬 수 있어야 한다는 공평의 원칙 및 신의성실의 원칙에 따라 임차인이 곧 이의를 제기함으로써 승계되는 임대차관계의 구속을 면할 수 있고, 임대인과의 임대차관계도 해지할 수 있다(98마100).

(2) 즉시해지의 효력발생

일정한 기간의 경과 없이, 해지한 때 바로 임대차관계가 소멸한다.

4. 임차인의 사망 시 임대차계약의 효력

임대차에 있어서는 사용대차와는 달리 임차인의 사망으로 인하여 종료한다는 뜻의 규정을 두고 있지 않다(제614조 참조). 이는 임차인이 사망한 때에는 그 임차권은 당연히 상속인에게 상속된다고 보기 때문이다. 그리고 이 경우에는 민법의 상속에 관한 규정(제997조 내지 제1058조)이 적용된다.

2 임대차 종료의 효과

① 임대차관계의 해지는 그 원인을 묻지 않고 언제나 장래에 대하여만 그 효력이 소멸한다(제550조).
② 계약의 해지는 손해배상청구에 영향을 미치지 아니하므로(제551조), 임대차계약의 해지에 상대방의 과실이 있으면 이에 대한 손해배상을 청구할 수 있다.
③ 임대차가 종료하면 임차인은 임차물을 수거하여 원상으로 회복하여 임대인에게 반환하여야 한다(제654조, 제615조).
④ 한편 임차인은 임대인에 대하여 유익비의 상환을 청구하거나(제626조), 지상물 또는 부속물의 매수를 청구할 수 있다(제643조, 제646조).

개념적용 문제

임대인의 동의가 있는 전대차에 관한 설명으로 옳지 않은 것은? (다툼이 있으면 판례에 따름)

제27회 기출

① 전차인은 전대차계약으로 전대인에 대하여 부담하는 의무 이상으로 임대인에게 의무를 지지 않고 동시에 임대차계약으로 임차인이 임대인에 대하여 부담하는 의무 이상으로 임대인에게 의무를 지지 않는다.
② 전차인은 전대차의 차임지급시기 이후 전대인에게 차임을 지급한 것으로 임대인에게 대항할 수 있다.
③ 전차인이 전대차의 차임지급시기 이전에 전대인에게 차임을 지급한 경우, 임대인의 차임청구 전에 그 차임지급시기가 도래한 때에는 임대인에게 대항할 수 있다.
④ 건물전차인은 임대차 및 전대차의 기간이 동시에 만료되고 건물이 현존하는 경우, 특별한 사정이 없는 한 임대인에 대하여 이전 전대차와 동일한 조건으로 임대할 것을 청구할 수 있다.
⑤ 임대차계약이 해지의 통고로 인하여 종료된 경우, 임대인은 전차인에 대하여 그 사유를 통지하지 아니하면 해지로써 전차인에게 대항하지 못한다.

해설 건물 기타 공작물의 소유 또는 식목, 채염, 목축을 목적으로 한 토지임차인이 적법하게 그 토지를 전대한 경우에 임대차 및 전대차의 기간이 동시에 만료되고 건물, 수목 기타 지상시설이 현존한 때에는 전차인은 임대인에 대하여 전전대차와 동일한 조건으로 임대할 것을 청구할 수 있다(제644조 제1항). 즉, 건물의 임차인이 아닌 토지의 임차인에게 인정하는 내용이다.

정답 ④

CHAPTER 04 OX문제로 완벽 복습

01 부동산임대차에 있어서는 임차인은 임대인에 대하여 언제나 임대차의 등기절차에 협력할 것을 청구할 수 있다. (O | X)

02 토지임차권은 등기하면 그때로부터 제3자에게 대항할 수 있다. (O | X)

03 임차인이 2기의 차임을 연체한 경우 임대인은 차임연체를 이유로 임대차를 해지할 수 있다. (O | X)

04 타인의 물건은 임대차의 목적이 될 수 없다. (O | X)

05 임대차의 존속기간은 원칙적으로 10년을 넘지 못한다. 만일, 당사자가 10년을 넘는 기간을 약정한 때에는 10년으로 단축된다. (O | X)

06 임대인은 특약이 없는 한 임차인의 특별한 용도를 위한 사용·수익에 적합한 구조를 유지하게 할 의무까지는 없다. (O | X)

07 차임은 반드시 금전이어야 하는 것은 아니며 물건이어도 된다. (O | X)

08 임차인이 연속하여 2기 차임을 연체한 것이 아니고, 부분적으로 연체한 차임의 합계액이 2기의 차임액에 달하는 경우 임대인은 계약을 해지할 수 있다. (O | X)

09 임차인은 임대인이 목적물을 반환받은 날로부터 6월 내에 그 비용의 상환을 청구하여야 한다. (O | X)

10 행정관청의 허가를 받지 않은 무허가건물도 지상물매수청구권의 대상이 될 수 있다. (O | X)

정답

01 X(반대 특약이 없는 한 등기절차에 협력을 청구할 수 있다) 02 O 03 O 04 X(임대차는 낙성계약으로서 채권계약일 뿐이다. 목적물에 대한 처분권능이나 임대권한을 요하지 않는다) 05 X(계약자유의 원칙상 임대차의 기간제한은 없다) 06 O 07 O 08 O 09 O 10 O

11 건물임차인이 자신의 비용으로 증축한 부분을 임대인 소유로 귀속시키기로 약정하 (○ | ×)
였다면 이는 임차인의 원상회복의무를 면하는 대신 유익비의 상환청구권이나 부속
물의 매수청구권을 포기하기로 하는 특약을 한 것으로 임차인은 유익비상환청구권
또는 부속물매수청구권을 행사할 수 없다.

12 임차권은 등기되어 있는 경우라 할지라도 임대인의 동의 없이는 양도하거나 목적물 (○ | ×)
을 전대할 수 없다.

13 임차권의 양도행위가 임대인에 대한 배신행위가 아니라고 인정되는 특별한 사정이 (○ | ×)
있는 때에는 임대차계약을 해지할 수 없다.

14 보증금은 차임의 부지급, 임차물의 멸실·훼손 등 임대차관계에서 발생하는 임차인 (○ | ×)
의 모든 채무를 담보한다.

15 임대인의 보증금반환채무와 임차인의 임차물반환채무는 동시이행의 관계에 있다. (○ | ×)

16 임차물의 일부가 임차인의 과실 없이 멸실 기타의 이유로 사용·수익할 수 없게 된 (○ | ×)
때에도 임차인은 계약을 해지할 수 있다.

정답

11 ○   12 ○   13 ○   14 ○   15 ○   16 ○

CHAPTER 05 도급과 위임

CHAPTER 미리보기

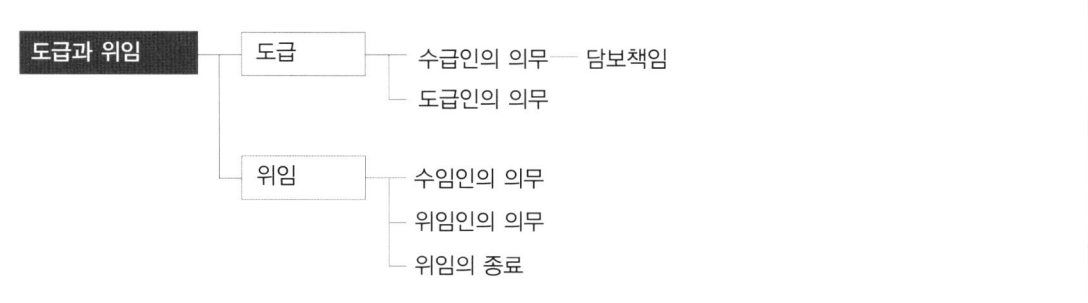

학습전략

❶ 1문항 내지 2문항이 출제되고 있습니다.
❷ 도급의 경우 수급인의 담보책임과 도급인의 보수지급의무를 중심으로 학습이 필요합니다.
❸ 위임의 경우 수임인의 선관주의의무와 위임의 해지방법과 시기, 그 효과를 중심으로 심도 있게 학습할 필요가 있습니다.

학습키워드

- 수급인의 담보책임
- 도급인의 의무
- 수임인의 의무
- 위임인의 의무
- 위임의 종료

제1절 도급

1 의의

> **제664조 【도급의 의의】** 도급은 당사자 일방이 어느 일을 완성할 것을 약정하고 상대방이 그 일의 결과에 대하여 보수를 지급할 것을 약정함으로써 그 효력이 생긴다.

① **도급계약**은 대가적인 상호 급부가 있다는 점에서 유상계약이며, 대가적 의무를 부담하므로 쌍무계약이다. 도급계약은 당사자의 합의로만 성립되며, 특별한 방식을 요하지 않는다는 점에서 낙성계약이면서 불요식계약이다.
② 도급계약에서 수급인이 완성하여야 하는 일이란 노무에 의하여 생기는 결과를 말한다. 그러므로 가옥의 건축, 가구의 제작 등 유형적 결과뿐만 아니라 도서의 출판, 질병의 치료, 음악의 연주 등 무형적 결과 및 부대체물에 대한 제작물 공급계약도 포함된다.
③ **수급인**의 일에 대하여 **도급인**이 지급하여야 하는 **보수**는 금전에 한하지 않는다. 그 밖의 물건이나 노무의 제공으로 보수를 지급할 수도 있다.

2 수급인의 의무

1. 일의 완성의무

① **계약의 내용에 따른 일의 완성의무**: 수급인은 계약의 내용에 따라 일을 완성할 의무가 있다.
② **하도급 및 이행보조자 사용 가능**: 수급인 자신이 반드시 직접 할 필요는 없고, 특약이나 계약의 성질로 금지되지 않는 한 도급인의 동의 없이도 이행대행자 및 이행보조자 또는 하수급인으로 하여금 일을 완성시킬 수도 있다.

> **판례** 도급계약 당사자의 의무
>
> ① 당사자의 일방이 상대방의 주문에 따라 자기 소유의 재료를 사용하여 만든 물건을 공급하기로 하고 상대방이 대가를 지급하기로 약정하는 이른바 제작물공급계약은 그 제작의 측면에서는 도급의 성질이 있고 공급의 측면에서는 매매의 성질이 있어 대체로 매매와 도급의 성질을 함께 가지고 있으므로, 그 적용 법률은 계약에 의하여 제작 공급하여야 할 물건이 대체물인 경우에는 매매에 관한 규정이 적용되지만, 물건이 특정의 주문자의 수요를 만족시키기 위한 부대체물인 경우에는 당해 물건의 공급과 함께 그 제작이 계약의 주목적이 되어 도급의 성질을 띠게 된다(2010다56685).
> ② 도급계약에 있어 일의 완성에 관한 주장·입증책임은 일의 결과에 대한 보수의 지급을 구하는 수급인에게 있으므로, 도급인이 도급계약상의 공사 중 미시공 부분이 있다고 주장한 바가 없다고 하더라도 그 공사의 완성에 따른 보수금의 지급을 구하는 수급인으로서는 공사의 완성에 관한 주장·입증을 하여야 한다(94다26684·94다26691).

2. 동시이행

> **제665조 【보수의 지급시기】** ① 보수는 그 완성된 목적물의 인도와 동시에 지급하여야 한다. 그러나 목적물의 인도를 요하지 아니하는 경우에는 그 일을 완성한 후 지체 없이 지급하여야 한다.
> ② 전항의 보수에 관하여는 제656조 제2항의 규정을 준용한다.

(1) 보수지급시기

수급인의 목적물인도의무는 보수의 지급과 동시이행의 관계에 선다.

(2) 유치권의 성립

① 목적물이 도급인의 소유인 때에는 수급인은 보수지급을 받을 때까지 목적물에 대하여 유치권을 행사할 수 있다.

② 유효한 도급계약에 기하여 수급인이 도급인으로부터 제3자 소유 물건의 점유를 이전받아 이를 수리한 결과 그 물건의 가치가 증가한 경우, 도급인이 그 물건을 간접점유하면서 궁극적으로 자신의 계산으로 비용지출과정을 관리한 것이므로, 도급인만이 소유자에 대한 관계에 있어서 민법 제203조에 의한 비용상환청구권을 행사할 수 있는 비용지출자라고 할 것이고, 수급인은 그러한 비용지출자에 해당하지 않는다고 보아야 한다(99다66564).

(3) 건축도급계약과 지체상금

① 건물의 신축도급계약이나 토목공사의 도급계약 등은 그 완성에 상당한 시간이 소요되고 이행지체 시 도급인에게 많은 손실이 발생할 우려가 있어 일의 완성 지체에 대한 **지체상금**을 약정하는 것이 일반적이다.

② 일반적인 공사도급계약 시 수급인의 목적물 완성 또는 인도의무와 도급인의 공사대금지급의무는 동시이행관계에 있다.

③ 그러나 수급인이 공사완성을 지체하여 발생한 도급인이 수급인에 대하여 청구하는 지체상금채권과 수급인이 공사완성으로 인하여 도급인에게 청구하는 공사대금채권은 특별한 사정이 없는 한 동시이행관계가 아니다.

④ **도급인의 선급금 지급 약정위반과 수급인의 지체책임**(2014다14429)

  ㉠ 도급계약을 체결하면서 도급인이 보수 일부를 선급하기로 특약한 경우, 수급인은 그 제공이 있을 때까지 일의 착수를 거절할 수 있고 이로 말미암아 일의 완성이 지연되더라도 채무불이행책임을 지지 않는다.

  ㉡ 도급인이 수급인에 대하여 약정한 선급금의 지급을 지체하였다는 사정은 일의 완성이 지연된 데 대하여 수급인이 책임질 수 없는 사유에 해당한다.

  ㉢ 따라서 도급인이 선급금 지급을 지체한 기간만큼은 수급인이 지급하여야 하는 지체상금의 발생기간에서 공제되어야 한다.

| 판례 | 도급인의 보수지급과 동시이행 |

① 도급인이 하자의 보수에 갈음하여 손해배상을 청구한 경우 도급인은 그 손해배상의 제공을 받을 때까지 손해배상액에 상당하는 보수액의 지급만을 거절할 수 있는 것이고 그 나머지 보수액의 지급은 이를 거절할 수 없는 것이라고 보아야 할 것이므로 도급인의 손해배상채권과 동시이행관계에 있는 수급인의 공사금채권은 공사잔대금채권 중 위 손해배상채권액과 동액의 금원뿐이고 그 나머지 공사잔대금채권은 위 손해배상채권과 동시이행관계에 있다고 할 수 없다(90다카230).

② 도급공사의 목적물에 하자가 있는 경우 도급인은 하자의 보수나 이에 갈음하는 손해배상을 청구하지 않고 막바로 공사대금의 지급을 거절할 수 없다(91다33056).

③ 완성된 목적물에 하자가 있어 도급인이 수급인에 대하여 하자보수에 갈음한 손해배상을 청구하는 경우 그 손해배상의 액수, 즉 하자보수비는 목적물의 완성 시가 아니라 손해배상청구 시를 기준으로 산정함이 상당하다(94다26011).

④ 기성고에 따라 공사대금을 분할하여 지급하기로 약정한 경우라도 특별한 사정이 없는 한 하자보수의무와 동시이행관계에 있는 공사대금지급채무는 당해 하자가 발생한 부분의 기성공사대금에 한정되는 것은 아니라고 할 것이다. 왜냐하면, 이와 달리 본다면 도급인이 하자발생사실을 모른 채 하자가 발생한 부분에 해당하는 기성공사의 대금을 지급하고 난 후 뒤늦게 하자를 발견한 경우에는 동시이행의 항변권을 행사하지 못하게 되어 공평에 반하기 때문이다(2001다9304).

⑤ 미지급 공사대금에 비해 하자보수비 등이 매우 적은 편이고 하자보수공사가 완성되어도 공사대금이 지급될지 여부가 불확실한 경우, 도급인이 하자보수청구권을 행사하여 동시이행의 항변을 할 수 있는 기성공사대금의 범위는 하자 및 손해에 상응하는 금액으로 한정하는 것이 공평과 신의칙에 부합한다(2001다9304).

⑥ 일반적으로 동시이행의 관계가 인정되는 경우에 그러한 항변권을 행사하는 자의 상대방이 그 동시이행의 의무를 이행하기 위하여 과다한 비용이 소요되거나 또는 그 의무의 이행이 실제적으로 어려운 반면, 그 의무의 이행으로 인하여 항변권자가 얻는 이득은 별달리 크지 아니하여 동시이행의 항변권의 행사가 주로 자기 채무의 이행만을 회피하기 위한 수단이라고 보여지는 경우에는 그 항변권의 행사는 권리남용으로서 배척되어야 할 것이다(2001다9304).

⑦ 공사도급계약상 도급인의 지체상금채권과 수급인의 공사대금채권은 특별한 사정이 없는 한 동시이행의 관계에 있다고 할 수 없다(2013다81224·81231).

⑧ 수급인이 완공기한 내에 공사를 완성하지 못한 채 완공기한을 넘겨 도급계약이 해제된 경우에 있어서 그 지체상금 발생의 시기(始期)는 완공기한 다음 날이고, 종기(終期)는 수급인이 공사를 중단하거나 기타 해제사유가 있어 도급인이 이를 해제할 수 있었을 때를 기준으로 하여 도급인이 다른 업자에게 의뢰하여 같은 건물을 완공할 수 있었던 시점이다(2000다56112).

⑨ 도급계약의 보수 일부를 선급하기로 하는 특약이 있는 경우, 수급인은 그 제공이 있을 때까지 일의 착수를 거절할 수 있고 이로 말미암아 일의 완성이 지연되더라도 채무불이행책임을 지지 않는다고 할 것이므로, 도급인이 수급인에 대하여 약정한 선급금의 지급을 지체하였다는 사정은 일의 완성이 지연된 데 대하여 수급인이 책임질 수 없는 사유에 해당한다. 따라서 도급인이 선급금 지급을 지체한 기간만큼은 수급인이 지급하여야 하는 지체상금의 발생기간에서 공제되어야 한다(2014다14429·14436).

⑩ 도급인이 수급인에 대하여 하자보수와 함께 청구할 수 있는 손해배상채권과 수급인의 공사대금채권은 서로 동시이행관계에 있는 점 등에 비추어 보면, 하자확대손해로 인한 수급인의 손해배상채무와 도급인의 공사대금채무도 동시이행관계에 있는 것으로 보아야 한다(2004다37676).

(4) 완성물의 소유권 귀속

① 도급인이 재료의 전부를 제공한 때에는 완성된 물건의 소유권은 도급인이 취득하는 것이 원칙이다.
② 수급인이 자기의 노력과 출재로 완성한 건물의 소유권은 원칙적으로 수급인에게 귀속된다.
③ 도급인·수급인이 각자 재료의 일부씩을 제공한 때에는 부합의 규정(제256조, 제257조)에 의하여 그 재료의 주요부분을 제공한 자에게 제작물의 소유권이 귀속된다.
④ 완성물의 소유권 귀속에 관하여는 당사자가 특약으로 달리 정할 수 있다.

> **판례** 완성물의 소유권 귀속
>
> ① 수급인이 자기의 노력과 출재로 완성한 건물의 소유권은 도급인과 수급인 사이의 특약에 의하여 달리 정하거나 기타 특별한 사정이 없는 한 수급인에게 귀속된다(2009다67443·67450).
> ② 도급계약에 있어서는 수급인이 자기의 노력과 재료를 들여 건물을 완성하더라도 도급인과 수급인 사이에 도급인 명의로 건축허가를 받아 소유권보존등기를 하기로 하는 등 완성된 건물의 소유권을 도급인에게 귀속시키기로 합의한 것으로 보여질 경우에는 그 건물의 소유권은 도급인에게 원시적으로 귀속된다(97다8601).
> ③ 채무의 담보를 위하여 채무자가 자기 비용과 노력으로 신축하는 건물의 건축허가 명의를 채권자 명의로 하였다면 이는 완성될 건물을 담보로 제공하기로 하는 합의로서 법률행위에 의한 담보물권의 설정에 다름 아니므로, 완성된 건물의 소유권은 일단 이를 건축한 채무자가 원시적으로 취득한 후 채권자 명의로 소유권보존등기를 마침으로써 담보목적의 범위 내에서 채권자에게 그 소유권이 이전된다(97다8601).

(5) 제작물 공급계약

① 대체물에 대한 제작물 공급계약은 매매에 관한 규정이 적용되고, 부대체물을 제작하여 공급하기로 하는 계약은 도급계약의 일종으로 본다(94다42976).
② 제작물공급계약에서 보수의 지급시기에 관하여 당사자 사이의 특약이나 관습이 없으면 도급인은 완성된 목적물을 인도받음과 동시에 수급인에게 보수를 지급하는 것이 원칙이고, 이때 목적물의 인도는 완성된 목적물에 대한 단순한 점유의 이전만을 의미하는 것이 아니라 도급인이 목적물을 검사한 후 그 목적물이 계약 내용대로 완성되었음을 명시적 또는 묵시적으로 시인하는 것까지 포함하는 의미이다(2004다21862).

3. 수급인의 담보책임과 도급인의 계약해제권

(1) 수급인의 담보책임

제667조 【수급인의 담보책임】 ① 완성된 목적물 또는 완성 전의 성취된 부분에 하자가 있는 때에는 도급인은 수급인에 대하여 상당한 기간을 정하여 그 하자의 보수를 청구할 수 있다. 그러나 하자가 중요하지 아니한 경우에 그 보수에 과다한 비용을 요할 때에는 그러하지 아니하다.

> ② 도급인은 하자의 보수에 갈음하여 또는 보수와 함께 손해배상을 청구할 수 있다.
> ③ 전항의 경우에는 제536조의 규정(동시이행의 항변권)을 준용한다.

① 도급은 유상계약이므로 계약금계약 및 매매비용·동시이행에 관한 규정이 준용된다(제567조).
② **하자가 중요하지 아니하면서 동시에 그 보수에 과다한 비용을 요하는 경우**
　㉠ 하자가 중요하지 아니하면서 동시에 보수에 과다한 비용을 요할 때에는 하자의 보수나 하자의 보수에 갈음하는 손해배상을 청구할 수는 없고, 하자로 인하여 입은 손해의 배상만을 청구할 수 있다.
　㉡ 이러한 경우 하자로 인하여 입은 통상의 손해는 특별한 사정이 없는 한 도급인이 하자 없이 시공하였을 경우의 목적물의 교환가치와 하자가 있는 현재의 상태대로의 교환가치와의 차액이 된다.
　㉢ 그러나 교환가치의 차액을 산출하기가 현실적으로 불가능한 경우의 통상의 손해는 하자 없이 시공하였을 경우의 시공비용과 하자 있는 상태대로의 시공비용의 차액이라고 봄이 상당하다(97다54376).
③ **하자가 중요한 경우의 손해배상청구**: 그 보수에 갈음하는, 즉 실제로 보수에 필요한 비용이 손해배상에 포함된다(95다30345).

(2) 수급인의 담보책임의 성질 – 법정무과실책임

수급인의 담보책임은 무과실책임으로서 수급인의 귀책사유를 요하지 않으며, 과실상계에 관한 민법 제396조는 적용되지 않는다.

(3) 도급인의 계약해제권

> **제668조【동전 – 도급인의 해제권】** 도급인이 완성된 목적물의 하자로 인하여 계약의 목적을 달성할 수 없는 때에는 계약을 해제할 수 있다. 그러나 건물 기타 토지의 공작물에 대하여는 그러하지 아니하다.

① 완성된 목적물의 하자로 인하여 도급인이 도급계약의 목적을 달성할 수 없는 때에는 도급계약을 해제할 수 있다.
② 완성된 목적물의 하자로 인하여 계약의 목적을 달성할 수 없는 경우란 하자가 중대하여 보수가 불가능한 경우뿐만 아니라 보수가 가능하더라도 보수기간이 너무 많이 소요되는 경우 등을 들 수 있다.
③ 그러나 건물 기타 토지의 공작물에 대하여는 완성된 목적물에 하자가 있다고 하여도 손해배상의 청구는 가능하나 도급계약은 해제할 수 없다. 이러한 경우에도 해제권을 인정한다면 수급인이 지나치게 손실을 입게 될 뿐만 아니라 원상회복과정에서 건물 등의 철거로 인한 사회적 손실이 발생하므로 이를 미연에 방지하기 위한 것이다.

> **판례** 도급계약의 해제

① 공사도급계약에 있어서 수급인의 공사 중단이나 공사 지연으로 인하여 약정된 공사기한 내의 공사완공이 불가능하다는 것이 명백하여진 경우에는 도급인은 그 공사기한이 도래하기 전이라도 계약을 해제할 수 있지만, 그에 앞서 수급인에 대하여 위 공사기한으로부터 상당한 기간 내에 완공할 것을 최고하여야 하고, 다만 예외적으로 수급인이 미리 이행하지 아니할 의사를 표시한 때에는 위와 같은 최고 없이도 계약을 해제할 수 있다(96다21393·21409).
② 건축공사도급계약의 수급인이 일을 완성하지 못한 상태에서 그의 채무불이행으로 말미암아 건축공사도급계약이 해제되었으나, 해제 당시 공사가 상당한 정도로 진척되어 이를 원상회복하는 것이 중대한 사회적, 경제적 손실을 초래하게 되고, 완성된 부분이 도급인에게 이익이 되는 경우, 그 도급계약은 미완성부분에 대하여만 실효되고 수급인은 해제 당시의 상태 그대로 그 건물을 도급인에게 인도하고 도급인은 특별한 사정이 없는 한 인도받은 미완성건물에 대한 보수를 지급하여야 하는 권리·의무관계가 성립한다고 할 것이며, 이와 같은 사정으로 말미암아 수급인의 공사대금채권이 남아 있는 경우에는 설사 그 도급계약의 일부가 해제되었다 하더라도 그에 부수된 공사대금채권 양도금지특약은 실효되지 않는다고 보아야 옳다(94다18584).
③ 공사도급계약이 수급인의 귀책사유로 중도해제되어 당일 그 현장이 인도된 경우에 있어 그 기성고에 따른 수급인의 공사금채권에 대하여 계약해제된 다음 날부터 지연손해금이 발생한다(91다11490).
④ 「집합건물의 소유 및 관리에 관한 법률」제9조 제1항이 적용되는 집합건물의 분양계약에 있어서는 민법 제668조 단서가 준용되지 않고 따라서 수분양자는 집합건물의 완공 후에도 분양목적물의 하자로 인하여 계약의 목적을 달성할 수 없는 때에는 분양계약을 해제할 수 있다(2002다2485).

(4) 도급인의 손해배상청구와 그 배상액의 산정시점

① 하자보수를 청구한 후에 또는 하자보수청구와 함께 손해배상을 청구하는 경우에 손해배상액의 산정기준은 하자보수청구 시를 기준으로 한다. 최초로 하자보수를 청구한 때 보수의 범위, 내용이 구체적으로 정해지며 손해액도 그때 확정되어 있다고 보아야 하고, 보수의 범위가 확정된 이상 그 이후에 보수비용이 증가하여도 그 증가된 부분의 손해는 추가적으로 청구할 수 없다.
② 하자보수를 청구하지 않고 처음부터 이에 갈음하는 손해배상을 청구한 경우 손해배상액은 그 목적물의 완성시점이 아닌 손해배상을 청구한 때를 기준으로 산정한다.

> **판례** 손해배상청구의 산정

① 완성된 목적물에 하자가 있어 도급인이 수급인에 대하여 하자보수에 갈음한 손해배상을 청구하는 경우 그 손해배상의 액에 상응하는 보수의 액에 관하여는 그 지급을 거절할 수 있고, 이 경우 그 손해배상의 액수, 즉 하자보수비는 목적물의 완성 시가 아니라 손해배상청구 시를 기준으로 산정함이 상당하다(94다26011).
② 도급계약에 있어서 완성된 목적물에 하자가 있는 때에는 도급인은 수급인에 대하여 하자의 보수를 청구할 수 있고 그 하자의 보수에 갈음하여 또는 보수와 함께 손해배상을 청구할 수 있는바, 이들 청구권은 수급인의 공사대금채권과 동시이행관계에 있으므로 수급인의 하수급인에 대한 하도급 공사대금채무를 인수한 도급인은 수급인이 하수급인과 사이의 하도급계약상 동시이행의 관계에 있는 수급인의 하수급

인에 대한 하자보수청구권 내지 하자에 갈음한 손해배상채권 등에 기한 동시이행의 항변으로써 하수급인에게 대항할 수 있다(2007다31914).
③ 도급계약에 있어서 완성된 목적물에 하자가 있을 경우에 하자가 중요하지 아니하면서 동시에 보수에 과다한 비용을 요할 때에는 하자의 보수나 하자의 보수에 갈음하는 손해배상을 청구할 수는 없고 하자로 인하여 입은 손해의 배상만을 청구할 수 있다고 할 것이고, 이러한 경우 하자로 인하여 입은 통상의 손해는 특별한 사정이 없는 한 도급인이 하자 없이 시공하였을 경우의 목적물의 교환가치와 하자가 있는 현재의 상태대로의 교환가치와의 차액이 된다 할 것이므로, 교환가치의 차액을 산출하기가 현실적으로 불가능한 경우의 통상의 손해는 하자 없이 시공하였을 경우의 시공비용과 하자 있는 상태대로의 시공비용의 차액이라고 봄이 상당하다(97다54376).
④ 수급인의 하자담보책임에 관한 민법 제667조는 법정무과실책임을 정한 것으로 민법 제396조의 과실상계에 관한 규정은 준용될 수 없으나, 담보책임이 민법상 지도이념인 공평의 원칙에 입각한 것인 이상 하자발생 및 그 확대에 가공한 도급인의 잘못을 참작하여 손해배상의 범위를 정함이 상당하다(99다12888).
⑤ 수급인은 목적물이 하자로 인하여 훼손된 경우 그 훼손된 부분을 철거하고 재시공하는 등 복구하는 데 드는 비용 상당액의 손해를 배상할 의무가 있고, 공사도급계약의 목적물인 건물에 하자가 있어 이로부터 화재가 발생한 경우 그 화재 진압 시 사용한 물이 유입됨으로써 훼손된 부분을 복구하는 데 드는 비용 상당액도 그 하자와 상당인과관계가 있는 손해에 해당한다(96다4442).
⑥ 집합건물의 하자보수에 갈음한 손해배상청구권의 소멸시효기간은 각 하자가 발생한 시점부터 별도로 진행하여 민법 제162조 제1항에 의거 10년의 소멸시효에 걸린다(2007다83908).

(5) 담보책임의 존속기간

제670조 【담보책임의 존속기간】 ① 전3조의 규정에 의한 하자의 보수, 손해배상의 청구 및 계약의 해제는 목적물의 인도를 받은 날로부터 1년 내에 하여야 한다.
② 목적물의 인도를 요하지 아니하는 경우에는 전항의 기간은 일의 종료한 날로부터 기산한다.

제671조 【수급인의 담보책임 - 토지, 건물 등에 대한 특칙】 ① 토지, 건물 기타 공작물의 수급인은 목적물 또는 지반공사의 하자에 대하여 인도 후 5년간 담보의 책임이 있다. 그러나 목적물이 석조, 석회조, 연와조, 금속 기타 이와 유사한 재료로 조성된 것인 때에는 그 기간을 10년으로 한다.
② 전항의 하자로 인하여 목적물이 멸실 또는 훼손된 때에는 도급인은 그 멸실 또는 훼손된 날로부터 1년 내에 제667조의 권리를 행사하여야 한다.

(6) 담보책임의 면책

제669조 【하자가 도급인의 제공한 재료 또는 지시에 기인한 경우의 면책】 전2조의 규정은 목적물의 하자가 도급인이 제공한 재료의 성질 또는 도급인의 지시에 기인한 때에는 적용하지 아니한다. 그러나 수급인이 그 재료 또는 지시의 부적당함을 알고 도급인에게 고지하지 아니한 때에는 그러하지 아니하다.

제672조 【담보책임면제의 특약】 수급인은 제667조, 제668조의 담보책임이 없음을 약정한 경우에도 알고 고지하지 아니한 사실에 대하여는 그 책임을 면하지 못한다.

① 수급인의 담보책임에 관한 민법 제667조는 강행규정이 아니므로 당사자 사이에 담보책임의 면제특약도 가능하고, 면제특약이 있는 경우 수급인은 담보책임을 지지 않는다.
② 그러나 수급인의 담보책임이 없음을 약정한 경우에도 수급인이 하자를 알고 고지하지 아니한 사실에 대하여는 그 책임을 면하지 못한다.

3 도급인의 의무

1. 보수지급의무

① 도급인은 수급인에게 보수지급의무가 있다.
② 보수는 완성된 목적물의 인도와 동시에 지급하여야 한다.
③ 완성된 일이 목적물의 인도를 요하지 않는 경우에는, 그 일을 완성한 후 지체 없이 보수를 지급하여야 한다(제665조 제1항).
④ 그러나 보수의 지급시기에 관하여 당사자의 약정이 있으면 그 약정시기에 의하고, 약정이 없는 때에 관습이 있으면 그 관습에 의한다(제665조 제2항).

2. 수급인의 저당권설정청구권(부동산공사의 수급인에게 인정)

① 부동산공사의 수급인은 보수에 관한 채권(보수청구권)을 담보하기 위하여 수급인이 공사한 그 부동산을 목적으로 하여 저당권의 설정을 청구할 수 있다(제666조).
② 이 저당권설정청구권은 형성권이 아닌 청구권에 불과하다. 그러므로 수급인이 설정청구권을 행사하였다고 하여 곧 저당권이 설정되는 것은 아니고, 도급인이 수급인의 청구에 응하여 저당권설정을 해 준 경우에 비로소 저당권이 성립된다.
③ 이 경우에 저당물은 수급인이 공사한 부동산이며, 피담보채권은 수급인의 보수채권이다.

> **판례** **공동이행방식의 공동수급체의 보수청구**
> ① 공동이행방식의 공동수급체는 기본적으로 민법상의 조합의 성질을 가지는 것이다(99다49620).
> ② 공동수급체가 공사를 시행함으로 인하여 도급인에 대하여 가지는 채권은 원칙적으로 공동수급체의 구성원에게 합유적으로 귀속하는 것이어서 특별한 사정이 없는 한 구성원 중 1인이 임의로 도급인에 대하여 출자지분의 비율에 따른 급부를 청구할 수 없고, 구성원 중 1인에 대한 채권으로써 그 구성원 개인을 집행채무자로 하여 공동수급체의 도급인에 대한 채권에 대하여 강제집행을 할 수 없다(2000다68924).
> ③ 공동이행방식의 공동수급체와 도급인이 공사도급계약에서 발생한 채권과 관련하여 공동수급체가 아닌 개별 구성원으로 하여금 그 지분비율에 따라 직접 도급인에 대하여 권리를 취득하게 하는 약정을 하는 경우와 같이 공사도급계약의 내용에 따라서는 공사도급계약과 관련하여 도급인에 대하여 가지는 채권이 공동수급체의 구성원 각자에게 그 지분비율에 따라 구분하여 귀속될 수도 있고, 이와 같은 약정은 명시적으로는 물론 묵시적으로도 이루어질 수 있다(2009다105406 전합).

④ 공동이행방식의 공동수급체 대표자가 1996. 1. 8. 개정된 공동도급계약운용요령 제11조에 따라 도급인에게 공사대금채권의 구분 귀속에 관한 공동수급체 구성원들의 합의가 담긴 공동수급협정서를 입찰참가 신청서류와 함께 제출하면서 공동도급계약을 체결한 경우, 공동수급체와 도급인 사이에 공동수급체 개별 구성원이 출자지분 비율에 따라 공사대금채권을 직접 취득하도록 하는 묵시적인 약정이 있다고 볼 수 있다(2009다105406 전합).

4 도급의 종료

1. 공통된 종료원인

계약 일반에 공통된 종료원인으로는 계약의 완전한 이행, 불가항력으로 인한 완성불능, 채무불이행을 이유로 하는 해제 등이 있다.

2. 도급에 특수한 종료원인

(1) 완성 전의 도급인의 해제권

도급계약을 한 후에 도급인이 일의 완성을 필요로 하지 않는 경우가 발생될 수 있다. 이러한 경우에는 굳이 일의 완성을 도모할 필요가 없으므로, 수급인이 일을 완성하기 전에는 도급인이 수급인에 대하여 손해를 배상하고 도급계약을 해제할 수 있다(제673조).

(2) 건물 기타 토지의 공작물에 대한 것을 제외하고는 완성된 목적물의 하자로 계약의 목적을 달성할 수 없을 때에는 해제할 수 있다(제668조).

(3) 도급인의 파산(제674조)

① 도급인이 파산선고를 받은 때에는 수급인은 보수청구권에 대한 위험이 발생하며, 도급인의 재산에 대한 관리자로서 파산관재인은 일의 완성을 필요로 하지 않게 된다. 그러므로 수급인 또는 파산관재인은 도급계약을 해제할 수 있다.
② 이 경우에 각 당사자는 상대방에 대하여 계약해제로 인한 손해배상을 청구하지 못한다.
③ 그러나 수급인은 일의 완성된 부분에 대한 보수 및 보수에 포함되지 아니한 비용에 대하여 파산재산의 배당에 가입할 수 있다.
④ 이 해제는 성질상 해지이며, 장래에 대하여서만 효력이 있다.

> **개념적용 문제**
>
> 도급에 관한 설명으로 옳지 않은 것은? (다툼이 있으면 판례에 따름)   제27회 기출
>
> ① 공사도급계약의 경우, 특별한 사정이 없는 한 수급인은 제3자를 사용하여 일을 완성할 수 있다.
> ② 수급인이 완공기한 내에 공사를 완성하지 못한 채 완공기한을 넘겨 도급계약이 해제된 경우, 그 지체상금의 발생 시기는 완공기한 다음 날이다.
> ③ 도급인이 파산선고를 받은 때에는 파산관재인은 도급계약을 해제할 수 있다.
> ④ 보수 일부를 선급하기로 하는 특약이 있는 경우, 도급인이 선급금 지급을 지체한 기간만큼은 수급인이 지급하여야 하는 지체상금의 발생기간에서 공제된다.
> ⑤ 하자확대손해로 인한 수급인의 손해배상채무와 도급인의 공사대금채무는 동시이행관계가 인정되지 않는다.
>
> **해설** 도급인이 수급인에 대하여 하자보수와 함께 청구할 수 있는 손해배상채권과 수급인의 공사대금채권은 서로 동시이행관계에 있는 점 등에 비추어 보면, 하자확대손해로 인한 수급인의 손해배상채무와 도급인의 공사대금채무도 동시이행관계에 있는 것으로 보아야 한다(2004다37676).
>
> **정답** ⑤

제2절 위임

1 의의

1. 노무공급계약

> **제680조 【위임의 의의】** 위임은 당사자 일방이 상대방에 대하여 사무의 처리를 위탁하고 상대방이 이를 승낙함으로써 그 효력이 생긴다.

① 위임도 노무공급계약의 일종이나, 일정한 사무의 처리라는 통일된 노무를 목적으로 하는 점에 그 특색이 있다.
② 따라서 수임인은 다소 자유재량의 여지가 있고, 위임인과의 사이에 일종의 신임관계가 생긴다.
③ 수임인이 처리하는 사무는, 위임인 또는 제3자의 사무로서 관리행위뿐만 아니라 처분행위도 가능하다. 법률행위에 한정되지도 않으므로 사실행위도 가능하다.

2. 무상계약의 원칙

① 위임계약은 원칙적으로 무상으로 수임인만이 의무를 부담하는 무상·편무계약이다.
② 그러나 특약으로 유상으로 할 수 있음은 물론이며(제686조 제1항), 그러한 명시의 특약이 없더라도 관습 또는 묵시의 의사표시로 유상이라고 해석하여야 할 경우에는 유상계약이 된다. 예컨대, 변호사에게 소송사건을 위임하는 경우에는 명시의 특약이 없더라도 유상인 것이다.
③ 위임계약의 성질은 무상인 때에는 편무·낙성계약이나, 유상인 때에는 쌍무·낙성계약이다.

2 수임인의 의무

1. 위임사무 처리의 의무

(1) 선관주의의무

> **제681조 【수임인의 선관의무】** 수임인은 위임의 본지에 따라 선량한 관리자의 주의로써 위임사무를 처리하여야 한다.

① 무상 또는 유상의 위임계약의 형태를 불문하고 수임인은 **선량한 관리자의 주의의무**가 있다.
② '위임의 본지'라 함은 위임계약의 목적과 그 사무의 성질에 따라 가장 합리적으로 사무를 처리하는 것을 말한다.

(2) 복위임의 제한

> **제682조 【복임권의 제한】** ① 수임인은 위임인의 승낙이나 부득이한 사유 없이 제3자로 하여금 자기에 갈음하여 위임사무를 처리하게 하지 못한다.
> ② 수임인이 전항의 규정에 의하여 제3자에게 위임사무를 처리하게 한 경우에는 제121조, 제123조의 규정을 준용한다.

① 승낙을 얻어 혹은 부득이한 사유로 제3자에게 위임사무를 처리하게 한 때(복위임)에는 위임인의 사무를 위태롭게 할 수 있다는 점에서 수임인의 선임과 감독에 대한 책임을 인정한다(제121조).
② 그리고 **복위임**을 받은 자의 사무처리가 곧 위임인의 사무를 처리한 것이고, 위임인과 제3자에 대하여도 수임인과 동일한 권리와 의무를 인정한다(제123조 준용).
③ 수임인이 사무를 처리함에 있어서 보조자를 사용할 수는 있다.

2. 위임사무 처리에 수반하는 의무

(1) 수임인의 보고의무

> **제683조 【수임인의 보고의무】** 수임인은 위임인의 청구가 있는 때에는 위임사무의 처리상황을 보고하고 위임이 종료한 때에는 지체 없이 그 전말을 보고하여야 한다.

(2) 물건·권리 등의 인도 및 이전의무

> **제684조 【수임인의 취득물 등의 인도, 이전의무】** ① 수임인은 위임사무의 처리로 인하여 받은 금전 기타의 물건 및 그 수취한 과실을 위임인에게 인도하여야 한다.
> ② 수임인이 위임인을 위하여 자기의 명의로 취득한 권리는 위임인에게 이전하여야 한다.

(3) **수임인의 금전소비책임**

> **제685조 【수임인의 금전소비의 책임】** 수임인이 위임인에게 인도할 금전 또는 위임인의 이익을 위하여 사용할 금전을 자기를 위하여 소비한 때에는 소비한 날 이후의 이자를 지급하여야 하며 그 외의 손해가 있으면 배상하여야 한다.

금전 이외의 물건을 수임인이 소비한 때에는 본조가 적용되지 않는다. 이러한 경우에는 수임인이 일반적인 채무불이행 또는 불법행위책임을 부담하게 된다.

> **판례** 취득물의 인도 및 반환할 금전의 범위산정
> ① 민법 제684조 제1항에 의하면 수임인은 위임사무의 처리로 인하여 받은 금전 기타의 물건 및 그 수취한 과실이 있을 경우에는 이를 위임인에게 인도하여야 한다고 규정하고 있는바, 이때 인도시기는 당사자간에 특약이 있거나 위임의 본뜻에 반하는 경우 등과 같은 특별한 사정이 있지 않는 한 위임계약이 종료한 때이므로, 수임인이 반환할 금전의 범위도 위임종료 시를 기준으로 정해진다(2004다64432).
> ② 수임인은 위임계약이 종료된 때 위임사무의 처리로 얻은 총수익에서 위임계약의 취지에 따라 위임사무의 처리를 위하여 지출한 총비용 등을 공제하고 남은 수익을 위임인에게 반환할 의무가 있는지 여부(원칙적 적극) 및 이 경우 위임사무의 처리를 위하여 지출한 비용 등의 액수와 그 비용 등을 위임계약의 취지에 따라 정당한 용도로 지출하였다는 점에 대한 증명책임은 수임인에게 있다(2016다11295).

3 위임인의 의무와 수임인의 권리

1. 수임인의 보수청구 및 위임인의 보수지급의무

> **제686조 【수임인의 보수청구권】** ① 수임인은 특별한 약정이 없으면 위임인에 대하여 보수를 청구하지 못한다.
> ② 수임인이 보수를 받을 경우에는 위임사무를 완료한 후가 아니면 이를 청구하지 못한다. 그러나 기간으로 보수를 정한 때에는 그 기간이 경과한 후에 이를 청구할 수 있다.
> ③ 수임인이 위임사무를 처리하는 중에 수임인의 책임 없는 사유로 인하여 위임이 종료된 때에는 수임인은 이미 처리한 사무의 비율에 따른 보수를 청구할 수 있다.

① 수임인은 특별한 약정이 없는 한 위임인에게 보수를 청구하지 못한다. 그러므로 위임계약은 무상계약을 원칙으로 하는 것이다. 다만, 특약 또는 관행으로 유상의 위임이 성립하는 경우도 있다.

② 수임인이 보수를 받기로 한 경우에는 위임사무를 완료한 후가 아니면 보수를 청구하지 못한다.
  ㉠ 보수는 특약이 없는 한 후급을 원칙으로 하는 것이다.
  ㉡ 주급 또는 월급 등 기간으로 보수를 정한 때에는 그 기간이 경과한 후에 이를 청구할 수 있다.

③ 수임인이 위임사무를 처리하는 도중에 수임인의 책임 없는 사유(예 당사자의 사망, 계약의 해지 등)로 인하여 위임이 종료된 경우에는, 수임인은 이미 처리한 사무의 비율에 따른 보수를 청구할 수 있다. 위임사무 처리는 도급과는 달리 사무처리 그 자체를 목적으로 하는 것이므로 도중에 위임이 종료되었다고 하여 보수를 받을 수 없게 한다는 것은 수임인에게 지나치게 가혹하기 때문이다.

> **판례 유상의 위임**
>
> 변호사는 당사자 기타 관계인의 위임 또는 공무소의 위촉 등에 의하여 소송에 관한 행위 및 행정처분의 청구에 관한 대리행위와 일반 법률사무를 행함을 그 직무로 하고 사회통념에 비추어 현저히 부당한 보수를 받을 수 없을 뿐이므로, 변호사에게 계쟁사건의 처리를 위임함에 있어서 그 보수지급 및 수액에 관하여 명시적인 약정을 아니하였다 하여도, 무보수로 한다는 등 특별한 사정이 없는 한 응분의 보수를 지급할 묵시의 약정이 있는 것으로 봄이 상당하다(93다36882).

2. 무상·유상위임에 공통된 의무

> **제687조 【수임인의 비용선급청구권】** 위임사무의 처리에 비용을 요하는 때에는 위임인은 수임인의 청구에 의하여 이를 선급하여야 한다.
> **제688조 【수임인의 비용상환청구권 등】** ① 수임인이 위임사무의 처리에 관하여 필요비를 지출한 때에는 위임인에 대하여 지출한 날 이후의 이자를 청구할 수 있다.
> ② 수임인이 위임사무의 처리에 필요한 채무를 부담한 때에는 위임인에게 자기에 갈음하여 이를 변제하게 할 수 있고 그 채무가 변제기에 있지 아니한 때에는 상당한 담보를 제공하게 할 수 있다.
> ③ 수임인이 위임사무의 처리를 위하여 과실 없이 손해를 받은 때에는 위임인에 대하여 그 배상을 청구할 수 있다.

① 수임인이 위임사무처리비용을 청구하였음에도 불구하고 위임인이 이를 선급하지 아니하면 수임인이 위임사무를 처리하지 아니하여도 이행지체 등의 책임이 성립되지 아니한다.
② 수임인이 부담한 채무가 변제기에 있지 아니한 때에는 위임인에게 상당한 담보를 제공하도록 하게 할 수 있다.
③ 수임인이 위임사무의 처리를 위하여 과실 없이 손해를 받은 때에는, 수임인은 그 손해의 배상을 청구할 수 있다(제688조). 예를 들면, 위임사무 처리를 위한 여행 중 부상을 입었거나 도난을 당한 경우 등을 들 수 있다.

4 위임의 종료

> **제689조 【위임의 상호 해지의 자유】** ① 위임계약은 각 당사자가 언제든지 해지할 수 있다.
> ② 당사자 일방이 부득이한 사유 없이 상대방의 불리한 시기에 계약을 해지한 때에는 그 손해를 배상하여야 한다.
> **제690조 【사망·파산 등과 위임의 종료】** 위임은 당사자 한쪽의 사망이나 파산으로 종료된다. 수임인이 성년후견개시의 심판을 받은 경우에도 이와 같다.

1. 종료원인

(1) 위임의 해지

① 위임계약은 각 당사자가 언제든지 해지할 수 있다. 그러나 부득이한 사유 없이 상대방이 불리한 시기에 해지한 때에는 그 손해를 배상하여야 한다(제689조). 그러므로 일방당사자가 위임계약을 해지함에 부득이한 사유가 있다면 그로 인한 상대방의 손해를 배상할 필요가 없다.
② 위임은 이외에도 당사자 일방의 사망이나 파산, 수임인이 성년후견개시 심판을 받으면 종료한다(제690조).

(2) 채무불이행을 이유로 한 위임의 해제

수임인이 위임계약상의 채무를 제대로 이행하지 아니하였다 하여 위임인이 언제나 최고 없이 바로 그 채무불이행을 이유로 하여 위임계약을 해제할 수 있는 것은 아니고, 아직도 수임인이 위임계약상의 채무를 이행하는 것이 가능하다면 위임인은 수임인에 대하여 상당한 기간을 정하여 그 이행을 최고하고, 수임인이 그 기간 내에 이를 이행하지 아니할 때에 한하여 계약을 해제할 수 있다(96다27148).

2. 종료 시의 특별조치

(1) 급박한 사정으로 인한 조치

> **제691조 【위임종료 시의 긴급처리】** 위임종료의 경우에 급박한 사정이 있는 때에는 수임인, 그 상속인이나 법정대리인은 위임인, 그 상속인이나 법정대리인이 위임사무를 처리할 수 있을 때까지 그 사무의 처리를 계속하여야 한다. 이 경우에는 위임의 존속과 동일한 효력이 있다.

(2) 상대방에 대한 통지

> **제692조 【위임종료의 대항요건】** 위임종료의 사유는 이를 상대방에게 통지하거나 상대방이 이를 안 때가 아니면 이로써 상대방에게 대항하지 못한다.

개념적용 문제

민법상 위임에 관한 설명으로 옳은 것은? 제28회 기출

① 위임인은 수임인에 대하여 보수를 지급하여야 함이 원칙이다.
② 위임사무의 처리에 비용을 요하는 때에는 위임인은 수임인의 청구에 의하여 이를 선급하여야 한다.
③ 수임인은 자기재산과 동일한 주의로 위임사무를 처리하여야 한다.
④ 위임인의 승낙이나 부득이한 사유가 없더라도 수임인은 제3자로 하여금 자기에 갈음하여 위임사무를 처리하게 할 수 있다.
⑤ 수임인은 위임인의 불리한 시기에 위임계약을 해지하지 못한다.

해설 ① 위임은 무상이 원칙이다.
③ 수임인은 위임의 본지에 따라 선량한 관리자의 주의로써 위임사무를 처리하여야 한다(제681조).
④ 수임인은 위임인의 승낙이나 부득이한 사유없이 제삼자로 하여금 자기에 갈음하여 위임사무를 처리하게 하지 못한다(제682조).
⑤ 위임계약은 각 당사자가 언제든지 해지할 수 있다(제689조 제1항). 당사자 일방이 부득이한 사유없이 상대방의 불리한 시기에 계약을 해지한 때에는 그 손해를 배상하여야 한다(제689조 제2항).

정답 ②

CHAPTER 05 OX문제로 완벽 복습

01 목적물의 하자로 인한 손해배상을 청구할 때, 하자보수와 함께 손해배상을 청구하는 경우 그 손해배상액의 산정기준일은 하자보수청구 시를 기준으로 하여야 하고, 손해배상만을 청구하는 경우 그 손해배상의 청구일을 기준으로 배상액을 산정하여야 한다. (O|X)

02 완성된 목적물 또는 완성 전의 성취된 부분의 하자가 중요하지 않고 그 보수에 과다한 비용을 요할 때에는 하자의 보수를 청구할 수 없다. (O|X)

03 기성고에 따라 공사대금을 분할하여 지급하기로 약정한 경우, 특별한 사정이 없는 한, 하자보수의무와 동시이행관계에 있는 공사대금지급채무는 당해 하자가 발생한 부분의 기성공사대금에 한정된다. (O|X)

04 도급인은 목적물의 하자에 대하여 그 하자의 보수 또는 손해배상을 선택적으로 청구할 수 있고 동시에 청구할 수는 없다. (O|X)

05 도급인이 건물 기타 토지의 공작물이 완성된 이후 그 하자로 인하여 계약의 목적을 달성할 수 없는 때에도 계약을 해제할 수 없다. (O|X)

06 공사도급계약상 도급인의 지체상금채권과 수급인의 공사대금채권은 특별한 사정이 없는 한 동시이행의 관계에 있지 않다. (O|X)

07 도급인과 수급인 사이에 실질적인 지휘·감독 관계가 인정되는 경우, 도급인은 사용자책임을 질 수 있다. (O|X)

08 수급인이 자기의 노력과 재료를 들여 건물을 완성한 경우, 특별한 사정이 없는 한 완성된 건물은 수급인의 소유에 속한다. (O|X)

정답

01 O   02 O(하자보수를 청구할 수 없고, 손해배상을 청구할 수 있을 뿐이다)   03 ×[기성고에 따라 공사대금을 분할하여 지급하기로 약정한 경우라도 특별한 사정이 없는 한, 하자보수의무와 동시이행관계에 있는 공사대금지급채무는 당해 하자가 발생한 부분의 기성공사대금에 한정되는 것은 아니라고 할 것이다(判)]   04 ×[도급인은 목적물의 하자의 보수에 갈음하여 또는 보수와 함께 손해배상을 청구할 수 있다(제667조 제2항)]   05 O   06 O   07 O   08 O

09 수임인은 위임사무의 처리로 인하여 받은 금전 기타의 물건 및 그 수취한 과실을 위임인에게 인도하여야 한다. 그러나 수임인이 위임인을 위하여 자기의 명의로 취득한 권리는 그러하지 아니하다. (○│✕)

10 수임인이 위임인에게 인도할 금전 또는 위임인의 이익을 위하여 사용할 금전을 자기를 위하여 소비한 때에는 소비한 다음 날 이후의 이자를 지급하여야 하며 그 외의 손해가 있으면 배상하여야 한다. (○│✕)

11 수임인은 특별한 약정이 없으면 위임인에 대하여 보수를 청구할 수 있다. (○│✕)

12 위임사무의 처리에 비용을 요하는 때에는 위임인은 수임인의 청구에 의하여 이를 선급하여야 한다. (○│✕)

13 위임계약은 각 당사자가 언제든지 해지할 수 있다. 그러나 당사자 일방이 부득이한 사유 없이 상대방의 불리한 시기에 계약을 해지할 수는 없다. (○│✕)

정답

09 ✕[수임인이 위임인을 위하여 자기의 명의로 취득한 권리는 위임인에게 이전하여야 한다(제684조 제2항)] 10 ✕[소비한 날 이후의 이자를 지급하여야 하며 그 외의 손해가 있으면 배상하여야 한다(제685조)] 11 ✕[수임인은 특별한 약정이 없으면 위임인에 대하여 보수를 청구하지 못한다(제686조 제1항)] 12 ○ 13 ✕[위임계약은 각 당사자가 언제든지 해지할 수 있다. 그러나 당사자 일방이 부득이한 사유 없이 상대방의 불리한 시기에 계약을 해지한 경우에는 그 손해를 배상하여야 한다(제689조)]

CHAPTER 06 부당이득과 불법행위

회독체크 1 2 3

CHAPTER 미리보기

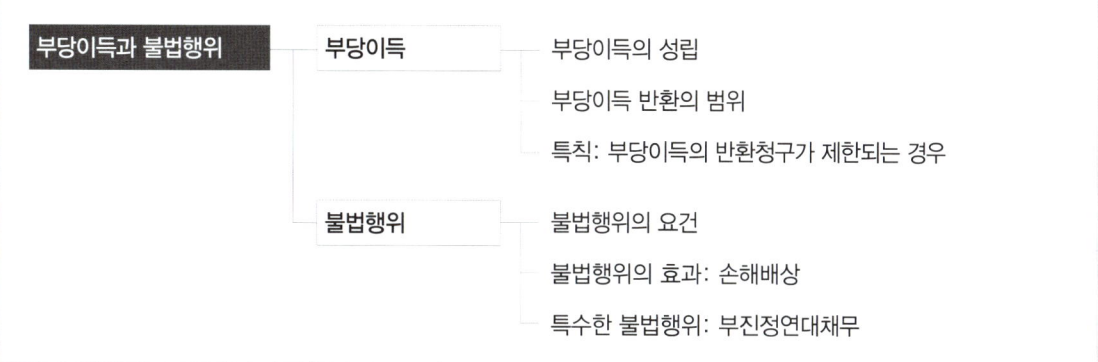

학습전략

❶ 1문항 내지 2문항이 출제됩니다.
❷ 부당이득은 그 원인에 따른 반환의 범위에 관한 내용을, 불법행위는 불법행위와 손해배상, 특히 특수불법행위와 부진정연대채무의 법률관계 및 구상관계가 중요하므로 이를 집중하여 학습하여야 합니다.

학습키워드

- 부당이득의 성립
- 부당이득반환의 범위
- 부당이득에 관한 특칙
- 불법행위와 손해배상
- 특수한 불법행위
- 부진정연대채무의 법률관계

제1절 부당이득(不當利得)

1 의의 및 성질

1. 의의

① **부당이득**(不當利得)이란 법률상 원인 없이 타인의 재산이나 노무로 인하여 이익을 얻고, 이로 인하여 타인에게 손해가 발생된 경우를 말한다.
② 민법이 이러한 제도를 인정하는 것은 누구도 정당한 이유 없이 타인의 손실로 이득을 취해서는 안 된다는 공평의 관념에 기한 것이다.

2. 법률적 성질 – 사건

부당이득은 법률상의 원인 없는 이득이 생겼다는 사실에 의하여 반환의무가 생긴다는 점에서, 법률요건으로서의 성질은 이른바 '사건'이라고 할 수 있다.

2 부당이득의 성립

> **제741조 【부당이득의 내용】** 법률상 원인 없이 타인의 재산 또는 노무로 인하여 이익을 얻고 이로 인하여 타인에게 손해를 가한 자는 그 이익을 반환하여야 한다.

1. 타인의 재산 또는 노무로 인하여 이익을 얻을 것

여기서 이익이란 재산의 총액의 증가로서 적극적 증가와 소극적 증가를 포함한다. 그리고 수익의 방법은 법률행위에 의하든 사실행위에 의하든 불문한다.

2. 일방의 이득으로 타방이 손해를 입을 것

(1) 부당이득이 성립하기 위해서는 일방의 이득에 대응하는 다른 일방의 손해가 있어야 한다.
① 부당이득자의 이득은 소유권과 같은 물권과 채권의 취득 등의 재산의 증가뿐만 아니라 감소하여야 할 재산이 감소하지 않은 경우 및 지출되어야 할 경비 등 비용의 절감도 포함한다.
② 상대방의 손해는 반드시 재산의 감소만이 아니라 증가하여야 할 재산이 증가하지 아니한 경우도 손해가 발생된 것으로 이해한다.

③ 임차인이 임대차계약관계가 소멸된 이후에 임차건물 부분을 계속 점유하기는 하였으나 이를 본래의 임대차계약상의 목적에 따라 사용·수익하지 아니하여 실질적인 이득을 얻은 바 없다면 부당이득은 성립하지 않는다(判).

(2) 상대방에게 손해가 발생하였을 것

① 일방당사자가 이익을 얻었다고 할지라도, 상대방이 그로 말미암아 손해를 입은 일이 없다면 부당이득의 문제는 생기지 않는다.

② 상대방의 손해는 적극적으로 기존의 재산의 감소(적극적 손실)뿐만 아니라 증가해야 할 재산의 증가가 방해(소극적 손실)되는 것을 포함한다.

> **판례** 부당이득
>
> ① 부당이득반환청구에 있어서 이득이라 함은 실질적인 이익을 가리키는 것이므로 법률상 원인 없이 건물을 점유하고 있다 하여도 이를 본래의 용도대로 사용·수익할 수 없었다면 본래의 용도에 따른 실질적인 이익을 얻은 것이라고 볼 수 없다(92다25830·25847).
> ② 임차인이 임대차계약관계가 소멸된 이후에 임차건물 부분을 계속 점유하기는 하였으나 이를 본래의 임대차계약상의 목적에 따라 사용·수익하지 아니하여 실질적인 이득을 얻은 바 없는 경우에는, 그로 인하여 임대인에게 손해가 발생하였다고 하더라도 임차인의 부당이득반환의무는 성립하지 아니하는 것이고, 이는 임차인의 사정으로 인하여 임차건물 부분을 사용·수익을 하지 못하였거나 임차인이 자신의 시설물을 반출하지 아니하였다고 하더라도 마찬가지이다(98다8554).
> ③ 민법 제741조는 법률상 원인 없이 타인의 재산 또는 노무로 인하여 이익을 얻고 이로 인하여 타인에게 손해를 가한 자는 그 이익을 반환하여야 한다고 부당이득반환을 규정하고 있으므로 법률상 원인 없이 이득이 있다 할지라도 그로 인하여 타인에게 손해가 발생한 것이 아니라면 그 타인은 부당이득반환청구권자가 될 수 없다(70다1012).
> ④ 부당이득반환의 경우 수익자가 반환해야 할 이득의 범위는 손실자가 입은 손해의 범위에 한정된다(2005다34711).

3. 이익과 손해 사이에 인과관계가 있을 것

① 부당이득이 성립하기 위해서는 이익과 손해 사이에 인과관계가 있어야 한다.

② 부당이득은 부당한 재산적 가치의 이동을 조절하기 위한 제도이므로 한쪽에 손해가 있고 다른 한쪽에 이득이 있다고 하더라도 그들 사이에 인과관계가 없다면 성립하지 않는다.

> **판례** 부당이득으로서 인과관계
>
> ① 확정된 배당표에 의하여 배당을 실시하는 것은 실체법상의 권리를 확정하는 것이 아니므로 배당을 받아야 할 자가 배당을 받지 못하고 배당을 받지 못할 자가 배당을 받은 경우에는 배당에 관하여 이의를 한 여부 또는 형식상 배당절차가 확정되었는가의 여부에 관계없이 배당을 받지 못한 우선채권자에게 부당이득반환청구권이 있다(99다53230).
> ② 배당절차에서 권리 없는 자가 배당을 받아갔다면 이는 법률상 원인 없이 부당이득을 한 것이라고 할 것이나 이로 인하여 손해를 입은 사람은 그 배당이 잘못되지 않았더라면 배당을 받을 수 있었던 사람이지 이것이 다음 순위의 배당을 받을 수 있는 사람이 있는 경우에도 채무자에게 귀속된다고 할 수 없다(99다53230).
> ③ 종전부터 자연발생적으로 또는 도로예정지로 편입되어 사실상 일반공중의 통행로로 사용되어 온 토지의 소유자가 그 독점적이고 배타적인 사용·수익권을 포기한 것으로 볼 경우에도, 일반공중의 통행을 방해하지 않는 범위 내에서는 토지소유자로서 그 토지를 처분하거나 사용·수익할 권능을 상실하지 않는다고 할 것이므로, 그 토지를 불법점유하고 있는 제3자에 대하여 물권적 청구권을 행사하여 토지의 반환 내지 방해의 제거, 예방을 청구할 수 있다고 할 것이나, 특별한 사정이 없는 한 토지소유자는 그 이후에도 토지를 독점적, 배타적으로 사용·수익할 수는 없고, 따라서 제3자가 그 토지를 불법점유하였다 하더라도 이로 인하여 토지소유자에게 어떠한 손실이 생긴다고 할 수 없어 그 점유로 인한 부당이득의 반환을 청구할 수는 없다(2001다8493).

4. 법률상 원인이 없을 것

① 부당이득이 성립하려면 그 이득이 법률상 원인 없이 생긴 것이어야 한다.
② '법률상 원인이 없다'는 것은 이익을 귀속받을 권리의 근거(권원)가 없다는 것을 말한다. 예를 들면, 타인의 입금오류로 자기의 예금통장에 입금된 경우, 무효인 계약에 근거하여 변제받은 경우 등을 들 수 있다.
③ 법이 추구하는 이상인 공평의 관념에 비추어서 수익자가 그 이득을 보유할 실질적 이유가 없다고 인정될 때에 그 이득은 법률상 원인 없는 것이라고 할 수 있다.
  ㉠ 채무자가 횡령한 금전으로 자신의 채권자에 대한 채무를 변제하는 경우 채권자가 그 변제를 수령함에 있어 악의 또는 중대한 과실이 있는 경우에는 채권자의 금전 취득은 피해자에 대한 관계에 있어서 법률상 원인을 결여한 것으로 볼 수 있다.
  ㉡ 채권자가 그 변제를 수령함에 있어 단순히 과실이 있는 경우에는 그 변제는 유효하고 채권자의 금전 취득이 피해자에 대한 관계에 있어서 법률상 원인을 결여한 것이라고 할 수 없다.

판례 부당이득

① 타인 소유의 토지 위에 권한 없이 건물을 소유하고 있는 자는 그 자체로써 특별한 사정이 없는 한 법률상 원인 없이 타인의 재산으로 인하여 토지의 차임에 상당하는 이익을 얻고 이로 인하여 타인에게 동액 상당의 손해를 주고 있다고 보아야 한다(98다2389).
② 임대차 종료 후 임차인의 임차목적물명도의무와 임대인의 연체임료 기타 손해배상금을 공제하고 남은 임차보증금반환의무와는 동시이행의 관계에 있으므로 임차인이 동시이행의 항변권에 기하여 임차목적물을 점유하고 사용·수익한 경우 그 점유는 불법점유라 할 수 없어 그로 인한 손해배상책임은 지지 아니하되, 다만 사용·수익으로 인하여 실질적으로 얻은 이익이 있으면 부당이득으로서 반환하여야 할 것이다(91다45202·45219).
③ 부동산에 대한 취득시효가 완성되면 점유자는 소유명의자에 대하여 취득시효 완성을 원인으로 한 소유권이전등기절차의 이행을 청구할 수 있고 소유명의자는 이에 응할 의무가 있으므로 점유자가 그 명의로 소유권이전등기를 경료하지 아니하여 아직 소유권을 취득하지 못하였다고 하더라도 소유명의자는 점유자에 대하여 점유로 인한 부당이득반환청구를 할 수 없다(92다51280).
④ 일반적으로 부동산을 채권담보의 목적으로 양도한 경우 특별한 사정이 없는 한 목적부동산에 대한 사용·수익권은 채무자인 양도담보설정자에게 있는 것이므로 양도담보권자는 사용·수익할 수 있는 정당한 권한이 있는 채무자나 채무자로부터 그 사용·수익할 수 있는 권한을 승계한 자에 대하여는 사용·수익을 하지 못한 것을 이유로 임료 상당의 손해배상이나 부당이득반환청구는 할 수 없다(87다카2555).
⑤ 민법 제201조 제1항에 의하면 선의의 점유자는 점유물의 과실을 취득한다고 규정하고 있고, 한편 토지를 사용함으로써 얻는 이득은 그 토지로 인한 과실과 동시할 것이므로 선의의 점유자는 비록 법률상 원인 없이 타인의 토지를 점유·사용하고 이로 말미암아 그에게 손해를 입혔다 하더라도 그 점유·사용으로 인한 이득을 그 타인에게 반환할 의무는 없다(86다카1996).
⑥ 채무자가 횡령한 금전으로 자신의 채권자에 대한 채무를 변제하는 경우 채권자가 그 변제를 수령함에 있어 악의 또는 중대한 과실이 있는 경우에는 채권자의 금전 취득은 피해자에 대한 관계에 있어서 법률상 원인을 결여한 것으로 봄이 상당하나, 채권자가 그 변제를 수령함에 있어 단순히 과실이 있는 경우에는 그 변제는 유효하고 채권자의 금전 취득이 피해자에 대한 관계에 있어서 법률상 원인을 결여한 것이라고 할 수 없다(2003다8862).

3 부당이득의 효과

(1) 부당이득자는 그 이득을 반환하여야 한다(제741조).

(2) 부당이득반환의 범위

> **제748조【수익자의 반환범위】** ① 선의의 수익자는 그 받은 이익이 현존한 한도에서 전조의 책임이 있다.
> ② 악의의 수익자는 그 받은 이익에 이자를 붙여 반환하고 손해가 있으면 이를 배상하여야 한다.
> **제749조【수익자의 악의인정】** ① 수익자가 이익을 받은 후 법률상 원인 없음을 안 때에는 그때부터 악의의 수익자로서 이익반환의 책임이 있다.
> ② 선의의 수익자가 패소한 때에는 그 소를 제기한 때부터 악의의 수익자로 본다.

| 판례 | 부당이득의 반환 |

① 선의의 수익자에 대한 부당이득반환청구에 있어서 그 이익이 현존하고 있는 사실에 관하여는 그 반환청구권자에게 입증책임이 있다(69다2171).
② 법률상 원인 없이 타인의 재산 또는 노무로 인하여 이익을 얻고 그로 인하여 타인에게 손해를 가한 경우, 그 취득한 것이 금전상의 이득인 때에는 그 금전은 이를 취득한 자가 소비하였는가의 여부를 불문하고 현존하는 것으로 추정된다(96다32881).
③ 부당이득반환의무자가 악의의 수익자라는 점에 대하여는 이를 주장하는 측에서 입증책임을 지는바, 여기서 '악의'라고 함은, 민법 제749조 제2항에서 악의로 의제되는 경우 등은 별론으로 하고, 자신의 이익 보유가 법률상 원인 없는 것임을 인식하는 것을 말하고, 그 이익의 보유를 법률상 원인이 없는 것이 되도록 하는 사정, 즉 부당이득반환의무의 발생요건에 해당하는 사실이 있음을 인식하는 것만으로는 부족하다(2009다24187·24194).
④ 계약명의신탁에서 명의수탁자가 수령한 매수자금이 명의신탁약정에 기하여 지급되었다는 사실을 알았다고 하여도 그 명의신탁약정이 「부동산 실권리자명의 등기에 관한 법률」 제4조 제1항에 의하여 무효임을 알았다는 등의 사정이 부가되지 아니하는 한 명의수탁자가 그 금전의 보유에 관하여 법률상 원인 없음을 알았다고 쉽사리 말할 수 없다(2009다24187·24194).
⑤ 불법점유를 당한 부동산의 소유자로서는 불법점유자에 대하여 그로 인한 임료 상당 손해의 배상이나 부당이득의 반환을 구할 수 있을 것이나, 불법점유라는 사실이 발생한 바 없었다고 하더라도 부동산소유자에게 임료 상당 이익이나 기타 소득이 발생할 여지가 없는 특별한 사정이 있는 때에는 손해배상이나 부당이득반환을 청구할 수 없다(2000다57375).
⑥ 타인의 토지를 점유함으로 인한 부당이득반환채무는 이행의 기한이 없는 채무로서 이행청구를 받은 때로부터 지체책임이 있다(2007다8914).
⑦ 계약상의 급부가 계약의 상대방뿐만 아니라 제3자의 이익으로 된 경우에 급부를 한 계약당사자가 계약 상대방에 대하여 계약상의 반대급부를 청구할 수 있는 이외에 그 제3자에 대하여 직접 부당이득반환을 청구할 수는 없다(99다66564).
⑧ 부당이득반환의무는 이행기한의 정함이 없는 채무이므로 그 채무자는 이행청구를 받은 때에 비로소 지체책임을 진다(2009다24187).
⑨ 일반적으로 수익자가 법률상 원인 없이 이득한 재산을 처분함으로 인하여 원물반환이 불가능한 경우에 있어서 반환하여야 할 가액은 특별한 사정이 없는 한 그 처분 당시의 대가이나, 이 경우에 수익자가 그 법률상 원인 없는 이득을 얻기 위하여 지출한 비용은 수익자가 반환하여야 할 이득의 범위에서 공제되어야 하고, 수익자가 자신의 노력 등으로 부당이득한 재산을 이용하여 남긴 이른바 운용이익도 그것이 사회통념상 수익자의 행위가 개입되지 아니하였더라도 부당이득된 재산으로부터 손실자가 당연히 취득하였으리라고 생각되는 범위 내의 것이 아닌 한 수익자가 반환하여야 할 이득의 범위에서 공제되어야 한다(94다25551).
⑩ 제한능력자의 책임을 제한하는 민법 제141조 단서는 부당이득에 있어 수익자의 반환범위를 정한 민법 제748조의 특칙으로서 제한능력자의 보호를 위해 그 선의·악의를 묻지 아니하고 반환범위를 현존 이익에 한정시키려는 데 그 취지가 있으므로, 의사능력의 흠결을 이유로 법률행위가 무효가 되는 경우에도 유추적용되어야 할 것이나, 법률상 원인 없이 타인의 재산 또는 노무로 인하여 이익을 얻고 그로 인하여 타인에게 손해를 가한 경우에 그 취득한 것이 금전상의 이득인 때에는 그 금전은 이를 취득한 자가 소비하였는가의 여부를 불문하고 현존하는 것으로 추정되므로, 위 이익이 현존하지 아니함은 이를 주장하는 자, 즉 의사무능력자 측에 입증책임이 있다(2008다58367).

⑪ 의사무능력자가 자신이 소유하는 부동산에 근저당권을 설정해 주고 금융기관으로부터 금원을 대출받아 이를 제3자에게 대여한 사안에서, 대출로써 받은 이익이 위 제3자에 대한 대여금채권 또는 부당이득반환채권의 형태로 현존하므로, 금융기관은 대출거래약정 등의 무효에 따른 원상회복으로서 위 대출금 자체의 반환을 구할 수는 없더라도 현존 이익인 위 채권의 양도를 구할 수 있다(2008다58367).
⑫ 계약상 급부가 계약 상대방뿐만 아니라 제3자의 이익으로 된 경우에 급부를 한 계약당사자가 계약 상대방에게 계약상 반대급부를 청구할 수 있는 이외에 이익의 귀속 주체인 제3자에게 직접 부당이득반환을 청구할 수는 없다고 보아야 한다(2011다48568).

(3) 원물의 반환이 불가능한 경우

제747조【원물반환 불능한 경우와 가액반환, 전득자의 책임】 ① 수익자가 그 받은 목적물을 반환할 수 없는 때에는 그 가액을 반환하여야 한다.
② 수익자가 그 이익을 반환할 수 없는 경우에는 수익자로부터 무상으로 그 이익의 목적물을 양수한 악의의 제3자는 전항의 규정에 의하여 반환할 책임이 있다.

4 부당이득에 관한 특칙 – 부당이득의 반환청구가 제한되는 경우

1. 비채변제

① **의의**: 채무가 없음에도 불구하고 변제행위를 하는 것이 비채변제이다.
② **부당이득**: 채무가 없음에도 채무변제가 됨으로써 변제받은 자에게 부당이득이 발생하였으므로 비채변제는 반환되어야 하지만, 그 반환청구가 불가능한 경우도 있다.

제742조【비채변제】 채무 없음을 알고 이를 변제한 때에는 그 반환을 청구하지 못한다.
제744조【도의관념에 적합한 비채변제】 채무 없는 자가 착오로 인하여 변제한 경우에 그 변제가 도의관념에 적합한 때에는 그 반환을 청구하지 못한다.

2. 타인의 채무의 변제

제745조【타인의 채무의 변제】 ① 채무자 아닌 자가 착오로 인하여 타인의 채무를 변제한 경우에 채권자가 선의로 증서를 훼멸하거나 담보를 포기하거나 시효로 인하여 그 채권을 잃은 때에는 변제자는 그 반환을 청구하지 못한다.
② 전항의 경우에 변제자는 채무자에 대하여 구상권을 행사할 수 있다.

3. 변제기 전의 변제

> **제743조【기한 전의 변제】** 변제기에 있지 아니한 채무를 변제한 때에는 그 반환을 청구하지 못한다. 그러나 채무자가 착오로 인하여 변제한 때에는 채권자는 이로 인하여 얻은 이익(채권자의 기간이익 상당)을 반환하여야 한다.

판례 | 부당이득에 관한 특칙

① 민법 제742조 소정의 비채변제에 관한 규정은 변제자가 채무 없음을 알면서도 변제를 한 경우에 적용되는 것이어서 채무 없음을 알지 못한 경우에는 그 과실 유무를 불문하고 적용되지 아니하며, 변제자가 채무 없음을 알았다는 점에 대한 입증책임은 반환청구권을 부인하는 측에 있다고 할 것이다(2010다68237).

② 비채변제는 지급자가 채무 없음을 알면서도 임의로 지급한 경우에만 성립하고 채무 없음을 알고 있었다 하더라도 변제를 강제당한 경우나 변제거절로 인한 사실상의 손해를 피하기 위하여 부득이 변제하게 된 경우 등 그 변제가 자기의 자유로운 의사에 반하여 이루어진 것으로 볼 수 있는 사정이 있는 때에는 지급자가 그 반환청구권을 상실하지 않는다(87다432).

③ 주채무가 제3자의 변제에 의하여 소멸한 경우에는 주채무의 소멸로 인하여 보증채무도 소멸하므로 연대보증의 경우도 보증인은 채무자와 연대하여 채무를 이행할 책임이 있어 보증채무의 보충성이 인정되지 아니하는 것에 불과하고, 보증이라고 하는 성질에는 다름이 없으므로 주채무가 제3자의 변제에 의하여 소멸하는 경우에는 연대보증채무도 소멸되는 것은 마찬가지이다. 또한 부당이득이라 함은 타인의 재산 또는 노무로 인하여 이익을 얻고 이로 인하여 타인에게 손해를 가한 경우에 성립하는 것인바, 제3자의 출재로 인하여 주채무가 소멸되면 제3자로서는 주채무자에 대하여 자신의 출재에 대한 구상권을 행사할 수 있어 그에게 손해가 있다고 보기도 어려우므로 제3자의 연대보증인에 대한 부당이득반환청구는 받아들일 수 없다(96다22655).

4. 불법원인급여

(1) 불법원인급여의 의의

> **제746조【불법원인급여】** 불법의 원인으로 인하여 재산을 급여하거나 노무를 제공한 때에는 그 이익의 반환을 청구하지 못한다. 그러나 그 불법원인이 수익자에게만 있는 때에는 그러하지 아니하다.

① 예를 들면, 도박에 진 까닭에 돈을 지급하였을 경우 도박은 반사회적 행위로서 무효이므로(제103조), 도박에 진 자는 채무 없이 지급한 것이 되지만, 이는 **불법원인급여**가 되어 수령자에게 부당이득으로 반환을 청구할 수 없게 된다.

② 불법원인급여의 경우 부당이득의 반환을 못하게 할 뿐만 아니라 급부한 것이 물건인 경우 물건에 대한 소유권 등을 주장하여 물권적 청구권의 행사도 허용하지 않는 것이 판례이다.

(2) 불법원인급여의 요건

① '불법'의 원인으로 '급여'한 것이어야 한다. '급여'란 상환청구자의 의사에 기하여 출재하는 것이며, '불법'이란 선량한 풍속 기타 사회질서에 위반한 경우를 말한다.
② 단순한 단속법규 위반은 이에 해당하지 않는다.

(3) 효과

① 급여한 물건의 반환이나 그 가액의 반환을 청구하지 못한다.
② 그러나 불법원인이 수익자에게만 있는 때에는 예외적으로 급여자는 부당이득의 반환을 청구할 수 있다(제746조 단서).

판례 | 불법원인급여

① 부당이득의 반환청구가 금지되는 사유로 민법 제746조가 규정하는 불법원인이라 함은 그 원인되는 행위가 선량한 풍속 기타 사회질서에 위반하는 경우를 말하는 것으로서, 법률의 금지에 위반하는 경우라 할지라도 그것이 선량한 풍속 기타 사회질서에 위반하지 않는 경우에는 이에 해당하지 않는다(2003다41722).
② 불법의 원인으로 재산을 급여한 사람은 상대방 수령자가 그 '불법의 원인'에 가공하였다고 하더라도 상대방에게만 불법의 원인이 있거나 그의 불법성이 급여자의 불법성보다 현저히 크다고 평가되는 등으로 제반 사정에 비추어 급여자의 손해배상청구를 인정하지 아니하는 것이 오히려 사회상규에 명백히 반한다고 평가될 수 있는 특별한 사정이 없는 한 상대방의 불법행위를 이유로 그 재산의 급여로 말미암아 발생한 자신의 손해를 배상할 것을 주장할 수 없다고 할 것이다. 그와 같은 경우에 급여자의 위와 같은 손해배상청구를 인용한다면, 이는 급여자는 결국 자신이 행한 급부 자체 또는 그 경제적 동일물을 환수하는 것과 다름없는 결과가 되어, 민법 제746조에서 실정법적으로 구체화된 법이념에 반하게 되는 것이다(2013다35412).

개념적용 문제

甲, 乙, 丙은 X건물을 각 1/4, 1/2, 1/4씩 공유하고 있다. 甲은 다른 공유자의 동의 없이 丁에게 X건물의 창호공사를 도급하였고, 丁이 약정기간 내에 위 공사를 완료하였으나, 공사대금을 전혀 지급받지 못했다. 이 공사로 인하여 X건물의 가치가 크게 증가하였다. 이에 관한 설명으로 옳지 않은 것을 모두 고른 것은? (다툼이 있으면 판례에 따름) 제28회 기출

> ㄱ. 丁은 乙과 丙에 대하여 부당이득반환을 청구할 수 있다.
> ㄴ. 丁은 乙과 丙에 대하여 점유자와 회복자의 관계에 기한 유익비상환을 청구할 수 있다.
> ㄷ. 乙과 丙은 각자의 지분에 상응하여 도급계약에 따른 공사대금을 丁에게 지급하여야 한다.

① ㄱ   ② ㄱ, ㄴ   ③ ㄱ, ㄷ   ④ ㄴ, ㄷ   ⑤ ㄱ, ㄴ, ㄷ

해설 ㄱ. 丁은 乙과 丙에 대하여 부당이득반환을 청구할 수 없다. 비록 공사업자 丁의 행위에 의하여 그 이익이 乙과 丙에게 귀속되기는 하였지만, 乙과 丙은 계약의 당사자가 아니므로 부당이득반환청구의 상대방이 될 수 없다(2011다48568 참조).
ㄴ. 丁은 乙과 丙에 대하여 점유자와 회복자의 관계에 기한 유익비상환을 청구할 수 없다. 공사업자인 丁은 비용지출자가 아니고, 도급인인 甲이 비용지출자에 해당하기 때문이다(99다66564).
ㄷ. 공사대금청구는 '공사대금을 청구할 수 있는 근거인 약정을 전제로 할 수 있는 것이므로 丁은 도급계약의 당사자인 甲에게는 공사대금을 청구하는 것은 별론으로 하고 비록 공유자일지라도 乙과 丙은 계약의 당사자가 아니므로 乙과 丙에게는 공사대금을 청구할 수 없다. 그러므로, 비록 공사업자 丁의 행위에 의하여 乙과 丙이 재산상의 이득을 얻었을 지라도 각자의 지분에 상응하여 도급계약에 따른 공사대금을 丁에게 지급할 의무는 없다(2011다48568 참조).

정답 ⑤

제2절 불법행위

1 서설

1. 불법행위의 의의

① 불법행위란 고의 또는 과실로 인한 위법행위로 타인에게 손해를 가하는 행위를 말하는바, 행위자는 피해자에게 그 행위로 인하여 생긴 손해를 배상하여야 한다(제750조).
② 즉, 불법행위로 인하여 손해배상청구권이라는 법률효과가 발생한다.

2. 불법행위에 대한 책임

(1) 과실책임
① 과실책임주의에 의하면 행위자는 그의 고의나 과실 있는 행위에 대하여서만 책임을 진다.
② 이것은 결국 행위자가 충분한 주의를 하여도 그 발생을 막지 못하는 이른바 불가항력에 관하여는 책임을 지지 않는다는 것을 의미한다.

(2) 무과실책임
① 보통의 생활관계에 있어서는 과실책임주의가 정당한 태도이다.
② 신의성실의 원칙상 무과실책임론이 발생하는 경우도 있다.

2 불법행위의 요건

1. 가해자의 고의 또는 과실
① 불법행위가 성립하기 위해서는 가해자에게 고의 또는 과실이 있어야 한다.
② 고의라 함은 자기의 행위가 타인에게 손해를 주게 된다는 것을 알면서 이를 행하는 것이고, 과실이라 함은 주의를 게을리하는 것이다.
③ 가해자에게 고의 또는 과실이 있다는 사실은 피해자(채권자)가 이를 입증하여야 한다.

2. 책임능력
① 불법행위가 성립하기 위해서는 가해자에게 책임능력이 있어야 한다.
② 책임능력이란 자기의 행위가 위법한 것으로서 법률상 비난되는 것임을 인식하는 정신능력을 말하는바, 이것은 '의사능력'을 불법행위의 면에서 고찰한 것이라고 할 수 있다.

3. 위법성

(1) 위법성의 판단
어떤 행위가 위법이냐 아니냐는 개개의 경우에 침해된 이익의 성질과 침해행위 등을 고려하여 구체적으로 판단한다.
① 소유권 기타의 물권의 침해행위는 원칙적으로 위법성을 띠게 된다. 신체·자유·명예·정조 등의 이른바 인격권의 침해행위도 같다(제751조). 채무자 이외의 자에 의한 채권의 침해행위도 일정한 경우에는 역시 위법한 것이 된다.
② 가해행위가 형벌법규에 위반하는 것일 때에는 위법한 행위가 된다.

③ 단속법규의 위반행위도 그 법규가 타인의 보호를 목적으로 하는 것이면 역시 불법행위의 성립요건으로서의 위법성이 있는 것이 된다.
④ 선량한 풍속 기타의 사회질서에 위반한 행위가 위법함은 물론이며, 또한 권리의 남용도 위법한 것이 된다.

(2) 위법성의 조각

일응 위법성이 있다고 생각되는 행위라도 구체적인 경우에 이를 특히 허용할 특수한 사정이 있는 때에는 위법성이 없게 되는바, 이를 위법성의 조각사유라고 한다.
① 정당방위
② 긴급피난
③ 사무관리
④ 자력구제행위
⑤ 피해자의 승낙 등이 이에 해당한다.

4. 손해의 발생

(1) 손해의 현실성

① 손해는 현실적으로 발생한 것에 한하며, 손해가 생겼다는 증명이 있어야 한다.
② 즉, 손해의 증명이 없으면 배상청구를 하여도 그 청구는 기각된다.

(2) 인과관계

① 손해는 재산적인 것에 한하지 않고 정신적인 것이더라도 상관없으나(제751조, 제752조)
② 그 손해는 가해행위를 원인으로 하여 발생한 것이어야 한다. 즉, 손해와 가해행위와의 사이에는 인과관계가 있어야 한다.

3 불법행위의 효과

1. 손해배상

> **제750조 【불법행위의 내용】** 고의 또는 과실로 인한 위법행위로 타인에게 손해를 가한 자는 그 손해를 배상할 책임이 있다.

2. 손해배상의 방법 – 금전배상의 원칙과 과실상계

> **제763조【준용규정】** 제393조(손해배상의 범위), 제394조(손해배상의 방법), 제396조(과실상계), 제399조(손해배상자의 대위)의 규정은 불법행위로 인한 손해배상에 준용한다.

① 손해를 금전으로 평가해서 배상하는 이른바 금전배상을 원칙으로 하나, 예외적으로 원상회복이 인정된다.
② 손해배상의 경우 일시금배상이 원칙이지만, 일정한 경우에 정기금배상도 인정된다.
③ 채권자가 그 채권의 목적인 물건 또는 권리의 가액 전부를 손해배상으로 받은 때에는 채무자는 그 물건 또는 권리에 관하여 당연히 채권자를 대위한다(제399조).

판례 손해배상의 방법

① 불법행위로 건물이 훼손된 경우 그 손해는 금전으로 배상함이 원칙이고, 당사자가 다른 의사표시를 하는 등의 특별한 사정이 없는 한 원상회복을 청구할 수는 없다(92다52726).
② 불법행위로 인하여 손해가 발생하고 그 손해발생으로 이득이 생기고 동시에 그 손해발생에 피해자에게도 과실이 있어 과실상계를 하여야 할 경우에는 먼저 산정된 손해액에서 과실상계를 한 다음에 위 이득을 공제하여야 한다(89다카29129).

3. 명예훼손과 금전배상에 관한 특칙

> **제764조【명예훼손의 경우의 특칙】** 타인의 명예를 훼손한 자에 대하여는 법원은 피해자의 청구에 의하여 손해배상에 갈음하거나 손해배상과 함께 명예회복에 적당한 처분을 명할 수 있다.
> [89헌마160 1991.4.1. 민법 제764조(1958. 2. 22. 법률 제471호)의 '명예회복에 적당한 처분'에 사죄광고를 포함시키는 것은 헌법에 위반된다]

4. 재산 이외의 손해의 배상(정신적 고통 및 생명침해에 대한 손해)

> **제751조【재산 이외의 손해의 배상】** ① 타인의 신체, 자유 또는 명예를 해하거나 기타 정신상 고통을 가한 자는 재산 이외의 손해에 대하여도 배상할 책임이 있다.
> ② 법원은 전항의 손해배상을 정기금채무로 지급할 것을 명할 수 있고 그 이행을 확보하기 위하여 상당한 담보의 제공을 명할 수 있다.
> **제752조【생명침해로 인한 위자료】** 타인의 생명을 해한 자는 피해자의 직계존속, 직계비속 및 배우자에 대하여는 재산상의 손해 없는 경우에도 손해배상의 책임이 있다.

민법 제752조에 규정된 친족 이외의 친족도 그 정신적 고통에 관한 입증을 함으로써 위자료를 청구할 수 있는바, 타인의 불법행위로 생명을 잃은 피해자의 직계비속의 배우자는 경험칙상 그 직계비속에 비견할 정신적 고통을 받는다 할 것이므로 그에 대한 위자료를 청구할 수 있다(77다1942).

개념적용 문제

불법행위에 관한 설명으로 옳지 않은 것은? 제19회 기출

① 甲, 乙, 丙이 공동불법행위로 丁에게 손해를 가한 때에는 연대하여 그 손해를 배상할 책임이 있다.
② 甲이 과실로 심신상실을 초래하고, 심신상실 중에 乙에게 손해를 가한 경우, 甲은 乙에게 손해배상할 책임이 있다.
③ 甲이 과실로 乙을 사망에 이르게 한 경우, 甲은 재산상의 손해가 없는 乙의 직계존속, 직계비속 및 배우자에 대하여는 손해배상책임이 없다.
④ 甲이 乙의 신체, 자유 또는 명예를 해친 경우, 재산 이외의 손해에 대하여도 배상할 책임이 있다.
⑤ 미성년자 甲이 乙에게 손해를 가한 경우, 甲이 가해행위 당시 그 행위의 책임을 변식할 지능이 없었더라면 그 손해를 배상할 책임이 없다.

해설 타인의 생명을 해한 자는 피해자의 직계존속, 직계비속 및 배우자에 대하여는 재산상의 손해 없는 경우에도 손해배상의 책임이 있다(제752조). 그러므로 甲이 과실로 乙을 사망에 이르게 한 경우, 甲은 재산상의 손해가 없는 乙의 직계존속, 직계비속 및 배우자에 대하여도 손해배상책임이 있다.

정답 ③

---

5. 손해배상의 청구

(1) 청구권자

> **제762조【손해배상청구권에 있어서의 태아의 지위】** 태아는 손해배상의 청구권에 관하여는 이미 출생한 것으로 본다.

① 자연인·법인·비법인사단 및 재단, 태아 등 모든 권리의 주체가 손해배상의 청구권자가 된다.
② 불법행위로 인한 재산상의 손해는 위법한 가해행위로 인하여 발생한 재산상의 불이익, 즉 불법행위가 없었더라면 존재하였을 재산 상태와 불법행위가 가해진 이후의 재산상태의 차이를 말하는 것이고, 이러한 손해의 액수에 대한 증명책임은 손해배상을 청구하는 피해자인 원고에게 있으므로, 원고는 불법행위가 없었더라면 존재하였을 재산 상태와 불법행위가 가해진 이후의 재산상태가 무엇인지에 관하여 이를 증명할 책임을 진다(2011다25695).

(2) 손해배상청구권의 양도 등

① 불법행위로 인한 손해배상청구권은 원칙적으로 양도·상속할 수 있다.
② 고의의 불법행위로 인한 손해배상청구권을 수동채권으로 하여 상계하지 못한다(제496조).

6. 손해배상의 범위

① 가해자는 가해행위와 상당인과관계 있는 모든 손해를 배상하여야 한다.
② **배상액의 경감**

> **제765조【배상액의 경감청구】** ① 본장의 규정에 의한 배상의무자는 그 손해가 고의 또는 중대한 과실에 의한 것이 아니고 그 배상으로 인하여 배상자의 생계에 중대한 영향을 미치게 될 경우에는 법원에 그 배상액의 경감을 청구할 수 있다.
> ② 법원은 전항의 청구가 있는 때에는 채권자 및 채무자의 경제상태와 손해의 원인 등을 참작하여 배상액을 경감할 수 있다.

7. 손해배상청구권의 단기소멸시효

① 불법행위에 의한 손해배상청구권은 보통의 채권보다 짧은 기간으로 소멸시효에 걸린다.
② 즉, 피해자 또는 그 법정대리인이 손해 및 가해자를 안 날부터 3년 또는 불법행위를 한 날부터 10년을 경과하면 소멸한다(제766조 제1항·제2항).
③ 두 기간 중 어느 것이든 먼저 도래하면 손해배상청구권은 소멸한다.
④ 다만, 미성년자가 성폭력, 성추행, 성희롱, 그 밖의 성적(性的) 침해를 당한 경우에 이로 인한 손해배상청구권의 소멸시효는 그가 성년이 될 때까지는 진행되지 아니한다(제766조 제3항 신설).

> **판례** 손해배상청구권의 산정기준
>
> ① 불법행위로 인한 손해배상에 관하여 가해자와 피해자 사이에 피해자가 일정한 금액을 지급받고 그 나머지 청구를 포기하기로 합의가 이루어진 때에는 그 후 그 이상의 손해가 발생하였다 하여 다시 그 배상을 청구할 수 없는 것이지만, 그 합의가 손해발생의 원인인 사고 후 얼마 지나지 아니하여 손해의 범위를 정확히 확인하기 어려운 상황에서 이루어진 것이고, 후발손해가 합의 당시의 사정으로 보아 예상이 불가능한 것으로서, 당사자가 후발손해를 예상하였더라면 사회통념상 그 합의금액으로는 화해하지 않았을 것이라고 보는 것이 상당할 만큼 그 손해가 중대한 것일 때에는 당사자의 의사가 이러한 손해에 대해서까지 그 배상청구권을 포기한 것이라고 볼 수 없으므로 다시 그 배상을 청구할 수 있다고 보아야 한다(99다63176).
> ② 불법행위로 인한 손해배상채무의 지연손해금의 기산일은 그 불법행위의 성립일로부터 기산된다(2010다18829).

4 특수한 불법행위

1. 미성년자 및 심신상실자에 대한 감독자의 책임

> **제753조 【미성년자의 책임능력】** 미성년자가 타인에게 손해를 가한 경우에 그 행위의 책임을 변식할 지능이 없는 때에는 배상의 책임이 없다.
> **제754조 【심신상실자의 책임능력】** 심신상실 중에 타인에게 손해를 가한 자는 배상의 책임이 없다. 그러나 고의 또는 과실로 인하여 심신상실을 초래한 때에는 그러하지 아니하다.
> **제755조 【감독자의 책임】** ① 다른 자에게 손해를 가한 사람이 제753조 또는 제754조에 따라 책임이 없는 경우에는 그를 감독할 법정의무가 있는 자가 그 손해를 배상할 책임이 있다. 다만, 감독의무를 게을리하지 아니한 경우에는 그러하지 아니하다.
> ② 감독의무자를 갈음하여 제753조 또는 제754조에 따라 책임이 없는 사람을 감독하는 자도 제1항의 책임이 있다.

미성년자가 책임능력이 있어 스스로 불법행위책임을 지는 경우에도 그 손해가 미성년자의 감독의무자의 의무 위반과 상당인과관계가 있으면 감독의무자는 민법 제750조에 따라 일반불법행위자로서 손해배상책임이 있다. 이 경우 그러한 감독의무 위반사실과 손해 발생과의 상당인과관계는 이를 주장하는 자가 증명하여야 한다(2020다240021).

2. 사용자의 책임

> **제756조 【사용자의 배상책임】** ① 타인을 사용하여 어느 사무에 종사하게 한 자는 피용자가 그 사무집행에 관하여 제3자에게 가한 손해를 배상할 책임이 있다. 그러나 사용자가 피용자의 선임 및 그 사무 감독에 상당한 주의를 한 때 또는 상당한 주의를 하여도 손해가 있을 경우에는 그러하지 아니하다.
> ② 사용자에 갈음하여 그 사무를 감독하는 자도 전항의 책임이 있다.
> ③ 전2항의 경우에 사용자 또는 감독자는 피용자에 대하여 구상권을 행사할 수 있다.

도급인이 수급인의 일의 진행 및 방법에 관하여 구체적인 지휘·감독권을 유보하고 공사의 시행에 관하여 구체적으로 지휘·감독을 하였다면, 도급인은 수급인이나 수급인의 피용자의 불법행위로 인한 손해에 대하여 민법 제756조의 사용자로서 배상책임이 있다(2013다78372).

> **개념적용 문제**
>
> 사용자책임에 관한 설명으로 옳지 않은 것은? (다툼이 있으면 판례에 따름)   제20회 기출
>
> ① 민법 제35조에 따른 법인의 불법행위책임이 인정되더라도 피해자는 법인에 대하여 사용자책임을 물을 수 있다.
> ② 사용자에 갈음하여 그 사무를 감독하는 자도 사용자책임의 주체가 될 수 있다.
> ③ 사용자의 피용자에 대한 구상권은 신의칙에 기하여 제한될 수 있다.
> ④ 피용자와 제3자가 공동불법행위로 피해자에게 손해배상채무를 부담하는 경우, 사용자도 제3자와 연대하여 손해배상책임을 진다.
> ⑤ 도급인과 수급인 사이에 실질적인 지휘·감독관계가 인정되는 경우, 도급인은 사용자책임을 질 수 있다.
>
> **해설** 제35조에 따른 법인의 불법행위책임이 인정되는 범위 내에서 사용자책임은 배제되므로 피해자는 법인에 대하여 사용자책임을 물을 수 없다.
>
> **정답** ①

3. 도급인의 책임

> **제757조【도급인의 책임】** 도급인은 수급인이 그 일에 관하여 제3자에게 가한 손해를 배상할 책임이 없다. 그러나 도급 또는 지시에 관하여 도급인에게 중대한 과실이 있는 때에는 그러하지 아니하다.

4. 공작물의 점유자·소유자의 책임

> **제758조【공작물 등의 점유자, 소유자의 책임】** ① 공작물의 설치 또는 보존의 하자로 인하여 타인에게 손해를 가한 때에는 공작물점유자가 손해를 배상할 책임이 있다. 그러나 점유자가 손해의 방지에 필요한 주의를 해태하지 아니한 때에는 그 소유자가 손해를 배상할 책임이 있다.
> ② 전항의 규정은 수목의 재식 또는 보존에 하자 있는 경우에 준용한다.
> ③ 전2항의 경우에 점유자 또는 소유자는 그 손해의 원인에 대한 책임 있는 자에 대하여 구상권을 행사할 수 있다.

① 민법 제758조에서 말하는 공작물이라 함은 인공적 작업에 의하여 제작된 물건을 말하는 것으로서 전기 그 자체는 여기에서 말하는 공작물에 해당되지 않는다(93다11913).

② 민법 제758조는 공작물의 설치·보존의 하자로 인하여 타인에게 손해를 가한 경우 그 점유자 또는 소유자에게 일반 불법행위와 달리 이른바 위험책임의 법리에 따라 책임을 가중시킨 규정일 뿐이고, 그 공작물 시공자가 그 시공상의 고의·과실로 인하여 피해자에게 가한 손해를 민법 제750조에 의하여 직접 책임을 부담하게 되는 것을 배제하는 취지의 규정은 아니므로 시공자는 시공상의 하자로 인한 손해배상책임이 있다(96다39219).

③ 제3자의 행위와 공작물의 설치 또는 보존상의 하자가 공동원인이 되어 발생한 손해는 공작물의 설치 또는 보존상의 하자에 의하여 발생한 것이라고 볼 수 있다(2007다10139).
④ 공작물의 임차인인 직접점유자나 그와 같은 지위에 있는 것으로 볼 수 있는 사람이 공작물의 설치 또는 보존의 하자로 인하여 손해를 입은 경우에는 소유자가 그 손해를 배상할 책임이 있는 것이고, 이 경우에 공작물의 보존에 관하여 피해자에게 과실이 있다고 하더라도 과실상계의 사유가 될 뿐이다(93다40560).

5. 동물의 점유자의 책임

제759조【동물의 점유자의 책임】 ① 동물의 점유자는 그 동물이 타인에게 가한 손해를 배상할 책임이 있다. 그러나 동물의 종류와 성질에 따라 그 보관에 상당한 주의를 해태하지 아니한 때에는 그러하지 아니하다.
② 점유자에 갈음하여 동물을 보관한 자도 전항의 책임이 있다.

개념적용 문제

불법행위에 관한 설명으로 옳은 것을 모두 고른 것은? (다툼이 있으면 판례에 따름)

제25회 기출

㉠ 과실로 인하여 스스로 심신상실을 초래하고 그 상태에서 타인에게 위법하게 손해를 가한 자는 손해배상책임을 진다.
㉡ 도급인은 도급 또는 지시에 관하여 중대한 과실이 있는 경우, 수급인이 그 일에 관하여 제3자에게 가한 손해를 배상할 책임이 있다.
㉢ 제3자의 행위와 공작물의 설치 또는 보존상의 하자가 공동원인이 되어 발생한 손해는 공작물의 설치 또는 보존상의 하자에 의하여 발생한 것이라고 볼 수 없다.

① ㉠
② ㉢
③ ㉠, ㉡
④ ㉡, ㉢
⑤ ㉠, ㉡, ㉢

해설 ㉢ 제3자의 행위와 공작물의 설치 또는 보존상의 하자가 공동원인이 되어 발생한 손해는 공작물의 설치 또는 보존상의 하자에 의하여 발생한 것이라고 볼 수 있다(2007다10139).

정답 ③

6. 공동불법행위

> **제760조 【공동불법행위자의 책임】** ① 수인이 공동의 불법행위로 타인에게 손해를 가한 때에는 연대하여 그 손해를 배상할 책임이 있다.
> ② 공동 아닌 수인의 행위 중 어느 자의 행위가 그 손해를 가한 것인지를 알 수 없는 때에도 전항과 같다.
> ③ 교사자나 방조자는 공동행위자로 본다.

(1) 공동불법행위자의 책임(부진정연대채무)

① **부진정연대채무**(不眞正連帶債務)
  ㉠ 수인의 채무자가 동일 내용의 급부에 관해 각자 독립하여 전부 급부의무를 부담하고 한 채무자의 이행으로 모든 채무자의 채무가 소멸하는 점은 연대채무와 같지만, 채무자 간의 공동으로 채무를 부담하고자 하는 의사의 합의(목적에 의한 주관적 관련)가 없어 그 부진정연대채무자 중 1인과 채권자 사이의 법률관계 중 채무변제 등 급부실현 이외의 사유는 다른 채무자에 영향을 미치지 아니하고 채무자 간에 구상관계도 원칙적으로 발생하지 않는 채권관계로서 민법이 규율하는 연대채무에 속하지 않는 것을 말한다.
  ㉡ 피용자와 제3자가 공동불법행위로 피해자에게 손해를 가하여 그 손해배상채무를 부담하는 경우에 피용자와 제3자는 공동불법행위자로서 서로 부진정연대관계에 있고, 한편 사용자의 손해배상책임은 피용자의 배상책임에 대한 대체적 책임이어서 사용자도 제3자와 부진정연대관계에 있다고 보아야 할 것이므로, 사용자가 피용자와 제3자의 책임비율에 의하여 정해진 피용자의 부담부분을 초과하여 피해자에게 손해를 배상한 경우에는 사용자는 제3자에 대하여도 구상권을 행사할 수 있다(2005다28426).

② **민법상 부진정연대채무 관계**
  ㉠ 법인의 불법행위책임(제35조 제1항)과 사용자책임(제756조)
  ㉡ 책임무능력자의 가해행위에 대한 법정 감독의무자의 책임과 감독대행자의 책임(제755조)
  ㉢ 동물의 가해행위에 대한 점유자와 보관자의 책임(제759조)
  ㉣ 공동불법행위자의 책임(제760조-판례)
  ㉤ 피용자의 불법행위책임(제750조)과 사용자책임(제756조)
  ㉥ 이행보조자의 책임(제750조)과 채무자의 손해배상책임(제390조, 제391조)

(2) 부진정연대채무의 성립요건

① 공모 또는 주관적 공동관계(主觀的 共同關係)의 인식(認識)이 없을 것
② 수인이 공동하여 타인에게 손해를 가하는 민법 제760조의 공동불법행위에 있어서는 행위자 상호간의 공모는 물론 공동의 인식을 필요로 하지 아니하고, 다만 객관적으로 그 공동행위가 관련 공동되어 있으면 족하며 그 관련 공동성 있는 행위에 의하여 손해가 발생함으로써 이의 배상책임을 지는 공동불법행위가 성립한다(2005다47014).

(3) 부진정연대채무의 효력

① **대외적 효력**(채권자와 부진정연대채무자 상호간의 관계)
  ㉠ 채권자는 연대채무와 동일한 방식으로 각 채무자에게 이행청구 가능하다(제414조).
  ㉡ 공동불법행위자는 채권자에 대한 관계에서는 연대책임(부진정연대채무)을 지되, 공동불법행위자들 내부관계에서는 일정한 부담부분이 있고, 이 부담부분은 공동불법행위자의 과실의 정도에 따라 정하여지는 것으로서 공동불법행위자 중 1인이 자기의 부담부분 이상을 변제하여 공동의 면책을 얻게 하였을 때에는 다른 공동불법행위자에게 그 부담부분의 비율에 따라 구상권을 행사할 수 있다(2000다69712).
  ㉢ **공동불법행위자의 부진정연대책임과 피해자의 과실에 대한 상계**: 공동불법행위책임은 가해자 각 개인의 행위에 대하여 개별적으로 그로 인한 손해를 구하는 것이 아니라 그 가해자들이 공동으로 가한 불법행위에 대하여 그 책임을 추궁하는 것으로, 법원이 피해자의 과실을 들어 과실상계를 함에 있어서는 피해자의 공동불법행위자 각인에 대한 과실비율이 서로 다르더라도 피해자의 과실을 공동불법행위자 각인에 대한 과실로 개별적으로 평가하지 않고 그들 전원에 대한 과실로 전체적으로 평가하는 것이 원칙이다(99다48245).
  ㉣ 공동불법행위를 원인으로 하지 않은 부진정연대채무가 성립하는 경우 공동불법행위책임의 경우와 다르게 채무자별로 과실상계 여부 및 그 범위를 달리 정할 수 있다.
    ⓐ 공동불법행위자의 관계는 아니지만 서로 별개의 원인으로 발생한 독립된 채무가 동일한 경제적 목적을 가지고 있고 서로 중첩되는 부분에 관하여 한 쪽의 채무가 변제 등으로 소멸하면 다른 쪽의 채무도 소멸하는 관계에 있기 때문에 부진정연대채무 관계가 인정되는 경우가 있는데(2006다47677),
    ⓑ 공동불법행위가 아닌 원인으로 발생한 부진정연대채무의 경우까지 과실상계를 할 때 반드시 채권자의 과실을 채무자 전원에 대하여 전체적으로 평가하여야 하는 것은 아니다(2017다16747·16754).
② **과실상계의 예외**: 과실상계는 불법행위를 한 자가 피해자의 부주의를 이용한 경우까지 과실상계가 적용되는 것은 아니다. 그래서 피해자의 부주의를 이용하여 고의로 불법행위를 저지른 자가 바로 그 피해자의 부주의를 이유로 자신의 책임을 감하여 달라고 주장하는 것은 허용될 수 없다(2003다66066).

③ **대내적 관계**(부진정연대채무자 상호간의 관계)
  ㉠ 공동불법행위자 상호간에는 형평성의 원칙상 그 가담 정도에 따라 구상권이 인정된다.
  ㉡ 부진정연대채무의 관계에 있는 복수의 책임주체 내부관계에 있어서는 형평의 원칙상 일정한 부담부분이 있을 수 있으며, 그 부담부분은 각자의 고의 또는 과실의 정도에 따라 정하여지는 것으로서 부진정연대채무자 중 1인이 자기의 부담부분 이상을 변제하여 공동의 면책을 얻게 하였을 때에는 다른 부진정연대채무자에게 그 부담부분의 비율에 따라 구상권을 행사할 수 있다(2005다19378).
  ㉢ **부진정연대채무자 상호간의 통지의무**: 출연분담에 관한 주관적인 밀접한 연관관계가 없고 단지 채권만족이라는 목적만을 공통으로 하고 있는 부진정연대채무에 있어서는 그 변제에 관하여 채무자 상호간에 통지의무 관계를 인정할 수 없고, 변제로 인한 공동면책이 있는 경우에 있어서는 채무자 상호간에 어떤 대내적인 특별관계에서 또는 형평의 관점에서 손해를 분담하는 관계가 있게 되는 데 불과하다고 할 것이므로, 부진정연대채무에 해당하는 공동불법행위로 인한 손해배상채무에 있어서도 채무자 상호간에 구상요건으로서의 통지에 관한 민법의 위 규정을 유추적용할 수는 없다(98다5777).
  ㉣ 공동불법행위자 간 구상권의 발생시점은 구상권자가 현실로 피해자에게 손해배상금을 지급한 때이다(96다50896).

④ **부진정연대채무자 중 1인과 채권자 사이의 채권·채무의 변동이 다른 부진정연대채무자에게 영향을 미치는 경우**
  ㉠ 절대적 효력이 있는 경우: 상계·공탁·변제·대물변제 등의 급부실현(給付實現)행위
    ⓐ 부진정연대채무자 중 1인이 자신의 채권자에 대한 반대채권으로 상계를 한 경우에도 채권은 변제, 대물변제, 또는 공탁이 행하여진 경우와 동일하게 현실적으로 만족을 얻어 그 목적을 달성하는 것이므로, 그 상계로 인한 채무소멸의 효력은 소멸한 채무 전액에 관하여 다른 부진정연대채무자에 대하여도 미친다고 보아야 한다. 이는 부진정연대채무자 중 1인이 채권자와 상계계약을 체결한 경우에도 마찬가지이다. 나아가 이러한 법리는 채권자가 상계 내지 상계계약이 이루어질 당시 다른 부진정연대채무자의 존재를 알았는지 여부에 의하여 좌우되지 아니한다(2008다97218 전합).
    ⓑ 부진정연대채무자 1인의 상계의 절대적 효력은 동일한 경제적 목적을 가지고 있고 서로 중첩되는 부분에 관하여 일방의 채무가 변제 등으로 소멸할 경우, 타방의 채무도 소멸하는 관계에 있으면 성립할 수 있고, 반드시 양 채무의 발생원인, 채무의 액수 등이 서로 동일할 필요는 없다(2006다47677).
    ⓒ 부진정연대채무자 중 소액 채무자가 자신의 채무 중 일부를 변제한 경우, 변제된 금액은 소액 채무자가 다액 채무자와 공동으로 부담하는 부분에 관하여 민법의 변제충당 일반원칙에 따라 지연손해금, 원본의 순서로 변제에 충당되고 이로써 공동부담 부분의 채무 중 지연손해금과 일부 원금채무가 변제로 소멸하게 된다(2009다72094).

ⓓ 공동불법행위자의 피해자에 대한 손해배상금의 부담금액이 다른 경우: 부담금액이 서로 다른 채무가 서로 부진정연대관계에 있을 때 다액채무자가 일부 변제를 하는 경우 그 변제로 인하여 먼저 소멸하는 부분은 부진정연대채무의 취지상 다액채무자가 단독으로 부담하는 채무 부분으로 한정한다(2012다74236).

ⓔ 공동불법행위자 중 1인이 자기의 부담부분 이상을 변제하여 공동의 면책을 얻게 하였을 때에는 다른 공동불법행위자에게 그 부담부분의 비율에 따라 구상권을 행사할 수 있고, 공동불법행위자 중 1인에 대하여 구상의무를 부담하는 다른 공동불법행위자가 수인인 경우에는 특별한 사정이 없는 이상 그들의 구상권자에 대한 채무는 이를 부진정연대채무로 보아야 할 근거는 없으며, 오히려 다수당사자 사이의 분할채무의 원칙이 적용되어 각자의 부담부분에 따른 분할채무로 봄이 상당하다(2002다15917).

ⓛ **상대적 효력이 있는 경우**: 상계·공탁·변제·대물변제 등의 급부실현(給付實現)행위 이외의 행위로서 이행청구·경개·면제·혼동·소멸시효·채권자지체(제416조·제417조·제419조 내지 제422조) 등

ⓐ 부진정연대채무자와 채권자 사이에 발생한 변제 등의 사유가 아닌 그 밖의 사유는 상대적 효력을 발생하는 데에 그친다. 예를 들면, 피해자(채권자)가 채무자 중의 1인에 대하여 손해배상에 관한 권리를 포기하거나 채무를 면제하는 의사표시를 하였다 하더라도 다른 채무자의 채무도 면제되는 것은 아니다(2005다19378).

ⓑ 공동불법행위자의 다른 공동불법행위자에 대한 구상권은 피해자의 다른 공동불법행위자에 대한 손해배상채권과는 그 발생원인 및 성질을 달리하는 별개의 권리이고, 연대채무에 있어서 소멸시효의 절대적 효력(제421조)은 부진정연대채무자인 공동불법행위자 상호간에는 그 적용이 없으므로, 공동불법행위자 甲과 乙 2인 중, 乙의 손해배상채무가 시효로 소멸한 후에 다른 공동불법행위자 甲이 피해자에게 자기의 부담부분을 넘어서 모든 손해를 배상하였을 경우에도, 그 甲은 다른 공동불법행위자인 乙에게 구상권을 행사할 수 있다(97다42830).

개념적용 문제

A회사에서 근무하는 책임능력이 있는 미성년자 甲은 퇴근 후 함께 사는 아버지 乙의 오토바이를 몰래 타고 친구를 만나러 가던 중 신호를 위반하여 丙을 치어 즉사하게 하였다. 이에 관한 설명으로 옳지 않은 것은? (다툼이 있으면 판례에 따름) 　　제28회 기출

① 甲은 丙의 사망에 대하여 불법행위책임을 진다.
② 丙의 사망으로 인한 손해발생과 乙의 감독의무 위반이 상당인과관계가 있으면 乙은 일반불법행위 책임을 진다.
③ A는 甲과 연대하여 丙에게 사용자책임을 진다.
④ 丙의 배우자는 재산상의 손해가 없어도 甲에 대하여 위자료를 청구할 수 있다.
⑤ 위 사고와 관련하여 丙에게 과실이 있는 경우, 특별한 사정이 없는 한 과실상계에 관한 민법의 규정이 적용된다.

해설　타인을 사용하여 어느 사무에 종사하게 한 자는 피용자가 그 사무집행에 관하여 제3자에게 가한 손해를 배상할 책임이 있다. 그러나 사용자가 피용자의 선임 및 그 사무 감독에 상당한 주의를 한 때 또는 상당한 주의를 하여도 손해가 있을 경우에는 그러하지 아니하다(제756조 제1항). 이와 같이 사용자책임은 사무집행에 관하여 피용자가 제3자에게 가한 손해에 대한 배상책임을 논하는 것으로 미성년자 甲이 사고를 낸 시점은 퇴근 이후이고 甲이 사고를 낸 오토바이도 A가 업무용으로 제공한 것이 아니므로 A회사가 甲의 불법행위에 사용자 책임을 지는 것은 아니다.

정답 ③

CHAPTER 06 OX문제로 완벽 복습

01 법률상 원인 없이 타인의 재산 또는 노무로 인하여 이익을 얻고 이로 인하여 타인에게 손해를 가한 자는 그 이익을 반환하여야 한다. (O | X)

02 부당이득의 수익자가 그 이익을 반환할 수 없는 경우에는 수익자로부터 그 이익의 목적물을 양수한 제3자가 무상으로 양수하였다면 선의인 경우에도 그 이익을 반환할 책임이 있다. (O | X)

03 부당이득의 선의·악의 여부는 법률행위 당시를 기준으로 하므로 수익자가 이익을 받은 후 법률상 원인 없음을 안 때에는 그 현존이익 범위 내에서 반환할 의무가 있다. (O | X)

04 선의의 수익자가 패소한 때에는 그때부터 악의의 수익자로 본다. (O | X)

05 채무자 아닌 자가 착오로 인하여 타인의 채무를 변제한 경우에 채권자가 선의로 증서를 훼멸하거나 담보를 포기하거나 시효로 인하여 그 채권을 잃은 때에는 변제자는 그 반환을 청구하지 못한다. (O | X)

06 비채변제의 경우에도 그 변제가 도의관념에 적합하다면 그 이익의 반환을 청구할 수 없다. (O | X)

07 선의의 부당이득 수익자가 패소한 때에는 처음부터 악의의 수익자로 본다. (O | X)

08 변제기에 있지 아니한 채무를 변제한 경우 그 이익의 반환을 청구할 수 있다. 다만, 착오로 인하여 변제한 때는 채권자는 이로 인하여 얻은 이익만을 반환하면 된다. (O | X)

09 고의의 불법행위자는 그 불법행위로 인한 피해자의 손해배상청구권을 수동채권으로 하여 상계하지 못한다. (O | X)

10 타인의 명예를 훼손한 자에 대하여 법원은 피해자의 청구에 의하여 명예회복에 적당한 처분으로 사죄광고를 명할 수 있다. (O | X)

11 가해자가 훼손된 물건에 관하여 피해자에게 그 가액 전부를 배상한 때에, 그 물건에 대한 권리는 손해배상을 한 가해자에게 이전된다. (O | X)

12 공작물의 설치 또는 보존의 하자로 인하여 타인에게 손해를 가한 때에는 공작물점유자가 손해를 배상할 책임이 있다. 그러나 점유자가 손해의 방지에 필요한 주의를 해태하지 아니한 때에는 그 소유자가 손해를 배상할 책임이 있다. (O | X)

13 불법행위자 공동이 아닌 수인의 행위 중 어느 자의 행위가 그 손해를 가한 것인지를 알 수 없는 때에 무죄 추정의 법리에 따라 손해배상책임이 없다. (O | X)

14 사용자의 피용자에 대한 구상권은 신의칙에 기하여 제한될 수 있다. (O | X)

정답

01 O(제741조) **02** ×[악의인 경우 반환할 책임이 있다(제747조 제2항)] **03** ×[수익자가 이익을 받은 후 법률상 원인 없음을 안 때에는 그때부터 악의의 수익자로서 이익반환의 책임이 있다(제749조 제1항)] **04** ×[선의의 수익자가 패소한 때에는 그 소를 제기한 때부터 악의의 수익자로 본다(제749조 제2항)] **05** O **06** O **07** ×(소가 제기된 때로부터 악의의 수익자로 본다) **08** ×(변제기에 있지 아니한 채무를 변제한 경우 그 이익의 반환을 청구할 수 없다. 다만, 착오로 인하여 변제한 때는 채권자는 이로 인하여 얻은 이익을 반환해야 한다) **09** O[채무가 고의의 불법행위로 인한 것인 때에는 그 채무자는 상계로 채권자에게 대항하지 못한다(제496조)] **10** ×[민법 제764조가 사죄광고를 포함하는 취지라면 헌법상의 과잉금지의 원칙, 비례의 원칙이 정한 한계를 벗어나서 헌법에 반한다(89헌마160)] **11** O **12** O **13** ×[공동 아닌 수인의 행위 중 어느 자의 행위가 그 손해를 가한 것인지를 알 수 없는 때에는 연대하여 그 손해를 배상할 책임이 있다(제760조 제2항)] **14** O

INDEX 기본용어 다시보기

※ 기본서 학습이 모두 끝나셨나요? 아래 용어 의미를 정확히 알고 있는지 확인해보고, 헷갈리는 용어는 다시 학습합니다.

1
1부동산 1등기기록의 원칙 36

2
2중등기 36

ㄱ
가공 114
가등기 34
가등기담보권 15
가치적 변형물 56
간이변제충당 190
간이인도 52
간접점유자 67
격지자 332
견련성 187
경개 277, 310
경계표 등의 공유추정 96
계약갱신청구권 143
계약금 385
공동담보 266
공동면책 279
공동저당 230
공시의 원칙 32
공신력 48
공신의 원칙 32
공용징수 61
공유 117
공유물의 관리 121
공유물의 보존행위 119
과실상계 256
과실수취권 191
과실책임주의 473
관습법상의 법정지상권 145
교차청약 333

구분지상권 12, 151
구상권 221
국유재산 중 일반재산 108
권리질권 203
근린공원이용권 15
근보증 283
근저당 225
금전채권 244
기본계약 226
기한 전의 변제 470
기한이익 250

ㄴ
나대지 142
낙성계약 326
낙약자 353
내용강제 14
노무공급계약 455

ㄷ
단속법규 474
대가관계 351
대금지급거절권 393
대상청구권 105, 252
대세권 9
대항요건 17
대화자 331
도급계약 446
도급인 446
동산질권 197
동시배당 231
동시이행의 항변권 338
등기부 취득시효 107
등기의 추정적 효력 43
등기청구권 48

ㅁ
매도인의 담보책임 394
매매 380
면책적 채무인수 172
면책통지 288
명예훼손의 경우의 특칙 475
명인방법 13
모두생략등기 27
무과실책임 450
무자력 264
무효등기의 유용 39
물권법정주의 13
물권의 포기 57
물권적 반환청구권 17
물권적 방해예방청구권 18
물권적 방해제거청구권 18
물권적 청구권 17
물권행위 33
물상대위성 181
물상보증인 208, 231
미등기매수인 114
미분리 과실 13

ㅂ
법정지상권 217
변제자대위 232
보상관계 351
보수 446
보존등기 27
보존행위 429
보증금 437
보증채무 281
복위임 456
본권의 소 81
본등기 43

부당이득 464	승낙 330	입목등기 13
부속물매수청구권 174, 422	승역지 154	입목에 대한 벌채권 139
부수적 채무불이행 339	신뢰이익 335	
부종성 58, 157, 181	쌍무계약 324	**ㅈ**
부합 112		자동채권 342
분묘기지권 152	**ㅇ**	자주점유 69
분할채권 272	악의점유 72	저당권설정청구권 453
불가분성 158, 182	약관 319	전보배상 251, 254
불가분채권 273	약정해제권 359	전세권 160
불법원인급여 470	양도담보권 15	전세금 161
불법원인급여자 22	연대채무 275	전세금반환채권 168
불법행위 472	예약 382	전세금증감청구권 162
비용상환청구권 79	예약완결권 383	전전세 166
비채변제 469	온천권 15	전질 200
	요물계약 326, 385	절대권 9
ㅅ	요약자 353	점유개정 52, 198
사도통행권 15	요역지 154	점유매개관계 67
사실상 지배상태 65	용수지역권 157	점유보조자 55, 65
사정변경 363	우선변제권 167	점유의 권리적법 추정력 47
사해행위 264	원본채권 228	점유의 보유 81
상계 277	원상회복 343, 368	점유의 보전 81
상대권 241	위기 158	점유의 소 81
상린관계 93	위약금 386	점유의 회수 80
상환무자력자 280	위약벌 386	점유취득시효 103
선량한 관리자의 주의의무 428, 456	위임 455	정기금배상 475
선의점유 72	위임인 455	정기행위 362
선의취득 52	유동집합물 12	제3자를 위한 계약 350
선택채권 246	유상계약 325	제3채무자 263
소멸통고 30, 164	유익비 79, 420	제3취득자 220
소유권 89	유질계약 200	종류강제 14
소유물반환청구권 114	유치권 184	종류채권 243
손익상계 257	의사실현 333	주위토지통행권 94
수급인 446	이행불능 251	중간생략등기 37
수급인의 담보책임 450	이행지체 249	지료 140
수동채권 342	이행지체 저지효 342	지명채권 292
수령지체 341	이행판결 28	지상권 135
수반성 181	일괄경매청구권 219	지상권소멸청구권 141, 143
수익자 354	일물일권주의 11	지상물매수청구권 144, 424
수임인 455	일시금배상 475	지상물수거권 144
수임인의 금전소비책임 457	임대차 415	지시채권 295
수탁보증인 288	임차권의 양도 432	지역권 154
순차배당 231	임차물의 전대 432	지연배상 254

기본용어 다시보기 **489**

지참채무	392
지체상금	447
직접점유	67
직접점유자	68
질권설정자	197
질권자	197

ㅊ

차임	415
차임감액청구권	428
차임증감청구권	428
차지권	17
차지권의 대항력	430
채권계약	415
채권양도	291
채권의 소멸	302
채권의 준점유자	305
채권자대위권	258
채권자지체	252
채권자취소권	258
채권적 청구권	103
채권최고액	221
채무불이행	248
책임능력	473
책임재산	258
첨부	51
청약	328
청약의 승낙적격	330
총유	129
최고·검색의 항변권	287
추급력	182
출재	279
취득시효	99

ㅌ

타인의 권리의 매매	395
타인의 채무의 변제	469
타주점유	69
특정물채권	243

ㅍ

포괄근저당	229
포락	56
필요비	79

ㅎ

하자담보책임	403
합의해제	358
해약금	360
해제의 불가분성	365
해지	372
형성판결	28
혼동	57
혼화	114
환매	409
환매권	50
회복자	79

에듀윌이
너를
지지할게
ENERGY

끝이 좋아야 시작이 빛난다.

– 마리아노 리베라(Mariano Rivera)

memo

memo

memo

2026 에듀윌 주택관리사 1차 기본서 민법

발 행 일	2025년 8월 28일 초판
편 저 자	신의영
펴 낸 이	양형남
펴 낸 곳	㈜에듀윌
I S B N	979-11-360-3859-3
등록번호	제25100-2002-000052호
주　　소	08378 서울특별시 구로구 디지털로34길 55 코오롱싸이언스밸리 2차 3층

* 이 책의 무단 인용 · 전재 · 복제를 금합니다.

www.eduwill.net
대표전화 1600-6700

여러분의 작은 소리
에듀윌은 크게 듣겠습니다.

본 교재에 대한 여러분의 목소리를 들려주세요.
공부하시면서 어려웠던 점, 궁금한 점,
칭찬하고 싶은 점, 개선할 점, 어떤 것이라도 좋습니다.

에듀윌은 여러분께서 나누어 주신 의견을
통해 끊임없이 발전하고 있습니다.

에듀윌 도서몰 book.eduwill.net
- 부가학습자료 및 정오표: 에듀윌 도서몰 → 도서자료실
- 교재 문의: 에듀윌 도서몰 → 문의하기 → 교재(내용, 출간) / 주문 및 배송